W9-CPO-156

# מ

מ[1] האות השלוש עשרה באלף בית. סימן המספר 40. The thirteenth letter of the alphabet. Symbol of the number 40.

**מ, מים** mīm **א** ש״ע נ *n. f.* **האות מם Mem** מ מגליה איקר רב מ (במילה 'אמן') מגלה כבוד גדול Mem manifests great glory (in the word Amen) - ת״מ 139א. **אמונה... ובריש אלין אגלת א אלהותה מ נביותה ו בריתה נ כהנתה ה** חמשיתי ספריה 'אמונה'... היא ראשי התיבות: א - אלהות, מ - נבואה ... - ת״מ 189ב. **ב 1** מספר מונה *cardinal number* **ארבעים forty** מ **מניאן שניה דהות רחותה לגון מ הוא מספר** השנים שהייתה רעותה בהם (במדבר) forty is the number of years during which the divine Favor was present (in the desert) - ת״מ 189א. **‹מ קדמאיתה› עקרי בריתה... מ תניניתה מניאן יומי צומיו** המים הראשונה (שבמילה 'תמים') היא יסודות הבריאה... והמים השנייה ימי צומיו (של משה) - ת״מ 184א. **ירד אלף ז ומ וחק שתה ירד למד 847 שנה** - אס 24ב. **ופקד פרעה דיתפרשו נשיה מן גבריה מ יום** ציוה פרעה שיתבדלו הנשים מן הגברים ארבעים יום - אס 14ב. **2** מספר סודר *ordinal number* **הארבעים the fortieth** קח לך את יהושע... והקימה לקדם אלעזר... **בשנת המ**... והעמידו ולפני אלעזר... בשנת הארבעים take Joshua... and present him before Eleazar... - in the fortieth year - אס 19א.

מ-[2] תווית היחס *prep.* [נדירה לפני שמות עצם לעומת 'מן' השכיחה ממנה (ע״ע) *Rare before nouns,* *where usually mn occurs.*]

**מ-** תווית היחס *prep.* **מן 1 from** חבורה לכינויים *with suffixes* **סב מני אלהו ושרד בה נביותך** קח ממני אלהות וחזק בה את נבואתך take from me divinity and fortify your prophethood with it - ת״מ 5א. **ולית חורי לבר מנה ואין** אחר מלבדו - ת״מ 3ב. **אתחזי מנון תלתה** לאברהם נראו שלושה מהם לאברהם - ת״מ 4א. ואת טב מנון ואתה טוב מהם - מ ג 44. **2** חבורה למיליות *with particles* **מכדו ולדאתי** מעתה ולהבא - from now on - ת״מ 7ב. **דאתה** עתיד מפרסי מלגוה פליאן שאתה עתיד לפרסם מתוכו מופתים - ת״מ 8א. **אהיה שלחני אליכם משלם** אהיה שלחני אליכם משלם - ת״ב 9ב. **אלהה דאבהתכון אתחזי לי בנהר** מדילה אלהי אבותיכם נראה לי באור משלו - ת״מ 10א. **פרקת לון מכל לחץ** גאלת אותם מכל לחץ - מ א 11. **לעל מטור סיני** מעל הר סיני - מ 45. **3** חבורה לש״ע *with nouns* **ולא יסטי ממדעה כלום** ולא יסטה מדעתו כלום - nothing can be dislodged from his mind - ת״מ 11א. **מסגי נפקת ממצרים** מ(זמן) רב יצאתי ממצרים - ת״מ 14א. **הוא בתשניק חיול מיום דשכנתה** הוא בייסורים עצומים מיום שמשכנתיו - ת״מ 6א.

מ-[3] תווית שאלה *prefixed interrog. part.* [נוצרה מן הצמדת מה אל שאחריה. *From the independent particle mh.*]

**מ-** תווית השאלה צמודה לשאחריה *interrog. part.* **מה what** ואמר מלכי הגר (נ״א מה ליך, מה לך) מלכי הגר - what happened to you, Hagar - בר כא 17 [אבל ההגייה מפרידה: mâ līki].

מ-[4] תווית הקריאה *interj.*

**מ-** תווית קריאה צמודה לשאחריה *prefixed interj.* **הוי ! O** ומתרים מגוג מלכה ECB וירם מגוג מלכו - his king, O Gog, is exalted - במ כד 7 [ההגייה: mâgog. השי׳ מאשר - בר מט 20 mâšər (mâšər)].

**מאד** יכולת, ריבוי **might** [מן העברית בשומרונית. בעיקר במובאות מן התורה NSH, *occurs mainly in quotations from the Torah*]

**מאד** mēʾod **א** ש״ע ז *n. m.* **מאוד might** ואתרחק מנה בכל מאדך keep away from (the Curse) with all your might - ת״מ 136ב. **בכל** לבבנו ובבל נפשנו ובכל מאדנו - ע״ש ב 14 (ע״פ דב ו 5). **ב** מגביר שמות תואר *intensifier (of adjectives)* **מאוד exceedingly, much** רוח ים חזק מאד - ת״מ 59ב. **מתכלל עד בא דבר כבד מאד** - ת״מ (ק) 32א. **וגם האיש משה גדל מאד** - ת״מ (ק) 86א.

**עד מאד** מגביר *intensifier* **מאוד** ברבו רבה יתיר עד **exceedingly, much** מאד in exceedingly great glory - ת"מ (ק) 43א. שרצים דלים עד מאד שרצים חלשים עד מאוד - ת"מ 61ב. ולא אמנו רק סרו עד מאד ולא האמינו (בני ישראל) אלא סרו עד מאוד - ת"מ 58א. המים בים סוף היו יעלו עד מאד - ת"מ 62ב. המטיר ברד ועמו נתן קולות רבות עד מאד - ת"מ 62א.

**מאה** שם מספר *numeral* מאה **hundred** [א"י מאה תאנין - ירוש דמאי כד ע"ג. **סוא"י** מיא כפלין - לוקס ח 8]

**מאה** mâ מ יד 105. ריבוי: מואן mâ'bân - ע"ד כ 3 [באה"ש המאוחרת משמש במעמד היחיד. *Supplants the sg. in late* SA]. זוגי: מאתים - בר לב 15.

**מאה** שי"מ *numeral* **מאה one hundred** מאה ושתין עדנם צעם מאה וששים פעמים צם (משה) (Moses) fasted one hundred and sixty times - מ יד 105. ואשקע בשתה ההיא מאה שערים - בר כו 12. וזבן ית ששיות עקלה... במאה קשיטה ויקן את חלקת השדה... במאה קשיטה - בר לג 19. לסכום מאה שנה וארבעים שנה - ת"מ 53א. שת מואן אלף - ת"מ 20ב.

**מאון 1** ריבוי *pl.* **מאות hundreds** שת מואן דאלפים הוו they were six hundred thousands - ע"ד כ 3. ושת מון רכב בחור - ת"מ 54ב. ארבע מון שנה ארבע מאות שנה - בר טו 13. **2** יחיד *sg.* **מאה one hundred** שת בר מואן שתה A (נ"א מאה) שת בן מאת שנה Seth was one hundred years old - בר יא 10. הלבר מואן שתה אוליד A (נ"א מאה) הלבן מאת שנה אוליד - בר יז 17. ויהון יומיו מואן ועשרין שתה A (נ"א מאה) והיו ימיו מאה ועשרים שנה - בר ו 3.

**מאתים** זוגי *dual* **two hundred** [סאוו"י מאתין אמין - יוחנן כא 8] עזין מאתים (נ"א תרי מואן) עזים מאתים two hundred goats - בר לב 15. שבעים שנה ומאתים שנה - בר יא 17. וית פרקני תלתיתה ושבעיתה ומאתה דיתרים (נ"א ומאתיה) ואת פדוי השלשה והשבעים והמאתים העדפים - במ ג 46.

**מאום**† mēʾom ביטוי הסתמיות *expression if indetermination* מאומה, דבר **anything** [מן העברית. נשתגר בעש"ח *Frequent in* NSH]

**מאום** שי"ע ז *n. m.* **1 דבר anything** ד עבידה כל הדה ורבינה יתר על כל מאום (האות) ד עשתה כל זאת וגאונה יתר על כל דבר daleth does all this and its status is greater than anything - ת"מ 309ב. מי כמוך אה עשה כל המאומות "מי כמוך" (שמ טו 11), הוי עושה כל הדברים - ת"מ 89א. דהיא צמתת לכל המאומות שהיא ("השירה הזאת" - דב לא 30) כוללת כל דבר - ת"מ 176א [ק: דהיא אחסנת כל כלום. זב"ח הע' 2]. רבין כהנתה רבין חיול עד מותר ואיקרה יתר על כל מאום גדולת הכהונה עצומה מאוד וכבודה יתר על כל דבר - ת"מ (ק) 248ב. שלשה מאומות בנביותו הגלו שם יהוה הגדול והאות והכהן - ת"מ (ק) 30א. **2 לא כלום** אחרי מילית שלילה **nothing** *after a neg. part.* לית רחצון כותך ולא מאום כותך אין ביטחון כמוך ולא כלום כמוך there is no safety like You and nothing like You - א"ח 69-70. בראשית שרוי ויום נקם חסול תריון לא יבטלון אלין לית מקדם עליון מאום לעלם "בראשית" היא תחילה ו"יום נקם" גמר. שניהם לא יחדלו. אלה, לעולם אין קודם להם דבר - ת"מ 188א. ומאום לא ידמי לך ודבר לא ישווה לך - ת"מ 89א.

**מאן**¹† סירוב **refusal** [מן העברית H]

**אתפעל מאן to refuse** ואמאן אביו ואמר עכמת ברי עכמת VC (MJEB ומעי, mA) וסריב - מן אונקלוס O) וימאן אביו ויאמר ידעתי בני ידעתי his father refused and said, "I know, my son, I know" - בר מח 19.

**מאן**² כלי **vessel, instrument, garment** [א"י מן דחסף - נ ויק יא 33. **סוא"י** מאנין דכסף - שמ יא 2]

**מאן** שי"ע ז *n. m.* **1 כלי קיבול vessel** ומלו ית מניון מיר וימלאו את כליהם בר they filled their bags with grain - בר מב 25. וכל משקה דישתה בכל מאן יסתב וכל משקה אשר ישתה בכל כלי יטמא - ויק יא 34. ומאן עסף דתבשל בה יתבר ואם במאן נחש בשלת וימרק וישטף במים וכלי חרש אשר תבשל בו ישבר ואם בכלי נחשת בשלה ומרק ושטף במים - ויק ו 21. ויסב כהנה מים קדישים במהן חסף - במ ה 17. **2 כלי מלאכה utensil** וית כל מני עבדת משכנה ואת כל כלי עבדת המשכן all the utensils for the service of the tabernacle - שמ לט 40. ואם במאן ברזל מעתה ומית ואם בכלי ברזל הכהו וימת - במ לה 16. **3 נשק weapon** ואתגבר גבר ית מאני קרבה ותחגרו איש את כלי מלחמתו every man of you girded his

תלי שבי מניך .41 דב א - weapons of war מרמיתך וקשתך שא נא כליך תליתך וקשתך - בר כז 3. **4 תכשיט jewellery** וקודש עסקה גימון וגולה כל מני דהב חח ונזם טבעת עגיל וכומז כל כלי זהב brooches and earrings and signet rings and armlets, all sorts of gold - jewellery שמ לה 22. גבר דאשקע מאן דהב קטלה ושיר עסקה גימון איש אשר מצא כלי זהב אצעדה וצמיד טבעת... - במ לא 50. **5 לבוש garment** [**א״י** מאנין דעמר - ירוש כלאים לב ע״ד. **סוא״י** ומאן דבסם אתקן עלי = מעיל צדקה יעטני - ישע סא 10] ונסבת רבקה ית מאני עשו ברה... ואלבשת ית יעקב ברה זעורה $A^*M_1$) $M_6$ לבושי,MJECB רקיעי) ותקח רבקה את בגדי עשו בנה... ותלבש את יעקב בנה הקטן Rebecca took the garments of Esau her son..., and put them on Jacob her younger son - בר כז 15. לא יהי מאן גבר על אתה ולא ילבש גבר תכסית אתה לא יהיה כלי גבר על אשה ולא ילבש גבר שמלת אשה - דב כב 5.

**מאן$^{3}$**† אולי **perhaps** [< מא+אן. **א״י** מא אם תנוח מחתיה מנכון = אולי יקל את ידו מעליכם - תרג שמ״א ו 5. טל לשון, 56]

**מאן** ת״פ *adv.* **אולי perhaps** מאן לא תהך אתתה בתרי אולי לא תלך האשה אחרי - perhaps the woman will not follow me בר כד 39. מאן ימשעני אבה אולי ימושני אבי - perhaps my father will feel me בר כז 12. **מאן** יתלי אפי אולי ישא פני - בר לב 21. **מאן** אכל למגחה בה אולי אוכל להלחם בו - במ כב 11. ודחכם יתן לא נשבקנה מאן רחותה תתחזי בעלמה ואת אשר הורה אותנו לא נעזבנו, אולי רעותה תיראה בעולם - ת״מ 241א. **ננשם** על קשטה... מאן נמטי אל שביל אצלחותה נבטח בקשטה... אולי נגיע אל דרך ההצלחה - ת״מ 244א..

**מה אן** ת״פ *adv.* **אולי perhaps** מה אן יחסרון חמשיתי זכאי חמשה C אולי יחסרו חמשים צדיקים חמשה what if the fifty innocent should lack five? - בר יח 28. ובדומה לזה פס׳ 32, כד 5 ($^*M_1$ מה אם).

**מבסר**† שם פרטי *pr. n.* [כינויו של גד על פי התרגום לבר ל 11 *Epithet of Gad, following* Gen 30:11.]

**מבסר** ש״פ למבסר אליסף בר דעואל m לגד אליסף... - במ א 14.

**מבצר** mâbâṣər שם פרטי *pr. n.*

**מבצר** ש״פ ואלין שמהת רבני עשו...רבה תמנע... רבה מבצר... (A מבציר) ואלה שמות אלופי עשו... אלוף תמנע... אלוף מבצר - בר לו 40 - 42.

**מבשם** mâbāšâm שם פרטי *pr. n.*

**מבשם** ש״פ ואלין שמהת בני ישמעאל ... נבאות וקדר ואדבאל ומבשם... - בר כה 13.

**מגבעה**† כיסוי לראש **head covering** [מונח שאול מן העברית: מבגדי הכוהן. *H term*.]

**מגבעה** ש״ע נ *n. f.* **מגבעת cap** [הריבוי הזכרי בא רק באהי״ש המאוחרת. *The m. pl. occurs in late* SA *only*.] ומגבען תעבד לון make for them - שמ כח 40. ותשקע לון מגבען (B מגבעין) - caps ויחבש להם מגבעות - שמ כט 9. וישקע לון מגבען (BA מגבעין) - ויק ח 13. וית גדדי מגבעתה מילת - שמ לט 28. והמצנפת ושריאני קטף ומגבעיה והמצנפת ומכנסי בד והמגבעות - ת״מ 111ב.

**מגדד**† שם פרטי *pr. n.* [כינויו של קורח על פי המיזוג של קרח/קרע. ע״ע גדד *Epithet of Qoraḥ, following the merger of Qrḥ/Qr$^{c}$. See gdd$^{3}$.*]

**מגדד** ש״פ ונסב מגדד בר יצהר $M_1B$ ויקח קרח... - במ א 14.

**מגדיאל** mag'dīl שם פרטי *pr. n.*

**מגדיאל** ש״פ ואלין שמהת רבני עשו...רבה מגדיאל ואלה שמות אלופי עשו... אלוף מגדיאל - בר לו 40 - 43.

**מגדל** magdål שם מקום *pr. n. (place)*

**מגדל** ש״פ וישרון... בין מגדלה ובין ימה ויחנו... בין מגדל ובין הים - שמ יד 2.

**מגדל עדר** magdål $^{c}$âdår שם מקום *pr. n. (place)*

**מגדל עדר** ש״פ ונטל ישראל וקבע משכנה מלעל למגדל עדר - בר לה 21.

**מגדן**† דבר מובחר, יקר ערך **choice** [**א״י** פירי מגדנין - נ דב לג 14. **ס** מגדונא = פרי - PSm 2002]

**מגדן** ש״ע ז *n. m.* **1 מבחר choice** איכלה

מגדנות חקלה'V (נ״א אנפות) יאכילהו תנופת שדי he ate the choice of the field - דב לב 13 [פירש: מיטב השדה]. **2 מתנה gift** ומגדנין יהב לאחיה ולאמה Cm (MJBA מתונין, $m_2$ מיכולין) ומגדנות נתן לאחיה ולאמה and he - gave presents to her brother and her mother בר כד 53 [א״ס: تحفا = מתנות].

**מגוג**† mâgog שם פרטי *pr. n.* [ע״ע גוג]

**מגוג** ש״פ **בני יפת גמר ומגוג מדי ויון...** - בר י 2. ועל גמר ומגוג מן באב אלאבואב - אס 8א.

**מגיבה**† שם מקום *pr. n. (place)* [< وادی الموجب. שחאדה 188 וע״ע מישר מגיבה]

**מגיבה** ש״פ ונטלו מן מישר זרד ושרו בגוז מגיבה A ...ויחנו בעבר ארנן - במ כא 13. ית געוזי מוגיבה A - במ כא 14. ליד קרית מואב דעל תחום מוגבה A - במ כב 36.

**מגיסה**† כלי קיבול **platter** [מן אונקלוס O]

**מגיסה** ש״ע נ *n. f.* **קערה platter** ועבד ית מניה... ית מגיסאתה וית פליהתה $M_1$ ויעש את הכלים... את קערתיו ואת כפתיו he made - the vessels..., the plates and dishes - שמ לז 16. וקרבנה מגיס[ה] כסף אחדה m ...קערת כסף אחת - במ ז 13. הקרב ית קרבנה מגיסה כסף m - במ ז 19. וקרבנה [מג]יסה כסף חדה m - במ ז 31, וכן 37 [מ]גיסה, 55 מג; 73 מ; - הכול m. מג[יסי] כסף תרתיעסרי m - במ ז 84.

**מגיר**† שם פרטי *pr. n.* [כינוי לישׂשכר על פי האמור בבר מט 14: יששכר חמור גרים, שנתפס מעניין גר וניתרגם תותבים. *Epithet of Issachar, following* Gen [49:14 (SP).

**מגיר** ש״פ למגיר נתנאל בר צוערm - במ א 8.

**מגל**† כלי לקציר **sickle** [א״י ומגל דחצד לא תעבר על קיימתה דחברך - **נ** דב כג 23 **סוא״י** שלחו מגליא לגלל דמטא קטפא - יואל ד 13]

**מגל** ש״ע ז *n. m.* **כלי לקציר sickle** משרואך מגלה בקאמתה (C מגאל, V מאגל) מהחלך חרמש בקמה from the time you first put the sickle to the standing grain - דב טז 9. ומגל לא תגיז על קאמת עברך וחרמש לא תניף על קמת רעך - דב כג 26.

**מגלס**† ישיבה **sitting** [< مجلس - Lane 444a. טל ג עח]

**מגלס** ש״ע ז *n. m.* **מושב seat** וזעק לה לבן מגלס סהדותה (J מתוב, E תותב =המליץ 480) ויקרא לו לבן יגר סהדותה Laban called it "the seat of testimony" - בר לא 47 [א״ס: مجلس].

**מגן**† maggån נתינה ומסירה **handing** ← **over** חינם; שווא **for nought** [**א״י** למפלח קדמיי מגן - **נ** בר כט 15. **סוא״י** מגן נסבתון מגן הבו = חינם לקחתם, חינם תנו - מתי י 8]

**פעל נתן, מסר to hand over** ובריך אל עליון דמגן עאקיך באדך (נ״א דמסר, דתורס) וברוך אל עליון אשר מגן צריך בידך blessed be God Most High, Who has handed over your foes into your hand - בר יד 20 [משורבב מן העברית .[H *interp.* ?

**מגן א** ת״פ *adv.* **חינם gratis** ברן אחי אתה ותשמשני מגן הכי אחי אתה ועבדתני חנם just because you are a kinsman, should you serve me for nothing? - בר כט 15. **ונפקה מגן** לית כסף - שמ כא 11. דניכל במצרים מגן אשר אכלנו במצרים חנם - במ יא 5. יפק לחרותה מגן יצא לחפשי חנם - שמ כא 2. לא אפק מגן V לא אצא חינם (!) - שמ כא 5 [נגרר אחר פס 2. נ״א חראי, חרו. .[Attraction to v. 2 חילך מוחי מגן כוחך מחיה חינם - מ ו 44. **ב** ש״ע ז *n. m.* **שווא vain (in)** לא תסיד בעברך סעדו דמגן לא תענה ברעך עדות שוא you shall not bear vain witness against your fellow - דב ה 16. לא תקבל משמוע מגן לא תשא שמע שוא You must not carry vain rumors - שמ כג 1. לא יהי ממללה מגן - ת״מ 118א.

**למגן** ת״פ *adv.* **חינם, לשווא in vain** לא תסבל ית שם יהוה אלהך למגן הלא לא יזכי יהוה ית דיסבל ית שמה למגן לא תשא את שם יהוה אלהיך לשוא כי לא ינקה יהוה את אשר ישא את שמו לשוא you shall not take the name of the Lord your God in vain; for the Lord will not hold him guiltless who takes his name in vain - שמ כ 6, דב ה 10 (= המליץ 593). **עד** לא תיזל מלה למגן שלא תלך מילה לריק - ת״מ 293א.

**על מגן** ת״פ *adv.* **חינם, לשווא in vain** חילה מוחי לן מגן ואנן מקנין לה על מגן כוחו מחייה אותנו חינם ואנו מקניאים אותו חינם His force revives us for nothing, and we enrage Him in vain - מ א 151.

†**מגנסר** שם מקום [על פי נ״ש amkinnârət, השי' (LXX) Μαχαναρεθ. ע״ע גנסר. ראה עואנ״ש ג/א *pr. n. (place)*[97

**מגנסר** ש״פ לכתף ים מגנסר מדנחה - במ לד 11. ובקעתה וירדנה ותחום מגנסר - דב ג 17.

†**מגר** ישיבה, מגורים **habitation** [שורש תנייני מן מגיר, באה״ש המאוחרת. ע״ע גור *Secondary root* *[from the pt. of gwr (q. v.) in late* SA.

**אתפעל שכן, גר to dwell** חכם לבניו מהו עתיד לון במגירותה דאנון מתמגרין הודיע (יעקב) לבניו מה צפוי להם במגורים שהם גרים (Jacob) informed his sons what was prepared for them in the dwelling where they dwell - ת״מ 288א [זב״ח הע' 3]. **אתמגר בארעה הדה** $M_2$ גור בארץ הזאת - reside in this land - בר כו 3. **וגיורה המתמגר בגבוכון** A והגר הגר בתוככם - ויק טז 29. **ואן יתמגר עמכון גיור** $M_1$* וכי יגור עמכם גר - ויק יט 33. בהשאלה *fig.* **עזבו נחלתם ואתמגרו בכהנה** עזבו (הכהנים) את נחלתם ודרו בכהונה (the priests) left their possession and dwelt in priesthood - תולדה 26ב [Neubauer 398: ואתיגרו. אבו אלפתח: وسكنوا.]

**מד**[1] לבוש **garment** [מן העברית H]

**מד** ש״ע ז *n. m.* **לבוש garment** וילבש כהנה מדי עבר (נ״א משחי, משיי) ולבש הכהן מדי בד - the priest shall put on his linen garment - ויק ו 3 [יד שנייה על מחק. נ״א - פירש מידות].

**מד**[2] מילית קישור *conj.* [< מד- < מה ד-. זב״ח עואנ״ש ג/ב 41. *LOT* IIIb, 41 ע' גם בערך מן]

**מד** מ״ק **1** mad (מקדם זיקה) *correlative conj.* **מה ש-** ומן יכל אמר לה מד לאוי לחילה ומי יכול לומר לו מה שיאה לכוחו who can tell what is appropriate to His might - מ ו 23-24. **עצפו מעבד מד אמר לון מרון** התחזקו לעשות מה שאמר להם אדוניהם they dared to do what their Master told them - ת״מ 229ב. **ונקרי בה ומד מתשקח קמיו** ונקרא בו ו(ב)מה שנמצא לפניו - ננה 61. **מד אנן יכלין** מה שאנו יכולים - א״ח 73. **אבדת דילך בביש תחמדותך ואתיך בריחו תבלש מד לעורנים** איבדת את שלך ברוע תאוותך ובאת לבקש מה שלאחרים - ת״מ 293א. **ותעבדו מד לא עבדו אבהתכון ותשמעו מד לא שמעו** - ת״מ 117ב. **2** מילית השוואה *comparative part.* **פדיתן מן סנין מד לאבהתן פדיך** פדנו משונאינו כשם שפדית את אבותינו relieve us from the enemies as you relieved our ancestors - א״ג 48. עם 'כן', מילית משלימה באבר השני *with kn in the apodosis* **מד אלין אתעבדו ארשי בריתה כן אנון אתעבדו ארשי גויתה** כשם שאלה נעשו יסודות הבריאה כן אלה נעשו יסודות הגוף - ת״מ 182ב. **מד אנה קעים כן כתבי קעים** כשם שאני קיים כן ספרי קיים - ת״מ 246א. **מד לית אלה הך יהובה כן לית כתב רב כותה** כשם שאין אל כנותנו, כן אין ספר גדול כמוהו - מ כד 31-32.

**מד ד- ואתה מגדד על מד דאתה בה לא שהב** ואתה מורד במה שאתה בו ולא שב - ת״מ 113ב [חזרה על ד' הזיקה משהורגשה מד מילית עצמאית. *The rel. d- repeated, since md became independent.*]

**מד**[3] מילית קישור *conj.* [< מד- < מן ד-. זב״ח עואנ״ש ג/ב 41. *LOT* IIIb, 41 ע' גם בערך מן]

**מד** מ״ק *conj.* **1 מִשֶּׁ-** לסיבה **because, since** *causal* **מד לית אלה אלא אחד לא עלם אלא דילה** באשר אין אל אלא אחד, אין עולם אלא שלו since there is no God but one, there is no world but His - ע״ד א 1-2. **ומד בך אדבקת... גזר לבי** ומשדבקתי בך, מול (ערלת) לבי - א״ג 5-6. **ומד בך אתרחצת... סגי טבאתך** ומשבך בטחתי ...רבה טובותיך - א״ג 49-50. **מד אתה בית ערוק... קבל ערוק לידך** משאתה מפלט... קבל את הבורח אליך - א״ג 78-80. **2 מאז** לזמן **since** *temporal* **מד דלא הות כבתה במצרים מד הות לגוי** אשר לא היתה כמהו במצרים מאז היתה לגוי such hail had never been in all the land of Egypt since it became a nation - שמ ט 24. **ומד עלת ליד פרעה** - שמ ה 23. **אתו מד אנה קמיכון** בואו בעוד אני לפניכם (דברי משה) - ת״מ 240א. **מד אלין אתו בשם אתעבדת כי מיעל נביו** משבאו אלה ב״שם״ נעשה ״כי״ מבוא לנבואה (בביטוי ״כי בשם יהוה אקרא - דב לב 3) - ת״מ 180ב.

†**מד**[4] מילית קישור *conj.* [< מד- < מן ד- . זב״ח עואנ״ש ג/ב 41. *LOT* IIIb, 41 ע' גם בערך מן]

**מד** מ״ק *conj.* **מי ש- who** תרבי אנחמו למד הוא מלף תרבה נחמה למי שלומד increases relief to him who learns - ת״מ 293א [ראה הערת זב״ח].

**מדה**† measurement מידה [מן העברית H]

**מדה** ש״ע נ .n. f **מידה** measure ומדתה עביד אלפנה וכמידתה (של ״וידבר״) עשה את התורה according to the measure (of *wydbr*) he made the Torah - ת״מ 173א [זב״ח הע׳ 7].

**מדי**† mâdi שם פרטי .pr. n

**מדי** ש״פ בני יפת גמר ומגוג מדי ויון... - בר י 2. מובא גם באס 7ב.

**מדין**[1] madyån שם פרטי .pr. n

**מדין** ש״פ וילדת לה ית... מדן וית מדין - בר כה 2.

**מדין**[2] madyån שם מקום (place) .pr. n

**מדין** ש״פ וחקר משה מקדם פרעה ודער בארע מדין... ויברח משה מפני פרעה וישב בארץ מדין... - שמ ב 15. משה במדין שרר קנומה משה במדין חיזק עצמו - ת״מ 16א. ויצבאו על מדין כמד פקד יהוה - אס 18ב.

**מדינאי** ש״י .gent. n ומדינאי זבנו ית יוסף למצרים והמדינים מכרו את יוסף מצרימה - בר לז 36.

**מדין**[3]† שם פרטי .pr. n [כינוי לדן על פי האמור בבר מט 16 [Epithet of Dan, following Gen 49:16

**מדין** ש״פ למדין אחיעזר בר עמישדה m - במ א 12.

**מדינת ארבעתיתה**† שם מקום .pr. n (place)

**מדינת ארבעתיתה** ש״פ ומיתת שרה במדינת ארבעתיתה ותמת שרה בקרית הארבע - בר כג 2. מדינת ארבעתיתה הי חברון - בר לה 27.

**מדינת חיצות**† שם מקום (place) .pr. n

**מדינת חיצות** ש״פ ואזל בלעם עם בלק ואעלה למדינת חיצות V וילך בלעם עם בלק ויבאהו קרית חצות - במ כב 39.

**מדינת פלגיה**† שם מקום (place) .pr. n [נדרש לעניין המחלוקת. Midr. int. following the reading *īṣot*, attributed to *ḥyṣ* ‘dispute’.

**מדינת פלגיה** ש״פ ואזל בלעם עם בלק ואיתיה מדינת פלגיה וילך בלעם עם בלק ויבאהו קרית חצות - במ כב 39.

**מדינת רזיו**† שם מקום (place) .pr. n [השם נדרש עיצות על פי המעשה, ר״ל שם כללי. Midr. int. derived from the reading *īṣot*, which equals [*ᶜswt*, ‘counsels’.

**מדינת רזיו** ש״פ ואזל בלעם עם בלק ואעלה למדינת רזיו ECB וילך בלעם עם בלק ויבאהו קרית חצות - במ כב 39.

**מדל**† קניין property [< מה+ד+ל. א״י דיחזר לי מדלי - ויק״ר תתס]

**מדל** ש״ע ז .n. m **קניין** property והוא ריקן ממדל והוא ריק מקניין (Jacob) was empty from (*i.e.*, had no) property - ת״מ 133א. מדל אהרן ומדל בניו N מאשר לאהרן ומאשר לבניו - שמ כט 27. תבלש מאדל אשימך עני תבקש רכוש, אשימך עני - ת״מ 149ב. ברחמיך אנן אחין לגו מדלך ברחמיך אנו חיים במה שהוא שלך - מ ד 7-8. עתירה דעותרה צריך כל מדלה עתירה ומסכינה מן אוצר טובה מזדנין העשיר, שעושרו צריך כל רכוש, העשיר והעני מאוצר טובו ניזונים - מ יז 29-32. שבקו מדלכון וזלו דבחו - ת״מ (ק) 13ב. אתילף חכמתה די ריש כל מהדל מרביה מלוכה בכל דרי עלמה למד את החכמה שהיא ראש כל קניין, מגדלת את בעליה בכל הדורות - ת״מ 298א. ובזזו ית כל מדהלון בזזו את כל רכושם - ת״מ 223ב.

**מדן** maddån שם פרטי .pr. n

**מדן** ש״פ וילדת לה ית... מדן וית מדין - בר כה 2.

**מדעם**† ביטוי הסתמיות: דבר, משהו anything [ע״ע ׳כלום׳. המליץ expression of indetermination 508: מאדעם. א״י לא מתמנע מן פולחניכון מדעם - נ שמ ה 11. נחמי אן נשינן מדעם = נראה אם שכחנו דבר - בר״ר 911]

**מדעם** ש״ע ז .n. m **1 דבר** anything היפלא מיהוה דבר is היפלא מאדם *$M_2$* מיהוה דבר anything too wondrous for the Lord? - בר יח 14. על כל מאדם גרם A על כל דבר פשע - שמ כב 8. מכאלה אכול ממלל מדעם VNB (A מחדם) היכל אוכל דבר מאומה - במ כב 38.

ועבדתה קמיך מגן ‹יחדיף› מנך כל מאדם
ביש ותעשה לפניך מגן הודף ממך כל דבר רע
- ת״מ 149א. כל מן דעמה מאדם טב הוה משבח
מי שראה דבר טוב יהיה משבח - ת״מ 214א
יום שיאלה על כל מאדמיה מן עמלי כל
בוראיה (יום נקם) הוא יום התביעה על כל
דבר ממעשי כל הברואים - ת״מ 236ב. **2 לא**
**כלום** אחרי מילית שלילה *after a neg.* **nothing**
*part.* ולא תגרעו ממד היוכון עבדין מדם ולא
תגרעו ממה שהייתם עושים דבר you shall
- reduce nothing from what you are used to do
ת״מ 169ב. **ולא עכם עמה מדעם** CB (A מאדם)
ולא ידע אתו מאומה he did not pay attention
to anything - בר לט 6. **הן רבי לא עכם עמי**
**מדעם** CB (A מאדם) - בר לט 8. **ולא חסך מני**
**מדעם** CB - בר לט 9. **לית רב בית אסורה חזה**
**ית כל מדעם** NCB (A מאדם) - בר לט 23. **ולא**
**מת מכל לבני ישראל מאדם** A - שמ ט 4, 5א.
**ולית צריך ‹למאדם› עורן ולא צריך לדבר**
**אחר** - ת״מ 138א. **מן דמך והו משבח לא ישלט**
**בה מאדם** מי ששוכב ומשבח (את האל על
משכבו) לא ישלוט בו דבר רע - ת״מ 222א. **לא**
**יפק מנה מאדם** אל בראה לא יצא ממנו דבר
החוצה - ת״מ 289ב.

**מה**[1] mâ מילית שאלה ושלילה *interrogative &*
*negative particle* [א״י מה הווי באחריותהון - נ דב
לב 29]

**מה א** מ״ש *interrog. part.* **1 מה what** ואמר
למרה מה אנה ואמר לאדוניו ״מה אנכי״
- ע״ד א - (Moses) said to his Lord "what am I?"
10. מה חזית כד עבדת ית ממללה הדן what
- were you thinking of, that you did this thing?
בר כ 10. **מה דן באדך** what is that in your
hand? - שמ ד 2. **2** להצעת שאלה לסיבה *interrog.*
*of cause* **מה why** מה תצבע לי מה תצעק
אלי? Why do you cry out to Me? - שמ יד 15. **מה**
**תתיגרון עמי ומה תנסון ית יהוה** מה תריבון
עמדי מה תנסו את יהוה - שמ יז 2. עם על *with*
*prep. ˁl* **על מה מעית ית אתנך** על מה הכית
את אתנך why have you struck your ass? - במ
כב 32. **על מה עבד יהוה אכהן לארעה הדה** -
דב כט 23. **ועל מה אתה בכי** - ת״מ 251א. **3**
תחליף ש״ע *substitute of noun* **מה what** **מן**
**יתני מה אתה** מי יגיד מה אתה who can tell
what are You - מ ד 54. בצירוף האוגד *with the*
*copula* **מן ישום מה הו חילך** מי יעריך מהו
כוחך? who can estimate what is your power? -
ע״ד ח 3. **זעק לכל חכימיה כי יחכמונך מהו**
**הדה פליה** קרא לכל החרטומים כי (הם)
ילמדוך מהו המופת הזה - ת״מ 25א. **דברון**
**ממן על מהו טיבם** קיים כמו שהוא - ת״מ
306ב. **ב** מילת קריאה המגבירה ש״ת *interj.*
*(intensifier of adjectives)* **how מה** **מה טבים**
**משכניך יעקב** מה טבו אהליך יעקב how fair
are your tents, O Jacob - במ כד 5. **מה נוראי**
**אתרה הדן** מה נורא המקום הזה how
awesome is this place! - בר כח 17. **ארמלהתה**
**שגיהן יתמיה חיבין רבקיה מרודין... מה ביש**
האלמנות שוגות, היתומים חוטאים, הנערים
מורדים... מה רע! - ת״מ 233א. **מה טב אהן**
**יומה** - ת״מ 291ב. לתמיהה *expression of wonder*
**מה אתון בעין מפקה מלגו ארע מצרים** מה,
אתם מבקשים לצאת מארץ מצרים?! - ת״מ
33ב [זב״ח הע׳ 5]. **ג** שלילה *neg. part.* **1** בשאלה
ריטורית *in rethorical questions* **לא** **מה אנחה**
**כד נקטל ית אחונן מה בצע כי נהרג את**
אחינו what profit is it if we slay our brother -
בר לז 26. **מה אמרו לך דאני לגו ימה אביד**
(כלום) לא אמרו לך שאני אובד בתוך הים ?
did not they say you that I am (דברי פרעה)
going to perish in the sea? - ת״מ 65א [זב״ח הע׳
4]. **ואמרת למשה מה אתית לך ואת רמי לגו**
**נהרה... מה הגלית לך בסימנים... מה שמשתך**
**מן ספת ימה עד ספת ימה מה פוררת אחוך**
**והות עליו כליל קדש** (כלום) לא באתי אליך
ואתה מושלך בתוך הנהר... (כלום) לא נגליתי
לך באותות רמים... (כלום) לא שימשתיך...
(כלום) לא עוררתי את אחיך והייתי עליו כתר
קדש? - ת״מ 289א. **2** בעש״ח שלילה גרידא בהשפעת
ما NSH *negation under the influence of Ar mā.*
**אתיהב לה חלק מה אתיהב לעורנה** ניתן לו
(ליהושע) חלק (ש)לא ניתן לאחר - ת״מ 275א
[זב״ח הע׳ 2]. **ואנן מה עלינן רניניכון** A (נ״א
ואנן מה לא עלינן...) ואנחנו, לא עלינו
תלנתיכם - שמ טז 8 [שינוי המבנה התחבירי ושינוי
הוראתה של ׳מה׳ ע״י החסרת ׳לא׳: *Change in syntax*
*(casus pendens) and meaning.*]. **דלים אנחנו...**
**מה לנו יכולה** ...אין לנו יכולת we are poor...
and have no power - אבישע (Cow 485). **והב**
**בלך אן תסתיר ממי מה יסתר ותן דעתך שלו**
**תסתיר** ממי שלא ייסתר (דבר) - אבישע (Cow
510). **ד** מקדם זיקה (ללא תווית הזיקה) *correlative*
**מה ש-** את תעמי *conj. with no relative part.*
**מה אעבד לפרעה** A (נ״א ית דאעבד) אתה
תראה את אשר אעשה לפרעה you shall see

את תמלל .1 שמ ו - what I will do to Pharaoh
מה אפקדך A (J ית כל דאפקדך) אתה תדבר
את כל אשר אצוך you shall say what I
ובדיל תתני... מה דלסת .2 שמ ז - command you
במצראי A (נ״א ית דאשתקרת) ולמען תספר...
את אשר התעללתי במצרים - שמ י 2. מה תאפון
אפו ומה תטפשלון טפשלו A (נ״א דתאפון,
אד תאפון) את אשר תאפו אפו ואת אשר
תבשלו בשלו - שמ טז 23. לא חכמנן מה הוה
להלא ידענו מה היה לו - שמ לב 1. שמעו מה
אגיב לון פרעה שמעו מה ענה להם פרעה -
ת״מ 25א. יתב על כרסי גדל כתב מה אלפה
מרה יושב (משה) על כסא גדול, כותב מה
(ש)למדו אדוניו - ת״מ 202ב. נח צמת מן שביל
זכותה מה אזדאנו בה נפשהתה דבחרון מרון
נח אסף משביל הצדקה מה (ש)ניזונו בו הנפשות
שבחרון אדוניהן - ת״מ 219ב. ואמר מה עתיד
אתי ואמר מה שעתיד לבוא - אס 20א. אשפיר
מה מללת יפה מה שדיברת - ת״מ 37ב [עי״פ שמ י
29: כן דיברת].

**מה ד-** מקדם זיקה באה״ש המאוחרת. *correlative*
*conj. (late SA)* **מה ש-** ונסב ממא דאנדה
באדה מנחה לעשו ויקח מן הבא בידו מנחה
לעשו (Jacob) took from what he had with him
- בר לב 14. a present for his brother Esau **עבוד**
**כל מה דו בעי** He does what He wants - ע״ד י
33. מלל ועבד כל מה דחני לה אמר ועשה כל
מה שערב לו - מ יב 49-50. ואלה זכי מנוכון
בכל מה דאתון עבדין ואלהים נקי מכם בכל
מה שאתם עושים - ת״מ 144ב. בתר מה דחכם
עסרתי נביותה פרס כפיו קמי מרה לאחר
שהודיע את עשר הנבואות... - ת״מ 205ב. עמי
כל מה דכתב קמיך ראה כל מה שכתב לפניך
- 160א. מחכום דריה מה דגלה משה להודיע
לדורות מה שעשה משה - אס 20א. אחחרי תווית
יחס *after a prep.* **ומשתעבדים בזכו ושמעים**
למה דאמר לה אלה ונכנעים ושומעים לאשר
אמר לו אלהים - ת״מ 119ב. דאמר בסניה משה
משה חדה למה דהוה וחדה למה דיהי ..."משה
משה" אחת למה שהיה ואחת למה שיהיה -
ת״מ 34ב.

**ממה** מ״ש לסיבה *interrog. part. (causal)* (רק
בתה״ש) **מדוע** **why** ממה אפיכון בישים יומן
מדוע פניכם רעים היום why are your faces
- בר מ 7. downcast today? ממה אתה יתיב
לודך מדוע אתה יושב לבדך why do you sit
- שמ יח 14. alone? ממה זרזתין מיתי יומן
מדוע מהרתן בוא היום - שמ ב 18. ממה לא
יתוקד סניה מדוע לא יבער הסנה - שמ ג 3.
וממה לא דחלתון לממללה בעבדי במשה
ומדוע לא יראתם לדבר בעבדי במשה - במ יב
8.

†**מה²** מילת קישור *conj.* [זב״ח: הפרדה מן mn d- <
[mand- > madd-

**מה** מ״ק (מקדם זיקה) *correlative conj.* **מי ש-**
**who** מן שומיה נחת ולנן אתיהב והימנן לעיו
כות מה דהוה עמן מן השמים ירד ולנו ניתן
והפקידנו עליו כמו מי שהיה עמם (משה) it
descended from heaven and was given to us
and we were appointed in charge of it as one
- who was with them (Moses) ת״מ 282ב [תחביר
קשה. *Unclear syntax*.]

†**מהבה** שם מקום *pr. n. (place)* [תרגום השם.
*Transl. of the name*]

**מהבה** ש״פ מן מדברה מהבה ומן מהבה פלגין
A ממדבר מתנה וממתנה נחלאל - במ כב 36.

**מהיטבאל** mīṭâbəl שם פרטי *pr. n.*

**מהיטבאל** ש״פ ושם אתתה מיטבל ברת מטרד
- בר לו 39.

**מהללאל** mâllēləl שם פרטי *pr. n.*

**מהללאל** ש״פ ואקעים קינן שבעים שנה ואולד
יח מהללאל - בר ה 12.

†**מהר¹** מהירות **haste** [עש״ח NSH]

**פעל מיהר** **to hasten** ומרן כרז לה בכסי
אה משה מהר ואדוננו קרא לו בהסתר: הוי
משה, מהר our Lord called him inwardly:
- ת״מ (ק) 81ב (ש: זרז - 260א) "make haste"

**מהר** ת״פ *adv.* **מהר haste** ישלח יהוה בך ית
מרתה... עד שיצואתך מהר מקמי ביש שקריך
E (נ״א זרז, בפריע) ישלח יהוה בך את המרה...
עד השמידך... מהר מפני רע מעלליך the Lord
will send upon you curses..., until you are
- destroyed..., on account of your evil lies דב
כח 20.

**במהרה מהר** ביטוי אדוורביאלי **in haste**
*adverbial expression* ודמה יתון להעופרת כי
הוא ירד במהרה וישרף במהרה ודימה אותם
(את המצרים) לעופרת, כי היא יורדת מהר
he compared them to lead (Ex וניתכת מהר

15:10), for lead sinks quickly and is soon burnt - ת״מ 288ב [על שמ טו 10].

**מהר²**† תשלום החתן לאבי הכלה **bride payment** [**א״י** אסגו עלי לחדא מוהרא - **מי״ל** בר לד 12]

**מהר** ש״ע ז *n. m.* **מוהר bride payment** כסף יתקל כמהר בתולתה B (נ״א כפרן) כסף ישקל כמהר הבתולות he must still pay money in accordance with the bride payment for virgins - שמ כב 16. הסגו עלי מוהרין $M_{ins}$ לחדה $M_2$ הרבו עלי מהר מאד - בר לד 12 [מן אונקלוס O].

**מואב¹** muwwåb שם פרטי *pr. n.*

**מואב** ש״פ ומכאן אבי העם הנושא שם זה וילדת רבתה בר וקרת ית שמה מואב הוא אבי מואב עד היומן ותלד הבכירה בן ותקרא את שמו מואב הוא אבי מואב עד היום - בר יט 37.

**מואבאי** ש״י *gent. n.* לא ייעל עמונאי ומואבאי בקהל יהוה V - דב כג 4. כבש אדומאי וכן מואבאי - ת״מ 191ב.

**מואב²** muwwåb שם מקום *pr. n. (place)*

**מואב** ש״פ הלא ארנן תחום מואב כי ארנן גבול מואב - במ כא 13. בבקעת מואב - ת״מ 154ב. בטור סיני אקבע ארשה בבקעת מואב שבשתה בהר סיני נקבע היסוד, בבקעת מואב העיקר - מ כא 9-10.

**מודד** mūdåd שם פרטי *pr. n.*

**מודד** ש״פ שם אחדה אלדד ושם תניאנה מודד... אלדד ומודד מתנבים במשריתה - במ יא 26 - 27. מובא גם בת״מ 176ב.

**מוזן**† מאזניים **weight** [השורש נקרה רק בצורת שה״ע הזוגי (נסמך) מזני. היחיד מוזן בא רק בכ״י מאוחרים בהשפעת הערבית ميزان ואין לו קשר עם מוזנא שבמכתבי יב Cow Pap 15,24). ״כף מודנא חדא״ שבמיוחס ליונתן הוא יצירה ad hoc. *The root occurs only in the dual noun mzny(m). The sing. occurs only in* NSH *as an Ar loan (no connection with OA mzn³).*]

**מוזן** ש״ע ז *n. m.* **משקל weight** ויעזרון לחמכון במוזנה ותיכלון ולא תסבעון A והשיבו לחמכם במשקול ואכלתם ולא תשבעו they shall dole out your bread by weight, and

ויק - though you eat, you shall not be satisfied - ויק כו 26. ויתב כסף מניאנה אלף ושבע מאות במוזנה... ווים לעמודי משכנהוהשיב את כסף המניין אלף ושבע מאות במשקל - בן מניר (Cow 96).

**מוזנין** ש״ע ז *n. m. pl. tant.* **מאזנים scales** מוזני קשט אבני קשט ומכלת קשט והין קשט יהי לכון (C מאזני, E מאזן - כתיב אל״ף ע״פ העברית) מאזני צדק ואבני צדק ואיפת צדק והין צדק יהיה לכם you shall have an honest balance, honest weights, an honest Ephah, and an honest Hin - ויק יט 36. אתקלי שני במוזני קשט נשקלו השנים במאזני צדק - ת״מ 250ב.

**מוח**† חלק בגוף האדם: מצח **forehead** [**א״י** והוה מחי ליה ופצע מוחיה - בר״ר 360]

**מוח** ש״ע ז *n. m.* **מצח forehead** ויהי על מוח אהרן... ויהי על מוחה תדיר והיה על מצח אהרן... והיה על מצחו תמיד it shall be on Aaron's forehead..., it shall be on his forehead at all times - שמ כח 38.

**מוט**† נפילה, התמוטטות **collapse** [**א״י** ותמוט ידה עמך - **נ** ויק כה 35]

**קל נפל** ואן יפעת **to decline, collapse** אחוך ותמוט אדה עמך ותתקף בה וכי ימוך אחיך ומטה ידו עמך והחזקת בו if your brother becomes poor, and (his situation) declines with (*i.e.*, in front of) you, you shall maintain him - ויק כה 35. ליום נקם ושלם לזבן תמוט רגלון C ליום נקם ושלם לעת תמוט רגלם to the day of vengeance and requital, at the time that their foot collapses - דב לב 35. מובא בת״מ 235א. מן מהלך בבישה ימוט כף רגלה מהליכה ברעה תמוט כף רגלו - ת״מ 235ב [ע״פ דב כח 56, לב 35].

**מוך** נטייה והליכה, ירידה **turning (away, aside), going, descent** [עואנ״ש א 238, הע׳ 2. על הקשר בין ירידה והליכה ע״ע אזל.. השורש נתמזג עם הוך ועם מכך (ע״ע) *mwk merged with mkk and hwk, q. v.*]

**קל 1 נטה to turn aside** ונחת יהודה מקבל תלימיו ומהך עד גבר עדלמי A וירד יהודה מאת ויט עד איש עדלמי Judah left his brothers and turned in to a certain Adullamite - בר לח 1 (= המליץ 475). ומהך לידה EB ויט

אליה - בר לח 16. **2 הלך to go, walk** [הרחבה מן הוד? טל ג פח הע' 98,97 *extension fo hwk: See* Tal III, 87-88.] ומהך יוסף בתר תלימיו A וילך יוסף אחרי אחיו Joseph went after his brothers - בר לז 17. ומהכו תלימיו למרעי ית עאן אבון A וילכו אחיו... - בר לז 12. שגרוני ואמהך A שלחוני ואלך - בר כד 56. שבילי דאנה מהך עלויה A דרכי אשר אני הלך עליה - בר כד 42. מן גברה זהיה המהך בבראה A מי האיש הלז ההלך בשדה - בר כד 65. ואברהם מהך עמון A ואברהם הלך עמם - בר יח 16. ויעקב מהך לשבילה A ויעקב הלך לדרכו - בר לב 2. המהכים בתר קטעיה A ההלכים אחר העדרים - בר לב 20.

**אפעל** [ ‹מכך?] **1 הוריד** *trans.* **to lower** אמכי ני קלתיך A הטי נא כדך - let down your jar בר כד 14 (= המליץ 454. הש' : אעתי וכן פס 18: ואעתת קלתה = ותורד). הא אנה ממך לוכון מזון מן שומיה A (נ״א ממטר) הנני ממטיר לכם לחם מן השמים behold, I will bring down bread from heaven for you - שמ טז 4. **2 ירד to descend** ואמכת אשתה ארעה A (J ואהלכת, ECB והלכת) ותהלך אש ארצה fire ran down to the earth - שמ ט 23 [נ״ש wtâllēk - פיעל עתיד.*paraph.*]

**מול**[1]† כריתת העורלה, מילה **circumcision** [מן העברית. ע״ע גזר, נמל H]

**קל מל to circumcise** ומול ערלת לבבינו - circumcise the foreskin of our hearts ע״ש ב 12.

**מלה** ש״ע נ. *n. f.* **מילה circumcision** ונסבת צפורה טנר וקטעת m ית מלת ברה m[b] ותקח צפרה צור ותכרת את ערלת בנה Zipporah took a flint and cut off her son's foreskin - שמ ד 25 [מן אונקלוס O].

**מול**[2]† מילת יחס *prep.* [עברית H]

**מול** מ״י *prep.* **נגד against** בבקעה מול גלגלה C (נ״א קבל) בערבה מול הגלגל in the Arabah, against Gilgal - שמ כ 13א. מובא גם בת״מ 35* (פעמיים).

**מום** חיסרון, מום, פגם **blemish, defect** [א״י די יהווי בה מום - נ ויק כא 17. סוא״י דנהא קדישין ופצין מום קודמוי = ונהיה קדושים ופנויים מן מום לפניו - האגרת אל בני אפסוס - PalLect 79. אבל ראה μῶμος = פגם]

**מום** ש״ע ז. *n. m.* **1 פגם blemish** כמד יתן מום באנש כן יתיהב בה כאשר יתן מום באדם כן ינתן בו the blemish he inflicted on another shall be inflicted on him - ויק כד 20. ואן יהי בה מום פסיח אי סמי אי כל מום ביש לא תדבחנה וכי יהיה בו מום פסח או עור או כל מום רע לא תזבחנו - דב טו 21. ולא יקום במשכנה כהן בה מום ולא יעמד במשכן כהן שיש בו מום - ת״מ 192ב. אזיל יהוה אלהים ית מומי M₂* (A חסרי) אסף (מילולית: הקל) אלהים את מומי - בר ל 23. למחכם ית מום M₂ (נ״א גנות, ערות) ארעה אתיתון לראות את ערות הארץ באתם - בר מב 9. **2 רשע wicked** *in the idiom "bny mwm"*. בצירוף 'בני מום' חבלו לא לה בני מום שחתו לא לו בני מום they have dealt corruptly {not} with him, the wicked ones!) - דב לב 5, מובא גם בת״מ 194ב, 195א. חבוש מרור חבושה דחשכה וכל בני מומה עבישין לגוה מאסר מר הוא החושך וכל בני המום (= המצרים) אסורים בו - ת״מ 37א [ע״פ דב הנ״ל].

**מוס**[1]† מסיסה **melting** [בן-גוון של מס״י[1] (ע״ע) *Alternative root of msyl, q. v.*]

**אפעל נמס** בהשאלה *fig.* **to melt away** במפני נורה ית קרח וית חמשין ומואנין גבר והוו להמיס A באכל האש את קרח ואת חמשים ומאתים איש והיו לנוס when the fire consumed Korah and the two hundred and fifty men, they melted away (=perished) - במ כו 10 [תפס נוס מן נסס. SP *nws is attributed to nss*.]

**מופת** mūfāt אות, מופת **sign** [שאולה מן העברית *H loan*. א״י לכל אתיא ומופתיא - התה״מ דב לד 11]

**מופת** ש״ע ז. *n. m.* **אות, מופת sign, wonder** כללה בסימנים ורבינה במופתים עיטרו (את משה) בנפלאות וגידלו במופתים (God) crowded him (Moses) with signs and magnified him with wonders - ת״מ 303א. נבקע ים סוף... מופת לא הוה ולא יהי כותה ...אות שלא היה ולא יהיה כמוהו - ת״מ 62א. המופתים אשר אתעשו במצרים... ולמה קדם מופתי ים סוף על מופתי מצרים... מעשה יהוה ומופתיו בים - ת״מ 71ב (2x). ושלחה יהוה במופתים רמים נקם למצרים ופרקן לצבאות יהוה - ת״מ 58ב. ואזדמן בזה המופת עשרה מופתים רמים ונכללו באות זה (הדם) עשרה

מופתים גדולים - ת״מ 61א. ושוי דשרת שרה במדור פרעה אתעמי מפתים רברבים אותה שעה ששכנה שרה בבית פרעה נגלו מופתים גדולים - אס 11א.

מוץ† *Corr.* ?

**קל ?** וימץ וסקף ית חוטריה דקלף במסטופיה A ויצג את המקלות אשר פצל ברהטים - בר ל 38 [תרגום ״כפול״ מן הגיליון. *Gloss in "double" translation.*]

מוקדה† שם מקום *n. pr. pl.* [תרגום השם. *Transl. of the name*]

**מוקדה** ש״פ **תבערה** **fire** וקרא שם אתרה יתה מוקדתה A וקרא שם המקום ההוא תבערה - במ יא 3.

מור[1] הזנה, הספקת מזון **supplying food** [ס מירא = שבר - בר מד 2. **ע** אין ממרים את העגלים - **מש** שבת כג ג (נ״א מאמירין)]

**קל** עתיד: ונמיר - בר מג 4 (B ונמור). תמירון - דב ב 6 (VNECB תמורון). ציווי: ומירו (B ומרו, E ומהרו, VC ומורו = המליץ 595) - בר מב 2. בינוני: מהר mâ³ər - ע״ד כא 15. מקור: ממור - בר מב 7 (= המליץ 595 C לממר). **אפעל** עבר: ואמיר - בר מא 56. עתיד: תמירני (+מדבר) - דב ב 28. בינוני: דממיר admâmər - מ טו 28. **אתפעל** עבר: המאר - ת״מ 202ב. **מאור** qāṭōl מאוריו (+נסתר) mâ³ūro - מ טו 28. **מיר** - בר מב 1. ומירה (+נסתר) wmiyyâre מ יד 77. **מר** מרון mâron (+ נסתרים) - ע״ד כד 47.

**קל קנה מזון to procure food** ניעת ונמיר לך מזון (B ונמור) נרדה ונשברה לך אכל we will go down and procure food for you - בר מג 4. מזון תמירון מן עמון בכסף (VNECB תמירון) - דב ב 6. מובא גם בבמ כ 13א. נתו לתמן ומירו לנן מתמן רדו שם ושברו לנו משם - בר מב 2. וכל ישראל מהר מנין וכל ישראל ניזון מהם (מן המועדים) - ע״ד כא 15, מ יד 42. במירה דאנון מהרים בשבר אשר הם שברים - בר מז 14.

**ממור** וכל ארעתה עלו... לממור מן יוסף וכל הארצות באו... לשבר אל יוסף - בר מא 57. ונעתו אחי יוסף עסרה לממור מיר ממצרים (C לממר) לשבר שבר ממצרים - בר מב 3. לממור מזון לשבר אכל - בר מב 7.

**אפעל זן to supply food** ואמיר למצרים וישבר למצרים (Joseph) supplied the Egyptians with food מזון בכסף - בר מא 56.

תמירני אכל בכסף תשבירני you will supply me food for money - דב ב 28, מובא גם בבמ כא 22א. והוא דממיר לכל עם ארעה והוא המשביר לכל עם הארץ - בר מב 6. הו דממיר לבביה הוא הזן את הלבבות - מ כא 27. אוצרה דממיר מאוריו האוצר הזן את ניזוניו - מ טו 28.

**אֶתְפְּעַל ניזון to be supplied with food** כותה לא דער בה ולא המאר מנהכמוהו (כמו משה) לא שכן בה (ב״מדינת״ ׳יהבו גודלי׳) ולא ניזון ממנה like him (Moses) no one has dwelt in it (glory) and no one will be supplied from it - ת״מ 181ב. מן מירון המאר על פתורון יתב ממזונם ניזון, על שולחנם ישב at their table he (Moses) sat and he was sustained from their food - ת״מ 202ב. המאר מן מארון ניזון ממזונם - ת״מ 202א.

**מאור** ש״ע ז qāṭōl *n. m.* **ניזון feeded one** אוצרה דממיר מאוריו האוצר (דבר האל על הלוחות) הזן את ניזוניו (the writing on the tables is) the treasure which supplies those who are supplied with - מ טו 28.

**מיר** ש״ע ז *n. m.* **מזון food** וחזה יעקב הלא אית מיר במצרים וירא יעקב כי יש שבר במצרים Jacob saw that there were food supplies in Egypt - בר מב 1. וצבר יוסף מיר ויצבר יוסף בר - בר מא 49. ויצמתו מיר אימם ביומה A ולקטו (מזון) יום ביומו - שמ טז 4. ומירה דאלהותה מיעת ומוחי דריה ומזון האלוהות יורד ומחיה את הדורות - מ יד 77. מיר ביתכון C רעבון בּיתכם - בר מב 33.

**מר** ש״ע ז *n. m.* **מזון food supplies** וצמת יוסף מהר B ויצבר יוסף בר Joseph collected supplies - בר מא 49. במדורה עמון המאר מן מארון בשכנו עמהם ניזון ממזונם (משה) - ת״מ 202א. לוחי בריתה הושטת לבר ביתך לחייה מן מרון דכל חיים חיין לוחות הברית נתת לבן ביתך לחיים ממזונם שכל החיים חיים - ע״ד כד 45-48.

מור[2]† פחד **fear** [< מרע (ע״ע) ? אבל הש׳ مـار = זע - Lane 2743c]

**קל פחד to fear** בזידנו מללה נביה לא תמור מנה בזידון דברו הנביא לא תגור ממנו the prophet has spoken it presumptuously, do not be afraid of him - שמ כ 17א. לא תמורון מנה EC לא תגור ממנו you shall not be afraid of him - דב יח 22.

†מורשורה משרה juice [< *משרת והריש כפולה כעדות נ״ש māššārāt (תפס מן נש״ר?), ונתפרקה ההכפלה ע״י ריש. השי׳ ארש מן אשש, דרש מן דשש *Dissimilation of the geminated š; cf. ʾrš (<ʾšš), [drš (<dšš).*

**מורשורה** ש״ע נ *n. f.* **משרה juice** וכל מורשורת ענבין לא ישתי VA (N משרשרת -שר- ראשונות מחוקות) וכל משארת ענבים לא ישתה he shall not drink any juice of grapes - במ ו 3.

†מושׁ[1] מישוש **groping** [מתחלף עם משש (ע״ע). **א״י** דלמה דימוש יתי אבא *Interchanges with mšš.* - **נ** בר כז 12]

**קל מישש to grope** מאן ימושני אבה ME (נ״א ימשעני, יגששני) אולי ימושני אבי perhaps my father will feel me - בר כז 12. קרב שבי ואמושנך בריME גשה נא ואמושך בני - בר כז 21. וקרב יעקב ליד יצחק אבוה ומהשה M (E מאשה) ויקרב יעקב... וימושהו - בר כז 22.

†מושׁ[2] הפסקה, חידלון **cease, end** [בעש״ח ע״פ ״ומשרתו יהושע לא ימוש מתוך האהל״ - שמ לג 11 [NSH, *following* Ex 33:11.

**קל חדל to cease** לא ימושו מלאכי אלהים עלים ויורדים בו (ק: מכון לשבתך מלאכי קדשך לא ימושו בו) לא ימושו מלאכי אלהים מלעלות ומלרדת בו (במשכן) the angels of God do not cease ascending and descending on it - ת״מ 97א. בית אלהים כי המלאכים הקדושים לא ימושו תמיד בו שרוים (ק: המלאכים הקדושים לא ימושו תמיד עליו עלים וירדים בו) (בבית אלהים) - ת״מ 99ב. ומן איקרה לא נחדל ולא נמוש כל עת נרבינה ומכבודה לא נחדל ולא נפסיק כל עת לגדלה - ת״מ 140א. לא משו מאור נגוד בתר מאור הלוך וכל מאור מנון נפשו קשורה בנפשו לא יחדל מאור מושך אחר מאור הולך וכל מאור ״נפשו קשורה בנפשו״ (של זולתו) - אבישע [(Cow 431] ר״ל מהלך המאורות הגדולים זה אחר זה].

מושי mūši שם פרטי *pr. n.*

**מושי** ש״פ ובני מררי מחלי ומושי - שמ ו 19.

**מושאי** ש״י *gent. n.* למררי כרן מחלאה וכרן מושאה (VN מושאי) - במ ג 33.

מושך mūšåk שם פרטי *pr. n.*

**מושך** ש״פ בני יפת... מדי ויון תובל מושך ותירס - בר י 2.

מות מוות **death** [**א״י** אחוי מית - **נ** בר מב 38. **סוא״י** מות תמותון - בר ב 17]

**קל** עבר: מת mat - ע״ד כ 14. ומאת - בר מב 16. ומית - בר מו 12. עתיד: ימות - בר לח 11. ציווי: ומות - דב לב 50. בינוני: מאת - בר נ 5. ומאתין wmâʾētən - מ ח 75. מקור: ממות - בר כה 32. **אפעל** עבר: ואמית - בר לח 10. עתיד: אמית (מדבר) - ת״מ 246א. יומת (סביל) - ת״מ 236א. בינוני: ממית mâmət - מ א 153. מאת למאתה (+נסתר) שמ ד 24 m[b]. **מות** - בר כה 11. ומותה (מיודע) wmūtâ - ע״ד ט 10. **מותן** - שמ ה 3. **מית** - שמ יב 30. מיתין (ר) mītən - ע״ד כח 60. **ממות** - במ כא 5. **תמות** - ת״מ 268ב.

**קל מת to die** דהוה יוסף רב אלא מת שהיה יוסף גדול קודם שמת for Joseph was great before he died - ע״ד כ 14. ויישבק ית אביו ומאת ועזב את אביו ומת - בר מב 16. ומית ער ואונן בארע כנען וימת ער ואונן... - בר מו 12. וחזו אחי יוסף הלא מית אבוון...כי מת אביהם - בר נ 15. ומיתו ארדעניה מן בתיה - שמ ח 9. ומיתת ברת שוע אתת יהודה- בר לח 12. בדיל תברכנך נפשי בהדלא אמות...בטרם אמות - בר כז 4. דלא ימות אף הוא כאחיו - בר לח 11. ומות בטברה דאתה סלק לתמן ומות בהר אשר אתה עלה שמה - דב לב 50. אה אנה מאת הנה אנכי מת - בר נ 5. קעימין ומאתין חיים ומתים - מ ח 75. ואם לית מאתה אנה ואם אין מתה אנכי - בר ל 1. מדעה זאן לקעימיה ורבה למאתיה השכל זן את החיים וגידל את המתים - ת״מ 91ב [=דוממים, זב״ח העי׳ 1].

**ממות** הא אנה אזל לממות הנה אנכי הלך למות - בר כה 32. למה אפקתנן ממצרים לממות במדברה למה הוצאתנו ממצרים למות במדבר - במ כא 5.

**אפעל המית to slay** ואמיתה יהוה וימיתהו יהוה and the Lord slew him - בר לח 7. ואבעש בעיני יהוה ית דעבד ואמית אף יתה...וימת גם אתו - בר לח 10. אני אמית ואחוי אמית כל חיב וכל דשקר בי - ת״מ 246א (ע״פ דב לב 39). אן מוחי לן ואן ממית לן אם מחיה אותנו ואם ממית אותנו - מ א 153. מן עבד בישתה יומת - ת״מ 236א [טי״ס *Corr.*].

**מאת** ש״ע נ *n. f.* **המתה killing** ופגעה יהוה ובעו למאתה m[b] (*m[1][b]) למאתתה)...ויבקש המיתו the Lord encountered him and sought to kill him - שמ ד 24.

**מות** ש״ע ז *n. m.* **1 מוות death** חייה ומותה בשלטנך החיים והמוות בשליטתך life and death are within your power - ע״ד ט 10. **והוה** בתר מות אברהם- בר כה 11. **טבעו** בימה דסוף מותה בישה לא אתחזי בעלמה כותה "טבעו בים סוף" (שמ טו 4) מוות רע, לא נראה בעולם כמוהו - ת״מ 277ב. **ואתה** תטיע מבתר מותי ואתה תטעה אחרי מותי - ת״מ 250א. **2 המתה killing** ופגעה יהוה ובעו למותה *$m_2$... ויבקש המיתו (God) sought to kill him - שמ ד 24.

**מותן** ש״ע ז *n. m.* [א״י דלא יהוי בהון מֻותן - נ שמ ל 15. **סוא״י** מותן רב לחדא - שמ ט 3] **נגף, דבר pestilence** דלא יפגענן במותן אי בחרב פן יפגענו בדבר או בחרב lest God strike us with pestilence or sword - שמ ה 3. **אקטלנה** במותן ואערבנה אכנו בדבר ואורישנו - במ יד 12. **ימטי** יהוה בך ית מותנה עד אסכמותה יתך ידבק יהוה בך את הדבר עד כלותו אתך - דב כח 21.

**מית** ש״ע ז *n. m.* **מת dead** לית בית דלית תמן מית אין בית אשר אין שם מת there was no house where there was not someone dead - שמ יב 30. **ואן** ימות מית עליו - במ ו 9. **ואף** ית מיתה יפלגון וגם את המת יחלקון - שמ כא 35. ודכר לנן קיאם מיתין כקעימין וזכור לנו ברית מתים כחיים - ע״ד כח 60. **ובעי** מן מיתיה - דב יח 11. **ועל** כל נפשהן מיתן לא ייעל ועל כל נפשות מת לא יבוא - ויק כא 11.

**תמות**[†] ש״ע ז *n. m.* **מוות death** איך תמותה דאהרן מדמיה לתמות דמשה איך מותו של אהרן דומה למות משה how does the death of Aaron resembles the death of Moses ? - ת״מ 268ב [על הצורה ע׳ זב״ח הע׳ 1].

**מזג**[†] מהילת נוזלים ויציקתם **pouring liquids** [א״י די הוית מזיג ליה - נ בר מ 13. **סוא״י** ומזגא חמרא באגנא - משלי ט 2]; עירוב **mixing** [א״י עובד בסם ממזג דכי - נ שמ ל 35]

**קל עירב** פעול *pass. pt.* **to mix** ואשתה לא <מזיגה> במיה והאש אינה מזוגה במים fire is not mixed with water - ת״מ 273א. **יהון** מזיגן מלרע כחדה V והיו תאמים מלמטה יחדו they shall be mixed at the bottom - שמ כו 24.

**אֶתְפְּעֶל נתמזג to be mingled** גויתה המזג עם מלאכי רומה ודער עמון גופו (של משה) נתמזג עם מלאכי המרום ושכן עמם (Moses') body mingled with the angels above and he dwelt with them - ת״מ 284א [זב״ח הע׳ 4]. **תרחה** קמאה דממזג עם חשכה השער הראשון (של

האור) המתמזג עם החושך - ת״מ 295ב.

**מזוג** ש״ע ז *n. m.* qāṭōl **מוזג cupbearer** ותנה רב מזוגיה ית חלמה $M_3$* ויספר שר המשקים את חלומו the chief cupbearer told his dream - בר מ 9. **ומלל** רב מזוגיה עם פרעה m וידבר שר המשקים אל פרעה - בר מא 9.

**מזה**[†] שם פרטי mizze *pr. n.*

**מזה** ש״פ ואלין בני רעואל נחת וזרח שמה ומזה - בר לו 13.

**מזוזי**[†] חלק בפתח הבית **doorpost** [א״י ותכתבו יתהון בגו מזוזיין - נ דב ו 9]

**מזוזי** ש״ע נ *n. f.* **מזוזה** ויקדמה לדרשה ולמזוזיתה והגישו אל הדלת ואל המזוזה he shall bring him to the door or the doorpost - שמ כא 6. **ויסבון** מן אדמה ויתנון על תרתי מזוזיאתה (C מזוזאתה) ולקחו מן הדם ונתנו על שתי המזוזות - שמ יב 7 [וכיו״ב בפס׳ 22]. **על** שקופה ועל תרתי מזוזאתה (VB מזווזיאתה A מזוזיתה) על המשקוף ועל שתי המזוזות - שמ יב 23. **ותכתבנון** על מזוזת בתיך (EC מזוזית V מזוזיאת) וכתבתם על מזוזות בתיך - דב ו 9 [וכך הוא בדב יא 20 ECB מזוזית; V מזוזיאת].

**מחול**[†] תכשיט **ornament** [משובש מן מחוך (ע׳ אונקלוס) O [Corr. from mḥwk

**מחול** ש״ע ז *n. m.* **תכשיט ornament** כל ארחי לב אנדי קטעלה ושבבין עזקן מחול וגולה $M_1$* כל נדיב לב הביא חח ונזם טבעת עגיל וכומז - שמ לה 22 [אונקלוס: שירין ושבבין ועזקן ומחוך - 4 תכשיטים כנגד 5 בנ״ש].

**מחי**[1] הכאה, הריגה **blow, strike;** [א״י ומן ד׳מחי לאבוי... יתקטל - נ שמ כא 15. **סוא״י** ומחת אבן ברדא בכולא ארעא - שמ ט 25] ← סירוב **refusal** [א״י לממחי בידהון - ירוש ב״ב יג ע״ב]

**קל** עבר: ומעה - שמ ז 20. ומעו (נסתר) - במ כב 23. עתיד: ימעי - yāmā˒i - ע״ד י 34. ציווי: ומעי - שמ ח 12. מחו (ר) - ת״מ 332ב. בינוני: מחי - mā˒i - מ א 34. מקור: לממחינה (+ נסתרת) - במ כב 25 CB (= המליץ 510). למחיתה - דב כה 3 V. **פעל** בינוני: ממעין - ת״מ 216ב. **אֶתְפְּעֶל** עבר: ואתמעו - בר כה 22 $M_1$*. ואתמח[י] - שמ טז 21 N (= המליץ 521). עתיד: ימחון - שמ ל 21 B. בינוני: ממעין - שמ ה 16 m. **מחאי** מעיה (נ) - שמ כא 29. **מחה** מעה - ויק כו 21. **מחו** מעו - שמ ז 25. מעבאן - דב כח 59. מעבת (ריבוי נסמך) - דב כח 59

(המליץ 517: מעבאת). **מחוה** - שמ יד A 11. **מחי** - שמ כב 16. מעיה (+ נסתר) - שמ ג 7 (= המליץ 492). **מחיה** במעיה - שמ א 14 m.

**קל 1 הכה to strike, blow** ומעה ית מיה דבנהרה ויך את המים אשר בנהר he struck the water in the Nile - שמ ז 20. ועם במאן ברזל מעתה ומית ואם בכלי ברזל הכהו וימת - במ לה 16. ומעו בלעם ית אתנה - במ כב 23. ואן ימעי אנש ית עין עבדה - שמ כא 26. ואמר יהוה למשה ולאהרן... מחו עפר ארעה ...הכו את עפר הארץ - ת״מ 232ב. אנתע יד אדך באטרך ומעי ית עפר ארעה נטה את ידך במטך והך את עפר הארץ - שמ ח 12. דאנן מעין ית נהרה - ת״מ 29א. גבר מעאי עאים A איש מקשש עצים a man splitting wood - במ טו 32, 33 [פירוש! *Int.*]. **2 מיחה ביד פלוני to protest** עבוד מה דו בעי ולא עורן ימעי עושה מה שהוא רוצה ואין אחר שימחה (God) does what He wants, and no one can protest - ע״ד י 34. **3 סירב, מאן to refuse** מעי יבמי למקעמה לאחיו שם בישראל מאן יבמי להקים שם לאחיו בישראל my husband's brother refuses to establish a name in Israel for his brother - דב כה 7. יקר לב פרעה מעי למשלח ית עמה - שמ ז 14. ומעי אדום יהב ית ישראל עבר בתומחה - במ כ 21. ותמעי למשלחתה - שמ ד 23. **4 הרג to kill** ומעי נפש בהמה ישלמנה ומכה נפש בהמה ישלמנה one who kills a beast shall make restitution for it - ויק כד 18. וידונון כנשתה בין מעיה ובין גאול אדמה ושפטו העדה בין המכה ובין גאל הדם - במ לה 24. **5 כתת to crush** מעי פאתה דמואב מחץ פתי מאב it crushes the precincts of Moab - במ כד 17. ומעית יתה טחין טבאית ואכתה אתו טחן הייטב - דב ט 21. וגרמיון ירסרס וגריו ימעי ועצמתיהם יגרם וחציו ימחץ - במ כד 8. דעתיד קעם מן ארפכשד גבר מחי כל סגדיה שעתיד לקום מארפכשד איש שובר את כל הפסילים - אס 9ב.

**ממחי** ואוזף לממחינה V) CB לממחיה, J למעתה) ויסף להכותה - במ כב 25. דלא יוזף לממחנה... מעה סגיה C (J למעתה) פן יוסף להכותו... מכה רבה - דב כה 3.

**מחיה** מן הצפין לגו שבילה למחיתה כנחשה מי שארב בדרך להכותו כנחש - ת״מ 162א. דלא יוזף למחיתה... מעה סגיה V פן יוסף להכותו... מכה רבה - דב כה 3.

**פעל† סירב to refuse** עד הן ממעין עד אנה מאנתם how long will you refuse - ת״מ 216ב

(2) [פאראפראזה של שמ טז 28. בתה״ש שלפנינו מעיתון, מתמנעים].

**אֶתְפְּעֶל† 1 ניכה to struggle** ואתמעו בניה בגופה *M₁ ויתרצצו הבנים בקרבה the children struggled in her womb - בר כה 22. **2 ניכה to be beaten** m ואה עבדיך ממעין והנה עבדיך מכים your servants are being beaten - שמ ה 16. **3 נמס to melt** ורתע שמשה ואתמח[י] N וחמה השמש ונמס when the sun grew hot, it would melt - שמ טז 21. **4 נהרג to die** יסעון אדיון ורגליון ולא ימחון B ירחצו ידיהם ורגליהם ולא ימותו they shall wash their hands and feet, that they may not die - שמ ל 21.

**מחׄ(א)י†** ש״ת *adj.* (qaṭṭāl?) **מַכֶּה goring** ואם בהמה מעיה היא... תתרגם ואם בהמה מכה היא... תסקל if it is a goring animal, it shall be stoned - שמ כא 29. אי אתחכם הלא בהמה מעיה היא... שלום ישלם או נודע כי בהמה מכה היא - שמ כא 36.

**מחה** ש״ע נ *n. f.* **1 הכאה beating** ואוזף למעתה ויסף להכותה he beat her again - במ כב 25. דלא יוזף למעתה פן יוסף להכותו - דב כה 3. **2 מכה blow** אם בר מעתה דעיבה ויפלנה דיאנה וימעינה אם בן הכות הרשע והפילו השופט והכהו if the guilty man deserves to be beaten, the judge shall cause him to lie down and be beaten - דב כה 2. **3 נגע plague** ואוזף עליכון מעה שבע כחוביכון ויספתי עליכם מכה שבע כחטאתיכם I will bring more plagues upon you, sevenfold as many as your sins - ויק כו 21. ואתן ית מחת גבורתי במצרים *M₂ ונתתי את ידי במצרים - שמ ז 4 [מן אונקלוס המרחיק את ההגשמה].

**מחו** ש״ע נ *n. f.* **1 הכאה beating, striking** ומלו שבעה יומים בתר מעו יהוה ית נהרה ...אחרי הכות יהוה את היאר seven days had passed after the Lord's striking of the Nile - שמ ז 25. במחוי בארע מצרים A בהכתי בארץ מצרים - שמ יב 13. **2 מכה blow** נהרה עתיד מקבל מחואן היאור עתיד לקבל מכות the river is about to take blows - ת״מ 38ב. [ו]יפרש יהוה אלהך עליך ית מעבתך (B מחואתך, V מחיאתך) וית מעבת (VB מחואת) זרעך מעבאן (VB מחואת) רברבן ומהימנן והפלה יהוה אלהיך את מכותך ואת מכות זרעך מכות גדלות ונאמנות - דב כח 59.

**מחוה†** ש״ע נ *n. f.* **מוות death** מן חסרן קברים

במצרים נסבתנן למחוה בקפרהA המבלי אין קברים במצרים לקחתנו למות במדבר is it because there are no graves in Egypt that you took us to die in the wilderness? - שמ יד 11.

**מחי** ש״ע נ *n. f.* **1 מכה affliction** הלא עכמת ית מעיה כי ידעתי את מכאובו I know their affliction - שמ ג 7. מובא בת״מ 6א ועוד. **2 סירוב refusal** ואם מעי ימעי אבוה למתננה לה ואם מאן ימאן אביה לתתה לו if her father utterly refuses to give her to him - שמ כב 16.

**מחיה** ש״ע נ *n. f.* **מכה affliction** ית כל עבידתון דעבדו בון במעיה m את כל עבודתם אשר עבדו בהם בפך in all their work they made them serve with affliction - שמ א 14.

מחי² מחיקה והסרה **wiping out** [א״י וימחי... דמעתא - תרג׳ ישע כה 8. ע״ע מחק]

**קל מחק to blot out** מיעי אמעי ית דכר עמלק מחה אמחה את זכר עמלק I will blot out the remembrance of Amalek - שמ יז 14. וימחי לגו מיה דמבארים ומחה אל מי המארים - he shall wipe them out in the water of ordeal - במ ה 23. מחני מן ספרך דכתבת מחני מספרך אשר כתבת - שמ לב 32.

**אתפְּעֵל נמחק to be blotted out** ועמלק ועמה המחו ‹כהלו› לא הוו ועמלק ועמו נמחקו כאילו לא היו Amaleq and his people were all blotted out - ת״מ 304ב [זב״ח הע׳ 2, 3]. ואמחו מן ארעה (C ואתמחו) וימחו מן הארץ - בר ז 23. ולא ימחי שמה מישראל ולא ימחה שמו מישראל -דב כה 6. ולא בני עמלקאי עד נהי ממחין ואין אנו... ולא בני העמלקי להיות נמחים - ת״מ 203א.

**מיחי** ש״ע ז *n. m.* **מחיקה blotting out** מיעי אמעי ית דכר עמלק מתחת שומיה מחה אמחה את זכר עמלק... - שמ יז 14.

מחי³† אריגה **weaving** [מן אונקלוס O]

**קל ארג to weave** ועבדו ית לבושה עובד מחי $M_1$ ויעשו את המעיל מעשה ארג he made the robe of the ephod as a weaver's work - שמ לט 22.

מחיאל שם פרטי miyyâˀəl *pr. n.*

**מיחאל** ש״פ ועירד הולד ית מיהאל ומחיאל אולד ית מתושאל - בר ד 18.

מחך† שחוק **fondling** [שורש תנייני מן חו״ך (ע״ע). **א״ב** מחכו עלה = צחקו עליו - בבלי ביצה יד ע״א. *Secondary root from ḥwk*]

**פעל שיחק to fondle** ואה יצחק ממעיך ית רבקה אתתה M (B מעיך, נ״א מתמע, מלעב) והנה יצחק מצחק את רבקה אשתו and saw Isaac fondling Rebecca his wife - בר כו 8 (המליץ 578: ממעך. ע׳ בהערות זב״ח).

מחכום כל† שם פרטי *pr. n.* [תרגום השם. ע״ע פיכלל *Transl. of the name*]

**מחכום כל** ש״פ ואבימלך לך לותה מן עשקלון... ומחכום כל A - בר כו 26.

מחלה שם פרטי mâˀēla *pr. n.*

**מחלה** ש״פ ושם בנת צלפחד מחלה ונעה... - במ כו 33.

מחלי שם פרטי mēlli *pr. n.*

**מחלי** ש״פ ובני מררי מחלי ומושי- שמ ו 19 וכיו״ב במ ג 20.

**מחלאי** ש״י *gent. n.* למררי כרן מחלאה וכרן מושאה (VN מחלאי) - במ ג 5.33.

מחלת שם פרטי mâˀēlåt *pr. n.*

**מחלת** ש״פ ואזל עשו ונסב ית מחלת ברת ישמעאל... לה לאתה - בר כח 9. ואשוו בני מחלת עם בני ישמעאל ונעשו שווים בני מחלת עם בני ישמעאל - אס 13א.

מחסל† מעשה אריגה **weaving?**

**מסלה** ש״ע נ *n. f.* **מחצלת ? woven carpet** מסלין, מסלתה סכות, הסכות - המליץ 536 [מן כגון בר לג 17ץ ליתא (הש׳ מטלין, מטלתה. ע״ע טלל). זב״ח (שם) המשווה למחצלות המשמשות לעשיית סוכה - **מש** סוכה א א].

מחק מחיקה והסרה **wiping out** [**א״י** וימחוק לגו מיא מרירתא - **נ** במ ה 23. **סוא״י** ושבוק סיכלתן ומחוק עברנימוסינין = וסלח חטאינו ומחק עוונותינו - [Lit 706 → הכאה (בהשאלה) *fig.* **smitting** [ע״ע מחי¹]

**קל** עבר: מחק - שמ ט 25 C. מקח (!) דב כה 3. עתיד: ואמחק - בר ז 4 (= המליץ 504). ציווי: מחקני (+מדבר) - שמ לב 32 VEA. בינוני: מחק mâq - ע״ד א 30. **אֶתְפְּעֵל** עבר: המחק - ת״מ 204ב. עתיד: ימחק - ת״מ 290ב. בינוני: ממחק - ת״מ 349ב. ממחקה (נ)

290ב. בינוני: ממחק - ת״מ 249ב. ממחקה (נ) - mimmēqa - ע״ד א 32. **מחוק** qiṭṭūl - שמ יז 14 A.

**מחק** מעק - שמ יז 14 B (= המליץ 504). **מיחק** - שמ יז 14 V.

**קל 1 מחק to blot out** והרבת מצרים ומחקת עמלק והחרבתי את מצרים ומחקתי את עמלק - I devastated Egypt and blotted out Amalek ת״מ 233ב. **ואמחק** ית כל ממנה דעבדת מן על אפי אדמתה(E)A ומחיתי את כל היקום... - בר ז 4. **מחוק** אמחק ית דכרן עמלק A מחה אמחה את זכר עמלק - שמ יז 14. **מחקני** מספרך דכתבת VEA מחיני מספרך אשר כתבת - שמ לב 32. מנו דיכל מחק הדה מיהו שיכול למחוק זאת - ע״ד א 30-32 [לעניין מכתב האלהים]. **2 הכה to strike** A) C ויה כל עסב ברה מחק ברדה מחה, VB מעו J, קטל) ואת כל עשב השדה הכה הברד the hail struck down every plant of the field - שמ ט 25. **דלא יוזף למעתה על אלין** מעה סגיה ומקה אחוך לעיניך J (C ומקל, E ונקל, V ויקל) פן יסף להכותו על אלה מכה רבה ונקל אחיך לעיניך - דב כה 3 [אם אינו ט״ס מן יומקל, הרי פירש התרגום: וניכה].

**אֶתְפְּעֶל 1 נמחק to be wiped out** ברה ‹דאזל› לאבוה קבל לבטה ולא המעק שמה הבן שביזה את אביו קיבל קללתו ולא נמחק שמו (חם) the son (Ham) who despised his father received his curse and his name was not blotted out - ת״מ 218ב. **נפל מן גברו והמחק** נפל (נמרוד) מגדולתו ונמחה - ת״מ 275א. **עון** דלא ממחק חטא שאינו נמחק - ת״מ 249ב. **עובה** לא ממחקה - ת״מ 159א. **חתמה דליתי ממחקה** חתימה שאינה נמחקת - ע״ד א 32. **2 הוכה to be smitten** עמלק כד קטלה יהושע והמחק על אדה עמלק, כאשר הכהו יהושע והוכה על ידו Amalek, when Joshua slew him and was smitten - ת״מ 204ב. **כל דבב דלון ימחק קדמון** כל אויב שלהם (של ישראל) יוכה לפניהם - ת״מ 290ב.

**מחוק** ש״ע ז qiṭṭūl *n. m.* **מחיקה blotting out** מחוק אמחק ית דכרן עמלק A מחה אמחה את זכר עמלק - שמ יז 14.

**מחק** ש״ע ז *n. m.* **מחיקה blotting out** מעק אמעק ית דכרן עמלק B - שמ יז 14.

**מיחק** ש״ע ז *n. m.* **מחיקה blotting out** מיחק אמחק ית דכרן עמלק B (V מיחק הכתיב משקף את ההגייה מעין *miyyaq) - שמ יז 14.

**מחר** תואר פועל של זמן *adv. (temporal)* [א״י

ביומא הדן ומחר - **נ** בר ל 33. **סוא״י** ועבד מרא מלתא הדה ביומא דמחר - שמ ט 6. ע״ע בתר]

**מחר** ת״פ *adv.* **מחר tomorrow** מחר יעבד יהוה ית ממללה הדן מחר יעשה יהוה את הדבר הזה tomorrow the Lord will do this thing - שמ ט 5. **האנא מנדי מחר גוב בתומחך** הנני מביא מחר ארבה בגבולך - שמ י 4. **חג ליהוה מחר** - שמ לב 5. **ופק אגחי בעמלק מחר** אהנה קעם על ריש גבעתה וצא הלחם בעמלק מחר אנכי נצב על ראש הגבעה - שמ יז 9. **ותקדשנון יומן ומחר** וקדשתם היום ומחר - שמ יט 10. **לגדל הדה מלתה ליומה ומחר יומה** לאיטבו ומחר לכלול לפי גודל הדיבור הזה "היום ומחר" (שמ יט 10), היום לטובה ומחר לשלמות - ת״מ 136א.

**למחר** ת״פ *adv.* **מחר tomorrow** [א״י ארום ישאלון בניכון למחר - **נ** שמ יג 14. **סוא״י** למחר דיעבד מרא מלתא הדא - שמ ט 5] **למחר יי סימנה הדן** למחר יהיה האות ההזה tomorrow this sign shall come to pass - שמ ח 19. **התקדשו למחר** התקדשו למחר purify yourselves for tomorrow - במ יא 18.

**מחתי** כלי להבערת גחלים על המזבח **fire pan** [א״י ומלקטיה ומחתיתה דהב - **נ** שמ כה 38]

**מחתי** ש״ע נ *n. f.* **מחתה fire pan** וסבו גבר מחתיתה וקחו איש מחתתו take each one of you his fire pan - במ טז 17. **סבו לכון מחתין** קחו לכון מחתות - במ טז 6. **חמשים ומאתים מחתיאן** - במ טז 17. **ומשלעיו ומחתיאתה** - שמ כז 3. **ומלקטיה ומחתיתיה (!)** - שמ כה 38, לז 23. **ית מחתיאת חיביה** - במ יז 3.

**מטי** הגעה, השגה; מקרה **reaching, arrival; occurrence** [א״י עד זמן די מטא קיצא למתפרקא - **נ** בר מ 23. **סוא״י** וימטון סהדותהון = יתנו עדיהם (=ויביאו עדותם) - ישע מג 9. טל, דברי הקונגרס השמיני למדעי היהדות ד, 17]

**קל** עבר: אמטה - ת״מ 269א. עתיד: ימטי wimṭi - ע״ד ו 10. בינוני: מטי māṭi - ע״ד טז 24. מטיה (נ) - ויק יד 21 (= המליץ 603); mâṭyå - מ ד 57. פעול: אמטי imṭi - ע״ד ה 8 [תנועה פרוסטתית]. **אפעל** עבר: ואמטה - בר לא 23 (ומטה ME). עתיד: ימטי ויק כו 5 (= המליץ 603). **מטי** במטי - בר ו 3 (= המליץ 603).

**קל א** פע״ע *intrans.* **1 גיע to arrive, reach** וכד אמטה אל ריש טורה נחת עננה ושגבה וכאשר הגיע (משה) אל ראש ההר ירד הענן והסתירו when (Moses) reached the top of the mountain, the cloud came down and concealed him - ת״מ 269א. **ויום מותי אמטי ויום מותי**

כד אמטת שעתה נחת מחבלה כשהגיעה השעה ירד המשחית - ת״מ 346ב. ולא ימטי באדך כלום מן חרמה ולא ידבק בידך מאומה מן החרם - דב יג 18. ויקלע וימטי לערפלה ויצמח (משה) ויגיע לערפל - ע״ד ו 10. דו מטי להדה ריחותה כי הוא (שומר השבת) מגיע לאותו הרצון - ע״ד טז 24. סלם קעם ארעה ורישה מטי לשומיה ...וראשו מגיע לשמים - בר כח 12. אם מסכין הו ולית אדה מטיה ...ואין ידו משגת - ויק יד 21. סוברותך מטיה סופון דכל חיבין סליחתך באה, גמול לכל החוטאים - מ ד 57. ועקבון דבישיה אמטי וסופם של הרעים מגיע - ע״ד ה 8. **2 קרה to befall** דלא ימטינה אסקל $*M_2$ פן יקראנו אסון - harm might befall him - בר מב 4. וחבו לה ית כל דאמטה יתון $*m^b_1$ ויגדו לו את כל הקרות אתם they told him all that had befallen them - בר מב 29. וימטינ[ה] סקול באורעה $*M_1$ וקרהו אסון בדרך - בר מב 38. ואנה כמה דאמטתי אסובר MB (E דמטתי, V דאמטית) ואני כאשר שכלתי שכלתי - בר מג 14 [עואנ״ש ה 165 הע׳ 167]. וימטינה אסקל $*m_2$ (A ויפטינה) וקרהו אסון - בר מד 29. ואחוי לכון ית דימטי יתכון $*M_2$ (A דימוט < דימטי ?) ואגידה לכם את אשר יקרא אתכם - בר מט 1. **3 היה ראוי to be appropriate** *(impersonal)* מטי לך מתקטל ולא קעים ראוי אתה (מגיע לך) להיהרג ולא לחיות it is appropriate (=you deserve) to be killed and not alive - ת״מ 30א. **4 יכול to be able** מן ימטי מימר מי כיול לומר who can tell? - מ טז 1 [זב״ח]. **ב** פע״י *trans.* **נתן, סיפק to supply, provide** ופתח יוסף ית כל דבהון רבצו וימט‹י›״ן״ למצרים A ויפתח יוסף את כל אשר בהם וישבר למצרים Joseph laid open all that was within - supplies, and provided it the Egyptians - בר מא 56 [ט״ס מן וימטין]. mâṭi מטי צריכות לכל רחיותה סבר נותן את צורכו של כל המצפה לרצונו (God) supplies the needs of all those who seek his favor - א״ג 68. ומטיתי בעלמה בגוני כל מסברין wmâṭiti ונתן לי בעולם כל מיני צרכים - א״ג 85.

**אפעל 1 הגיע את פלוני to cause to arrive** לינך אמטיתוני להכה A לא אתם שלחתם אתי הנה it was not you who made me arrive here - בר מה 8 [מילולית: לא אתה (!) הבאתם אתי]. ימטי יהוה בך ית מותנה ידבק יהוה בך את הדבר - דב כח 21. משה... אמטתה לדגרה כהלה אצלחו משה..., הביאו (האל) למדרגה שכולה הצלחה - ת״מ 274ב. מן דאמלך בה לא טעי לעלם אורה קמיו ימטינה לפצותה מי שהודרך בעצתו (של האל) אינו טועה לעולם. האור שלפניו יביאהו לגאולה - ת״מ 284א. **2 הדביק, השיג to overtake, reach** ורדף בתרה... ואמטה יתה בטור גלעד (ME ומטה) וירדף אחריו... וידבק אתו בהר הגלעד (Laban) pursued him (Jacob)... catching up with him in the hill country of Gilead - בר לא 23. ורדפו בתר ישראל ומטו בון ורדפו אחר ישראל והשיג אותם - ת״מ 354ב. אמר דבבה ארדף אמטי אפלג אנחה ...ארדף אשיג אחלק שלל I will pursue, I will overtake, I will divide the spoil - שמ טו 9. ואמטי לכון דרכה ית קטפה וקטפה ימטי ית זרעה והשיג לכם דיש את בציר ובציר ישיג את זרע - ויק כו 5. לא אמטה בון רגז לא השיג אותם הכעס - ת״מ 294ב.

**מטו**[†] ש״ע נ *n. f.* **יכולת reach, ability** [עש״ח NSH] אדרש אדבר בשפתי דברי קמיכון לפם מטות דעתי אני מבקש לדבר בשפתי את דברי לפניכם לפי הגעת דעתי I ask (permission) to speak before you as far as the reach of my mind - סעד אלדין (Cow 256). ומלאכיה אסתחרו... סביבותו וכל מנון מן תנה לו גליאן רביאנה על מד מטות לשנה שלם לך אה כהנה והמלאכים התכנסו... סביבו וכל אחד מהם, (מי) הגיד לו את גילוי גדולתו לפי הגעת לשונו every angel... expressed שלום לך הוי הכוהן Him his glory according to the ability of his tongue... - אבישע (Cow 378).

**מטי א**[†] מ״י *prep.* (מן אונקלוס O) **עד as far as** עד סור... במטי לאתור $*M_1$ עד שורבואכה אשור to Shur..., as far as Ashur - בר כה 18. ואזלו ועלו וגשו ית ארעה ממדבר צן עד אפתאי למטי לחמת $*M_1$ ...עד רחוב לבוא חמת - במ יג 21. **ב** מ״ק של סיבה *conj. (causal)* **מפני because of** לא ידון רוחי באנש לעלם במטי הוא בסר לא ידון רוחי באדם בשגם הוא בשר My spirit shall not abide in man for ever, for he is flesh - בר ו 3 [תפס בשגם מן השיג.

א״ס: בשבב. נראה שנתפתח מן הוראת ׳מבוא׳ כדרך ׳שבשביל׳ נתפתח למילת יחס מן ׳שביל׳. אבל ע׳ זב״ח, המליץ 603. *Probably. int. as from nšg, 'entrance' and used as conj. in similarity with [bgll, etc. See* Ham 603.

**מטר** גשם **rain** [**א״י** ארום לא אמטר ייי אלהין - נ בר ב 5. **סוא״י** לא גר אמטר אלהא - שם]

**אפעל המטיר** בהשאלה *(.fig)* .**to rain** *trans* ויהוה המטר על סדם ועל עמרה גפרי ואש the המטיר על סדם ועל עמרה גפרית ואש Lord rained on Sodom and Gomorrah brimstone and fire - בר יט 24. **ואמטר** יהוה ברד על ארע מצרים - שמ ט 23. **המטיר** לון מזון מן שומיה - ת״מ 225א. **אהנה ממטר** כהזבן מחר ברד יקיר שריר **הנני ממטיר** כעת מחר ברד כבד מאד - שמ ט 18. **אהנה ממטר** לכון לחם מן שומיה - שמ טז 4.

**(א)מטר** mēṭår ש״ע ז *n. m.* **מטר rain** ויתן מטר ארעך בזבנתה ונתן את מטר ארצך בעתו (God) will grant the rain for your land in its season - דב יא 14, כח 12. **ועצר** יה שומיה ולא יהי **מטר** - דב יא 17. **ומטרה** לא נטף ארעה - שמ ט 33. ודמע עיניה ערף **כמטרה** ודמע עיניו עורף **כמטר** the tear of his eye drops like rain - ת״מ 261ב [בהשראת ״יערף כמטר לקחי״- דב לב 2, המובא בפיוט ע״ש ז 5: מימרה על הלב כמטר לקחי]. והוה **אמטרה** על ארעה ארבעים יומם(E)A - בר ז 12.

**מטרד** matråd שם פרטי *.pr. n*

**מטרד** ש״פ ושם אתתה מיטבל ברת מטרד - בר לו 39. מובא גם באס 13ב.

**מי** מילת שאלה לאדם *interrogative particle of persons* [עש״ח NSH]

**מי** מ״ש *.interrog. part* **מי who** ארתי לעבדיך בעמל ארשיון ובזעוק מי כמוך נאדרי בקדש חון את עבדיך בשכר אבותיהם וב(שכר) הקריאה ״מי כמוך...״ (שמ טו 6) - מ יח 11-12 [מובאה שכיחה בת״מ. *Frequent qoutation from the Torah in* TM.] **אוצר** מלי חכמה טובי מי לו בעי אוצר דברי חכמה, אשרי מי שמבקש אותו - ע״ש ז 7-8. טוב למי יילפנה ווילה למי ישבקנה אשרי מי שילמדנו ואוי למי שיעזבנו - ת״מ 155ב. רחמיו מגן תקיף למי בו יאמן רחמיו הם מגן חזק למי שמאמין בו - ת״מ 184ב. מי יוכל יימר ציבעד מן גלגיו מי יוכל לומר מעט משבחיו (של משה) - ת״מ 264ב. מי יתן ויהי לבון דן להון למדחל מני J (VB מן יתן, EC לוי יתיהב) מי יתן והיה לבם זה להם...- דב ה 25 [שרבוב. אבל בפסוק המקביל ב-J- שמ כ 17א: ׳מן יתן׳. וכן הוא בדב כח 67: מן יתן צפר, מן יתן רמש]. מי ייכלנן בסר E (נ״א מן) - במ יא

- **18.** וסנאיו מי יקימנה D ומשנאיו מי יקימנו דב לג 11 [C מן: Abr Nahrain 24, p. 181.]

**מי דהב** mīzâb שם מקום *(pr. n. (place* [תרגום השם *Transl. of the name*]

**מי זהב** ש״פ ושם אתתה מיטבל ברת מטרד ברת מי דהב A - בר לו 39.

**מי זהב** mīzâb שם מקום *(pr. n. (place*

**מי זהב** ש״פ ושם אתתה מיטבל ברת מטרד ברת מי זהב - בר לו 39.

**מידבה** midâbe שם מקום*(pr. n. (place*

**מידבה** ש״פ אוקדו על מידבה אש על מידבה- במ כא 30.

**מיטר**† יחידת מידה **unit of measure** [LSJ 1123a - μέτρον]

**מיטר** ש״ע ז *.n. m* **לוג measure** ומטר משח אחד $*m_2$ לג שמן אחד - ויק יד 10. וית מיטר אמשחה A - ויק יד 12. ויסב אמר חדה... ומיטר משעA ($*m_2$ ומטר) - ויק יד 21. ויסב כהנה ית אמר אשמה וית מיטר משחה $A*m_2$ - ויק יד 24.

**מיכי** mī'ki שם פרטי *.pr. n*

**מיכי** ש״פ לשבט גד גאואל בר מיכי - במ יג 15.

**מיכיל**† mī'kīl שם פרטי *.pr. n*

**מיכיל** ש״פ לשבט אשר סתור בר מיכיל (A מיכאל)- במ יג 13.

**מילת** בד יקר **fine wool** Krauss 335 ⊣ ἡ μηλωτή **א״י** כיתונא דבוץ מילת קודש - מי״ל ויק טז 4]

**מילת** ש״ע ז *.n. m* **שש fine wool** תכלה וארגמן וצבע זעורי ומילת ועזים תכלת וארגמן ותולעת שני ושש ועזים ,blue, purple and crimson yarns, fine linen, goats' hair - שמ כה 4. **ואלבש** יתה רקיעי מילת ושבה רביד דהב על צברה וילבש אתו בגדי שש וישם רביד זהב על צוארו - בר מא 42. **ובארגונה** ובצבע זעוריתה ובמילתה - שמ לה 35. כל קלעי דרתה סאר מילת משזר כל קלעי החצר סביב שש משזר - שמ לח 16.

**מים** מים **water** [א״י מבועין דמיין - נ בר מט 22. **סוא״י** הא אנא מיטא טופנא מין על ארעא - בר ו 17]

**מים** ש״ע ז mem *n. m.* **1 מים water** לחם לא אכל ומים לא אשתה he ate no bread and drank no water - שמ לד 28. מטפטף מים מבדיו יזל מים מדליו - במ כד 7. ותמעי בתקפה ויפק מנה מים והכית בצור ויצא ממנו מים - שמ יז 6. ואפק לן מים חיים והוציא לנו מים חיים - מ ה 66. ‹ומפק› מן צנמה מים ומוציא מסלע מים - ת״מ 285א. משקי מי בור לאנשה משקה אדם מים מאררים - מ א 86. ועזר יהוה עליון ית מי ימה - שמ טו 19. כי לא הוה טור שמם מן מי מבולה כי לא היה הר יבש ממי המבול - ת״מ 130ב. ואנתע אהרן ית אדה על מימי מצרים - שמ ח 2. כד קעמת לגו ימה והפלגת מימיו כאשר עמדת בתוך הים וחצית עת מימיו - ת״מ 297א. **2 חכמה, רחמים** בהשאלה **wisdom, mercy** *fig.* אה באר מים חיים חפיר ביד נביא... ומיה דלגוה מפם אלהותה... דלגו הדה גנתה ונשתי מן מימיה הנה באר מים חיים (התורה) כרויה ביד נביא... והמים שבתוכה הם מפי האלוהות. ...ונשתה מן המים... behold a well of living water dug by the prophet...; the water in it is from the mouth of the Divinity...; let us drink from its water - ת״מ 282א-ב. אלהותה נגדה לה מים חיים משקיה לבבה... נביותה נגדה לה מים חיים מדכיה לנפשה האלוהות משכה לו (למשה) מים חיים להשקות את לבו... הנבואה משכה לו מים חיים מזכים את הנפש - ת״מ 104ב.

†**מימר כל** שם פרטי *pr. n.* [תרגום השם. ע״ע פיכל [*Transl. of the name*

**מימר כל** ש״פ ואמר אבימלך ומימר כל רב חילה B - בר כא 22. כיו״ב בפס׳ 32 (A ומימר). ומימר כל רב חילה (A ומחכום כל) - בר כו 26.

**מין** זן, מין **species, kind** [א״י מן עופא למינה - נ בר ו 20. **סוא״י** ויתברכון בזרעך כל מיניה דארעא - בר כב 18. ע״ע גנוס]

**מין** ש״ע ז *n. m.* **1 מין** בחיה ובאדם **kind** ואמר אלהים תפק ארעה [נפש חיה למ]ינה בהמה ורמס [וחית ארעה] למינה let the earth bring forth every kind of living creature: cattle, creeping things, and wild beasts of every kind - בר א 24. וית דאיתה וית האיתה למינה... וית כל ערבה למינה - ויק יא 14-15. וית סנוניתה וחטפיתה למינה - דב יד 18. משה התימן מגלינה ועבדה על כל מינה דאדם משה הופקד לגלותו (את השבת) והטילו על כל מין האדם - ע״ד יד 10-11. פלג מיני החיה לארבעה חלקים - ת״מ 57א. **2 סוג** ביטוי לריבוי ולגיוון בעש״ח **sort** *expression of plurality and variation* (NSH) המים... שפט בין צדיק ורשע והפך הרשע לפניו וקטלו במיני המכות המים שפטו בין צדיק לרשע וזרקו את הרשע לפניו והרגוהו במיני המכות the water... judged between righteous and evil and cast the evil before the righteous and killed him with many strokes - ת״מ 63א. ויאסר את רכבו... אסרה גדלה במיני הנצחן עד לא יכל אנש יברח מתמן "ויאסר..." (שמ יד 6) זו אסירה גדולה במיני הגבורה עד שלא יוכל אדם לברוח משם "he tethered his chariot" (Ex 14:6) a great tethering with a multitude of triumphs, so that none could escape from there - ת״מ 75א [זב״ח הע׳ 4]. וחזו כל מצראי מיתים במיני הצרות - ת״מ 103ב. למילף מיני החכמה - ת״מ (ק) 39ב.

†**מיסדה** שם מקום *pr. n. (place)*

**מיסדה** ש״פ יובל בנה מיסדה מת רבתה יובל בנה את מיסדה, עיר גדולה - אס 4א.

**מיסון** תוך, אמצע **midst** (= המליץ 611) [Krauss‎ - 337. **א״י** ואותביה במיסוון דשוקא - איכ״ר μέσον לפרק א 14]

**מיסון** ש״ע ז *n. m.* **1 תוך midst** יהי רקיע במיסון מיה (Len 177) A יהי רקיע בתוך המים let there be a firmament in the midst of the waters - בר א 6. ועילן חייה במיסון פרדיסה A(E) ועץ החיים בתוך הגן - בר ב 9. וכל מאני עסף דיפל מנון למיסונה כל דבמיסונה יסתאב A (נ״א לגבה... דבגבה) וכל כלי חרש אשר יפל מהם אל תוכו כל אשר בתוכו יטמא - ויק יא 33. **2** ש״ת *adj.* **תיכון middle** ונגרה מיסונה בגו לוחיה A (נ״א ממציעה) והבריח התיכון בתוך הקרשים the middle bar, amidst the frames - שמ כו 28. ועבד ית נגרי מיסונה A ויעש את הבריח התיכון - שמ לו 33.

†**מיסטה** איש ביניים, מתווך **middle man, mediator** [μεσίτης - LSJ 1106a. זב״ח, ת״מ 348]

**מיסטה** ש״ע ז *n. m.* **איש הבינים** כינוי למשה **middle man** *epithet of Moses* איקרה אמר לה שלם לך מיסטה ליתי לאוי לאנש בר מנך היקר אמר לו: שלום לך איש הבינים, איני ראוי לאיש זולתך the Glory said to him (Moses): "Peace be to you, O middle man, I am fitting for no man but you" - ת״מ 279ב [ראה זב״ח שם]. אה מן נבתה אלה... וזעק שמה עבדה ומהימן ביתה ומיסטה טבה ונגודה... ומיסטה טבה דשמע מן מרה אלפה לישראל הוי מי שניבא אותו האלהים... וקרא שמו העבד... ונאמן הבית ואיש הבינים הטוב והמנחה... ואיש הבינים הטוב את אשר שמע מאדוניו לימדו לישראל - ת״מ 294ב.

## מישאל
mīšā˒əl שם פרטי *pr. n.*

**מישאל** ש״פ ובני עזיאל מישאל ואליצפן - שמ ו 22.

## †מישר
שם פרטי *pr. n.* [תרגום מיכאני ע״פ אלון מורא = מישר חזוה וכיו״ב. *Mechanical transl.* *following* Gen 12:6, *etc.*]

**מישר** ש״פ למישר כרן מישראה A לאלון משפחת האלוני - במ כו 26.

**מישראי** ש״י *gent. n.* למישר כרן מישראה A לאלון משפחת האלוני - במ כו 26.

## מישר אנכלה
שם מקום *pr. n. (place)* [ע״ע נחל אנכלה]

**מישר אנכלה** ש״פ ואתו סעד מישר אנכלה... לאתרה הדו זעקו מישר אנכלה A ויבאו עד נחל אשכול... למקום ההוא קראו נחל אשכול - במ יג 23 - 24.

## מישר בכיתה
שם מקום *pr. n. (place)*

**מישר בכיתה** ש״פ וקרא שמה מישר בכיתה ויקרא שמו אלון בכית - בר לה 8.

## מישר זרד
שם מקום *pr. n. (place)* [ע״ע נחל זרד]

**מישר זרד** ש״פ ומתמן נטלו ושרו במישר זרד... ונטלו מן מישר זרד... A - במ לה 8.

## מישר חזוה
שם מקום *pr. n. (place)*

**מישר חזוה** ש״פ עד אתר שכם עד מישר חזבה עד מקום שכם עד אלון מורא - בר יב 6. מישר חזוה הוה כרז לון במשתוק טעילו בזהי מאורי זכותה אלון מורא היה קורא להם באלם: התהלכו בשמחה, מאורי הצדקה - ת״מ 351ב.

## מישר חלקיה
שם מקום *pr. n. (place)* [ט״ס מן אונקלוס: חקליא, או שינוי הדורש את השם לעניין המחלוקת *Corr. form from O, or Midr. change* [*referring to 'dispute' (mḥlqt).*

**מישר חלקיה** ש״פ אדבקו למישר חלקיה A חברו אל עמק השדים - בר יד 3. וסדרו עמהון קרבה במישר חלקיה - בר יד 8. כיו״ב בפס׳ 10.

## מישר מגיבה
שם מקום *pr. n. (place)* [ע״ע נחל ארנן]

**מישר מגיבה** ש״פ וגעאזו ית מישר מגיבה ועברו את נחל ארנן - במ כא 20א.

## מישרי ממרא
שם מקום *pr. n. (place)*

**מישרי ממרא** ש״פ ואתרשי אברהם ואתא ודער במישרי ממרא ויאל אברהם ויבא וישב באלוני ממרא - בר יג 18. פתור אברהם דסדרה במישרי ממרא שולחן אברהם שערכו באלוני ממרא - ת״מ 225ב.

## מישר מפנה
שם מקום *pr. n. (place)* [ע״ע עמק שויה]

**מישר מפנה** ש״פ ונפק מלך סדם... למישר מפנה $M_2A$ ויצא מלך סדם... אל עמק השוי - בר יד 17.

## מישר שטים
שם מקום *pr. n. (place)* [ע״ע אבל שטים]

**מישר שטים** ש״פ מבית הישימון עד מישר שטים B - במ לג 49.

## †מכה
שם מקום *pr. n. (place)* [היא مكّة. זב״ח, אסטיר 40]

**מכה** ש״פ ובנו מכה ולכן אמיר באכה אשורה... ובנו (בני נבאות בן ישמעאל) את מכה כנאמר: באכה אשורה... - אס 13א.

## מכיר
mâkər שם פרטי *pr. n.*

**מכיר** ש״פ בני מכיר בר מנשה - בר נ 23.

**מכיראי** ש״י *gent. n.* למכיר כרן מכיראה - במ כו 29.

**מכך** שפלות, ירידה **lowliness, humbleness**
[מתחלף עם מו״ך (ע״ע) *Interchanges with mwk, q.v.* **א״י** שמייה אמכו - קת״ג ויק כב 27. **סוא״י** דלית אנה דמולי דימוך ישרא ערקתא דמסנה = אשר איני ראוי להתכופף ולהתיר את שרוך נעלו - מרקוס א 7]
← השבחה **enhancement** [עש״ח NSH]

**קל** עבר: ומך - בר לח C 1. עתיד: וימך - ויק כה 25. בינוני: מכך mâkək VNMB. **פעל** עבר: - מ טו 4. ומכך - בר מח E 17. **אפעל** עבר: אמכו - ת״מ 179א. עתיד: וימך - בר מט M₁* 15. ציווי: אמכי (נוכחת) - בר כד 14. בינוני: ממך - שמ טז A 4. **אֶתְפְּעֶל** עבר: אמכי (נסתרות) immâki - מ יד 63. עתיד: תמכך (נוכח) - ויק יט EC 15. **אמכו** - ת״מ 262ב. **מכה** makkå - ע״ד א 13. **מכו** מכות (נסמך) makkot - אלעזר ד 85-88.

**קל 1 שפל**[†] פע״ע *to be low intrans.* ואן ימך אחוך ויזבן מסחנתה VNMB וכי ימוך אחיך ומכר מאחזתו if your brother becomes low (=poor), and sells part of his property - ויק כה 25. ואנון ימכון לרגליך C והם תכו לרגליך - דב לג 3 (Abr Nahrain 24, 185). אלה מכך ואעת האלוהים משפיל ויורד (אל הר סיני) - מ טו 4. ואת במלכותך מרי מכך עם כל חיביה ואתה במלכותך, אדוני, משפיל עם כל החוטאים (= יורד אליהם וחונן אותם) - א״ח 43-44. ורישיון מככין ולבביון מרקפין וראשיהם משפילים ולבותיהם רועדים - ת״מ 243א. **2 ירד, נטה** פע״ע *to descend intrans.* ומך עד גבר עדלמאי C ויט עד איש עדלמי (Judah) descended to a certain Adullamite - בר לח 1 [אפשר שהוא מוך. נ״א מהך]. **3 היטיב** פע״י *to better trans.* **כד** הוה אהרן פרוד אהן ברכתה הוה מכך לה בקלה עד ישמע כל קהלה כאשר היה אהרן פורט את הברכה (במ ו 23-26) היה מיטיב את קולו כדי שישמע כל הקהל when Aaron was detailing the blessing (Num 6:23-36), (God) was intensifying his voice so that all the congregation could hear - ת״מ 134ב [זב״ח הע׳ 1]. בכל זבן אלה מכך ברב טובה וחסדה וישראל מכעס בכל זמן אלוהים מיטיב ברוב טובו וחסדו וישראל מכעיס allways God betters in His abundant goodness and grace, and Israel provokes (His) anger - ת״מ 217ב.

**פעל הוריד**[†] *to lower* ומכך אד אבוה למסטאה יתה מן על ריש אפרים E (נ״א וסמך, וסעד, ותמך) ויתמך יד אביו מעל ראש אפרים and he lowered his father's hand, to remove it from Ephraim's head - בר מח 17 [תפס: הוריד את יד אביו].

**אפעל 1 הוריד**[†] *to lower* אמכי ני קלתיך A הטי נא כדך - lower your jar - בר כד 14. צלותה המכת מנה מן שומיה תפילתו הורידה את המן מן השמים his prayer lowered the manna from heavens - ת״מ (ק) 85א [ש 262ב: אמכות. זב״ח הע׳ 4]. וימך כתפה למסבל C)*M₁ וממך) ויט כתפו לסבל - בר מט 15. הא אנה ממך לוכון מזון מן שומיה A הנני ממטיר לכם לחם מן השמים - שמ טז 4. ועיניה (!) ממכין דמעין כות מטרה ועיניו מורידות דמעות כמים - ת״מ (ק) 83א. **2 השפיל** *to humiliate* ויסדיה אמכו גרמון לקדמה והיסודות השפילו עצמם לפניו the foundations humiliated themselves before him (Moses) - ת״מ 179א.

**אֶתְפְּעֶל 1 השפיל עצמו**[†] *to lower oneself* לא תתלי קדם מסכין ולא תמכך קדם רב EC לא תתנשא לפני דל ולא תשתפל לפני גדול you shall not be haughty in front of the poor, nor shall you defer in front of the great. - ויק יט 15 [פירוש של: "לא תשא פני דל ולא תהדר פני גדול. *Interpretative paraphrase*]. כסיאתה אמכי גרמון משמע קלה דמרי קרי הנסתרות השפילו עצמן לשמוע את קול אדוני קורא - מ יד 63-64 [ע׳ בהערות זב״ח]. **2 ירד** *to descend* כתבין דקשט ממכין ממעונה כתבי אמת יורדים מן המעון books of truth descend from the upper heaven - מרקה: (Cow 52).

**אמכו** ש״ע נ *n. f.* **הורדה** *lowering* <צלותה> אמכות מנה מן שומיה ברבו רבה תפילתו - הורדת המן מן השמים - (Moses') prayer - bringing down the manna from heaven - ת״מ 262ב [אפשר שהגרסה משובשת. ראה זב״ח שם. *corr?*].

**מכה** ש״ע נ *n. f.* **מטה** כינוי לעולם התחתון **down** ואקימה אלה על מכה the earthly world והפקידו אלוהים על מטה (את משה) God set him (Moses) over the earthy world - ע״ד א 13. ושלטנה ברומה ובמכה ושלטונו בעליונים ובתחתונים - ע״ד י 2 [צירוף נפוץ בפיוט, כגון מ ג 5; י 46, יב 46 ועוד]. אילן טב שרשה במכה וטרפה במעונה אילן טוב, שורשו מטה וענפו במעון - ת״מ 282א.

**מכו** ש״ע נ *n. f.* **שפלות** **lowness** תלי בפרקן חדת למכות רישינן הרם בגאולה חדשה את שפלות ראשינו raise with a new redemption the lowness of our heads - אלעזר ד 85-88 (נ״א

אמכות).

†מכן רשות, היתר **permission** [> امكن - Dozy II, 615 טל ג עח]

**אפעל התיר to let, permit** ואנה חכמת הן לא ימכן יתכון מלך מצראה למהך A ואני ידעתי כי לא יתן אתכם מלך מצרים להלך yet I know that the king of Egypt will not let you go - שמ ג 19. ולית ימכן מחבלה למעול לבתיכון A ולא יתן המשחית לבוא לבתיכם the Lord will not let the Destroyer enter your homes - שמ יב 23.

†מכס תשלום חובה **compulsory payment** [**א״י** אייתי מכסה מן גו כן אנה קטיל ליה - בר״ר 894. **סוא״י** אן גר תחבון לאלין דמחבין לכון מא גר אית לכון לא מכסיא הדא עבדין = הלוא אם תאהבו את אוהביכם מה שכרם? הלוא גם המוכסים עושים זאת - מתי ה 46]

**מכס** ש״ע ז .n. m **מכס toll** ותרם מכס ליהוה מן עם גברי קרבה והרמת מכס ליהוה מאת אנשי המלחמה levy for the Lord a tribute from the men of war - במ לא 28. **והוה מכסה...** מן עאנה ויהי המכס... מן הצאן - במ לא 37. ומכסון... תרים ושבעים... - במ לא 38 וכמוהו 40,39. ויהב משה ית מכס ארמות יהוה לאלעזר כהנה - במ לא 41.

מכפלה måkfēla שם מקום *pr. n. (place)*

**מכפלה** ש״פ וקעם חקל עפרון דבמכפלה דעם קדם ממרא... לאברהם לקניאן (BA דבמכפלתה) ויקם שדה עפרון אשר במכפלה אשר על פני ממרא... לאברהם למקנה - בר כג 17. אה שכוני מכפלה אה זכהי עלמה הוי שוכני המכפלה, הוי צדיקי העולם - ת״מ 252ב. בעמל דמוכי מכפלה בשכר שוכבי מכפלה - ע״ש ד 49. די זעיקה מכפלה על כן היא קרויה מכפלה - אס 25ב.

מלאך שליח **messenger** [**א״י** וארע יתיה מלאכה - נ טז 7. **סוא״י** ואתחמי לה די מלאך מן גו שומיא - לוקס כב 43]

**מלאך** ש״ע ז .n. m **1 מלאך, שליח messenger** ואשקע מלאך אלהים ית בלעם וימצא מלאך אלהים את בלעם the angel of God found Balaam - במ כג 4. **ואמר לי מלאך** האלהים בחלם - בר לא 11. **ועלו תרי מלאכיה** לסדם - בר יט 1. **מלאכי יהוה ייתון סהרתון** דריחות - ע״ד יג 27. יבואו סביבם mâlâkki מלאכיה שמעין תשבחתה דמרון mâlâkkayyå שרצון המלאכים לשמוע את תשבחות אדונם - ע״ד יג 28-29 [ע׳ בהערות זב״ח]. **ונגש לערפלה** דתמן מלאכי אלהים - ת״מ 106ב. **2** [לסילוק ההגשמה בכ״י מאוחרים של התה״ש. בהשפעת התה״ע?. *substitutes God in late manuscripts of the* ST *to avoid anthropomorphism* (Ar *influence?)* in the בתשבית מלאכיה A בדמות אלהים likenes of the angels - בר ה 1. **נסבתה מלאכיה** A לקח אתו אלהים - בר ה 24. **בצורת מלאכיה** A בצלם אלהים - בר ט 6. **ואסתלק מלאך אללה** A ויעל אלהים - בר יז 22.

†מלגו ט״ס ? .corr

**מלגו ?** ואם מנחה מלגו קרבנך סלת במשה תתעבד M ואם מנחת מרחשת... - ויק ב 7.

מלח מלח **salt** [**א״י** עמוד דמלח - **נ** בר יט 26]

**מלח** ש״ע ז .n. m **מלח salt** והות קעמה מלח ותהי נציב מלח she became a pillar of salt - בר יט 26. על כל קרבניך תקרב מלח על כל קרבניך תקריב מלח - ויק ב 13. גפרי ומלח יקדה כל ארעה גפרית ומלח שרפה כל ארצה - דב כט 22.

†מלט[1] מילוט והצלה **salvation** [מן העברית H]

**פעל הוציא, הריק to unsheathe** בהשאלה *fig.* ויתכון אדרי בגויה ואמלט בתרכון חרב N*M₂ (ECA ואמלק) ואתכם אזרה בגוים והרקתי אחריכם חרב I will scatter you among the nations, and I will unsheathe the sword after you - ויק כו 33.

**אֶתְפָּעֵל נמלט to escape** ומן דערק אל קשטה המלט ומי שנס אל קשטה ניצל whoever fled to the True One escaped - ת״מ 274ב. **מנון נערק** ובון לא נתקרב דמה דנמלט ביום נקם מהם ננוס ובהם לא ניגע, אולי נימלט ביום נקם - ת״מ 210ב. **אמלט שבי לתמן... ותתוחי נפשי** B אמלט נא שמה... ותחיה נפשי - בר יט 20. **זרז** אמלט לתמן B - בר יט 22.

†מלט[2] ערימת אבנים **pile of stones** [> مـلاط = ציבור אבנים ? - Dozy II, 621a]

**מלט** ש״ע ז .n. m **גל pile** ויעזרו ית כיפה על פם קופה למלטה A והשיבו את האבן על פי הבאר לערימתה they would put the stone back

בר - upon the mouth of the well to its pile (?) כט 3 [מסופק מאוד very dubious].

מלטוף† תא cell [כהן: < מרתף. וקשה החילוף ת < ט. SSt 102: *from mrtp; but the change t > ṭ is unattested in SA*]

**מלטוף** ש״ע ז *n. m.* **תא** cell מלטופין תעבד ית ספינתה A קנים תעשה את התיבה make compartments in the ark - בר ו 14.

**מלי** מילוי fullness [א״י ומלת ית זיקא מיא - **נ** בר כא 19. **סוא״י** רבו וסגו ומלו מיא דבימיא - בר א 22] ← מלוי יד, מינוי והפקדה, האצלת כוח **ordain, appointment**

**קל** עבר: מלא שמ מ 34 (= המליץ 503). אמלו - בר כט 21. עתיד: ימלי - ת״מ 90א. בינוני: מלי mâli - מ יח 13. מליה (נ) mâlyå - מ ט 20. מלים (רבים) mâlən - מ א 64. מליאן mâl'yân - א״ד א 5. פעול: מלו mēlu - ע״ד ו 12. מקור: ממלי - בר כד 13. **פעל** עבר: מלא - בר כט 28. עתיד: אמלי - שמ כג 26. ציווי: מלא - בר כט 27. בינוני: ממלי mâmalli - מ י 81. פעול: דממלי - ת״מ 109א. **אפעל** עבר: דאמליכנן (נוכח + מדברים) damlikânån - ט 68. ציווי: ואמלי wamli - מ יח 15. **אֶתְפְּעַל** עבר: אמלית immalyåt - מ יד 26. אתמלית (נסתרת) - ת״מ 191ב. אמלו - אס 6א. עתיד: תתמלונון - שמ טו 9 B (המליץ 503: תתמלי מנה). בינוני: ומתמלי - ת״מ 86ב. **מלא** (ש״ת) - דב לד 9 (= המליץ 503). **מלאה** - ת״מ 179ב **מלאו** מלאות (נסמך) - ת״מ 57ב. **מלאי** למלאי almē'lây - מ ו 30. **מלו** - במ כד 13. **מלוא** - במ כב 24. **מלוי** qātōl - דב כט 10. **מלוי** qiṭṭūl - בר א 16 A(E). מלי (ש״ת) - במ כב 18 A. **מלי** (ש״ע) מליתה (מיודע) - דב כב 9.

**קל 1 מלא** פע״ע **to be completed, full** *intrans.* הלא אמלו יומי כי מלאו ימי for my - בר כט 21 time is completed. וימלון בתי מצראי מן ערבה ומלאו בתי המצרים את הערוב the houses of the Egyptians shall be full with swarms - שמ ח 17. ומלו שבעה יומים בתר מעו יהוה ית נהרה - שמ ז 25. ימלי עלמה הכעסו לקשטה ימלא העולם הכעסת קי - ת״מ 90א. אה טבה דעלמה מן טבהתך מלי הוי הטוב, שהעולם מטובותיך מלא - מ יח 13. אלהותה רבתה מליה עלמה אלוהותו הגדולה מלאה את העולם - מ ט 20-19. יומין מלין עקין אנון יומי חיביה ימים מלאים צרות הם ימי החוטאים - מ א 64-65. שבע שבלין... מליאן וטבן - בר מא 22. מלין מליאן עלמה מלים מלאות את העולם - א״ד א 5. ריח ברי כריחות ברה מלו A (NC מלי, B מליה, M מלוא) ריח בני כריח השדה מלא - בר כז 27. **2 מלא** פע״י **to fill** *trans.* וכבוד יהוה מלא ית משכנה וכבוד יהוה מלא את המשכן the Presence of the Lord filled the Tabernacle - שמ מ 34. ומלי כבוד יהוה את כל ארעה - במ יד 21. ורבותון מלת שומיה וארעה וגדולתם (של משה ואהרן) מלאה שמים וארץ - ת״מ 218ב. **3 שאב מים to draw water** לזבן מפוקית מליאתה לעת צאת השאובות - בר כד 11. **4 הוסמך, היה ראוי to be ordained, qualified** [על פי כתובים כגון "הכהן המשיח אשר מלא את ידו" - ויק יד 5, נ״ש מן מלו *Following phrases such as* Lev 14:5.] משבח לך מי מוסמך להלל אותך - ע״ד כה 51. כיי מלבש בידי לבוש מד לית מלך מלו מלבש אכן הוא (משה) מולבש בידי לבוש שאין מלך מוסמך ללבוש - ע״ד ו 11-12. אן צעם בה ותהב כיי מלו בפרקנה אם צם בו ושב, כי אז ראוי הוא לגאולה - מ יז 31-32. וירתתה עלם דשקחתה מלוא בכן וירושתו (של נח) עולם, כי מצאתיו ראוי לכך - ת״מ 25ב. יתודי חילה דאמלתך באהן ועבדך מלו בכל איקר ישתבח האל שהסמיכך בזה ועשך ראוי לכל כבוד - ת״מ 143א.

**ממלי** ובנאת אנשי קרתה נפקן לממלי מים ...יצאות לשאב מים - בר כד 13. ורעטת עוד על בארה לממלי ותרץ עוד על הבאר לשאב - בר כד 20.

**פעל 1 מילא, השלים to fill, complete** מלאו מכלה מנה למטרה מלאו העמר ממנו למשמרת fill an omer of it to be kept - שמ טז 32. ומלא שבוע דה וימלא שבוע זאת - בר כט 28. ית מניאן יומיך אמלי את מספר ימיך אמלא I will complete the number of your days - שמ כג 26. מלא שבוע דה ואתן לך אף ית דה מלא שבוע זאת... - בר כט 27. צפי בכל אלין ומלי מדעך במלי חכמתה הבט בכל אלה ומלא שכלך בדברי החכמה - ת״מ 178ב. שמך ממלי כל טוב למן דשוי מסי שמך ממלא כל טוב את מי שראוי לקחת - מ י 81-82. מן אוצרה רבה דממלי חיי עולם נזדאן מן האוצר הגדול הממולא חיי עולם ניזון - ת״מ 109א. אפתח אזניך (!) ואמליתון נהירו פקח אזניך ומלאן חכמה - ת״מ 7א. **2 שאב to draw water** ואף לגמליך אמלי וגם לגמליך אשאב I will also draw for your camels - בר כד 44. ונעתת לעינה ומלת ותרד העינה ותשאב - בר כד 45. ודלי ומלי ית מרכעיה ותדלאנה ותמלאנה את הרהטים - שמ ב 16.

**אפעל 1 מילא to fill, complete** מיסתן

איקר מה דאמליכנן דיינו הכבוד אשר מילאתנו the honor with which you have filled us is נרבי למרן .68 ט - more than enough for us דאמלתן בכל איקר נגדל את אדוננו שמילאנו בכל כבוד - ת״מ 295א. אנשה אתו ואמלו ית מדעיכון במד יתפרס קמיכון האנשים, בואו ומלאו את לבכם במה שיתפרס לפניכם - ת״מ 161ב. **2 הסמיך, עשה את פלוני ראוי to ordain, qualify** ואמלי יתי למתוב לידך וקבלי ועשה אותי ראוי לשוב אליך וקבלני qualify me to come back to you and receive me - מ יח 15. גזר לבי ואמליתי מחדיד תתובה מול את לבי ועשני ראוי לחדש תשובה - א״ג 6. אמליכנן נגוז משחתה דאימה בשלם הרשיתנו לעבור את אורך היום בשלום - ננה 31.

**אֶתְפְּעֶל 1 נתמלא to be filled** ואמלית ארעה מנון ותמלא הארץ אתם the land was filled with them - שמ א 7. ואמלא עלמה מן אנשה ונתמלא העולם מן האדם - אס 6א. עסר מלין הוי אנין ומנין אמלית בריאתה עשרה הדברים היו אלה, ומהם נתמלאה הבריאה - מ יד 25-26. כד אתמרת לנח אתמלית ביות כאשר נאמרה על נח (המלה 'צדיקי') נתמלאה יו״ד- ת״מ 191ב. תתמלונון קנומי B תמלאמו נפשי - שמ טו 9. **2 הוסמך to be ordained** יומה הדן המלאת אידך היום הזה הוסמכת - ת״מ 134ב - this day you have been ordained. כהניה דאמשחו דאמלי אתרון למכהנה הכהנים המשחים אשר מלא ידם לכהן - במ ג 3 [אפשר שהוא קל ותנועתו פרוסתטית, אבל נדיר שיהיה פע״י. לפי שחסר הנושא בפסוק, נראה שהוסב להיות סביל]. ווילך פרעה במד סכית דת מתחיל בחובה ומתמלי במלכו אוי לך פרעה, באשר ציפית שתגבר בחטא ותהיה ראוי למלכות - ת״מ 86ב.

**מלא, מלי א** ש״ת *adj.* **מלא full** ויהושע בר נון מלא ריח חכמה full with the spirit of wisdom - דב לד 9. ולבביון מלאים אור - ת״מ 238ב. לבב מלי תתובה לב מלא תשובה - ת״מ 300א. **ב** ש״ע ז *n. m.* **מלא fullness** והוא הך זהרה במלאו והוא (משה) כמו הירח במילואו - ת״מ (Moses) was like the moon in its fullness 52א [זב״ח הע' 7]. וכן הוא בת״מ 252ב.

**מלאה** ש״ע נ *n. f.* **מלוא fullness** [עש״ח NSH] ומטרתה מלאה דחיים והשמירה (של השבת) היא מלא החיים the observance (of the Sabbath) is the fullness of life - ת״מ 179ב. **וכאשר** ראו מלאת השנים וינחו ויצעקו... ואלהים את בריתו זכר... כן בן למך כרז על מלאת חמשים ומאת יום ויזכר אתו אלהים כאשר ראו (בני ישראל) את מלאות השנים (הקצובות לשעבוד) "ויאנחו..." כן בן למך כאשר ראה את מלאות חמישים ומאה יום... - ת״מ (ק) 229ב.

**מלאו**[†] ש״ע נ *n. f.* (עי' גם 'מלוי') **מלוא fullness** בן שמנים שנה אתנבה משה בן שמנים שנה למלאות לבבו ...בן שמנים שנה במלוא לבו Moses was eighty years old when he began to prophesy, eighty years old with fullness of heart - ת״מ 257ב.

**מלאי**[†] ש״ע ז *n. m.* **1 מלוא fullness** ויתבת לה מלקבל כמלאהי קשת C ותשב לה מנגד כמטחוי קשת she sat down over against him a full bowshot - בר כא 16 [= כמלוא מרחק יריית קשת]. **2 דבר thing** חיי עולם דילך דלא צריך למלאי חיי עולם שלך הם, ואין צריך דבר everlasting life is Yours, and You do not need a thing - מ ו 29-30. מוחיון דחייה דמנה כל מלאין מחייה החיים, שממנו כל הדברים the One who gives life to the living, from whom (comes) every thing - ע״ד כד 49-50.

**מלו** מכמת *quantifier* **מלוא fullness** מלו ביתה כסף ודהב the fullness of his house silver and gold - במ כד 13. זכאה דזכותה מלו כל עלמה הצדיק שצדיקותו מלוא כל העולם - מ יב 25-26, וכן א״ח 37 [עי' בהערות זב״ח]. סבו לכון מלו חפניכון פם אתונה קחו לכם מלוא חפניכם פיח הכבשן - שמ ט 8. ואב תמן מלו מכלה מן ותן שם מלוא העמר מן - שמ טז 33.

**מלוא**[†] ש״ע ז *n. m.* **גדר wall** בצרי כרמיה מלוא מדן ומלוא מדן A גדר מזה וגדר מזה a wall on either side - במ כב 24 [השי' מל״א יא 27: בנה את המלוא סגר את פרץ עיר דוד].

**מלוי** ש״ע ז qiṭṭūl *n. m.* **מילוי completion** ובמלוי יומי דכוה ובמלאת ימי טהרה at the completion of the days of her purification - ויק יב 6. עפוף לא יעבר על רישה עד מלוי יומיה דיתנזר ליהוה תער לא יעבר על ראשו עד מלאת כל הימים... - במ ו 5. ועבד אלה ית תרי מאוריה רברביה ית מלוי מאורה רבה למשלטת יומהA(E)... את מלוא המאור הגדול.. - בר א 16 [Kohn MGJW 15, 29-30].

**מלוי**[†] ש״ע ז qāṭōl *n. m.* **שואב waterdrawer** [א״י מלוי מימיכון - **התה״מ** דב כט 10] מן קטוע קצמיך ועד מלוי מימיך מחטב עציך ועד שאב מימיך from your woodchopper to your waterdrawer - דב כט 10.

**מלי** ש״ע ז *n. m.* **מלוא fullness** מלי ביתה

אבר A ...מלוא ביתו כסף the fullness of his house silver and gold - במ כב 18, וכן הוא בבמ כד 13.

**מלי** ש״ע נ *n. f.* **מלאה** מלוא תנובת השדה **full yield** of the field לא תזרע כרמך ערברוב דלא תקדש מליתה לא תזרע כרמך כלאים פן תקדש המלאה You shall not sow your vineyard with two kinds of seed, lest the whole yield be forfeited - דב כב 9. כאדגנה מן אדרה וכמליתה מן מעצרתה...וכמלאה מן היקב - במ יח 27.

**מלילה**† פרי הדגן **ear of wheat** [מן העברית H]

**מלילה** ש״ע נ *n. f.* **פרי הדגן ear of wheat** כד תיעל בקאמת עברך ותקטף מלילה באדך (VECB מלילן. המליץ 516: מלילן, שבלן) כי תבוא בקמת רעך וקטפת מלילת בידך when you go into another man's standing grain, you may pluck the ears with your hand - דב כג 26.

**מליפוט** סוג של פיוט **a liturgical piece** [< מليفوط < μελοποιήτης - Cow LXb]

**מליפוט** ש״ע ז *n. m.* **פיוט** מופיע בכותרות *Occurs in headings of poems* ויתמר מליפוט מן מימר אדונן אבישע - Cow 269. ויתמר בתשעה לחדש וכרזנה ומליפוט לאדונן הכהן הגדול פינחס בן יוסף - Cow 667.

**מלך¹** מלוכה ושלטון **[א״י** ומלך **kingship, rule** באדום בלע בן בעור - **נ** בר לו 32. **סוא״י** מתלוי דשולימון... דמליך באסריל - משלי א 1], עצה **[א״י** אימליך **advice** בי תניינות - ירוש ב״מ ט ע״ב. **סוא״י** קאיפס דמליך... דטב הו חד ברנש דימות - יוחנן יח 14], קניין ואחיזה **property** [לכאורה שאול מן ملك = קנה (ZSp128) אבל ראה זב״ח עואנ״ש ג/ב 258]

**קל** עבר: ומלך - בר לו 38. עתיד: ימלך - ת״מ 7ב. ציווי: אמלכה (+נסתר) - ת״מ 115א. בינוני: מלך - בר יד 22 C. **אפעל** עבר: ואמלך - אס 17ב. עתיד: דמלכנך (מדבר+נוכח) - בר יב 1 A. ימלכנך - (+ נוכח) - דב יג 7 (= המליץ 540). **אֶתְפְּעֶל** עבר: דאמלך - ת״מ 284א. בינוני: ממלך ת״מ 224ב. **מלוך** - mâlok (qāṭōl) ע״ד כז 50. **מלך** - mâlək - מ יא 23. **מלכו** - ת״מ 298ב. מלכותך mâlâkūtåk **מלכון** מלכונן (+נסתרים) - מ ד 48. **ממלכה** ממלכת (נסמך) - דב כח 25. E דב לב 28 - **ממלכו** ממלכות (נסמך) - דב ג 10 EB (= המליץ 505). ממלכותה - ת״מ (ק) 15א.

**קל 1 מלך, שלט to rule, reign** ומית שאול ומלך תחתיו בעל חנן Saul died, and Baal-Hanan reigned in his stead - בר לו 38. וכל בניו דנבאות מלכו ביומי ישמעאל - אס 13א. ולא שליט יכל ימלך עליך ואין שליט יכול למלוך עליך - ת״מ 7ב. המלכו תמלך עלינן - בר לז 8. **2 קנה to possess** ואמרת מלכת גבר מיהוה A (C קנית) קניתי איש את יהוה I have aquired a man with the help of the Lord - בר ד 1. עד יגוז עמה דן מלכת VCA (B דמלכת) עד יעבר עם זה קנית - שמ טו 16 (= המליץ 580). תיתי ליד ארעה כנען ותמלך כל איקרהתבוא אל ארץ כנען ותקנה כל כבודה you will come to the land of Canaan and possess all its wealth - ת״מ 214ב. משה מלך נביותה ויוסף מלך טורה טבה משה קנה את הנבואה ויוסף קנה את ההר הטוב - ת״מ 242א. מלך שומיה וארעה C קנה שמים וארץ - בר יד 22. ואמלכה בשמעה ואדירה לגו לבך וקנהו בשמיעה והשכינהו לתוך לבך - ת״מ 115א. **3 אחז to seize** הממן לחודה נטור חייה למי ימלך בקשטה המתמיד לעולם ישמור את החיים למי שאוחז באמת - ת״מ 139א. מן גזר ערלתה מלך אימנותה ואתפרק מן בישיה מי שמל ערלתו ואחז באמונה והתפרק מן הרעים - ת״מ 123ב. **4 יעץ to advise** כדו שמע בקלי אמלכנך ועתה שמע בקולי איעצך listen now to my voice; I will advise you - שמ יח 19. אתי ואמלכנך ית דיעבד עמה הדן לעמך לך ואעיצך את אשר יעשה העם הזה לעמך - במ כד 14.

**אפעל 1 המליך**† **to make king** המלכנן יתה וכבודה רבתה וברכה המלכנו אותו והכבוד גידלו ובירכו (דברי המלאכים על יעקב) we (the angels) made him a king, and the Glory magnified him and blessed him - ת״מ 146ב. **2 הקנה to give as a possession** נשרי למודאה למלכה רבה דאמליכנן בכל איקר נתחיל להודות למלך הגדול שהקננו כל הכבוד let us start thanking to the great King who has bestowed us all honor - ת״מ 129ב. לך לך מן ארעך... לארעה דמלכנך A ...אל הארץ אשר אנחילך - בר יב 1. **3 יעץ to advise** אן ימלכנך אחוך... בכסי למימר נהך ונשמש אלהים חורנים VECB כי יסיתך אחיך... בסתר לאמר נלך ונעבד אלהים אחרים if your brother..., advises you secretly, saying, ‘Let us go and serve other gods’ - דב יג 7. וכד שמע בלעם... ואמלך לבלק בזנותה כאשר שמע בלעם... ויעץ לבלק בעניין הזנות - אס 17ב.

†**אֶתְפְּעֶל נועץ, הודרך to consult** מן דאמלך בה לא טעי לעלם מי שנועץ בו אינו טועה לעולם - ת״מ 284א. צפה פרעה לסיעתה ושרי ממלך מה יעבד הביט פרעה בסיעתו והתחיל להימלך מה יעשה Pharaoh looked at his company and began to consult as to what to do - ת״מ 224ב. נורה דכהנתה על כל קהל ישראל בה ממלכין אור הכהונה על כל קהל ישראל. בו הם מודרכים - ת״מ 290ב [זב״ח הע׳ 1]. והאן אנה אזלה בנהרך ממלכה ואנה אני הולכת באורך אני מודרכת (דברי האות ק אל משה) - ת״מ 302א.

**מלוך** ש״ע ז qāṭōl *n. m.* **בעל, קונה owner** מנך בלישאתן אה מלוך רוחינן ממך בקשותינו, הוי קונה רוחינו from You is our request, O owner of our souls - ע״ד כז 49-50. מלוך שומים וארע A קונה שמים וארץ owner of heaven and earth - בר יד 19. והוא מלוך כל זבניה והוא קונה כל הזמנים He is the owner of all times - ת״מ 272ב. אתילף חכמתה די ריש כל מהדל מרביה מלוכה בכל דרי עלמה למד את החכמה שהיא ראש כל קניין, מגדלת את בעליה בכל הדורות - ת״מ 298א. אל מלוך B אל קנא - שמ לד 14 [תפס קנא מעניין קנייה. *Int.* [as from qny, 'to own'. ואתון כדו מלוכי אתרה לא תעבדו עובד מכעס לאלה ואתם עכשו מחזיקי המקום, לא תעשו מעשה מכעיס את אלוהים - ת״מ 145א.

**מלך** ש״ע ז *n. m.* **1 מלך king** וכל מלך ושליט פשוט לה כלילה וכל מלך ושליט מושיט לו (לאל) את כתרו every king or ruler extends Him his crown - מ יא 23-24. ונפק עוג מלך בתנינה לזימונן - דב ג 1. דאן מלכים mālēkəm דן (האל) מלכים - מ ז 15. ומלכי עמים מנה יהון - בר יז 16. **2 קניין possession** לא יהי לך במלכך אבן ואבן רבה וזעורה לא יהיה לך בכיסך אבן ואבן You shall not have in your possession (larger) weights and (smaller) weights - דב כה 13. שיאלה למלכון ארעה שאלה לבעלותם על הארץ - ת״מ 132ב.

**מלכו** ש״ע נ *n. f.* **1 מלכות kingdom** יהוה ימלך לעלם ועד מלכו תדירה לא מתחלפה "יהוה ימלך..." (שמ טו 18) מלכות תמידה שאינה חולפת "God will reign..." (Ex 15:18) an enduring kingdom which never changes - ת״מ 98ב. אה מלכו תדירה אה שלטנו רמה - ת״מ 227א. לעלם את ממן בדרג מלכותך לעולם אתה קיים במעלת מלכותך - מ ד 47-48. **2 נחלה possession** ואלית לה תלימין ותהבון ית מלכותה לתלים אבוה ואן לית תלימין לאבוה ותהבון ית מלכותה לנקיבותה המתקרב לה A ואם אין לו אחים ונתתם את נחלתו לאחי אביו ואם אין אחים לאביו ונתתם את נחלתו לשארו הקרוב אליו if he has no brothers, you shall give his inheritance to his father's brothers, and if his father has no brothers, you shall give his inheritance to his kinsman that is next to him from his family - במ כז 10-11.

†**מלכון** ש״ע ז *n. m.* **עצה mind, sense** הלא גועיה אבד מלכונון ולית בון נהירו E כי גוי אבד עצותם ואין בהם תבונה - דב לב 28 [>מלכו אנון? נ״ש חלוק כאן: עצותם, עצותי הם].

**ממלכה** ש״ע נ *n. f.* **ממלכה kingdom** ותהי לתזחה לכל ממלכת ארעה והיית לזועה לכל ממלכת הארץ and you shall be a horror to all the kingdoms of the earth - דב כח 25. ואתון תון לי ממלכת כהנים - שמ יט 6. כד איתית עלי ועל ממלכתי חובה רבה - בר כ 9.

**ממלכו** ש״ע נ *n. f.* **ממלכה kingdom** כן יעבד יהוה לכל ממלכואתה דאתה עבר לתמן כן יעשה יהוה לכל הממלכות... so will the Lord do to all the kingdoms into which you are crossing over - דב ג 21. חסול עבדותה ושרוי ממלכותה סוף העבדות וראשית הממלכה - ת״מ (ק) 15א. ממלכות עוג בבתנינה EB - דב ג 10.

## מלך² נגיעה reach

**קל פגע, פגש to reach, arrive** ואמלך באתרה ובית תמן A ואמל[ך] (m) ויפגע במקום וילן שם - בר כח 11. ואמלכו ית משה ואהרן מתקוממין לזימונן A ויפגעו... - שמ ה 20 (= המליץ 560). ומלכו לי בעפרון בן צהר ופגעו לי... - בר כג 8.

## מלך³ ש״פ Molech *pr. n.*

**מלך** ש״פ Molech ומזרעך לא תתן למעבדה למלך - ויק יח 21. למזני בתר מלכה - ויק כ 5.

## מלכה שם פרטי milka *pr. n.*

**מלכה** ש״פ ושם אתת נחור מלכה - בר יא 29.

## †מלכון ש״פ Molech *pr. n.*

**מלכון** ש״פ **מולך** אליל Molech הלא מזרעה

יהב למלכון $*M_{ins}$ - ויק כ 3, 4.

## מלכי צדק pr. n. שם פרטי malki ṣēdəq

**מלכי צדק** ש״פ ומלכי צדק מלך שלם אפק לחם וחמר- בר יד 18.

## מלכיאל pr. n. שם פרטי mal'kīl

**מלכיאל** ש״פ ובני בריעה חבר ומלכיאל - בר מו 17.

**מלכיאלאי** ש״י למלכיאל כרן מלכיאלה (V מלכילאי) - במ כו 45.

## מלל דיבור **speech** [**א״י** פתגמא די מלילית - **נ** בר מא 28. **סוא״י** כל מה דמלל - בר יח 19]

**פעל** עבר: מלל mallәl - ע״ד כד 65. עתיד: ימלל - שמ ד 14. ציווי: מלל - ויק טז 2. בינוני: ממלל måmallәl - מ יד 97. מקור: לממללה almamlålå - ע״ד כד 85. **אֶתְפַּעַל** עבר: אמלל immallәl - מ טז 121. **מלה** millå - מ ו 22. **מלול** qiṭṭūl - שמ ו 28 A. **מלל** - בר טו 1. **ממלל** mamlål - ע״ד ח 21.

**פעל דיבר to speak, say, talk** פם לפם מלל אלה לבר ביתה פה אל פה דיבר האל אל בן ביתו (משה) - ע״ד כד 65-66 [ על פי במ יב 8]. ובתר כן מללו אחיו עמה afterwards his brothers talked with him - בר מה 15. חטינן הלא מללנן ביהוה ובך we have sinned, for we have spoken against the Lord and against you - במ כא 7. חכמת הלא מלל ימלל הו ידעתי כי דבר ידבר הוא - שמ ד 14. פם לפם אמלל בה - במ יב 8. ואמר יהוה למשה מלל עם אהרן אחוך the Lord said to Moses, "Tell Aaron your brother" - ויק טז 2. מללו עם בני ישראל ותימרון לון - ויק טו 2. פם אלהותה ממלל עסר מלין על טור סיני פי האלוהות מדבר... - מ יד 97-98. נעמי יתון קעמין ממללים עם פרעה - ת״מ 274ב.

**ממללה** ואוזף לממללה עמה ואמר - בר יח 29. לא אסכם מן ממללה עם לבה לא סיים מלדבר עם לבו - ת״מ 12א. תהום לממללה תהום לדבר - ע״ד כד 85.

**אֶתְפַּעַל** [†] **דובר, נאמר to be said** מן קדשה אמלל מן טור סיני אשתמע מן הקודש נאמר, מן הר סיני נשמע from the sanctity it has been said, from Mount Sinai it has been heard - מ טז 121-122. כל חילי ישראל ארתתו כד אמלל עסר מלין כל צבאות ישראל רעדו כשנאמרו עשרת הדברים - מ טז 18-19. יומה דאמללי מליו... אתעבד זזעיו ביום שנאמרו דבריו... נתרחש זעזוע - מ יד 55-57. ולא יכל למקרוב לידון סעד אזדעק והמלל ולא יכול (משה) לגשת אליהם (אל הלוחות) עד שנקרא ונידבר (= ודובר אליו) - ת״מ 294ב..

**מלה** ש״ע נ *n. f.* **1 דיבור speech** מלה דאלהים אמרה מנו דיכל מבטל לה מלה שאלוהים אמר, מי יכול לבטלה? a word said by God, who can abolish - מ יז 19-20. ותוקד עד שיאול ועיצה במלת תחתית "ותוקד עד שאול" (דב לב 22) וחיזקו במלת "תחתית" - ת״מ 200ב. קל מלים אתון שמעים - דב ד 12. והיא מלתה דאמר יעקב דן נחש עלי דרך הוא הדבר שאמר יעקב... - אס 18ב. **2 (עשרת) הדברים (the Ten) Commandments** שמש מניר דלא טפי אנין עסרתי מליה שמש מאיר שאינו כבה הם עשרת הדברים (like) a shining sun that is never extinguished are the Ten Commandments - מ יד 121-122. דפקד יתכון למעבד עסרתי מליה - דב ד 13. וקרא עסרתי מליה בפמה דאלהותה - ת״מ 265א. **3 דבר matter** ביטוי הסתמיות *expression of indetermination* והבו רבו לאלהנו מלה לאויה לה "והבו גדל..." (דב לב 3) הדבר יאה לו "give glory to our God!" (Dt 32:30, is a proper matter to Him - מ ו 21-22. ובין דין לדין ובין מכתש למכתש מלי תיגרה בקוריך ובין דין לדין ובין נגע לנגע דברי ריבות בשעריך - דב יז 8. והוה בתר מליה אלין ויהי אחר הדברים האלה - בר מח 1.

**מלול** ש״ע ז *n. m.* qiṭṭūl **1 דיבור speech** לא גבר מלול אנה $*M_1$ לא איש דברים אנכי I have never been a man of speech - שמ ד 10. והוה ביום מלול יהוה עם משה A ויהי ביום דבר יהוה אל משה - שמ ו 28. ועבד אלהים כמלול משה E - שמ ח 9. הלא דן מלולה דמללנן עמך במצראי E - שמ יד 12. הלא קרן עור אפיו במלולה עמה - שמ לד 29. **2 עניין matter** ביטוי הסתמיות *expression of indetermination* מלבר מיתיה על מלול קרח (A C בדיל) מלבד המתים על דבר קרח besides those who died in the affair of Korah - במ יז 14.

**מלל** ש״ע ז *n. m.* **1 דיבור speech** הוה מלל יהוה עם אברם בחזב היה דבר יהוה אל אברהם במחזה the word of the Lord came to Abram in a vision - בר טו 1. השתמר לך ממלל עם יעקב מטב עד ביש השמר לך מדבר עם יעקב... - בר לא 29. חכמת הלא מלל ימלל הו - שמ ד 14. מן דבה בוננו יצית למלליה מי שבו תבונה יאזין

לדברים - ת״מ 247א. לא תוננו במלל ולא בעובד "לא תוננו" (דב כג 17) בדיבור ולא במעשה - ת״מ 156א. **2 אדם** כינוי לבני אדם כנגד בהמות **human being** as against beast **ואתפנה פרעה** ועל אל ביתה מבתר דכעס מללין ושתיקין ויפן פרעה ויבא אל ביתו אחרי שהכעיס מדברים ואלמים (= אדם ובהמה) "Pharaoh turned and went into his house": (Ex 7:23) after he had vexed men and beasts - ת״מ 330ב. קטלין שתיקין ומללין - מ א 108.

**ממלל** ש״ע ז *n. m.* **1 דיבור** **word, speech** ית ממלליה האילן מלל יהוה the Lord spoke those words - דב ה 18 כל פם דבה ממלל יכרז ויימר לך מן כותך באלהיה כל פה אשר בו דיבור יכריז - ע״ד ח 21-23. הלא ית ממלל יהוה אביז וית פקודיו בטל כי את דבר יהוה בזה... - במ טו 31. **2 דבר** **thing** ביטוי הסתמיות *expression of indetermination* הפלי מיהוה ממלל היפלא מיהוה דבר is anything too wondrous for the Lord? - בר יח 14.

מלמשה מישוש **groping** [שורש תנייני מן משש. *Secondary root*.(דיסימילציה) ממשה > :5 זב״ח הע׳ *from mšš* **א״י** טעוות שדיה דלית בהון ממש - **נ** דב לב 17]

**מלמשה** ש״ע נ *n. f.* **מישוש** **groping** לית ‹לון›... לא עמה ולא נשמה ולא טעמה ולא מלמשה לא היו להם (לאלילים)... לא ראייה ולא ריח ולא מישוש (the idols) had... no sight, no smell, no groping - ת״מ 235א.

מלק[1]† כריתת הראש **wringing off** [מן העברית. ע׳ רד״ק, ספר השורשים, בערכו. H]

**קל מלק** **to wring off** ויקרבנה כהנה למדבחה וימלק ית רישה ...ומלק את ראשו the priest shall bring it to the altar and wring off its head - ויק א 15. וימלק כהנה ית רישה - ויק ה 8.

מלק[2]† שליפת חרב **unsheathing** [< امتلق. - Kazimirski II, 1150. טל ג עח]

**פעל שלף** (a sword) **to unsheathe** ואמלק בתרכון חרב ECA והרקתי אחריכם חרב I will unsheathe the sword against you - ויק כו 33.

מלקוף† ?

**מלקוף ?** ואתסתופו מלקופי פיוק (E)A ויסכרו מעינות תהום - בר ח 2.

ממון כסף בהוראה שלילית: שוחד, כופר **money** *in derogatory sense*: bribe, ransom [**א״י** לא מקבל שחוד דממון - **נ** דב י 17. **סוא״י** לית אתון יכלין דישמשון לאלהא ולממונא = אינכם יכולים לשרת את אלוהים ואת הממון - מתי ו 24]

**ממון** ש״ע ז *n. m.* **שוחד** **bribe** וממון אל תסב הלא ממונה מסמי עיני נעירים ושחד אל תקח כי השחד יעור עיני פקחים Do not take bribes, for bribes blind the eyes of the clear - שמ כג 8, וכן הוא בשינויים בדב טז 19. דלא תלי אפים ולא נסב ממון אשר לא ישא פנים ולא יקח שחד - דב י 17. ארור נסב ממון למקטל נפש ארור לקח שחד להכות נפש - דב כז 25. ולא תקבלו ממון ולא תמרעון מן איש ולא תקחו שוחד ולא תיראו מאיש - ת״מ 169ב.

ממוע† ? [אולי מן معمعان = חום כבד > מדבר. טל ג עה]

**ממוע** ש״ע ז *n. m.* **מדבר ?** **desert** ואזלת וטעת בממוע באר סבע (!) A ותלך ותתע במדבר באר שבע she departed, and wandered in the wilderness of Beer-sheba - בר כא 14.

ממזר† ממזר **bastard** [**א״י** לא ייעול ממזר בקהל כנשתא דייי - **נ** דב כג 3]

**ממזר** ש״ע ז *n. m.* **ממזר** **bastard** לא ייעל ממזר בקהל יהוה לא יבוא ממזיר בקהל יהוה no bastard shall enter the assembly of the Lord - דב כג 3 (המליץ 516: ממזיר). ובתר זה חרבו הריק והוה הך לפיד סליק להלחם בעמלק ועמו ממזיריה ואחרי כן (יהושע) חרבו הריק והיה כמו לפיד עולה להילחם בעמלק ועמו הממזרים - אלעזר (Cow 330).

ממרא[1] שם פרטי mamri *pr. n.*

**ממרא** ש״פ וחלק גבריה דאתו עמי ענרם ואשכול וממרא וחלק האנשים אשר הלכו אתי ענרם אשכול וממרא - בר יד 24. ענירם ואשכול וממרא- אס 12א.

ממרא[2] שם מקום mamri *pr. n. (place)*

**ממרא** ש״פ וקעם חקל עפרון דבמכפלה דעם

קדם ממרא... לאברהם לקניאן ויקם שדה עפרון אשר במכפלה אשר על פני ממרא... לאברהם למקנה - בר כג 17 - 18.

**מן¹** מ״י .prep [**א״י** ולא מקבלן אולפן לא מן יצחק ולא מן רבקה - **נ** בר כו 35. **סוא״י** ערים מן כל חיותא - בר ג 1. ע״ע מ²]

**מן** man מ״י .prep **1** מציין מקום המוצא *marker* *of place of origin* **from מן** ומן מקדשה לא יפק ומן המקדש לא יצא he shall not go outside the sanctuary - ויק כא 12. **מן ארם נגדני** בלק מן ארם ינחני בלק from Aram Balaq has brought me - במ כג 7. **ומן אשתה אזדעק בצפר** יום חוריבה ומן האש נקרא בבוקר יום חורב - ת״מ 263ב. **מן אהן אתיתון מאין באתם** - בר מב 7. **2** מציין המקור *marker of source* **from מן** ונסב מן אדון ואריט יתה במרכי ויקח מידם ויצר אתו בחרט (Aaron) took from them and cast it in a mold - שמ לב 4. **כאדגנה מן אדרה** וכמליתה מן מעצרתה כדגן מן הגרן וכמלאה מן היקב - במ יח 27. **פשרן אה מרן מן אדי** סנינן הצילנו, הוי אדוננו, מיד אויבינו - מ ב 67-68. **ותתפצון מן דבביכון** ונושעתם מאיביכם - במ י 9. **3** מציין היתרון *marker of preference* **יותר מן** **beyond, exceeding** קשיטה מני צדקה ממני - she is more in the right than I - בר לח 26. **ויסגינך מן אבהתך** והרבך מאבותיך - דב ל 5. **וחזב מכתשה עמק מן משך בסרה** ומראה הנגע עמק מן העור - ויק יג 3. **4** מציין הסיבה *marker of cause* **מפני because** ולא שמעו למשה מקצר רוח ולא שמעו אל משה מקצר רוח they did not listen to Moses, because of their broken spirit - שמ ו 9. **ותדחל מן אלהך** - ויק יט 32. **אי חתים בסרה מן דיאבה** או החתים בשרו מזובו - ויק טו 3. **ארתת כל עלמה מן אימתך** רעד כל העולם מאימתך - ע״ד כב 7. **ערקת לידך... מן ארצם רב נסתי אליך מלחץ רב** - א״ג 27-28. **דחלין מן רגזך** - ע״ד כח 15. **מסיב מן נפש** A - במ ה 2. **5 מאז** מציין הזמן *marker of time* **since** טעינן מן יום דשבקנתך טעינו מן היום שעזבנוך we have strayed since the day we had left you - מ א 57. **והוא לא סנא לה מן אתמל תליתאי והוא לא שנא לו מתמל שלשם** - דב יט 4. **ואם בהמה מעיה היא מן אתמל תליתאי** - שמ כא 29. **ומן עתה ולדאתי** ומעתה ולהבא - ת״מ 114א. **6** מציין הפסקת פעולה או הימנעות ממנה (עם מקור) *with the infinitive: marker of cessation of an action* **ותקץ**

מן משבק וחדלת מעזב לו וחדלת מעזב לו would you refrain from raising it? - שמ כג 5. **חסלה לי מן מעבד הדה** חלילה לי מעשות זאת - בר מד 17. **ויסכם מן סלוח ית קדשה** וכלה מכפר את הקדש - ויק טז 20. **7** מציין החלק *partitive* **מן מיטב חקלה ומן מיטב כרמה ישלם** he shall make restitution from the best of his field and of his own vineyard - שמ כב 4. **ומן** קדשיה ייכל ומן הקדשים יאכל - ויק כא 22. **ויסב כהנה מן אדם אשמה** ולקח הכהן מדם האשם - ויק יד 14. **ויסב אלעזר כהנה מן אדמה באצבעה** - במ יט 4. **אחד מן אחיו יפרקנה** אחד מאחיו יגאלנו - ויק כה 48. **הב לן מן טובך** - ע״ד כג 35. **ומן לחמון סבע** - ת״מ 202ב. **8** מציין הקצוות *marker of merism* **ואקטל כל בכור בארע מצרים מן אנש עד בהמה** I shall strike down every first-born in the land of Egypt, both man and beast - שמ יב 12 ובדומה לו ת״מ 44ב ועוד. **הקדשת לי כל בכור בישראל מן אנש עד בהמה** - במ ג 13. **אנשי סדם סחרין על ביתה מן טלי ועד סהב** A ...מנער עד זקן - בר יט 4. **עם כל דרין דמן אדם עד להכה** - מ א 45. **9** בביטויים אידיאומאטיים *in idiomatic expressions* **וקנא מן אתתה** וקנא את אשתו he is jealous of his wife - במ ה 14,30. **לא אתרחי יהוה אלהך למשמע מן בלעם** ...לשמע אל בלעם - דב כג 6. **שמקת מן קל אתתך** (E)A - בר ג 17. **10** עם הבינוני לציון המצב או פעולה סימולטאנית *marker of a simultan action (with the pt.)* **מאה ושתין עדנים צעם שביע מן אמור תשבחן** מאה וששים זמנים צם שבע, באמירת תשבחות (Moses) fasted satiated one hundred and sixty times, while saying praises - מ יד 106. **וארתת כל עמה מן שמעין קלה** ורעד כל העם בהיותו שומע את קולו the whole people trembled while hearing His voice - מ טז 116. **שרו רבניה עלין מקבל ומגלי** החלו השרים לבוא בסתר ובגלוי - אס 11א. **וכל ביתה דכהנתה הוו מוקרין יתה מן שאם** וכל בית הכהונה היו מוקירים אותו בראותם (אותו) - ת״מ (ק) 81א. **לבוראיו זעק... מן עבד עובדיו** לבריותיו קרא... בהיותו עושה מעשיו - מ יג 45-48.

**מן ד-** מ״ק לציון זמן .temporal conj **מִשֶׁ- since** [א״י מן דספר ליה שארי מתאנח = משסיפר לו אתחיל להיאנח - ויק״ר תרד] **מן דמללת עם עבדך**A (נ״א מן אד מללך - א׳ פרוסטתית. ע״ע ד-) מאז דברך אל עבדך since You have spoken to Your servant - שמ ד 10.

**מן²** man מילית שאלה לאדם *interrogative* *particle of persons* [**א״י** ברת מן את - **נ** בר כד 23. **סוא״י** ומן קטל חיב יהא בדינא - מתי ה 21]

**מן** מ״ש *interrog. part.* **1 מי who** מן אלין לך מי אלה לך? - בר מח 8. who are these? מן אנה כד איזל ליד פרעה מי אנכי כי אלך אל פרעה - שמ ג who am I that I should go to Pharaoh? 11. מן ישבחנך לפם דאנון עובדיך מי ישבחך לפי מה שהם מעשיך? - מ ד 49-52. כל עובדיך מן ישום כל מעשיך מי יעריך? - ע״ד ח 19. מן ומן אזליה מי ומי ההלכים? - שמ י 8. **2** מ״ק(מקדם זיקה) *correlative conj.* **מי ש- which** ושם תלימה יובל הוא הוה ארש כל מן עפס פליכסה וקטלוס A ...הוא היה אבי כל תופס כנר ועוגב his brother's name was Jubal; he was the father of all those who play the lyre and pipe - בר ד 21 [נ״א כל אהד דפה]. ולכל מן דעמה A ולכל אשר עמו - בר לה 2. טוב מן יכל קעם מצלי אשרי מי שיכול לעמוד מתפלל - ע״ד יג 30. מן חלף פקוד מנה עלל לגו קללתה מן תרע סיג עלל לגו קללתה מי ששינה מצווה ממנה, בא בקללה. מי שפרץ גדר, בא בקללה - ת״מ 165ב.

**מנו** (< מן+הוא) מ״ש *interrog. part.* **מי הוא who is** מנו גברה הדן מיהו האיש הזה who is this man? - אס 14א.

מנו ד־ מ״ק *conj.* מלה דאלהים אמרה מנו דיכל מבטל לה דבר שאלוהים אמרו, מיהו שיכול לבטל אותה? a word said by God, who can abolish? - ת״מ יז 19-20. אלית רחמנה דבק מנו לן דידבק אם אין הרחמן מושיע, מיהו שיושיע לנו? - ע״ד כח 3-4. מנו דהכם לך מיהו שיודע אותך? - ע״ד כה 49.

**מן ד-** מ״ק (מקדם זיקה) *correlative conj.* **מי ש- which** [באה״ש המאוחרת *Late SA*. **א״י** ולקטו מן דאסגי ומן דזער - **נ** שמ טז 17] כד אבד מן דעבדו עגלה לא הוה תמן עול כאשר איבד את מי שעשו את העגל לא היה שם עוול when (God) destroyed those, who made the (golden) calf there was no injustice - ת״מ 190א. מן דהוה והוא יהי - מ ה 19. וארתי מן דלית לון אפים יתלון יתון וחון את מי שאין להם (עזות) פנים לשאת פנים - ע״ד כח 47-48. טוב מן דמודי לך אשרי מי שמודה לך - ע״ד כה 35. כי בי משררתון סגי מכל מן דעל יבשתה אכן (יש) בי לחזק (את רגליך) יותר מכל מי שעל היבשה - ת״מ 7א. מן דבה בוננו יצית לממלליה מי שיש בו תבונה יאזין לדברים - ת״מ 247א.

**מן³†** מילית השאלה *interrogative part.* [< מה+ן. זב״ח ספר זליגמן 31, הע 18]

**מן** מ״ש *interrog. part.* **מה what** דגלית לון בחלם ליליה מן יקרון ואשר גיליתי להם בחלום הלילה מה כבודם I revealed to them in a night dream of what consists their glory - ת״מ 155א. מן שמע מן אלה הך מד שמע משה... אי עמה מן דעמה משה מי שמע מפי האלהים כמו ששמע משה... או ראה מה שראה משה - ת״מ 91א. והנון מבלדין ממן ישמעון והם (כל העם) ייבהלו ממה שישמעו - ת״מ 140א. מן דאה יהי מנה מה זה יהיה ממנו (מן הרשע) - ת״מ 216א. מגביר שם תואר *intensifies an adjective* ומן רב מרן ומה גדול אדוננו! how great is our Lord - ת״מ 128א.

**מן⁴** ״לחם״ המדבר״ **manna** [**א״י** ואחתת להון מנא מן שמייא - **נ** במ כא 6. **סוא״י** מלו כילא מן מנא - שמ טז 33]

**מן** ש״ע ז *n. m.* **מן manna** וזעקו בית ישראל ית שמה מן ויקראו בית ישראל את שמו מן the House of Israel called its name manna - שמ טז 31. ומנה כארז קליף והמן כזרע גד - במ יא 7. המיכלך מן במדברה המאכילך מן במדבר - דב ח 16. צנות מנה ואטרה månnå צנצנת המן והמטה - מ כ 36. צלותה המכת מנה מן שומיה תפילתו הורידה את המן מן השמים - ת״מ (ק) 85א. מנה דנחת מן שומיה על אדה... אקטע המן שירד מן השמים על ידו... נכרת - ת״מ 267ב.

**מנחה** מתנה **offering** [שאילה מן העברית H *loan*. **א״י** ארום תקרב קרבן מנחה לשמה דייי - **נ** ויק ב 1]

**מנחה** ש״ע נ *n. f.* **מנחה** (cereal) **offering** איתי קין מנחה ויבא קין מנחה Cain brought an offering - אס 1ב. ע״פ **ואנדה קין מפרי** ארעה מנחה ליהוה ויבא קין מפרי האדמה מנחה ליהוה - בר ד 3. פאניה ארורה כדו יקום ויסתיר משכנה... ויהי עלמה בלא משכן ולא מזבח... ולא מנחה ולא חטאת התועה הארור, כאשר הוא יקום יסתיר את המשכן... ויהיה העולם בלא משכן ולא מזבח... ולא מנחה ולא חטאת - ת״מ 199ב.. וכל מנחת כהן כליל תהי - ויק ו 16. כל מנחתה דתקרבון ליהוה לא תתעבד חמי כל המנחה אשר תקריבו ליהוה תעשה חמץ - ויק ב 13.

†**מנחת** mâ'nāt שם פרטי *pr. n.*

**מנחת** ש״פ ואלין בני שובל עלון ומנחת - בר לו 23.

**מני** ספירה; הפקדה ומינוי **counting; ordaining, appointing** [א״י ואת מאני ית לוואי על משכנה - **נ** במ א 50. **סוא״י** הכדן גר מתמנין יומיא דחנטא = כי כי כן יימנו ימי החנטים - בר נ 3 < καταριθμοῦνται]

**קל** עבר: מנה - במ ג 16. עתיד: תמני - דב טז 9. ציווי: מני - במ ג 40. מקור: ממני - בר יג 16. **פעל** עבר: מנה - במ ד 49. עתיד: וימני - בר מא 34. **אֶתְפְּעֵל** עבר: דאתמני - שמ לח A 21. עתיד: ימנה - בר טז 10. יתמני - בר לב 13. בינוני: מתמני mitmâni - א״ג 14. **מוני** mūni - א״ג 107 [עואנ״ש ג/ב 370]. **מנאי** - בר מא 49 E (= המליץ 538). **מנוי** מנויה - שמ לח 26 *M₁. **מנין** - בר מא 49.

**קל מנה, ספר to count** ומנה יתון משה על מימר יהוה ויפקד אתם משה על פי יהוה Moses numbered them according to the word of the Lord, as he was commanded - במ ג 16. שבעה שבועים תמני לך משרואך מגלה בקאמתה שבעה שבעות תספר לך מהחלך חרמש בקמה you shall count seven weeks; start when you first put the sickle to the standing grain - דב טז 9. מני כל בכור דכר לבני ישראל - במ ג 40. מן מני עפר יעקב EC מי מנה עפר יעקב - במ כג 10.

**ממני** דאם יכל אנש לממני ית עפר ארעה אם יוכל איש למנות את עפר הארץ - בר יג 16. עד הלא קץ לממני עד כי חדל לספר - בר מא 49. משרואך מגלה בקאמתה תשרי לממני מהחלך חרמש בקמה תחל למנות - דב טז 9.

**פעל הפקיד to appoint** על מימר יהוה מנה יתון על פי יהוה פקד אתם according to thye commandment of the Lord they were appointed - במ ד 49. וימני מהימנים על ארעה ויפקד פקדים על הארץ let (Pharaoh) appoint overseers over the land - בר מא 34. ותמנון עליהון במטר ית כל מסבלון ופקדתם עליהם במשמרת את כל משאם - במ ד 27.

**אֶתְפְּעֵל נמנה to be counted** אלין מניאני משכנה... דאתמני על מימר משהA אלה פקדי המשכן... אשר פקד על פי משה this is the sum (of the things for) the tabernacle, as they were counted at the commandment of Moses - שמ לח 21. ולואי לא אתמנו בגו בני ישראל והלוים לא התפקדו בתוך בני ישראל - במ ב 33. סגוי אסגי ית זרעיך ולא ימנה מסגאי הרבה ארבה את זרעך ולא יספר מרב - בר טז 10. ואשוי ית זרעך כחל ימה דלא יתמני מסגאי ושמתי את זרעך כחל הים אשר לא יספר מרב - בר לב 13. דיתרון חסדיך לעלם לא מתמני כי יתרון חסדיך לעולם אינו נמנה - א״ג 14.

†**מוני** ש״ע נ׳ *n. f.* **מניין counting** פשוטה דיהובה דלא מוני המושיט שנותן בלא מניין the One who extends, who gives without counting - א״ג 107. דלא מוני ישתבח בלא מניין ישתבח - ע״ש ו 76.

†**מנאי** ש״ע ז׳ *n. m.* **מניין counting, number** עד הלא קץ לממני הלא לית מנאי E עד כי חדל לספר כי אין מספר until he ceased to count it, for it is no more number - בר מא 49. ית מנאי יומיך אמליE את מספר ימיך אמלא - I will fulfil the number of your days - שמ כג 26. כד תתלי ית סכום בני ישראל למניאניהון CA) למניהון; המליץ 566: מניאיהון) ויתנון גבר סלוח נפשה ליהוה במנאי יתון ולא יהי בון נגף במני יתון כי תשא את ראש בני ישראל לפקדיהם ונתנו איש כופר נפשו ליהוה בפקד אתם ולא יהיה בהם נגף בפקד אתם - שמ ל 12. במנאי שנים בתר יובילה תזבן מן אד עברך במנאי שני עללן יזבן לך E (נ״א במניאן) במספר שנים אחרי היובל תקנה מאת עמיתך במספר שני תבאות ימכר לך - ויק כה 15. תלי ית סכום כנשת בני ישראל... במנאי שמהן E (נ״א במניאן)... במספר שמות - במ א 2.

†**מנוי** ש״ע ז׳ *n. m.* **מניין counting** טבי לגלגלתה... לכל העבר על מנויה *M₁ בקע לגלגלת... לכל העבר על הפקדים a beqa a head..., for every one who was numbered in the census - שמ לח 26.

**מנין** ש״ע ז׳ *n. m.* **1 מספר counting, number** אלין כרני יששכר למנינון these are the families of Issachar according to their number - במ כו 25. הלא קץ לממני הלא לית מניאן עד כי חדל לספר כי אין מספר - בר מא 49. ית מניאן יומיך אמלי את מספר ימיך אמלא - שמ כג 26. מ תניניתה מניאן יומי צומיו מ השנייה היא מספר ימי צומיו (של משה) - ת״מ 184א. והוו כל מניאניה שת מון אלף - במ א 46. **2 תקופת חיי אדם** מספר ימיו על הארץ **lifetime** אציקת במניני B קצתי בחיי I am weary of my life (*lit.* of the number of my years) - בר כז 46.

†מניכה רביד **ornament** [מן אונקלוס O]

**מניכה** ש״ע ז *n. m.* **רביד ornament** ושבה מניכה דדהב על צברה $*M_2$ (נ״א רביד, גימון) וישם רביד זהב על צוארו (Pharaoh) put a gold chain about his neck - בר מא 42.

**מנע** עצירה ומניעה **withholding** [א״י ולא מנעת ית ברך... מני - נ בר כב 12]

**קל עצר to withhold** החליפת אלהים אנה דמנע מניך פרי מעי (E דאמנע) התחת אלהים אנכי אשר מנע ממך פרי בטן am I in the place of God, who has withheld from you the fruit of the womb? - בר ל 2. מנעני יהוה ממילד $*m_1$ עצרני יהוה מלדת - בר טז 2. ולא מנע מני כלום A ולא חשך ממני מאומה he has not kept back anything from me - בר לט 9. ולא מנעת ית ברך ית לביבך מני A ולא חשכת את בנך... - בר כב 12. ומנעית אף אנה יתך מדמחיבה לי $*m_2$ ואחשך גם אנכי אתך מחטאה לי - בר כ 6. אנש מנן ית קברה לא ימנע מנך $*M_2K$ איש ממנו את קברו לא יכלה ממך - בר כג 6. רבי משה מניתון אדני משה כלאם - במ יא 28.

**ממנע** ברן לא יוזף פרעה מדלס לממנע ית עמה A רק אל יסף פרעה לשקר לבלתי שלח את העם (מילולית: למנוע את העם...) - שמ ח 25.

**אֶתְפְּעֶל 1 נמנע to abstain, refrain** אמנע למטלק ית עמה A מאן לשלח את העם - (Pharaoh) refrains from letting the people go - שמ ז 14. יצחק... דו אשלם נפשה למרה... ולא המנע יצחק... אשר מסר את עצמו לאדוניו... ולא חשך עצמו - ת״מ 177ב. וימנעון מצראי למשתי מים מן נהרה m ויתמנעון ($V*m_2$) ונלאו המצרים...- שמ ז 18. ואן ממנע את למשגר A ואם מאן אתה לשלח - שמ ז 27. ואם מתמנע את A ואם מאן אתה - שמ ז 29א, וכיו״ב ט 2. [ו]יתמנע למעבד ית פסחה m וחדל לעשות הפסח - במ ט 13. ומגיפתה אתמנע[ת] $*m_2$ והמגפה נעצרה - במ יז 15. אלני תתמנע ממיתי לידי BA (EC תמנע) אל נא תמנע מהלך אלי - במ כב 16. **2 נגרע to be withdrawn** לית מתמנע מתשמישכון ממלל $*M_2$ אין נגרע מעבדתכם דבר nothing is reduced from your work - שמ ה 11. לא יתמנע מלבניכון $*M_2$ לא יגרע מלבניכם - שמ ה 19.

**מנשה** mânâši שם פרטי *pr. n.*

**מנשה** ש״פ וזעק יוסף שם בכורה מנשה - בר מא 51. ומכאן שם השבט לשבט בני מנשה - במ לד 23. אלין כרני מנשה - במ כו 24.

**מנשאי** ש״י *gent. n.* ולפלגות שבט מנשאה - דב כט 7. - בר לו 23.

†**מנשם** שם פרטי *pr. n.* [כינוי למנשה על פי דב לג 17. *Epithet of Manasse following* Dt 33:17]

**מנשם** ש״פ למנשם גמליאל בר פדהצור $M_1$ - בר יד 17.

†**מס** עבודת חובה **forced labour** [שרבוב מן העברית .H *interp*. א״י מסקי מיסין - נ בר מט 15]

**מס** ש״ע ז *n. m.* **מס toil** ושבו עליו רבני מסים E (נ״א רבני מפלעים) וישימו עליו שרי מסים they set masters over (their) toil - שמ א 11.

†**מסבל** שם פרטי *pr. n.* [תרגום השם לארמית. ע״ע משא. *Transl. of the name.*]

**מסבל** ש״פ והוה מדרון ממסבל במיעלך לספרה ויהי מושבם ממשא באכה ספרה - בר י 30.

**מסה¹** מידה **measure** [א״י ויחשב ליה כהנה ית מיסת עלויה - נ ויק כז 23. סוא״י מיסיתה יומא בישתה ושעתא צערה = דיו ליום ברעתו ולשעה בצערה - מתי ו 34. ס מסתא = שֹבע, מנה - LS 396a]

**מסה א** ש״ע נ *n. f.* **מידה measure** ותעבד חג שבועים... מסת רעבת אדיך דתתן כמה דברכך יהוה ועשית חג שבעת... מסת נדבת ידיך אשר תתן כאשר יברכך יהוה you shall observe the Feast of Weeks..., (with) offering according to your freewill contribution as the Lord has blessed you - דב טז 10. מסגים עמה למנדאה מסת עבידתה $*M_2$ (נ״א מש(י)חה, ספוק) מרבים העם להביא מדי העבודה the people are bringing (more than) the measure (needed) for the work - שמ לו 5 (=O אונקלוס). ופעלנתה הות מסת לכל עבידתה $*M_2$ (J תותרו, EC ספקה = המליץ 448, V ספוק, NM סאפקה, $*M_1B$ ספוקה) והמלאכה היתה דים לכל המלאכה - שמ לו 7. ואשקע כמסת אפרקותה m (נ״א כק[ו]בל) ומצא כדי גאלתו - ויק כה 26, ובדומה לזה פס׳ 28 m. **ב 1 לבד alone** מגדיר את מצב העניין *delimits the circumstances of the*

ודן הוא לשבט לוי מיסתה וזהו לשבט matter לוי לבדו this is for the tribe of Levi alone - ת״מ 127א. ומלאכיה דאתחזו לזכאי ליתון אלא לקבל שעה חדה מיסתה והמלאכים אשר נראו לצדיקים לא היו אלא לשעה אחת בלבד - ת״מ 4א. מן עסרתיתה אלין ארבעה לה ולבניו ואשתה לה לחודה מיסתה מעשר (מדרגות) אלה ארבע לו ולבניו ושש לו לבדו (לכהן הגדול) - ת״מ 119א [ילחודה' מן הגיליון?]. תהו בוהו אלה ומסתה מתן לא הוה עורן שותף תהו ובהו, האל לבדו. שם לא היה אחר שותף - מ יד 127. **2 דיי** מגדיר את היקף הפעולה **enough** מיסתך סוברות *defines the range of an action* מרגזיך דייך לסלוח למכעיסיך it is enough for You to forgive those who provoke Your anger - ע״ד ג 17 misṭåk [ע׳ זב״ח שם]. ומיסתן דשמך רחמנה ודיינו ששמך הרחמן - ע״ד כה 77. מיסתן מה דאוקרתנן דיינו מה שכיבדתנו - מ יט 14. מיסתה סהדות מרה עליו לא קם כותה... דיה לעדות אדוניו עליו (על משה): ״לא קם כמוהו...״ (על דב לד 10) - ת״מ 303א.

†מסה² massa שם מקום *pr. n. (place)*

**מסה** ש״פ ובתבערה ובמסה... מרגזים הויתון עם יהוה ובתבערה ובמסה... מקצפים היתם את יהוה - דב ט 22.

†מסי¹ מסיסה ורקב **decay** [**א״י** בחובי אבהתון עמהון ימסון - **נ** ויק כו 39. **סוא״י** עבדת יתי לאא ושקיק ומסא ולבכת יתי - איוב טז 7-8]

**קל בלה, נבל** במתן יהוה ית ירכיך **to decay** מסיה N) MECB מסיאה, VA מסיחה, *M₁ אמסיה) בתת יהוה ית ירכיך נפלת as the Lord causes your thigh decayed (=to decay) - and your belly swollen (=to swell) - במ ה 21.

**אֶתְפְּעֵל בלה, נבל to become decayed** ותמסי ירכיה (V*M₂A ותתמסי, M ויתמסי) ונפלה ירכה - her thigh shall become decayed במ ה 27. ודמשתארים בכון יתמסון בעוביון והנשארים בכם ימקו בעונם - ויק כה 39 *m₂.

**מסאי** ש״ע ז *n. m.* **בלייה decay** ולמסאי דירך VNBA (ולמסי MEC) ולנפל ירך decay of the thigh - במ ה 22.

†מסי² בישול, הבשלה **cooking, ripening** [שורש תנייני מן סוי. הש׳ **ס** סותא, כגון ואריח מריא ריחא דסותא ריחא דניחא = וירח יהוה את ריח הניחח - **פ** בר ח 21, LS 462b **אכ** šawûm = בישול - [Secondary root from swy. AHw 1206a

**אתפְעֵל הבשיל to ripen** אמסיאת נכליה V (נ״א בשלו) הבשילו אשכלתיה its clusters ripened - בר מ 10.

**מסוי** ש״ע ז qiṭṭūl *n. m.* **בישול cooking** לא תיכלון מנה ני ומסוי מבשל במים V (נ״א ובשול) לא תאכלו ממנו נא ובשול מבשל במים do not eat any of it raw, or cooked by cooking in water - שמ יב 9.

**מסכן** דלות **poverty, scarcity** [**א״י** וארום יתמסכן אחוך - **נ** ויק כה 25]

**פעל רושש to impoverish** בלשת אוזפו על מד בידך אנה אמסכנך אם תבקש הוספה על מה שבידך, אני ארוששך if you seek an addition to what you already possess, I will impoverish you - ת״מ 149ב.

**אֶתְפְּעֵל התרושש to become poor** ואן ימסכן אחוך עמך ויזדבן לך *m₂ וכי ימך אחיך עמך ונמכר לך if your brother becomes poor beside you, and sells himself to you - ויק כה 39. וכד תמטי אד גיור ותותב עמך וימסכן אחוך עמה *m₂ כי תשיג יד גר ותושב וימך אחיך עמו - ויק כה 47.

**מסכ(י)ן** maskən ש״ת *adj.* [**א״י** גבר מסכן - **נ** דב כד 12. **סוא״י** ואפיהון דמסכיניא אתון מבהתין = ופני עניים תטחנו - ישע ג 15] **דל poor** ומסכין לא תשבח בתיגרה ודל לא תהדר בריבו you shall not show preference to a poor man in his dispute - שמ כג 3 (= המליץ 447). להן יערק מסכין... אלא ליד רתותך לאן יברח מסכן... אלא אל חסדיך - א״ג 74-75. עתירה ומסכינה מן אוצר טבה מזדנין העשיר והעני מאוצר טובו ניזונים - מ יב 31-32. עתירה לא יסגי ומסכינה לא יזער מפלגות מתקלה העשיר לא ירבה והעני לא ימעיט ממחצית השקל - שמ ל 15. לא תעבד יכלותך על תלתה מסכינים דל ויתום ואלמנה אל תתן יכולתך בשלושה מסכנים ... - ת״מ 149ב.

**מסכינו** ש״ע נ *n. f.* **דלות scarcity, poorness** ארע דלא במסכינו תיכל בה לחם ארץ אשר לא במסכנות תאכל בה לחם a land in which you will eat bread without scarcity - דב ח 9. לא אכלת במסכינותי לא אכלתי בעוני - דב כו 14 [כך נתפס būni ויש נ״א באוני, באני, ואכן VB: בתקפי. התה״ע: في حزني, = בצערי]. ארתי למסכינותן חון את מסכנותנו - ע״ד כז 86.

**מסר[1]** מניין ופקידה **counting** [זב״ח לשוננו כא 283], הפקדה ונתינה **appointment, handing over** [**א״י** מסר ליה תרין תלמידין - ירוש כתובות לה ע״א. **סוא״י** ומסר יתה להון דיצלבון יתה - מתי כז 26]

**קל** עבר: דמסר - ויק ה 23 (המליץ 560: אמסר). ואמסר - ננה 85. wåmsår עתיד: ימסר - במ כז 16. ותמסרנה (+נסתר) שמ יג 13 B (= המליץ 551). בינוני: מסר - שמ כ 4. פעול: אמסיר - ת״מ 94א. מקור: ממסר - במ לא 16 (= המליץ 515). **אֶתְפְּעַל** עבר: אתמסר - ת״מ 109ב. אמסר - ת״מ 198א. עתיד: יתמסר - במ טז 29. בינוני: ממסר - ת״מ 170ב. **(א)מסרון** - ויק ה 21. **מסורה** ומסורתה (+ נסתר) - במ ד 49 ECA. **מסרה** מסרת (נסמך) - במ ד 16.

**קל 1 מסר** דבר ביד פלוני **to hand over** לא תמסר עבד לרבה לא תסגיר עבד אל אדוניו - you shall not turn over a slave to his master דב כג 16. ויעזר ית... מסרונה דמסר עמה אי ית אבדתה דאשקע (MECB דאמסר) והשיב את... הפקדון אשר הפקיד עמו... - ויק ה 23. וקרא לחשכה לילי ולנהרה אימםה ואמסר לון עבדתון ...והפקיד בידם מלאכתם - ננה 84-85. ובריך חילה דתרוס ומסר סניך בידך A וברוך אל עליון אשר מגן צריך בידיך - בר יד 20 [מן הגיליון, והוא מן אונקלוס. O gloss]. ואם לא תפרקנה ותמסרנה B (נ״א ותקדלנה) ואם לא תפדנו וערפתו - שמ יג 13 [פירוש אחר לעניין פטר חמור. הש׳ Kohn MGJW 1894, 4]. כל דמע אמסיר לקדש לית לפגול לגוה נמי כל תרומה המסורה לקודש אין לפיגול חלק בו - ת״מ 94א. **2 הפקיד, מינה to appoint, entrust** ימסר יהוה... גבר על כנשתה (BA יהימן) יפקד יהוה... איש על העדה let the Lord... appoint someone over the community - במ כז 16. ואמסר עליכון באשו והפקדתי עליכם רעה - ויק כו 16. **3 זכר to recall** ויהוה אמסר ית שרה כמה אמר (C פקד, MJ mA דכר) ויהוה פקד את שרה כאשר אמר the Lord remembered Sarah as He had said - בר כא 1. מסר עובי אבהן על בנים פקד עון אבות על בנים - שמ כ 4, לד 7.

**ממסר** אנין הוי לבני ישראל... לממסר שקר ביהוה הנה היו לבני ישראל... למסר מעל ביהוה - במ לא 16.

**אֶתְפְּעַל 1 נמסר** סביל **to be handed over** תסב באדך מד לא אתמסר לך... כל דאה ביש תקח בידך מה שלא נמסר לך... - כל זה רע if you take possession of what has not been handed over to you..., all this is evil - ת״מ 149ב. הוא עביד ללויאיה ומלגו ממסר לאהרן הוא (השירות) עשוי ללויים ומבפנים (משבט לוי) נמסר לאהרן - ת״מ 170ב. **2 התמסר** פעולה חוזרת **to devote oneself** מן קעם מנה ואתמסר ליהוה בקנאה יתרה מי שעמד ממנו (לוי מיעקב) והתמסר ליהוה בקנאה יתרה (Levi) arose from him (Jacob) and devoted himself to the Lord with great zeal - ת״מ 109ב. **3 הופקד, נתמנה to be appointed** ביומה דבה ייעלון לאתרה דלון יתמסר ביום שיבואו בו אל המקום שנמסר להם the day when they should enter the place which had been appointed for them - ת״מ 129א. **לא אתמסר** אהרן... לכהנתה אלא מבתר דאתפרק ישראל לא הופקד אהרן... לכהונה אלא לאחר שנגאלו ישראל - ת״מ 109ב. **4 הוזכר to be retained** אמסר עליון חוביון אל יום דינה רבה נפקד עליהם עוונם ליום הדין הגדול their sin was retained for the great Day of Judgement - ת״מ 198א. ואמסר חוביון מן אבהן אל רביעים ונזכר חטאם מאבות לריבעים - ת״מ 218ב.

**(א)מסרון** ש״ע ז *n. m.* **1 פקדון deposit** ויעזר ית... מסרונה דמסר עמה (MEB אמסרונה, A פקדונה) והשיב את... הפקדון אשר הפקד אתו he shall restore... the deposit which was committed to him - ויק ה 23. וכדב בעברה במסרון וכחש בעמתו בפקדון deceiving his neighbor in a matter of deposit - ויק ה 21. בהשאלה *fig.* ומסרון כל אנשה יתמסר עליון ופקדת כל אדם יפקד עליהם - במ טז 29. **2 מניין amount** ומסרונון במניין כל דכר ופקדיהם במספר כל זכר their number according to the number of all the males - במ ג 34.

**מסורה** ש״ע נ *n. f.* **מניין numbering, appointment** מסורתון במנין שמהן (V N מאסורתון) פקדתם במספר שמות those of them that were numbered, according to the number of names - במ א 22. על מימר יהוה מנה יתון... גבר גבר על תשמישה ועל מסבלה ומסורתה ECA (נ״א ומניאניו) על פי יהוה פקד אתם... איש איש על עבדתו ועל משאו ופקדיו - במ ד 49.

**מסרה** ש״ע נ *n. f.* **1 הפקדה, מינוי appointment, charge** ומסהרת אלעזר... משח אנהרותה ואעדו סמניה... מסהרת כל משכנה EC (נ״א מהימן = המליץ 564) ופקדת אלעזר... שמן המאור וקטרת הסמים... פקדת כל המשכן the charge of Eleazar... (consists of) the oil for the light, the fragrant incense...,

במ ד - with the oversight of all the tabernacle 16. **2 מניין number** במדברה הדן יפלון פקריכון וכל מסארתכון (V מסורתכון, N מאסורתכון) במדבר הזה יפלו פגריכם וכל פקדיכם in this wilderness shall fall your dead bodies and of all your number - במ יד 29. ומסהרתון במנאי כל דכר EA ופקדיהם במספר כל זכר - במ ג 34.

**מסר²**† כרע, רגל **leg** (of animal)

**מסר** ש״ע ז *n. m.* **כרע leg** מכל שרץ קמצה דמהלך על ארבע דלה מסרין מלעל לרגליו NA (= המליץ 494. נ״א מסגים, כרעים)... אשר לו כרעים ממעל לרגליו all that have legs above their feet - ויק יא 21.

**מסרות** *pr. n. (place)* שם מקום māsīrot

**מסרות** ש״פ ונטלו מן חשמונה ושרו במסרות - במ לג 30 - 31.

**מעה**† מטבע **a coin** [מן אונקלוס O. ע״ע גרה]

**מעה** ש״ע נ *n. f.* **גרה a coin** וכל שיאמך יהי במתקל קדשה עסרים מעין מתקלה $M_2B$ וכל ערכך יהיה בשקל הקדש עשרים גרה השקל every valuation shall be according to the shekel of the sanctuary: twenty ma'ot shall make a shekel - ויק כז 25. ופרקנה מבר ירח... חמשה מתקלין במתקל קדשה עסרים מעין הוא m ופדיו מבן חדש... חמשה שקלים בשקל הקדש עשרים גרה הוא - במ יח 16.

**מעון** משכן השכינה **heavenly abode** [מן העברית. מה שממעל לשמים. עואנ״ש ג/ב 18, הערה 33. **ע** רקיע שחקים זבול מעון מכון ערבות - ויקר״ תרפ. משמים לשמי השמים משמי השמים לערפל מערפל לזבולה מזבולה למעונה ממעונה לשחקים... - ינויי, טו. **א״י** אדיק מן מעון בית שכינת קודשך - **התה״מ** (כ״י פריס) דב כו 15 H. *Occurs in* SA *in the sense of* [ *'upper heavens'*

**מעון** ש״ע ז mūn *n. m.* **משכן השכינה heavenly abode** אדיק ממעון קדשך מן שומיה השקף ממעון קדשך מן השמים look down from Your holy abode, from heaven - דב כו 15. [הביטוי מובא בת״מ 205ב, ע״ד כב 25, א״ח 90. *This is the source of the widespread expression "m<sup>c</sup>wn qdš"*]. דו בית אלהים ומשרוי מלאכיה ואתר מעונות צבעתה שהוא (הר גריזים) בית האלהים ומשכן המלאכים

ו(מקום} מעון התפילות - ת״מ 130ב [אבל ע׳ זב״ח הע׳ 6]. מעונה אלהי קדם ומתחת אדרעה עלמה מעונה אלהי קדם ומתחת זרועתו עולם - דב לג 27]. חיול הוא חילה תקיפה דדער במעונה רמה עצום הוא האל החזק השוכן במעון הרם - ע״ד ה 1-2. ואהרן וחור סמכו באדיו... והוו אדיו למעונה עד מעול שמשה ויהו ידיו אמונה עד בא השמש - שמ יז 12 [פירש כך מפני הקריאה âmūnå שהיא קרובה להיות כקריאת מעונה mū:nā]. ותסק צבעתון אל מעונה עלאה ועלתה צעקתם אל המעון העליון - ת״מ 90א.

**מעי** בטן **belly** [**א״י** והא תאומין בגו מעיה - **נ** בר כה 24. **סוא״י** ומ‹ע›יו מלין מן שומנא = עטיניו מלאו חלב - איוב כא 24]

**מעי** ש״ע נ *n. f.* **בטן belly** כל דמהלך על מעי וכל דמהלך על ארבע כל ההלך על גחון וכל ההלך על ארבע anything that crawls on its belly, or anything that walks on fours - ויק יא 42. לנפחי מעי ולנפל ירך לצבת בטן ולנפל ירך - במ ה 22. פרי מעיה צעירין ופרי ארעה משנתין māyyå פרות הבטן עצורים ופרות הארץ מושחתים - מ א 116-117. דיפק ממעיך הוא יירתנך היצא ממעיך הוא יירשך - בר טו 4. ואה תואמים במיעה (! A בכרסה) והנה תאמים בבטנה - בר לח 27.

**מעיל** בגד **garment** [מן העברית H. **א״י** ופם מעילה במיצעה כפם סירה - **נ** שמ לט 23]

**מעיל** ש״ע ז *n. m.* **מעיל robe** ותעבד ית מעיל אפודה כליל תכלה ועשית את מעיל האפוד כליל תכלת you shall make the robe of the ephod of pure blue - שמ כח 31. ועבדו ית מעילה עובד סרק - שמ לט 22. ועסרתי לבושיה חשנה ואפודה ומעילה והאבניט... ועשרת הבגדים (של הכהן הגדול) החשן והאפוד והמעיל... - ת״מ 111ב.

**מעך**† לחץ וריסוק **pressure, crushing** [**א״י** ופלגשו ושמה ראומה... כולן לשון מרדות מן טבח טבחין גחם גחמין... מעכה מעכין - בר״ר 618]

**קל לחץ to press** ומעך אד אבוה למסטה יתה (= המליץ 478: ומאך, $*m_1$ ואליץ, E ומכך) ויתמך יד אביו להסיר אתה (Joseph) pressed his father's hand, to remove it - בר מח 17 [אפשר שהוא מן מו״ך (ע״ע). *Alternatively: der. of mwk,* *q.v.*]. בינוני פעול *pass. pt.* **מעוך crushed** ומעיך וכתית ומעוך וכתות (with its testes) crushed

ויק כב 24. - or mashed or torn or cut

**אפעל לחץ** ואמהך אד אבוה למסטה **to press** יתה *M₁ ויתמך יד אביו להסיר אתה - בר מח 17 [ראה קל].

**מעכה**† māֿkke שם פרטי *pr. n.*

**מעכה** ש״פ וילדת אף היא ית טבח וית גחם וית תחש וית מעכה - בר כב 24.

**מעכתאי** ש״י *gent. n.* עד תחום גישוראה ומכעתאה - דב ג 14.

**מעס**† דחק ולחץ **pressure** [ס מעס = פגיעה וקלקול - LS 398a. ע המעיסה - תוס חלה א ב. ע׳ ליברמן על אתר. והוא הרחבת עיסה. ע״ע עצ״ץ] ← נמיכות **lowness**

**קל 1** בינוני פעול **1 דחק, מעך to crush** ומעיס וסריס VN*M₁BA (= המליץ 510) ומעוך וכתות - ויק כב 24. (with its testes) crushed or mashed

**2 דכדך** בהשאלה *fig.* **to oppress** אמר לון פרעה בנפש מעיסה פוקו מגו עמי ואמר להם פרעה בנפש מדוכדכת "צאו מתוך עמי" (שמ יב 31) Pharaoh said to them with a oppressed soul: "depart from among my people" (Ex 12:31) - ת״מ 248ב. זרזו ליד פרעה... דהוא קעום בבלוד חיול וגויתה מעיסה ורוחה מעיקה... ועלו ליד פרעה ומצאונה מעיס ותנינה קדמיו מתגבר מהרו אל פרעה... כי הוא עומד בבהלה, גופו מעוך ורוחו במצוקה... ובאו אל פרעה ומצאוהו מדוכדך והתנין לפניו מתגבר - ת״מ 225ב. **3 השפיל to lower** מי תהומה מעיס ומי רקיעה תלה מי התהום השפיל ומי הרקיע הרים (God) lowered the waters of the abyss and lifted the waters of the heaven - מ ה 49-50.

**אֶתְפְּעֶל הובס** בהשאלה *fig.* **to be defeated** סניך עתידין ממעסין קדמיך שונאיך עתידים להיות מובסים לפניך your enemies are about to be crushed before you - ת״מ 7ב.

**מערה** חלל בסלע **cave** [כנראה מן ער״ר. א״י ושרא במערתא הוא ותרתין בנתה - נ בר יט 30. סוא״י ועמר במערתא - שם]

**מערה** ש״ע נ *n. f.* **cave** **מערה** ויתן לי ית מערת מכפלה דלה ויתן לי את מערת המכפלה אשר לו let him sell me the cave of Machpelah that he owns - בר כג 9. עקלה יהבת לך ומערתה דבה השדה נתתי לך והמערה אשר בו - בר כג 11. דת פרוק בקשט מדכיה מערתה צדיקיה märtå שאתה גואל הגואלים המטהר את מערת הצדיקים - א״ג 96-97. וכד קעם מן סגדתה עמה פמה דמערתה מתפתח קמיו וכד עמה פמה דמערתה פתיח... ועלל לגו מערתה וכאשר קם (משה) מהשתחוויתו ראה את פי המערה נפתח לפניו וכאשר ראה את פי המערה פתוח... ונכנס לתוך המערה - ת״מ 266ב.

**מערטים**† שם פרטי *pr. n.*

**מערטים** ש״פ מערטים חרשה ערק מן ערד למדין מערטיס הקוסם ברח מערד למדין - אס 16ב.

**מפים** שם פרטי mabbəm *pr. n.*

**מפים** ש״פ ובני בנימים בלע ובכר... וראש מפים ואפים (A מאפים) - בר מו 21.

**מצי[1]**† אפיסה וכיליון **ceasing, expiration** [א״י ומה דמשתייר באדמה ימצה על יסודי מדבחה - נ ויק ה 9]

**קל שפך דם to shed** (blood) אשר דם צריו ימצי - He will shed the blood of His enemies (Cow 331) [בעש״ח ע״פ ויק ה 9. *after* NSH אלעזר Lev 5:9].

**אֶתְפְּעֶל 1 נתמצה, כלה to be drained out** וימצי אדמה לגו כתל מדבחה N*M₁ECA (MB ויתמצי) ונמצה דמו אל קיר המזבח its blood shall be drained out against the side of the altar - ויק א 15. ודמתותר באדמה ימצי לגו ארש מדבחה ECA (MB יתמצי) והנשאר בדם ימצה אל יסוד המזבח - ויק ה 9. **2 אפס, תם to expire** ואמצו עביש ושביק E ואפס עצור ועזוב and it has expired, bond or free - דב לב 36. ואמצו כספה מן ארע מצרים V... אב לנן לחם ולמה נמות קבלך הלא אמצי VMEB) אמצו, m אתמצה, *M₃C שלם) כספה ויתם הכסף... הבה לנו לחם ולמה נמות כי אפס הכסף give us bread, lest we die before your very eyes; for the money is gone - בר מז 15. ואתן לכון לחם בקניניכון אם אמצי כספה MEB) אמצו, C שלם) ואתן לכם במקניכם אם אפס הכסף - בר מז 16. ויהבון עליו תכסי משך עפום(!) ויפרסון עליו רקיע ממצי תכלה A ונתנו עליו כסוי עור תחש ופרשו עליו בגד כליל תכלת they shall lay a covering of black skin over it and spread a cloth completely (*lit.*: exhaustively) blue - במ ד 6.

†**מצי** ² מציאה וגילוי **finding** [< מצא. שכיח בעש״ח. ע״ע שקע. *H interp. in the ancient liturgy;* *.[frequent in* NSH.

**קל מצא to find** ולא מצאו לגרמון רוח אלא מנך (נ״א אשקחו) ולא מצאו לעצמם רווח אלא ממך they did not find (other) relief for themselves but from You - ע״ד כח 27-28. **ועלו** ליד פרעה מלכה ומצאונה מעיס ...ומצאוהו מדוכדך - ת״מ 225ב. המתפנים אליו לדרש אלהים ימצאו אתו קרוב - ת״מ 99ב. **דרשו** הרוח ולא מצאו בקשו הצלה ולא מצאו - ת״מ 63א. וכן בת״מ 221ב במובאה מן בר ד 14: והיה כל מוצאי יהרגני.

**אפעל יצר, ברא to create** אתעבדת שרוי כתביה ושרוי לשמה רבה דבה מרן אמצא עלמה נעשיתי ראשית האותיות ותחילה לשם הגדול שבו אדוננו ברא את העולם (״אלוהים״) I was made the first of the letters and the beginning of the Great Name by which our Lord created the world - ת״מ 307א [כלומר המציא].

**אתפְעֵל נמצא to be found** עלמה וכל ממצא מקצה עד קצה העולם וכל הנמצא (בו)... the world and all that is found in it from one end to another - עבד אל Cow 412).

**מצע** תוך, אמצע **midst** [א״י מצע פלטיה = תוך רחובה - **נ** דב יג 17. **סוא״י** יתעבד שורא במצע מיא - בר א 6 ור׳ במצעתתה = בקרב - Horol 165].

**ממציע א** ש״ע *n.* mâmṣi **1 תוך, אמצע midst** פרוקה דמשתקח בממציע עקיה הגואל הנמצא באמצע הצרות the Saviour, who is found amidst the grief - א״ג 94. **ויהי פם רישה** בממציה (E בממצעאה) והיה פי ראשו בתוכו - שמ כח 32. ופם מעילה בממציעה ופי המעיל בתוכו - שמ לט 23. וקרתה בממצעה (N V במצעי) והעיר בתוך - במ לה 5. מן גלעדה ועד נחל ארנן ממצי נחלה (C V ממציע) ... תוך הנחל - דב ג 16. אתעמי סימן בממציע שומיה ...באמצע השמים - אס 3ב. **2 צד side** ותרתין עסקין דהב תעבד... על תרי ממצעיו (E מנציו=המליץ 576) ושתי טבעות זהב תעשה... make two gold rings...; make על שתי צלעתיו them on its two sides - שמ כו 35א (=ל 4). **ג** ש״ת **תיכון medial** *adj.* נגרה ממציעה למנגרה בגו לוחיה (B מנציעה, M מנצי[עה] - והבריח התיכון לברח בתוך (*Dissimilation* הקרשים he made the middle bar to attach the planks - שמ לו 33 [השי׳ יב: שורא זך בנה במנציעת בירתא - Cow Pap No. 27].

†**ממצי** ש״ע נ *n. f.* **תוך, אמצע center, midst** [ממציע > ממצי מפני איבוד הגרונית (ע״ע מצע). נתפס נקבה מן מצי על פי הסופית שלו ונוצר ממנו נסמך חדש: ממצית. מפני שכיחות הנסמך אבדה צורת הנפרד. *Secondary formation from mṣ^c by loss of gutturals, further considered as ending in y; finally, the cstr. substituted the absolute.*] וקרתה בממצית והעיר בתוך with the town in the center - במ לה 5 [מיודע. והראוי: בממציתה]. ושמעון בממצית וגד ממדנח ושמעון בתווך וגד ממזרח - אס 17ב. **וכפלגות ליליה אנה** נפק בממצית ארע מצראי E ... בתוך ארץ מצרים - שמ יא 4,א3. **וייעלון בני ישראל** בממצית ימה ביבשתה E ויבאו בני ישראל בתוך הים ביבשה that the people of Israel may go on dry ground amidst the sea - שמ יד 16. **ועל משה בממצית עננה** C ויבא משה בתוך הענן - שמ כד 18. **וית כל אנחיתה תצמת** לגו ממצית אפתחה ואת כל שללה תקבץ אל תוך רחבה - דב יג 17. **ותכנשנה לגו ממצית** ביתך ואספתו אל תוך ביתך - דב כב 2. **לא** ייעל לממצית משריתה לא יבוא אל תוך המחנה - דב כג 11. **וברת צור בממציתון** על עגלה דקיצםובת צור בתוכם... - אס 17ב.

†**מציץ** מציצה **sucking** [א״י כעלוקא דמצצא דמהון דבני נשא - תרג׳ תה יב 9]

**קל חיסל to consume** *fig.* בהשאלה **ואמצץ** ית אילניה ורעי עסביה וחרב בתיה ומצץ (הארבה) את האילנות ורעה את העשבים והחריב את הבתים (the locusts) consumed (the fruits of) the trees, fed on the plants, and destroyed the houses - ת״מ 36ב.

**מצרים** שם מקום misṛəm *pr. n. (place)*

**מצרים** ש״פ חזי יהבת יתך על כל ארע מצרים ראה נתתי אתך על כל ארץ מצרים - בר מא 41. לקהלה דנפקו ממצרים - ע״ד ד 16.

**מצראי** ש״י *gent. n.* ועמה גבר מצראי מעי גבר עבראי וירא איש מצרי מכה איש עברי - שמ ב 11. ונקם למצראי - ת״מ 59א.

**מקדה** שם פרטי *pr. n.*

**מקדה** ש״פ ויהב מקדה תלימת הבל לקין לאתה ונתן את מקדה... לקין לאשה - אס 1ב.

**מקהלת** mâqēllåt שם מקום *pr. n. (place)*

**מקהלת** ש״פ ונטלו מן חרדה ושרו במקהלת - במ לג 25 - 26.

**מקיסתה**† שם פרטי *pr. n.*

**מקיסתה** ש״פ ונסב יפת מקיסתה ברת למך לאתה ולקח יפת את מקיסתה בת למך לאשה - אס 36ב.

**מקל**† מקל **rod** [עש״ח NSH. **א״י** ונסב מקלתא ותברון - בר״ר 363. ע״ע קיל]

**מקל** ש״ע ז *n. m.* **1 שרביט שלטון scepter** ויקום מקל מן ישרון A וקם שבט מישראל a scepter shall rise out of Israel - במ כד 17. **2** **מקל rod** לפני פרעה היה תנין בלע המקילות before Pharaoh there was a serpent (that) swallowed the rods - ת״מ (ק) 33א [=ש 60ב. אולי הושפע מן קיל (ע״ע)].

**מקסקס**† amqåsqəs גדול (?) **great son** [זב״ח עואנ״ש ג/ב 263: נשתבש מן מגס היוס *Corr. from-* μέγας υἱός]

**מקסקס** ש״ע ז *n. m.* **גדול great son** הא מקרס קרס מקסקס זה הילד הקטן גדול (יהיה) this little son shall be a great one - מרקה כה 49-50.

**מקק**† לעג ? **mock** [> מו״ק ? **סוא״י** והוו ממיקין בה = והיו לועגים לו - לוקס טז 14]

**קל לעג ? to mock** ומקקה ונתשה ונפיסה מסחני עליף A וימררהו ויריבהו וישטמהו בעלי בהמות (?) they mocked him and smote him (?) and hated him, the owners of cattle (?) - בר מט 23.

**מקרס**† maqrəs קטן **little** [זב״ח עואנ״ש ג/ב 263: < μικρός]

**מקרס** ש״ת *adj.* **קטן little** הא מקרס קרס מקסקס זה הילד הקטן גדול (יהיה) this little son shall be a great one - מרקה כה 49-50.

**מרא** אדון **masterdom** [**א״י** ויקרב מרה דביתא לוות דייניא - **נ** שמ כב 7. **סוא״י** הא מראי ארכנו - בר יט 2]

**מר** mår ש״ע ז *n. m.* **אדון** תואר אמור על אלוהים **Lord** (said about God) אה מן דו כל עלמה מר הוי מי שהוא לכל העולם אדון O, the one who is the Lord of the whole world! - ט 1. דו מרון דחייה שהוא אדון החיים - מ יג 38. אל ני יתקף למרי ואמללה ברן זבנה אל נא יחר לאדוני... - בר יח 32. מרי יהוה אל תחבל עמך אדני יהוה אל תשחת עמך - דב ט 26. אלהון דזכאי ומרון דעבראי - ת״מ 9ב. אלהי אבי יצחק דשלם נפשה למרה ...אשר מסר נפשו לאדוניו - ת״מ 385ב. מחכום דריה מה דגלה משה... ממה דארשתה מרה להודיע לדורות מה שעשה משה... ממה שציווהו האדון - אס 20א. סב לך בסמנים ריש מר בעיר N קח לך בשמים ראש מר דרור - שמ ל 23 [תפס מר = אדון].

**מרה** ש״ע נ *n. f.* **גברת mistress** [מקדם] שרי מרתי אנה ערקה $M_2$ מפני שרי גברתי אנכי ברחת I am fleeing from my mistress Sarai - בר טז 8. תובי ליד מרתיך $M_2$ שובי אל גברתך - בר טז 9.

**מרד** מרד **rebellion** [**א״י** ובתלת עשרי שנין מרדו ביה - **נ** בר יד 4. **סוא״י** ואמרדו לכון - דב יג 14]

**קל** עבר: מרד - ת״מ 234ב. ומרדו wmårådu - מ א 104. עתיד: תמרד (נוכח) - ת״מ 147א. בינוני: מרד mâråd - מ ה 32. **מרד** - ת״מ 221ב. **מרוד** (qâṭol) mârod - מ א 81. **מרוד** qiṭṭūl - ת״מ 195ב.

**קל מרד to rebel** מן מרד על מרה מנו דיאחס עליו מי שמרד על אדוניו, מיהו שיחוס עליו he who has rebelled against the Lord, who is there to have mercy on him? - ת״מ 234ב. הך דאשוו כהלון ומרדו וכן אנון לקין בתשניקיה כמו שחברו כלם ומרדו, כך הם לוקים בעינויים - מ א 104-105. וקמי לא תמרד ואל ביש לא תקרב ולפני לא תמרד ואל רע לא לא תגש do not rebel against me... - ת״מ 147א. ברן ביהוה אל תמרדון - במ יד 9. אימתה ודחלתה מבלדין עלמה והיא גנו רבה לעפר מרד עליו אימתו ופחדו מבהילים את העולם וזו גנות גדולה לעפר הממרה אותו - מ ה 29-33.

**מרד** ש״ע ז *n. m.* **מרד rebellion** ראובן כד קרב למרדה אבד פרותה ראובן, כאשר נגש אל המרד, השחית את צאצאיו when Reuben got near to rebellion, he destroyed his offshoot - ת״מ 203ב. כד לא הוה תמן מרד כלה ארכן לה כאשר לא היה שם מרד הכול נכנע לו - ת״מ 221ב [בעניין אדם].

**מרוד** qâṭol ש״ע ז *n. m.* **מורד rebel** לית לאוי לך תהי מרוד לא יאה לך להיות מורד it is not appropriate for you to be a rebel - ת״מ 276א. מרוד עמי גרמה מגעל מורד יראה עצמו

מסור לעונשים a rebel shall see himself
- מ א 81. יתמיה חיבין רבקיה מרודין abhorred
היתומים חוטאים, הנערים מורדים - ת״מ 233א.
מרוד באדם $M_1$ פרה אדם - בר טז 12. שבק
לעובין ולמרוד $*M_2$ נשא עון ופשע - שמ לד 7
[מן אונקלוס O].

**מרוד** ש״ע ז qiṭṭūl *n. m.* **מרידה rebellion**
דייתי פניה ויעמר יתה... במרוד חיול יבוא
התועה ויתקין אותה (את העבודה הזרה)...
במרידה עצומה - ת״מ 195ב. ואלה ממן בעודנו
ליתו מנכי במרודך והאלוהים מתמיד במעמדו,
אינו ניזוק במרידתך - ת״מ 278ב.

**מרדרור**† מין בושם **a perfume** [מן העברית H]

**מרדרור** ש״ע ז *n. m.* **בושם a perfume** סב
לך בסמנים ריש מרדרור... וקנמון קח לך
בשמים ראש מר דרור... וקנמון - שמ ל 23.

**מרה** mirra שם מקום *pr. n. (place)*

**מרה** ש״פ על כן אתקרי שמה מרה - שמ טו 23.
מה קעמת עמך במרה ואף ברפידים... למה
שבקתני כלום לא עמדתי עמך במרה ואף
ברפידים...? למה עזבתני? - ת״מ 295א. אתחלה
מי מרה הומתקו מי מרה - אס 16ב.

**מרח[1]**† קילקול והשחתה **spoiling** [אכ marāḫu =
קלקול - CAD M/1, 265]

**מרוח** ש״ת qāṭol *adj.* **מרוח spoiled** אי גרב
אי חזזי אי מרוח חסיך VNMECBA (J מרבי,
$*M_1$ מן רוח) או גרב או ילפת או מרוח אשך
or (having) an itching disease or scabs or
spoiled testicles - ויק כא 20 [= המליץ 510. אבל
כהן מפרש ״חסוך נשימה״ ע״פ הסמריטיקון MGWJ
ὑστερῶν πνεῦμα הגו׳רס (38, p. 55 שהוא מסביר
מן מ+רוח. מכאן שתפסו מעין amråb'bå. אבל הקריאה
היום היא mâ'rū. עדות על שתי גישות במשנה בכורות
ז ה: ר׳ ישמעאל אמר כל שנמרחו אשכיו, ר׳ עקיבא
אומר כל שרוח באשכיו. ואפשר שהוא מן מרע (ע״ע)
כלומר חולה צמוק (שני שמות תואר). ראה טל, ספר
מורג, 95].

**מרח[2]**† עליצות **joy** [< ﻣﺮﺡ = עלץ - Lane 2705a]

**קל עלץ to be joyous** ישמן כשירה וימרח
שמנת עבת אשפרית E (נ״א ויבטר, ובעט)
וישמן ישרון ויעלץ שמנת עבית כשית
Jeshurun grew fat and was joyful; you grew fat
- דב לב 15 and gross and you become beautiful
[השי׳ התה״ע: ويمرح. ואפשר שעניינו יהירות בדומה
לסיפא כפי שהוא בהמליץ 496: אתרברבת. השי׳ ס מרח
= היה יהיר - LS 404a. *Cf.* *Prob. 'arrogance'.*
Ham 496: *ᵓtrbrbt*.]

**מרחם**† שם פרטי *pr. n.* [תרגום שמו של חובב
*Transl. of the name*]

**מרחם** ש״פ ואמר משה למרחם בר רעואל A -
במ י 29.

**מרט**† מריטת שער **plucking out** [א״י ארום
יתמרט שער רישיה - נ ויק יג 40]

**קל מרט to pluck out** ולא ימרטון מרטה
בריש‍ון $*M_2$ ולא יקרחו קרחה בראשם they
- shall not pluck out to baldness their heads
ויק כא 5.

**אתפעל נמרט to loose hair** ואנש אן ימרט
רישה קרח הוא... ואם מפאת אפיו ימרט רישה
גלשן הוא ואיש כי ימרט ראשו קרח הוא...
ואם מפאת פניו ימרט ראשו גבח הוא if one
loses the hair of his head and becomes bald...,
if he loses the hair on the front part of his head
- ויק יג 40 - and becomes bald at the forehead
41.

**מרטה** ש״ע נ *n. f.* **קרחה baldness** ולא ימרטון
מרטה בריש‍ון $*M_2$ - ויק כא 5.

**מרי[1]** מרי, מרד **rebellion** [א״י בר סורוון ומורוון
- נ דב כא 18]

**אפעל** עבר: אמריתון - דב א 43. עתיד: תמרי (נוכח) -
שמ כג 21. בינוני: ממרי - ת״מ 145ב. ממרים (ר)
mamrəm - ע״ד ב 7. **ממרי** - במ יז 25 A (המליץ 507:
ממריה). **מראי** - ויק כו 23. **מרי** - במ יז 25 (= המליץ
588). **מריאן** - דב לא 27 'V. **תמרי** - ת״מ 65א. **ב קל**
עבר: דמרו - במ כה 18 A.

**אפעל מרד, המרה פי- to act rebelliously** ולא שמעתון ואמריתון ית
מימר יהוה ולא שמעתם ותמרו את פי יהוה I
spoke to you, and you would not hearken; but
you rebelled against the command of the Lord
- דב א 43. ושמע בקלה אל תמרי בה הלא לא
יתלי לפשעכון ושמע בקולו אל תמרי בו... -
שמ כג 21. ולני מעלם על ממרי בעובד וכד
יסטי אקדש בה ואינני מתעלם מן הממרה
לעשות, וכאשר יסור אפגע בו - ת״מ 145ב [זב״ח
הע׳ 6,5]. שמעו שבי ממרייה שמעו נא המרים

- במ כ 10. ולבוש ערברוב ממרין לא יסק עליך A ובגד כלאים שעטניז לא יעלה עליך - ויק יט 19 [= המליץ 598. זב״ח: לשון מרי, והוא נתפס במסורת השומרונים ״לבוש של ערב רב״ לפי זיהוי ערב רב עם אספסוף (שמ יב 38, במ יא 4). *Understood as "garment of rabble", considered rebelious* [*after* Num 11:4. והביתן ממרין רוח ליצחק ולרבקה $M_1$* ותהיינה מרת רוח... - בר כו 35 [הקריאת כיום מפרשת מן מרר (עי״ע)]. **צרעה ממריה** מכתשה מסב הוא צרעת ממראת הנגע טמא הוא - ויק יג 51 [צרעת מורדת, חוזרת. השי׳ וולגטה: [Vulg. lepra perseverans

**ממרי** ש״ע נ (?) *n. f.* **מרי rebellion** עזר ית שבט אהרן לקדם סעדותה למטרה לסימן לברי ממרי A השב את מטה אהרן לפני העדות למשמרת לאות לבני מרי put back the rod of Aaron before the testimony, to be kept as a sign of the rebellion - במ יז 25.

**מראי** ש״ע ז qaṭṭāl *n. m.* **מרי rebellion** ואם תהכון עמי מראי (NMEBA מרי = המליץ 588) ואם תלכו עמי קרי if you walk in rebellion against me - ויק כו 21. ואהך עמכון בארתע מראי (MECBA מרי) והלכתי עמכם בחמת קרי - ויק כו 28.

**מרי** [=מראי?] ש״ע ז *n. m.* **מרי rebellion** ואם תהכון עמי מרי NMEBA ואם תלכו עמי קרי - if you walk in rebellion against me - ויק כו 21. ואהך עמכון בארתע מרי MECBA והלכתי עמכם בחמת קרי - ויק כו 28. לסימן לברי מרי לאות לבני מרי - במ יז 25.

**מריאן** ש״ע ז *n. m.* **מרי rebelliousness** הלא אנה עכמת ית מריאנך V' כי אנכי ידעתי ית מריך I know your rebeliousness - דב לא 27.

**תמרי** ש״ע ז *n. m.* **מרי rebellion** הלא אנה עכמת ית תמריאך C - דב לא 27. לא אתברית למרד ולא לתמרי אלא לשעבוד לא נבראתי למרד ולא למרי אלא לכניעה - ת״מ 65א. דאנה חיב וחטאי ותמריאן וסריחתי סגי קדמיך שאני חוטי וחטאי ומרי ופשעי הרבה לפניך - ע״ד ? (Cow 62).

**מרי²** ט״ס מן רמי² (עי״ע) *Corr from rmy, q. v.*

**פעלרימה to deceive** הלא צערין אנון לכון במרמה דמרו לכון A (נ״א בנכליון דנכלו) כי צררים הם לכם בנכליהם אשר נכלו לכם they have harassed you with their deceit, with which they deceived you - במ כה 18.

**מרים** שם פרטי maryåm *pr. n.*

**מרים** ש״פ וילדת לעמרם ית אהרן וית משה וית מרים אחתון - במ כו 59. ומרים דאשירת על ימה ומרים ששרה על הים - ע״ד ו 24.

**מרס¹**† ריסוק ומעיכה **crushing** [מן אונקלוס O]

**קל מעך to crush** מריס פתחין $M_2$* מרוח אשך with crushed testicles - ויק כא 20 [בינוני פעול *pass. pt.*].

**מרס²**† צעקה **cry** [מן כגון تمرّس, לשון ריב, Dozy II 588]

**מריסה** ש״ע נ *n. f.* **צעקה outcry** ושמע אלהה ית מריסתון (VJE כריזתון) $Am_2$ וישמע אלהים את צעקתם - God heard their outcry - שמ ב 24.

**מרע** חולי, כאב **illness, dolor** [א״י ונכת יתיה בעקבה וממרע יתיה = ומכיש אותו בעקבו ומחלה אותו - נ בר ג 15. **סוא״י** תהוא אתיא ממרע לי = תבוא ליגע אותי - לוקס יח 5] ← פחד **fear**

**קל** עבר: מרע - בר מח 1 $m^a$ (מן אונקלוס O). מרעת (מדבר) - דב ט 19 (= המליץ 443). ומרעי (נסתרות) wmârâʾi - ע״ד ו 25. עתיד: תמרעון - ת״מ 169ב. **מרע** במרע bâmâʾrâ - א״ג 26. **מרעה** מרחה - דב כח 61. **מרעו** מרחו - דב כח 61 VB. **מרוי** ומרוים (ר) - דב כח ומורין (C) E 59.

**קל 1 חלה to become ill** ואתמר ליוסף אה אבוך מרע $m^a$ (נ״א באש)... הנה אביך חלה - Joseph was told, "your father is ill" - בר מח 1.

**2 פחד to fear** ומרע מואב מקדם עמה C ויגר מואב מפני העם Moab was in dread of the people - במ כב 3 (= המליץ 443). ויעזר בך ית כל דאוני מצרים דמרעת מקדמיון (VB דדחלת)...כל מדוי מצרים אשר יגרת מפניהם - דב כח 60 (= המליץ 443). הלא מרעת מקדם רגזה (V דחלת) כי יגרתי מפני האף - דב ט 19. שמעי עמים ומרעי שמעו עמים וירגזון - ע״ד ו 26 (עי״פ שמ טו 14. לא תמרע מנה A לא תגור ממנו - שמ כ 17א. לא תמרעון מקדם גבר A לא תגורו מפני איש - שמ יח 25. לא תקבלו ממון ולא תמרעון מן איש לא תקבלו שוחד ולא תיראו מאיש - ת״מ 169ב.

**מרע** ש״ע ז *n. m.* **1 מחלה illness** וכל מרעהי מצרים בישיה... לא ישבינון בך וכל מדוי מצרים... אשר ידעת לא ישימם בך none of the evil diseases of Egypt..., will (God) inflict

קדם חילך **2 פחד fear** דב ז 15. - upon you קעמת במרע ובכפתו לפני כוחך עמדתי במורא in front of your might I stood in fear ובהכנעה א״ג 26. - and bowing

**מרעה** ש״ע נ *n. f.* **1 מחלה illness** ואסטי מרעה מן גוךN והסרתי מחלה מקרבך I shall שמ כג 25. - take illnes away from you **ויסטי** יהוה מנך כל מרחה וכל דאוני מצראי בישיה E והסיר יהוה ממך כל חלי וכל מדוי מצרים הרעים - דב ז 15. **אף כל מרחה וכל מעה...** יעלם יהוה עליך (VB מרחו) גם כל חלי וכל מכה... יעלם יהוה עליך - דב כח 61. **2 פחד fear** מרעה אחדת דיארי פלשת N חיל אחז fear has seized on the inhabitants ישבי פלשת שמ טו 14. - of Philistia

**מרעו** ש״ע נ *n. f.* **1 מחלה illness** ואסטי מרעותה מגבך *N₁BA והסרתי מחלה מקרבך שמ כג 25. - I shall take illnes away from you ויסטי יהוה מנך כל מרחו V והסיר יהוה ממך כל חלי - דב ז 15. **אף כל מרחו וכל מעה** VB גם כל חלי וכל מכה - דב כח 61.

**מרוי** ש״ע ז *n. m.* qiṭṭul? **נגע plague** ומרוים בישים ומהימנים E (C ומורין) וחלים רעים ונאמנים דב כח 59. - great and lasting plagues

**מרעז**† צמר עזים **goat hair** ]< مـــرعـــز -
[Barthélemy 784

**מרעז** ש״ע ז *n. m.* **צמר עזים goat hair** וכל נשיה... עזלו ית מרעזה V (B מרעזיה) וכל הנשים... טוו את העזים all the women... **ועבד יריען** שמ לה 26. - spun the goats' hair מרעזים B ויעש יריעות עזים - שמ לו 14.

**מרצף**† אמתחת, תרמיל **sack** [**ע מש** כלים כ א: מרצוף < μαρσύπιον - Krauss 353 **ס** מרסופא, LS 405a. **א״י** פנון ליה מרצופיה ומלון ליה דינרין = רוקנו לו את אמתחתו ומלאו אותה דינרים - ויק״ר תתנט. **סוא״י** ומרצף חד יהא לן - כיס אחד יהיה לנו - משלי א 14]

**מרצף** ש״ע ז *n. m.* **אמתחת sack** אלהכון... יהב לכון טמירה במרצפי‹כון› *m₁ אלהיכם... your God... נתן לכם מטמון באמתחתיכם בר מג 23. - put a treasure in your sacks **מלי ית** מרצפי גבריה $m_2$ מלא את אמתחת האנשים - בר מד 1. **וית כלידי... תשבי בפם מרצפה** דזעורה m ואת גביעי... תשים בפי אמתחת הקטן - בר מד 2. **כספה דאשקענן בפם מרצפינן** m- בר מד 8. **ואעתו גבר מרצפה** m - בר מד 11.

**מרק**[1] תשלום, גמול **recompense** [**א״י** ולא ממרק לה פורנה = ואינו משלם לה כתובתה - ירוש כתובות ל ע״ג]← ניקוי, מחילה **cleansing**

**פעל** עבר: מרקוך (+נוכח) - בר נ 17 VmA. עתיד: ימרק - שמ כא 34 CBA. אמרקנה (+נסתר) - בר לא 39 (= המליץ 466). **אֶתְפְּעַל** עתיד: ויתמרק - ויק ו 21 VC. בינוני: ממרק mimmårråq - מ ה 8. **מרוק** qiṭṭūl - דב לב 35 E.

**פעל 1 שילם to pay** מסחן גבה ימרק כספה יעזר למסחנה CBA בעל הבור ישלם כסף the owner of the pit shall make ישיב לבעליו restitution; he shall return the price to the owner - שמ כא 34. **מרוק ימרק** VECBA ...שלם ישלם - שמ כב 2. **וקטל נפש בהמה ימרקנה A** one who kills a ומכה נפש בהמה ישלמנה ויק כד 18. - beast shall make restitution for it **2 גמל** אנה אמרקנה אנכי אחטנה - בר לא 39. **הך מרקתון ביש חלף טבו A to repay** *fig.* how (could איך שלמתם רעה תחת טובה **הלא בישה** בר מד 4. - you) repay evil for good? מרקוך VmA (MJECB גמלוך) כי רעה גמלוך - בר נ 17. **עזור יעזור לנן ית כל בישתה דמרקנן** יתה m ...את כל הרעה אשר גמלנו אתו - בר נ 15. **איחת ני ואחזי צבעתה האתיה לידי עבדו** אסכמו והן לא אמרק A ארדה נא ואראה הכצעקתה הבאה אלי עשו כלה ואם לא אגמול - בר יח 21 [בדומה ל-m: **אתפרע** - מן אונקלוס O].

**אֶתְפְּעַל 1 שולם** בהשאלה **to be paid** *fig.* במה דאנש עמל ממרק הוא אגרה לפי מה as one acts, שאדם עושה משתלם הוא שכרו מ ה 8-7. - his wages are paid to him **מן מדכר** לה באיקר ממרק הוא אגרה מי שמזכיר אותו (את האל) בכבוד, משתלם הוא שכרו - מ ה 59-60. **מד אתה בית ערוק ושקיח לכל שאול** וממרק בחסדיך וברתותך גמול באשר אתה מנוס ונמצא לכל דורש משלם (האל) בחסדיך וברחמיך גומל - א״ג 79 [הנושא: האל, אבל הדקדוק קשה. ואולי הנושא הוא השואל]. **2 נוקה, רוחץ to be cleansed** ואם במאן נחש בשלת וימרק וישטף במים VC ויתמרק) ואם בכלי נחשת if it is boiled (סביל) בשלה וימרק ושטף במים in a copper vessel, that shall be cleansed, and ויק ו 21. - rinsed in water

**מרוק** ש״ע ז *n. m.* qiṭṭūl **שילום recompense** ליום גבי ומרוק E ליום נקם ושלם to the דב לב 35. - Day of vengeance and recompense

מרוק ימרק ECBA שלם ישלם - שמ כא 36. וכך VECBA שמ כב 2.

†מרק² מעבר **pass** [< مرق = עבר - Barthélemy 784]

**קל עבר** **to pass** וקם ומרק ית נהרה m ויקם ויעבר את הנהר he arose and crossed the river - בר לא 21.

†מרקה *pr. n.* שם פרטי marqe

**מרקה** ש״פ ספר פליתה למרקה רצון יהוה עליו - הכותרת של תיבת מרקה ת״מ 23ב. **חראה** דשקחת קמי כתוב בתיבת מרקה רצון יהוה עליו אמן סוף מה שמצאתי כתוב בתיבת מרקה... - ת״מ 311א. על שמו נקראים פיוטיו ופיוטי אחרים בנויים בסגנונו يقال دران **אתהו יקירה** ومرقه **אלהים קעימה** ייאמר דראן ״אתהו יקירה״ ומרקה ״אלהים קעימה״ - Cow 361 [שניהם מיני פיוטים הנושאים את השמות הללו כשמות כלליים. עואנ״ש ג/ב 16 - 17. *A kind of liturgical piece, bearing Marqe's name as generic name.*]

†מרקוט ?

**מרקוטאי !** הלית כמרקוטאי חשבנן לה A הלוא כנכריות נחשבנו לו he regards us as outsiders - בר לא 15.

מרר מרירות **bitterness** [א״י ומררו ית חייהון - נ שמ א 14] ← מריבה, התנצחות **quarrel** [ליברמן, לשוננו לב 89: לשון התנצחות. הש׳ קוטשר שם 343. שמא פרידמן, ספר מלמד 163]

**קל** בינוני: מרן (רבות) - בר כו 53 *m₁. **פעל** עבר: ומררו - שמ א 14. בינוני: ממררן (רבות) - בר כו 35 *m₁. **אפעל** עבר: ואמרו - שמ א 14 MCB (= המליץ 515). **אמרו** לאמרותי lâmârūti - א״ג 52. **מור** - מורין (ר) - דב כח 59 (אפשר שהוא מן מר״ע). **מורר** - אס 20ב [מן מורה ע״פ סורר הסמוך לו בתורה]. **מרה** מרתה (+נסתר) - ויק א 16. **מרור** qāṭōl - ת״מ 37א. מרורים - שמ יב 8 (= המליץ 515). **מריר** (ש״ת) ומרירה (נ) - בר כז 34.

†**קל מירר** **to embitter** והבת מרן רוח ליצחק ולרבקה *m₁ ותהינה מרת רוח... they made life bitter for Isaac and Rebecca - בר כו 35.

**פעל 1 מירר** **to embitter** ומררו ית חייון בעבדה קשיה וימררו את חייהם בעבדה קשה they made their life bitter with harsh labor at mortar and bricks - שמ א 14. והבת ממררן רוח ליצחק ולרבקה *m₁ ותהינה מרת רוח... they made life bitter for Isaac and Rebecca - בר כו 35 [תפס בינוני רבות אע״פ שהקריאה היא ש״ע נסמך: *mirrắt* .[*int. as part. pl. f.*

**2 התנצח** **to quarrel** ומררוה ותיגרוה וימררהו ויריבהו they quarreled with him and clashed with him - בר מט 23.

**אפעל 1 מירר** **to embitter** ואמרו ית חייון בעבידה קשיה MCB וימררו את חייהם בעבדה קשה they made their life bitter with harsh labor - שמ א 14. **2 התנצח** **to quarrel** ואמרוה ותיגרוה (=המליץ 515, MB ואמרותה) EC וימררהו ויריבהו they quarreled with him and clashed with him - בר מט 23.

**אמרו** ש״ע נ *n. f.* **מרורה** **bitterness** וזרז בקרותי מן שרב עקיה ואנשם לאמרותי והחש הקרתי משריפת הצרות והרווח למרורתי quicken my alleviation from the fire of the dismay and relieve my bitterness - א״ג 52 [ע׳ זב״ח שם].

†**מור** ש״ע ז **מררה** **bitterness** ומורין בישים ומהימנים C וחלים רעים ונאמנים bitterness grievous and lasting - דב כח 59 [ברם אפשר שהוא מן מרע, ע״ע].

†**מורר** ש״ע ז *n. m.* **מורה** פושע **sinner** קהל יהי בעי קשטה יתלחצון בר מולד אקדשו מורר העדה תהיה דורשת אלוהים תיחלץ ביד יליד זנות, פושע the congregation will seek the True One; it will be oppressed by a sun of harlotry, a sinner - אס 20ב [ע׳ זב״ח שם].

†**מרה** ש״ע נ *n. f.* **1 מרה** **bitterness** ישלח יהוה בך ית מרתה וית אלעלותה ישלח יהוה בך את המרה ואת המהמה the Lord will send upon you bitterness and confusion - דב כח 20 [עואנ״ש ד 169]. **ושתו מרתה דמותה ואנון** קעימין ושתו מר המות בעודם חיים (המצרים) - ת״מ 35א. **2 אבר בגוף** **gall-bladder** ויסטי ית מרתה בפלגתהוהסיר את מרתו בנצתו he shall remove its gall-bladder with its contents - ויק א 16.

†**מרור** ש״ת qāṭōl *adj.* **מר** **bitter** חבוש מרור חבושה דחשכה מאסר מר הוא מאסר החושך a bitter jail is the jail of the darkness (במצרים) - ת״מ 37א.

†**מרורים** ש״ע ז *n. m. pl. tant.* **מרורים** **bitterness** ופטיר עם מרורים ייכלונה they shall eat unleavened bread with bitter herbs - שמ יב 8 ודומה לו במ ט 11.

**מריר** ש״ת .*adj* **מר bitter** וצבע צבעה רבה ומרירה ויצעק צעקה גדולה ומרה he cried out with a great and bitter cry - בר כז 34. ולא יכלו למשתי מים הלא מרירים אנון - שמ טו 23. מרירה שעתה דבה שמע מן עבודה כל אהן ממללה מרה השעה שבה שמע (משה) מן הבורא כל אותו הדיבור (על מותו) - ת״מ 247ב.

מררי mērāri שם פרטי .*pr. n*

**מררי** ש״פ ובני לוי גרשון קהת ומררי - בר מו 11.

**מרראי** ש״י .*gent. n* למררי כרן מֿרראה (V מרראי) - במ כו 57.

משא[1] māša שם פרטי .*pr. n*

**משא** ש״פ בני ישמעאל... נבאות... ודומה ומשא - בר כה 13 - 14.

משא[2] māša שם פרטי .*pr. n*

**משא** ש״פ ובני ארם עוץ וחויל גתר ומשא - בר י 23.

משא[3] שם מקום *(pr. n. (place*

**משא** ש״פ ושרו ממשא באכה ספרה - אס 9ב [על פי בר י 30].

משבח† שם פרטי .*pr. n* [תרגום שמו של אשר ע״פ התה״ש בבר ל 13. *Epithet of Asher following* ST [Gen 30:13

**משבח** ש״פ למשבח פגעל בר עכרן m לאשר... - במ י 29. ועל שבט בני משבח m - במ י 26.

משה mūši שם פרטי .*pr. n*

**משה** ש״פ וקרת שמה משה ותקרא את שמו משה - שמ ב 10. נביה רבה משה - ת״מ 3254ב. ומשה אתימן לעלם ומשה האומן לעולם - מ טו 24. אטרה דאדם ולבושוי אתיהבו למשה - אס 16א.

משורה† מידה **measure** [מן העברית .H ע״ע משח]

**משורה** ש״ע נ .*n. f* **מידה measure** לא תעבדון שקר בדין במשחה במתקל ובמשורה (V NMECA ובמשרה, B ובמשארה = נתחלף להם בימשארתי) לא תעשו עול במשפט במדה במשקול ובמשורה you shall do no wrong in judgment, in measures of length, weight, or quantity. - ויק יט 35.

משח[1] שמן, מריחה בשמן **oil, ointment** [א״י פטירין משחין במשח - נ שמ כט 2. **סוא״י** משח יתי דיבסר למסכיניא = משח אותי לבשר לעניים - ישע סא 1]

**קל משח to anoint** ומשח ית מדבחה וית כל מניו וימשח את המזבח ואת כל כליו he anointed the altar, all its utensils - ויק ח 11. ואמשח יתה וקדש יתה he anointed and consecrated it - במ ז 1. קדשה הגלה ומשח גויתה הקודש נגלה ומשח גופו (של הספר) - ת״מ 279א. ותמשח יתון כמד משחת ית אבוון - שמ מ 15. וחלת לחם משי A וחלת לחם שמן one cake of bread with oil - שמ כט 23. וכך ויק ח 26 [בינוני פעול .*pass. pt*].

**פעל משח**† **to spread with oil** ורקריקי פטיר ממשחים במשח (NA משחין) ורקיקי מצות משחים בשמן unleavened wafers spread with oil - ויק ב 4. במ ו 15 [בינוני פעול .*pass. pt*].

**אֶתְפְּעֶל נמשח to be anointed** כהנה דאמשח... יעבד יתה הכהן המשיח... יעשה אתה the priest, who is anointed..., shall offer it - ויק ו 15. וינדי כהנה דאמשח מן אדם פרה לאהל מועד - ויק ד 16. כל בניו דמשחו במשח רבותה לא (=לה) יסעדו כל בניו שנמשחו בשמן המשחה אליו יילוו - ת״מ 289ב. ואלין שמהת בני אהרן כהניה דאמשחו - במ ג 3. ולכהנה רבה עסרה מיתובין בון הפרש על כל אחיו מטהר ומדכי וממשח ולבוש... ולכהן הגדול עשר מדרגות שנבדל בהן מכל אחיו: מיטהר, ומטהר, ונמשח, ולובש... - ת״מ 118ב. המשחת בשמן קדשה נמשחת בשמן הקודש - ת״מ (ק) 78ב.

**(א)משח 1** ש״ע ז .*n. m* **עוסק בשמן** בעל מלאכה **artisan ?** ברי דדן הוו ריטורים ואמשחים ואמנים A בני דדן אשורים ועושי שמן ובעלי מלאכה the descendants of Dedan were spokesmen, oil makers, and artisans - בר כה 3.

**2 שמן oil** וארק עליה אמשח V (נ״א משח) ויצק עליה שמן he poured oil on it - בר לה 14. מן אשר אמשח לחמה V מאשר שָׁמֵן לחמו - בר מט 20. ואסך עליה נסך וארק עליה משח ...ויצק עליה שמן - בר לה 14. ותתן עליה משח ותשבי עליה לבונה - ויק ב 15. והוה טעמה

כטעם לשד משחה ...כטעם לשד השמן - במ יא 8. המשחו כלם במשח רבותה ובראי דיקרב יתקטל - ת״מ 289ב.

**משוח** ש״ע ז qiṭṭūl *n. m.* **משיחה** anointment E ובשמים לשמן משוחה spices for the ובשמים לשמן המשחה - שמ כה 6. anointing oil דפקד יהוה למתן להון ביום משוחה יתון מן עם בני ישראל חלק עלם (A משחוה, B משחו) ...ביום משחו אתם... - ויק ז 36. ית משח משוחה E - שמ לא 11. ותעבד משח משחוי קדש $M_1$ - שמ ל 25.

**משח²** מידה **size** [א״י שובעתי חכימין דמפרשין משחו יתה בחוטריהון - נ במ כא 18. סוא״י דתשבוחתך דלא מתמשח = שתהילתך אינה נמדדת - Horol 103b.

השי׳ **אכ** mašāḥu = מידת השדה] ← חוט **thread** [א״י יבוון משיחה ברגליו - ירוש כתובות לח ע״ב]

**קל מדד** to measure **EC** (A ומשחו במכלה they measured it by the ואמשחו) וימדו בעמר omer - שמ טז 18. ותמשחון מלבר לקרתה עם פאת מדנחה (B ואמשחתון) ומדתם מחוץ לעיר - במ לה 5. ויפקון... וימשחון קריאתה דסהרת קטילהויצאו... ומדדו על הערים אשר סביבת החלל - דב כא 2.

**משח** ש״ע ז *n. m.* **מידה** measure מסגים עמה למנדאה משחי עבידתה $V*M_1$ (J משחה, MECA משיחה) מרבים העם להביא כמידת the people are bringing (more than) העבודה the measure (needed) for the work - שמ לו 5 [הקריאה mâdi עניינה דיי (השי׳ כדי - kâdi - ויק כה 26) אבל התה״ש תפס מידה, לבד מן B: ספוק, וכן $*M_2$: מסת, והוא מן אונקלוס O].

**משחה** ש״ע נ *n. f.* **מידה** size משחה אחדה לאחדעסריתי יריעאתה מדה אחת לעשתה the eleven curtains had the עשרה היריעות same measure - שמ לו 15. לא תעבד שקר בדין במשחה במתקל ובמכלה לא תעשו עול במשפט במדה במשקל ובמשורה - ויק יט 35. וכל עמה דחזינן בגבה גברי משחן...אנשי מדות - במ יג 32 (= המליץ 509).

**משיחה** ש״ע נ *n. f.* **1 מידה** size מסגים עמה למנדאה משחה עבידתה (MECA משיחה) the people מרבים העם להביא מדי העבודה are bringing (more than) the measure (needed) for the work - שמ לו 5 [עי׳ לעיל]. וילבש כהנה משיעי אבר A (C משיי MEB, משחי) ולבש הכהן מדי בד - ויק ו 3 [נתפס מידה, אף שקריאתו

mâdi בלא הכפלה, בעוד מידה נקראת mådå]. **2 חבל** (measuring) cord וית סכי דארתה וית משיאתון $M_1$ (נ״א חבליון) ...ואת חבליהם the pegs of the court, and their cords - שמ לה 18. וית משיעתה לכל תשמישה $M_2$ (נ״א חבליו) - במ ג 26.

**משח³** מישר **valley** [< امسح = שטח ישר - Lane 2714c]

**משוח** ש״ע ז *n. m.* **1 כיכר, עמק** valley אל תסתכי לחריך ואל ת[קעם] בכל משוחה $*M_2$ אל תביט אחריך ואל תעמד בכל הככר do not look back or stop anywhere in the valley - בר יט 17. והפך ית קריאתה אלין וית כל משוחה A ...ואת כל הככר - בר יט 25. ואדיק על אפי... כל ארע משוחה A - בר יט 28.

**משוחה** ש״ע נ *n. f.* **כיכר** valley וסבל לוט ית עיניו וחזה ית כל משוחת ירדנה A וישא לוט את עיניו וירא את כל ככר הירדן Lot looked about him and saw how well watered was the whole plain of the Jordan - בר יג 10.

**משחה** ש״ע נ *n. f.* **כיכר** valley וסבל לוט ית עיניו וחזה ית כל משחת ירדנה C - בר יג 10. ולית תקום בכל משחה A אל תעמד בכל הככר - בר יט 17.

**משי†** משייה, שלייה **drawing** [מן העברית H]

**קל משה** to draw הלא מן מיה משיתה ($*M_2$ משחתה - ע״ע שלח) כי מן המים משיתיו I drew him out of the water - שמ ב 10 (= המליץ 513). משיחת לבביון חליצת לבותיהם (מן הרעה) - אבישע (Cow 411).

**משך** עור **skin, leather** [א״י ויתנון עלוי חפוי דמשך - נ במ ד 6. סוא״י חלוקין דמשך = כתנות עור - בר ג 21]

**משך** ש״ע ז *n. m.* **עור** skin, leather ויפרסון עליו כסוי משך עכום ופרשו עליו כסוי עור תחש and they shall spread upon it a covering of black skin - במ ד 14. וית פרה וית משכה ...אוקד בנורואת הפר ואת עורו... שרף באש - the bull, and its skin..., he burned with fire - ויק ח 17. וית משכי גדיי עזיה הלבשת על אדה ואת ערות גדיי העזים הלבישה על ידיו - בר כז 16. וכסוי משכים מעכמים מלעל - שמ לו 19. ועבד יהוה אלהים לאדם ולאתתה כיתנואן אמשך ויעש יהוה...כתנות עור - בר ג 21. ועבד

לה משכין פסיה A ...כתנת פסים - בר לז 3 [Transferred from Gen 3:21 .21 העביר מן בר ג].

**משכן**[1]† הפקדת משכון **pledge** [**א״י** נפשא הוא ממשכן - **נ** דב כד 6. **סוא״י** ממשכן - איוב כב 6]

**פעל משכן** to **pledge** ולא תמשכן לבוש ארמלה ולא תחבל בגד אלמנה you shall not take a widow's garment in pledge - דב כד 17. אם משכון תמשכן ית תכסית עברך עד מעול שמשה תעזרנה לה אם חבל תחבל... - שמ כב 25. ויומה אנה אזל מן עלמה... מזבן במלתה דנחש מתנסב במיכלה דחוה ממשכן על עמלה דאדם והיום אני הולך מן העולם... מכור ע״י מילת הנחש, לקוח על יד אכילתה של חוה, ממושכן בשכר (פעלו) של אדם - ת״מ 250ב.

**ממשכן** לא תיעל לביתה לממשכן משכונה לא תבוא אל ביתו לעבט עבוטו- דב כד 10.

**משכון** ש״ע ז *n. m.* **1 משכון pledge** עזרה תעזר לה ית משכונה כמיעל שמשה השב תשיב לו את העבוט כבוא השמש you must return the pledge to him at sundown - דב כד 13. לא תדמך במשכונה - דב כד 12. הוא יפק לידך ית משכונה - דב כד 11. בהשאלה על ישראל במצרים. *fig.: Israel in Egypt* (ל: זרעון משכון במצרים בניון משכונים במצרים) זרעם משכון במצרים - ת״מ 6א . משכון הוא בידך... וזבנה מטי ומשכונה מרה בעי מפרקנה... והזמן מגיע ובעליו מבקש את המשכון לפדותו - ת״מ 24א. וממלכת פרעה אתדברת ברגזה ביד טבים הוו בידה משכונים וממלכת פרעה ננהגת בכעס ביד טובים שהיה בידם משכון - ת״מ 93א. **2 לקיחת משכון pledging** אם משכון תמשכן ית תכסית עברך אם חבל תחבל... - שמ כב 25.

**משכן**[2]† פריסת אוהל **spreading out a tent** [פועל תנייני, דינומינאטיב מן משכן. ע״ע שכן. *Secondary root from mškn = tent*]

**פעל פרס אוהל, חנה** to **encamp** ומשכן עד סדם (A והפרס) C ויאהל עד סדם he encamped as far as Sodom - בר יג 12.

**משל**† שלטון **rule** [מן העברית H. ע״ע שלט]

**אפעל השליט to install a ruler** יוסף כד הוה לי המשלתה על תלימיו (ש: המשילית) יוסף כאשר היה לי המשלתיו על אחיו when Joseph was mine, I installed him as a ruler over his brothers - ת״מ 305א.

**משמע** mašma שם פרטי *pr. n.*

**משמע** ש״פ בני ישמעאל... נבאות... ומשמע ודומה ומשא - בר כה 13 - 14.

**משק**† הנהגה, שלטון **rule** [נגזר בעש״ח מן ״ובן משק ביתי״ (בר טו 2) שניתרגם: ובר מפרנס ביתי J, ובר מדבר ביתי A, הכול לשון הנהגה ושלטון NSH *derivation from* Gen 15:2; *as a secondary root* [*from šqq (q. v.)*.

**פעל** (!) **שלט to rule** ותמשק על גוים סגים ובך לא ימשקון A ותמשל בגוים רבים ובך לא ימשלו you shall rule over many nations, but they shall not rule over you - דב טו 6 [השי׳ בר מא 40: ועל מימרך יתפרנס כל עמי = ועל פיך ישק כל עמי].

**משק** ש״ע ז *n. m.* **סוכן steward** ואמר למשקה דעל ביתה A ויאמר לאשר על הבית he said to the steward over the house - בר מג 16.

**משרוים**† שם מקום *pr. n. (place)*

**משרוים** ש״פ וקרא שם אתרה ההוא משרוים - בר לב 3.

**משרקה** mašrēqa שם מקום *pr. n. (place)*

**משרקה** ש״פ ומית הדד ומלך תחתיו שמלה ממשרקה - בר לו 36.

**משש**† מישוש **grope** [מתחלף עם מוש (ע״ע) .*Interchanges with mwš, q. v.* **א״י** ואמשש יתך ברי - **נ** בר כז 21]

**קל מישש** to **grope** יראי ישמע יאכל יריח יאמש - (he can) see, hear, eat, smell, grope אבישע (Cow 498).

**משש** מקור: **מישוש spying** כד סלקו למשש ית ארעה כאשר עלו (המרגלים) לתור את הארץ - when they went up to spy the land ת״מ 310ב [לכאורה ט״ס מן למגשש. השי׳ ת״מ 168ב: וכד סלק למגשש ית ארעה... והכול מן התה״ש לפי כ״י A במ יג 17: ושלח יתון למגשש ית ארעה. אבל כל כתבי היד גורסים כך והוא כנראה עירוב של משש ושל גשש (ע״ע)].

**פעל מישש to grope** מאן ימששני אבה (נ״א יגששני) אולי ימשני אבי $*M_1$ perhaps my father will feel me - בר כז 12. קדם שבי

ואמששנך ברי *M₁ גשה נא ואמשך בני - בר כז 21. ותהי ממשש בטהרים כמה דימשש סמיה בקבלהEC והיית ממשש בצהרים כאשר ימשש העור באפלה - דב כח 29. וכל לב דלית לגוה חכמה חברה כעור ימשש בקבלה וכל לב שאין בו חכמה, בעליו כעיוור ימשש באפלה - ת״מ 282א [ע״פ דב כח 29].

**פלפל מישש** to grope ותהי ממשמש בנהורין כמה דימשמש סמיה בקבלה VB והיית ממשש בצהרים כאשר ימשש העור באפלה and you shall grope at noonday, as the blind grope in darkness - דב כח 29.

†מת¹ איש **man** [בעש״ח ע״פ דב ד 27: ונשארתם מתי מספר בגויים, המובא בת״מ 232א. NSH [following Dt 4:27.

**מת** ש״ע ז *n. m.* **איש man** וכל נשמה ליגע וכל רבה למתי מספר וכל מנוחה (הפכה) ליגיעה וכל הרבה למתי מספר - ת״מ233ב. מן סגיאן מניאנה אל מתי מספרה מרוב מניין אל מתי מספר - ת״מ 143ב. [הכתיב באל״ף תמוה לנוכח ההגייה mēti]. ויסלח למאתי הרבנים ולמאתי הכהנים ולמאתי כל קהל ישראל הסגודים על קדש טברינו ויסלח לאנשי השרים ולאנשי הכהנים... - עבד אל (Cow 414). ויסלח למאתי כל קהל ישראל בכל אתרינו - פינחס הרבן (Cow 348).

†מת² מקום **place** [אכ mātu - AHw 633b. אי״מ לכל מת ומדינה - צוואת לוי - DSSU, 138]

**מת** ש״ע נ *n. f.* **עיר town** יובל בנה מיסדה מת רבתה יובל בנה את מיסדה, עיר גדולה - Yuval built Misdah, a great town - אס 4א.

†מתושאל שם פרטי mētūšā³əl *pr. n.*

**מתושאל** ש״פ ומחיאל אולד ית מתושאל ומתושאל אולד ית למך - בר ד 18. מובא בשינויים באס 3ב.

מתושלה שם פרטי mētūšâla *pr. n.*

**מתושלה** ש״פ ואקעים חנוך חמש ושתים שנה ואולד ית מתושלה - בר ה 21. והוו כל יומי מתושלה... - בר ה 27. מובא בשינויים באס 3ב.

†מתח משיכה ומתיחה **spreading out** ← הליכה **movement** [השי' "במושך היובל" - שמ יט 13. אי״ מתחו יתרא - מתחו את המיתר - ויק״ר קיח. ואולי

הוא متع = נשא?]

**קל הלך to move** והקשט הן הו לן גלי... והוא מתי אליך ואלי והאמת הנה הי גלויה לנו..., והיא באה אליך ואלי the truth is - revealed to us... and it comes to you and me - עבד אל (Cow 412). מציין הדרגה *marker of gradualness* קל שופרה מתע ותקף שריר V (נ״א אזל) קול השופר הלך וחזק מאד the - sound of the trumpet grew louder and louder שמ יט 19.

†מתי מילית שאלה של זמן *interrogative particle (temporal)* [מן העברית H. ע״ע אמת]

**מתי** מ״ש *interrog. part.* **מתי when** עד מתי אוכחו ולינן מתוכחים עד מתי תוכחה ואיננו נוכחים? how long admonishment without us being admonished? - ת״מ 165ב. עד מתי אתה מתוכח בביש - ת״מ 293ב. ומתי דרס לגו אשתה אלא ביום חוריבה ומתי דרך (משה) בתוך האש אם לא ביום חורב? - ת״מ 106ב. מתי ייתון אלין טביה ויאבדו כל בישיה מתי יבואו אותם הטובים ויאבדו הרעים - ת״מ (ק) 47א. עד מתי ראיתי - אבישע (Cow 107).

†מתל משל **discourse** [אי״ משה ואהרן ומרים דמתילין בסגוליא = משה ואהרן ומרים המשולים באשבולות - נ בר מ 17. סוא״י מתלוי דשולימון ברה דדויד - משלי א 1]

**מתל** ש״ע ז *n. m.* **משל discourse** ותלה מתלה ואמר וישא משלו ויאמר he took up his theme, and said - במ כג 7, 18, כד 3,15, 20,21,23. ולזה מתלים רבים ול(עניין) זה יש משלים (= דוגמאות) רבים - ת״מ 273א.

**מתלן** ש״ע ז *n. m.* **משל discourse** ואתלי מתלנה ואמרA וישא משלו ויאמר - במ כד 23.

†מתן¹ שקט ורגיעה, המתנה **tranquility, rest; waiting** [ע״ע כתר¹. אי״ זריזין בדיני ממונא ומתינין בדיני נפשתה - נ במ ט 8]

**אפעל** עבר: אמתן - ת״מ 33א. אתיד: ימתנו - ע״ד כז 39. ציווי: ואמתן - אי״ג 57. בינוני: ממתן - מ כ 22.

**אפעל 1 הרגיע to calm** ואמתן יתי קשטה עד אסתבלת מני והרגיע אותי אלהים עד שנישאת ממני (דברי הים אל משה) the True One calmed me down so that you were lifted up of me - ת״מ 365ב. וכד עמה יתה מרה קעום בצדו אמתן גרמה ‹מן› יתה דחלתה וכאשר

ראה אותו (את משה) אדוניו עומד בפחד הרגיע אותו מן הפחד - ת״מ 13א [׳גרמה׳ אינו במקומו ואפשר שנגרר כאן מן הכתוב הסמוך (ע׳ להלן) אבל ׳גרם׳ שאינו כינוי חוזר נקרה עוד בת״מ. זב״ח הע׳ 4]. אמתן גרמה מן יתה רגשה הרגיע עצמו מאותה רגשה - ת״מ 13ב. עמי מיה הך אמתנת גלליה ראה את המים (= הים) איך הרגיעו גליהם מ(בשעה שמשה הולך לתוכם) - ת״מ 279א. אמתן רשותך השקט כעסך - ת״מ 33א [= רשעותך? זב״ח הע׳ 3]. ואמתן להב לחצה וטפי לגמרה wåmtən והרגע את אש הלחץ וכבה את גחלתו - א״ג 57. ורשותה קפילה ובוראיה ממתנים והרשעות מוסרת והברואים נרגעים - ע״ד ט 42-41. כל רגז רב את ממתן måmtən כל רוגז גדול אתה מְמַתֵּן - מ כ 22. פע״ע *intrans.* ימתנו yåmtēnu ירגיעו בצל רחמיך בטל רחמיך - ע״ד כז 39. ואמתן את חמתך - אבישע (Cow 502). **2** חיכה **to wait** ואמ‹ת›ן עורי שבעה יומין (E)A ויחל עוד שבעה ימים he waited seven more days - בר ח 10 [אפשר שהוא מן אמן = התמיד (ע״ע)].

†מתן² חלק מגוף האדם **loins** [מן העברית .H ע״ע חרץ. א״י עד מתנייא - ירוש שקלים נ ע״א]

**מתנים** ש״ע *n. pl. tant.* **מתנים loins** וקדד יעקב תכסיאתה ושבה סק במתניו J) VECB (באמתניו Jacob rent his clothes and put sackcloth on his loins - בר לז 34. למכסאה בסר ערוה ממתנים ועד ירכים יהון- שמ כח 42.

מתנה måttâna שם מקום *pr. n. (place)* [ע״ע מהבה]

**מתנה** ש״פ ממדבר מתנה וממתנה נחלאל - במ כא 18 - 19.

מתק מתיקה **sweetness** [מן העברית .H ע״ע חלי]

**אפעל המתיק to make sweet** מימי ימה פלג באטרה מי מרה המתק בטרף את מי הים פילג (משה) במטהו, את מי מרה המתיק בענף עץ the waters of the sea he divided with his rod, the waters of Marah he made sweet - ת״מ 262ב [זב״ח ת״מ 106א הע׳ 1, 285א, הע׳ 4].

מתקה mâtīqa שם מקום *pr. n. (place)*

**מתקה** ש״פ ונטלו מתחר ושרו במתקה ונטלו ממתקה ושרו בחשמונה E) במתיקה... ממתיקה)- במ לג 28 - 29.

# נ

**נ** האות הארבע עשרה באלף בית. ערכה המספרי 50.
The fourteenth letter of the alphabet. Symbol of the number 50.

**נ** nūn **א** ש״ע נ *n. f.* **האות נון Nun** וט ונ וס... ממללים עם נביה וט ונ וס... מדברים עם הנביא Teth, Nun and Samekh... were speaking to the prophet - ת״מ 285ב. **הך נ אתיה ממללה בדיל קנומה** איך נ באה מדברת על עצמה - ת״מ 288ב. **יאי עליך תדעי רביאניך נ דלית אות כותיך דאתי ארש לנביה** ראוי שתדעי את גדולתך, נו״ן, שאין אות כמוך, שאת יסוד (=ראשית) ל(מלה) נביא - ת״מ 289א. **ב** מספר מונה *cardinal number* **חמישים fifty** ולמך אלף ג ונ שנה וזק שנה ולמך למד שש מאות וחמשים ושלוש שנים Lamekh studied six hundred and fifty three years - אס 5א.

**נא**[1]† מילית זירוז *precative part.* [**איימ** העדי נא חמת רוחך = עדא נא גאון וגבה - תרג׳ איוב מ 11. **ס** נא, ני (nē/ī) כגון בר כז 21: קרוב נא - *cf.* PSm 2257 .H? [*See* ny. ע״ע ני

**נא** מילית זירוז **נא I pray** שאל נא ask now - ת״מ 87א [מובא מן דב ד 32]. **הבט נא השמים** - אס 12ב [מובא מן בר טו 5 - נ״ש]. **אם נא אתשקעת רעים בעיניך** E (נ״א ני) אם נא מצאתי חן בעיניך - בר לג 10. **הראיני נא את כבודך** - ת״מ (ק) 89א [מובא מן שמ לג 18].

**נא**[2]† nā חי, לא מבושל **raw** [מן העברית H]

**נא** ש״ע ז *n. m.* **בשר חי raw flesh** אל תיכלון מנה נא E (VC ני = המליץ 521, נ״א חי, שליק) אל תאכלו ממנו נא do not eat any of it raw - שמ יב 9.

**נאבלס**† שם מקום *pr. n. (place)* [היא שכם לפי היגויה בערבית نابلس. ע״ע נאפליס. *Nablus*, [*according to* Ar *pronunciation*.

**נאבלס** ש״פ **ואנה יהבת לך נאבלס** A - בר מח 22. **קבל נאבלים** A - בר מח 22 [עירוב של נאבלס ושל נאפליס (ע״ע)].

**נאפליס**† שם מקום *pr. n. (place)* [היא שכם בשמה הרומי Neapolis]

**נאפליס** ש״פ **הלית תלימיך מרעין בנאפליס** A הלא אחיך רעים בשכם - בר לז 12.

**נבאות** nâbā᾽ot שם פרטי *pr. n.*

**נבאות** ש״פ **בכור ישמעאל נבאות** - בר כה 13. **וכל בניו דנבאות מלכו ביומי ישמעאל** - אס 13א.

**נבב**† חלול **hollowness** [שאול מן העברית ? H [*loan*

**קל** בינוני פעול **חלול to be hollow** **נביב לוחין** תעבד יתה נבוב לוחות תעשה אתו (את המזבח) you shall make it hollow, of boards - שמ כז 8. **נביב לוחין עבד יתה** - שמ לח 7.

**נבו**† nabbu שם מקום *pr. n. (place)*

**נבו** ש״פ **ונמרה וחשבון... ונבו ובעון** - במ לב 3. **בטברי עבראיה לקדם נבו** - במ לג 47.

**נבז**[1]† גורל **lot** [**א״י** אסקון נבזין = העלו גורלות - ירוש סנה כג ע״ב. **סוא״י** ונפל נבזא - יונה א 7. KB[3] [1742b, Perles, OLZ 15, 219.

**נבז** ש״ע ז *n. m.* **1 גורל lot** ותסתחנון ית ארעה בנבז לכרניכון והתנחלתם את הארץ בגורל למשפחותיכם you shall apportion the land among yourselves by lot, clan by clan - במ לג 54. **על מימר נבזה יפלג פלגתה** על פי הגורל יחלק נחלתו - במ כו 56. **על דיפק לה תמן נבזה לה יהי** - במ לג 54. **ויתן אהרן על תרי צפיריה נבזים נבז אחד ליהוה ונבז אחד לעזאזל** ויתן אהרן על שני הצפירים גורלות גורל אחד ליהוה וגורל אחד לעזאזל - ויק טז 8. **ויהבו נבזים על מלכותה** ונתנו גורלות על מלכותו they cast lots over his kingdom - אס 10ב. **2 מנת חלק fate** חיי עולם הוא מנת nibzå **נבזה** הגורל - מ יא 31. **מן יהי נבזה יהי באיקר רב** מי שיהיה גורלו יחיה בכבוד גדול he whose fate will be (such), will live in great honor - ת״מ 239ב.

**נביז** ש״ע ז *n. m.* **1 גורל lot** וסלק נביז כדר־לעמר ועלה גורל כדר-לעמר - אס 10ב.

**†נבז²** ענף **branch** ← פאר **glory**

**נבזה** ש״ע נ *n. f.* **1 זמורה, פארת העץ branch** וקטעו מתמן נבזה ואנכל ענבים אחד (נ״א נבזן, נבזין) ויכרתו משם זמרה ואשכל ענבים they - cut down a branch with a cluster of grapes במ יג 23 (= המליץ 457). **2 תפארת choice** סבו מנבזת ארעה במניכון (מן נבזת - המליץ 457) קחו מזמרת הארץ בכליכם take some of the - choice of the land in your baggage בר מג 11 [מן מפאחיר, א״ס مِن فاخر, הכול לשון תפארת $C^{ar}V^{ar}$ שהוא גם לשון פארה].

**נבזן** ש״ע ז *n. m.* **תפארת** בהשאלה ***glory*** *fig.* עזזני ונבזני והוה לי לפצואה E (המליץ 457: נבזני, גלגי, תקיפי) עזי וזמרתיה ויהי לי לישועה my strength and my glory, and he has - become my salvation שמ טו 2 [$C^{ar}V^{ar}$ وحخرتي - א״ס].

**נבח** שם פרטי nâba *pr. n.*

**נבח** ש״פ ונבח אזל וכבש ית קנת וית בנתיה ונבח הלך וילכד את קנת ואת בנתיה - במ לב 42.

**†נבט** ראייה, הבטה **looking** [מן העברית. בהבאות מן התורה ובעש״ח H, *in quotations from the Torah and in* NSH]

**הפעיל הביט to look** ואפקה לברה ואמר הבט נא השמים והוציאו החוצה ואמר הבט נא השמים (בר טו 5) (God) brought him outside - and said look toward heaven אס 12ב. **וכן אמר** ותמונת יהוה יביט וכך נאמר ״ותמונת...״ (במ יב 8) - אס 20א, וכן ת״מ (ק) 99א. **עמי למליה...** והב בלך לא יהונו קומה לך לא תביט לותון ולא תתחיד בון מלי מענניה מנחשיה חרשיה... ראה את הדברים... ותן דעתך שלא יהיו לך סמך ולא תביט אליהם ולא תאחז בהם, דברי המעוננים המנחשים החרשים- ת״מ 154א.

**נבי** נבואה **prophecy** [א״י נבי... כוותי יקים לכון - נ דב יח 15. **סוא״י** אתנבי לן משיחא - מתי כו 68]

**פעל** עבר: דנבה - ת״מ 284ב. **אִתְפַּעַל** עבר: אתנבה - ת״מ 195ב. בינוני: מתנבים - במ יא 27. **נבואה** - בר טו 1 (מן אונקלוס O). **נבי(א)** - nēbi - ע״ד ו 3. נביה (מיודע) **נביה** (נ) nēbiyyå - ע״ד ו 20. **נביו** - nibyå - ע״ד ו 9. **נביו** - nibyûte נביותה ת״מ 287ב. נביותה (+נסתר) - ע״ד כד 53.

**†פעל השרה נבואה to make someone a prophet** [באה״ש המאוחרת, ע״ד הערבית: نبّأ *Late* ... [SA, *following* Ar: Dozy II 641 יתודי אלהן... דנבא משה אישה וגלה לה שביל קשטה יתהלל אלוהינו... שניבא את משה האיש וגילה לו דרך קשטה praised be God..., who gave propecy to the man Moses and showed him the way of the True One - ת״מ 197ב. **זה אלי דנבה** מרים בדיל דיתעבד לי ״זה אלי״ (שמ טו 2) אשר ניבא את מרים מה ייעשה לי - ת״מ 284ב. אה מהימנה דביאר ארהותה אה מן נבתה אלה הוי הנאמן שכתב את התורה, אוי מי שניבאו האלוהים - ת״מ 294א.

**†אֶתְפַּעַל התנבא to prophesy** והוה כשרו עליון רוחה ואתנבו ויהי כנוח עליהם הרוח ויתנבאו and when the spirit rested upon them, they prophesied - במ יא 25. **אלדד ומודד מתנבים** במשריתה - במ יא 27. **עסרתי נביותה דבון** אתנבה... שרון מימרו זכרו יומת עולם עשר הנבואות שהתנבא בהן תחילתן מאמרו ״זכרו יומת עולם״ (דב לב 7) - ת״מ 195ב.

**נבואה** ש״ע נ *n. f.* **נבואה prophecy** הוה ממלל יהוה לאברם בנבואה A היה דבר יהוה אל אברם במחזה the word of the Lord came to - Abram in prophecy בר טו 1 [דומה לו m].

**נבי** ש״ע ז *n. m.* **נביא prophet** נבי רב ולית קעם כותה נביא גדול ולא קם כמוהו a great prophet, like whom there has not arisen (another) - ע״ד ו 3. **נביא אקים להון מבגו אחיון** כבתך - דב יח 18. **וירבי נביה ויגדל הנביא** - ע״ד ו 9. **ירום נבי ירום נביאי** - ע״ד ו 8. **שרר לבך** נביי חזק לבך, נביאי - ת״מ 11ב. **ומן יתן כל עם** יהוה נביים - במ יא 29.

**נביה** ש״ע נ *n. f.* **נביאה prophetess** אחדה נביה ואחד כהן אחת נביה ואחד כהן one was - a prophetess and one was a priest ע״ד ו 20. **ונסבת מרים נביתה... ית דפה באדה ותקח** מרים הנביאה... את התף בידה - שמ טו 20. **ותזדעק מרים נביתה דלא קעם מן חוה כותה** ותיקרא מרים הנביאה אשר לא קם מחוה כמוה - ע״ד ו 29.

**נביו** ש״ע נ *n. f.* **נבואה prophecy** שמעו עמים ודחלו דאה נביו קשיטה מן מדעה דאלה ״שמעו עמים וירגזו״ (שמ טו 14) זו נבואת אמת מידיעת האלוהים "the peoples have heard and feared" (Ex 15:14); this is a true prophecy from the

נביותה לה [זב״ח הע׳ 3] ת״מ 289ב - mind of God
כליל מן יומי בריאתה הנבואה היא לו כתר
מימי הבריאה - ע״ד כד 53. עמו נביות משה -
ת״מ 70א.

†**נבך** תעייה ומבוכה **confusion, perplexity**
[שורש תנייני מן בו״ך, זב״ח עואנ״ש ג/ב 329
*Secondary root from bwk*]

**קל נבוך** בינוני פעול **to be entangled,**
נביכין אנון בארעה צניק *pass. pt.* **perplexed**
עליון מדברה EC נבכים הם בארץ סגר עליהם
המדבר they are entangled in the land; the
wilderness has shut them in - שמ יד 3. **בית**
אסור קפיל לית מתעמי לגוה נאר וכל אסיריה
דלגוה נביכים בית אסור אפל אין נראה בו
אור וכל האסורים שבו נבוכים - ת״מ 37א. ואלה
לא יחס עליון והם נביכים ועלמה סגיר עליון
ואלוהים לא יחוס עליהם (על הרעים) והם
נבוכים והעולם סגור עליהם - ת״מ 238ב [ע״פ שמ
יד 3]. וילה למן ישוי קנומה בקבל בישהתה
נבך אוי למי שישים עצמו נבוך בחושךהרעות
- ת״מ 200ב.

**אֶתְפְּעֵל נבוך to be perplexed** [עש״ח NSH -
פלורנטין 290] אתנבך אברהם... וממלל מה יכלה...
ואולם אנבך בחשבנו נבוך אברהם... ולדבר
לא יכול...ואולם נבוך במחשבתו Abraham
became perplexed... and could not speak, but
אברהם אלעיה - he was perplexed in his mind
(Cow 585). ובו אתנבכו החכומים ונבוכו בו
היודעים - אברהם אלעיה (Cow 600). ונס הנס בו
ינבך דבבנו וברח הבורח (השעיר לעזאזל אל
המקום שבו) יהיה שונאנו נבוך - אבישע 7-8
עואנ״ש ג/ב 329. אבל ההגייה yånbåk].

**נבל** ניבול; קלקול, טמאה **spurn; corruption,**
**impurity** [א״י ותרב דנבלה... לא תאכלון - נ ויק ז
24]

**פעל** עבר: ונבלו - דב לב 15. עתיד: דינבל - ת״מ 232ב.
בינוני פעול: מנבל - המליץ 526. **אֶתְפְּעֵל** עבר: דאנפלו -
ת״מ 198א. **נבל** - דב לב 6 C. **נביל** qaṭṭīl - דב לב 21
C. **נבלה** - בר לד 7 B נבילה = המליץ 526).

†**פעל טימא, דחה to spurn, defile** ונבלו
טור פצותה C וינבלו צור ישועתו they scoffed
the Rock of his support - דב לב 15. **אוי לאנש**
דינבל גרמה אוי לאיש שינבל עצמו woe to
one who defiles himself - ת״מ 232ב. (עם) מנבל
עם נבל - המליץ 526 [ע״פ דב לב 6. ליתא].

†**אֶתְפְּעֵל נטמא to be defiled** אלין דאנפלו
בתחמדתון ושבקו קשטה אלה שהתנבלו
בתאוותם ועזבו את קשטה those who defiled
themselves in their desires and forsook the True
One - ת״מ 198א [זב״ח הע׳ 2].

†**נביל** ש״ת *adj.* **טמא impure** בגוי נביל
אכעסנון C בגוי נבל אכעיסם I shall vex them
with a nation of fools - דב לב 21.

**נבילה** ש״ע נ *n. f.* **1 מעשה בזוי ignominy**
הלא אתעבדת נבילה בישראל VEB כי נבלה
עשה בישראל for ignominy has been
committed in Israel - דב כב 21 [נ״ש nâbâla]. **2**
**פגר בעל חיים carcass** ודסבל ית נבילתה
ירע רקעיו - ויק יא 40 [נ״ש nēbīla].

†**נבל א** ש״ת *adj.* **נבל** עם נבל ולא חכם O
corrupt and witless people - דב לב 6. **ב** ש״ע ז *n.*
*m.* **ניבול obscenity** לא ייזל אלפנה נבל אלא
מרבי ‹בה› לא תלך תורתו (של עושה הצדקה)
לניבול the learning (of the righteous) does not
descend to obscenity - ת״מ 293א [זב״ח הע׳ 2].

**נבלה** ש״ע נ *n. f.* **1 מעשה בזוי ignominy**
הלא נבלה עבד בישראל למשכב עם ברת יעקב
he had committed ignominy in Israel by lying
with Jacob's daughter - בר לד 7. הלא אתעבדת
נבלה בישראל למזני ית בית אבוה - דב כב 21.
**2 מום blemish** סמאי אי תבר... אי נבלה
$N^*M_2$ עורת או שבור... או יבלת blind, or
injured..., or with a wen - ויק כב 22. **3 פגר בעל**
**חיים carcass** נבלה וחטיפה לא ייכלון נבלה
וטרפה לא יאכלו they shall not eat anything
that died or was torn by beasts - ויק כב 8. דקרב
בנבלתה יסתב - ויק יא 39.

**נובלה** ש״ע נ *n. f.* **מום blemish** או נובלה V
או יבלת - ויק כב 22.

†**נבע** זרימת מים **flow** [א״י מבועי תהומא דנבעין
וסלקין מן ארעה - **התה״מ** בר מט 25. גם בגיליון **נ** שם.
**סוא״י** אבעת ליעלימא תרין מבועין דשבוקין - Horol
‎167a→ דיבור **speech** [עש״ח NSH]

**קל זרם to flow** ואשקעו תמן באר מים נבעין
they... found וימצאו שם באר מים חיים m
there a well of flowing water - בר כו 19 [מן
אונקלוס O].

**אפעל דיבר to say** לך נביע מרן וקמיך נסגד
אליך נדרוש, אדוננו, ולפניך נשתחווה to You
we say, our Lord and before You we bow - ע״ש
29 א.

**מבוע** ש״ע ז *n. m.* **מעיין spring** ואת מבועה

דמנך נשתי ואתה המבוע שממך נשתה you are the spring from which we drink - ת״מ 143א.

**נבר**[†] גובה, רום **height, elevation** [באה״ש המאוחרת. מן הערבית לפי עדות הטור הערבי של המליץ 441. نبر = גאה. [Ar *loan in late* SA. Dozy II 653

**קל גאה** דנבר (גוי) גאה **to be elevated** - המליץ 441 [ע״פ שמ טו 1. ליתא].

**נבר** ש״ע ז *n. m.* **גאווה majesty** ובתקוף נבריך תלבב קמיך A וברב גאנך תהרס קמיך in - Your great glory You break Your enemies שמ טו 7. לית כחילה משבחה רכב שומיה בסעדך ובנברה שחקיןED ...רכב שמים בעזרך ובגאתו שחקים - דב לג 26. ודחרב נברך ED ואשר חרב גאתך - דב לג 29.

**נגב**[†] יובש, יבשה **dryness** [**א״י** נגבו אפיה דארעא - **נ** בר ח 13]

**קל יבש, חרב to be dry, desolate** ובירחה תניאנה... נגבת ארעה ובחדש השני... יבשה הארץ in the second month..., the earth was dry - בר ח 14. ושלח ית ערבה ונפק נפק ויתב עד נגבו מיהעד יבשת המים (yēbēšat - נסתרת) - בר ח 7. באחד לירחה נגבו מיה... והא נגבו אפי ארעה ...חרבו המים... והנה חרבו פני האדמה - בר ח 13. קיצם נגיב עביד נחש עץ יבש (המטה) נעשה נחש a dry (piece of) wood became a serpent - ת״מ 12א. וכל מנחה בסיסה במשח ונגיבה לכל בני אהרן תהי וכל מנחה בללה בשמן וחרבה... - ויק ז 10.

**אפעל 1 ייבש to dry up** ירחה הדן לוכון... בה ברית עלמה בה הנגבת מי מבולה בה הפכת סדם ״החדש הזה לכם״ (שמ יב 1) ...בו בראתי את העולם, בו ייבשתי את מי המבול, בו הפכתי את סדום "this month" (Ex 12:1)..., in it I created the world, in it I dried up the waters of the flood, in it I overthrew Sodom - ת״מ 39א. **2 שדף to parch** [זב״ח הע׳ 1]. וסימניה דבקעוני... וקדומה ‹דנגבתי› והסימנים שביקעוני... ורוח הקדים שייבשני (דברי הים) the east ...the wonders that divided me (the sea) - wind that parched me - ת״מ 268ב. מן פלגי ואנגבי באטרה מי שפילגני וייבשני במטהו - ת״מ 249ב.

**אֶתְפְּעֶל יבש to be dried up** ירדנה הוה כרז לון במשתוק עברו חדין עתיד אנה מנגב ...עברו שמחים. עתיד אני להחרב the Jordan was calling them in silence: "Cross in Joy; I shall be dried up" [*pt.* בינוני] ת״מ 51א - שב מיה דאנגב אל דברה קדמאה שבו המים שיבשו אל מנהגם הראשון - ת״מ 78ב.

**נגב 1** ש״ע ז *n. m.* **יבשה dry land** ושבה ית ימה לנגבEC (A נגבה) וישם את הים לחרבה - (Moses) turned the sea into dry ground שמ יד 21. בנגבה בחרבה - המליץ 461 (ע״פ בר ז 22. ליתא). **2** ש״ת *adj.* **יבש dry** וענבים רטיבים ונגבים לא ייכל C (m ונגי[בן]) וענבים לחים ויבשים לא יאכל - he shall not eat grapes fresh or dry במ ו 3.

**נגבו** ש״ע נ *n. f.* **1 ייבוש drying up** תליתה דעבד... בנגבות מיה ה(נס) שלישי שעשה... בייבוש המים the third (miracle) that He did ...in drying up the water - ת״מ 83ב (לעניין שמ טו 12). **יבשה dry ground** מן כלול דבנגבויתה מיתו A(E) מכל אשר בחרבה מתו all that was on dry ground, died - בר ז 22 [כתיב -וי מציין u].

**נגבוב** ש״ע ז *n. m.* **יבשה dry ground** מכל דבנגבובה מיתו מכל אשר בחרבה מתו - בר ז 22

**נגבובי** ש״ע נ *n. f.* **יבשה dry ground** ושבה ית ימה לנגבובי וישם את הים לחרבה - (Moses) turned the sea into dry ground שמ יד 21.

**נגבן** ש״ע ז *n. m.* **מחלת חום fever** ילוטנך יהוה בחמימתה... ובנגבנה ובשדפנה יכך יהוה בשחפת... ובחרב ובשדפון the Lord will strike you with consumption..., with scorching heat and drought - דב כח 22 [vB מביאים נגבנה כנגד חרחר באותו פסוק].

**נגוב** ש״ע ז qiṭṭūl *n. m.* **יבשה dry ground** ושבה ית ימה לנגוב B וישם את הים לחרבה - שמ יד 21.

**נגד**[1] משיכה ובכלל זה זרימת נוזלים **dragging, pulling** (incl. water flow) [**א״י** ונסרו לארזא ואיתחמי דמא נגד = וניסרו את הארז ונראה הדם זורם - ירוש סנה כח ע״ג. **סוא״י** וכל נחליא דיודא יגודן מין = וכל אפיקי יהודה ילכו מים - יואל ד 18; ארעא דנגדא חלב ודבש - דב יא 9] ← הנחייה והנהגה **leading, rule** [**א״י** ורבנין דמתמנין נגודין - מי״ל שמ כב 27. **סוא״י** נגודיהון דסמיא - מתי כג 24]

**קל** ההבחנה בין קל לאפעל אינה שקופה *Unclear distinction between Qal and Af*[c]*el*. עבר: נגד - ת״מ 228א. וגדו (נסתרים) - בר לז 28; אנגדון (+נסתרים) - שמ יג 17. עתיד: יגדון - ת״מ 45א. ציווי: גד (B אנגד) - שמ לב 34; גדו - שמ יב 21. בינוני: נגד nâgəd - ע״ד טז

.36 פעול: נגידה - דב כא 3. מקור: למגדנון (+נסתרים) - שמ יג 21. **פעל** עתיד: דתנגד (נוכח) - ת״מ 257ב. בינוני: מנגד $M_1E$*- בר מט 10. פעול: מנגדין A - שמ כו 5. מקור: למנגדון (+נסתרים) - שמ יג A 21. **אפעל** עבר: אנגדו angēdu - ע״ד כז 72; ואגדו E - בר לז 28. ציווי: הנגד - ת״מ 199ב. בינוני פעול: מנגד mangəd - מ א 55. **אִתְפְעֵל** עבר: אתנגד - ת״מ 274ב. עתיד: יתנגד A - שמ יג 17. בינוני: מתנגד - ת״מ 106א. **אנגד** - דב לג 21. **מגד** - במ כא 18. **נגד** wnâgəd - ע״ד כד 28. **נגדו** נגדות (נסמך) - ת״מ 93ב. **נגוד** qāṭōl - בר מט 10 $M_2CA$*. נגודה nâgūdå (מיודע) - ע״ד ט 30.

**קל 1 משך to pull** ונגדו ואסקו ית יוסף מן גובה VNC (נ״א וגדו, ואנגדו) וימשכו ויעלו את יוסף מן הבור they pulled Joseph and lifted him out of the pit - בר לז 28 (=המליץ 514). ירום נביה רבה משה... אלהותה נגדה לה מים חיים ירום הנביא הגדול משה...האלוהות משכה לו מים חיים (4 פעמים) - ת״מ 104ב [השי: מושכין את המים מאילן לאילן - **מש** מו״ק א ג]. עגלת תורים דלא אפרנס בה ודלא נגידה מסחן עגלת בקר אשר לא עבד בה ואשר לא משכה בעל a heifer which has never been worked, which is not led (by) an owner - דב כא 3 lâ mâšâka bāl תפס משוכת בַּעַל]. ונגדה אליך תשניק רב ומושכת אליך ייסורים גדולים - ת״מ 141א. **2 הנחה to lead** אה קהלה דנגדת ועמה דפרקת הוי הקהל שמשכתי והעם שגאלתי O congregation whom I have led, O people whom I delivered - ת״מ 253ב. נגד יתן בשביל פצותה הנחה אותנו בדרך הגאולה - ת״מ 228א. אנגדת בחסדך (EC נגדת = המליץ 524) נחית בחסדך - שמ טו 13. נגדת ברוחך B נשבת ברוחך - שמ טו 10. מן ארם נגדני בלק (B אנגדני) מן ארם ינחני בלק - במ כג 7. כד נגד ישראל ממצרים כאשר נחה את ישראל ממצרים - ת״מ 264א. ולא אנגדון אלהים אורע ארע פלשתים (VECBA נגדון) ולא נחם אלהים דרך ארץ פלשתים - שמ יג 17 (=המליץ 524). וכדו אזל גד ית עמה (B אנגדד) ועתה לך נחה את העם - שמ לב 34 [המליץ 524]. וכדו אנגדה לי... ואחסלן B ועתה הניחה לי...ואכלם - שמ לב 10 [תפס anniy'yē מעניין הנחייה]. רעותי יהכון ואגד לך (B ואנגד) פני ילכו והנחתי לך - שמ לג 14. [nyḥ taken as nḥy]. ונגד מבין סדריו M ומחוקק מבין דגליו - בר מט 10. הלכו ועננה וכבודה נגדין לון הלכו והענן והכבוד הנחום - ת״מ 55א. דו נגד עמה שלמה שהוא מוליך עמו את השלום - ע״ד טז 36. **3 לקח to take** יגדון עאנין ויכסון יקחו צאן ויזבחו let them take sheep and slaughter - ת״מ

.45א. גדו סבו לכון עאן משכו קחו לכם צאן - שמ יב 21 (=המליץ 514).

**מגד** למגדנון אורע להנחתם דרך - שמ יג 21

**פעל 1 הנחה to lead** אתה דתנגד זרע אברהם אתה הוא שתנחה את זרע אברהם you will be the one who will lead the offshoots of Abraham - ת״מ 257ב. ומנגד $M_1E$* ומחקק a leader - בר מט 10. **2 הקביל to parallel** מנגדין הנויה חדה לחדה A מקבלות הללאות אחת אל אחת the loops to be parallel to one another - שמ כו 5.

**מנגד** למנגדון שבילה A (המליץ 524: למנגדנון) להנחותם דרך - שמ יג 21.

**אפעל 1 משך to pull** ואגדו ואסקו ית יוסף E (B ואנגדו) וימשכו ויעלו את יוסף they pulled Joseph and lifted him out - בר לז 28. **2 הנחה to lead** הנגד יתן בריחותך הַנְחֵה אותנו ברצונך lead us with Your favor - ת״מ 199ב. מנגד דשבק לנגודה מונהג שעזב את מנהיגו - מ א 55. ומגד מבין סדריו ומחוקק מבין דגליו - בר מט 10. **3 בא to come** נפש לן מן לחצין דאנגדו בחובינן הרווח לנו מן הלחצים שבאו בעוונותינו relieve us from the oppressions which came because of our sins - ע״ד כז 56. צריכי רתותך קעמין בצדו צדין מן סנין לון ברגז אנגדו צריכי רתיונך עומדים במורא יראים מפני השונאים שאליהם בכעס באו - ע״ד כז 69-72. **4 שפך to shed** ואדם קטילים יגד (N יאגד, VC ישתה) ודם חללים ישפוך he sheds the blood of the slain - במ כג 24 [ליישב עם איסור אכילת הדם, כגון דב יב 23 *Int.* *according to the interdiction of eating blood*].

**אִתְפְעֵל 1 נמשך to be attracted** נח חכמה ולה אתנגד פצתה מן מבולה נח ידעו ונמשך אליו, הצילו מן המבול Noah knew Him and was attracted to Him; He delivered him from the flood - ת״מ 274ב. אנשה אתו לתשבחתה ואתנגדו ליד יחידאותה אנשים! בואו להללו והימשכו ליחידותו O men, come to praise Him and be attracted to His Oneness - ת״מ 167ב. ומן מדמי למשה תהומה דבארעה ומתנגד במעונה - ת״מ 106א. **2 הונחה to be led** אה סמיון רב אנן בה מנגדין הנה עיוורון גדול שאנו בו מולכים - what great blindness we would be led into - ת״מ 165ב ואתון נפקין ביד רמה מנגדין בעמוד עננה ואתם יוצאים ביד רמה מונחים בעמוד הענן you set forth in triumph, led by the pillar of cloud - ת״מ 344ב. הן יתנגד עמה בחזותון

קרבה A פן ינחם העם בראותם מלחמה - שמ יג 17 [תפס in'nåm מן נח״י. הש׳ המליץ 520]. **שביל** קשטה בה אתנגד אברהם ובה הלך יצחק דרך האמת בה הלך (נהג) אברהם ובה הלך יצחק the path of the True One, in it Abraham was **to הלך 3** .ת״מ 185ב - led; in it Isaac walked **go, walk** ואתנגדת לבלעם וקטלת יתה I went to והלכתי אל בלעם והרגתי אותו **to גוע 4** .ת״מ 233ב - Balaam and killed him **succumb** ואתנגד ומית m ויגוע וימת he - בר כה 17, לה 29, מט 33 succumbed and died [ע״פ אונקלוס על אתר O. **נ** בר ה 24: ולית ידיע אן הוא <ארום> אתנגד במימר מן קדם ייי].

**אנגד** ש״ע ז .n. m **מנהיג leader** תמן חלקה דאנגדה טמיר (C דאנגאדה) D שם חלקת מחוקק ספון For there is the portion where the - דב לג 21 [המליץ 517: נגדה]. leader is hidden

**מגד** ש״ע ז .n. m **1 מטה הנחייה staff** במגד ובמשענתון (C במגאד) במחוקק ובמשענותם - במ כא 18 with leading staff, with their own sticks בעלי מגדיה בעלי המטות - ת״מ 73א [זב״ח הע׳ 1]. **2 משיכה pulling** במגד יובלה במושך היובל when the ram's horn sounds a long blast - שמ יט 13 (=המליץ 513. ע׳ (*lit.*: pulls the sound) זב״ח שם).

**נגד** ש״ע ז .n. m **1 נגיד leader** ונגד לכל קדש ונגיד לכל קדוש a leader for every holiness - **2 משיכה attraction** 28 ע״ד כד נגדיהון משכיותם - המליץ 516 [מן במ לג 52, וליתא. נ״ש maškiyyūtimma ונתפס משיכה. הטור הערבי: אנקידהם. Dozy II, 424]. **3 הילוך course, rate** ואתקל אברהם... אתקל נגדי תיגר A וישקל אברהם... כסף כהילוך סחר Abraham paid - בר כג 16] out... silver at the going trade rate ביטוי לתנועה e/i ?].

**נגדו** ש״ע נ .n. f **משיכה guidance** כל עת רחטים לנגדות בישיה כל העת בהולים (אנו) להימשך אחר הרעים all the time we rush to - ת״מ 293ב. [הש׳ התרגום the guidance of the wicked הערבי של ת״מ: אלאנתדאב].

**נגוד** qāṭōl ש״ע ז .n. m **מנהיג leader** מנגד דשבק לנגודה מונהג שעזב את מנהיגו one - מ א 55. who left his leader ונגוד מבין טכסיו M₂CA* ומחוקק מבין דגליו - בר מט 10. בחור נגודיו A ומבחר שלישיו - שמ טו 4. **בנגוד** ובתסמכתון A (B בנגוד ובסמכותון) במחוקק ובמשענתם - במ כא 18. **נגוד טב** ליתו טעי בשביל מנהיג טוב אינו תועה בדרך - ת״מ

2212ב ויהושע נגודה וכלב ירותה ויהושע המנהיג וכלב היורש - ע״ד ט 30. **אה נגודים** טבים קמיך מרגליםהנה מנחים טובים מזדרזים לפניך - ת״מ 67א.

**נגד²** [אי״מ] **beating, striking** הכאה והקשה מכתשיא ונגדיא = הנגעים והמכות - מגילת בראשית כ 18. נגידה חדה = מקשה אחת - **נ** שמ לז 22. **סוא״י** חרצי יהבת לנגודים = גוי נתתי למכים - ישע נ 6]

**קל** בינוני פעול: נגיד M₁* - במ י 2 [הש׳ אונקלוס O]. **פעל** עתיד: ותנגדנה A (+נסתר) - שמ יג 13. **אמגד** V*M₁ - שמ לז 7. **אמגידו** M₃* - במ ח 4. **מגד** - שמ כה 18. **מגדה** - במ י 2. **מגיד** C - שמ כה 31. **מגידה** ECBA - שמ כה 36. **נגד** - שמ כה 18 A. **נגוד** qāṭōl - בר יד 23 MB.

**קל הקשה to hammer** בינוני פעול *pass. pt.* נגיד תעבד יתון (B*M₁ נגידן) מקשה תעשה אתם - make them of hammered work - במ י 2 [O=אונקלוס].

**פעל הכה to strike** ואלית תפרקנה ותנגדה A ואם לא תפדנו וערפתו if you do not redeem - it, you must strike it - שמ יג 13 [הכאה להמית. א״ס فقّد, לשון גזירה. כהן ZDMG 47: לשון הולכה].

**אמגד** [< מגד. אלף פרוסטטית אחרי איבוד הכפלת הגימל. *Prothetic aleph following loss of gemination of gimel* ] ש״ע ז .n. m **מקשה hammered metal** אמגד עבד יתון V*M₁ he made them of מקשה עשה אתם (נ״א מגד) - שמ לז 7. hammered work

**אמגידו** ש״ע נ .n. f **מקשה hammered metal** אמגידו היא M₃* מקשה היא - במ ח 4.

**מגד** ש״ע ז .n. m **מקשה hammered metal** מגד תעבד יתון מקשה תעשה אתם you shall make them of hammered metal - שמ כה 18 [וכך פס׳ 31, 36 וכן לז 7, 17, 22. תפס מעניין הכאה והקשה כמו אונק׳: נגיד. המליץ 510. בטור הערבי: צ׳רב, לשון הכאה]. מגד תעבד יתון MEC מקשה תעשה אתם - במ י 2.

**מגדה** ש״ע נ .n. f **מקשה hammered metal** מגדה היא מקשה היא - במ ח 4. מגדה תעבד יתון מקשה תעשה אתם - במ י 2.

**מגיד** ש״ע ז .n. m **מקשה hammered metal** מגיד תעבד ית מנורה C מקשה תעשה את המנורה - שמ כה 31 [וכך לז 17 C].

**מגידה** ש״ע נ .n. f **מקשה hammered metal** כלה מגידה ECBA כלה מקשה - שמ כה 36 [וכך שמ לז 22 MECBA]. מגידה היא MECA מקשה

היא - במ ח 4.

**נגד** ש״ע ז *n. m.* **1 מקשה** **hammered metal** נגד תעבד יתון A מקשה תעשה אתם - שמ כה 18 [וכך במ י V 2]. **נגד היא** VNB מקשה היא - במ ח 4. **בנגד ובטעונין** V במחוקק ובמשענותם - במ כא 18. **2 רצועה** **thong** נגד מסן *$M_1C$ שרוג נעל shoelace - בר יד 23 [השי ׳נגדאי׳ = רצועה, בבלי יומא כג ע״א והוא כנראה מן הוראת ׳הצליף׳ של השורש (בבלי, סורית)].

**נגוד** ש״ע ז *n. m.* **רצועה** **thong** נגוד מסן MB שרוג נע ל shoe lace - בר יד 23 [ע׳ נגד].

**נגד**[3] כישוף **sorcery** [**א״ב** אסקיה לטיטוס בנגידא - בבלי גיטין נח ע״ב]

**אתפַעל התגודד** מעשה כישוף **to practice sorcery** לא תתנגדון V לא תתגדדו you shall not practice sorcery - דב יד 1 [השי **נ** לא תעבדון חבורן חבורן בפולחנה נכרייה. **סוא״י** לא תקצומון (קס״ם)]. **וכיף מתנגדה** A (נ״א מתסגדה, מסתגד, מסגדה) **ואבן משכית** a stone of sorcery - ויק כו 1 [המליץ 516. לכאורה תפס מעניין משיכה אך ע׳ נ״א וכן תרגם משכיותם (במ לג 52) נגדיהון. **ס** נגוד = משכיות - משלי כה 11 - PSm 2280].

**נגדאי** ש״ע ז *n. m.* **מכשף** **sorcerer** נגדאי לא תתוחי ECB מכשף לא תחיה you shall not permit a sorcerer to live - שמ כב 17 (המליץ 515: נגדאה. זב״ח). **וזעק אף פרעה לחכמיה ונגדיה** A (MJECB ולקסמיה) ויקרא גם פרעה לחכמים ולמכשפים Pharaoh summoned the wise men - and the sorcerers שמ ז 11.

**נגד**[4] דיבור**speech** [עש״ח NSH]

**הפעיל אמר** **to say, tell** ביום נקם הגיד והזהר בדבר ׳יום נקםי׳ הגיד והזהיר of the - Day of Vengeance he declared and warned each of its ת״מ 185ב. כל שם מהם מגיד בכבודו - (Mount Gerizim) tells about its glory ת״מ 99א.

**מגד** ש״ע ז *n. m.* **דיבור** **speech** כד שמעו מן יהושע דן מגדה זרזו במהלך כאשר שמעו מיהושע דיבור זה מיהרו ללכת when they heard from Joshua this speech, they hastened to go - ת״מ 251א. אהן בתלש ואהן בארתתו מן מגד אלין סימניה אלה בבהלה ואלה ברעד מאמירת האותות האלה - ת״מ 91ב וגבר דיהוינך מגד גדף ברר קנומך מן משמע מליה ואיש אשר ידבר אליך דיבור של גידוף הפרש עצמך מלשמוע את הדברים - ת״מ 155א.

**מגיד** ש״ע ז *n. m.* **דיבור** **speech** הכתב לאנוש מגיד כתוב ושמי יהוה לא חכמת לון נכתב על אודות אנוש דבר כתוב... it was written about Enosh a written sspeech: "I did not make - Myself known to them by My name" (Ex 6:3) ת״מ 105א.

†**נגד**[5] שם פרטי *pr. n.* [כינוי ליהודה על פי בר מט 10: ומחקק מבין רגליו, ותרגומו ונגוד, ומגד *Epithet of Judah, following* Gen 49:10]

**נגד** ש״פ לנגדה נחשון בר עמינדב m - במ א 7.

†**נגו** איזור **district** [מן אונקלוס O]

**נגו** ש״ע נ *n. f.* **איזור** **district** ובני דדן הבו למשרין *$M_1$ ... ולנגו[ן] m ובני דדן היו אשורים... ולאמים the descendants of Dedan were hosts... and districts (i. e.: nations) - בר כה 3.

†**נגם** מזל **constellation** [עש״ח NSH. > نجم = כוכב Dozy II 652b. ממנה גם **בס**: נגמא LS 414b .S [Powels, Abr-Nahrain XXV, 92 ff.

**נגימו** ש״ע נ *n. f.* **כוכבים, מזלות** **constellation** ועמה נגימו דיומיה וז קרבי וראה (אדם) בכוכבי השמים ובשבע המלחמות - אס 2ב [זב״ח עמ׳ 176]. וכד אסכם נח פלוגיה קעם על נגימות יומיה ד אלפין וגק דשנה פרע ז שנין מבתר מבולה וכאשר סיים נח את חלוקתו סכה בכוכבי הימים על ארבעת אלפים ושלוש מאות שנה חסר שבע שנים אחר המבול when Noah finished his partition, he saw in the constellations about the four thousand and three hundred years... after the flood - אס 7ב.

**נגמה** ש״ע נ *n. f.* **כוכב, מזל** **constellation** תלתה ספרי בריתה ספר האותות וספר נגמות וספר מלחמות שלושה ספרי הברית: ספר האותות וספר המזלות וספר מלחמות the three books of the covenant: the Book of the Signs, the Book of Constellations and the Book of the Wars - אס 5ב. **ויהב ספר האותות לארפכשד וספר נגמות לעילם וספר מלחמות יהבה לאשור ונתן את ספר האותות לארפכשד ואת ספר המזלות לעילם ואת ספר המלחמות נתן לאשור** - אס 7ב. **וירשנו כי יהוה נתן לאבותינו מן אדם עד משה שלשה ספרים ספר מלחמות וספר נגמות וספר האותות** - תולדה 2א.

†**נגע** נגיעה **touch** [מן העברית H. **א״י** (נדיר) על דטלמסן למגע בסמה דמטרונה - ירוש כתובות לא ע״ד. ליברמן יוונית 33]

**קל 1 נגע to approach, touch** ואבימלך לא נגע לותה A (נ״א קרב) ואבימלך לא קרב אליה - Abimelech did not approach her - בר כ 4. **כד** קעם עם אישה ויגע בכף מיתובה כאשר נאבק עם האיש (יעקב עם המלאך) "ויגע..." - ת״מ 102ב [מביא את בר לב 10 אגב עירוב נ״ש עם התה״ש]. **2 פגש to meet** מן לך כל משריתה הדן דגעת M (ט״ס מן דפגעת = $*M_1$ECB) מי לך כל המחנה הזה אשר פגשתי whose is all this company which I met? - בר לג 8.

**נגף** הכאה ופגיעה **stroke** [**א״י** ולא תתנגפון קדם בעלי דבביכון - **נ** דב א 42]

**קל עבר**: ונגף - שמ לב VA 35. עתיד: יגף - שמ כא 35. ויגפון - שמ כא 22 (= המליץ 532). בינוני: נגף - שמ ז 27. **פעל** עתיד: וינגפון - שמ כא 22 A. מקור: למנגף - שמ יב 23; למנגפה (1) - שם V. **אפעל** עבר: ואגף - שמ לב 35. מקור: מגף - שמ יב 23 ECB. **אֶתְפְּעַל** עתיד: תנגפון - דב א 42. יגפון - המליץ 495 (ע״פ ויק כו 37. בינוני: מנגף minnaggåf - מ א 56. **מגוף** - שמ יב 13 EC. **מגופי** - ויק יט 14 (=המליץ 495). **מג(י)פה** - במ יד 37. **מגף** - שמ ל 12 C. **נגוף** - במ ח 19 M. **נגף** nēgəf - ע״ש ד 31. **נגפן** נגפנה (מיודע) - במ כה 19 A.

†**קל פגע, הכה to strike** ונגף יהוה ית עמה VA (NB ואנגף) ויגף יהוה את העם the Lord - שמ לב 35. **ואן יגף תור אנש...** stroke the people - ית תור עברה וכי יגף שור איש... - שמ כא 35. ואן ינצון אנשים ויגפון אתה בטנה ...ונגפו אישה הרה - שמ כא 22. **הא אנה נגף ית כל תהומך בארדענים** הנה אני נגף את כל גבלך בצפרדעים - שמ ז 27.

†**פעל פגע, הכה to strike** ואן ינצון גברין וינגפון אתה בטנה A וכי ינצו אנשים ונגפו אישה הרה when men fight, and one of them strikes a pregnant woman - שמ כא 22.

**מנגף** ועבר יהוה למנגף ית מצראי... ולא יתן מחבלה למיעל לבתיכון למנגף ויעבר יהוה לנגף את מצרים... ולא יתן המשחית לבוא אל בתיכם לנגף - שמ יב 23.

**מנגפה** ויעבר יהוה למנגפה ית מצראי V - שמ יב 23.

†**אפעל הכה to strike** ואגף יהוה ית עמה ויגף יהוה את העם - שמ לב 35.

**מגף** ועבר יהוה למגף ית מצראי ... ולא יתן מחבלה... למגף ECB - שמ יב 23.

†**אֶתְפְּעַל הוכה to be defeated, struck** ולא תנגפון לקדם דבביכון ולא תנגפו לפני איביכם lest you be defeated before (tinnâgēfu) your enemies - דב א 42. (מובא גם בבמ יד 41א). דאנון הך סמי בקבל מנגף בלילי ואימם שהם כמו עיוור באפלה, ניגף בלילה וביום they are like a blind in the darkness, struck by night as well as by day - מ יז 23-24. **מנגד דשבק לנגודה** מנגף הו דלא בטל מונהג שעזב את מנהיגו ניגף הוא ואינו פוסק - מ א 55-56.

†**מגוף** ש״ע ז .n. m **מכה plague** ולא יי בכון מגוף EC ולא יהיה בכם נגף no plague will destroy you - שמ יב 13. **ולא יהי בון מגוף במנאי** יתון E ולא יהיה בהם נגף בפקד אתם - שמ ל 12. **ולא יהי בבני ישראל מגוף** $*M_2$ECA ולא יהיה בבני ישראל נגף - במ ח 19.

†**מגופי** ש״ע נ .n. f **1 מכה plague** ולא יהי בבני ישראל מגופי $*M_1$ ולא יהיה בבני ישראל נגף there may be no plague among the people of Israel - במ ח 19. **2 מכשול stumbling block** ולקדם סמי לא תתן מגופי ולפני עור לא תתן מכשול you shall not put a stumbling block before the blind - ויק יט 14.

**מגיפה** ש״ע נ .n. f **מגפה plague** ומיתו גבריה... במגיפה the men... died of plague - במ יד 37. ואתעצרת מגיפתה ותיעצר המגפה - במ יז 13. עבודי עגלה... אבדו כהלון במגיפתה עושי העגל... אבדו כולם במגיפה - ת״מ 275ב. ונחת עננה ושרת מגיפתה - אס 18א.

†**מגף** ש״ע ז .n. m **נגף plague** ולא יהי בון מגף C ולא יהיה בהם נגף no plague may come upon them - שמ ל 12.

†**נגוף** ש״ע ז .n. m **נגף plague** ולא יהי בבני ישראל נגוף M ולא יהיה בבני ישראל נגף no plague may come upon the Israelites - במ ח 19.

**נגף א** ש״ע ז .n. m **נגף plague** ולא יהי בון נגף no plague may come upon them - שמ ל 12. ולא יי בכון נגף למחבתה במקטלי בארע מצרים - שמ יב 13. **הלא נפק קצפה... שרי נגפה** ...כי יצא הקצף... החל הנגף - במ יז 11. **עד לא יתעמי נגף** כדי שלא יראה הנגף - ת״מ 254א. †

**ב** ת״פ .adv **פתע suddenly** ואן ימות מית עליו בנגף שבי m וכי ימות מת עליו בפתע פתאם If a person dies suddenly near him - במ ו 9 [מכה ופתאומיות אחד הם. השי׳ תרע = פתע, המליץ 567. השי׳ "במחי יד" (זב״ח) *cf. tr*[c] *and see* Ham 567 (ZBH).]

**†נגפן** ש״ע ז *n. m.* **plague מגפה** ומיתו גבריה... בנגפנה A וימתו האנשים... במגפה - men..., died by plague במ יד 37. **כדיבה...** קטילתה ביום נגפנה A כזבית... המכה ביום המגיפה - במ כה 18. והוה בתר נגפנה A - במ כה 19. ויתלי מעליכם כל לחץ ורגז ונגפנים - עבד אל (Cow 432).

**נגר** מלאכה **workmanship** [א״י כל עבידה דנגר = כל מלאכת חרש - **נ** שמ לה 35. **סוא״י** וחמשא נגרין לעמוד חד - שמ כו 27]

**†פעל נעל, הבריח** *pt.* בינוני **to bolt, lock** ונגרה ממציעה בגו לוחיה מנגר מן איצטר לאיצטר והבריח התיכון בתוך הקרשים מבריח מן הקצה אל הקצה the middle bar, halfway up the frames, shall lock it from end to end - שמ כו 28.

**מנגרה** למנגרה בגו לוחיה מן איצטר לאיצטר לברח בתוך הקרשים... - שמ לו 33.

**(א)נגר** ש״ע ז *n. m.* **1 בריח bar, bolt** ועבד ית נגרה ממציעה מנגר בגו לוחיה NC ויעש את הבריח התיכון לברח בתוך הקרשים he made the middle bar to bolt halfway up the frames - שמ לו 33. קריאן תלילן שור ראם דרשים ודנגר ערים בצרות חומה גבהה דלתים ובריח - דב ג 5 [נגרה דלת מן המילה הסמוכה. *Superfluous daleth by attraction to the previous word, where it is radical.*] וחמשה אנגרים ללוחי איסטר משכנה (נ״א נגרים) - שמ כו 27, לו 32. אתרים לנגריה - שמ כו 29 **2 חרש artisan** M[1] למעבד בכל עבידת נגר ואומן to do any work לעשות בכל מלאכת חרש וחשב - of the carver, and the designer - שמ לה 35 [מן אונקלוס: נגר ואומן וצייר O]. אנגר ואמן וציור M[1] - שמ לח 23 [ע״פ אונקלוס O].

**†אנגרו** ש״ע נ *n. f.* **מלאכה workmanship** ובאנגרות אע למעבד בכל פעלנה מן חשבן M[1]* ובחרשת עץ לעשות בכל מלאכת מחשבות in carving wood, for work in every skilled craft - שמ לה 33.

**†נגש** קרבה, גישה **reach** [מן העברית. בנ״ש הוא קל גם בעבר, nâgåš, שלא כנה״ם, וכך חדר לאה״ש. H, [*always Qal in* SP, *wherefrom it penetrated* SA

**קל קרב to approach** ומשה נגש לערפלה דתמן האלהים (נ״א קרב, קדם) ומשה נגש אל הערפל אשר שם האלהים Moses approached the thick cloud where God was - שמ כ 17. **ונגש** לערפלה דתמן מלאכי אלהים - ת״מ 106ב [מטבע לקוח משמות כ 17] וכן הוא בת״מ 107א, 185א, 242ב, 259ב, 284א. **נגש אלעזר ואיתמר ופינחס לידה...** ונשקו ית צלמה נגשו... אליו... ונשקו את פניו (של משה) - ת״מ 259א.

**פעל קירב to bring near** וית דאתריה בה ינגש לידה A (נ״א יקרב) ואת אשר יבחר בו יקריב אליו him whom he will choose he will cause to come near to him - במ טז 5.

**נגישה** ש״ע נ *n. f.* **גישה approach, access** ויחכם קהלה ... הן לון נגישתה בכל עובד למען ידעו הקהל... שלהם (לכוהנים) גישה בכל מעשה so that the congregation will know that... they (the priests) have access to every deed - ת״מ (ק) 42א.

**נדב[1]** מתן מרצון, החלצות והתמסרות **bestowing, volunteering** [א״י כל גבר די נדב יתיה לביה - **נ** שמ לה 21]

**קל נדב to bestow** פתור אברהם... הוה אוצר טמיר לבניו יצחק נדיב בגרמה לדמות שולחן אברהם... היה אוצר צפון לבניו כן יצחק נדב עצמו לכגון זה (לעקדה) the table of Abraham... was a hidden treasure for his sons; similarly, Isaac devoted (himself) to the like of that - ת״מ 225ב. **בעלי מגדיה... קמו ארבעתי רבעתה... ונדיבי גרמון בעלי הסוסים... עמדו** ארבעת החלקים... והנודבים עצמם - ת״מ 73א.

**נדבה** ש״ע נ *n. f.* **נדבה** מונח לסוג של קרבן **offering** *cultic term* בהמה נדר או נדבה a beast as a votive offering, or a freewill offering - ת״מ 116א. **לא שכינה אלא עליו... ולא דבח...** ולא קרבן... ולא נדבה ולא מעשר אין שכינה אלא עליו (על המשכן)... ולא זבח... ולא קרבן... ולא נדבה ולא מעשר - ת״מ 297ב. **...רישי ירחיה** והנדר והנדבה ועלת תדירה - ת״מ 111א.

**נדב[2]** שם פרטי nâdåb *pr. n.*

**נדב** ש״פ ואילן שמהת בני אהרן בכורה נדב ואביהוא אלעזר ואיתמר - במ ג 2. ומית נדב ואביהוא בהקרבותון אש בראה - במ כו 61.

**†נדד[1]** תנועה ממקום למקום, נדידה **wandering** [א״י ואתנדדת שנתי מן עיני - **נ** בר לא 40]

**קל נדד to wander** *fig.* בהשאלה ונדת שנתי מן עיני C ותדד שנתי מעיני sleep fled from my eyes - בר לא 40.

**אֶתְפְּעֶל נדד** to wander *fig.* ואתנדת שנתי מן עיני^N ותדד... - בר לא 40 [=המליץ 449].

**נדד²**† מיאוס **abomination** [לשון נידה. **סוא"י** נדוד תנדד = שקץ תשקץ - דב ז 26 (נ"א). **ס** נדתא = תועבה - LS 415b. ע"ע נדי³]

**נאדה** ש"ע נ *n. f.* [אולי הוא מעניין הריחוק ושייך לנדי¹. השי' **נ** מרחקא = תועבה - ויק כ 13] **נבלה carcass** וכל נפש דתטלק נאדה וקפישה... וירע רקעיו *$M_1$ וכל נפש אשר תשלח עור any person, who נבלה וטרפה... וכבס בגדיו flays a carcass or a torn (animal), ...shall wash his clothes - ויק יז 15 [במקור: "אשר תאכל נבלה". אלא כדי להוציא מן הלב את המחשבה שתיתכן אכילת נבלה המיר אכילה בפשיטת העור והשתמש בלשון נקייה. $C^{ar}$ אלמנטיפה אתר נבילה = המנקה עקבות נבלה וכמוהו א"ס. לתפיסת הכתוב עואנ"ש ג/א 69. ע"ע טלק, נהלה. *Euphemistic transl. to avoid the image of eating* [*carcasses; cf.* SAV.

**(מי) נידה** מונח טכני שאול מן העברית **purifying water** H *technical term* מי נדה לא זרק עליו the מסב הוא מי נדה לא זרק עליו טמא הוא water for impurity has not been thrown upon him, he is unclean - במ יט 20. ומדי מי נדתה ירע רקעיו... ודקרב במי נדתה יסתב ומזה מי הנדה... והנגע במי הנדה יטמא - במ יט 21-22.

**נדי¹** תנועה, תזוזה **movement** [ע בטובתך הוא (החבר) כמוך וברעתך יתנדה ממך - בן סירא ו 11] ← **1** הבאה **bringing**, **2** נתירה וקפיצה **leap** [ס נדא = קפץ - LS 415b]

**קל** עתיד: ידי - שמ כח 28. **אפעל** עבר: אנדה - שמ לה 22. דאנדה dandå - מ טז 152. עתיד: ינדי - במ ו 13. ציווי: אנדי - בר כז 7. בינוני: מנדי wmandi - ע"ד יז 18. מקור: מנדי - בר כז 5 A. מנדאה - ויק יא 21 (=המליץ 529). **אֶתְפְּעֶל** עבר: אתנדית (נסתרת) - ת"מ 183א. עתיד: ויתנדי - ויק יג 2. **אנדאו** אנדהותכון - ויק כג 14. **נאדה** - ויק יז 15 $M_1$. **נדה** - במ יט 21. **תנדי** תנדיכון - ויק כג 14 A (ט"ס מן אנדיכון).

**קל זז**† **to be displaced** ולא ידי חשנה מן על אפודה ולא יזה החשן מעל האפוד the breastpiece shall not be displaced from the ephod - שמ כח 28, לט 21 [נ"ש יזה ולכאורה נתערב לו yazza (> זח"ח) עם יזה yazzi (> נז"י) *Apparently,* *zḥḥ and nzy merged in pronunciation*. אונקלוס: יתפרק חשנא וכן פשיטתא לשמ לט 21: ולא פרק הוא. כך תפס גם א"ס: يَزيغ].

**אפעל 1 הביא to bring** עמו כתבה דאנדה משה ראו את הספר שהביא משה see the book that Moses brought - מ יד 91. כל רחי לב אנדה רעוש וקודש כל נדיב לב הביא חח ונזם - שמ לה 22. הא אנדית ית קדמאות פרי ארעה (V איתית) הנה הבאתי ראשית פרי האדמה - דב כו 10. ומנה אנדת יונתה טרפי זיתה וממנו (מהר גריזים) הביאה היונה ענפי זית - ת"מ 130ב. ביום מלוי יומי נזרה ינדי יתה לתרח משכן זימונה (NBA ייתי) יביא אתו אל פתח אהל מועד - במ ו 13. אנדי לי ציד הבא לי ציד - בר כז 7. ומנדי חיים לדריה ומביא חיים לדורות - ע"ד יז 18. **2 נתן דעתו** עם 'עניין', 'בונני'. מקביל לייהב בלי' **to pay attention** ואנדי עניכך ואתבונן במד תשמע ותן דעתך והתבונן במה שתשמע set your mind and consider what you hear - ת"מ 157א. אנדו עניניכון ואציתו אל מליה תנו דעתכם והאזינו אל הדברים - ת"מ 247א. ינדי כל אחד בוננותה קדם ימלל יתן כל אחד דעתו לפני שידבר - ת"מ 281ב. **3 יצר to create** בפיוט *in poetry* גבורתך אנדית כלה דלא מן עקר גבורתך יצרה את הכול שלא מיסוד Your might created everything from nothing - ע"ד כו 9-10. לא עם חבר אנדיך ולא עם תניאן בריך לגרמך אנדיך לא עם חבר יצרת ולא עם שני בראת לבדך בראת You created without another, You constituted without another, alone You created - ע"ד כו 45-47. יהוה רבה דאנדה עלמה יהוה הגדול שיצר את העולם - מ טז 152

**מנדי** והך עשו לברה לעשיד עשיד למנדי A וילך עשב השדה לצוד ציד להביא Esau - went to the field to hunt for game and bring it - בר כז 5. מסגים עמה למנדי A מרבים העם להביא - שמ לו 5.

**מנדאה 1 הבאה bringing** ואזל עשו לברה למצוד ציד למנדאה (MB למיתאה) לצוד ציד להביא Esau went to the field to hunt for game and bring it - בר כז 5. ואסכם עמה למנדאה (MA מיתאה) ויכל העם מהביא - שמ לו 6. **2 נתירה leaping** דלה כרעים מלעל לרגליו למנדאה בון על ארעה לנתר בהן על הארץ all that have, above their feet, jointed legs to leap with on the ground - ויק יא 21.

**אֶתְפְּעֶל הובא**† **to be brought** לא ייעל למשכנה אש בראה וכד אתנדית עבדת תפוך חיול לא תבוא אל המשכן אש זרה וכאשר הובאה, עשתה הפיכה חזקה no alien fire enters the tabernacle; when it is brought, it

(ק: אתנדית). תי״מ 183א - produced a strong overturn
אדמאי אן יי במשך בסרה שומה... ויתנדי ליד
אהרן (MA ויתיתי, N*M₁ וייתי)... והובא אל
אהרן - ויק יג 2. ומכתש צרעה אן תהי באדמי
ויתנדי ליד כהנה (MB וייתי, N*M₁A, ויתיתי)
- ויק יג 9. דה תהי תורות מצרעה ביום דכוה
ויתנדי ליד כהנה (VMB וייתי, *M₁ ויתיתי) -
ויק יד 2.

**אנדאו**† ש״ע נ *n. f.* **הבאה** **bringing** ותמנון
לכון מבתר שבתה מיום אנדהותכון ית עומר
אנפותה שבע שבין (VNMB איתאותכון) you
shall count from the morrow after the Sabbath,
from the day of your bringing the sheaf of the
wave offering - seven weeks - ויק כג 15. ולחם
וקלי וקליף לא תיכלון... עד אנדהותכון ית
קרבן אלהכון (VB איתאותכון) ולחם וקלי
וכרמל לא תאכלו... עד הביאכם את קרבן
אלהיכם - ויק כג 14.

**אנדה**† ש״ע נ *n. f.* (< אנדאה) **הבאה** **bringing**
ומיום אנדתכון ית עומר אנפותה A - ויק כג
15.

**תנדי**† ש״ע נ *n. f.* (< אנדי) **הבאה** **bringing** עד
תנדיכון ית קרבן אלהכון A עד הביאכם את
קרבן אלהיכם until your bringing the offering
of your God - ויק כג 14 [אפשר שהוא ט״ס מן אנדי.
חילופי א/ת שכיחים בכתיבת השומרונים. *Prob. corr.*
*from ³ndy*].

**נדי²** התזה **sprinkling** [מיזוג עם *nḏy* עם *ndy*. ע׳
זב״ח, תרביץ נ 200. *Blend of ndy and nḏy*. **א״י** אדי
עליהון מי חטאתה - **נ** במ ח 7. **אכ** - AHw 784a
nazû. **ס** ונדי דמהן על לבושי - ישעי׳ סג 3]

**קל התיז**† **to be sprinkled** כל דיקרב בבסרה
יקדש ודידי מן אדמה על לבושב דידי עליו
תתרחי באתר קדיש כל אשר יגע בבשרה יקדש
ואשר יזה מדמה על הבגד אשר יזה עליו תכבס
במקום קדוש whatever touches its flesh shall
be holy; and when any of its blood is sprinkled
on a garment, you shall wash that on which it
was sprinkled in a holy place - ויק ו 20 [הוא פע״ע
כעדות נ״א **אִתְּפָעַל**].

**אפעל התיז** **to sprinkle** ואדי מנה על מדבחה
שבעה זבנים ויז ממנו על המזבח שבע פעמים
he sprinkled some of it on the altar seven times
- ויק ח 11. ויסב מן אדם פרה וידי באצבעה עם
קדם כפרתה - ויק טז 14. ומדי מי נדתה ירע
רקעיו - במ יט 21. וסבו מסארת אזוב ואדו
אדמה על מדיקה וקחו אגודת אזוב וזרקו על

המשקוף - תי״מ 245ב. סבו לוכון פיח אתונה וידינה
משה צית שומיה - תי״מ 35א [מביא את שמ ט 8,
אבל בתה״ש שלפנינו: ויזרקנה, ויזרקה].

**אִתְּפָעַל הותז**† **to be sprinkled** - ודיתעדי
מן אדמה על לבושב דיתדי (MC דיתאדי BA) C
עליו תתרחי באתר קדיש ואשר יזה מדמה על
הבגד אשר יזה עליו תכבס במקום קדוש and
when any of its blood is sprinkled on a
garment, you shall wash that on which it was
sprinkled in a holy place - ויק ו 20.

**נדר¹** התחייבות **vow** [**א״י** ונדר נדר - **נ** בר כח 20]

**קל נדר** **to make a vow** ונדר יעקב נדר
למימר אם יהי אלהים עמי... Jacob made a
vow, saying, "if God will be with me..." - בר
כח 20. וברכה אלה ועוד אבוה והנדר וקם בנדרה
וברכו אלוהים (את יעקב) וגם אביו, ונדר ועמד
בנדרו - תי״מ 287א. ואנדר ישראל נדר (א תלויה)
- במ כא 2. מפוק ספבתך תטר ותעבד כמד
אנדרת (VEC כמה דנדרת) מוצא שפתיך תשמר
ועשית כאשר נדרת - דב כג 24. מבחר נדריכון
דתדרון ליהוה - דב יב 11 (המליץ 446: תנדרון). על
מימר דתמטי אד נאדרה ישומנה כהנה NA
(MEB נדרה) על פי אשר תשיג יד הנדר יעריכנו
הכהן - ויק כז 8 [בינוני *pt.*].

**מדר**† גבר אי אתה אן יפרש למדר נדר
VNMBA - במ ו 2. וכד תקץ למדר - דב כג 23.

**פעל נדר**† **to make a vow** ספק אם הוא אמנם
פעל. אפשר שהוא קל, והנו״ן הוחזרה בהשפעת העבר
ואפשר שהוא אתפעל בהידמות ת *Dub. form: either*
*Paᶜel or Qal with "restored" nun under the*
*influence of the perfect (or Etpəᶜel with*
*assimilated t)* [זב״ח תי״מ 287א הע׳ 4]. כפם נדרה
דינדר כן יעבד *M₁ (נ״א דידר) כפי נדרו אשר
ידר כן יעשה in accordance with the vow which
he takes, so shall he do - במ ו 21. ואתה אן
תנדר נדר B (נ״א תדר) - במ ל 4.

**מנדר**† גבר אי אתה אן יפרש למנדר
*M₁C - במ ו 2 [מקור פעל בלא תנועה סופית (פלורנטין
42 או קל)].

**אפעל נדר**† **to make a vow** ואדר יעקב נדר
B וידר יעקב נדר Jacob made a vow - בר כח 20.

**נדור**† ש״ע ז *n. m.* qāṭōl **נודר** **one who makes**
**a vow** על מימר דתמטי אד נדורה ישומנה
כהנה על פי אשר תשיג יד הנדר יעריכנו הכהן
according to the ability of him who vowed the
priest shall value him - ויק כז 8.

**נדר** ש״ע ז *n. m.* **1 נדר vow** ונדר יעקב נדר - Jacob made a vow בר כח 20. **כפם נדרה דידר** כן יעבד כפי נדרו אשר נדר יעשה - במ ו 21. ויקומון כל נדריה - במ ל 5. **אנש ינדי אל משכנה** בהמה נדר אי נדבה - ת״מ 116א. **2 נדירה vowing** גבר אי אתה אן יפרש לנדד when - VB וכד תקץ לנדר 2. במ ו - one states a vow דב כג 23.

**נדר²**† גלילה **rolling** [מן אונקלוס O. ע״ע גלל]

**פעל גלל to roll down** וקרב יעקב ונדר ית אבנה מן על פם בירה $M_1$* ויגש יעקב ויגל את האבן מעל פי הבאר Jacob went up and rolled בר כט 10. - the stone off the mouth of the well [ומ]נדרין ית אבנה מן על פם בירה m ויגללו את האבן מעל פי הבאר - בר כט 3. **דיתכנשון...** וינדרון m - בר כט 8.

**נהלה**† טרפה **slain animal** [< נهل לשון רדיפה - Barthélemy 852]

**נהלה** ש״ע נ *n. f.* **טרפה slain animal** לא תיכלון כל נהלה BA לא תאכלו כל טרפה you - shall not eat any slain animal דב יד 21 [= יי״ש ב-J, שכתבה ה על ב]. **ותרב נהלה ותרב חטיפה** יתעבד לכל עבידה ומיכל לא תיכלנה B וחלב טרפה וחלב חטיפה ייעשה לכל מלאכה ואכל לא תאכלהו - ויק ז 24 [העתיק נבהלה מן M וניקד על ב].

**נהר¹** אור **light** [א״י צפרא אנהר - נ בר מד 3. **סוא״י** נהורי נהורי ירושלם אתא גר נהוריכי = קומי אורי כי בא אורך - ישע ס 1 (תמורת φωτίζου φωτίζου Ιερουσαλημ ἥκει γαρ σου τὸ (φῶς). אגב מעבר לע״ו, עקב איבוד הגרונית, נתמזג עם נו״ר כדרך שאל/שול. השי׳ אסיד מן סה״ד ועוד. ואפשר שהושפע מן نور = אור. לרוב נבדל נה״ר מן נו״ר בהוראתו המושאלת, בעוד נו״ר הוראתו מוחשת. *In many cases nhr, 'light', changed to nwr, following the loss of the gutturals, thus merging with nwr 'fire' (generally, nhr has the abstract meaning of* תבונה, זיכרון ← [*'understanding', 'insight'*). **insight, understanding,** (*fig.* בהשאלה) **remembrance** [א״י לית אתון מנהרין לה = אינכם זוכרית אותו - בר״ר 1231]

**קל** עבר: דנאר - ת״מ 298ב. בינוני: נהרה (נ) - ת״מ 252ב. פעול: נהיר nâ˒ər - ע״ד ג 15. **אפעל** עבר: ואנהר - ת״מ 178א. עתיד: ותנער - שמ יח 20 A (=המליץ 457).

בינוני: מנהר mâ'nâr - ע״ד כ 12. מקור: מנהר - שמ יג 21. מנהרה - שמ יג 21. **אֶתְפְּעֵל** עבר: אנהר - ת״מ 302א. ואתנערי (נסתרות) - בר ג 7 (=המליץ 560). עתיד: וינהר wyin'nâr - ע״ש ד 49. ציווי: הנהר in'nâr - ע״ד ב 12. בינוני: ומנהר wmin'nâr - מ א 36. **אנהרו** - שמ כז 20. **מנהרה** - שמ כה 31. **נהור** - שמ ד 25 N. **נהיר** nâ˒ər - מ כא 1. **נהירו** - דב לב 28 (המליץ 611: נעירו). נהירותה (+נסתר) nâ˒īrūte - ע״ד כד 55. **נהר** nâr - מ טו 29. **נהרה** נהרתה (מיודע) - שמ לה 14 B. **נהרו** - שמ כה 6.

**קל 1 האיר to shine** *intrans.* פע״ע אה נביה רבה משה אתהו דנאר לבך יתיר על נהרה דשמשה...אתהו שהאיר לבך יתר על אור השמש O great prophet Moses, you are the one whose ת״מ - heart shines more than the light of the sun 298ב. **פנוי חכמתה דבבים לנהרי לבה הריקים** מן החכמה אויבים למאירי הלב (= החכמים) - ת״מ 301א. **נאירן הך תרי מאורין אנון לקבלך** מאירים הם (משה ואהרן) כשני מאורות... - ת״מ 223ב*. **ישתבח נהירה דאלק לעלמה בוצין** דלא טפי ישתבח המאיר שהדליק לעולם מנורה שאינה כבה - ע״ד ז 6-7. **2 הבין, היה נבון to understand** וקרא פרעה שם יוסף דעתה אנהרה $M^a_1$ ויקרא פרעה שם יוסף את הדעת Pharaoh then gave Joseph the name "the הבינה בר מא 45 - one who understood the wisdom" [המליץ 563: אנערה. קרוב שהוא כינוי המושא, לפי שהטור הערבי: פטן بـهـا]. **3 זכר to recall** ית קיאמי אברהם אנהר וארעה אנער A את בריתי אברהם אזכר והארץ אזכר I will remember...My covenant with Abraham; and I ויק כו 42 - will remember the land. **וטובך יתני** לעלם דאת נהיר לדכרון רחמיך וטובך יסופר לעולם, שאתה זוכר את ברית אוהביך - ע״ד ג 14-15. **דאלה נעיר דלא מנשי כלום שהאלוהים** זוכר ואינו שוכח דבר - ת״מ 19א.

**אפעל א האיר**† **to shine** הנהרת לה ברקיה ולבש קרן אורה האירו לו (למשה) הברקים the lightning flashed at him and ולבש קרן אור ת״מ 202א - he wore the ray of light. **ואנירו** ברקיה למשה והאירו הברקים למשה - מ טז 115. **ב 1 נתן תבונה to enlighten** ואנער אלהים את עיניה ויפקח אלהים את עיניה (של הגר) בר כא 19 - God enlightened her eyes. פתח פמה בברכה... ואנהר עלמה על כל קהלה פתח (משה) בברכה ... והאיר את העולם על כל הקהל - ת״מ 178א. **יתיקר נביה רבה משה** דאנהר מדעה למד מריח לאלה יתכבד... משה אשר האיר את הדעת למה שהוא רצוי לאלוהים - ת״מ 209א. **2 הזהיר to warn** ותנער יתון ית

גזריה וית ארהותהA והזהרת אתם את החקים ואת התורה you shall warn them (about) the statutes and the law - שמ יח 20. **3 הזכיר to cause to remember** וכלום לא אנשו נפקין דהוה מרון מנהר לון יתון גרמיו דיוסף הנהר לון מסנון וכלום לא היו שוכחים בצאתם כי היה אדונם מזכיר להם אותם, את עצמות יוסף הזכיר להם לקחתן they forgot nothing on their way out (of Egypt), for their Lord was reminding them; the remains of Joseph He reminded them to take - ע״ד כ 11-13.

**מנהר** ויהוה הזל לקמיון... למנהר לון למהך אימָמה ולליליה A ויהוה הלך לפניהם... להאיר להם ללכת יומם ולילה - שמ יג 21.

**מנהרה** ויהב יתון אלהה ברקיע שומיה למנהרה על ארעה C להאיר על הארץ - בר א 17 [אפשר שהוא מקור אפעל של נו״ר]. למנהרה לון למהכה אימם ולילי - שמ יג 21.

**אֶתְפְּעֵל 1 הואר to be enlightened** ביום מיכלכון מנה ויתנערן עיניכון ביום אכלכם ממנו ונפקחו עיניכם the day you eat of it your eyes will be enlightened - בר ג 5. ואתנערי עיני תריון ותפקחנה עיני שניהם - בר ג 7. **2 החכים to become wise** שמע האגבו לקבל שיאלתך עד הן תנאהר באגבו שמע את התשובה לשאלתך כדי שתחכם בתשובה hear an answer to your question, that you may be edified in the answer - ת״מ 116א. ונשמע ממלל משה וננהר בה דמה נתרחם ונשמע את דבר משה ונחכים בו, אולי נרוחם - ת״מ 214א. **3 זכר to remember** ואלית רחמנה דבק ומנהר לרחמיו כהלן נבכי קנומן ואם אין הרחמן מושיע וזוכר את אוהביו, כלנו נבכה את עצמנו if the Merciful One does not save and remember his devoted, we will all mourn ourselves - מ א 36-37.

ישר לון אלהין דאנהרו לעביבי ישר כוחם של אלה אשר זכרו את דודי (את יוסף) - ת״מ 52א. וינהר לכון בעמל דמוכי מערת המכפלה ויזכור (האל) אתכם בזכות ישני מערת המכפלה - ע״ש ד 49. הנהר לדכרון רחמיך זכור ברית אוהביך - ע״ד ב 12. כי הוא מרוח לרחמיו ומנהר לון כי הוא מרויח לאוהביו וזוכר אותם - ת״מ 147ב.

**אנהרו** ש״ע נ *n. f.* **מאור lighting** משח זית אזגי כתית לאנהרו שמן זית זך כתית למאור pure beaten olive oil for the light - שמ כז 20. משח אנהרותה ואועדות סמניה שמן המאור וקטרת הסמים - במ ד 16. ית... משע אנרותה את... שמן המאור - שמ לה 14.

**מנהרה** ש״ע נ *n. f.* **מנורה lampstand** ותעבד מנהרה דהב דכי ועשית מנורה זהב טהור you shall make a lampstand of pure gold - שמ כה 31. ויכסון ית מנרת מאורה - במ ד 9. ית מנרת מאורה וית כל מניה - שמ לה 14. מנהרתה אהרן ייטבה מן אש מדבחה המנורה, אהרן ייטיבה מאש המזבח - ת״מ 183א.

**נהור** ש״ע ז *n. m.* **1 תבונה wisdom** ונסבת צפורה נהור וקטעת ית ערלת בנואה N נאר, המליץ 573 נער) MEJB) ותקח צפורה בינה ותכרת את ערלת איולתה - שמ ד 25 [הטור הערבי של המליץ: פטנה = בינה. ועי׳ טל Acta. נ״ש צר נשתווה עם צהר ṣâr שנתפרש אור, עי׳ להלן נהר. *Midr. int. of* ṣâr as ṣhr, 'light' SP]. **2 צהרים noon** ותהי ממשמש בנהורין כמה דימשמש סמיה בקבלה VB והיית ממשש בצהרים כאשר ימשש העור באפלה you shall grope at noon as a blind man gropes in the dark - דב כח 29. הלא עמי ייכלון גבריה בנורין $*m_2$ כי עמי יאכלו האנשים בצהרים - בר מג 16 [שייך לנו״ר? נתפרש צהרים מעניין צהר, עי׳ להלן].

**נהיר א** ש״ע ז *n. m.* **1 מאור luminary** נהירי רומה מאורות השמים the luminaries of the sky - מ יד 79. נאיריה דאלק לא טפין לעלם המאורות שהדליק אינם כבים לעולם - מ יג 53. יהי נהירין בפלוק שומיה למנהרה על ארעה (E)A יהי מאורות ברקיע השמים להאיר על הארץ - בר א 14. משח נאירה A שמן המאור - שמ לה 28. **2 ״אורים״ the Urim** ותעבד ית נעיריה וית שלמיה ותתן על חשן דינה ית נעיריה וית שלמיה ועשית את האורים ואת התמים ונתת על חשן המשפט את האורים ואת התמים you shall make the Urim and the Thummim and put the Urim and the Thummim in the breastpiece of judgment - שמ כח 30. וישול לה בפשרון נאיריה ושאל לו במשפט האורים - במ כז 21. **ב** ש״ת *adj.* **1 מאיר shining** הא כתיב נהיר וקדיש דיהבה אלההנה כתוב מאיר וקדוש אשר נתנו האלוהים behold a shining script, which God gave - מ כא 1. על דדי אתתה נהירתה דנסב m על אדות האשה הכשית אשר לקח - במ יב 1 [על הוראת כשית ע״ש]. **2 נבון wise** לית נעיר וחכים כבתך אין נבון וחכום כמוך - there is none so wise and discreet as you are - בר מא 39. נביאה רבה משה נהיר מכל בית אדם ...נבון מכל בית אדם - ת״מ 5א. נהיר נהיריה יתמר לך רבואן מבין המבינים (האל), ייאמרו לך תהילות - מ י 55-56. **3 פיקח** מוחש concr. **clear-sighted** אי נעיר אי סמי או פקח

או עור ?clear sighted or blind - שמ ד 11.

**נהירה** ש״ע נ *n. f.* **תבונה wisdom** הלא היא חכמתכון ונעירתכון B כי היא חכמתכם ובינתכם that will be your wisdom and your understanding - דב ד 6.

**נהירו** ש״ע נ *n. f.* **1 אור light** נהירותה דמשה אורו של משה Moses' light - ע״ד כד 55. **2 תבונה understanding, wisdom** ולית בון נהירו ואין בהם תבונה C there is no understanding in them - דב לב 28. ומלא יתה רוח אלהים בחכמה ובנעירו ובדעה ...בחכמָה ובתבונה ובדעת - שמ לה 31. ונעירות יהוה יביט (wtēmūnat) ותמונת (ודמות *M₁B) and he beholds the wisdom of the Lord - במ יב 8 [המליץ 611: דמות = תבונת ומופיע פעמיים באותו מקום. אפשר שהיו לו שתי מסורות, שאחת מהן הרחיקה את ההגשמה כמו בתרגום לפסוקנו. ברם אין 'תבונתי' בתורה ועל כורחך שהוא שינוי מכוון *Intentional change in order to avoid anthropomorphism. See* Ham 611.]. דעמו בנעירותה די עבידה מכנשה לדיארי זכותה מפני שראו בבינתו שהיא (חברון) עשויה כמקום כינוס לאבות הצדיקים - אס 5א.

**נהר** ש״ע ז *n. m.* **1 אור light** ואמר אלהה יהי נאר והוה נאר God said, "Let there be light"; and there was light - בר א 3. אלהה דאבהתכון אתחזי לי בנהר מדילה אלוהי אבותיכם נראה אלי באור משלו - ת״מ 10א. אוצרה דממיר מאוריו נהר וחכמה לבלושיו האוצר הזן את ניזוניו; אור וחכמה לדורשיו - מ טו 28-29. נהר קרץ כל צפר אור משכים כל בוקר - ע״ד ז 15. נאר תעבד לתיבותה... מלעל צהר תעשה לתבה... מלמעלה - בר ו 16 [אונקלוס: ניהור. נ: בית ניהור. א״ס: ضَــوْءًا]. **2 תבונה wisdom** ונסבת צפורה נאר וקטעת ית ערלת בנה ותקח צפורה בינה ותכרת את ערלת עקשותה Zipporah took wisdom and cut off the foreskin of her insolence - שמ ד 25[ע״ע בנן]. תשבחתה למלכה רבה דכן אניר לעבראי בכתבון כהלון נהר תהילה למלך הגדול שכן האיר לעברים בספרים, וכולם אור (דברי האל) - מ כד 5-6.

**נהרה** ש״ע נ *n. f.* **אור light** ית מנרתה דכיה וית... משח נהרתה B את מנורת המאור ואת... שמן המאור ,...the lampstand also for the light and the oil for the light - שמ לה 14.

**נהרו** ש״ע נ *n. f.* **אור light** ומשח לנהרו ושמן למאור oil for light - שמ כה 6. ונסבת יתיך מריש בריתה ורבית יתיך הך מד חזה אלה ורבה ביך ית עלמה הגלה בנהרו רבה ולקחתי אותך מראש הבריאה וגידלתי אותך, כמו שראה אלוהים לגדל בך את העולם, שנגלה באור גדול (דברי משה את האות ט) - ת״מ 286ב.

**נהר²** זרם מים **river** [א״י ונהר הוה נפק מן עדן - נ בר ב 10. **סוא״י** נהר די נפק מן עדם - שם]

**נהר** ש״ע ז *n. m.* **נהר river** וילאון מצראי למשתי מים מן נהרה the Egyptians will give up drinking water from the river - שמ ז 18. נטרת אף יתך לגו נהרה דמצרים ורביתך בבית דבביך שמרתי אותך בתוך נהר מצרים וגידלתיך בבית אויביך (על משה) - ת״מ 6א. וכד אתרמי לנהרה פחת נהרה - אס 15א.

**נהר כוש** שם פרטי *pr. n.*

ומלכו פלשתאי ממצרים לנהר כוש - אס 9ב.

**נהר מצרים** שם פרטי *pr. n.* [ע״ע מצרים]

**נהר מצרים** ש״פ מנהר מצרים עד נהרה רבה נהר פרת - בר י 19; טו 18.

**נהר פרת** שם פרטי *pr. n.* [ע״ע פרת]

**נהר פרת** ש״פ מנהר מצרים עד נהרה רבה נהר פרת - בר י 19. מנהר מצרים עד נהר פרת - אס 13א.

**נוד** תנועה, זעזוע; חרדה **movement,** ← **fear** פחד **tremblement** [מתייחס על נד״ד ndd › ? השי' נוט *See nwṭ*. **סוא״י** ומנידין רישהון = ומניעים ראשיהם - מרקוס טו 29]

**קל נד, זע to move** ולא יכלו חרשיה למקעם קדם... משה דהוו נאדין מקבל שחינה ולא יכלו הקוסמים לעמוד לפני... משה כי היו זעים מפני השחין the sorcerers were unable to oppose Moses, for they were trembling because of the boils - ת״מ 35א. אה קוממו לא מתחלף אה שלטנו לא נאדה הנה קיום (ש)אינו משתנה, הנה ממשלה (ש)אינה זעה - ת״מ 189א ולעניין "אל אמונה" - דב לב 4).

**אפעל החריד to terrify** ואתן שלם בארעה ותדמכון ולית דינד V דמניד (m מן אונקלוס O) ושכבתם ואין מחריד I will grant peace in the land, and you shall lie down with no one to terrify - ויק כו 6.

**פלפל טלטל to hurl** אה אבדנה צעדון אה תשניקה נדנדון הנה האבדון אחז בהם, הנה

behold, (את המצרים) הייסורים טלטלו אותם the destruction sized them, the affliction hurled them - ת״מ 277ב. ייתי בשלם נביה רבה משה ירבי לטביה וינדנד חיביה יבוא בשלום... משה, יגדל את הטובים ויטלטל את הרשעים - ת״מ 380ב. ויטרון בני ישראל יום שבתה למעבדה... דו בנין דלא מנדנד ... amnadnəd שהוא בניין שאינו מתערער - ע״ד יח 13-10 [זב״ח: בינוני פועל לפי העניין, פועל לפי ההגייה]. אמרו נתבר שורוון וקשטה אמר אנה אנדנה שרוכון (המצרים) אמרו: נשבור כוחם (של ישראל) וקי׳ אמר: אערער כוחכם - ת״מ 79א [ט״ס מן נדנד? ע׳ זב״ח הע׳ 3].

**אתפלפל נתערער to be shattered** זוג מיה ואשתה כחדה אהן סימן יתר... שלטנות מיה אתנדנדת ושלטנות אשתה אתגברת זיווג המים והאש יחד! זהו אות יתר... ממשלת המים נתערערה וממשלת האש נתגברה water and fire coupled together; this is a tremendous wonder...; the dominion of the water was shattered and that of the fire overcome - ת״מ 380ב. ולא בני הנמרוד עד נהי מנדנדים ולא (=אין אנו) בני נמרוד להיות מטולטלים - ת״מ 203א [זב״ח הע׳ 3].

**נוח** מנוחה, שביתה; הרפייה ועזיבה (ע״ע נחי, נתח, תנח) **rest, tranquility; refrain, abandon** [**א״** וביומה שביעיה תתנוחון - נ שמ לד 21. **סוא״י** דנחו מיא מן ארעא - בר ח 11]

**קל** עבר: ונח - שמ ד m 26). בינוני: ניחח (נ) - ת״מ 53א. **אפעל** עבר: אנח - שמ יז 11. ואנחה (+נסתר) - שמ טז 34 (=המליץ 518). עתיד: וינח - דב יב 10. ציווי: הנחו - בר מב 33. פעול: מנח - מרקה? (Cow 49). **אֶתְפְּעֶל** עבר: ואתנח - שמ כ V 10 (=המליץ 518). ואתניח - במ כד 2 A. ואתנחת (נסתרת) - בר ח E)A 4) (המליץ 518: ואנחת). עתיד: יתנח - שמ כג 12. ציווי: ואתנחו - בר יח 4 A. **אנחו** באנחות (נסמך) - דב כה 19. **אתנחו** littânâʾu - ע״ד יב 7. **מנוח** - דב כח 65. **מנוחה** - במ י 33. מנוחתה - בר מט 15 (=המליץ 516). **נוח** מנוחו (+נסתר - עברית) - ת״מ 88ב. **ניח** - ויק כג 24 $M_2$. נהי nī - מ א 58. **ניחו** - ויק כג 39.

**קל**† **1 הרפה, עזב to abandon** ונח מנה m וירף ממנה - he let her alone - שמ ד 26 [מן אונקלוס O]. **2 נח, שקט to be content** ניחח רוחך יקירה דבית אביו... ניחח רוחך יוסף מסחן חרותה... ניחח רוחך ברה דפרותה יוסף תנוח רוחך הנכבד של בית אביו... תנוח דעתך יוסף בעל החרות... תנוח דעתך בן פורת יוסף - ת״מ 53א. ניחה רוחך אבאה תנוח דעתך, אבא let your spirit be content, the most honored of his father's house..., let your spirit be content, Joseph, the owner of freedom..., - ת״מ 253א.

**אפעל 1 הרפה to relax trans.** וכמד אנח אדיו ואגבר עמלק (EB וכמה דינח) וכאשר יניח ידיו וגבר עמלק whenever he relaxed his hand, Amaleq prevailed - שמ יז 11. **2 הניח to give rest** וינח לכון מכל דבביכון מסאר והניח לכם מכל איביכם מסביב he gives you rest from all your enemies round about - דב יב 10. **3 שם, הניח to put, place** ואנח משה ית אטריה לקדם יהוה (N ואניח) וינח משה את המטות לפני יהוה Moses placed the staffs before the Lord - במ יז 22. ואנחה אהרן לקדם סעדואתה למטרה ויניחהו אהרן לפני העדות למשמרת (את המן) - שמ טז 34. נשא את הארבה ואנחה בכל גבול מצרים... והניחו בכל גבול מצרים - ת״מ 259ב. ויסב כהנה מאנה מן אדך וינחנה לקדם מדבח יהוה - דב כו 4. וערק בלעם ואצעד ביד זרד... ואנחה קמי פינחס וברח בלעם ונתפס בידי זרד... ויניחהו לפני פינחס - אס 19א. בצדה דארונה הוא מנח בצד הארון הוא מונח - מרקה? (Cow 49). **4 עזב to leave** אחוכון אחדה הנחו עמי אחיכם האחד הניחו עמי leave one of your brothers with me - בר מב 33.

**אֶתְפְּעֶל**† **1 נח to rest** ואתנח ביומה שביעה V (נ״א ואנח, ואתני) וינח ביום השביעי (God) rested on the seventh day - שמ כ 10. יום חנח <בה> מרן היום שנח בו אדוננו - ת״מ 301ב [זב״ח הע׳ 3: מעין itna > inna]. לבדיל יתנח עבדך (N יתניח) למען ינוח עבדך - שמ כג 12. וכן דב ה 13 (V יתניח). ואתנחו כתי אילנה A והשעינו תחת העץ - בר יח 4. **2 שרה to bode** ואתנחת תיבותה בירחה שביעה CA ותנח התיבה בירח השביעי the ark bode in the seventh month - בר ח 4. ואתניח עלויו ריח אלהה A ותהי עליו רוח אלהים - the spirit of God bode onto him - במ כד 2.

**אנחו** ש״ע נ *n. f.* **1 הרפייה giving rest** ויהי באנחות יהוה אלהך לך מכל דבביך והיה בהניח יהוה לך מכל איביך when the Lord your God grants you safety from all your enemies - דב כה 19. **2 מנוחה rest** והנחותה והנשמותה אקרים טבים והמנוחה והשביתה, כל אלה יסודות טובים the rest and the repose are good fundaments - ת״מ (ק) 267ב.

**אתנחו**† ש״ע נ *n. f.* **מנוחה rest** ויומה קדישה לאתנחו והיום הקדוש למנוחה the holy day for rest - ע״ד יב 7. ויהבת לן שבת קדש לאתנחו

ונתת לנו שבת קודש למנוחה - ע״ש ב 3 [ע״ע תנ״ח].

**מנוח**† ש״ע ז *n. m.* **מנוחה rest** ולא יהי מנוח לכף רגלך ולא יהיה מנוח... and there shall be no rest for the sole of your foot - דב כח 65.

**מנוחה** ש״ע נ *n. f.* **1 מנוחה rest** ויחזי מנוחתה הלא טבה וירא מנוחה כי טובה he saw that rest is good - בר מט 15. **ולא יהי מנוחה לכף רגלך** VB ולא יהיה מנוח- דב כח 65. **2 חנייה resting place** למגש לון מנוחה לתור להם מנוחה - to seek out a resting place for them - במ י 33. **ובמנוחתה אמר עזרה יהוה רבואת אלפי ישראל ובנחה אמר...** - במ י 36. **וכן רננו באילים** וסובר יתון ועבדה לון מנוחה וכן הלינו (ישראל) באילים וסלח (האל) להם ועשה אותה להם חנייה - ת״מ 215א.

**נוח**† ש״ע ז *n. m.* **חנייה resting** אמנות מיה ידרש המטה מנוחו ובים סוף שם אתו יעלה מעלה משפט המים לשאוף למטה מ(מקום) חנייתם, ובים סוף עשה (האל) אותם שיעלו למעלה the way of water inclines downwards from its resting place, but in the Red Sea He made it go upwards - ת״מ 288ב.

**ניחא**† ש״ע ז *n. m.* **מנוחה rest** בירחה שביעאה באחד לירחה יהי לכון ניח $M_2$ ...יהיה לכם שבתון In the seventh month..., you shall have rest - ויק כג 24 (אונקלוס ניחא). **ב** ת״פ **1 יאה** *adv.* **appropriate, seemly** דניח מדכרה שמך יאה להזכיר את שמך it is appropriate to evoke Yor name - מ יא 15. **טעותן נהי מתקנה טעותנו** יאה לתקן - מ א 58. **2 נוח, קל easy** נהי עלי אמר ושמע מנך (ק: עמך) קל עליי לשאת ולתת עמך it is easy for me to deal with you - ת״מ 14א [זב״ח, תרביץ י 88]. **ואנה אדבר בניח** m **ואני אתנהלה לאטי** - בר לג 14 [מן אונקלוס. התה״ש תפס לאטי מעניין הליכה. ע״ע הלך, יטי. O, ST *considers the word a verbal form of* ᵓ*ty*, 'to walk'.]

**ניחו**† ש״ע נ *n. f.* **1 שבתון rest** ביומה קדמאה ניחו וביומה תמינאה ניחו m (נ״א **אשבתה, שבאתה**) ביום הראישון שבתון וביום השמיני שבתון a rest on the first day, and a rest on the eighth day - ויק כג 39 (אונקלוס: ניחא). **2 ניחח delight** והחמר לנסך תלתות הינה תקרב ריח ניחו ליהוה B (נ״א ריחו) ...ריח ניחח wine as a libation, as an offering of delight odor - במ טו 7 ובדומה לזה 10, 13 [השי **ע** "הניח דעתו" ?].

**נום¹**† תרדמה, שנה **sleep** [**א״י** מנשה הוה יתיב קומי ר׳ זעורה ואינמנם - ירוש מגילה עג ע״ד. **סוא״י** נאמי והוו דמכין = נמו והיו ישנות - מתי כה 5]

**תנומה** ש״ע נ *n. f.* **שנה sleep** והות שמשה לעלל ותנומת (!) נפלת על אברם A ויהי השמש לבוא ותרדמה נפלה על אברם as the sun was about to set, a deep sleep fell upon Abram - בר טו 12 [מן העברית ? H].

**נום²**† ביטוי **utterance** [**ע** נמתי לו כמותך ירבו בישראל - ספרי במדבר כב (עמ׳ 26). > נאם ?]

**ניאם** ש״ע ז *n. m.* **זעקה outcry** ושמע אלהים ית ניאמון m וישמע אלהים את נקאתם God heard their outcry - שמ ב 24 [המליץ 530: ניאמתון. זב״ח].

**תנום** ש״ע ז *n. m.* **דיבור speech** קעם קדקד נזיר זאל (נ״א זאלה) בתנומי יומיו עכירין יקום נשיא מוכתר המעביר על דבריי (!) ימיו עכורים a crowned prince will arise, who will transgress My words (?); his days will be turbid - אסי׳ 21א [מילה מסופקת. *Dub. word*.]

**נום³**† חֵלֶק **part** [LSJ 1186b - νομή >]

**ניאם** ש״ע ז *n. m.* **חלק, מנה share, part** ולא תבלש חמשה לית לך בון ניאם ואל תבקש חמישה (דברים) שאין לך חלק בהם (רכוש וכו׳) do not ask for five things, in which you have no part (property, etc.) - ת״מ 149ב. **ארתי מסכינה דקעם קדמיך... אגן עליו בחסדך ואפשט לה ניאמיך** niyyâmək חון את המסכן העומד לפניך... הגן עליו בחסדך והושט לו חלקך have mercy on the poor one who stands before You..., protect him and give him Your share - א״ג 32-34. **ישמרו אדני והשמחות לו תקדם** במקדום זה הילד ויוזף לו כל ניאם ישמרנו האל (את אבי הילוד הנימול) והשמחות לו תבואנה בבוא הילד הזה, ויוסף לו כל חלק let God keep him... and add him every share - פיוטים לשמחות 349 [בהערות זב״ח].

**נומיק**† מחוקק, שומר התורה **lawgiver; observer** [νομικός מן νόμος, חוק. **א״י** אנה נומיקה כתבית יהבית - המדרש הגדול דברים 102 (נוטריקון של 'אנכי'). ראה ליברמן, יוונית 212. ע׳ גם Sperber 113. **ס** נומיקא = בקי בחוק, LS 431b. על שימושו בעש״ח ראה פלורנטין 335. ע״ע נימוס]

**נומיקה** ש״ע ז *n. m.* **1 מחוקק lawgiver** כינוי

למשה **lawgiver** *epithet of Moses* טובה אמר לה שלם עליך נומיקה דאנה עתיד למוקרך האל אמר לו: "שלום עליך המחוקק, אשר אני עתיד לכבדך" peace to you, O Lawgiver, I am about to honor you - ת״מ 279ב [זב״ח הע׳ 2]. **אה** מן נבתה אלה... וזעק שמה עבדה... ונומיקה דלה... ונומיקה דעלמה הודעת יתן דו פרד הוי מי שניבאו אלוהים... וקרא שמו העבד... והמחוקק שלו... מחוקק העולם, הודעת כי הוא (האל) יחיד - ת״מ 294ב. **שומר התורה law observer** אם שמק תשמקון בקלי... ותהונו לי נומיקה מכל עממיה B אם שמע תשמעו בקלי... והייתם לי שומרי החוק מכל העמים if you will obey Me, you shall be My law observer among all the peoples - שמ יט 5 [בספרות אבות הכנסייה νομικός הוא שומר מסור של התורה. G.W.H. Lampe, *A Patristic Greek Lexicon*, Oxford 1961, s.v.].

**נון[1]** דג **fish** [א״י וישלטון בנוניא דימא - **נ** בר א 26. **סוא״י** והוו ריש על נוני דימא - בר א 28. טלשיר 110]

**קל נתרבה to multiply** *intrans.* וינונין לסגוי בגו ארעה C וידגו לרב בקרב הארץ and let them grow into a multitude in the midst of the earth - בר מח 16 [גזור מן נון. המליץ 444: וינון. **ס** אתנון - LS 421a].

**נון** ש״ע ז *n. m.* **דג** אם ית כל נוני ימה יתכנש לון VCB אם את כל דגי הים יאסף להם Or shall all the fish of the sea be gathered together for them? - במ יא 22 (=המליץ 444). **דכר ונקבה** בהמתה קמצה רמסה נוני ימה - ת״מ 154ב (ע״פ דב ד 18 - לעניין עבודה זרה).

**נוני** ש״ק נ *n. f. coll.* **דגה fish** וישלטון בנונית ימה וירדו בדגת הים let them have dominion over the fish of the sea - בר א 26. **ואימתכון** ודחלתכון יי על כל חית ארעה ...ובכל נונית ימה ומראכם וחתתכם יהיה על כל חית הארץ... ובכל דגי הים - בר ט 2. **ונוניתה** דבנהרה תמות והדגה אשר ביאר תמות - שמ ז 18. **ונוניתה** דבנהרה מיתת - שמ ז 21.

**נון[2]** non שם פרטי *pr. n.*

**נון** ש״פ לשבט אפרים יהושע בר נון - במ יג 8. ובתר כן אתקדם יהושע בר נון ונשק צלמה - ת״מ 259א.

**נוס[†]** בריחה **escape** [מן נעברית H]

**קל ברח to flee** והך ננוס מבית רבך בכסף או בדהב A ואיך נברח מבית אדונך בכסף או בזהב how should we flee from your lord's house with silver or gold? - בר מד 8 [פרפרזה של "ואיך נגנב" להרחיק גנבה מאבות השבטים. *Euphemistic paraph. to avoid mentioning theft in connection with the fathers of the tribes*.]

**מנוס** קרתה הדה קריבה למנוס תמן A העיר הזאת קרובה לנוס שם that town there is near enough to flee to - בר יט 20.

**נוף[1]** גובה והתרוממות, טיסה ותנופה **height, flying** [א״י ויניף ית עומרא - **נ** ויק כג 11] ← לבלוב וגדילה, (חלק באילן) ← **blossoming** בנים, צאצאים **descent, offspring** [באה״ש המאוחרת, העברה מהוראת הפירות. השי׳ תרגום מל״ב יט 30. מגילת המקדש עמ׳ ס: וכול תנופותמה וכול בכור[ו]תמה הזכרים. טל ג סו *Late SA*], שורש. הצצה, בעירה **looking, burning** [פלורנטין, ספר הכינוס 10]

**אפעל** עבר: ואנף - ויק ח 27. עתיד: וינף - במ ח 11. מקור: מנפה - ויק י 15. **אֶתְפְּעֶל** עבר: דאתנף - שמ כט 27 (=המליץ 533) וכן הוא בשם לה A 22, אבל נ״ש שם פעיל: inəf, ואכן VMJECB דאנף. **פלפל** עבר: נפנפת (נסתרת) - Cow 845. עתיד ינפנף - בר א 20 (E)A. בינוני: מנפנף - ת״מ 50א. **אנוף** qiṭṭūl - ויק י 15 B. **אנופה** אנופתה (נסמך) - שמ כט 17 E. **אנופו** - ויק י 15 V. **אנפה** - ויק כג 17 N. **נוף** - בר א 11. **תנופה** - ויק כג 12 E (עברית). **תנאפה** - במ ו 20 N.

**אפעל[†] 1 הניף** הגביה כלי לשם חציבה, כריתה, קציר **to lift** הלא חרבך אן הנפת עליו וחללתנה כי חרבך אם הנפת עליו ותחללהו for if you raise your tool upon it you profane it - שמ כ 21 [מילית התנאי אינה במקור ואינה אלא בJ- והיא כנראה דיוק פרשני-תחבירי. *The conjunction is an interpretative addition*]. **ותבני תמן... מדבח** אבנים לא תניף עליהון ברזל VEC (B תאנף, J תגיז) ובנית שם... מזבח אבנים לא תניף עליהם ברזל - דב ה 17א. ומגל לא תניף על קאמת עברך VCB (JE תגיז) וחרמש לא תניף על קאמת רעך - דב כג 26. **2 הגביה** מעשה פולחן **to wave** *(cultic act)* ויהב ית כלה על כפי אהרן... ואנף יתון אנפו לקדם יהוה ...וינף אתם תנופה לפני יהוה he placed all these on the palms of Aaron…, and waved them as a wave offering before the Lord - ויק ח 27. **וינף אהרן** ית לואי אנפו לקדם יהוה - במ ח 11. **ונסב** משה ית ניה ואנפה אנפו ויקח משה את החזה וינפהו תנופה - ויק ח 29. **וינף** ית עומרה לקדם

יהוה לרחותכון מבתר שבתה ינפנה כהנה והניף את העמר ...ממחרת השבת יניפנו הכהן - ויק כג 11 (=המליץ 533)

**מנפה** ינדון למנפה אנפו לקדם יהוה - ויק י 15. למנפה יתה אנפו - ויק ז 30.

**אֶתְפְּעֶל הונף**† **to be risen, waved** ותקדש ית ניח אנפותה וית שהק ארמותה דאתנף ודאתרם מדכר אשלמיה וקדשת את חזה התנופה ...אשר הונף ואשר הורם you shall consecrate the breast of the wave offering, and the thigh of the priests' portion, which is waved, and which is offered from the ram of ordination - שמ כט 27. כל דרעי לב ינדי קטעלה וקודש... וכל דאתנף אנפו A (נ״א דאנף) כל נדיב לב הביא חח ונזם... וכל אשר הנף (והנה״מ ונ״ש: הניף) תנופת זהב ליהוה- שמ לה 22 [תפס סביל כמו בשמ כט 27 uwwânəf, אע״פ שכאן הקריאה פעיל. *Int. as passive, although the pronunciation is active.*]

**פלפל 1 טס**† **to fly** וקמץ ינפנף על ארעה let birds fly above הארץ ועוף יעופף על (E)A - בר א 20. **2 סוכך** אגב טיסה **to protect** עננה ואשתה ורוח קדשה אחד נגד ואחד מניר ואחד מנפנף הענן והאש ורוח הקודש, אחד מנחה ואחד מאיר ואחד סוכך the cloud, the fire and the holy spirit, one - leading, one illuminating and one protecting תי״מ 50א [זב״ח הע׳ 5. הש׳ וטלית המנפנפת = מאהילה - **מש** אהלות ח ה]. ואהן שבתה כוכב עליל ברקיע הבסרן מנפנף... ופסחתי עליכם ולא יהיה בכם נגף וזו השבת כוכב מהלך ברקיע הבסורה סוככת... ״ופסחתי עליכם...״ (שמ יב 13) - אברהם הדנפי (Cow 152). **3 הציץ to gaze** וענן הרצון עליו מנפנף... סיני קל רב עליון השקף the cloud of favor gazes upon them..., Sinai looks down to them - אברהם אלעיה (Cow 639). וישמר חיי תלימך... וכל טוב לה יסמך דחסדיכון נפנפת - Cow 844,845. **4 ציצית tassel flower** shaped? ויעבדון להון מנפנפן $m_3$ ועשו להם ציצית - bid them to make tassels - במ טו 38 [כלומר פרחים? ע׳ האנציקלופדיה המקראית בערכה].

**אנוף**† ש״ע ז qittūl *n. m.* **תנופה wave offering** שהקה דארמותה וניחה דאנפותה... ינדון למנפה אנוף B שוק התרומה וחזה התנופה... יביאו להניף תנופה the thigh that is offered and the breast that is waved they shall bring... to offer a wave offering - ויק י 15 [אגב הכללת התחילית בשורש. *The preformative is included in the root.*]

**אנופה**† ש״ע נ *n. f.* **תנופה wave offering** ותקדש ית ניח אנופתה E וקדשת את חזה התנופה you shall consecrate the breast of the - שמ כט 27. וית ניח אנופתה E - wave offering - ויק י 14 וכך הוא B במ יח 18. עומר אנופתה E - ויק כג 15.

**אנופו**† ש״ע נ *n. f.* **תנופה wave offering** ייתון לאנופו אנפו לקדם יהוה V - ויק י 15. ותקדש ית ניח אנופותה C - שמ כט 27. עומר אנופותה B - ויק כג 15 [ו ראשונה נקוד עליה].

**אנפה**† ש״ע נ *n. f.* **תנופה wave offering** ביום דאנפתכון ית עומרה A (M הנפתכון) ביום הניפכם את העמר - ויק כג 12. מן מדוריכון תיתון לחם אנאפה N - ויק כג 17. ותנף יתון אנפה N - שמ כט 24. למנפה יתון אנפה E - ויק ז 30. לחם אנאפה תרתין חלין N - ויק כג 17. וינף כהנה... אנפה B - ויק כג 20.

**נוף** ש״ק ז *n. m.* **1 ענף branch, offshoot** ברד... משלי שרשין ‹ומערטלאי› נופין ברד... עוקר שורשים ומערטל ענפים "there may be hail..." (Ex 11:22), uprooting roots and stripping branches - תי״מ 35ב [זב״ח הע׳ 3]. לוד מקימה עקריה ומרביה נופים אבל היא (האדמה) מעמידה שורשים ומגדלת ענפים - תי״מ 273א. תיר ארעה יאר עסב מזרעה נוף A תדשא הארץ דשא עשב מזריע זרע let the earth sprout vegetation: plants seeding offshoots - בר א 11. **2 סוף** בהשאלה *fig.* **end** אקר לית לחילה נוף לית לשלטנה דו אקר לעלמה שורש (=ראשית) אין לכוחו וענפים (=סוף) אין לממשלתו His power has no roots (=beginning), his sovereignty has no offshoots (=end) - תי״מ 310ב. יעקב נוף וארש ריש ונוף מן אבהן ובנים מן נח ארשה ועד תהבה נופה יעקב (הוא) ענף ושורש, ראש וסוף מאבות ובנים. ראשיתו בנח וסופו עד התהב - תי״מ 243א. **3 צאצאים offspring, progeny** ועננה ואשתה נגידין קדמיך ונופיה דמנך עבידין סבוליך והענן והאש מנחים לפניך (על יוסף) וצאצאיך נעשו נושאיך (בצאתם ממצרים) the cloud and the fire lead in front of you and your progeny become your bearers (Joseph) - תי״מ 53א. ודבבו אשוי בינך ובין אתאה ובין נופך ובין נופהA(E) ואיבה אשית בינך ובין האשה ובין זרעך ובין זרעה I will put enmity between you and the woman, and between your offspring and hers - בר ג 15. הלא שבה לי אללה נוף חורן חליפת הבל A(E) זרע אחר תחת

הבל - בר ד 25. אן לי לא יהבת נוף A - בר טו 3. ואסגי ית נופך ככוכבי שומיה B והרביתי את זרעך ככוכבי השמים I will multiply your descendants as the stars of heaven - בר כו 4. וגבר דידמך עם אתה אדמכת נופשכבת זרע - ת״מ 158ב [מביא את ויק יט 20 אבל בתה״ש שלפנינו זרע]. **4 חלק portion** מעניין ההסתעפות ורב[ת] סבלות בנימים מסבלות כלון חמש נופין A ותרב משאת בנימים ממשאת כלם חמש ידות Benjamin's portion was five times as much as any of theirs - בר מג 34 [בר מז 24: ניצונין = ניצנים?].

**תנופה**† ש״ע נ *n. f.* (עברית) **תנופה wave offering** ותעבדון ביום תנופתכון ית עומרה E - ויק כג 12.

**תנאפה**† ש״ע נ *n. f.* (שיבוש של תנופה?) **תנופה wave offering** וינף יתון כהנה תנאפה N - במ ו 20.

**נוף²**† חזר **return** [< ناب לשון מחזור - [? Barthélemy 853

**אפעל חזר to return** *intrans.* אן תעבד לי ית ממללה הדה עזר אניף ארעה עניך A אם תעשה לי את הדבר הזה אשובה ארעה צאנך If you will do this thing for me, I will again pasture and keep your flocks - בר ל 31 [גיליון *Gloss*]. הונף כספי A הושב כספי my money has been returned - בר מב 28 [הצורה מושפעת מן העברית. *Hebraizing form*].

**נוף³**† ש״פ *pr. n. (place)* [נשמטה האות הראשונה שנתפסה תווית היחס ע״ע לנוף *Elision of l from lnwp (q. v.), being taken as prefix, see lnwp.*

**נוף** ש״פ **באר ! well** על כן שם מדינתה נוף A [שבע] על כן שם העיר באר [שבע] - בר כו 33 [תרגום השם הפרטי *Transl. of the name*].

**נור** אש **fire** [א״י שביבין די נור = גיצי אש - נ בר טו 17 (מן דנ ג 22). **סוא״י** נור וגופרי - בר יט 24], אור **light** [נתמזג עם נה״ר (ע״ע), שנעשה ע״י מפני איבוד הגרונית. מעיקרו נור=אש אבל הוראת אש שלו מקויימת **באיי״מ** שמש עלמה תניר... ועל חשו[ו]כה תניר - 4Q541 (DSSU, p. 144). זב״ח ת״מ 37א, הע' 3. ע״ע נור. *Originally with the sense 'fire', merged with nhr (q. v.) due to the loss of the gutturals; hence the sense 'light'.*]

**אפעל האיר to lighten** ואניר ית ליליה ויאר את הלילה (the cloud) illuminated the night - שמ יד 20 (המליץ 560: ועניר). **ואנירו** ברקיה למשה והאירו הברקים למשה - מ טו 115. תשבחתה למלכה רבה דכן אניר לעבראי בכתבוןתהילה למלך הגדול שכן האיר לעברים בספרם ânər - מ כד 5-6. שומיה אמרין ככן על אלהי נכר לא אנירנן ולה לא רבינן השמים אומרים: על אלוהי נכר לא הארנו ואתו לא גידלנו - ת״מ 210א. יניר יהוה רחותה לידך יאר יהוה פניו אליך - במ ו 25. מלקבל אפי מנהרתה ינירון שבעתת בוציניה - במ ח 2. ומניר לכל עלמה - ע״ד ז 9. ועבד בד דמי שמש... ויהב לגו שמשה עצוץ דדהב מניר ...ועשה בתוך ארבע הדמויות תבנית שמש... ונתן לתוך השמש גביע זהב מאיר - אס 6א.

**מנורה** עברית H **מנורה lampstand** ומזבח עלתה והמנורה ומזבח דהבה the altar for burnt offering, the lampstand and the golden altar - ת״מ 111א (ק: מנהרתה). לשתת קניה דנפקים מן מנורתה B - שמ לז 19. קבל אפי מנורתה... ודן עובד מנורתה... כן עבד ית מנורתה A - במ ח 3-4.

**נור** ש״ע ז *n. m.* **1 אש fire** לא תבערון נור בכל מדוריכון לא תבעירו אש בכל מושבתיכם you shall kindle no fire in all your habitations on the Sabbath day - שמ לה 3. אן יהי במשכה כבית נור כי יהיה בעורו מכות אש - ויק יג 24. ופסיליון תוקדון בנור - דב ז 5. וטורה יקד בנורה - דב ה 19. כל דיתותר מנון... נורה תיכלנה כל הנותר מהם (מן הזבח), האש תוכלנו - ת״מ 289ב. ונסבה נמרוד ורמתה לנורה ולקחו נמרוד והשליכו לאש (את אברהם) - אס 10א. **2 אור light** והוה קבול עשוש בחזות מצראי תלתה יומין לא עמו בה נור והיה חושך ואפלה בעיני המצרים; שלושה ימים לא ראו בו אור there was intense darkness to the sight of the Egyptians; they saw no light for three days - ת״מ 37א. והגלת לה נורה ונגלה לו האור - ת״מ 151ב. נתן אפרשו מוזף לן נור ניתן פסקה מוסיפה לנו אור - ת״מ 155ב. ומן חשך פנותה לנור אימנותה ומחושך פנותה אל אור האמונה - ע״ש ד 25. ולכל ברי ישראל הוה נור במדוריהון EA (VCB) נהר) ...היה אור במושבותם - שמ י 23. משח זית זכיך כתית לנור E שמן זית זך כתית למאור clear oil of beaten olives for lighting - שמ כז 20.

**נורין**† ש״ע ז *n. m. pl. tant.* **צהרים noon** הלא עמי ייכלון גבריה בנורין $*m_2$ כי עמי יאכלו האנשים בצהרים for the men will dine with me at noon - בר מג 16 [ע״ע נהור].

†**נוש** חולשה **weakness** [בן-גוון של נשש (ע״ע) *[Var. of nšš, q. v.*

**קל נחלש to become weak** לא אכל ולא שתה... ולא נש פגרה (משה) לא אכל ולא שתה... ולא נחלש גופו (Moses) did not eat or drink..., nevertheless his body did not grow weak - ת״מ 107א.

**אֶתְפְּעֶל נחלש to become weak** צלו כדו ליהוה ואסטו ערבה הדן דאנה מנה אעיש וגויתי מנשה התפללו נא ליהוה והסירו את הערב הזה שאני ממנו מיואש וגוייתי חלושה pray to the Lord and remove these flies, because of which I am in despair, so that my body became weak - ת״מ 34ב*.

**ניוש** ש״ת qāṭōl *adj.* **חלש weak** תפני קנומך מן בישהתה... ותהי ניוש וליתך יכל תאסי גרצך תפנה עצמך מן הרעות... פן תהיה חלש ולא תוכל לרפא את עצמך turn yourself away from evil... (lest) you be weak and unable to heal yourself - ת״מ 142ב.

**ניוש** ש״ע ז qiṭṭūl *n. m.* **חולשה weakness** זבנה תליתה זבנה דכלולה כל מה אתעבד בתריה... והן הוה תמן ניוש בחילה כלה אביד בשעתה הזמן השלישי (שברא האל) הוא זמן ההשלמה כל מה שנעשה בשני הזמנים האחרים...ואם הייתה שם חולשה בכוחו הכול אבד מיד the third season (of the creation) is the season of perfection of what has been done in the (previous) two..., if any weakness should be in its power, all would perish immediately - ת״מ 272א. והות ארעה בקנאה וימיה עכירין ושמשה אשנתה וזערה בניושה ודחל אדם והייתה הארץ בכעס והימים עכורים והשמש לוקה והירח בחולשה ופחד אדם - אס 2ב.

†**נזף** גערה; הרחקה וגירוש **rebuke, rejection** [א״י ואבוה נזפה נזף בה = ואביה ירק ירק בפניה - נ במ יב 14]

**קל** עבר: נסף - ת״מ 278א. עתיד: ינזף - במ יב 14 $m_4$. **אפעל** עבר: אנזף - אס 17א. עתיד: תנזף (נוכח) tanzəf - ע״ד כו 63. בינוני פעול: מנזף manzəf - א״ג 46. **אֶתְפְּעֶל** עתיד: ותתנזף - ת״מ 136ב. בינוני: מנזף - ת״מ 144א. **מזף** - במ יב 14 $m_4$. **נזפו** - ת״מ 278א.

**קל גער to rebuke** כלי וטמי וכלה נסף לך ומקלל יתך נע ונד (אתה) והכול גוער בך ומקלל אותך you are withheld and isolated and everyone rebukes you and curses you - ת״מ 278א. ואבוה [מז]ף ינזף באפיה $m_4$ ואביה ירק ירק בפניה - במ יב 14 [פירוש *Int.*].

**אפעל 1 גער to rebuke** אל האור אנזף בלעם the God of Light rebuked אל האור נזף בבלעם Balaam - אס 17א. וחסלך תנזף באפי תותב צריך וחלילה לך מלנזוף בפני תושב עני - ע״ד כו 63-64. **2 דחה to reject** ולא תנזף שיאלה ואל תדחה שואל you shall not reject one who asks - א״ג 117. ולא בלושיך מנזפים ואין מבקשיך נדחים ט - those who seek You are not rejected 26. לא תנזפנן בעמל משה אל תדחנו בזכות משה - ע״ד כג 59-60. דומה לו ע״ד כח 21. הידן צריך דאתי בבאו לחסדיך... מנזף אי מתכלי מן טובך איזה נצרך שבא בבקשה לחסדיך... נדחה או מנוע מטובך? - א״ג 44-46. חסל זרעה דאברהם יהי מנזף בעלמה ומטרד מכל אתר חלילה לזרעו של אברהם מלהיות נדחה בעולם ומגורש מכל מקום - ת״מ 144א. ולא תנזף ארעה יתכון $*M_2$ ולא תקיא הארץ אתכם - ויק כ 22.

**אֶתְפְּעֶל נזף to be rebuked** תתגני ותתנזף וכלה לך כלי תגונה ותנוזף והכול מנוע ממך you may be reviled and rejected and everything may be withheld from you - ת״מ 136ב. חסלך אה איקר תתעבד מנזיף חלילה לך,הוי הכבוד,מלהיות נזוף - ת״מ 137א.

**מזף** ואבוה [מז]ף ינזף באפיה $m_4$ - במ יב 14 (מן אונקלוס: מיזף).

**נזפו** ש״ע נ *n. f.* **גערה rebuke** לא תתוכה במלים... ולא בנזפו אינך מוכח לא במלים... ולא בנזיפה you are not chastened by words..., nor by rejection - ת״מ 278א.

†**נזק** פגיעה, נזק **harm** [מן אונקלוס O]

**אפעל פגע to harm** דינזק בגברה הדן ובאתה קטל יתקטל $*M_2$ הנגע באיש הזה ובאשתו מות יומת whoever harms this man or his wife shall be put to death - בר כו 11. כמה דלא [אנז]קנך m כאשר לא נגענוך - בר כו 29.

**נזר** הקדשה, פרישה **vow, abstinence** [א״י למתנזרה קדם ייי - נ במ ו 1]

**אפעל** עתיד: יזר - במ ו 3 $*M_2$[מן העברית]. **אֶתְפְּעֶל** עבר: אתנזר - אס 2ב. עתיד: ויתנזר - במ ו 12. ינזר - במ ו 3. ויתנזרון - ויק כב 2 (המליץ 529: ויתנזרו). מקור: מתנזרה - במ ו 2. **אתנזרו** אתנזרותה (+נסתר) - במ ו 6. **מנזר** - במ ו 2 $*M_1$. **נזיר** - במ ו 2. **נזירו** - במ ו 6 VA. **נזר** נזרה (+נסתר) - במ ו 13 (=המליץ 529).

†**אפעל התנזר to abstain** מן חמר ורעט יזר

he shall abstain from wine מיין ושכר יזיר *M₂ and any other intoxicant - במ ו 3.

**אֶתְפְּעֵל פרש** to abstain ובתר קטלה דהבל אתנזר ק שתה ובתר חכם אתתה ואולד ית שת ואחרי רצח הבל פרש (אדם מחוה) מאה שנים ואחר ידע את אשתו ואוליד את שת after the murder of Abel, (Adam) separated himself (From Eve) for a hundred years, afterwards he knew his wife, and Seth was born - אס 32ב. מן חמר ורעט יתנזר NMECB (J ינזר) to consecrate oneself **2 התנזר** - במ ו 3. ויתנזר ליהוה ית יומי נזרה (*M₂ וינזר) והזיר ליהוה את ימי נזרו he will consecrate himself to the Lord for the days of his separation - במ ו 12. עפוף לא יעבר על רישה עד מלוי יומיה דיתנזר תער לא יעבר על ראשו עד מלאת הימים אשר יזיר- במ ו 5. ויתנזרון מקדשי בני ישראל ולא יחללון ית שם קדשי- ויק כב 2.

**מתנזרה** גבר אי אתה אן יפרש לנדר נדר למתנזרה ליהוה (*M₁ למנזר, C למנתזרה) איש או אשה כי יפלא לנדר נדר נזיר להזיר ליהוה - במ ו 2.

**אתנזרו**† ש״ע נ .n. f **פרישה** consecration כל יומי אתנזרותה ליהוה על נפש מית לא ייעל כל ימי הזירו ליהוה על נפש מת לא יבוא all the days of his consecration to the Lord he shall not go near a dead body - במ ו 6. כל יומי אתנזרותה *M₁ כל ימי נזרו - במ ו 13.

**נזיר** ש״ע ז .n. m **1 נזיר,פרוש** consecrated ודה תורות נזירה this is the law for the consecrated - במ ו 13. ויספר נזירה תרח משכן זימונה - במ ו 18. **2 מוכתר** crowned one לריש יוסף ולקדקד נזיר אחיו V. נ״א כליל) לראש יוסף ולקדקד נזיר אחיו may they rest on the head of Joseph, on the brow of the crowned among his brothers - בר מט 26 (=המליץ 529).

**נזירו** ש״ע נ .n. f **פרישה** abstinence כל יומי נזירותה ליהוה על נפש מית לא ייעלVA כל ימי הזירו......all the days of his consecration - במ ו 6. נדר דנזירו *M₁ נדר נזיר - במ ו 2.

**נזר** ש״ע ז .n. m **1 כתר, נזר** crown הלא נזר אלהה על רישה for the crown of God is on his head - במ ו 7. הלא סיב נזרה - במ ו 12. ויסב ית סער ריש נזרה ויתן על אשתה - במ ו 9. **2 פרישות** consecration כל יומי נזרה קדיש הוא all the days of his consecration he is holy to the Lord - במ ו 8. ויתנזר ליהוה ית יומי

נזרה - במ ו 12. ביום מלוי יומי נזרה - במ ו 13.

**נח** nâ שם פרטי .pr. n

**נח** ש״פ אלין תולדת נח נח גבר זכאי ושלם הוה בדריו אלה תולדת נח נח איש צדיק ותמים היה בדרתיו את האלהים התהלך נח - בר ו 9. ואתחזי על אתרה סימן ודחל נח ונראה במקום סימן ופחד נח - אס 36ב.

**נחבי**† nâbbi שם פרטי .pr. n

**נחבי** ש״פ לשבט נפתלי נחבי בר ופסי - במ יג 14.

**נחור** nāᵓor שם פרטי .pr. n

**נחור** ש״פ ואקעים שרוג... ואולד ית נחור - בר יא 22. ומלאכי נחור אתו ליד אברהם ושליחי נחור באו אל אברהם - אס 12ב.

**נחח**† ניחוח **delight** [מן העברית H]

**ניחח** ש״ע ז .n. m **ניחח** delight וית כל תרבה יסטי... ויועד כהנה למדבחה לריח ניחח ליהוה C (נ״א ריחו, רעוה) ואת כל חלבה יסיר... והקטיר הכהן המזבחה לריח ניחח ליהוה he and the priest shall ...shall remove all its fat, turn it into smoke on the altar, for a pleasing odor to the Lord - ויק ד 31.

**נחיר**† אף, חלק בפנים nose [א״י הוון ציפוראי מתבעיין והוון יהבין סיפליני על נחיריון ולא מתחכמין - היו אנשי ציפורי מתבקשים (לרשות) והיו נותנים איספלנית על פניהם ואינם ניכרים - ירוש סוטה כג ע״ג]

**ניר** ש״ע ז .n. m **אף** nose ושוית קודשה על נירה ושעיריה על אדה A ואשים הנזם על אפה והצמידים על ידיה I put the ring on her nose and the bracelets on her arms - בר כד 47.

**נחל¹**† אחוזה possession [מן העברית. עיקרו במובאות מן התורה. ע״ע סחן. H, *mainly in quotations from the Torah.*]

**נחלה** ש״ע נ .n. f **אחוזה** possession דאנון לא אזדעקו גוי קדוש ולא בכור ולא נחלה שהם (האומות) לא נקרו "גוי קדוש" ולא "בכור" ולא "נחלה" they (the nations) have not been called "holy people", nor "firstborn", nor possession" (Dt 4:20) - ת״מ 234ב. אמיר בנביו רבה בהר נחלתך ומהי נחלתה ישראל הוא

נחלתה הך דאמר חבל נחלתו נאמר בנבואה (שירת הים) "בהר נחלתך" (שמ טו 17) ומהי נחלתו? ישראל הוא נחלתו, כמו שנאמר "חבל נחלתו" (דב לב 9)- ת״מ 97א. ובדומה לאלה ת״מ 171ב, 229ב, 231א, 283א. אף בפיוט: הר הנחלה והשכינה- ע״ש ה 17 (עברית).

**נחילה**† ש״ע נ *n. f.* **אחוזה possession** נחילת עלם A אחזת עולם everlasting possession - בר מח 4.

**נחל²** זרם מים **brook** [**א״י** ועברו ית נחלה דזרד - **נ** במ ב 13. **סוא״י** נחל סגולא - במ יג 24]

**נחל** ש״ע ז *n. m.* **זרם מים brook** ארע נחלי מים a land of brooks of water - דב ח 7 (=המליץ 524). וחפרו עבדי יצחק בנחלה ויחפרו עבדי יצק בנחל - בר כו 19. ויקדלון תמן ית עגלתה בנחלה וערפו שם את העגלה בנחל- דב כא 4. וערבי נחל - ויק כג 40.

**נחל אנכלה** שם מקום *pr. n. (place)* [ע״ע אנכל, נחל אתכלה]

**נחל אנכלה** ש״פ ואתו עד נחל אנכלה (C נכלה) ויבואו עד נחל אשכול - במ יג 23. לאתרה ההוא קרו נחל אנכלה (C נכלה) - במ יג 24.

**נחל ארנן** שם מקום *pr. n. (place)* [ע״ע מישר מגיבה]

**נחל ארנן** ש״פ מנחל ארנן עד טור חרמון - דב ג 8. מן ערער דעל ספת נחל ארנן - דב ד 48.

**נחל אתכלה** שם מקום *pr. n. (place)* [מן אונקלוס O. ע״ע אתכל, נחל אנכלה]

**נחל אתכלה** ש״פ ואתו עד נחל אתכלה $M_1B$* ויבואו עד נחל אשכול - במ יג 23. לאתרה ההוא קרו נחל אתכלה $M_2$* - במ יג 24.

**נחל גרר** שם מקום *pr. n. (place)* [ע״ע גרר]

**נחל גרר** ש״פ ואזל מתמן יצחק ושרה בנחל גרר - בר כו 17.

**נחל זרד** שם מקום *pr. n. (place)*

**נחל זרד** ש״פ מתמן נטלו ושרו בנחל זרד - במ כא 12.

**נחל חנוכיה**† שם מקום *pr. n. (place)*

**נחל חנוכיה** ש״פ מצפון חמת נחל חנוכיה (נסב הגבול) מצפון לחמת (שעל) נחל אנטיוכיה - אס 19ב.

**נחל יבקה** שם מקום *pr. n. (place)* [ע״ע יבק]

**נחל יבקה** ש״פ נחל יבקה וקורי טברה נחל היבק ועיר ההר - דב ב 37. קעם עם יעקב לגו נחל יבקה עמד ליעקב בנחל היבוק - מ ה 73-74.

**נחל מצרים** שם מקום *pr. n. (place)*

**נחל מצרים** ש״פ וסאר תחומה מעצמונה עד נחל מצרים- במ לד 5.

**נחלאל** שם מקום *pr. n. (place)* nēllī'əl [ע״ע פלגין]

**נחלאל** ש״פ וממתנה נחלאל ומנחלאל במות - במ כא 19.

**נחם** נחמה, חרטה **comfort; regret** [**א״י** ונחם יתהון ומלל על לבביהון מלין דשלם - **נ** בר נ 21. **סוא״י** נחמו לטורא דברתה דציון - ישע י 32. מתרגם [παρακαλεῖτε ← רחמים, מחילה **mercy, forgiveness**

**פעל** עבר: ונחם - בר נ 21 C. עתיד: ינחמנן (+מדברים) - בר ה 29. מקור: מנחמאתה (+נסתר) - בר לז 35. **אפעל** עבר: ואנחם - בר נ 21VMEB. **אֶתְפַּעַל** עבר: ואתנחם - בר ו 6. עתיד: יתנחם - ת״מ 244ב. ינחם - שמ יג 17 VC (=המליץ 520). ציווי: ואתנחם wit'nām - מ יח 20. ואנחם - שמ לב 12. בינוני: מתנחם - ת״מ 291א. מקור: מתנחמה - בר לז 35. **אנחמו** - ת״מ 296א. **נחום** qiṭṭūl - ת״מ 302ב. **נחמה** - ת״מ 227א.

**פעל**† **ניחם to console** ונחם יתון ומלל עם לבון C וינחם אתם וידבר אל לבם he consoled them and comforted them - בר נ 21. דן ינחמנן מן עובדינן זה ינחמנו ממעשינו this one shall bring us relief from our deeds - בר ה 29.

**מנחמה** וקעמו כל בניו... למנחמאתה ויקומו כל בניו... לנחמו - בר לז 35.

**אפעל**† **ניחם to console** ואנחם יתון ומלל עם לבון וינחם אתם וידבר אל לבם - בר נ 21. אדם אמרה כד אתקטל הבל אנחמה מרה אדם אמרו ("אל אמונה" - דב לב 4) כאשר נרצח הבל, ניחמו האדון Adam said it ("God of faithfulness" - Dt 32:4) when Abel was killed; the Master consoled him - ת״מ 191א.

**אֶתְפַּעַל 1 התנחם to be consoled** ומיתת ברת שוע... ואנחם יהודה (EC ואתנחם) וינחם

יהודה Shua's daughter died…; and when Judah
ואנחם יצחק בתר - was consoled - בר לח 12.
אמה (MCB ואתנחם) - בר כד 67. **2 התחרט to**
**regret** ואתנחם יהוה הלא עבד ית האדם the
Lord regretted that He had made man - בר ו 6.
הלא אתנחמת כד עבדתון - בר ו 7. לא תוננו
במלל ולא בעובד עד לא ינחם על מה שבק
ולא יתעב מד לידה אתא "לא תוננו" (את הגר
- דב כג 17) לא בדיבור ולא במעשה כדי שלא
יתחרט על מה שעזב ולא יתעב את מה שבא
לידו - ת״מ 156א. עזר מן תקוף רגזך ואנחם על
בישתה לעמך (B ואתרחם) שוב מחרון אפך
והנחם על הרעה לעמך - שמ לב 12. **3 חזר בו to**
**repent** ותנחם ולית ינהך נחמה ותינחם ולא
תועילך הנחמה when you repent, repentance
will not avail you - ת״מ 227א. **4 ריחם** הוראה
יוצאת מן דב לב 36, המובא בת״מ 243א, 244א,ב, שם
נתפס "ועל עבדיו יתנחם" = ירחם, כתרגומו. **to have**
**compassion, mercy** תהבה יקום ויהוה
יתנחם התהב יקום ויהוה יתנחם the Taheb
will arise, and the Lord will have compassion -
ת״מ 244ב. במה ארחמנון במה דן אנחם עליון
למה ארחמם, למה זה אינחם עליהם - ת״מ
241א. ייתי בשלם תהבה וינחם יהוה ויגלי
רחותה בוא בשלום התהב וירחם יהוה ויגלה
רעותה - ת״מ 43א. מרי אתרחם ואתנחם הך די
אמנותך אדוני, רחם והינחם כפי שהוא משפטך
- מ יח 19-20. **5 סלח to forgive** ומרון רצי
עליון ומתנחם בטובה עליון ואדונם רוצה בהם
וסולח בטובו להם the Lord is favorable
towards them and in His goodness forgives
them - ת״מ 304ב. וכבודה מתחזי... ואלה
מתנחם... ורחמיה פריסה ביומה דבה קהלה
מתפרק מן חוביה והכבוד נראה... והאלוהים
מוחל... והרחמים פרוסים ביום שבו הקהל
מתפרקים מן החטאים - ת״מ 291א.

**מתנחמה** ומעי למתנחמה וימאן להתנחם
- בר לז 35.

**אנחמו** ש״ע נ *n. f.* **1 נחמה comfort,**
**consolation** אלבשת לזרעך מן רבין איטבו
כלה אנחמו הלבשתי את זרעך מתפארת הטוב
שכולה נחמה I clad your descendants with the
glory of the goodness, which is full of comfort -
ת״מ 296א. וידבר... ברישה אתמרת לנח בסור
באנחמו וקוממות אלפנה בסור במפוקיתה
ואנחמו לכל דריה... שרוה בסרה וחסולה
אנחמו "וידבר" (ויק א 1 = התורה) היא ראשונה
נאמרה לנח (בבר ח 15) בשורה לנחמה וקיום
התורה, בשורה ליציאתו (מן התיבה) ונחמה

לכל הדורות - ת״מ 173א. **2 נקמה revenge** יום
נקם מכל חיביה ויום שלם לכל טביה יום
עמידותה לכל ברנשיה יום אנחמותה לכל
בישיה יום הנקם מכל הרשעים ויום שלם
לכל הטובים יום תחיית המתים לכל בני האדם
יום הנקמה לכל הרעים day of vengeance from
all the wicked, day of requittal for all the good,
Day of resurrection for all men, day of revenge
for all the corrupt - ת״מ 236 [ראה זב״ח שם].

**נחום**[†] ש״ע ז qiṭṭūl *n. m.* **מחילה pardon** אוי
לדר אתי בה חסיכה לית לגוה נאר ולא נחום
חובה מתעמי אוי לדור שאת חסרה בו (האות
ק). אין בו אור ולא מחילת חטא נראית woe
to the generation from which you are withheld
(the letter Qoph); there is no light in it nor
pardon - ת״מ 302ב.

**נחמה**[†] ש״ע נ *n. f.* **1 חזרה repentance** ותנחם
ולית ינהך נחמה ולא תועילך נחמה
when you repent, repentance will not avail you
- ת״מ 227א. **2 נחמה consolation** אתי עבידה
נחמה את עושה נחמה (האות ס) - ת״מ 294א.

**נחש[1]**[†] ניחוש וכישוף **divination, sorcery** [א״י]
ולא תהוון נטורי נחשין = לא תנחשו - ויק יט 26.
**סוא״י** מנחשין - [LSP 122a

**פעל ניחש, כישף to practise divination,**
**sorcery** לא תנחשון ולא תעננון you shall
not practice divination or soothsaying - ויק יט
26. לא יתשקע בך... מערש מנחש מכסף - דב
יח 10. מלי מענניה מנחשיה חרשיה קסמיה...
כל אילן דכי קנומך מנון דברי המעוננים,
המנחשים, המכשפים, הקוסמים... כל אלה, טהר
עצמך מהם - ת״מ 154א [ע״פ דב יח 10]

**נ(י)חוש** ש״ע ז qiṭṭūl *n. m.* **נחש divination**
ולא אזל כזבן בזבן לזימון ניחושיה VN ולא
הלך כפעם בפעם לקראת נחשים ...Balaam,
did not, as on previous occasions, go in search
of divination, - במ כד 1. הלא לא נחוש ביעקב
ולא קסם בישראל V כי לא נחש ביעקב- במ כג
23.

**ניחש** ש״ע ז *n. m.* **נחש divination** הלא לא
נחש ביעקב ולא קסם בישראל כי לא נחש
ביעקב ולא קסם בישראל there is no
divination in Jacob, no sorcery in Israel - במ כג
23. לזימון ניחשיה C לקראת נחשים - במ כד 1.

**נחש** ש״ע ז *n. m.* **נחש divination** לזימון נחשיה
JBA לקראת נחשים - במ כד 1.

**נחש²** בעל חיים זוחל **serpent** [שאילה מן העברית, ע״ע חוי. H *loan*. טלשיר 157]

**נחש** nāš ש״ע ז *n. m.* **נחש serpent** יי דן נחש סלק אורע יהי דן נחש עלי דרך Dan shall be a serpent in the way - בר מט 17. **וארמתה ארעה והוה לנחש** - שמ ד 3. **ושלח יהוה בעמה ית נחשיה יקדיה** וישלח יהוה בעם את הנחשים השרפים - במ כא 6. **פמה דנחש צנק את פי הנחש סגור** - מ ה 67. **וזנת מדעיון במלתה דנחשה** וזנתה דעתם (של אדם וחוה) בשל דברי הנחש - אס 32ב. **שחתו אדם וחוה במלתה דנחש דאתא בערימו ומלל גדף** ״שחתו״ (דב לב 5) אדם וחוה בדבר הנחש שבא בעורמה ודיבר גידוף - ת״מ 194א.

**נחש³**† נחושת **copper** [א״י ותעבד פורפין דנחש = ועשית קרסי נחשת - נ שמ כו 11. **סוא״י** וחולף נחשא יאתא ליכי דהב - ישע ס 17]

**נחש** ש״ע ז *n. m.* **נחושת copper** ארעה דאבניה ברזל ומטבריה תחפס נחש ארץ אשר אבניה ברזל ומהרריה תחצב נחשת a land whose rocks are iron and from whose hills you can mine copper - דב ח 9. **ודה ארמותה דתסבון מן עמון דהב וכסף ונחש** - שמ כה 3. **ויהון שומיה דעל רישך נחש וארעה דתחתיך ברזל** - דב כח 23.

**נחשון** nēššon שם פרטי *pr. n.*

**נחשון** ש״פ נחשון בר עמינדב - במ א 7.

**נחשירכן**† צייד **hunter** [מן אונקלוס O. **ס** נחשירא LS 428a. מגילת מלחמת בני אור: יתקרבו לנחשיר גדול - 10 א]

**נחשירכן** ש״ע ז *n. m.* **צייד hunter** והוה עשו גבר [נחש]ירכן m ויהי עשו איש ציד Esau was a hunter - בר כה 27.

**נחת¹** ירידה **descent** [א״י ונחת תחומה לירדנה - נ במ לד 12. **סוא״י** ונחת ליופא - יונה א 3]

**קל 1** [ע״ד ע״ו מפני אבדן הגרונית. *IIw due to the loss of the gutturals*] עבר: נעת nāt - מ יד 82. עתיד: ינעת - דב כח 24. ציווי: נת - שמ יט 21 (V נות). נתו - בר מא 2 (V נותו). בינוני: נחת - ת״מ 258ב. **קל 2** [שורש תנייני מן הידמות הנו״ן. *Secondary root by assim. of nun.* זב״ח עואנ״ש ג/ב 190, 224.] עבר: אעת āt - מ ט 32. עתיד: ייעת yiy'yāt - מ יד 60 [זב״ח עואנ״ש ג/א 54, 110]. ציווי: אעת - שמ יט 21 A. בינוני: ואעת wā²ət - מ טו 4. מקור: מיחת - בר מד 26. **אפעל** עבר: ואעתו - בר מד 11. עתיד: יעתון - במ א 51. ציווי: אעת - שמ לג 5 A. **אֶתְפְּעֶל** עבר: אתיעת - בר לט 1. בינוני: מיעת miy'yāt - מ יד 78. **יחתו** ביעתות - שמ לד 29 C. **מחתי** במעתיתה (+נסתר) - שמ לד 29 N. **מיחות** מיות - בר מג 20 MB מיחת מיעת - בר נ 13 A.. **נחות** qāṭōl - ת״מ 252ב. נעותיה (ר מיודע) - שמ טו VEC8 (=המליץ 531). **נחת** - בר מג 20 A.

**קל₁ נחת ירד to descend** לנביא דלבש קרן אורה כד נעת טעין לוחיה לנביא אשר לבש קרן אור כאשר ירד טעון הלוחות to the prophet who wore the ray of light when he descended carrying the tablets - מ יד 82. **ונעת משה מן טורה** וירד משה... - שמ יט 25. **וארמית ית עפרה לגו נחלה דנתא מן טורה** (VB דנחת, EC דנעת) ואשליך את עפרו אל הנחל היורד מן ההר - דב ט 21. **אבק ועפר מן שומיה ינעת עליך** EC - דב כח 24. **נת לידי ואל תקעם** רדה אלי ואל תעמד - בר מה 9. **נת אסיד בעמה** (V נות, A אעת) רד העד בעם שמ יט 21. **חותו לתמן** M₁C - בר מב 2. **סליק אנה אל טור נבא לא תסכון דאנה נחת עד לעלם** עולה אני אל הר נבו לא תראוני יורד עד לעולם - ת״מ 258ב. **נחתו בצברה... הך מה דהוו כלמיה נעתין** בבסרון ״ירדו במצולות״ (שמ טו 5) כמו שהיו הכינים יורדים בבשרם - ת״מ 255ב.

**קל₂ ירד to descend** אלה דלית לה דמו אעת מגלי שמה האלוהים שאין לו דמות ירד לגלות את שמו God who has no image descended to reveal His name - מ ט 31-32. **מן שומי שומיה אעת** אלה משמי השמים ירד האלוהים - מ כג 14. **ואעת יהוה בעננה** EC - במ יא 25. **וייעת עליון ברדה וימותון** וירד עליהם הברד ומתו - שמ ט 19. **ווייעתון כל עבדיך אלין ויסגדון לי** - שמ יא 8. **אנא אעת עמך למצרים** (MEBA איעת, N איעות) אנכי ארד עמך מצרימה- בר מו 4. **אעת אסיד בעמה** A רד העד בעם - שמ יט 21. **זל אעת** A - שמ יט 24. **אחת לותי** C (A איעת) - בר מה 9. **אלה מכך ואעת האלוהים משפיל ויורד** (אל הר סיני) - מ טו 4. **דאנה מזדזע ואעת** שאני זע ויורד - מ טז 92.

**מיחת לא נכל למיעת** לא נוכל לרדת - בר מד 26. **אזלין למיעת למצרים** הלכים להוריד מצרים - בר לז 25.

**אפעל הוריד to let down, lower** וזרזת ואעתת קלתה על אדה ותמהר ותורד כדה על ידה she quickly lowered her jar upon her hand - בר כד 18. **וזרזו ואעתו גבר חדה ארעה** וימהרו

ויורידו איש אמתחתו ארצה - בר מד 11. ובמטל משכנה יעתון יתה לואי ובנסע המשכן יורידו אתו הלויים (את המשכן) - במ א 51. ויעתון חכימי קרתה ההיא ית עגלתה לנחל עמיק והורידו זקני העיר ההיא את העגלה אל נחל איתן - דב כא 4. אעת סעדך מן עליך הורד עדיך מעליך - שמ לג 5. אעתו ית אחוכון הורידו את אחיכם - בר מג 7.

**אֶתְפְּעֶל 1 הורד to be brought down** ויוסף אתיעת למצרים ויוסף הורד מצרימה Joseph - was brought down to Egypt - בר לט 1. ואתיעת משכנה והורד המשכן - במ י 17. וכד אתחיתו עסרתי מליה בתרי לוחיה - ת״מ 174ב. **2 ירד** במשמעות הקל (=*Qal*) **to descend** ומירה דאלהותה מיעת מוחי דריה ומזון האלוהות יורד ומחיה את הדורות food from the Divinity - descends and gives life to the generations - מ יד 77-78.

**יחתו**† ש״ע נ *n. f.* **ירידה descent** ביעתות משה מטור סיני ותרי לוחי סעדואתה באדה ביעתותה מן טורה C (E בעיתות... בעיתותה) ברדת משה מטור סיני ושני לוחות העדות בידו at Moses' descent from Mount ברדתו מן ההר Sinai bearing the two tablets of the Testimony - at his descent from the mountain - שמ לד 29.

**מחיותי**† (< מיחותי) ש״ע נ *n. f.* **ירידה descent** מעיותי נעתנן בשרוה לממור מזון E - בר מג 20.

**מיות**† (< מיחות) ש״ע ז *n. m.* **ירידה descent** מיות נעתנן בשרוה לממור מזון MB ירד ירדנו בתחלה לשבר שבר - בר מג 20.

**מיחת** ש״ע ז *n. m.* **ירידה descent** וקברו יתה במיעת חקל מכפלתה A ויקברו אתו במורד they buried him in the descent of שדה המכפלה - the field of Machpelah - בר נ 13 [אם אינו ט״ס, הריהו שינוי מכוון]. מיעת נעתנן בשרוה - בר מג 20. במיעתה מן טורה ברדתו מן ההר - שמ לד 29. אבדן מצראי במיעתון בצברה אבדן המצאים ברדתם במצולות - ת״מ 82א.

**מחתי**† ש״ע נ *n. f.* **ירידה descent** ותרי לוחי סעדואתה באדה במעתיתה מן טורה N ושני לוחות העדות בידו ברדתו מן ההר the two tablets of the Testimony in his hand at his - descent from the mountain - שמ לד 29.

**נחות**† ש״ע ז במעמד הבינוני *n. m. participial* qāṭōl **יורד descending** והוא בכי בדמעין הך מטרה הנחות מן שומיה והוא בוכה בדמעות כמו he was crying with המטר היורד מן השמים - tears like the rain descending from the sky - ת״מ 252ב. אתערמו מיה אתקוממו כבת טמי נעותיה VEC ...כמו נד נאזלים - שמ טו 8. [nâ:zēlǝm בינוני של אז״ל = הלך בהוראה ירד. זב״ח לשוננו טו 78].

**נחת**† ש״ע ז *n. m.* **ירידה descent** נעת נעתנן A ירד ירדנו - בר מג 20.

## נחת² שם פרטי nât² *pr. n.*

**נחת** ש״פ ואלין בני רעואל נחת וזרח - בר לו 13.

## נחתום† אופה **baker** [מן אונקלוס O]

**נחתום** ש״ע ז *n. m.* **אופה baker** ובקנונה עלאה... עובד [נ]חתום m ...מעשה אפה - prepared by a baker - בר מ 17. ורגז פרעה על תרי סריסיו על רב משקאיה ועל רב נח[תומיה] m - בר מ 2. וחזה רב נחתומיה הלא יהי פשר *M₁ - בר מ 16.

## נטז† קפיצה, נתירה **bouncing**

**פעל ניתר to leap** דלה מסגים מעל רגליו למנטזה בון על ארעה *M₁ אשר לו כרעים ממעל לרגליו לנתר בהם על הארץ which have legs above their feet, with which to leap on the - earth - ויק יא 21.

**אפעל הקפיץ to make to leap** ואגיז סלבי מן ימה ואטז למשריתה E ויגז שלוי מן הים it brought quails from the sea, ויטש על המחנה - and made them leap over the camp - במ יא 31 [=המליץ 478. התה״ע: فطفر = ניתר].

## נטח† פגיעה, נגיעה **touch, reach** [אחיקר 167 :

ע חורש .Cow Pap 245 נטחוהי = פוגשים אותו - והטיח בסלע - אהלות יז ב. **סוא״י** וקריב ואטח לארנא = וניגש והכה את הארון - לוקס ז 14 (כ״י C). טל, ספר בלאו 322].

**אפעל 1 הפגיש to cause to meet** שמעו ני [וא]טעו לי בעפרון בר צהר m שמעוני ופגעו לי בעפרון בן צהר hear me, and let me meet - Ephron the son of Zohar - בר כג 8 [C וקדמו. הכול פירשו "הגישו"]. **2 פגש to meet** ואעטו בה מלאכי אלהה A ויפגעו בו מלאכי אלהים the angels of - God met him - בר לב 2. **כד יטענך עשו תלימי** A כי יפגשך עשו אחי - בו לב 18. מן אהן לך כל אכלסה הדן דאטעת A*M₂ מי לך כל המחנה הזה אשר פגשתי - בר לג 8. ואטעו ית משה וית

אהרן קעמים לזימונון m ויפגעו את משה ואת אהרן נצבים לקראתם - שמ ה 20.

**מטעה** אן תיצר על קריה... לא תחבל ית אילנה למטעה VB ‏(Eלמטחאה) עליו קצוץ ...לנדח עליו גרזן - דב כ 19 [ויש נ״א למטעי, שהושפע מן נידח = טעי (ע״ע)].

**לאטחו** מ״י *prep.* **לקראת to the encounter of** אזל לאטעות משה M$_1$*לך לקראת משה - Go to the encounter with Moses - שמ ד 27. ומצרים נטלים לאטעותה A ומצראי נסעים לקראתו - שמ יד 27. ונסב לה ית כל אלין ופסק יתון פסוק ויהב פגר (!) ית קצובה לאטעות עברה M$_2$ ויקח לו את כל אלה ויבתר אותם בתור ויתן איש את בתרו לקראת רעהו - בר טו 10.

**נטט**† תנועה, זעזוע **movement, shock** ← חרדה *Var. of nwṭ (< nwd*,(<נו״ד) [וריאנט של נוט **fear** - **נ** א״י ולית דמניט = ואין מחריד *q. v.); cf. nwš/nšš* ויק כו 6. כנגדו אונקלוס: דמניד. ברם יניי ריט יז: שם כהונתו לא ינוט/ שלום בריתו לו תמוט (על פינחס). רבינוביץ: ינוע ע״פ תה צט 1]

**אפעל זיעזע, החריד to terrify** ותדמכון ולית דינעט N ‏(V דינד) ושכבתם ואין מחריד you shall lie down with no one to terrify - ויק כו 6. ובגבאי מדמכיך ועל ערסאתיך מרטשין אדניך ומנטין שנתך ״ובחדרי משכביך...״ (שמ ז 28) יציקו לאוזניך ויחרידו את שנתך - ת״מ 331ב [זב״ח הע׳ 2].

**אֶתְפְּעֵל 1 נדד to flee** ואתנטת שנתי מן עיני N ‏(ואתנדת,C ונדת) ותדד שנתי מעיני and sleep fled from my eyes - בר לא 40 (=המליץ 449). **2 חרד to be frightened** ודנציר באימנו... דמך דלא מתחנט mētānnå והמסור לך באמונה... ישן ואינו חרד the devoted in his faith... sleeps unfrightened - ע״ד ד 16-20 [ההגייה זרה. זב״ח עואנ״ש ג/ב 50].

**נטי**† נטייה **bend** [א״י לא תטון בתר שואלי אוב - **נ** ויק יט 31]

**אפעל 1 הִטָּה to bend** הטי שבי קלתיך M$_2$A) אמכי, mKC אעתי, M ארכמי) הטי נא כדך let down (*lit.*: bend) your jar - בר כד 14. **2 נטה** פע״ע *intrans.* **to depart** ואטע יהודה מן עם אחיו E ‏(נ״א ונעת) ויט יהודה מאת אחיו - Judah departed from his brothers - בר לח 1.

**מטה** ת״פ *adv.* **למטה downwards** [מן העברית H] התחלפת תשבית כל המים בים סוף היו יעלו עד מאד מלמטה עד לעל כי תשבית המים ידרש מלמעלה עד מטה השתנה טבע כל המים בים סוף היו עולים הד מאוד מלמטה למעלה. אכן טבע המים לשאוף מלמעלה למטה - ת״מ 262ב. בכל המקומות אמנות מיה ידרש המטה מנוחו ובים סוף שם אתו יעלה מעלה - ת״מ 288ב. לא תהי דבב לאלה תתעבד מטה ודבבך מלעל לא תהיה אויב לאלוהים. תהיה למטה ואויבך למעלה do not be an enemy to God (otherwise) you will (placed) down and your enemy up - ת״מ 179ב.

**מטוי** ש ע ז *n. m.* **מיטה bed** וסגד ישראל על סקוף המטוי A וישתחוי יעקב על ראש המטה - Israel bowed himself upon the head of his bed - בר מז 31. **ואתקף** ישראל וגפס על המטוי A ויתחזק ישראל וישב על המטה - בר מח 2. **וכנש** רגליו למטויה ואתגוי A ויאסף רגליו אל המטה ויגוע - בר מט 33.

**נטל** נסיעה, מסע **journey** [א״י כיוון דנטל... רגלוי למזל - **נ** בר כח 10. ונטל טכס משרית שבטה דבנוי דראובן - **נ** במ י 18. באה״ש נתייחדה הוראתו לעניין הנסיעה והוראת הנשיאה נצטמצמה מפני סב״ל. ברם יש עוד עקבות להוראה זו במלת ׳נטלי׳ המתרגמת מוט לנשיאת משאות. שאר נטל בוראה זו הוא בשולי כ״י M והוא מן אונקלוס. O *The principal meaning of nṭl in* SA *is 'to go forth', while for 'to carry' sbl is mostly used. nṭl still means 'to carry' in special [expressions (pole) and in* O *interp.*

**קל** עבר: נטל - במ יא 31 (=המליץ 534). עתיד: ויטל - במ ב 17. ציווי: טלו - דב ב 13. וטולו - במ י 10א VNCB. נטלו - המליץ 534 (מן דב ב 24. ליתא). בינוני: דנטל - ויק יא 25 VN ‏(=המליץ 533). נטלין - שמ יד 27 (=המליץ 521). מקור: מטל - במ י 2. **אפעל** עבר: ואטל - שמ טו 22. ואטלו - שמ יט 2 A. מקור: מטלה - במ י 2 V$_{?}^{}$ ? עבר: אנטל - בר לג 17. עתיד: תנטל - המליץ 517. וינטלון - שמ יד 15 BA. **אטלו** - במ א 51. **טול** - דב כז VB 9 (=המליץ 454). **מטל** במטלון - במ י 34 (=המליץ 521). **מטלה** - ת״מ 251ב. **מנטל** - למנטליון - שמ יז 1 A. **נטול** qāṭōl נטולי (ריבוי נסמך) - במ י 21 m. **נטל** - במ יג 23.

**קל 1 נסע to go forth** ורוח נטל מן עם יהוה ואגיז סלבי מן ימה ורוח נסע... ויגז שלוי מן הים there went forth a wind from the Lord, and it brought quails from the sea - במ יא 31. **ברעמסס** דבחו ואל סכות נטלו - ת״מ 251ב. **בא׳ אתקומם** משכנה בג׳ נטלו מטור סיני ב(יום) הראשון הוקם המשכן, בשלישי נסעו מהר סיני - אס 216ב. ויטל אהל מועד ונסע אהל מועד the tent

קומו טלו - במ ב 17. of meeting shall set out - ועברו לכון ית נחל זרד - דב ב 13. פנו וטולו לכון VNCB - במ י 10א. וארון קיאם יהוה נטל לקדמיון וארון ברית יהוה נוסע לפניהם - במ י 33. ומצראי נטלין לזימונה ומצרים נסעים לקראתו - שמ יד 27. **2 נשא**† **to carry** [מן אונקלוס O] קומי טולי ית רביה m קומי שאי את הנער arise, carry the lad - בר כא 18. **ונטל** יעקב ברביותהA וישא יעקב בנעוריו - בר כט 1 [פאראפרזה של 'וישא יעקב רגליו'. גם m הביא את אונקלוס: ונטל]. ונטל ית נשיו וית בניו על גמליה M₁*וישא את נשיו...- בר לא 17. ונטלו ית מירון על חמריון M₄* - בר מב 26. [ו]נטל חולקין מן עם קמיו לידון m וישא משאת מאת פניו אליהם - בר מג 34. ותטלנני ממצרים M1*ונשאתני ממצרים - בר מז 30. ונטלו יתה בניו ארע כנען m וישאו אתו בניו ארצה כנען - בר נ 13. ונטלו בקוף בתרים M1* וישאו במוט בשנים - במ יג 23. וכל דנטל מנבילתון VN - ויק יא 25. ודנטל מנבילתון VN - ויק יא 28 [שימושו כאן משקף נטייה פרשנית הקשורה עם אסור העיסוק בנבילה. ע״ע גרף, נדי *ntl is used in the sense of 'to carry', in order to avoid the abomination of eating carcasses.*] ודנטל ית נבילתה N - ויק יא 40 [כנ״ל].

**מטל** למזעקה כנשתה ולמטל ית משריאתה למקרא העדה ולמסע את המחנות - במ י 2. וחזה ית עגלאתה דשלח יוסף למטל יתה M₁* וירא את העגלות אשר שלח יוסף לשאת אתו - בר מה 27 [מן אונקלוס O]. למטיל יתה בון M₂* לשאת אתו בהם - שמ לח 7 [מן אונקלוס: למיטל. הוצבה שלא במקומה. O *interp.* *(misplaced)*]

**†אפעל 1 הסיע to lead** ואטל משה ית ישראל מים סוף ויסע משה... Moses led Israel onward - from the Red Sea שמ טו 22. **2 נסע** פע״ע **to go forth** *intrans.* ואטלו מרפידים A ויסעו מרפידים - they went forth from Rephidim שמ יט 2.

**מטלה** למזעק כנשתה ולמטלה ית משריאתהV למקרא העדה ולמסע את המחנות - במ י 2.

**†אִתְפְּעֵל 1 נישא to be carried** (לזבן) תנטל (רגלון) לעת תמוט רגלם - המליץ 517 [ע״פ דב לב 35. אבל שם רק E: נטל. נתפס תמוט מן מוט (ש״ע) שתרגומו נטל (ע׳ להלן) וקת תזל אקדמהם מן زلّ = מעד]. **2 נסע to journey** ויעקב אנטל לסכות ויעקב נסע סכתה - Jacob journeyed to Succoth בר לג 17. ואנטלו מרפידים B - שמ יט 2. ואנטלו בני ישראל מרעמסס B - שמ יב 37. מלל עם בני ישראל וינטלון B דבר עם בני ישראל ויסעו - שמ יד 15. ועל מדבר סין כלם מנטלים - אבישע (Cow 376).

**†אטלו** ש״ע נ *n. f.* **נסיעה journey** ובאטלות משכנה יעתון יתה לואי N ובנסע המשכן at the setting out of the Tabernacle, the Levites shall take it down - במ א 51.

**†טול** מילית זירוז *interj.* (זב״ח, המליץ 540) טול ושמע ישראל VB הסכת ושמע ישראל hear, O Israel! - דב כז 9.

**מטל** ש״ע ז *n. m.* **מסע journey** ועננ יהוה עליון אימם במטלון וענן יהוה עליהם יומם בנסעם - במ י 34. ואזל למטליו מדרום ועד בית אל וילך למסעיו... - בר יג 3. אלין מטלי בני ישראל אלה מסעי בני ישראל such was the order of march of the Israelites - במ י 28. ואלין מטליון למפוקיון - במ לג 2. במבחר שלישיו דהוו מפרנסי חילי פרעה במטליון ...מנהיגי חיל פרעה במסעיהם - ת״מ 277ב.

**†מטלה** ש״ע נ *n. f.* **מסע journey** ליתו זבן קרבן ולא זבן מטלה אינו זמן קרבן ולא זמן מסע it is not the time for offering, it is not the time for journey - ת״מ 251ב.

**†מנטל** ש״ע ז *n. m.* **מסע journey** ונטלו כל כנשת ברי ישראל... למנטליון A ויסעו... למסעיהם all the congregation of the Israelites moved... to their journeys - שמ יז 1.

**†נטול** ש״ע ז qāṭōl *n. m.* **נושא carrier** ויטלון קהתהי נטולי מקדשה m (עיבוד של אונקלוס נטלי O. נ״א סבולי) ונסעו הקהתים נשאי המקדש the Kohathites set out, the carriers of the holy things - במ י 21.

**†נטל** ש״ע ז *n. m.* **1 מוט** כלי הנשיאה, המוט, נושא את שם המשא. השי׳ מטענה (טע״ן). נטלא הוא כלי שאיבה בירוש נדרים נא ע״א. ראה Fränkel, אצל Nöldeke 66] **pole** וסבלו בנטל בתרים ויסעו במוט בשנים they carried it on a pole between two of them - במ יג 23. עבד לך יקיד ושבי יתה על נטלה עשה לך שרוף ושים אתו על המוט - במ כא 8 [המליץ 511: נטאלה. זב״ח: כלי קיבול]. **ועבד** משה נחש נחשים ושבתה על נטלה ויעש משה נחש נחשת וישמהו על הנס - במ כא 9. **2 משא ? journey** לזבן נטל רגליון E לעת נשיאת רגליהם ללכת ? at their journey - דב לב 35 [לכאורה הוא תרגום מיכאני של "תמוט רגלם" *Apparently, mechanical transl. from mwṭ, taken as 'pole'.*]

†**נטע** נטיעה **planting** [מן העברית, ע"ע נצב H,
[*see nṣb.*

**קל נטע to plant** אה גנה טבה... אלהותה נטעת יתה הוי הגן הטוב, האלוהות נטעה אותו - this is a fine garden, the Divinity planted it ת"מ 282א. אברהם נטע פרדיס וכרז לגוה בשם יהוה... משה נטע משכנה אברהם נטע גן וקרא בו "בשם יהוה" (בר כא 33)... משה נטע את המשכן - ת"מ 186א.

**אֶתְפְּעֶל ניטע to be planted** אה גנה טבה בה כל אילן טב הנטע במעונה ובמכה ‹אתחיל› הוי הגן הטוב, בו כל עץ טוב ניטע במעון ולמטה נתחזק this is a fine garden, containing every fine tree, planted in heavenly abode and anchored in the lower world - ת"מ 282א..

†**נטף**[1] נזילה וטפטוף **dripping** [א"י רסיסי מלקושא דנטפין על עיסבא - תה עב 6. **סוא"י** ינטפון טוריא חליו = יטפו ההרים עסיס - יואל ד 18]

**קל נטף to drip** וקצו קליה וברדה ומטרה לא נטף ארעה ...והמטר לא נתך ארצה he thunder and the hail ceased, and the rain no longer dropped upon the earth - שמ ט 33 (=המליץ 531).

†**נטף**[2] חליצה ושליפה **extraction, drawing** [**אכ** out - naṭapu = to extract, 128b, 11b *CAD*.
חליצה בהוראת בריאה ע"ע חלץ. *For the meaning*
[*'creation' see hlṣ.*

**קל ילד to deliver** ינטפתי לה בר לסיבותה ילדתי לו בן לזקוניו A I have borne him a son in his old age - בר כא 7 [עירוב של ילדתי ושל נטפת.
.[*Blend of* SP *yldty and ntpt*

†**נטף**[3] סם **a spice** [השי' نطف = מיץ ענבים - *Cf.*
[Barthélemy 833

**נטף** ש"ע ז *n. m.* **סם a spice** סב לך סמנים [נט]ף ושללה וחלבניה M₁* קח לך סמים נטף ושחלת וחלבניה - שמ ל 34.

**נטר** שמירה **watch, observance** [א"י אחזור ארעי ענך אנטר יתיה - **נ** בר ל 31. **סוא"י** דינטרון אורחתא דמרא - בר יח 19]

**קל** עבר: דנטר - ת"מ 84א. נטרו anṭâru - מ יב 28. עתיד: יטר - ת"מ 207ב. ציווי: טר ṭâr - ע"ד יח 6. טור - דב ד 9. בינוני: דנטר adnâṭâr - ע"ד יח 15. פעול: נטירים - שמ יב 42 EC. מקור: מטר miṭâr - מ י 20.

**פעל** עתיד: תנטר - ויק יט 18 [**ס** מנטר הוית - בר לא 39]. **אפעל** בינוני פעול: מנטרין manṭârən - מ י 22. **אֶתְפְּעַל** עתיד: אתנטר (נסתר) - ת"מ 134א. ותתנטר - דב כג 10. ציווי: אתנטר - בר לא A 29. בינוני: מתנטרים - ת"מ 221א. **אתפעל** ציווי: אתטר - דב יב B 13. **מטר** - בר מ 3. **מטרה** - במ ח 26. דמטרתה admiṭṭârte - ע"ד כד 31). **מטרן** - ת"מ 21א. **נטור** qâṭōl - ע"ד ד 21 .nâṭor

**קל שמר to keep, guard** זה אלי דנטר יתי בתיבותה "זה אלי" (שמ טו 2) אשר שמר אותי בתיבה... "this is my God" (Ex 15:2), who guarded me in the ark - ת"מ 84א. ונטר יהוה אלהך לך ית קיאמה the Lord your God will keep with you the covenant - דב ז 12. זכאי עלמה נטרו גזיראתה צדיקי העולם שמרו את מצוותיו - מ יב 27-28. וישראל יגדל הן יטר מליו וישראל יגדל אם ישמור דבריו Israel will grow, if they will keep His commands - ת"מ 207ב. ותטרון ית מטרת יהוה - ויק ח 35. טר ית יום שבתה לקדושה - ע"ד יח 6 (מן דב ה 11). לוד אשתמר לך וטור נפשך - דב ד 9. טור לך ית דאנה מפקדך M₁* - שמ לד 11. פרדיסה דנטר פרנסיו כל אילן דלגוה חיים הפרדס השומר את בעליו (=השבת), כל עץ שבו חיים - ע"ד יח 15-16. לילי נטירים הו ליהוה EC ליל שמרים - שמ יב 42.

**מטר** חיים למן דשוי מטר חיים למי שמזדרז לשמור (את השבת) - מ י 19-20. משמע תשמע בקל יהוה אלהך למטר ולמעבד ית כל פקודיו ...לשמר ולעשות את כל מצותיו - דב כח 1. מן אתימן על אוצר יהי עליו מטרנה תדיר מי שהופקד על אוצר יהיה עליו לשמרו תמיד - ת"מ 256א (ישראל והתורה).

†**פעל שמר טינה to bear a grudge** לא תקום ולא תנטר ית בני עמך NMECB לא תקם ולא תטר את בני עמך you shall not take vengeance or bear any grudge against the sons of your own people - ויק יט 18. [ראה טור[2]. המילון של פינחס גורס حقد, לשון טינה (Lane 611a). PG
[*translates ḥqd, 'grudge'. See twr*[2]

†**אפעל** [אתפעל מעיקרו ונשתנתה הגייתו. אבל ע' עואנ"ש ג/ב 194. *Originally Etpaᶜel, see LOT* IIIb, 194.]
**שמר to guard** דנטר לה כיי חייו מנטרין השומר אותה (מצוות האל) חייו נשמרים he who keeps it (God's commandment), his life is guarded - מ טז 169-170. ובמה דחייה מנטרין צריך נטרנון ובמה שהחיים נשמרים צריך לשמרם - מ י 21-22.

**אֶתְפְּעֶל נשמר** **to be kept, watched** מן נטר אתנטר ורצונה ישרי עליו מי ששמר, ישמר ורעותה תשכון עליו he who keeps is - kept and the Divine Grace abides with him ת״מ 134א. ותתנטר מכל ממלל ביש ונשמרת מכל דבר רע you shall keep yourself from - every evil thing דב כג 10. ותתנטרון שריר לנפשהתכון - דב ד 15. התנטר לך דלא תעזר ית ברי לתמן A (אנטר $K_1$) השמר פן תשיב את בני שמה - בר כד 6. אתנטר לך מפטוט עם יעקב A השמר לך מדבר עם יעקב - בר לא 29. נטר פקודיו עד נהי מתנטרים נשמור את מצוותיו כדי שנהיה נשמרים - ת״מ 221א.

†**אֶתְפְּעֶל? שמר** **to watch** אתטר לך ברן תסק עלאתך בכל אתר דתחזי B השמר לך פן תעלה עלתיך בכל המקום אשר תראה beware not to sacrifice your burnt offerings in any place you like - דב יב 13. אתטר לך ברן תשבק ית לואה B השמר לך פן תעזב את הלוי - דב יב 19. אתטרוא לכון דלא ישתלי לבכון השמרו B לכם פן יפתה לבבכם - דב יא 16.

**מטר א** ש״ע ז *n. m.* **משמר** **custody** ויהב יתון במטר ויתן אתם במשמר and he put them in custody - בר מ 3. והוו יומים במטר ויהיו ימים במשמר - בר מ 4. אחכון אחדה יתאסר בבית מטרכון אחיכם האחד יאסר בבית משמרכם - בר מב 19. **ב** שפ״ע *v. n.* **שמירה** **watch** ותמנון עליהון במטר ית כל מסבלון ופקדתם עליהם במשמרת את כל משאם and you shall appoint them to the watch all ther porterage - במ ד 27. השתמר לך דלא תתנשי ית יהוה אלהך לדלא מטר פקודיו ...לבלתי שמר מצותיו- דב ח 11. הלא אם מטר תטרון ית כל מצותה- דב יא 22.

**מטרה** ש״ע נ *n. f.* **משמרת** **charge** ותטרון ית מטרתי ושמרתם את משמרתי you shall keep My charge - ויק יח 30. ואנחה אהרן לקדם סעדואתה למטרה ויניחהו אהרן לפני העדות למשמרת - שמ טז 34. ובידך מטראת כל לויאיה - ת״מ 257א. הודעת דמטרתה נטרה נטוריו הודעת שמשמרתו שומרת שומריו - ע״ד כד 31-32.

†**מטרן** ש״ע ז *n. m.* **חשש** מה שנשמרים ממנו **fear** ואמר יהוה אל משה נביי לא מטרן קריב את עמי בה פליאן ואמר האל: נביאי, אל חשש. בקרוב תראה בו מופתים גדולים God said: "My prophet, (have) no fear. Soon you will see great wonders" - ת״מ 21א [זב״ח הע׳ 3].

**נטור** ש״ע ז *n. m.* qāṭōl **שומר** **guard** דאת נטור דלא דמך שאתה שומר שאינו ישן - ע״ד ד 21.

נטורון דחייה שומר החיים - מ ג 55. והות הך נטור על אוצר - ת״מ 248ב. אהבי קשטה נטורי קיאמה ...שומרי הברית- ת״מ 162א.

†**נטש** התפשטות ותפוצה **spreading** [ע ותטש המלחמה - שמ״א ד 2. זב״ח, לשוננו לעם כח (תשל״ז), 251. ע״ע טו״ס, נט״ז]

**אפעל פשט** **to spread** ואגיז סלבי מן ימה ואטיש על משריתהן J (VMCBA ואטס, E ואטז) ויגז שלוי מן הים ויטש אל המחנה and it brought quails from the sea, and spread them beside the camp - במ יא 31.

†**ני** מילית זירוז *precative part.* [< ניח (זב״ח HebrWortf 19). בכ״י J רק בביטויי תנאי ״אם ני״ ואיסור ״אל ני״, ״אלני״ כנגד אם נא, אל נא. עם פועל (ציווי, עתיד) באה ׳שבי׳/׳שוי׳. בשאר כה״י לא נשמרה הבחנה זו. אין ני מחוץ לתה״ש לבד משתי מובאות מן התה״ש בת״מ. ADS 9/3. ע״ע נא. *See n*[3]]

**ני** †בכ״י J: **נא** עם מילת תנאי *with* **I pray** *conditional part.* אם ני אשקעת רעים בעיניכון if I have found אם נא מצאתי חן בעיניכם favor in your sight - בר יח 3, ודומה לו בר ל 27, לג 10, מז 29, נ 4, שמ לג 13, לד 9. עם מילית איסור *with prohibitive part.* אל ני יתקף למרי - בר יח 32,30. אל ני תעברון מן על עבדכון - בר יח 3. אל ני תשבי עלינן חובה - במ יב 11. עם פועל בכ״י J רק בביטוי קץ ני מנן חדל נא ממנו - שמ יד 12 (מובא גם בפרק ו 9א).

שלא בכ״י J באה ני בלא מילת תנאי: אלקמני ני מן סמוקה סמוקה הדן C הלעיטני נא... בר כה 30. חבי ני שמך NB- בר לב 30. שלח ני באד תשלח C (A שגר ני באד מן תשגר) שלח נא ביד תשלח - שמ ד 13. תבו ני VN - במ כב 19. במקום אחד נוצרה מהפרדת הכינוי החבור שמעו ני MK (A שמקו ני, $K_1$* שמעו שוי !) שמעוני - בר כג 8. בת״מ רק בשתי מובאות מן התה״ש: אעל ניא אדך בחבך - 13א (מן שמ ד 6, נוסח A. ק: ני). גט ניא מנן - 54ב (ע״פ שמ יד 12. ק: ני).

**אלני** במחובר ע״ע אל[2]

†**ניגוג** צלם, פסל **image?**

**ניגוג** ש״ע ז *n. m.* **פסל זכוכית** **glass image** ועבד ניגוג ראם והוה על ארבעה צלמין ועשה פסל זכוכית רם והיה (הפסל) בעל ארבע דמויות he made a tall glass statue, which contained four images - אס 6א [זב״ח מניח ט״ס מן זיגוג.

בתרגום הערבי شباح = שערים]. ועבדת ניגוג דרוח מתקרי פינגאל נגד קל ברוח מכל רבעתה ועשתה פסל זכוכית מרוח הנקראת פינגאל המושך קול ברוח מכל (ארבע הכנפות) - אס 26ב.

**ניוקה**† תאווה **desire** [מן הערבית של סוריה וא״י: تناوق = התאווה, Barthélemy 856. ZSp 167, n.2]

**ניוקה** ש״ע נ qiṭṭūl *n. f.* **תאווה desire** ועגלת אתתה הלא טב עילנה למיכלה וניוקה הוא למעגל A(E) (תחמדה) ותרא האשה כי טוב העץ למאכל וכי תאוה הוא לעינים the woman saw that the tree was good for eating and a desire to the eyes - בר ג 6.

**ניכל**† שם מקום *pr. n. (place)* [זב״ח: כינוי גנאי לבית המקדש מן نكال = עונש (Dozy II 723b). הוא נקרא גם בית מכתש = בית נגע (ע״ע כתש). ZBH: *pejorative epithet of the Jerusalem Temple (Ar* [*nkʾl*]*). Cf. byt mktš*

**ניכל** ש״פ ושרא קין ‹במיסד מת› מדי ניכל והחל קין לבנות מקום הנקרא ניכל - אס 1א [זב״ח: מיססת היא כנראה מן מיסד מת].

**נילוס**† טיחה, ציפוי ? **plastering** [שורש תנייני מן ליס (ע״ע)? *Secondary root from lys (q. v.) by* [*inclusion of the preformative?*

**נילוס** ש״ע ז qiṭṭūl *n. m.* **1 טיחה plastering** נסתף סתפו ונליסה נילוס A(E) נלבנה לבנים let us build with bricks, and ונטוח טיחה - בר יא 3. **2 חימר mortar** - plaster (the walls) נילוס הוה לון לטיאם והחימר היה להם לטיח - בר יא 3 [על מחק. they had mortar for plaster - *Over erasure*.]

**נימוס**† חוק, משפט **law** [νόμος = חוק - Krauss 359b, Sperber 113f. **א״י** ולא תהלכון בנימוסי אומייה = ולא תלכו בחקת הגוים - **נ** ויק כ 23. **סוא״י** ושבקתון מיאקרתה דנימוסא = ועזבתם את נכבדות התורה - מתי כג 23. ע״ע נומיק, ניסס]

**נימוס** ש״ע ז *n. m.* **חוק law** כעובד ארע מצרים... וכעובד ארע כנען... לא תעבדון ובנימוסיון לא תהכון ...ובחקתיהם לא תלכו you shall not do as they do in the land of Egypt..., and you shall not do as they do in the land of Canaan...; nor shall you follow their laws - ויק יח 3. ותטרון

יח מטרתי לדלא מעבד מן נימוסי תועבאתה דאתעבדו לקדמיכון ושמרתם... לבלתי עשות מחקות התועבות אשר נעשו לפניכם - ויק יח 30. ולא תהכון בנימוסי גועיה - ויק כ 23. נימוסי כל אסאיה דאתין ליד מטענה ישקון לה סמנין משפט כל הרופאים, שהם באים אל החולה להשקות אותו סמים - ת״מ 32א. קדשה הגלה ומשח גויתה אמנותה אתת ושבת לה נימוזים הקודש נגלה ומשח גופו, האמונה באה ושמה לו חוקים - ת״מ 279א.

**נימס** ש״ע ז *n. m.* **חוק law** וכד אתו בעו מן אדם דיקרי נימס וכאשר באו (בניו) ביקשו מאדם שיקרא את החוק - אס 24ב.

**ניסס** ש״ע ז *n. m.* **חוק law** קרו אדם ניסס קמי בניו קרא אדם את החוק לפני בניו Adam read the law before his sons - אס 23ב [ט״ס מן נימס. *Corr.*]

**נינבי**† צמח מים **a water plant** [מן LSJ) νυμφαία (1184)]

**נינבי** ש״ע ז *n. m.* פרי אילן שפיר(ה?) כפי תמרים ושבשבן דאילן רציף נינבי נחל m פרי עץ הדר כפי תמרים וענפי עץ עבות וערבי נחל - ויק כג 40.

**נינוה** שם מקום ninâbe *pr. n. (place)*

**נינוה** ש״פ מן ארעה ההיא נפק אשור ובנה ית נינוה... וית רסן בין נינוה ובין כלה - בר י 11 - 12. ואתו ובנו נינוה ורחבות עיר - אס 8ב.

**ניסק**† בקע **breach** [שיכול של נקס והוא מין בקע בקיר. *Metathesis of nqs.*]

**ניסק** ש״ע ז *n. m.* **חלון window** (=breach in the wall) A ואדיק אבימלך... בסעד ניסקה (נ״א ארכה [< חרכה]) וישקף אבימלך בעד החלון Abimelech king of the Philistines looked out of the window - בר כו 8 [השי' SSt 69 וכן ZSp 131].

**נינף**† ?

**נינף** ש״ע ז *n. m.* **?** וכדו שוי נינפיך זינך סיפך ופוק ברהA ועתה שא נא כליך תליתך וקשתך now, take your gear (?), your weapon and your sword, and go out to the field וצא השדה - בר כז 3 [הפסוק משובש כולו ובו שרבובים מן אונקלוס (זינך) והמלה שלפנינו נשתבשה מן מניך *Prob. corr. from mnyk (very corrupt verse, incl. misplaced* [interp. from O).

†**ניסבור** שם מקום (place) *pr. n.* [באירן. זב"ח, אסטיר 28]

**ניסבור** ש"פ עיבל בנה קנז והיא ניסבור - אס A4.

†**ניסה** שם מקום (place) *pr. n.* [< νῆσος = אי - א"י נסי אומיה = איי הגוים - **נ** בר י 5. LSJ *s.v.* **סוא"י** ניסותא והלין דעמרין בגוהון = איים ויושביהם - ישע מב 10]

**ניסה** ש"פ בד עשר שנה אזל למך מן חנוכיה ובנה ענה ‹וברה› וניסה ועדה בשנת(ו) הארבע עשרה הלך למך מחנוכיה ובנה את ענה וברה וניסה ועדה - אס 3b [התרגום הערבי של אסטיר الجزيرة מלמד שאינו ש"פ. אבל ע' זב"ח בעמ' 27: הוא גם כינוי לארם נהרים. השי' *In* Ar *a Mesopotamian town situated on an island of the Tigris. See* Barthélemy 111 *and* ZBH *ad loc. According to the* Ar *transl. of Asatir it is not a pr. n.*]

†**ניסוס** אי **island** [< νῆσος - SSt 103] ← גוי, משפחה על פי מליצת התורה → **people** יסוד **fundament** [השי' עקר = ארש - ויק כה 47 המליץ 546]

**אנסיס** ש"ע ז *n. m.* **יסוד fundament** ואבדרו בני אדם על אפי ארעה ואחד מנון לא חכם לשן עברה והדה הי אנסיס דקרביה ונתפזרו בני אדם על פני הארץ ולא ידע אחד מהם את לשון חברו. וזהו יסוד (=סיבת) המלחמות men scattered over the earth and none of them understood another's language; this is the fundament (*i. e.* cause) of the wars - אס A9 [ע' בהערות זב"ח בעמ' 34].

**ניסוס** ש"ע ז *n. m.* **1 משפחה family** [א"י מן אלין אתפרשו נסי אומיה - **נ** בר י 5] יוסף מלכה דמנה נפרדו ניסוסי יוסף המלך שממנו נפרדו המשפחות Joseph is the king, from whom the families (of the Samaritans) branched out - אבישע (Cow 376). שלם לך משמש ניסוסי כל גזיראתה שלום לך משרת את משפחות כל האיים peace be with you, the servant of the fundaments of all laws - אבישע (Cow 378). **2 יסוד fundament** ניסוס הקדשים מן קדש יום שבתה יסוד הקודשים (עולה) מקדושת יום השבת the fundament of the holiness (derives from) from the holiness of the Sabbath - נתנאל (Cow 634).

**עניסוס** ש"ע ז *n. m.* **משפחה family** [א"י ניסי ימא - תרג' ישעיהו כד 15] אלין כרני ברי נח... מן אלין אתפרקו עניסוסי גויה בארעה A (נ"א אקרי) ...מאלה נפרדו איי הגויים בארץ these are the clans of Noah's descendants..., from these the families of the nations branched out over the earth after the Flood - בר י 32 [נ"א תפס אי - יסוד (עיקר). אבל התה"ע: גזאיר = איים].

**ניסן** מחודשי השנה **name of a month** [א"י ירחא הדין ניסן לכון ריש ירחין - **נ** שמ יב 2]

**ניסן** ש"פ *pr. n.* יומן ואתון נפיקין בירחה ניסנה A היום ואתם יצאים בחדש האביב - שמ יד 4. שבעה יומין תיכל פטיר... לזבן ירח ניסנה A - שמ כג 15. ית חג פטירה תטר... למועד ירחה ניסנה A - שמ לד 18. ובניסן אפרש לוט מן עמה ובניסן נפרד לוט ממנו - אס 11b.

**ניר** עול **yoke** [א"י ניר מטולהון על צוארך **נ** בר כז 40. **סוא"י** בהו יומא יתרים נירה מן כתפך - ישע י 27]

**ניר** ש"ע ז *n. m.* **1 עול yoke** פרה סמקה שלמה דלית בה מום ודלא סלק עליה ניר פרה אדמה תמימה אשר אין בה מום ואשר לא עלה עליה עול a red cow without blemish, in which there is no defect and on which no yoke has been laid - במ יט 2. **2 עבדות, כניעה submission** בהשאלה *fig.* ויהי כמד תתקן ותפרק נירה מן על צוארך והיה כאשר תהדר ופרקת עולו מעל צוארך when you grow restive, you shall break his yoke from your neck - בר כז 40. קעם קדקד נזיר ניר ברזלה ביומיו יזער יקום נשיא מוכתר, עול הברזל בימיו יוסר - אס 21b [ע' בהערות זב"ח].

†**נירבה** שם מקום (place) *pr. n.* [ע"ע הרבלה]

**נירבה** ש"פ ווייעת תחומה מן אפמיא לנירבה VC (C הנירוה) וירד הגבול משפמה הארבלה - במ לד 11.

**נכי** נזק, מום **damage, blemish** [א"י אשתון קמייא ואנכון = שתו הראשונים (מן המים שמצאו) וניזוקו - ירוש ע"ז מא ע"ד. **סוא"י** נטיר דלא נכיו = שמור בלא פגע - Horol 179a. **ס** נכא = הזיק, LS 428], הכאה **stroke** [ונתמזג נכא (=נזק) עם נכי העברי *Blend of* [*nk*[?] (>*nky*) *'damage'* and H *nky 'strike'*.

**קל** בינוני פעול: נכיע - בר לב B 32. **אפעל** עתיד: יכינה

.60 מ ו - makki בינוני: מכי 248ב. - ת״מ - (+נסתר)
פעול: מנכי - מ א 17 [כך הוא לפי ההגייה. אבל מקיום
הנו״ן ניתן להסיק שבמקורו היה אֶתְפְּעַל שתי״ו נידמתה
בו, מעין minnâki*]. אֶתְפְּעַל עבר: אתנכי - ת״מ 106ב.
אנכו - שמ ט 31. עתיד: ינכה - ת״מ 262ב. בינוני: מנכי -
167א. **הכות** - דב כה 2. **מכו** מכות - ת״מ 259ב. **נכי** -
במ כב 6.

**קל בעל מום to limp** B והוא נכיע על ירכה
והוא צלוע על ירכו - בר לב 32.

**אפעל 1 הזיק, פגע to harm** סגוד דנציר
עמך לית כלום מכי לה המשתחווה לך, שנתמסר
לך, אין דבר מזיק לו the one who worhips
You, devoted to You, nothing harms him - מ ו
60. ודכרה דיצחק... מנכש בקרניו כל דמכה
לון ואיל יצחק... נוגח בקרניו כל הפוגע בהם
(בבני ישראל) - ת״מ 50א. דבידה פרקנן מכל
דין מכה שבידה (האות נון) להצילנו מכל עונש
מזיק - ת״מ 140א. וילן במה דעבדנן בנפשהתן
מן אלין עובדיה המכיה אוי לנו שעשינו בעצמנו
מאותם המעשים המזיקים - ת״מ 276ב. ולית
טובך מנכי ומסובר לן ואין טובך ניזוק כשהוא
סולח לנו - מ א 17. **2 היכה to beat** דהוו
מתעבדים בבישו לבני ישראל מכין לון בצמות
קשיה שהיו (השוטרים) נוהגים ברעה בבני
ישראל, מכים אותם באיסוף הקשים (the
taskmasters) who mistreated the Israelites,
beating them when they gathered stubble - ת״מ
279ב [ע״פ שמ ה 16: ועבדיך מכים - בינוני פועל בני״ש].
טכח לא יקרב לה מותה ולא יכינה נפש אולי
לא יקרב אליו (אל משה) המוות ולא יכנו נפש
(דברי האות למד) - ת״מ 248ב [ע״פ בר לז 21: לא
נכנו נפש].

**אֶתְפְּעַל 1 ניזוק, נפגע to be harmed** ברגליו
דהוא מהלך בון על אשתה ולא אתנכי בה
ברגליו שהוא (משה) מהלך בהן על האש ואינו
ניזוק בה his feet, for he walked with them on
the fire and he was not harmed by it - ת״מ 106ב.
ובדומה לזה 263ב. וכתנה וסעריה אנכו... וחטיה
וקטניתה לא אנכו והפשתה והשערה נכו...
והחטה והכסמת לא נכו the flax and barley
were ruined, but the wheat and the spelt were
not ruined - שמ ט 31-32. אשתה אמרת... וכד
דרס יתי הוית כתי רגליו כטל הכשב לי ולא
אתנכי וכאשר דרך בי (משה) הייתי תחת רגליו
כמו טל ולא ניזוק - ת״מ 249ב. וישם את הים
לחרבה... עד לא ינכה ישראל ״וישם...״ (שמ יד
21) למען לא ינזקו ישראל - ת״מ 262ב. **2 הזיק**
**to harm** *trans.* פע״י כל אלין אתריה לא תקום
לגון תנכי קנומך כל המקומות האלה (עבודה
זרה) לא תעמוד בהם (פן) תזיק לעצמך all
these places in which you are not to be, (lest)
you harm yourself - ת״מ 154ב. סמך ולא יגיע
סבול דלא מנכי סומך ואינו פוגע, נושא שאינו
מזיק - אלעזר (Cow 470). **3 הוכה to be sick**
אנש דיהי באש מנכי ויבלש אסו איש אשר
יהיה חולה מוכה ויבקש רפואה one who is
diseased, ill, and seeks a cure - ת״מ 167א.

**הכות הכאה** בשרבובים **beating** H *interp.* ואוזף
להכותה E ויוסף להכותה - במ כב 25. אם בר
הכות עיבה E אם בן הכות הרשע if the guilty
one deserves beating - דב כה 2.

**מכו מכה** *n. f.* ש״ע נ **infliction** נשא עופים
רמים לטרף שנאי אלהים במכות הערב נשא
(הרוח) עופות גדולים לטרוף את שונאי האלהים
במכת הערב (the wind) bore big birds to tear
the enemies of God by the infliction of flies -
ת״מ 259ב [זב״ח הע' 3].

**נכי הכאה** *n. m.* ש״ע ז **defeat** לאט לי ית עמה
הדן... לוי אכל נכי בה C (E נכיה) אולי אוכל
נכי בו perhaps I shall be able to defeat them -
במ כב 6 [העתיק את המקור פיעל שבני״ש (כך תפס
ראב״ע את נ״מ: ״שם הפועל״). ע״ע חוב, כאב[1]. C
[*simply copied* SP; *see ḥwb, kʾb*.

**נכל[1]**† אשכול **cluster** [שורש תנייני מן תכ״ל. זב״ח:
נולד מן הצורה אתכל (ע״ע), שאל״ף פרוסתטית בראשה
(השי אונקלוס בר לז 18) והושמטה לפעמים מן הכתיבה:
atkəla > *akkâla > ankâla - עואנ״ש ג/ב 54. ע״ע
אתכל, סגול, נחל אנכלה. *Secondary root from tkl.*
[*See LOT* IIIb 54.

**אנכל, נכל** ש״ע ז *n. m.* **1 פרי הגפן cluster of**
**grapes** ובגפנה תלתה קלעלוים... הבשלו
נכליה (נ״א אנכליה) הבשילו אשכלותיה V*M[1]
On the vine were three branches..., its clusters
ripened - בר מ 10. וקטעו מתמן נבזן ונכל V
(נ״א ואנכל) ענבים ויכרתו משם זמרה ואשכול
ענבים - במ יג 23. לאתרה ההוא קרו נחל נכלה
C על דדי אנכלה דקטעו מתמן - במ יג 24.
ענביהון ענבי רשו ואנכלי מרירים להון C
ענביהם ענבי ראש ואשכלי מררות למו - דב לב
32. טב אילנה למיכלה... ותחמדת אילנה
לאנכלה ...ונחמד העץ להשכיל - בר ג 6 laškəl
נתפס אשכול (אע״פ שהגייתו iškol). ונדרש לעניין החכמה,
כמו **מש** סוטה ט ט. *Midr. playing on the*
*resemblance of laškəl and iškol, see* M Sotah
IX 9]. **2 כינוי לאיש חשוב epithet of a**
**notable person** אדכירה הי לטב יוכבד גפנה
דכיתה קדישתה דאהלין נכליה ankâkayyå מנה

זכורה לטוב יוכבד, הגפן הטהורה, הקדושה, שאלה האשכולות ממנה commemorate well Jochebed, the pure vine, the holy one, from whom (arose) these clusters - ע"ד ו 19-17.

†**נכל**[2] תרמית **deceit** [**א"י** ואית נכולין סגין מאן אילין = ויש תרמית גדולה מזאת? - ירוש מכות לא ע"ב. **סוא"י** גברא דאידמא ודנכלא = איש דמים ומרמה - תה ה 7 Horol 20a]

**פעל התנכל** to beguile אעיקו אנון לכון בנכליון דנכלו לכון VNECB צררים הם לכם בנכליהם אשר נכלו לכם for they have harassed you with their wiles, with which they beguiled you - במ כה 18.

**אֶתְפָּעַל התנכל** to beguile ואתנכלו יתה למקטלאתה ויתנכלו אתו להמיתו they beguiled him to kill him - בר לז 18 (=המליץ 527. מובא גם בת"מ 278ב). בנכליון דאתנכלו לכון על ממלל פעור בנכליהם אשר נכלו לכם... - במ כה 18.

**נכל** ש"ע ז .n. m **מרמה** beguile בנכליון דנכלו לכון - במ כה 18.

**נכס**[1] שחיטה, זבח **slaughter** [**א"י** חד נכס וחד מתנכס - **נ** בר כב 10. **סוא"י** דיכוס לברה - שם]

**קל** עבר: ונכס - בר לא 54. ואנכס - ויק ח 15 A. עתיד: ויכס - ויק יד 13. ויכוס - ויק ג 8 N. ציווי: וכס - בר מג 16 (=המליץ 476 A וכוס). בינוני: נכסי (ר נסמך) - דב יח 3. פעול: נכיס - דב כח 31. מקור: מכס - בר כב 10. **פעל** (!) עתיד: וינכס - ויק ד 4 A. ננכס - ת"מ 34א*. ציווי: ונכס - בר מג 16 EB. **אפעל** עבר: ואכס - ויק ט 8 A. **אֶתְפָּעַל** עבר: הנכס - ת"מ 252ב. עתיד: ינכס - ת"מ 46א. יתנכס - במ יא 22 VNECBA. בינוני: מנכס - ת"מ 30א. **אנכיס** - אנכיסה - דב יח 3. **נכוס** qiṭṭūl - נכוסון במ טו 25 A. **נכוס** qāṭōl - המליץ 455 [אין יחיד בתה"ש .No sg. in ST], נכוסיה (ריבוי מיודע) - בר לז 36 C (=המליץ 476). **נכיסה** - בר לא 54 (המליץ 476: נכיסה = הזבח). **נכס** - המליץ 455. **נכסה** - במ טו 3 m.

**קל 1 שחט** to slaughter ואנכסו צפיר עזיה ונכסו (VJECB) A וישחטו צפיר עזים they slaughtered a kid - בר לז 31. ונכסו להון נכיסה וישחטו להם שחוטה - במ יא 32 SKohn ZDMG] 39,181]. וכס נכיסה וכבן הלא עמי ייכלו גבריה בטהרים (A וכוס) וטבח טבח והכן כי אתי יאכלו האנשים - בר מג 16. תורך נכיס לעיניך שורך שחוט לעיניך your ox shall be slain ו before your eyes - דב כח 31. **2 זבח** to offer a sacrifice ונכס יעקב נכיסה בטברה ויזבח יעקב זבח בהר Jacob offered a sacrifice on the mountain - בר לא 54. ויכוס יתה לקדם אהל מועד N - ויק ג 8. ויכס ית אמרה באתרה אד יכסון ית חטאתה ושחט את הכבש במקום אשר ישחטו את האשם - ויק יד 13. ודן יהי פשרון כהניה... מן עם נכסי אנכיסה וזה יהיה משפט הכהנים מאת זבחי הזבח - דב יח 3.

**מכס** ונסב ית מכאלתה למכס ית ברה ויקח את המאכלת לשחט את בנו - בר כב 10.

**פעל 1 שחט** to slaughter ונכס נכיסה וכבן הלא עמי ייכלון גבריה בטהרים EB (נ"א וכס, וכוס) וטבח טבח והכן כי אתי יאכלו האנשים בצהרים slaughter and prepare an animal, for the men will dine with me at noon - בר מג 16. ברן בכל תחמדת נפשך תנכס ותיכל בסר B רק בכל אות נפשך תזבח ואכלת בשר - דב יב 15. ותנכס מתוריך... כמה דיתאכל ית טביה EB וזבחת מבקרך... כאשר יאכל את הצבי - דב יב 22-21. **2 זבח** to sacrifice נהך ננכס ליהוה A נלכה ונזבחה ליהוה let us go and sacrifice to the Lord - שמ ה 17. וינכס ית תורה לקדם יהוה A (נ"א ויכס) ושחט את הפר לפני יהוה - ויק ד 4. ותתנון יתה לאלעזר... וינכס יתה לקדמיו EA - במ יט 3. ואנן בעין ננכס ונדבח מן בהמהן ואנו רוצים לשחוט ולזבוח מן הבהמות - ת"מ 34א*.

†**אפעל זבח** to sacrifice ואכס ית עגל סלוחה A (נ"א ונכס) וישחט את עגל החטאת (Aaron) sacrified his calf of sin offering - ויק ט 8.

**אֶתְפָּעַל נשחט** to be slaughtered עניה ותוריה יתנכס לון A הצאן ובקר יישחט להם shall flocks and herds be slaughtered (yiš'šâṭ) for them, to suffice them? - במ יא 22. **אה יצחק** דבחה קדישה קרבנה דלא הנכס ...הזבח הקדוש, הקרבן שלא נשחט - ת"מ 252ב. **אתו** נטוריה... וקעמו עלוי בכורה דפרעה דלא ינכס באו שומרים... ועמדו על בכור פרעה שלא יישחט - ת"מ 46א. בהשאלה .fig פרעה קעום עלוי נהרה והוא מנכס קבלה פרעה עומד על הנהר והוא שחוט לפניו - ת"מ 30א.

†**אנכיס** ש"ע ז .n. m **זבח** sacrifice ודן יהי פשרון כהניה מן עם עמה מן עם נכסי אנכיסה (EC נכיסתה) ...מאת זבחי הזבח this shall be the priests' due from the people, from those offering a sacrifice - דב יח 3.

†**נכוס** ש"ע ז qāṭōl .n. m **שר** chief steward רב נכוסיה VC שר הטבחים - בר לז 36, מ 3, 4, וכן לט 1 C.

**נכוס**† ש״ע ז qiṭṭūl *n. m.* **קרבן** **sacrifice** ואנון ינדון ית נכוסון קרבן ליהוה A והם הביאו את קרבנם אשה ליהוה they have brought - their sacrifice, an offering by fire to the Lord במ טו 25.

**נכיסה** ש״ע נ *n. f.* **זבח** **sacrifice** ונכס יעקב נכיסה ויזבח יעקב זבח בהר Jacob offered a sacrifice on the mountain - בר לא 54. **וכס נכיסה** - בר מג 16. **ונכסו להון נכיסה וישחטו להם** שחוטה - במ יא 32.

**נכס**† ש״ע ז *n. m.* **זבח** **sacrifice** נכס זבח - המליץ 445 [ליתא].

**נכסה**† ש״ע נ *n. f.* **זבח** **sacrifice** ותעבדון קרבן ליהוה עלה אי נכסה m (נ״א דבח) ...עלה או זבח and you offer to the Lord a burnt offering or a sacrifice - במ טו 3. **וכס נכסה** *M$_1$B - בר מג 16.

**נכס²** רכוש, קניין **possession** [א״י ועתר וקנה נכסין - **נ** בר לו 39]

**קל רכש**† **to possess** קנין נכסנה דנכיס A (נ״א דחתר) רכושו אשר רכש the possession that he had amassed - בר לא 18.

**נכס** ש״ע ז *n. m.* **רכוש** **possession** קניניון ונכסון וכל בהמתון הלא לנן אנון MCB (ונכסיהון) מקניהם וקנינים וכל בהמתם הלא לנו הם their cattle and possession and all their beasts will be ours - בר לד 23. **קניאן נכסה** דחתר מקנה קנינו אשר רכש - בר לא 18. **לית** בנן נפק אלא בנכסינן דאנן בעין מקרבין מנון אין אנו יכולים לצאת אלא במקנינו... - ת״מ 237ב.

**נכסין** ש״ע ז ט״ס? *n. m. corr.?* **רכוש** **possession** נכסינה דנכיס בקיץ עצי A המקנה אשר כרש בפדן ארם - בר לא 18.

**נכסן** ש״ע ז *n. m.* **רכוש** **possession** והוה לה נכסן עאן ונכסן בוקר E ויהי לו מקנה צאן ומקנה בקר he had possessions of flocks and herds - בר כו 14. **ויפרש יהוה בין נכסן ישראל** ובין נכסן מצרים A - שמ ט 4. **אתעיץ ית נכסניך** A העז את מקנך - שמ ט 19.

**נכר¹** הכרה, ידיעה **knowledge, recognition** [א״י אכר כען הא היא פרגודא דברך - **נ** בר לח 25 (מובאה מדרשית מן בר לז 32, אבל שם חכם. גם בתרגום יונתן לנביאים ראשונים בא הפועל בלשון המדרש (טל לשון 197). **סוא״י** דגבר לא אכרי - בר יט 8]

**אפעל** עבר: ואכר - בר מב 8 (המליץ 491: והכר). עתיד: יכר - דב כא 17. ציווי: הכר - בר לז 32 (=המליץ 491). **אֶתְפְּעַל** עבר: ואתנכר - בר מב 7. **אכרו** אכרותה - דב יח 8. נכר - בר יז 27. **נכראו** נכראותה - שמ ב 22. **נכראי** - ויק כב 25. נכראה - דב כט 21.

**אפעל הכיר** **to recognize** ואכר יוסף ית אחיו ואנון לא אכרוה ויכר יוסף את אחיו והם לא הכירהו Joseph recognized his brothers, (but) they did not recognize him - בר מב 8. **ואכר יהודה ואמר קשיטה מני ויכר יהודה** ויאמר צדקה ממני - בר לח 26. **האומר לאבוה** ולאמה לא חזית וית אחוה לא הכר וית ברה לא חכם C האומר לאביו ולאמו לא ראיתי ואת אחיו לא הכר ואת בנו לא ידע - דב לג 9. הלא ית בכורה... יכר למתן לה קבל תרים כי את הבכור... יכיר לתת לו פי שנים - דב כא 17. ולא תכר אפים ולא תסב ממון ולא תכיר פנים ולא תקח שחד - דב טז 19. **הכר שבי הכיתנת** ברך היא הכר נא... - בר לז 32.

**אֶתְפְּעַל התנכר**† **to act as a stranger** ואתנכר לון ומלל עמון קשיאית ויתנכר אליהם וידבר אתם קשות Joseph acted like a stranger toward them and spoke harshly to them - בר מב 7.

**אכרו**† ש״ע נ *n. f.* **הכרה** **recognition** חלק כחלק ייכל לבר מן אכרותה על אבהתה J$^{sec.m.}$EC (V זבנה, A מזבנה) חלק כחלק יאכל לבד ממכרו על האבות they shall receive equal shares of the dues, apart from the recognition of the fathers (*i. e.*, what belongs to them by their patrimony) - דב יח 8 [מן מכר mamkēru. התה״ע *Based on a lost tradition of int.* מכירתו. = مبيعه *as 'knowledge' in spite of the pronunciation mamkēru (mkr) 'sale'*.]

**נכר** ש״ע ז *n. m.* **נכר** בצירופים **foreignness** *in collocations* מכל בר נכר דלא מזרעך הוא (MCB נכראי) מכל בן נכר אשר לא מזרעך הוא from an outsider who is not of your offspring - בר יז 12 ובדומה לו 27. בת״מ בא רק בצירוף "אלהי נכר" (מן העברית): ואנון כהלון בסגדת אלהי נכר - ת״מ 195א. **אמורי בישתה ביומיו** ביד נכר יאבדון דוברי שקר בימיו יאבדו ביד זר - אס 21א.

**נכראו**† ש״ע נ *n. f.* **נכר** **foreignness** תותב הוית בארע נכראותה (MCB נכראה) גר הייתי בארץ נכר I have been a stranger in a land of foreigness - שמ ב 22. וכן יח 3 [רמז לעבודה זרה?].

**נכראי** ש״ת *adj.* [א״י פלחנה נכרייה - **נ** ויק כ 2.

**נכרי** [12 ישע מג - ולא הוה בכון נוכראי **סוא״י**] **foreigner** לעם נכראי לא ישלט לזבונה לעם נכרי לא ימשל למכרה he shall not have the right to sell her to outsiders - שמ כא 8. **לנכראה** תכפל ולאחוך לא תכפל - דב כג 21. **כנכראן** חשבנן לה - בר לא 15. ודע אן לית בר נכראה לא יסק להרגיזים - ת״מ 123ב. אתר אלהותה נכראיתה - ת״מ 154א.

**נכר²** כחש, שקר **lie, deceit** ] > نكر = כחש - [Dozy II 721b

**אפעל** ? **שיקר, רימה** to lie, deceive **ואנכרת** שרה אמרת לא תמחת A (נ״א וכדבת) ותכחש שרה לאמר לא צחקתי Sarah lied, saying: "I did not laugh" - בר יח 15. ולמה אנכרתני *$m_2$ why did you (Am שקרת בי) ולמה רמיתני deceive me? - בר כט 25. פן ינכרו לחצינו E פן ינכרו צרינו - דב לב 27 [$C^{a}$ ינכר].

**נכש**† נגיחה, מכה **stroke** [ע״ע גשש. **ס** ומכש הוא לה אברם - **פ** בר טו 11 - PSm 2381. **א״י** נסב אברהם מכושה והוה מכש להון ולא הוו מתכשין - בר״ר 438 (על בר טו 11)]

**קל נגח** to gore with the horns **ואן יכש תור** אנש... ית תור עברה EB וכי יגף שור איש... את שור רעהו when a man's ox injures his neighbor's ox - שמ כא 35 [המליץ 441: יגש]. **בכור** תור משבח לה וקרני ראמן קרניו בהין עממין יכש C בכור שורו הדר לו (Abr Nahrain 24,181) וקרני ראמי קרניו בהם עמים ינגח - דב לג 17. דמיה הות בי נשבעתי לתיבו וגוזליה דשרה בקנוניה ודכרה דיצחק מטעיאל לגוה נכש בקרניו כל דין דמכה לה דומה היה "בי נשבעתי" (בר כב 16) לתיבה וגוזלי שרה בקניה ואיל יצחק מטייל בתוכה נוגח בקרניו כל אשר פוגע בהם - ת״מ (ק) 20א.

**פעל נגח** to gore with the horns **ודכרה דיצחק** מטעיאל לגוה מנכש בקרניו Isaac's ram is walking in (the garden) goring with its horns - ת״מ 50א [זב״ח הע׳ 1].

**מכנשה** ש״ע נ. *n. f.* **מגפה plague** - המליץ 514 [ליתא. ט״ס מן מכתשה? *Corr. from mktš*.]

**נכת** נכישה, עקיצה **bite** [א״י חיויא דבעי למיכת = הנחש המבקש להכיש - בר״ר 1257. **ס** נכת - LS 430b]

**קל נשך** to bite **ויהי אם נכת נחשה ית אנשה** ואסתכל לנחש נחשיה ויתוחי והיה אם נשך הנחש את האיש והביט אל נחש הנחשת וחי when a serpent bit someone, he would look at the copper serpent and recover - במ כא 9. **ושלח** יהוה בעמה ית נחשיה יקדיה ונכתו ית עמה ...וינשכו את העם - במ כא 6. **זבן השתלחת** נחשיה ונכתו גויאת ישראל זמן אשר נשלחו הנחשים ונשכו את גופי ישראל - ת״מ 310ב. **ואתא עשו מן ברה והו נכית** (=המליץ 549. $M_3$ אנכית) ויבא עשו מן השדה והוא עקוץ Esau came in from the field, and he was bitten - בר כה 29 [תרגם "נשוך נכש" ליישב עם פס 32: הנה אני הלך למות. וכך A: עקיץ. אבל NMCB: כפן (=המליץ 549). התה״ע لغب = עיף: *Int. transl. acc. to v. 32*: "*I am going to die*". *Var.: hungry*. SAV: *tired*.] **הלא נכית אנה** J (A עקיץ, MC כפן) כי עיף אנכי - בר כה 30. יי דן נחש סלק אורע... **הנכת** עקבי סוס (המליץ 530 דנכת, A הנוכית) הנשך עקבי סוס - בר מט 17.

**אֶתְפְּעֵל נישך** to be bitten **כל דינכת ויחזי** יתה ויתוחי (EB דמנכת, A דמכנת - בינוני) כל הנושך וראה אתו וחי anyone who was bitten, he would see it (the copper serpent) and recover - במ כא 8.

**נמואל** שם פרטי nâmuwwəl *pr. n.*

**נמואל** ש״פ ובני אליאב נמואל דתן ואבירם - במ כו 9.

**נמואלאי** ש״י *gent. n.* **לנמואל כרן נמואלאה** (VN נמואלאי) - במ כו 12.

**נמי**† חלק **partition** [> νωμάω = אני מחלק - LSJ 1186b. זב״ח, תרביץ י 349. ע״ע נום] ← מחלוקת, ריב **dispute**

**פעל שיתף** נטל חלק **to take part** **תרין עקרין...** רוח... סבל לעובד הך עבד טב מטעיל בתשמיש רבה ואשתה מנמיה לכל עבידהתה שני יסודות...: הרוח... נושא מעשה כמו עבד טוב מהלך לשמש את אדוניו, והאש משתתפת בכל המעשים two elements...: the wind acts like a good servant who walks to serving his master, - and the fire that takes part in all the deeds ת״מ 183א [בינוני פעול *pass. pt.*].

**אֶתְפָּעַל חלק על פלוני** to dispute **אל תתנמון** באורעה $M_2$ אל תתרגזו בדרך do not quarrel on the way - בר מה 24 [פירש: אל תתחלקו זה על זה. זב״ח המליץ 609. *Parallel to plg (q. v.) which has both meanings of 'partition' and 'dispute'; see*

.[H *ḥlq*

**נמי** nâmi ש״ע *n.* **חלק share** ומן דלית לה נמי בעלמה יפני ומי שאין לו חלק בעום ״יכחד he who has no part in the world, will be eliminated - ע״ד י 29. אלהותה רבתה לית לעורן בה נמי אלוהותו הגדולה, אין לאחר חלק בה - מ ט 18-17. כל דמע אמסיר לקדש לית לפגול לגוה נמי כל תרומה מסורה לקודש, אין לפיגול חלק בה - ת״מ 94א. שרואה ואף עקבאה לאלה ולמשה לית לעורן עמון נמי הראשית והאחרית לאלוהים ולמשה, אין לאחר חלק עמהם - ת״מ 192א. בדומה לזה 94א, 195א, 204א(3x), 271ב, 289ב, 291א, 298ב. דאנון מלכים אתרה טבה... ולית לעורנין בה נמי שהם (צאצאי יוסף) בעלי המקום הטוב (הר גריזים) ואין לאחרים בו חלק - ת״מ 120א. לית לעשו נמי בבכורתה דלן נקים ‹לה› נמי לא יהי אין לעשו חלק בבכורה שלנו. נעמיד לו חלק? לא יאה - ת״מ 204א. ואזבנה לגרמה והוה לה נמי וקנהו לעצמו והיה לו חלק - ת״מ 220ב. לך נמי סגי מכל הדה לך חלק גדול מכל זה - ת״מ 300א. נמי חלק - המליץ 462, 572 [ליתא].

**נמס¹**† מסיסה **melting** [מן העברית H]

**קל נמס to melt** *fig.* בהשאלה והתפך על פרעה ובעי מבלענה נמסת גויתה סגי ופנה (התנין) אל פרעה וביקש לבלעו. נמס גופו (the serpent) turned to Pharaoh seeking to swallow him; - ת״מ 26ב. (then) his body melted away

**נמס²**† חוט, נימה **string** [< νῆμα - Krauss 359.
**סוא״י** בכניר דעסיר נמין = עשור - תה צב 4 Horol
**ע** שלא יוצא נימין מן הטלית - ספרי דברים רלד] 26b.

**נמס** ש״ע *n.* **ציצית tassel** מלל עם בני שיראל... ויעבדון להון נמסים על איסטרי רקעיון לדרון ויתנון על הנמסין איסטרה שזר תכלה (נ״א צנצלין, ציצין) ויעשו להם ציציות על כנפי בגדיהם לדרתםונתנו על ציצת הכנף פתיל תכלת speak to the people of Israel, and bid them to make tassels on the corners of their garments throughout their generations, and to put upon - במ טו the tassel of each corner a cord of blue 38. ויהון לכון לנמסין והיו לכם לציצית - במ טו 39.

**נמקס**† שם פרטי *pr. n.* [< νομικός (ע״ע נומיק). כינוי לנמרוד (ע״ע) *Epithet of Nimrod*]

**נמקס** ש״ע ז *n. m.* **מחוקק lawgiver** הו הוה קיפץ ציד לקודם יהוה לבדיל יתאמר כנמקס קיפץ ציד לקודם יהוה A הוא היה גבור ציד לפני יהוה על כן ייאמר כנמרוד גבור ציד... he was a mighty hunter by the grace of the Lord; hence the saying,"like the lawgiver, a mighty hunter by the grace of the Lord" - בר י 9 [אף שהו דמות שלילית במסורת שומרון, ניתן לו תואר כבוד על פי הכתוב ״לפני יהוה״. *Although a negative personage in the Sam. tradition, Nimrod was given a honorific title in accordance with the present passage: "before the Lord".*]

**נמר¹** בעל חיים **an animal** ← דומה לפרוות נמר, רבגוני **spotted** [**א״י** כל אמר קרח ונמר (בגיליון נמור) - **נ** בר ל 31. **ע** המנמר את שדהו - **מש** פאה ג, ב. **סוא״י** במאנין דדהב הי מעטפא ומנמרא πεποικιλμένη - תה מד 10]

**פעל** בינוני פעול *pass. pt.* **1 רקם to embroider** ועבד פרס לתרח משכנה תכלה וארגמן... עובד מנמר $M_{ins}$ ...מעשה רקם he made a screen for the door of the tent, of blue and purple..., embroidered with needlework - שמ לו 37. ופרס תרח דארתה עובד מנמר $M_2$ - שמ לח 18. **2 עירוב מיני סיבים to interweave different fibres** ולבוש ערברוב מנמרים לא יסק עליך (EC מנמרין m) = המליץ 598) ובגד כלאים שעטניז לא יעלה עליך you shall not put on cloth from a mixture of two kinds of material - ויק יט 19.

**נמור** ש״ת *adj.* **נקוד, מנומר spotted** הסטי מתמן כל נקי נמור... ונמור בעזיה ויהי אגרי הסר משם כל שה נקוד... ונקוד בעזים והיה שכרי removing from there every spotted lamb - every spotted goat; such shall be my wage - בר ל 32. ואסטה ביומה ההוא... ית תישיה נמוריה... וית על עזיה נמוראתה - בר ל 35. 3 וילדי עאנה קרוים נמורים ורסומים ותלדנה הצאן עקודים נקודים וטלואים - בר ל 39.

**נמר** ש״ע ז *n. m.* **רוקם embroiderer** מלא עמון] חכמת לב למעבד בכל עבידת אמן וחשב ונמר M לעשות בכל מלאכת חרש וחשב ורקם they have been endowed with the skill to do any work of the carver, the designer, the embroiderer - שמ לה 35.

**נמרה** ש״ע *n.* **לביאה** [נתפס נקבת הנמר (טלשיר 187] **lioness** כרעי רבי כאריה וכנמרה מן יקימנה C כרע רבץ כארי וכלביא מי יקימנו

he couched as a lion, and as a lioness; who can
עד הלא ייתי נמרה 9. בר מט - rouse him up?
ולה יתנגדון עממה A עד כי יבא שילה... - בר
מט 10 [מן הגיליון הרומז לידגליו. ע״ע נמר². Gloss.]
הן עמה כנמרה יקום וכאריה יתרברב V - במ
כג 24.

†נמר² יחידת צבא **military division** [א״י הוות
נימורה בציפורין - ירוש פסחים לא ע״ב. **ע** עוברין לפניו
כבנומרון - **מש** ראש השנה א, ב - :Krauss 356b
. numerus ס נומרא - LS 431b]

**נמרין** ש״ע ז *n. m.* **יחידת צבא host** (לא יסטי
שבט מיהודה ונגד מבין) נמרין m...מבין דגליו
the scepter shall not depart from Judah, Nor the
ruler's staff from between his hosts - בר מט 10
[גיליון מבהיר מהו דגליו, שנתרגם סדריו, טכסיו.
.[*Interpretative. gloss to dĕgâlo, 'hosts'*

†נמרה *pr. n. (place)* שם מקום nimra
**נמרה** ש״פ עטירות ודיבון ויעזיר ונמרה - במ
לב 3.

**נמרוד** nimrod שם פרטי *pr. n.* ← רשע **evil** [לפי
מסורתם מתייחס עליו עמלק. *According to Sam.*
*tradition he is the ancestor of Amaleq.*]
**נמרוד א** ש״פ וכוש הולד את נמרוד... הוא
הוה גיבר עצאי... על כן יימרון כנמרוד גיבר
עצאי וכוש הוליד את נמרוד... הוא היה גבור
רודה... על כן יאמרו כנמרוד גבור רודה Cush
begot Nimrod...; he was a mighty oppressor...;
hence the saying, "like Nimrod a mighty
oppressor - בר י 8-9. ופקד נמרוד דיעזר כל
אנש לאתרה וציווה נמרוד שיחזור כל אדם
למקומו - אס 10א. נמרודה כד התגבר בחיל
דכושאי נמרוד, כאשר גבר על חיל הכושים -
ת״מ 218ב. אף בא בתוית היידוע העברית או הארמית
על פי הקריאה בבר י 9 כנמרוד = kannimrod. **ונמרודה**
**ב** מן כפתרים ונמרוד השני מן כפתרים - אס
10ב. **ב** ש״ע ז ריבוי *n. m. pl. tant.* **עם רשע**
**wicked nation** בעש״ח NSH **אמר עמלק**
ליהושע מי אתה עד תוכל תלחם עם ראש
הנמרודים ויען יהושע אם תהיה ראש
הנמרודים אנכי יהושע ראש התלמודים...
וילחם יהושע את עמלק ואת עמו הנמרודים
Amaleq said to Joshua: "who are you, that you
could fight against the head of the wicked?"
then... Joshua fought against Amaleq and his
wicked people - בן מניר (Cow 328). זה הפרקן

הרב בין הצדיקים והנמרודים אהלין בשמח
וברגש וזהים וחדים ואהלין באבל כבד - עבד
אל (Cow 234).

†ננוס בעל מום, גמד **dwarf** [< νάνος - Krauss
364b. **א״י** או גביע או ננס - **נויק** כא 20]

ננוס ש״ע ז *n. m.* **גמד dwarf** אי גפי אי ננוס
אי מפלר בעיניו או גבן או דק או תבלל בעיניו
- ויק כא 20 [המליץ 447: ננוס, נוס, דקיק].

**נסב¹** לקיחה ונשיאה **taking, carrying** [א״י
נסב ברכתי = לקח ברכתי - **נ** בר כז 36. **סוא״י** ונסבת
מן פרוי - בר ג 6] דליקה **blaze** [השי׳ לקח = נשׂא
ומכאן משׂואה. זב״ח ספר רבין 14]

**קל** עבר: נסב - בר כז 36 (=המליץ 497). אנסב - בר לו 2
A. ונסב wansåb - מ ה 76. וסב - בר כא A 14. סבתי
(מדבר) - דב ט 21. וסבנה - המליץ 580. עתיד: יסב
yissåb - מ טז 19. ציווי: סב - ת״מ 193א. בינוני: נסב
nâsab - מ ז 14. פעול: נסיבין ansībən - ע״ד כ 16.
מקור: מסב - בר כח 6. **אפעל** (!) עבר: ואסב שמ יח 25
A. בינוני (?): מנסב månsab - מ יז 2. **אֶתְפְּעַל** עבר:
דאתנסב - בר ג 23. אנסבת (נוכח) - בר ג 19. עתיד:
יתנסבון - המליץ 580 [ע״פ בר מט 10, ליתא]. בינוני:
מסב missåb - ננה 9. מתנסב - ת״מ 250ב. **מנסב** מנסבה
(מיודע) - במ לא C11. **מסב** - במ יא VN 11. **מסבה** -
בר מג N 3. **מסוב** מסוביך (+נוכחת) - בר ל E 15. **נסבה**
- בר ל M 15. **נסוב** נסובים (ר) - ת״מ 257ב. **נסיב** נסיבי
(+מדבר) - דב לב VE 2 (=המליץ 497).

**קל לקח to take** ית בכורתי נסב ואה כדו
נסב ברכתי את בכורתי לקח והנה עתה לקח
first he took away my birthright and ברכתי
now he has taken away my blessing - בר כז 36.
ונסב אטרה באדה ושקלה בימינה ולקח את
המטה בידו והרימו בימינו - ת״מ 28ב. ונסב שם
שירת ברת שם לאתה - אס 36ב. עשו אנסב ית
נשיו מבנת כנען A - בר לו 2. וית עוביכון
דעבדתון ית עגלה סבתי ואוקדת יתה בנור
(VEC נסבת B, נסבתי) ואת חטאתיהם אשר
עשיתם את העגל לקחתי ואשרפה אתו באש -
דב ט 21. וקרץ ארבהם בצפרה וסב מזון A (נ״א
ונסב) וישכם אברהם בבקר ויקח לחם - בר כא
14. יסב ישראל אימנו יקח ישראל אמונה - מ
טז 19. וממון אל תסב ושחד אל תקח - שמ כג 8.
אב לי נפשה והותרה סב לך ...ואת הרכוש קח
לך - בר יד 21. סב עמך מן סהבי ישראל - ת״מ
193א. דלא נסב אפים אשר אינו נושא פנים - מ
ז 14. בתר מותו (!) אתרבי גרמיו נסיבין ביד
נבי רב אחר מותו נתגדל (יוסף מפני ש)עצמותיו
נלקחו ביד נביא גדול - ע״ד כ 15-16.

**מסב** ושלח יתה לפדן ארם למסב לה מתמן אתה ...לקחת לו משם אשה - בר כח 6. אלו אצטמתו כל מלכי עלמה למסב ישראל מני לא יכלו אלו התאספו כל מלכי העולם לקחת את ישראל ממני, לא יכלו - ת״מ 219ב.

†**אפעל ? לקח to take** ואסב ית רישי שבטיהון... ויהב יתון רברבים עלויון A (נ״א ונסב) ויקח את ראשי שבטיהם... ויתן אתם ראשים עליהם he took their tribal leaders..., - and appointed them heads over them שמ יח 25א. אתי בשלם יום צומה דבה מנסב בריאמה שני שעירים לאשמה בוא בשלום יום הצום, שבו נלקחים ברמה שני שעירים לחטאת - מ יז 3-1 [הצורה צורת אתפעל אבל הקריאה mânsəb והיא קשה מצד העניין. ע׳ זב״ח בהערתו שם].

**אִתְפְּעֵל 1 נלקח to be taken** למשמש ית אדמתה דאתנסב מתמן A לעבד את האדמה אשר לקח משם to till the soil from which he was taken - בר ג 23. מובא גם בת״מ 94ב. עד עזרותך לאדמתה הלא מנה אנסבת (A אתנסבת) עד שובך אל האדמה כי ממנה לקחת - בר ג 19. הלא מן גברה אתנסבת דה A כי מאיש לקחה זאת - בר ב 23. במלתה דנחש מתנסב במיכלה דחוה ממשכן... ולית לי סוברו במלת הנחש לקוח, באכילת חוה ממושכן... ואין לי תקוה (דברי משה לפני מותו) - ת״מ 250ב. ואלולי שבתה דאתיה ומנשמה דושה לישראל כיי מסב ביד עקיה ואילולי השבת הבאה ומניחה לעמלו של ישראל, היה אחוז ביד המצוקות - ננה 7-9. **2 ניצת to blaze** והוה ברדה ואש מתנסבה בגו ברדה ויהי הברד ואש מתלקחת בתוך הברד there was hail, and fire blazing in the midst of the hail - שמ ט 24 [זב״ח, ספר רבין 14].

†**מנסב** ש״ע ז מופשט *n. m. abstr.* **1 לקיחה taking** והוה יצחק בר ארבעים שנה במנסבה ית רבקה... לה לאתה *M₁ ויהי יצחק בן ארבעים שנה בקחתו את רבקה Isaac was forty years old when taking (=when he took) Rebecca to wife - בר כה 20. **2** מוחש *concr.* **מלקוח, שלל booty** ונסבו ית כל אנחיתה וית כל מנסבה באנש ובבהמתה C ויקחו את כל השלל ואת כל המלקח באדם ובבהמה they took all the spoil and all the booty, man and beast - במ לא 11. ואיתו... ית שביה וית מנסבה EC - במ לא 12. תלי ית סכום מנסבה EC - במ לא 26.

**מסב** ש״ע ז *n. m.* **1 משא burden** למשבאה ית מסב כל עמה הדן עלי VN לשים את כל משא מעם הזה עלי You have laid the burden of all this people upon me - במ יא 11. **גבר על** עביתה ועל מסאבה N (V מסבה) איש על עבודתו ועל משאו - במ ד 19. **2** מוחש *concr.* **מלקוח, שלל booty** ונסבו ית כל אנחיתה וית כל מסבה באנשה ובבהמתה (N מסאבה) ויקחו את כל השלל ואת כל המלקח באדם ובבהמה they took all the spoil and all the booty, man and beast - במ לא 11. **3** מופשט *abstr.* **לקיחה taking** הזעור מסביך ית גברי המעט קחתך את אישי was it (too) little for you taking away my husband - בר ל 15. **ליתי** (=לית לי) מסב ומתן עמוכון אין לי משא ומתן עמכם - ת״מ 259ב. **4 לֶקַח** ירסס כמטרה מסבי C יערף כמטר לקחי - let my teaching drop as the rain - דב לב 2 [ע׳ להלן בערך נסיב *See below*].

**מסבה** ש״ע נ *n. f.* **1** מוחש **משאת portion** ותלא מסבה מן עם אפיו לידון וסגת *concr.* מסבת בנימים N וישא משאת מעם פניו אליהם ותרב משאת בנימים portions were taken to them from Joseph's table; Benjamin's portion was greater - בר מג 34. **2** מופשט *abstr.* **לקיחה taking** הקליל מסבתיך ית בעלי A*M₁ - בר ל 15.

†**מסוב** ש״ע ז *n. m.* **לקיחה taking** הציבעד מסוביך ית גבריE המעט קחתך את אישי is it a small matter your taking away my husband? - בר ל 15.

†**נסבה** ש״ע נ *n. f.* **לקיחה taking** הזעור נסבתיך ית גבריM (C נסבתי, B נסבתית) - בר ל 15.

†**נסוב** ש״ת במעמד הבינוני qāṭōl *adj. (participial)* **לוקח one who takes** חקי יהוה אתון נסובים ואכלין בכל אתר... הלא אגר הוא לוכון חוקי יהוה (מתנות הכהונה) אתם לוקחים ואוכלים בכל מקום... you take and eat the part of the Lord in every place..., for this is your reward - ת״מ 257ב. ורחל נסובה ית זיביה A (נ״א נסבת) ורחל לקחה את התרפים Rachel had taken the household idols - בר לא 34. ומלל עם חתניו נסובי בנאתה (MCB נסבי - בינוני) חתניו לקחי בנתיו Lot went out and spoke to his sons-in-law, who had married his daughters - בר יט 14.

†**נסיב** ש״ע ז *n. m.* **לקח teaching** ירסס כמטרה נסיבי V'E יערף כמטר לקחי let my teaching drop as the rain - דב לב 2 [אפשר שהוא ע״פ = לקח, למד (*calque of lqḥ*) אבל ויקי״ר עמ׳ יח: דיעה קנית מה חסרת].

**נסב²** זרייה ברוח **scattering** [< نسف נשא הרוח [Lane 3032b -

**נסיב** ש״ע ז *n. f.* **זרייה, פיזור scattering** לדלא נסיבת (!) ית מדינאתה A לבל אזרה את העיר - that I will not scatter the city - בר יט 21 [מסופק .[*dub.*

**נסול**† צאצאים **offspring** [< نسل = צאצאים - Lane 3032c. ואפשר מן נזל]

**נסול** ש״ע ז qiṭṭūl *n. f.* **צאצאים** בהשאלה: בני הנהר *fig.* **offspring** ונהר יפק מן גנתה לפלוס ית פרדסה ומתמן יתפרק ויהי לארבעה נסולין (E)A ונהר יצא מעדן ליישר את הגן ומשם יפרד ויהי לארבעה ענפים a river flowed out of Eden to level the garden, and there it divided - and became four offsprings - בר ב 10 [המליץ 592: עקרין, חולקין. על תפיסת פירוק השלם לחלקים כהסתעפות הצאצאים ע״ע נוף].

**נסח**† הסחה, עקירה **uprooting, removal** [ע״ע נסע. **א״י** אסעו לבבון ואשכחו בקעה - **נ** בר יא 2. השי׳ הסיח (דעתו) - כגון תוס טהרות ח טז , וראה קוטשר מחקרים ריי״ב]

**קל סר to depart** והן הוה חכם מהו ממללה ולא שמע למליה דאתמרת נסי קשטה מנה וקללתה עליו ואם ידע מהו הדיבור ולא שמע לדברים שנאמרו, סר הצדק ממנו ועליו הקללה if he was aware of the matter and did not obey the said words, the truth departs from him and the curse will be upon him - ת״מ 152ב. בינוני פעול. אפשר שהוא מן נס״ע].

**אֶתְפְּעֶל ניסח, נעקר to be uprooted** ותתנסחון מן על ארעה דאתה עלל תמן למירתה (נ״א תתחסלון) ונסחתם מעל האדמה אשר אתה בא שמה you shall be uprooted - from the land that you are about to enter - דב כח 63.

**נסי¹** ניסיון; ניחוש **trial, divination** [השי׳ אונקלוס ופשיטתא, כגון בר ל 27. **א״י** וטלק במיא נסי יתיה - **נ** שמ טו 25 (בגיליון). **סוא״י** הוא מנסי לאברהם - בר כב 1]

**קל** עבר: אנסה - בר כב 1 A. **פעל** עבר: נסה - בר כב 1. עתיד: ינסי - בר מד 5, תנסון - דב ו 16. בינוני: מנסי - דב יג 4. מקור: מנסאה - שמ כ 10. **אֶתְפַּעַל** עבר: אתנסה - ת״מ 119ב. בינוני: מתנסה - ת״מ 135א. **מסה** - דב ו 16. **נסאו**: נסאותון - שמ י יז NE 7. **נסו** נסותון - שמ כ 16 C. **נסוי** qiṭṭūl - בר מד 5, נסוון - שמ יז V 7. **נסיה** נסיתון - המליץ 523צ **נסיון** - ת״מ 278א, נסיונים - דב ד 34 (=המליץ 508).

**קל ניסה**† **to test** ואלהה אנסה ית אברהם A והאלהים נסה את אברהם God tested Abraham - בר כב 1.

**פעל 1 ניסה to test** והאלהים נסה ית אברהם - בר כב 1. ותמן נסיה ושם נסהו there He put them to the test - שמ טו 25. אי דנסי אלהים למיעל למסב לה גוי B (EC הנסה, J נסתה) או הנסה אלהים לבא לקחת לו גוי - דב ד 34. אנסינה אנסנו - שמ טז 4. לא תנסון ית יהוה לא תנסו - דב ו 16. הלא מנסי יהוה אלהכון יתכון כי מנסה... - דב יג 4. **2 ניחש to test** לשון נקייה *euph.* נסית נחשתי I have learned by divination - בר ל 27 C (mE נסתי, A*m₁ נסיתי [פלורנטין קוים, 4]). נסוי ינסי נחש ינחש - בר מד 15.5. ולא תנסו A לא תנחשו - ויק ייט 26 [המליץ 525: תנסיון].

**מנסאה** לבדיל מנסאה יתכון לבעבור נסות אתכם - שמ כ 16. למנסאתך למחכם דבלבך לנסותך לדעת אשר בלבבך - דב ח 2. מנסאתה C) V מנסתה) אנסנו - שמ טז 4 [בינוני: *pt.*].

**אֶתְפַּעַל 1 אתנסה, נוסה to be tested** ואברהם כד אתנסה ואברהם כאשר התנסה - Abraham, when he was tested - ת״מ 119ב. וכד בה אתנסה אתחסי וכאשר התנסה בו (אברהם), רוחם - ת״מ 144ב [ע׳ הערה 5]. אברהם כד אתא לאכה והו מתנסה ועקד יצחק ברה אברהם כאשר בא לכאן והוא מנוסה (=כבר התנסה) ועקד את יצחק בנו - ת״מ 135א. **2 ניחש** לשון נקייה *(euph.)* **to test** אתנסית ( MBהנסית) נחשתי I have learned by divination - בר ל 27.

**מסה** ש״ע נ *n. f.* **test** כמד נסיתון במסה כאשר נסיתם במסה as you tested Him - דב ו 16. דנסיתנה במסה C אשר נסיתו במסה - דב לג 8 [Abr-Nahrain 24, p.180].

**נסאו** ש״ע נ *n. f.* **נסיון test** ועל נסאותון ית יהוה NE על נסותם את יהוה because of their testing the Lord - שמ יז 7. לבדיל נסהות יתכון E לבעבור נסות אתכם - שמ כ 16.

**נסו** ש״ע נ *n. f.* **נסיון test** לבדיל נסות יתכון C לבעבור נסות אתכם in order to test you - שמ כ 16. ועל נסותון ית יהוה C על נסותם את יהוה - שמ יז 7.

**נסוי** ש״ע ז qiṭṭūl *n. m.* **1 נסיון test** ועל נסוון ית יהוה V על נסותם את יהוה because of their testing the Lord - שמ יז 7. **2 ניחוש** לשון

נקייה **to test** *euph.* נסוי ינסי נחש ינחש - בר מד 5. [המליץ 524: נסיו = נסוי].

**נסיה** ש״ע נ *n. f.* [ס נסי - LS 433b] **test נסיון** ועל נסיתון ית יהוה because of their testing the Lord - המליץ 523 מן: על נסותם את יהוה ( שמ יז 7).

**נסיון** ש״ע ז *n. f.* **נסיון trial** נסיוניה רברביה דחזו עיניך המסות הגדולות אשר ראו עיניך the great trials which your eyes saw - דב ז 19, כט 2. לא תתוכח במלים...ולא בנזפו ולא בקלל ולא בנסיון אינך מוכח במלים...ולא בנזיפה ולא בקללה ולא בנסיון - ת״מ 278א. **בנסיונים** בסימנים ובפליאן במסות באותות ובמראות - דב ד 34.

**נסי²** נשיאה, נטילה **taking, carrying** [> נשא. **א״י** נסתייה לשליחה ואעליה לגו פרדיסה = לקחו את השליח והביאו לתוך הגן - בר״ר (ו) 761 ]

**קל** עתיד: יסון yisson - ע״ד ו 26. בינוני: נסי nâssi - ע״ד י 26. מקור: מסי missi - מי י 82. **נסי** - במ יג 2. נסיאה (מיודע) ansiyyå - ע״ד ט 24.

**קל לקח, נשא to take, carry** יסון אגרון יטלו שכרם they shall take their reward - ע״ד ו 26. אגרתה תליתה פריסה קמיון יסון יתה ויקרונה האגרת השלישית פרוסה לפניהם למען יקחו אותה ויקראוה - ת״מ 31א. מן נסי כלילה מי נושא את הכתר - ע״ד י 26. יפשט משה ידו ויסנה יפשוט משה את ידו ויקחנו (הספר) - מרקה: (Cow 49).

**מסי** למן שוי מסי למי שראוי לקחת - מ י 82 [השי׳ מ כה 4]. גרמיו דיוסף הנהר לון מסנון עצמות יוסף הזכיר להם לקחתם - ע״ד כ 13. מרה בעי מפרקנה אכה והוא בעי מסינה ובעליו מבקש את המשכון לפדותו עכשיו והוא מבקש לקחתו - ת״מ 24א.

**נס(א)** ש״ע ז *n. m.* **נשיא prince** נסיא אלהים אתה בגבנן נשיא אלהים אתה בתוכנו you are the prince of God among us - בר כג 6 (=המליץ 523). זמרי זנאה נסיא בית אב הא נסיא ביש מן שבט רשי זמרי הזנאי, נשיא בית אב, הנה נשיא רע משבט רשע - ת״מ 216א. **אלהים לא** תקל ונסי בעמך לא תלוט אלהים לא תקלל ונשיא בעמך לא תאר - שמ כב 27. **אחד לשבט** אבהתה תשלח כל נסי בהון - במ יג 2. **ונח** זכאה ואברהם נסיאה ansiyyå ונח הצדיק ואברהם הנשיא - ע״ד ט 24. **תרי עסר נסיאים** יולד - בר יז 20. וקרבו נסיאיה ית חנכת מדבחה - במ ז 10 (=המליץ 524). חמשה לכהניה וחדה לאנסיאיה חמישה (ציוויים) לכהנים ואחד לנשיאים - ת״מ 148א.

**נסי³**† נשים **women** [בא רק בריבוי ורק בכ״י A. > Ar. *pl.* نساء]

**נסי** ש״ע נ ריבוי *n. f. pl. tant.* **נשים women** ונסי בריך (E)A ונשי בניך the wives of your sons - בר ו 18. ונסי בריו (E)A ונשי בניו - בר ז 7. נסי בריו (E)A נשי בניו - בר ז 13. נסב לנן לנסיה A נקח לנו לנשים - בר לד 21.

**נסי⁴**† נשה **hip** [השי׳ عرق الانسا (כגון א״ס) = Lane 3033a - the sciatic nerve]

**נסי** ש״ע ז *n. m.* **נשה thigh tendon** על כן לא ייכלון בני ישראל ית גיד נסיאה... הלא קרב בכף ירך יעקב בגיד נסיאה על כן לא יאכלו בני ישראל את גיד הנשה... כי נגע בכף ירך יעקב בגיד הנשה therefore the Israelites... do not eat the thigh tendon..., since Jacob's hip socket was wrenched at the thigh tendon - בר לב 33 [=המליץ 524. הגייתו annēši שונה מן הגיית נשיא - anši. ניאופיטי, אונקלוס: גידא נשיאה].

**נסיון ותיגרה**† שם מקום *pr. n. (place)* [תרגום השם *Transl. of the name*]

**נסיון ותיגרה** ש״פ וקרא שם אתרה נסיון ותיגרה ויקרא למקום מסה ומריבה - שמ יז 7.

**נסיקה**† רביד **chain** [> نسيق = מחרוזת פנינים - Hava 767]

**נסיקה** ש״ע נ *n. f.* **רביד chain** ושוי נסיקת דהב עלוי צועה A וישם רביד זהב על צוארו Pharaoh put a gold chain about his neck - בר מא 42.

**נסך¹**† נסך, יציקה **pouring**; הקדשה **consecration** [**א״י** ונסך עלה נסוכין - **נ** בר לה 14]; יציקת מתכת **casting metal** [בארמית בכתב דימוטי - ADS 13/15]

**קל נסך**† **to pour** liquid offerings **ואנצב יעקב** מצבה... וסך עלויה נסך A ויצב יעקב מצבה... ויסך עליה נסך Jacob set up a pillar... and poured oil upon it - בר לה 14 [כך דרך השכבה המאוחרת בפ״נ. טל ג, עמ׳ צ; ואפשר שהוא מן סו״ך].

**פעל נסך**† **to pour** liquid offerings ונסך לא

תנסכון עליו C ונסך לא תסכו עליו you shall pour no libation on it - שמ כו 35א.

†**אפעל נסך** to pour ...ואקים יעקב קאמה... ואסך עליה נסך (M₁*ואנסך) ויצב יעקב מצבה... ויסך עליה נסך ...Jacob set up a pillar and poured oil upon it - בר לה 14. זיתים יהון לך בכל תחומך ומשח לא תסך ...ושמן לא תסך tissåk - דב כח 40. ונסך לא תסכון עליו ונסך לא תסכו עליו - שמ כו 35א.

†**אֶתְפְּעֵל ניסך** to be poured liquid offerings ותעבד ית צעתה... וכסיו אד ינסך בון דהב דכי ...וקשתיו אשר יסכו בהם זהב טהור you shall make its plates... and bowls with which libations will be poured; of pure gold - שמ כה 29, ודומה לו לז 16 [מתרגם כמו נה״מ שהוא סביל. וכך V*M₁ דיתנסך, C דיסך]. על בסר אנש לא יתנסך על בשר אדם לא יוסך - שמ ל 32. נסוך מנסך רעט ליהוה EB הסך נסך שכר ליהוה - במ כח 7.

†**אֶתְּפַּעַל ניסך** to be poured liquid offerings על בסר אנש לא יתסך $^*M_2$ על בשר אדם לא יוסך it shall not be poured upon any person's body - שמ ל 32. נסכוה יתסך ליהוה A נסכו יוסך ליהוה - במ כח 7.

†**הסוך** ש״ע ז qiṭṭūl *n. m.* **ניסוך** pouring liquid offerings הסוך נסך רעט ליהוה (B נסוך) הסך נסך שכר ליהוה - במ כח 7 [=המליץ 537. מן הכללת תחילית אפעל (אסך) בשורש. *The preformative is included in the root.*]

†**מסכה** ש״ע נ *n. f.* 1 **מסכה** מעשה התכה casting metal אלהי מסכה לא תעבד לך you shall not make molten gods for yourselves - שמ לד 17. ועבדה עגל מסכה (C מסיכה) - שמ לב 4. עבדו לון עגל מסכה - שמ לב 8. ארור אשה דיעבד פסל ומסכה - דב כז 15. ותבדון ית כל מסגדתון וית כל צלמי מסכתון ואבדתם את כל משכיותם ואת כל צלמי מסכותם - במ לג 53. **2 נסך** pouring liquid offerings ועבדו כל כנשתה תור בר תורין... ומסכתה כדין A ועשו כל העדה פר בן בקר... ונסכו כמשפט all the congregation shall offer one young bull... and its libation, according to the ordinance - במ טו 24.

†**מסכוי** ש״ע ז *n. m.* **נסך** pouring liquid offerings ומסכוה רבועת הינה לאמרה חדה A ונסכו רביעית ההין its libation with it shall be a quarter of a hin - במ כח 7. ותרי עסרוין סמד שליחן בסיסה במשח ומסכוה A - במ כח 9.

**נסוך** ש״ע ז qiṭṭūl *n. m.* **ניסוך** pouring liquid offerings וחמר לנסוך רבעות הינה ויין לנסך רביעית ההין wine for libation a quarter of a hin - במ טו 5. ונסוכה חמר רבעות הינה - במ כח 7. עלה ומנחה דבח ונסוכין - ויק כג 37. לא תחצדון ית כביחיה ולא תקטפון נסוכיה A (נ״א בחריה, אפרשותה) ...ולא תבצרו עת נזיריה - ויק כה 11 [נדרשו ענבים לעניין נסך לקרבן].

†**נסיך** ש״ע ז *n. m.* **נסך** pouring liquid offerings ויעבד כהנה ית מנחתה וית נסיכיו N ועשה הכהן את מנחתו ואת נסכיו - במ ו 17.

**נסך** ש״ע ז *n. m.* **נסך** pouring offerings ואסך עליה נסך he pourred a libation on it - בר לה 14. ונסך רבעות הינה חמר לאמרה חדה - שמ כט 40. **2 הקדשה** consecration כל יומי נדר נסכה עפוף לא יעבר על רישה m כל ימי נדר נזרו תער לא יעבר על ראשו All the days of his vow of consecration no razor shall come upon his head - במ ו 5. עללתה לריש יוסף ולרום נסך תלימה D תבואתה לראש יוסף ולקדקד נזיר אחיו - דב לג 16.

†**נסכה** ש״ע נ *n. f.* **התכה** casting metal ואלהי דנסכה לא תעבדון לכון N ואלהי מסכה לא תעשו לכם - ויק יט 4. ארור אישה דיעבד פסל ונסכה VN ארור האיש אשר יעשה פסל ומסכה cursed be the man who makes a sculptured or molten image - דב כז 15.

†**נסך²** חסידות piety [< نسك - Dozy II 675b]

**נסיך** ש״ת *adj.* **חסיד** pious שלמיך ונוריך לגברה נסיכך D תמיך ואריך לאיש חסידך let Your Thummim and Urim be with Your faithful one - דב לג 8 [התה״ע: אלצדיק].

†**נסמה** נשמה **soul** [< نسمة = נשמה - Lane [3032c

**נסמה** ש״ע נ *n. f.* **נשימה** breath וזעף באגריו נסמת חיין (E)A ויפח באפיו נשמת חיים (God) breathed into his nostrils the breath of life - בר ב 7.

†**נסס** כעס, רוגז **trouble** [מן אונקלוס O. גם במקום שפירש עצב = כעס לפי הסמוך (המלה קיימת **בא״י** אי דגביח או דנסיס = או גבן או דק - **נ** ויק כא 20]

**קל נעצב** to be distressed ואתא לידון יוסף בצפרה... ואנון נסיסין $^*m_2$ (נ״א: מפעמין,

מבלדין, יזופין - כולם לשון פחד ודאגה) ויבא אליהם יוסף בבקר... והנם זעיפים when Joseph came to them in the morning..., they were troubled - בר מ 6.

**אֶתְפְּעֶל נעצב** [ואתנ]סיסו **to be distressed** גבריה [ו]תקף לון m (נ״א ואצטערו) ויתעצבו האנשים ויחר להם the men were distressed - and very angry בר לד 7. **אל תת‹נ›ססון ואל יתרגז בעיניכון** $*M_1$ אל תעצבו ואל יחר בעיניכם do not be distressed or angry - בר מה 5.

**נסע**† נסיעה **journey** [בעש״ח, ובמובאות מן התורה. NSH; *elsewhere, in quotations from* ע״ע נסח. [*the Torah*

**קל נסע to set out** ואל רעמסס נסעו they set out to Raamses - ת״מ 103א. **ונסע אהל מועד** E ונסע אהל מועד... - במ ב 17. **נסע מן אכה אל גברי ברכתה נלך** (= נפנה) מכאן אל אנשי הברכה (השבטים הניצבים על הר גריזים) - ת״מ 126א. **נסעו אחרי משה... כוכבים הלכים על הארץ נסעים השמש והירח משה והכבוד** - ת״מ 104א. **ומצרים נסעים לקראתו** - ת״מ 63א [מביא את שמ יד 27]. **ויאבדו כל בישיה דשבקו שביל אלוכה והלכו שביל קטלת הנוסע בגוה** ויאבדו כל הרעים שעזבו את השביל המגדל את ההולך בו והלכו בשביל ההורג את הנוסע בו - ת״מ (ק) 47א.

**נסף**[1]† נקיון, טוהר **purity** [**ס** נצופותא = טוהר - [LS 443b

**נסיפו** ש״ע נ *n. f.* **טוהר purity** בשלמו לבבי ובנסיפות כפי עבדת דהA בתם לבבי ובנקיון כפי עשיתי זאת in the integrity of my heart and the purity of my hands I have done this - בר כ 5.

**נסף**[2]† רכוש, קניין **property** [גיזרון מסופק: < Dub. etymology. (Dozy II أنصف = שילם שכר [688a)

**קל to possess** ואחיק ית כל קנינה וית כל נסיפה דנסיףA וינהג את כל מקנהו ואת כל הרכוש אשר רכש and he drove off all his livestock and all the wealth that he had amassed - בר לא 18.

**נסיף** ש״ע ז *n. m.* **רכוש property** וית כל נסיפה דנסיףA - בר לא 18.

**נסף**[3]† הונקה [**אכ** AHw 755a - naṣābu]

**הילנסיפהמיניקה ? nursing** הילנסיפה ברים שרה A האמנם מיניקה שרה בנים indeed, will Sarah nurse sons ? - בר לא 18 [חיבור מילת השאלה היל (هل), כאן בשימוש ריטורי: האם, עם נסיפה, בינוני קל. התה״ע תפס גם הוא כך: ان (נ״א هل) مُرضعة = האם מינקת? *Prob. fusion of the* Ar *interrog. part. hal with nsp, 'to nurse'*. SAV *has the* [*same construction.* Dozy II 673a.

**נסף**[4]† גובה ? **elevation** [גיזרון מסופק: < نصب [*Dub. etymology* (Lane 2799a)

**נסוף** ש״ת *adj.* qāṭōl **רם high** והא סק תננה ארעה כתננה נסופה A והנה עלה קיטור הארץ כקיטור הגבוה the smoke of the land was rising like the high smoke - בר יט 28. בהשאלה *fig.* נסוף כפנה שריר A קשה הרעב מאד the famine was very severe - בר מז 13.

**נסר**† נשר [> نسر = נשר - Lane 2789b] **a bird**

**נסר** ש״ע ז *n. m.* **נשר eagle** וית אלין תשקצון... ית נסרה וית גזה $*M_2$ ...את הנשר ואת הבז - ויק יא 13. **כנסרה יעיר קנו** E כנשר יעיר קנו - דב לב 11.

**נעה** שם פרטי niyya *pr. n.*

**נעה** ש״פ ושם בנאת צלפחד מחלה ונעה... - במ כו 33.

**נעי**[1]† חזה הבהמה **breast** of an animal [המליץ 470. **א״י** וית ניעה דאנפותה - **נ** ויק י 7. **ס** נעא. בר בהלול משווה עם חדיא (BB 1258); LS 434b]

**ניע** ש״ע ז *n. m.* **חזה breast** ובסרון יהי לך כניח אנפותה (N כניעה) ובשרם יהיה לך כחזה התנופה their meat shall be yours like the breast of a wave offering - במ יח 18. קדש הוא לכהנה יהי עם ני אנפותה (A ניע,N ניעה) - במ ו 20. ויי ניה לאהרן ולבניו - ויק ז 31.

**נעי**[2]† פריחה **blossoming** [מן אונקלוס O]

**אפעל פרח to sprout** גברה דאבחר בה אטרה ינעי $B*M_1$ (A יצץ, NMJEC) יפרח האיש אשר אבחר בו מטהו יפרח the staff of the man whom I choose shall sprout - במ יז 20.

†**נעל** נעל **shoe** [מן העברית. ע״ע מסן H]

**נעל** ש״ע נ *n. f.* **נעל shoe** וקדמת יבמתה... ותשלף נעלו מן על רגלהE (נ״א מסנה) ונגשה יבמתו... וחלצה נעלו מעל רגלו his brother's widow shall go up... and pull his sandal off his foot - דב כה 9.

**נעמה** nēmma שם פרטי *pr. n.* [ע״ע צלקיפה]

**נעמה** ש״פ ואחת תובל קין נעמה - בר ד 22. והלכת בתר נעמה והלכת אחר נעמה - ת״מ 136ב. ושלח ואנדה לגפנה ברת נעמה ושלח והביא את גפנה בת נעמה - אס 6א.

†**נעמי** מין עוף **a bird** [א״י ברת נעמיתא - נ ויק יא 16. **סוא״י** ובניהין דנעמיתא - ישע מג 20. טלשיר 193-195]

**נעמי** ש״ע נ *n. f.* **רחמה a bird** וית ברברי וית קוזתין וית נעמיתה (CA נעימתה, V נחימתה) ואת התנשמת ואת הקאת וית הרחמה - ויק יא 18, דב יד 17 (C נעמתה, V נחמתה).

**נעמן** nēmmån שם פרטי *pr. n.*

**נעמן** ש״פ ובני בנימים בלע ובכר ואשבאל גרה ונעמן - בר מו 21.

**נעמנאי** ש״י *gent. n.* לנעמן כרן נעמנאה (VN נעמנאי) - במ כו 40.

†**נעץ** נעיצה, תקיעה **thrusting** [מן אונקלוס O]

**קל תקע to insert, thrust** ואה סלם נעיץ בא[רעה] m (נ״א קעם, מנצב) והנה סלם מצב ארצה behold, a stairway was fixed in the ground - בר כח 12.

†**נער**[1] טלטול **shaking out** [מן העברית? H]

**קל ניער to shake out** ואנער יהוה ית מצראי בגו ימה וינער יהוה את המצרים תוך הים the Lord shook out the Egyptians into the sea - שמ יד 27.

**פעל ניער to shake out** ונער יהוה ית מצראי לגו ימה B - שמ יד 27 (=המליץ 522). וברוח אפך אתערמו מיה הך דהות אד יהוה מנערה בהמתון "וברוח אפיך..." (שמ טו 8) כמו שהייתה יד יהוה מנערת את בהמתם ...as if the hand of God shakes out their cattle - ת״מ 55ב.

†**נער**[2] צעיר **youth** [מן העברית H]

**נער** ש״ע ז *n. m.* **נער boy** ואנה ונערה נהך עד הכה A ואני והנער נלכה עד כה I and the lad will go yonder - בר כב 5. מנער עד זקן אמרים פם אחד עזי וזמרתי מנער עד זקן אומרים "עזי וזמרתי" (שמ טו 2) - ת״מ 104א.

**נערה** ש״ע נ *n. f.* **נערה girl** ויסב אבי הנערה ואמה ית בתולי רביתה ליד חכימי קרתה C ולקח אבי הנערה... the girl's father and mother... shall produce the evidence of the girl's virginity before the elders - דב כב 15.

†**נפג** nâfåg שם פרטי *pr. n.*

**נפג** ש״פ ובני יצהר קרח נפג וזכרי - שמ ו 21.

†**נפח**[1] צבייה, התנפחות **dilatation, inflating** [א״י למנפחה מעיך = לצבות בטנך - נ במ ה 22. **סוא״י** ונפח באפוי = ויפח באפיו - בר ב 7] ← רוגז **anger** [בהשאלה *fig.* לדעת כהן הוא ט״ס. SKohn ZDMG 47, 622, n 3: *corr.*]

**קל צבה to become swollen** במתן יהוה ית ירכיך נפלן וית מעיך אנפיחן (VN*M$_1$ECA ירכך נפלת כרסיך נפיחה, EB נפיעה) ...את ירכך נפלת ואת בטנך צבה as the Lord causes your thigh to be decayed and your belly to be swollen - במ ה 21 [בינוני פעול *pass. pt.*].

**מפח** למפח כרס N לצבות בטן (=המליץ 577; M למפיח) - במ ה 22.

**אפעל 1 הפיח to blow** (life) רוח חיים ואפח באפיו [נשמת חיין] ויפח באפיו נשמת חיים - (God) blew into his nostrils the breath of life - בר ב 7. אלהותה צערת יתה והנפחת בה נשמת חיים האלוהות צרה אותו (את האדם) והפיחה בו נשמת חיים - ת״מ 281א. **2 ניפח to inflate** וית כרסיך מפיחה M (בינוני פעול? *pass. pt.*) ואת בטנך צבה - and your belly swollen - במ ה 21 [המליץ 577: מנפיחה].

**אֶתְפְּעֵל צבה to become swollen** ותנפח מעיה ותמסי ירכה (=המליץ 577, VA ויגפח כרסה, $^*$M$_1$ ותתנפה, M ותמפח (!), M$_3$ ויפחין (!) וצבתה בטנה ונפלה ירכה her belly shall become swollen - במ ה 27.

**אֶתְפָּעַל רגז to be angry** ואתנפח יהוה כד עבד ית עולם... ואמר יהוה אשקול ית עולמה... הלא אתנפחת למה עבדתי A ויִנחם יהוה...

ויאמר...אמחה את האדם כי נחמתי כי עשיתים the Lord was angry that He had made the world, and the Lord said, "I will blot out the world...; for I am angry that I made them - בר ו 7-6 [התה״ע تواجد = כעס - איילון-שנער 406ב. והשווה ע מפח נפש].

**נפח** ש״ע ז *n. m.* **נפיחות swelling** לנפח דכרס VA (B לנפע פרס !) לצבות בטן (causing) the dilatation of the belly - במ ה 22.

**נפחי** ש״ע נ *n. f.* **נפיחות swelling** לנפחי דכרס לצבות בטן - במ ה 22.

**נפח²** nâfâ שם מקום *pr. n. (place)*

**נפח** ש״פ ושוינן סהד נפח (A הנפח) ונשים עד הנפח - במ כא 30.

**נפיש** nēfəš שם פרטי *pr. n.*

**נפיש** ש״פ והדד ותימה יטור ונפיש - בר כה 15.

**נפך**† אבן יקרה **a gem** [מן העברית H. התה״ש אינו מכיר את האבן ומתרגם בדרכים שונות]

**נפך** ש״ע ז *n. m.* **נפך a gem** נפך ספיר ויהלם VB) זמרגדי, E חכום, C עבר, A נפק כולם ב״המליץ״) נפך ספיר ויהלם - שמ כח 18. נפך ספיר ויהלם (M₂ זמרגדי, EC עבאר, MBA נפק) - שמ לט 11. מוזכר בפיוט של אבישע (Cow 497).

**נפל** נפילה **falling** [א״י ונפל יוסף על אפוי - נ בר נ 1. סוא״י ונפל יוסיף על צורה - בר נ 1]

**קל** עבר: נפל - במ טז 4. עתיד: יפל - דב כב 8. בינוני: נפל nâfəl - ע״ד ד 7. פעול: נפיל - דב כא 1. מקור: מפל - במ יד 3 VNMCA. **אפעל** עבר: אפל - שמ כא 27 EC. עתיד: יפל - שמ כא 27. בינוני: מפל - ת״מ 35ב. פעול: מפל - במ כד 16 (נ״ש nēfəl - פעול קל). **אֶתְפְּעֵל** עבר: ואתנפלת (מדבר) - דב ט 18. עתיד: וינפל - שמ כא B 10. מקור: מתנפלה - בר מג 18. **מפולי** מפולית (נסמך) - ת״מ 49ב. **מפל** - ת״מ 158א. **נפל** - במ ה 22.

**קל 1 נפל to fall** וכל בית דחלאתה אתלחצו וכל סגדיה נפלי וכל בתי היראה נדחקו וכל האלילים נפלו all the shrines were in distress and all the idols fell down - אס 11ב. **הלא יפל** נפילה מנה כי יפל הנופל ממנו (מן הגג) - דב כב 8 אן יתשקע קטיל... נפיל בברה כי ימצא חלל...נפל בשדה if someone slain is found lying in the open - דב כא 1. **לא תחזי ית חמור** אחוך אי ית תורה... נפלים באורעה ...נפלים בדרך - דב כב 4. **2** בהשאלה *fig.* **ושמע משה ונפל על אפיו** Moses heard this and fell on his face - במ טז 4. **ונפל על צוארה** - בר מו 29. **וכל** דבב נפל קמיך הך עטף וכל אויב יפול לפניך כהרף עין - ת״מ 15א. **טביה ירומו ובישיה יפלו** הטובים יירומו והרעים יפלו - ת״מ 216ב. **ואתה** מלך דלא מתחלף ורחצון דלא נפל ואתה מלך שאינו חולף ומבטח שאינו נופל - ע״ד ד 7-4.

**מפל** למפל בחרב VNMCA (למנפל *M₂) ולנפל בחרב - במ יד 3.

**אפעל 1 הפיל to drop, throw** הנכת עקבי סוס ואפל רכבה אחריה (VNMCEB ומפל) הנשך עקבי סוס ויפל רכבו אחור that bites the horse's heels so that his rider is thrown backward - בר מט 17 (נ״ש הפעיל: wyabbəl). **ואם** שן עבדה... אפל לחראי ישלחנה EC (נ״א יפל) ואם שן עבדו... יפיל לחפשי ישלחנו - שמ כא 27. ויהי ברד... מפל אריסין ומשנת עללאן...מפיל איכרים ומחריב תבואות - ת״מ 35ב. **מפל וגלי** חזו VNEC נופל וגלוי עין - במ כד 4. **2** בהשאלה *fig.* מפל אנה לה אל דיוקה אני אפיל אותו לשאול - I shall throw him to the underworld ת״מ 163ב. משנת הוא מלכה ומפלין חרשיה לוקה המלך ומושפלים החרטומים - ת״מ 32א. ונפל יהוה אלה פילוקה על האדםA ויפל יהוה אלהים תרדמה על האדם - בר ב 21 [ > ואנפל = המליץ 557].

**אֶתְפְּעֵל 1 נפל to fall** ואתנפלת לקדם יהוה ואתנפלה לפני יהוה I threw myself down before the Lord - דב ט 18, 25. **וינפל למדמך B** ונפל למשכב - שמ כא 18. **תהי ברום ולא תנפל** תהיה למעלה ולא תפול you will be exalted (*lit.*; on the height) and not fall - ת״מ 113ב. **2 נהרג to be killed** וינפל מנה סגי A ונפל ממנו רב lest many of them perish - שמ יט 21.

**מתנפלה** ולמתנפלה עלינן למסב יתנן לעבדים ולהתנפל עלינו... - בר מג 18.

**מפולי** ש״ע נ *n. f.* **מפלה descent, fall** שעילה מרירה עד מותר... מלגוה הות רוקנות מצראי ומנה הות מפולית ישראל שאילה מרה עד מאוד... מתוכה היה ניצול מִצרים וממנה הייתה מפלת ישראל a very harsh borrowing; from it (came) the stripping of Egypt and the fall of Israel - ת״מ 49ב [לעניין "וינצלו את מצרים" (שמ יב 36) שהביא קללה על ישראל]. **מכן אוכחה אבוה** וחכמה במפוליתה במימרה בכורי אתה זהו שהוכיחו אביו (את ראובן) והודיעו מפלתו

במאמרו... - ת״מ 159א [לעניין בר מט 3].

**מפל** ש״ע ז *n. m.* **1 מפלה defeat** מה גזוי חלופה אלא מפלה מה גמול השינוי (השגת גבול) זולת המפלה - ת״מ 148א. **2 תחולה effect** ונעזר אל מלת מדמך היא מפל עובדה בתולתה דלא ארסת ונחזור אל מילת משכב; חלות היא (= היא חלה) על המעשה ״בתולה אשר לא ארשה״ (שמ כב 15) let us return to the word 'lying'; its effect is on the deed with a "a virgin who is not betrothed" (Ex 22:15) - ת״מ 158א [זב״ח הע׳ 7].

**נפל** ש״ע ז *n. m.* **נפילה falling** לנפחי דמעי ולנפל ירך (נ״א ולמסי, ולמסאי) לצבת בטן dilatation of the belly and decay of ולנפל ירך the thigh - במ ה 22.

**נפס**[1]† נפש **soul** [> نفس - Lane 2827a] ←

משטמה **hatred** [> نفس = קנאה - Lane 2828b,

? Dozy II 708-9]

**קל שׂטם to hate** ומקקה ונתשה ונפיסה מסחני עליף A וימררהו ויריבהו וישטמהו בעלי בהמות (?) they hated him, the owners of cattle - בר מט 23 [פסוק משובש *Corr. passage*].

**נפס** ש״ע ז *n. m.* **1 נפש soul** פאן נפס כל בשר דמה בנפסה הוא... פאן נפס כל בשר דמה הו כל אכלה יתעקר J - ויק יז 14. **2 ישות substance** אתבהלו מנפסה A נבהלו מפניו they were dismayed at his presence - בר מה 3 [תפס פניו = כעסו כמו ונתתי פני בנפש האוכלת... - ויק יז 10 ותרגומו רגזי].

**נפס**[2]† ?

**נפס ?** נפס מלחה A ים המלח - בר יד 3.

**נפץ**† עירוי ויציקת נוזלים **pouring** [א״י לדגה גדולה דנפצת עוברה ומלת כל ארעא = ... שהטילה את ביציה... - ב״ר 336, מפרש את בר ט 19: ומאלה נפצה כל הארץ. **ס** נפץ מיא - PSm 2417].

**קל עירה, יצק to empty** ואוחיאת ונפצת קולתה *M₁ ותמהר ותער כדה she rushed and emptied her jar - בר כד 20, 46 *M₂ [הכול מן אונקלוס, לפי שנ״ש ׳יתורד׳ ואכן נ״א ואחתת. O (SP *has* *wtwrd*)].

**אפעל יצק to pour** ואפץ מן משח רבותה ויצק משמן המשחה *M₁ he poured some of the anointing oil - ויק ח 12. ופלוג אדמה אפץ על מדבחה A וחצי הדם זרק על המזבח - שמ כד 6. ונסב משה ית אדמה ואפצה על עמה A - שמ כד 8. ותסב ית אדמה ותפץ על מדבחה A - שמ כט 16. ותפץ ית אדמה A - שמ כט 20. ויפצון ית אדמה $M_2$* - ויק א 5, ובדומה לו 11 $M_1$A*. ותפוץ עליה משך $M_2$* ויצקת עליה שמן - ויק ב 6. ית אדמה תפץ על מדבחה $m_2$ ($m_4$* תפוץ) - במ יח 17.

**אפץ** ש״ע ז *n. m.* **מזרק basin** וקרבנה... אפץ חד כסף m וקרבנו... מזרק אחד כסף his offering... one silver basin - במ ז 13, 19. ויתנון עליו... ית מחתיאתה... וית אפציה $M_1$*...ואת המזרקות - במ ד 14.

**נפק**[1] יציאה **issue** [א״י ונפקו כל נשיא בתרה - נ שמ טו 20. **סוא״י** ויפוק חוטר מן שורשה דישיע - ישע יא 1]

**קל** עבר: דנפק danbåq - מ ו 16. עתיד: יפק - שמ כא 3 (=המליץ 569), יבק - ת״מ 307ב. ציווי: פק - בר לא 13 ($M_1$CA* פוק = המליץ 569). בינוני: נפק nâfâq - מ ט 40. פעול: נפיק - ת״מ 28א. מקור: מפק - ת״מ 215ב. **אפעל** עבר: אפק - שמ טז 6. והבקותה (נסתרים+נסתר) - בר יט 16 B. עתיד: יפק - דב כד 11. ציווי: ואפק - מ ה 66. wabbəq בינוני: מפק - ויק כב 33. פעול: מפקה (יחידה) - בר לח 25 B. מקור: למפק - ת״מ 193א. למפקה - במ יד 36. **אֶתְפְּעַל** עבר: הפקו (נסתרים) - אס 217ב. **אִתַּפְעַל** עבר: אתפקת (נסתרת) - בר לח 25 E. עתיד: יתפק - ויק טז 27. **אפוקו** כאפוקות - שמ לג 8 M (*abbəqot > abbūqot). **אפקו** אפקותה (+נסתר) - במ לד 5. **מיפק** - בר כז 30 $M_1$* [מן אונקלוס O]. **מפוק** - דב כג 24. **מפוקו** במפוקות - שמ כא 7 B. **מפוקי** - במ לה 26 V. מפוקיתה (+נסתר) mabbūqīte - מ טו 32. **מפק** - ת״מ 42א*. **מפקו** במפקותי - ויק כג 43 A. **מפקי** למפקיתון - במ ט 1 N. **נפוק** qiṭṭūl - בר ח 7 A(E). **נפוק** qāṭōl - במ א 20. **נפיק** - בר כו 2 A. **נפק** - במ לה 26. **נפקן** - בר כד 11 MB. **פק** - אס 16א.

**קל 1 יצא to go out, come forth** אורה דנפק מניר האור שיצא להאיר the light that went out to illuminate - מ ו 16. ובתר כן נפק אחיו then his brother came forth - בר כה 26. ואש אנפקת מן עם יהוה ואש יצאה... - במ טז 35. ונפקי כל נשיה - שמ טו 20. לא יבק מנה מלה לא תצא ממנו מלה (מן הפה) - ת״מ 307ב. אם בגפה ייעל בגפה יפק - שמ כא 3. פק מן ארעה הדה - בר לא 13. פקו מבגו עמי (A פוקו וכך הוא מובא בת״מ 248א) - שמ יב 31. סבו ישראל ופוקו קחו את ישראל וצאו (ממצרים) - ת״מ 20א. יתה קלה רבה... נפק מן אשתה אותו הקול הגדול יוצא מן האש - מ ט 40. וכלום לא אנשו

נפקין וכלום לא שכחו (בני ישראל) בצאתם (ממצרים) nâfqən - ע״ד כ 11. מלכה נפיק לקרבה - ת״מ 28א. שמשה נפיקה על ארעה השמש יצא על הארץ - בר יט 23. ובני ישראל נפיקים באד רמה - שמ יד 8. **2 הפר מצווה to transgress** בהשאלה *fig.* טוב מן יטרנה ומנה לא יפק אשרי מי שישמרנו וממנו לא ייצא (מן הברית בהר סיני) happy is the one who observes it (the covenant) and does not transgress it - ת״מ 203א. לא יפק מן פקודה ולא יעלם על גזרה לא יפר את המצווה ולא יתעלם מן החוק - ת״מ 156ב. מן מימרך לא נפק ולא נסטי מנה מדברך לא נצא ולא נסור ממנו- ת״מ 170ב.

**מפק** נצוחה אזל מפק לקרבה הלוחם הולך לצאת למלחמה- ת״מ 15ב.

**אפעל הוציא to bring out** הלא יהוה אפק יתכון מן ארע מצרים כי יהוה הוציא אתכם... it was the Lord who brought you out of the land of Egypt - שמ טז 6. משה ואהרן אפקו ישראל מקדם צפרה...הוציאו את ישראל לפנות הבוקר - ת״מ 218ב. והבקותה וחנותה מלבר לקרתה B ויוצאהו וינחהו מחוץ לעיר - בר יט 16. וגברה דאתה סבל בה הוא יפק לידך ית משכונה ...הוא יוציא אליך את העבוט - דב כד 11. פתח פמה דתהומה ואפק לן מים חיים פתח את פי התהום והוצא לנו מים חיים - מ ה 66. המפק יתכון מן ארע מצרים- ויק כב 33. ומיתו גבריה מפקי גנות ארעה וימתו האנשים מוצאי דבת הארץ - במ יד 37. הי מפקה והיא שלחת ליד חמיה B היא מוצאת והיא שלחה אל חמיה as she was being brought out, she sent (a message) to her father-in-law - בר לח 25.

**מפק** וכד אתא... משה למעי תקפה למפק מנה מיה...להוציא ממנו מים - ת״מ 193א.

**מפקה** למפקה גנו על ארעה להוציא דיבה על הארץ - במ יד 36. דעצפו מפקה יתון ולא יכלו כי התחזקו (החרטומים) להוציא אותם (את הכינים) ולא יכלו - ת״מ 33א. למפקה ית בני ישראל מן ארע מצרים .להוציא את בני ישראל מארץ מצרים - שמ ו 27.

†**אֶתְפְּעֶל יצא to go out** בשבתה הפקו קדישתה וברית פינחס בז אתקוממת בשבת יצאו הזונות וברית פינחס הוקמה בשבת on the Sabbath the whores went out and the covenant with Phinehas was established - אס 17ב.

†**אֶתְפְּעֶל הוצא to be brought out** הי' היא מוצאת E אתפקת she was being brought out - בר לח 25 [א״י: מיתפקא - **קת״ג** Klein Gn 91]. וית פר חטאתה... יתפק למלבר למשריתה ואת פר החטאת... יוצא אל מחוץ למחנה - ויק טז 27.

†**אפוקו** ש״ע נ *n. f.* **יציאה exit** והוה כאפוקות משה למשכנה M והיה כצאת משה אל האהל - at Moses' exit to the tent (=when M. went out) שמ לג 8.

**אפקו** ש״ע נ *n. f.* **1 יציאה exit** והוה כאפקות משה למשכנה at Moses' exit to the tent (=when M. went out) - שמ לג 8. והוה באפקות נפשה הלא מאתה as her soul was departing (for she died) - בר לה 18. יסטי ית מסותה עד אפקותה...עד צאתו - שמ לד 34. וסאר תחומה מן עצמונה... ויהי אפקותה ימהוהיה תוצאיתו הים - במ לד 5. **2 צאה excrement** וכסי ית אפקותך וכסית את צאתך you shall cover up your excrement - דב כג 14.

†**מיפק** ש״ע ז *n. m.* **יציאה exit** ברן מיפק נפק יעקב מן עם קדם יצחק $M_1$*אך יצא יצא... - בר כז 30.

**מפוק** ש״ע ז *n. m.* **1 יציאה exit** במפוק שבתה נפק אברהם בצאת השבת יצא אברהם when the Sabbath departed, Abraham left - אס 12א. ברן מפוק נפק יעקב ECB אך יצא יצא... - בר כז 30. ואל סכות נטלו ובעו המפוק מנה ולא יכלו ואל סכות נסעו ובקשו לצאת ממנה ולא יכלו - ת״מ 251ב. **2 מוצא issue** מפוק ספבאתך תטר מוצא שפתיך תשמר you shall keep the issue of your lips - דב כג 24. עללת זרעך מפוק ברה תבואת זרעך יוצא השדה - דב יד 22 yūṣå] - בינוני קל, ואכן V: דנפק]. **3 חתימה** קטע המסיים סוג של פיוטים the ending part of a prayer מפוק ויפרט מלי תפלה - Cow 736.

†**מפוקו** ש״ע נ *n. f.* **יציאה exit** לא תפק במפוקות עבדיה B לא תצא כצאת העבדים she shall not go out according to the exit of the male slaves - שמ כא 7.

**מפוקי** ש״ע נ *n. f.* **1 יציאה exit** כמפוקית עבדיה כצאת העבדים according to the going out of the male slaves - שמ כא 7. ואם מפוקי יפק V אם יצא יצא - במ לה 26. עם מפוקיתה שופרה כרז עם יציאתו, השופר קרא - מ טו 32-33. **2 מוצא limit** והי מפוקיתה מדרום לקדש ברנע EC והיה תוצאיתו מנגב לקדש ברנע and its limits shall be south of Kadesh-barnea - במ לד 4.

**מפק** ש״ע ז *n. m.* **1 יציאה exit** בריך אתה במיעלך ובריך אתה במפקך ...וברוך אתה בצאתך blessed shall you be in your coming - and blessed shall you be in your going out דב כח 6. תלתה עובדין לגו ליליה הוא עבד מפק כמה דאמר וכפלגות ליליה אנה נפק שלושה מעשים עשה בלילה: יציאה כמו שאמר ״וכחצי הלילה״ (שמ יא 3) - ת״מ 42א*. **2 הוצאה bringing out** במפקי יתון מן ארע מצרים - at my bringing them out of the land of Egypt ויק כג 43. **3 צאה excrement** וכסי ית מפקך V וכסה את צאתך - cover up your excrement דב כג 14.

**מפקו**† ש״ע נ *n. f.* **הוצאה bringing out** הלא במטלן הדירת ית ברי ישראל במפקותי יתון מן ארע מצרים A...בהוציאי אותם... - ויק כג 43. במפקוה יתון מן ארע מצרים בהוצאו אתם... - דב כט 24.

**מפקי**† ש״ע נ *n. f.* **יציאה departure** בשתה תניאנתה למפקיתון מן ארע מצרים N ...לצאתם מארץ מצרים at their departure from the land of Egypt - במ ט 1.

**נפוק** ש״ע ז qiṭṭūl *n. m.* **יציאה departure** ואהך לקיץ ניפוק פליץ A וילך לז?? (ל)יציאה לז?? -(Jacob) went to ?? for (his) departure to ?? בר כח 7. ברן נפוק נפק יעקב *M₂- בר כז 30. ונפק נפוק ותב (E)A ויצא יצא ושב - בר ח 7 [אבל נ״ש בינוני. זב״ח המליץ 569].

**נפוק** ש״ע ז qāṭōl *n. m.* **יוצא one who goes forth** כל נפוק חיל כל יצא צבא all who were able to go forth to war - במ א 20. ובני ישראל נפוקיה מן ארע מצרים the Israelites who came out of the land of Egypt - במ כו 4. בהשאלה *fig.* כל נפש נפוקי ירך יעקב all the offspring of Jacob - שמ א 5. נפוקיה לחילה - במ לא 28.

**נפיק**† ש״ע ז *n. m.* **יציאה departure** אל תיעת לנפיק דער בארעה דיימר לך A אל תרד ליציאה שכן בארץ אשר אמר אליך do not go down to the departure; dwell in the land of which I shall tell you - בר כו 2.

**נפק**† ש״ע ז *n. m.* **יציאה exit** ואם נפק נפק קטולה ואם יצא יצא הרצח - במ לה 26.

**נפקן** ש״ע ז *n. m.* **יציאה exit** לזבן נפקן מליאתה MB לעת צאת השאבות the time of the going out of the (female) drawers (of water) - בר כד 11.

**פק** ש״ע ז *n. m.* **יציאה exit** בפקי שבתה געזו ימה במוצאי שבת עברו את הים at the going out of the Sabbath they passed the sea - אס 16א [א״י בפקי שמטתה - ירושלמי ב״ב יז ע״א].

## נפק² אבן יקרה a gem

**נפק** ש״ע ז *n. m.* **אבן יקרה a gem** נפק ופסקל ואעלם A נפך פטדה ויהלם - שמ כח 18. וכך הוא בפרק לט MBA 11.

## נפש רווח space, interval [א״י ונפש תשוון בין עדר ובין עדר - נ בר לב 17] ← נפש, נשמה soul ← איש, יחיד person [א״י וכל נפש די תעבד כל עבידה - נ ויק כג 30. סוא״י ובשובעין נפש נחתו אבהתך למצרין - דב י 22]

**קל** עבר: נפשו - שמ א A) m 7 פשו). ונפישו - בר מז 27 *M₂. ציווי: פושו - בר ט E)A 1). בינוני פעול: ונפישה - שמ ג V 8. **פעל** עבר: נפש - בר כו E 22. עתיד: ויינפש - ע״ש ד 39. ציווי: נפש wyēnabbəš - nabbəš - ע״ד כז 27. בינוני: מנפשין amnåbbâšən - א״ד א 13. **אפעל** עבר 1: הנפש - ת״מ 185א. עבר 2 (מן אונקלוס O): הפשיני (+מדבר) - בר מא A(*M₁)A 52אפשני). עתיד: ואפיש (מדבר) - בר יז 6 *M₁. בינוני: מפשי! - בר מח 4 *M₁. **אֶתְפְּעַל** בינוני: מתנפש - ת״מ 291ב. **נפוש** nibboš - ע״ד כג 51. **נפוש** qāṭōl - המליץ 528. **נפש** qiṭṭūl: nâfəš - מ יח 9.

**קל**† **1 היה רב to multiply** ובני ישראל נפשו ואתילדו m (פשו A) ובני ישראל פרו וישרצו the descendants of Israel increased and multiplied - שמ א 7. ונפישו וסגו שריר *M₂ (ופשו A) ויפרו וירבו מאד - בר מז 27. פושו וסגו ומלו ית ארעה(E)A פרו ורבו ומלאו את הארץ - בר ט 1. **2 היה רחב to be spacious** לארע טבה ונפישה V אל ארץ טובה ורחבה - to a good and spacious land - שמ ג 8.

**פעל 1 הרוויח to relieve** הלא כען נפש יהוה לנן E כי עתה הרחיב יהוה לנו for now the Lord has relieved us - בר כו 22. כסיהתה לה נפשו גליהתה בה חדו הנסתרות הרחיבו לו, הנגלות שמחו בו - ת״מ 91א. בטור יהוה יחזי ינפש A בהר יהוה יראה - בר כב 14 [מן הגיליון, והוא דרש. *Midr. gloss*]. ויינפש לרצמיכון וירוח לכל מתלתותיכון וירוויח לדחקיכם ויקל על חרדותיכם - ע״ש ד 39. נפש לן מכל ארצמין הרווח לנו מכל הדחקים relieve us from all the oppressions - ע״ד כז 27. **2 פרס to spread out** עללה נפשת nabbištå את השמים פרסת - מ ג 29.

**אפעל**† **הרחיב to widen, increase** רווחה

סבלה מעונה לה הנפש ערפלה קבל יתה הרוח נשאה אותו, המעון הרוויח לו, הערפל קיבל אותו the wind bore him (Moses), the divine dwelling made him room, the thick cloud received him - ת״מ 185א. **2 הרחיב, הגדיל to increase** ואפיש יתך בשריר שריר $M_1$* והפריתי אתך במאד מאד I will increase you exceedingly - בר יז 6. אה ברכת יתה ואפשית יתה*$M_1$ הנה ברכתי אתו והפריתי אתו - בר יז 20. ואל שדי יברך יתך ויפשינך*$M_1$ - בר כח 3. הלא אפשני אלהים A)*$M_1$ הפשיני) - בר מא 52. ויפשינן בארעה*$M_1$ - בר כו 22. אהנה מפשי לך *$M_1$ - בר מח 4 [נ״א מפרי ולפנינו מיזוג *Blend of mpš and mpry (var.)*.]

**אֶתְפְּעֶל התרווח**† **to be relieved** יומה דבה הצרר מתנפש ביום שבו הצרה תהיה לרווחה - the day when the affliction will be relieved ת״מ 291ב.

**נפוש**† ש״ע ז qiṭṭūl *n. m.* **1 רווח space** ונפוש תשבו בין קטע ובין קטע A ורוח תשימו בין עדר ובין עדר put a space between drove and drove - בר לב 17. נפוש לוחיה עבד יתה V נבוב לוחות עשה אתו he made it (the altar) a space (bounded) by boards - שמ לח 7. **2 רווחה, הקלה relief** ועמה פרעה הלא הוה נפושה B וירא פרעה כי היתה הרוחה Pharaoh saw that there was relief - שמ ח 11. מובא גם בת״מ 32ב. ומן מסכי לנפוש ומי מצפה לרווחה - ע״ד כג 51. נפושה מנך קריב - ת״מ 199ב. וקעק (!) שמה נפושהE ויקרא שמה רחבות - בר כו 22.

**נפוש**† ש״ת qāṭōl *adj.* **נבון** רחב לב **wide broad** minded - המליץ 528 [ליתא].

**נפש א** ש״ע ז *n. m.* **1 נשמה soul** לך יסק התשבחן מלב ומנפש אליך יעלו התשבחות מלב ומנפש to You the praises will ascend from heart and soul - ע״ד ח 9. ונפשה קטירה בנפשה ונפשו קשורה בנפשו his soul is bound up with the lad's soul - בר מד 30. כל גויאן ונפשהן חילך מוחי כל הגופים והנשמות כוחך מחיה - מ ו 43-44. אמר לון פרעה בנפש מעיסה פוקו מגו עמי אמר להם פרעה בנפש מדוכדכת... - ת״מ 348ב. **2 איש, יחיד person** וית נפשה דעבדו בחרן ואת הנפש אשר עשו בחרן - בר יב 5. בשבעים נפש נעתו אבהתך למצרים - דב י 22. ונפש אן תקרב בכל ממלל מסב - ויק ה 2. אה דבוק דלידך מערוק כל נפש הוי המושיע, שאליך מנוסת כל נפש - מ יח 9. **ב** כינוי חוזר *refl. pron.* וטור נפשך שריר דלא תתנשי ית מליה ושמור נפשך מאד פן תשכח את הדברים watch yourself forcefully, so that you do not forget the things - דב ד 9.

**נפתחים** שם פרטי naftā[ʾ]əm *pr. n.*

**נפתחים**ש״פ ומצרים אולד ית לדים וית עינמים וית להבים וית נפתחים - בר י 13.

**נפתלי** שם פרטי niftâli *pr. n.*

**נפתלי**ש״פ ובני בלהה שמשית רחל דן ונפתלי - בר לה 25. שם השבט: לבני נפתלי תולדתון לכרניון - במ א 43. ועל חיל שבט בני נפתלי אחירע בר עינן - במ י 27. ושתיתה דקעמו לגו קללתה על טור עיבל ראובן גד אשר זבולן דן ונפתלי - ת״מ 121ב.

**נצב** נטיעה וקביעה **planting, establishing** [א״י גברא די נצב כרם - נ דב כ 6. **סוא״י** ונצב מרא... לפורדיסא - בר ב 8], עמידה **standing** [עירוב של יצב עם נצב. *Blend of nṣb and yṣb.*]

**קל** עבר: ונצב - בר כא 33 (=המליץ 475). אנצב - בר לא 25 A. עתיד: תצב (נוכח) - דב כח 30. בינוני: נצבים - במ כד 6 A (=המליץ 525). פעול: נציבה (נ) anṣība - ע״ד טז 29. **פעל** עתיד: תנצב - דב טז 21 B. בינוני פעול: מנצבין amnåṣṣâbən - מ ט 51. **אֶתְפְּעֶל** עבר: אנצב, אתנצב - ת״מ 269א. בינוני: מנציבין - ת״מ 46ב. **מצבה** - בר לא 45. **נצבה** - בר יט 26 A. **נצבו** - ת״מ 83א. **נצוב** - ת״מ 9ב. **נציבה** נציבתה (מיודע) - בר ל 36א A. qāṭōl

**קל 1 נטע אילן to plant** a tree ונצב אברהם פרדיס ויטע אברהם גן Abraham planted a garden - בר כא 33. ונצב פרדיס מכל אילן טב - ת״מ 192א. כרם תצב ולא תחללנה כרם תטע ולא תחללנו - דב כח 30. עד אמת כרמים נציבים ומחליל לית לון - ת״מ 293ב [ע״פ דב כח 30]. כמישרים נצבין וכגנין עלבי נהרה A (C נצבים = המליץ 525, VN נציבין, EB נציבים) כנחלים נטוי כגנות עלי נהר - במ כד 6 [נתפרש שדות נטועים]. **2 הקים, הציב** בהשאלה **to establish, erect, set up** *fig.* ונצב תמן מדבח A ויצב שם מזבח he set up an altar there - בר לג 20. ואנצב יעקב מצבה A - בר לה 14. תעלנה ותצבנה בטור אסענותך תביאמו ותטעמו בהר נחלתך You will bring them and establish them in Your own mountain - שמ טו 17. מן נצב לשנה בפמה מי נטע את הלשון בפה - ת״מ 214ב. דתשבחתה הך נציבה שהשבח כמו (אילן) הנטוע - ע״ד טז 29. **3 גבה to collect** (taxes, etc.) כל חרמה דיצב מן אנשה לא יפרק A כל חרם אשר יחרם מן

no one devoted, who is to be האדם לא יפדה - collected from among men, shall be ransomed - ויק כז 29 [השי׳ **ע** העלה שכר, **מש** ב״מ י ג, העלה מס - מל״א ה 27. א״ס: يصطلم = נטל את הרכוש Dozy II

843b]. **4 נטה אוהל to pitch a tent** ונצב משכנה בית אל ממערבה A (JC וקבעו) - ויט אהלו - בר יב 8. ובדומה לזה בר כו 25 *M$_2$A, לה 21 m ועוד. ויעקב אנצב ית משכנה A ויעקב תקע את אהלו - Jacob had pitched his tent - בר לא 25, לג 19. ומכאן: ונצב עמה חסד EC (B ואנצב,VJ וקבעו) ויט עמו חסד - בר לט 21 [נטיית אוהל נחשבת הצבה ומיתרגמת גם תקע. תן דעתך גם למיזוג נטע/נטה. SH *nṭy has the sense of 'establishing'; note its merger with nṭ*[c]*, following the loss of the gutturals*]. **5**[†] **ניצב to stand** והא יהוה נצב עלויו A - בר כח 13 [נ״ש קל בינוני. SP *pt.* *Qal*].

**פעל 1 נטע to plant** a tree לא תנצב לך אטלו B לא תטע לך אשרה you shall not plant - דב טז 21. ותנצבון כל אילן - any sacred tree - ויק יט 23. תנדינה *M$_1$BA ונטעתם כל עץ ותנצבנה בטור פלגתך ECA (VB ותנצבנון) תביאמו ותטעמו בהר נחלתך - שמ טו 17. מובא גם בת״מ 135ב. **2 הציב to set up** סלם מנצב ארעה m$_2$ סלם מצב ארצה a ladder set up on the earth - בר כח 12. תרי לוחיה מנצבין כתיבין באצבע אש אכלה - מ ט 15.

**אֶתְפְּעֶל 1 ניטע to be planted** מן יום דאנצב אילנה דדעת מיום שניטע עץ הדעת from the day that the tree of knowledge was planted - אס 5א. רבה הוא ‹אילנה› דאתנצב לגו פרדיס עמרם ומן פריו כל דרי עלמה מזדאנין... רב הוא אילנה דאנצב לגו ארע מצרים... ואקציץ בטור נבא גדול הוא האילן שניטע בפרדס עמרם ומפרותיו ניזונים כל דורות העולם... גדול האילן שניטע בארץ מצרים... ונגדע בהר נבא - ת״מ 269א [על משה]. ויהוה קטל אילניה דהוו מנציבין על סבה וה׳ הרג את האילנות שהיו נטועים על טומאה - ת״מ 46ב [על בכורות מצרים]. **2 ניצב to stand** firmly ואתנצב באתר לחיץ A ויעמד במקום צר he stationed himself on a narrow spot - במ כב 26. אן עמה כאלית אתנצב A הן עם כלביא יקום - במ כג 24. ואתנצב מן ברי ישראל לסחן פעור A ויצמד מבני ישראל לבעל פעור - במ כה 3 [תפס: ניצבו לצדו]. גבריה המתנצבין לבעל פעור A הנצמדים לבעל פעור - במ כה 5. ואתנצבו לקדם משה A ותעמדנה לפני משה - במ כז 2.

**מצבה**[†] [H מן העברית ע״ע קום] ש״ע נ *n. f.* **מצבה pillar** as memorial ונסב יעקב אבן וארמה מצבה ...וירמה מצבה - בר לא 45. ואנצב יעקב מצבה... מצבת כיף A ויצב יעקב מצבה... מצבת אבן - Jacob set up a pillar..., a pillar of stone - בר לה 14.

**נצבה**[†] ש״ע נ *n. f.* **מצבה pillar** as memorial והוה נצבה מלח A ותהי נציב מלח she turned into a pillar of salt - בר יט 26.

**נצבו**[†] ש״ע נ *n. f.* **עמידה standing** נצבות מיה כטמי נוזלים בחיל אלהותהעמידת המים כנד נזלים בכוח האלוהות the standing up of the water like a block of liquids - ת״מ 83א [מניין הנסים].

**נצוב**[†] qāṭōl ש״ע ז *n. m.* **נוטע one who plants** אהיה אשר אהיה נצובה דגנתה ...נוטע הגן I am who I am, the One who planted the garden - ת״מ 9ב. ולפי מניאני נהרי גנת עדן בחיל נצובה ולפי חשבוני הם נהרות גן העדן (שנבראו) בכוח נוטעו - ת״מ 309א [דברי האות ד׳ שהיא מניין ארבעת נהרות הגן].

**נציבה**[†] ש״ע נ *n. f.* **מצבה pillar** as memorial דמשחת תמן נציבתה A אשר משחת שם מצבה where you anointed a pillar - בר ל 36א (=לא 13). ונסב ית כיפה... ושוה יתה נציבתה A ...וישם אתה מצבה - בר כח 18. ואבנה הדה דשוית נציבתה A והאבן הזאת אשר שמתי מצבה - בר כח 22.

**נצח** [א״י לחימה, ניצחון **fighting, triumph** קל דגברין דנצחין בקרבא - **נ** שמ לב 18. **סוא״י** שמועו מיניה ואתנצחו = רעו עמים וחתו - ישע ח 9. מתרגם **ע** [γνῶτε ἔθνη καὶ ἡττᾶσθε ← הנהגה **rule** לנצח על עשי המלאכה - עזרא ג 9]

**קל** עבר: ונצע - שמ יז 13 (=המליץ 470). דנצחו - מ ה 84. בינוני: נצח nāṣå - מ ד 24. פעול: dansâ°u נציח - ת״מ 22א. **פעל** עתיד: ינצח - ת״מ 7ב. בינוני: מנצח - ת״מ 16ב. **אֶתְפָּעַל** בינוני: מנצע minnåṣå - א״ג 82. מתנצעה (נ) - שמ לב 18. **נצוח** נצועה (מיודע) qāṭōl - שמ יז 15 (המליץ 521: נצועי). **נצחן** nē'ṣån - ע״ד ד 24.

**קל 1 לחם, ערך מלחמה to fight, battle** זל לזימון אחוך וכיתך נצח עמה קרבה דפרעה ״לך לקראת אחיך״ (שמ ד 27) אכן אתה עורך עמו מלחמה בפרעה "go meet your brother" (Ex 4:27), thus you will wage war against Pharaoh - ת״מ 216ב. שבחותה רחמיו לגו כל קרב דנצחו שיבחוהו אוהביו בכל מלחמה שלחמו - מ ה 83-84. **2 גבר, הכניע to defeat**

ונצע יהושע ית עמלק ויחלש יהושע את עמלק
- Joshua defeated Amaleq - שמ יז 13. **בו אנצח**
**עמלק ביום השש ניצח את עמלק** - אס 216ב.
**את נצח דבביך** אתה מנצח את אויביך You
- defeat Your enemies - מ ד 24א. **חזי יהבתך אלהים**
**לפרעה נציח הו קמיך** ולית לה סעוד "ראה
נתתיך..." (שמ ז 1) נכנע הוא לפניך ואין לו עוזר
- ת״מ 22א. **כד עמה פרעה חרשיה נצעין** כאשר
ראה פרעה את החרטומים מנוצחים - ת״מ 27א.

**פעל 1 לחם** to battle **מה חיל בר תור... קמי**
**אריה עד ינצח עמה קרב** מה כוח בן בקר...
לפני אריה לערוך עמו מלחמה what power has
a calf... before a lion when they battle ? - ת״מ
27ב. **וכי בך מנצח תמן קרבה** ואכן בך יערוך
שם מלחמה - ת״מ 216ב. **2 הכניע** to defeat
**לשנה כחרב שליף מנצח לרגזה** לשונו כחרב
שלופה מנצחת את החימה his tongue was like
a drawn sword that defeats anger - ת״מ 284א.

**אֶתְפָּעֵל נוצח** to be defeated **ולית קל סיעה**
**מתנצעה** (A מנצעה) ואין קול ענות חלושה
- this is not the sound of a defeated company
שמ לב 18 [תפס סביל *int. as pass.*]. **נצועה דלא**
**מנצע** הגיבור שאינו מנוצח - א״ג 82.

**נצוח** ש״ת qāṭōl *adj.* **גיבור** victor, mighty
**אלהה רבה ונצוחה** V האל הגדול והמנצח the
great and triumphant God - דב י 17. **ובנא משה**
**מדבח וקרא שמה יהוה נצועה**...ויקרא שמו
יהוה נסי - שמ יז 15. **נצוחה אזל מפק לקרבה**
הגיבור הלך לצאת לקרב - ת״מ 215ב. **תשבחתה**
**לשמך רבה ונצוחה**- א״ח 6.

**נצחן** ש״ע ז *n. m.* **נצחון** victory **לית נצחן**
**אלא דילך** אין נצחון אלא שלך there is no
victory but Yours - ע״ד ד 24. **דמן אל... דיעבד**
**כעובדיך וכנצחניך** (B C וכגבורתיך) כי מי
אל... אשר יעשה כמעשיך וכגבורתיך - דב ג 24.

**נצי**[1]† ריב **quarrel** [א״י ולא אתנצון - נ בר כו 22]

**קל רב** to quarrel **ונצון רעי עסקלון עם**
**רעי יצחק** A (m ונצו) ויריבו רעי גרר עם רעי
יצחק the herdsmen of Gerar quarreled with the
herdsmen of Isaac - בר כו 20. **ולא נצו עליה** mA
ולא רבו עליה - בר כו 22. **ואן ינצון אנשים וכי**
יריבון אנשים - שמ כא 22. **כד ינצון גברין כחדה**
כי ינצו אנשים - דב כה 11. **ואה תרין גברין**
**עברים נצים** והנה שני אנשים עברים נצים-
שמ ב 13 (=המליץ 530). **עמה תרין גברין נצין** -
אס׳ 215ב.

**אתפָּעֵל רב** to quarrel **ואנצו במשריתה**
they quarreled in במחנה (NMB ואתנצו) וינצו
the camp - ויק כד 10. **ואן יתנצון גברים** - שמ כא
22 (=המליץ 530). **כד יתנצון גברין כחדה** V כי
ינצו אנשים - דב כה 11. **ואה תרין גברין עברים**
**מתנצין** $*M_2$ והנה שני אנשים עברים נצים -
שמ ב 13.

**נצי**[2]† ריקות **emptiness** [מן אונקלוס O. ע׳ להלן
נצ״ל[2]. טל, חקר ועיון 104]

**קל ריק** בינוני *pt.* **empty** **ואה שבע שבלין נצן**
$*M_1$ והנה שבע שבלים צנימות seven empty
ears - בר מא 23.

**נציבה** משתה **feast** [< نصيبة = מנה - Dozy II,
684b ?]

**נציבה** ש״ע נ *n. f.* **משתה ? feast** **ועבד להון**
**נציבה** A (m נצבה) ויעש להם משתה (Lot)
prepared a feast for them - בר יט 3.

**נצל**[1]† הצלה, רווח **deliverance** [מן העברית. ע״ע
פצי H.]

**אפעל הציל** to rescue **צאו מעבידת אנש**
**אל עבידת אלהים אשר בגאו הצילם** יצאו (בני
ישראל) מעבודת אנשים אל עבודת אלוהים
אשר בגאון הצילם they went forth from the
enslavement of men to the worship of God,
who rescued them in glory - ת״מ 103א. **אנה**
**מצל מנה אני בורח** (=ניצל, נמלט - בינוני פעול
*pass. pt.*) ממנו (דברי פרעה על התנין) - ת״מ
12א.

**אֶתְפָּעֵל ניצל** to be rescued **מן צרותך תרוח**
**ותתנצל מכל צר**מצרתך ירווח לך ותינצל מכל
צר from your distress you will be relieved and
rescued from any oppressor - פינחס Cow 848).

**נצל**[2]† ריקות **emptiness** [בהשאלה מן "ויתנצלו...
את עדים" - שמ לג 6. Meaning derived from the
*int. of* Ex 36:6]

**אֶתְפָּעֵל נתרוקן** to be emptied **אלו חכמת**
**דאנון עבדין הדה לא יהבת לון ארשו למיעל**
**לידי ולא אתנצלת נפשי** אילו ידעתי שהם
(משה ואהרן) יעשו זאת לא הייתי נותן להם
רשות לבוא אליי ולא הייתה מתרוקנת (מאומץ)
נפשי (דברי פרעה) ,if I knew they would do this
I would not give permission to come to me, and

- my soul would not be emptied (of courage) ת״מ 25א. טכה תבהת ‹ותאחס› על קנומך מן תחמדות לבך ותתנצל מנה אולי תבוש ותחוס על עצמך מחמדת לבך ותתרוקן ממנה - ת״מ 278א. הך נהי מתנצלים מן חכמתה איך נהיה מרוקנים מן החכמה - ת״מ 283א. **אנשה התילפו**... ולא תהונו מתנצלים מן דעת דעתה בני אדם, למדו... ולא תהיו מרוקנים מידיעת דעתו - ת״מ 298א.

**נצע**† ?

**נצוע ?** ונעת אברהם למצרים לנצוע תמן A וירד אברהם מצרימה לגור שם - בר יב 10.

**נצף**† מריבה ? **quarrel** [< نصف = חילק. משמש לשון ריב כמו מחלוקת, פלוגתא; ע׳ גם ׳תתנמון (ע״ע נום, נמי). *The meaning 'quarrel' is derived from 'partition' similar to plg, cf. nmy, nwm and H ḥlq.*]

**קל רב** to quarrel והא תרין אנשים עברין נציפין A שני אנשים עברים נצים behold, two Hebrews were quarreling together - שמ ב 13.

**נצץ¹**† אור, בערה; גידול **light, burning; blossom** [א״י ואפק פרחין ואנץ נצין - **נ** במ יז 23. **סוא״י** היך נצא דעסבא = כציץ השדה - ישע מ 6. צדיקא איך תמורתא ינץ = צדיק כתמר יפרח - תה צב Horol 27b 12. השי׳ קל״ח, נוף]

**פעל בער** to blaze הלא נור תנצץ מן רגזי ותיזי סעד דפוק שיולה E כי אש קדחה באפי ותוקד עד פתח השאול a fire has blazed in My wrath and burned to the gate of the underworld - דב לב 22 [ע״ע דפוק].

**אפעל 1 הדליק** פע״י **to kindle** *trans.* לא תנצון נור בכל מדוריכון *M₂ לא תבערו אש בכל מושבתיכם you shall kindle no fire throughout your settlements - שמ לה 3. **2 פרח** פע״ע **to blossom** *intrans.* והיא כאפרחותה אנצת נצין *M₁ והיא כפרחת עלתה נצה as soon as it budded, its blossoms shot forth - בר מ 10 (= אונקלוס O). ואפק פרח ואנץ נץ ועסל לוזין A ויוצא פרח ויצץ ציץ ויגמל שקדים - במ יז 23 (=המליץ 576).

**פלפל 1 האיר** **to shine** ואה נצנץ זיב אפיו EC והנה קרן דמות פניו the image of his face shone - שמ לד 30 (=המליץ 587). **אלעזר... הכהן** דלבו באורים והתמים מנצנץ ...שלבו באורים והתמים קורן - עבד אל (Cow 130). **2 פרח to blossom** המליץ 441 - blossoming מנצנץ גבעל [ע״פ שמ ט 31: והפשתה גבעל. אבל התה״ש שם: גבעל, גביל]. **ואה על אפי מדברה דקיק מנצנץ** והנה על פני המדבר דק פורח there, over the wilderness, (lay) a fine and blossoming (substance) - שמ טז 14 (=המליץ 515. כך פרש ׳מחספס׳. טל, ספר בלאו 325).

**יניץ** ש״ע *n.* **זריחה shining** שמשה סלקת על יניצה A השמש יצא לזריחתה the sun had risen to its shining (*secondary Iyod form*) - בר יט 23.

**ניצון** ש״ע ז *n. m.* **חלק portion** ותהבון חמישן לשלטנה וארבע ניצונין יהי לוכון A (נ״א חלקים,חולקין) ונתתם חמישת לפרעה וארבע הידות יהיה לכם you shall give one-fifth to Pharaoh, and four portions shall be yours - בר מז 24 [בא כאן בהוראת חלק בהקבלה לינוף׳ שהוראתו דומה בבר מג 34. לעניין המשקל השי׳ רבן/רבון. *nṣ+wn (cf. rb/rbwn) parallels nwp' which has both meanings 'offshoot' and 'portion'.*]

**ניצוץ** ש״ע ז nīṣoṣ *n. m.* **אור light** דמע דבריאתה ניצוץ מן לבושיך תרומת הבריות ניצוץ מלבושיך - מ י 13-14. **ונטרה כניצוץ עינו** E ויצרנהו כאישן עינו (God) guarded him as the light of His eye - דב לב 10 [תפס מן kå̄ʾīšån *Int. as der. from ʾš, 'fire'*. אש.]

**נץ** ש״ע ז *n. m.* **1 פרח blossom** ואפק פרח ואנץ נץ A ויוצא פרח ויצץ ציץ it brought forth sprouts, and produced blossoms - במ יז 23. **2 קישוט ornament** flower like בתבנית פרח ותעבד נץ זהב (!) ותנקש עליו B ועשית ציץ זהב ופתחת עליו you shall make a frontlet of gold, and engrave on it - שמ כח 36 (=המליץ 576). ויהב על מעטפתה... ית נץ דהבה EC ויתן על המצנפת... את ציץ הזהב on the headdress..., he put the gold frontlet - ויק ח 9.

**נצץ²**† ריקות **emptiness** [השי׳ נצי². טל חקר ועיון 104. *Prob. der. from nṣṣ¹. Cf. prḥ/²prḥ.*]

**קל ריק to be empty** שבע שבלין נציצין - seven empty ears שבע שבלים צנימות *M₂ - בר מא 23 (המליץ 574: נציצן - בינוני פעול *pass. pt.*).

**נצנץ** ש״ת *adj.* **ריק empty** ואה שבע שבלין נצניצן MEB והנה שבע שבלים צנימות - בר מא 23 (=המליץ 577).

**נציץ³** מין עוף **a bird** [כנראה גזור מן נצץ¹. השׁ׳ פרח - אפרות. ראה טלשיר 118, 243]

**אנץ** ש״ע ז *n. m.* **מין עוף a bird** וית אנצה *M₄ ואת הנץ - ויק יא 16.

**מצץ** ש״ע ז *n. m.* **מין עוף a bird** וית שחפה למינה וית מצאצה M (B מצצה) ואת השחף ואת הנץ - ויק יא 16, כיוצא בו דב יד 15 (=המליץ 529. B מצעצה).

**נץ** ש״ע ז *n. m.* **מין עוף a bird** וית שאפה למינה וית ניצהE ואת השחף ואת הנץ - דב יד 15.

**נצץ** ש״ע ז *n. m.* [**א״י** וית בר נצצה - **נ** דב יד 15] **מין עוף a bird** וית שאפה למינה וית נצצה A) נצעצה,M₂ אנצצה, M מצאצה, B מצצה) ואת השחף ואת הנץ - ויק יא 16, כיוצא בו B דב יד 15 מצעצה (=המליץ 529).

**נצר** שמירה **watch** [שאול מן העברית (ע״ע נט״ר) H מסירות **devotion** [מעניין שמירת הברית. ← [*loan* זב״ח עואנ״ש ג/ב 63-62 "*guarding the covenant*" ]

**קל** עבר: נצרו - ת״מ 59א. עתיד: ינצרו - בן מניר. בינוני פעול: נציר - ת״מ 189ב. נצירה anṣīrå - ע״ד ט 25. **אפעל** עתיד: תנצר - ת״מ 113ב. ציווי: אנצר - ת״מ 214ב. בינוני: מנצירין (ר) manṣīrən - ע״ד יא 19. **נציר** - ת״מ 167ב. **נצירו** בנצירו bånṣīru - ע״ד י 10.

**קל 1 שמר to guard** העקרים שלשה ושלשים פעמה נצרו אהבים היסודות נצרו שלושים ושלוש פעמים את האוהבים the elements - ת״מ 59א. guarded friends thirty three times הנבונים דידעו ינצרו לבון ויראו... מועדי יהוה דאתקראו - בן מניר (Cow 96). **2 היה מסור to be devoted** ישתבח בלב נציר ישתבח בלב let (God) be praised with a devoted heart מסור - ת״מ 189ב. **ודנציר עמך באימנו נשים והמסור לך באמונה, ירווח לו** - ע״ד ד 16. **ויצחק נצירה** ויצחק המסור - ע״ד ט 25. טוב סגודיה דאנצירין עמך אשרי המשתחווים המסורים לך - ע״ד ד 14. הן הוה הלב נציר הוא עמי כל תמח אם הלב מסור, הוא רואה כל פלא - ת״מ 282א.

**אפעל התמסר to devote oneself** אנצר לאלה באודאו התמסר לאלוהים בהודיה be - ת״מ 214ב - devoted to God in thanksgiving. **תדרש** איקר יצחק ולא תנצר דמותה תדרוש את כבוד יצחק ולא תתמסר כמוהו? - ת״מ 113ב. **יסלח** יהוה לכל נפש דבה תנצר יסלח יהוה לכל נפש שתתמסר לו - ת״מ 291ב. **ננצר בכל עת** ונשתעבד בכל זבן - ת״מ 169א. **עדן לן מכדו** מנצירין קדמיך עת לנו מעתה שנתמסר לך - ע״ד יא 19.

**(א)נציר** ש״ע ז *n. m.* **מסירות devotion** אתי ליד מרך בנציר תשקח יתה יקבלך בוא אל אדוניך במסירות, תמצאנו מקבלך come to your Lord with devotion, you will find Him - ת״מ 167ב - accepting you. **ושבח אמורה באנציר** לבבושבח את האומר אותו (את הסוד) במסירות הלב - ת״מ 82א.

**נצירו**† ש״ע נ *n. f.* **מסירות devotion** מקבל כל דבעי לה בנצירו מקבל (האל) את כל המבקש אותו במסירות לב (God) accepts anyone who - ת״מ 199א - seeks Him with devotion. **נזדיאן** לבעותה ונסגד קמיו באנצירו נהיה מזומנים לבקשתו ונשתחווה לפניו במסירות - ת״מ 119ב. חכם אלה נצירות לבה ידע אלוהים את מסירות לבו (של אברהם) - ת״מ 135א. **וטובי קהלה דרחיץ** בה וסגד לשמה בנצירו אשרי הקהל הבוטח בו ומשתחווה לשמו במסירות - ע״ד י 9-10.

**נקא**† זעקה **outcry** [מן העברית H]

**נקאה** ש״ע נ *n. f.* **זעקה lament** ושמע אלהים ית נקאתון MCB (נ״א כריזתון) וישמע אלהים את נקאתם God heard their lament - שמ ב 24. ואף אנה שמעת ית נקאת בני ישראל MCB (נ״א כריזת) וגם אני שמעתי את נקאת בני ישראל - שמ ו 5.

**נקב¹** ניקוב **piercing** [**א״י** חמא נוקבא בתרעא = ראה חור בשער - ויק״ר רנ. **סוא״י** ניח די הו לגמלא דיעול בנקבא דמחטא - נוח לו לגמל להיכנס בחור המחט - מתי יט 24] ← המין היולד **female** [**א״י** דכר ונקבה - **נ** בר ו 19. **סוא״י** דכר ונקבא - בר א 27]

**נקבה** ש״ע נ *n. f.* **1 מחילה hole** אם בנקבה יתשקע גנבה C אם במחתרת ימצא הגנב If the thief is exposed in a hole - שמ כב 1 (=המליץ 509). **2נקבה female** מן דכר ועד נקבה תשלחון למלבר למשריתה מזכר ועד נקבה... male and - female alike put outside the camp - במ ה 3. **למה** אוחיתון כל נקבה למה החיתם כל נקבה - במ לא 15. וכל תשבית לעל ולרע דכר ונקבה וכל תבנית למעלה ולמטה זכר ונקבה - ת״מ 154ב [עבודה זרה]. **דכר ואנקבה כון יתון** A(E) **זכר** ונקבה ברא אתם - בר א 27. **דה תורות ילדתה** לדכרה ולנקבתה - ויק יב 7.

**נקב²**† חירוף שם שמים **blasphemy** [בעשי״ח ע״פ ויק כד 11: ויקב... את השם. J מתרגם ולעט = קילל

אבל נ״א מפרשות כמו נקב³: כרז, הגה. ראה התה״ש ויק כד 16.16 NSH *following* Lev 24:16]

**קל חירף** to curse בר שלומית כד נקב לשם אתרגם בן שלומית, כאשר קילל את השם when the son of Shelomith blasphemed נרגם the name, he was stoned - ת״מ 204ב. **שמה רבה** וילה אנש דיהי נקב לה יתרגם ‹כבר› שלומית השם הגדול - אוי לאדם שיהיה נוקב אותו, ייהרג כבן שלומית - ת״מ 309א.

**†נקב³** קריאה בשם **naming** ← קשר משפחה, התייחסות אל שם **kinship** [ע״פ ויק כד 11: ויקב... את השם. NSH, *following* Lev 24:11. אבן גינאח (בערכו) מביא **ער** نقبت باسمه (ראה Dozy II, 715a)]

**נקיבו** ש״ע נ. *n. f.* **1** **שם, כינוי** **name, nickname** [עש״ח NSH] ובימי מלכותה מלך על בני אדום מלך חדש ושמו אטעס ונקיבותה קיצר ובימי מלכותו מלך על הרומיים מלך חדש ושמו אטעס וכינויו קיסר during his kingdom a new king reigned over the Romans by the name of Atas (=August?), his nickname being Cesar - הכרוניקה החדשה E.N.Adler, *Une nouvelle Chronique samaritaine*, Paris 1903, p. 40. **2 יחס, קרבת משפחה genealogy** והוו ברי ראובן... לנקיבותון לכרניהון A...תולדתם למשפחותם the people of Reuben..., by their genealogy, by their families - במ א 20. **ואן** לית תלימין לאבוה ותהבון ית מלכותה לנקיבותה המתקרב לה מן כרניו ואם אין אחים לאביו ונתתם את נחלתו לשארו הקרוב לו ממשפחתו - במ כז 11.

**†נקב⁴** בגד **a garment** [אוגריתית: *nqbnm* - Aistleitner 212, וכן نقاب = רעלה - Dozy II, 715b].

**מנקוב** ש״ע ז. *n. m.* **צעיף veil** (ואסטת) מנקובה צעיפה her veil - המליץ 573 [ע״פ בר לח 19. אבל בתה״ש שלפנינו צעיפה, רדופה].

**נקוב** ש״ע ז. *n. m.* **בגד garment** ונסבת רבקה ית נקובי עשו $M_4$ ותקח רבקה את בגדי עשו Rebecca took the garments of Esau - בר כז 15.

**†נקב⁵** ?

**מנקב** ? יסק מנה ריח כיר מנקב יעלה ממנו ריח בושם - ת״מ 237א [זב״ח העי' 7].

**†נקד** נקוד **point** [שרבוב מן העברית. H *interp.*]

**נקוד** ש״ת *qāṭōl adj.* **נקוד speckled** אם כדן יימר נקודים יהי אגרך וילדן כל עאנה נמורים C (נ״א נמורים, קרוים) אם כה יאמר נקודים יהיה שכרך וילדו על הצאן נקודים if thus he said, "the speckled shall be your wages", then all the flock bore speckled - בר לא 8.

**נקי¹** טוהר, לובן **purity, whiteness** [א״י פירין טבין נקיין כחלבה פירות טובים, לבנים כחלב - **נ** שמ יג 5. **סוא״י** מנקין בריותה דכסא = מטהרים את חיצוניות הכוס - מתי כג 25].

**†פעל זיכה to acquit, clear** ונקה לו ינקה E (נ״א יזכי, יזדכי) ונקה לו ינקה (yēnaqqi) - (God) will clear the innocents towards Him שמ לד 7 [שרבוב מן העברית? H *interp.*].

**(א)נקי א** ש״ת *adj.* **1 נקי clean** ותפרש אדמה הנקיא E (נ״א דברי) ובערת הדם הנקיא you shall purge the guilt of innocent blood - דב יט 13. **2 לבן white** אף אנה בחלמי ואה תלתה קנוני נקי MB (*$M_1$C דנקי, E נקין, V אנקין, המליץ 467 דנקא, קניאן!) ...שלשה סלי חרי In my dream, similarly, there were three baskets of white (cakes) - בר מ 16 [נתפרש חרי = לבן. **ע** פתין גריצין וחרי - **מש** עדויות ג ז. כולם מאפה, כנראה לפי הקמח הלבן. הש' ראב״ע כאן ועי' حواري = קמח לבן - Lane 666c]. **3 חלק smooth** אה עשו אחי גבר סעיר ואנה גבר אנקי (=המליץ 462, MECB נקי) ...ואנכי איש חלק behold, my brother Esau is a hairy man, and I am a smooth man - בר כז 11. נקיא גבח - המליץ 442, ע״פ ויק יג 41 [ליתא]. **ב** ש״ע ז. *n. m.* **1 טוהר purity** טעו בעמי נקיא תתעמי החטא שבעם ייראה (=ייהפך) לטוהר the sin of the people will look as purity - אס 21א [עי' בהערות זב״ח]. **2 שֶׂה sheep** על תור על חמור על נקי על שה - שמ כב 8. ותור ונקי יתה וית ברה לא תכסון ביום אחד ושור ושה אתו ואת בנו לא תשחטו ביום אחד you shall not slaughter on the same day whether an ox or a sheep with its young - ויק כב 28. נקיא שלם בר שתה שה תמים בן שנה - ת״מ 40א ע״פ שמ יב 5. **ג** ת״פ *adv.* **ראוי fitting** דמע יתפרש ויתיהב לכהנה אסתיב באדה אי ביד בראי הן נקיא לכהנה ייכל יתה תרומה שתופרש ותינתן לכהן, אם תטמא בידו או ביד זר, האם ראויה לכוהן שיאכל אותה? an offering allotted and given to the priest, if it was defiled by him or by another, is it fitted for the priest to eat it ? - ת״מ 116ב [שיעורו: אם נטמאה, התהיה טהורה לאכילה? אבל בכ״י ק הנוסח חלק: דמע יתפרש עד יתיהב לכהנה יסתיב ביד דינדינה לאוי לכהנה ייכלנה].

†**מנקי** ש״ע נ .*n. f.* **מכלי המשכן utensil of the Tabernacle** ועבד ית מניה... ית פילואתה וית מנקיאתה C (נ״א ביסיאתה) ואת כפתיו ואת מנקיתיו he made the utensils... its, ladles and jugs - שמ לז 16 וכן במ ד 7. מנקיאתהVN.

†**נקיו** ש״ע נ .*n. f.* **1 מקום חלק smooth area** וית משכי גדיי עזיה הלבשת על אדה ועל נקיות צברה...ועל חלקת צוארו and the skins of the kids she put upon his hand and upon the smooth part of his neck - בר כז 16 (המליץ 462 נקיאת). פחה היא בצעותה או בנקיותה פחתת היא בקרחתו או בגבחתו it is an inflammation on his disease or on his sound part - ויק יג 55 [=המליץ 442. עניינו מקום ״נקי״ משער]. **2 נקיון purity** בתמימות לבי ובנקיות כפי עבדת דה בתם לבבי ובנקיון כפי עשיתי זאת in the integrity of my heart and the purity of my hands I have done this - בר כ 5.

†נקי²?

**נקי** ש״ע נ .*n. f.* **?** אנה חיולה דבית אל דמשחת תמן נקיתה A ...אשר משחת שם מצבה - בר לא 13.

**נקם** נקמה avenge [א״י אתנקם נקמתהון דבני ישראל - נ במ לא 2. סוא״י וינקום אדמהון - יואל ג 21]

**פעל נקם to avenge** לא תנקם ולא תנטר *M₁ לא תקום ולא תטור you shall not take vengeance nor shall you bear grudge - ויק יט 18 [ע״ע טור².*See twr²*.] נקם נקמת בני ישראל מלות מדינאי avenge the Israelite people on the Midianites - במ לא 2.

**נקם** ש״ע ז nēqåm **1 נקם vengeance** רחמים לעבראי ונקם למצראי - ת״מ 59א. אני הוא המעזר הנקם לצרי ״אני אני הוא״ (שמ לב 39) המשיב נקם לאויבי - ת״מ 243ב [ע״פ דב לב 43]. **2 יום נקם** מונח תיאולוגי שומרוני בדומה ל״קץ הימים״ *Sam. theological notion: "the Day of Revenge and Requital". See* Companion, 67. ליום נקם ושלם לזבן תמוט רגלון C ליום נקם ושלם לעת תמוט רגלם to the day of vengeance and requital, at the time that their foot collapses - דב לב 35. צמת בראשית ויום נקם כלל (משה) את ״בראשית״ ואת ״יום נקם״ - ת״מ 188א. אל מקמי בראשית אל בתר יום נקם אל מלפני ״בראשית״ ועד אחרי ״יום נקם״ - ת״מ 188ב. ומן אכה ואזל ליום נקם לית איקרך מתחסך ומכאן ואילך ליום נקם אין כבודך מתחסר - מ 46-47א.

**נקמה** ש״ע נ .*n. f.* **נקמה vengeance** למתן נקמת יהוה במדין to execute the Lord's vengeance on Midian - במ לא 3. יתלי יהוה עליך גוי מרחיק נקמת עלמה מחבלה למדעיה ״ישא יהוה עליך...״ (דב כח 49) נקמת העולם משחיתה את השכל - ת״מ 231ב.

†**נקמס** מחוקק **lawgiver** [ע״ע נומיק. זב״ח, תרביץ יד 178: שיבוש של נמקס [*Corr. of* νομικός

**נקמס** ש״ע ז .*n. m.* **מחוקק lawgiver** כינוי למשה *epithet of Moses* ואתפעס אדם דו צפית נקמס ונחה דעתו של אדם כיוון שראה את המחוקק Adam was pleased, because he has seen the Lawgiver - אס 4א.

†**נקס** ביקוע ושבירה **breach, split** [א״י ובשרי לטופח נקיס = בשרי חתוך כדי טופח - שירת 216. סוא״י: ברן די נקס באדמה דנפשא לא תיכולון - בר ט 4 [LS 446b נתח = נקסא **ס** .(LSP 128, Schwally 57)

**קל ביקע to split** ונקס עחי עלתה A (E ויבקע עצי עלה (Abraham) split the wood for the sacrifice - בר כב 3 [התיקון של ונסק- ט״ס) SSt 24 ופסק מיותר מפני שהיה לפניו השיבוש של E : ונסק. ע׳ גם Uhlemann 51a וכן Krauss 366b והערות Löw].

**אֶתְפְּעֶל נכרת to be cut off** יתוחי ראבן ואל ינקס ויהי מעמה מנין ED יחי ראובן ואל יכרת ויהי מאתו מספר let Reuben live, and not perish, and let be from him a few - דב לג 6 [לפירוש אחר ע׳ SSt 69].

†**נקף¹** הקפה וכיתור **encircling** [א״י סגין לכון למקפה ית טורא הדין - נ דב ב 3]

**אפעל 1 כיתר to surround** ...אנשי קרתה... אקיפו על ביתה m ואנשי העיר נסבו על הבית - the men of the city..., surrounded the house - בר יט 4. ולא תקפון ית פאת ראשיכון ולא תקיפו את פאת ראשכם - ויק יט 27. ועפה ראשיון ואקף יתון *M₁ וצפה ראשיהם וחשק אתם - שמ לח 28. ואקים ית דארתה מקף

- למשכנה $M_1$*ויקם את החצר סביב למשכן
שמ מ 33. איקף ני ואחזי ית חזבה רבה הדן $m_1$*
- (נ״א אסטי) אסור נא ואראה את המראה...
שמ ג 3 [תפס מן אס״ר. *Int. from ʾsr, 'to encircle'*.]

**2 סמך** to **adjoin** והם תכו לרגליך... ואקף אהן במימר תורה צוה לנו משה "והם תכו..." (דב לג 3) והסמיך זה למאמר "תורה צו..." (שם) - ת״מ 277ב. גבור אלהיה דלא מקף לה תנין גדול האלוהים שאין סמוך לו שני - מ יא 9-10 [miqqåf בינוני פעול? זב״ח עואנ״ש ג/ב 199. הביטוי בא גם בשורה 64 וכן מ יב 18]. שמה לשמה אקפה ברבו aqqåfe שמו (של האל) לשמו (של משה) the name (of God) was הסמיכו בגדולה adjoined to the name (of Moses) in glory - ע״ד כד 81-82.

†**נקף²** הכאה **stroke** [א״י ואקפו רישיהון... ורציצו רישי גיבריהון - **נ** במ כא 15. ותקפיה = וערפתו - אונקלוס שמ לד 20]

**אפעל היכה** to **strike** הוא יקפנך ריש ואת תקפנה עקב A(E) (נ״א יקשנך, תקשנה) הוא ישופך ראש ואתה תשופנו עקב he shall strike at your head, and you shall strike at his heel - בר ג 15.

**מקוף** ש״ע ז .*n. m.* **נגיפה** **stroke** ויגוז יהוה למקוף ית מצראי ויעמי ית אדמה על שקופה... ולית ימכן מחבלה למעול לבתיכון למקוף A ועבר יהוה לנגף את מצרים וראה את הדם על המשקוף... ולא יתן המשחית לבוא אל בתיכם when the Lord goes through to smite the לנגף Egyptians, He will see the blood on the lintel and He will not let the Destroyer enter your home and smite - שמ יב 23.

**מקף** ש״ע ז .*n. m.* **נגיפה** **stroke** דאפסח על בתי ברי ישראל במצרים במקפה ית מצרים A ...בנגפו את מצרים He passed over the houses of the Israelites in Egypt in his striking the Egyptians - שמ יב 27.

**נקוף**ש״ת *qåṭōl* .*adj.* **נקוד** **pointed** והא ערפיה... ערפיטין נקופין וסמוקין A והנה העתודים... עקדים נקדים וברודים ...behold, the he-goats were striped, spotted, and mottled - בר לא 10 ובדומה לזה פס׳ 12 [לשון הכאה? השי׳ נקוש].

†**נקר** ניקוב וניקור **piercing** [א״י העיניהון דגובריא האינון אן את מנקר - **נ** במ טז 14 (גיליון)], חפירה **digging** [טלשיר 147]

**פעל ניקר** to **pierce** העיני גבריה האנון תנקר should you pierce העיני האנשים ההם תנקר those men's eyes? - במ טז 14 (=המליץ 528).

**נקירו** ש״ע נ .*n. f.* **נקרה** **cleft** ואשבינך בנקירת תקפה V ושמתיך בנקרת הצור I will put you in a cleft of the rock - שמ לג 22.

**נקרה** ש״ע נ .*n. f.* **חפירה** **cleft** אם בנקרה יתשקע גנבה... לית לה אדם V אם במחתרת ימצא הגנב... if the thief is seized in the ditch - שמ כב 1. ואשבינך בנקרה תקפה B ושמתיך בנקרת הצור - שמ לג 22.

**נקארה** ש״ע נ .*n. f.* **דוכיפת** **woodpecker** וית נקארתה וית ערפדה (V נקרה) ואת הדוגיפת ואת העטלף - ויק יא 19 ובדומה לזה דב יד 18 (=המליץ 448).

**נקאר טורה** ש״ע ז .*n. m.* **דוכיפת** **woodpecker** וית נקאר טורה וית עוראפ[דה] N ואת הדוגיפת ואת העטלף - ויק יא 19 [עירוב עם נגר טורה $M_2$, שהוא מן אונקלוס O.]

†**נקש** הכאה **stroke** [א״י כיון דחמון ערבובא במיא הוון מקשין בפרזליא = כיוון שראו ערבוב במים היו מכים בברזלים - ויק״ר תקנה. **סוא״י** מקשין ואמרין = מכים (בשער) ואמרים - לוקס יג 25. פלורנטין 292] ← הקשה לשם עבודה במתכת, חריטה **engraving**.

**פעל פיתח** to **engrave** ותסב ית תרי כיפי שהמה ותנקש עלביהון ית שמאת ברי ישראל BA ...ופתחת עלים את שמות בני ישראל you shall take two onyx stones, and engrave on them the names of the sons of Israel - שמ כח 9. נקוש חתים תנקש ית תרתי כיפיה BA פתוחי חותם תפתח... - שמ כח 11. ותעבד טס דהב דכי ותנקש עליו נקוש חתים BA - שמ כח 36. ועבדו ית אבני שהמה... מנקשן $M_1$* נקוש $M_2$* חתים ויעשו את אבני השהם... מפתחת פתוחי חותם - שמ לט 6.

**אפעל היכה** to **strike** הוא יקשנך ריש ואתה תקשנה עקב הוא ישופך ראש ואתה תשופנו עקב he shall strike at your head, and you shall strike at his heel - בר ג 15. ואקש לימה באטרה והיכה את הים במטהו (Moses) struck the sea with his rod - ת״מ 55א.

**אקש** ש״ע ז .*n. m.* **מקשה** **hammering** עבד לך תרתי חציצרן כסף אקש m ...כסף מקשה - make two silver trumpets; of hammered work - במ י 2.

**אקשו** ש״ע נ .*n. f.* **מקשה** **hammering** אקשו עבד ית מנהרתה $M_1$ מקשה עשה את המנורה

שמ - he made the lampstand of hammered work לז 17.

**נקוש** ש״ע ז qiṭṭūl *n. m.* **פיתוח** **engraving** (like) the נקוש חתים *M₁ פתוחי חותם - engravings of a signet שמ לט 6 וכך BA בשמ כח 11. [המליץ 558: נקושי]. **נקוש חסיק** *M₁פתוחי חותם - שמ לט 14.

**נקוש** ש״ת qāṭōl *adj.* **נקוד** **pointed** אם כן יתאמר נקושין יהי גרסך וילדו על עניה נקושין A אם כה יאמר נקודים יהיה שכרך if he said, 'the spotted וילדו כל הצאן נקודים shall be your wages', then all the flock bore - spotted - בר לא 8.

**נקשון** ש״ע ז *n. m.* **מפסל** אבן **hewn** stone **ואם** מדבח כיפים תעבד לי לא תבנה יתון נקשון B ואם מזבח אבנים תעשה לי לא תבנה אתהן if you make me an altar of stone, you shall גזית - not build it of hewn stones - שמ כ 21 [נתכוון לסיתות ע״י הקשה].

**נרסף**† ?

**נרסף** ? ואמר להון יוסף... נרספין אתון A ...מרגלים אתם - בר מב 14.

**נשא** **carrying** [עש״ח. ע״ע נסי. NSH]

**קל נשא** **to carry** נשא את הארבה ואנחה בכל גבול מצרים (the wind) bore the locusts - and placed them in all the territory of Egypt ת״מ 259ב. נשאם על פני מי הים - ת״מ 72א. ברוך נשא הכל דנשא מצרים עד ראו ישראל - ת״מ 88א. וישא עשו ית קלה ובכה B - בר כז 38.

**אֶתְפְּעֶל נישא** **to be elevated** מלכה... יברך ית רביה אלין ויתנשא בהון שמי A המלך... יברך את הנערים האלה וינשא בהם שמי let bless the lads. By them may ...the king (=God) - my name be elevated - בר מח 16 [פירש *Int.*] אה. נביה רבה דאתנשא אתרה בכל דרי עלמה הוי הנביא הגדול שהתנשא מקומו בכל דורות העולם - ת״מ 307ב. ותיתון ליד אתרה דבחר יתה אלהה... דיניה לידה תנשא ולידה יעזר כל דבר רגז...אליו יתנשא כל עונש ואליו ישוב כל דבר רוגז - ת״מ (ק) 51א.

**נשיא** ש״ע ז *n. m.* **נשיא** **ruler** מלל גברה נשיא ארעה עמנן קשן [ ] A (נ״א רבה) דבר האיש אדני הארץ אתנו קשות the man, the ruler of the land, spoke roughly to us - בר מב 30. **וכן** אמר אלה בדיל אלעזר ונשיא נשיאי הלוים - ת״מ 176ב. נשיאי שבטיה - ת״מ (ק) 79ב [כתיבה על פי העברית. ע״ע נס(א)].

**נשב**¹† הפחת רוח, נשיבה (wind) **blow** [**א״י** כרוחייא דמנשבין - נ דב לב 2. **סוא״י** ונשבו רוחייא - מתי ז 25] תנועה **movement** [מעבר משמעות על פי בר א ← 2. *Meaning shift following* Gen 1:2]

**פעל 1 נשף** **to blow** נשבת ברוחך כסתון ימה נשבת ברוחך כסמו ים You did blow with - Your wind, the sea covered them - שמ טו 10. נשב ברוח כבודו כסהמו ים בתר פליטות עבדיו - ת״מ 60א ע״פ שמ טו 10. מובא גם בת״מ 288ב. רוח<י>ה מנשבין גבורואתה שמעים הרוחות נושבות והגבורות שומעים - ת״מ 81א. **2 ריחף** **to flutter** כנשר מעורר קנה על גוזליו מנשב על גוזליו ירחף V' like an eagle that awakens its nestlings, that flutters over its young - דב לב 11 [המליץ 590: ינשב]. ורוחה כן מן ארבעה רוח מקדם יהוה ורוח קדמה ורוח מערבה ורוחה מנשבה וכן הרוח מארבעה (עניינים): רוח מלפני יהוה (במ יא 31?) ורוח קדמה (שמ יד 21) ורוח ים (שמ י 19) והרוח המרחפת (בר א 2 = המליץ 590) the wind is of four categories: the wind from before the Lord (Num 11:31), the East wind (Ex 14:21), the West wind (Ex 10:19) and the wind that flutters (Gen 1:2) - ת״מ 183ב.

**נשב**²† ירייה **shot** [> نشب، انتشب = נאבק - Fagnan 173 .השי Dozy II 678a: ناشب - קַשָּׁת]

**אֶתְפְּעֶל נורה** **to be shot** לא תקרב בה אד הלא רגם יתרגם אי נשוב יתנשב V לא תגע בו יד כי סקל יסקל או ירא יראה no hand shall touch it, but he shall be either stoned or shot - שמ יט 13.

**נשוב** ש״ע ז qiṭṭūl *n. m.* **ירייה** **shot** רגם יתרגם אי נשוב יתנשב V - שמ יט 13.

**נשג**† נגיעה **reach, touch** [עש״ח NSH]

**אפעל השיג, הגיע** **to attain, reach** ונעמינה הך השיג נביו ונראנו איך השיג (משה) נבואה - let us see him how he attained prophethood ת״מ 292ב. ואנא לא רשי למסתלקה לטורה הלא תשיגני בישתהA ואנכי לא אוכל להמלט ההרה כי תשיגני הרעה I cannot flee to the hills, lest the disaster reach me and I die - בר יט 19. **צמתת** הדה מלתה והשיגה במלה הזאת שמה דלבשה וקדשה דגלתה והן העבוד אחד לקלומה

וחתמת אות ת מכתבה דקדשה כללה המלה הזאת והשיגה במלה "הזאת" את השם שלבש משה (ה) ואת השבת שגילתהו (ז) ואת האלוהים, האחד לעצמו, (א) וחתמה האות ת את כתב הקודש (ת) - ת״מ (ק) 263ב [דורש את אותיות המלה "הזאת" - שמ טו 1].

**נשי**[1] שכחה **forgetting** [**א״י** ותנשון ית אולפן אורייתה - **נ** דב ח 14. **סוא״י** ותתנשא למרא אלהך - דב ו 12] ← זלזול **disregard** [מעתק סימנטי דומה מצוי בשורש שלי. *A similar meaning shift occurs in šly*]

**קל** עבר: אנשו anšu - ע״ד כ 11. עתיד: תנשי tinši - מ ב 62. **פעל** ? עבר: נשתי (+מדבר) - בר מא 51. מקור: מנשה - ת״מ 36ב. **אפעל** ? אנשיתי (+ מדבר) - בר מא 51 C. **אֶתְפְעֵל** עבר: אתנשי - ת״מ 182א. עתיד: תתנשי titnēši - מ יט 20. בינוני: מתנשי mitnēši - א״ג 39. מנשי mitnēši > *minnēši > manšī - זב״ח עואנ״ש ג/ב 86] - ע״ד כב 1. **אנשהו** - שמ כג 19. **נשי** - דב ח 19 (B) VEC אנשיח = המליץ 593).

**קל 1 שכח to forget** ומה דהוה בידי מן רזיון נשית ומה שהיה לי מסודותיהם שכחתי (דברי משה על ימיו בבית פרעה) whatever secrets of theirs I possessed, I forgot - ת״מ 14א. וכלום לא אנשו נפקין וכלום לא שכחו בצאתם (ממצרים) - ע״ד כ 11. דנשו למן דהוה דבק לון ששכחו (הרשעים) את מי שהיה מושיע אותם (the wicked) forgot the One who rescued them - מ א 66. ואתון נשיכונה ואתם שכחתוהו - ת״מ 52א. אדכר לקמאי ולא תנשי עקבאי זכור את הראשונים ואל תשכח את האחרונים - מ ב 61-62. **2 התרשל, זנח to neglect** ית פסקולי אנשי A את בריתי שכח he has neglected my covenant - בר יז 14 [מן אונקלוס O]. **אנשינן** נואלנו - המליץ 522 [ע״פ במ יב 11. ליתא והוא מקביל לגרסת C: אשתלינן].

**פעל ? השכיח to make forget** הלא נשתי אלהים ית עמלי (A נשיַ נשאני) כי נשני אלהים את עמלי God made me forget all my hardship - בר מא 51.

**מנשה** הלא חכמת ית מחיה לית לאוי מנשה מה עבדו רחומי "כי ידעתי את מכאבו" (שמ ג 7) לא ראוי לשכוח מה עשו אוהביי - ת״מ 36ב

**אפעל ? השכיח to make forget** הלא אנשיתי אלהים C ($M_1$* אנשיני) - בר מא 51.

**אֶתְפְעֵל שכח to forget** וסט מן אורה ואתנשי אלפנה וסר מן הדרך ושכח את הלימוד (woe to the one who) turned from his (Moses') light and forgot his teaching - ת״מ 182א. אוקרתון מרדו אלפתון אתנשו כיבדתם, מרדו; לימדתם, שכחו - ת״מ 241א. ויתנשי ית דעבדת לה ושכח את אשר עשית לו - בר כז 45. קיאמיך עם אבהתן לא תתנשי בריתותיך עם אבותינו לא תשכח - מ יט 20. דכור קיאמיה דלון לא מתנשי זוכר את הבריתות, שאותם אינו שוכח - א״ג 39. דכורה טבה דלא מנשי הזוכר הטוב שאינו שוכח - ע״ד כב 1.

†**אנשהו** ש״ע נ *n. f.* **1 שכחה forgetting** ויהי אם אנשהו תתנשי ית יהוה והיה אם שכח תשכח את יהוה if you do forget the Lord - דב ח 19. **2 זלזול contempt** לא תבשל גדי בחלב אמה הלא עבד דה כדבח אנשהו ...כי עשה זאת כזבח שכח you shall not boil a kid in its mother's milk, for whoever does this is like (one who) offers a sacrifice of contempt - שמ כג 19 [ע״ע שוח[1]].

†**נשי** ש״ע נ *n. f.* **שכחה forgetting** ויהי אם נשי תתנשי ית יהוה B) VEC נשיח תתנשיח = המליץ 593) והיה אם שכח תשכח... - דב ח 19.

**נשי**[2] גלילה **rolling** [< نشيئة = אבן בתוך מקווה מים ; Lane 2791b]

**פעל גלל to roll away** וינשון ית כיפה מן על פם קופה A וגללו את האבן מעל פי הבאר (the shepherds) would roll the stone from the mouth of the well - בר כט 3.

**נשי**[3] ריבוי של אתה [**א״י** ודבר ית תרתין נשוי - **נ** בר לב 23. **סוא״י** ונשין הלין דאתסי מן רוחן בישין - לוקס ח 2]

**נשין/ם** ש״ע נ *n. f. pl. tant.* **נשים women** ונסב אברם ונחור לון נשין ויקח אברהם ונחור להם נשים Abram and Nahor took wives - בר יא 29. ואם תסב נשים על בנאתי ואם תקח נשים על בנותי - בר לא 50. כנש ית עמה גבריה ונשיה הקהל את העם האנשים והנשים - דב לא 12. ית בנאתון נסב לנן לנשים את בנותיהם נקח לנו לנשים - בר לד 21. וחותרה עזר ואף ית נשיה וית עמה ורכושו השיב וגם את הנשים ואת העם - בר יד 16.

†**נשך** נשיכה **bite** [מן העברית H]

**פעל נשך to bite** זחלי עפר ייעלון לגו בתיון

וינשכו יתון "...זחלי עפר" (דב ט 24) יבואו לתוך בתיהם (של הרעים) וינשכו אותם "creepers in dust" (Dt 32:24) will enter in their house and bite them (villains) - ת״מ 226ב.

נשל† ניתוק ונשירה, עקירה **uprooting, removing**

**קל חלץ** שול מסניך מן על רגליך **to remove** A של נעליך מעל רגליך remove your shoes - from your feet שמ ג 5.

**פעל עקר** חזותי יתה הגברים **to tear out** A תנשל העיני האנשים ההם תנקר should you tear those men's eyes? - במ טז 14 [C^ar, B^ar: ולו קלעת אעין אולאיך אלרגאל: לשון עקירה. ואולי הוא מן نشل - גנבה (דעת?)].

**אפעל עקר** וישלינון (יהוה מן על ארעתון) ויתשם - (God) will evict them המליץ 615 [על פי דב כט 27. ליתא].

**אֶתְפְּעֶל נִתַּק** ותטעי אדה בקצוץ... ואתנשל ברזלה מן קיצמה EC ונדח ידו בגרזן... ונשל הברזל and his hand swings the axe..., and the head slips off the handle - דב יט 5.

**נשם** רווח, מנוחה, הרפייה **rest, tranquility, relief** [א״י אילו הויתה גבאי אינשמת בפריע - ירוש קידושים נט ע״א. סוא״י אל טב שעתא דאתנשם - יוחנן ד 52] ← נשימה, חיים **breath, life** [א״י אלהה דשליט בנשמת כל בשרה - נ במ טז 22. סוא״י ויהב נשומי לקהלא = נתן נשמה לעם - ישע מב 5]

**קל** עבר: דנשם dansšam - ע״ד טו 5. ציווי: נשם - ת״מ 79ש. בינוני פעול: נשים nâšəm - ע״ד ד 16. **אפעל** עבר: ואנשם wansšam - ע״ד טז 18. עתיד: ננשם nansšəm - ע״ד כד 40. ציווי: ואנשם wansšam - א״ג 52. בינוני: מנשם - ע״ד כד 35. מקור: מנשם - ת״מ 293ב. **אֶתְפְּעֶל** עבר: ואנשם - שמ לא 17. עתיד: יתנשם - ת״מ 245א. ינשם - שמ כג 12 A. בינוני: מנשם mansšəm - ת״מ 282א. **אנשמה** wansšâmå - ע״ד טז 11. **אנשמו** - ת״מ 343ב. אנשמותה ansšâmūta - ע״ד טז 13. **מנשם** mansšēme (+נסתר) - ע״ד יד 2. **נשם** נשמה (מיודע) - ת״מ 146א. nâšēma **נשמה** - א״ג 77. **נשמו** לנשמות - lansšâmot - מ י 26.

**קל 1 נח** ומנשמה אהן דנשם אלה **to rest** this rest that כלה מנוחתו זו שנח, אלוהי הכל - the God of all rested - ע״ד טו 5-4. אה עלמה נשם וגלי איטבו הוי העולם, היה נינוח וגלה טובה - O world, be at rest and reveal good - ת״מ 79א. **2 רווח לו** ודנציר עמך **to be relieved** באימנו נשים והמסור לך באמונה, ירווח לו he who is devoted to You in faith will be relieved - ע״ד ד 16. אמר ושמע ממללה והוא נשים נושא ונותן ונחה דעתו - ת״מ 17א. נשימין אנן נינוחים אנו - מ יט 15. נשימין הוינן בעובד לבניה נינוחים היינו בעשיית הלבנים (במצרים) - ת״מ 20ב.

**אפעל א 1 הניח** פע״י *trans.* **to relieve** וזרז בקרותי מן שרב עקיה ואנשם לאמרותי והחש הקרותי מאש הצרות והרווח למררתי rush my cooling from the heat of the distress and relieve my bitterness - א״ג 52-51. טל קדושה מנשם לון צל קידושו מניח להם (השבת מניחה לשומריה) - ע״ד כד 35. טלה וטובה לה מנשמין טלה מן גנתה וטובה מן שומיה אהן מקר לה ואהן מנשם לה הצל והטוב מניחים לו הצל מן הגן (עדן) והטוב מן השמים, זה מקרר אותו וזה מניח לו - ת״מ 239ב. **2 שמט** (from **to refrain** cultivating the land during the seventh year) ושביעתה תנשמנה V וה(שנה ה)שביעית תשמטנה - שמ כג 11 [השי המליץ 597: אנשמה = שמיטה]. **ב נח** פע״ע *intrans.* **to rest** ואנשם לגוה וקדשה ונח בו וקידשו (את השבת) - (God) rested on it (Sabbath) and sanctified it - ע״ד טז 18. אנשמת רבותה רבתה בה נחה גדולתו הגדולה בו (בשבת) - ע״ד טז 8. יום שבתה יהב לן עד ננשם יום שבת נתן לנו כדי שננוח - ע״ד כד 40-39.

**מנושם** למגלאה שלמותך ולמנשם דושך לגלות שלמותך ולרפות יגעך - ת״מ 293ב.

**אֶתְפְּעֶל 1 נח** וביומה שביעאה אשבת **to rest** ואנשם וביום השביעי שבת וינפש on the seventh day He ceased from work and rested - שמ לא 17. דמך מנשם אתחזי לה כל איקר שכב נח (יעקב), נראה לו כל הכבוד - ת״מ 282א. וביומה שביעה תבטל בדיל ינשם שמשך A למען ינוח עבדך - שמ כג 12. **2 רווח to be** ... **relieved** דעל אדך אתפרקו מן היגע אנשמו שנגאלו (ישראל) על ידך ומן היגע הייתה להם רווחה through you they are delivered from fatigue and were relieved - ת״מ 41א*. ראו עתה ועתה ישראל מן אתילף הדה יתנשם באדה "ראו עתה" (דב לב 39) "ועתה ישראל" (דב י 12) מי שלמד זאת ירווח לו בזאת - ת״מ 245א. דמך מנשםשכב, נח - ת״מ 282א.

**אנשמה** ש״ע נ *n. f.* **1 מנוחה rest** שבה וקדש וברכה וסימן ואנשמה ויום טב שבת וקודש וברכה וסימן ומנוחה ויום טוב (שמות השבת) (the names of the Sabbath): Sabbath and Sanctity and Blessing and Wonder and rest and

נקם **relief רווחה 2** .11-10 עי"ד טז - festivity
vengeance to למצרים ואנשמה לכל העברים
ת"מ - the Egyptians and relief to all the slaves
60ב. עשרה מופתים רמים בון אנשמה לעבדי
יהוה - ת"מ 61א. **אנשמה** מלעל הופעת ברבו -
ת"מ 281ב. **3 שמיטה** (year) **fallow** אנשמה
שמיטה - המליץ 597 [ליתא].

**אנשמו** ש"ע נ .*n. f* **1 מנוחה rest** אגר אנשמותה
רבתה לגוה שכר המנוחה הגדולה בה (בשבת)
there is a reward of the great rest in it (Sabbath)
- עי"ד טז 13. **2 רווחה relief** ירחה הדן לוכון...
חסול לבטה ושרואה דאנשמותה...גמר העינוי
וראשית הרווחה - ת"מ 338ב. אלולי פסחה לא
אתרבה כלום... ולא דערת אנשמו אילולי
הפסח... ולא שכנה רווחה - ת"מ 343ב.

**מנשם** ש"ע ז .*n. m* **1 מנוחה rest** חיול הו
חילה דכן ארכן מנשמה דלא אתי מן דוש
גדול הוא האל שכך רצה מנוחתו, שלא באה
great is God, who wanted the rest, not מפני יגע
- עי"ד יד 2-1. מהימנה ממנה because of weariness
טובי רחמיך לעלם אלה דלא עצי פעליו ממן
ומנשמה אהן דנשם הנאמן המתמיד...האלוהים
שאינו מואס במעשיו ממלוא מנוחתו זו שנה -
עי"ד טז 5-1. **2 אף** אבר הנשימה **nose** ונסב גברה
קודש דהב... ושבה על מנשמה A ויקח האיש
the man took a gold נזם זהב... וישם על אפה
ZSp 47] 22 בר כד - ring… and put it in her nose.
השי ס משומיתה - נחיר LS 451a].

**נשם**[†] ש"ע ז .*n. m* **1 מנוחה rest** ובאדינן נשמה
ובאדינן יגעה ובידינו המנוחה ובידינו היגע in
- our hands is rest, in our hands is weariness
ת"מ 146א. **2 ייצור חי creature living** דמו
כל נשם VE (C נשך - ט"ס) תמונת כל סמל in
=] 16 דב ד - the form of any living creature
המליץ 537. פירש ייצור חי. התה"ע: מתנפס = נושם].

**נשמה** ש"ע נ .*n. f* **1 רוח חיים** אלהותה צערת
יתה ואנפחת בה נשמת חיים האלהות צרה
the Divinity אותו והפיחה בו נשמת חיים
shaped him and breathed into him the breath of
life - ת"מ 281א [רומז אל בר ב 7]. **2 נפש, יחיד**
טובך לא בטל וזאון כל נשמה (individual) **soul**
Your goodness טובך אינו בטל וזן כל נשמה
**3** א"ג 77. - never ceases and feeds every soul
**רווחה relief** נשמה רבה לחיינן אמת דנעבד
פקודיך רווחה גדולה לחיינו בשעה שאנו עושים
there is great relief to our life את מצותיך
א"ח 81-77. - when we perform Your commands
**4 מנוחה rest** תפכת כל... בטח אל פחד וכל

נשמה ליגע הפכת כל... בטחון לפחד וכל מנוחה
all will change from security to fear, from ליגע
- ת"מ 233ב. **5 ריח odor** לא משמע
ולא נשמה ולא טעמה לא שמיעה ולא ריח
no (sense of)… hearing, nor odor, ולא טעם
- nor taste ת"מ 235א [בהשפעת نسم . זב"ח הע' 5].

**נשמו**[†] ש"ע נ .*n. f* **1 רווחה welfare** זעקת
סימן רב לנשמות חייה קראת סימן גדול
You called a great wonder for לרווחת החיים
- מ י 25-26. **2 מנוחה rest** the welfare of life
עמיך נשישותה דאנשה ועבדתה נשמותה
קריבה ללעיותה ראית את חולשת האדם ועשית
You saw את המנוחה (השבת) קרובה ליגיעה
the weakness of man and made the rest of the
נגה 47-48. - Sabbath near to the toiling

**נשף**[†] השבת אויר blow of air or wind [א"י אשפת
ברוח מן קדמיך - נ שמ טו 10. סוא"י דנשף רוח רב (נ"א
דנשב) - יוחנן ו 18. ע"ע נשב]

**פעל נשף to blow** מלתה דקות מימי ואורה
דבי אניר ורוחה <דנשפי> המילה שהקוותה
את מימי, והאור שהאיר בי, והרוח שנשפה בי,
the word that gathered my waters, (דברי הים)
the light that shone on me, the wind that blew
- ת"מ 268ב [ע"פ שמ טו 10 המובא בת"מ 56א:
נשפת ברוחך כסנון ימה. אבל ליתא. Ex *Following*
15: 10, *as represented in TM* 56a].

**נשק** נשיקה kiss [א"י ונשק יתיה ואריח ית ריח
לבושוי - נ בר כז 27. סוא"י ונשק יתה - מתי כו 49]

**קל נשק to kiss** קדם שבי ושק לי ברי
come ונשק) גשה נא ושקה לי בני (*M₁A
- בר כז 26. close and kiss me, my son **ואנשק**
יעקב לרחל M - בר כט 11. **וכען** (!) על צברה
**ואנשקה** A ויפל על צוארו וישקהו - בר לג 4.

**פעל נשק to kiss** ונשק יעקב לרחל וישק
יעקב לרחל - Jacob kissed Rachel - בר כט 11.
ואקדם לבן בצפרה ונשק לבניו- בר לב 1. וגפף
לה ונשק לה - בר כט 13. וגען עליו ונשק לה -
ת"מ 252ב. וכל אנש אתי מנשק אדיו - ת"מ (ק)
81א. [קדם] שוי ונשק לי ברי A - בר כז 26.

A) **מנשקה** ולא כתרתני למנשקה לבני
למנשק) ולא נטשתני לנשק... - בר לא 28.

**נשר** בעל כנף **a bird** [טלשיר 70. א"י היך מה
דטייס נשרא - נ דב כח 49. סוא"י לתמן מתכנשין
נשריא - מתי כד 28]

**נשר** ש״ע ז *n. m.* **נשר eagle** ודן דלא תיכלון מנון ית נשרה וית בזה - דב יד 12. וסבל יתכון על כנפי נשרים - שמ יט 4. מובא גם בת״מ 171ב, 283א. וסבלתיו על גנפרי נשריה - ת״מ 223א. יתלי יהוה עליך גוי מרחיק... כמד יתחזי נשרה ישא יהוה אליך גוי מרחוק... כאשר יראה הנשר - דב כח 49.

**נשש[1]**† חולשה, מחלה **weakness** [ע״ע נו״ש. *See* *nwš*. א״י ואנשת חיילי = והחלשת את כוחי - שירת 304. ס נשיש, LS 450a]

**קל חלש to be weak** <ונשת> "ושנת" מלכות ישמעאל ואתחיל עמלק ונחלשה מלכות ישמעאל והתחזק עמלק - אס 14א.

**אתפְעֵל נחלש to become weak** והנמרוד אתגבר הנשש גבורתה ולבש תשניק ונמרוד התגבר, ונחלשה גבורתו ולבש ייסורים Nimrod strengthened himself, but his strength weakened and he become distressed - ת״מ 232ב. כד עמו ית אלהון מתוקד באשתה הנשש כחון כשראו (עושי העגל) את אלוהיהם נשרף באש, תש כוחם - ת״מ 235א.

**נשיש** našsəš א ש״ת *adj.* **חלש weak** עפר נשיש קעם קבל גבולה עפר חלש עומד לפני יוצרו - weak dust stands before its Creator - ת״מ 76א. מה אנן ביד רגזך אלולי רחמיך ומה עפר נשיש לקבל גבלה מה אנו ביד כעסך אלולי רחמיך? ומה עפר חלש לפני יוצרו?! - ע״ד כח 49-52.חילן נשיש וקליל כוחנו חלש ודל - מ ד 31. וכד חזו גרמון מתברין וכל חילון נשיש וחיל ישראל מגדל וכאשר ראו עצמם שבורים וכל כוחם חלש וחיל ישראל גובר - ת״מ 76א. וכחון נשיש - ת״מ 239א. ולבי מצטדי מנה ורוחי נשישה ולבי פוחד ממנו ורוחי חלשה - ת״מ 27א. אתון עברים נשישים וזעורין אתם עברים חלשים וקטנים (דברי פרעה אל משה ואהרן) - ת״מ 19ב. אה נשישי<ה> חילו כוחיכון הוי החלשים, חזקו את כוחכם - ת״מ 291ב. **ב** ש״ע ז *n. m.* qəṭ **חולשה weakness** וחיל ישראל מגדל לא il? שרה בה נשיש וכוחו של ישראל גוברת אין בו חולשה the force of Israel increased , there is no weakness in it - ת״מ 76א. תקף רגליך ולא יקרבנון נשיש חזק את רגליך ולא תגש בהן חולשה- ת״מ 7א. עזרת יכלותי לנשיש רב הפכה גבורתי לחולשה גדולה (דברי פרעה) - ת״מ 76א.

**נש** ש״ע ז *n. m.* **חולשה weakness** יכל אנה מחליף נשך בשרירו יכול אני להחליף את חולשתך בעוצמה I can change your weakness with strength - ת״מ 7ב.

**נשישו** ש״ע נ *n. f.* **חולשה weakness** עמיך נשישותה דאנשה ועבדת נשמותה קריבה ללעיותה ראית את חולשת האדם ועשית את המנוחה קרובה ליגיעה You saw man's weakness, (therefore) you made the rest of the Sabbath near to the toiling - ננה 47-48. דארכנת מקבל מנן כפי נשישותן שהואלת לקבל ממנו כפי חולשתנו - א״ח 75-76. לפם דו כחי המסכן ונשישותי ידעתי היום - ע״ש ה 7-8.

**נשש** ש״ע ז *n. m.* **חולשה weakness** והאנה מוזף לך חכמה עד לא יהי בלבך מן חכמתה נשש הנה אני מוסיף לך חכמה כדי שלא יהיה לך חשש (חולשת דעת) מן החכמה behold, I shall increase your wisdom, so that you have not weakness of mind (=fear) of wisdom - ת״מ 189א [זב״ח הע׳ 4].

**נשש[2]**† יובש **dryness** [השי׳ نشيشة = אדמה צחיחה - *Cf.* Lane 2790c]

**קל יבש to be dry** בשבעה ועסרים יום לירחה נשישת ארעה B ...יבשה הארץ on the twenty-seventh day of the month, the earth was dry - בר ח 14.

**נשש[3]**† גז **shearing** [نشنش = מרט ? Hava 768b]

**מנשש** מקור קל *inf.* **גז shearing** ולבן אזל למנשש ית עאנה A ...לגז את צאנו Laban went to shear his sheep - בר לא 19.

**נתח[1]** נטייה **stretching** [שורש תנייני > אנתח > אתנח מן נוח (זב״ח, המליץ 526) *Secondary root* [*from Etpa*ᶜ*el of nwḥ*

**קל** עבר: ונתח - שמ ט 23. אנתח - ת״מ 336ב. דנתחת (נסתרת) adnāttət - ע״ד כז 44 [זב״ח עואנ״ש ג/ב 115]. ציווי: נתע - שמ יד 26. אנתע - שמ ח 1 (המליץ 531: אנתח). בינוני פעול: נתיה (נ) - שמ ו 6 (המליץ 525: נתחיה). אנתים (רבים) - במ כד 6.

**קל 1 נטה, הושיט to stretch forth, out** ונתח משה ית אטרה על חללה ויט משה את מטהו על השמים Moses stretched forth his rod toward heaven - שמ ט 23. וכד אנתח ית אדה סלק גובה כאשר נטה ידו עלה הארבה - ת״מ 336ב. כפת אד סנן דנתחת לאבדנן הכנע את יד שונאנו הנטויה לאבדנו- ע״ד כז 43-44. אנתחת ימינך בלעתון ארעה נטית ימינך...- שמ טו 12.

נתע ית אדך - שמ יד 26. אנתח יד אדך - שמ ח 1
באד תקיפה ובאדרע נתיה - שמ ו 6, דב ה 14.
כנחלים אנתים כגנין עלבי נהר כנחלים
נטוים... - במ כד 6. **2 שלח**† **to send** אלין
שמהת גבריה דאנתח משה למגש ית ארעה
these אשר שלח משה לתור את הארץ... A
were the names of the men whom Moses sent
to spy out the land - במ יג 16.

**(א)נתח** ש״ע ז .*n. m.* **נטייה** **stretching out**
ויעכמון כל מצראי הלא אנא יהוה בנתעי ית
אדי על מצראי (A באנתחי) בנטתי את ידי על
מצרים - שמ ז 5.

**נתחו**† ש״ע נ .*n. f.* **נטייה** **stretching forth**
הלא אנה יהוה בנתחותי ית אדי על מצראי
the Egyptians בנטתי את ידי על מצרים mC
shall know that I am the Lord, at my stretching
forth my hand upon Egypt - שמ ז 5.

**נתח²**† חיתוך **cutting** [מן העברית ? H]
**פעל ניתח** **to cut up** [ו]ינתח יתה בכנפיו m
he shall cut it up it by its ושסע אתו בכנפיו
wings - ויק א 17.

**נתך**† התכה **melting** [מן אונקלוס O]
**מתכה** ש״ע נ .*n. f.* **מסכה** **casting** דחלן דמתכה
לא תעבד לך *M₂ אלהי מסכה לא תעשה לך
you shall not make molten gods for yourselves
- שמ לד 17.

**נתן** נתינה ומסירה, הרשאה **giving, letting** [א״י
לבניך אתן ית ארעה הדא - **נ** בר טו 18]

**קל** אין לו אלא עתיד ומקור (ע״ע יהב). העבר בבר כח 4:
דנתן BA הוא מסימני עש״ח. שכיח בפיוט המאוחר,
כגון אבישע: אהיה נתן לך ובך ריחותו - Cow 378. וכן
הוא המקור תתי - בר כט 19 A; ולתתך - דב כו 19 E.
*In SA occurs in the imperf. and inf. only (see*
*.yhb). The pf. and inf. tt are* NSH. עתיד: נתן
(מדברים) nittēn - ננה 36. יתן - בר מט 20 מקור: למתן
- בר כט 26 (=המליץ 606). **אֶתְפְּעֵל** בעש״ח לבדה עבר:
ואנתן - עבד אל (Cow 239). **מתון** - במ כז 7 (=המליץ
520). **מתוני** מתוניאן - ת״מ 335ב. **מתין** ?qiṭṭūl - במ כז
7 B. **מתנה** måttâna - מ ג 52. **מתנו** מתנואן - בר כה 6
A [המליץ 511: מתנון על פי בר כד 53].

**קל 1 נתן** **to give** ואני אתן ית אגריך I will
give you your wages - שמ ב 9. לא תתן לי כלום
- בר ל 31. והוא יתן מתעתידי מלך והוא יתן
מעדני מלך - בר מט 20. ואנש דיתן לכהנה לה
יהי - במ ה 10. לך נתן תשבחן - ננה 36. **נשמע**
ממללון ונתן לון האגבו נשמע דבריהם ונתן
להם תשובה - ת״מ 23א. ארע גיורך דנתן יהוה
לאברהם A ארץ מגגריך אשר נתן יהוה לאברהם
- בר כח 4 וכך B בשינוי לשון. **2 שׂם** **to put,**
**place** ולקדם סמי לא תתן מגופי ולפני עור
לא תתן מכשול you shall not put a stumbling
block before the blind - ויק יט 14. ויתן ניר
ברזל על צברך ונתן עול ברזל על צוארך - דב
כח 48. ואתן מלי בפמה ונתתי דברי בפיו - דב
יח 18. **3 מסר, הסגיר** **to hand over** ויתן
מלכיון באדך ונתן מלכיהם בידך he will hand
over their kings into your hand - דב ז 24. **4**
**הרשה** **to let, permit** הלא לא יתן יתכון
מלך מצרים למיזל the king of Egypt will not
let you go - שמ ג 19. ולא יתן מחבלה למיעל
לבתיכון ולא יתן המשחית לבוא לבתיכם - שמ
יב 23. **5 הפך** פועל אוגד **to turn into**
ואתננך לקהל עמים *copulative verb* and I will
make of you a community of peoples - בר מח 4.
ואתן ית קריאתכון חרבן ונתתי את עריכם
חרבה I will turn your cities into ruin - ויק כו 31.
ואתן ית שמיכון כברזל - ויק כו 19.

**מתן** למתן זעורתה לקדם רבתה לתת
הצעירה לפני הבכירה - בר כט 26. ואפתח אחד
ית סקה למתן כסה לחמורה - בר מב 27. למתן
יתן באד אמראה - דב א 27.

**אֶתְפְּעֵל ניתן לו** **to be given** אלהי אהרן
הכהן אשר אמשח בשמן הקדש ושמש משכנה
ואנתן והו לקח מן מרה Aaron the priest, who
was anointed with the sacred oil and the service
in the tabernacle he was given, and he received
(it) from his master - עבד אל (Cow 239).

**מתון** שפ״ע ?qiṭṭūl .*v. n.* **נתינה** **giving** טב מתוני
יתה לך מן מתוני יתה לגבר עורן *M₁טוב
תתי אתה לך מתתי אתה לאיש אחר it is
better my giving her to you than my giving her
to any other man - בר כט 19. מתון תתן לין
סחנת פלגה נתון תתן להן אחזת נחלה - במ כז
7. ולא יבעש לבך במתונך לה - דב טו 10. ודן
לך ארמות מתונון לכל אנפות בני ישראלוזה
תרומת מתנם... - במ יח 11.

**מתוני א**† ש״ע נ .*n. m.* **מתנה** **gift** ומתונין יהב
לתלימיה ולאמה A ומגדנות נתן... (= מתוניאן?)
- he gave presents to her brother and her mother
- בר כד 53. ויהי ברד בכל ארע מצרים קטול
קניאן ומאבד כל מתוניאן "ויהי ברד..." (שמ
ט 22) הורג מקנה ומשחית כל פירות - ת״מ 335ב
[ע״פ בר כד 53 ותפס מגדנות = פירות מתוך קרבה אל

מגד (ע״ע)]. ולבניה תניניה... יהב אברהם מתונין MB - בר כה 6 וכך C בשינוי לשון.

†**מתין** ש״ע ז *n. m.* **נתינה giving** מתין תתן לין סחנת פלגה B נתון תתן להן אחזת נחלה - במ כז 7.

**מתן** ש״ע ז *n. m.* **נתינה giving** טב מתן יתה לך ממתן יתה לגבר עורן טוב תת אתה לך מתת אתה לאיש אחר it is better my giving her to you than my giving her to any other man - בר כט 19. במתן יהוה ית ירכיך נפלן בתת יהוה את ירכך נפלת - במ ה 21. לבדיל מתננה באדך - דב ב 30.

**מתנה** ש״ע נ *n. f.* **מתנה gift** הסגו עלי פרן שריר ומתנה ואתן הרבו עלי מהר מאד ומתנה ואתן ask of me a bride-price ever so high, as well as gifts, and I will pay - בר לד 12 מנן לך תשבחן ומדילך לן מתנה ממנו לך תשבחות ומשלך לנו מתנה - מ ג 51-52. יהוב מתנהתה וזאון נפשהתה נותן המתנות ומכלכל הנפשות - ת״מ 119ב. ולבניה תניאנאי... יהב אברהם מתנן - בר כה 6.

†**מתנו** ש״ע נ *n. f.* **מתנה gift** ולברי כבלניה.. יהב אברהם מתנואן A ולבני השפחות... נתן אברהם מתנות to Abraham's sons by concubines Abraham gave gifts - בר כה 6.

†**תת** ש״ע נ *n. f.* טב תתי יתה לך ממהבותי לגבר עורן A (נ״א מתן) טוב תתי אותה לך מתתי אתה לאיש אחר it is better my giving her to you ... - בר כט 19. ולתתך עליון על כל גועיה E (נ״א ולמתננך, ולמהבנך) - דב כו 19.

**נתנאל** ïl'nâtân שם פרטי *pr. n.*

**נתנאל** ש״פ לישׂשכר נתנאל בר צוער - במ א 8.

†**נתף** מיעוט ? **fewness** [אולי תפס הפשתה ממועטת ונקט نُتَف, ריבוי של نُتْفَة = מקצת (Dozy II, 647b), אבל התה״ע: מזהר = פורח. *Int.: "the cotton was diminutive"*.]

**נתף** ש״ע *n.* ? וכתנה נתף EA (נ״א גביל, גבעל) נתף והפשתה גבעל - שמ ט 31

†**נתץ** הריסה **breaking down** [מן העברית H]

**אתפְעל נהרס to be broken** וידבר משה דמס חיול לא ינתץ עד לעלם "וידבר משה" (דב לא 30) בניין חזק, לא יינתץ לעולם "Moses spoke" (Dt 31:30), affirm an edifice that will never be shattered - ת״מ 175א.

**נתק**[1] פגיעה **harm** [א״י נתקה - נ ויק יג 33]

**קל פגע to cut** *pass. pt.* בינוני פעול ומעיך וכתית ונתיק וקטיע לא תקרבון ומעוך וכתות ונתוק וכרות לא תקריבו (any animal which has) its testicles smashed or crushed or torn or cut, you shall not offer - ויק כב 24 (=המליץ 530).

**נתק** ש״ע ז *n. m.* **נגע wound** ויסיב כהנה יתה נתק הו צרעת רישה אי דקנה היוטמא הכהן אתו נתק הוא... the priest shall pronounce him unclean; it is an itch, a leprosy of the head or the beard - ויק יג 30. ויחזי כהנה ית נתקה ביומה שביעה - ויק יג 32. דה תורותה לכל מכתש צרעתה ולנתקה - ויק יד 54.

†**נתק**[2] הוצאה והרקה **tearing away** [< نتق = הקיא (Dozy II, 647b) בהשאלה ? *fig.*]

**קל הריק to throw** ונתק יהוה ית מצראי בגו ימה V וינער יהוה את המצרים תוך הים and the Lord threw the Egyptians into the midst of the sea - שמ יד 27 [המליץ 522: ואנתק].

†**נתר**[1] קפיצה, ניתור **leap**

**פעל**

**מנתרה** מקור דלה כרעים מלעל לרגליו למנתרה בון על ארעה EC ...לנתר בהם על הארץ all that have, above their feet, jointed legs to leap with on the ground - ויק יא 21 (=המליץ 529).

†**נתר**[2] נשירה **falling** [א״י טרפה דנתר מן אילנה - נ ויק כו 36. סוא״י יבש נצא ונתר נצה - ישע מ 7]

**קל נשר to fall** *pass. pt.* בינוני פעול וירדף יתון קל טרף אנתיר (mE נתיר = המליץ 530 VNCA, דנתר) ...קול עלה נדף the sound of a falling leaf shall put them to flight - ויק כו 36.

†**נתש** הכאה והריסה **uprooting** [א״י נתשה מן בשרה - בר״ר 1129], ריב ומשטמה **hartred**

**פעל 1 שטם to hate** ונתש עשו ית יעקב B וישטם עשו את יעקב Esau hated Jacob - בר כז 41. ומקקה ונתשה ונפיסה מסחני עליך A וימררהו ויריבהו וישטמהו בעלי בהמות (!) they mocked him and smote him and hated

## נתש

him, the owners of cattle (?) - בר מט 23. **2 עקר, הכה to uproot, beat** וינתשנון יהוה מן על ארעתון ויתשם יהוה מעל אדמתם the Lord uprooted them from their land - דב כט 27 (=המליץ 615). וכל דין דאתי ומנתש לון ולית לון **אפים** למצבע דבק wamnattåš וכל עונש הבא והוא מכה אותם (את הרעים) ואין להם פנים (עוז) לקרוא: הושע! - מ א 69-70.

# ס

ס האות החמש עשרה באלף בית. סימן המספר 60 The fifteenth letter of the alphabet. Symbol of the number 60.

**ס** sin'kât, sin'gât **א** ש״ע נ *n. m.* **האות סמך Samekh** עמו ס קעמה קדם נביה רבה ראו see Samekh standing before ...את ס עומדת - ת״מ 294א. **כד חכמת ס מד** the great prophet - לה עביד מן גוני איקרה כאשר ראתה ס מה שנעשה בה ממיני הכבוד - ת״מ 293א. **ב** מספר מונה *cardinal number* **ששים sixty** וכד שמע חנוך בעו לאלה בר ה וס כאשר שמע חנוך (את ה)תפילה (ל)אלוהים, בן ששים וחמש (היה) when Enoch heard the prayer to God, he was sixty five years old - אס 3ב. **וחנוך אלף ה וס** וגק שתה חנוך למד שלוש מאות וששים וחמש שנה - אס 4ב.

## סאב/סוב uncleanness (regarding טומאה rite)

[מפני איבוד הגרוניות. השי שאל/שול. *Changes to swb due to the loss of the gutturals. Cf.* *š<sup></sup>ʾl/šwl*. **א״י** על די סאבו לדינה - **נ** בר לד 31. **סוא״י** וסיאוב תסאב דחרם הו - דב ז 26]

**קל** בינוני פעול: סיבה (נ) - דב כד 4. **פעל** עבר: סיב - בר לד 5. עתיד: יסיב - ת״מ 161ב. בינוני: מסיב - ת״מ 153א. פעול: מסיב - ויק ז 21 A. מסיבין - ת״מ 46ב [זב״ח הע׳ 1]. מקור: מסיבה - ויק כ 3 VB. **אֶתְפְּעֵל** עבר: אסתב - ויק יד 57. עתיד: יסתב - ויק יד 36. בינוני: מסתב - ויק יד 57 M. מקור: מסתב - ויק יח 20 A. מסתבה - ויק כב 8. **אֶתְפַּעַל** עבר: אסתיב - ת״מ 116ב. עתיד: יסתיב - ת״מ 118ב. בינוני: מסתיב - ת״מ 105ב. מקור: מסתיב - ויק יט 31 A. מסתיבה - בר כ 6 A. **מסב** - ויק ז 21 (< מסאב). **סב** סבי (רבוי נסמך) - ויק טז 19. **סבה** - ויק ז 19. סבתה (מיודע) sibtå - ע״ש ד 23. **סבו** וסבותה (+נסתר) - ויק כב 3 B. **סובה** - ויק יג 44 N. **סיב** - ויק כ 3. **סיוב** qiṭṭūl - ויק יג 44 (=המליץ 476).

**קל† טמא to be defiled** לא יכל בעלה קדמאה... למסבנה למהי לה לאתה בתר דסיבה לא יוכל בעלה הראשון... לקחתה... אחרי אשר הטמאה the first husband... shall not take her to wife again, since she has been defiled - דב כד 4 [נ״ש התפעל: ittām'mā].

**פעל 1 טימא to defile** ויעקב שמע הלא סיב ית דינה ברתה (MEB סיאב) ...כי טמא את דינה בתו Jacob heard that he had defiled his daughter Dinah - בר לד 5. **סיאב ית מקדשי** טמא את מקדשי - ת״מ 160א [מביא את ויק כ 3, שהוא ש״ע ונתפרש לו עבר. זב״ח הע׳ 1]. **ויסיב ית** משכבה ויזני בקנומה ויסאב את משכבו ויטמא את עצמו - ת״מ 161ב. **מטמא לבה ומסיב מדעה** מטמא את הלב ומסאב את השכל - ת״מ 153א. קטל בכורין טמאין ואלהין מסיבין הורג (במצרים) בכורות טמאים ואלים מסואבים - ת״מ 46ב [זב״ח הע׳ 1]. **ונפשה אן תקרב... בבהמה** מסיבה אי בכל רמס מסיב A ונפש כי תגע... בבהמה טמאה טמאה או בכל שרץ טמא - ויק ז 21. **2 הכריז על דבר שהוא טמא to declare something as defiled** ויסיב כהנה יתה וטמא הכהן אתו then the priest shall pronounce him unclean - ויק יג 30.

**מסיבה** בדיל מסיבה ית מקדשי VB (N למסיבה) למען טמא את מקדשי - ויק כ 3.

**אֶתְפְּעֵל נטמא to be defiled** ביום דאסתב וביום דאדכי NEA (M דמסתב) ביום הטמא וביום הטהור to determine when they are unclean and when they are clean - ויק יד 57 [נ״ש ש״ע: attēmi]. **ויה... כד אסתבתי ואת...** כי נטמאת - במ ה 20. **ודקרב בנבלתון יסתב** ונגע בנבלתם יטמא whoever touches their carcass shall be unclean - ויק יא 36. **ביום דמסתב M** ביום הטמא - ויק יד 57.

**מסתב** ולאתת עברך לא תהב שכבתך לזרע למסתב בה A(MJECB למסתאבה) ואלך אשת עמיתך לא תתן שכבתך לזרע לטמאה בה - ויק יח 20.

**מסת(א)בה** וליד ידעוניה לא תבעון למסתאבה בהון ואל הידעונים אל תבקשו לטמאה בהם - ויק יט 31. **נבלה וחטיפה לא** ייכלון למסתבה בה - ויק כב 8.

**אֶתְפַּעַל נטמא to become defiled** דמע יתפרש ויתיהב לכהנה אסתיב באדה... הן נקיא לכהנה ייכל יתה תרומה שהופרשה וניתנה לכהן, אם נטמא בידו... האם הוא ראויה שהכהן יאכל אותה? an offering allotted and given to the priest, if it was defiled by him or by

ת״מ - another, is it fit for the priest to eat it?
116ב [ק: יסתיב]. **ודער במקדש לא יסתיב על** מיתוהדר במקדש לא ייטמא למת - ת״מ 118ב. אל תסתיבון בכל אלין M₁C* - ויק יח 24. מי בחור מדכי כל דמסתיב המים המאררים מטהרים כל נטמא - ת״מ 105ב. **ולאנש דידמך** עם מסתיבה A ולאיש אשר ישכב עם טמאה - ויק טו 33.

**מסתיב** וליד ידעוניה לא תבעון למסתיב בון A - ויק יט 31.

**מסתיבה** ולות ידעוניה לתבעון למסתיבה בון C - ויק יט 31. **ועסכת אף אנה** יתך מן מסתיבה לי A ואחשך גם אני אתך מחטאה לי - בר כ 6 [פרש ע״פ ויק יח 20 - טמאת משכב אשת איש].

**מסב** ש״ת .adj **טמא unclean** ונפש אן תקרב בכל מסב בסבת אנש אי בבהמה מסבה אי בכל שרץ מסב ואכל מן בסר דבח שלמיה... ותתעקר נפשה ההיא מן עמה ונפש כי תגע בכל טמא בטמאת אדם או בבהמה טמאה או בכל שרץ טמא ואכל מבשר זבח השלמים... ונכרתה הנפש ההיא מעמיה if any one touches an unclean thing, whether the uncleanness of man or an unclean beast or any unclean creature, and then eats of the flesh of the sacrifice... that person shall be cut off from his people - ויק ז 21. **וידה דכיה על מסבה והזה** הטהור על הטמא - במ יט 19. **וית בכור בהמתה** מסבתה תפרק - במ יח 15. **ענן מגיפתה אבק** על כל מסבין ומיטב לכל דכים ענן המגפה זועף על כל הטמאים ומיטיב לכל הטהורים - אס 18א.

**†סב** ש״ע ז .n. m **טומאה uncleanness ויסלח** על קדשה מסבי בני ישראל (A מן סיוב)... וכן יעבד לאהל מועד דשרי עמון בגו סביון (A סבתון, N סוביהון) וכפר על הקדש מטמאת בני ישראל... וכן יעשה לאהל מועד השכן אתם בתוך טמאתם he shall purge the Shrine of the uncleanness and transgression of the Israelites..., and he shall do the same for the Tent of Meeting, which abides with them within their uncleanness - ויק טז 16. **וידכינה** ויקדשנה מסבי בני ישראל (A מסיוב, C מסבת) וטהרו וקדשו מטמאת בני ישראל - ויק טז 19.

**סבה** ש״ע נ .n. f **טומאה uncleanness** קטל אילניה דהוו מנציבין על סבה הרג את האילנות שהיו נטועים על טומאה the Lord slew the trees which were planted on uncleanness - ת״מ

346ב. **ובסרה דיקרב בכל סבה לא יתאכל** A והבשר אשר יגע בכל טמא לא ייאכל - ויק ז 19. **ונפש אן תקרב בכל סבה בסבת אנש...** ותתעקר - ויק ז 21. **ודה תהי סבתה בדיאבה** וזאת תהיה טמאתו בזובו - ויק טו 3.

**סבו** ש״ע נ .n. f **טמאה uncleanness** וכל מאנה דתתב עליו מסב יהי כסבות טמאתה M₁* וכל הכלי אשר תשב עליו טמא יהיה כטמאת נדתה any object on which she sits shall become unclean, as it does during her impurity - ויק טו 26. **כל אנש דיקרב... לקדשיה... וסבותה עליו** ותתעקר... B כל איש אשר יקרב... אל הקדשים... וטמאתו עליו... - ויק כב 3.

**סובה** ש״ע נ .n. f **טומאה uncleanness** ובסרה דיקרב בכל סובה לא יתאכל N והבשר אשר יגע בכל טמא לא יאכל flesh that touches anything unclean shall not be eaten - ויק ז 19. **ודה תהי סובתה בדיאבה** וזאת תהיה טמאתו בזובו - ויק טו 3. **קטל שבשבהתה דהות נציבה** על סובתה הרג את הענפים שהיו נטועים על טמאה - ת״מ (ק) 17א.

**סיב** ש״ע ז .n. m **טומאה uncleanness** הלא מזרעה יהב למלך לבדיל סיב ית מקדשי כי מזרעו נתן למלך למען טמא את מקדשי because he gave of his offspring to Molech and so defiled My sanctuary - ויק כ 3. **ולא תקיא** ארעה יתכון בסיבכון יתה MA (C בסיבוכון, B בסיביון!) ולא תקיא הארץ אתכם בטמאכם אתה - ויק יח 28.

**סיוב** ש״ע ז qiṭṭūl .n. m **טומאה uncleanness** ויסלח על קדשה מן סיוב ברי ישראל A וכפר על הקדש מטמאת בני ישראל he shall purge the Shrine of the uncleanness of the Israelites - ויק טז 16. **סיוב יסיבנה כהנה** (MECBA מסב) - ויק יג 44. **ודתפק מנה שכבת זרע לסיוב בה** A ...לטמאה בו - ויק טו 32. **ולא תקיא ארעה** יתכון בסיובכון יתה ...בטמאכם אתה - ויק יח 28.

**סאה** יחידת מידה לנפח **a measure of volume** [א״י ועמרה חד מן עשרה דתלת סאין הוא - נ שמ טז 36. **סאו״י** בתלת סואן דקמח - לוקס יג 21]

**סאה** ש״ע נ .n. f **1 סאה se'ah** זרזי תלת סים קמח סלת לאשי ועבדי עגולים מהרי שלש סים קמח סלת לושי ועשי עגות - בר יח 6 (המליץ 534: סאים). **2 איפה** ומכלה עסור סאתה הוא ECA (B סהתה, V סחתה) והעמר עשירת האיפה הוא - שמ טז 36. **עסור סאתה סלת**

NBA (M סאה) - ויק ה 11. עסור סתה קמח VA
(NMB סאתה, $*M_1$ סאין) - וסעה דקשוט...
יהי לכון N ואיפת צדק... - ויק יט 36.

**סאן** נעל **shoe** [**א״י** שלח מסניך מעלוי רגליך - **נ** שמ ג 5. **סוא״י** ערקתא דמסנה - מרקוס א 7]

**מסן** ש״ע נ *n. f.* **נעל shoe** שלף מסניך מן על רגליך של נעליך מעל רגליך remove your shoes from your feet - שמ ג 5. מובא גם בת״מ 5א. ערציכון עסירים מסניכון ברגליכון מתניכם חגורים נעליכם ברגליכם - שמ יב 11. מובא גם בת״מ 244ב. מן חוט ועד שליף מסן ($*M_1$ אמסן) מחוט ועד שרוג נעל - בר יד 23. **ותשלף מסנה** מן על רגלה וחלצה נעלו מעל רגלו - דב כה 9. ומסניכון לא בלי ונעליכם לא בלו - דב כט 4.

**ממסן** ש״ע ז *n. m.* **מנעל shoe** ברזל ונחש ממסניך ברזל ונחשת מנעליך may your shoes be iron and copper - דב לג 25 [צורה מלאכותית! "*ghost*" *form? See* Ḥam ראה המליץ 521: מסניך 521].

**סין** ש״ע נ *n. f.* **נעל shoe** שרי סי‹נך› m של נעליך remove your shoes - שמ ג 5 [מן אונקלוס O].

**סבא** שם פרטי *pr. n.* sâba
**סבא** ש״פ ובני כוש סבא וחוילה - בר י 7.

**סבב**[†] סיבוב, הקפה **surrounding, going around** [עש״ח NSH]

**קל סבב to surround** ואמיר הן אשתה בלבה דברדה ומי הברד סוביב בה נאמר כי האש היא בתוך הברד ומי הברד מקיפים אותה and it is said that the fire is amidst the hail and the water of the hail surrounds it - ת״מ 62א. הות נביותה כות הים הסוביב הייתה נבואתו כמו הים המקיף (= האוקיאנוס) - ת״מ 107א [זב״ח העי' 2].

**אפעל סבב to surround** כי רגזה בה שרי ואבדנה בה מסובב כי הכעס ישרה בו והאבדון יסובבנו wrath will abide in him, and destruction will surround him - ת״מ 117א. עוד מובא הפסוק דב לב 10: יסובבנהו ויבוננהו - ת״מ 225א, 229א.

**סביב** מ״י *prep.* **סביב round about** וכל זקני ישראל עמדים סביביו וכל ראשי השבטים סביב הזקנים all the Elders were standing round about him and all the chiefs of the tribes round about the Elders - ת״מ 103ב.

**סביבה** ש״ע נ *n. f.* **סביבה round about** וחפרו כל מצראי סביבת נהרה V (נ״א סהרת) all the Egyptians dug round about the river - שמ ז 24.

**סבט**[†] אחיזה ותפיסה **seizing, grasp** [< צבט **ע** ויצבט לה קלי - רות ב 14. בית הצביטה = מקום האחיזה של הכלי - **מש** חגיגה ג א (כה״י העתיקים של המשנה גורסים בית הצביעה! השי' **אוג** msbṭ - **אכ** ṣabātu - AHw 1066-71; Aistleitner 263]

**מסבט** ש״ע ז *n. m.* **מלקחיים tongs** עבד ית בוציניה שבעה ומסבטיה ומחתיתיה דהב דכי $*M_2$ ויעש את נרותיה שבעה ומלקחיה ומחתתיה זהב טהור he made its seven lamps, its tongs, and its fire pans of pure gold - שמ לז 23.

**סבך**[†] סבך, רשת **network** [א״י צוצלין קולוסין סבכין (חלקי לבוש) - בר״ר 176. ע״ע שבך]

**פעל חסם to muzzle** [גזור מן השם סבך *denom. of the foll. noun*] לא תסבך תור בדרכה לא תחסם שור בדישו you shall not muzzle an ox while it is threshing - דב כה 4.

**סבך** ש״ע ז *n. m.* **סבך thicket** ואה דכר אחד אחד בסבך בקרניו (M בסבכה - מיודע *det.*) והנה איל אחד נאחז בסבך בקרניו behold, was a ram, caught in a thicket by his horns - בר כב 13.

**סבכה** ש״ע נ *n. f.* **סבך network** ועבד למדבחה מכבר עבאד סבכה דנחש $*M_2$ ויעש למזבח מכבר מעשה רשת נחשת he made for the altar a grating, a network of bronze - שמ לח 4.

**סבל** נשיאה **carrying** [א״י והנון יסבלון חובה - **נ** במ יח 23 (בגיליון). **סוא״י** סבול און סכלתי = שא נא לחטאתי -שמ י 17 ← סליחה **forgiveness** [מן נשיאת עוון]

**קל** עבר: סבל - שמ י 13. וסבלתנה (נוכח+נסתר) wsâbâltâne - א״ח 54. עתיד: יסבל yisbal - ע״ד כו 35. ציווי: סבלה (+נסתר) - במ יא 12. בינוני: סבל - דב כד 15. סבלין sâbēlən - מ ב 36. פעול [עפ״ר הוראתו פעילה. בלאו לשוננו יב 67]: סביל sēbəl - ע״ד כו 34. מקור: מסבל - בר מט 15. **אֶתְפַעל** עבר: אסתבל - ת״מ 253ב. **מסבל** - דב כד 10. **מסבלה** - בר מג 34. **מסבלו** - מסבלות (נסמך) - בר מג 34 B. **סבול** (qiṭṭūl) - בר מט 15 A. **סבול** (qāṭōl) sābol - מ ב 58. **סבל** - דב א 9; סבלך (+נוכח) sâbâlâk - ע״ד כח 38. **סבלה** סבלת (נסמך) - שמ ו 6. **סבלו** סבלות (נסמך) - בר מג 34 A.

**קל 1 נשא משא to carry** ורוח קדומה סבל ית גובה ורוח הקדים נשאה את הארבה the east wind carried away the locusts - שמ י 13. וסבלו בנטל בתרים וישאו במוט בשנים - במ יג 23. ויסבל אהרן ית שמהתון - שמ כח 12. סבלי ית רביה שאי את הנער - בר כא 18. ולידה הוא סבל ית נפשה ואליו הוא נשא את נפשו - דב כד 15. ונחת סביל תרי לוחי אבנים וירד נושא שני לוחות אבנים - ת״מ 242ב. וגמלינן סבילין קטף ושעבה וכרכם - בר לז 25. **2 לקח to take** וקעם פינחס וסבל רמח באדה ואתעבד ב סימנין וקם פינחס "ויקח רמח בידו" ונעשו שני מופתים Phinehas stood "and took a spear in his hand" (Num 25:7), and two wonders occurred - אס 18א [מביא את התה״ש לבמ כה 7. בתה״ש שלפנינו: ונסב. ע׳ בהערות זב״ח]. **ונסב** משה... וסבל אתתה וית בניו "ויקח משה" (שמ ד 20)... ונשא את אשתו ואת בניו - ת״מ 15ב [מביא את התה״ש, אבל בתה״ש שלפנינו: ונסב]. **3 נשה to give a loan** *(due* מפני מיזוג נשא/נשה (חוב *to the merger of nšy/nš*ʾ. כד תסבל בעברך מסבל כלום (VECB תגבי) כי תשא ברעך משאת מאומה - when you make a loan of any sort - דב כד 10 [ההגייה אחת לי״א ולי״: tišša, אבל נ״א מעיד על הבחנה]. וגברה דאתה סבל בה הוא יפק לידך ...והאיש אשר אתה נשא בו... nâša - דב כד 11. שמט כל מסחן מסבל אדה דיסבל בעברה (ECB דיגבי, V דיוזף) שמט כל בעל משא ידו אשר ישא ברעהו - דב טו 2. **4** בהשאלה *fig.* **נשא על כפים to carry with care** סבלה בחבך כמד יסבל אמהיתה ית ינוקה שאהו בחיקך כאשר ישא האמן את הינק carry them in your bosom, as a nurse carries the infant - במ יא 12. דסבלך יהוה כמד יסבל אנש ית ברה אשר נשאך יהוה כאשר ישא איש את בנו - דב א 31. אנית סבלתני ואנה טלי כייך סבל לי וכל רבבות קדשה עמי אם נשאתני בהיותי נער, אכן אתה תשא אותי וכל רבבות הקודש עמי - ת״מ 365ב. **5 סלח to forgive** סבול שבי לעובת עמה הדןA (נ״א סלח) סלח נא לעון העם הזה - forgive, I pray, the iniquity of this people - במ יד 19. סרח קמיך וסבלתנה חטא לפניך, סלחת לו (לאדם) - א״ח 54. **6 נשבע** נשא ידו בשבועה **to swear** *with yd* אם אתון תיעלון לארעה דסבלת עם אדי למשראה יתכון בה - במ יד 30. **7 אשם** עם עוב, חטא וכיו״ב **to bear a guilt** *with ḥwb* ערות אחתה גלה עובה יסבל...חטאו ישא he shall bear his guilt - ויק כ 17. ואנון יסבלון עובון - במ יח 23. חטיה יסבל גברה ההוא - במ

**8 ירא** בביטוי 'סבל אימה' **to fear** - ט 13. ווילה דלא סבל אימתך אוי לו למי שאינו ירא ממך - woe to him, who does not fear You - מ יט 7. טעין הו עלמה דו סביל דחלתך ואיך לא יסבל אימת סבולה דלא באד עמוס הוא העולם, שהוא ירא ממך, ואיך לא יירא מן הנושא אותו שלא ביד - ע״ד כו 33-36. טב לגויאתה סבלין אימתך אשרי הגופים היראים ממך - מ ב 35-36.

**מסבל** וירכן כתפה למסבל ויט שכמו לסבל - בר מט 15. ובתר כן ייעלון בני קהת למסבל ...יבאו בני קהת לשאת - במ ד 15.

**אֶתְפְּעֶל 1 נישא to be carried** שעתה דאסתבל ביד בניו הלך עננה ואשתה קמיון שעה שנישא (יוסף) בידי בניו, הלכו הענן והאש לפניהם as he (Joseph) was carried by his sons, the cloud and the fire went before them - ת״מ 253ב. מכן אסתבלת גרמיו ביד נביא מהימן על כן נישאו עצמותיו (של יוסף) ביד נביא נאמן - ת״מ 242א. מית חנוך והסתבל לספרה מת חנוך והובל לספרה - אס 4ב. **2 נלקח to be taken away** דאסתבלת מנה דכיותה ושרת בה טמאה לא יתכל משנלקח ממנו הטוהר ושרתה בו הטומאה, לא ייאכל as soon as the purity has been taken away from it (the offering), and - it becomes defiled, it shall not be eaten - ת״מ 116ב.

**מסבל** ש״ע ז *n. m.* **1 משא bearing** רב עובי ממסבל גדול עוני מנשא my punishment is too great to bear (*lit.*: from bearing) - בר ד 13. **גבר** על תשמישה ועל מסבלה איש על עבדתו ועל משאו each of them to his duties and to his porterage - במ ד 19. ויסבלון עמך במסבל עמה וישאו אתך במשא העם - במ יא 17. **2 בהמת משא beast of burden** והוה לך ענין סגין... וסבלין ומסבליןA ויהי לו... ונושאים ובהמות משא he owned large flocks..., carriers and beasts of burden - בר ל 43. **3 חוב debt** כד תסבל בעב[רך] מסבל כלום (C מגבי, E מגבית, VB גביה) כי תשא ברעך משאת מאומה - דב כד 10 [מן מיזוג נשא/נשה]. שמט כל מסחן מסבל אדה דיסבל בעברה שמט כל בעל משא ידו אשר ישא ברעהו every creditor shall remit the due that he claims from his fellow - דב טו 2.

**מסבלה**[†] ש״ע נ *n. f.* **מנה, מתנה portion, gift** ותלה מסבלה מן עם אפיו לידון וסגת מסבלת בנימים ממסבלת כלון וישא משאת מאת פניו אליהם ותרב משאת בנימים ממשאת כלם portions were taken to them from before

(Joseph), and Benjamin's portion was greater than the portions of all of them - בר מג 34.

**מסבלו**† ש״ע נ *n. f.* **מנה, מתנה portion, gift** ותלה מסבלות מן עם קדמיו לידון וסגת מסבלת בנימים ממסבלת כלון B וישא משאת מאת פניו... - בר מג 34.

**סבול**† ש״ע ז qiṭṭūl *n. m.* **משא burden** ועבט כתפה לסבול A ...ויט שכמו לסבל so he bowed his shoulder to burden - בר מט 15.

**סבול** ש״ע ז qāṭōl *n. m.* **1 נושא bearer** סבולה דלא באד הנושא שלא ביד (האל) (God), the bearer - not by hand - ע״ד כו 36. ובני מררי סבולי משכנה ...נושאי המשכן - במ י 17. ויטלון קהתהי סבולי מקדשה - במ י 21. **2 בהמת משא beast of burden** וסבל ית אתתיו וית בריו על סבוליה A וישא את נשיו... על בהמות המשא he carried his wife and his children on the beasts of burden - בר לא 17. **יששכר סבול** פשטן A יששכר חמור גרים - בר מט 14 [ע״ע פשטן]. **3 סולח forgiver** סבול דלא מנכי הסולח שאינו ניזוק the forgiver who is not harmed - מ ב 57-58, ובדומה לו א״ח 82.

**סבל** ש״ע ז **1 נשיאה burden** לא אכל לודי סבל יתכון לא אוכל לבדי שאת אתכם I cannot (bear the) burden of you by myself - דב א 9. **2 עבודה קשה hard labor** ונפק ליד אחיו וחזה בסבליון ויצא אל אחיו וירא בסבלותם (Moses) went out to his kinsfolk and saw their labors - שמ ב 11. ותבטלון יתון מסבליון והשבתם אתם מסבלותם - שמ ה 5. המפק יתכון מתחת סבלי מצראי המוציא אתכם מתחת סבלות מצרים - שמ ו 7. **3 בהמת משא beast of burden** והוה לך ענין סגין... וסבלין ומסבלין A ויהי לו... ונושאים ובהמות משא he owned large flocks..., carriers and beasts of burden - בר ל 43. **יששכר סבול פשטן** A יששכר חמור גרים - בר מט 14. **4 סליחה forgiveness** יתרו חובינן אלא על סבלך רבו חטאינו אם לא כנגד סליחתך our sins multiplied as against your forgiveness - ע״ד כח 37-38.

**סבלה** ש״ע נ *n. f.* **עבודה קשה hard labor** ואפק יתכון מתחת סבלת מצראי והוצאתי אתכם מתחת סבלות מצרים I will free you from the labors of the Egyptians - שמ ו 6. ונפק ליד אחיו וחזה בסבלתון E ...וירא בסבלותם - שמ ב 11. ותבטלון יתון מסבלתון E והשבתם אתם מסבלותם - שמ ה 5.

**סבלו**† ש״ע נ *n. f.* **מתנה gift** וסבֵּל[ו] סבלות מלותה להון ורבת] סבלות בנימים מסבלות כלון A וישא משאת מאת פניו... Portions were taken to them from before (Joseph), and Benjamin's portion was greater than the portions of all of them - בר מג 34.

**סבנה** צעיף **veil** [ > σάβανον - Krauss 373a.
א״י כריך סבניה עליהון -ירוש שבת ח ע״ב. **סוא״י** ונסב די סבנוי ואסיר בחרצוי - יוחנן יג 4]

**סבנה** ש״ע נ *n. f.* **צעיף veil** סבנתה צעיפה her veil - המליץ 573 [ע״פ בר לח 19. ליתא].

**סבע** שובע **satiety, abundance** [א״י ותאכל... ותשבע (!) - נ דב כג 25. **סוא״י** תכול ותסבוע - דב יא 16]

**קל** עבר: דסבע adsāba - מ יד 6. עתיד: ותסבע - דב ח 10. ציווי: סבע - בר כז 19 M. בינוני פעול: סביע sēbi - ע״ד יז 16. **אֶתְפְּעַל** עתיד: ותסבע (נסתרת) wtissāba - מ יד 101. **סבע** - בר מא 29 (A שבע). אלסבע alsāba - ע״ש ד 22. **סבעה** - ת״מ 215א.

**קל שבע, אכל to be sated** על פתורון יתב מן לחמון סבע לשולחנם ישב ומלחמם שסע at their table he (Moses) sat and with their bread he was sated - ת״מ 202ב [על משה בהר סיני]. הא סביען נפשהתן מן תעתיד כתבה... תעתיד קעימה הוא וכל מן דסבע מנה חי הנה שבעות נפשותינו מן מעדן הספר... מעדן של הקיים (האל) הוא וכל מי ששבע ממנו חי - מ יד 1-6. ותיכל ותסבע ותברך - דב ח 10. לית אנש ישבע (!) מן דכרנה עד לעלם לא ישבע אדם מלהזכירו (את משה) לעולם - ת״מ 270א [ק: ישבע]. קום שבי סבע ואכל מצידי M (A סבעה) קום נא שבה ואכלה מצידי - בר כז 19 [נתפס שבה - לשון שובעה = אכילה. זב״ח המליץ 555. SP *šbh int. as* [*šb*ᶜ. צעם סביע לא אכל ולא שתה צם שבע... - ע״ד יז 16 (על משה בהר סיני).

**אֶתְפְּעַל**† **שבע to be sated** ותסבע נפשה בלא מזון ותשבע נפשו (של משה) בלא לחם his soul was sated without bread - מ יד 101.

**סבע** ש״ע ז *n. m.* **שובע satiety** ומן כפנה אלסבע ומן הרעב אל השובע from hunger to satiety - ע״ש ד 22. סבע רב בכל ארע מצרים (A שבע) - בר מא 29. ותיכלון לסבע ותדורון לרחצה ואכלתם לשבע וישבתם לבטח - ויק כה 19.

**סבעה** ש״ע נ *n. f.* **שובע satiety** במיכלנן מזון לסבעה eating our food to satiety - ת״מ 215א [מביא את התה״ש לשמ טז 3]. וחבו לה על דדי

בירה דחפרו ... וקרא יתה סבעה ויגדו לו על אדות הבאר אשר חפרו... ויקרא אתה שבעה - בר כו 32 - 33 [שם סמלי לבאר].

**סבר1** נשיאה **bearing** ← צפייה ותקווה **expectation** [השי נשא לבו, נשא נפשו. **א״י** ארמייה סבר למובדה לאבונן - **נ** דב כו 5. **סוא״י** סבר על אלהא יפרוק יתה - מתי כז 43], מחילה **forgiveness** [השי נשא עוון], התחזקות והתאפקות. **strength, self control** [השי נשא - בר לו 7] חשיבה **thinking** *The derived meanings were* [השי נשא עיניו] *originally elliptic expressions*

**קל** עבר: סבר sâbår - א״ג 68. עתיד: ויסבר - דב כט 18. בינוני: וסברין wsâbârən - ע״ד כח 14. **פעל** מקור: למסבראתה - בר לו 35 B (+נסתר. הצורה מסופקת. *Dub. form*). **פועל** עבר: סוברך (נוכח) wsūbârâk - ע״ד יא 24. עתיד: אסוברנה C (+נסתר) - בר לג 14. ציווי: סובר sūbår - ט 3. בינוני: ומסובר wamsūbår - מ א 17. מקור: למסוברתה V (+נסתר) - בר לז 35. לסוברה - בר לו 7 (אונקלוס O) *m$_2$. **אתפועל** עבר: ואסתובר wistūbår - מ ה 72. עתיד: אסתובר A (Em אסובר) - בר לג 14. בינוני: מסובר missūbår - ע״ד ג 30. מקור: למסתוברה (+נסתר) - בר לז 35 A. למסתוברה - בר לז 35 VA. **מסבר** מסברין masbârən - א״ג 85. **סבור** qiṭṭūl - בר לא 30. **סבור** (qâṭol) såbor - מ יח 1. **סבר** - בר לא 2 (מן אונקלוס O). **סובר** - ע״ד ה 6. **סוברה** - לסוברה - בר לו 7 *m$_2$ (מן אונקלוס O). **סוברו** sūbâru - ע״ד ג 25.

**קל 1 קיווה to hope** לפצותך סברת M$_2$ לישועתך קויתי - I hope for Your deliverance בר מט 18 (=המליץ 584). **סבור** סברת M$_2$ נכסף נכספת- בר לא 30. דחלין אנן מנך וסברין לך יראים אנו ממך ומקווים לך - ע״ד כח 13 - 14. מטי צריכות לכל רחיותה סבר משיג צריכות לכל המצפה לרצון - א״ג 68. **2 חשב to think** ויסבר בלבה למימר שלם יהי ליוהתברך בלבו לאמר שלום יהיה לי he may think in his heart, - דב כט 18. saying, "I shall be safe" **אידנו** מדעה דישום אהן אי יסברנה איזהו השכל שיעריך זה או יכלכלהו - ת״מ 300ב. **3 התאפק to control oneself** נשא את הסבל וסעו אפיו ונפק וסאבר C וירחץ פניו ויצא ויתאפק he washed his face and went out and was controlling himself - בר מג 31.

**פעל ניחם to comfort**

**מסברה** וקעמו כל בניו...למסבראתה B ויקמו כל בניו... לנחמו his sons and all his daughters rose up to comfort him - בר לז 35

[רק כאן].

**פועל** [א״י ולא יכל יוסף למסוברא - **נ** בר מה 1. **סוא״י** ועלו מיניא מסוברין = אליו גואים ידרשו - ישע יא 10]. **1 נשא ותמך to support** דסוברך יהוה אלהך כמה דיסובר גבר ית ברה N אשר נשאך יהוה אלהיך כאשר ישא האיש את בנו the Lord your God carried you, as one carries his son - דב א 31. **ואנא כמה דאמטתי אסובר** ואני כאשר יארע לי אשא MB as for me, whatever happens, I shall carry - בר מג 14 [פירוש *Int.*]. וסובר יוסף ית אביו N ויכלכל יוסף את אביו - בר מז 12. **אסוברנה למהכה** C אתנהלה לאטי - בר לג 14 [תפס אתנחל (+נסתר)] - **2 הניח to let, allow** ולא סוברתני למנשקה לבני C ולא נטשתני לנשק לבני you did not even let me kiss my sons - בר לא 28. **3 סלח to forgive** סוברת כממלליך A סלחתי כדבריך I pardon, according to your words - במ יד 20. וסוברך יתן ולא כליך מנן רחמיך וסלחת לנו ולא כלאת ממנו רחמיך - ע״ד יא 24. ואן חטינן סלח וסובר ואם חטאנו סלח ומחל - ט 3. ומסובר לן וסולח לנו - מ א 17. ובכל עת הוא רתי ומסובר ובכל עת הוא חונן וסולח - ת״מ 215א. **4 נחם to comfort** דה יסוברנן מן עובדינן ועצרון אדינן A זה ינחמנו ממעשינו ומעצבון ידינו this one shall bring us relief - from our deeds and from the toil of our hands - בר ה 29. וסובר יתון *M$_2$ וינחם אתם - בר נ 21 [המליץ 520].

**מסוברה** וקעמו... למסוברתה V לנחמו - בר לז 35.

**סוברה** ולא יכלת ארע מתותביהון לסוברה יתון *m$_2$ (נ״א למסבל) ולא יכלה ארץ מגריהם לשאת אתם - בר לו 7.

**אתפועל 1 פרנס to support** ברי ומפרנס ומסובר בורא ומפרנס ומכלכל (God) creates and supplies and supports - ע״ד ח 7 [עי׳ לעיל מס׳ 2]. אלעזר אסתוברתי בו אלעזר נתכלכלתי בו - עב״ש 44. אסתובר למהכה A (Em אסובר) אתנהלה לאטי - בר לג 14 [נתפרש אתנחל]. **2 התאפק to control oneself** נשא את הסבל ונפק ואסתובר ויצא ויתאפק (Joseph) went out and was controlling himself - בר מג 31. אסתוברת V*M$_{ex}$A שכלתי - בר מג 14 [המליץ 594. אבל ראה לעיל **פעל**]. **3 סלח to** *active* פעיל **forgive** רב חילה דכן מסובר missūbår גדול האל שכן סולח Great is the God that forgives thus - ע״ד ג 30 [לעניין אתפעל בהוראה פעילה ראה

זב"ח עואנ"ש ג/ב 57,56. *"reflexive" conjugation*
*pass.* סביל. [*as active, see LOT* IIIb, 56, 57.
ואסתובר ביד מרה ונסלח לו ביד אדונו - מ ה
72. **4 התנחם** נשא את הסבל **to be comforted**
ואסתובר יצחק בתר אמה $M_2$A* וינחם יצחק
אחרי אמו Isaac was comforted after his
**5** .12 לח A השי' .67 בר כד - mother's death
**התחרט** לא אנש אל... **to change mind**
ויסתובר C לא איש אל... ויתנחם God is not a
19 במ כג - son of man, that he should repent
[שאר כה"י: ויתחי מן תהי". המליץ 520].

**מסתובר** וקעמו... למסתוברה A ויקומו...
לנחמו - בר לז 35.

**מסתוברה** ולא יכל יוסף למסתוברה ולא
יכל יוסף להתאפק - בר מה 1.

**מסבר** ש"ע ז *n. m.* **צורך need** ומטיתי בעלמה
בגוני כל מסברין והשיגני בעולם כל מיני צרכים
(God) supplies in the world my various needs
א"ג 85. - (*i.e.* things that I expect)

**סבור** ש"ע ז qiṭṭūl *n. m.* **תקווה hope** סבור
סברת $M_1$* נכסף נכספת - בר לא 30.

**סבור** ש"ע ז qāṭōl *n. m.* **קווה one who hopes**
אה טבה דלית סבור מן טבהתך מואש הוי
הטוב, שאין קווה מטובותיך נואש O, the
Good One, from whose good no one who
מ יח 1. - hopes is relinquished

**סבר** ש"ע ז *n. m.* **סֵבֶר favor** צפיתן בעין חסדך
דאת אתר סבריה הבט עלינו בעין חסדך שאתה
מקום הסבר look at us with the eye of Your
ע"ד כג - grace, for You are the place of favor
72 ית סבר אפי לבן $M_1$* את פני לבן - בר לא 2
(מן אונקלוס O).

**סובר** ש"ע ז *n. m.* **סולח forgiver** סוברה טבה
הסולח הטוב the good forgiver - ע"ד ו 6 [שם
פעולה. זב"ח עואנ"ש ג/ב 51]. סלוחה סוברה הסולח,
הנושא עוון - מ יב 57

**סוברו** ש"ע נ *n. f.* **1 מחילה forgiveness** וטובך
מספק לון סוברו וטובך מספק להם מחילה
ע"ד ג 25. - Your goodness grants us forgiveness
**2 תקווה hope** ולית לי סוברו לעלם ואין בי
תקווה לעולם I have no hope forever - ת"מ
250ב. **3 נחמה comfort** סוברות רחמיה נחמת
האוהבים the comfort of Your devoted - מ יא
57. לסוברו A להתנחם - בר לז 35. **4 פרנסה**
**support** סוברו לחיינן לוחי בריתה פרנסה
לחיינו הם לוחות הברית the Tablets of the
ע"ד כ"ד - Covenant are the support of our life

57. ובחסדך סוברותי ובחסדך כלכלתי - א"ג
50.

**סבר²** אגירה **storing** [> צבר (ע"ע). השי' התה"ע
[*From ṣbr, but cf.* SAV تسبر.

**קל אגר to store** וחמר לא תשתה ולא תסבר
(נ"א תרתף) ויין לא תשתה ולא תאגר you
דב כח 39. - shall have no wine to drink or store

**סבתה** שם פרטי *pr. n.* sâbtå

**סבתה** ש"פ ובני כוש סבא וחוילה סבתה ורעמה
- בר י 7.

**סבתכה** שם פרטי *pr. n.* sabbitka

**סבתה** ש"פ ובני כוש סבא וחוילה סבתה ורעמה
וסבתכה - בר י 7.

**סגד** השתחוויה ופולחן. צלם, פסל לפולחן
[א"י וסגדו לטעוותהון - **prostration, worship**
**נ** במ כה 2. **סוא"י** וסגד על ארעא - בר יח 2]

**קל** עבר: וסגד - בר כד 26. וסגדו wsēgâdu - מ יד 92.
עתיד: תסגד tisgåd - ע"ד ה 20. ציווי: וסגדו wsēgâdu
- מ יד 92. בינוני: סגד adsâgəd - מ יא 35. מקור: מסגד
- בר לז 10. **אֶתְפְּעֵל** עתיד: יסתגד yistâgəd - ע"ד א 3.
בינוני: מסתגד mistâgəd - ע"ד א 23. **אֶתְפְּעֵל** בינוני:
מסתגדה (נ) - ויק כו 1. מקור: מתסגדה - ויק כו 1.
**מסגד** - ת"מ 117א. **מסגדה** - במ לג 52. **סגד** סגדיה -
אס 9ב. **סגדה** sēgiddå - ע"ד ד 32. **סגוד** qiṭṭūl - ת"מ
295ב. **סגוד** (qāṭōl) sâgod - מ ד 67. **סגוד** qəṭūl סגודיך
- sâgūdək - אב"פ ג 57.

**קל 1 השתחווה to worship** ועקד גברה וסגד
ליהוה ויקד האיש וישתחוי ליהוה the man
bowed his head and worshiped the Lord - בר כד
26 וסגדו למרה והשתחוו לאדון - מ יד 92. לא
תסגד לאלה עורן לא תשתחוה לאל אחר -
ע"ד ה 20 טעי מן דסגד לאלה לבר מנה טועה
מי שמשתחווה לאלוהים חוץ ממנו - מ יא 35
שבעתי מלאכיה דהוה בלעם סגד לון שבעת
המלאכים שהיה בלעם משתחווה להם - אס
17א. אתון סגדין לדמות בהימהן אתם
משתחווים לתמונת בהמה - ת"מ 34א. **2 שחה**
לאות כניעה **to bow down** ישמשונך עממאי
ויסגדון לך לאמים יעבדוך עמים וישתחוו לך
לאמים let peoples serve you, and nations bow
בר כז 29. - down to you

**מסגד** אתא ניתי... למסגד לך ארעה הבא
נבוא...להשתחוות לך ארצה - בר לז 10. למסגד

עליה VNMECA להשתחוות עליה - ויק כו 1.

**אֶתְפְּעֵל היה נסגד** to be worshiped ולא יסתגד אלא לגדלה ולא ייסגד אלא לגדלו - nothing will be worshiped, but His greatness ע״ד א 3. מסתגד בשלמו נעבד בשלמות - ע״ד א 23 ואבן מסתגד B ואבן משכית - ויק כו 1.

**אֶתְפְּעֵל היה נסגד** to be worshiped ואבן מתסגדה לא תתנון בארעכון ואבן נסגדת לא תתנו בארצכם you shall not set up a worshiped stone in your land - ויק כו 1.

**מתסגדה** למתסגדה עליה להשתחוות עליה - ויק כו 1.

**מסגד** ש״ע ז .n. m **1 השתחוויה** worship וילה למן אתרחק מנה ועבד לה מסגד לבר מנה אוי למי שנתרחק ממנו ועשה לו השתחוויה לזולתו woe to him who keeps far from Him - and makes worship to anyone else - ת״מ 117א.

**2** בעש״ח ע״פ مسجد NSH **מקום תפילה** place of worship נצלי נסגד קמי דמע המסגדים נתפלל ונשתחווה לפני נבחר מקומות התפילה let us pray and worship against the choicest of the worship places - אבישע (Cow 701). ולא סגדה אלא להרגריזים... ולמה אהן טורה מן כל טבריה אתעבד מסגד אלא הן הו בית אל והאלהים יסתגד ואין השתחוויה אלא להר גריזים... ולמה ההר הזה מכל ההרים נעשה מקום תפילה? אלא כי הוא בית אל - אבישע (Cow 250).

**מסגדה** ש״ע נ .n. f **צלם** figure of worship ותבדון עת כל מסגדתון ואבדתם את כל משכיותם you shall destroy all idols - במ לג 52 ו[אבן] מסגדה M ואבן משכית - ויק כו 1.

**סגד** ש״ע ז .n. m **צלם** figure ותבדון ית כל סגדיהון B ואבדתם את כל משכיותם - במ לג 52. מחי כל סגדיה ומבתר כל צלמיה נותץ כל האלילים ומשבר כל הצלמים destroys all the figures and breaks all the images - אס 9ב [נ״א ומתבר] . ורתתו כל דיארי בתי סגדיא ורעדו כל שוכני בתי הצלמים - אס 10ב. וכל סגדיה נפלי וכל האלילים נפלו - אס 11ב [נ״א סגודיה. זב״ח תרביץ יד 188].

**סגדה** ש״ע נ .n. f **1 פולחן, השתחוויה** worship לא נביא כמשה... ולא סגדה אלא ליהוה אין נביא כמשה ואין השתחוויה אלא ליהוה there is no prophet but Moses, and no worship but to the Lord - ע״ד ג 30-32. דבחרו לון אתר סגדה שבחרו להם מקום השתחוויה

**2 פיוט** a kind of liturgical poem - ת״מ 99ב ולו עוד סגדה - Cow 77. **3 סימן לעבודה זרה** a symbol of idolatry ? ולא תשבון סגדה בין עיניכון למית ולא תשימו קרחה בין עיניכם למת you shall not make any symbol of idolatry on your foreheads for the dead - דב יד 1 [על מחק. נ״א קרחה וכן המליץ 588].

**סגוד** ש״ע ז .n. m qiṭṭūl **השתחוויה** prostration ולא תלא עיניה אלא מן סגוד ולא נשא עיניו אלא מן השתחוויה (Abraham) did not raise his eyes, but in prostration - ת״מ 95ב.

**סגוד** ש״ת qāṭōl .adj **משתחווה** בהוראת חסיד worshiper פשר לכל סגוד מציל כל המשתחווה (לאל) (God) relieves every worshiper - מ ד 67. טוב סגודיה דאנצירין אשרי המשתחווים המסורים - ע״ד ד 14. קריב אתה לסגודיך קרוב אתה למשתחווים לך - מ ג 75. וילון סגודי אלהי נכר אוי למשתחווים לאלוהי נכר - ת״מ 209ב.

**סגוד** ש״ע ז .n. m qəṭūl **1 פולחן** worship ותוקד אלהיון וסגודיון ותשרוף אלהיהם ופולחנם (Your sword) will consume their idols and their worship - ע״ד ג 22 [זב״ח, עואנ״ש ג/ב 47]. סגודיך לון נפוש פולחנך הוא רווחה להם - אב״פ ג 57. **2 צלם** worship figure ויהוה קטל אלהין רמין וסגודין אלילין ויהוה הרג אלים נישאים ואלילים כוזבים the Lord slew lofty gods and vain idols - ת״מ 47א.

**סגי[1]** גודל, רוב greatness, multitude [א״י סגין לכון למקפה ית טורא הדין - נ דב ב 3. סוא״י סגוי יסגא עקתיכי - בר ג 16]

**קל** עבר: סגה - ת״מ 123א. דסגו adsâgu - ע״ד כז 45. ואסגו - בר לח 12. עתיד: יסגי - דב יד 24 (= המליץ 592). ציווי: וסגי - בר לה 11 (=המליץ 592). בינוני: וסגיה (נ) - שמ כג 29. **פעל** עבר: סגה - דב א 10. עתיד: נסגי nēsaggi - מ יד 95. בינוני: מסגי amsaggi - מ כד 23. מקור: מסגי - ת״מ 179ב. **אפעל** עבר: דאסגה - שמ טז 17. עתיד: אסגי - בר כו 4. יסגיאן (נסתרות) yasgiy'yân - מ ג 58. ציווי: הסגו - בר לד 12. בינוני: מסגי - ויק יא 42. מקור: מסגאה - דב כח 63. **אֶתְפְּעֵל** בינוני: מתסגי - ע״ד ה 17 [בלא שיכול]. **אסגאה** - בר טז N 10. **אסגאו** - דב ג 5 V. **אסגה** - דב ג 5 (המליץ 454: הסגה). **סגאי** sēgây - ע״ד כג 80. **סגו** - בר כב 17 A. **סגואה** - בר כד 60 A. **סגוי** qiṭṭūl - שמ יא 9. **סגוי** qāṭ sâgi - במ יג 18 A. **סגי** siggi (ת״פ .adv)- מ ה 34. **סגי** ōl - (ש״ת .adj) - ע״ד כה 40. sēgây * (ש״ע .n) - במ כו 56. **סגיו** סגיותכון - דב ז 7. **סגיאן** סגיאן - ת״מ 143ב. **סגוי** - בר כז 28.

**קל גדל** **to become great** וגיורה והן סגה לית לה שבט ולא חלק והגר, אפילו גדל (היה רב), אין לו שבט ולא חלק the sojourner, even - if he grew, he has no tribe, neither portion ת״מ 123א. מן שאם טבאתה דסגי וכפלי מי העריך הטובות שרבו וכפלו? - א״ג 60. יתרו חובינן... וסגת חטאינן רבו פשעינו... וגדלו חטאינו - ע״ד כח 37-39. והסגת בישתה ו ק דשנה וגדל הרשע שש מאות שנה - אס 6א. לחציה דסגו... לון כלי וכפת הלחצים שרבו... אותם כלא והכנע - ע״ד כז 45-47. ואסגו יומיה ומיתת ברת שוע (VECA וסגו) וירבו הימים ותמת בת שוע - בר לח 12. ואן יסגי מנך אורעה וכי ירבה ממך הדרך - דב יד 24. דייטב לך ודתסגי שריר אשר ייטב לך ואשר תרבה מאוד - דב ו 3. ותוריך ועאניך יסגון וכסף ודהב יסגי לך - דב ח 13. פרי וסגי וקהל גוים יהי מנך פרה ורבה... - בר לה 11. וסגיה עליך חית ברה ורבתה עליך חית השדה - שמ כג 29.

**פעל הרבה** **to increase, multiply** יהוה אלהכון סגה יתכון יהוה אלהיכם הרבה אתכם - the Lord your God has multiplied you דב א 10. נסגי תשבחן לאלה רב נרבה תשבחות לאל הגדול - מ יד 95. ויעתר יצחק צלותה מסגיה חננה "ויעתר..." (בר כה 21) תפילתו המרבה את המתן - ת״מ 180א. צעם על טורה... מסגי רבואן צם (משה) על ההר... מרבה תפילות - מ כד 23-24.

**מסגי**[†] וברכתה למסגי אגר העובד לגוה והברכה, להרבות שכר המעשה בו - ת״מ 179ב [זב״ח העי׳ 3].

**אפעל הרבה** **to increase, multiply** יהוה אלהכון הסגה יתכון יהוה אלהיכם הרבה אתכם - the Lord your God has multiplied you שמ 25. ולקטו דאסגה ודאזער (A המסגי והמזער) וילקטו המרבה והממעיט - שמ טז 17. יסגיאן רחמיך תרבינה רחמיך - מ ג 58 [זב״ח עואנ״ש ג/ב 157: שיבוש מן סגיאן = הרבה (ש״ע)]. ואסגי ית זרעך ככוכבי שומיה - בר כו 4. הסגו עלי פרן הרבו עלי מהר - בר לד 12. עד כל מסגי רגלים לכל שרצה... עד כל מרבה רגלים... - ויק יא 42. מסגים עמה למנדאה מרבים העם להביא the people augment bringing (=bring greatly) - שמ לו 5.

**מסגאה** כמד שרי יהוה עליכון למיטבה יתכון ולמסגאה יתכון ...להטיב אתכם ולהרבות אתכם - דב כח 63.

**אִתְפְּעֵל גדל**[†] **to become great** מתסגי מבטל עמלון דכל זכאי (רשע) גדול מבטל שכרם של כל הצדיקים (a wicked one) expanding, - abolishes the reward of the righteous ע״ד ה 17-18.

**אסגאה**[†] ש״ע נ *n. f.* **ריבוי** **multitude** אסגאה אסגי ית זרעך *M[1] (נ״א סגוי) הרבה ארבה את זרעך - בר טז 10 [מן אונקלוס O].

**אסגאו א** ש״ע נ *n. f.* **ריבוי 1** **multitude** ולא יעזר ית עמה למצרים לבדיל אסגהות סוס ולא ישיב את העם מצרימה למען הרבות סוס he shall not cause the people to return to Egypt - in order to multiply horses דב יז 16. ‹לית›. תהי הדה אסגהותה כדו מתפכה מן קשטה לשקרה אל יהי הריבוי הזה עתה נהפך מן אמת לשקר - ת״מ 143ב. **2 ריבית** **interest** אל תסב מן עמה כפול ואסגהו m (נ״א ורבי) נשך ותרבית - take no usury from him or interest ויק כה 36. **ב** ת״פ *adv.* **הרבה** **much** לבר מקורי פרזאה אסגאו שרירV לבד מערי הפרזי הרבה מאד - besides very many unwalled towns דב ג 5.

**אסגה**[†] ת״פ *adv.* **הרבה** **much** לבר מקורי פרזאה אסגה שריר לבד מערי הפרזי הרבה מאד - besides very many unwalled towns דב ג 5 [אפשר שהוא = אסגאה].

**סגאי** ש״ע ז *n. m.* qəṭāl (ראה גם סגוי) **גודל, רוב** **multitude** רחמיך יתרין על סגאי חובינן Your mercy is רחמיך יתרים על גודל פשעינו - greater than the multitude of our sins ע״ד כג 79-80. לפם סגאי שניה תסגי זבינתה לפי רב השנים תרבה מקנתו according to the - multitude of years you shall increase its price ויק כה 16. ויפתון לסגאי בגו ארעה וידגו לרב בקרב הארץ - בר מח 16. ונודי לחילה על סגאי טבהתה ונודה לעצום על גודל הטובות - ת״מ 295א. במעמד אדוורביאלי *adverbial* אסגי ית זרעך ולא ימנה מסגאי ...ולא יספר מרב I will so greatly multiply your descendants that they - cannot be numbered for multitude בר טז 10.

**סגו**[†] ש״ע נ *n. f.* [אפשר שהוא כתיב אחר של סגוי. זב״ח, ספר ילון 158, עואנ״ש ה 1.4.4 וכן טל ג קמח ואילך. אכן במקומות אחרים גורס גם A סגוי, כגון בר טז 10. *Prob. alt. spelling of sgwy (see below)*] **ריבוי** **multitude** סגו אסגי עצרוניך (E)A הרבה ארבה עצבונך - בר ג 16. וסגו אסגי ית נופךA והרבה ארבה את זרעך - בר כב 17.

**סגואה**[†] ש״ע נ *n. f.* **רבבה** **ten thousands** הוי לאלפי סגואה A היי לאלפי רבבה may you - grow into thousands of myriads בר כד 60 [צורה

מושפעת מן נ"א: רבואה].

**סגוי** ש"ע ז qittūl *n. m.* **ריבוי multitude** לבדיל סגוי פליתי בארע מצרים למען רבות מופתי... - שמ יא 9. לפם סגוי שניה תסגי זבנה N לפי רב השנים תרבה מקנתו - ויק כה 16. במעמד אדוורביאלי *adverbial* ואתון ככוכבי שומיה לסגוי you are as the stars of heaven for multitude - ת"מ 136א [מביא את דב א 10 אבל בתה"ש שלפנינו: לסגי].

**סגוי** ש"ת qāṭōl *adj.* **רב many** הזעור הוא אן סגוי A המעט הוא אם רב whether they are few or many - במ יג 18.

**סגי א** ש"ע ז sēʾgāy *n. m.* (כתיב אחר של סגאי Alt. *spelling of sgʾy*) **1 גודל greatness** ובסגי גאונך תהרס קמיך (V ובסגאי) וברב in the greatness of Your majesty you break Your adversaries - שמ טו 7. **2 ריבוי multitude** וסגי דגן ויביש ורב דגן ותירוש - abundance of grain and wine - בר כז 28. במעמד אדוורביאלי *adverbial* ואתון יומן ככוכבי שומיה לסגי you are today as the stars of heaven for multitude - דב א 10. **ב** ש"ת *adj.* **1 גדול great** עם רב וסגי עם גדול ורב a sâgi people great and numerous - דב ב 21. וסגי חסד וקשט ורב חסד ואמת - ע"ד כה 40. על מימר נבזה יפלג פלגתה בין סגי לזעור ...בין רב למעט - במ כו 56. ותזיף גוים סגים והלוית גוים רבים - דב כח 12. למעתה על אלין מעה סגיה להכותו על אלה מכה רבה - דב כה 3. סגיאן אנין פליאתך רבות הן נפלאותיך - מ ג 59-60. **ג** ת"פ siggi *adv.* **1 רבב enough** ואמר ישראל סגי עוד יוסף ברי קאים ...רב עוד יוסף בני חי Israel said, "It is enough; Joseph my son is still alive" - בר מה 28. **2 הרבה many, much** חיבין לה סגי נימר לה תשבחן חייבים אנו הרבה לומר לו תשבחות we must say many praises to him - מ ה 3-4. דאלין אתריה צמתו גנואן סגי שאותם מקומות כוללים חרפות הרבה - ת"מ 154ב. כי פליאתי סגי אכן מופתיי הרבה - ת"מ 338ב.

**סגיאן א** ש"ע ז *n. m.* **רוב multitude** בדיל סגין סימני בארע מצרים A (נ"א סגוי) למען רבות מופתי בארץ מצרים for the sake of the multitude of My marvels in the land of Egypt - שמ יא 9 [תפס rābbot מקור פיעל]. חסל צלותי תהי מעזרה מן סגיאן מניאנה אל מתי מספרה חלילה לתפילתי מהיות נהפכת מרוב מניין למתי מספר - ת"מ 143ב. **ב** ש"ת *adj.* **רב many** והוה ביומיה סגיניה אנון A (נ"א סגייה) ויהי בימים הרבים ההם in the course of those many days - שמ ב 23 [רק כאן].

**סגיו**† ש"ע נ *n. f.* **1 רוב multitude** לא מסגיותכון... חשק יהוה בכון (V מן סוגיכון) לא מרבכם... חשק יהוה בכם it is not because of your multitude... that the Lord set His heart on you - דב ז 7. לפם סגיאות שניה תסגי זבינתה *M₁ לפי רב השנים תרבה מקנתו - ויק כה 16. **2 גודל greatness** סלח שבי לחובי עמה הדן כסגיאות טובך *M₁ ...כגדל חסדך pardon the iniquity of this people, according to the greatness of Your grace - במ יד 19.

**סוגי 1** ש"ע ז *n. m.* **רוב multitude** וסוגי דגן ויביש C ורב דגן ותירוש abundance of grain and wine - בר כז 28. בדיל סוגי פליאתי בארע מצרים B למען רבות מופתי...- שמ יא 9 לא מן סוגיכון מכל עממיה אתרעי יהוה בכון V לא מרבכם מכל העמים... - דב ז 7. במעמד אדוורביאלי *adverbial* הלא זעור דהוה לך לקודמי ופתה לסוגי NC... ויפרץ לרב you had little before I came, and it has increased to a multitude - בר ל 30. **2** ת"פ *adv.* **רב enough** סוגי לכון N רב לכם - it is enough for you - במ טז 3, דב א 6.

**סגי²**† הליכה ? **going** [א"י הוה סגי באורחה = היה הולך בדרך - ירוש סנה כג ע"ג. **ס** אסגי - LS 458b]

**מסגין** ש"ע *n. pl. tant.* **כרעים jointed legs** ית דן תיכלון מכל שרץ קמצה... דלה מסגים מלעל לרגלים M (NA מסרין = המליץ 494. ע' זב"ח שם) אשר לו כרעים ממעל לרגליו all that have jointed legs above their feet - ויק יא 21.

**סגי³**† אכילה ? **eating** [< اسقي ? (אבל עניינו שאיבת מים ושתייה) - Lane 1385a-b. באה"ש המאוחרת. Late SA]

**אפעל האכיל** ? **to feed** אסגיי שוי מן סמוקה סמוקה הדן M₁A הלעיטני נא מן האדם האדם הזה - feed me with that red stuff - בר כה 30. ונסב את עגלה דעבדו ואוקדה בנור וטחנה עד דקק (!) ודרתה על אפי מיה ואסג ית ברי ישראל (A ופרנס) B ...וישק את בני ישראל And he took the calf which they had made, and burnt it with fire, and ground it to powder, and scattered it upon the water, and fed the Sons of Israel - שמ לב 20 [ע"ע משי"ק, שקי"ק].

**סגל¹** בחירה, ייחוד **choice, uniqueness** [באה״ש נגזר מחדש מן 'סגולה' כפי הבנתה בתורה. *Secondary root from sēgūla, according to its* [*sense in the Torah* (Dt 7:6, etc.).

**אפעל 1 ייחד to single out** אלהי אבי אדם דצערה מן עפרה ואסגלה בחכמה אלהי אבי אדם אשר יצרו מן העפר וייחדו בחכמה the God of my father Adam whom he formed from dust and singled him out with wisdom - ת״מ 85א. לא לאוי עליך תשבקנה כי אלה אסגלנה באלין שבעתיתה לא ראוי לך לעזבו (את הגר) כי ייחדו אלוהים באותן השבע (המצוות האמורות בגר) it is not fitting for you to abandon him (the sojourner), for God singled him out with the seven (commandments - regarding the sojourner) - ת״מ 156ב. **2 בחר to select** אה עמה דרבתה מרה וטהר מולדה ואסגל יתה מן אבהן זכאים הוי העם אשר גידלו אדוניו וטיהר את לידתו ובחר אותו מאבות צדיקים O people, whom his Master has magnified, whose birth He made pure, whom He selected from righteous fathers - ת״מ 171א-ב. מודאה לאלה דאסגל יתך התודה לאלוהים שבחר בך - ת״מ 308א. הר הקדם כי אלהי קדם הסגלו הר הקדם (= הר גריזים), אכן אלוהי קדם בחרו - ת״מ 99א.

**אֶתְפְּעַל נבחר to be selected** אה קהלה דקדש ואה עמה דאתסגל הוי הקהל הקדוש והוי העם שנבחר O the holy congregation, O people who were selected - ת״מ 253ב. הב בלך אה סגולה דאתסגל ביד אלה לא תחלף מה דאלפך תן דעתך, הוי הנבחר שבחרו אלוהים, אל תשנה מה שלימדך - ת״מ 293א.

**אסגלה** ש״ע נ *n. f.* **קניין possession** ובך בחר יהוה אלהך למהי לה לעם אסגלה מכל עממאי (VB סגלה) להיות לו לעם סגלה the Lord your God chose you from among all other peoples on earth to be His a people of his possession - דב יד 2, ובדומה לו דב כו 18 =המליץ 535 (VCB סגלה). ישראל זעקה מרה אסגלה ישראל, קראו האדון סגולה - ת״מ 228ב. ולנן מרן בחר ועבדנן אסגלה ואותנו אדוננו בחר ועשנו סגולה - ת״מ 203א [זב״ח הע' 1].

**סגול** ש״ת qāṭōl *adj.* **בחור chosen** אה סגולה דאתסגל ביד אלה הוי הנבחר שבחרו אלוהים - O chosen one who was chosen by God ת״מ 293א. רב הו אילנה דמשה זגול מנה גדול הוא האילן שמשה לקוח ממנו great is the tree from

אס 14א [עי' זב״ח שם]. - which Moses was chosen

**סגולה** ש״ע נ *n. f.* **בחירה, מבחר choice** [מן העברית: sēgūla] וישראל דמע מכל אמיה בחרה אלה ועבדה סגולה Israel, the choicest among the nations, God selected them and made them (His) choice - ת״מ 95א. וכן בצירוף ״עם״ (גוי) סגולה - ת״מ 147ב. סגולה מן הארץ לדמע כל בני אדם מבחר מן הארץ לתרומת כל בני אדם - ת״מ 101א.

**סגיל**† ש״ת *adj.* **מיוחד special** [עש״ח NSH] סגיל בקדישותה מיוחד בקדושתו special in His sanctity - עבד אל (Cow 131). בדת משה הסגיל - אבישע (Cow 387).

**סגלה** ש״ע נ *n. f.* **קניין possession** ותון לי סגלה מכל עממאי (VB אסגלה) you shall be my own possession among all peoples - שמ יט 5. ובך בחר... למהי לה לעם סגלה (EC אסגלה) - דב ז 6. ובך בחר יהוה למהי לה לעם סגלה VB (דב יד 2).

**סגל²**† אשכול **cluster** [א״י וסגולה דענבין - **נ** במ יג 22. **סוא״י** ובדיל סגולא דקטעו מן תמן - במ יג 24]

**סגול** ש״ע ז *n. m.* **אשכול cluster** ענביהון ענבי רשו וסגולי מררין לון E ענביהם ענבי ראש ואשכלי מררות למו their grapes are grapes of poison, their clusters are bitter - דב לב 32.

**סגר¹**† נעילה וחתימה **closing, locking** [א״י סוגרון פיילי - בר״ר 690. **סוא״י** דמתח ימא וסגר יתה בחלה - Lit 704. עי״ע צנק] ← מסירה לידי פלוני **delivering up** [שאול מן העברית (עי״ע צנק). באה״ש הקדומה סגר משמש לעניין הצרעת. וכך **א״י** כגון מכתש סגיר - **נ** דב יז 8 (בגיליון). *H loan. In early* SA *sgr* [*is limited to the meaning 'leper'*.

**קל סגר to close, shut up** ורוחה דנשפי ואשתה דיבשת יתי... ואותתיה דסגרו יתי והרוח שנשפה בי והאש שייבשה אותי... והאותות שסגרו אותי (דברי ים סוף) the wind that blew on me, the fire that dried me up..., the wonders that shut me up - ת״מ 68ב. וארום מיה... אסגרון ברב יכלותה ואולם המים... סגרם (האל) ברוב כוחו - ת״מ 82ב. יסגר קנומה מן מקרוב שמשה יכבול (אדם) עצמו מלקרוב אל שפחה - ת״מ 122א. והם נביכים ועלמה סגיר עליון והם (הרעים) נבוכים, והעולם סגור עליהם - ת״מ 238ב [על פי שמ יד 3, אבל שם בתה״ש

צנק]. דו עני לכל דרוש ופתח רחמיו לא יסגר He answers to all who seek Him and opens His mercy, He does not close it - ת״מ (ק) 59א.

**מסגר** ים סוף הוה כרז לון במשתוק עברו בשלם ליני עתיד מסגר ים סוף היה קורא להם (לבני ישראל) עברו בשלום, איני עתיד לסגור (עליכם) - ת״מ 250ב.

**אפעל 1 סגר** לעניין הנגוע **to shut up** infected persons or houses ויסגר כהנה ית מכתשה the priest shall shut up והסגיר הכהן את הנגע the disease(d person) - ויק יג 4. ובדומה לזה 31, 33, 50. לא יסגרנה - ויק יג 11. ויסגרנה כהנה שבעה יומים - ויק יג 5, 21, 26, 54. **2 הסגיר, מסר to give somebody over** תקפון זבנון ויהוה אסגרון C צורם מכרם ויהוה הסגירם their Rock had sold them, and the Lord had given them over? - דב לב 30.

**אִתְפַּעַל נסגר** לעניין נגוע צרעת **to be shut up** of infected persons ואתסגרת מרים מלבר למשריתה ותסגר מרים מחוץ למחנה Miriam was shut out of camp - במ יב 15. תתסגר שבעה יומים - במ יב 14.

**אסגר** ש״ע ז *n. m.* **סגירה shutting up** ודעלל לביתה כל יומי הסגר יתה יסתב *$M_2BA$ והבא אל הבית כל ימי הסגר אתה יטמא he who enters the house during its shutting up shall be unclean - ויק יד 46.

**אסגרה** ש״ע נ *n. f.* **חתימה conclusion** אמן היא אסגרה 'אמן' היא חתימה "Amen" is the conclusion - ת״מ 139א.

**אסגרו** ש״ע נ *n. f.* **סגירה shutting up** ודעלל לביתה כל יומי אסגרו יתה יסתב עד רמשה (N אסגרות יתה, M הסגרותה) - ויק יד 46.

**אתסגר** ש״ע נ *n. f.* **סגירה shutting up** ודעלל לביתה כל יומי התסגר יתה יסתב EC... כל ימי הסגר אתה יטמא... - ויק יד 46.

**מסגר** ש״ע ז *n. m.* **סגירה shutting up** ודמה יתון לטורים מרב מסגרון ודימה אותם (האל את מי הים) להרים מרוב סגירתם (God) made them (the waters of the Red Sea) like mountains in the greatness of their shutting up - ת״מ 282ב.

**סגר$^{2\dagger}$** גשם, סגריר **rain** [ע מעשה היה ביום סגריר - בר״ר 10. **ס** סגרא = גשם - PSm 2527a]

**אסגר** ש״ע ז *n. m.* **סגריר rain** ואתן אסגריכון בזבנון ונתתי גשמיכם בעתם I will give you your rains in their season - ויק כו 4.

**סדו** יורש **inheritance ?** [השי' سدى - Lane. והוא מסופק .Dub 1336a]

**סדו** ש״ע ז *n. m.* **בא אחרי פלוני successor** ראובן סדוי את A ראובן בכורי אתה Reuben, you are my successor - בר מט 3 [כלומר חליפתי].

**סדם** שם מקום *pr. n. (place)* sâdəm

**סדם** ש״פ והוא דער בסדם - בר יד 12. לא הוה עול כד אוקד סדם ועמרה לא היה עוול כששרף את סדום ועמורה - ת״מ 190א. אפרש לוט מן עמה ודער בסדם נפרד לוט ממנו וגר בסדום - אס 11ב.

**סדמאי** ש״י *gent. n.* מן עבד עובד סדמאי יתוקד מי שעושה מעשה הסדומיים יישרף - ת״מ 160ב. נחת לסדמאי לסעודון נרד אל הסדומיים לעזור להם - אס 12א.

**סדק$^{\dagger}$** סדק, שסע **cleaving** [א״י וכל בעירה דפרסתיה סדיקה - נ דב יד 6]

**קל היה שסוע to be cleft** כל מטלפה טלפה וסדקה סדק $VNM_2A$) C וסדיקה פעול = המליץ 602) כל מפריסת פרסה ושסעת שסע any animal that has hoofs with clefts through the hoofs - ויק יא 3. וית חזירה הלא מטלף טלפה הו וסדק סדק ($VNM_2$ C וסדיק) - ויק יא 7, דב יד 8. כל בהמה מטלפת טלף וסדקה סדק (V וסדיקה) - דב יד 6.

**פעל חתך to cleave** ויסדק יתה בכנפיו MECBA ושסע אתו בכנפיו (the priest) shall cleave it by its wings - ויק א 17.

**סדק** ש״ע ז *n. m.* **שסע cleft** כל מטלפה טלפה וסדקה סדק $VM_2C$ ...ושסעת שסע that has hoofs with clefts through the hoofs - ויק יא 3. וית חזירה הלא מטלף טלפה הו וסדק סדק $M_2C$ - ויק יא 7, וכן הוא C בדב יד 8. כל בהמה מטלפת טלף וסדקה סדק C כל בהמה מפריסת פרסה ושסעת שסע - דב יד 6.

**סדר$^{1}$** סדור, עריכה **order** [א״י ארבעה סדרין דאבן - נ שמ כח 17. **סוא״י** ויהן סדרן בבתיהין טבן = ויהיו משגיחות על בתיהן היטב - טיטוס ב 5]← לחימה **battle** [לשון קצר מן 'סדר קרב'. **א״י** וסדרו סדרי קרבא = וילחם - **נ** שמ יז 8]; כינוס ואסיפה **congregation** [עש״ח NSH - פלורנטין 293]

[293
**קל** עבר: ואסדר - המליץ 549. אסדרת (מדבר) - במ כג 4 A. בינוני פעול: סדיר - ת״מ 22א. **פעל** עבר: וסדר - בר כב 9. וסדרון (+נסתרים) wsåddåron - ננה 83. עתיד: יסדר - ויק כד 4. ציווי: וסדר - דב ב 24. **אֶתְפַּעַל** עבר: דאסדר - בר מ 20 m. ואסתדרו - במ א 18 VNMECBA. עתיד: ויסתדר - ת״מ 251ב. ציווי: אסתדרו (רבים) - ת״מ 309א. בינוני: מסתדר - ת״מ 245ב. **אֶתְפַּעַל** עתיד: תתסדרון - דב ב 5. **סדור** qittūl סדורה - שמ לט 37 BA. **סדור** qāṭōl - שמ לט 8. **סדר** sēdar - ע״ש ד 38. **סדרה** סדרתה (מיודע) - ויק כד 7 (=המליץ 549). **סודרה** סודרתה (מיודע) - ויק כד 7 B. **סטר** - שמ לט 10 *M$_1$.

**קל ערך** to arrange, set in order **יח** סבעת מדבחין אסדרת A (נ״א סדרת) את שבעת המזבחות ערכתי I have set up the seven altars - במ כג 4. **ואסדר ויערך** - המליץ 549 [ע״פ בר כב 9. בתה״ש שלפנינו: וסדר]. **ביספרה סדיר ואתה הוא** ספרה בית הספר ערוך ואתה הוא המורה - ת״מ 22א. **בני ישראל כוכבי אברהם סדירין** ברקיעה - ת״מ 245ב. **משה חזה גוני תמחיה** סדירין קמיו משה ראה מיני הפלאים סדורים לפניו Moses saw manifold wonders arranged - before him ת״מ 186ב.

**פעל1 ערך** to arrange **ויערך...** וסדר יח עאיה את העצים (Abraham) laid the wood in order - בר כב 9 (המליץ 549: ואסדר - קל). **ועבד יום ולילי** וסדרון במלתה ועשה יום ולילה והסדירים בדברו - ננה 83. **על מנהרתה דכיתה יסדר יח** בוציניה על המנורה הטהורה יערך את הנרות - ויק כד 4. **ותקים לך אבנים רברבן ותסדר** יתון בסדר EC (VB ותסוד... בסיאד) ...ושדת אתם בשיד - דב כז 2, 4 וכך הוא B בדב ה 17א (הקטע מובא מן כז 2) וכן V בשמ כ 13א [פירוש: סידור האבנים בשורות. הד למה שנאמר בסדר עולם רבה יא: כיוון שעלו מן הירדן באו להם להר גריזים ולהר עיבל שבשומרון שבצד שכם... אמרו ישראל ברכות וקללות והסדירים על הסדר. *Int. echoing a tradition expressed in* Seder Olam Rabba 11.

**לָחַם 2 א** to battle *with qrb* בתוך הביטוי ׳סדר קרב׳ **חזי** יהבת באדך יח סיחון... שרי רת וסדר בה קרבה ...החל רש והתגר בו מלחמה behold, I have given into your hand Sihon...; begin to take possession, and contend with him in battle - דב ב 24. **ופקדון יסדרו קרבה ברגז וציווס** (פרעה את עמו) שיערכו מלחמה בסערה - ת״מ 46א. **ב** אגב קיצור לשון (השי ׳אגיח׳ מן ׳אגיח קרבה׳) **לתיצר על מואב** *abridged from the above* ולתסדר בה C (E ואל תסדר) אל תצור על מואב ואל תתגר בו do not harass Moab or

**לא תקום** - דב ב 9, במ כא 11א. battle with them ולא תסדר יח בני עמך J*m$_2$ (NMECB תנטר, V תטר, A תטור, m תרצד) לא תקום ולא תטור... you shall not take vengeance nor shall you be hostile (*i.e.*, you shall not arrange yourselves in battle order) - ויק יט 18 [=המליץ 477. נתפרש לשון לחימה, לפי שנ״ש tittor אינו מן נט״ר אלא מן טו״ר (זב״ח, המליץ שם וכן עואנ״ש ה 2.6.13), שנתפס סדר, שורה ורומז לקרב].

**אֶתְפַּעַל 1 נערך** to be arranged **ויח כל** כנשתה אכנשו... ואסתדרו על כרניו VNMCEBA (J*M$_2$ אתילדו) והתילדו על משפחותיהם they assembled the whole congregation together..., and they arranged themselves by families - במ א 18 [לשם התייחסות: נערכו לפי סדר משפחותיהם]. **צפה לכל שבטיה ואנון** קמיו מסתדרין והם לפניו סדורים - ת״מ 256ב (ק: סדירין). **יום דאסדר יח פרעה** m (C דאתילד, MJEB אתילד, A אתילדות, V מולד) יום הלדת את פרעה - בר מ 20 m [פרש לעניין הייחוס]. **2 נלחם** to battle **וקרבה דמחבלה מסתדר** ליליה ומלחמת המשחית תיערך הלילה the battle of the Destroyer takes place tonight - ת״מ 245ב [ק: לילן סדיר]. **3 נקבץ** to be assembled [עש״ח NSH] **וכל מלאכיה אסתדרו בדיל משה** למוקרה וכל המלאכים נאספו בגלל משה לכבדו - ת״מ 278ב. **ישמע כל קהלה ווייתי לאכה ויסתדר** קדמי ...ויאסף לפני - ת״מ 251ב. **אסתדרו כדו** טביה למשמע מה יתמר היקבצו עתה כל הטובים לשמוע מה ייאמר assemble, O good ones, to hear what will be said - ת״מ 309א. **עד** עמה כל קהלה מסתדר קדמיו עד שראה את כל הקהל נאסף לפניו - ת״מ 252א.

**אֶתְפַּעַל[†] נלחם** to battle **אל תתסדרון בהון** C אל תתגרו בם do not fight against them - דב ב 5.

**סדור[†]** ש״ע ז qittūl *n. m.* **מערכה** order **ויח** בוציניה בוציני סדורה BA ...נרות המערכה its lamps — lamps in due order - שמ לט 37. **ווייתי דכר שלם... בסדורך לאשם** *M$_2$ ...בערכך לאשם - ויק ה 18.

**סדור[†]** ש״ע ז qāṭōl *n. m.* **1 עורך** one who arranges **ועבדו יח חשנה עובד סדור** M$_1$ מעשה חושב... he made the breastpiece, in skilled work - שמ לט 8. **2 בורא** כינוי לאלוהים creator epithet of God **עבודה דבריתה וקעניה** וסדורה עושה הבריאה, קונה ויוצרה the One who made the creation and constituted it and

...ארע סהדין. הא שומים וארע 63 א״ג - created it והוא עבודון וסדורון ...והוא עושם ויוצרם - ע״ד א 24-26.

**סדר א** ש״ע ז *n. m.* **1 סדר, שורה order, line** כנש חכימי ישראל שבי דאת זעק לון ומיתב לון סדר פרס אגרתה קמיון כנוס את זקני ישראל מיד כשאתה קורא להם וקובע להם סדר, פרוס את האיגרת לפניהם gather the Elders of Israel and when you summon them and set them in order, present the letter to them - ת״מ 10א. וסדירין הוו סדריה דלאה וסדורים היו מערכי לאה (בניה) - ת״מ 50א. ותקים לך אבנים רברבן ותסדר יתון בסדר EC... ושדת אתם בשיד - דב כז 2, 4 [ע׳ לעיל, פעל]. **2 יחידה שבטית tribal unit** גבר על סדריו איש על דגליו - each with his clan - במ ב 2. סדר משרית יהודה לחיליון דגל מחנה יהודה לצבאתם the - clan of the camp of Judah, by their troops - במ ב 3. **3 אסיפה assembly** [עש״ח NSH - פלורנטין 293 ואילך] וחיי סדר קהלכון וחיי כנסת קהלכם - the life of the assembly of your congregation - ע״ש ד 38. ישראל וסדרו ועדתו וקהלו - אבישע (Cow 431). עליך ועל סדרך - אבישע (Cow 242). למקרת (!) בסדרה בשבתות ובמועדים לקרוא (בספר התורה) בקהל בשבתות ובמועדים - קולופון כ״י V [טל ג, מז]. **ב** לוואי מכמת *quantifier* **כל** [השי׳ جميع - איילון-שנער 257] מללו שבי לסדר כנשת ברי ישראל A דברו נא אל כל עדת בני ישראל speak to the whole community of Israel - שמ יב 3. סדר סיעת ישראל יעבדון יתה A כל עדת ישראל יעשו אתו (את הפסח) - שמ יב 47. סדר מכנש מימיהון A כל מקוה מימיהם - שמ ז 19.

**סדרה** ש״ע נ *n. f.* **מערכת row** ותתן על סדרתה לבונה אזגיה ונתת על המערכת... you shall - put pure frankincense with each row - ויק כד 7. ותשבי יתון תרתי סדרן... שת סדראתה על פתורה דכיה - ויק כד 6. הלא על כן עלו בטל סדארתי m כי על כן באו בצל קורתי since they have come under the shelter of my rows (of the roof) - בר יט 8 [שורת מרישים על הגג. השי׳ גבים ושדרות בארזים - מל״א ו 9].

**סודרה** ש״ע נ *n. f.* **מערכת row** ותשבי יתין תרתין סודרין B (N סודרן) שת סודרתה NB על פתורה דכיה ושמת אתם שתי מערכות שש המערכת על השלחן הטהור you shall set them in two rows, six in a row, upon the pure table - ויק כד 6. ותתן על סודרתה לבונה זכיה

B - ויק כד 7.

**סטר**† ש״ע ז *n. m.* (‹ סדר) **טור row** ותשלם בה אשלמות ארבעה סטרין V (נ״א סדרין) you shall set in it four rows of ...ארבעה טורים stones - שמ כח 17. ואשלמו בה ארבעה סטרי אבן סטר אדם דחטה... $M_1$* (נ״א סדרי... סדר) ארבעה טורי אבן טור אדם פטדה... - שמ לט 10.

**סדר²**† תבואה **grain** [‹ ســديــر = מין עשב - Kazimirski I, 1070]

**סדר** ש״ע ז **תבואה grain** וסגי סדר וארתף A ורב דגן ותירש - abundance of grain and wine - בר כז 28.

**סדר³**† מחלה **illness** [א״י מחון בסידוריה - **נ** בר יט 11. שפייער, לשוננו לא 28. השי׳ سدر = סחרחורת - Dozy I, 641b]

**סדר** ש״ע ז *n. m.* **1 בלבול, סחרחורת confusion, vertigo** וית גבריה... אלקו בסדר[ין] m הכו בסנורים they struck (them) with confusion - בר יט 11. **2 מום blemish** הלא כל גבר דיהי בה מום לא יתקרב גבר סמי אי ערוג אי סדיר אי סריע A כי כל איש אשר יהיה בו מום לא יקרב איש עור או פסח או חרום או שרוע no one who has a defect shall be qualified: no man who is blind, or lame, or ill or pierced - ויק כא 18 (ע״ע סרע).

**סהד** עדות **testimony** [נתגלגל להיות ע״ו מפני איבוד הגרוניות. *Changes to Ilwaw following the loss of gutturals.* השי׳ **סוא״י** הוו לי סהדין ואנה מסיד = אתם עדי - ישע מג 10. מתרגם γένεσθέ μου μάρτυρες καὶ ἐγὼ μάρτυς. **א״י** הא אסהדית בכון יומא הדין - **נ** דב ל 19] ← הזהרה **warning**

**אפעל** עבר: אסיד - דב יט 18; âsəd - מ טז 163. עתיד: יסיד - ת״מ 292א. נסיד nâsəd - מ יב 55. ציווי: אסיד - שמ יט 21. בינוני: מסיד mâsəd - מ ה 41. מקור: מסדה - דב יט 16. **אֶתְפְּעֶל** עבר: ואתסד - שמ כא 29. **אסהדה** אסדה - בר מג 3 C. **אסהדו** האסעדו - בר מג 3 MB. **אסיד** - בר מג 3 A. **סהד** sâʾəd - ע״ש ו 2. **סהדה** sâʾēdå - ע״ד כה 59. **סהדו** סעדו - שמ כ 12. סהדותה sâʾēdūtå - מ ד 83. **סהדי** - בר מט 27.

**אפעל 1 העיד to testify** סאדו דשקר אסיד באחיו עדות שקר העיד באחיו he has testified a false testimony against his fellow - דב יט 18. תקיפה דאנדה חיליה ובוראיה ואסיד על גדלה

החזק שברא את הצבאות ואת הבריות והעיד על גודלו - מ טז 163. ולא יסיד על חברה סהדה שקרה ולא יעיד בחברו עדות שקר - ת״מ 292א [מביא את שמ כ 12]. **to proclaim הכריז 2** נסיד עליך כל יום לית אלה אלא אחד נכריז עליך כל יום: אין אל אלא אחד let us proclaim everyday: there is no God but one - מ יב 55-56. דאתה אסידת על גרמך הן לית תנשי קיאם טביה שאתה הכרזת על עצמך שלא תשכח את ברית הטובים - ת״מ 199ב. **3 הזהיר to warn** סעדו אסיד בנן גברה למימר לא תחזון אפי העד העיד בנו האיש... the man warned us, saying, "you shall not see my face" - בר מג 3. נת אסיד בעמהרד העד בעם - שמ יט 21. כמה הוא מסיד בן אלא ייתי מדוןכמה שהוא מעיד בנו, עד שלא יבוא העונש - מ ה 41-42.

**מסדה**† ואן יקום סאד שקר באנש למסדה בה סטו כי יקום עד חמס באיש לענות בו סרה - דב יט 16.

**אִתְפְּעֵל הועד**† **to be warned** ואם בהמה מעיה היא... ואתסד במסענה (A ואתסהד) ואם בהמה מכה היא... והועד בבעליו if the ox has been accustomed to gore..., and its owner has been warned - שמ כא 29.

**אסדה**† ש״ע נ *n. f.* **הזהרה warning** אסדה אסיד בנן גברה C העד העיד בנו האיש - בר מג 3.

**אסעדו**† ש״ע נ *n. f.* **הזהרה warning** האסעדו אסיד בנן גברה MB העד העיד בנו האיש - בר מג 3.

**אסיד**† ש״ע ז *n. m.* **הזהרה warning** אסיד אסיד בנן נסיאה A העד העיד בנו האיש - בר מג 3.

**סהד** ש״ע ז *n. m.* **1 עד witness** וימות אי אתבר אי אשתבי לית סהד A ומת או נשבר או נשבה אין ראה (the ass) dies or is injured or is carried off, with no witness about - שמ כב 9. גלה הדן סהד ביני ובינך הגל הזה עד ביני ובינך this heap is a witness between you and me - בר לא 48. יהוה מלך ועלמה סהד יהוה מלך והעולם עד - ע״ש ו 2 [ע׳ בהערות זב״ח שם. בנוי ע״פ שמ טו 18, אבל שם נתפרש אחרת בתה״ש]. **2 עדות testimony** מה סהדה דבידך מה העדות שבידך (דברי הזקנים אל משה) what testimony do you have? - ת״מ 9א. סעדי (sâʾēdi נ״א סהד) מודע לעלמה דלית אלהו אלא דילך עדות מודעת לעולם שאין אלהות אלא שלך - ע״ד כב 15. ונקטע קיאם... ויהי לסעד ביני ובינך ...והיה לעד ביני ובינך - בר לא 44. ואתרוקנו בני ישראל מן סהדון מטור חורב MBA ויתנצלו בני ישראל את עדים מהר חורב the Israelites remained stripped of their testimony from Mount Horeb - שמ לג 6 [במעשה העגל נתרוקנו ממה שקיבלו בחורב *i. e., by making the golden calf the Israelites were stripped of what they acquired in Horeb*]. ולא שבו גבר סעדה עליו ולא שמו איש עדיו עליו - שמ לג 4 [= המליץ 543 (סהדה). נתפרש עדות (לעבודת העגל?) ואפשר שנתפרש בעדות שבהכרזה על האמונה. הש׳ בפס׳ 6: דברון = מנהגם ($*M_2$), ההגייה idyâk, הקרובה אל עד - id, מאפשרת פירוש זה]. אעת סעדך מן עליך הורד עדיך מעליך - שמ לג 5 (=המליץ 543: סהדך).

**סהדה** ש״ע נ *n. f.* **עדות testimony** כעסוני דבר ביש סהדה בישה "כעסוני" (דב לב 21), נוהג רע, עדות רעה "they vexed me" (Dt 32:21) is bad conduct, bad testimony - ת״מ 216ב. סהדיך עובדיך דאתה אחד לגדלך סהדה קשיטה דלא מתחלפה עדיך מעשיך שאתה אחד בגדלך, עדות אמיתית שאינה משתנה - ע״ד כה 57-60. סהדה אסיד m העד העיד בנו - בר מג 3.

**סהדו** ש״ע נ *n. f.* **1 עדות testimony** לא תסיד בעברך סעדו דשקר you shall not bear false witness against your fellow - שמ כ 12. ביומה דבה יגוזו ית ירדנה יעבדו אלין תרי עובדיה סהדו עליכון משתמעה מן פממיכון ביום שבו יעברו את הירדן יעשו את אלה שני המעשים (אמירת הברכה והקללה), עדות לכם הנשמעת מפיכם - ת״מ 133ב. **2 הכרזה proclamation** ואלף בניו ריש כריזתה וסהדותה ולימד (נח) את בניו את ראשית הקריאה והעדות (Noah) taught his sons the beginning of the proclamation and the testimony - אס 7א [זב״ח: שניהם מונחים מוסלמיים دعاء ו-شهادة ZBH: *both* *are Islamic terms*]. סהדותה רבתה לית אלה אלא אחד ההכרזה הגדולה: אין אל אלא אחד - מ ד 83-84. **3 לוחות הברית, ארון הברית** עפ״ר בריבוי **the Tablets (or Ark) of the Covenant** *mostly pl.* ולגו ארונה תתן ית סעדואתה ואל הארון תתן את העדות in the ark you shall put the testimony - שמ כה 21 [ההגייה היא של הריבוי â'īdot]. ונעת משה מן טורה ותרי לוחי סעדואתה באדה ... ושני לוחות העדות בידו - שמ לב 15. ותתן ית כפרתה על ארון סעדואתה - שמ כו 34. ולואי ישרון סאר למשכן סעדואתה והלויים יחנו סביב למשכן העדות - במ א 53. **4 הזהרה warning** אלין

סעדואתה גזריה ודיניה אלה העדות החקים והמשפטים these are the warnings, the statutes, and the ordinances - דב ד 45.

**סהדי**† ש״ע נ *n. f.* **עדות** **testimony** בנימים דיב חטוף בצפרה יסיף סעדי (MB סעדו) בבקר יאכל עדי Benjamin is a ravenous wolf, in the morning devouring the testimony !!! - בר מט 27 [תרגום מיכאני של עדי. *Mechanical transl. of* ᶜ*ādi*.]

**סוב**[1] זקנה, שיבה **old age** [**א״י** מן בתר די סאב - **נ** בר כד 36. **סוא״י** מן עולים עדמא לסב - בר יט 4]

**קל זקן**† **to become old** האף אימנונן אלד ואנה סאבת (M סהבה, *M₂ בסיבותי) האף אמנם אלד ואני זקנתי shall I indeed bear a child, now that I grew old? - בר יח 13. **אה שבי** סהבת לא חכמת יום מותי הנה נא זקנתי לא ידעתי יום מותי - בר כז 2. והוה כמד סהב (*M₁ סיב) - בר כז 1.

**סב א** ש״ת *adj.* **זקן** **old** מבלע ינוקה עם סבה לבלוע את היונק עם הסב to swallow the sâbā infant together with the old man - מ א 119. ואנשי קרתה... אסתארו על ביתה מרבי ועד סאב ...מנער ועד זקן - בר יט 4. ובתרון זעק לסהביה ואחריהם קרא לזקנים וציווים - ת״מ 170א וישלחון סהבי קרתה ויסבון יתה מתמן - דב יט 12. **ב** ש״ע ז *n. m.* **1 אב** [רק בכ״י A. והוא לשון אינטימי. השי׳ **ע** זקן = אבי האב - ב״י 1385] **father** [*familiar language (only in late* SA*)*] ושיר הו לעודה לאמה וסהבה רחמה A (נ״א ואבוה) ויותר הוא לבדו לאמו ואביו אהבו he alone is left of his mother; and his father loves him - בר מד 20. **שמשך סהבי** A (נ״א אבה) עבדך אבי - בר מד 27. עוד סהבי חי A (נ״א אבה) העוד אבי חי - בר מה 3. **2 אבי האב (או האם) grandfather** ובנה מזבח אדם סהבה ובנה (חנוך) את מזבח אדם סבו (Enoch) built (anew) the altar of Adam, his grandfather - אס 3ב. ארור מקל אבוה צמתת הדה מלתה עסרה מצואן חדה מן שומיה וחדה מן ארעה... וחדה מן סהבך וחדה מן סהבתך... "ארור מקלה..." (דב כז 16) דבר זה כולל עשר מצוות. אחת מן השמים ואחת מן הארץ... ואחת מסבך ואחת מסבתך - ת״מ 140ב.

**סבה** ש״ע נ *n. f.* **אם האב (או האם) grandmother** ארור מקל אבוה צמתת הדה מלתה עסרה מצואן חדה מן שומיה וחדה מן ארעה... וחדה מן סהבך וחדה מן סהבתך... "ארור מקלה..." דבר זה כולל עשר מצוות. אחת מן השמים ואחת מן הארץ... ואחת מסבך ואחת מסבתך "cursed be he who dishonors his father"... (Dt 27:16) this statement comprises ten commandments: one from heaven and one from earth... one from your grandfather and one from your grandmother - ת״מ 140ב.

**סיבה**† ש״ע נ *n. f.* **זקנה old age** ותעתון ית סיבתי בבישה לשאל (VMB סיבותי) והורדתם את שיבתי ברעה שאולה you will send my white head down to the underworld in sorrow - בר מד 29.

**סיבו** ש״ע נ *n. f.* **זקנה old age** מקדם סיבו תקום מפני שיבה תקום you shall rise before old age - ויק יט 32. ומית אברהם בסיבו טבה וימת אברהם בשיבה טובה - בר כה 8. תוקרון ית סיבותכון במד יקרכון אלה כי לית סיבו מתוקרה וחכמה לית בה תכבדו את זקנתכם במה שכיבד אתכם אלוהים. אכן לא תכובד זקנה ואין חכמה עמה - ת״מ 170א.

**סיבין**† ש״ע ז *n. m. pl. tant.* **זקנה old age** יית לנן אב סאב ובר סיבין זעור m יש לנו אב זקן וילד זקנים קטן we have an old father, and there is a child of his old age - בר מד 20.

**סוב**[2]† סיבוב **going around** [מן **ע** סו״ב, אחי סב״ב. זב״ח הע׳ 3 וכן עואנ״ש ד 192. *Der of* H *sbb*.]

**קל סבב to surround** יניקונה סולך מן תקוף... ויסובון בה כמה דאמר... "יסובבנהו ויבננהו" (דב לב 13) ויקיפו אותו כמו שאמר... (the angels) will suckle (Israel) with honey from the rock..., they encircled him, as He said: "He encircled him, He reinforced him" (Dt 32:10) - ת״מ 225א.

**סוג** הגבלה וגידור **fence** [**א״י** פסיג תרעך... יסוג תרעך = פרוץ שערך... ייגדר שערך - בר״ר 1292. **סוא״י** פוק לאורחתא ולסיאגיא = צא לדרכים ולמכלאות - לוקס יד 23]

**קל היה מסויג to be encircled** יומה קדישה לא מבזז דו סעיג בכרי דקדשין היום הקדוש (השבת) אינו מתבזה כי הוא מסויג ביסוד הקדשים the holy day (Sabbath) is never despised, for it is encircled with the fundaments of holiness - א״ד ב 18-19 [בינוני פעול מעין siyyåg*sīg, אע״פ שהקריאה - ש״ע. עואנ״ש ג/ב 283. *Originally pass. pt.: LOT* IIIb 283.] עללתה דבי אשתבעת מדגנה ומצמתה... ומכנשה ביד תלתה אריסין יקירין סיעגין בתלתה סיעגין

נשבעתי" (בר כב 16) נדגנת, נאספת... ומכונסת ביד שלושה איכרים נכבדים (האבות), סוגה בשלושה סייגים גדולים: הענן והאש ורוח הקודש - ת"מ 50א [זב"ח הע' 4. ק: סיעגה - יחידה, מוסבת על התבואה].

**סיג** ש"ע ז *n. m.* **גדר fence** מן תרע סיג עלל לגו קללתה מי שפורץ גדר יבוא בקללה he who breaks a fence (*i.e.* alters a law) enters into the curse - ת"מ 165א. **סיאגים רברבים וקשים אנון זכאי עלמה** siyyâgəm גדרות גדולות וקשות הם צדיקי העולם - ע"ד ט 1-2 [האבות הם הגנה לישראל]. **וקללתה עליו דו קרע סיג גדלי** חתמה והקללה עליו (על הרשע), שהוא קרע את הסייג שגודלי קבע - ת"מ 152ב. **וחייה לנטורי** מצותה ומותה למי שפרץ גדרותיה - ת"מ 180א. **אה תדע רוחך אה אבה טבה ברה דתרח... הן סיגי פרדיסיך דנצבת מתרעים בחוביה התדע רוחך,** הוי אבא הטוב, בנו של תרח... כי גדרות פרדסיך שנטעת נפרצות בעוונות - ת"מ 252ב.

**סוד**[1] סתר **secret** [עש"ח NSH]

**סוד** ש"ע ז *n. m.* **1 סתר secret** סוד בראשית חכם הך הוא סוד בראשית, דע איך הוא the secret of Genesis, know how it is - ת"מ 181א. **דאנן בעין כדו נפרש ממלל נדע בה סודי** בוננותה ואנו מבקשים עתה לשטוח דיבור שנדע בו את סודות התבונה - ת"מ 127ב. **הודע לישראל בסוד רב** - ת"מ207א. **ולא סודן לבר מנך ואין סודנו לזולתך** - ת"מ 301ב. **2 לב** פנימיותו של אדם **mind** **אנא אדלא שיצת לממללה בסודי** m (נ"א עם לבי, עם מדעי) אני טרם אכלה לדבר אל לבי I scarcely finished speaking in my heart - בר כד 45 (=המליץ 499). **ואנא איטם** ית סוד פרעה A ואני אקשה את לב פרעה I shall harden Pharaoh's mind - שמ ז 3. **וכל רז** עניין סודה לחוד ביש A(E) (נ"א לבה) וכל יצר מחשבות לבו רק רע - בר ו 5 [המליץ 499: סוד = לב]. **הלא טמיר סוד אנשה ביש מרביותה** A(E) (נ"א לב) כי יצר לב האדם רע מנעריו - בר ח 21.

**סוד**[2]† מריחה בסיד **plastering** [אבל המליץ 603: ותשיד וכך הוא כ"י C. נ"ש: afšiyyåd ... wšådåtå ע וסד בסיד - מ ב"ב ב א]

**קל סייד** **to plaster** ותקים לך אבנין רברבין ותסוד יתין בסיאד VB והקמת לך אבנים גדלות you shall set up large stones, ושדת אתם בשיד and plaster them with plaster - דב כז 2. וכיו"ב 4. וכן V בדב ה 17א.

**סיאד** ש"ע ז *n. m.* **סיד plaster** תסוד יתין בסיאד VB ושדת אתם בשיד - דב כז 2. וכיו"ב 4. וכן V בדב ה 17א.

**סודי** שם פרטי *pr. n.* sūdi

**סודי** ש"פ לשבט זבולן גדיאל בר סודי - במ יג 10.

**סודס**† מידה **a measure** [< سُدْس = ששית (יחידת מידה) - Dozy II 642a. מובא בטור הערבי של המליץ 440 כנגד 'גרה'. See the Ar column of Ham 440. *Cf. sextarius*]

**סודס** ש"ע ז *n. m.* **ששית sixth** עשרים סודס מתקלה m עשרים גרה משקלו twenty sixths is its weight - ויק כז 25. **עסרים סודס הוא** $m_1$ עשרים גרה הוא - במ יח 16.

**סוי** כיסוי, מסוה **covering, vesture** [השי' יסותה' בר מט 11 (נה"מ). הוא בסות - כתובת כלמו א 8: DNWSI 780]

**מסו** ש"ע ז ? *n.m.* **מסווה veil** ואתעתד לה מסו גדול מן רומה למרבהתה והוכן לו (למשה) מסווה גדול מן השמים לגדלו a great veil was prepared for you (Moses) - ת"מ 309ב [ע"פ שמ לד 33].

**מסוה** ש"ע ז *n. m.* **מסווה veil** ואסכם משה ממללה עמון ויהב על אפיו מסוה (MA מסוי) ויתן על פניו מסוה when Moses had finished speaking with them, he put a veil over his face - שמ לד 33. **ובמיעל משה לקדם יהוה לממללה עמה ויסטי ית מסותה (B מסוה)...יסיר את** המסוה - שמ לד 34. **ועזר ית מסותה על אפיו** (B מסוה) - שמ לד 35.

**סולה** אמה, שפחה **maidservant** [באה"ש המאוחרת. *Late SA.* Uhlemann 54b: *from* ancilla. [(*following* Castellus 180)

**(א)סולה** ש"ע נ *n. f.* **אמה, שפחה maidservant** ולה אסולה מצריה A ($^*M_5$) - (Sarai) had an Egyptian maidservant (סולה) - בר טז 1. **ארבעתיתה דמן סולהתה אקימון על** טורה דעיבל הארבעה שמן השפחות, העמידם the four (tribes) that come from על הר עיבל - the maidservants, (Moses) set on Mount Ebal

ת״מ 122א. והי סולה מרהנה לגבר A והיא שפחה נחרפת לאיש - ויק יט 20. עלל שוי לאסולתי A ($M_6$ לות סולתי) - בר טז 2. לא יבאש בחזותך על רביה ועל סולתך A - בר כא 12. שמשה וסולה B עבדו ואמתו - שמ כ 13. ואן ימעי אנש ית שמשה אי ית סולתהA - שמ כא 20. ושמשין וסולאן A - בר כד 35, לב 6. ישמעאל כד הוה לאברהם מן סולה עמו מה בעה יעבד ביצחק ישמעאל, לפי שהיה לאברהם מן שפחה, ראו מה ביקש לעשות ליצחק - ת״מ (ק) 555 (ק$_1$ 2ב). בדיל אשר דו מן סולה בגלל אשר, שהוא מן שפחה - ת״מ (ק) 55ב.

סולך† דבש ? **honey** [זב״ח (ת״מ 225א, הע 2): succus? המזכיר ׳כילוס׳, ירוש שבת י ע״ד. אבל שי״ג על אתר: בולוס]

**סולך** ש״ע ז *n. m.* **דבש honey** יינקה סולך מתקפה ומשח מן צנמי כיפה E יינקהו דבש מסלע ושמן מחלמיש צור He will suckle him (Israel) with honey from the rock and oil from flinty stone - דב לב 13 [C$^{af}$ עסלא = דבש]. יניקוה סולך מן תקוף - ת״מ 225א [מביא את הנ״ל]. המטיר לון מזון מן שומיה טעמו כמעפים בסולך המטיר להם מזון מן השמים שטעמו כצפיחית בדבש - ת״מ 225א [מביא את שמ טז 31, אבל בתה״ש שלפנינו: כמעפי בדבש].

סולס† שיח **shrub** [< سلسلة - מין עשב - טל ג, 78]

**סולס** ש״ע ז *n. m.* **שיח shrub** ואתכללו מיה מן פלקינה ולקפת ית ילידה כתי חד סולסיה A ויכלו המים מן החמת ותשלך את הנער תחת אחד השוחים when the water was gone from the skin, she left the child under one of the shrubs - בר כא 15.

סולעפים† שם פרטי *pr. n.* [שיבוש ? *Corr.*]

**סולעפים** ש״פ ומחו ית סולעפיה בעפינית קרניהA ויכו את הרפאים בעשתרות קרנים - בר יד 5.

סולק† ריב **quarrel** [< سلق - רתיחה, سلاقة - דיבור בוטה ופוגע - Lane 1410a]

**סולק** ש״ע ז *n. m.* **ריב quarrel** והוה סולק בין רעי קנין אברם ובין רעי קנין לוט A ויהי ריב בין רעי מקנה אברם ובין רעי מקנה לוט there was quarreling between the herdsmen of Abram's cattle and those of Lot's cattle - בר יג 7. ואמר אברם הכה לא תהי סולקה ביני ובינך A אל נא תהיה מריבה - בר יג 8.

סומה† ? שם מקום? *pr. n. (place)*

**סומה** ש״פ ועלו עד ספוק דסומה A (נ״א אדר אטדה) ויבאו עד גרן האטד - בר נ 10.

סון† מחלה **an illness** [מעניין זוהמה. **א״י** כסין שוקין = כטיט חוצות - תרגי מיכה ז 10. המליץ 555: בזבנים. זב״ח: הוא סון - טיט, ומכאן לכלוך]

**סבן** ש״ע ז *n. m.* **מחלה a (skin?) disease** ימעינך יהוה בשחן מצרים ובסבנים ובגרב יכך יהוה בשחין מצרים ובעפלים ובגרב the Lord will strike you with the Egyptian inflammation, with hemorrhoids and itch, from which you shall never recover - דב כח 27.

סוס בהמת רכיבה ומשא **horse** [**א״י** דנכת לסוסיא בעקבי - **נ** בר מט 17. **סוא״י** מרכבן די דסוסואן - ישע מג 17. טלשיר 71]

**סוס** ש״ע ז *n. m.* **סוס horse** הנכת עקבי סוס ואפל רכבה אחריה (NC סוסי) הנשך עקבי סוס ויפל רכבו אחור that bites the horse's heels, and his rider is thrown backward - בר מט 17. סוס ורכבה רמה בימה (EBA סוסה) - שמ טו 1, 21. הלא על סוס פרעה רכבה ופרשיו גו ימה (A סוסה דפרעה) - שמ טו 19. ותחזי סוס ורכב (VCB סוסי) - דב כ 1.לסוסה ולרכבה (E לסוסיו, Cלסוסיתה, V לסוסואתה) = דב יא 4. לא יסגי לה סוסים - דב יז 16. ויהב לון יוסף לחם בסוסיה (C בסוסואתה, MB בסוסואתה, N בסוסותה) - בר מז 17. הא אד יהוה הוה... בסוסיה ובחמריה - שמ ט 3, 5א. כד שרו מצראי על ימה אתיתבו ארבעה חלקים רכבי סוסיה בחורי פרעה ואף תליתיו מסחני סוסיה ורגיליה כאשר חנו המצרים על הים הסתדרו בארבעה חלקים: רוכבי הסוסים... - ת״מ 272ב-73א.

סוסי שם פרטי *pr. n.* sūsi

**סוסי** ש״פ לשבט מנשה גדי בר סוסי - במ יג 11.

סוסנה† פרח **a flower** [מן سوسن, או מן σοῦσον, המליץ 576]

**סוסנה** ש״ע נ *n. f.* **פרח a flower** ועבד ית מנהרתה דהב דכי מגד... עזוריה וסוסניה מנה

מנהרתה דהב דכי מגד... עזוריה וסוסניה מנה הוו V ($^*M_2$ ושושניה) ויעש את המנורה... כפתוריה ופרחיה ממנה היו he made the lampstand..., its calyxes, and flowers were of one piece with it - שמ לז 17. עזור וסוסנה עזור וסוסנה V ($M_2$ ושושן 2°) - שמ לז 19. עזוריה וסוסניה V - שמ לז 20.

**סוף¹** קץ **end** [**א״י** ויסופון תורעמנותהון מעילוויי - **נ** במ יז 25. **סוא״י** וזהרא לא יסוף ליכי - ישע ס 20 [(ἡ σελήνη σοι οὐκ ἐκλείψει מתרגם)

**קל** **כלה** †**to faint, perish** במדברה הדן יסופון ותמן ימותון $^*M_2$ במדבר הזה יתמו ושם ימותו in this wilderness they shall perish, and there they shall die - במ יד 35. **ואה סניה בער באש וסניה ליתו סהף** $M_2$...והסנה איננו אכל the bush was burning, yet it was not consumed - שמ ג 2. **בניך ובנאתך ייבים לעם חורן ועיניך חזין וסיפן להון** (VECB וסאפן = המליץ 486) ...ועיניך ראות וכלות אליהם your sons and daughters shall be delivered to another people, while your eyes look on and fail with longing for them - דב כח 32. **בסרון משלביק לשנון מבלל... וגויהתון סהפאן** בשרם (של החרטומים) נצרב, לשונם נבללה... וגוויותיהם כלות their flesh inflamed, their tongue stuttering..., and their bodies fainting - ת״מ 235ב.

**אפעל** **כילה, איבד** **to consume, destroy** ואסיף ית עסכר מצראי A ויהם את מחנה מצרים (God) destroyed the host of the Egyptians - שמ יד 24. **הוית באימם אסיפני אסתב וצנה בלילי** by day the cold destroyed me - בר לא 40. **והגלת אשתה ואסיפת אכלסים** ונגלתה האש ואכלה צבאות the fire appeared and consumed hosts - ת״מ 268א. **בצפרה יסיף סעדי בבקר יאכל עדי** - בר מט 27. **הלא אש נפקת מן חשבון... מסיף עד מואב** B כי אש יצאה מחשבון... אכלה עד מואב - במ כא 28. **ית חמימתה וית קדחתה מסיפת עינים** $^*M_2$ (V מספיאן) ...מכלות עינים - ויק כו 16.

**אֶתְפְעַל** **נתכלה** †**to come to an end** ואתוסתפו מלקופי פיוק(E)A ויסכרו מעינות תהום the springs of the depths were terminated - בר ח 2 [הרכבה של אֶתְפַעַל עם אתפעֵל אגב שיבוש .*Blend (corr.) of Ettaf*ᶜ*al and Etpa*ᶜ*el*.]

**סוף** sof ש״ע ז .*n. m* [**א״י** בסוף עקב ימיא - **נ** דב ד 30] **קץ** **end** דלית לך סוף ולא עקב שאין לך קץ ולא אחרית You have no end and no finish - ע״ד כו 32. **לית סוף לרבינך** אין קץ לגדולתך - ת״מ 213ב. במעמד אדוורביאלי *adverbial (temporal)* **בסוף תלתה יומים יתלי פרעה ית רישך** $M_1$ בעוד שלשה ימים... at the end of three days Pharaoh will pardon you - בר מ 13. **ונסבת שרי... ית הגר... מסוף עסר שנים... ויהבת יתה לאברם** $^*M_1$ (נ״א מסכום) ותקח שרי... את הגר... מקץ עשר שנים... - בר טז 3. למקום *locative* **וית עמה אשתמש עמה לעבדים מסוף תהום מצרים** $^*M_1$ ...מקצה גבול מצרים עד קצהו he enslaved the population, from one end of Egypt's border to the other end - בר מז 21. **אנשי סדם אקיפו ביתה... כל עמה מסופה** m כל העם מקצה - בר יט 4. **וכחלה דעל סוף ימה** $^*M_1$ וכחול אשר על קצה הים - בר כב 17.

**סיפה** ש״ע נ .*n. f* **מקצת** **few, part** **ואבימלך אתי לידה מגרר וסיפה מרעמה** M (= A) ואבימלך הלך אליו מגרר ואחזת מרעהו Abimelech went to him from Gerar with a few of his companion(s) - בר כו 26 [בינוני פיעל ᶜāēzåt ב, נתפס כמו אחוז = חלק (במ לא 30). השי׳ מי״ל בר יט 4: כל עמה מסיפה. *The pr. n. is int. as pass. pt.: 'a* .*portion'. See* Num 31:30]

†**סוף²** מין צמח **a plant** [Löw Pfl 54]

**סוף** ש״ע ז .*n. m* **קנה** **reed** ושבית יתה בסופה על ספת נהרה (VM בספה) ותשם אתו בסף על שפת היאר (she) placed it among the reeds at the river's bank - שמ ב 3 (= המליץ 538). **וחזת ית תיבותה בגו סופה** (M ספה) - שמ ב 5. **ותיבותה בסופה** - אס 15א.

†**סוף³** ת״פ *adv. of limitation* [Lane سَوْفَ > 1469c: a particle denoting... amplification, etc.]

**סופה** ת״פ .*adv* **אפס** **but, only** אזל עם גבריה וסופה ית ממללה דאמלל עמך יתה תטר לממללה V לך עם האנשים ואפס את הדבר אשר אדבר אליך אתו תשמר לדבר go with the men; but only the word which I bid you, that shall you speak - במ כב 35. **סופה סטרה תחזה וכלה לא תחזי** V אפס קצהו תראה וכלו לא תראה you will see only a portion of them; you will not see all of them - במ כג 13. **סופה הלא לא יהי בך מסכין** V אפס כי לא יהיה בך אביון but there will be no poor among you - דב טו 4.

**סוף⁴** sof שם מקום *pr. n. (place)* [ע' גם ים סוף]

**סוף** ש"פ בבקעתה קבל סוף בין פראן ובין תפל - דב א 1.

**סופה** sūfå שם מקום *pr. n. (place)*

**סופה** ש"פ עם רחמה בסופה את והב בסופה ואת הנחלים ארנן - במ כא 14.

**סור¹** סטייה, הסתלקות **deviation** [מן העברית. ע"ע זור. H]

**קל סר to turn aside** וסרו לותה ועללו לביתו A (נ"א וסטו, ואסטו) ויסרו אליו ויבאו אל ביתו they turned his way and entered his house - בר יט 3. **אב בלך לא תסור ימין ולא** שמאל תן דעתך שלא תסור לא ימינה ולא שמאלה - ת"מ 136ב. **תסור מן נורה דקשטה** - ת"מ 155א. **לא תסור הדה מנוכון לעלם** - ת"מ 135א. **חכם אהן ומנה לא תסור** - ת"מ 129א.

**אפעל הסיר to remove** וית דיתרה על כבדה יסירנה (נ"א יסטינה) ואת היותרת על הכבד על הכליות יסירנה and the protuberance on the liver, he shall remove with the kidneys - ויק ג 4.

**סור²**† יסוד **foundation** [ע גוי אשר מזנות היה סאורו = יסודו - ינני רכה. בגר שחזר לסורו הכתוב מדבר - מכילתא משפטים כ (עמ, 324). כל שעסקיו עם הנשים סורו רע - בבלי קידושין פב ע"א. אברמסון, לשוננו יג, 122, כא 95. סור הערוה ומקור הנדה - הודיות א 23 (לפי קריאת ידין, JBL 74, 42). ע' גם זב"ח המליץ 602]

**סור א** ש"ע ז *n. m.* **יסוד foundation** ברי זעורי עלוי סור A (V עלי סור) בני צעירי עלי יסוד his young branches (run) over the foundation - בר מט 22 [ואולי הוא > سور. *alternatively: from* Ar (Lane 1464c)] **ב** ת"פ *adv.* **אכן indeed** בסור אה שרה אתתך ילדה לך בר C*m₂ (m בקשט)...אבל הנה שרה אשתך ילדת לך בן indeed, Sarah your wife shall bear you a son - בר יז 19. **ואמרת לאה בסור וקרת** שמה גד (m [אתא גד] O ע"פ אונקלוס) ותאמר לאה בגד ותקרא שמו גד Leah said "indeed" - (*i.e.*, I was right) and she called his name Gad - בר ל 11 [נ"ש ב' היחס: ב+גד. SP *afgåd, i.e. the prep. b+gad.*]

**סור³**† שם מקום *pr. n. (place)* [נתפס שם כללי מעניין יסוד ע"ע סור³]

**סור** ש"פ ודר בין קדש ובין סור *M₄ ויישב בין קדש ובין שור - בר יד 5. **ושרו מן חוילה עד סור** *M₁ וישכנו מחוילה עד שור - בר כה 18.

**סות**† סטייה **deviation** [שרבוב מן העברית H *interp.*]

**אפעל הסית to instigate** אן יסיתך אחוך... בכסי למימר נהך ונשמש אלהים חורנים VECB) ימלכנך = ת"מ 540) כי יסיתך אחיך... לאמר נלכה ונעבדה אלהים אחרים if your brother..., entices you saying, "Let us go and serve other gods" - דב יג 7.

**סחבלום**† אבן מאבני החושן **a gem** [מן אונקלוס O: סבהלום. ע"ע צבלום. O]

**סחבלום** ש"ע ז *n. m.* **יהלם a gem** זמרגדי ושבזיז וסחבלום *M₂ נפך ספיר ויהלם - שמ לט 11.

**סחי** רחיצה **wash** [א"י ויסחי במיא - נ ויק יד 8. סוא"י הדין דסחא לא צריך אלא דישיל רגלוי - יוחנן יג 10]

**קל רחץ 1** פע"ע *intrans.* **to wash** מימי ימה פלג... במי כיורה סחה את מי הים פילג... במי הכיור רחץ the waters of the sea he divided..., in the water of the laver he washed - ת"מ 262ב. **כיורה דמנה יסחי קדם מקרובה אל עובד** קדישה כיור שממנו ירחץ לפני גשתו אל מעשה הקודש - ת"מ 111א. **ויסחי מנה משה** (MECBA וסחו) וירחץ ממנו משה - שמ מ 31. **2** פע"י *trans.* **ויהב מים וסעו רגליון** (A*M₂ ואסחו) ויתן מים וירחצו רגליהם he gave them water, and they washed their feet - בר מג 24. **ואקרב** משה ית אהרן וית בניו וסעו יתון במים (A וסעי, *M₁ ואסחי, N ואסעה) - ויק ח 6. **וגבר** אן תפק מנה שכבת זרע ויסעי במים ית כל בסרה - ויק טו 16. **סעי בחמר... תכסיתה** AM₂ (נ"א רעי = המליץ 494) כבס ביין לבושו - בר מט 11. **וזעק ית יוסף ואסחיה מן גובה** (A MB ואסיחה)... וירצהו מן הבור - בר מא 14 [נתפס וירחיצהו. wyårīṣēᵓu] *Int. based on the reading wyrḥyṣhw*.]

**מסחי** ויהב תבן וכסה לגמליה ומים למסעי רגליו ...ומים לרחץ רגליו - בר כד 32. **ונעתת ברת פרעה למסעי על נהרה** - שמ ב 5. **ויהב תמן מים למסחי** - שמ מ 30.

**אסחה** ש״ע נ *n. f.* **רחיצה wash** ומים לאסחה רגליו $M_1$* ...ומים לרחץ רגליו water to wash his feet - בר כד 32 (אונקלוס: לאסחאה).

**מסוחי** ש״ע נ *n. f.* **רחצה wash** ותעבד כיור נחש וכנה נחש למסוחי E (A למסועי) ועשית כיור נחשת... לרחצה make a laver of copper and a stand of copper for it, for washing - שמ ל 18.

**סחן¹** קניין, נחלה **possession, property** [א״י ולא יכלית ארעא תותבותהון למסחנא יתהון = ולא יכלה ארץ מגוריהם לשאת אתם - **נ** בר לו 7 - פירוש *Int.*]

**קל** בינוני: סחן - בר לז 19 A. **פעל** עבר: סחנת (נוכח) - שמ טו 13. **אפעל** עבר: אסחן - ת״מ 157ב. עתיד: יסחן - דב ג 28. בינוני: מסחן mâ'sēn - מ יח 27. פעול: מסחנת (נסמך נקבה) - דב כב 22. מקור: מסחנה - במ לד 29. **אֶתְפְּעֵל** עבר: אסתחנו - במ לב 18. עתיד: דיסתחן - במ לה 8. **אסחנו** - במ כו 62 A. אסענותך (+נוכח) שמ טו 17 (=המליץ 527 אסחנותך). **סחון** qāṭōl סחוני (נסמך ריבוי) - ת״מ 154א. **סחן** - דב לב 8 E. **סחנה** - בר מז 11. **סחנו** - במ כו 56 A.

**קל† אוחז, בעל to be a possessor** הא סחן חלמיה A (נ״א מסחן) הנה בעל החלמות - בר לז 19. וסחן בהמתה מזדכי A (נ״א מסען) ובעל הבהמה נקיא - שמ כא 28. וישרו... לקמי סחן צפון A (V מסחן, JECB בעל) - שמ יד 9,2. משכון הוא בידך... מרה בעי מפרקנה אכה והוא בעי אכה מסינה שוי מסחנה משכון הוא (העם) בידך... בעליו מבקש לפדותו עכשיו והוא מבקש לקחתו מן המחזיק בו - ת״מ 24א [= מן סחנה. זב״ח העי' 5].

**פעל† הנחיל to supply** וסענון בלחם בכל קניאניון (E ואסהנון, V ואסענון, $m_2$* ואסחנון) וינחילם בלחם בכל מקניהם he provided them with bread that year in exchange for all their livestock - בר מז 17. סחנת בעזיזותך אל משבח קדשך (BA אסחנת, V אסחנתה) נחלת בעזך אל נוה קדשך You allotted them by Your strength {to} your holy abode - שמ טו 13 [פירוש מיוסד על הקריאה נחל. *Int. based on the reading nḥl*].

**אפעל 1 החזיק, כלל to include** אזהר מן עובד ביש אסחן עסרה גנואן הזהיר ממעשה רע המחזיק עשר חרפות (גילוי עריות) (God) warned against evil doing, which consists of ten disgraceful (incestuous) acts - ת״מ 157ב. מלת עד ומה צמתת ומליו ומה אסחנו מלת ״עד״ (תמם - דב לא 30) ומה כללה ומליו ומה החזיקו - ת״מ 177ב. בראשית ומה בה הקוה וכלול ארעה ומד אסחנת בראשית ומה שנכלל בה, וכל הארץ ומה שהחזיקה the Creation and what was included in it; the whole earth and what it contained - ת״מ (ק) 66א. **2 הקנה to grant** דכיר לטב יתרו בממללה דאגיב אסחן טבו והכתבת רבותה לעלם זכור לטוב יתרו על הדיבור שהשיב - החזיק טובה, ונכתבה גדולתו לעולם let Jethro be well commemorated for the word he replied; he granted grace (to Moses) and his greatness was recorded for ever (Ex 4:18) - ת״מ 15א. **3 קנה, נחל to be a possessor** ומסען בהמתה ברי ובעל הבהמה נקיא the owner of the ox shall be clear - שמ כא 28. מסחן אלהותה דחיי עולם דילך בעל האלהות, שחיי העולם שלך הם - מ יח 27. שמט כל מסחן מסבל אדה שמט כל בעל משא ידו - דב טו 2. עזר עאנה דבידך למסחנון השב את הצאן שבידך לבעליו - ת״מ 5א. אתה מסחנת בעל אשה בעלת בעל - דב כב 22. **4 הנחיל to give as a possession, bequeath** ותסחנון יתון לבניכון בתרכון והתנחלתם אתם לבניכם אחריכם you may bequeath them to your sons after you - ויק כה 46. והוא יסחן יתון ית ארעה והוא (יהושע) ינחיל אתם את הארץ he shall put them in possession of the land which you shall see - דב ג 28. בארעה דיהוה אלהכון מסחן יתכון - דב יב 10. ואנה אסעננה לאלכה לקבל פלענתה ואני אתנהלה לאטי לרגל המלאכה - בר לג 14 [=המליץ 527 אסחננה - נתפס נהל = נחל + כינוי המושא לנסתר, מעין 'אנחילנו'. אבל התה״ע: אתרפק, לשון הצטרפות]. **5 נחל** פע״ע **to get as a possession** *intrans.* ארעה הדה דאמרת אתן לזרעכון ויסענונה לעלם (VCB ויסתחנונה = המליץ 527, A ויסתחנוה)...ונחלוה לעולם this land that I have promised I will give to your descendants, and they shall inherit it for ever - שמ לב 13.

**מסחנה** למסחנה ית בני ישראל בארעה כנען לנחל את ישראל בארץ כנען - במ לד 29.

**אֶתְפְּעֵל 1 התנחל to take as a possession** לא נעזר לבתינן עד אסתחנו בני ישראל גבר ית פלגתה (VB דיסתחנון) לא נשוב לבתינו עד התנחלו בני ישראל איש את נחלתו we will not return to our homes until the people of Israel have inherited each his inheritance - במ לב 18. דיסתחן יתן מקריו ללואי אשר ינחל יתן מעריו ללוים - במ לה 8. דה ארעה דתסתחנון יתה (A דתסתחנון) זאת הארץ

אשר תתנחלו אתה - במ לד 13. **2 החזיק to keep, seize** תתיקר עבידתה על גבריה ויסתחנון m בה ולא יסתחנון $*M_2$ במלי שקר (נ״א יענון, ויתעסקון = אונקלוס O) תכבד העבודה על האנשים וישעו בה ועל ישעו בדברי שקר let work be heavy upon the men; let them keep at it and not keep deceitful promises - שמ ה 9 [פירש שעה = החזיק בדבר. ע׳ גם ׳אסחנו׳ להלן].

**אסחנו** ש״ע נ *n. f.* **1 נחלה possession** הלא לא יהיב לון אסחנו בגו ברי ישראל EA כי לא נתן להם נחלה בתוך בני ישראל because there was no inheritance given to them among the people of Israel - במ כו 62. **תעלנה ותצבנה** בטור אסענותך תביאמו ותטעמו בהר נחלתך - שמ טו 17 (=המליץ). גבר כקבל אסחנותה E איש כפי נחלתו - במ לה 8. **2 אחיזה appropriation** לאסחנותך כתורי יהוה $*M_1$ (V לאסענותך) לישועתך קויתי יהוה I wait for Your appropriation, O Lord - בר מט 18 [פירש ״אני מצפה שתחזיק ביי״. השי׳ לעיל אתפעל].

**סחון**† ש״ע ז qāṭōl *n. m.* **אוחז one who professes** הסגודין לצלמיה סחוני חבריה המשתחווים לצלמים, אוחזי החברים those who worship idols, the owners of witchcraft..., all of these, purify yourself from them - ת״מ 154א.

**סחן**† ש״ע ז *n. m.* **הנחלה giving in possession** בסחן עלמה (!) אמיה E בהנחל עליון גוים when the Most High gave to the nations their inheritance - דב לב 8.

**סחנה** ש״ע נ *n. f.* **נחלה possession** ויהב לון סחנה בארע מצרים ויתן להם אחזה בארץ מצרים he gave them a possession in the land of Egypt - בר מז 11. אריס בעי מיזל לסחנתה איכר מבקש ללכת לנחלתו - ת״מ 215ב [משל למשה החוזר מצרימה].

**סחנו** ש״ע נ *n. f.* **נחלה possession** בדיל מימר נבזה יפלג סחנותה A על פי הגורל יחלק נחלתו each portion shall be assigned by lot - במ כו 56.

**סחן²**† שחיקה, כתישה **crushing** [< سحن = כתש Lane 1322a -

**אסחן** ש״ע ז *n. m.* **שפל ? defeat** יהי דן נחשה... עלוי שביל הנוכית עקבה דסוס ואשפי רכבה לאסחן A ...הנשך עקבי סוס ומשפיל את רכבו לשפל - בר מט 17 [פירוש: הנושך עקבי סוס ומפיל רוכבו לכתישה. ע״ע שפי. *Int.*: (the snake) bites the horse's heels and degrades the rider to defeat.]

**סחן פעור** שם אלילות *pr. n.* **idol** [תרגום השם. *Transl. of the name*]

**סחן פעור** ש״פ ואתנצב מן ברי ישראל לסחן פעור A - במ כה 3.

**סחן צפון** שם אלילות *pr. n.* **idol** [תרגום השם. *Transl. of the name*]

**סחן צפון** ש״פ בין שובכה לבין ימה לקמי סחן צפון A בין מגדול ובין הים לפני בעל צפון - שמ יד 2.

**סחף¹**† פיזור וזרייה **scattering** [ סוא״י והדן דמן צפונא ירדוף מנכון ויזחוף יתה לארע דלית בה מין = ואת הצפוני ארחיק מעליכם והדחתיו אל ארץ ציה -יואל ב 20. מתרגם καὶ ἐξώσω αὐτὸν]

**קל זרה to scatter** הוו ספין על רישיון עפרה ובכיתון סלקה לשומיה היו זורים עפר על ראשיהם ובכייתם עולה לשמים (the congregation) scattered dust on their heads and their outcry went up to heaven - ת״מ (ק) 282ב [זב״ח העי׳ 2 לת״מ 260ב].

**סחף²**† מין עוף **a bird** [< سـاف = מין עוף טורף - Dozy I, 703. טלשיר 126. ואכן בתה״ע: אלשאף. - בטור הערבי של המליץ 602 בא סחף כנגד ׳שחף׳]

**סחף** ש״ע ז *n. m.* **שחף a bird** וית צפרתה דגמלה וית טעוסה וית סחפה $*M_1$ (נ״א שחפה) - ויק יא 16.

**סחר¹** סיבוב, הקפה **turning, surrounding** [א״י ומן אימתה מסתחר רכבה - **נ** בר מט 17. **סוא״י** אסתחרית לחוריא - יוחנן כ 14] ← **1** ישיבה לאכול **dining** [השי׳ ב״י 3903א], **2** מסחר **trade**

**קל** עבר: וסחר - בר מב 24 E. עתיד: תסהר - במ לו 7 C) תסור). בינוני: סהר sâ²ər - ע״ד כה 41. מקור: למסחר - במ כא 4 N. **פעל** ? עבר: וסאר - שמ יג 18. בינוני פעול: מסארן (רבות) - שמ לט 6 (=המליץ 536 מסחרן). **אפעל** עבר: ואסחר - שמ יג 18 (= המליץ 536). ציווי: אסהר - בר כז 19 B (= המליץ 593 עסחר). **אֶתְפְּעֶל** עבר: ואסתחר - בר מב 24 $*M_1$, אסתארו - בר יט 4 (= המליץ 522 אסתחרו). עתיד: תסתהר - בר לז 7 A. בינוני: מסתחרין - ת״מ 73א. **סחר** סאר - דב ב 3. **סחרה** בר יז 12 A, סארת (נסמך) - שמ ז 24. סהרתון - ע״ד יג 27. **סחרן** - במ יא 24 A, דבסחרניה sērrâton - בר מא 48 $*M_1$ (=אונקלוס O). **סחרנו** סהרנות (נסמך)

*siyyår (qəṭāl) **סיאר**. (O אונקלוס=) 24 שמ ז - לסיאר - במ כא 4 (= המליץ 536).

**קל 1 סבב** to turn away וסחר מן עלויון ובכה E (C וסאר) ויסב מעליהם ויבך he - בר מב 24. turned away from them and wept ולא תסחר פלגה... משבט לשבט ולא תסב נחלה... משבט לשבט - במ לו 9,7. **סאר לגפנה** קרתה (V יסטי) סרה לגפנה עירו his town [see gpnh[2] 2 [ע״ע גפנה] 11 בר מט - strays to Gafna.

**2 הקיף** to go about, turn around וסהרנן ית טור גבלה יומים סגים ונסוב את הר שעיר for many days we went about ימים רבים - דב ב 1. Mount Seir. כלה לא סהר לך ואתה בכלה שקיח דבר אינו מקיף אותך ואתה בכול נמצא - ע״ד כה 42-41. ואנשי קרתה... סחרין על ביתה A ...נסבו על הבית the men of the city..., surrounded the house - בר יט 4. ואה סארן אלמתיכון והנה תסבנה אלמתיכם - בר לז 7.

**מסחר** למסחר ית ארע אדום N לסוב את ארץ אדום - במ כא 4.

**פעל ? סובב** פע״י to lead around וסאר אלהים ית עמה אורע מדבר ים סוף ויסב אלהים את העם... God led the people round by the way of the wilderness toward the Red Sea - שמ יג 18. פתוחי חתים תפתח ית תרתי אבניה... מסארן מעיצן דהב תעבד יתון פתוחי חותם תפתח את שתי האבנים...מוסבות משבצות זהב תעשה אתם - שמ כח 11. וית נבו וית בעלמון מסארן תמן ...מוסבות שם - במ לב 38.

**אפעל 1 סובב** פע״י to let around *trans.* ואסחר אללה ית עמה שביל קפר ים סוף A ויסב אלהים עת העם... God led the people round by the way of the wilderness toward the Red Sea - שמ יג 18. **2 הקיף** פע״ע to turn away *intrans.* ואסאר מן עמון ובכה ויסב מעליהם ויבך - בר מב 24. מסחר עצמונה עד נחל מצרים נסב (הגבול) עצמונה... - אס 19ב. **3 הסב, ישב לאכול** to dine around the table [שכיח בתרגומים היהודיים בהוראה זו. זב״ח המליץ 593. *Frequent in the Jewish Targumim in this sense.*] קום אסהר ואכל מצידי B (אסער mE) קום שבה ואכל מצידי sit up and eat of my game - בר כז 19. ואסחרו תחת אילנה m והשענו תחת העץ - בר יח 4 [פירוש]. **4 מכר, סחר** to sell, trade (נ״א VB) לא תסחר עבד ליד רבה you shall not תמסר) לא תסגיר עבד אל אדניו

16 דב כג - sell (=ransom) a slave to his master [פירש: תמסור בכסף. ע׳ להלן סחרה].

**אֶתְפְּעֶל 1 נסב, הקיף** to turn around ואסתחר מן עמון ובכה $M_1$* ויסב מעליהם ויבך - he turned away from them and wept - בר מב 24. ואנשי קרתה... אסתארו על ביתה (m אקיפו) ואנשי העיר... נסבו על הבית - בר יט 4. והא תסתהר מכארתיכון ותסגד לכראתי A והנה תסבנה אלמתיכם... - בר לז 7. פרעה... ובחוריה... ותליתאיה... מסתחרין בה פרעה... ובחוריו... מקיפים אותו (את בעל צפון) - ת״מ 73א. **2 ישב לאכול** to dine around the table קום אסתחר ואכל מצידי $m_1$ קום שבה ואכל מצידי sit up and eat of my game - בר כז 19.

**סחר א** ש״ע ז *n. m.* **הקפה** encircling סגי לכון סאר ית טורה הדן רב לכם סוב את ההר הזה it is enough for you encircling this mountain - דב ב 3. ונטלו מטור טורה... לסאר ית ארע אדום לסוב את ארץ אדום - במ כא 4. **ב** ת״פ *adv.* **סביב** round about ותתחם ית טורה סהר והגבלת את ההר סביב you shall set bounds round about the mountain - שמ יט 12. וקעם חקל עפרון... וכל אילנה דבחקלה דבכל תחומה סאר ...אשר בכל גבולו סביב - בר כג 17. בביטויים אדוורביאליים *in adverbial expressions* אסתלקו מסאר למשכן קרח העלו מסביב למשכן קרח - במ טז 24. וינח לכון מכל דבביכון מסאר והניח לכם מכל איביכם מסביב - דב יב 10. **ג** מ״י *prep.* **סביב ל-** from round about ובצפרה הות שכבת טלה סאר למשריתה בבקר היתה שכבת הטל סביב למחנה in the morning there was a layer of dew about the camp - שמ טז 13. ולואי ישרון סאר למשכן סעדואתה והלוים יחנו סביב למשכן העדות - במ א 53.

**סחרה א** ש״ע נ *n. f.* **1 סביבה** surrounding וכדו ילחך קהלה הדן ית כל סחרתינן עתה ילחך הקהל הזה את כל סביבתינו now this horde will consume all our surroundings - במ כב 4. אשבי עלי מלך ככל גויה דסארתי אשימה עלי מלך ככל הגוים אשר סביבותי - דב יז 14. דלית אשתה קרבה ליד סהרת הרגריזים שאין האש קרבה אל סביבת הר גריזים - אס 5א. **2. סחר, קניה** trade מולד בית וסחרת כסף A ילד בית ומקנת כסף whether born in your house, or bought with your money - בר יז 13,12. **ב** מ״י *prep.* **סביב-** round about וחפרו כל מצראי סארת נהרה ויחפרו כל מצרים סביבת

הנהר all the Egyptians dug round about the river - שמ ז 24. ואקים יתון סארת משכנה ...סביב המשכן - במ יא 24. ארמו אטריון והוו כהלון תנינים סחרתה השליכו מטותיהם והיו כלם תנינים סביבו - ת״מ 226ב. מלאכי יהוה ייתון סהרתון מלאכי יהוה יבואו סביבם (המתפללים) - ע״ד יג 27.

**†סחרן א** ש״ע ז *n. m.* **סביבה surrounding** והות דחלת אלהים על קריאתה דבסחרניהון *M$_2$ ויהי חתת אלהים על הערים אשר סביבותיהם a terror from God fell on the cities round about - בר לה 5. מזון חקל קרתה דבסחרניה יהב בגבה *M$_1$ אכל שדה העיר אשר סביבתיה נתן בתוכה - בר מא 48. **ב** מ״י *prep.* ואקים יתון סהרן משכנה A ...סביב המשכן - במ יא 24.

**†סחרנו** ש״ע נ *n. f.* **סביבה surrounding** וחפרו כל מצראי סחרנות נהרה *M$_1$ ויחפרו כל מצרים סביבת הנהר all the Egyptians dug round about the river - שמ ז 24.

**†סיאר** ש״ע ז *n. m.* **סיבוב going around** ונטלו מן טור טורה לסיאר ית ארע אדום E ...לסוב את ארץ אדום from Mount Hor they set out by the way to the Red Sea, to go around the land of Edom - במ כא 4.

**†סחר²** שחר **dawn** [< سحر - Lane 1317a. ע״ע שחר]

**סחר** ש״ע ז *n. m.* **שחר dawn** וכות סחרה אסתלק (נ״א שחרה) וכמו השחר עלה when morning dawned - בר יט 15.

**†סטום ?**

**סטום** ש״ע *n.* **?** ואנה יהבת לך נאבלס אוקרו על אחיך דנסבתי מן אד אמראה בסטומי ובשקלוסי ...אשר לקחתי מיד האמורי בחרבי ובקשתי - בר מח 22 [א״ס بسيفي وبقوسي. זהו מקור השיבוש? ואולי שובש כדי לטשטש את גזילת העיר. *Prob. intentional distortion in order to blur any connection between the conquest of the city and plunder.*]

**סטי¹** נטייה, פנייה, סטייה **turning away** [א״י אסטי כען ואחמי - **נ**שמ ג 3]

**קל** עבר: סטה - שמ ג 4 (נ״א אסטה). וסט - ת״מ 159ב (המליץ 535: סט). עתיד: יסטי - בר מט 10. ציווי: סטי (!) - בר ל 32 A. בינוני: סטי - ת״מ 257א. מקור: מסטי - שמ כג 2 A. **אפעל** עבר: ואסטה - בר מא 42. עתיד: יסטי - שמ י 17. ציווי: הסטי - בר ל 32. בינוני: מסטי - דב כז 19. מקור: למסטאה - שמ כג 2 V (N למסטיה). **אֶתְפְּעֵל** עבר: אסתטיתי (נוכחת) - במ ה 19 C. עתיד: תסתטי - במ ה 29 C (=המליץ 599). **אֶתַּפְעַל** עבר: אתסטה - במ יד 9. **אסטהו** אסטהותה (=?) - בר מט 11 m$^a$. **הסטו** להסטותה - במ כב 23 C. **מסטו** - שמ כג 2 C. **מסטי** - ת״מ 167א. **סטאה** - בר מח 17 A. **סטבו** - שמ כג 2 B. **סטו** - שמ כג 2 VJEC (=המליץ 478). סטואה (+נסתרת) - במ כב 33 B.

**קל 1 סר, נטה** פע״ע **to turn aside, away** *intrans.* E וחזה אלהים הלא סטה למחזי (נ״א אסטה) וירא אלהים כי סר לראות the Lord saw that he turned aside to see - שמ ג 4. **וסטה** מן עליהון ובכה A ויסב מעליהם ויבך he turned away from them and wept - בר מב 24. ועננה אסטה מן משכנה והענן סר מעל האהל - במ יב 10. וסט מן טבה אל בישה וסר מן הטוב אל הרע - ת״מ 159ב. **ואם לא סטיתי...** אתברי ממי מרירי... וית כד סטיך (V סטיתי) ויהב גבר ביך שכבתה ואם לא שטית... ואת כי שטית... - במ ה 19-20. **לא יסטי** שבט מיהודה לא יסור... - בר מט 10. **ולא תסטון** ממד אלפת יתכון לא תסטו ממה שלימדתי אתכם - ת״מ 171ב. **אסטו** שבי לבית עבדכון סורו נא... - בר יט 2. **כד** תעמי אנש סטי קום אקטלנה כשתראה אדם סוטה (מן הדרך), קום הרגהו - ת״מ 257א. **סטי** סורר - המליץ 535 ע״פ דב כא 18 [בתה״ש שלפנינו: רדי, ארדי, ארדאי]. **דהוא ידע דאנון סטין** שהוא (משה) ידע שהם (ישראל) יסורו - ת״מ 258ב. **2 הסיר** פע״י *trans.* **to remove** סטי מתמן כל שה נמור A הסר משם כל שה נקוד - removing from there every speckled animal - בר ל 32.

**מסטי** ולא תלבט על תיגר למסטי בתר סגי לדסטו A ולא תענה על ריב לנטות אחרי רבים להטות - שמ כג 2. דלית אורע למסטי ימין וסמאל VNA אשר אין דרך לנטות ימין ושמאל - במ כב 26.

**אפעל הסיר, הטה to remove** ואסטה פרעה ית עסקתה מן על אדה (MEBA וסטה) ויסר פרעה את טבעתו מעל ידו Pharaoh removed his signet ring from his hand - בר מא 42. **ואסטת** צעיפה מן עליה (EBA וסטת) - בר לח 14. **ויסטי** מן עלי לוד ית מותה הדן ויסר מעלי רק את המות הזה - שמ י 17. **הסטי** מן תמן כל נקי נמור (A סטי) הסר משם כל שה נקוד - בר ל

32. הסטו ית אלהי נכראה דבגבכון הסירו את אלהי הנכר אשר בתוככם - בר לה 2 (=המליץ 535). ארור מסטי פשרון גר ארור מטה משפט גר - דב כז 19. נארך מסטי לכל חשך אורך מסיר כל חושך - ת"מ 143א.

**מסטאה** לא תסיד על תיגר לסטו בתר סגים למסטאה V (N למסטיה) לא תענה על ריב לנטות אחרי רבים להטות - שמ כג 2. ומעך אד אבוה למסטה יתה (VMEC למסטאה) ויתמך יד אביו להסיר אתה - בר מח 17.

†**אֶתְפְּעֶל סר** to go astray ואם לא אסתטיתי מסבה (E סתטיתי) ואם לא שטית טמאה if you have not gone astray in defilement - במ ה 19. וית הלא אסתטיתי $*M_2$ (E סתטית) ואת כי שטית - במ ה 20. גבר אן תסתטה אתאה E איש כי תשטה אשתו - במ ה 12 (=המליץ 599: תסתטי). דה תורות קנאתה ואד תסתטי אתה חליפת גברה C ...אשר תשטה אשה תחת אישה - במ ה 29.

†**אֶתְפְּעַל סר** to depart אתסטה שלטנה מן עליון $J_1$ (נ"א סטה, אסטה) סר צלם מעליהם - their protector has departed from them - במ יד 9 [ע"ע שלט].

†**אסטהו** ש"ע נ .n. f **סטייה ?** deviation קטר לגפנה קרתה ולריקה ברי אסטהותה $m_a$ אסורי לגפן עירו ולשריקה בני איתנו he attaches his town to a vine, his emptiness to deviation - בר מט 11 [הד לתפיסת 'ולשריקה' לשון ריקנות (C) ו'איתנו' - עזות מצח, ומכאן נתפרש סטייה מן הדרך. ביטוי לעוינות כלפי יהודה. השי' $*m^a_2$ מסטינתה. עואניש ג/א 34. *šryqh is regarded as 'emptiness' (in figurative sense, cf.* MS C*) and ˀytnw as 'insolence', i. e., deviation from 'piety'. See LOT* IIIa, 34. *Expression of hostility towards Judah*.]

†**הסטו** ש"ע נ .n. f **סטייה** turn ומעו בלעם ית אתנה להסטותה שבילה C ...להטותה מן הדרך Balaam struck the ass, to turn her into the road - במ כב 23.

†**מסטו** ש"ע נ .n. f **עיוות** distortion לא תסיד על תיגר לסטו בתר סגים למסטו C לא תענה על ריב לנטות אחרי רבים להטות you shall not give perverse testimony in a dispute so as to pervert it in favor of the mighty - שמ כג 2.

†**מסטי** ש"ע ז .n. m **הטייה** removal איך יעבדה אסאה במסטי באשה איך יפעל הרופא להסיר את המחלה how should the physician act in order to remove the sickness ? - ת"מ 167א.

†**סטאה** ש"ע נ .n. f **הטייה** removal וסמך יד אבוה לסטאה יתה מן על ריש אפרים A ויתמך יד אביו להסיר אתה... (Joseph) forced his father's hand, to remove it from Ephraim's head - בר מח 17.

†**סטבו** ש"ע נ .n. f **עיוות** distortion ולא תלבט על תיגר לסטבו B ולא תענה על ריב לנטות - you shall not oppress in distortion in a dispute שמ כג 2.

**סטו** ש"ע נ .n. f **1 נטייה**, turning דלית אורע לסטו ימין וסמאל אשר אין דרך לנטות... there was no way to turn either to the right or to the left - במ כב 26. לסטותה אורעה להטותה הדרך - to turn her into the road - במ כב 23. אלולי סטותה הלא אף כדו יתך קטלת VNEC (B סטואה) אולי נטתה מפני כי עתה גם אתך הכיתי - במ כב 33. **2 עיוות** distortion ולא תגיב על תיגר לסטו בתר סגים לסטו (EBA לדסטו) you shall not answer in distortion in a dispute so as to pervert it in favor of the mighty - שמ כג 2. למסדה בה סטו לענות בו סרה - דב יט 16.

†**סטי²** כרייה, חפירה ? digging [עירוב של חטואה (V) ושל חפסואה (B). ואולי היא מן سطا - רב מים]

**קל ?** to dig בירה... סטואה נעירי עמה BA באר... כרואה נדיבי העם - במ כא 18.

†**סטבן** רחבה ? open place [זב"ח, תרביץ יז 178: ט"ס מן סטבן, היינו στόα. אם כן, נתפרש לו שם כללי בדומה לאי"ח: اسواق المدينه = שוקי העיר. זהו נסיון לתקן את נוסח A ש-E העתיק ממנו (טל ג 39). *Corr.* [*from stbn* (στόα)

**סטבן** ש"ע ז .n. m **שוק** plaza ובנה ית נינוה וית סטבן קרתה E ויבן את נינוה ואת רחבות עיר - he built Ninive and the plaza of the town - בר י 11.

†**סטן** עוינות enmity [ראה אסטהו לעיל, בשורש סטי¹]

**אפעל עיין** to be hostile (קטר לגפנה קרתה ולריקה בני) מסטינתה $*m^b_2$ אסורי לגפן עירו ולריקנות בני שנאתו - בר מט 11 [מסופק .*Dub*]

†**סטף** חיתוך, חריטה **carving** [ר' שטיינר מציע (בע"פ) כלי חריטה. הש' **ס** סטפא (LS 468b) והשי' **מש** דמאי א א: המסוטפות = המבוקעות לפי פירוש הרמב"ם. *R. Steiner (personal communication) suggests* [*'chisel' according to* S *stp*[?] - LS 468b.

**מסטוף** ש"ע ז *n. m.* **חרט chisel** וסקף ית חוטריה דקלף במסטופיה במשקי "מ"מיה A (נ"א במרכעיה, במרכואתה) ויצג את המקלות אשר פצל במפסלות בהשקות המים he set up the rods that he had peeled with chisels, in the watering troughs - בר ל 38.

**סטר** צד, קצה **side, end** [זב"ח, תרביץ יד 107. **א"י** כל עמא מן סטר חד - **נ** בר יט 4. **סוא"י** על סטר משכנא - שמ כו 35] ← ריחוק, סטייה **remoteness, turning aside**

**קל** עתיד: תסטר tisṭår - מ יט 22. ציווי: אסטר isṭår - ע"ד כז 15. **אֶתְפְּעֶל** בינוני: מיסטר misṭår ‹ *mistᵉṭar - א"ד א 12. **אֶתַּפְעַל** עבר: אתצטר - אס 2א. **איסטר** - דב יג 8. ביסטר - שמ כו 5. מיסטר - דב יג 8 (הש' המליץ 578). באיסטרי (נסמך) bisṭâri - א"ד ג 5. **איסטרה** איסטרת (נסמך ריבוי) - שמ כה 18. איצטר - דב יג 8 ECB. מיצטר - בר מז 21. איצטריה (ריבוי מיודע) - בר מז 21. איצטרה איצטראתה (ריבוי מיודע) - שמ לח 5. **איצר** - איצרה (+נסתרת) - בר לט 10. אצרה (מיודע) - שמ לז 18. אצרי (ריבוי נסמך) - שמ לט 19. **סטר** - במ כב 41. **סטרה** - שמ לז 8.

†**קל הרחיק** (‹ צידד) **to remove** שאלין אנן לך תסטר דיניך דאת רחמן שואלים אנו ממך שתרחיק עונשיך, כי אתה רחמן we beg You to remove the punishments, for You are merciful - מ יט 22. דינה מנן אסטר וכפת דבבינן את העונש הרחק ממנו והכנע את אויבינו - ע"ד כז 15-16.

†**אֶתְפְּעֶל פנה** סר הצדה **to turn aside** אורה קרץ לעלמה וחשכה מיסטר מקדמיו האור משכים לעולם והחושך פונה מפניו the light rises in the world and the darkness turns aside before it - א"ד א 11-12.

†**אֶתַּפְעַל פנה to turn** דרוה בשעתה קמאיתה ולושה לא אתצטר... ועזר לארעה כשראה בשעה הראשונה שלמנחתו לא פנה..., וחזר לארצו when Cain saw in the first hour that (God) did not turn (=had no regard) to his offering, he went back to his land - אס 2א [ע' זב"ח שם].

**א(י)סטר,א(י)צטר א** ש"ע ז *n. m.* **1 קצה end, proximity** מיסטר (CB מיצטר) ארעה ועד איסטר (ECB איצטר) ארעה מקצה הארץ ועד קצה הארץ from the one end of the earth to the other - דב יג 8. ומן איצטר אחיו נסב עמה חמשה גברים (V ומן איסטר, C ומיסטר) ומקצה אחיו לקח... - בר מז 2. וחזה מתמן ית איסטר עמה (A אסטר, ECB איצטר, N סטר) וירא משם את קצה העם - במ כב 41. אילו עבראי באיסטרי עלמה ברטו יומה דשבתה גלא אימנותה אילו העברים בקצות העולם הגיעו, יום השבת גילה אמונתו - א"ד ג 5-6. **2 צד side** ותעבד נגרי אעי שטים חמשה ללוחי אסטר משכנה (ECB איצטר) ...לקרשי צלע המשכן You shall make bars of acacia wood: five for the planks of the one side (wall) of the Tabernacle - שמ כו 26. לשון נקייה *euph.* ארור שכב עם אתת אבו הלא גלה איסטר אבוהE (VB סטר, C איצטר) ...כי גלה כנף אביו - דב כז 20. **ב** מ"י *prep.* **אצל beside, at** הלא אנון... בארע כנענאה... איסטר מישר חזבה (ECB איצטר,V דביסטר) הלוא הם... בארץ הכנעני... אצל אלון מורא they are... in the land of the Canaanites..., by the plane of Moreh - דב יא 30. וישבינה איסטר מדבחה (MECB איצטר) ושמו אצל המזבח - ויק ו 3. וירמי יתה איסטר מדבחה (JECB איצטר) MA ... אצל המזבח- ויק א 16. לא תצב לך מטלה... איסטר מדבח יהוה (MECB איצטר) - דב טז 21. ולאסטרי בני ישראל לא שלח אדה (נ"א ולאיצארי, וליצטרי, וליסטרי) ולאצלי בני ישראל לא שלח ידו - שמ כד 11 [תפס ēṣīli מן אֶצֶל, אע"פ שנטיית אצלו iṣli].

**א(י)סטרה, א(י)צטרה** ש"ע נ *n. f.* **1 קצה end, proximity** וארק ארבע עסקין בארבע איצטראתה (V איסטראתה, MB איצטאראון, A איסטרואת) ויצק ארבע טבעות על ארבע הקצות - he cast four rings at the four ends - שמ לח 5. וית תרתי אצטרהתה (C איסטראתה, MB איצטרותה)... ויהבונון על כתפת אפודה ואת שתי הקצות... ויתנום על כתפות האפוד - שמ לט 18. ועבד תרי כרובים... מתרי אסטרת כפרתה (A אסטרי, MECB איצטרי) - שמ לז 7. **2 צד side** ויהון... על תרתי אצטרת מדבחה (CA סטרי, B אצטרי) ...על שתי צלעות המזבח - the poles remain on the two sides of the altar - שמ כז 7. ותרתין עסקין על איצטרה תניאנתה ושתי טבעות על צלעו השנית - שמ כה 12.

**א(י)צר א** ש"ע ז *n. m.* **1 קצה end, proximity** ועבדו תרתי עסקין דהב ושבו על תרי אצרי חשנה ...וישימו על שני קצות החשן they made two rings of gold and attached them to the two ends of the breastpiece - שמ לט 19. **2 צד side** תלתה קני מנהרתה מן אצרה אחדה ותלתה קני מנהרתה מן איצרה תניאנה שלשה קני מנורה מצדה האחד... - שמ לז 18. פלגות מיה בתרי איצרים למשוי שבילה ליתה מגוזה חילוק המים לשני צדדים לעשות דרך לאותו המעבר (של בני שיראל) - ת״מ 83א. כתבון מתרי איצרי לוחיה כתבם משני צדי הלוחות - ת״מ 280א. **ב** מ״י **beside, at אצל** *prep.* ולא שמע לה למשכב אצרה A) אסטרה, C איסטרה,B אצטרה) ולא שמע לה לשכב אצלה he did not yield to her request to lie beside her - בר לט 10.

**אשטרו**[†] ש״ע ז (ט״ס) *n. m.* **קצה end, extremity** שבק ט מן אסטרה קדמה ומן אשטרה תניאנה שבק אשתה כתבין הניח ט׳ מן הצד האחד ומן הצד השני הניח שש אותיות (בכתבו את התורה) (Moses) left out Teth from the first side (of the tablets) and from the second side he left out six letters - ת״מ 281א [ק: אשטרה - פעמיים].

**סטיר**[†] ש״ת *adj.* **סוטה מן הדרך transgressor** הלא כל גבר דיהי בה מום לא יקרב גבר סמי אי פסיח אי סטיר אי סרי כי כל איש אשר יהיה בו מום לא יקרב איש עור או פסח או ערום או שרוע no one at all who has a defect shall be qualified: one who is blind, or lame, or a transgressor or a sinner - ויק כא 18 [= המליץ 544. הטור הערבי שלו: מנחרף = סוטה. ע״ע אסטיל. נ״ש גורס ערום כמו בר ג 1. נתפרש סטייה מוסרית. SP *ʿārom like* Gen 3:1, *i. e. moral deviation, in line with the* Ar *column of* [Ham*: mnḥrp, 'pervert' (*Lane 550a*)*.

**סטר** ש״ע ז *n. m.* **קצה end, extremity** וחזה מתמן ית סטר עמה N וירא משם את קצה העם - from there he saw the end of the people - במ כב 41. **מיסטר ארעה ועד סטר ארעה** V מקצה הארץ ועד קצה הארץ from the one end of the earth to the other - דב יג 8. **ועבד ית נגרי** מיסונה למנגר בגו לוחיה מן סטר לסטר על תרי סטרי חשנה A - שמ כח 26. לשון נקייה *euph.* ארור שכב עם אתת אבוה הלא גלה סטר אבוה VB ...כי גלה כנף אביו - דב כז 10.

**סטרה** ש״ע נ *n. f.* **קצה end, extremity** כרוב אחד מסטרה מדן וכרוב אחד מסטרה מדן כרוב אחד מקצה מזה וכרוב אחד מקצה מזה one cherub on the one end, and one cherub on the other end - שמ לז 8.

**סטריע**[†] בעל מום **crippled** [עירוב של יסטיר׳ עם יסריע׳ הסמוך (A = המליץ 598) ובפשיטתא סריעא אדנה. [*Merger of styr and sry*[c].

**סטריע** ש״ת *adj.* **בעל מום crippled** אי פסיח אי סטריע אי [...] M (*M[1] אסטריע) או פסח או ערום - ויק כא 18.

**סיון** מחודשי השנה **name of a month**

**סיון** ש״פ *pr. n.* ובה י מסיבן אתרמי לנהרה ובחמישה עשר בסיון הושלך (משה) לנהר - אס 15א.

**סיחון** שם פרטי siyyon *pr. n.*

**סיחון** ש״פ סיחון מלך חשבון סיחון מלך חשבון - דב ב 24.

**סים**[1†] אות, סימן **sign** [א״י שמעין קליה דטלייא ושמואל מת וסיימין וכן הוה ליה = ...וסימנוהו וכך היה לו - ירוש שבת ח ע״ג. סימון (ר) = נס - תרג׳ ירמ ד 21]

**פעל רשם to mark** [גזור מן סימה. *denom. of*] [*symh*] ויסים רבה ית אדנה במרצעה וישמשנה לעלם A (VB וירשם, JEC וירצע) ורצע אדניו את אזנו במרצע ועבדו לעולם his master shall mark his ear with an awl; and he shall serve him for life - שמ כא 6-5 [V[ar]C[ar] וליוסם. השי׳ اسام = marquer - Dozy I 708a].

**סימה** ש״ע נ *n. f.* [< σῆμα = אות - Krauss 383b] **אות sign** סימה אני בעי מעבד יומה אות אני מבקש לעשות היום I want to make a sign today - ת״מ 7ב. אן לא יהימנון קהלה לממללי מהו סימתה דאנה מעמי לון אם לא יאמינו לדבריי, מהו האות שאני מראה להם if they do not believe me..., what is the sign that I shall show them? - ת״מ 11ב. **עבד לך יקיד ושבי** יתה על סימאה A (B סימתה) עשה לך שרף ושים אתו על הנס - במ כא 8. **ועבד משה נחש** נחשה ושויה על סניה A (B סימתה) ויעש משה נחש נחשת וישימהו על הנס - במ כא 9. מה אהן סימה רבה דאנה עמי מנך מהו האות הגדול הזה שאני רואה ממך - ת״מ 113ב [תרגום ע״פ הטור הערבי של ת״מ. זב״ח (הע׳ 6): גרסת ק עיקר: סמיונה = העיוורון].

**סים**[2†] אוצר **treasure** [א״י וסימן דטמירן יתגליין להון - נ בר מט 19. **סוא״י** דמיא די מלכותא דשומיא

[לסימא טמירא - מתי יג 44.**ע** סימא - **מ** הוריות ג ז]

**סימה** ש״ע נ *n. f.* **אוצר treasure** אוצרה דממיר מאוריו... סימתה דמעתרה כל דבעי לה sīmte האוצר המזין את כל הניזונים ממנו... האוצר המעשיר כל המבקשים אותו the treasure that feeds all that are fed from it..., the treasure that enriches all those who seek it - מ טו 28. **ותהום** ברננותה וסימת ארכנותה wsīmåt וגבול הרינון ואוצר ההכנעה - ט 63.

**סימי** ש״ע נ *n. f.* **אוצר treasure** אהנו נביה דנביותה סימי זהו הנביא אשר נבואתו אוצר this is the prophet whose prophethood is a treasure - ת״מ 303א. סימי דאיטבו ‹בעלמה› קרצת מנירה בכל זבן לידעוים אוצר הטוב בעולם זרח, מאיר לכל היודעים - ת״מ 79א. אלהכון... יהב לכון סימן בטוען ניכון J) m טמירה, VMEC טמירן, המליץ 513: טמיראן) אלהיכם... נתן לכם מטמון באמתחתיכם your God..., must have put treasure in your bags for you - בר מג 23.

**סימן** אות **sign** [ ‹ σημεῖον - Krauss 386. ע״ע סימה. **א״י** ותהי לסימן קיים - **נ** בר ט 13]

**סימן** sīmån ש״ע ז *n. m.* **1 נס banner** גבר על סדריו בסימנים לבית אבהתון איש על דגליו באותות לבית אבותיו each with his clan, under the banners of their ancestral house - במ ב 2. **2 אות sign** ית שבי תטרון הלא סימן היא ביני ובינכון את שבתותי תשמרו כי אות היא ביני וביניכם you must keep My Sabbaths, for this is a sign between Me and you - שמ לא 13. ויהי לך דן סימן בה אתה קטל פישון ויהי לך זה האות בו אתה הורג את פישון (מטה המכה את היאור) - ת״מ 8ב. **בד** יום מולדה אתעמי סימן בממציע שומיה בארבעה (עשר) ימים להולדתו (של נח) נראה אות באמצע הרקיע - אס 3ב. **2 מופת** מעשה פלא **wonder** האן בעלמה נביא ידמי למשה בסימניו דגלה אי כפאליהתה דעבד איפה בעולם נביא שידמה למשה באותותיו שהראה או בנפלאות שעשה where in the world is there a prophet to compare with Moses in the wonders he showed or in the miracles he performed - ת״מ 284ב. **אן** יקום בגבך נביא... ויהב לך סימן אי פלי ואתה סימנה ופליתה כי יקום בקרבך נביא... ונתן אליך אות או מופת ובא האות והמופת - דב יג 3-2.

**סין** שם מקום *pr. n. (place)* sen

**סין** ש״פ ואתו כל כנשת בני ישראל למדבר סין ויבאו... אל מדבר סין - שמ טז 1. ונטלו מים סוף ושרו במדבר סין - במ לג 11.

**סיני**[1] שם מקום *pr. n. (place)* sīni

**סיני** ש״פ דבין אילים ובין סיני אשר בין אילים ובין סיני - שמ טז 1. ומנתון במדבר סיני - במ א 19.

**סיני**[2] שם פרטי *pr. n.* sīni

**סינאי** ש״י *gent. n.* וית חואה וית ערוקאה וית סינאה (A סינאי) - בר י 17.

**סיסם**† מין צמח **a tree** [Löw ArPfl 65. אפשר שהוא ساسيم - מין עץ - Dozy I 621a]

**סיסם** ש״ע ז *n. m.* **גופר a tree** ספינה עאי סיסם A (נ״א גפר) תבה עצי גפר - בר ו 14.

**סיעה** חבורה **group** [**א״י** וסיעא מן רחמוי - **נ** בר כו 26. **ס** סיעתה - LS 472a]

**סיעה** siyyâ°å [על הצור: עואנ״ש ג/ב 61] ש״ע נ *n. f.* **חבורה group** לית קל סיעה מגברה ולית קל סיעה מתנצעה קל עובים אנה שמע אין קול ענות גברה ואין קול ענות חלושה קול ענות אנכי שמע it is not the sound of a of triumphant company, nor the sound of a defeated company; it is the sound of iniquities that I hear - שמ לב 18 [=המליץ 553. ע׳ בהערות זב״ח]. **זל** אבד סיעת מרודיה לך השמד את חבורת המורדים - ת״מ 36ב. ויהושע נגודה וכלב ירותה סיעה דלית משתקח בעלמה כותה...חבורה שאין נמצאת בעולם כמוה - ע״ד ט 31-30. ואבימלך אתי לידה מגרר וסיעה מן רחמיו C ...ואחזת מרעהו - בר כו 26 [כיו״ב N*M₁B; MA וסיפה. ונתפרש אחזת - חבורה. וכך אונקלוס O]. **אתת** סיעה זעורה מקבל אדום... תלא עיניה למדנחה ועמה סיעת גדאה באה סיעה קטנה מכיוון אדום... הביט (בלעם) למזרח וראה את מחנה הגדי - אס 18ב. וסיעת מלאכיה אתת לסעדה וסיעת מלאכים באה ללוותו - ת״מ 79א..

**סיעף**† ? [ ‹ ضعفة = רזון - Dozy II 9b ?]

**סיעף** ש״ע ז *n. m.* **רעב famine** ולית יתחכם סבעה ארעה מלות סיעפה ההוא A ולא יודע

השבע בארץ מפני הרעב ההוא and the plenty will be unknown in the land because of that famine - בר מא 31.

**סיעפים**† שם פרטי *pr. n.* [טי"ס! *Corr.*]

**סיעפים** ש"פ ומעו ית... סעיפיה בשוה מדינתה A ויכו את... האימים בשבי קריתים - בר יד 5.

**סיף**† חרב **sword** [**א"י** דהוה נחשא... בדמות סייפא - **נ** בר כה 27. **סוא"י** בקטלה דסיפיא - דב יג 16]

**סיף** ש"ע ז *n. m.* **חרב sword** וכדו שוי נינפיך זינך סיפך ופוק ברהיוד A ועתה שא נא כליך תליתך וקשתך וצא השדה now, take your gear, your weapon and your sword, and go out to the field - בר כז 3 (נ"א מניך מרמיתך וקשתך. m גורס סי[פ]ך] כנגד תליתך). **ואחיקת** ית בראתי כשביי סיף A ותנהג את בנותי כשביות חרב - בר לא 26. ונסבו תרי בני יעקב... גבר סיפה $^{*}M_1$ איש חרבו - בר לד 25. ופצני מן סיף פרעה A ויצלני מחרב פרעה - שמ יח 4. וית בלעם בר בעור קטלו בסיפה B ...הרגו בחרב - במ לא 8.

**סיפסר**† חרב **sword** [< σαμψῆρα - Krauss. **א"י** בהדא ספסירה קטל בר ניצור לאחוי - ירוש 408b תרומות מו ע"ב]

**סיפסר** ש"ע ז *n. m.* **חרב sword** וית חמור וית שכם ברה קטלו לפם סיפסר $^{*}M_1$ ואת חמור ואת שכם הרגו לפי חרב they slew Hamor and his son Shechem with the sword - בר לד 26. ולמה יהוה מעל יתנן לארעה הדה למפל בסיפסר m ולמה יהוה מביא אתנו אל הארץ הזאת לנפל בחרב - במ יד 3. וסיף סר לא תעבר בארעכון $^{*}M_2$ וחרב לא תעבר בארצכם ויק כו 6 [הסופר הפריד בנקודה בגלל 'סיף'. *Metanalysis under the influence of syp.*]

**סכה**[1] קוץ **thorn** ← יתד **peg** [**א"י** וסיכיהון ומתחיהון = ויתדתם ומיתריהם - **נ** במ ג 37. **סוא"י** לושו סכי פדניכון לסיפין = כתו אתיכם לחרבות - יואל ד 10]

**סכה** ש"ע נ *n. f.* **1 קוץ thorn** ויהי דתותרון מנון לסכים בעיניכון והיו לשכים בעיניכם those whom you allow to remain shall be thorns in your eyes - במ לג 55 [המליץ 577: צכים (ע' זב"ח שם), 596: סכים. השי' **נ** על אתר: לסיכין]. **2 יתד peg** תרתין סכין ללוחה אחדה שתי ידות לקרש האחד - each plank shall have two pegs שמ כו 17, לו 22 (=המליץ 482). תרים לבנים תחת לוחה אחדה לתרתי סכיו ...לשתי יתדותיו - שמ כו 19 (פעמיים), לו 24 (=המליץ 482). **ית סכי** משכנה - שמ לה 18. בכל תשמישה ובכל סכיו - שמ כז 19. **3 יתד spike** וסכה תהי לך עם תעתידך... וחפר בה ועזר וכסי ית אפקותך ויתד תהיה לך על אזנך ...וחפרת בה ושבת וכסית עת צאתך with your gear you shall have a spike..., you shall dig a hole with it and cover up your excrement - דב כג 14.

**סכה**[2] שם פרטי *pr. n.*

**סכה** ש"פ ונסב חם סכה ברת ירד לאתה - אס 6ב.

**סכות** sakkot שם מקום *pr. n. (place)*

**סכות** ש"פ ויעקב אנטל לסכות... (MCA מטלין) - בר לג 17. ברעמסס דבחו ואל סכות נטלו - ת"מ 251א. עד נחל מצרים מעל סכותה עד נחל מצרים לבוא סכות - אס 19א.

**סכי** ראייה, תקווה וציפייה **sight, looking** [**א"י** סכיית למחמי - **נ** בר מה 28. **סוא"י** מסכא למלכותא דאלהא - מרקוס טו 43]

**קל** עבר: סכה - ת"מ 216א. עתיד: תסכון - ת"מ 258א. בינוני פעול: אסכין askən (ר) - ע"ד ג 18. **פעל** עבר: סכית - בר מח 11 בינוני: מסכין (ר) - ת"מ 278ב. **אֶתְפְּעֵל** עבר: אסתכי m - בר יט 28. עתיד: תסתכי — בר יט 17 $^{*}M_2$. ציווי: אסתכי - בר טו 5 $^{*}M_2$. בינוני: מסכי missâki - ע"ד כג 51. **מסכי** - ויק כו 1; מסכיאתון - במ לג 52 V. **סכאה** - ת"מ 198א. **סכאי** סכאין (ר') - דב לב 31. **סכו** סכוה - ת"מ 385ב. **סכוי** qiṭṭūl וסכואן wsikkuw'wân - ע"ד כג 58. **סכוי** qāṭōl לסכוי alsâkuwwi - א"ג 29. **סכי** - במ כא 8 NEC; סכיתה - שמ יז 9 B. **סכיון** סכיונן sikiyyūnån - ע"ד כח 22.

**קל 1 קיווה, ציפה to expect, hope** לפצותך סכית mA לישועתך קויתי I hope for Your salvation - בר מט 18 [המליץ 584]. סכית אערק מנון קויותי לנוס מהם I was hoping to escape from them - ת"מ 228ב. סכינן הנפוש נפלנן בארצם רב קיווינו לרווחה ונפלנו בלחץ רב - ת"מ 20א. כי סכו אדומאי הן ממלכותון תדירה ‹וכד› נפק ישראל חכמו הן ממלכותון מתחלפה אכן קיוו האדומים כי ממשלתם קיימת, וכאשר יצאו ישראל ידעו כי תעבור ממשלתם - ת"מ 291ב. **2 ראה, דימה to see, imagine** זמרי זנוה דסכה דהוא מעמר פרדיס לזנותה זמרי הזונה שראה שהוא מטפח גן

Zimri the fornicator, who imagined he לזנות
ת״מ 196א. - could plant a garden for vice מן
סכה במדעה דו מתרע סיג מי שראה בשכלו
he who imagines in his שהוא פורץ גדר קשטה
mind that he can break the fence of the True
ת״מ 216א. - One דאנון אסכין דכל מכה דאנון
שהם סבורים שכל (ש)למטה שלהם (הוא) -
ע״ד ג 18. סכוי סכית V הסכן הסכנתי - במ כב
30 [J הסכלו הסכלת לשון ראייה. ע׳ המליץ 539
והערות זב״ח]. סליק אנה אל טור נבא לא תסכון
דאני נחת עד לעלם עולה אני אל הר נבא, לא
go up to Mount Nebo; תראוני יורד עד עולם
- you shall not see me come down again ever
ת״מ 258א.

**פעל צִיפה to expect** חזות אפיך לא סכית
I never expected to see ראה פניך לא פללתי
בר מח 11. - you again הוו הלכין מסכין מלכו
היו הולכים מצפים למלכות - ת״מ 278ב. הלא
סכוי סכית לבית אבוך כי נכסף נכספת לבית
אביך - בר לא 30 (=המליץ 525).

**אֶתְפָּעֵל 1 קיווה, צִיפה to expect** ומן מסכי
who expects relief ? לנפוש ומי מצפה לרווחה
- ע״ד כג 51. מה דאה אנן מסכין מה זאת שאנו
מצפים ? - ת״מ 274ב. **2 הביט to look** ואסתכי
he looked על אפי סדום m וישקף על פני סדם
- בר יט 28. - toward Sodom ואסתכיאת אתתה
*M₂ ותביט אשתו - בר יט 26. אל תסתכי לחריך
*M₂ אל תביט לאחריך - בר יט 17. אסתכי
שומיה *M₁ הבט נא השמים - בר טו 5.

**מסכי** ש״ע נ *n. f.* **משכית figure** V*M₂ מסכי
משכית - ויק כו 1 (=המליץ 516). מסכיאתון V
משכיותם - במ לג 52

**סכאה** ש״ע ז *n. m.* **סִיכּוּי prospect** מה דאה
סכאה בהדה עובדה מה הסיכוי במעשה הזה
ת״מ 198א - what prospect does this deed have ?
[ע׳ בהערות זב״ח].

**סכאי** ש״ע ז qattāl *n. m.* **מקווה expecting**
our enemies ודבבינן סכאין C ואיבינו פללים
- דב לב 31 [נתפרש מתפללים? אבל are expecting
C^car^ ואעדאונא חכום = שופטים. *Int.: 'praying'?*
[SAV: *'judges'*.

**סכו** ש״ע נ *n. f.* **1 מבט look** אברהם דסקף
סכוה ועמה ארבעת רבעת עלמה אברהם שזקף
Abraham, מבטו וראה ארבע כנפות העולם
who lifted his look (=looked) and saw the four
- ת״מ 285ב. **2 פסגה** quarters of the world
**summit** מחי סכואת מואב מחץ פסגות מואב

ת״מ 93א - crushes the summits of Moab [רמז
לבמ כד 17, אבל שם ׳פאתי׳ ותרגומו ׳פאתה׳].

**סכוי** ש״ע ז qāṭōl *n. m.* **מצפה one who**
**expects** לסכוי חסדיך לא תיפך באשנתו
do למקווה לחסדיך אל תפנה בפנים זעומות
not turn with hostility to he who expects Your
- א״ג 29. - grace

**סכוי** ש״ע ז qiṭṭūl *n. m.* **סִיכּוּי, hope,**
**prospect** סברינן איקרך וסכואן חסדיך
our hope is (in) סברנו כבודך וסיכויינו חסדיך
- Your glory; our prospect is (in) Your grace
ע״ד כג 58. לא תצנק באפינן תרחי רתותך דאנן
לון סכואן אל תסגור בפנינו את שערי רתיונך,
שאנחנו - ציפייתנו להם - ע״ד כג 66-68. סכוי
סכית V נכסף נכספת - בר לא 30. לריחותך
סכוי m לישועתך תקותי - בר מט 18 [זב״ח,
המליץ 584].

**סכי** ש״ע נ *n. f.* **1 מקום גבוה, מצפה summit**
go up סק לריש סכיתה עלה אל ראש הפסגה
- דב ג 17. - to the top of the summit תחת עקלת
סכיתה תחת אשדות הפסגה - דב ג 17. בהשאלה
*fig.* על סכית נביותה אנה קעום עמי עקבי
דריה על מצפה הנבואה אני עומד רואה את
קצי הדורות - ת״מ 254ב. **2 נס, מוט standard**
עבד לך יקיד ושבי יתה על סכי NEC עשה לך
Make a seraph (?) שרוף ושים אתו על הנס
figure and mount it on a standard (that can be
- במ כא 8, 9 [המליץ 521]. - seen from afar)

**סכיון** ש״ע ז *n. m.* **תקווה expectation** ואתה
סכיונן... ואתהו רחצונן ואתה תקוותנו... ואתה
You are our expectation..., You are מבטחנו
NEBA ע״ד כח 22-24. - our safety למנה סכיונן
אל המן עינינו- במ יא 6.

סכיפס[†] [?scopus >] מצפה? *pr. n. (place)*

**סכיפס** ש״פ תובל קין בנה סכיפס שמה
אלבצרה תובל קין בנה מצפה ששמו אלבצרה
- אס 4א.

סכל[1] הסתכלות, ראייה **looking, sight** [**א״י**
אסתכל כען לשמיא - **נ** בר טו 5. **סוא״י** טולו לשמיא
עיניכון ואסתכלו - דב לב 1] ← תבונה **insight**

**אֶתְפָּעַל 1 הביט to look** ואסתכל אהרן
למרים ואה מצרעה ויפן אהרן אל מרים והנה
Aaron looked towards Miriam, and מצרעה
- במ יב 10. - behold, she was leprous אסתכל
פרעה וכל יתיביה לידה ונפלת עליהון אימה

הביט פרעה וכל היושבים אצלו (בתנין) ונפלה עליהם אימה גדולה - ת״מ 224ב. יבלד מן שנתה ויסתכל לאורה ייעור משנתו wyistakkål ויסתכל באור- ע״ד יג 12. לבדיל תסתכלון ית כל דתעבדון למען תשכילו את כל אשר תעשון - דב כט 8 [המליץ 594: תסתכלו]. אסתכל שבי שומיה הבט נא השמים - בר טו 5. אסתכל יתון ושבח לחילה עבוד פליאתה הבט בהם (באותות) ושבח את האל עושה הנפלאות - ת״מ 282ב. וישראל מסתכל לכל הדה ולבה דחל וישראל מביט לכל זה ולבו פוחד - ת״מ 77א. **2 ביקש to** mᵇ **seek** אה עשו אחוך מסתכל למקטלנך (נ״א מתעיד, מתעתד) הנה עשו אחיך מבקש להרגך - your brother Esau seeks to kill you - בר כז 42.

**מסתכלה** הלא דעל מסתכלה להאלהים כי ירא מהביט אל האלהים - שמ ג 6.

**סוכלתן**† ש״ת *adj.* (מן אונקלוס O) **נבון insightful** לית סוכלתן וחכים כבתך m אין נבון וחכום כמוך there is none so insightful and wise as you - בר מא 39. הבו לכון גברים חכימים ונעירים... ואשבינון סוכלתנן B (נ״א בראשיכון) הבו לכם אנשים חכמים חכמים ונבונים... ואשימם בראשיכם - דב א 13 [נשתבש בהצבת המלה שקלט מן הגיליון .*Misplaced gloss*].

**סוכלתנו**† ש״ע נ *n. f.* **תבונה insight** ואמלי יתה... בחכמה ובסוכלתנו $*M_1$ וימלא אתו... בחכמה ובתבונה He has endowed him with...insight and knowledge - שמ לה 31. וכל גבר... דיהב יהוה בון חכמה וסוכלתנותה $*M_2$ - שמ לו 1 (מן אונקלוס O).

**סכלתן**† ש״ת *adj.* **נבון insightful** גבר סכלתן וחכים m איש נבון וחכם a man insightful and wise - בר מא 33 (מן אונקלוס O).

**סכל²** איוולת **folly** [א״י אסכלת ית מה דעבדת - נ בר לא 28. סוא״י אסכילית כדו - שמ ט 27]

**קל**† **טפש to be foolish** אזהרת יתון לא שמעו הכמתון סכלו אוקרתון מרדו הזהרתי אותם, לא שמעו; הוריתים, לא הבינו; כיבדתים, מרדו I warned them, they paid no attention; I taught them, they remained foolish; I honored them, they rebelled - ת״מ 240ב [שאילת משמעות ע״פ جهل. זב״ח, הע׳ 5. Ar *calque* ]. סכלת הסכלת - המליץ 538 [ע״פ בר לא 28. ליתא]. סוכיל סכל - המליץ 537 [ליתא. ע׳ זב״ח שם].

**אפעל**† **טפש to be foolish** הסכלת במה דעבדת הסכלת עשות you have been foolish in what you did - בר לא 28. הסכלו הסכלת למעבד לך אכהן הסכן הסכנתי לעשות לך כה - במ כב 30 [נזדהו בנ״ש סכ״ל / סכ״ן .Cᵃʳ, Vᵃʳ (המליץ 539 =)] [אעתיאד אעתדת והוא מן عتد , לשון הכנה].

**אסכלה** ש״ע נ *n. f.* **איוולת folly** הסכלה עבדת השכלת עשות it is folly that you did - בר לא E 28. הסכלה הסכלת למעבד לך אכהן EB הסכן הסכנתי לעשות לך כה - במ כב 30.

**אסכלו** ש״ע נ *n. f.* **תועבה abomination** וגבר דידמך עם כלתה... אסכלו הוא $m_2$... תבל הוא if one lies with his daughter-in-law..., it is an abomination - ויק כ 12. הסכלו הסכלת למעבד לך אכהן - במ כב 30.

**סכל**† ש״ע ז *n. f.* **תועבה abomination** ואתה לא תקעם לקדם בהמה למרבע סכל הוא $M_4$ ואשה לא תעמד לפני בהמה לרבעה תבל הוא let no woman lend herself to a beast to mate with it; it is an abomination - ויק יח 23. סכלים נואלים - המליץ 522 [אינו בתורה].

**סכלה**† ש״ע נ *n. f.* **1 איוולת folly** סכלה עובד (סכלתה C) $*M_2$ השכלת עשות it is folly that you did - בר לא 28. דחכים דבקהלה עביד סכלה החכם בקהל יעשה סכלות? - ת״מ 251ב. **2 נבלה outrage** סכלה עבד בישראל $C*m_2$ נבלה עשה בישראל he committed an outrage in Israel - בר לד 7. הלא עבדת סכלה בישראל C כי עשתה נבלה בישראל - דב כב 21.

**סכלו**† ש״ע נ *n. f.* **איוולת folly** סכלו עובד N השכלת עשות - בר לא 28.

**סכם** קץ וכליון ← **end** מניין וקצבה **counting** [א״י וסכם משה... ית כל בכוריה דבני ישראל - נ במ ג 42. סוא״י יסכום - מועד ,LSP 136b] **appointed** [זב״ח, לשוננו יג 227-235, יד 105] **time**

**פעל** [אפשר ששהוא אפעל] עבר: וסכם - בר מט 33 E.

**אפעל** עבר: אסכם - בר כד 15. עתיד: יסכם yaskəm - ע״ד כ 6. ציווי: אסכמו - שמ ה 13. מקור: ולמסכמתון (+נסתרים) - שמ לב 12. **אֶתְפְּעַל** עבר: אתסכם - בר ח 2. עתיד: נתסכם nētaskəm - ע״ד יא 15. **אסכם** לאסכמון askâmu - דב ז 22 B. **אסכמה** - ויק כג 36 B. **אסכמו** - ע״ד ט 15. **מסכם** במסכמה - שמ לא 18 A. **מסכמו** - המליץ 492. **סכום** sâkom - א״ג 105. **סכם** סאכמון - במ א 49N. **סכמו** כסכמותה - שמ לא 18 B.

**פעל/אפעל סיים to finish** כמה דסכם לממללה B כאשר כלה לדבר when (the Lord) finished speaking - בר יח 33. וסכם יעקב

למפקדה E ויכלה יעקב לצות - בר מט 33. וכד אמר אלה מעבד תיבו עבדה וסכמה בי׳ יומים וכאשר ציוה אלהים לעשות תיבה עשאה וגמרה בעשרה ימים - אס 7א.

**אפעל 1 סיים finish to** וכד אסכם נח פלוגיה כשסיים נח חלוקתו when Noah finished his division - אס 7ב. ואסכם לממללה עמה ויכל לדבר אתו - בר יז 22. לא אסכם משה מן מרמי יתה מן אדה לא כילה משה להשליך אותו מידו - ת״מ (ק) 4א. ממה לא אסכמתון חלקכון מדוע לא כליתם חקכם - שמ ה 14. מן הוה ישום רבותון אי יסכם גלגיון מי יכול להעריך גדולתם או לגמור שבחם - ע״ד כ 5-6. אסכמו עובדיכון ממלל יום ביומה (נ״א אשלמו) כלו מעשיכם דבר יום ביומו - שמ ה 13. **2 כילה to annihilate** דלא אסכמנך באורעה פן אכלך בדרך - lest I annihilate you on the way - שמ לג 3. ולא אסכמת ית בני ישראל ולא כלתי את בני ישראל - במ כה 11.

**מסכמה** ולמסכמתון מן על אפי ארעה ולכלותם מעל פני האדמה to annihilate them from the face of the earth - שמ לב 12. לא תכל מסכמתון לא תוכל כלותם - דב ז 22.

**אֶתְפְּעֵל 1 כלה to come to an end** ואתסכם אסגרה מן שומיה ויכל הגשם מן השמים the rain from the heavens ended - בר ח 2. ואתסכמו מיה מן חמתה ויכלו המים מן החמת - בר כא 15 (=המליץ 486). ואתסכמי שבעתי שני סבעה ותכלינה שבע שנות השבע the seven years of abundance came to an end - בר מא 53. לא אתסכם יומה כי אתה ערבה לא יצא היום אכן בא הערב - ת״מ 33א. עד לא נתסכם ברגזה שלא נסוף בכעס - ע״ד יא 15. **2 כילה to finish** [באה״ש המאוחרת באה ׳מן׳ אחריה לאפשר חיבור המושא אל פועל סביל: כלה מן+מקור = כילה. *In late SA it is followed by mn, in order to connect the object to the passive verb*] הוא אדלא אתסכם מן ממללה A הוא טרם כלה לדבר he scarcely finished speaking - בר כד 15. ואתסכמת מן משקתה A ותכל להשקותו - בר כד 19. כמה אתסכמו גמליה מן משתואה A כאשר כלו הגמלים לשתות - בר כד 22. אנא אדלא אתסכם מן ממללה A (נ״א אסכם) אני טרם אכלה לדבר - בר כד 45. וכד אתסכם מן מפקד דיאניה וכאשר גמר לצוות את השופטים - ת״מ 170א.

**אסכם** ש״ע ז *n. m.* **כליון annihilation** לא תכל לאסכמון B לא תוכל לכלותם you will not be able to annihilate them - דב ז 22.

**אסכמה** ש״ע נ *n. f.* **סוף החג end of the festival** וביומה תמינאה זימון קדש... אסכמה היא B וביום השמיני מקרא קדש... עצרת היא on the eighth day you shall observe a sacred occasion...; it is an end (of the festival) - ויק כג 36.

**אסכמו** ש״ע נ *n. f.* **1 גמירה finish** ביום אסכמות משה למקמה ית משכנה ביום כלות משה להקים את המשכן on the day when Moses finished to set up the Tabernacle - במ ז 1. כאסכמותה לממללה עמה ככלותו לדבר עמו - שמ לא 18. עד אסכמותה יתך עד כלותו אתך - דב כח 21. ונעבד אף אנן אסכמו לחובינן ונעשה אף אנו קץ לחטאינו - ע״ד ט 15. **2 כליון destruction** they עבדו אסכמו mA עשו כלה have done destruction - בר יח 21.

**מסכם** ש״ע ז *n. m.* **גמירה finish** במסכמה מן ממללה עמה A ככלותו לדבר עמו at (God's) finishing to speak with him - שמ לא 18.

**מסכמו** ש״ע נ *n. f.* **כליון annihilation** למסכמותון לכלותם - המליץ 492 [ע״פ ויק כו 44. ליתא].

**סכום** ש״ע ז **1 סוף end** סכום כל בסר עלל לקודמי (E)A קץ כל בשר בא לפני I have decided about the end of all flesh - בר ו 13 [השי׳ המליץ 581]. מסכום עסר שנים מקץ עשר שנים - בר טז 3. כי סכומה מטי ולא הוה רוח אכן הקץ הגיע ואין שהות - ת״מ 10ב. דרחמיך... לית שקיה לון סכום שרחמיך... אין להם סוף - א״ג 105. **2 מועד קצוב appointed time** דסכום הפרקן מטי ולא יכל מדלס כי קץ הגאולה הגיע ולא יוכל להתמהמה the term of deliverance draws near, it cannot tarry - ת״מ 14ב. לסכום אלין שניה אתכנשת לקץ אותן השנים נאספה (כנסת ישראל) - ת״מ 50ב. **3 מניין census, number** תלו ית סכום כנשת בני ישראל שאו את ראש עדת בני ישראל take a census of all the congregation of the people of Israel - במ א 2. וית סכומון לא תתלי ואת ראשם לא תשא - במ א 49. סכום לבניה A מתכנת הלבנים the number of bricks - שמ ה 8 [השי׳ המליץ 513]. ויסיב סכום נזרה $M_1$ וטמא ראש נזרו - במ ו 9 [ת״ע: ויגגס גמלה תנסכה $VCB^{ar}$ - סכום (ימי) הנזירות]. יתלי פרעה ית סכומך ישא פרעה את ראשך - בר מ 13 [ת״ע: VNEC ירפע פרעון גמלתך - $C^{ar}$ סכום ימי מעצרך. *i.e.*, the number of the days of your imprisonment (*gmlh*, *'sum'* - Lane 460b)].

**סכם** ש״ע ז .*n. m* **מניין census** וית סאכמון
do not take a לא תסב N ואת ראשם לא תשא
.49 במ א - census of them

**סכמו** ש״ע נ .*n. f* **גמירה finish** כסכמותה
on his finishing למלל B ככלותו לדבר
[המליץ 18 שמ לא - (=when he finished) to speak
:492 כסכמות = ככלות].

סכן† ישיבה, מגורים **dwelling** [< سكن – Lane
[1392c

**אפעל השכין to cause to dwell** ואסכנן
who לתחום מואב B ונשען לגבול מואב
15 בם כא - settled us in the territory of Moab
[תפס את נ״ש עתיד נפעל: ונִשְׁעַן. *Int. as imperf.*
.[*Nif<sup>c</sup>al*

**מסכינה** ש״ע נ .*n. f* **שכנה neighbor** וישול
גבר מן עם עברה ואתה מן עם עברתה
מסכינתה ומגירת ביתה ME (B מסכנתה, נ״א
משכינתה, דעורתה) ושאל איש מאת רעהו
ואשה מאת רעותה משכינתה ומגירת ביתה
each woman shall borrow from her companion,
22 שמ ג - her neighbor, adjoining to her house
[נ״ש אינו מכפיל את העיצור שאחר המ״ים, לפי שאינו
מ״ם היחס אלא המשקל: maškinta wamgīråt. לפיכך
אלה תמורות ל׳רעותה׳. ע״ע שכן].

**סכון** ש״ת ? .*adj* **מגורים dwelling** ובנו קורי
סכונן לפרעה $A^*m_1$ ויבנו ערי מסכנות לפרעה
שמ א - they built dwelling towns for Pharaoh
11 [נ״ש: maskēnət. $C^{ar}$ מסכונה = ערים נושבות הוא
עיבוד של נוסח מעין C: שכונן. אבל בחרס מאדום: מן
עבור מסכנתא = מדגן האסם - AO, p. 48].

סכף† קללה **blasphemy** [=סגף. מהוראת הצער
והפגיעה. **א״י** חמי מסכינים וזיין סכיפין - שירת **ע** .96
דווי וסכוף -אדר״ין נוסח ב, מו. סיכפה ומיתה אינו אונס
- **מ** ב״מ ז י]

**קל קילל to curse** וכרז בר אתתה ישראליתה
ית שמה ואסכף $^*M_2$ ויקב... את השם ויקלל
the Israelite woman's son uttered the Name and
ויק כד 11. - cursed אנש אנש דיסכף ית אביו
וית אמה קטל יתקטל $^*m_2$ איש איש אשר
יקלל... - ויק כ 9. מה אלוט לא לעטה אל ומה
אסכף לא אסכפה יהוה (N סכפה, VC סכף)
מה אקב לא קבו אל ומה אזעם לא זעמו
(עבר+כינוי הנסתר) יהוה - במ כג 8 (=המליץ 458).
ואתה אסכף לי ישראל (C סכף, VN סכוף)
ולכה זעמה ישראל - במ כג 7.

**סכפן** ש״ע ז .*n. m* **קללה 1 curse** והוה סכפן
רב ביני כל מצראי (נ״א קלל) והיתה קללה
a great curse גדולה בקרב כל המצרים
.א11 (ק) ת״מ - appeared amongst the Egyptians
סכפן זעם - המליץ 458 ע״פ במ כג 8 [ליתא]. **2 גנות**
**disgrace** בסכפן ביגון - המליץ 483 ע״פ בר מב
38 [התה״ש: בגנו, וכך המליץ 483. ע״ע גני. *See gny*.]

סכר† סגירה ואטימה **blocking** [**א״י** ואסתכרו עינות
תהומא - **נ** בר ח 2. **סוא״י** סכרו די פמהון דארותא =
סכרו את פי האריות - אל העבריים יא 33]

**קל נסתם to be stopped up** וסכרו מעיני
the fountains of תהומה ויסכרו מעינות תהום
.2 בר ח - the deep were stopped up

**אתפעל נסתם to be stopped up** ואסתכרו
מעיני תהומה C ויסכרו מעינות תהום - בר ח 2
[המליץ 534: ואסתכרי].

**מסכור** ש״ע ז .*n. m* **מכבר** נתפס כלי חוסם ומעביר
את הפסולת לבדה **network** ותעבד לה מסכור
עובד אלכת נחש V (B מסגור) ועשית לו מכבר
you shall also make for it a מעשה רשת נחשת
grating, a network of copper - שמ כז 4 וכן לח 4,
30, לט 39 (V). וארק ארבע עסקין... למסכור
נחשה V ויצק ארבע טבעות למכבר הנחשת -
שמ לח 5.

סכת שקט, הקשבה **listening** [ע״פ דב כז 9 (נ״ש):
הסכת ושמע ישראל. H, *upon* Dt 27:9.]

**אפעל הקשיב to hearken** נסכת לימה
ונשמע הך הו ממלל נקשיב לים ונשמע איך
let us hearken to the sea and hear as הוא מדבר
it speaks - ת״מ 366ב. אסכת ושמע לקשטה - ת״מ
(ק) 46א. הסכת ושמע הסכת למוסר ושמע למה
דת מתאלף הסכת לא אתמרת אלאן אכהן עד
אן יתגלי לך מהו אלפן לך... הסכת חכם מה
דת בכל עת עבד... "הסכת ושמע" (דב כז 9)
הסכת למוסר ושמע מה שאתה למד. "הסכת"
לא נאמר אלא כאן כדי שיתגלה לך מהו מלמד
אותך... "הסכת" - דע מה שאתה עושה בכל
עת - ת״מ 112ב [ק: הסכת אלפה המוסר]. **אנית בעי**
מחכמה הך פרט ברכתה הסכת ושמע אם אתה
רוצה לדעת איך פרט (לוי) את הברכה, "הסכת
ושמע" - ת״מ 133ב.

סלהי† לאות **fatigue** [< שלהי (ע״ע). לעניין חילופי
ש/ס. השי׳ הסתמר/אשתמר וכך סלק/שלק. *Due to š/s*
*interchange; see* Nöldeke MG 46]

**אתפעל נלאה** to be weary ואסתלהי ארעה מצרים וארע כנען מקדם כפנה m (נ״א ואשתלהי מן אונקלוס O) ותלא ארץ מצרים... the land of Egypt and the land of מפני הרעב - Canaan were weary by reason of the famine בר מז 13.

**סלוא**[1] שם פרטי pr. n. sillu

**סלוא** ש״פ זמרי בר סלוא נסיא בית אב לשמעונאה - במ כה 14.

**סלוא**[2] שם פרטי pr. n.

**סלוא** ש״פ וקעם רדיה בן צוריאל בר סלוא - אס 19א.

**סלוי**† שלו, מין עוף a bird [א״י ואגיזת להון סלווי מן ימא - נ במ כא 6. טלשיר 99]

**סלוי** sålbi ש״ע נ n. f. **שלו** quail ורוח נטל מן עם יהוה ואגיז סלבי מן ימה (V סלואן) ורוח נסע מאת יהוה ויגז שלוי מן הים there went forth a wind from the Lord, and it brought - quails from the sea במ יא 31. **וכנשו** ית סלויתה (A סלוי, MB סלבי) - במ יא 32 (=המליץ 603). סלוי מצמתה כרואן השלו נערם ערימות - מ א 27.

**סלח** כפרה, סליחה; ניקוי וחיטוי forgiveness; purification [השורש שאול מן העברית. H loan]

**קל** עבר: סלחת (מדבר) - במ יד 20 (=המליץ 537). עתיד: יסלח yisla - ע״ש ו 7. ציווי: סלח sēla - ע״ד כה 86. מקור: מסלח - דב כט 19. **פעל** (!? - השי׳ אונקלוס במ יח 1 ע״פ מסורת תימן) עבר: וסאלח - ויק יד 52. עתיד: ויסלח - שמ כו 35א (=המליץ 487). מקור: מסלחה - ויק טז 34. **אֶתְפְּעֶל** עתיד: ויסתלח - במ טו 26 (=המליץ 537). **אֶתְפַּעַל!** עבר: ואסתלחו - במ ח 21. עתיד: יסתלח - במ יט 20. סלוחיה (ריבוי qiṭṭūl **סלוח** - במ לה 32. מיודע) silluwwayyå - מ יז 26. **סלוח** (qåṭōl) sālo - א״ג 86. **סליחה** סליחן (ר) sēliyyån - מ יז 16. **סליחו** סליחותה (מיודע) - ת״מ 130ב.

**קל סלח** to forgive ואמר יהוה סלחת כמליך the Lord said, "I have סלחתי כדבריך... pardoned, according to your words" - במ יד 20. מרין דסליחתה יסלח לחובינן אדון הסליחות יסלח לעוונותינו - ע״ש ו 7. ביתה יומה יסלח יהוה לכל נפש - ת״מ 291ב. ותסלח לעובינן - שמ לד 9. סלח שבי לעוב עמה הדן סלח נא לעון העם הזה - במ יד 19. ולחטאינן סלח - ע״ד כה 86.

**מסלח** לא אתרחי יהוה למסלח לה לא יאבה יהוה לסלח לו - דב כט 19.

**פעל 1 כפר** to atone על חטא דקנא לאלהה וסלח על בני ישראל קנא לאלהיו וכפר על בני ישראל (Phinehas) was jealous for his God, - and atoned for the people of Israel במ כה 13. מאן אסלח בדיל עוביכון אולי אכפר בעד חטאותיכם - שמ לב 30. **2 חיטא** מטמאה to purify וסאלח ית ביתה בדם צפרתה וחטא את הבית בדם הצפור he shall cleanse the - house with the blood of the bird ויק יד 52. ויסלח עליה כהנה ותדכי וכפר עליה הכהן וטהרה - ויק יב 7. ויסלח אהרן על קרנתה אחדה בשתה וכפר אהרן על קרנתיו אחת בשנה - שמ כו 35א.

**מסלחה** למסלחה על בני ישראל מכל חטאיון לכפר על בני ישראל מכל חטאיהם - ויק טז 34. ויסבון למסלחה ית ביתה תרתי צפרן ולקחו לחטא את הבית שתי צפרים - ויק יד 49.

**אֶתְפְּעֶל נסלח** to be forgiven ולארעה לא יסתלח לאדם דישתפך בה ולארץ לא יכפר לדם אשר שפך בה the land can have no - expiation for blood that is shed on it במ לה 33. ויסתלחון (נ״א ויסתלחון) לקדם יהוה על שגותון ויסתלח לכל כנשת בני ישראל וחטאתם לפני יהוה על שגגתם ונסלח לכל עדת בני ישראל - במ טו 25-26.

**אֶתְפַּעַל נטהר, התחטא** to purify oneself ואסתלחו לואי וארעו ארקעיון ויתחטאו הלוים ויכבסו בגדיהם the Levites purified themselves (from sin) and washed their clothes - במ ח 21. וגברה דיסתב ולא יסתלח ותתעקר נפשה ההיא והאיש אשר יטמא ולא יתחטא ונכרתה הנפש ההיא - במ יט 20. כל קטול נפש וכל דקרב בקטיל תסתלחון כל הרג נפש וכל הנגע בחלל תתחטאו - במ לא 19.

**סלוח 1 כפרה, סליחה** ש״ע ז n. m. qiṭṭūl atonement ותסלח על מדבחה בסלוחך עליו וחטאת את המזבח בכפרך עליו you shall offer a sin offering for the altar, when you - make atonement for it שמ כט 36. **כד חכמת** ס... די מרביה סלוחה ומנה יהי פרקן נפשהתה כאשר הבינה ס... שהיא מרבה סליחה וממנה תהיה גאולת הנפשות - ת״מ 293א. **2 כופר** כסף ransom ולא תסבון סלוח לנפש קטול ולא תקחו כפר לנפש רצח you shall accept no - ransom for the life of a murderer במ לה 31. ולא תסבון סלוח למערק לקרית מקלטה ולא

תקחו כפר לנוס אל עיר מקלטו - במ לה 32. **3** קרבן חטאת **sin offering** סלוח היא (נ״א חטא) חטאת היא - it is a sin offering - ויק ד 24. ויסב כהנה מן אדם סלוחה ...מדם החטאת - ויק ד 25. וית בסר פרה... תוקד מלבר למשריתה סלוי היא (נ״א סלוח) ...חטאת היא - שמ כט 14.

**סלוח** ש״ת qāṭōl *adj.* **סולח forgiver** סלוח סריחתה סבול אשמיה סולח הפשעים, נושא העוונות forgiver of the sins, absolver of the - acts of guilt - א״ג 86. סלוחה סוברה סלח לחובינן הסולח, הנושא, סלח לחטאינו - מ ז 57-58, יב 57.

**יום סלוחיה** ש״ע ז *n. m.* **יום הכיפורים the day of atonement** הלא יום סלוחים הוא it is a day of atonement, to למסלחה עליכון - make atonement for you - ויק כג 28. זהרה ושמשה סהדין אידן הוא יום סלוחיה הירח והשמש עדים איזה הוא יום הכפורים - מ יז 25-26.

**סליחה** ש״ע נ *n. f.* **סליחה forgiveness** פממיכון פרוטי מלי סליחתה פיותיכם (של הכוהנים) פורטי דברי הסליחה (the priests') - mouths pronounce the words of forgiveness ת״מ 172א. אה אסירי חוביה קוו סליחתה הוי אסירי החטאים, קוו לסליחה - ת״מ 291ב. צעם בה ונסב סליחן צם בו (ישראל ביום הכיפורים) וקיבל סליחות - מ יז 16.

**סליחו** ש״ע נ *n. f.* **סליחה forgiveness** מכן אתעקב ההר הטוב... דו בית אלהים... ואתר סליחותה על כן נקרא ההר הטוב... שהוא בית אלהים... ומקום הסליחות therefore it was , for it is the...named "the Good Mountain" - house of God... and the place of forgiveness ת״מ 130ב. ותיתון ליד אתרה דבחרה קשטה אתר ברכהתה משרוי מלאכיה בית אלהותה... אתר סליחותה (ק: סליחתה) ...מקום הסליחה - ת״מ 117א.

**סלכה** silka שם מקום *pr. n. (place)*

**סלכה** ש״פ וכל גלעדה וכל בתנינה עד סלכה - דב ג 10.

**סלל**† עיוות, עיקום ? **twisting, spraining** [השי ע סלסל (שער) - ב״י 4077א]

**קל** בינוני פעול *pass. pt.* **מעוות sprained** ומעיס וסריס וסליל ועקור לא תקרבון ליהוה A (נ״א ונתיק, וקציע) ומעוך וכתות ונתוק וכרות לא תקריבו ליהוה you shall not offer to the Lord any animal with its testes bruised or castrated - or sprained or excised - ויק כב 24.

**סל** ש״ע ז *n. m.* **סל** כלי נשיאה מסורג **basket** [מן אונקלוס. ע״ע קנון O] אנה בחלומי והא תלתה סלין רבוע עלוי רישי A ...שלשה סלי חרי על ראשי in my dream there were three baskets of - relief (?) on my head - בר מ 16. ובסלה $A^{*}M_{1}$ עלאה מן כל לנוט פרעה עובד נחתום ועופה אכלון מן על סלה mA ובסל העליון מכל מאכל פרעה מעשה אפה והעוף אכל מעל הסל - בר מ 17. תלת סליה תלתה יומין אנון mA - בר מ 18.

**סלם** סולם **ladder** [א״י והא סלם קבע בארעא - נ בר כח 12]

**סלם** ש״ע ז *n. m.* **סולם ladder** וחלם ואה סלם קעם ארעה ויחלם והנה סלם מציב ארצה (Jacob) had a dream; a ladder was set on the - ground - בר כח 12 (=המליץ 535). והן בעיך מחכום מה באדינן בא ליעקב בסלם חלמהואם בקשת לדעת מה בא על ידינו ליעקב בסולם חלומו (דברי המלאכים) - ת״מ 146ב. דחכמתה סלם מצב מן לבה אל מעונה כי החכמה היא סולם מוצב מן הלב אל המעון - ת״מ 282א.

**סלס**† ?

**פעל ?** ושבו עליו שלטונין מסלסין (-ין מטושטשות) וישימו עליו שרי מסים - $m^{b}_{1}$ שמ א 11 [עירוב של מפלעין (A) עם מסים (E) ושיבוש התוצאה. *Corr. from* $mpl^{c}ym$ (MS A) *blended with msym* (SP)].

**סלע**[1]† יחידת משקל, מטבע **a weight** [מן אונקלוס O]

**סלע** ש״ע נ ? *n. f.* **שקל sela** ופרקנה... חמשה סילעין בסילעי קדשה $M_{2}$ (נ״א מתקלין) ופדיו... חמשת שקלים בשקל הקדש ...its redemption is fifty sheqels according to the sheqel of the - sanctuary - במ יח 16. ונסב גברה קדשה דדהב טבע מתקלה... ותרין שירין עשרה סילחן דדהב מתקלין $^{*}M_{1}$ ויקח האיש נזם זהב בקע משקלו... ושני צמידים על ידיה עשרה (שקלים) משקלם - בר כד 22. ויהי שיאמך חמשים סילען כסף M (נ״א מתקל, מתקלין) והיה ערכך חמשים שקל כסף - ויק כז 3.

**סלע**[2]† אבן **stone** [עש״ה NSH]

**סלע** ש״ע נ *n. f.* **אבן stone** ועמונה קעם קמי הסלע ואפק מים ושתה כל ישראל וראוהו עומד לפני הסלע והוציא מים ושתה כל ישראל they saw him standing befor the rock drawing water, and all Israel drunk - ת״מ 285ב ע״פ במ כ 11-8.

†סלף[1] שאיבה **drawing water** [= זלף. **ע** המקדש בשוקט... אם היה ספוג המים שתוכו פסולים. כיצד יעשה? יזלף עד שהוא מגיע לספוג - **מ** פרה ו, ג. ע״ע דלף [*cf. dlp.*

**אפעל שאב to draw water** ונעתת לעינה וסלפת קלתה $*M_2$ ותרד העין ותמלא כדה - she went down to the spring and filled her jar בר כד 16. **ואמרת אף לגמליך אסלף A ותאמר גם לגמליך אשאב** - בר כד 19, 44. ורנן עמה על משה מימרה מה נסלף A וילן העם על משה לאמר מה נשתה - שמ טו 24 [=מה נשאב. *i. e.*, [what shall we draw.

†סלף[2] עיוות וקלקול **perversion** [א״י פומיה אסתליף = פיו יתעוות - תרג׳ אסתר ו 2].

**פעל עוות, קלקל to distort** הלא ממונה יסמי עיני חכימין ויצלף עיני קשיטין V כי השחד יעור עיני חכמים ויסלף דברי צדיקים for a bribe blinds the eyes of the wise and distorts the words of the righteous - דב טז 19.

**סלוף** ש״ע ז *n. m.* qiṭṭūl **ערוה pudenda** ופניון לולק וסלוף אביהון לא חזו (E)A ופניהם אחרנית וערות אביהם לא ראו their faces were turned backwards, and they did not see their father's nakedness - בר ט 23 [לשון נקייה [*euph.*

†סלף[3] ליקוט **gathering** [השי׳ سلف = שידוד [*cf.* Kazimirski I 1125b - השדה

**פעל ליקט to gather up** לא תסכם פאת עקלך מחצד וסלוף חצדך לא תסלף A לא תכלה פאת שדך לקצר ולקט קצירך לא תלקט you shall not reap your field to its very border, nor shall you gather the gleanings after your harvest - ויק כג 22.

**סלוף** ש״ע ז *n. m.* qiṭṭūl **לקט gleaning** וסלוף חצדך לא תסלף A ולקט קצירך לא תלקט - you shall not the gleanings after your harvest ויק כג 22.

†סלף[4] יין **wine** [< سلافة - Kazimirski I [1126b

**סלף** ש״ע ז *n. m.* **יין wine** ואעל לה [סו]לף ושתה $m_2$ ויבא לו יין וישת he brought him wine, and he drank - בר כז 25.

**סלפה** ש״ע נ *n. f.* **יין wine** והשקי ית אבוין סלפה בליליה ההוא $m_4$ ותשקיהן את אביהן יין בלילה ההוא they made their father drink wine that night - בר יט 33.

**סולפה** ש״ע נ *n. f.* **יין wine** ונסוכה סולפה רבעות קסטונה $*m_1$ ונסכיו יין רביעית ההין and its libation of shall be wine, a quarter of a hin - ויק כג 13.

סלק עלייה **elevation, ascent** [א״י אסוק כען ואתני לפרעה - **נ** בר מו 31. **סוא״י** מבוע די הוא סלק מן ארעא - בר ב 6] ← גידול וצמיחה **growing** plants

**קל**, עבר: סלק sâlåq - מ טו 44. עתיד: יסק yissåq - ע״ד ח 9. ציווי: סק - שמ כד 12. סלק - במ כא 17. בינוני: סלק sâlәq - ע״ד ז 3. פעול: סליק - ת״מ 260ב. מקור: מסק - שמ יט 23. **קל**$_2$ [ע״ד ע״י. אינו ב-J] עבר: סק - בר יט 28 A. ציווי: סוק - שמ לג 1 V (=המליץ 542). **פעל** עתיד: יסלקון - שמ יט 13. בינוני פעול: מסלקה amsållâqå - ע״ד ט 40. **אפעל** עבר: ואסק - בר ח 20 (=המליץ 543). אסקת (נוכח) assiqtå - מ ח 66. עתיד: תסק - דב יב 14. ציווי: אסק - שמ לג 12. בינוני: מסק - ויק יא 45. מקור: מסקה - שמ כז 20. **אֶתְפְּעֵל** עבר: אסתלק - בר יט 15. עתיד: יסתלק - שמ מ 37. ציווי: אסתלק - בר יט 17 (=המליץ 507). בינוני: מסתלק - ת״מ 48א. מקור: מסתלק - בר יט 19 (=המליץ 507). מסתלקה A - שם. **אֶתְפַּעַל** עתיד: יתסקון - ויק ב 12. **אסק** - במ כח 19 A. **אסקה** עסקה - ויק כג 57 A. **אסקו** באסקותי (+מדבר) - דב ט 9. **אסתלקו** אסתלקות (נסמך) - במ ט 17. **מסוק** - ת״מ 168ב. **מסוקי** - במ יג 30 A. **סלוק** qiṭṭūl סלוקיך - שמ כ 20. **סלוק** qāṭōl סלוקיה - במ לב 11. **סליק** - ויק כז 7 A. **סליקה** - בר כב 13 A. **סלק** - בר מו 4. **סלקה** - במ טו 24.

**קל, 1 עלה to go up** ואקדם בצפרה וסלק לטור סיני (Moses) rose early in the morning and went up on Mount Sinai - שמ לד 4. **זרע** דאזדרע לגו אש סלק ואדגן עסר מלין הזרע שנזרע באש עלה והצמיח עשרת (הדברים) - מ טו 44. לך יסק התשבחן מלב ומנפש אליך יעלו התשבחות מלב ומנפש - ע״ד ח 9. ובכל עבדיך יסקון ארדעניה - שמ ז 29. ואמר יהוה למשה סק לידי - שמ כד 12. סלק באר אגיבו לה (EC,סקי NA) סלוקי. נ״ש ēli אינו מבחין בין זכר ונקבה) עלי באר ענו לה - במ כא 17. סלקו

ורתו ית ארעה (VEC סקו) עלו ורשו את הארץ
- דב ט 23. ועמין למאורה סלק ורואים את
המאור עולה - ע״ד ז 3. והוא סליק ציבעד
ומסתכל לאחריו והוא (משה) עולה מעט (אל
הר נבו) ומביט לאחוריו - ת״מ 260ב. **2 צמח to**
**sprout** וכל עסב חקלה אדלא יסק (E)A וכל
no grasses of the field עשב השדה טרם יצמח
had yet sprouted - בר ב 5. והא שבע נקלופין...
סלקים בתריהון A ($M_1$* סלקן) והנה שבע
שבלים... צמחות אחריהן - בר מא 23,6.

**מסק** לא יכל עמה למסק לטור סיני - שמ
יט 23. ועצפו למסק לריש טורה ויעפלו לעלות
אל ראש ההר - במ יד 44.

**קל₂† עלה to go up** והא סק תננה ארעה A
the smoke of the land והנה עלה קיטור הארץ
went up - בר יט 28. ואמר פרעה סוק וקבר ית
אבוך $V*M_1$ ויאמר פרעה עלה וקבר את אביך
- בר נ 6. קום סוק מדן V - שמ לג 1. סוקו דן
בדרומה B עלו זה בנגב - במ יג 17. סוקו מדן
*$N_{sup}$ - במ טז 3 [כנגד רב לכם !].

**פעל 1 עלה to go up** במגד יובלה אנון
יסלקון בטברה B (נ״א יסקון) במשך היובל
they may go up on the mountain הם יעלו בהר
- שמ יט 13. **2 הרחיק, סילק to remove** ורחמיה
פריסין ועכרה מסלקה והרחמים פרוסים
the mercy is spread and the והחושך מסולק
darkness removed - ע״ד ט 39-40. **צבע דבק**
ורתותה מסלקה מנה צעק ״הושע!״ והרתיון
מסולק ממנו - מ א 42.

**אפעל 1 העלה to bring up** פמה דתהומה
אסקת על ריש טורה את פי התהום העלית
you brought up to the summit the על ראש ההר
very depth - מ ח 65-66. אל תסקני מדן אל
תעלני מזה - שמ לג 15. והו משבע לכל עמה הן
יסקון גרמיו מדן והוא (יוסף) משביע את כל
העם שיעלו את עצמותיו מזה - ת״מ 252ב. אתה
אמר לי אסק ית עמה הדן ...העלה את העם
הזה - שמ לג 12. אני יהוה אלהכון המסק יתכון
מן ארע מצרים...המעלה אתכם... - ויק יא 45.
**2 הקריב to offer** burnt offerings ואסק עלן
he offered burnt במדבחה ויעל עלות במזבח
offerings on the altar - בר ח 20. תמן תסק עלאתך
שם תעלה עלותיך - דב יב 14. **2 הצמיח to**
**make to grow** ואסק יהוה אלה... ית כל
the עילן (E)A ויצמח יהוה... את כל עץ
Lord... caused to grow every tree - בר ב 9. ושוכין
וכובין תסק לך(E)A וקוץ ודרדר תצמיח לך -

ג 18. **3 עלה** פע״ע [באה״ש המאוחרת] **to go up**
(נ״א וסק) B ואסק לידי לטורה *late* SA *intrans.*
come up to Me on the ...ועלה אלי ההרה
mountain - דב י 1. ובזבן דאמר לה אלהים אסק
לידי אל טורה וסלק לידה וכסנה עננה ובזמן
שאמר לו אלהים ״עלה אלי ההרה״ (שמ כב 12)
עלה אליו ויכסהו הענן (שמ כד 16) - ת״מ 265ב.
[בתה״ש שלפנינו: סק]. טורה טבה הוה כרז לון...
אסקו בשלם ההר הטוב היה קורא להם...:
״עלו בשלום״ - ת״מ 51א [זב״ח הע׳ 3].

**מסקה** משח זית... למסקה בוצין תדיר
שמן זית... להעלות הר תמיד - שמ כז 20. ואיעת
למפצהתה... ולמסקתה מן ארעה ההיא וארדה
להצילו... להעלותו מן הארץ ההיא - שמ ג 8.

**אֶתְפַּעַל 1 עלה to rise** וכות סחרה אסתלק
וכמו השחר עלה as the dawn rose - בר יט 15.
וגשש אישה עמה עד אסתלק שחרה (EC
אסתלקות - תפס ש״ע) עד עלות השחר - בר לב
25 [$C^{aj}$: ארתפע - פועל = א״ס]. **2 נמלט to flee**
לטברה אסתלק דלא תסתפה (A סק) ההרה
המלט - בר יט 17. זרז אסתלק לתמן (A סק) -
בר יט 22. **3 נעלה, התרחק to withdraw,**
**depart** ואסתלקו מן עם משכן קרח ויעלו
they withdrew from about the מעל משכן קרח
abodes of Korah - במ טז 27. בעסרים בירחה
אסתלק עננה - במ י 11. ואסתלק מלאך יהוה
כמה אסכם ממללה A (נ״א ואזל) וילך מלאך
when the angel of the Lord had finished ...יהוה
speaking to Abraham, he departed; - בר יח 33
[להרחקת ההגשמה To avoid anthropomorphism ].
ואם לא יסתלק עננה VMECBA (J יסק) ואם
לא יעלה הענן - שמ מ 37. נהרה מסתלק מנון
וחשכה רמי לגון האור מסולק מהם והחושך
נזרק לתוכם - ת״מ 48א.

**מסתלק** לא אכל למסתלק לטברה דלא
תמטיני בישתה לא אוכל להמלט ההרה... - בר
יט 19.

**מסתלקה** לא ארשי למסתלקה לטורה
A - בר יט 19.

**אֶתַּפְעַל הועלה to be offered** ולמדבחה
לא יתסקון לריח ריחו (נ״א יסקון) ועל המזבח
they shall not be offered לא יעלו לריח ניחח
on the altar for a pleasing odor - ויק ב 12 [נ״ש
iyyālu, נפעל].

**אסק†** ש״ע ז *n. m.* **קרבן עולה** רק ב-A. **burnt**
**offering** אתקומם עם אסקך A התיצב על
stand beside your burnt offering - במ כג עלתך
3. ובקמאי ירחיכון תקרבון אסקין ליהוה A -

במ כח 11. אסקין (!) ריחו רחותה קרבן ליהוה A - במ כח 13. ותקרבון קרבן אסק A קרבן עלה - במ כח 19. מלבר אסק צפרה A עלת הבקר- במ כח 23.

**אסקה** ש״ע נ *n. f.* עסקה ושליחתה A עולה ומנחה- ויק כג 37 [העיין בהשפעת העברית].

**אסקו** ש״ע נ *n. f.* **1 קרבן עולה burnt offering** התקומם עם אסקותיך A התיצב על עלתיך - stand beside your burnt offering - במ כג 15. **2 עלייה ascension** באסקותי לטברה... לחם לא אכלת (V במסקי) בעלותי ההרה in my ascension to the mountain - דב ט 9. ולקבל אסקות עננה... יטלון בני ישראל C ולפי העלות הענן... יסעו בני ישראל - במ ט 17. **3 העלאת אש kindling** באסקותך ית בוציניה in your kindling the lamps - במ ח 2. ובאסקות אהרן ית בוציניה בין רמשיה ובהעלות אהרן את הנרות בין הערבים - שמ כו 35א.

**אסתלקו** ש״ע נ *n. f.* **עלייה departure** ולפם אסתלקות עננה... יטלון בני ישראל ולפי העלות הענן... יסעו בני ישראל the Israelites would set out following the departure of the cloud - במ ט 17. ובאסתלקותה יטלון ובהעלותו יסעו - במ ט 22. ובאסתלקות עננה... יטלון ובהעלות הענן... - שמ מ 36.

**מסוק** ש״ע ז *n. m.* **עלייה going up** טרו לוכון מסוק בטברה A השמרו לכם עלות בהר beware of going up the mountain - שמ יט 12. ובזבן מסוק נביה רבה משה אל טור נבא ובזמן עליית... משה אל הר נבו - ת״מ 168ב. במפוק שבתה נפק אברהם ל(ח)קל דבק וב מטה בון מסוק זערה בעמק במוצאי שבת יצא אברהם לשדה דאבק וביום השני השיגם בעת עלות הירח בעמק - אס 12ב.

**מסוקי**† ש״ע נ *n. f.* **1 מעלה** מוחש **ascent** *concr.* ויסחר לכון תחומה מדרום למסוקית עקרבים VECB ונסב לכם הגבול מנגב למעלה עקרבים your boundary shall turn to pass south of the ascent of Aqrabbim - במ לד 4. **2 עלייה** מופשט *abstr.* **going up** מסוקי נסק VMA עלה נעלה - במ יג 30.

**סלוק**† ש״ע ז qiṭṭūl **קרבן עולה** מדבח ארעה תעבד לי ותכס עלויו ית סלוקיך A(B סלקתיך) מזבח אדמה תעשה לי וזבחת עליו את עלתיך make for Me an altar of earth and sacrifice on it your burnt offerings - שמ כ 20.

**סלוק**† ש״ע ז qāṭōl *n. m.* **עולה one who**

**סלוקיה** אם יחזון גבריה סלוקיה **comes out** ממצרים... ית ארעה (VECB דסלקו) אם יראו האנשים העלים ממצרים את הארץ none of the men who came out of Egypt shall see the land - במ לב 11. הוא ואחיו וכל סלוקיה עמה A ...וכל העלים עמו - בר נ 14.

**סליקא**† ש״ע ז *n. m.* **1 עולה burnt offering** סליק תדיר A עלת תמיד continual burnt offering - במ כח 10,6,3. ותקרבון סליק A - במ כח 17. דאה סליק ירחה בחדותה לירחי שתה A זאת עלת חדש בחדשו לחדשי השנה- במ כח 14. **2 צמח plant** [השי׳ סלק בעברית. *cf. H slq,* 'vegetable'] כל סליק עסב A (נ״א ירק) כל ירק עשב every green plant - בר א 30. וית סליקי חצדך לא תחצד m ואת ספיחי קצירך לא תקצר - ויק כה 5. ולא תחצדון ית סליקיה m ולא תקצרו את ספיחיה - ויק כה 11. **3 עלה leaf** וירדף יתון קל סליק רדף M קול עלה נדף - ויק כו 36. **ב** ת״פ *adv.* **מעלה upward** מבר אשתים שתה וסליק A (נ״א ולעל) מבן ששים שנה ומעלה sixty years old and upward - ויק כז 7.

**סליקה**† ש״ע נ *n. f.* **קרבן עולה burnt offering** ואסקנה סליקה חליפת ברה A ויעלהו עלה תחת בנו he offered it up as a burnt offering instead of his son - בר כב 13.

**סלק** ש״ע ז *n. m.* **1 עלייה** מופשט **going up** *abstr.* אנא אעת עמך למצרים ואנה אסקנך אף סלק (Vm מסוק) אנכי ארד עמך מצרימה ואנכי אעלך גם עלה בר מו 4. **2 קרבן עולה** מוחש *concr.* **burnt offering** סלק שבתה A עלת השבת the burnt offering of the Sabbath - במ כח 10. סלק תדירה A עלת התמיד - במ כח 24.

**סלקה** ש״ע נ *n. f.* **קרבן עולה burnt offering** תור בר תורין חדה לסלקהA פר בן בקר אחד לעלה one bull of the herd as a burnt offering - במ טו 24. ותדבח עליו ית סלקתיך B - שמ כ 20.

**סלקק**† תרפים, צלמים **idol** [לשון נקייה, על ידי עיוות הצורה. ZSp 174 : > علوق = מין שד *Euph.,* *prob. intentionate distortion of slq.*]

**סלקק** ש״ע ז *n. m.* **צלם idol** ולבן אזל למנשש ית עאנה ונסבת רחל ית סלקקיה A (נ״א תרפיה, צלמניה) ותגנב רחל את התרפים and Rachel the idols - בר לא 19.

**סלת** קמח דק **fine flour** [**א״י** ותלתה עשרונין סולת - **נ** במ כח 12]

**סלת** ש״ע נ *n. f.* **סולת fine flour** זרזי תלת סים קמח סלת לאשי ועבדי עגולים מהרי שלש סים קמי סלת לושי ועשי עגות quick, three בר - seahs of fine flour! Knead and make cakes! יח 6. ותסב סלת ותיפי יתה תרתעסרי חלין ולקחת סלת ואפית אתה שתים עשרה חלות - ויק כד 5.

**סם**[†] סמסם **spice** [מן העברית. ע״ע סמן *H interp.*]

**סם** ש״ע ז *n. m.* **סם spice** וית אועדת סמיה B ואת קטרת הסמים the aromatic incense - שמ לה 15. קטף ושאבה ולבנתה סמים ולבונה זכיה A נטף ושחלת וחלבניה סמים ולבונה זכה - שמ ל 34. ובסמנים למשה רבותה ולאועדות סמין B... ולקטרת הסמים - שמ לה 8.

**סמאל**[1] שמאל **left** [**א״י** דעל כף ידיה דשמאלה (!) - ויק יד 16. **סוא״י** ימינהון אא סמלהון - יונה ד 11]

**סמאל א** ש״ע ז *n. m.* **שמאל left** ונסב יוסף ית אפרים בימינה מסמאל ישראל וית מנשה בסמאלה מימין ישראל Joseph took the two of them, Ephraim with his right hand — to Israel's left — and Manasseh with his left hand — to Israel's right - בר מח 13. ומהי ימינה וסמאלה ארע כנען ימינה וארע מצרים סמאלה ושביל קשטה בממציע מהו ימינה ושמאלה? ארץ כנען ימינה וארץ מצרים שמאלה ודרך האל באמצע - ת״מ 235ב. **ב** ת״פ *adv.* **שמאלה leftwards** אם סמאלה וימינה ואם ימינה וסמאלה if you go north, I will go south; and if you go south, I will go north - בר יג 9 (=המליץ 597).

**סמאלי** ש״ת *adj.* **שמאלי the left hand** ויסב כהנה מלג משחה וירק על כף כהנה שמאליתה J (ט״ס מן סמאליתה. נ״א סמאלתה, דסמאלה = המליץ 597) ויטבל ית אצבעה ימינתה מן משחה דעל כפה סמאליתה the priest shall take some of the log of oil and pour it into the palm of his own left hand and he shall dip his right finger in the oil that is in the palm of his left hand - ויק יד 15-16. דומה לו פס 27.

**סמאל**[2] ?

**סמאל** ש״ע ז *n. m.* **?** וישראל עבד סמאל A ...וישראל עשה חיל - במ כד 18.

**סמד**[†] קמח דק **fine flour** [מן הערבית המדוברת (Barthélemy 357: smīd) ולא מן סמידה הארמית, שאינה כלל באה״ש. ע״ע סלת. Ar *loan.* SA *usually has slt (q. v.)*]

**סמד** ש״ע ז *n. m.* **סלת fine flour** תריון מלוה סמד בסיסה במשח למנחה A שניהם מלאים סלת... - במ ז 67. ומנחתה סמד פסיסה במשח A ומנחתו סלת בלולה בשמן with it a meal offering of fine flour with oil mixed in - במ ח 8. ויקרב... שליחה סמד עסור בסיס ברביעתה הינה משח A והקריב... סלת עשרון בלול ברבעית ההין שמן - במ טו 4.

**סמי**[1] עיוורון **blindness** [**א״י** שוחדא מסמי עייני נסבוי - **נ** דב טז 19. **סוא״י** דתפתוח עיניהון דהלין דסמין - ישע מב 7]

**פעל סימא to make blind** הלא ממונה מסמי עיני נעירים B כי השחד יעור עיני חכמים for bribes blind the eyes of the wise - דב טז 19. מה הדה שהותה רבתה דסמית למדעך... ועבדת כאנש לא ידע ולא ישמע מה הרעה הגדולה הזאת שסימית את שכלך... ועשית כאיש שאינו יודע ואינו שומע - ת״מ 137א. ואמסר עליכון באשו ית חמימתה וית ערביתה מסמין עיניה (המליץ 492: מסמיאן, M[1]C* מסמיה) והפקדתי עליכם בהלה את השחפת ואת הקדחת מכלות עינים - ויק כו 16.

**סימה** [ט״ס מן סמיון) ש״ע ז *n. m.* מה אהן סימה רבה דאנה עמי מנך קשטה הוקם לך ספר טב ולא צביך תילף מה זה העיוורון הגדול הזה שאני רואה ממך? קשטה הקים לך מורה טוב ולא רצית ללמוד what is this great blindness that I see at you? tThe True One gave you a teacher, but you wouldn't learn - ת״מ 113ב.

**סמאי** ש״ע ז qĕṭāl *n. m.* **עוורת blindness** סמאי אי תבר... לא תקרבון אלין ליהוה C) סמי) עוורת או שבור... לא תקריבו אלה ליהוה blind or injured..., you shall not offer to the Lord - ויק כב 22.

**סמוי** ש״ע ז qiṭṭūl *n. m.* **עוורון blindness** לב רגז סמוי עינים ודאון נפש VB ...כליון עינים ודיבון נפש a trembling heart and failing eyes, and a languishing soul - דב כח 65.

**סמי** ש״ת sēmi *adj.* **עיוור blind** מלל אי אשתיק אי נעיר אי סמי אלם או חרש או פקח או עור dumb, or deaf, or seeing, or blind - שמ ד 11. ותהי מגשש בטהריה כמד יגשש סמיה בקבלה

והיית ממשש בצהרים כאשר ימשש העור באפלה - דב כח 29. ווילון אלין דלא צעמין ...דאנון הך סמי בקבל אוי להם לאלה שאינם צמים... שהם כעיוור באפלה - מ יז 21-23. לית הדה מלי לסמי עינה ליתון אלא לאנש עמי אין מלים אלה (מכוונים) לעיוור העין. אינם אלא לאיש רואה - ת״מ 150ב.

**סמיון** ש״ע ז *n. m.* **עוורון blindness** ימעינך יהוה בשגעונה ובסמיונה ובתמיונה דלבה יכך יהוה בשגעון ובעורון ובתמהון לבב the Lord will smite you with madness and blindness and confusion of mind - דב כח 28 (המליץ 552: בסמיונים). לב רגיז סמיון עינים ודיבון נפש - דב כח 65. אה סמיון רב אנן בה מנגדין ולא לנן יכלו למהלך בה הנה עיוורון גדול שאנו מולכים בו ואין לנו יכולת להלך בו - ת״מ 165ב. וית גבריה דתרח ביתה אלקו בסמיונים ...הכו בסנורים - בר יט 11 (=המליץ 535). מה אהן סמיונה רבה דאנה עמי מנך קשטה הוקם לך ספר ולא צביך תתילף מנה - ת״מ (ק) 45א [ראה לעיל סימה].

**סמין** ש״ת *adj.* **עוור blind** סמין תנקר - המליץ 528 [כנגד במ טז 14: העיני האנשים ההם תנקר (נפעל ב). נתפס לוואי של עיני]. tinnåqqår

סמי²† גומא ? **bulrush** [גיזרון לא ידוע *Unkn. etymology*]

**סמי** ש״ע *n.* **גומא ? bulrush** ספינת סמי תבת גמא $M_1A$ an ark of bulrushes - שמ ב 3 (=המליץ 440).

סמך תמיכה, משען **support** [א״י כל דסמיך לנחל יבקא - **נ** דב ב 37] ← קרבה וליווי **company** (ע״ע סעד)]

**קל** עבר: סמך - ת״מ 168א. עתיד: ויסמך - ויק א 4. בינוני פעול: סמיך sâmək - א״ג 33. **פעל** בינוני: מסמכין amsammēkən - מ יד 22. פעול: מסמכין - ת״מ 97א. מקור: מסמכאתה (+ נסתר) - מרקה ? (Cow 52). **אֶתְפְּעֶל** עבר: הסתמך - ת״מ 287א. עתיד: ויסתמך - במ כא 15. ציווי: ואסתמכו - בר יח 4 $^*m_2$. בינוני: מסתמכין - ת״מ 143א. **סמוך** qāṭōl - שמ לח 27 $^*M_2$. **סמיכה** - ת״מ 225ב. **סמך** סמכים - שמ לו 24 $^*M_1$. **סמכה** סמכתה (מיודע) - בר כח 11 A (=המליץ 511). **סמכו** ובסמכותון - במ כא 18 B. **תסמכה** ובתסמכתון - במ כא 18 A.

**קל א** פע״ע *intrans.* **נשען to lean on** ומד בך סיעדותה וברחמיך הו סמיך ובמה שיש בך סעד וברחמיך הוא נשען (המסכן) - א״ג 33. **ב** פע״י *trans.* **1 ייפה כוחו to appoint** וסמך ית אדה עליו ופקדה ויסמך ידו עליו ויצוהו and (Moses) laid his hands upon him (Joshua), and commissioned him - במ כז 23. ולא סמך משה אדה על אנש אלא על יהושע ולא סמך משה ידו על איש אלא על יהושע - ת״מ 168א. ויסמך ית אדה על ריש עלתה - ויק א 4. **2 תמך to support** ואהרן וחור סמכו באדיו מדן אחד ומדן אחד ואהרן וחור תמכו בידיו מזה אחד ומזה אחד Aaron and Hur supported his hands, one on one side, and the other on the other side - שמ יז 12. **3 קירב to associate** טטה התלשו רבני אדום סמך כלום על דמותה ״אז נבהלו אלופי אדום״ (שמ טו 15) סמך דבר לדומה לו "the chiefs of Edom dismayed" (Ex 15:15), (the scripture) associated one thing with its similar (*i.e.*, with Moab) - ת״מ 291ב [רומז להמשך הפסוק: אילי מואב יאחזמו רעד]. מכן אמר נביה רבה משה שחתו ‹לא לו› וסמך עליה בני מום על כן אמר... משה ״שחתו לא לו״ וסמך לו ״בני מום״ (הכול דב לב 5) - ת״מ 195א.

**פעל תמך to support** חיליה פעלין לה ויסדיה מסמכין לה הכוחות מקיפים אותו (את משה בהר) והיסודות סומכים לו the forces encircle him; the fundaments support him - מ יד 21-22 [אפשר: ׳מלווים אותו׳ בתקבולת]. וטובה וחסדה מסמכין לון והטוב והחסד תומכים אותם (משה ואהרון) - ת״מ 23א, 249ב [אפשר: מלווים אותם]. ונהי מסמכין באימנו ביהוה ונהיה נשענים על אמונה ביהוה - ת״מ 97א.

**מסמכה** ואתו רבואתה קדשה מסמכאתה ובאו רבבות הקדש לתמכו (ע״פ דב לג 2) - מרקה ? (Cow 52).

**אֶתְפְּעֶל 1 נשען, נתמך to lean on** ליעקב אמיר והוא מסחן זכותה הסתמך בעשרה עובדים רמין אודות יעקב נאמר שהוא בעל הצדקה, נשען על עשרה מעשים נשגבים it was said of Jacob that he was the owner of righteousness, leaning on ten magnificent deeds - ת״מ 287א [זב״ח הע׳ 1]. ויסתמך לתחום מואב ונשען לגבול מואב - במ כא 15. ולא יסתמכון בפרתמי בטילין $M_2$ ולא ישעו בדברי שקר - שמ ה 9 [הסמיך שע״י לשע״ן]. ויהון מליה אלין בלבה ויסתמך בון ויהיו הדברים האלה בלבו וייתמך בהן - ת״מ 212ב. ואסתמכו תחת אילנה $^*m_2$ והשענו תחת העץ - בר יח 4. ואנה וחמושיה מסתמכין בך אני והחמישה נשענים עליך - ת״מ 143א [השכל וחמשת החושים נשענים על הלב]. **2 נלווה to join** ויסתמכון עליך ויטרון ית מטרת משכן זימונה ונלוו עליך (הלויים)

ושמרו את משמרת אהל מועד they shall join you, and attend to the tent of meeting, for all the service of the tent - במ יח 4 (=המליץ 498). ואף ית אחיך שבט לוי... אקרב עמך ויסתמכון עליך B ואף את אחיך מטה לוי... הקריב אתך וילוו אליך - במ יח 2.

†**סמוך** ש״ע ז qāṭōl *n. m.* **1 אדן pedestal** ככרה לסמוך *M₂ ככר לאדן a talent for a pedestal - שמ לח 27. **2 פרנס leader** [ בעש״ח תואר לנכבדי הקהל רגיל בקולופונים ובשטרות NSH *honorific title* ]ויותר חייכון כהלכון כל סמוך ממך וארכון ויותיר את חייכם כולכם כל פרנס בך ושוע (let God) prolong your lives, every leader and noble - עבד אל (Cow 297). וסמוכיו וארכוניו והכהן הגדול - אבישע (Cow 502).

†**סמיכה** ש״ע נ *n. f.* **תמיכה support** מן רחמיו כל עת סמיכה מי שרחמיו כל עת תמיכה O, the One whose mercy is ever support! - ת״מ 225ב. ונסב מן אבני אתרה ושבה סמיכתה EB ויקח מאבני המקום וישם מראשתיו - בר כח 11.

**סמך** ש״ע ז *n. m.* **אדן pedestal** תרין סמכים תחת לוחה אחדה *M₁ שני אדנים תחת הקרש האחד two pedestals under one plank - שמ לו 24. ועמודיו וסמכיו... ועמודי דארתה סאר וסמכיהון *M₂ - במ ג 36-37.

†**סמכה** ש״ע נ *n. f.* **תמיכה support** ונסב מן כיפי אתרה ושוה סמכתה A ויקח מאבני המקום וישם מראשתיו (Jacob) took one of the stones of that place and put it as support (under his head) - בר כח 11.

†**סמכו** ש״ע נ *n. f.* **משענת staff** באר הפסואה רבנים... בנגוד ובסמכותון B באר חפרוה שרים... במחוקק ובמשענותם a well which the chieftains dug..., with maces, with their staffs - במ כא 18.

†**תסמכה** ש״ע נ *n. f.* **משענת support** בירה חפרה רבנים... בנגוד ובתסמכתון A...במחוקק ובמשענותם - במ כא 18.

**סמן** סם **spice** [גזור לאחור מן הריבוי של סם: סמנים. השי רבן. *Backformation from the pl. Cf. rbn.* א״י וסממנים למשחה דרבותא - נ שמ לה 8 (בגיליון)]

**סמן** ש״ע ז *n. m.* **סם spice** אהן הוא סמנה דבה אסו כל באש זהו הסם שבו såmmâna רפואת כל חולה - מ יח 8. אתה סמן לטביה ועורי דיאן לבישיה אתה סם (מרפא) לטובים וגם שופט (=עונש) לרעים - ת״מ 309ב. מליו כסמן מאסי לכל מטאנין דבריו כסם מרפא כל מחלות - ת״מ 228א. סב לך סמנים קטף ושללי קח לך סמים נטף ושחלת - שמ ל 34 (=המליץ 539). למשח רבותה ולאועדות סמניה לשמן המשחה ולקטרת הסמים - שמ כה 6 [בתה״ש אינו ביחיד לבד מט״ס אחת בכ״י B סמנה - במ ד 16 (נ״א סמניה). על התוכית an- ראה עואנ״ש ג/ב 37 וע״ע קוץ. *In* ST *only the pl. occurs (except a corr. in*² *Num 4: 16 - MS B)*.]

**סמק** אודם **red** [א״י ויהוי מכתשה ירק או סמוק - נ ויק יג 49. סוא״י וסמוקין מאנוי - ישע סג 1]

†**קל האדים** פע״ע *intrans.* **to blush** בקריבי אתקדש... וסמק אהרן V (נ״א ושדך) בקריבי אקדש... וידם אהרן I will show (wyiddåm) myself holy among those who are near me...; and Aaron blushed - ויק י 3 [דרש וידם מן ויאדם. *Midr. int. of ydm as y²dm*.]

**פעל האדים to make red** ותעבד כסוי לעפיה משכי דכרין מסמקין ועשית מכסה לאהל עורות אילים מאדמים you shall make for the tent a covering of red rams' skins - שמ כו 14. בהקה אברה מסמקה בהרת לבנה אדמדמת - ויק יג 19.

†**סמוק א** ש״ת qāṭōl *adj.* **אדום** ונפק קדמאה סמוק כלה MCB ויצא הראישון אדמני כלו the first one emerged red, like a hairy mantle all over - בר כה 25. בהקה אברה סמוקה *M₁ בהרת לבנה אדמדמת - ויק יג 19. **ב** ש״ע ז **אבן חן a gem** סמוק דחטא ואבדק C אדם פטדה וברקת - שמ כח 17. סמוק סמק סמקמק C - שמ כח 20, לט 13.

†**סמוקאי** ש״ת *adj.* **אדמוני** עירוב של סמוק/סמקראי ופק קדמאה סמוקאי **red** *blend of smwq/smqr²y* A ויצא הראישון אדמני the first one emerged red - בר כה 25. בדיל כן זעק שמה סמוקאי E על כן קרא שמו אדום - בר כה 30 [קריאת אֱדוֹם ואָדֹם שוות: ēdom.]

**סמק א** ש״ת *adj.* **אדמדם reddish** מכתש אבר סמק נגע לבן אדמדם if a white affection streaked with red appears on the bald part of the head - ויק יג 42. ויהי מכתשה יארק אי סאמק והיה הנגע ירקרק או אדמדם - ויק יג 49. **ב** ש״ע ז **אבן חן a gem** סמוק סמק סמקמק C - שמ כח 20, לט 13. סמוק סמק סמקמק E - שמ לט 12 [נשתרבב למקום אחר *Misplaced*.]

†**סמקמק** ש״ע ז .*n. m.* **אבן חן a gem** סמוק סמק סמקמק C - שמ כח 20, לט 13. סמוק סמק סמקמק E - שמ לט 12 [נשתרבב למקום אחר].

†**סכקמק** ש״ע ז .*n. m.* (ט״ס מן סמקמק .*corr*) **אבן חן a gem** סמוק סמק סכקמק E אדם פטדה וברקת - שמ כח 17.

†**סמקן** ש״ע ז .*n. m.* **אבן חן a gem** סמקן ירקן וברקין B אדם פטדה וברקת - שמ כח 17 (מן אונקלוס O).

†**סמקראי** ש״ת .*adj* [א״י ונפק קדמאה סמקראי - התה״מ בר כה 25] **אדמוני red** ונפק קדמאה סמקראי ויצא הראישון אדמני the first one emerged red - בר כה 25. בדיל כן זעק שמה סמקראי $M_2$A* על כן קרא שמו אדום - בר כה 30 [קריאת אֱדוֹם ואֱדֹם שוות: ēdom] מכתש אבר סמקראי $M_2$* נגע לבן אדמדם - ויק יג 42.

†סמקה שם מקום *pr. n. (place)*
**סמקה** ש״פ הלא לברי לוט יהבת ית סמקה A (נ״א ארשה) כי לבני לוט נתתי את ער - במ כא 11A.

†סמקת ? [ט״ס ? *Corr*]
**סמקת ?** דה הסמקת שיוף משיופי ובסר מן בסריA(E) זאת הפעם עצם מעצמי... - בר ב 23 [מן הסמנה < הזמנה: 166 ZSp ,19 SSt].

†סמר זהירות **caution** [מן אונקלוס O]
**אתפעל נשמר** עם מלית שלילה **to beware** *with neg. part.* אסתמר לך דלא תעזר ית ברי לתמן m השמר לך פן תשיב את בני שמה see to it that you do not take my son back there - בר כד 6. הסתמר לך דלא תקעים קיאם לדיאר ארעה $M_1$* השמר לך פן תכרת ברית לישב הארץ - שמ לד 12. לוד הסתמר לך וטר נפשך B רק השמר לך ושמר נפשך - דב ד 9.
**אִתְּפְעַל? נשמר** עם מלית שלילה **to beware** *with neg. part.* התסמר לך דלא תתנשי ית יהוה B השמר לך פן תשכח את יהוה take heed lest you forget the Lord - דב ו 12 [ט״ס?].

†סנאתה שם מקום *pr. n. (place)* [תרגום השם *Transl. of the name*]
**סנאתה** ש״פ ואתיגרו אף עליה וקרא שמה סנאתה ויריבו גם עליה ויקרא שמה שטנה - בר כו 21.

†סנדל מנעל **sandal** [א״י ותשלף סנדלה מעילווי רגלה - נ דב כה 9]
**סנדל** ש״ע ז .*n. m.* **נעל sandal** אן תרפי ועד סריק סנדל אן אסב מכל דלךA(E) (נ״א מסן) אם מחוט ועד שרוג נעל אם אקח מכל אשר לך I would not take a thread or a sandal-lace or anything that is yours - בר יד 23. וככן תיכלונה ערצ̇יכון אסירים סנדליכון ברגליכון ואטריכון באדיכון A (נ״א מסניכון) וככה תאכלו אתו מתניכם חגרים נעליכם ברגליכם ומקליכם בידיכם - שמ יב 11.

†סנה[1] מין שיח **a thorn bush** [א״י סניא בער באשתא וסנייה לית הוא יקד - נ שמ ג 2]
**סנה** ש״ע ז .*n. m.* [*det.* sanyå :נמצא רק מיודע] **סנה bush** וכן עבד משה בטור חוריב אמת דקעם קמי סניה וכך עשה משה בהר חורב שעה שעמד לפני הסנה thus has Moses done at the Mount Horeb, when standing before the bush - ע״ד א 8-9. וחזה לה מלאך יהוה בלהבת אש מבגו סניה - שמ ג 2. אש מלבלבה וסניה לגוה מקלע ומלאכה קרי ומשה שמועי וארתת האש מנצנצת והסנה צומח בתוכה והמלאך קורא ומשה שומע ורועד ...the fire was burning and the bush is growing amidst... - ת״מ 4א.

†סנה[2] שינה **sleep** [שרבוב מן سِنَة .*Ar interp*]
**סנה** ש״ע נ .*n. f.* **תרדמה, שינה sleep** ואתפורר יעקב מן סנתה A ויקץ יעקב משנתו Jacob awoke from his sleep - בר כח 16.

†סנה[3] תקופה, שנה **year** [שרבוב מן سَنَة Ar *interp.*]
**סנה** ש״ע נ .*n. f.* **שנה year** ותהי פרוקתה סעד שלם סנת זבונה A (נ״א שנת) והיתה גאלתו עד תם שנת ממכרו if one sells a dwelling house, he may redeem it within a whole year... after its sale - ויק כה 29. סעד סנת יובילה ישמש עמךA (נ״א שנת) עד שנת היובל יעבד עמך - ויק כה 40. ויחשב עם זבנה מסנת דאזדבן לה עד סנת יובילהA (נ״א שנת) וחשב עם קנהו משנת המכר לו עד שנת היובל - ויק כה 50. ואן ציבעד אשתיר עד סנת יובילה A (נ״א שנת) - ויק כה 52.

†סנו רעב **famine** [< سَنَوَاء = בצורת - Lane

[1449c

**סנו** ש״ע ז *n. m.* **רעב famine** ושרת שבע שני סנוה לעלול... והוה סנוה לגו כל ארעיה A ותחלנה שבע שני הרעב לבוא... ויהי הרעב בכל הארץ and the seven years of famine began to come...; there was famine in all lands - בר מא 54. וסנוה הוה על אפי כל ארעה... ותקף סנוה בארע מצרים A - בר מא 56. הלא הוה סנוה בארעה כנען A - בר מב 5. וסנואה יקיר בארעהA - בר מג 1.

**סנוני**† מין עוף **a bird** [טלשיר 183]

**סנוני** ש״ע נ *n. f.* **מין עוף a bird** וית סנוניתה ועטיפתה למינה ואת החסידה והאנפה למינה - ויק יא 19, דב יד 18 (=המליץ 471).

**סנט**† תועבה? **abhorrence** [ע הכול סונטים בה = מגדפים אותה - בר״ר 822]

**סנט** ש״ע *n.* **פיגול** (=פסל) ? **abhorrence** עביד סנט דהב עשה פיגול של זהב (=idol) - they made an abhorrence of gold - אס 33ב [ראה הצעות זב״ח, אסטיר 178: *See ZBH's suggestions*]

**סני** משטמה, שנאה **hatred** [א״י ואסני למן דסני יתכון - נ שמ כג 22. **סוא״י** דסנא מרא עבדו לאלהיהון - דב יב 31]

**קל** עבר: וסנה - בר כז 41 (=המליץ 593). עתיד: תסני (נוכח) - ויק יט 17. יסנינן (+מדברים) - בר נ 15 (=המליץ 593). בינוני: סנה - דב ד 42 (=המליץ 593). סנין (ר) sânən - ע״ד כז 65. פעול: סניה (נ) - בר כט 31 NMB *M$_1$) סניתה - מיודע). **פעל** בינוני: מסנאיך (+נוכח) - במ י 35. **אֶתְפְּעֵל** בינוני: מסתניה (נ) - בר כט 33 (=המליץ 594). **סן** - ת״מ 30ב. **סנא** :qaṭṭāl סניה (ריבוי מיודע) sannayyå - ע״ד כז 37. **סנה** - בר לז 5. **סנו** - בר לז 8 VC.

**קל שנא to hate** וסנה עשו ית יעקב על ברכתה דברכה אבוה וישטם עשו את יעקב על הברכה אשר ברכו אביו Esau hated Jacob because of the blessing with which his father had blessed him - בר כז 41. וסנותה מסעני פלגים (V וסנואה) וישטמהו בעלי חצים - בר מט 23. **לא** תסני ית אחוך בלבך - ויק יט 17. **לא** יסנינן יוסף - בר נ 15. דיקטל ית עברה בלא דעה והוא לא סנה לה אשר ירצח את רעהו בבלי דעת והוא לא שנא לו - דב ד 42. **אן** יהי אנש סני לעברה וכמן לה - דב יט 11. **פשרן** מן סנין חלצנו מן שונאים - ע״ד כז 65. **ומכבש** סניון קמיון - ת״מ 227ב. דעמה דאלהה דישראל סני טמאתה (כיוון) שראה (בלעם) שאלוהי ישראל שונא טומאה - אס 17ב. **כד יהן** לגבר תרתי נשים חדה רעימתה וחדה סניה ויילדן לה בנים רעימתה וסניתה B כי תהיינה לאיש שתי נשים אחת אהובה ואחת שנואה וילדו לו בנים האהובה והשנואה - דב כא 15.

**פעל שנא**† **to hate** ויערקון מסנאיך מקדמיך (B סניך) - וינוסו משנאיך מפניך let them that hate You flee before You - במ י 35. **אם יהן** לגבר תרתי נשים חדה רעימתה וחדה מסאניה וילדן לה בנים רעימתה ומסתניתה E כי תהיינה לאיש שתי נשים אחת אהובה ואחת שנואה וילדו לו בנים האהובה והשנואה - דב כא 15 [כנראה ט״ס ת>א מפני דמיון האותיות].

**אֶתְפְּעֵל** בינוני פעול **שנוא to be hated** שמע יהוה הלא מסתניה אנה שמע יהוה כי שנואה אנכי the Lord has heard that I am hated - בר כט 33. **כד יהן** לגבר תרתי נשים חדה רעימה וחדה מסתניה ואולדו לה בנים רעימתה ומסתניתה כי תהיינה לאיש שתי נשים אחת אהובה ואחת שנואה וילדו לו בנים האהובה והשנואה - דב כא 15.

**סן**† ש״ע ז *n. m.* **שונא enemy** דבב לעלמה וסן לבריתה אויב לעולם ושונא לברית (Pharaoh) an enemy to the world and an enemy to creation - ת״מ 30ב [גזירה לאחור מן הריבוי סניך וכיו״ב. מצוי עוד באה״ש המאוחרת: פשר מכל עקה ומכל סן ודבב - פינחס הרבן (עואנ״ש ג/ב 307). *Backformation from the pl. snym*.]

**סנא** ש״ע ז qaṭṭāl *n. m.* כך הוא נ״ש: šannāʾi, כגון **שונא one who hates** 21 בשמ יח **גברי קשט** סנאי אנחה אנשי אמת שנאי בצע men who are trustworthy and who hate a bribe - שמ יח 21. **ואקטל** בכורי סנאי - ת״מ 42א*. **כד הוו** סנאים גזיתון בקשט כאשר היו שונאים, גמלתי להם בצדק - ת״מ 218ב [דרוש על שמ כ 4]. **וישלטון** בכון סנאיכון - ויק כו 17. **יקדני** סניה... **ימתנו** בטל רחמיך מוקדי השונאים... ירגיעו בצל רחמיך - ע״ד כז 37-39.

**סנה** ש״ע נ *n. f.* **שנאה hatred** ואם בסנה דפהה ואם בשנאה יהדפנו if he pushed him in hate - במ לה 20. **וחזו** סנתה דקשטה חדי בה סנתה דפינחס מן עבודי בישתה וראו את השנאה שקשטה שמח בה: שנאת פינחס לעושי הרעה - ת״מ 301א. **ותהי** לשם ולמשלט ולסנה והיית לשם ולמשל ולשנינה - דב כח 37 [נתפס מעניין השנאה שאף הוא נהגה š. עואנ״ש ג/א 148].

**סנה** ש״ע נ *n. f.* **2 יריב adversary** ואתקומם מלאך יהוה באורעה לסנה לה ויתיצב מלאך

יהוה בדרך לשטן לו an angel of the Lord
במ - placed himself in his way as his adversary
כב 22 [קל מקור - lišṭån]. אנא נפקת לסנתך אנכי
יצאתי לשטנך it is I who came out as your
adversary - במ כב 32.

**סנו** ש״ע נ *n. f.* **שנאה hatred** ואוזפו עוד סנו יתה CBA ( V סנותה) ויוסיפו עוד שנא אתו - and their hatred of him increased even more בר לז 5. **וכד שמעו אדומאי בכן עזרת סנותה הך דהות מן רישה וכאשר שמעו האדומים** זאת (קריעת ים סוף) חזרה השנאה כמו שהייתה בראשיתה (בין עשו ליעקב) - ת״מ 92א.

**סנכלו**† זקנה ? **old age** [(ZSp 175) senectus <]

**סנכלו** ש״ע נ *n. f.* **זקנה old age** וקפלו רפוס בשבילה... ותיעתון ית סנכלותי בקפוס סרדופה (!!) A - ומצאו אסון בדרך... והורדתם את שיבתי ביגון שאולה you will send my old age down to Sheol in grief - בר מב 38 [הפסוק מעוות כולו. *Very corr. verse*.]

**ססגון**† צבע **a color** [מן אונקלוס O. דיון אצל ב״י 7728, הערה 2. **ס** ססגונא purpureus - LS 487a =]

**ססגון** ש״ע ז *n. m.* **צבע a color** ויתנון יתה... לגו כסוי משך ססגון $*M_2$ (נ״א עכום = שחור) ונתנו אתה... אל מכסה עור תחש - במ ד 10. ויפרסון עליו כסוי משך ססגון m (נ״א עכום) - במ ד 14.

**סעד** עזרה ותמיכה **help, support** [נתגלגל להיות ע״י בעקבות איבוד הגרוניות *In many cases > swd* *due to the loss of the gutturals.* **א״י** ואנון שביקין ורטישין ולית להון דסעד וסמך - **נ** דב לב 36. **סוא״י** בסעדונה דאלהא חיא - Lit 709] ← כינוס וזימון [טל, תעודה ו 31. **appointment, assembly** ואפשר שחלקו מן ייחוס נ״ש נועד אל עדות והוא שייך לשורש סהד. *It may be partly assigned to shd* [*(above)*]

**קל** עבר: סעדי (+מדבר) - בר ל MEC 20 (=המליץ 455). עתיד: ויסעדנך (+נוכח) - בר מט 25 (=המליץ 543). ציווי: סעדו - בר יח 5. בינוני: וסעד wsāʾəd - ננה 38. **פעל** בינוני: מסעד - ת״מ 292ב. **אפעל** עבר: דאסידו - במ יד VNMBA 35. בינוני: מסידיה (ריבוי מיודע) - במ יד 35. **אֶתְפְּעֶל** עתיד: תסתעד - דב כח 65. **אֶתְפְּעֶל** עבר: דאתסידו - במ יד $*M_3$ 35. דאתסדו - במ כו 9. **אסדו** באסדותון - במ כו 9. **מסיד** - שמ ט 5. **מתסדה** - במ ב C 2. **סיעד** וסיעדיך wsiyyâdək - א״ג 46. **סיעדו**

סיעדותה (מיודע) siyyâdūtå - א״ג 33. א״ג 33. **סעד** [כתיב אחר של סיעד?] - בר ל MECBA 20 (=המליץ 455). לסעדי - המליץ 460 (ע״פ בר ד 23. ליתא). מ״י: מ א al'sâd 62. סעדו - ת״מ 127ב. **סעוד** qiṭṭūl לסעודון - אס 12א. **סעוד** qāṭōl: sāʾod - ע״ד כז 4. **סעיד** [כתיב אחר של סיעד?] - ויק כו $*M_1$ 26.

**קל 1 תמך, סמך to help, sustain** הא מ[ן] הן $*M_2$ שביתה לך... ודאסם וארתף סעדתה I have גביר שמתיו לך ודגן ותירוש סמכתיו made him master over you..., and sustained him with grain and wine - בר כז 37 [מן אונקלוס O.]. סעדני אלהים סעד טב $*M_{ins}A$ (MEC סעדי) זבדני אלהים זבד טוב - בר ל 20. **אלהי נכר לא קבלנן ולא סעדנן יתה אלוהי נכר לא קיבלנו** ולא תמכנו בו we have not accepted foreign Gods, nor supported them - ת״מ 210א. **מן אלהה** דאבוך ויסעדנך מאל אביך ויעזרך - בר מט 25. זבנה דפרד ברכתה יסעדנה אלה בשעה שפרט (לוי) את הברכה, סייעו אלהים - ת״מ 134ב. וסעד לן בחלק לליה ותומך בנו החלק הלילה - ננה 38. **2 אכל** עם לב **to refresh oneself** *with lb* ואסב פת לחם וסעדו לבכון ואקח פת לחם וסעדו לבכם let me fetch a morsel of bread that you may refresh yourselves - בר יח 5. **3 נלווה to join** *intrans.* כל בניו... לא (=לה) יסעדו ועמה יקומו כל בניו (של אהרן)... אליו יילוו ועמו יעמדו all his (Aaron's) sons... will join him and stand with him - ת״מ 289ב.

**פעל סייע**† **to help, sustain** לגו לבה דימה אמר וקשטה לה מסעד בלב הים דיבר (משה) וקי׳ מסייע לו in the heart of the sea, and the True One sustained him - ת״מ 292ב. **כהן בה מום לא יקרב אל משכנה... ליתו מסעד קהלה... לוד אלה מסדון כוהן שיש בו מום אל ייגש אל המשכן... אינו סועד את הקהל... האלוהים** לבדו סועדם - ת״מ 192ב.

**אפעל נתכנס**† **to be assembled** אם לא דה אעבד לכל כנשתה בישתה הדה מסידיה עלי (=המליץ 543; VNMBA דאסידו =המליץ 543) הנועדים עלי... surely this will I do to all this wicked congregation that are gathered together against me - במ יד 35 וכך הוא טז 11 (נ״א דאסידו, דמסידין), כז 3 [נ״א דאסידו, דמסידין, המתכנשים) בכולם התה״ע: אלמגתמעין]. **זעיקי כנשתה דאסידו על משה... בכנשת קרח בכנושון על יהוה** VNE (JB דאתסדו) קריאי העדה אשר הועדו על משה... בעדת קרח בהועדתם על יהוה - במ כו 9 [התה״ע: אלדין אגתמעו].

**אֶתְפְּעֶל נעזר**† **to be supported** ובגויה

האנון לא תסתעד ובגוים ההם לא תרגיע - among these nations you shall find no support דב כח 65 [פירש מעניין העזרה]. והן נרף למליך במה נסתעד ואם נרפה מדבריך במה ניעזר - ת״מ 169ב.

**אֶתְפְּעַל נתכנס** †**to be assembled** דתן ואבירם... זעיקי כנשתה דאתסדו על משה = VNE) דאסידו,C דאזדמנו, A דאתכנשו התה״ע: אלדין אגתמעו) ...אשר הועדו על משה... Dathan and Abiram, chosen from the congregation, who were gathered against Moses - במ כו 9. דה אעבד לכל כנשתה בישתה הדה דאתסידו עלי $*M_3$ VNMBA) דאסידו)...הנועדים עלי - במ יד 35.

**אסדו**† ש״ע נ *n. f.* **כינוס assembly** דתן ואבירם... דאסידו על משה... באסדותון VN ECB) בסעדותון, J בכנושון בדומה לתה״ע: ענד אגמעהם) על יהוה ...אשר הועדו על משה Dathan and Abiram..., בהועדתם על יהוה... who were gathered against Moses..., in their assembly against the Lord - במ כו 9.

**מסיד**† ש״ע ז *n. m.* **זימון appointment** ושבה יהוה מסיד למימר מחר יעבד יהוה ית ממללה הדן (V אזבן, A עדן) וישם יהוה מועד לאמר... the Lord set an appointed time, saying, "tomorrow the Lord will do this thing in the land". - שמ ט 5 [=המליץ 513. התה״ע: מיקאתא >

وقت = זמן. וכך מציב המליץ 513 'למסיד' כנגד 'למועדי' בבר יז 21. ליתא].

**מתסדה**† ש״ע נ *n. f.* **כינוס assembly** סהר למשכן מתסדה C סביב אהל מועד around the Tent of the Assembly - במ ב 2.

**סיעד**† ש״ע ז *n. m.* **1 עזרה help, support** מנזף אי מתכלי מן טובך וסיעדיך (הנצרך) נזוף או מנוע מטובך ומעזרתך rebuked and prevented from Your grace and support - א״ג 46. לבדיל יתיטב לי בגלליך ותחי רוחי בדיל סיחדיך A למען ייטב לי בעבורך וחיתה נפשי בגללך - בר יב 13 [כלומר בעזרתך. *i. e.*, with your help]. **2 זימון, חבורה company** בסיעדון אל תתרחי נפשי (ME בסעדון, B בסהדון) בסודם אל תבוא נפשי let not my person be included in their company - בר מט 6. פוק אתה וכל עמה דבסיעדך V (J דבצמותך) EC, דבסעדך צא אתה וכל העם אשר ברגליך - שמ יא 8 [כלומר בחבורתך. [*I. e.*, your company. **3 אליל idol** דבחו לסיעדין לא אלה C יזבחו לשדים לא אלה they sacrificed to idols which were not gods - דב לב 17 [כלומר לאלהים אחרים *i.e.*, "other gods"].

**סיעדו**† ש״ע נ *n. f.* **1 עזרה help, support** ארתי מסכינה דקעם קדמיך ומד בך סיעדותה חון את המסכן העומד לפניך ובמה שיש בך עזר favor the poor one that stands before You and with what there is in You support him - א״ג 32-33. **2 מועד appointment** תלת סיאדון תחג לי בשתה B שלש רגלים תחג לי בשנה three appointments a year you shall hold (as) festival for Me - שמ כג 14.

**סעד א** ש״ע ז *n. m.* **1 עזרה help, support** אלהי אבה בסעדי אלהי אבי בעזרי the God of my father was my help - שמ יח 4. אעבד לה סעד כקבלה אעשה לו עזר כנגדו - בר ב 18. סעדני אלהים סעד טב MECBA זבדני אלהים זבד טוב - בר ל 20. ואזל נמרוד ושרי קמיו בעי מנה סעד על מצרים והלך נמרוד וחנה לפניו (יקטן), מבקש ממנו עזרה נגד מצרים - אס 9ב. **2 חבורה group** לסעדי לחבורתי - המליץ 460 ע״פ בר ד 23 [בתה״ש שלפנינו: לדביקתי, אף הוא לשון התכנסות]. פק אתה וכל עמה דבסעדך צא אתה וכל העם אשר ברגליך get you out, and all the people in your company - שמ יא 8 [כלומר בחבורתך]. בסעדון לא אתבעית נפשה M בסודם אל תבוא נפשי - בר מט 6. וסיעת מלאכיה אתת לסעדה וסיעת מלאכים באה ללוותו (את יעקב) - ת״מ 279ב. **3 אכילה** עם 'לבי' *with lb.* **eating** ותעתידה... עתיד לסעד לבה דברנשה ...הוכן לסעוד לב האדם the food... is prepared for man for eating - ת״מ 193ב [מקביל ל-עד לתכלית. עי״ע]. **ב** מ״י [אבל זב״ח: מן צד - עואנ״ש ג/ב 138; ת״מ 201א, *prep.* העי' 1] **1 בגלל** של סיבה *causal* **because of** וברך יהוה יתך לסעדי (נ״א לגללי, לרגלי, בדילי) ויברך יהוה אתך לרגלי the Lord has blessed you because of me - בר ל 30. ואסגי ית זרעך בסעד אברהם עבדי E (נ״א בדיל, בגלל) והרביתי את זרעך בעבור אברהם עבדי - בר כו 24. ואנה אפלגנה למהכה לסעד פלענה M (נ״א לקבל, לרגל,בדיל) ואני אתנהלה לאטי לרגל המלאכה - בר לג 14 [בכה״י E המאוחר נתפשט לעניין האיבר בגוף: ותשקי בסהדך כגן ירקה = והשקית ברגליך - דב יא 10]. **ב** של כיוון [זב״ח: מן צד - עואנ״ש ג/ב 135-6. ברם נראים לי דברי כהן SSt 56, n.6: מן סע״ד. לדידי נתפתח מהוראת הכינוס. והוא calque מן העברית: רגל=מועד=מ״י] **2 אל** למקום *local* **to** נטל ונהך ואהך לסעדך MCB (נ״א לקבלך) נסעה ונלכה

let us journey on our way, and I ואלך לנגדך - will go before you בר לג 12. ותחזור לסעד יהוה ותשוב עד יהוה - מ א 62. מובא בת״מ 201א: ותעזר לצעד יהוה, והכול ע״פ דב ל אבל בתה״ש שם: ליד [זב״ח הע׳ 1]. **3 עד** לציון המטרה **to** *directional* we have put ושבינן סהד נפח ונשים עד הנפח - (desolation) till Nophah במ כא 30. **4 עד** לזמן **until** *temporal* ויעקב יהב לעשו לחם ותעתיד סאד שוה ...לחם ונזיד עד שים ${}^{c}$ad šem - בר כה 34 [דרוש: עד שהברה. תפס שים = בריא, מלא. השי׳ בר מא 18: בריאות = שוין A (ע״ש שוי). M: עד שבא = המליץ 543: עד שוה. הדרוש נשען על מיזוג שבע עם שוה באה״ש. השי׳ מ טז 90: שבע - šâbå ]. אין עוד ב-J. שכיח ב-A כדי 50% מתרגומי יעדי. ולא תשירו מנה סעד צפר A לא תותירו ממנו עד בקר you shall not - leave any of it over until morning שמ יב 10. מן שרואה וסעד כדו מן הראשית ועד עתה - ת״מ 224ב. **ג** מ״ק *conj.* **1 עד ש-** לזמן **until** *temporal* ואגשש מלאך עמה סעד אסתלק עששה A ויאבק איש עמו עד עלות השחר a man - wrestled with him until the darkness departed בר לב 25. ואנן לא נחכם במה נשמש ית יהוה סעד ניתי תמן A ...עד באנו שמה - שמ י 26. סעד יגוז עמך יהוה סעד יגוז עמה דן מלכת A עד יעבר...- שמ טו 16. ולא יכל למקרוב לידון סעד אזדעק ולא יכול (משה) לגשת אליהם (אל הלוחות) עד שנקרא (לבוא) - ת״מ 294ב. **2 כדי ש-** לתכלית **in order to** *final* ומד יריח לאלה עבדה סעד ייטב לותך ואשר רצוי לאלוהים עשה כדי שייטב לך whatever - pleases God , do it, that it may favor you ת״מ 224א.

**סעדו**[†] ש״ע נ *n. f.* **1 עזרה help, support** סימניה יהונו לה מרבים עד האן יתעבד כלה לסעדו האותות יהיו מגדלים אותו (את משה) עד אם היה הכול לעזר (לו) the signs will magnify him (Moses) so that everything will be - in his support ת״מ 127ב. **2 התכנסות assembly** ואילן מועדי יהוה... דתזדמנון עמהון בסחדואתון VB (נ״א בזבנון) ...אשר תקראו אתם במועדם these are the appointed feasts of the Lord..., which you shall proclaim - at their appointments ויק כג 4. זעיקי כנשתה דאתסדו על משה... בסעדותון על יהוה B (נ״א בכנושון, באסדותון) ...אשר הועדו על משה... בהועדתם על יהוה - במ כו 9.

**סעוד**[†] ש״ע ז qiṭṭūl *n. m.* **עזר help** ולאדם לא אשקע סעוד כקבלה (E)A ולאדם לא מצא but for the man there was not found עזר כנגדו - בר ב 20. ואמר אה אחי לון נחת לסדמאי לסעודון ואמר (אברהם) להם: "הוי אחי, נרד אל אנשי סדום לעזרתם" - אס 12א. הלא אלהה אבי בסאודי B כי אלהי אבי בעזרי - שמ יח 4. בתברי לכון סעוד לחם *$M_3$ בשברי לכם מטה לחם - ויק כו 26.

**סעוד**[†] ש״ת qāṭōl *adj.* **עוזר helper** דעבדת עלמה וכל דבה בלא סעוד שיצרת את העולם וכל אשר בו בלא עוזר You created the world - and all that is in it with no helper ע״ד כז 3-4. סעודה סקופה הסומך, הזוקף - מ ב 57. נציח הו קמיך ולית לה סעוד מנוצח הוא (פרעה) לפניך ואין לו עוזר - ת״מ 22א. לא פרט ברכתה אלאן לוי וכהלון סעודה לא אמר את הברכה אלא לוי והכול עוזר לו - ת״מ 126ב [משמש תואר לנכבדי הקהל בעש״ח. שכיח בקולופונים ובשטרות NSH, *frequent in colophons and contracts*].

**סעיד**[†] ש״ע ז *n. m.* **עזר support** בתברי לכון סעיד לחם $M_1$ בשברי לכם מטה לחם when I - break your support of bread ויק כו 26.

**סעוד**[†] שם פרטי *pr. n.* [כינוי לזבולון על פי המסופר בבר ל 20]

**סעוד** ש״פ לסעוד אליאב בר חילן m לזבולן... - במ א 9.

**סעיר** שם מקום *pr. n. (place)* [מן אונקלוס O]

**סעיר** ש״פ וית חראה בטורי סעיר mA ואת החרי בהררי שעיר - בר יד 6. ויתב עשו בטורה דסעיר *$M_2$ וישב עשו בהר שעיר - בר לו 8.

**סעל**[†] ט״ס מן מפעלים *Corr. of mp${}^{c}$lym*

**פעל?** ושבו עליו רבני מסעלין V וישימו עליו שרי מסים - שמ א 11 [ע׳ המליץ 516].

**סער** שער **hair** [א״י ושער (!) אוכם צמח בה - **נ** ויק יג 37. **סוא״י** לבושה הוא מן סער דגמל - מתי ג 4]

**סער** ש״ע ז *n. m.* **שער hair** מרבי פרע סער רישה גדל פרע שער ראשו he shall let the - locks of hair of his head grow long במ ו 5. סער צהב דקיק שער צהב דק - ויק יג 30. סמקראי כלה ככולת סער אדמני כלו כאדרת שער- בר כה 25.

**סעיר**[†] ש״ת *adj.* **שעיר hairy** עשו אחי גבר סעיר ואנה גבר אנקי עשו אחי איש שעיר ואנכי איש חלק my brother Esau is a hairy

הוי .11 בר כז - man, and I am a smooth man אדיו כאדי עשו אחיו סעירן (A סעירות!) היו ידיו כידי עשו אחיו סעירות - בר כז 23.

סערה מין תבואה **barley** [א״י קמח דשערין (!) - נ במ ה 15. סוא״י וכיתנא וסעריה לקי - שמ ח 31]

**סערה** ש״ע נ *n. f.* **שעורה barley** זרע כור סערים בחמשים מתקל זרע חמר שערים a sowing of a homer of barley בחמשים שקל ויק כז 16. - shall be valued at fifty shekels **עסור** מכאלתה קמח סערים עשרית האיפה קמח שערים - במ ה 15. וכתנה וסעריה אנכו הלא סעריה אביב וכתנה גביל והפשתה והשערה נכו כי השערה אביב והפשתה גבעל - שמ ט 31.

ספ† כלי קיבול: אגן, ספל **goblet**

**סף** ש״ע ז *n. m.* **סף goblet** ותטבלון באדמה דבספה ותדון על שקופה... מן אדמה דבספה וטבלתם בדם אשר בסף והגעתם על המשקוף... dip it in the blood which is מן הדם אשר בסף in the basin, and touch the lintel... with the שמ יב 22 (=המליץ - blood which is in the basin 536). ספה שדמות (עמורה) - המליץ 604 ע״פ דב לב 32 [ליתא. נתפרש כלי להחזיק בו יין לפי התקבולת *Prob. following the parallel* "the "גפן סדום". [vine of Sodom".

ספד† אבל, מספד **lament** [א״י ואספדו תמן מספד רב - נ בר נ 10. סוא״י ואספדו יתה ספד רב - שם]

**קל ספד to lament** ואספדו תמן אספוד רב ויקיר ויספדו שם מספד גדול וכבד they lamented there with a very great and heavy בר נ 10. - lamentation

**מספד** ואתה אברהם למספד לשרה ולמבכאתה ויבא אברהם לספד לשרה ולבכותה - בר כג 2.

**אספוד** ש״ע ז *n. m.* **מספד lamentation** ואספדו תמן אספוד רב ויקיר (NE אספד, V אספדו) - בר נ 10.

**מספדה** ש״ע נ *n. f.* **מספד lamentation** לאוי עלינן נחדד תתובה ונסגי מספדה ראוי לנו לחדש את התשובה ולהרבות מספד it behoves us to renew repentance and multiply ת״מ 233א. - lamentation

**ספוד** ש״ע ז *n. m.* **מספד lamentation** ואספדו תמן ספוד רב ויקיר $N_1C$* - בר נ 10. ואתה אברהם לספוד לשרה ולבכותה C - בר כג 2.

ספודך† תכשיט ? **jewel**

**ספודך** ש״ע ז *n. m.* **כומז jewel** ואיתו גבריה עם נשיה... קטעלה ושיר עסקה עקיל וספודך וספמודך ($M_4$*) $NM_2$ ויביאו האנשים על הנשים... חח ונזם טבעת עגיל וכומז - שמ לה 22. גבר דאשקע מאן דהב קטלה וספודך VN - במ לא 50.

ספול† ? **mourning** [עירוב של ספוד / אבל [*Blend of spwd and ʾbl*.

**ספול** ש״ע ז *n. m.* **אבל mourning** ועבד לאבוה ספול סבע יומים A ויעש לאביו אבל שבעת and he made a mourning (=mourned) for ימים בר נ 10. - his father seven days

ספט† ?

**קל ?** וקם וספט ועבר ית נהרה A ויקם ויעבר את הנהר - בר לא 21 [ט״ס מן הגיליון *Corrupted* .[*gloss*.

ספטה† יין **wine** [> سفيط = מין יין. Lane 1372b [בערך سفط). ע״ע אספנטה]

**ספטה** ש״ע נ *n. f.* **יין wine** והשקין אף בלילי ההוא ית אבינן (!) ספטאה A (נ״א חמר) they ותשקיהן גם בלילה ההוא את אביהן יין בר - made their father drink wine that night too יט 35.

ספי¹† כיליון, מוות **consumption, death** [ע״ע סוף¹. א״י דלא תסתפי בחובי קרתא - נ בר יט 15. סוא״י סיפואתי פתחת ופומי מתנא תשבוחתך - Lit [704

**קל כלה to be consumed** נדחל מן דינה דמותה אדלא יספי כריה דפרותה נירא מעונש let us (yisfi) המות עד שלא יספה מקור השפע fear the death punishment, before the source of מ א 125-126. - abundance is consumed

**מספי** לבדיל מספי רויה עם ציאה למען to ruin the moist ספות הרואה את הצמאה דב כט 18 (=המליץ 534). - and the dry alike

**אפעל כילה to consume, sweep away** האף תספי זכאי עם חיב ($M_1$* תסיף)... האף תספה ולא תתלי האף תספה צדיק עם רשע... will You sweep away האף תספה ולא תשא the innocent along with the guilty? will You

24-23 בר יח - then wipe out... and not forgive ?
(וית אשתה) אספי זרה - המליץ 453, ובעמ' 458:
אספינה [תפס זרה zarri - ציווי + כינוי הנסתר] ע"פ במ
יז 2.

**אֶתְפְּעֶל 1 נספה to be consumed, swept away** דלא תסתפה בעובי קרתה פן תספה בעון העיר lest you be swept away (נפעל) tisšfi - because of the iniquity of the city - בר יט 15. אסתלק דלא תסתפה המלט פן תספה - בר יט 17. מובא גם בת"מ 139ב. אדלא תסתפי את וביתך A פן תורש אתה וביתך - בר מה 11. דאנן דחלים דלם נסתפי בחוביה שאנו יראים פן ניספה בחטאים - ת"מ 139ב. לאוי עלינן נתרחק מן אהן עובדה בישה... אדלא נסתפי בהדה בישתה ראוי לנו להתרחק מן המעשה הרע הזה... פן ניספה ברעה הזאת - ת"מ 159א. דאנה דחל לא נסתפי באדי בישין שאני ירא פן ניספה בידי רעים - ת"מ 300ב. **2 כילה** פעיל **to sweep away** *active* הקשט תסתפה זכאה עם סרוחה A האף תספה... הקשט תסתפה ולא תתלי צדיק עם רשע... האף תספה ולא תשא - בר יח 24 23 [פאסיב כדי למתן את מעשה האלוהים].

**אֶתַּפְעַל כלה to come to an end** ואתסתופו מלקופי פיוק(E)A ויסכרו מעינות תהום - בר ח 2 [משובש .Corr ZSp 159: < אתסתימו].

**ספי²** שפה **lip** [א"י פירוש סיפוותה - נ במ ג 7] ← דיבור**speech**

**ספה** ש"ע נ *n. f.* **1 שפתות הפה** בהוראה זו רק במקומות אלה. השאר בביטויים כפותים. ע' להלן **lips** ונדריה עליה אי מפרוש ספאתה דאסרת על נפשה E...או מבטא שפתיה אשר אסרה על נפשה her vows or any utterance of her lips by - which she has bound herself - במ ל 7. אי נפש אן תשתבע למפרשה בספתין E או נפש כי תשבע לבטא בשפתים - ויק ה 4. ועל ספותן יתעטף E ועל שפם יעטף - ויק יג 45 (ט"ס מן ספואן). **2 שפת הנהר או הים bank** וקעמי איצטר פרואתה על ספת נהרה they stood by - the other cows on the bank of the river - בר מא 3. דעל ספת נחל ארנן - דב ב 36. ספת ימה - שמ יד 30. **3 שולי היריעה edge** ספת יריעתה the - edge of the curtain - שמ כו 4 (פעמיים), 10, לו 11 (פעמיים), 17 (פעמיים). על ספתה דעל דבוק אפודה - שמ כח 26. **4 דיבור** תמן פלי יהוה ית ספת כל ארעה A כי שם בלל יהוה את שפת כל הארץ the Lord confused the language of all the earth - בר יא 9.

**(א)ספוה**† ש"ע נ *n. f.* [גזורה מן הריבוי ספואן ובאה במקום ספה לבד מן הביטויים דלעיל. *Backformation*. **1 שפתות הפה lips** [*from the pl. spw*ʾ*n*] לא ייעל פדיע דחלה וקטי ספבאן בקהלן יהוה לא יבוא פצע דכה וכרות שפכת בקהל יהוה no man crushed a crushing or cut of lips shall - be admitted into the congregation of the Lord - דב כג 2 ašfīkot [נתפרש לו שפתיים]. מפרוש ספבאתה דאסרת על נפשה (N ספאבותה, B אספואתה) - במ ל 7. מפוק ספבאתך תטר מוצא שפתיך תשמר - דב כג 24. ורישה יהי שרי ועל ספבן יעטף ($M_1$* אספובן) וראשו יהיה פרוע ועל שפם יעטא - ויק יג 45 [תפס ašfam שפתיים]. ונפש אן תשתבע לפרוש ספון CA) למפרשה בספואן, M בספאון, B בסבפאון) או נפש כי תשבע לבטא בשפתים - ויק ה 4. **2 דיבור speech** הא עם אחד וספבה אחדה לכלון (A ואספואה) הן עם אחד ושפה אחת לכלם they - have all one language - בר יא 6. ניעת ונבלה תמן ספבן (A ספואן) נרדה ונבלה שם שפתים - בר יא 7. **3 שולי הבגד edge** ספבה יהי לפמה סאר עובד סרק (A ספה,VB אספבה) שפה יהי לפיו סביב מעשה ארג the opening shall - have an edge of woven work round about - שמ כח 32. ספבה לפמה סאר (A ספה) - שמ לט 23.

**ספי³**† מאכל בהמה **nourishment** [א"י יספיננא = יאכילנו - מי"ל במ יא 18]

**מסף** ש"ע ז *n.m.* **מספא provender** אף תבן אף מסף סגי עמנן M (נ"א כסה) גם תבן גם מספה רב עמנו we have both enough (masfa) - straw and provender - בר כד 25. ויהב תבן ומסף לגמליה m (נ"א ומספה השאר: וכסה) - בר כד 32. ואפתח אחד ית סקה למתן מסף לחמורה $M_3$ (נ"א כסה) ...לתת מספה לחמורו - בר מב 27.

**ספינה** תיבה, כלי שיט **boat** [א"י ספינתה ותחומה יהוי מטי עד ציידן - נ בר מט 13]

**ספינה** ש"ע נ *n. f.* **תיבה ark** עבד לך ספינה עאי סיסם מלטופין תעבד ית ספינתה A(E) עשה לך תבה עצי גפר קנים תעשה את התבה make yourself an ark of gopher wood; make it - an ark with compartments - בר ו 14 (=המליץ 610). ונסבת לה אמה ספינת סמי... ושוית בסופה A ותקח לו אמו תבת גמא... ותשם בסוף - שמ ב 3. ועמת ית ספינתה בגו סופה A - שמ ב 5 (=המליץ 610). זבולן להוף ימיה ישרי והו להוף אספינון (A ספינואן, C ספינאתה, MB

דספינאתה) - בר מט 13. מובא בשינויים בת״מ 126א. ויעזרנך יהוה למצרים באספינון (EC בספינואן) - דב כח 68.

**ספיר**† אבן יקרה **a gem**

**ספיר** ש״ע ז *n. m.* **ספיר sapphire** ותחת רגליו כעובד לבנת ספירה ...כמעשה לבנת הספיר - שמ כד 10. מובא בפיוט של מרקה: לבנת ספירה sâfērå - מ יא 47. **וסדרה תניאנה נפך ספיר ויהלם** - שמ כח 18ת לט 11.

**ספלפו**† ?

**ספלפו** ש״ע נ *n. f.* **!** סבו מן ספלפות ארעה A קחו מזמרת הארץ - בר מג 11.

**ספסף**1† בעירה **burning** [ס סף - LS 489b ע השולח את הבעירה... ליהבה נירו, ספספה אבניו... - ירוש ב״ק ה ע״ג. ילון, פרקי 31]

**פעל צרב, הבהב to scorch** וטפי יקדן לחצה דמספסף ולהב כבה את מוקד הלחץ דמהבהב ולוהט extinguish the hearth of oppression that scorches and burns - א״ג 109. **יקדני סניה** דספספו רוחינן ימתנו בטל רחמיך מוקדי השונאים, שהבהבן רוחינו, ירגיעו בטל רחמיך - ע״ד כז 37-39.

**ספסף**2† אספסוף **rabble** [א״י זעיר בר חיננא איתציד בספסופא = נתפס במהומת ההמון - ירוש תרומות מו ע״ב]

**ספסף** ש״ק *n. m. coll.* **ערברב rabble** וספספה דבגבה אתחמדו תחמדה E וספסאה!) והאספסף אשר בקרבו התאוו תאוה the rabble that was among them had a strong craving - במ יא 4 [המליץ 537: ספספאתה (ע׳ זב״ח שם). ואלספסאף. $C^{ar}$ $V^{ar}$. Dozy I 591a: سفساف = פטפוטי מלים].

**ספסק**† ?

**ספסק** ש״ע ז *n. m.* **!** סבו לכון מן ארע מצרים ספסקין לטפכון ולנשיכון A (נ״א עגלן) קחו לכם מארץ מצרים עגלות לטפכם ולנשיכם - בר מה 19. **ותהן לון יוסף ספסקין על פי פרעה** A (נ״א עגלן) ויתן להם יוסף עגלות... - בר מה 21.

**ספק**1 סיפוק צרכים, פרנסה וכלכלה **supply** [א״י הא ספק להון - נ במ יא 22. **סוא״י** שומיא ושומיהון דשומיא לא ספקין לך - מל״א ה 27]

**קל** עבר: וספק - במ יא N 22. עתיד: ויספק - המליץ 505. **פעל** עבר: וספק - בר מז 12 (=המליץ 491). עתיד: אספק - בר נ 21 (=המליץ 491). בינוני: ומספק - amsåbbeq ע״ד ג 25. **ספוק** qiṭṭūl - במ יא 6. **ספוק** - בר יז 1 (=המליץ 594). **ספיקה** qāṭṭōl - בר מט 11. **ספק** qaṭṭāl - במ כד 16. **ספקה** - שמ לו 7 (=המליץ 448).

**קל היה די, הספיק to be enough** עניה ותוריה יתנכס להון וספק להון N אם יה כל נוני ימה יתכנש להון וספק להון VN (נ״א וישקיע, וישקע, ושקיע) הצאן והבקר ישחט להם ומצא להם אם את כל דגי הים יאסף ומצא להם shall flocks and herds be slaughtered for them, to suffice them? Or shall all the fish of the sea be gathered together for them, to suffice them? - במ יא 22 (ע״פ אונקלוס: היספקון להון - פעמיים). **והוה כד ספיקו גמליה למשתי** $*M_1$ (נ״א אסכמו) ויהי כאשר כלו הגמלים לשתות - בר כד 22 [מן אונקלוס O]. **אף לגמליך אמלי עד אם דיספקון למשתי** m (נ״א אסכמו) ...עד אם כלו לשתות - בר כד 19 [מן אונקלוס O]. **ויספק ומצא** - המליץ 505 [ע״פ ויק כה 26: ומצא כדי גאלתו. ליתא].

**פעל כלכל to provide** וספק יוסף ית אביו... לחם ויכלכל יוסף את אביו... לחם Joseph provided his father... with food - בר מז 12. **וספק צורכיון** - ת״מ 274א. **מה ספקך מטובה כלום לא כלכלך מטובו!** - ת״מ 213ב. **אנה אספק יתכון** אנכי אכלכל אתכם - בר נ 21. **ויספק לסנאיו בעלמיו למחבדה לא יאחרה בעלמיו B ומשלם** לשונאו בחייו להאבידו. לא יאחר, בחייו ישלם לו - דב ז 10 [בבואה של התה״ע: ומכאפי לבאעי׳יה פי עאלמיה להלאכה לא יוחיר...]. **וטובך מספק לון** סוברו וטובך מספק להם מחילה - ע״ד ג 25. **יהוב ומספק צורכי בטולין הנותן ומספק צורכי** בטלים - מ י 39-40. **ופתחת בה כל אוצר טב...** מספק לצריכים - ת״מ 296א.

**ספוק 1** ש״ע ז *n. m.* qiṭṭūl **כלכלה, פרנסה supply** נפשנן יבישן לית ספוק ECA נפשנו יבשה אין כל now our soul is dried up, and there is no supply - במ יא 6 [תפס כל - כלכל]. **וארבע חלקין יהי לוכון לזרע ברה ולספוקכון...** לספוק לטפלכון mE ...לאכלכם ולאכל לטפכם - בר מז 24. **2** *adv.* ת״פ **דיי enough** מסגים עמה למנדאה ספוק עבידתה B מרבים העם להביא מדי העבודה the people bring much more than enough for doing the work - שמ לו 5 [תפס מן דיי, כמו בפסי 7. אבל נ״א משחה, מעניין

מידה]. ואוזף למרדי יתכון ספוק על חוביכון *M₁ (נ״א שבוע, שבע, יתיר - ע״ע) ויספתי ליסרה אתכם שבע על חטאיכם - ויק כו 18.

**ספוק** ש״ע ז qāṭōl *n. m.* מספק **1 אוצר תבואה granary** ועלו עד ספוק דסומה A (נ״א אדר) ויבואו עד גרן האטד - בר נ 10 [דרוש השם]. **2** כינוי לאלהים מתוך תפיסת שדי = ש-די ZSp 179] והשי השבעים לאיוב כא 15: ἱκανός. **the שדי Provider** (epithet of God) אנה חיולה ספוקה A אני אל שדי - the Mighty Provider - בר יז 1, וכך הוא בבר כח 3 (m סבוקה) ועוד. דמחזה ספוק יחזי B אשר מחזה שדי יחזה - במ כד 4. דמריח ספוק יריח A (B ספק, C ספקה) אשר מחזה שדי יחזה - במ כד 16.

**ספיקה** ש״ע נ *n. f.* **!** אסירה לשפלה טפרה ולספיקה ברי ישתחננו... A ולשרקה בני איתנו - בר מט 11 [הטקסט משובש ביותר. מן סריקה - לשון ריקות: *Corr. from wlsryqh?*].

**ספק** ש״ע ז qaṭṭāl *n. m.* **מספק** כינוי לאלהים **the Provider** (epithet of God) וחיולה ספקה יברך יתך C ואל שדי יברך אתך let the Mighty Provider bless you - בר כח 3. וכך הוא VC בר לה 11, מג 14, V בר מח 3, מט 25. מחזה ספק יחזי B (C ספקה) אשר מחזה שדי יחזה - במ כד 16.

**ספקה** ת״פ *adv.* **דיי enough** ופלענתה MA) עביתה) הות ספקה EC (=המליץ 8 44; NM סאפקה, V ספוק, *M₁B ספוקה) והמלאכה היתה דים the stuff they had was enough for doing all the work - שמ לו 7.

**ספק²**† הכאת כפים לאות צער **clapping hands** (sign of grief) [מן העברית H]

**קל הכה כפיים to clap hands** ואתקף רגז בלק לבלעם ואספק ית כפיו EC) וספק, VNA ושקף =המליץ 539) ויחר אף בלק אל בלעם ויספק את כפיו Balaq's anger was kindled against Balaam, and he struck his hands together - במ כד 10.

**ספק³**† חלק בגוף העוף **goiter** [= זפק. **ע** את מראתו בנוצתה, מראתו זה הזפק - ספרא לח (א״ש 86). זב״ח תרביץ נ 200]

**ספק** ש״ע ז *n. m.* **זפק goiter** ויסטי ית מרתה בספקה NEC (MB בפסקה !) והסיר את מראתו בנצתו he shall remove its gall-bladder with its goitre - ויק א 16 (=המליץ 529).

**ספר¹** מסירת דברים (בכתב); מסמך, ספר, איגרת **writing** [א״י דכתיב בספר אורייתא - **נ** בר מ 23. **סוא״י** הדין הוא סיפרא דעובדא דשומיא ודארעא - בר ב 4] ← הנהגה **leadership**

**קל** בינוני: לספרה (מיודע) alsâfârå - מ ה 36. וספרים - דב א 15 (=המליץ 600). **פעל** עבר: וספר - ת״מ 169א. עתיד: נספר - ת״מ (ק) 32א. **ביספר** ביספרה - אס 4א. בספר basfår - ננה 68. **מספר** - ת״מ 71א. **ספור** qiṭṭūl מספורי (+מדבר) - שמ לב N 33. **ספר** asfår - מ טו 39. **ספרו** וספרותה (+נסתר) - ת״מ 262ב.

**קל 1 שוטר officer** ויפקון חכימיך וספריך ויצאו זקניך ושוטריך then your elders and your officers shall come forth - דב כא 2. ולקו ספרי בני ישראל ויכו שוטרי בני ישראל the officers of the people of Israel... were beaten - שמ ה 14. **2 מורה teacher** ליתו גנו לטלי הפך לספרה אין זו גנות לנער לפנות אל המורה it is not disgraceful for a pupil to refer to the teacher - מ ה 35-36. ביספרה סדיר ואתה הוא ספרה שרי אלף בה בית הספר ערוך ואתה המורה, החל ללמד בו - ת״מ 23ב.

**פעל סיפר, הרצה to tell**† קדמון משה... וספר לון מה דאמר אלה קידמם משה... וסיפר להם מה שאמר אלוהים Moses faced them... and told them what God had said - ת״מ 252א. וצמתון... וספר במשמעיון כל גזירהתה ואספם (משה את ראשי השבטים) והרצה באזניהם את כל החוקים - ת״מ 169א. ופעמות הארץ הששה נספרה למוסף חכמה לכל דרוש ושש הפעמים של הארץ נספר להוסיף חכמה לכל דורש - ת״מ 60א (ק: נספר).

**ביספר, בספר** [<בי ספר] ש״ע ז **1 בית ספר, מקום לימוד school** ביספרה סדיר ואתה הוא ספרה בית הספר ערוך ואתה המורה the school is set out and you are the teacher - ת״מ 22א. דאהן בספר יאי בספרה דבראשית כי זה בית ספר נאה הוא, בית הספר של בראשית - ננה 68-69. ואזלו ועבדו בני ישראל טליה עתידין ייתו בשעבוד ליד ביספרון "וילכו ויעשו..." (שמ יב 28) נערים מוכנים לבוא בהכנעה אל בית ספרם - ת״מ 245ב. **2 תורה, חכמה** מופשט **law, wisdom** *abstr.* אדם אלף למך ביספרה דקשטה אדם לימד את למך את תורת קשטה Adam taught to Lemekh the law of the True One - אס 4א. נשים קנומן קעמין ביספר קשטה ולא נפק מנה נשים עצמנו עומדים בתורת קשטה ולא נצא ממנה - ת״מ 199ב. והוה אלף תמן בביספר האותות והיה (קין) לומד שם

את תורת האותות - אס 34ב.

**מספר**† ש״ע ז *n. m.* **מספר number** וברית אברהם במספר ז הגלה וברית אברהם במספר ז נגלתה the covenant with Abraham was revealed in the number seven - ת״מ 71א. וכן הוא בא במובאות מן דב לב 8: ת״מ 229א, 230א.

**ספור**† ש״ע ז *n. m.* qiṭṭūl **ספר book** מן דחטא לי אמחנה מספוריN מי אשר חטא לי אמחנו מספרי him who has sinned against me, I will blot out of my book - שמ לב 33.

**ספר** ש״ע ז *n. m.* **1 ספר book** דכתיב בספר ארהותה הדה הכתוב בספר התורה הזה written in this book of the law - דב ל 10. **ספר** ארהותה - מ טו 39. וביאר מנין חמשה ספרים וכתב מהן חמישה ספרים - מ יד 41. פתח ספרה ואקרא לגוה - ת״מ 227א. חמשתי ספריה - ת״מ 176ב. **2 מסמך document** ונסב ספר קיאמה וקרא במשמוע עמה ולקח את ספר הברית וקרא באזני העם he took the book of the covenant, and read it in the hearing of the people - שמ כד 7. כתב דה דכרן בספר כתב זאת זכרון בספר - שמ יז 14. ויכתב לה ספר שבוקית וכתב לה ספר כריתת - דב כד 1.

**ספרו**† ש״ע נ *n. f.* **תורה teaching** מיה אוקרונה שבע זבנין... וספרותה דמיה למיה המים כיבדוהו שבע פעמים (את משה)... ותורתו משולה במים the waters glorified him seven times... and his teaching is like water - ת״מ 262ב [זב״ח הע׳ 3].

**ספר²**† גילוח, גזיזת השער **shaving, hair-cut** [א״י ויספר ית כל שעריה - נ ויק יד 8]

**פעל גילח to shave** ואריטה מן גובה וספר וחלף תכסיאתה (A וספאר)...ויריצהו מן הבור ויגלח ויחלף שמלותיו they brought him hastily out of the dungeon; and he shaved himself and changed his clothes - בר מא 14. ויי ביומה שביעאה יספר ית כל סערה ...יגלח את כל שערו - ויק יד 9. ותספר ית רישה ותעבד ית טפריה וגלחה את ראשה ועשתה את צפרניה - דב כא 12. ופאת דקניון לא יספרון ופאת זקנם לא יגלחו - ויק כא 5.

**אתפעל 1 התגלח to shave oneself** ויסתפר (נ״א יספר, יספאר פעמיים) והתגלח he shall shave himself - ויק יג 33. **2 גילח** פעיל **to shave** *active* וית נתקה לא יסתפר (נ״א יספר, יספאר פעמיים) ואת הנתק לא יגלח - ויק יג 33. ויתן על כפי נזירה בתר אסתפר ית נזרה ...אחרי התגלחו את נזרו (the priest) shall put them upon the hands of the Nazirite, after he has shaven the hair of his consecration - במ ו 19.

**מספר** ש״ע ז *n. m.* **תער sheath** ויעברון מספר על כל בסרון m והעבירו תער על כל בשרם let them go with a razor over all their body - במ ח 7.

**ספור** ש״ע ז *n. m.* qiṭṭūl **גילוח shaving** בתר ספורה ית נזרהMECA אחרי התגלחו את נזרו after he has shaven the hair of his consecration - במ ו 19.

**ספר³**† שחר **dawn** [טי״ס מן סחר - ע״ע .Corr]

**ספר** וכמסק ספרה *m₂ וכמו השחר עלה - בר יט 15.

**ספר⁴**† תיור ונסיעה **journey** [>سفر -Dozy II 657b]

**קל נסע to travel** וית ארעה תספרון A (נ״א תתגרון) ואת הארץ תסחרו and you will travel around in the land - בר מב 34.

**ספרה** sifra שם מקום *pr. n. (place)*

**ספרה** ש״פ והוה מדרון ממסבל במיעלך לספרה ויהי מושבם ממשא באכה ספרה - בר י 30. וקעם אדם במדינה דחכמתה דמתקריה ספרה ושהה אדם במדינת החכמה הנקראת ספרה - אס 2ב.

**סק¹** בד גס **rough tissue** [א״י או לבוש או משך או סק - נ ויק יא 32. **סוא״י** ואנא אסר על כל חרץ סקא - עמוס ח 10]← כלי לנשיאה עשוי ממנו **sack**

**סק** ש״ע ז *n. m.* **1 בד גס rough tissue** וכל דיפל עליו מנון במותון יסתב מכל מאן קיצם אי לבוש אי משך וכל אשר יפול עליו מהם במותם יטמא מכל כלי עץ או בגד או עור או שק anything upon which any of them falls when they are dead shall be unclean, whether it is an article of wood or a garment or a skin or a sack - ויק יא 32. **2 שק** כלי נשיאה **bag** ולמעזר ית כספון גבר על סקה ולהשיב את כספיהם איש על שקו and to replace every man's money in his sack - בר מב 25. ואפתח אחד ית סקה למתן כסה לחמורה ויפתח אחד את שקו לתת מספה לחמורו - בר מב 27. **3 לבוש אבל**

**garment of mourning** וקדד יעקב תכסיאתה ושבה סק באמתניו ויקרע יעקב שמלתיו וישם שק במתניו Jacob rent his clothes, put sackcloth on his loins - בר לז 34.

†סק² שוק **leg** [< ساق - Dozy I, 705a]

**סק** ש״ע נ *n. f.* **שוק leg** ותסב מן דכרה תרבה ית אליתה... וית סק ימינה A (נ״א שק, שהק) ...ואת שוק הימין you shall take from the ram the fat parts — the broad tail... and the right thigh - שמ כט 22.

†סקט נפילה **fall** [< سقط - Lane 1379a]

**קל נפל to fall** שמק מימרי חיולה... מסקט ומתפורר חזבין A (נ״א מפל) שמע אמרי אל... נפל וגלוי עינים he who hears God's speech..., prostrating, but with eyes awake - במ כד 16.

†סקי יובש **dryness** [< استقى = ייבש - Dozy I 664]

**אתפעל יבש dry up** ועביר אלהה רוח על ארעה ואסתקה מיה E)A) (נ״א ושדכו, ואשתדכו) ...ויבשו המים God caused a wind to blow across the earth, and the waters dried up - בר ח 1.

†סקל¹ מקרה (רע), תאונה **mishap, harm** [א״י ויארע יתיה סקול - נ בר מב 38]

**פעל אינה to let happen** ואד לא כמנה והאלהים סקל לאדה ואשר לא צדה והאלהים אנה לידו but God let it happen to him - שמ כא 13.

**אסקול** ש״ע ז *n. m.* **אסון mishap** דלא ירענה אסקול A פן יקראנו אסון mishap might befall him - בר מב 4. וירענה אסקול A - בר מד 29.

**אסקל** ש״ע ז *n. m.* **אסון mishap** דלא ירענה אסקל פן יקראנו אסון mishap might befall him - בר מב 4. וירענה אסקל - בר מב 38, מד 29. ולא יי אסקל ולא יהיה אסון - שמ כא 22. ואם אסקל יי - שמ כא 23.

**סקל** ש״ע ז *n. m.* **אסון mishap** וירענה סקל C - בר מד 29.

**סקול** ש״ע ז **אסון mishap** דלא ירענה סקול $*M_1$ - בר מב 4. וירענה סקול $N*M_1C$ - בר מב 38. וכך הוא $*M_2$ בבר מד 29. ואם סקול יי N - שמ כא 23.

†סקל² סקילה באבנים **stoning** [א״י איכא דסקליה מסקל - בבלי ב״ק מא ע״א. אינו במקור ארמי אחר. מן העברית H]

**קל רגם to stone**

**מסקל רגימה stoning** ואמרו כל כנשתה למסקל יתון בכיפין A (נ״א למרגם) ויאמרו כל העדה לרגם אתם באבנים the whole community was about to stone them with stones - במ יד 10.

**אֶתְפְּעֵל נרגם to be stoned** אברהם ומשה תרי אקריה... מן פנה מן אברהם ומן פנה מן משה... תריון יסקלו אברהם ומשה שני יסודות... מי שסר (מזה ומזה) שניהם ייסקלו Abraham and Moses... he who turns away (from them) will be stoned - ת״מ 246א.

†סקל³ הרמה **elevation** [< שקל (ע״ע)]

**אֶתְפְּעֵל הורם to be elevated** אנית בעי תסתקל בעלמה צעיד דשמעת אם אתה רוצה להיות מרומם בעולם, אחוז אשר שמעת if you want to be elevated in the world, keep what you heard - ת״מ 115א [זב״ח הע׳ 3].

סקף [=זקף. ע״ע] רום וזקיפות, העמדה והצבה, מעלה ופאר **elevation, glory, preeminence** ← ברית **covenant** [לשון קצר מן יזקף יד׳. *Elliptic expr. from zqp yd, 'to rise the hand'*. א״י זקפית ידי בשבועה - נ במ יד 30]

**קל** עבר: דסקף - ת״מ 85ב. אסקף - ת״מ 168ב. עתיד: ותסקף - ת״מ 149ב. ציווי: אסקף m - בר ל 36א. בינוני פעול: סקיף A - בר ג 6; אסקיפין - ויק כו 13. **אפעל** בינוני: מסקפה (נ) - ת״מ 125ב. **אֶתְפְּעֶל** עבר: אסתקף - ת״מ 270א. מקור: מסתקפה mA - בר מג 12. **מסקופי** masqūfi - מ ד 28. **סקוף** (qāṭṭōl) sâqof - מ י 34. **סקוף** (*qiṭṭūl) - בר ג 22. **סקופה** - ת״מ 136א. **סקפן** siqfån - אב״פ א 14.

**קל 1 זקף, הגביה to lift, raise** דסקף סכוה ועמה ארבעה רבעת עלמה אשר זקף מבטו וראה ארבע כנפות העולם (Abraham) who lifted up his gaze and saw the four quarters of the world - ת״מ 85ב [השי׳: ותלה עיניו וחזה - בר כד 63]. שומיה אסקף בלא עמודים את השמים זקף בלא עמודים (God) lifted up heaven without pillars - ת״מ 272ב. ועם יצחק קעמת ואסקפת דרגה ועם יצחק עמדתי וזקפתי

מדרגתו - ת"מ 301ב. ותסקף אדך ותקים מליך ותרחם נפשך כל דאה ביש ותזקף את ידך ותגביה דבריך ותאהב את עצמך, כל זה רע - ת"מ 149ב. אסקף שבי עיניך m ($*m_1$ אזקף) שא נא עיניך - בר ל 36א. ואיבלת יתכון אסקיפין ואוליך אתכם קוממית I made you walk erect - ויק כו 13. **2 הציב to set, place** וסקף ית עוטריה CA ויצג את המקלות he placed the rods - בר ל 38. **3 פיאר to exalt, glorify** עשרה זבנין אסקף דכרנה עשר פעמים פיאר הזכרתו (של יהושע) ten times (the scripture) exalted the mention (of Joshua) - ת"מ 168ב. הסקף לאברהם ורבה חדותה רומם את אברהם והרבה את שמחתו the letter qof exalted Abraham and increased his joy - ת"מ 191ב. וסקיף עילנה למחכום (E)A ונחמד העץ להשכיל - בר ג 6 [אך עי' ZSp 166]. **3 גדל** פע"ע **to grow up** ורבה ילידה וסקף A ($*M_6$ ואתגדל) *intrans.* ויגדל הילד ויגמל the child grew, and was weaned - בר כא 8.

**מסקף** ולא סמך משה ידה על אנש אלא על יהושע מסקף לדרגה ולא סמך משה ידו על איש אלא על יהושע להרים את דרגתו Moses did not lay his hand on any man but Joshua, exalting him in position - ת"מ 168ב.

**אפעל הרים to elevate** ומקימה על דרגה מסקפה ומעמידו על דרגה מורמה (God) establishes in a elevated status (the learned one) - ת"מ 125ב.

**אֶתְפְּעֶל נישא to be elevated** אסתקף על כל בניו דאדם הורם על כל בני אדם (Moses) was exalted above all the descendants of Adam - ת"מ 270א. בכן אסתקף ורם רבינה על ידי זה נזדקפה ושגבה תהילתו - ת"מ 270א. רבין רב אתרבה בה משה והסתקף בה סגי מכל אנש גאון גדול, נתגדל בו משה ונישא בו יותר מכל אדם - ת"מ 303א.

**מסתקפה** למתגללות עלינן ולמסתקפה עלינן Am (BMV למתרברבה) להתגלל עלינו ולהתנפל עלינו to act arrogantly against us - בר מג 18 [נתפרש לעניין ההתנשאות].

†**מסקופי** ש"ע נ *n. f.* **זקיפה elevation** זרוז רתואתך מסקופי לגויאתן מהירות רתיונך הוא זקיפה לגופנו the celerity of your mercy is elevation to our bodies - מ ד 27-28. מסקופי רמה לגויאתן כד נתחנן לרחותך זקיפה רמה לגוויתנו כשנתפלל לרחותה שלך - א"ח 94.

**סקוף** ש"ע ז qāṭōl *n. m.* **זוקף one who raises** (God) סקוף לישראל זוקף את ישראל raises up Israel - מ י 34. סקוף שומיה זוקף השמים - מ כה 40. סעודה סקופה הסומך הזוקף - מ ב 57.

**סקוף** ש"ע ז qiṭṭūl *n. m.* **1 גידול offshoot** הן האדם הוה כסקוף מנה (E)A הן האדם היה כאחד ממנו man has become like an offshoot of us - בר ג 22 [ZSp 136, n. 2: SAV كـلاص]. **2 ברית covenant** ארון סקוף יהוה E ארון ברית יהוה the Ark of the Covenant of the Lord - דב לא 9. **3 הצד הזקוף של המיטה head-place** (of bed) סקוף המטוי A - בר מז 31.

**סקופה** ש"ע נ *n. f.* **מעלה, יתרון advantage** יהי לוכון סקופה על כל אמיה דאנון טמאים ואתון קדישין תהיה לכם מעלה על כל העמים כי הם טמאים ואתם קדושים it will be for you an advantage above all the peoples, for they are unclean and you are holy - ת"מ 136א.

†**סקפן א** ש"ע ז *n. m.* **מעלה, תהילה eminence, glory** יעקב ברך בניו ברכה כהלה סקפן יעקב בירך את בניו ברכה שכולה מעלה Jacob blessed his sons with a blessing of full eminence - ת"מ 255א. דאדמו לכוכבי שומיה בסקפנה ובסגינה שנמשלו לכוכבי השמים לרום ולרוב - ת"מ 304ב. אי איקר אי סקפן או כבוד או תהילה - ת"מ 277ב. **ב** ש"ת *adj.* **רם elevated** דאתהו שקיחה סקפן סקפניה אתה הוא הנמצא, רם הרמים You are the (everlasting) existent, the elevated of those who are elevated - אבישע א 14-15.

†**סרב**[1] עוז פנים **insolence** [< סרהב. ע"ע סרף[2]. א"י סיגין הוי לך למה לך מסרהב = סייגים הם לך, למה אתה מפציר - דב"ר 49]

**פעל העז פנים to dare** וסרבון למסק לריש טורה m (נ"א ועצפו, וארשעו =אונקלוס O) ויעפלו לעלות אל ראש ההר they dared to go up to the heights of the hill - במ יד 44.

†**סרב**[2] מיאון **refusal** [מן אונקלוס O. ע"ע מחי[1]]

**פעל 1 מאן to refuse** וסריב אבוה A וימאן אביו his father refused - בר מח 19. ואם מסריב אתה למשלחה m ואם מאן אתה לשלח - שמ ז 27. **2 מרד to act rebelliously** והביתן מסרבן רוה ליצחק ולרבקה A (m מסרבן ומתגזן)

ותהינה מרת רוח... they had an insolent mind (=acted rebelliously) towards Isaac and Rebecca - בר כו 35.

## סרבך†

חליטת קמח במים רותחים או שמן [ע רבך] **stirring** (flour in boiling water or oil) ← עירוב ובלבול **mixing up, confusion**

**פעל** בינוני פעול *pass. pt.* **1 חלט to stir** על טיגנה במשח תתעבד מסרבכה תנדינה תופני מנחה גזורים (נ״א שליקה, מרתחה) על המחבת בשמן תעשה (המנחה) מרבכת תביאנה תופני מנחת פתים It shall be made with oil on a griddle; you shall bring it well stirred - ויק ו 14. וסלת מסרבך חלין בסיסן במשח (נ״א מסרבכה, מסרבכן, מרתע) וסלת מרבכת חלות בללות בשמן - ויק ז 12. **2 בלבל** בהשאלה **to mix up, confuse** *fig.* מסרבכין אנון בארעה צניק עליון מדברה נביכים הם בארץ סגר עליהם המדבר they are peplexed in the land; the wilderness has shut them in - ת״מ (ק) 224ב [מביא את שמ יד 3. ליתא. ש (54א): עבישין]. **לא** תשבק קנומך פסול מכן ותהי מסרבך ביני כל בוראי עלמה אל תנח עצמך להיות מנותק מכך ולהיות נבוך בקרב כל ברואי העולם - ת״מ 276א [זב״ח העי' 5].

## סרד[1]†

מעשה רשת **network** [מן אונקלוס O. השי' הסרידים והסרוקות והגרדין - תוס קודשים ה יד]

**סרד** ש״ע ז *n. m.* **רשת, מעשה מקלעת network** קלעי *M₁ סרדי דארתה בוץ מפתל החצר שש משזר the networks (hangings) of the court were of fine twined linen - שמ לח 9.

**סדר** ש״ע ז *n. m.* (ט״ס מן סרד) **רשת, מעשה מקלעת network** קלעי *M₂ סדרי דארתה החצר - שמ לה 17, לח 18. ולרוח מערבה סדרים חמשים אמה *M₂ - שמ לח 12.

**מסרד** ש״ע ז *n. m.* **רשת network** וארק ארבע עסקין... למסרד נחשה *M₁ ויצק ארבע טבעות... למכבר הנחשת he cast four rings...bronze network - שמ לח 5.

## סרד[2]

שם פרטי sårå *pr. n.*

**סרד** ש״פ ובני זבולן סרד ואלון ויחלאל - בר מו 14

**סרדאי** ש״פ *gent. n.* לסרד כרן סרדאה (VN סרדאי) - במ כו 26.

## סרדוף† ?

**סרדוף** ש״ע ז *n. m.* **?** ותיעתון ית סנכלותי בקפוס סרדופה A והורדתם את שיבתי ביגון שאולה - בר מב 38 [הפסוק משובש מאוד. Very corrupt passage.]

## סרח[1]

חטא **guilt, transgression** [א״י סרחו רב מזוגייא... ורב נחתומייא - **נ** בר מ 1. **סוא״י** דסרח כל בסר אורחה - בר ו 12]

**קל** עבר: סרח sårå - א״ח 54. בינוני פעול: סריע - ויק ה 19. **פעל** בינוני: מסרח - דב כא VB 20. **אֶתְפְּעֶל** עבר: ואתסרח *M₂ - ויק ד 27. **אסרחה** אסרעה - המליץ 458.**סרוח** sāru (qāṭōl) - ע״ד ג 20. **סרח** - במ יח 22 A. **סריחה** sēriyyå - א״ג 7. תסרח - במ יא B 20.

**קל אשם to sin, be guilty** סרח קמיך וסבלתנה חטא לפניך וסלחת לו he sinned against You, but You pardoned him - א״ח 54. בנים דלא סרחו בנים שלא חטאו - ע״ד א 110. טעינן וסרחנן - ע״ד ה 33. סרע הוא סריע אשם ליהוה M₂ אשם הוא אשם ליהוה - ויק ה 19. ויתן לדסרע לה m ונתן לאשר אשם לו - במ ה 7. ואסרן[חת] נפשה ההיא m ואשמה הנפש ההיא that person is guilty - במ ה 6.

**פעל 1 החטיא to induce to sin** ברנו דן... מאזל ומסרח VB בננו זה... זולל וסובא this son of ours... is contemptuous and induces sin - דב כא 20 [נתפרש סובא מן סא״ב. Int. from s'b (q.v.)]. **2 חשד to suspect** פרעה סרח על שמשיו ושוה יתי באסור A פרעה חשד בעבדיו ויתן אתי במשמר Pharaoh suspected his servants, and placed me in custody - בר מא 10.

**אֶתְפְּעֶל אשם to be guilty** ואם נפש חדה תחטי בשגו... ואתסרח *M₂ (נ״א וחיב, ויתחיב) ואם נפש אחת תחטא בשגגה... ואשם if any person sins unwittingly... and is guilty - ויק ד 27.

**אסרחה** ש״ע נ *n. f.* **תיעוב abhorrence** לאסרעה לזרה - המליץ 458 (ע״פ במ יא 20).

**סרוח** ש״ת qāṭōl *adj.* **חוטא sinner** ברקה הו חרבך דעתיד מוקד כל סרוח הברק הוא חרבך העתיד לשרוף כל פושע the lightning is Your sword, which will burn every sinner - ע״ד ג 20. הקשט תסתפה זכאה עם סרוחה A האף ייספה צדיק עם רשע - בר יח 23. ואמר לסרועה למה תמעי עברך MEBA ויאמר לרשע למה תכה רעך - שמ ב 13. יהוה זכאה ואני ועמי סרוחיה יהוה הצדיק ואני ועמי הרשעים the Lord is

ת״מ 36א - right, and I and my people are sinners [מביא את שמ ט 27. בתה״ש שלפנינו חיביה וכך הוא ק שם (12א)]. ואוכח סרוחה והוכיח (משה) את הרשע - אס 15ב.

**סרח** ש״ע ז *n. m.* **חטא guilt, sin** ולא יתקדמון חורי ברי ישרון למשכן זימונה למסבל סרח למקטל A ולא יקרבו עוד בני ישראל אל אהל מועד לשאת חטא למות henceforth the people of Israel shall not come near the Tent of Meeting, lest they bear sin and die - במ יח 22. ויסלח כהנה על נפשה דשגת בסרח בשגו A וכפר הכהן על הנפש השגגת בחטאת בשגגה - במ טו 28. הלא בסרחה אתקטל A כי בחטאו מת - במ כז 3. למה אתה קטיל קעים דלא על סרחיה למה תהרוג צדיק שלא על חטאים - ת״מ 30א.

**סריחה** ש״ע נ *n. f.* **חטא guilt, sin** מדכיה מכל סריחה מטהרת מכל פשע cleanses from every guilt - א״ג 7. אתחילו חובינן ויתרו סריחתן גברו חטאינו ורבו פשעינו - מ יא 28. אגר לכל סריחתה שכר (עונש) לכל החטאים - מ א 91. סלוח סריחתה נושא העוונות - א״ג 86. ותיתי עלינן סריעה $M_2$ והבאת עלינו אשם - בר כו 10. יחטי לסריעת עמה $^*M_1$ יחטא לאשמת העם - ויק ד 3.

**תסרח** ש״ע ז *n. m.* **תיעוב abhorrence** ויהי לכון לתסרח B (תלויה) והיתה לכם לזרה it becomes an abhorrence to you - במ יא 20 [אולי הוא ט״ס מן אסרח. ע׳ לעיל אסרעה].

**סרח²†** מקל **staff** [< سرح - לוח עץ חלק - Barthélemy 340]

**סרח** ש״ע ז *n. m.* **מקל staff** תרי עסר סרח A שנים עשר מטות twelve staffs - במ יז 21.

**סרט†** סריטה, חיתוך **cutting, incision** [ע״ע שרט. א״י ובבשרה לא ישרטו שרטת - נ ויק כא 5. סוא״י יוטא חד אא חדא סורטא לא תעבר מן נימוסא = יוד אחת או תג אחד לא יחלוף מן התורה - מתי ה 18]

**קל סרט to incise** ופאת דקניון לא יספרון ובבסרון לא יסרטון סרטה (B יסטרון סוטרה) ...ובבשרם לא ישרטו שרטה they shall not make any cuttings in their flesh - ויק כא 5.

**סורטה** ש״ע נ *n. f.* **סריטה incision** ובבסרון לא יסרטון סורטה VC (B סוטרה) (המליץ 598: סורטא). וסורטה לנפש לא תתנון בבסרכון ושרטה לנפש לא תתנו בבשרכם VMECB you shall not make any cuttings in your flesh on account of the dead - ויק יט 28.

**סרטה** ש״ע נ *n. f.* **סריטה incision** ובבסרון לא יסרטון סרטה - ויק כא 5. וסורטה לנפש לא תתנון בבסרכון N (J ושרטה) - ויק יט 28.

**סרטה†** דרך **way** [< στρᾶτα - Krauss 413b. נ איסטרטין - דב א 1]

**סרטה** ש״ע נ *n. f.* **דרך** בהשאלה **way** *fig.* כהלון בהדה סרטה אזלין כולם (בני האדם) בזאת הדרך (החיים והמוות) הולכים all walk in the same way - ת״מ 266א.

**סרי¹†** באישה, הדפת ריח רע **stench, bad odor** [< סרח. א״י טורא דמסרי פירוי - נ דב ג 9. סוא״י כבר הוא מסרי הא לה ארבעא יומין = כבר הוא מבאיש (המת) כי עברו עליו ארבעה ימים - יוחנן יא 39. ע״ע צרי²]

**קל באש to stink** ואסרה נהרה ולא יכלו מצראי למשתי מים מן נהרה (A ואסרי, $^*M_2$ וצרה) ויבאש היאר... the river stank so that the Egyptians could not drink water from the river - שמ ז 21. וארם תולעים ואסרה וירם תולעים ויבאש - שמ טז 20, ובדומה לו פס׳ 24. ואסריאת ארעה (A ואסרת) ותבאש הארץ - שמ ח 10. מובא גם בת״מ 237ב: וחסרת. ויסרי נהרה ובאש היאר - שמ ז 18, 18א. ובישיה... כד תסק ריחון בישה מן עפר חסרה וגפרי ואש מחרברב בה והרעים... כאשר יעלה ריחם הרע מעפר מסריח ואש מעורבים בו - ת״מ 238א [זב״ח הע׳ 1]. ויצרי נהרה $^*M_2$ ובאש היאר - שמ ז 18, 18א.

**אפעל הבאיש** בהשאלה **to emit a bad odor** *fig.* דאסריתון ית ריחנן בעיני פרעה ($^*M_1$ דאצריתון) אשר הבאשתם את ריחנו.... you made us odious (*lit.*: you made our odor stink) to Pharaoh - שמ ה 21. אסרתון רחינן בכל ארע מצרים - ת״מ 20ב.

**מסריה** עכרתון יתי למסראתי בדיור ארעה עכרתם אתי להבאישני ביושב הארץ - בר לד 30.

**אֶתְפְּעֶל באש to stink** ואסתרה נהרה C ויבאש היאר... the river stank - שמ ז 21.

**אֶתְפְּעֶל באש to stink** כל דבה רוח חיים לגו מיה מאת ואנון מתסרין בתפוך אדמה כל שבו רוח חיים בתוך המים מת והם מבאישים בהתהפך (המים) לדם all in which there is breath of life in the water will die and they will - stink, when they (the water) turn into blood ת״מ 29א.

†**סרי²** תנועה ממקום למקום **movement** [> سرى = ערך מסע למלחמה - Lane 1355c]

**פעל הסיע to make move** ושמע אברם הן השוה אחוה וסרי ית עלימיו... ורדף עד בניאס A וישמע אברהם... וידק את חניכיו... וירדף עד דן when Abram heard that his kinsman had been taken captive, he led his young (warriors)... and went in pursuit as far as Dan - בר יד 14 [Kohn ZDMG 39, 217 :< סרין - זיין]. **ואם מסכין הו ולית אדה סרה** *m₂ (נ״א מטיה) ...ואין ידו משגת - ויק יד 21.

†**סרף¹** סדר, מערכת **order** ← הפקדה למשמרת [א״י דיינין וסרכין תמנון לכון - נ דב טז 18] **to deposit**

**פעל הפקיד to deposit** ויסרף ית כל מזונה שבע שניה שפיריה... תחת אד פרעה... ויטרון *M₂A (נ״א **ויצמת, ויכנש**) ויקבץ עת כל אכל שבע השנים הטובות... תחת יד פרעה... וישמרו let them deposit all the food of these good years... under the authority of Pharaoh..., and let them keep it - בר מא 35.

**סרף** ש״ע ז *n. m.* (מן אונקלוס O) **שוטר foreman** ולקו סרכי בני ישראל *M₂ ויכו שוטרי בני ישראל the foremen of the people of Israel were beaten - שמ ה 14. **ופקד פרעה... ית מפלעיה בעמה וית סרכיו** V **ויצו פרעה... את הנגשים בעם ואת שוטריו** - שמ ה 6.

†**סרפון** ש״ע ז *n. m.* **פיקדון deposit** ויהי מזונה לסרכן לארעה לשבע שני כפנה (E לסרמן) והיה האכל לפקדון לארץ... the food shall be a deposit for the land against the seven years of famine - בר מא 36 [התה״ע: وديعة = החסנה].

†**סרף²** ?

**קל ?** וארמה מן אדה ית לוחיה וסרף בשפולי טורה E וישלך מידיו את הלוחות וישבר בתחתית ההר - שמ לב 19.

†**סרנדיב** שם מקום *pr. n. (place)* [חדר מן אבו סעיד سرنديب, והוא השם הערבי של סרי לנקה. *The Ar name of Sri Lanka*.

**סרנדיב** ש״פ ואתנחת תיבותה... על טברה סרנדיב A(E) ותנח התבה... על הרי הררט - בר ח 4.

**סרס** כריתה, פגימה **castration** [א״י לא ייעול דפסיק ודמסרס בקהל כנשתה דייי - נ דב כג 2. **סוא״י** דמן כרסה דאמהון אתילדו כדין סריסין - מתי יט 12] ← סריס, עבד החצר

†**קל פגם** בינוני פעול *pass. pt.* **to castrate** ומעיס וסריס... לא תקרבון A ומעוך וכתות... לא תקריבו (an animal with its testes) crushed or a castrated one..., you shall not offer - ויק כב 24 [אונקלוס: ודסריס. V*M₁B מציבים וסריס כנגד יוכרות' וכך המליץ 495].

**סריס** ש״ע ז *n. m.* **סריס** (< 'eunuch') **officer** ומדינאי זבנו ית יוסף למצרים לפוטיפר סריס פרעה (נ״א שמש. המליץ 537: **אריס**) והמדינים מכרו את יוסף מצרימה לפטיפר סריס פרעה the Midianites sold him in Egypt to Potiphar, an officer of Pharaoh - בר לז 36. **ורגז פרעה על תרי סריסיו** - בר מ 2.

†**סרע** מום, פגם **blemish** [ס סרע = קרע, חתך - ע״ע סרח] LS 500b.

**סריע** ש״ת *adj.* **שרוע blemished** הלא כל גבר דיהי בה מום לא יתקרב גבר סמי אי ערוג אי סדיר אי סריע A (J סרי) כי כל איש אשר יהיה בו מום לא יקרב איש עור או פסח או חרום או שרוע no one who has a defect shall be qualified: no man who is blind, or lame, or ill or pierced (torn?) - ויק כא 18 (=המליץ 598). **ותור ונקי סריע וגדום רעבה תעבדון יתה ולנדר לא ירחי** (נ״א **זעור, צלום, צרום**) **ושור ושה שרוע וקלוט נדבה תעשו אתו ולנדר לא ירצה** - ויק כב 23.

**סרהן** ש״ת *adj.* **בעל מום** חתוך **blemished** סמאי אי תבר אי סרהן... לא תקרבון אלין B עורת או שבור או חרוץ... לא תקריבו אלה anything blind, or injured, or mutilated... such - you shall not offer - ויק כב 22.

†**סרף¹** סחיטה **squeezing** [ס סרף = ינק, מצץ - PSm 2746]

**קל סחט to press** זיתים יהון לך בכל תחומך ומשח לא תסרף ECA (נ״א תסך) ...ושמן לא תסחט (though) you have olive trees throughout your territory, you shall press no oil - דב כח 40.

†סרף² הפצרה insistence [< סרהב. ע״ע סרב. [See srb

**פעל הפציר** to urge וסרף בון שריר ואסטו לידה $*m_2$ ויפצר בהם... he urged them strongly, so they turned his way - בר יט 3 (=המליץ 559). וסרפו בגברה בלוט שריר MB ויפצרו באיש בלוט מאד they urged hard against the man Lot - בר יט 9. וסרף בה ונסב $*m_2$ ויפצר בו ויקח - בר לג 11. ומפלחיה מסרפין בון סגי והנוגשים דוחקים בהם הרבה - ת״מ 20א [זב״ח העי 4].

†סרף³ דלקת inflammation [=צרף, צרב? **סוא״י** וסכא להון ברגוז צריף = והביט בהם בכעס לוהט - מרקוס ג 5]

**קל** בינוני פעול *pass. pt.* **דלוק** inflamed ומעיס וסריף... לא תקרבון ליהוה $VN*M_2B$ (נ״א וכתית, וסריס) ומעוך וכתות לא תקריבו ליהוה (an animal with its testes) crushed or an inflamed..., you shall not offer - ויק כב 24 [=המליץ 495. זב״ח: הש׳ זרפא - בבלי שבת סז ע״א].

†סרק¹ אריגה וסריגה web ← סריקה במסרק comb [א״י סריק שעריה מחוור מאניה - ויק״ר קכד]

**קל ארג** בינוני פעול *pass. pt.* to weave ועבדו ית מעילה עובד סריק$M_2ECB*$ יעשו את המעיל מעשה אורג they made the robe woven - שמ לט 22. וכן כח 32, ודומה לו לה 35.

**אתפעל נסרט** to scratch oneself (with combs) לא תסתרקון C (נ״א תתרעון, תתגדדון) לא תתגדדו you shall not scratch yourselves - דב יד 1.

**סריק** ש״ע ז .n. m **1 רצועה** band ועד סריק סנדל A ועד שרוג נעל a thread or a sandal - בר יד 23. **2 אריגה** weaving ועבדו ית מעילה עובד סרק ...מעשה אורג - שמ לט 22. בדומה לו בפסי 27 $J*M_2$.

†סרק² ?

**קל ?** וסרק הו[א] וכל דלה A ויברח הוא וכל אשר לו - בר לא 21.

†סתו חורף winter [א״י וקייטא וסתווה - **נ** בר ח 22 (בגיליון). **סוא״י** קיטא וסתוא - שם]

**אסתב** ש״ע ז .n. m **חורף** winter צנה ושרב קיץ (!) ואסתב אימם ולילי לא יבטלון C) וסתב) קור וחם קיץ וחרף יומם ולילה לא ישבתו cold and heat, summer and winter, day and night, shall not cease - בר ח 22 (=המליץ 461). הוית באימם אסיפני אסתב וצנה בלילי סתבה ECB) הייתי ביום אכלני חרף וקרח בלילה winter devoured me by xay and ice by night - בר לא 40.

סתור שם פרטי sittor *pr. n.*

**סתור** ש״פ לשבט אשר סתור בר מיכיל - במ יג 13.

†סתם סתימה blocking [עש״ח. ע״ע זדם, NSH *see zdm*. **א״י** ואסתתמו מבועי תהומא - **נ** בר ח 2. **סוא״י** הו איתהו דאסתתם = ההוא החריש - מתי כב 12]

**סתם** ש״ת *adj.* **סתום** blocked גברה סתם עינה A הגבר שתם העין the man with a bloked eye (*i. e.* sight) - במ כד 3, 15.

†סתף עשיית לבנים ? making bricks

**פעל ליבן** to make bricks אתי נסתף סתפו ונליסה נילוס A הבה נלבנה לבנים ונטוח טיחה - let us build with bricks, and plaster (the walls) בר יא 3.

**סתפו** ש״ע נ .n. f **לבנה** brick אתי נסתף סתפו A - בר יא 3.

**סתפה** ש״ע נ .n. f **לבנה** brick ותהי לון סתפתה לכיפה A ותהי להם הלבנה לאבן they had brick for stone - בר יא 3.

סתר¹ הריסה demolition, destruction [א״י ויסתר ית ביתה - **נ** ויק יד 45 (בגיליון). **סוא״י** ומסינתהון דרשיעיא סתרת - ישע כה 2]

**קל הרס** to destroy פמה דנחשה צנק בגלל דאסתר dastâr חיים פי הנחש סגור מפני שסתר את החיים the mouth of the serpent is closed, for he destroyed life - מ ה 67-68. חכם הן אלהון עבוד פליאתה יכלין אנון מסתר ומתקנה ואנן סתרים ולית בן מתקנה דע כי אלוהיהם (של ישראל) עושה נפלאות. יכולים הם לסתור ולבנות ואנו סותרים ואיננו יכולים לבנות (דברי החרטומים אל פרעה) - ת״מ 33א. כל ארע מצרים סתירה בלחצה כל ארץ מצרים תיהרס בלחץ -

ת״מ 228ב. מן סתר סיג זכותה... עלל כתי קללתה מי שהרס את חומת הצדקה... יבוא תחת הקללה - ת״מ 160ב. מגלי קשטה וסתר שקרה מגלה את האמת וסותר את השקר - ת״מ 80א.

**מסתר** יכלין אנון מסתר ומתקנה יכולים הם לסתור ולבנות - ת״מ 33א.

**אפעל הרס to destroy** יזבחו לשידים לא אלה בדיל פאניה ארורה כדו יקום ויסתיר משכנה ״יזבחו... (דב לב 17) על אודות התועה הארור (נאמר) כאשר הוא יקום יהרוס את המשכן "they sacrificed to demons..." (Dt 32:17); this regards the cursed apostate (about whom it is said that) when he will arise, he will destroy the Sanctuary - ת״מ 199ב.

**אֶתְפְּעֶל נשחת to be destroyed** אז רזה גדיל דמס לא יסתתר ״אז״ (שמ טו 1) הוא סוד גדול, בניין שלא ייהרס "then" (Ex 15:1) is a great secret, a foundation that cannot be destroyed - ת״מ 71א. עבד בישה... והסתר מן ריחות מרה עשה רעה (לוקח השוחד)... ונשלל רצון אדוניו - ת״מ 162ב. אזהרו דלם תסטון מן תחומיכון... יסתר כל בנינה היזהרו פן תסטו מגבוליכם (פן) ייהרס כל הבניין - ת״מ 258א. ובישהתה תתגבר שריר ומשכן אלה יסתר והרגריזים יטמא והרעות יגברו, ומשכן אלוהים ייהרס והר גריזים יטמא - ת״מ 253א.

**סתור** ש״ע ז qāṭōl *n. m.* סתור לא יכל סתר לה הורס לא יוכל להרוס אותו a destroyer cannot destroy it - מרקה ? (Cow 49).

**סתר²†** העלמה מן העין **hiding** [**א״מ** גלא עמיקתא ומסתרתה - דנ ב 22. **א״י** מסתרן מן קדמי = נסתרו מעיני - ישע סה 16]

**קל 1 נחבא to hide oneself** ואף ית עקתה ישגר יהוה אלהך בון סעד יהבל המשתירים והסתירים מדקמיך B וגם את הצרה (!) ישלח... עד אבד הנשארים והנסתרים מפניך God will send distress..., until those who are left and hide themselves from you are destroyed - דב ז 20. ועמאה יהודה וחשבה זניתה כד סתרת אפיה A ...ויחשבה לזונה כי כסתה פניה when Judah saw her, he thought her to be a harlot, for she had covered her face - בר לח 15. **2 הסתיר to conceal** סלק גובה רבה סתר ית חזב ארעה עלה ארבה רב, כיסה את פני הארץ a multitude of locusts came up and concealed the face of the land - ת״מ 36ב. ומשה כד סתר ואהרן כד שתק... דמה נהי תהבים גלים לרחותה וסתרים פנותה ומשה כאשר הסתיר (שמ ג 6) ואהרן כאשר דמם (ויק י 3)... אולי נהיה שבים (אל האל), מגלים רעותה ומסתירים פנותה - ת״מ 119ב.

**אֶתְפְּעֶל נסתתר to hide oneself** ונסבת זהרה ואסתתרת A ותקח הצעיף ותתכס she took her veil and concealed herself - בר כד 65. למה אסתתרת למערק A למה נחבאת לברח - בר לא 27. תסתור שבעה יומים A תסגר שבעה ימים - במ יב 14 [ט״ס .Corr]. מן יהי טריד מן ארע לארע ליתו מסתתר בכלום מני מי שיגורש מארץ לארץ לא יסתתר בדבר ממני - ת״מ 141ב.

**אֶתְפְּעֶל נסתתר to be hidden** ותתסתר מרים מלבר למשריתה שבעה יומים A ותסתתר מרים... שבעה ימים Miriam was hidden outside the camp seven days - במ יב 15.

**סתרו** ש״ע נ *n. f.* **מחבוא protection** יקומון ויסעדנכון יהון עליכון סתרו C יקומו ויעזרוכם יהיו עליכם סתרה let them rise up and help you, let them be your protection - דב לב 38.

**סתרי** satri שם פרטי *pr. n.*

**סתרי** ש״פ ובני עזיאל מישאל ואליצפן וסתרי - שמ ו 22.

# ע

**ע** īn האות השש עשרה באלף בית The sixteenth letter of the Alphabet.

**עאן**† צאן, שם כולל לבהמה דקה **small cattle** [**א״י** רען ען אנון עבדך - **נ** בר מז 3]

**עאן** ש״ק נ *n. coll. f.* **צאן sheep** והוה לה קניאן עאן וקניאן תורין ויהי לו מקנה צאן ומקנה בקר he had possessions of sheep and cattle, and a great household - בר כו 14. ונסב אבימלך אלף כסף ועאן ותורים ...ויהב לאברהם ויקח אבימלך אלף כסף וצאן ובקר... - בר כ 14. ויתיחמן עאנה על אטריה ויחמנה הצאן על המקלות - בר ל 39. עזר עאנה דבידך למסחנון השב את הצאן שבידך לבעליהם (דברי האל אל משה על בני ישראל) - ת״מ 5א. צורת ריבוי מדומה משמשת עם כינויים ומזה נוצר גם ריבוי גרוד *with the possessive pron. a quasi-plural emerges, which gives birth to an independent plural* ᶜ*nym* זודה תזבד לה מן עאניך הענק תעניק לו מצאנך - דב טו 14. כל בכורה דיתלד בתוריך ובעאניך אדכרה תקדש ליהוה כל הבכור אשר יולד בבקרך ובצאנך הזכר תקדיש ליהוה - דב טו 19. בענינן ובתורינן ניזל בצאננו ובבקרנו נלך - שמ י 9. לוד טפלון ועאניון ותוריון שבקו בארע גשן רק טפם וצאנם... - בר נ 8. תמן תנכס ית פסחה... מן עאניך ומן תוריך - ת״מ 225ב. ריבוי גרוד *with no possessive pron., as pl. of nomina unitatis*: חמשה תורין ישלם תחת תורה וארבעה עאנים תחת נקיה חמשה בקר ישלם תחת השור וארבע צאן תחת השה he shall pay five oxen for an ox, and four sheep for a sheep - שמ כא 37. יגדון עאנין ויכסון יקחו צאן ויזבחו - ת״מ 45א. ותדבח פסח ליהוה אלהך עאנים ותורים - דב טז 2.

**עבב**† ענן **cloud** [**ע** עב שהוא מעבב את פני הרקיע - בר״ר 121. אף ברי אתת שם שר מטר להעביב ולהענין להריק ולהמטר - הקלירי, אף ברי, תרביץ ז (תרצב), 187]

**עבב** ש״ע ז *n. m.* **ענן cloud** את יהוה בגו עמה הדן... ועבבך קעם עליהון ובעמוד עבב את הזול לקדמיון A (נ״א וענך... ענן) אתה יהוה בקרב העם הזה... ועננך עמד עליהם ובעמוד ענן אתה הלך לפניהם You, O Lord, are in the midst of this people...; and Your cloud rests over them, and You go before them in a pillar of cloud - במ יד 14.

**עבד** עשייה ופעולה, עבודה; הפועל משמש גם אוגד להביע שינוי במצב (עואנ״ש ג/ב 56, הערות). אמנם בתה״ש הוא עוקב אחר המקור, אבל אותם שימושים יש גם בת״מ ובפיוט. ואלה מושפעים גם הם מלשון התורה **doing, making, acting;** *the verb also acts as a copula denoting a change in condition, not only in Pentateuchal translations, but also in independent texts.* [**א״י** ועבד ייי אלהים לאדם ולאתתיה לבושין - **נ** בר ג 21. **סוא״י** ושלם אלהא עובדוי מא דעבד - בר ב 2]

**קל** עבר: עבד ᶜâbåd - ננה 34. עתיד: יעבד yēbbəd - ע״ש ו 60. ציווי: עבד ēbåd - ע״ד ד 2. בינוני: עבד ᶜābəd - ע״ד כג 4. פעול: עביד ᶜābəd - ע״ד כו 4. מקור: למעבד - בר לד 19. למעבדה almēbbēde (+נסתר) - ע״ד יח 11. **פעל** עבר: עבד - בר מז 21. עבדה (+נסתרת!) ᶜabbâdå - ע״ד כד 86. בינוני: מעבד - בר לט 22.NB מקור: למעבדה - ויק יח 21. **אִתְפְּעַל** עבר: אתעביד ētā:bəd - ע״ד ז 12. ואעבדת (נסתרת) - בר מז 20 B. **אִתְפַּעַל** בינוני: ומתעבד wmētābbåd - ע״ד יט 27. **מעבד** - ת״מ 26א. **עבד** wābəd (״סגולי״) - ע״ד טו 7. **עבד** *qəṭāl עבאד - שמ לו 37. **עבד** ᶜåbbåd (ש״ת) - מ א 44. **עבדה** - שמ א 14. **עבדו** עבדותה (מיודע) - דב ח 14. **עבוד** (qāṭōl) ᶜābod - ע״ד כה 23. **עבודה** - בר יא 6 A. **עבידה** ēbīda - ע״ד יז 4. **עביתה** (וריאנט של עבידה) - ויק ז 24 BA (נפרד!). **עובד** ūbåd - ע״ד יט 23. **עובדה** - בר יא 6 A.

**קל א 1 ברא to create** ישתבח אלה דעבד עלמה praised be God, who created the world - אס 1ב. ואנן עמין הך עבד חליפן ותהומין דלא מטלטלין ואנו רואים איך עשה (האל) חליפות ותחומים שאינם בטלים - ננה 34-35. אשתה יומים עבד יהוה ית שומיה וית ארעה - שמ כ 10. אידן עבוד יכל כעובדיך עבד איזה יוצר יכול כמעשיך לעשות - ע״ד כג 3-4. וכלה בידך עביד והכול עשוי בידך - ע״ד כו 4. **2 עשה to make** לאשי ועבדי עגולים מלאכה בחומר לושי ועשי עגות knead and make cakes! - בר יח 6. אנדי לי ציד ועבד לי טעמנים הבא לי ציד ועשה לי מטעמים - בר כז 7. ועבד בצלאל ית ארונה - שמ לז 1. **3 התקין to prepare** וית

אמרה אחדה תעבד בצפרה וית אמרה תניאנה תעבד בין רמשיה את הכבש האחד תעשה בבקר ואת הכבש השני תעשה בין הערבים you shall prepare one lamb in the morning, and the other lamb you shall prepare at twilight - במ כח 4. כל קרבן עביד לגו זבנה כל קרבן עשוי בזמנו - ת״מ 111א. **4 רכש** לפי מליצת התורה **to acquire** ונסב אברם ית שרי אתתה וית לוט בר אחיו... וית נפשה דעבדו בחרן ...ואת כל הנפש אשר עשו בחרן Abram took his wife Sarai and his brother's son Lot..., and the persons that they had acquired in Haran - בר יב 5. אמת אעבד אף אנא לביתי מתי אעשה גם אנכי לביתי - בר ל 30. ומן דלאבונן עבד ית כל איקרה הדן (m קנא =אונקלוס) ומאשר לאבינו עשה את כל הכבוד הזה - בר לא 1. **5** יוצא לשני מושאים לציון גרימת שינוי במצב **to become** *(with two objects)* ואעבד... יתך לגוי רב ועשיתי אותך... לגוי גדול I will make of you a great nation - במ יד 12. ובשלו בקדר ועבדו יתה עגולים ובשלו בפרור ועשו אתו עגות - במ יא 8. מודאה לאלה דבחר יתה ועבדה אתר קדש התודה לאלוהים שבחר בו (בהר גריזים) ועשהו מקום קדוש - ת״מ 131א. **6** עם ל ובלעדיה בהוראת 'ראוי' [השי׳ **ע** עשוי לדבר] **to be fit, seemly** ברואה ישתבח הך מד לאוי ועבד ישובח הבורא כאשר ראוי והגון praised be the Creator, as it is fit and appropriate - אלעזר (עואנ״ש ג/ב 314). **ב** פועל ״ריק״ [רובינשטיין, הצבי ישראל, ת״א תשל״ו, 153-163] **1** במעמד של תחליף לפועל *"hollow" verb* הנלווה אל ש״ע ל״הפעילו״ *verb substitue used to "verbalize" a noun* נעבד עמון קרב נעשה עמם מלחמה let us fight them - ת״מ 79א (=ונלחם בהם). עבד רוח רמה ולא צבה שמע נתגאה (פרעה) ולא אבה לשמוע Pharaoh was arrogant and refused to listen - ת״מ 29א). וכד אתנדית עבדת תפוך חיול וכאשר הובאה (אש זרה), עשתה הפיכה גדולה - ת״מ 183א. תמה עבד לי אלהים צחק עשה לי אלהים - בר כא 6. ובכל אלהי מצרים אעבד דינים ובכל אלהי מצרים אעשה שפטים - שמ יב 12. קבל כל עמך אעבד פליאן נגד כל עמך אעשה נפלאות - שמ לד 10. ועבד סימניה - ת״מ 19א. מן יעבד חוב בעלמה ולא יעזר מנה לית לה תמן פליטה מי שיחטא בעולם..., לא יהיה לו שם מפלט - ת״מ 239א. ורבית פינחס ועבדת לה אתר וליתי פריקה מנה וגידלתי את פינחס ועשיתי לו מעמד שאינו נפרד ממנו לעולם - ת״מ 289א. עבד לן רתו עשה לנו רתיון - ע״ד ד 2. **2** בלא משלים: ״התנהג״ *with no complement,* (או במשלים מדומה) *indicates behavior* ואבעש בעיני יהוה ית דעבד ואמית אף יתה וירע בעיני יהוה את אשר עשה וימת גם אתו what he did was displeasing in to the Lord - בר לח 10. דאברהם הוה ארש במה דעבד שאברהם היה יסוד במה שעשה - ת״מ 192א. מן יעבד כעובדיך - ע״ש ו 60. עד אתו אל בעל פעור ועבדו מה דעבדו עד שבאו (ישראל) אל בעל פעור ועשו מה שעשו - ת״מ 195א. עמו מה בעה מעבד ביצחק ראו מה ביקש לעשות ביצחק - ת״מ 122ב. **3** תחליף פועל נלווה אל משלים אדוורביאלי לציון אופן הפעולה *verb adverbial complement, indicates the manner of the action* ונפשה דתעבד באד רמה... ותתעקר נפשה ההיא והנפש אשר תעשה ביד רמה... the person, be he citizen or stranger, who acts defiantly..., that person shall be cut off from among his people - במ טו 30. וגברה דיעבד בזידנו והאיש אשר יעשה בזדון - דב יז 12. דסמית למדעך וגלית תפוכך ועבדת כאנש לא ידע ולא ישמע שסימית אל שכלך וגילית תהפוכתך ועשית כאיש שאינו יודע ואינו שומע - ת״מ 137א. והן סכה דו יעבד בכסי לית יסתתר עלי ואם קיווה (הרשע) לעשות בסתר, לא יסתתר ממני - ת״מ 150א. **4** תחליף פועל עם משלים אדוורביאלי לציון הפעולה עצמה, בלא שם עצם ״מופעל״ *verb substitute vith adverbial complement* ואם אכהן אתה עבד לי קטלי שבי ואם ככה אתה עשה לי הרגני נא if You would deal thus with me, kill me rather - במ יא 15. ואעבד כן אף אנה ואעשה כן גם אני - דב יב 30. ועבדו כן בני ישראל - בר מה 21. אמרו מכשפיה יכלין אנן עבדין כותה אמרו המכשפים (לפרעה): יכולים אנו לעשות כמוהו (כמו שמשה עשה) - ת״מ 26א. עפ״ר לציון מילוי פקודה *usually* עבד הך *expresses the fulfillment of an order* דאמר לה מרה - ת״מ 13א. ועבד כמד פקד יהוה ית משה - ויק טז 34. **5** עם פועל אחר לציון האפשרות *with a second verb to indicate imminent possibility* תקוף לבך ביש לך הוא עביד לאבדנך קשי לבך רע לך, והוא עשוי להאבידך your insolence is bad for you; it is liable to destroy you - ת״מ 75א.

**מעבד** ולא שהו רביה למעבד ממללה ולא אחר הנער לעשות הדבר - בר לד 19. ויטרון בני ישראל יום שבתה למעבדה ושמרו בני ישראל את יום השבת לעשותו - ע״ד יח 10-11. עסלי ממעבד מה יכעס לקשטה חלילה לי מלעשות מה שמכעיס את קשטה - ת״מ 65א.

**פעל 1 ברא** to create תהום לממללה רביאנה עבדה תחום לדבר, הגאון (=אלוהים) עשאו - ע״ד כד 85-86.חזי מה חילה רבה מעבד ראה מה האל הגדול עושה - ת״מ 75א. **2 העביד** **to enslave, to force someone to serve** ועבדו מצראי ית בני ישראל בקשאי ויעבדו מצרים את בני ישראל בפרך - שמ א 13. וית עמה עבד עמה לעבדים ואת העם העביד אתו לעבדים - בר מז 21. שמעת ית כריזת בני ישראל דמצראי מעבדים יתון ...אשר מצרים מעבדים אתם - שמ ו 5. וית כל דעבדים תמן הוא הוה מעבד NB ואת כל אשר עשים שם הוא היה עשה - בר לט 22 [שינוי מכוון להבחין בין יוסף לאסירים. מייל: הוא מפקד למעבד; אונקלוס: מימריה הוה מתעביד]. **3** מציין התנהגות *indicates behavior* מעבד אנה בה כמה זמם למעבד באחיו אני בו כאשר זמם לעשות באחיו I will deal with him just as he schemed to deal with his brethren - ת״מ 153ב. **4** פועל ״ריקי״. ע׳ לעיל *"hollow" verb* **מילא פקודה** to fulfill an order מה אהן מרשי אהן מעבד מה שזה מצווה זה עושה what this commands, this obeys - ת״מ 181א. והוא מעבד כל אמירהתה והוא (משה) עושה את כל מצותיו - ת״מ 107א.

**מעבדה** ומזרעך לא תתן למעבדה למלך ומזרעך לא תתן להעביד למלך - ויק יח 21.

**אֶתְפְּעֵל א 1 הותקן** to be prepared כל מנחתה דתקרבון ליהוה לא תתעבד חמי כל המנחה אשר תקריבו ליהוה לא תעשה חמץ no meal offering that you offer to the Lord shall be prepared with leaven - ויק ב 11. ותרב נבלה ותרב חטיפה יתעבד לכל עבידאתה וחלב נבלה וחלב טרפה יעשה לכל מלאכה - ויק ז 24. כל לבושיה דאתעבדת לאהרן לית בראי יכל יקרב ילבשון כל הבגדים שנעשו לאהרן, אין זר יכול לקרב ללבשם - ת״מ 289ב. וכן אשתה... ולגו משכנה אתעבדת וכן האש... במשכן נעשתה - ת״מ 183א. **2 נעשה, אירע** מביע התרחשות to occur, happen הלא אתעבדת נבלה בישראל (VEB עבידה, CA עבדת) כי נעשתה נבלה בישראל [הנושא נבלה, שלא כנ״ש קל: *Unlike* for an [SP (*ʿăšåtå - Qal), the subject is nblh.* - דב כב 21. ואה outrage has happened in Israel קשט... אתעבדת תועבתה הדה בגבך ...נעשתה התועבה הזאת בקרבך - דב יג 15. וכן לא יתעבד וכן לא יעשה - בר לד 7. כן יהי בפרי עתיד מתעבד כן יהיה, מהר ייעשה - ת״מ 222ב. זזעיו רב אתעבד זעזוע גדול אירע - מ י 27. **ב** אוגד

*copulative verb* (=היה) **נעשה** to become בראשית אתעבד אוצר למאוריה ״בראשית״ ‘in principio’ became a נהיתה אוצר למאורות treasure for the luminaries - ע״ד ז 12. **ואתעבדת** כל ארעה לפרעה M (B ואעבדת, VJECA והות) ותהי כל הארץ לפרעה - בר מז 20. טובך יתעבד דבק לן טובך הוא מושיענו - ננה 94. לאלה גלגין אנן מתעבדין לאלוהים תהילה אנחנו - מ כא 16. דחלה אתעבד נביה אמת דקבל לוחיה פחד היה הנביא כשקיבל את הלוחות - מ כא 18-19.

**אֶתְפַּעַל**[†] אוגד *copulative verb* **נעשה** (=היה) to become וכפת כל אמיה קמיך ומתעבד מגנך ומכניע כל האומות לפניך ונעשה מגנך (God) subdues all the nations before you and becomes your defender - ע״ד יט 26-27.

**מעבד** ש״ע ז .n. m **מעשה** doing ונעת מן מעבד הטאתה (A מן עובד) וירד (אהרן) מעשות and he came down from making the החטאת sin offering - ויק ט 22. בעתה רבה למלך כותך יזע לבה מן מעבד חרשיה בושה גדולה למלך כמוך שירעד לבו ממעשה הקוסמים it is a great shame to a king like you to be terrified by the deeds of the sorcerers - ת״מ 26א.

**עבד** ש״ע ז ʿåbēd **עבד, משרת** servant, slave ותדכר הלא עבד הוית בארע מצרים וזכרת כי עבד היית בארץ מצרים remember that you were a slave in the land of Egypt - דב ה 15. וזבנותה עבד ומכרוהו עבד (את יוסף) - ת״מ 287ב. דו זעיק בר ועבד לאלהים שהוא נקרא בן ועבד לאלוהים - ע״ד טו 7.

**עבד** ש״ע ז *ēbåd (*qəṭāl) .n. m **מעשה** deed מה עבאדה הדן דעבדתון MB (נ״א עובדה) מה המעשה הזה אשר עשיתם what is this deed that you have done? - בר מד 15. **ובקנונה** עלאה מכל מיכל פרעה עבאד אפה B (נ״א עובד) מכל מאכל פרעה מעשה אפה in the uppermost basket there were all sorts of food for Pharaoh, a baker's deed - בר מ 17. **עבאד** רקם MB (נ״א עובד) - שמ לו 37. ועבד למדבחה מכבר עבאד הלכה דנחש M (נ״א עובד) ויעש למזבח מכבר מעשה רשת נחשת - שמ לח 4.

**עבד** ש״ת ʿåbbåd (qaṭṭāl) .adj **יאה, ראוי** seemly, fit איקר עבד לאלהותך כבוד יאה לאלהותך glory is fitting Your Divinity - מ א 44 [ע׳ זב״ח שם וכן Studies 143 על התפתחות הצורה מן **אֶתְפְּעַל**]. דליתי עבדה אלא לה שאין היא (הגדולה) יאה אלא לו (להי׳) - ע״ש ו 17. לא

לאוי לוכון דאה ולא עבד לוכון עמו מה לוכון עבד ודכרו לא ראוי לכם זה ולא יאה לכם. ראו מה ראוי לכם וזכרו - ת״מ 144א. עבד עלינן נהי אילן טב ראוי לנו שנהיה אילן טוב - ת״מ 110א.

**עבדה** ש״ע נ מתחלף עם עבידה *n. f. intechanges with ᶜbydh* **1 עבודה, מלאכה doing, making, work** ומררו ית חייון בעבדה קשיה בטיאמה ובלבניה ובכל עבדה בברה וימררו את חייהם בעבדה קשה... ובכל עבדה בשדה they made their lives bitter with hard service..., and in all kinds of work in the field - שמ א 14. הלא לית מתבצר מן עבדתכון ממלל כי אין נגרע מעבדתכם דבר - שמ ה 11. כל כל יומיה בון עבדה - ע״ד יז 4. זרז בעבדתך מהר במלאכתך - ת״מ 13א. **2 רכוש possession** אם לא שלח אדה בעבדת עברה אם לא שלח ידו במלאכת רעהו if he has not laid hands on the other's property - שמ כב 7, 10.

**עבדו** ש״ע נ *n. f.* **1 עבדות slavery** עמי מלת ישר דשרא בה... משה... חמש מאות ועשרה צמתת תלתה חלקים שני גירותה דלאבהתה ושני עבדותה לבניהון ושני נביותה ראה את המלה ״ישר״ (שמ טו 1)... (ערכה) 510. כללה שלשה חלקים: שנות גרות האבות ושנות עבדות הבנים ושנות הנבואה (למשה) - ת״מ 71א. המפקך מן ארע מצרים מבית עבדותה your God, who freed you from the land of Egypt, the house of bondage - דב ח 14. **2** שם קיבוץ *n. coll. m.* **עבדים slaves** C והוה לה קניאן עאן... ועבדו סגיה he had (נ״א אריסו) ויהי לו צאן... ועבדה רבה possessions of flocks..., and a great household - בר כו 14.

**עבוד** ש״ע ז *n. m.* qāṭōl **בורא creator** [סואיי עבודה דכולא = בורא הכול - Horol f.152b] אתה עבוד כל כלום אתה הוא בורא כל כלום You, alone, are the Creator - ע״ד כה 23. ואתה עבוד כל כלום ואתה בורא כל דבר - ע״ד כה 23. עבוד פליאתה תואר לה׳ עשה פלאה - שמ טו 11. אה עבודי ובארי וצעורי ותקני הוי יוצרי ובוראי והצר והמתקן אותי - א״ג 20. **2 עושה one who makes** בא במעמד הבינוני הפועל *participial* A אלהה עמך בכל מה דאת עבוד אלהים עמך בכל אשר אתה עשה God is with you in everything that you do - בר כא 22. אוי לאנש דיהי עבוד אהן עובדה בישה ויזני במדעה אוי לאיש שיעשה את המעשה הרע הזה ויזנה בידיעה - ת״מ 161ב. ומגזי כל עבוד

לפם עובדה וגומל לכל עושה לפי מעשהו - ת״מ 197ב.

**עבודה**† ש״ע נ *n. f.* **1 מעשה doing** וכדו לא ילפס מנון כל דילסקון לעבודה A (נ״א למעבד) ועתה לא יבצר מהם כל אשר יזמנו לעשות nothing that they may propose to do will be out of their reach - בר יא 6. **2 רכוש possession** והוה לה גיתי עאן... ועבודה רבה *M₁ ויהי לו מקנה צאן... ועבדה רבה he had possessions of flocks..., and a great household - בר כו 14 (מן אונקלוס O).

**עבידה** ש״ע נ מתחלף עם עבדה *n. f. interchanges with ᶜbdh* **מלאכה, מעשה action, work** כל עבד עבידה ביום שבתה קטל יתקטל כל העשה מלאכה ביום השבת מות יומת whoever does work on the Sabbath day shall be put to death - שמ לא 15. כל יומיה בון עב‹י›דה כל הימים יש בהם עבודה - ע״ד יז 4. מן כתבך נחכם עבידתך מספרך נדע את מלאכתך - ēbīdåtåk - ע״ד כו 52. הלא עתיד ממללה מן אלהים ומוחי חיולה לעבידתה A (נ״א למעבדה, למעבדנה) ...וממהר האלהים לעשותו - בר מא 32. דכל עבידאתך תמהין שכל מעשיך נפלאות - ת״מ 13ב. לפם די עבידתה הו אגרה לפי המעשה הוא השכר according to the action is the reward - ת״מ 188א.

**עביתה** ש״ע נ *n. f.* **מלאכה, מעשה work** [נוצר מן הידמות ד של עבידתה (מעין *ᶜabidta *d assimilated to t* ואף משמש בנפרד כנגד עבידה] ואתנחו בני ישראל מן עביתה NM ויאנחו בני ישראל מן העבודה the people of Israel groaned because their (hard) work - שמ ב 23. ותרב נבלה... יתעבד לכל עביתה ומיכל לא תיכלנה BA (נ״א עבידה) ...יעשה לכל מלאכה - ויק ז 24. תתיקר עביתה על גבריה NB תכבד העבודה על האנשים - שמ ה 9. ותעבד ית כל מני משכנה בכל עביתה... נחש B (נ״א תשמישה) ...בכל עבודתו - שמ כז 19. עבדו כל עביתה A עשו כל המלאכה - שמ לה 35.

**עובד** ש״ע ז *n. m.* **מעשה doing, making** עובדים דלא יתעבדון עבדת מעשים אשר לא יעשון עשית you have done to me deeds that ought not to be done - בר כ 9. ומנדי לה קרבנים מלו עובד אדיך ...מלוא מעשה ידיך - ע״ד יט 22-23. ווילה דעמי עובדיך ולא משבח לךאוי לו לרואה את מעשיך ואינו משבח אותך - מ ח 21-22. מכל מיכל פרעה עובד אפאי ...מעשה אפה - בר מ 17. מה עובדה הדן דעבדתון מה

המעשה הזה אשר עשיתם - בר מד 15. לית ילקפן עובדי באנשה A לא ידון רוחי באדם - בר ו 3. במעמד ש״פ *as v. n.* כל אהן גזוי עובד בישתה דעבדת כל זה הוא גמול עשיית הרעות - ת״מ 293ב. ויהב ליד רביה וזרז לעובדה A (נ״א למעבדנה) - בר יח 7. עסל לשמשיך מן עובד כממללה הדה A חלילה לעבדך מעשות כדבר הזה - בר מד 7. לא תרשי עובדה לחודך VEA לא תוכל עשותו לבדך - שמ יח 18.

†**עובדה** ש״פ *v. n.* **עשייה making** ודן שרוון לעובדה A (נ״א למעבד) וזה החלם לעשות - this is the beginning of their doing - בר יא 6.

†**עבט** אכיפה, רתימה באוכף **saddling** [**א״י** בעביטא דגמלא - **נ** בר לא 34 (בגיליון)]

**קל אכף** **to saddle** *denom.* ועבט כתפה לסבל A ואכף שכמו למשא (Issachar) saddled his shoulder to the burden - בר מט 15 [ואפשר שהוא לשון משכון, כגון דב כד 10, ועניינו ״נתחחיב לשאת״. *Alt., from* H *ʿbṭ, 'to pledge' (Cf.* Dt 24:10).]

†**עבי** עובי **thickness** [**א״י** ותמן הוון קיימין בוסמנין עבין - **נ** בר נ 1]

**קל היה עבה to be thick** שמנת עבית שפרת V'C (E עבת; המליץ 553 תדגן) שמנת עבית כשית you waxed fat, you grew thick, you became sleek - דב לב 15 [הדברים מתפרשים לחיוב מפני מלת 'כשית' הנסמכת אל 'האישה הכשית' שלקח משה, ושם המלה נדרשת יפה, טובה. ע' בסמוך *int. of esteem, based on the analogy to kašyt, in the sense of 'beautiful'* (Num 12:1 - SP)]. ויתגלג... משה דאמר שמנת עבית כלל הדה מלתה במימר כשית וישתבח... משה שאמר ״שמנת עבית...״, כלל את הדבר הזה במלת ״כשית״ - ת״מ 214א [זב״ח הע' 4]. מובא גם בת״מ 212א.

**עב** ש״ע *n. m.* ז **עובי thickness** אה אנה אתי לידך בעבה דעננה הנה אנכי בא אליך בעבי הענן lo, I am coming to you in the thickness of the cloud - שמ יט 9.

**עבר¹** מעבר, ממקום למקום **passage, movement** [**א״י** ואעבר בממרי בארעא דמצרים - **נ** שמ יב 12. **סוא״י** לא תעבר טליך - בר יח 3]

**קל** עבר: דעבר dâbår - מ כא 20. עתיד: יעבר - שמ טו 16. ציווי: עבר - שמ יז 5. בינוני: עבר - דב ט 1. מקור: למעבר - דב יז 2. מעברה - במ כד 13. **אפעל** עבר: ועבר - בר לב 24. ועברון (+נסתרים) wåbbåron - מ א 68. עתיד: תעביר (נוכח) tābbər - ע״ד ב 15. בינוני: מעבר - דב יח 10. מקור: למעברתי (+מדבר) - דב ד 21. **אֶתְפַּעַל** עתיד: ויתעבר - ויק ד 13 *$M_2$. **מעבר** - בר לב 23. **עבור** qāṭōl - בר נ 24 A. **עבר** - במ כד 13.

**קל 1 עבר** **א** בממד המקום **to cross, pass** *in the dimension of place* באטרי עברת ית ירדנה הדן במקלי עברתי את הירדן הזה with my staff alone I crossed this Jordan - בר לב 11. אעבר בארעך - דב ב 27. דחלה אתעבד נביה... דעבר אלהה קמיו פחד היה הנביא... כי עבר אלהים לפניו - מ כא 20-18 [ע״פ שמ לד 6: ועבר יהוה על קדמיו]. עד יעבר עמך יהוה - שמ טו 16. ואמר יהוה למשה עבר לקדם עמה - שמ יז 5. אתי בשלם עמה קדישה עבר בי בשלם בוא בשלום, העם הקדוש, עבור בי בשלום - ת״מ 267ב (דברי ים סוף אל ישראל). שמע ישראל אתה עבר יומן ית ירדנה - דב ט 1. **ב** בממד הזמן *in the dimension of time* דו רחמן ורתאי לדעבר ולדאתי כי הוא רחום וחנון לשעבר ולהבא - ת״מ 167ב. ב... בראשית... צנקת למה דעבר ופתחת למה יאתי ב... ב״בראשית״... סגרה את מה שעבר ופתחה את מה שיבוא (the ...letter) Beth... of "br³šyt" closed what had passed and opened what was yet to come - ת״מ 174א. **2 הפר** מצווה או ברית **to transgress** a commandment, covenant לא עברת מפקודיך לא עברתי ממצותיך I have not transgressed any of Your commandments - דב כו 13. לא אכל אעבר ית מימר יהוה לא אוכל לעבר את פי יהוה I could not go beyond the command of the Lord - במ כב 18. **3** פועל ״ריק״, מפעיל שם עצם *"hollow" verb, verbalizes nouns* אי עבר עליו רוח קנאה וקנא מן אתתה ועבר עליו רוח קנאה... - במ ה 14. עפוף לא יעבר על רישה תער לא יעבר על ראשו no razor shall come upon his head (*i. e.* his head shall not be shaved) - במ ו 5. מן חזה חברה אזל בשביל בישה ולא יעזרנה עבר בקללתה מי שראה את חברו הולך בדרך הרע ולא ישיבנו מקולל he who sees his fellow going in a wrong way and does not bring him back is cursed - ת״מ 162א.

**מעבר** דיעבד ית בישה... למעבר קיאמה אשר יעשה את הרע... לעבר בריתו - דב יז 2. לא אכל למעבר ית מימר יהוה C לא אוכל לעבר את פי יהוה - במ כד 13. לדלא מעבר ית ירדנה לבלתי עברי את הירדן - דב ד 21.

**מעברה** לא אכל מעברה ית מימר יהוה V (NEC למעברה) - במ כב 18. לא אכל מעברה

ית מימר יהוה N(VEB למעברה) - במ כד 13.

**אפעל 1 העביר** דבר **to cause to cross, pass** *trans.* ונסבון ועברון ית נחלה ועבר ית כל דלה ויקחם ויעברם את הנחל ויעבר את כל אשר לו he took them and made them pass the stream and everything he had - בר לב 24. ועברת יתך בסימנים רבים והעברתי אותך (בים) באותות גדולים I made you cross (the sea) with great marvels - ת״מ 147א. וכד שבקותה שבקון ועברון בגוני דיניה וכאשר עזבוהו (את האל) עזבם והעבירם במיני עונשים - מ א 62-63. **2 מסר to hand over** ותעבר ית סהנת אבוין לין והעברת את נחלת אביהן להן you shall transfer their father's share to them - במ כז 7. לא יחלפנה ולא יעבר יתה טב בביש $*m_4$ לא יחלפנו ולא ימיר אתה טוב ברע one may not exchange or substitute another for it…, - ויק כז 10. **3** פועל ״ריק״ המפעיל שם עצם *"hollow" verb, verbalizes nouns* ועברו קל במשריתה ויעבירו קול במחנה word was proclaimed throughout the camp - שמ לו 6. לא יתשקע בך מעבר ברה וברתה בנור לא ימצא בך מעביר בנו ובתו באש there shall not be found among you any one who burns his son or his daughter - דב יח 10. ועבר כרוזים והעביר כרוזות - אס 8א [= השמיע]. ויעברון עפוף על כל בסרון והעבירו תער על כל בשרם - במ ח 7. **4 העלים עין, מחל to overlook** *with* $^{c}l$ עם על [השי׳ בבלי יומא כג ע״ב: מעבירין לו על כל פשעיו] לית לאוי על כהן ועל דיאן מעבר עליו אלא יקים קשטה לא ראוי לכהן או לדיין להעלים עין ממנו (מן הגר) אלא יעשה צדק it is not right for a priest or judge to overlook him (the sojourner) - ת״מ 156ב. עמי לחצן ולא תעביר על עקתן ראה את לחצנו ועל תתעלם ממצוקתנו - ע״ד ב 15 [ע׳ זב״ח שם].

**מעברה** ויהוה אתרגז בי... דלא למעברתי ית ירדנה $V{*}N_1$ (EC מעברה) ויהוה אתאנף בי... לבלתי עברי את הירדן - דב ד 21 [תפס עבר+כינוי המושא למדבר]. לא אכל למעברה ית מימר יהוה N (VEB מעברה) לא אוכל לעבר את פי יהוה - במ כד 13.

**אִתְפַּעַל נעלם (מעיני)**† **to be overlooked** *with* $^{c}yn$ ואם כל כנשת ישראל ישגו ויתעבר ממלל מן עיני קהלה $*M_2$ (נ״א ויתעלם) ואם כל עדת ישראל ישגו ונעלם דבר מעיני הקהל if it is the whole community of Israel that has erred and the matter escapes the notice of the

congregation - ויק ד 13 [השי׳ אפעל לעיל].

**מעבר א** ש״ע ז *n. m.* **1 מעבר ford** ועבר יח מעבר יבקה ויעבר את מעבר יבוק (Jacob) crossed the ford of the Jabbok - בר לב 23. **ב** ש״פ *n. v.* **1 מעבר passing** ויהי במעבר כבודי והיה בעבר כבודי - as My Presence passes by - שמ לג 22. אנון נגודי בני ישראל במעברון לגו ימה הם מנחי בני ישראל בעברם בתוך ים סוף - ת״מ 101ב ויהי במעברכון יח ירדנה - דב כז 4. **2 הפרת מצווה transgression** ומהו מהלכה בבישה המעבר על פקודיה ומהי ההליכה ברעה? העבירה על המצוות what is the walking in evil? transgression of the commandments - ת״מ 235ב.

**עבור**† ש״ע ז *n. m.* qāṭōl **מת** עובר מן העולם במעמד הבינוני **dying, passing away** *participial* ואמר יוסף לאחוה אנה עבור A ויאמר יוסף אל אחיו אנכי מת Joseph said to his brothers: "I am about to die" - בר נ 24.

**עברא** ש״ע ז *n. m.* **צד, עבר side** לוחים כתיבים מתרי עבריון לוחת כתובים משני עבריהם tablets written on both sides - שמ לב 15. שמה דאלהותה על תרי עבריון ibriyyon שם האלהות על שני עבריהם (של הלוחות) - מ ט 81-82. **ב** ש״פ *n. v.* **מעבר passing** ואוזף מלאך יהוה עבר ויוסף מלאך יהוה עבר the angel of the Lord was passing again - במ כב 26. ואשדך כפי עליך עד עברי ושכתי כפי עליך עד עברי I will shield you with My hand until I my passing by (=I pass) - שמ לג 22. לא אכל עבר יח מימר יהוה לא אוכל לעבר... - במ כד 13. **ג** מ״י *prep.* **מעבר beyond** ושרו בבקעת מואב מן עבר לירדנה they encamped in the plains of Moab beyond the Jordan - במ כב 1. ונטלו מנחל זרד ושרו בעבר ארנן they set out and encamped beyond the Arnon - במ כא 13.

**עבר²**† גידול וצמיחה **growth** of grain [א״י עבוריכון = תבואתכם - **נ** שמ כג 19. **סוא״י** ותכנש עבורך - דב יא 14. **אכ** ebūru = קציר - AHw 183a]

**עבור** ש״ע ז *n. m.* $*q\partial\d{t}\bar{u}l$ **דגן corn, grain** (מן אונקלוס O) ובעבור ובחמר סמכתנה mA ודגן ותירוש סמכתיו I sustained him with grain and wine - בר כז 37. וירבסו עבור תחת אד פרעה $*M_1A$ ויצברו בר תחת יד פרעה - בר מא 35. וכנש יח כל עבור שבעתי שניה m - בר מא 48. ופתח יוסף יח כל דבון עבור m - בר מא 56.

למזבן עבור m לשבר שבר - בר מב 7.

**עבור** ש״ע ז *n. m.* *qāṭōl **קונה מזון** of **buying** grain במעמד הבינוני *participial* בעבורה דאנון עבורין A בשבר אשר הם שברים for the grain - which they are buying - בר מז 14.

**עוברה** ש״ע נ *n. f.* **ענף** **bough, branch** [א״י ולקטו מן תמן עוברה - **נ** במ יג 23. **סוא״י** היך מא דעוברתא לא יאכלא מיטיא פירין מן גרמה = כאשר הזמורה אינה יכולה לעשות פרי מאליה - יוחנן טו 5] אסירי לגפנה חילה ולעוברה ברי עמוקה *M₂ אסור לגפן עילו ולענף בני עצמתו binding his strength to the vine and the sons of his might to the bough - בר מט 11.

**עיבור** ש״ע ז *n. m.* **דגן** **corn, grain** וכל תרב [ ח]מר ועיבור... לך יהבתון *M₃ וכל חלב תירש ודגן... לך נתתים all the best of the wine and of the grain..., I give to you - במ יח 12.

**עבר³** שם פרטי *pr. n.* ← קיבוץ בני עבר **Eber's descendants** [ע״ע טור עבראי]

**עבר** ש״פ. ושלח אולד ית עבר - בר י 14. והוו כל יומי עבר ארבע שנים וארבע מון שנה ומית - בר יא 17. טביה דמן ארצות עבר - א״ג 69.

**עבראו** ש״ע נ *n. f.* **כלל העברים** **the Hebrews** אשקה קדמיו כתיב תרים ועסרים כתבים... והי עקרי מלי שפת עברהותה מצא (משה) לפניו כתובות עשרים ושתים האותיות... והן יסודות המלים של שפת העברים - ת״מ 280ב. ומקדשה יוסיף ביומיו מקדש זרו קדש עבראותה יחלף פלגה רמי לגו קהלה (בראשית תקופת פנותה יקום איש לוי) ומקדש יוסיף (על מקדש של עבודה זרה, קדושת העברים ימיר, מחלוקת יפיל בתוך העדה - אס 20ב. קעם קדקד פרוש ארע עבראותה יבטל יקום נשיא אביר (?), ארץ העברית יחריב - אס 22א.

**עבראי א** ש״י *gent. n.* **עברי** **Hebrew** איתי לנן גבר עבראי הביא לנו איש עברי - בר לט 14. על לידי עבדה עבראה דאיתית בא אלי העבד העברי אשר הבאת בר לט 17. לא ייכלון מצראי למיכל עם עבראי לחם לא יוכלון המצרים לאכל את העברים לחם - בר מג 32. אלהון דזכאי ומרון דעבראי - ת״מ 9ב. הך דעבד פרעה לעבראי אס 9ב. **ב** ש״ע נ *n. f.* **הלשון העברית** **the Hebrew language** מימר מדבק בשנים ועשרים אות עקרי מלי עבראיתה מאמר מחובר בדבר עשרים ושתים האותיות, יסודות מלי העברית - ת״מ 271א.

**†עבר⁴** כעס **anger** [א״ק יעברנה = יכעיסנו - ספירה ג 17]

**פעל כעס** **to be angry** ועבר יהוה בי לבדילכון ולא שמע לי V (נ״א ורגז, ואתרגז) ויתעבר יהוה בי למענכם ולא שמע אלי the Lord was angry with me on your account, and would not hearken to me - דב ג 26.

**אֶתְפַּעַל כעס** **to be angry** ואתעבר יהוה בי לבדילכון ולא שמע לי C - דב ג 26.

**פעלן כעס** **to be angry** ועברן (יהוה בי) ויתעבר (יהוה בי) - המליץ 546 ע״פ דב ג 26 [זב״ח: פועל מורחב בנו״ן. ליתא].

**†עבר⁵** בריח **bar** [מן אונקלוס O. ע״ע נגר. **ע** ויעבר ברתוקות - מל״א ו 21]

**עבר** ש״ע ז *n. m.* **בריח** **bar, bolt** וית עסקיון עבד דהב אתרים לעבריה ועפה ית עבריה דהב *M₂ ואת טבעותיהם עשה זהב בתים לבריחים ויצף את הבריחים זהב he made their rings of gold for holders for the bars, and overlaid the bars with gold - שמ לו 34. ומסהרת מטרת בני מררי דפי משכנה ועבריו M₂ ופקדת משמרת בני מררי קרשי המשכן ובריחיו - במ ג 36.

**עברנה** שם מקום ēbirna *pr. n. (place)*

**עברנה** ש״פ ונטלו מיטיבתה ושרו בעברנה - במ לג 34 - 35.

**†עגין** חלת לחם **loaf of bread** [< عجين = בצק - Barthélemy 514]

**עגין** ש״ע ז *n. m.* **חלה** **loaf of bread** קדמאית משארתיכון עגין הרמו ארמו A ראשית ערסתיכם חלה תרימו תרומה as the first yield of your kneading, you shall set aside a loaf as a gift - במ טו 20.

**†עגל¹** עיגול **round shape** [א״י והא ארכובה דעילה עגיל הוה - ירוש נדרים לז ע״ד] ← **1** מאפה **cake** [א״י קצון חד עיגול = פרסו כיכר (לחם) - ירוש שבועות לז ע״ב], **2** תכשיט עגול **ornament** [מן העברית ? H]

**עגול** ש״ע ז *n. m.* qiṭṭūl **מאפה** **cake** לאשי

ועבדי עגולים לושי ועשי עגות knead and make cakes - בר יח 6 (המליץ 548: עגולין). ואפו ית לישה... עגולי פטיר (BA עגולין) ויאפו את הבצק... עגות מצות - שמ יב 39. ובשלו בקדר ועבדו יתה עגולים (EA עגול) ובשלו בפרור ועשו אתו עגות - במ יא 8.

**עגיל** ש״ע ז **תכשיט** **ornament** קטלה וקודש עסקה עגיל וגולה V חח ונזם טבעת עגיל וכומז - שמ לה 22.

**עגל**[2] הצעיר בבקר **calf** [טלשיר 74. **א״י** צפיר בר עזין לחטאת ועגל ואמר - **נ** ויק ט 3. **סוא״י** ועיגל ותור - ישע יא 6]

**עגל** ש״ע ז .*n. m* **בן בקר** **calf** סב לך עגל בר תורים לסלוח קח לך עגל בן בקר לחטאת take a calf of the herd for a sin offering - ויק ט 2. ונכס ית עגל חטאתה - ויק ט 8. פסל לעבודה זרה ועבדה עגל מסכה ויעשהו עגל מסכה - שמ לב 4. מובא גם בת״מ 195א. ועבדו עגל מסכה והדבבו לאלה ועשו עגל מסכה ונשנאו לאלוהים - ת״מ 198א.

**עגלה** ש״ע נ .*n. f* **בת בקר** **heifer** סב לי עגלתה מתלתה קח לי עגלה משלשת take (for) Me a three-year-old heifer - בר טו 9. ונסב משה ית עגלאתה וית תוריה - במ ז 6.

**עגלה** אמצעי הסעה **wagon** [**א״י** סיבו לכון... עגלן לטפליכון - **נ** בר מה 19]

**עגלה** ש״ע נ .*n. f* **כלי מסע** **wagon** ויהב לון יוסף עגלן על מימר פרעה ויתן להם יוסף עגלות על פי פרעה Joseph gave them wagons, according to the command of Pharaoh - בר מה 21. וחזה ית עגלאתה דשלה יוסף - בר מה 27.

**עד** מ״י [c]ad .*prep* [**א״י** עד אימת יהווי דין לן לתקלה - **נ** שמ י 7. **סוא״י** עד אנא בארעי - יונה ד 2] ← מ״ק *conj.* [זב״ח עואנ״ש ג/ב 54: ‹ עד ד+ פועל שנתחברו לאחד, ואחרי ביטול ההכפלה נפרדו דוגמת כד, מד (ע״ע). *LOT* IIIb 54: *contraction of* [c]d+d- > [c]dd-, *separated to the independent part.* [c]d. *Cf.* kd, md.]

**עד א** מ״י .*prep* **עד** **1 as far as** למקום *locative* ואתו עד אדר אטדה they came to the threshing floor of Atad - בר נ 10. ועבר אברם בארעה עד אתר שכם Abram passed through the land as far as the site of Shechem - בר יב 6. *temporal* לזמן בקרית מקלטה ידור עד מות כהנה רבה he must remain inside his city of refuge until the death of the high priest - במ לה 28. לא שלם עוב אמראה עד הכה the iniquity of the Amorites is not yet complete - בר טו 16. לבש קרן אורה ואניר על צלמה עד יום מותה - ת״מ (ק) 97א. עד אמת כרמים נציבים ומחליל לית לון עד מתי כרמים נטועים ומחלל אין להם? - ת״מ 293ב. לרבות *inclusive* מכל דיתעבד מגפן עמרה מן עצרמים ועד זוג לא ייכל מכל אשר ייעשה מגפן היין מחרצנים ועד זוג לא יאכל he shall eat nothging that is produced by the grape, from seeds to skins - במ ו 4. מיסטר ארעה ועד איסטר ארעה מקצה הארץ ועד קצה הארץ from one end of the earth to the other - דב יג 8. מיומה קדמאה ועד יומה שביעה בכל מדוריכון תיכלון פטיר - ת״מ 244ב. מן אנש עד בהמה לי יהון - במ ג 13. מטב עד ביש - בר לא 24. **2** לסוף פעולה או מצב *of end of action or state* וייכל פרי בהמתך ופרי ארעתך עד שיצעותך... עד אבדותה יתך ואכל פרי בהמתך ופרי אדמתך עד השמידך... עד האבידו אתך it shall devour the offspring of your cattle and the produce of your soil, until your destruction..., until it has brought you to ruin - דב כח 51. ובמיעל משה ... יסטי ית מסותה עד אפקותה... יסיר את המסוה עד צאתו - שמ לד 34. ואסתכלו בתר משה עד מיעלה למשכנה והביטו אחרי משה עד באו האהלה - שמ לג 8.

**ב** מ״ק .*conj* **1 כדי ש-** לתכלית *final* **so that** ואפיו מלבשין בקרן אורה עד ידען כל אמיה אן משה עבדה דאלה ופניו לבושים קרן אור כדי שידעו כל האומות שמשה הוא עבדו של אלוהים his face is encircled with the ray of light, so that all the nations know that Moses is God's servant - ע״ד ו 14-16. דאתיהבת לון ארהותה... עד יהונו קרין בה שנתת להם את התורה... כדי שיהיו קוראים בה You have given them the Torah..., in order that they read it - ע״ד יב 4-6. מן אנה עד אזל לפרעה A מי אני כי אלך אל פרעה - שמ ג 11. ועיץ עליון באלפנה עד יהי אלפנון כשיר וחיזק משה עליהם (השופטים) בלימוד כדי שיהיה לימודם נכון - ת״מ 170א. טר פקודיו עד יטרנך שמור את מצוותיו כדי שהוא ישמרך - ת״מ 226ב. **2** **עד ש-** לזמן *temporal* **until** ותכנשנה לגו ממצית ביתך ויהי עמך עד יבעי אחוך יתה מן עמך ...עד דרש אחיך אתו מעמך you shall bring it home to your house, and it shall be with you until your brother seeks it - דב כב 2.

אתקשי לב קין עד הוה כלי וטמי נתקשה לב קין עד שהיה נע ונד - ת״מ 233ב. **ונפקו בזרוז** שבט בתר שבט עד אתו לאהל משה - ת״מ 252א. **3** ציין זמן פעולה סימולטאני *part. of simultaneity* דמע יתפרש ויתיהב לכהנה אסתיב באדה... הן נקיא לכהנה ייכל יתה... עד ידע דו לית דכי תרומה שתופרש ותינתן לכוהן אם תטמא בידו... האם ראויה לכוהן שיאכל אותה... בעודו יודע שאינה טהורה? an offering selected and given to the priest, if it is defiled by his hand…, is it fit for the priest to - eat it…, while he knows that it is not pure ? ת״מ 116ב [זב״ח הע׳ 4].

**עד** בצירופים *in combinations*

**עד אן (הן)** מ״ק *conj.* **1 כדי ש-** לתכלית **so that** *final* הסכת לא אתמרת אלאן אכהן עד אן יתגלי לך מהו אלפן לך ״הסכת״ (דב כז 9) לא נאמר אלא כאן כדי שיתגלה מהו מלמד "keep silence" wasn't said but here so אותך - that what it teaches may be revealed to you ת״מ 112ב. **ואל ביש לא תקרב עד הן תגדל ביד** מרך ואל רע לא תקרב למען תגדל ביד אדוניך - ת״מ 147א. **2 עד אשר** לזמן (השי׳ עד אם בעברית) *temporal* **until** לא אכל עד אם אמלל מלי I will not eat until I have told my tale - בר כד 33. אף לגמליך אמלי עד אם אסכמו למשתי - בר כד 19. עד אן יפק מן אפויכון A עד אשר יצא מאפכם - במ יא 20. טב הו עבד לבישין עד הן דיתובון טוב הוא עושה לרעים עד כי ישובו - מ יג 35-36. כי רביתינה עד הן הגדל אכן טיפחת אותו עד שגדל - ת״מ 286ב.

**עדאן, עדהן** מ״ק *conj.* [חיבור עד+אן. השי׳ עד אם בעברית (עואנ״ש ג/ב 210). *compound:* $^cd+^{\text{ɔ}}n$] **1 כדי ש-** לתכלית *final* **so that** עבד לשנה מתקשי עדהן דיתלבט לשונו (של פרעה) קשה כדי שיתענה he hardened his (Pharaoh) tongue, so - that he suffers ת״מ 229ב. **ויבלש דבביו ויהי** פדי לון עדהאן יתגלי מה דאמר קשטה ויפדה אותם למען יתגלה מה שאמר קשטה - ת״מ (ק$_2$) 3ב [מקביל ל-ש 124ב:, ושם עד הן]. **2 עד ש-** לזמן *temporal* **until** לא אכל עדאן אמלל מלי *M$_1$ (C) אדין) - בר כד 33. אף לגמליך אמלי אדהן יסכמון למשתי C - בר כד 19. **ואנחנן** נזדין עתידים לקודם בני ישראל אדהן דאעלנון לאתריהון N' (C עד אהן, V חדהן, נ״א עד דאם, עד אם) ...עד אשר הבאנום... - במ לב 17.

**עד כדו**† ת״פ *adv.* **עוד עתה now until** למיום אתיסדת ועד כדו למיום היסדה ועד עתה - from the day Egypt was founded until now שמ ט 18. מרביותן ועד כדו מנערינו ועד אתה - בר מו 34.

**עד כען**† ת״פ *adv.* **עוד- still** ואברהם עד כען קעם לקדם יהוה M$_1$ ואברהם עודנו עומד לפני יהוה Abraham still stood before the Lord - בר יח 22 (מן אונקלוס O).

**עד מותר** ת״פ *adv.* **מאוד much** דאהלין בוראין יקירין עד מותר כי אלה בריות נכבדות מאוד - for these are very glorious creatures מ ו 13-14. **זזעיו קשה עד מותר דאזדעזע על טור סיני** זעזוע קשה מאוד שנתרחש על הר סיני - מ טז 66-67. **שרת עלינן עקה רבה עד מותר** שרתה עלינו צרה גדולה מאוד - ת״מ 20א. **וצבעו קדמיו** צבעה רבה עד מותר וצעקו לפניו צעקה גדולה מאוד - ת״מ 48ב.

**עד (ל)עלם** ת״פ *adv.* **לעולם forever** לגזר לך ולבניך עד עלם an ordinance for you and - for your sons for ever שמ יב 24. **ולא יקום** כותה מכל בית אדם עד לעלם - ת״מ 106א.

**עד מ-** מ״ק לזמן *conj. (temporal)* [< עד מה. עואנ״ש ג/א, 88] **עד אשר until** הלא אם יהי ליקדה קין עד מאשור עזרותך E (נ״א מן אשור) כי אם יהיה לבער קין עד מאשור תושבך (mâšon Cain shall be consumed until Assur is your return - במ כד 22.

**עד שריר** ת״פ *adv.* **מאוד much** וארתת יצחק ארתתו רבה עד שריר ויחרד יצחק חרדה גדולה עד מאד Isaac trembled very much (*lit.:* a very great tremble) - בר כז 33. **וצבע צבעה רבה** ומרירה עד שריר ויצעק צעקה גדולה ומרה עד מאוד - בר כז 34.

**עדה**$^1$ שם פרטי $^c$āda *pr. n.*

**עדה** ש״פ ונסב לה תרתי למך תרתי נשין שם חתה עדה - בר ד 19 - 20. עדה וצלה שמען קלי - בר ד 23.

**עדה**$^2$ שם פרטי $^c$āda *pr. n.*

**עדה** ש״פ עשו נסב ית נשיו מבנת כנען ית עדה ברת אילון - בר לו 2.

**עדה**$^3$† שם מקום *pr. n. (place)* [לא ידוע]

**עדה** ש״פ ובנה ענה וברה וניסה ועדה - אס 3ב.

**עדי**[1]† מעבר **passing** [א״י ויעדון ארעדעניא (!)
מני - **נ** שמ ח 4]← הריון **pregnancy** (מן אונקלוס
O)

**קל** עבר: דעדה - בר טו 17 $M_2$*. ציווי: אעדו - במ טז
26 $M_1$*. **פעל** עבר: עדיאת (נסתרת) - בר טז 4 m.
**אפעל** עבר: דאעדי ! - במ ל 6 B. עתיד: ויעדי - ויק א
16 $M_1$*. ציווי: אעאד - שמ לג 5 M. אעדו (ר) - בר לה
2 m. **אעדאה** - בר מח 17 $M_1$*. **אעדי** - במ ל 6 B.
**עדוי** - בר כט 31 m. **עדתו** - בר יח 12.

**קל 1 עבר to pass** ולפיד נור דעדה בין פלגיה
$M_2$* ולפיד אש אשר עבר בין הגזרים a
smoking oven, and a flaming torch which
passed between those pieces - בר טו 17. **2 סר,**
**מש move** וארון קיאם יהוה ומשה לא עדו
מבגו משריתה m (נ״א פסקו) ...לא משו מתוך
המחנה neither the Ark of the Covenant of the
Lord, nor Moses departed out of the camp - במ
יד 44 (מן אונקלוס O). **אעדו** שבי מעלוי משכני
גבריה עיביה אהלין $M_1$* (נ״א סטו) סרו נא
מעל אהלי האנשים ה רשעים האלה depart
from the tents of these wicked men - במ טז 26.

**פעל הרתה to become pregnant** ועדיאת
$M_2$* וחזת הלא עדיאת m וקלת רבתה בעיניה
ויבא אל הגר ותהר ותרא כי הרתה ותקל
גברתה בעיניה (Hagar) conceived; and when
she saw that she had conceived, her mistress
was lowered in her esteem - בר טז 4. **וחזת הלא**
**עדיאת** $M_2$ - בר טז 5. **ועדיאה תרתי בנאת לוט**
m ותהרין שתי בנות לוט - בר יט 36. **ועדיאת**
**וילדת** שרה לאברהם m - בר כא 2. **ועדית עורי**
**וילדת** בר A (ועדיאת $M_2$*) - בר כט 33. **ועדית**
**חורי** A (ועדיאת $M_2$) ותהר עוד - בר ל 7.

**אפעל העביר, הסיר to remove** ותעדי נירה
מן על צואריך $M_1$* ופרקת עלו מעל צואריך
you shall rremove his yoke from your neck - בר
כז 40 (מן אונקלוס O). **אעדי** מתמן כל נקי נמור
m הסר משם כל שה נקוד - בר ל 32 (מן אונקלוס
O). **העדו** ית [ט]עות עממיה דבגבכון m הסירו
את אלהי הנכר אשר בתוככם - בר לה 2 (מן
אונקלוס O). **ויעדי** ית מרתה בפסקה $M_1$* והסיר
את מרתו בנצתו - ויק א 16 (מן אונקלוס O). **וית**
**תרתי** כליהתה... **יעדנין** $M_2$* ואת שתי
הכליות... יסירנה - ויק ג 4 [אונקלוס: יעידנה O].
**וית** כל תרבה **יעדי** m ואת כל חלבה יסיר -
ויק ד 35 (מן אונקלוס O). **וכדו אעאד** סעדך מן
עליך M ועתה הורד עדיך מעליך - שמ לג 5. **כל**
**נדריה ואעדי** דאעדי על נפשה לא יקומו B
כל נדריה ואסריה אשר אסרה על עצמה לא
יקומו - במ ל 6 [תפס מלשון הסרה. *Misinterpreted*
*as Hif*ᶜ*il of swr*].

**אעדאה** ואמהך אד אבוה לאעדאה יתה מן
על ריש אפרים $M_1$* ויתמך יד אביו להסיר
אתה מעל ראש אפרים he took his father's
hand, to remove it from Ephraim's head - בר
מח 17 [מן אונקלוס. זו צורת המקור שלו. *inf.,*
*characteristic of* O].

**אעדי** ש״ע ז *n. m.* ! ואעדי דאעדי על נפשה
לא יקומו B ואסריה אשר אסרה... - במ ל 6 [ע׳
לעיל. *See above*].

**עדוי** ש״ע ז qittūl *n. m.* **הריון pregnancy** ויהב
לה עידוי m ויפתח את רחמה (god) gave her
pregnancy - בר כט 31 (מן אונקלוס O). **ותתברי**
**ותעדי עדוי** $M_2$ ונקאתה ונזרעה זרע - במ ה 28
(מן אונקלוס O).

**עדתו** ש״ע נ *n. f.* **הריון pregnancy** בתר בליותי
תהי לי עדתו אחרי בלותי היתה לי עדנה
after I have grown old, shall I have pregnancy
(=be pregnant)? - בר יח 12 [נ״א חדו, חדותה. המליץ
543: עדו וכולם לשון שמחה, כמו התה״ע: لَذّة. אבל
אפשר שעדו ואף חדו הם מן עדוי (o < uy). זב״ח ת״מ
17].

**עדי**[2] שם פרטי iddi *pr. n.*

**עדי** ש״פ ובני גד צפון וחגי ושוני ואצבעון
עדי וארודי - בר מו 16.

**עדאי** ש״י *gent. n.* לעדי כרן עדאה (VN עדאי)
- במ מו 16.

**עדלם** שם פרטי *pr. n.*

**עדלמאי** ש״י *gent. n.* ואהך עד גבר עדלמאי
ושמה חירא ויט עד איש עדלמי ושמו חירה -
בר לח 1.

**עדן**[1] זמן **time** [אינו בכ״י J לבד מן עדניו. *Except*
*ᶜdnyw, not in* MS J. **א״י** לעידן די תימוט רגליהון -
**נ** דב לב 35. **סוא״י** עדן רומשא - בר ג 8]

**עדן** ש״ע ז *n. m.* iddån **זמן, מועד time** כל
אתר ועדן וכל בריה עובדיך כל מקום וכל
זמן וכל בריה הם מעשיך every place, time,
and creature are your deed - ע״ד כה 20-19. **טעינן**
וסרחנן עדן לן נחזר טעינו ופשענו, עת לנו
לחזור - מ ה 34-33. **לא אתילדנן** בעדן מבולה
לא נולדנו בזמן המבול - ת״מ 203ב. **בתר ממלליה**

אלין בעדניון A אחר הדברים האלה - בר טו 1. ויונו לסימנין ולעדנין (E)A והיו לאותות ולמועדים - בר א 14 (=המליץ 513). במעמד ת״פ *adverbial* C...כעת חיה **עזור אעזר לידך כעדן חיה** - I will return to you at the same time בר יח 10. **אהנה ממטר כעדן מחר** ...VCA כעת מחר - this time tomorrow I will rain down שמ ט 18. **לעדן רמש** A לפנות ערב - בר כד 63. **לעדנה הדן** A ...למועד הזה - בר יז 21 (=המליץ 513). **ביתה עדנה אתילדו בני קין** באותה עת נולדו בני קין - אס 3ב. **אדן לא ממלה אלה** בזמן ש{לא} דיבר עמו אלוהים (עם אברהם) - אס 13א.

†**עדניו** ת״פ *adv.* **עת חיה at the (next year)** **same time** **עזור נעזר לידך כעדניותה**...כעת חיה I will return to you next year at the same time - בר יח 10 וכיו״ב בפסוק 14 [< כעדן חיותה= *M$_1$].

†**עדן²** תענוג **delight** [נגזר מן מעדן. המי״ם של miyyūdâni נתפסה תווית היחס והופרדה. השי חשבה. התה״ע مـن لـذات = עינוגים. *Metanalysis of m$^c$dny (below), whose m was considered prep.* - *Cf.* SAV **סוא״י** מן טורא דפראן טלילא מעדנא - חבקוק ג 3 - Horol 12b. בארמית בכתב הדימוטי: מעדנן (בינוני פועל) - ADS 4B/9]

**עדן** ש״ע ז *n. m.* **מעדן delicacy** **והו יתן מן עדני מלך** (E) C מעדני, נ״א מן תעתידי = המליץ 543) והוא יתן מעדני מלך he shall yield royal dainties - בר מט 20. **תהומה דשבתה עדן לעלמה** תחום השבת תענוג הוא לעולם - ע״ד יב 10.

**עדן³** ēdən שם מקום *pr. n. (place)*

**עדן** ש״פ **ונסב יהוה אלהים ית האדם ואשריאה בגן עדן** ויקח יהוה אלהים את האדם ויניחהו בגן עדן - בר ב 15. **ודער בארע טמי מדנעת עדן** וישב בארץ נד קדמת עדן - בר ד 16. **משה ואהרן קטלו פישון ברה דעדן** משה ואהרן הרגו את פישון בן עדן - ת״מ 18ב.

†**עדן⁴** ēdən שם פרטי *pr. n.*

**עדן** ש״פ **אלין בני שותלח לעדן כרן עדנאה** - בם כו 36.

**עדן** ש״פ **וכן אמר בן בן עדן** thus said the son of Ben Eden - ת״מ 188א. **יהושע בן ברק בן עדן בן התקוי אב בני נונה** - תולדה 9א

(Neubauer 405).

**עדנאי** ש״י *gent. n.* לעדן כרן עדנאה (V עדנאי) - בם כו 36.

†**עדף¹** מאכל **food** [< عَدْف = מעט מספוא - Lane 1972c]

**עדיף** ש״ע ז *n. m.* **מאכל food** **ויהיב עדיף ונתוחי ולא נמות** A (נ״א זרע) ותן זרע ונחיה ולא נמות provide the food, that we may live and not die - בר מז 19.

†**עדף²** יתרון, שפע **abundance** [עש״ח NSH. **א״י** שופרך... עדיף מן בני נשא - תרג תה מה 3]

**קל היה מרובה to be numerous** **ורחמיך** על כל עונינו עדפים Your mercy is more numerous than all our sins - פינחס (Cow 492).

**עדיפה** ש״ע נ *n. f.* **יתרון superiority** **וגיבריה הוו בארעה... דייעלון ברי שלטניה לות בנאת האדם ואולדו להון אנון גבריה דמן עלם גברי עדיפה** A(E) (נ״א השם) והנפילים היו בארץ... הם הגבורים אשר מעולם אנשי היתרון they were the heroes of old, the men of superiority - בר ו 4.

**עדר** ציבור של בעלי חיים: צאן ובקר **herd, flock** [**א״י** עדרי עניכון - **נ** דב ז 13]

**עדר** ש״ע ז *n. m.* **עדר herd** **עברו לקדמי ורוח תשבון בין עדר ובין עדר** עברו לפני ורוח תשימו בין עדר לבין עדר pass on before me, and put a space between herd and herd - בר לב 17. **ואה באר בברה ואה תמן תלתה עדרי עאן רבעים עליה הלא מן בארה ההיא ישקון עדריה** ...והנה שלשה עדרי צאן רבצים עליה כי מן הבאר ההיא ישקו העדים - בר כט 2. ושבה לה עדרים לודה לבן וישת לו עדרים לבדו - בר ל 40.

†**עדר שגג** שם מקום *pr. n. (place)* [לא ידוע]

**עדר שגג** ש״פ **ועקר נח מן ריפת ושרה בטורה דשמה עדר שגג דו אתר תיבותה** ועקר נח מן ריפת ושכן בהר הנקרא עדר שגג שהוא מקום התיבה - אס 6ב.

†**עדרי קרנים** שם מקום *pr. n. (place)* [תרגם על פי דב ז 13: עשתרות צאנך. *Transl. according to* Dt 7:13]

**עדרי קרנים** ש״פ ומעו ית רפאיה בעדרי קרנים ויכו את הרפאים בעשתרות קרנים - בר יד 5.

**עוג** ûg שם פרטי *pr. n.*

**עוג** ש״פ ועוג מלך בתנין ועוג מלך הבשן - דב כט 6. הלא לוד עוד מלך בתנינה אשתיר מיתר גיבריה כי רק עוג מלך הבשן נשאר מיתר הרפאים - דב ג 11. וירם מן עוג מלכה וירום מגוג מלכו - במ כד 7 [ההגייה: mâgog. תן דעתך שאין המ״ם = מן].

**עוד** ייתור, הוספה וחזרה **addition, repetition** [Joüon 102k. **א״י** ואוסף עוד לממללה - **נ** בר יח 29 (בגיליון). **סוא״י** ואצמיח... עוד מן ארעא - בר ב 9]

**עוד א** ת״פ *adv.* משלים פועל *verbal complement* **עוד more, again** ותהי תל לעלם לא תבני עוד והיתה תל עולם לא תבנה עוד it shall be a ruin for ever, it shall not be built again - דב יג 17. **ואמר עוד אלהים למשה** - שמ ג 15. **ואוזף עוד בלק שלח רבנים** - במ כב 15. **והוה עוד כברטוי ארעה למיעל אפרתה** - בר לה 16. **וברדה לא יהי עוד** - שמ ט 29. **ומלאכיה עוד אמרים...** - ת״מ 145ב. **צללו ולא חזותון עוד צללו (המצרים) ולא ראום עוד** - ת״מ 72א. **גם כן too** ותרי מאוריה עוד ארכנו לה ושני המאורות גם כן שחו לפניו - ת״מ 179א. **ב** משלים נשוא שמני *nominal predicate complement* [אינו בא בכינויים אלא בשרבובים האלה מן העברית: עודך - בר מו 30 C; שמ ט 2 B, 5א B. וכן הוא m בר מו 34: גברי קניאן הוו עבדיך מן עודנן = מנעורינו]. **1 עדיין still** עוד יומן רב עוד היום גדול it is still high day - בר כט 7. **עוד יוסף ברי קיאם** - בר מה 28. **2 עוד more** ועוד חמש שנין דלית חרדאי וחצד ועוד חמש שנים אשר אין חריש וקציר there are five more years in which there will be neither plowing nor harvest - בר מה 6. **לית עוד מלודה אין עוד מלבדו** - דב ד 35. **ולית עוד לבר מנה** - ת״מ 222ב.

**בעוד** ת״פ *adv.* **בתוך** התרחשות בעתיד **within yet** *(future events)* בעוד תלתה יומים יתלי פרעה ית רישך within three days Pharaoh will lift up your head - בר מ 13.

**ועוד** ת״פ *adv.* **1 וגם** לרבות *inclusive* **also** וברכה אלה ועוד אבוה וברכו אלהים וגם אביו God blessed him and also his father - ת״מ 287א. **ונאמן** ביהוה עבודן ומרן ועוד במשה נבינן ונאמין ביהוה עושנו ואדוננו וגם במשה נביאנו - ת״מ 293ב. **וברכת אברהם ועוד יצחק ועוד יעקב** וברכת יוסף תמן גליה וברכת אברם וגם (של) יצחק... וברכת יוסף שם נתגלו - ת״מ 131ב. **2 ועוד moreover** למה שבקנון נפקין מן מצרים ועוד דמה דנעזר חנאה דבידון למה הנחנום לצאת ממצרים? ועוד: שמא נחזיר את ההנאה (חפצים ששאלו) אשר בידם why did we allow them to leave Egypt? Moreover, perhaps we should get back the goods which they have - ת״מ 54א. **שרוה בסרה וחסולה אנחמו... ועוד** במניאנה הוקם כתבה... ועוד בזבן עובד חצרתה... וכן בגזירת קרבנה ראשיתה (של מלת "וידבר") בשורה ואחריתה נחמה... ועוד: בחשבונה (מניין אותיותיה) הוקם הספר (התורה)... ועוד: בעת עשיית החצוצרה... ת״מ 173ב.

**עודן**† ש״ע ז *n. m.* **מעמד, מצב state, posture** [נגזר מן 'עודני', נ״ש בר מח 15. זב״ח לת״מ 73ב.. *Derived from* ᶜ*wdny*] **ליתי שבק אהן** יתובה משתיאר על עודנו איני מניח את הסדר הזה להישאר על עמדו I shall not leave this order to remain in its position - ת״מ 73ב [כלומר את רדיפת המצרים אחר בני שיראל]. **אנש דיקום** קדם רב מנה ואדה עליו איך יהי עודנה אדם שיעמוד לפני גדול ממנו וידו עליו (ויתנשא עליו), איך יהיה מצבו? - ת״מ 167א. **מד הות ס** מקימה לאלין אתקוממת על עודנה משהייתה (האות) ס מקיימת את אלה, נתקיימה במצבה - ת״מ 293א. **כל קצה דאתעבד לה שרוי בכתב** מנוכון קשטה על עודנה כל קיצה שיש בה התחלה באות (אחת) מכן, היא אמת על עמדה - ת״מ 306ב. **ויטש אלה עשהו מלה דרבו מודעה** דאלה ממן בעודנו "ויטש..." (דב לב 15) דבר של גדולה, המודיע כי האלוהים מתמיד במצבו - ת״מ 197א ובדומה לזה 278ב. **והו חי לעולם בעודנו** והוא חי לעולם במעמדו - ת״מ 229ב. **יודיע** עודן עלמה ומה היא אחריתו - אבישע (Cow 50) [הפך מילה גרודה].

**עוים** שם פרטי *pr. n.*

**עואי** ש״י *gent. n.* ועואי דדארים בדיריה עד עזה - דב ב 23.

**עוית** ᶜawwət שם פרטי *pr. n.*

**עוית** ש״פ הדד בר בדד... ושם קרתה עוית - בר לו 15.

**עול¹**† הנקה **nursing** [א״י בערביה צווחין למינוקא

עוילא - ויק״ר ק]

**קל: היניקה** to nurse ילידיה רכיכים ועניה ותוריה עולן עלי NC ‏(*$M_1$ עללן=המליץ 550, והוא מן עול. ע׳ זב״ח שם) הילדים רכים והצאן והבקר עאלת עלי the children are frail, and that the flocks and herds are nursing, (being a care) to me - בר לג 13 [נ״ש uwwållåt - בינוני פעול [pass. pt.

**עול²**† פשע, חטא **unrighteousness** [מן העברית H. **א״י** אלהה היימנה דלית קדמוי עוולה - **נ** דב לב 4]

**עול** ש״ע ז *n. m.* **חטא injustice** ואתנפלת לקדם יהוה... על כל עוליכון דחטיכון J (י״ש על מחק. נ״א חוביכון) ואתנפלה לפני יהוה... על כל חטאיכם אשר חטאתם I threw myself down before the Lord..., because of all your iniquities that you had committed - דב ט 18. תעבד עול ותבטל קשטה... כל דאה ביש... ואן עבדת עול אנה דיאן קשט תעשה עול ותשבית את הצדק... כל זה רע... ואם תעשה עול, אני שופט צדק - ת״מ 149ב. וכן באה המלה בת״מ 190א 13 פעמים בביטוי ׳לא הוה (תמן) עול׳ במדרש על ״אל אמונה ואין עול״ (דב לב 4).

**עון**† חטא, פשע **iniquity** [מן העברית H]

**עון** ש״ע ז *n. m.* **חטא sin** ארורה היא ‹הדה שעילתה› לעלם דהדדת לן עון דלא ממחק (ק חוב) ארורה היא השאילה הזאת לעולם (״ושאל איש מאת רעהו״ - שמ ג 22) כי חידשה עלינו עוון שאיננו נמחק cursed is this borrowing for ever, which renews upon us a wrong which will never be effaced - ת״מ 249ב. וכן ״פקד עון אבות על בנים״ (שמ כ 5) ועוד ״נשא עון ופשע״ (שמ לד 7) מובאים בת״מ 280ב.

**עוף¹** בעל כנף **bird** [**א״י** דמו כל עוף דפרח - **נ** דב ד 17. **סוא״י** וכל עופא דפרח - בר ז 14. ע״ע כנף]

**עוף** ש״ע ז *n. m.* **עוף bird** כל עוף אדכי תיכלון כל עוף טהור תאכלו all clean birds you may eat - דב יד 20. כל שרץ עופה דמהלך על ארבע כל שרץ העוף... - ויק יא 20. הך ירפרף עופה על בניה כמו שירחף העוף על בניו - ת״מ 223א. וית עופיה לא פסק ואת הצפורים לא בתר - בר טו 10 [= המליץ 570]. נשא עופים רמים לטרף שנאי אלהים- ת״מ 59א.

**עוף²**† פטור **exemption** ‹] عوّف = פטר -

[Barthélemy 562

**מעוף** ת״פ *adv.* **חנם gratis** המדאחי את ושמשתני מעוף A (נ״א מגן) הכי אחי אתה ועבדתני חנם just because you are a kinsman, should you serve me for nothing? - בר כט 15 [בינוני של הבניין השני].

**עוף³**† ניחוש **divination** ‹] عاف - ניחוש בציפורים [Lane 2211c -

**פעל ניחש to practise divination** לא יתשקע בך... קסם קסמיה מענן מעוף B (נ״א מנחש) לא ימצא בך... קסם קסמים מעונן ומנחש let no one be found among you... who is an augur, a soothsayer, a diviner, - דב יח 10.

**עוץ¹** שם פרטי ūṣ *pr. n.*

**עוץ** ש״פ ובני ארם עוץ וחויל...- בר י 23.

**עוץ²** שם פרטי ūṣ *pr. n.*

**עוץ** ש״פ ואלין בני דישן עוץ ועדן...- בר לו 28.

**עוץ³** שם פרטי oṣ *pr. n.*

**עוץ** ש״פ אה ילדת מלכה אף היא בנים לנחור אחוך ית עוץ בכורה...- בר כב 20 - 21.

**עוק** ודוחק, מצוקה **pressure, oppression, distress** [**א״י** ואעיק למן דעיק יתכון - **נ** שמ כג 22. **סוא״י** סגוי יסגא עקתיכי - בר ג 16]

**קל** בצורות אחדות אין ההבדל בין קל לאפעל שקוף. *In some forms Qal does not differ visibly from Afᶜel* עבר: עקת - ת״מ 304ב. עתיד: ואעק - שמ כג 22. ויעקון - במ לג 55. ציווי: עאקו - במ כה 17 (= המליץ 575). בינוני: עאק - במ י 9. **אפעל** עבר: אעיק - בר כ 18 (= C המליץ 548). עתיד: ויעיק - דב כח 52. בינוני: דמעיק - במ י VNB 9. פעול: מעיקה - ת״מ 225ב. מקור: למעקה - ויק יח N 18 (נ״א למעיקה). **איעק** - דב ד 30. **מעק** - ויק כה 43 m. **עאק** - במ כב 4. **עיוק** qāṭōl עיוקה (מיודע) - במ י 9 ‏$*M_1$. **עיוק** qiṭṭūl ובעיוק - דב כח 53 (= המליץ 517). **עיקה** עיקת (נסמך) - שמ ו 9 **עקה** ᶜâqå - מ א 12. עקין (ר) - אס 16א. $*m_2$.

**קל 1 מאס**† פע״ע *intrans.* **to be in dread** ועקו מקדם בני ישראל $*m_2$ ויקצו מפני בני ישראל the Egyptians were in dread of the people of Israel - שמ א 12. עקת בחיי מלקבל ברת חת A (נ״א אציקת) קצתי בחיי... - בר כז 46 (מן אונקלוס O). **2 לחץ, הציק** פע״י to

על אעקה דעאק יתכון על **oppress** *trans.* against the oppressor who הצר הצרר אתכם - oppresses you - במ י 9. עקת עליון הצקתי להם - ת״מ 304ב. ויעקון יתכון (C ויעיקון) וצררו אתכם (יושבי הארץ) - במ לג 55. וגיור לא תעקון A וגר לא תלחצו - שמ כג 9. עאקו ית מדינאי (N אעיקו) צררו את המדינים - במ כה 17. ואף חזית ית עקתה דמצרים עקין יתון A וגם ראיתי את הלחץ אשר מצרים לחצים אתם - שמ ג 9. ואעק ית אעקיך וצרתי את צרריך - שמ כג 22. אעקה דעאק יתכון הצר הצרר אתכם - במ י 9. **3 הטיל מצור to besiege** ועבדת עמך קרבה ותעק עליה if it makes war against you, then וצרת עליה... you shall besiege it - דב כ 12.

**אפעל 1 לחץ, הציק to oppress** אעיק עליו ישראל לחץ עליו ישראל (על מלך ערד) Israel oppressed him - אס 16ב. הלא אעיקו אנון לכון בנכליון כי צררים הם לכם - במ כה 18. ויעיק לך בכל קוריך והצר לך בכל שעריך - דב כח 52. אעקה דמעיק יתכון VNB הצר הצרר אתכם - במ י 9. מעיק ממללין ומלחץ שתיקין אתה מעיק על מדברים ולוחץ על אילמים (אדם ובהמה) - ת״מ 28א. ולשנון מבלבל ונפשהתון מעיקה ...ונפשם נלחצת - ת״מ (ק) 11א. וגויתה מעיסה ורוחה מעיקה וגופו מעוך ורוחו במצוקה - ת״מ 225ב. **2 עצר to withhold** הלא עיוק אעיק אלהים בעד כל רחם *M₁C כי עצר עצר אלהים... the Lord had withheld all the wombs - בר כ 18. **3 דחק to drive away** ואחיק ית כל קנינה MA (נ״א ודעק) וינהג את כל מקנהו he drove away all his cattle - בר לא 18. ואחיקת ית בראתי כשביי סיף A (נ״א ודעקת) ותנהג את בנתי כשביות חרב - בר לא 26.

**מעקה**† ואתה על אחתה לא תסב למעקה N (נ״א למעיקה) ואשה אל אחותה לא תקח לצרר - ויק יח 18.

**איעק**† ש״ע ז *n. m.* **דוחק distress** באיעק לך וישקעוך כל ממלליה אהלין (VECB בצר) בצר לך ומצאוך כל הדברים האלה when you are in distress because all these things have befallen you - דב ד 30.

**מעק**† ש״ע ז *n. m.* **לחץ harshness** לא תפלע בה במעק m לא תעבד בו בפרך you shall not rule over him with harshness - ויק כה 43.

**עאק**† ש״ע ז *n. m.* **לחץ crushing** כדו יעאק קהלה אדן ית כל אסטרינן כעאק תורה ית ירקה דעקל A עתה ילחך הקהל הזה את כל סביבותינו כלחך השור את ירק השדה this horde will crush all that is about us as the crushing of an ox (=as the ox crushes) the grass of the field - במ כב 4 [פירש לחך=לחץ].

**עיוק**† ש״ע ז *n. m.* qiṭṭūl **1 לחץ distress** בצער ובעיוק דיעיקון לך דבביך במצור ובמצוק אשר יציקו לך איביך in the siege and in the distress - with which your enemies shall distress you - דב כח 53, ובדומה לו בפס׳ 55, 57. הלא עיוק אעיק אלהים בעד כל רחם *M₁C כי עצר עצר אלהים... - בר כ 18 (= המליץ 548. השי׳ א״ס: حصر = צר, סגר). **2 עוז dare** ונסבת צפורה עיוק וקטעת ית ערלת ברה mᶜ (נ״א עקה, ארצים; נאר, נהור; טינר, צנם ־ שלושה פירושים שונים. ע׳ המליץ 574-573) ותקח צפורה עוז ותכרות על ערלת בנה Zipporah took dare (=mustered) and cut off the stubborness of her mind - שמ ד 25 [כתפיסת Cᵃʳ: ماضيا = תוקף, נחישות. :SAV (AH) firmness].

**עיוק**† ש״ע ז *n. m.* qāṭōl **צורר oppressor** עיוקה דמעיק יתכון *M₁ הצר הצרר אתכם against the oppressor who oppresses you - במ י 9.

**עיקה**† ש״ע נ *n. f.* **צער distress** ולא שמעו למשה מעיקת רוח *m₂ (נ״א מעקת) ולא שמעו למשה מקצר רוח but they did not listen to Moses, because of distress of spirit - שמ ו 9.

**עקה** ש״ע נ *n. f.* **צרה tribulation** וארוחת לון מכל עקה והרווחת להם מכל צרה You relieved them from every tribulation - מ א 12. דחזינן בעקת נפשה אשר ראינו בצרת נפשו - בר מב 21. דענה יתי ביום עקתי העונה אתי ביום צרתי - בר לה 3. ובתר כן אתת עקין על ישראל ואחר כך באו צרות על ישראל - אס 16א.

**עוקאה**† פלומת שער **hair** [> عقّة = שער הילוד - Lane 2097a]

**עוקאה** ש״ע נ *n. f.* **פלומה hair** סמוק כלה כעוקאה סער M₂ אדמני כלו כאדרת שער the first one emerged red, like a hairy mantle all over - בר כה 25.

**עור¹** עירות **wakefulness** [א״י ואיתעיר פרעה והא הוא חלם - נ בר מא 7]

**אפעל העיר to awaken**† כנסרה (!) יעיר

**קנו** E כנשר יעיר קנו like an eagle who awakens his nestlings - דב לב 11 [שרבוב מן העברית
**to be awake** *pass. pt.* בינוני פעול .[H *interp.*
דמחזי ברה יחזי מפל ומעיר A (נ״א וגלי עין, ומגלי חזו) אשר מחזה שדה יחזה נפל וער who sees the vision of the field, falling down, but awake - במ כד 4 [בהשפעת התה״ע: נאימא ויקצ׳אנא = ישן וערני - .[*Follows* SAV C^ar^

**אֶתְפְּעֶל 1 ניעור to awake** ואתעיר נח מן חמרה ויקץ נח מיינו Noah awoke from his wine - בר ט 24. ואתעיר יעקב מן שנתה ויקץ יעקב משנתו - בר כח 16. בהשאלה *fig.* אלהותה ונביותה וכהנתה מאן יתעירו האלהות, הנבואה והכהונה - אולי יתעוררו! - ת״מ 139א. אנשה התעירו ליתה מחכומה ואלפו יתה האנשים, התעוררו לאותה ידיעה ולמדוה - ת״מ 303א. אתעיר לגרמך במד לה תחכם הישמר לנפשך במה שתלמד be awake to what you learn - ת״מ 303א. **2 מאס to abhor** הלא ית כל אלין עבדו ואתעיר בון A (נ״א ואציקת) they did all these things, (wiqqaṣ) ואקוץ בם... and therefore I abhorred them - ויק כ 23 [עירוב .[*Blend*: קוץ/יקץ

**†פולל העיר to awake** כנשר מעורר קנה 'V like an eagle who awakens his nestlings (C מורר) כנשר יעיר קנו - דב לב 11.

**†עור²** עיוורון, העדר מאור עיניים **blindness** [א״י בשוק סמייה צווחין לעוירא סגי נהורא - בר״ר 275. **סוא״י** עוירא וחגירא - ירמ לא 8]

**פעל העוור to make blind** העיני גבריה האנון תעור m העיני האנשים ההם תנקר will you make blind the eyes of these men - במ טז 14 [פשיטתא: מעור אנת; אונקלוס: תשלח לעורא].

**עור** ש״ע ז *n. m.* **עיוור blind** כעור ימשש בקבלה כעיוור ימשש באפלה as a blind person groping in the dark - ת״מ 281ב [ע״פ דב כח 29. אבל בתה״ש שם: סמיה].

**†עור³** עור **skin** [מן העברית. ע״ע משך. H]

**עור** ש״ע ז *n. m.* **עוֹר skin** ומשה לא עכם הלא קרן עור אפיו ...כי קרן עור פניו Moses did not know that the skin of his face shone - שמ לד 29, ובדומה לו בפס׳ 30, 35. מובא גם בת״מ 261ב. ועבד יהוה אלה לאדם ולאתתה כיתנואן עורי (A)E כתנות עור - בר ג 21 [ט״ס מן עור .*Corr*.]

**עזאזל** *pr. n.* שם פרטי ēzâzəl

**עזאזל** ש״פ ונבז אחד לעזאזל וגורל אחד לעזאזל - ויק טז 8.

**עזה** *pr. n. (place)* שם מקום ᶜazza

**עזה** ש״פ ועואי דדארים בדיריה עד עזה - דב ב 23.

**עזאי** ש״י *gent. n.* ועואי דדארים בדיריה עד עזה - דב ב 23.

**†עזז¹** חיזוק וכוח **strength, power** [א״י עזיזות ליבא - איכ״ר קלט. **סוא״י** עזיז - Horol 64]

**קל נרגש** בינוני פעול *pass. pt.* **excited** וכד עמתה עזיזה בה רעטת ואמרת וכראתה אותה (מרים את בת פרעה) נרגשת בו (במשה) רצה ואמרה when (Miriam) saw Pharaoh's daughter excited (by Moses), she ran and said - אס 15ב [זב״ח: מן اعـــززت بـــه והוא שאילת משמעות.. השי׳ عــزّ - .[Barthélemy 527

**פעל חיזק to fortify** וכדו שלח עזז ית קניאניך ועתה שלח העז את מקניך now send, fortify your cattle - שמ ט 19 [נתפס מן עוז כעדות A: אתעיץ (ע״ע חוץ) והתה״ע: حصن (C^ar^) SAV].

**עז** ש״ע ז *n. m.* **כוח strength** עזי וגלגי והוה לי לפצו עזי וזמרתי ויהי לי לישועה the Lord is my strength and my praise; He has become my deliverance - שמ טו 2 [נ״ש מובא בת״מ 272ב (2x), 84א, 104א]. אסחנת בעזך למשבח קדשך נהלת בעזך אל נוה קדשך BA - שמ טו 13. הדבק בעזו עד לעלם - ת״מ 84א.

**עזה** ש״ע נ *n. f.* **כוח strength** יתיר מסבלה ויתיר עזה (נ״א עזיזו, תקוף) יתר שאת ויתר עז preeminent in endurance and pre-eminent in power - בר מט 3.

**עזוז** ש״ת *adj.* qāṭōl **כוח strength** עזוז עז - המליץ 545 [ליתא].

**עזז** ש״ע ז *n. m.* **הערצה glory** וקעמת גפנה בעזז היתה גפנה בהערצה Gaphnah stood in glory - אס 6א [זב״ח: מן عز]. עזזי עזי - המליץ 544 [ליתא].

**עזזן** ש״ע ז *n. m.* **כוח strength** עזזני ונבזני E עזי וזמרתי my strength and my glory - שמ טו 2.

**עזיז א** ש״ת *adj.* **עז strong** משבח רגזון הלא עזיז אדיר אפם כי עז praised is their anger,

ברוח קדום עזיז ברוח 7. בר מט - for it is strong
קדים עזה 21. שמ יד - with a strong east wind
הלא עזיז עמה - במ יג 28. עזיז תחום בני עמון
- במ כא 24. קעם קדקד עזיז יקום נשיא תקיף -
אס 21ב (2x). גוי עזיז אפים גוי עז פנים - דב כח
50. **ב** ש״ע ז *n. m.* **תקיף** strong one **ואתבר**
ית יכלות עזיזיכון (נ״א תקיפיכון) ושברתי
את גאון עזכם I will break the pride of your
mighties - ויק כו 19. **יתיר תלי ויתיר עזיז E**
יתר שאת ויתר עז - בר מט 3.

**עזיזו** ש״ע נ *n. f.* **עוז strength** יתיר מסבל
ויתיר עזיזו V יתר שאת ויתר עז major in
endurance and major in power - בר מט 3.

## עזז²

בהמה דקה **small cattle** [א״י גדי בר עזין -
**נ** ויק יז 3. **סוא״י** ובמשכנין דעזין מתלחצין - אל העבריים
יא 37. טלשיר 76]

**עז** ש״ע נ *n. f.* **עז female goat** ואקרבת עז
ברת שתה לסלוח והקריבה עז בת שנתה
he shall offer a female goat a year old לחטאת
for a sin offering - במ טו 27. דיכס תור אי אמר
אי עז - ויק ז 23. וצפיר עזים אחד לסלוח - במ ז
16. רחליך ועזיך לא תכלו רחליך ועזיך לא
שכלו - בר לא 38.

## מעזי†

ש״ת גזור מן עז בתבנית בינוני פעול של אפעל.
טלשיר, תרביץ מט, 92. ע׳ גם המליץ 535 *adj.* **פוחז**
**reckless** בר ארדי ומחזי בן סורר ומורה a
rebellious and reckless son - דב כא 18, 20. מובא
בת״מ 96ב, 182א,182ב, 204ב, 246א, 276א [עניינו
התנהגות חסרת מעצורים].

## עזיאל

*pr. n.* שם פרטי ᶜaz'zīl

**עזיאל** ש״פ ובני קהת עמרם ויצהר חברון
ועזיאל - שמ ו 18.

**עזיאלאי** ש״י *gent. n.* וכרן חברונאה וכרן
עזיאלאה (V עזילאי, N עוזילאי) - במ לד 26.

## עזן

*pr. n.* שם פרטי ᶜizzån

**עזן** ש״פ ולשבט בני ישכר נסי פלטיאל בר
עזן- במ לד 26.

## עזל†

טוויה ושזירה **spinning** [א״י בידה הוות
עזלה ית תכלתה - **נ** שמ לה 25. **סוא״י** ובוצא עזילא =
ושש משזר - שמ כו 31]

**קל טווה to spin** וכל אתה חכמת לב באדה
עזלה (A עזל) וכל אשה חכמת לב בידה טוה
all women who had ability spun with their
hands - שמ לה 25. וכל נשיה ...עזלו ית עזיה
(N*M₁B עזלי, *M₂ עזלין) וכל הנשים ...טוו
את העזים - שמ לה 26 (=המליץ 477).

**עזל** ש״ע ז *n. m.* **מטווה spinning** ואיתו מן
עזלה ית תכלתה ויביאו מטווה את התכלת
they brought spinning the blue - שמ לה 25
[=המליץ 477. < מעזלה. ההגייה miṭṭuwwa. המי״ם
היא תווית יחס].

## עזף†

טומאה, זוהמה **pollution, menstrual**
**uncleanness** [א״י ״ומצורע״ - עזיב - ירוש קידושין
סא ע״א. ילון, קונטרסים ב, 52; זב״ח, תרביץ נ 202-205.
**ס** עזופא = גס - LS 519b].

**זאוה** [< מזופי < מעזופי ע״י ניתוק התחילית. הש ע׳
חשבה. *Metanalysis of mᶜzwpy*] ש״ע נ *n. f.* **נידה**
**impurity** הקטע למהי לשרה זאוה כנשיה
m חדל להיות לשרה אורח כנשים Sarah
stopped having the impurity of women - בר יח
11.

**זופי** [ראה לעיל זאוה *see above*] ש״ע נ *n. f.* **נידה**
**impurity** ודעפדה בזופיתה $M_2$ והדוה בנדתה
she who is in menstrual infirmity - ויק טו 33.

**מזופי** (< מעזופי) ש״ע נ *n. f.* **1 נידה impurity**
ותסתב שבעה יומים כיומי מזופית סבתה
$M_2$ וטמאה שבעה ימים כימי נדת דותה she
shall be unclean seven days; as at the days of
her (menstrual) impurity is her uncleanness, -
ויק יב 2. ולאתה במזופית סבתה לא תקרב $M_2$
ואל אשה בנדת טמאתה לא תקרב do not
come near a woman during her period of
uncleanness - ויק יח 19. ותסתב תרים שבועים
כמזופיתה $M_1$ וטמאה שבועים כטמאתה - ויק
יב 5. **2 טמאה impurity** וגבר דיסב ית אתת
אחיו מזופי היא $M_2$ ואיש אשר יקח את אשת
אחיו נדה היא if a man takes his brother's
wife, it is impurity - ויק כ 21.

**מזופי** [< מעזופי] ש״ע נ *n. f.* **נידה impurity** ולאתה
במזופית סבתה לא תקרב $M_2$ - ויק יח 19.

## עזר†

סעד, עזר **help** [מן העברית H]

**עזר** ש״ע ז *n. m.* **סיוע help** תקן כלה במימרה
בלא עזר התקין הכול במאמרו בלא עזר
(God) established all with His word, without
help - ת״מ 271א. תורס תקיף ועזר לכל מן בה
יימן מגן איתן וסעד לכל מי שמאמין בו - ת״מ
(ק) 74ב [הקטע המקביל בכ״י ש כולו עברית].

†**עזרז** שם פרטי *pr. n.*

**עזרז** ש״פ קם גבר לואה ושמה עזרז בר פאני - אס A20.

†**עטי** כיסוי **covering** [< غطى = כיסה - Lane
[2272b

**פעל כיסה** **to cover** וספך ית דמה ויעטיה בתראב J ושפך את דמו וכסהו בעפר - ויק יז 13 [הפסקה כולה משורבבת מן הטור הערבי של J: פליספך דמה ויעיטה באלתראב *The entire passage is interp. from J*[ar].]

†**עטירט** שם פרטי *pr. n.*

**עטירט** ש״פ וקעם פרעה מן כתים שמה עטירט - אס A16.

†**עטף**[1] עטיפה, לבישה **covering, wearing** [א״י ונסיבת רדידה ואתעטפת ביה - **נ** בר כד 65 (בגיליון). **סוא״י** ועטופו סקיא - יונה ג 8]

**קל** אפשר שחלק הוא אֶתְפְּעֶל בהידמות ת **עטה, חבש** **to wear** ורישה יהי שרי ועל ספבן יעטף his head shall be left bare, and ועל שפם יעטא - he shall cover over his upper lip - ויק יג 45. ובמעטפתה אברה יעטף A (M יחטף, B ייטף, EJ יתעטף) ובמצנפת בד יצנף - ויק טז 4.

**אתפעל לבש** **to wear** ועל ספבן יתעטף NE he shall cover over his upper ועל שפם יעטא lip - ויק יג 45. ובמעטפתה עבר יתעטף ובמצנפת בד יצנף - ויק טז 4 (=המליץ 553). ובמעטפה עבר יתעטף ובמצנפת בד יתעטף - ויק טז 4.

**אטפו** ש״ע נ *n. f.* **עטיפה?** **covering** ועפה ראשיון ואטפואתון דהב $M_2$ (נ״א ולבושיון) he overlaid וצפה ראשיהם וחשקיהם זהב - שמ לו 38 - their tops and their bands with gold.

**מעטפה** ש״ע נ *n. f.* כיסוי לראש **1 מצנפת הכהן** **head dress** ותעבד מעטפה מילת ועשית you shall make the headdress of מצנפת שש - fine linen - שמ כח 39. וית מעטפתה מילת ואת המצנפת שש - שמ לט 28. וכן הוא שמ כח 37 (2 x), כט 6 (2 x), לט 31. **2 צעיף** **veil** מעטפתה צעיפה - המליץ 573 [ליתא].

**עטף** ש״ע ז *n. m.* **חיק** **bosom** אעל שבי אדך בעטפך ואעל אדה בעטפה m (נ״א בחבך... בחבה) הבא נא ידך בחיקך ויבא ידו בחיקו - שמ ד 6 (מן אונקלוס O).

†**עטף**[2] חולשה **weakness** [ע״ע פרד[1]. **ע** בעטף עולל ויונק - איכה ב 11]

**קל חלש** בינוני פעול **to be feeble** *pass. pt.* והוו עטיפיה ללבן A והיו העטופים ללבן the feeble (lambs) belonged to Laban - בר ל 42.

**העטיף** שרבוב מן הטור העברי **?** H *interp.* ובהעטיף עאנה (נ״א ובלקישי, ובפרידת) ובהעטיף הצאן - at the weakening of the flock - בר ל 42.

**עטוף** ש״ת *adj.* qāṭōl **feeble** **עטוף** והוו עטופיה ללבן (נ״א לקישיה, פרידיה) והיו העטופים ללבן the feeble belonged to Laban - בר ל 42 [מן העברית H].

†**עטף**[3] ט״ס מן קטף (ע״ע) *Corr. of qṭp*

**עטף** ש״ע ז *n. m.* **מין תבלין** **a spice** דבש עטף וכרכם $M_2$ (נ״א קטף = המליץ 530) דבש נכאת ולוט - בר מג 11.

†**עטר** ריקות, הקטרה **smoking, perfumery** [א״י וטורא דסיני עטר כוליה - **קת״ג** שמ יט 18. **סוא״י** היך עטרה דאתונא - בר יט 28]

**פעל רקח** **to mix spices** ותעבד יתה אועדות מעטר עובד עטר (נ״א ערוב) ועשית אתו קטרת רקח מעשה רקח make an incense blended as by the perfumer - שמ ל 35.

**עטר** ש״ע ז *n. m.* **רקח** **mixture of spices** ותעבד יתה... עובד עטר ועשית אתו... מעשה רקח raqqa - שמ ל 35.

**עטרן** ש״ע ז *n. m.* **לוט** מין תבלין **a spice** וגמליון סבילין קטף ושעבה ועטרן A)V ואטראן) וגמליהם נשאים נכאת וצרי ולוט - בר לז 25. דבש קטף ועיטרן VC (MB ואיטרן; E ואטרן) דבש נכאת ולוט - בר מג 11.

**עיטור** ש״ע ז *n. m.* **עשן** **smoke** ואה סלק עיטור ארעה כעיטור אתונה (M אוטור) והנה עלה קיטור הארץ כקיטור הכבשן lo, the smoke of the land went up like the smoke of a furnace - בר יט 28.

†**עטרה** שם פרטי *pr. n.* [כינויה של פועה (ע״ע) המיילדת מעניין הנוי והקישוט. *Epithet of Pu'ah*]

**עטרה** ש״פ ואמר... למילדאתה עבראיתה דשם חתה שפרה ושם תנינתה עטרה $M_1A$*... אשר שם האחת שפרה ושם השנית פועה - שמ א 15 [המליץ 556: עטירה].

**עטרות** ᶜāṭīrot שם מקום *pr. n. (place)*

**עטרות** ש״פ עטרות ודיבון ויעזיר (B עטירות) - במ לב 3.

**עטרות שפים**† ᶜāṭīrot šabbəm שם מקום *pr. n. (place)*

**עטרות שפים** ש״פ ובנו בני גד ית דיבון... עטרות שפים - במ לב 34-35. ובנה מדינה ושמה עטירות שפים - אס 3א.

**עיב**† פגם **blemish** [< عيب - Lane 2206b]

**עיוב** ש״ע ז qiṭṭūl *n. m.* **מום blemish** ואנש אן יתן עיוב בעברה m ואיש כי יתן מום בעמיתו if one causes a blemish in his companion - ויק כד 19. ומן אד בר בראי לא תקרבון ית לחם אלהכון הלא... עיוב בון $M_2$ ומיד בן נכר לא תקריבו... כי... מום בם - ויק כב 25.

**עיבל**[1] ībål שם פרטי *pr. n.*

**עיבל** ש״פ ויקטן ילד ית אלמודד... וית עיבל וית אבימאל - בר י 26-28. עיבל בנה קנז והיא ניסבור - אס 4א.

**עיבל**[2] ībål שם פרטי *pr. n.*

**עיבל** ש״פ ואלין בני שובל עלון ומנחת ועיבל - בר לו 23.

**עיול מטה**† שם מקום *pr. n. (place)*

**עיול מטה** ש״פ ופקד דיסבלונה לעיול מטה דהיא עמק חברון וציווה שישאוהו לעיול מטה שהיא עמק חברון - אס 5א. ומית וסבלותה בניו ליד עיול מטה היא חברון - אס 8ב.

**עיל**† צעיר האתונות **young ass** [**סוא״י** ורכיב על חמר ועיל = ורכב על חמור ועל עיר - זכ ט 9. זב״ח, ספר ילון תשל״ד 53, הע׳ 23. המליץ 598. טלשיר 80, 122]

**חיל** ש״ע ז *n. m.* **עייר foal** אסירי לגפנה חילה binding his foal to the אסורי לגפן עירו $M_2$ vine - בר מט 11 [$C^{ar}$ עיר (عير)].

**עילוס**† צעיר האתונות **foal** [צורת הקטנה מן עיל (ע״ע) - טלשיר 122]

**אלוס** ש״ע ז *n. m.* **עייר foal** גמלים מינקן ובניין... אתנן... ואלוסין B גמלים מינקות ובניהן... אתנות... ועירים milch camels and their colts..., she-asses and... foals - בר לב 16.

**עילוס** ש״ע ז *n. m.* **עייר foal** עילוסין עירים - המליץ 550. ליתא [ע׳ זב״ח שם].

**עילם**[1] īlåm שם פרטי *pr. n.*

**עילם** ש״פ בני שם עילם ואשור - בר י 22. ואזל עילם ואשור לצפון אור כשדים - אס 8א.

**עילם**[2] īlåm שם מקום המתייחס על עילם[1] *pr. n. (place)*

**עילם** ש״פ כדר לעמר מלך עילם - בר יד 1, 9.

**עין** איבר הראיה **eye** [**א״י** ועיינוי דישראל כהון - **נ** בר מח 10. **סוא״י** הא עינוי דמרא... על כל מלכותהון דסכליא - עמוס ט 8]; מבוע **spring** [**א״י** על עיינא דמיא - **נ** בר טז 7. **סוא״י** מן עינא חדא ארבעא נהרין - Lit 704]

**עין** īn ש״ע נ *n. f.* **1 עין** איבר הראייה **eye** ואן ימעי אנש ית עין עבדה... וחבלה לחראי ישלחנה תחת עינה וכי יכה איש את עין עבדו... ושחתה לחפשי ישלחנו תחת עינו if one strikes the eye of his slave..., and harms it, - he shall let him go free on account of his eye - שמ כא 26. ועיני לאה רכיכן ועיני לאה רכות - בר כט 17. ויצרכון כות יצר גפינה על עינה ושמר אתכם כמו שתשמור הגבה על העין - ת״מ 222א. ועיני ישראל יקרי ועיני ישראל כבדה - בר מח 10. **2** בהשאלה *fig.* **א מראה appearance** ומנה כארז קליף הוא ועינה כעין בדלה (נ״א וחזותה כחזות)... ועינו כעין הבדלח the manna was like coriander seed, and its appearance like that of bdellium - במ יא 7. ויכסי ית עין ארעה (נ״א חזות) ויכס את עין הארץ - שמ י 5. **ב דעת mind** ואבעש ממללה שריר בעיני אברהם וירע הדבר מאד בעיני אברהם the thing was very displeasing to Abraham - בר כא 11. וטב בעיני ממללה ויטב בעיני הדבר the thing seemed good to me - דב א 23. ואתיטב ממללה בעיני פרעה - בר מא 37. נסתכל בעינה דמדעה ונצפי נביה רבה משה נתבונן בעין הדעת ונראה את הנביא הגדול משה - ת״מ 246ב. **ג נוכחות** עם מ״י ב **presence** *with the prep. b* כיי ממלל בעיני כל מצרים אכן הוא ידבר לפני כל מצרים indeed he speaks in the presence of all Egypt - ת״מ 14ב. ועבד סימניה לעיני עמה ויעש האתות לעיני

העם - שמ ד 30. **3 מעיין spring** ואשקעה מלאך יהוה על עין מיה the angel of the Lord found her by a spring of water - בר טז 7. אה אנה מתקומם על עין מיה - בר כד 13, 43. ארע נחלי מים עינון תהומיה נפקע בבקעתה ובטברה (V עינואת, EC עינואן, B עינאון) ארץ נחלי מים עינות תהומות יצאים בבקעה ובהר - דב ח 7. ובאילים תרתעסרי עינון מים (B עינות, E עינבאת, A עינואת) - שמ טו 27. עינות תהומה אפקת לאפי קהלה מעיינות תהום הוצאת לפני הקהל - מ ח 61-62 [ע' זב"ח שם].

בצירופים *in strings* **תלה עין** נשא עיניו ותלה עיניו וחזה ואה תלתה אנושים וישא עיניו וירא והנה שלשה אנושים he lifted up his eyes and looked, and behold, three men stood in front of him - בר יח 2. ותלו בני ישראל ית עיניון וחזו ואה מצראי נטלים בתרון וישאו בני ישראל את עיניהם ויראו והנה מצרים נסעים אחריהם - שמ יד 10. תלא פרעה עיניו ועמתון קעמין באפין סקיפין נשא פרעה עיניו וראם (את משה ואהרן) עומדים בפנים זקופים - ת"מ 23ב. תלא עינה למדנחה ועמה נשא עיניו למזרח וראה - אס 18ב.

**מעין** ש"ע ז *n. m.* **מעיין spring** ביומה הדן אפתחו כל מעיני תהומה ביום הזה נבקעו כל מעינות תהום on that day all the springs of the great deep burst forth - בר ז 11. וסכרו מעיני תהומה - בר ח 2. ותהומה חסך מעיניו התהום מונעת מעינותיה - מ א 131. māyyâno

**עין עגל** ש"ע נ ? *n. f.* **אבן יקרה a gem** טריקה ועין עגלה וקנתרין V (B ועינגלה) לשם שבו ואהלמה - שמ כח 19. טרקי עין עגלה וקנתרין - M₂ שמ לט 12.

ביטויים אדוורביאליים *adverbial expressions*:

**ארפות עין** ש"ע נ *n. f.* **כהרף עין in a flash** [זב"ח, ספר ייבין 429] כהלן קטילין כארפות עין כולנו ניהרג כהרף עין we are about to die in a flash - ת"מ 55א. רעטו בזרוז... הך ארפות עין רצו מהר... כהרף עין - ת"מ 25ב.

**חטף עין** ש"ע נ *n. f.* **כהרף עין in a flash** [זב"ח, ספר שמואל ייבין, 429] לו הוה בידה חרב קטלנן עך עטף עינה אילו היה חרב בידו היה הורגנו כהרף עין if there was a sword in his hand, he would slay us in a flash - ת"מ 20ב. הרס קעמיו כעטף עינה הרס את אויביו כהרף עין - ת"מ 88א [לעניין 'תהרס קמיך' - שמ טו 7]. תתפלג ארעה מן אימתה רבתה ויתפרסו כהלון הך עטף עינו...ויתפזרו כלם כהרף עין - ת"מ 237א.

**רגע עין** ש"ע ז *n. m.* **כהרף עין in a flash** הך רגע עין אתת סיעה זעורה מקבל אדום כהרף עין בא מחנה קטן מכיוון אדום in a flash, a small group came from Edom - אס 18ב [זב"ח: עירוב 'רגע' עם 'הרף עין']

**עין גדי**† שם מקום *pr. n. (place)* [שמה של חצצון תמר באונקלוס O]

**עין גדי** ש"פ אמראה דיתיב בעין [ג]די *M₂ האמרי הישב בחצצון תמר - בר יד 7.

**עין דין**† שם מקום *pr. n. (place)* [תרגם את נ"ש [*Transl. of the name*

**עין דין** ש"פ ועזרו ואתו לעין דין היא קדש וישבו ויבאו אל עין משפט היא קדש - בר יד 7.

**עיני**† שמירה, השגחה **watch, observance** [שורש מורחב גזור מן עין. זב"ח תרביץ י 367. *Expanded root from ᶜyn.* **א"י** עייני יתהון ונטר יתהון - **נ** דב לב 10. **סוא"י** הדין דיהבת לי ועיינית = כל מה שנתת לי שמרתי - יוחנן יז 12 (כ"י A)].

**פעל השגיח, שמר to watch, guard** עמין נצחן אלהון הך הוא מעיני לון רואים את גבורת אלוהיהם, איך הוא שומר עליהם (על משה ואהרן) see the might of their God, how it guards them - ת"מ 27ב. מעיני ארעי וממן בעלאי mīni - משגיח על התחתונים וקיים בעליונים - מ ב 23-24. ישתבח מלכה הממן לגרמה המעיני לכל רחמיו ולון בכל עת נטר ישתבח המלך הקיים לבדו המשגיח על כל אוהביו ושומר אותם בכל עת - ת"מ 92ב. דמרבי רחמיו ומעיני לון בכל הלכתון המגדל את אוהביו ומשגיח עליהם בכל הליכותיהם - ת"מ 193א. וכיו"ב 184א, 208א, 222ב; א"ח 2. אלה מעיני ישראל - ת"מ 207ב. לברכתה יהי נסב ומרה לה מעיני את הברכה יקח ואדוניו ישמור אותו - ת"מ 305ב. במה מעיני לון למה אשגיח עליהם (על ישראל שחטאו) - ת"מ 241א. לבבי טביה קטירין עם מרין וזכותה מעיניה לון לבות הטובים קשורים עם אדוניהם וצדקתו משגיחה עליהם - ת"מ 96ב. עובד אמן פתוחי חותם... מסארן מעיני דהב תעבד יתון V (נ"א מעיצין) מעשה חרש פתוחי חותם... מוסבות משבצות זהב תעשה אתם - שמ כח 11 [פירוש: שמורות במסגרת זהב [*Int.*: kept in a golden framework.

**אֶתְפָּעַל נשמר to watch oneself** וטובי קהלה דרחיץ בה... דו מתעיני מכל מגבי mētī:ni ואשרי הקהל הבוטח בו (באל)... כי הוא נשמר מכל מכה happy is the congregation that leans on Him, for it guards itself from any hurt - ע״ד י 9-11. קפיל קדשה דשבתה מן עלמה ארעה... דו מתעיני בכסיאתה סרה קדושת השבת מן העולם התחתון... שהיא נשמרת בנסתרות - ננה 21-24. ומתעיאנים בתלתה מועדי ונשמרים בשלושה מועדים - מתנה (Cow 107).

**†עינמים** שם פרטי inâməm *pr. n.*
**עינמים** ש״פ ומצרים אולד ית לדים וית עינמים - בר י 13.

**עינן** שם פרטי īnån *pr. n.*
**עינן** ש״פ נסיא לנפתלי אחירע בר עינן - במ א 15.

**עיפה** שם פרטי īfa *pr. n.*
**עיפה** ש״פ ובני מדין עיפה ועפר... - בר כה 4.

**†עיר[1]** קריה, מקום יישוב city [מן העברית H]
**עיר** ש״ע נ *n. f.* **קריה** city ובמיעול אדם ר׳ ע׳ אלצנמין ובהכנס אדם אל רחובות, עיר הצלמים when Adam entered the city of the idols - אס 3ב [ע׳ זב״ח שם]. וכן מובא במ כד 19: והאביד שריד מעיר - אס 22א. בהמת הארץ באת מן יער אל עיר לטרף הרשעים - ת״מ (ק) 33א.

**†עיר[2]** בעל חיים, הצעיר באתונות young ass [מן העברית H. טלשיר 80, 161]
**עיר** ש״ע ז *n. m.* **עייר** young ass אתנן עסרים ועירים עסרה אתנות עשרים ועירים עשרה twenty she-asses and ten young-asses - בר לב 16.

**עירד** שם פרטי īråd *pr. n.*
**עירד** ש״פ ואתילד לחנוך ית עירד ועירד הולד ית מיחאל - בר ד 18.

**עירם** שם פרטי īråm *pr. n.*
**עירם** ש״פ ...רבה מגדיאל רבה עירם אילן רבני אדום - בר לו 43.

**†עכב** השהייה delay [מן אונקלוס O]
**אֶתְפָּעַל התמהמה to linger** ואתעכב ואתקפו אנושיה באדה m (נ״א ואשתחי, ואתלהל) ויתמהמה ויחזקו האנושים בידו he lingered; so the men seized him by the hand - בר יט 16. אלו לא אתעכבנן הלא כדו עזרנן דן תרין זבנין m (נ״א אשתחינן) כי לולא התמהמהנו כי עתה שבנו זה פעמים - בר מג 10. נת לידי ואל תתעכב m (נ״א תקעם) רדה אלי ועל תעמד come down to me, do not tarry - בר מה 9.

**עכבור** שם פרטי ᶜâkâbor *pr. n.*
**עכבור** ש״פ ומלך... בעל חנן בר עכבור - בר לו 38.

**†עכבר** בעל חיים טמא mouse [א״י כבושתה (!) ועכברה - נ ויק יא 29. טלשיר 81, 123]
**עכבר** ש״ע ז *n. m.* **עכבר** mouse ודן לכון מסבה... חלדה ועכברה (B ועכבורה; VECA ועגברה = המליץ 553) ...החלד והעכבור wâkâbor - ויק יא 29.

**†עכורך** ? [הקריאה מסופקת מאוד Dub. reading]
**עכורך** ש״ע ז *n. m.* ! ויסטי ית עכורכה בפסקה $M_1$ (נ״א מרתא) והסיר את מרתו בנצתו - ויק א 16.

**†עכושים** שם פרטי *pr. n.* [כתיב מקוצר של עיר כושים. זב״ח, אסטיר 41. *Contraction of* ᶜ*yr kwšym*]
**עכושים** ש״פ ומן דמשק לכרוזה והיא עכושים - אס 13ב.

**†עכס** רמייה deceit [> عكس = עיוות את הוראת המלים - Lane 2120c]
**קל רימה to deceive** טכע ימושני אבה והי בעיניו כעכס $*M_2$ (נ״א כמטעי) ...והייתי בעיניו כמתעתע perhaps my father will feel me, and I shall appear to him as a defrauder - בר כז 12 [תפס תעתע = תעה].

**†עכר** דליחות turbidness [א״י ר׳ חנינא עכר - ירוש נידה נ ע״ב. **סוא״י** יתעכרון מיא - יוחנן ה 7]
**קל 1 היה דלוח to be turbid** עכירן עינים מן חמר חכלילי עיניים מיין his eyes are turbid

- from wine - בר מט 12 [= המליץ 468. נתפרש עכור. השי' ויק"ר רנא: חכלילות עינים - משמשם (!) בעינוי ולא חמי כלום]. **2 הביך, סכסך** בהשאלה **to disturb** *fig.* קטל אחוה... ועכר עלמה (קין) (Cain) killed הרג את אחיו... ועכר את העולם - his brother... and disturbed the world ת"מ 198א. עכרתון יתי למסראתי בדיור ארעה עכרתם אתי להבאישני ביושב הארץ - בר לד 30. שבקותה עכיר ואפיו זעיפן עזבוהו עכור ופניו זועפים (פרעה) they left him (Pharaoh) - disturbed and his face distraught ת"מ 33א. ובישיה במדון רב... ומדעיון עכירין והרעים בעונש גדול... ולבותיהם עכורים - ת"מ 239א. והות ארעה בקנאה וימיה עכירין והייתה הארץ בקנאה והימים עכורים - אס 2ב. ובדומה לזה 21ב.

**אֶתְפַּעַל נבוך** בהשאלה **to be distraught** *fig.* וכד השפך אדמה דהבל התעכרת רוחה וכאשר נשפך דמו של הבל נעכרה הרוח when Abel's - blood was shed, his spirit was distraught אס 2ב.

**עכור** ש"ע ז *n. m.* **מגפה** בהשאלה *fig.* **plague** והוה גוה עכור ארעה ג שנין והיתה בתוכה (במצרים) מגיפת הארץ שלוש שנים there was in it (Egypt) a plague of the land for three - years אס 14א.

**עכר** ש"ע ז âkår *n. m.* **פורענות** בהשאלה *fig.* **distress** האן אנה דערה לית יהי עכר היכן שאני (האות ג') שוכנת לא תהיה פורענות - where I dwell, there is no distress ת"מ 308ב. אורה קרץ לעלמה וחשכה מיסטר מקדמיו מנפשין דן לדן דלא עכר האור משכים לעולם והחושך פונה מפניו, מרוויחים זה לזה בלא עכירה - א"ד א 11-13. ישרי עמינדס בעכר... קעם קדקד... בעכר יאבד ישכון ישמעאל ברע... יקום נשיא... בפורענות יאבד - אס 21ב.

**עכרה** ש"ע נ akkårå *n. f.* **פורענות** **distress** ורחמיה פריסין ועכרה מסלקה והרחמים פרוסים והפורענות מסולקת the mercy is - extended and the distress is removed ע"ד ט 40.

**עכרן** שם פרטי ʿakrån *pr. n.*

**עכרן** ש"פ נסיא לבני אשר פגעאל בר עכרן - במ ז 73.

**עלב**† שפלות **humiliation** [א"י דלית לה בר נש תבע עולבניה - נ בר לד 31]

**עולבן** ש"ע ז *n. m.* **שפל humiliation** גלי ליהוה M₂* עולבני m (נ"א חזה יהוה בלבותי) ראה יהוה בענייי my humiliation is revealed to the Lord - בר כט 32.

**עלוה** שם פרטי alwe *pr. n.*

**עלוה** ש"פ רבה תמנע רבה עלוה - בר לו 40.

**עלון** שם פרטי ilwan *pr. n.*

**עלון** ש"פ ואלין בני שובל עלון ומנחת... - בר לו 23.

**עלי** רום ועלייה **ascent, height**

**קל** עבר: עלינן - בר מד 24 A. עתיד: יעלה - ת"מ 88ב. בינוני: עלי - בר מט 17 A. פעול: עליה (נ) - בר מד 30 A. **לעל** lēl - מ ז 47. **על** (מ"י) ʿal - מ יד 44. **עלאי** - il'lâ'å (מיודע) עלאה ת"מ 107ב. ננה 22. עלאי (ר) - il'lâ'i - מ ח 84. **עלוי** (מ"י) illâbi - ע"ד ח 5. עלבי - במ כד 6 (השי' המליץ 541). **עלה** (קרבן) - בר כב 2. עלאן - שמ כד 5 (= המליץ 543). **עלי** - בר ל 15 A. **עליון** illiyyon - מ ג 74.

**קל עלה**† **to go up** [עש"ח NSH. **א"י** ואעל בוציניה (< ואעלי) = ויעל הנרות - **נ** שמ מ 25. זב"ח, ספר רבין 11]. כעדן עלינן לשמש[ך] אבונן A כי עלינו אל עבדך אבינו when we went up to your servant, our father - בר מד 24. מן נהרה עלין שבע תורין A (נ"א סלקי) מן הנהר עלות שבע פרות seven cows came up out of the river - בר מא 18 [עבר נסתרות]. נחשה עלי שביל A (נ"א סלק) נחש עלי דרך - בר מט 17 [נתפס מעניין העלייה, וכך להלן]. ברי זעורי עלי שור (נ"א סלק) בני צעירי עלי שור - בר מט 22. ועלת אשבהותון לרבון A (נ"א וסלקת) ותעל שועתם אל האלהים - שמ ב 23. ונפשו עליה ברוחה A ונפשו עולה ברוח - בר מד 30 [נ"ש 'ונפשו קשורה בנפשו' נתפרש תאבד (מצער)]. ויעלה בם מעלה מכל עוף - ת"מ 101ב [על דב לב 11]. הוינן עלים ונחתים בה - ת"מ 146ב [לעניין סולם יעקב]. ובים סוף שם אתו יעלה מעלה (המים) - ת"מ 88ב. ובדומה לו ת"מ 262ב. ויש עוד מובאות אחדות מן התורה.

**על א** מ"י *prep.* לציון תחולת הפועל על מושאו (לא הובא התה"ש כשהוא סמוך לנ"ש) *marks the rection of the verb over its object* [**א"י** ויתב ליה על ריש דרגשה - **נ** בר מח 2. **סוא"י** והוא יתב על תרעא דמשכנא - בר יח 1]. **1 על upon** בוצין דמניר על ישראל a lamp that shines upon נר המאיר על ישראל Israel - מ יד 44. ויתב על תרי דרגין נביותה וכהנתה וישב על שתי מדרגות והנבואה

הכהונה - ת״מ 111ב. ערב יקיר מותר משלט על מצראי ערוב כבד מאוד השטלט על המצרים - ת״מ 33ב. דו מניר על רחומיה ומקפל על דבביה שבח למרה שהוא מאיר על האוהבים ומחשיך על האויבים - ת״מ 264ב. דכתבון משה על אבניה שכתבם משה על האבנים - ת מ 174א. אדיק עלינן מרן הבט עלינו אדוננו - מ א 1. ואימנותה על מקדשה והפקדתו על המקדש - ת״מ 118ב. לציון היחס בין שמות עצם indicates *the relations between nouns* - ושלטנך על כלה - מ ז 48. **2 ליד by** ואשקחו פרעה קעום על נהרה ומצאו את פרעה עומד על יד הנהרר - they found Pharaoh standing by the river ת״מ 28ב. נביה רבה משה קעם על ימה ממלל עם פרעה הנביא הגדול משה עומד ליד היסת מדבר עם פרעה - ת״מ 64א. **3 לפני before** שרר לבך נביי על פלהאתה דאתה צריך קעם על מה דו חיול מנה חזק לבך נביאי במופתים כי אתה צריך לעמוד לפני מי שהוא חזק ממנו strengthen your heart, my prophet, for you ought to stand before what is stronger than this - ת״מ 12ב. כד אנון קעמים על תרחה כאשר הם עומדים לפני השער - ת״מ 23א. **4 על אודות, בדבר about, concerning** וכד השתאלו על יתה ממללה וכאשר נשאלו על אותו עניין - when they were asked about this matter ת״מ 127א. ושאל שיאל קשט... על מד שאל התאגב ושאל שאלת אמת... ועל מה ששאל נענה - ת״מ 296ב. **5 לפי according to** לית טובה מתחזי לאנש אלא על דמותה אין הטוב (=האל) מתגלה לאדם אלא לפי ערכו the Good One does reveals Himself to a man according to his - qualities ת״מ 4א. בעיניו עמה מלאכי רומה על יתובון בעיניו ראה (משה) את מלאכי המרום לפי סדרים with his eyes (Moses) saw the - angels of heaven according to their rank ת״מ 107ב. לאורה זבן ולחשכה זבן הדה על יתוב והדה על יתוב לאור זמן ולחושך זמן, זה לפי הסדר וזה לפי הסדר - ת״מ 271ב. תקן דלא על דמו תיקן (את העולם) שלא על פי מתכונת - ת״מ 209ב. **6 מן** להצעת היתרון [השי׳ אם הפרוץ מרובה על העומד - **מש** כלאים ד ד] **than (more)** *superlative* רבין משה יתר על כל אנש גאון משה יתר מן כל אדם the greatness of Moses - exceeds that of any person ת״מ 69ב. וכדו ממלל יתר על כל מד געז ועתה דבר יתר מן כל מה שהיה - ת״מ 74ב. ולמה קדם מופתי ים סוף על מופתי מצרים בהדה שירתה ולמה הקדים את מופתי ים סוף למפותי מצרים בשירה

הזאת - ת״מ 71ב. **7 מפני** להצעת הסיבה והטעם **because of** *causal* אה חיבה למה אתה קטיל קעים דלא על סרחיה הוי הרשע, למה תהרוג צדיק שלא על חטאים O guilty one, why do you kill the living because of no crime? - ת״מ 30א. מן דמך עם בהמתה לא יתוחי על אהן עובדה בישה מי ששכב עם בהמה לא יחיה בגלל המעשה הרע הזה - ת״מ 160ב. **ב** ש״מ יוצר מספר כופל *multiplicative numeral* על חד תרין (כסף) m משנה כסף double the money - בר מג 15 [מן אונקלוס O]. על תרתי שבעין יתגבי A שבעתים יקם - בר ד 15. **8** עם ש״ע מופשט בצירופי נשוא מורחב *with abstr. nouns in predicates* **לא** ירשי רבקה על שבקות אבוה לא יכל הנער לעזב את אביו - בר מב 16.

צירופים: על אד(ו)י, על דדי, על ידי, ראה בערכים יד, דדי. *See the respective lemmata for the compound particles of* *ᶜl.*

**עַל מעלה height**

**לעל** ת״פ *adv.* [**א״י** חמש עשרה אמין מלעיל - **נ** בר ז 20] **למעלה above, upwards** וכלה תחת אדך לעל ולרע והכול תחת ידך, למעלה ולמטה all is under Your hand; above and below - מ ז 47-46. גיורה דבגבך יסק עליך לעל לעל יעלה עליך מעלה מעלה the sojourner who is among you shall mount above you upwards and upwards - דב כח 43. וכל תשבית לעל ולרע וכל מתכונת מלמעלה ומלמטה every likeness above and below - 154ב.

**ללעל** ת״פ בתוספת ל׳ מפני היחלשות ההוראה *adv.* **למעלה upwards** פרסין כנפין ללעל (נ״א לעל) פרשי כנפים למעלה they shall spread out their wings above - שמ כה 20, לז 9. ותהי לחוד ללעל (נ״אלעל) והיית אך למעלה - דב כח 13.

**אל לעל** [< אללעל < ללעל, והופרדה. *Metanalysis:* *ᶜl l > ᵓl lᶜl > ᵓllᶜl*] ת״פ *adv.* **למעלה upwards** תפוך גללי ימה מלרע אל לעל הפיכת גלי הים מלמטה למעלה the turning of the waves of the sea from beneath upwards - ת״מ 82ב. עזרות מיה מלרע אל לעל - ת״מ 83א. ואפיון מתהפכין אל לעל - ת״מ 89ב.

**לעל מן** מ״י *prep.* **למעלה above** מלכה דלעל מכלה the King which is above all - ע״ד י 1. לעל מטור סיני - מ ב 45; ת״מ 280א. ולעל מנה תרח שומיה - אס 5א.

**מלעל** ת״פ *adv.* **ממעל above** וכל דמו דבשומיה מלעל אשר בשמים ממעל any

שמ כ - likeness of what is in the heavens above 3. ותתן ית כפרתה על ארונה מלעל - שמ כה 21. ודבבך מלעל - ת״מ 179ב.

**מלעל ל-** מ״י *prep.* **ממעל upon** ושוי יתה על מדבחה מלעל לעיה ...מעל לעצים and laid him on the altar, upon the wood - בר כב 9. דלה כרעים מלעל לרגליו ...ממעל לרגליו the one which has legs above their feet - ויק יא 21.

**עלאי** ש״ת *adj.* **עליון upper** מתקלץ בעלם עלאי דבק בעולם עליון clings to the upper world -ת״מ 107ב. ובקנונה עלאה מכל מיכל פרעה ובסל העליון מכל מאכל פרעה in the uppermost basket were all kinds of food for Pharaoh - בר מ 17. ומסק לרומה עלאה ועולה אל הרום העליון - ננה 22. עלאי וארעי עליונים ותחתונים (שני העולמות) - מ ח 84.

**עלה^א** ש״ע נ. *n. f.* **עוֹלָה burnt-offering** ואסקה תמן עלה ויעלהו שם עלה offer him there as a burnt offering - בר כב 2. עלת תדיר עלת תמיד - במ כח 3. וית עלתה אושטו לידה - ויק ט 13. ותסק עליו עלן- שמ כ 13א. ואסקו עלאן ודבחו דבחים - שמ כד 5.

**עלוי** מ״י *prep.* **על 1 over, upon** עלוי כלה אתה מעל הכול אתה You are over all - ע״ד ח 5. לא תחמד אבר ודהב עלאוין B לא תחמד כסף וזהב עליהם - דב ז 25. **2 ליד by** כגנין עלבי נהר כגנות עלי נהר like gardens beside a river - במ כד 6. לכל דקעמים עלביו לכל הנצבים עליו before all those who stood by him - בר מה 1.

**עלה^ב†** ש״ע ז *n. m.* **חלק באילן leaf** [מן העברית. ע״ע טרף H] וקטפו קטופי עלי תאנה A (J ופרדו טרפי תאנה) ויקטפו עלי תאנה they picked fig leaves - בר ג 7 [מן הגיליון *interp.*]. וירדף יתון קל עלה דנתר (NB עלי; M סליק) קול עלה נדף - ויק כו 36.

**עלי דה†** מ״ק [< عـلـى ?] *conj.* **על כן therefore** עלי דה ידמך אתך לילתה A על כן ישכב עמך הלילה therefore he may lie with you tonight - בר ל 15 [=על זה].

**עליון** ש״ת *adj.* **עליון superior** ולמתנך עליון על כל גועיה (God) will set you superior to all nations - דב כו 19. נכרז אל עליון נכריז ״אל עליון״ - מ ג 74. כהן לאל עליון - בר יד 18.

**עלל¹** ביאה, כניסה **comming in, entering**

[א״י עול כען לות אמהתי - נ בר טז 2. סוא״י דכר ונקבא... עלו - בר ז 16]

**קל¹** עבר: על - בר מג 23. עתיד: ייעל - שמ כא 3. ציווי: על - שמ ז 26. עול - שמ ט 1. מקור: מיעל - שמ מ 35. **קל²** עבר: עלל ᶜâlål - א״ד ג 26. ציווי: עלל - בר טז 2 A. בינוני: עלל ᶜâlål - א״ד ג 35. עללים - דב יא 8. **פעל** עבר: ועלל - בר ד A 3. עתיד: תעללון - בר מב A 20. ציווי: עללו - בר מב A 19. **אפעל** עבר: ואעל - שמ ד 6. עתיד: ויעל - ויק טז 15. ציווי: אעל - בר מג 16. אעלן (+כינוי) ᶜāʾēlån - ע״ד כו 75. בינוני: מעל - במ יד 3. מקור: מעלה - במ כ VNMCB 5 (J מעל). **אֶתְפְּעֶל** עבר: אתיעל - ויק י 18. עתיד: יתיעל - במ לא 23. דיתיעול - ויק ו V 23. בינוני: מיעלה (נ) - אס 13א. מתיעלים - בר מג 18. מיעל - ת״מ 180ב. **מיעלה** - ת״מ 23א. **מעול** - א״ג 80. māᶜol. **מעיל** - בר כה M 18. **מעילה** - ת״מ 188ב. **עלול** qiṭṭūl - בר יב A 11. **עלול** - בר מכד A 1. qāṭōl. **עליל** qaṭṭīl? עליליה - במ לא 14 C. **עלל** - בר טו A 12. **עללה** עללתה (+נסתר) ᶜâlålte - ע״ד כ 8. עללן (ר) - ויק כה 16. **עללו** בעללות - בר מב A 15.

**קל¹ בא, נכנס to come, enter** כספכון על לידי כספכם בא אלי your money came to me - בר מג 23. ועאל לות הגר (A ועלל) ויבא על הגר - בר טז 4. וכל ארעתה עלו למצרים וכל הארצות באו מצרימה - בר מא 57. על כן עלת עלינן כל עקתה הדה על כן באה עלינו כל הרעה הזאת - בר מב 21. אם בגפה ייעל אם בגפו יבא - שמ כא 3. ובתר כן ייעלון בני קהת - במ ד 15. ואמר יהוה למשה על ליד פרעה ...בא אל פרעה - שמ ז 26. עול ליד פרעה - שמ ט 1. עלו ורתו (VN עולו) באו ורשו - דב א 8. לשון תשמיש המיטה בהשאלה *euph. for copulation fig.* ועאל לות הגתבא ויבא אל הגר - בר טז 4. עולני לות שפחתי - בר טז 2.

**קל² בא, נכנס to come, enter** ולא עלל לה דיאר ולא נכנס בה דייר - א״ד ג 26. הלא עללת שמשה C (MJEB על, A עלל) כי בא השמש - בר כח 11. יהי סגד מן עלל ומשבח מן נפק יהיה משתחוה בבואו ומשבח בצאתו - א״ד ג 35. ארעה דאתון עללים לתמן - דב יא 8. לשון נקייה: תשמיש המיטה *euph. for copulation* עלל שוי לאסולתי A (C עול) בא נא אל שפחתי - בר טז 2.

**מיעל** ולא יכל משה למיעל לאהל מועד - שמ מ 35. לא יהבת לון ארשו למיעל לידי לא נתתי (הייתי נותן) להם רשות לבוא אלי - ת״מ 25א.

**פעל הביא to bring** ועלל קין מן פרי אדמתה שליחה A (J ואנדה) ויבא קין מפרי האדמה מנחה Cain brought an offering from the fruit

A לביתה... ועללו ית לוט... - בר ד 3. - of the soil (נ״א ואעלו) ויביאו את לוט... - בר יט 10. וית אחכון זעורה תעללון לידי A (נ״א תנדון, תיתון) ואת אחיכם הקטן תביאון אלי - בר מב 20. אן לית אעללנה לידך A (נ״א אנדינה, איתינה) אם לא אביאנו אליך - בר מב 7. [עם

with prep. b, מ״י ב אגב תרגום שאילה מן جاء ب

ועללו ברבוץ צרכן בתיכון A [ Ar calque והביאו את שבר רעבון בתיכם - בר מא 10. ועללו ברבוץ צרכן בתיכון A והביאו את שבר רעבון בתיכם bring home supplies for your starving households - בר מב 19.

**אפעל הביא to bring** ואעל אדה בחבה ויבא ידו בחיקו he brought (=put) his hand into his bosom - שמ ד 6. לא לארע מדיבה חלב ודבש אעלתנן לא אל ארץ זבת חלב ודבש הביאתנו you have not brought us into a land flowing with milk and honey - במ טז 14. כד יעלנך יהוה אלהיך לארעה - שמ יג 5; ת״מ 224א. ויעל ית אדמה למלגו לפרכתה - ויק טז 15. אעל ית גבריה לביתה - בר מג 16. אעלן לנפוש רחמיך הביאנו אל רווחת רחמיך - ע״ד כו 75. ולמה יהוה מעל יתנן לארעה הדה ולמה יהוה מביא אתנו אל הארץ הזאת - במ יד 3.

**מעל** למעל יתנן לאתרה בישה הדן להביא אתנו אל המקום הרע הזה - במ כ 5. לבדיל מעל יתנן למתן לנן את ארעה - דב ו 23.

**מעלה** למעלה יתנן לאתרה בישה הדן E (NCBA למעלה) להביא אתנו... - במ כ 5. למעלאתך למתן לך ית ארעון להביאך לתת לך את ארצם - דב ד 38. לבדיל מעאלה יתנן למתן לנן ית ארעה VE - דב ו 23.

**אֶתְפְּעֶל הובא to be brought** הן לא אתיעל ית אדמה לקדשה הן לא הובא את דמה אל הקדש its blood was not brought inside the sanctuary - ויק י 18. ואתיעל לאהל מועד והובא אל אוהל מועד - אס 19א. ודחלו גבריה עד אתיעלו לבית יוסף וייראו האנשים כי הובאו ביתה יוסף - בר מג 18. וכל דלא יתיעל בנור תעברון במים - במ לא 23. כל סלוח דיתיעול מן אדמה וכל חטאת אשר יבוא מן הדם - ויק ו 23. כל הדה מיעלה בשנת א... כל זה חל בשנה אחת... - אס 13א [= הגיע, בא]. על ממלל כספה... אנחנן מתיעלים (A עללין) על דבר הכסף... אנחנו מובאים - בר מג 18.

**מיעל** שפ״ע ז v. n. **כניסה** coming, entering ואנה במיעלי מפדן ארם בבואי I, in my coming from Paddan Aram - בר מח 7. בריך אתה במיעלך ברוך אתה בבאך blessed shall you be in your entering - דב כח 6. אתעבדת כי מיעל נביו נעשתי ״כי״ (דב לב 3) מבוא לנבואה - ת״מ 180ב.

**מיעלה**† שפ״ע נ v. n. **כניסה** entrance לאוי הן תתנון מן מיעלה ראוי שתתנו (למשה ולאהרן) רשות לבוא (אל פרעה) it is fitting that you permit them entrance - ת״מ 23א (ק: עד ייעלון).

**מעול** ש״ע ז n. m. **מבוא** entrance קבל ערוק לידך דלא אשקח מעול קבל אליך בורח שלא מצא מבוא (לנוס שם) admit the fugitive who did not find an entrance - א״ג 80. עד מעול שמשה עד בא השמש - שמ כב 25. מעולה דטובה ומפוקה דבישתה מבוא הטובה ומוצא הרעה - ת״מ 39א.

**מעיל**† ש״ע ז n. m. **מבוא** entrance במעיל אשור M בואכה אשורה at the entrance to Ashur - בר כה 18.

**מעילה**† ש״ע ז n. m. **בוא** entering בקדמאה זעק למעילה ובחסולה לאנחמו בראשונה קרא (משה את מלת ״אלי״) לבוא ובסופה לסליחה in the first (occurrence of ᵓl) he called for entering and in the last for relief - ת״מ 188ב [זב״ח העי' 2].

**עלול** ש״ע ז qiṭṭūl n. m. **בוא** coming בעלולי ליד שמשך A (נ״א כמיעלי) כבואי אל עבדיך - בר מד 30. במעמד המקור as inf. כמה קרב לעלול למצרים A (נ״א למיעל) כאשר הקריב לבוא מצרימה as he was near entering Egypt - בר יב 11. וגבר לית בארעה לעלול עלינן A(נ״א למיעל)...לבוא עלינו - בר יט 31.

**עלול** ש״ע ז qāṭōl n. m. **בא** coming שליטיה עלולי חשבון המשלים באי חשבון the rulers, coming to Heshbon - במ כא 27. בני ישראל עלוליה למצרים ...הבאים מצרימה Jacob's sons, who came to Egypt - בר מו 8. במעמד הבינוני participial A ואברהם סהב עלול ביומיה Abraham was old, בא בימים... (על MCB) advanced in years - בר כד 1.

**עליל** ש״ת ? qaṭṭīl adj. **בא** coming שבעתי שניה טבאתה עלילאתה V שבע השנים... הבאות the coming seven good years - בר מא 35. ורבני מואתה עליליה מן חילה C (EB דעלו) - במ לא 14.

**עלל**† ש״ע ז n. m. **בוא** coming, entering

והות שמשה לעלל *M₁A ויהי השמש לבוא - בר טו 12. as the sun was setting שני בריך המתולדין לך במצרים עד עללי A ...עד בואי your two sons, who were born to you in the land of Egypt before my coming - בר מח 5.

**עללה** ש״ע נ *n. f.* **תבואה crop** ותכנש ית עללאתה you shall ואספת את תבואתה gather in its crop - ויק כה 3. ותתן ארעה עללתה the land shall yield its crop ונתנה הארץ יבולה - ויק כו 4. מנין עללן הוא זבן לך מספר תבואת הוא מכר לך - ויק כה 16. מפל אריסין ומשנת עללאן מפיל איכרים ומחריב תבואות (הברד) - ת״מ 335ב. בהשאלה *fig.* עללתה דבי השתבעת תבואת "בי נשבעתי" (בר כב 16) - ע״ד כ 8.

**עללו**† ש״ע נ *n. f.* **בוא coming** בעללות אחיכון A בבוא אחיכם by your brothers coming - בר מב 15.

**עלל²**† קטיף בכרם **gleaning** [א״י לא תיכלון עוללתה מן בתריכון = לא תפאר אחריך - נ דב כד 20]

**פועל קטף to glean** כד תקטף כרמך לא תעולל בתרך ...לא תעולל אחריך when you gather the grapes of your vineyard, you shall not glean it afterward - דב כד 21. וכרמך לא תעוללVNMCBA - ויק יט 10.

**עלל³**† שקר **falsity** [א״י עלילן דמילין - נ דב כב 14]

**עלו** ש״ע נ *n. f.* **עלילה falsity** וישבי לה עלות מלים E (המליץ 555: הלות; VB עלו דמלין) ושם לה עלילת דברים and puts false charges against her - דב כב 14. והא הוא שבה לה עלות מליםEC (VB עלו דמלים) - דב כב 17.

**עלילו** ש״ע נ *n. f.* **שקר falsity** ושבה לה עלילות מלים...עלילת דברים - דב כב 14 וכן בפס 17.

**עלל⁴**† הנקה **nursing** [שורש מורחב מן עול¹. ראה זב״ח המליץ 500]

**פעל היניקה to nurse** ועאנה ותוריה עללן *M₁ והצאן והבקר עולות the flocks and herds are nursing - בר לג 13 [התה״ע: مطفلة = מיניקה].

**עלם¹** שם כללי לבריאה, היקום ומה שיש בו; הנצח **the creation and all it includes, world; eternity** [א״י כד ישלם עלמא קציה למתפרקא - נ שמ יב 42. סוא״י מן יומא דעבדת ברנשא בעלימא - ישע מד 7]

**עלם** א ש״ע ז *n. f.* **הבריאה the world** ᶜâlâm לא עלם אלא דילה אין עולם אלא שלו there is no world but His - ע״ד א 2. סימניה דגלה יתון בעלמה הסימנים שגילה אותם בעולם - ת״מ 179א. ואמלא עלמה מן אנשה ונמלא העולם באדם - אס 6א. **2 כלל בני האדם humanity** [השי כל עלמא ידעין - ירוש ברכות ד ע״ב] ויתגוי כל בסר... וכל העלם E)A) ויגוע כל בשר... וכל האדם all flesh died... and every man - בר ז 21. **3 העולם הזה the present world** אוקר אברהם ומשה בעלמה ובעקבה כיבד את אברהם ואת משה בעולם (הזה) ובבא (God) honored Abraham and Moses in this world and in the next - ת״מ 245ב. מן יהי נבזה יהי באיקר רב בעלמה ובחראה מי שיהיה גורלו (חלק הצדקה) יהיה גדול בעולם הזה וב(עולם) הבא - ת״מ 239ב.

**לעלם** ת״פ *adv.* **לנצח forever** [א״י קיים עלם - נ בר יז 7. סוא״י ויחא לעלם - בר ג 22] דן שמי לעלם זה שמי לעולם this is My name forever - שמ ג 15. יתרבי לעלם אהן נביה - ת״מ 264ב.

**לעלם עלמין** ת״פ *adv.* **לנצח forever** ממד פקדתנן לא נפק לעלם עלמים ממה שצוויתנו לא נצא לעולם we will not depart from what you have commanded us forever - ת״מ 171א. לא יתחזי עורי עד לעלם עלמין לא ייראה עוד עד עולם - ת״מ 267ב.

**עלם** ש״ת *adj.* **נצחי everlasting** קיאם עלם ברית עולם an everlasting covenant - ויק כד 8. גזירת עלם חק עולם - ויק כג 21. לכהנת עלם - שמ מ 15.

**עד (ל)עלם** ת״פ *adv.* **לנצח forever** כהנתה בך מתקוממה עד לעלם the priesthood subsists in you forever - ת״מ 290ב. יתיטב לך ולבניך בתרך עד עלם - דב יב 28. אדכיר לטב עד לעלם זכור לטוב לעולם - ת״מ 264א. ועבדה קדש עד לעלם ועשאו קודש לעולם (את יום השבת) - ע״ד יד 6.

**עולם** א ש״ע ז *n. m.* ūlâm [עש״ח NSH] **1 הבריאה the world** ואלבשתני שמך דבראת בה העולם הלבשתני את השם שבראת בו את העולם You wrapped me in Your name with which You created the world - ת״מ 206א. **2 כלל בני האדם humanity** אשקול ית עולמה E)A) אמחה את האדם I will blot out man - בר ו 7. ואתנפח אלהים כד עבד ית עולם E)A) וינחם יהוה כי עשה את האדם - בר ו 6. **ב** ש״ת

**נצחי** adj. **everlasting** דילה חיי עולם שלו
חיי עולם - everlasting life is His - ת״מ 189ב.

**לעולם** ת״פ adv. **forever לנצח** [שרבוב מן העברית H interp.] דן שמי לעולם B זה שמי לעולם - this is My name forever - שמ ג 15. מובא גם בת״מ 9ב.

**עלם**2† סתר, כיסוי מלהיות ידוע **secret** [א״י דאתעלמת הלכתא מני = שנסתרה ממני הלכה - התה״מ ויק י 20]

**פעל** או אפעל!? **1 הסתיר to conceal** וישכב גבר עמה... ועלמת מעיני גברה JE (C ואעלמת; VMBA ותעלם) ונעלמה מעיני אישה if a man lies with her carnally, and she concealed it from the eyes of her husband - במ ה 13. ועלמת עליו ברת פרעה m ותחמל עליו - שמ ב 6 [הסתירתו?]. **2 התנכר, התעלם to ignore, disregard** והן צפה גנב לא יעלם עליו והן עלם עליו ידע על כן ואם ראה גנב אל יתעלם ממנו, ואם התעלם, יוסר על כך if one sees a thief, he is not to ignore him, and if he ignores him, he will be chastised - ת״מ 153א [ראה בהערת זב״ח. ועלם על קשטה וסט מן שביל זכותה והתעלם מן האמת וסטה מדרך הצדק - ת״מ 161ב. דליתו מעלם על אדם זכי שאינו מתעלם מדם נקי - ת״מ 163א. ותלתה שמעו קלי ועלמו עליו ושלושה שמעו את קולי והתעלמו ממנו - ת״מ 219א.

**אֶתְפָּעַל 1 לא נודע to be concealed** ואם כל כנשת ישראל ישגון ואתעלם ממלל מן עיני קהלה (VMECB ויתעלם) ואם כל עדת ישראל ישגו ונעלם דבר מעיני הקהל if the whole congregation of Israel commits a sin unwittingly and the thing is hidden from the eyes of the assembly - ויק ד 13. אן יקרב בסבת אנש... ואעלם מנה (MB ויעלם, EC ואתעלם) = המליץ 529) - ויק ה 3 וכך בפסי 2, 4. אה קשט גלי לית יתעלם עליו הנה האמת גלויה, אין להתעלם ממנה - ת״מ 86ב. אהנו נביה דנביותה סימי לא מתעלם עליו זהו הנביא שנבואתו אוצר שאין להתעלם ממנו - ת״מ 303ב. **2 התנכר to ignore, disregard** לא תחזי ית תור אחיך אי ית נקיה... טעים ותתעלם מנון (נ״א ותעלם) נדחים והתעלמת מהם if you see your fellow's ox or sheep gone astray, do not ignore them - דב כב 1. וכך הוא בפסי 4.

**מתעלמה** לא תכל למתעלמה (VECB למעלמה) לא תוכל להתעלם - דב כב 3.

**העלם** ש״ע ז n. m. [משורבב מן העברית H interp.] **התנכרות disregard** ואם העלם יעלמון עם ארעה ית עיניון מן אנשה ההוא MA ואם העלם יעלימו... - ויק כ 4.

**עלמה** ש״ע נ n. f. **התנכרות disregard** ואם עלמה יעלמו עמה דארה!... B ואם העלם יעלימו... - ויק כ 4.

**עלום** ש״ע ז n. m. qiṭṭūl **התנכרות disregard** דבית יהודה בעלום גזיראתה יבטלון שמע אנשי יהודה, ע״י התעלמות מן החוק, יבטלו את ״שמע״ (שמע יהוה קול יהודה - דב לג 7) the people of Judah, by disregard of the Commandments, will abolish "Hear" (Dt 33:7: hear, O Lord the voice of Judah and restore him to his people) - אס 20ב. ואם עלום יעלמון עם ארעה... $M_1$JEC* ואם העלם יעלימו... - ויק כ 4.

**עלם**3 עצמה, נעורים **strength, youth** [א״י תקף ועילם - אונקלוס דב לא 7. ועל עולם לא חייסה - דב כח 50. סוא״י מן עולים עד מא לסב - בר יט 4]

**פעל/אפעל 1 לחץ, הפעיל כוח to exercise power** וכל מעה... יעלם יהוה עליך עד שיצעותך וכל מכה... יעלם יהוה עליך עד השמידך every affliction... the Lord will enforce upon you, until your destruction - דב כח 61 [נ״ש, הפעיל של עלם. עואנ״ש ג/1 150. טל תעודה ב 310] **2 מרד to act rebelliously with** עם מ״י על [כוח ומרד עניין אחד הם. השי עצ״י. ואפשר שהוא מן אלם. השי מכילתא בשלח, עמ 142: מי כמוך באלים, מי כמוכה באלמים, מי כמוך בנסים וגבורות] פי מרי ליתי מעלם עליו פי אדוני, אינני ממרה אותו I will not contradict the command of my Lord - ת״מ 68ב. מסחני זכותה דנטרו גזירהתה... ולא עלמו עליה בעלי הצדקה אשר שמרו את החוקים... ולא מרדו בהם the righteous who kept the commandments... and did not rebel against them - ת״מ 238א. עלמנן על זכותה ובטלנן קשטה מרדנו בצדקה וביטלנו את האמת we have rebelled against righteousness and abolished truth - ת״מ 234א.

**עולים** ש״ע ז n. m. **נער young man** וזיאן ית עולימיו (mA עלימיו) C וידק את חניכיו (Abraham) equipped his young men - בר יד 14.

**עולימה** ש״ע נ n. f. **נערה young girl** ויהי עולימתה דנפקה לממלי C והיה העלמה היוצאת לשאוב the young woman who comes

- m ורעם ית עולימתה .43 בר כד - out to draw
בר לד 3. סב לי ית עולימתה $M_1$* - בר לד 4.

**עלימו** ש״ע נ *n. f.* **עצמה strength** ואה מן נהרה סלקין שבע פרואן יין חזב ושמינן בסר ורעין באלימוV שבע פרות יפות מראה ובריות בשר ותרעינה באחו seven cows, handsome - and sturdy, and they grazed with strength - בר מא 2, 18 (Vm) - כנגד "ותרעינה באחו" אם אינו ט״ס מן 'בתלימו' (J) הדורש אחו = אחווה, בדומה לאונקלוס (עי' Mikra 201), נתפרש לו "רועות בעוצמה", המשלים את תמונת הפרות בריאות הבשר. אתחיל משה באלימותה וקעם עם קעומי פרעה על עבראי נתחזק משה בכוח והיה ממונה על העברים עם (שאר) ממוני פרעה Moses was srengthened with force and was appointed on the Hebrews - אס 15ב.

**עולימו** ש״ע נ *n. f.* **נעורים youth** בתר דסיבית תהי לי [עול]ימו $M_2$* אירי בלתי היו לי נעורים - I have grown old, shall I get youth? בר יח 12.

**עלים** ש״ע ז *n. m.* **1 נער young man** מעלים ועד סאב $M_1$* מנער ועד זקן both young and old men - בר יט 4. עלים עברי עבד לרב טבחיה נער עברי... - בר מא 12. משכללין הוו אלימיה m דרחל מושלמים היו נעריה של רחל - ת״מ 50א. **2 (חזק <) אומה nation** ותרי אלימים ממעיך יפרדון ואלים מן אלים יתעיל (MB אלמים... ואלמה מן אלמה) ושני לאמים ממעיך יפרדו ולאם מלאם יאמץ two nations shall separate from your body; one nation shall be mightier than the other - בר כה 23 [מי״ל: ומלכן ממלכן יהי אלים]. אשורים ומבאדים ועלימין $M_2$* אשורים ולטשים ולאמים - בר כה 3 [המליץ 499: אלמים, צבורים].

**עלימה** ש״ע נ *n. f.* **נערה young girl** ויהי אלימתה דנפקה לממלי והיה העלמה היוצאת לשאוב the young woman who comes out to draw - בר כד 43.

**עלם** ש״ע ז *n. m.* **עצמה might** ויספק לסנאיו בעלמיו למחבדה B ומשלם לשנאיו על פניו להאבידו (God) requites with His might those who hate Him with destruction - דב ז 10.

## עלמון דבלתימה שם מקום *pr. n. (place)*

**עלמון דבלתימה** ש״פ ונטלו מדיבון גד ושרו בעלמון דבלתימה - במ לג 46-47.

†**עלנק** ? *Corr.*

**עלנק** ש״ע ז *n. m.* **?** ושבע נקלופיה חסירן ושדיקיה עלנקיה A ושבע השבלים הדקות ושדיפות הקדים - בר מא 27 [נוסח משובש מאוד. גיליון של שדיפיה שנשתבש ל-שדיקיה (ע״ע) והחליף את תרגום 'הקדים'].

†**עלע** צלע **rib** [א״י ושכלל... אלהים ית אלעא די נסב מן אדם - נ בר ב 22. סוא״י ונסב חדא מן אלעוי - בר ב 21]

**עלע** ש״ע נ *n. f.* **צלע rib** ונסב חתה מן עלויו...ובנה יהוה אלה ית עלעתה... לאתה A(E) ויקח אחת מצלעותיו... ויבן את הצלע... לאשה (God) took one of his ribs and... the Lord God fashioned the rib... into a woman - בר ב 21-22 [אפשר שמלת דיאלי = על ידי (אדום) - המליץ 479 - היא ד + עלע = בצד].

†**עלף**[1] בהמה **cattle** [< علف = פיטם בקר - טלשיר 215 .Dozy II, 160a]

**עלף** ש״ע ז *n. m.* **עז cattle** וית משכי שפיי עלפיה הלבישת על אדה A ואת עורות גדיי העזים הלבישה על ידו the skins of the kids of the cattle she put upon his hands - בר כז 16 [תרגם פטמים?]. ומקקה ונתשה ונפיסה מסחני עליףA וימררהו ויריבהו וישטמהו בעלי בהמות they mocked him and smote him and hated (?) him, the owners of cattle (?) - בר מט 23.

†**עלף**[2] ?

**עלוף** ש״ע ז *n. m.* **?** ונפל על עלוף בנימים ... ובנימים [בכה] על עלופה A ויבך על צואר בנימים... ובנימים בכה על צוארו - בר מה 14 [ZSp 187].

†**עלץ** חיבור ודיבוק **clinging** [עירוב של קלץ עם עלק (א״ס: علق .Blend of *qlṣ* and *ᶜlq*]

**פעל חיבר** פע״י *trans.* **to join** ועלץ ית עחי ועסק ית יצחק A ויערך את העצים ויעקד את יצחק (Abraham) joined the wood and bound Isaac - בר כב 9 [חיבר יחד לאגודה?].

**אתפַעַל דבק** פע״ע *intrans.* **to cleave** ויתעלץ באתתה A(E) ודבק באשתו (man) cleaves to his wife - בר ב 24.

†**עם**[1] דוד, אחי האב **uncle** [ عمّ מן הגיליון שלא במקומו. *Misplaced* Ar *gloss*]

**עם** ש״ע ז .*n. m.* **uncle דוד** עם עביבה אי בר עביבה יפרקנה A או דדו או בן דדו יגאלנו if ויק - his uncle or his cousin may redeem him כה 49.

**עם²** am מ״י .*prep.* [**א״י** מלל עם כל כנשתה - **נ** במ טז 24. **סוא״י** דהוא עמך בעברה דיורדינא - יוחנן ג 26]

**עם** מ״י .*prep.* **עם with** קיאמיך עם אבהתן Your covenant with בריתותיך עם אבותינו our ancestors - מ ו 75-76. האף תספה זכאי עם חיב האף תספה צדיק עם רשע - בר יח 23. ונסב ית אחיו עמה ויקח את אחיו עמו - בר לא 23. ואתה עם אחתה לא תסב ואשה על אחותה לא תקח - ויק יח 18. לא מללת עמך אלא בסהדים לא דברתי עמך אלא ב(נוכחות) עדים - ת״מ 118א. בז אקרב מלך ערד עם ישראל - ב(יום ה)שביעי נלחם מלך ערד עם ישראל - אס 16ב. דו נגד עמה שלמה שהוא מביא עמו את השלום - ע״ד טז 36.

**מן עם** מ״י להפרדה .*prep.* **from מאת** ואש אנפקת מן עם יהוה ואש יצאה מאת יהוה fire came forth from the Lord - במ טז 35. ורוח נטל מן עם יהוה ורוח נסע מאת יהוה - במ יא 31. מן עם רבני אלפיה מאת שרי האלפים - במ לא 52. ואזלו מן עמה וילכו מאתו - בר כו 31.

**עמאן**† שם מקום (*pr. n. (place)* [> عمان]

**עמאן** ש״פ ארע בני עמאן (נ״א עמון) A - בר כב 5.

**עמד** יציבה, אי-תנועה **standing** [מן העברית (ע״ע קום, נצב). נתרבה שימושו בעשי״ח *frequent in* H, NSH. **א״י** בשוקא תעמוד (נדיר) - **נ** דב כד 11 (נ״א). בארמית בכתב הדימוטי: ויעמד - ADS 3/7]

**קל**† ᶜâmåd **1 עמד, שהה to stand, stay** עמדנן קדמיך ᶜāmidnån we stood עמדנו לפניך - before You ע״ד יג 4 [שינוי מאוחר. ע׳ זב״ח שם]. ארבעים יומים עמד נביה צעם ארבעים ימים עשה הנביא, צם - מ כב 6, כד 21 [שינויים מאוחרים בטקסט מן עבד. אינם מן הארמית החייה. הערות זב״ח עואנ״ש ג/2 254, 257]. הביטוי בא גם אצל א״ד ג 22. סלם עמד $M^b_2$ (נ״א קעם, מנצב) סלם מצב - בר כח 12. ועמדת לקרח עד בלעתה ארעה ועמדתי על קרח עד שבלעתו האדמה - ת״מ 233ב [תרגום של יקם עלי בהוראת נאבק]. נעמד בבוננו למשתי מן מימיו נעמוד בהבנה לשתות ממימיו (של מעיין עדן) - ת״מ 256ב. היה... משה עמד וכל זקני ישראל עמדים סביביו - ת״מ 103ב ובדומה לזה 72א. היה משה על ימה עמד ופניו מתפני אל הרגריזים - ת״מ 72א. והמים היה עמד שורים לשמר השבטים - ת״מ 262ב. **2 התנגד** בהשאלה .*fig* **to withstand** לא יעמד גבר קדמיך B (נ״א יתקומם) לא יתיצב איש לפניך - not a man shall be able to stand against you דב ז 24.

**עמוד** ᶜâmmod ש״ע ז .*n. m.* [**א״י** עמוד דמלח - **נ** בר יט 26. **סוא״י** בעמודא דעננא - שמ יט 9] **עמוד pillar** עמוד עננה... ועמוד אשתה the pillar of cloud... and the pillar of fire - מ יד 15-16. לא אפסק עמוד עננה אימם ועמוד אש לילי - שמ יג 22. כל עמודי דארתה סאר כל עמודי החצר סביב - שמ לו 36. שומיה אסקף בלא עמודים את השמים זקף בלא עמודים - ת״מ 272ב. אתעמי סימן בארע שנער עמוד אש נגלה מופת בארץ שנער: עמוד אש - אס 10א.

**עמידו**† ש״ע נ .*n. f.* **תחיית המתים resurrection** יום נקם... יום עמידותה לכל ברנשיה יום נקם... יום הקימה לכל בני האדם the Day of Vengeance... the Day of Resurrection for all human beings, - ת״מ 236ב.

**עמד־**† מ״י .*prep* [עשי״ח NSH]

**עמד־** immâdi [בא בת״מ במובאות מן דב לב 39. *In* **עם with** [*quotations from* Dt 32:39 ואין אלהים עמדי there is no god with me - ת״מ 210א, 245א, 246א.

**עמון** ᶜammon שם פרטי .*pr. n*

**עמון** ש״פ בר עמי הוא אבי בני עמון בן עמי הוא אבי בני עמון - בר יט 38. ושם ציבור הלא לא אתן מן ארע בני עמון לך ירתה כי לא אתן מארץ בני עמון לך ירשה - דב ב 19.

**עמונאי** ש״י .*gent. n* לא ייעל עמונאי ומואבי בקהל יהוה - דב כג 4. מובא גם באס 19א.

**עמט**† חשכה **obscurity** [**א״י** וחומטה הוו = ועלטה היה - **נ** בר טו 17. בר״ר 442: אמיטתה. הש׳ אונקלוס דב ד 11: וערפל = ואמיטתא. **ס** עמוטא = אפל LS 530a]

**עמוט** ש״ע ז .*n. m.* **חושך darkness** בצפר יולי עמוט A בבקר יגבר על החושך in the morning he masters the darkness - בר מט 27 [פירוש של ׳יאכל עדי׳. ע״ע ולי. .*Paraph*].

**עמוטה** ש״ע נ .*n. f.* **עלטה darkness** והוה

שמשה עלאה ועמוטה הוה A (B ועמטתה) the sun set and there ויהי השמש באה ועלטה היה - בר טו 17 (המליץ 547: עמוט). was darkness

**עמי**† עמימות, כהות **darkness** [<עמם. אונקלוס ויק יג 6: והא עמא מכתשא = והנה כהה הנגע]

**קל הועם** *to* **dim** *intrans.* קרן אורה דהוה שרי על צלמה עמה לגו קבורתה קרן האור שהייתה שורה על פניו הועמה בקברו (של משה) the ray of light which abode on his face - dimmed in his (Moses') tomb - ת״מ 267ב [ק: אטפה = כבה].

**עמיאל** ᶜā'mīl שם פרטי *pr. n.*

**עמיאל** ש״פ לשבט דן עמיאל בר גמלי - במ יג 12.

**עמיהוד** ᶜammiyyod שם פרטי *pr. n.*

**עמיהוד** ש״פ לבני אפרים אלישמע בר עמיהוד - במ ב 18.

**עמינגף**† שם פרטי *pr. n.* [לגנותו של בלעם. *Pejorative genealogy of Balaam*]

**עמינגף** ש״פ בלעם בר בעור בר גדיטיט בר עמינגף - אס 16ב.

**עמינדב** ᶜammīnâdåb שם פרטי *pr. n.*

**עמינדב** ש״פ ונסיא לבני יהודה נחשון בר עמינדב - במ ב 3.

**עמינדס**† שם פרטי *pr. n.* [כינוי לישמעאל < نـادس = עם בזוי. זב״ח, אסטיר 53. *Pejorative epithet of Ismael*]

**עמינדס** ש״פ קדקד יקום באד תקיפה יכלי עמינדס ביומיו ייתי נשיא יקום. ביד חזקה כליון עמינדס בימיו יהיה - אס 21א. קעם קדקד דער בלוזה ישרי עמינדס בעכר יקום נשיא שוכן בלוז. עמינדס ישכון ברע - אס 21ב. **שנת ז וז וט ק** למממ[שלת] עמי נדס - שטר מכירה של כ״י 5 בספרייה הלאומית של פאריס. von Gall, p. V; *cf.* Juynboll, 20 n.]

**עמישדה** ᶜammīšiddi שם פרטי *pr. n.*

**עמישדי** ש״פ נסיא לבני דן אחיעזר בר עמישדה - במ ז 66.

**עמל¹** מעשה **deed, work** [**א״י** נשי יתי ייי מכל עמלי - **נ** בר מא 51. **סוא״י** שתא יומין... דנהא עמילין בהון = ששה ימים הם שנעבוד בהם - לוקס יג 14 ←
צער המעשה ושכרו **plight and reward**

**קל עשה**† *to* **work, do** לית אגר אלא לקבל עמל אין שכר אלא לפי מעשה there is no reward but according to deed - ת״מ 276ב. ודעמל עם אדם ובלש מנה אגרה ליתו יכל יעזרנה ריקן והעושה עם אדם (מלאכה) ומבקש ממנו שכרו, אינו יכול להשיבו ריקם - ת״מ 277א. במה דאנש עמל ממרק הוא אגרה לפי מה שאדם עושה משתכר הוא שכרו - מ ה 7-8.

**עמול** ש״ע ז qāṭōl *n. m.* **עושה doer** [**סוא״י** עמול = עושה - Horol 116a] מגזי לכל עמול לפם עמלה גומל לכל עושה לפי מעשהו rewarding each doer according to his deeds - ת״מ 78א. כהנתה מיתובה... וליתה מתירתה אלא בעמל מרבי עמולה הכהונה היא מדרגה... ואינה מורשת אלא בפועל המפאר את פועלו - ת״מ 115ב [זב״ח הע׳ 3].

**עמל** ᶜâmål ש״ע ז *n. m.* **1 מעשה deed** וסלח למה דעבד מן בישות עמלי וסלח למה שהיה מרוע מעשיי forgive what passed because of the evil of my deeds - מ יח 14. **לא** אשוית עמל זכו לגו יומי לא עשיתי מעשה צדק בימיי I never did a righteous deed in my life - א״ג 91. אנשה יבעי אגרה ועמל לית לה אדם יבקש שכרו בעוד מעשה אין לו? - ת״מ 276ב. **2 טורח, סבל plight** מן עמלי ומן ליהות כפי EB את עניי ואת יגע כפי my plight and the toil of my hands - בר לא 42. הלא נשתי אלהים ית עמלי כי נשני אלהים את עמלי - בר מא 51 (=המליץ 551). לא אסתכל עוב ביעקב ולא אחזי עמל בישראל ...ולא ראה עמל בישראל - במ כג 21 (=המליץ 555). **3 זכות merit** ארתי לעבדיך בעמל ארשיון חון את עבדיך בשכר אבותיהם forgive Your servants for the merit of their ancestors - מ יח 11. לא תנזפנן בעמל משה עבדך אל תנזוף בנו בשכר משה עבדך - ע״ד כג 59-60. **4 שכר reward** וידע כל אנש מיתוביתה ויהי עמלה לקבלה וידע כל אדם את מדרגתו ויהיה שכרו לפיה let every person know his place and let his reward be according to it - ת״מ 115ב [זב״ח הע׳ 2].

**עמל²**† בעל חיים **cattle** [< عــامـل = גמל מהיר, מעולה - Lane 2159c. טלשיר 176]

**עמל** ש״ע ז *n. m.* **בעל חיים cattle** שגר עמליך וטעפלי עאנך B (נ״א אלפיך) שגר אלפיך ועשתרות צאנך the offspring of your camels - and the young of your flock דב ז 13.

†**עמל**$^{3}$ מטבע **currency** [< عملة - Barthélemy [554: ᶜəmle

**עמלה** ש״ע נ *n. f.* **מטבע money** עמלה עבר למגור m כסף עבר לסחר money current - among the merchants בר כג 16.

**עמלק** ᶜâmâlәq שם פרטי *pr. n.*

**עמלק** ש״פ רבה געתם רבה עמלק אלין רבני אליפז - בר לו 16. ושם ציבור **ואתא עמלק** ואגחי עם ישראל ויבא עמלק וילחם עם ישראל - שמ יז 8. כות עמלק קטלה - ת״מ 1988ב.

**עמלקי** ש״י *gent. n.* ועמלקאה וכנענאה דאר בעמק - במ יד 25.

**עמם** ᶜam גוי, קיבוץ בעל עבר משותף, תרבות משותפת וכיו״ב **people** [**א״י** הא עמא כארייה שריין - **נ** במ כג 24. **סוא״י** וכל עמיא ייתין לותה - יוחנן ג 26]

**עם** - שמ א 9. לעם lam - מ כא 5. עמה (מיודע) ᶜåmmå - מ טז 93. עמים (ר) - בר כח 3. **עמם** - במ כב 5 A [עש״ת. היחיד גזור לאחור מן הריבוי עממין. NSH [*backform from the pl.* עממין (ר) - בר יז m. עממיה (מיודע) - דב כח 37 (צורה חדשה). עממאי (ר) - דב ז 7 (=המליץ 548).

**עם** ש״ע ז *n. m.* **גוי people** הא עם אף זכאי תקטל C הגוי גם צדיק תהרג will You slay - even innocent people? בר כ 4. **עם בני ישראל** סגי וחיול מנן עם בני ישראל רב ועצום ממנו - שמ א 9. **דבחרון** לה לעם קדש אשר בחרם לו לעם קדוש - מ כא 5. **בדיל ישמע עמה** למען ישמע העם - מ טז 93. **ונתפרש אנה ועמך** מכל עמה ונפלנו אני ועמך מכל העם - שמ לג 16 (=המליץ 548). **ותהי לקהל עמים** והיית לקהל עמים - בר כח 3. **דחלו מנך כל עמי ארעה** יראו ממך כל עמי הארץ- ת״מ 227א. **טעו בעמי נקיא** תתעמי החטא בעמי ייהפך לטוהר - אס 21א.

**עמם** ש״ע ז *n. m.* **גוי people** [**א״י** לחוד עמם זכיי בדינא אתקטל = הגוי גם צדיק תהרג - **נ** בר כ 4] **אן עמם נפק מן מצראי** A הן עם יצא ממצרים a people came out of Egypt - במ כב 5. **ומית עמם סגי** A וימת עם רב - במ כא 6. **ואעבד יתך לעמם עיול** B - דב ט 14. **יסיף עמם דלחציו** A יאכל גוים צריו - במ כד 8 [אפשר שהוא ריבוי חסר].

כצבצוב דמך חד עממה עם [אתתך] A כמעט שכב אחד העם את אשתך - בר כו 10. **לאב רגשון עממין** m לאב המון גוים - בר יז 4. **ותהי לעממין ומלכי עממין מנה יהונו** A והיתה לגוים ומלכי עמים ממך יהיו - בר יז 16. **בכל עממיה**- דב כח 37. **לא מסגיותכון מכל עממאי** חשק בכון יהוה (עממיה VEO) - דב ז 7. **שמעו עממאי ומרעו** (עממין; A עמים E) שמעו עמים וירגזו - שמ טו 14. **בריך תהי בכל עממאי** (E עממיה) - דב ז 14. **הבלדו כל עממאי נבהלו כל העמים** - ת״מ 90א.

**בר עממאי** ש״ע ז *n. m.* **נכרי stranger** מן כל בר עממי דלית מבניך הוא A (בר עממין; m נ״א **בר נכר**) מכל בן נכר אשר לא מזרעך הוא - from an outsider who is not of your offspring בר יז 12 [הפסוק כלו מושפע מן אונקלוס O].

†**עמס** טעינת משא **burden** [מן העברית H]

**קל טען to load** ועמסו גבר על חמרה C (נ״א ואטינו) ויעמסו איש על חמורו every one - loaded his ass בר מד 13.

**עמק**$^{1}$ עומק **depth** [**א״י** יחות לעמקוי דימה - **נ** דב ל 13. **סוא״י** לעומקא אי לרומא - ישע ז 11]

**עמוק א** ש״ע ז *n. m.* **בקעה valley** סאר לגפנה קרתה ולריקה ברי עמוקה (נ״א לריקנו) סרה לגפנה עירו ולשממה בני עמקו his town strays - to Gophnah and to emptiness his valley - בר מט 11 [דרוש על יהודה וירושלים (ראה גפנה$^{2}$) המדרש מניח שויון איתן = עמק. *Derogatory midr. on Judah* *[and Jerusalem (see gpnh$^{2}$)*

**עמוק** *adj.* ש״ת **ב. deep** ואם בעקה עברה היא... ועמוק לית תיחזי מן משכה *$M_1$ (נ״א עמק) ואם בהרת לבהנה היא... ועמק אין מראה מן העור if the spot is white... and appears no deeper than the skin - ויק יג 4.

**עמק א** ש״ע ז *n. m.* **בקעה valley** וכנענאה דאר בעמק והכנעני ישב בעמק the Canaanites dwell in the valley - במ יד 25 (=המליץ 553). **וסדרו עמון קרבה בעמק שדיה** - בר יד 8. **מטה בון מסוק זערה בעמק השיקם בעת עלות הירח בעמק** - אס 12ב. **ב** ש״ת *adj.* **עמוק deep** וחזב מכתשה עמק מן משך בסרה ומראה הנגע עמק מעור בשרו and the disease appears to be deeper than the skin - ויק יג 3.

†**עמק**$^{2}$ עוז, חוזק **strength** [**א״י** יקיר ממלל ועמיק

לישן = כבד פה וכבד לשון - אונקלוס שמ ד 10. זב״ח, ספר ילון ב 54-52]

**עמוק**ש״ע ז *n. m.* **עוז strength** ודרת בעמוקה קשתה V*M$_2$C ותשב באיתן קשתו his bow reposed in strength - בר מט 24. **ועזר ימה...** לעמוקה V (B לעומקה) וישב הים... לאיתנו - שמ יד 27. the sea returned to its strength **אמר** בגלל ימה דעזרה לעמוקה... הלו הוה לית לה חמוק חיול לא הוה תמן סימן במד עביד... ודמה יתון לטורים... מחכם דתמן חמוק חיול אמר (הכתוב) על אודות הים כי השיבו לאיתנו... אילולי היתה לו איתנות עצומה לא היה שם אות במה שנעשה... ודימה אותם להרים... להודיע ששם איתנות עצומה (the Scripture) said concerning the sea that it returned to its strength..., if (the sea) would not have a great strength, no sign of it would be there...; He made them (the waves) like mountains..., showing that there is a great strength - ת״מ 82א

**עמיק**ש״ת *adj.* **1 עז strong** עמיק מדרך ושבי בכיפה קנך איתן מושבך ושים בסלע קנך strong is your dwelling and your nest is set in the rock - במ כד 21. **2 עז hard** ועמיק לשן אנה (נ״א יקיר) M$_2$ וכבד לשון אנכי I am hard of tongue - שמ ד 10 (=אונקלוס O).

**עמקא** ש״ת *adj.* **עז strong** עמק מדריך C (E עמאק) איתן מושבך - במ כד 21. **ב** ש״ע ז *n. m.* **עוז strength** במעזרה לות עמקה בשובו לאיתנו (הים) in its returning to its strength - ת״מ 82א.

**עמקה** ש״ע נ *n. f.* **עוז strength** ודרת בעמקה קשתה ותשב באיתן קשתו his bow reposed in strength - בר מט 24.

**עמק מלכה** שם מקום *pr. n. (place)* [ע״ע מישר מפנה. *Transl. of the name*]

**עמק מלכה** ש״פ לגו עמק שויה הוא עמק מלכה אל עמק שוי הוא עמק המלך - בר יד 17.

**עמק שדיה** שם מקום *pr. n. (place)* [ע״ע מישר חלקיה]

**עמק שדיה** ש״פ כל אלין אדבקו לגו עמק שדיה כל אלה חברו אל עמק השדים - בר יד 3.

**עמק שויה** שם מקום *pr. n. (place)* [ע״ע מישר מפנה]

**עמק שויה** ש״פ ונפק מלך סדם לזימונה... לגו עמק שויה (C מישר שויה) ויצא מלך סדם לקראתו... אל עמק שוי - בר יד 17.

**עמר**[1] שרייה, מגורים **dwelling** [א״י תרתין עומרן = שני בתים - בר״ר 327. ומצדי יתון מן עמורין = ומשומם אותם מיושבים - שירת 304. **סוא״י** מדינתא דהוא לוט עמר בהין = הערים אשר ישב בהן לוט - בר יט 29 - LSP 148b] ← בנייה, הקמה, עריכה [**סוא״י** **building, erecting, arranging**] מעמר = מושיבי - תה קיג 9 - Horol p. 225. הש׳ عمر - Dozy II, 170b]

**פעל 1 הקים, בנה to build, erect** ולגפנה עמרו וביתי חרבו ואת גפנה (= ירושלים) בנו ואת ביתי (= הר גריזים) החריבו they have built Gaphna (*i. e.,* Jerusalem, *see* Asatir 5b) and desolated My house (Gerizim) - ת״מ 240ב. ויעמרו אתרי בישהתה וישבקו אתרי קשטה ויבנו את מקומות הרעה ויעזבו את מקומות האמת they will build places of evil and forsake the places of truth - ת״מ 304א. תרין הזדוגו כחדה אחד עמר אתר ואחד עמר אתר יוסף עמר אתר אבוה... והוה לה נמי ונביה רבה משה עמר משכן מרה דבחרה שניים נתחברו יחד אחד בנה מקום ואחד בנה מקום. יוסף בנה מקום אביו... והיה לו חלק, והנביא הגדול משה בנה את משכן אדוניו שבחרו - ת״מ 220ב. ועמונה קעם מעמר משכנה וראוהו (ישראל את משה) בונה את המשכן - 285א. סחנתך דעמרת בזכותך אזלה לחרבנה נחלתך שבנית בצדקתך הולכת לחורבן - ת״מ 253א. ומלו ית ארעה ועמרו גליה A (D ועמרוה = המליץ 486: ועמרואה) ומלאו את הארץ וכבשוה - בר א 28 [א״ס: واعمروها]. מקדש יהוה עמרנה אתרך A כוננו ידיך - שמ טו 17 [kūnēnu - ציווי+נסתר. המליץ 493: עמרה, כנ״ל]. **2 נטע to plant** [היא בנייה, היא נטיעה. הש׳ נצ״ב. *planting and building are semantically connected, cf. nṣb.*] דסכה דהוא מעמר פרדיס לזנותה כי ראה (משה) שהוא (זמרי) נוטע פרדס לזנות (Moses) saw that he (Zimri) plants a garden for vice - ת״מ 196א. יצחק בקדושה פרדיסה זכותה עמר יצחק, בקדושתו נטע את פרדס הצדקה Isaac, in his holiness, cultivated the garden of righteousness - ת״מ 182א. **3 ערך, סידר to arrange** ועמר פתור לקבל מלאכיה וערך (אברהם) שולחן לפני המלאכים (Abraham) set a table before the angels - ת״מ 121ב. עמרת

פתור ערכתי שולחן - ת״מ 239ב.

**עמר²** מידת יבש **a measure** [**א״י** עמר לגלגלה - **נ** שמ טז 16]

**עמר** ש״ע ז .*n. m.* **מידת היבש a measure** עמר לגלגלת an omer to a person - שמ טז 16. ואכילו בעמרה וימדו בעמר - שמ טז 18. ועמרה עסור מכלתה הואוהעמר עשירת האיפה הוא - שמ טז 36.

**עומר** ש״ע ז .*n. m.* **מידת היבש a measure** ותתנשי עומרה בברהושכחת עמר בשדה (if you) have forgotten a sheaf in the field - דב כד 19. מידת התבואה המונפת לפני האל מיום אנפותכון ית עומר אנפותה (NMB עמר) - ויק כג 15 (=המליץ 554). תנדון ית עומרה (M עמרה) - ויק כג 10.

**עמר³** צמר **wool** [**א״י** בלבוש דעמר - **נ** ויק יג 47]

**עמר** ש״ע ז .*n. m.* **צמר wool** בלבוש עמר MECB (N דעמר; A חמר) בגד צמר a wollen garment - ויק יג 47 (=המליץ 576).

**†עמר⁴** מרד **rebellion** [כתיב של אמר, אפעל של מרר : מרר [*Orthography of ᵓmr, Afᶜel of mrr*

**אפעל מרד to rebel** ובתלתסר שנה עמרו $M_1$ ובשלש עשרה שנה מרדו in the thirteenth year they rebelled - בר יד 4. שמקו כען עמריה A (נ״א ממרייה, ממריעיה) שמעו נא המרים - במ כ 10. âmmarrəm

**†עמר⁵** ט״ס **?** *Corr.*

**עמרה** ש״ע נ .*n. f.* **עוגב ? musical instrument** פליכסה וקטלוס צנגה ועמרה A (נ״א וזמרה) כנר ועגב - בר ד 21 [ודאי גליונות. ט״ס מן זמרה ? (המליץ 546: זמר). SSt 32].

**עמרה** ēmirra שם מקום *pr. n. (place)*

**עמרה** ש״פ ואדיק על אפי סדם ועמרה וישקף על פני סדם ועמרה - בר יט 28.

**עמרם** ᶜåmråm שם פרטי *pr. n.*

**עמרם** ש״פ ובני קהת עמרם ויצהר חברון ועזיאל - שמ ו 18. והוה עמרם אסאה טב מהימן במצרים והיה עמרם רופא טוב ומקובל במצרים - אס 14ב.

**עמרמאי** ש״י *gent. n.* ולקהת כרן עמרמאה ($M_1$* עמרמאי) - במ ג 27.

**ענב¹** פרי הגפן **grape** [**א״י** מן ענבה חדה יהוון שתיין כור דחמר - **נ** דב לב 14. **סוא״י** וחד סגול דענבין - במ יג 23]

**ענב** ש״ע ז .*n. m.* **ענב grape** הבשלו אנכליה ענבים the clusters הבשילו אשכלותיה ענבים ripened into grapes - בר מ 10 (=המליץ 552). ותיכל ענבים כנפשך ואכלת ענבים כנפשך - דב כג 25. וית ענבי כלילך לא תקטף ואת ענבי נזיריך לא תבצר - ויק כה 5 (=המליץ 552).

**ענב²** לולאה לרכיסת בדים **loop** [**א״י** וענבו ית חושנה - **נ** שמ לט 21]

**ענב** ש״ע ז .*n. m.* **לולאה loop** ותעבד ענבים תכלה על ספת יריעתה (A הנוין) ועשית ללאות תכלת על שפת היריעה you shall make loops of blue on the edge of the curtain - שמ כו 4. ותעל ית קרכסיה בענביהוהבאת את הקרסים בללאות - שמ כו 11. מקבלן ענביה אחדה לאחדה - שמ כו 5 (המליץ 500: אנבאתה).

**†ענג** הנאה, תענוג **delight**

**קל** בינוני פעול .*pass. pt* **ערב to be delicate** רכיכתה בכון ועניגתה C הרכה בכם והענגה she who is most tender and delicate among you - דב כח 56.

**ענג** ש״ע ז .*n. m.* **תענוג delight** מן ענג מתענג - המליץ 556 [מביא את דב כח 56. בתה״ש שלפנינו: חטי, עטאי].

**ענה¹** ᶜāne שם פרטי *pr. n.*

**ענה** ש״פ אהליבמה ברת ענה בר צבעון חואה - בר לו 2.

**ענה²** ᶜāne שם פרטי *pr. n.*

**ענה** ש״פ ואלין בני גבלה... לוטן ושובל וצבעון וענה - בר לו 20.

**ענה³** שם מקום *pr. n. (place)* [כנראה عـانـة . זב״ח, אסטיר 27]

**ענה** ש״פ אזל למך... ובנה ענה - אס 3ב.

**עני¹** תשובה, מענה **response** [ע״ע גוב¹. **א״י** וענה יתיה ייי - **נ** בר כה 21. **סוא״י** ענא איוב ואמר - איוב

עניין [א״י mind, occupation עיסוק, דעת ← [טז 1 בכל עייניניה - בר״ר 801. סוא״י ודתהון שלין בעניניכון - אל בני תסלוניקי ד 11]

קל עבר: וענה - ת״מ 112ב. עתיד: יענון - שמ ה 9. ציווי: עני ēni - ע״ד כו 84. בינוני: עני ᶜāni - א״ג 9. מקור: מעני - בר מה 3 NMB. **אֶתְפַּעַל** עתיד: יתעני - בר מא MECB 16. בינוני: מתעני mētānni - א״ד ג 42. **מענו** מע(ו)נותון - ת״מ 130ב. **ענין** - בר ו 5 A (=המליץ 479).

**קל 1 ענה to answer** צבעתה במצרים וענה צבעתך צעקת במצרים וענה לצעקתך you - cried out in Egypt and He answered your cry ת״מ 112ב. אעני יתון ביום עקתון אענה אותם ביום צרתם - ת״מ 240ב (בתמיהה). שיאל שפיפותן ומסכינותן עני בקשת שפלותנו ומסכנותנו ענה! - ע״ד כו 83-84. וענה משה MCB - שמ ד 1. אה שקיחה דלכל זעוקיה עני הוי הנמצא שלכל הקוראים עונה - א״ג 9. **2 עסק to be busy** תתיקר עבידתה על גבריה ויענון בה ולא יענון במלי שקר תכבד העבודה על האנשים ויענו בה ולא יענו בדברי שקר let heavier work be laid upon the men; let them be busy with it it and not pay attention to deceitful words - שמ ה 9.

**מעני** ולא יכלו אחיו למעני יתה NMB (נ״א למגבה, למגיב) ולא יכלו אחיו לענות אתו - בר מה 3.

**אֶתְפַּעַל נענה to be answered** בלעדי אלהים לא יתעני ית שלם פרעה MECB ...לא יענה את שלום פרעה without God Pharaoh will not be answered favorably - בר מא 16. ותתעני בי זכותי ביום מחר MC ותענה בי צדקתי - בר ל 33. וסהד אחד לא יתעני בנפש למתקטלה JEB (C יתגב) ועד אחד לא יענה בנפש למות a single witness against a person shall not answer in the case of a sentence of death - במ לה 30 [לפי V: ילבט, הוא לשון עינוי]. דמצלי... שוי ומתעני המתפלל... מהר נענה - א״ד ג 42. סגודיו מתענין המשתחווים לו נענים - ננה 18.

**מענו** ש״ע נ .n. f **ענייה answering** דו בית אלהים... ואתר מהע״ו״נות צבעתה שהוא (הר גריזים) בית אלהים... ומקום עניית התפילות for (Mount Gerizim) is the House of God... - and the place where prayers are answered ת״מ 130ב.

**ענין**† ש״ע ז .n. m **מחשבה, דעת mind** וזכי עניינך וטהר לבך - purify your mind ת״מ 243א. ואנדי ענינך ואתבונן במד תשמע תן דעתך והבן מש שתשמע set your mind to consider

ת״מ 157א. כד סגת בישות - what you hear אנשה בארעה וכל רז עניין סודה לחוד ביש ...וכל יצר מחשבות לבו רק רע (E)A - בר ו 5. ענין מצמח נור יתוקד בה לב המצמיח אש יישרף בה - ת״מ 29ב [השאלה. השי׳ המליץ 499: ענינך = לבבך - ליתא]. הביא ענינך ושמע האגבו תן דעתך ושמע תשובה - ת״מ 132א [ביטוי מקביל ל״הב דעתך״. ע״ע בל]. בדומה לזה 124א, 167א, 247א. יצר וענין ורז וחשבה אכסין בך יצר ועניין וסוד ומחשבה כמוסים בך - 272א. מדו בשמיה הוא לגו לבה כן הוא בארעה לגו ענינה מדו ברבעתה הוא בחשבתהמה שהוא בשמים הוא בלב, מה שהוא בארץ הוא בדעת, מה שהוא בארבע הכנפות הוא במחשבה - ת״מ 274א. יצרה... ענינה... וטעמה... חשבה - ת״מ 284א. לבב נציר וענין אתי לב מסור ומחשבה באה (במהירות) - ת״מ 291ב.

**עני²**† [א״י distress, affliction לחץ ומצוקה ותענון ית נפשתכון - נ ויק טז 29 (בגיליון)] ← נמיכות רוח וצנעה [א״י humility וגברא משה ענוון לחדא - נ במ יב 2] ← עצמה power [גלגול משמעות. נסמך על פירוש ענו בבמ יב 3: חיול, רבה. זב״ח, לשוננו נז 51 [*Meaning shift, see* ZBH Lešonenu 57, p. 51.

**פעל לחץ to oppress** וענתה שרי וערקת (נ״א ולבטתה) ותענה שרה ותברח (הגר) *$M_2$ - Sarai oppressed her, and she ran away - בר טז 6. יצערנה קדוף ויענינה עבר A (נ״א וילבטנה) יענו אשור ויענו עבר - במ כד 24.

**ענו א** ש״ע נ .n. f **עינוי affliction** ואודי לאלה דעתרה מבתר ענותה והודה (יעקב) לאל שהעשירו אחרי ענותו (Jacob) gave thanks to - God who had enriched him after his affliction ת״מ 133א. ענות מאה וארבעים שנה עינוי מאה וחמשים שנה - ת״מ 57ב [שליש מתקופת ישיבתם במצרים. בא גם בדף 102א, והכול עברית]. **ב** ש״ת .adj **חזק strong** ᶜānuwwa אה ענוה... אה גבורה הוי הגיבור..., הוי החזק ,O, the mighty one, O - the strong one - ע״ש ג 31.

**ענון** ש״ע ז .n. m **חוזק strength** קעם קדקד באד בענון בחכמה ביומיו יהי יקום נשיא בחוזק; איתן בחכמה יהיה a prince will emerge in might; in strength and wisdom he - will be (*i.e.*, rule) אס 22א.

**עני** ש״ת .adj **1 דל poor** [עש״ח NSH] תבלש מאדל אשימך עני אם תבקש רכוש אשימך עני - if you seek wealth, I will make you poor ת״מ 149ב. אקים קנומה עני כד חלף פקודה

העמיד עצמו עני כששינה מן המצווה (אדם בגן העדן) - ת״מ 194ב. **עני ודל** - ת״מ 239א. **2 חזק strong** ואישה משה עני שריר V והאיש משה ענו מאד - the man Moses is very strong במ יב 3.

**ענירם**† innīråm שם פרטי *pr. n.*
**ענירם** ש״פ ממרא... אחי אשכול ואחי ענרם ואנון מסעני קיאם אברם ממרא... אחי אשכול ואחי ענרם - בר יד 13. **ענרם אשכול וממרא** - בר יד 24.מוזכרים גם באס 12א.

**ענן**[1] ᶜânån ענן **cloud** [א״י ועגן הוה סלק מן ארעא - נ בר א 6. **סוא״י** קשטי (!) אנא מסים בעננייא - בר ט 13]
**ענן** ש״ע ז *n. m.* **ענן cloud** טל רחמיך פרסה עלינן הך ענן צל רחמיך פרסהו עלינו כמו ענן the shadow of your mercy is spread over us - like a cloud - ע״ד כז 33-34. **חשך ענן וערפל** - דב ה 18 (=המליץ 546). **והוה ענן חשיך** - שמ יד 20. **ועננה ואשתה נגידין קדמיך** והענן והאש משוכים לפניך - ת״מ 53א. **ונפק קל חייה מן ענן כבודה** ויצא קול החיים מענן הכבוד - אס 20א. **וענן יסק מן ארעה** (E)A ואד יעלה מן הארץ - בר ב 6.
**עונן** ש״ע ז qiṭṭūl *n. m.* **עינון bringing clouds** ויי בעננוי ענן על ארעה JC (BA בעננ) והיה בענני ענן על הארץ at my - bringing clouds over the earth - בר ט 14 (=המליץ 546).

**ענן**[2] מעשי כשפים **sorcery** [מן העברית H]
**פעל כישף to practice sorcery** ולא תנחשון ולא תעננון ולא תנחשו ולא תעננו you shall - not practice divination or sorcery - ויק יט 26.

**ענף** יובש [גזור מן השם ענף ? *Denom. of ᶜnp*]
**קל יבש ? to dry up** יעגפון (זיתיך) ישעלו (זיתיך) - המליץ 601, על פי דב כח 40 . ליתא. ע׳ בהערות זב״ח]

**ענק** ēnåq שם פרטי *pr. n.*
**ענק** ש״פ ילידי ענק חזינן תמן ילידי ענק ראינו שם - במ יג 28 (=המליץ 554). **עם רב ורם בני ענקים** עם גדול ורם בני ענקים - דב ט 2.
**ענקאי** ש״י *gent. n.* עם רב וסגי ורם כענקאי CB ...ורם כענקים - דב ב 10.

**ענש**† קנס ממון על עבירה, גמול על מעשה רע **fine, punishment** [א״י בגין דחביבין לא איתענשון - ירוש ע״ז לט ע״ב]
**פעל קנס,ענש to punish** ותקף רגוז יהוה בישראל וענשון במדברה ארבעין שנין N'...וינעם במדבר ארבעים שנה the Lord's anger was strong against Israel, and he - punished them in the wilderness forty years - במ לב 13 [=המליץ 520. נתפרש הנעה כמו נע ונד - עונשו של קין (בר ד 12)]. **ויענשון יתה מאה כסף** וענשו אתו מאה כסף they shall fine him a - hundred (shekels of) silver - דב כב 19.
**מנשה** (< מענשה) (ואוזף עוד) למנשתה (במדברה) להניחו (במדבר) - המליץ 518 [ע״פ במ לב 15.ליתא. פירוש של נ״ש להניעו. השי׳ $V^{ar}$,$C^{ar}$: לתשרידה שעניינו התעייה, בדומה ל-E: למטעתה].

**עסב** ᶜēsəb צמח, עשב **grass** [א״י תפק ארעא דתין דעשב - נ בר א 11. **סוא״י** תצמיח ארעא עסבא - בר א 11]
**עסב** ש״ע ז *n. m.* **עשב grass** ויתן עסב בברך ונתן עשב בשדך (God) will provide grass in - your fields - דב יא 15 (=המליץ 541). **דחייה... הך עסב רכיך שהחיים... הם כעשב רך** - מ א 143-146. **וית כל עסב ברה קטל ברדה** - שמ ט 25. **איל<נ>ין תבירין ועסבין קטילין** עצים שבורים ועשבים קטולים - ת״מ 36א. **ואמצץ אילניה ורעי עסביה** וחרב בתיה ומצץ (הארבה) את האילנות ורעה את העשבים... - ת״מ 36ב. **†עשב מאבד כל דבה מן אילן עד עשב** (פעמיים) - ת״מ 273ב. **וכל עשב שדיון** וכל עשב שדיהם - ת״מ 85א (ק).

**עסטון**† שם מקום *pr. n. (place)* [אולי הוא קשור עם סטבן (ע״ע סטכן) מן στόα. לפי זה הוא שרבוב של נ״א. *Prob. interpolated corr. of sṭbn (<στόα); see stkn.*]
**עסטון** ש״פ מן ארעה ההי יפק עסטון ובנה ית נינוה A משם יצא אשור ובנה את נינוה - בר י 11.

**עסכר**† מחנה (צבא) **camp** [שאול מן عسكر - Ar *loan:* Barthélemy 529 - ע״ע משרי (שר״י). **ס** עסכר - LS 536b]
**עסכר** ש״ע נ *n. f.* **מחנה camp** ואסיף ית עסכר מצראי A ויהם את מחנה מצרים (God)

.24 שמ יד - defeated the camp of the Egyptians
**והוא מבית בליליה יתה בעסכרה** (=המליץ 512).
A והוא לן בלילה ההוא במחנה - בר לב 22.
והוה עסכרה יקיר VM₁A ויהי המחנה כבד -
בר נ 9. **רכב פרעה ורגליו ועסכריו** V רכב
פרעה ופרשיו וחילו - שמ יד 9. **והוה ברמשה**
**וסלק סלוי וטמר ית עסכרה ובצפרה הות**
**שכבת טלה סחר עסכרה** A ויהי בערב ותעל
השלוי ותכס את המחנה ובבקר היתה שכבת
הטל סביב המחנה - שמ טז 13. **ואתנצו בעסכרה**
*M₁ וינצו במחנה - ויק כד 10. **לעסכר ראובן**
*m₂ - במ ב 16. **עסכר בני דן** m - במ י 25.

**עסף**† ט״ס מן עסר (= חסר) ? *corr.*
**קל חסר** to be diminished **ועספו מיה**
**מסכום חמשין ומואן יום** (E)A ויחסרו המים
מקץ חמשים ומאת יום - בר ח 3. **ומיה לכו**
**ועספו** (E)A והמים הלכו וחסרו - בר ח 5.

**עספה**† שם מקום *pr. n. (place)*
**עספה** ש״פ **מן ארעה ההי יפק עסטון ובנה ית**
**נינוה... וית עספה בין נינוה ובין לקסה** A
(נ״א רסן) משם יצא אשור ובנה את נינוה...
ואת רסן - בר י 11 - 12.

**עסק**[1] קשירה וכריכה **surrounding,**
**fastening** [< עזק. א״י וענבו ית חושנה מן עזקא
לגו עזקיה - נ שמ לט 21]
**קל 1 קשר, עקד**† to bind **ועסק ית יצחק**
**ברה ושבה יתה על מדבחה** A ...ויעקד את
(Abraham) bound Isaac his son, ...יצחק בנו
- בר כב 9. and laid him on the altar **2 הטביע to**
**drown** [הוראה תניינית מן הקרבה אל טבעת = עסקה
*secondary meaning developed from the*
ובאיור תליתאה [*equation ᶜsqh, ‘ring’ = ṭbᶜt.*
**עסקנה בים סוף** E ⓝ עסקנון; המליץ 477:
עסקנין) ומבחר שלשיו טבעו בים סוף the
pick of his officers, He drowned them in the
Sea of Reeds - שמ טו 4 [נתפס נסתר+כינוי המושא
לנסתר. *SP: perf.+suffixed 3rd pers. pron.*] **רוח**
**ים... נשא הרבה ועסקה בים סוף ...נשא ארבה**
**ותקעו בים סוף** - ת״מ 259ב [מביא את שמ י 19 כפי
הנוסח בת״מ 37א: והפך רוח מערב תקיף ועסקה בימה
דסוף. אבל בתה״ש שלפנינו ואתקעה, וטמעה].

**עסקה** ש״ע נ *n. f.* **1 טבעת ring ואסטה פרעה**
**ית עסקתה מן על אדה** ויסר פרעה את טבעתו
Pharaoh removed his signet ring from מעל ידו

- his hand בר מא 42. **כל רחי לב אנדה רעוש**
**וקודש עסקה גימון וגולה** כל נדיב לב הביא
חח ונזם טבעת ועגיל וכומז - שמ לה 22. **ותרתין**
**עסקין דהב עבד לה** ושתי טבעות זהב עשה לו
- שמ לז 27. **וית עסקיון תעבד דהב** - שמ כו 29.
**ותתן ית עסקיה על אצטרת חשנה** - שמ כח 23.†
**2 חותם seal** **עסקתך ושזרך ואטורך** C חתימך
ופתילך ומטך your seal, cord, and staff - בר לח
18.

**חסיק**† ש״ע ז **חותם seal** **מנקשן גלוף חסיק**
*M₁ (*M₂ חזיק) מפתחות פתוחי חותם
- engraved with seal engravings שמ לט 6.

**עסק**[2]† עניין **matter, affair** [מן אונקלוס O]
**קל עסק to be busy** quarreling **וזעק שם**
**בארה עסק הלא עסקון עמה** A ויקרא שם
הבאר עשק כי התעשקו עמו he called the
name of the well Eseq, because they contended
with him - בר כו 20 [לשון ריב - השי׳ ס *In the*
*sense of quarrel.* LS 536b].
**אֶתְפַּעַל עסק to be busy** **תתיקר עבידתה**
**על גבריה ויתעסקון בה ולא יתעסקון במלי**
**שקר** *M₄ תכבד העבודה על האנשים וישעו
בה ואל ישעו בדברי שקר let heavier work be
laid upon the men; let them be busy with it and
not with deceitful words - שמ ה 9. **וקרא שם**
**בארה עסק הלא אתעסקו עמה** *M₁ ...כי
התעשקו עמו - בר כו 20.
**על ע(י)סק** מ״י *prep.* **על דבר on account**
**of** **הא את מאת על עיסק אתתה** m הנך מת
על אדות האשה you are to die because of the
woman - בר כ 3. **ושאלו על עיסק אתתה** m -
בר כו 7. **ואף עיסק אחתי הי** A וגם אמנם
אחתי היא - בר כ 12 [העביר מן הגליון במקום שגוי
*Misplaced gloss.*] **על עסק** על עסק כספה...
אנחנן מתיעלים m על דבר הכסף אנחנו
מובאים - בר מג 18. **ואבעש פתגמה בעיני**
**אברהם על דדי עיסק ברה** M₂ ...על אדות בנו
the thing was very displeasing to Abraham on
account of his son - בר כא 11 [מן הגיליון
*Misplaced gloss*].

**עסק** ש״ע ז *n. m.* **עניין matter** **וזעק שם בארה**
**עסק** A ויקרא שם הבאר עשק - בר כו 20.

**עסקוף**† שם מקום *pr. n. (place)*
**עסקוף** ש״פ **ושם נהרה תנינה עסקוף** (E)A
ושם הנהר השני גיחון - בר ב 13.

†**עסקלון** שם מקום *pr. n. (place)* [> عسقلان.
ע״ע אשקלון, עשקלון]

**עסקלון** ש״פ ודאר בין קדש ובין שור ותותב בעסקלון A וישב בין קדש ובין שור ויגר בגרר - בר כ 1. ואזל יצחק לות אבימלך מלך פלסטיני עסקלון A וילך יצחק אל אבימלך מלך פלשתים גררה - בר כו 1. ותותב יצחק בעסקלון A - בר כו 6. ונצון רעי עסקלון עם רעי יצחק - בר כו 20.

†**עסקף** ע״ע עפסוף [עיוות מכוון לשם לשון נקייה ? [Deliberate distortion for euphemistic purposes

**עסקף** ש״ע ז *n. m.* ! והוו שניהון עסקפין (E)A ויהיו שניהם ערמים they were both naked - בר ב 25.

**עסר** ש״מ *numeral* [**א״י** עשר סלעין דכסף - נ במ ז 15. **סוא״י** עסרא טלנטין - מתי כה 28]

†**פעל עישר to tithe** וכל דתתן לי עסור אעסרנה לך וכל אשר תתן לי עשר אעשרנו לך of all that You give me, I will set aside a tithe for You - בר כח 22. עסור תעסר ית כל עללת זרעך עשר תעשר את כל תבואת זרעך - דב יד 22(=המליץ 545). ולא תימר אנה עסרתי ית אברהם A (M אעסרת; JCB אעתרת) ...אני העשרתי את אברם it is I who made Abram tithe - בר יד 23 [פירש "לקחתי מעשר". על פי השוויון ש/ש].

**מעסרה** כד תסכם למעסרה ית כל מעסר עללתך כי תכלה לעשר את כל מעשר תבואתך when you have finished paying all the tithe of your produce- דב כו 12.

†**מעסור** ש״ע ז *n. m.* **מעשר tithe** ויהב לה מעסור מכלה A ויתן לו מעשר מכל (Abram) gave him a tenth of everything - בר יד 20 [עירוב של עסור ושל מעסר. ע׳ להלן].

**מעסר** ש״ע ז *n. m.* **מעשר tithe** ויהב לה מעסר מכלה ויתן לו מעשר מכל (Abram) gave him a tenth of everything - בר יד 20 (=המליץ 545). ותנדון לתמן עלתיכון... וית מעסרתיכון (B מעסרתכון;V מעסריכון)- דב יב 6. כן תרמון... ית ארמות יהוה מכל מעסרתכון (N מעסריכון, E מעסרתיכון, A מ עסרותכון) - במ יח 28. לא תכל בקוריך למיכל מעסר דגניך- דב יב 17.

**עסור א** ש״ע ז *n. m.* qiṭṭūl **מעשר tithe** ויהב לה עסור מכלה- אס 12ב [מביא את בר יד 20]. **ב** ש״פ *n. v.* **הפרשת המעשר tithing** וכל דתתן לי עסור אעסרנה לך וכל אשר תתן לי עשר אעשרנו לך - בר כח 22 (=המליץ 545). עסור תעסר ית כל עללת זרעך עשר תעשר את כל תבואת זרעך - דב יד 22. **ג** ש״ע ז *n. m.* **עשירית** מידה a tenth measure ועמרה עסור מכלתה הוא והעמר עשירית האיפה הוא the omer is a tenth of an ephah - שמ טז 36. ועסור סלת אחד בסיס במשחה ועשרון סלת אחד בלול בשמן - ויק יד 21 (=המליץ 546).

**עסר א** שפ״ע *v. n.* **הפרשת המעשר tithing** עסר אעסרנה לך A עשר אעשרנו לך - בר כח 22. עסר תעסר ית כל עללת זרעך B - דב יד 22. **ב** שם מספר מותאם לנקבה. נכתב לפעמים עשר בהשפעת נ״ש, כגון ת״מ 99א, 195א. *cardinal number with f. nouns* **עשר ten** וית משכנה תעבד עסר יריען As for the tabernacle, עשר יריעות שש... מילת make it of ten strips of cloth - שמ כו 1. מסכום עסר שנים מקץ עשר שנים - בר טז 3. מותאם לזכר *with m. nouns* עסר גונין זה עשרת מנים - בר לא 7. וצרפו יתי עסר זבנים וינסו אתי עשר פעמים - ת״מ 216ב [מביא את במ יד 22 לפי גרסת ECA. אבל VNMJB : עסרה]. כל עסרה דאצל אלהים מן אבונן לנן הוא MA (נ״א עותרה) כל העשר... - בר לא 16 [דרש מיוסד על שוויון ההגייה ש/ש].

**עסרה עשרה ten** שם מספר נכתב לפעמים עשרה בהשפעת נ״ש, כגון ת״מ 168ב, 171ב. **1** מותאם לזכר *cardinal number with m. nouns* ועירים עסרה ten asses ועירים עשרה - בר לב 16 (=המליץ 545). עסרה דינים מעתדים לחיביה עשרה עונשים מוכנים לחוטאים - ת״מ 231ב. מאן יתשקעון תמן עסרה אולי ימצאו שם עשרה (צדיקים) - בר יח 32. **2** מותאם לנקבה *with f. nouns* ואנון עסרה ברכהן רברבהן והן עשר ברכות גדולות they are ten great blessings - ת״מ 129ב. עסרה אוקרואן אוקרך עשרה כיבודים כיבדך - ת״מ 228ב. נסמך *cstr.:* דפקד יתכון למעבד עסרתי מליה אשר ציווה אתכם לעשות עשרת הדברים - דב ד 13. ועסרתי אקריה דאגלו בבראשית עשרת העיקרים שנגלו בבראשית - ת״מ 180א. מיודע *det.:* כלול עסרתיתה דאתכרו קמיך כל העשרה שנזכרו לפניך - ת״מ 158ב. לא אחבל בדיל עסרתיתה (MCB עסרתה) לא אשחית בעבור העשרה - בר יח 32. **3 עשרת** קבוצה של עשרה **a group of ten** רבני עסרן VCB שרי עשרות chiefs of tens - שמ יח 21, וכן דב א 15 V (המליץ 545: עסראן).

†**עסרו** ש״ע נ *n. f.* **עשרת** קבוצה של עשרה a

- chiefs of tens **group of ten** ורבני עסרבן
שמ יח 21, דב א 15 (B עסרואן) וכן שמ יח 25: עסרון.

**עסרים** ש״מ נכתב לפעמים עשרים בהשפעת נ״ש, כגון
ת״מ 87ב, 165א *cardinal number* **עשרים**
**twenty** דן לי עסרים שנה בביתך it is twenty
years that I spent in your household - בר לא 41.
*cstr.* נסמך: מבר עסרים שנה ולעל - במ יד 29.
תחת עסריתי לוחיה תחת עשרת הלוחות - שמ
כו 19, לו 24. מיודע *det.* לא אחבל בדיל עסריתה
לא אשחית בעבור העשרים - בר יח 31.

**עסיראי** מספר סודר זכר. נכתב לפעמים עשר בהשפעת
נ״ש, כגון ת״מ 41א*, 108א *m. ordinal number* **עשירי**
**tenth** אף דר עסירי לא ייעל להון בקהל יהוה
גם דור עשירי לא יבא להם בקהל יהוה even
to the tenth generation they shall not enter the
assembly of the Lord - דב כג 4. מיודע *det.* כל
דיעבר תחת שבטה עסיראה יהי קדש כל אשר
יעבר תחת השבט העשירי יהיה קדש - ויק כז
32. **עסיראה** מספר סודר נקבה **עשירית** *f.* **tenth**
מיודע *det.*: מלתה עסריתה הדבר העשירי the
tenth commandment - ת״מ 241ב.

**עסירו** ש״ע נ *n. f.* **עשור** **the tenth day of**
**the month** בעסירו מן ירחה בעשור לחודש
on the tenth of the month - ת״מ 40א [מן עסיראי.
זב״ח הע׳ 2].

**עפד**† טומאה, נדה **impurity** [גיזרון קשה. זב״ח,
עואנ״ש ב 519. *[Unclear etymology. See dwb*
**קל** בינוני **טמא** **to be unclean** וגבר דישכב
עם אתה עפדה C (VM טמה) ואיש אשר ישכב
עם אשה דוה if a man lies with a woman
having her menstrual impurity - ויק כ 18 [התה״ע
N) MEC ודעפדה בטמאתה. [SAV: حائض
ועפדה) והדוה בנדתה she who is in menstrual
impurity - ויק טו 33.

**פעל** בינוני פעול *pass. pt.* **טמא** **unclean** אתה
מעפדה EB ...אשה דוה a woman having
menstrual impurity - ויק כ 18 (=המליץ 448).

**עפדה** ש״ע נ *n. f.* **טומאה** **uncleanness** אתה
כד תזדרע ...ותסתב שבעה יומים כיומי טמת
עפדתה mE (נ״א טמאתה, סבתה) ואשה כי
תזרע... וטמאה שבעה ימים כימי נידת דותה
if a woman conceives…,she shall be unclean
seven days; as at the time of her menstrual
impurity - ויק יב 2 (=המליץ 448 וכך הוא A בפס 3
שהסופר העביר מכאן. המליץ 519: עבדת = נדת, עבדתה
= נדתה (מן ויק טו 24)]. הועבר לערלה *transferred to*

ובביומה תמינה יתגזר ית בסר *the foreskin*
עפדתה A וביום השמיני ימול את בשר ערלתו
- ויק יב 3.

**עפוק**† אחיזה **seize** [אחיזה? ס עפק = הקפה וחיבוק
השׁ׳ عفوق צמח נאחז ומטפס LS 539b -
[Barthélemy 538 -

**עפוק אחיזה** ש״ע ז *n. m.* **seize** ואדה אחידה
בעפוק עשו A (נ״א בעקב) וידו אחזה באחיזת
עשו (Jacob's) hand was grabbing, at seizing
Esau - בר כה 26.

**עפי**† כבוד **honor** [< حفا = נתכבד (ZSp 184).
השׁ׳ Lane 604c]

**קל נתכבד** **to be honored** ושתו ועפו עמה
A (נ״א ואתרבו, ורויו) וישתו וישכרו עמו they
drank and were honored with him - בר מג 34.

**עפיך**† ט״ס מן עדי. ע״ע חדי [2] *Corr.*

**עפיך?** וית כספה מעזרה בפי עפיכיכון תעזרו
A (נ״א באדיכון, בחדיכון) ואת הכסף המושב
בפי אמתחתיכם תשיבו - בר מג 12.

**עפל** התחלה **start** [עש״ח. נגזר מן ׳ויעפילו לעלות׳
במ יד 44, שנתפרש לשון התחלה, ע זב״ח ת״מ 173א
הע 1. *[NSH Secondary root after* Num 14:44.

**קל התחיל** **to start** וכד אסכם מן פקוד סהביה
עפל יפקד ספריה וכאשר גמר לצוות על הזקנים
התחיל לצוות על מורים when he had finished
to command the Elders, he begun to command
the teachers - ת״מ 170ב. זעק לכל קהל ישראל
ועפל במימר לון קרא לכל קהל ישראל והחל
לדבר עליהם - ת״מ 171א. נביה... עפל ישבח
הנביא... התחיל לשיר (את ״השירה הגדולה״)
the Prophet... started to sing (the "Great Song")
- ת״מ 173א. ועפל יוכיח ויברך פני מותה והתחיל
(משה) להוכיח ולברך לפני מותו - ת״מ 255א
[זב״ח הע׳ 4]. שעתה דאפרש מן קהלה ועפל
במסוקה צבע קהל ישראל בשעה שנפרד (משה)
והחל בעלייתו (להר נבא) צעק הקהל - ת״מ
260ב. ועפל ימלל עמון - ת״מ 231ב. עפל יתחנן
קמי מרה - ת״מ 250א. עפל יפקד יתון - ת״מ
256ב.. ראיתי שם תרח יקיר עד מותר עפלתי
אמר מה הוא זה ...התחלתי לומר מה הוא זה
- אבישע (Cow 367).

†עפלוט ?

**עפלוט** ש״ע ז .n. m **?** מן אשר פטוע לחיפה והו יתן מן עפלוטי מלכיה A מאשר שמן לחמו והוא יתן מעודני מלך - בר מט 20 [הפסוק משובש כולו. *Very corrupt passage*.]

†עפלק[1] מעולה **distinction** [> عفلق = (איש) מצויין - Denizeau 357. המליץ 465: נחמד! ע׳ זב״ח שם].

**עפלק** ש״ת .*adj* **מעולה distinguished** ואסק יהוה אלה מן אדמתה ית כל עילן עפלק A (נ״א תחמדה) ...את כל עץ מעולה out of the ground the Lord God made to grow every tree - that is distinguished - בר ב 9

†עפלק[2] שיבוש מן עסקון ? *Corr.*

**פעל ?** וחפרון לנוף עורן ועפלקון אף עליה A (נ״א ואתיגרו) ויחפרו באר אחרת ויריבו גם עליה - בר כו 21.

†עפמיה שם מקום (*place*) *pr. n.* [ע״ע שפמה ašfēma]

**עפמיה** ש״פ לתחום מדנחה מדרת עינן עפמיה E) עבמיה, V לאפמיה) ונחץ ת חומנה מעפמיה EC (B עפמיה, V מן אפמיה) הרבלה - במ לג 12-11.

†עפס ? [שיבוש מן תפס ? *Corr. from tps*]

**קל ? תפש to hold ?** ארש כל מן עפס פליכסה וקטלוס A (נ״א אהד) אבי תפש כל כנר ועגב - ancestor of all who hold the lyre and the pipe - בר ד 21.

†עפסוף [עיוות מכוון לשם לשון נקייה ? *Deliberate distortion for euphemistic purposes*]

**עפסוף** ש ע ז .*n. m* ? וחכמו הלא עפסופין אנון A (נ״א ערטלאים) ...וידעו כי ערמים הם - they perceived that they were naked - בר ג 7.

†עפף עשן **smoke** ← עיבוד המתכת **metallurgy** [א״י ויעפפון סיפיהון = וכתתו חרבותם - תרג׳ ישע ב 4. זב״ח עואנ״ש ב 564].

**עפיף** ש״ע ז .*n. m* **1 לוטש forger** וצלה... אולדת ית תובל קין עפיף לסיק כל קחף נחשה ופרזקה A ...לטש כל חרש נחשת וברזל Zillah... bore Tubal Cain, a forger of all implements of copper and iron - בר ד 22 [לסיק הוא גיליון]. **2 עשן smoke** וסלק עפיפה כעפיף אתונה A (נ״א ליאבה כליאב) ויעל עשנו כעשן הכבשן the smoke rose like the smoke of a kiln - שמ יט 18. **3 פיח soot** סבו לכון... עפיף אתונה A קחו לכם... פיח הכבשן take... soot - from the kiln - שמ ט 8.

**פיף** ש״ע ז .*n. m* [> עפיף] **פיח soot** סבו לכון פיף אתונה EC קחו לכם... פיח הכבשן - take... soot from the kiln - שמ ט 8 (=המליץ 564). ונסבו ית פיף אתונה EC ויקחו את פיח הכבשן - שמ ט 10. ופם מעילה בגבה כפיף קליע B ופי המעיל בתוכו כפי תחרא the opening of the robe in it was like a dark-colored plaiting - שמ לט 23 [עיבוד של M על פי שמ׳ ט 8. B *reproduces* M, *adjusting it to* Ex 9:8. *See pwḥ*.]

**פעף** ש״ע ז .*n. m* [> עפיף] **פיח soot** ואנסבו ית פעף אתונה A ויקחו את פיח הכבשן they took the soot of the kiln - שמ ט 10.

†עפץ מרירות **bitterness** [**ס** עפצא - LS 539a. **ע** דיו שאין בו עפץ - ירוש גיטין מד ע״ב. חומר מופק מעץ האלון. הש׳ عفص - Lane 2091b]

**פעל** בינוני פעול .*pass. pt* **היה מר to be bitter** משתוי מחלי... ומשתוי מעפץ משקה מתוק... ומשקה מר (the waters of Eden) are a sweet liquid... and a bitter liquid - ת״מ (ק) 73א.

**עפץ** ש״ת .*adj* **מר bitter** וצוח צוחה רבה ועפצה עד שריר A (נ״א ומרירה) ויצעק צעקה גדלה ומרה עד מאד (Esau) cried out an exceedingly great and bitter cry - בר כז 34.

עפר[1] אבק, גרגרי אדמה דקים **dust** [א״י ועפר יהוי מזונך - **נ** בר ג 14. **סוא״י** ועפר תיכול - בר ג 14]

**עפר** ש״ע ז .*n. m* **עפר dust** ואנה עפר וקטם ואנכי עפר ואפר I who am but dust and ashes - בר יח 27 (=המליץ 543). **ואנן עפר בטול** ʿâfår ואנו עפר בטל - מ ז 24. ויי זרעך כעפר ארעה - בר כח 14. יתן יהוה ית מטר ארעך אבק ועפר מן שומיה יתן יהוה את מטר ארצך אבק ועפר מן השמים - דב כח 24.

†עפר[2] מאבק, התגוששות **wrestling** [> عافر = נלחם - Barthélemy 537]

**אתעפרו** ש״ע נ .*n. f* **התגוששות wrestling**

ואתקבעת כף מיתב יעקב באתעפרותה עמה A ותקע כף רגל יעקב בהאבקו עמו the socket of his hip was strained in its wrestling with him - בר לב 26 [השי' התה"ע: במעאפרתה. See SAV].

**עפרון** *pr. n.* שם פרטי ifron

**עפרון** ש"פ ומלכו לי בעפרון בר צהר ופגעו לי בעפרון בן צהר - בר כג 8.

†**עצב** צער **grief** [א"י מתחנן הוה פרעה בקל עציב - מי"ל שמ יב 31 (ע"פ דנ יב 31)]

**אֶתְפָּעַל נצטער to be sad** וכד שמע קהלה אהן ממללה אתעצב... ותלא קלה בבכי וכאשר שמע הקהל דיבור זה (דברי הפרידה של משה) נעצב... ונשא קולו בבכי when the congregation heard this statement, they were sad... and raised their voice in weeping - ת"מ 259ב.

†**עצי¹** לחץ **oppression** [א"י לא תעצי = לא תעשק - נ ויק ה 21. סוא"י והוו עצין יתה ללוט = ויפצרו... - בר יט 9] ← מרד **rebellion** [א"י דעצינן לגיברא דעלמא = שמרדנו בגיבורו של עולם - דב"ר 25. זב"ח תרביץ יט 200. ועי' טל, לשוננו מח-מט 177. ע"ע עצ"ץ]

**קל** עבר: דעצה - ויק ה 23. עתיד: תעצי - מ ד 80. בינוני: עצי ᶜâṣi - ע"ד טו 3. עצין (ר) - דב ט 7. פעול: עצי - דב כח 29. **אֶתְפָּעַל** עבר: אתעצו - בר כו 20 *$M_2$. **עצאי** - qaṭṭāl בר י 9 C. **עצאי** qəṭāl - בר כו 20 *$M_2$. **עצה** (ש"ת) - במ יג 20 MB. **עצו** - בר כו 20 E. **עצי(א)** - ויק ה 21.

**קל גזל to tear away, rob** ויעזר ית עצינה דעצה והשיב את הגזל אשר גזל he shall restore the robbery that he robbed - ויק ה 23. על דדי באר מיה דעצו עבדי אבימלך על אדות באר המים אשר גזלו... - בר כא 25. דלא תעצי ית בנאתך מן עמי פן תגזל את בנותך מעמי - בר לא 31. ותהי לוד עשיק ועצי והיית אך עשוק וגזול - דב כח 29. חמרך עצי מלקדמיך חמורך גזול לפניך - דב כח 31[מיזוג ש/ש]. **2 לחץ to harass** ועצותה ותיגרותה וסנותה מסעני פלגים ויםררהו ויריבהו וישטמהו $M_1$ the opponents (*lit.*: owners of enmity) harassed him, quarreled with him, and hated him - בר מט 23 [תפס מן מר"י, כלומר מרדו בו]. וקרא שם בירה עצו כד עצותה E ויקרא שם הבאר עשק כי התעשקו עמו he called the name of the well harassment, for they harassed him - בר כו 20 **3**. **מאס, דחה to reject** לית תעצי פעלך שאינך מואס במעשיך You do not reject Your creatures - מ ד 80. אלה דלא עצי פעליו האל שאינו מואס במעשיו - ע"ד טו 3. **4 מרד to disobey, rebel** ושומיה וארעה לא עצו מליו השמים והארץ לא מרדו בדבריו heaven and earth did not disobey (Moses') words - ת"מ 303ב. הדחול מן אלה... לא יעצינה הירא... לאל ימרוד בו - he who fears God... does not disobey Him - ת"מ 292ב. עצין הויתון עם יהוה ממרים הייתם עם יהוה - דב ט 7. ליתי עצי למליך איני ממרה את פיך - ת"מ 14א. דלא עצי כלום שאינו מורד בדבר - ע"ד טו 16. מה דאתה מרשי לי ליתי יכל עצינך מה שאתה מצווה עלי איני יכול להמרותך - ת"מ 65א.

**אֶתְפָּעַל לחץ to harass** וקרא שם בירה עצאי הלא אתעצו עמה $M_2$* ויקרא שם הבאר עשק כי התעשקו עמו he called the name of the well harassment, for they harassed him - בר כו 20.

**עצאי** ש"ע ז qaṭṭāl *n. m.* **מורד rebel** הוא הוה גיבר עצאי ...על כן יימרון כנמרוד גיבר עצאי הוא היה גבור מורד... על כן יאמר כנמרוד גיבור מורד he was a mighty rebel before the Lord; therefore it is said, "Like Nimrod a mighty rebel..." - בר י 9 [נדרש נמרוד מן מרד].

**עצאי א** ש"ע ז qəṭāl* *n. m.* **לחץ harassment** וקרא שם בירה עצאי $M_2$* ויקרא שם הבאר עשק - בר כו 20.

**ב** ש"ת *adj.* **גזול seized** חמרך עצאי מלקדמיך EC חמורך גזול לפניך your ass shall be seized in front of you - דב כח 31 [תפס ש"ע].

**עצה** ש"ת *adj.* **צחיח desert** עתירה הי אם עצה E (נ"א אעצצה, עצאה, עצתה, עאציה) השמנה היא אם רזה? Is the soil rich or desert? - במ יג 20.

**עצו** ש"ע נ *n. f.* **עושק harassment** וקרא שם בירה עצו E ויקרא שם הבאר עשק - בר כו 20.

**עצי(א)ן** ש"ע ז *n. m.* **1 גזל, עושק robbery** וכדב בעברה במסרון... אי בעציאן וכחש בעמיתו בפקדון... או בגזל dealing deceitfully with his fellow in the matter of a deposit... or through robbery - ויק ה 21. ויעזר ית עצינה דעצה והשיב את הגזל אשר גזל - ויק ה 23. חטים (<חטיף) עציאם ושן בהמן אשגר בון טורף

עושק ושן בהמות אשלך בם a striving predator and (devouring) teeth of animals I shall send to them - דב לב 24 [פירוש של יקטף ממרי]. ומלכות יוסף ולא תברח מן עציאנה דמותה מלכות יוסף לא תימלט מעושק המוות - ת״מ (ק) 45א. **2 מרי rebellion** הלא אנה עכמת ית עצינך E כי אנכי ידעתי את מריך I know how rebellious (you are) -דב לא 27. כד עמו תרי נבייה עצינה דגלה לון כאשר ראו... את המרי אשר גילה להם (פרעה) - ת״מ 229ב. עמיק מדורך ושבי בכיפה עציאנך A איתן מושבך ושים בסלע מריך - במ כד 21.

**עצי²**† שם מקום *pr. n. (place)* [כינוי לארם על פי מדרש על לבן הארמי שעשק אותו. *Midr. reference to Laban*]

**עצי** ש״פ ואחיק ית כל קנינה וית כל נסיפה דנסיף קנין נכיסתה דנכים בקיץ עציA וינהג את כל מקנהו ואת כל רכושו אשר רכש מקנה קנינו אשר רכש בפדן ארם - בר לא 18.

**עציון גבר** שם מקום *pr. n.* iṣṣiyyon gēbår *(place)*

**עציון גבר** ש״פ ונטלו מן עברנה ושרו בעציון גבר - במ לג 35 - 36.

**עצל**† מניעה **preventing** [> عضل = מנע - Lane 2074]

**קל מנע to prevent** הא שוי עצלני יהוה ממולד A (*M₁ עצמני, MCB עצרני) הנה נא עצרני יהוה מלדת the Lord has prevented me from bearing - בר טז 2.

**עצם**† דחק ולחץ **pressure** [**סוא״י**: לא גר מעצם למן דלא צבא = אינו דוחק במי שאינו רוצה - Duensing 74], ריב **dispute** [**ע** שנים שנתעצמו זה עם זה - תוס ב״מ א טז]

**קל דחק to urge** ומפלחיה עצמים בעמה למימר אסכמו עובדיכון MEA (B אצמים, C עצימין = ת״מ (ל) 32) והנגשים אצים בעם... the taskmasters were urging them, saying "complete your work" - שמ ה 13. ומפלחיה עצימין בון סגי - ת״מ (ל) 32 (מקביל ל-20א ש).

**פעל 1 דחק to urge** וקדמיה עצמו בעמה (*M₄ מעצמים) והנגשים אצים בעם... - שמ ה 13. **2 מנע to prevent** עצמני יהוה ממילד (*M₁ עצרני יהוה מלדת the Lord has prevented me from bearing - בר טז 2 [השי התה״ע (נ״א) עצמני]. הלא עצמה עצם אלהים בסעד כל רחם (*M₂ כי עצר עצר אלהים בעד כל רחם - בר כ 18.

**מעצמה** ובעו למעצמאתה E ויבקש המיתו - שמ ד 24 (המליץ 453: למעצמתה = mª).

**אֶתְפָּעַל רב to quarrel** רק יתעצמון רב ממה דהוו ותתחיל עבידתון רק (אם) ילינו יותר ממה שהיו (מלינים), ותכבד עבודתם only (if) they quarrel more than they were (before), their work will be harder - ת״מ 20א.

**עצם** וכעצם שומיה לדכי B (נ״א וכקלום) וכעצם השמים לטהר - שמ כד 10 [שרבוב מן העברית. *H interp.*].

**עצמה** ש״ע נ *n. f.* **1 עצירה, מניעה hindrance** הלא עצמה עצם אלהים בסעד כל רחם *M₂ כי עצר עצר אלהים בעד כל רחם - בר כ 18. **2 כינוס** יצר משוואה עצם = עצר (ע״ע) **assembly** וביומה תמינאה עצמאה תהי לוכון E וביום השמיני עצרת תהיה לכם on the eighth day you shall hold an assembly - במ כט 35.

**עצמונה** שם מקום ʿåṣâmūna *pr. n. (place)*

**עצמונה** ש״פ וסאר תחומה מעצמונה נחל מצרים ונסב הגבול מעצמונה נחל מצרים - במ לד 5. מסחר עצמונה עד נחל מצרים נסב (הגבול) עצמונה עד נחל מצרים - אס 19ב.

**עצץ**† דחק ולחץ **stress, tension** [LS 359b **ס**] **dryness** ← רזון [טל, לשוננו מח-מט 177. ע״ע עצי. Tal, Lešonenu 48-49, p. 177f. *See* ʿsy.]

**עצץ** ש״ת *adj.* **צנום, רזה dry, desert** ומה ארעה השמינה הי אם אעצצה ומה הארץ השמנה היא אם צנומה is the soil rich or desert? - במ יג 20.

**עצה** ש״ת *adj.* **צנום, רזה dry, desert** השמינה הי אם עצה MB (E עצאה, *M₁ עאציה, C עצתה)... השמנה היא אם רזה - במ יג 20 [qa/illa].

**עצץ** ש״ע ז *n. m.* **עצם העצה backbone** ויקרב מדבח שלמיה... תרבה אליתה שלמה לתשבית עצצה יסטינה (NMECBA פרקה = המליץ 451) והקריב מזבח השלמים... חלבו האליה תמימה לעמת העצה יסירנה he shall offer... the whole broad tail, which shall be removed close to the

ויק ג 9. - backbone

**עצוץ** ש״ע ז *n. m.* [א״י אשכח חד עציץ = מצא כלי חרס - ירוש סנה כט ע״א] **כלי קיבול vessel** ועבד בד דמי שמש וזער דזוגוג ויהב לגו שמשה עצוץ דדהב מניר ועשה בתוך ארבע (הדמויות) תבנית שמש וירח של זכוכית ונתן לתוך השמש גביע של זהב מאיר he made among the four (images) a sun and a glass moon, and inside the sun a vessel of pure gold - אס 6א.

**עצר** לחץ **pressure** [א״י נסבת ענביה ועצרת יתהון - נ בר מ 12. **סוא״י** מעצרא גר עצרת בלחודי - ישע סג 3] ← עצירה ומניעה **deterring, preventing** [א״י עצר מטרא = מנע גשם - ירוש תענית סו ע״ג; מצוקה**distress**,

**קל** עבר: עצר - בר כ 18. בינוני פעול: עצירין ${}^{c}$āṣīrən - מ א 116. אֶתְפְּעֵל עבר: ואתעצרת - במ יז 13. **מעצר** - בר ט 3 (E)A. **מעצרה** - במ יח 30. **עצור** qiṭṭūl עצורין - המליץ 469. **עצור** qāṭōl עצוריה - ת״מ 244ב [ע״פ ״אפס עצור ועזוב״ - דב לב 36]. **עצר** - בר כ 18. **עצרה** - במ כט 35. **עצרון** - בר ה 29.

**קל 1 מנע to deter, stop** *trans.* ועצר ית שומיה ולא יהי מטר (God) will shut up the skies so that there will be no rain - דב יא 17. הלא עצר עצר אלהים בעד כל רחם the Lord closed all the wombs - בר כ 18. עצרני יהוה ממילד (נ״א מלמילד, מדמילד) MCB עצרני יהוה מלדת - בר טז 2. פרי מעיה עצירין פרות הבטן עצורים - מ א 116. ושומיה קבל עליו וארעה עצירה ‹עליו› והשמים חשכו עליו והאדמה נעצרה בעדו - ת״מ 163א. זה אלי ‹דצערני› מן מינק חלב טמא זה אלי אשר מנעני מלינוק חלב טמא "this is my God" (Ex 15:2) who prevented me from sucking impure milk - ת״מ 84ב. **2 סחט to press** ואנסבת ית ענביה ועצרת יתון לגו כאס פרעה ואקח את הענבים ואשחט אותם על כוס פרעה I took the grapes and pressed them into Pharaoh's cup - בר מ 11.

**אֶתְפְּעֵל 1 נמנע to stop** *intrans.* ואתעצרת מגיפתה ותעצר המגפה the plague was stopped - במ יז 13. **2 נעצב to be sad** ואתעצר עם לבה (E)A ויתעצב אל לבו it grieved him to his heart - בר ו 6 [צער הוא עניין לחץ. הש׳ בעקת נפשה - בר מב 21, וע׳ להלן עצרון].

**מעצר** ש״ע ז *n. m.* **ירק green** [באה״ש המאוחרת, נגזר מן מעצרה (2) .[*Late SA, der. of m*${}^{c}$*ṣrh (q. v.)*. לא אתותר כל מעצר באילן A לא נותר כל ירק בעץ no green was left on tree - שמ י 15 [SSt 104: מן חציר (ער׳ ח׳צ׳ר) והוא טעות]. כמעצר עסבA(E) כירק עשב green grass - בר ט 3.

**מעצרה** ש״ע נ *n. f.* **1 יקב wine-vat** וכמליתה מן מעצרתה וכמלאה מן היקב the pressed wine from the vat - במ יח 27. וכעללת מעצרה וכתבואת יקב the yield of the vat - במ יח 30 (=המליץ 482). ומן מעצרתך ומיקביך - דב טו 14 (המליץ 482: וממעצראתך). **2 יין** הכללת עניין הסחיטה לתוצאתה **wine** מעצרתך ובדך לא תשאי (מליתך) JECBA) V מלאתך ודמעך לא תאחר you shall delay the wine of the first yield of your vats - שמ כב 28. דגנך יבשך ומאעצרתך VJEC) B ורטיביך) דגנך תירשך ויצהרך your grain and dried fruit and wine - דב ז 13 [הש׳ **ס** עצרא דגוזא - PSm II 295. ע״ע בד].

**עצור** ש״ע ז qiṭṭūl *n. m.* **ענבים סחוטים pressed grapes** מן עצורין מחרצנים - המליץ 469 ע״פ במ ו 4. [נתפרש עסיס מסחיטת הענבים. הש׳ פשיטתא: עצרא. N מן אצורין, M מחצורין, VB מן חצוריאן].

**עצור** ש״ע ז qāṭōl *n. m.* **עצור retained** ואפס עצור ועזוב עצוריה עבודי חוביה ...העצורים הם עושי החטאים the retained are the sinners - ת״מ 244ב.

**עצר** ש״ע ז *n. m.* **מניעה stopping** הלא עצר עצר אלהים בעד כל רחם the Lord closed all the wombs - בר כ 18.

**עצרה** ש״ע נ *n. f.* **כינוס assembly** [כינוס ולחץ קרובים. הש׳ צמת, טל, תעודה ב׳ 307] וביומה תמינאה עצרה תהי לכון וביום השמיני עצרת תהיה לכם on the eighth day you shall have an assembly - במ כט 35 וכיוצא בו ויק כג 36.

**עצרון** ש״ע ז *n. m.* **עצב, מצוקה pain, distress** [ע מעצר רעה ויגון - תה קז 39. **ס** מעצר הוא פגרה בצומא - PSm 2956] סגו אסגי עצרוניך... ועל עצרון תילדי בנין הרבה ארבה עצבונך...בעצבון תלדי בנים I will multiply your pain...; in pain you shall bring forth children - בר ג 16. בעצרון תיכלנה A(E) בעצבון תאכלנה by toil shall you eat of it - בר ג 17. דה יסוברנן מן עובדינן ועצרון אדינן A זה ינחמנו ממעשינו ומעצבון ידינו this one shall bring us relief from our deeds and from the toil of our hands - בר ה 29.

**עקב** סוף, אחרית וכן סוף הגוף: עקב הרגל או זנב

החייה **end** [**א״י** בעוקבה ביומה דמלכא משיחא = באחרית הימים, ביום מלך המשיח - **נ** בר ג 15. בסוף עקב יומיה - **התה״מ** שם. **סוא״י** מן דצבא דיהא קאמי יהא עקבא דכולא = מי שביקש להיות ראשון יהיה אחרון הכול - מרקוס ט 34]

**פעל** עבר: עקבה ${}^{c}$aqqēbe (+נסתר) - ע״ד יז 3; דעקב daqqəb - א״ג 103. **אפעל** עבר: אעקב - דב כה 18. **אֶתְפָּעַל** עבר: אתעקב - ת״מ 130ב. עתיד: יתעקב - בר ב 23 (E)A. **עקב** ēqəb - ע״ד כו 32. **עקבאי** עקבאה (מיודע) - ת״מ 210ב; עקבאי iqbâ${}^{\circ}$i (ר) - מ ב 62. **עקבאית** - ת״מ 139א; בעקבאיתך - דב ח 16. **עקבה** - שמ טו 18 A. **עקובה** עקובאתי (יחיד) - במ כג 10 C; עקובאן ēqū̂ bân - ע״ד כא 5.

**פעל 1 כינה to give a name** [זב״ח עואנ״ש ג/ב 297: גזור מן עקובתה] ועקב יתך בעשרה שמהן רברבהן וכינה אותך בעשרה שמות גדולים - (God) named you with ten great names - ת״מ 171ב. ועקבה בעקובאן טבן שבה וקדשה וברכה וכינהו בכינויים טובים: שבת וקודש וברכה - ע״ד טז 9. מן דעקב שמה אל חנון ורחום מי שכינה שמו 'אל וחנון ורחום' - א״ג 103. מרן רחמן ורתאי ובכן עקב גרמה אדוננו 'רחום וחנון' כינה עצמו - ת״מ 147ב **2 התחקה to follow, track** ועקבני דן זבנהים ויעקבני זה פעמים - he tracked me twice - בר כז 36 [ C${}^{ar}$: פתעקבני - התחקה אחרי].

**אפעל זינב to cut off the tail** *fig.* בהשאלה ודארעך בארעה ודאעקב בך כל שליטיה בתרך ואשר קראך בדרך ויזנב בך כל הנחשלים אחריך he attacked you on the way, and cut off at your rear all the rulers (!) - דב כה 18 (המליץ 458: ועקב).

**אֶתְפַּעַל נתכנה to be given a name** להדה יתעקב אתהא (E)A לזאת יקרא אשה she shall be called woman - בר ב 23 [טל תעודה ג 174]. ומנה אתת ביסרה טבה מבכן אתעקב ההר הטוב וממנו באה בשורה טובה על כן נתכנה 'ההר הטוב' from it (Garizim) came good tidings, therefore it was called "The Good Mountain" - ת״מ 130ב. וכד אתעקב בה נח אתפצה (צדיק...) וכאשר נתכנה בו נח נגאל - ת״מ 191א.

**עקב א** ש״ע ז *n. m.* **1 סוף, אחרית end** בעקב יומיה A באחרית הימים in days to come - בר מט 1 [וכך VN במ כד 14]. ריש דלא עקב אנון תשבחתך התחלה בלא סוף הן תשבחותיך a beginning without end are Your praises - מ ג 77. מדינתה כהלה פוגגו רישה ועקבה המדינה שכולה נועם, ראשה וסופה - ת״מ 157ב אנהו גאולה גבי לה בעקבה אני הוא גואל הדם, אנקום בו בסוף - ת״מ 30ב. אני אני הוא בשרוה ובעקבה אני אני הוא בראשית ובאחרית - ת״מ 245א ובתר ז' שנין מת ובעו עקב מלאכות חם ואחרי שבע שנים מת ובו (!) סוף מלכות חם - אס' 10א. בעלבן ימיה קדש גבעתה ידיר צעורין בסוף הימים ישכון בהר הקדוש יוצרנו at the end of the days our Creator will reside on the Holy Mountain - אס 21ב [ט״ס מן עקבן *corr. from* ${}^{c}$*qbn* ע' זב״ח שם]. **2 העולם הבא the world to come** וישם לך שלום בעלמה ובעקבה וישם לך שלום בעולם (הזה) ובבא "(the Lord) will give you peace" (Num 6:26) in this world and the next - ת״מ134ב. אמר מימר כהלה איטבו בעלמה ובעקבה דיבר דיבור שכולו טובה בעולם (הזה) ובבא - ת״מ157ב. **3 ברכה blessing** אנה עקבך ופלגתך A אני חלקך ונחלתך I am your portion and your inheritance - במ יח 20. **4 זנב tail** שלח אדך ואחד בעקבה שלח ידך ואחז בזנבו put out your hand, and seize it by the tail - שמ ד 4. הוא יהי לריש ואתה תהי לעקב הוא יהיה לראש ואתה תהיה לזנב - דב כח 44 (=המליץ 457]. **5 עקב heel** ואדה אחדה בעקב עשו וידו אחזת בעקב עשו his hand holding on to the heel of Esau - בר כה 26. הנכת עקבי סוס הנשך עקבי סוס - בר מט 17 (=מליץ 552). **ב** ש״ת **אחרון last** *adj.* אתהו עקב זכאי עלמה אתה הוא אחרון צדיקי העולם you are the last of the righteous of the world - ת״מ 6א. **ג** מ״ק **מפני ש- as a consequence of** *conj.* עקב דשמעת בקלי עקב אשר שמעת בקולי because you have obeyed My command - בר כב 18. ויהי עקב תשמעון ית דיניה האלין והיה עקב תשמעון את המשפטים האלה - דב ז 12 (=המליץ 552).

**עקבאי א** ש״ע ז *n. m.* **1 אחרית end** מן שרואה הכון עקבאה מן הראשית הוכנה האחרית from the beginning the end has been prepared - ת״מ 210ב. כי כל דרכיו כי קדמאיתה שרוי לעלם וכן תניניתה שביל לעקבאה כי הראשונה היא תחילה לעולם וכן השנייה היא דרך לאחריתו - ת״מ 184ב. **2 אחרון last** אדכר לקמאי ולא תנשי עקבאי זכור ראשונים ואל תשכח אחרונים remember the first ones and don't forget the last ones - מ ב 62. גלג קמאי ורבה עקבאי הילל את הראשונים וגידל את האחרונים - ת״מ 255ב. במעמד ש״ת *adjectival*

נשם ביומה עקבאה להיות נינוחים ביום האחרון - to be relieved in the last day ת״מ 128ב. אהנו יומה עקבאה זהו היום האחרון - אס׳ 20א. במעמד ת״פ *adverbial* אדך תהי בון בקדמאה ויד כל עמה בעקבאה ידך תהי בהם בראשונה ויד כל העם באחרונה your hand shall be first against them and the hand of all the people last - ת״מ 154ב. **3 העולם הבא the world to come** איך יהי לה תקומה קמע מרה בעלמה אי בעקבאה איך תהיה לו עמידה לפני אדוניו בעולם (הזה) או ב(עולם) הבא how shall he have a position in this world or the next? - ת״מ 166ב. **ב** ש״ע נ *n. f.* **1 אחרית end** ותהי עקבאיתי כבתה ותהי אחריתי כמוהו - let my end be like his במ כג 10. מקדמאית שתה ועד עקבאית שתה מראשית השנה ועד אחרית השנה - דב יא 12. למיטבאתך בעקבאיתך להטיבך באחריתך - דב ח 16. עד ישקחנה בעקבהיתה כדי שימצאנה באחרית - ת״מ 292א. וילן מנה לא יקום מימר יעקב אבינן בעקבאית יומיה עלינן אוי לנו ממנו לא יקום דבר יעקב אבינו עלינו - ת״מ 139א. **2** במעמד ת״פ *adverbial* **באחרונה at the end** ואד כל עמה בעקבאיתה ויד כל העם באחרנה - the hand of all the people last דב יג 10 וכך דב יז 7 לעקבאיתה יטלון MA (C לעקביתה) לאחרונה יסעו - במ ב 31.

**עקבה** ת״פ *adv.* **לאחרונה at the end** לעקבה יטלון NB לאחרונה יסעו they shall set out last - במ ב 31. ואד כל עמה בעקבה - דב יג 10. יהוה ימלך עלם סעד עקבה A יהוה ימלך עולם ועד the Lord will reign to eternity (wād) - שמ טו 18 [=המליץ 544. השי׳ בעוקבה - **נ** בר ג 15, במ כד 20].

**עקבן** ש״ע ז *n. m.* **סוף end** לך ירתי ויטיב העקבנים וכוס הרצון תשתי עליך ירחם וייטיב את סופך... - אבישע (Cow 108). ויטיב לוכון העקבנים - עבד אל (Cow 432). בעלבן ימיה קדש גבעתה ידיר צעורין בסוף הימים ישכון בהר הקדוש יוצרנו at the end of the days our Creator will dwell on the Holy Mountain - אס 21ב [ט״ס מן עקבן *corr. from* $^{c}qbn$ ע׳ זב״ח שם].

**עקובה** ש״ע נ *n. f.* **1 אחרית end** ותהי עקובאתי כבתה EC ותהי אחריתי כמוהו let my end be like his - במ כג 10. ועקובאתה סעד יאבד C ואחריתו עד יאבד - במ כד 20. ויתבוננו לעקובאתון E ויבינו לאחריתם - דב לב 29. **2 כינוי, תואר surname, title** דאתה רחום וחנון ועקובתך אל קני שאתה רחום וחנון ותוארך אל קנא You are merciful and compassionate and Your surname is "a jealous God" - א״ג 23. שמהת קדושים ועקובאן גדלים שמות קדושים וכינויים גדולים - ת״מ 89א. דו זעיק ביד אלה ארבע עקובאן רברבאן שהוא נקרא בידי האלוהים ארבעה כינויים גדולים - ע״ד כה 4-5. **3 תפארת glory** לא תשלח עקובתך מנן לא תפשוט תפארתך ממנו do not remove Your glory from us - מ א 142 כל אלין עקובהתה כל השבחים האלה - ת״מ 266א [זב״ח עואנ״ש ג/ב 162]. **4 ברכה blessing** תמן זעקה מלכי צדק עקובה חדתה על שמה דפצנה אחר כך קרא מלכיצדק ברכה חדשה על שם מי שהצילו afterwards Abimelech pronounced a new blessing on behalf of the one who saved him - אס 12ב [זב״ח, תרביץ יד 190].

**עקד**[1]† השתחויה **prostration** [**א״י** ועקד לארעה - **נ** שמ לד 8. **סוא״י** וקעד על ארכובתה קודמי - מרקוס א 40. ראה דיון LSP 182b]

**קל השתחווה to bow down** ועקד וסגד ויקד וישתחו he bowed down and wāqəd worshiped - ע״ד יג 35. ועקד גברה וסגד ויקד האיש וישתחו - בר כד 26, ודומה לו שמ יב 27, לד 8, במ כב 31, ת״מ 215ב, אס 12ב. ועקדת וסגדת ואקד ואשתחוה - בר כד 48. ועקדו וסגדו - בר מג 28, שמ ד 31, יב 27, ת״מ 19א, 46א, 211ב.

**מעקודי** ש״ע נ *n. f.* **מזבח altar** ועבד לגוה אבן רימת דחלה כות... מעקודית אדם קמאיתה ועשה בתוכה (בירושלים) אבן תלויה בתוך בית יראה כמו... המזבח הראשון של אדם (Achidan) built in (Jerusalem) a pendent stone in a worship place like... the first altar of Adam - אס 5ב.

**עקד**[2]† קשירה וכפיתה **binding, tying** [נגזר מעקדת יצחק. **א״י** ועקד ית יצחק ברה - **נ** בר כב 9]

**קל קשר to tie** וסדר ית עאיה ועקד ית יצחק ברה ...ויעקד את יצחק בנו (Abraham) arranged the wood and bound Isaac his son - בר כב 9. באו ליצחק ועקד גרמה קמיו ביקש (האל) את יצחק ו(יצחק) עקד עצמו לפניו - ת״מ 10ב. ועקד יצחק ברה - ת״מ 135א.

**אֶתְפְּעֵל נעקד to be tied** ונסגד קמיו באנצירו כות אדם כד דחל... ויצחק כד אתעקד נשתחווה לפניו במסירות כמו אדם כשירא...

ויצחק כשנעקד let us bow down before Him with devotion like Adam when he was afraid…, like Isaac when he was bound - ת״מ 119a [השי׳ נ ויק כב 27: בגין למדכרא זכותא דגברא יחידה דאתעקד על חד מן טוריה].

עקל† [א״י (?) דמעקל **bend, twist** עקימות, כריכה מאורחתיה = ומעקש דרכיו - תרג׳ משלי י 9 (מהדורת L.Diez Merino, *Targum de Proverbios*, Madrid 1984). **ס** עקל = עקימות - LS 542b. והשי׳ عقل - [Barthélemy 541

**פעל עיקם** to twist אעקל ית אדיו VmC (Jacob) שכל ית ידיו (594 המליץ = תכל MEB) יתי *fig.* בהשאלה. בר מח 14 - crossed his hands עקלתון V*M₃A (נ״א תכלתון = המליץ 594) אתי שכלתם you twisted me - בר מב 36 [פירש מן שכל = עורמה, כלומר: הערמתם עלי (במעשה יוסף) [*i. e.*: you twisted my mind about Joseph.

**עקיל** ש״ע ז *n. m.* [א״י ועקילייא מן אדריעיהון - התה״מ במ לא 50] **jewel תכשיט** קטעלה ושיר עסקה עקיל ובולה M₂ (V' עגיל) חח ונזם טבעת עגיל וכומז - שמ לה 22.

עקם[1]† [א״י הוות אצבעתיה עקימה **twisting** עיוות = היתה אצבעו עקומה - ירוש מגילה עה ע״ב. **סוא״י** ויהן כול מעקמתא לשויו = והיה העקב למישור - ישע מ [4

**פעל היה מפותל** בהשאלה to be crooked גיל מעקם E (V' מעקמה) דור עקש *fig.* - דב לב 5 [נ דרא עקמנה]. crooked generation

עקם[2]† עקרות childless [ס عقيم - ZSp 129. [Lane 2117b

**עקים** ש״ת *adj.* **בלא ילדים** childless וגבר דישכב עם עביבתה... עקימים יתקטלון (נ״א ערטלאים = המליץ 547)... ערירים ימותו if a man lies with his uncle's wife…, they shall die childless - ויק כ 20 ובדומה לו פס׳ 21 [מן התה״ע עקימאן SAV].

**עקימאי** ש״ת *adj.* **בלא ילדים** childless מה תהב לי ואנה הלך עקימאי A (נ״א ערטלאי) מה תתן לי ואני הלך ערירי what can You give me, while I am childless? - בר טו 2 [עירוב של עקים ושל ערטלאי. [*Blend of* ᶜ*qym and* ᶜ*rtl*ʾ*y*.

עקן שם פרטי *pr. n.*

**עקן** ש״פ ואלין בני אצר בלען וזוען ועקן - בר לו 27.

עקף† עקמימות **twining** [א״י למתעקפה עלינן = להערים עלינו (מתרגם להתגולל) - נ בר מג 18]

**עקוף** ש״ע ז qiṭṭūl *n. m.* **סבך thicket** נקי חד אחיד בעקוף mA איל אחד נאחז בסבך a ram caught in a thicket - בר כב 13 (=המליץ 540).

עקץ† נכישה, עקיצה **bite** [א״י עקרבין עקצין - מי״ל דב ח 15. **סוא״י** ולעוקצא דסנא... את בטלת = ואת עוקץ האויב ...אתה ביטלת - Horol 175a]

**קל** בינוני פעול *pass. pt.* **נכש** (snake) to bite ועל עשו מן ברה והוא עקיץ A (נ״א נכית) ובא עשו מן השדה והוא עקוץ Esau came in from the field, and he was bitten - בר כה 29. אסגיי שוי... הלא עקיץ אנה A ...כי עקוץ אנכי - בר כה 30.

עקק† עקמימות, עיוות **twisting** [ס עקקא = עקום - PSm 2958]

**קל** בינוני פעול *pass. pt.* **היה עקום** בהשאלה to be crooked *fig.* גיל עקיק ומבלמלם C דור עקש ופתלתל crooked and perverted generation - דב לב 5.

עקר[1] שורש, יסוד **root, fundament** [א״י לעקר זרעית גיור - נ ויק כה 25] ← העתקה, עקירה וכריתה [א״י עשר כוכבין בעון **removal, uprooting** למעקר כוכב חד - נ בר נ 21. **סוא״י** אתעקר ואתנצב בימא = היעקר והינטע בים - לוקס יז 6]

**קל** עבר: ועקר - בר כו 22 (=המליץ 549). ציווי: עקר - במ כד 11. בינוני: חקר - בר לא 20. פעול: עקיר - ויק כב 24 ME (=המליץ 495). מקור: למעקר - שמ ח 5. **פעל** עבר: עקר - ת״מ 203א. עתיד: יעקר - דב יט 1. **אתפעל** עבר: ואתעקרת - ת״מ 163א. עתיד: תתעקר - מ יז 18; בר מא 36 (= המליץ 489). יעקר - tētāqqår דב כד 3 B. **אקרע** אקרעה (+נסתר) - במ כד 7 E. **מעקר** במעקרה (+נסתר) - בר לה 7. **עקור** qiṭṭūl - במ טו 31. עקורין - במ טו 31 M₁EB*. **עקור** qāṭōl - ויק כב 24 A. **עקר** - אקר - שמ יג 12 CA. **עקר** âqår - ע״ד כו 10. **עקר** qaṭṭāl - דב ז 14. עקרה בר כט 31. **עקרורי** - בר כה 21 A.

**קל 1 עקר** פע״י *trans.* **to tear, uproot** ונתיק ועקיר ME ונתוק וכרות (with its testes)…torn or plucked - ויק כב 24 (=המליץ 495). **ועקיר שפכן** V וכרות שפכת - דב כג 2. **ועקר ער ואונן בארע** כנענאה A (נ״א ומית) ונכרת ער ואונן בארץ

Er and Onan were uprooted (*i.e.*, died כנען [דרוש 19 במ כו - childless) in the land of Canaan

**to move** from **2 העתיק מקומו** פע״ע [*Midr.* ועקר מתמן וחפרו one place to another *intrans.* **באר עורני ויעתק משם ויחפרו באר אחרת** he - moved from there and they dug another well בר כו 22. **ועקר מתמן לטברה ויעתק משם ההרה** - בר יב 8. **ואשקחתה עקיר לאתר מדו מתקריה אחריה ערפאת ומצאתו עקור למקום שנקרא אחר כך ערפאת** - אס 2א. **3 ברח to flee** וחקר הוא וכל דלה ויברח הוא וכל אשר לו (Jacob) - fled with all that he had בר לא 21. וחקר משה מקדם פרעה ויברח משה... - שמ ב 15. עקר לך לאתרך ברח לך אל מקומך - במ כד 11. הלא חקר הואכי ברח הוא - בר לא 20.

**מעקר 1 בריחה flight** למה אטמרת למעקר למה נחבת לברח why did you hide to - flee (*i.e.*, fled in secrecy) בר לא 27. **2 כריתה cutting off** למעקר ארדעניה מנך להכרית את הצפרדעים ממך that the frogs be cut off - from you שמ ח 5.

**פעל 1 עקר, השמיד to uproot, annihilate** כד יעקר יהוה אלהך ית גועיה כי יכרית... when the Lord your God cuts off - the nations דב יט 1. **ובריחותון עקרו תור ובריצונם עקרו שור** - בר מט 6. **ואטליון תעקרון ואשריהם תכרתון** - שמ לד 13. **ואעקר יתה מבגו עמה והכרתי אתו** - ויק כ 3. **ווילה למן דפנה מנה לקנומה אבד ולפרותה עקר אוי לו למי שנטה ממנו ואת פירותיו כרת** - ת״מ 203א. **כרת ברית to make a covenant** עקרת עמך קיאם I have made a covenant כרתי אתך ברית... B *Late* העברה מאוחרת] 27 שמ לד - with you *meaning shift*].

**אֶתְפַעַל 1 נעקר, נכרת to be cut off, perish** ואתעקרת פריתה ונכרת פריו (של קין) - (Cain's) fruit is plucked off - ת״מ 163א. לבה אנה מתקף ובעקבה יתעקר דכרנה את לבו (של פרעה) אני מחזק ובסוף ייעקר זכרו in the end the memory of him (Pharaoh) will - be cut off - ת״מ 21א. **כל נפש לא תצום תתעקר מקרב עמה כל נפש אשר לא תצום תיעקר מקרב עמה** - מ יז 17-18. **ולא תתעקר ארעה בכפן ולא תכרת הארץ ברעב** the land may not - perish through the famine - בר מא 36. **כל אכל חמי ותתעקר נפשה ההיא מישראל ונכרתה הנפש ההיא** - שמ יב 15. **2 מת** [מאוחר: בעקבות תפיסת "כרת" = מוות בביטויים "ונכרתה הנפש ההיא"

במדברה הדן ישלמון ותמן **to die** [*Late* SA. A יתעקרון (נ״א ימותון)... in this ושם ימותו... wilderness they shall come to an end, and there - they shall die B כד יעקר בעלה - במ יד 35. (נ״א ימות) - דב כד 3. A וכדו למה נתעקר (נ״א נמות) ועתה למה נמות - שמ כ 15 (מביא את דב ה 21, אבל שם הכול 'נמות').

**אקרע**[†] ש״ע ז *n. m.* **root שורש** ואקרעה במיה סגים E וזרעו במים רבים his root has - abundant water במ כד 7.

**מעקר** ש״ע ז *n. m.* **1 השמדה annihilation** אסכמו שקר במעקריון VM[1] כלו חמס they cleared off (את אנשי שכם) בהשמדתם injustice in their annihilation (of the people of - Shekhem) בר מט 5 [תפס מכרת מן כרת. נ״א במעקריון, בקטעותון. והכול רמז לפסוק 6. *Int. mkrt from krt*]. **2 בריחה flight** אגלי לה האלהים במעקרה מקדם אחיו ...בברחו מפני אחיו God revealed - Himself to him in his flight from his brother בר לה 7.

**עקור**[†] ש״ע ז *n. m.* qiṭṭūl **1 מוות death** עקור תתעקרון במדברה ולא אתותר מנון גבר A (נ״א מות ימותון) מות ימותו במדבר - במ כו 65. עקור תתעקר נפשה ההיא *M[1]EB הכרת תכרת - במ טו 31. **2 עקרות barrenness** לא יהי בך עקר ועיקור B (י תלויה) לא יהיה בך עקר ועקרות there shall be no barren nor - barrenness among you דב ז 14.

**עקורין**[†] עקורין תתעקר נפשה ההיא הכרת תכרת... - במ טו 31.

**עקור**[†] ש״ת qāṭōl *adj.* **כרות cut off** ומעיס וסריס וסליל ועקור לא תקרבון A (נ״א ונתיק, וקציע) ומעוך וכתות ונתוק וכרות לא תקריבו you shall not offer... any animal with its testes - bruised, castrated, sprained, or cut off ויק כב 24.

**עקר א** ש״ע ז *n. m.* **1 יסוד base** וית אדמה ארק לגו עקר מדבחה M[1] ואת הדם יצק אל יסוד המזבח he poured out the blood at the - base of the altar ויק ט 9. **2** בהשאלה *fig.* **א יסוד, שורש fundation, root** אקימו אלה על אקר בריאתה הציבה אלוהים (את מלת 'אזי') על יסוד הבריאה God established (the word ʾz on the foundation of the Creation (Gen 4:26) - ת״מ 70ב. **דן ישפט עמה כאקר שבטי ישראל...כיסוד שבטי ישראל** - בר מט 16. **ויקטל אקרה עם נופה** A **והכני האם על הבנים** he - may strike me down, root and offshoots alike

בר לב 12 [א״ס: الاصول مع الفرع]. מן אלין אפרדו אקרי גועיה מאלה נפרדו איי הגויים - בר י 5 [התה״ע: اصول . ראשוני האומות נקראים ״יסודות׳ השי׳ ע׳ ארש]. תרין עקרין... רוח ונורה שני יסודות... הרוח... והאש - ת״מ 182ב. **ב ראשית origin** אקר לית לחילה ונוף לית לשלטנה דו אקר לעלמה ונוף לבריתה ראשית אין לכוחו ואחרית אין לשלטונו, שהוא שורש לעולם וענף לבריאה there is no origin to His might, no end to His sovereignity; He is the root of the world and the offshoot of the creation - ת״מ 10ב. **ג צאצא offspring, descendant** ואזדבן... לעקר כרן גיור ונמכר לעקר משפחת גר he sells himself to a descendant of the sojourner's family - ויק כה 47. הבהמה *of beasts* אקר אלפיך שגר אלפיך - דב ז 13, כח 4. האילן *of trees* ורמת ית ילידה תחת אחד מן אקריה m תחת אחד השוחים - בר כא 15 [פירש ענפים. *Int.*: branches]. **ד כרס womb** דמנע מן חקריך פרי גרס A אשר מנע ממך פרי בטן who has withheld from your womb the fruit of the womb - בר ל 2 [ואולי תפס ממעיך = ממך), אף שהגייתן שונה. זב״ח HebrWortf 20]. **3 כריתה annihilation** עקר prep. ב מ״י תתעקר N הכרת תכרת - במ טו 31. [באה״ש המאוחרת. זב״ח עואנ״ש ג/ב 113, 373. ע׳ עתה קימרון, תרביץ ס 649 על מסמך מקומראן: ופניהם זה בעקר זה = זה כנגד זה. ע׳ גם Late SA. RQ 14, 331-348]. **אצל from, by** אף כסה סגי אקרנן ($^*M_1$ נ״א עמנן) גם מספה רב עמנו there is with us much provender - בר כד 25. ולא צבה למשגרון מן אקרה ולא אבה (פרעה) לשלחם מאצלו (Pharaoh) did not want to let them go from him - ת״מ 237ב. אלולי ידע דלא אקרך קשט לא שגר בעי מנך אהן עמה אלולי ידע (האל) שאין אצלך צדק, לא שלח לבקש את העם הזה - ת״מ 24א. וטב ממללה אקר פרעה $m_2$ וייטב הדבר אצל פרעה - בר מא 38. ארי חיין אנון אדלא תיתי אקרון ילדאתה A כי חיות הנה בטרם תבוא אליהן המילדות - שמ א 19.

**עקר** ש״ת *adj.* qaṭṭāl **חסר ילדים barren** ורחל עקרה Rachel was barren - בר כט 31. לא יהי בך עקר ועקרה - דב ז 14.

**חקרה**† ש״ע נ *n. f.* **צאצא offspring** ותעבר... וכל פתוח חקרת בהמה B (CA אקר,V עקר, E אגר) והעברת... כל פטר שגר בהמה you shall set apart... every first offspring of cattle - שמ יג 12.

**עקרורי**† ש״ת *adj.* **עקרה barren** וצלאה אצחק ליהוה לכון אתתה הלא עקרוריתה היא A ויעתר יצחק לנכח אשתו כי עקרה היא Isaac prayed to the Lord on behalf of his wife, for she was barren - בר כה 21.

**עקר²**† מין יין **wine** [> عُقار - Lane 2110a]

**אתפועל** ש״ע ז *n. m.* **השתכר to become drunk** ושתו ואתוקרו עמה mE וישתו וישכרו עמו they drank and were intoxicated with him - בר מג 34 [גזורמן עקור].

**עוקר** ש״ע ז *n. m.* **שכר intoxicant** חמר ועוקר לא תשתה A יין ושכר לא תשתה drink no wine or other intoxicant - ויק י 9.

**עקור** ש״ע ז *n. m.* **יין wine** ודם ענב תשתה עקור E ודם ענב תשתה חמר of the blood of the grape you drank wine - דב לב 14. ארעע תנינים עקורן E חמת תנינין יינם - דב לב 33. והשקי ית אבוין הקורה $m_2$ ותשקינה את אביהן יין - בר יט 33.

**עקרב**† בעל חיים **scorpion** [א״י שרפין ועקרבין וצהו - נ דב ח 15. סוא״י חותא ועקרביא - לוקס י 19. טלשיר 82]

**עקרב** ש״ע ז *n. m.* **עקרב scorpion** המהלכך במדברה... נחש מוקד עקרב המוליכך במדבר... נחש שרוף עקרב (God) led you through the wilderness, with its fiery serpents and scorpions and thirst - דב ח 15.

**עקרבות**† בעל חיים **an animal** [טלשיר 82: עירוב של ענכבות ושל עקרב?]

**עקרבות** ש״ע ז *n. m.* ? וארדפו יתון כמה דעבדי עקרבותי[ה] $m_2$ וירדפו אתם כאשר תעשין הדברים - במ יד 45.

**עקרבים** שם מקום *pr. n. (place)* [ע״ע מסוקית עקרבים]

**עקרבים** ש״פ מסחר תחומה מן עקרבים נסב הגבול מעקרבים - אס 219ב.

**ער¹** שם פרטי ${}^{c}$ār *pr. n.*

**ער** ש״פ ובני יהודה ער ואונן ושלה - בר מו 12. יהודה כד קרב בישתה אולד ער ואונן יהודה כאשר נגע ברעה הוליד את ער ואונן - ת״מ 203ב.

**ער²** שם מקום °ār *pr. n. (place)* [מן העברית. ע״ע ארשה H]

**ער** ש״פ הלא לבני לוט יהבת ית ער ירתה (E ארשה, VN אורשה, B ערשה) כי לבני לוט נתתי את ער ירשה - דב ב 9.

**ערב¹** שקיעת השמש **sunset** ← רוח ימה **west**

**חרופה** ש״ע נ *n. f.* **ערב שבת Sabbath eve** דאתברא אדם בחרופתה כי נברא אדם בערב שבת Adam was created on Sabbath eve - אס 2ב.

**מערב** ש״ע ז *n. m.* [א״י בית אל מן מערבה - נ בר יב 8. **סוא״י** עדמא לימא דעל מערבא - דב יא 24] **מערב west** ואפך יהוה רוח מערב ויהפך יהוה רוח ים the Lord turned a west wind - שמ י 19. מובא בת״מ 36ב. ותפתי מערבה ומדנעה ופרצת ימה וקדמה - בר כח 14 (=המליץ 479).

**ערובה** ש״ע נ *n. f.* [לשון קצר של *ערובתה דשבתה. **א״י** בערובתא עם מטמעי שמשא = ביום השישי עם שקיעת החמה - ירושי תרומות מו ע״ב. **ס** ערובתא - LS 546b. **סוא״י** לערובתא דשובתא - האיגרת אל הרומיים ה,5 (CCR 104)] **ערב שבת Sabbath eve** וביומיו אזדמן מועד חג המצות השבת והלכנן בתשמישותו יום ערובתה צהרים אל הרגריזים ובימיו נקרה מועד חג המצות בשבת והלכנו לעשותו ביום השישי בצהרים אל הר גריזים in his days the festival of the Mazzot occurred on the Sabbath, so we went to celebrate it on Sabbat's eve on Mount Gerizim - תולדה, גיליון לדף 14ב. **יום ערובתה** ערב שבת - בכותרות של כ״י וטיקן של פיוטים Cow LXVIa).

**ערב²** מין עוף **a bird** [א״י ושלח ית עורבא - נ בר ח 7. **סוא״י** ושגר לעורבא - שם. טלשיר 189]

**ערב** ש״ע ז *n. f.* **עורב raven** [אין נ״ש מבחין בין עורב לערוב. שתי המלים הן °ârəb, ואין התה״ש שונה ממנו. והכול מפרשים ערוב = מכת העורבים. אבל התה״ע מציב غـــراب כנגד עורב ו-خـلـيـط כנגד ערוב ונראה שמסורת מאוחרת היא. ע׳ בהערה 5 לת״מ 33א. *No distinction in* SH *between °wrb and °rwb, both being considered 'raven'. It is followed by the* ST, but not by SAV, *which follows a later tradition. See* ZBH, *TM* 33a, n. 5.] ושלח ית ערבה וישלח את הערב (Noah) sent out the raven - בר ח 7 (=המליץ 546). וית כל ערבה למינה - ויק יא 15 (=המליץ 541). ועל ערב יקיר שריר לבית פרעה ויבא ערב כבד... - שמ ח 20 ערבה מזיאן ביד אלה למגביאתך העורב מזומן בידי האל להענישך the raven is appointed by God to punish you - ת״מ 33א.

**ערב³†** ערבות **pledge** [א״י אנה הוא דערב יתה - נ בר מג 9. **סוא״י** ערוב לי בנפשה - אולוגיוס 63]

**קל ערב to pledge** הלא עבדך ערב ית רביה כי עבדך ערב את הנער your servant has pledged himself for the boy - בר מד 32. אנה אערבנה מן אדי תבעינה אנכי אערבנו מידי תבקשנו - בר מג 9.

**ערבון** ש״ע ז *n. m.* **משכון pledge** אם תתן ערבון... ואמר מה ערבונה דאתן ליך אם תתן ערבון...מה הערבון אשר אתן לך if you leave a pledge until you have sent it... what pledge shall I give you? - בר לח 17-18. ושלח יהודה... למסב ערבונה - בר לח 20.

**ערב⁴†** עירוב, תערובת **mixture** [א״י בשר וחלב מערבין כחדא - נ שמ לד 26. **סוא״י** חמר מערב במירא = יין מעורב ברוש - מתי כז 34] ← נישואין **matrimony** [השי׳ חרופה, בבלי קידושין ו ע״א - זב״ח לשוננו ז 362, כב 242, העי׳ 38]; פסול (אי טוהר) **impurity**

**פעל רקח, ערב to compound, mix** spices אנש דיערב כותה... ויתעקר מן עמה ECBA דיחרף, J דירקח M) איש אשר ירקח כמוהו... whoever compounds its like..., shall be cut off from his kin - שמ ל 33. ותעבד יתה משח רבות קדש ערוב מערב NECBA ועשית אתו... רקח מרקחת - שמ ל 25. אתון אמרין דרוחיה ‹מערבין› בין שתיקיה ובין ממלליה אתם אומרים שהרוחות משותפות (מעורבות) לאלמים ולמדברים - ת״מ 34א [זב״ח לשוננו מד 98,87].

**אֶתְפַּעַל התחתן to enter into a marriage alliance** והתערבו עמנן באנאתכון] הבו לנן וית בנאתנן תסבון לוכון MBA (נ״א והתחתנו) והתחתנו עמנו... intermarry with us: give your daughters to us, and take our daughters for yourselves - בר לד 9 [=המליץ 464. השי׳ **מי״ל**: ותתערבון בחיתונה עימנא. **נ**: ואתערבו לן]. לא תתחרב בהון B (נ״א תתחתן) לא תתחתן בהם - דב ז 3 [נ: תתערבון = תה״מ].

**ערב** ש״ע ז *n. m.* **1 תערובת** בני אדם **mixture** (of people) A ואף ערבה סגי סלק עמון (נ״א ערוב) וגם ערב רב עלה אתם a mixed (°ârâb)

**2 חוטי** שמ יב 38. - multitude went up with them

**ערב woof** ויוקד ית לבושה אי ית שתיה אי ית ערבה ושרף את הבגד או את השתי או את הערב he shall burn the garment, whether ויק יג 52. - warp or woof ולבושה אי שתיה אי ערבה... דיתרע ויסטי מנון מכתשה... וידכי והבגד או השתי או הערב - ויק יג 58.

**ערבו**† ש״ע נ *n. f.* **blemish פסול** כל דבה ערבו לא תקרבון A (נ״א מום) כל אשר בו מום לא תקריבו you shall not offer anything that has a blemish - ויק כב 20.

**ערוב**† ש״ע ז qiṭṭūl *n. m.* **1 תערובת, עירוב mixture** ותעבד יתה אועדו ערוב עובד ערוב ECBA (נ״א חרוף) ועשית אתה קטרת רקח מעשה רקח make an incense mixed as by the perfumer - שמ ל 35. ואף ערוב סגי סלק עמון וגם ערב רב עלה אתם ʿărâb - שמ יב 38. אועדות סמניה דכי עובד ערוב (M חרוף) - שמ לז 29. **2 פסול blemish** ואנש כד יקרב דבח... שלמיה יהי... וכל ערוב לא יהי בה A (נ״א מום) ואיש כי יקריב זבח... תמים יהיה... וכל מום לא יהיה בו when any one offers a sacrifice..., it must be perfect; there shall be no blemish in it - ויק כב 21.

**ערבב**† עירוב, תערובת **mixture** [שורש מורחב מן ערב *Expanded root from ʿrb*. **א״י** ערבב ייי ית לשני כל דאירי ארעא - **נ** בר יא 9. **סוא״י** ושוביליא דריגליכון הנון מערבבין = ודרך ארחתיך בלעו - ישע ג 12]← מום (אי טוהר) **impurity**

**ערבוב** ש״ע ז *n. m.* **פסול blemish** [השי׳ **א״י** ערבוב = מהומה - **נ** דב ז 23. **סוא״י** לא תתעבד ערבובא בקהלא - מתי כו 5] תימר ולא תעבד דאה ערבוב חיולתאמר ולא תעשה (לעניין ״נשמע ונעשה״), זה קלקול עצום you declare "we will hear and do it" (Dt 5:27) and do not fulfill it - this is a great corruption - ת״מ (ק) 244ב. ועמונה מצלי בדיל אסות מרים ופסח בדיל אהרן עד לא יהי ערבוב וראוהו (את משה) מתפלל למען רפואת מרים ומתחנן בעד אהרן שלא ייפול בו מום - (בעניין במ יב) ת״מ 285ב. בדרה... דתהביה דלית מתחזי בה ערבוב בדור... השבים ממצרים - בר טו 16) שלא ייראב בו מום (in the generation that returned (from Egypt), in which no corruption was discerned - ת״מ 93א.

**ערברב**† תערובת **mixture** [שורש מחומש גזור מן ערב (ע״ע) *Expanded root from ʿrb*. **א״י** ערברובין

= ערברב - **נ** שמ יב 38 (בגיליון)]

**פעל עירב** בינוני פעול *pass. pt.* **to mix** ובישיה... כד תסק ריחון בישה מן עפר חסרה וגפרי ואש מחרברב בה לא מתקבלוהרעים... כאשר יעלה ריחם הרע מעפר מסריח וגפרית ואש מעורבים בו, לא יירצה as for the evil...when their bad odor issues from stinking dust, in which brimstone and fire are mixed, it will not be accepted - ת״מ 238א.

**אֶתְפַּעַל אתערבב to be confused** הב בלך לא תסור יתערבב כלה מן דעתך שלא תסטה (פן) יתערבב הכול pay attention, do not deviate, so that everything becomes confused - ת״מ 142א.

**ערברב** ש״ע ז *n. m.* **1 תערובת** (of **mixture** people) כל ישראל אנון ונשיון ובניון לית בגבון אחד מן ערברבה ״כל ישראל״ (דב לא 11).. אין בהם אחד מן הערברב "all Israel" (Dt 31:11): they and their wives and children; - there was none of the "rabble" among them ת״מ 122ב (2) [עמ׳ 187. ע׳ לשוננו מו 198]. טבלו לאלה ברי ערברב גלי (=גיל) מעקם שזר שקר E טבלו לאל בני התערובת, דור מעוות ופתלתל The children of rabble have immersed themselves to God; a crooked and perverted generation - דב לב 5 [פירוש אנטי-נוצרי. *Anti-Christian int., see tbl*].

**ערברוב** ש״ע ז *n. m.* **תערובת mixture** בהמתך לא תרכב ערברוב וחקלך לא תזרע ערברוב ולבוש ערברוב שעטניז לא יסק עליך בהמתך לא תרביע כלאים ושדך לא תזרע כלאים ובגד כלאים שעטנז לא יעלה עליך you shall not let your cattle mate with a different kind; you shall not sow your field with different kinds; you shall not put on cloth from a mixture of material - ויק יט 19 (=המליץ 495). כל ישראל... לית עמון ערברוב ״כל ישראל״ (דב לא 11)... אין עמם ערברב there ..."all Israel" (Dt 31:11) was none from the "rabble" among them - ת״מ (ק) 256ב.

**ערבה**† מין שיח **a bush** [**א״י** וערבה דנחל - התה״מ ויק כג 40. Löw Flora III, 336]

**ערבה** ש״ע נ *n. f.* **ערבה a bush** ותסבון לכון... פרי אילן משבח כפי תמרים... וערבי נחל ולקחתם לכם פרי עץ הדר כפות תמרים... וערבי נחל - ויק כג 40.

**ערג**† מום רגליים **lamming** [< عرج = צלע -
[Lane 1996a

**ערוג** ש״ת qāṭōl *adj.* **פיסח lame** לא יתקרב גבר סמי אי ערוג A לא יקרב איש עור או פסח no man who is blind or lame shall be qualified - ויק כא 18.

**ערד** שם מקום ᶜārắd *pr. n. (place)*

**ערד** ש״פ מלך ערד דעור דרומה - במ כא 1 ערק מן ערד למדין ברח מן ערד למדין - אס 16ב.

**ערדען** בעל חיים **frog** [טלשיר 88, 125. **א״י** וסלקו ארדעניא - **נ** שמ ח 2]

**ערדען** ש״ע נ *n. f.* **צפרדע frog א** שם קיבוץ *coll.* וסלקת ארדענה וכסית ית ארע מצרים ותעל הצפרדע... the frogs came up and covered the land of Egypt - שמ ח 2 (=המליץ 575). **ב** שם יחידה *pl. of unit* וישרץ נהרה ארדענים ($*M_1$ עורדענין) ושרץ היאר צפרדעים the Nile shall swarm with frogs - שמ ז 28 (=המליץ 575). **ואסק** ערדניה על ארע מצרים A - שמ ח 1. **ואפק** מנה עורי ערדאנים והוציא ממנו עוד צפרדעים - ת״מ 285א. צלו ליהוה ויסטי ארדעניה העתירו אל יהוה ויסר הצפרדעים - שמ ח 4 (המליץ 575: ארדענאתה).

**ערוד**† בעל חיים **an animal** [טלשיר 271: הוא הזוחל ערווד/ערבד כגון תוס׳ ברכות ג כ]

**ערוד** ש״ע ז *n. m.* **צב an animal** חלדה ועגברה וערודה A (נ״א וחרדונה אפשר שגרסתנו היא שיבוש ממנה) החלד העכבר וצב - ויק יא 29.

**ערז**† קשיח **hardness** [< عرز = מין צמח -
[Lane 2246b

**פעל קשה** בינוני פעול *pass. pt.* **to be hard** מעורז קליף אפר B (נ״א כארז) קשה, קלוף, לבן hard, peeled, white - שמ טז 31 [מתרגם: כזרע גד לבן. אפשר שהוא ט״ס מן של כארז. *Possibly* *corr. of kᵓrz*].

**ערוק** שם פרטי *pr. n.*

**ערוקאי** ש״י *gent. n.* וכנען אולד ית צידון... וית ערוקאה... (A ערוקאי) - בר י 17.

**ערטוק**† [עיוות מכוון לשם לשון נקייה? [*Deliberate distortion for euphemistic purposes*

**ערטוק** ש״ע ז ? *n. m.* **?** שוי שוי אדך כתי ערטוקי A (נ״א ירכי) שים נא ידך תחת ירכי - put your hand under my thigh - בר מז 29.

**ערטל**† עירום **nakedness** [**א״י** וידעו ארום ערטלאיין אינון - **נ** בר ג 7. **סוא״י** ואכרו דערטליין הוו - שם] ← ערירות, חוסר ילדים **barrenness** [**איי״מ** ואנה כדי אמות ערטלי אהך די לא בנין - מגילת בראשית כב 33]

**פעל ערטל to make bare** והוה ברד בכל ארע מצרים משלי שרשים ומערטלאי נופים "let be hail in all the land of Egypt" (Ex 9:22), uprooting roots and stripping branches ...עוקר שורשים ומערטל ענפים - ת״מ (ק) 11ב [זב״ח העי׳ 3].

**ערטל** ש״ע ז *n. m.* **עירום nakedness** בכפן ובצעו ובערטל ברעב ובצמא ובערום in hunger and thirst, in nakedness - דב כח 48.

**ערטלאי** ש״ת *adj.* **1 ערום naked** הלא ערטלאי אנה (A ערטלא) כי ערום אנכי - I am naked - בר ג 10 ובדומה לזה 11. וחכמו הלא ערטלאין אנון וידעו כי ערמים הם - בר ג 7. בהשאלה *fig.* פן תקום בקלל רב ותהי ערטלאי ביני כל בוראיה ...ותהיה ערום בין כל הבריאות - ת״מ 136ב. דחייה ערטלאין ואלית דכסי לון בטובך כיון אבדין הך עטף irṭillâᵓən שהחיים ערטלאיים ואם אין אתה כסות להם בטובך, הם אובדים מיד - מ א 143-145. ואתון מתרוקנין מן דעתה ותקומו ערטלאין ואתם מתרוקנים מדעת ותעמדו ערומים - ת״מ 171א. **2 ערירי barren** בלא בנים ואנה אזל ערטלאי ואנכי הלך ערירי - I am childless? - בר טו 2 (=המליץ547). וגבר דישכב עם עביבתה... ערטלאין יתקטלון ...ערירים ימותו - ויק כ 20 ודומה לו 21. VNB

**ערי**[1]† הסרה והרחקה, עירוי **removal, pouring** [**א״י** כהדין דמערי סאתא מה דלעיל לרע - פסיקתא דר״כ 234. **ע** המערה מכלי אל כלי - **מש** טהרות יא ג. רק בין שיטי כ״י M. נראה שהעתיק מן אונקלוס והמיר ד ב-ר. *Corr. interp. from* O ᶜ*dy*]

**קל סר to depart** וערין בני ישראל מן דברון מן טור חורב $*M_2$ והתרחקו בני ישראל ממנהגם מהר חורב (עבודת העגל) the Israelites departed from their conduct from Mount Horeb

- שמ לג 6 [מפרש: ויתנצלו... את עדים .*Int*]. יהושע בר נון לא ערי מבגו משכנה $M_2$ ...לא ימוש מתוך האהל Joshua never departed from the tabernacle - שמ לג 11.

**אַפְעֵל הסיר** to remove אער דברך $*M_2$ מן עלויך $*M_1$ הרחק מנהגך מעליך remove your conduct from yourself - שמ לג 5. ובמיעל משה לקדם יהוה לממללה עמה יעדי ית מסותה $*M_2$ ובבא משה... יסיר את המסוה whenever Moses went in before the Lord to speak with him, he took the veil off - שמ לד 34.

**אֶתְפַּעַל שטף** to flow, flood אתרעת (‹אתערית› כמיה פחזת כמים you flow like water - בר מט 4 [=המליץ 563. הש׳ **א״י** נחלין דמיין שטפין - **נ** שם. ע״ע רעע$^3$].

**ערי$^{2\dagger}$** גילוי ועריה **exposing** [**א״י** לא תקרבון למגליה ערייה - **נ** ויק יח 6]

**ערוה** ש״ע נ .*n. f* [**א״י** ערות דאתתה דאחוך לא תבזי - **נ** ויק יח 16] **1 מקום הבושת pudenda** ועבד לון שריאני עבר למכסאה בסר ערוה ועשה להם מכנסי בד לכסות בשר ערוה you shall make for them linen breeches to cover their pudenda - שמ כח 42 (=המליץ 546). **2** בהשאלה *fig.* **א** לעניין גילוי עריות *of incest* שיאלה... מן האן ערבתה דאנש מדמכה עמה אזל לות עורותה וקרי יתה שאלה...: מנין שערוות איש (היא) משכבו עמה? לך אצל (דיני) העריות וקרא אותם whence is the promiscuity of a man (is) his lying with her - ת״מ 158א. ערות אבוך וערות אמך לא תגלי - ויק יח 7. וגבר דיסב ית אחתה... ויחזי ית ערותה והיא תחזי ית ערותה ואיש אשר יקח את אחותו... וראה את ערותה והיא תראה את ערותו... - ויק כ 17. **ב** גילוי דברים נסתרים *of secrets* למחזי ית ערות ארעה אתיתון לראות את ערות הארץ באתם you have come to see the land in its nakedness - בר מב 9.

**ערל** ערלה **foreskin** [**א״י** ותגזרון ית בשר ערלתכון - **נ** בר יז 11. **סוא״י** הדין טובא על גזורתא אי על עורלתא = הטובה הזאת מכוונת אל המילה או אל העורלה - אל הרומיים ד 9]

**ערל$^\dagger$** ש״ת .*adj* **1 ערל uncircumcised** וכל ערל לא ייכל בה וכל ערל לא יאכל בו (בפסח) - שמ יב 48 (=המליץ 554) - no uncircumcised person may eat of it. וערל דכר דלא יתגזר וערל זכר אשר לא ימול - בר יז 14. **2 גר** ואן תמטי אד ערלה $M_3$ ומך אחוך... ויזדבן לערל $*M_4$ וכי תשיג יד גר... ומך אחיך... ונמכר לגר - ויק כה 47 (מן אונקלוס O).

**ערלה** ש״ע נ .*n. f* **foreskin** לא נכל... למתן ית אחתנן לגבר דלה ערלה ..לאיש אשר לו ערלה we cannot... give our sister to a man who has a foreskin - בר לד 14 (=המליץ 548). ותגזרון ית בסר ערלתכון - בר יז 11. לנפוקי תיבותה ולנפוקי ערלת בסרה ליוצאי התיבה (בני נח) וליוצאי ידי מצוות המילה (בני אברהם) - אס 5ב. **2 אטימות הלב** בהשאלה dullness of heart *fig.* ותגזרון ית ערלת לבכון וקדלכון לא תקשון ומלתם את ערלת לבבכם וערפכם לא תקשו cut away, therefore, the dullness about your hearts and stiffen your necks no more - דב י 16. מובא גם בת״מ 208א. וקטעת ית ערלת בנה מלה את ערלת עקשותה she cut the foreskin of her insolence - שמ ד 25 [פירוש ׳ערלת בנה׳. טל, דברי הכינוס הראשון לחקר השומרונות, תל אביב תשנ״א, 353].

**ערם$^{1\dagger}$** ערימה **heap** [מן העברית H]

**אֶתְפַּעַל נערם to be heaped up** וברוח רגזך אתערמו מיה ...נערמו מים at the blast of Your nostrils the waters piled up - שמ טו 8 (=המליץ 552) מובא גם בת״מ 55ב.

**ערם$^2$** חכמה **guile** [**א״י** וחוויא הווה ערים - **נ** בר ג 1. **סוא״י** הוו און ערימין היך חוותא - מתי י 16]

**ערים** ש״ת .*adj* **ערום crafty** ערים ערום - המליץ 544. ליתא. ע״ע ערטל, אסטיל.

**ערימו** ש״ע נ .*n. f* **ערמה guile** ואן יעצף אנש על עברה למקטלנה בערימו ...להרגו בערמה if a man schemes against another and kills him treacherously - שמ כא 14 (המליץ 544: בערמו). הגיבה פרעה בערימו רבה שבקו מדלכון השיב לו פרעה בערמה גדולה: הניחו רכושכם - ת״מ 37ב. במלתה דנחש דאתה בערימו... ממלל נחשה דמלל בערימו בדבר הנחש שבא בערמה... דבר הנחש שדיבר בערמה - ת״מ 194א. קין כד קטל אחוה בערימו - ת״מ 162ב. וקעם באגדדו וגלה ‹ערימו› וקם (הנחש) למרוד וגילה ערמה - ת״מ 275א.

**ערמון$^\dagger$** מין צמח **a tree** [**ע** אלונים ערמונים אלמוגים - ירוש כתובות לא ע״ד]

**ערמון** ש״ע ז .*n. m* **ערמון a tree** אטר עבר רטיב ולוז וערמון - בר ל 37 (=המליץ 549).

**ערס** מיטה **bed** [**א״י** ערסין דשן פיל - ויק״ר קה. **סוא״י** ופשט רגלוי על ערסה - בר מט 33]

**ערס** ש״ע ז *n. m.* **מיטה bed** ויתב על ערסה וישב על המטה (Israel) sat up in bed - בר מח 2. וכנש רגליו לערסה ושלם ויאסף רגליו אל המטה ויגוע - בר מט 33. אה ערסה ערס ברזל הנה ערשו ערש ברזל - דב ג 11 (=המליץ 555). וסגד ישראל על ריש ערסה וישתחו ישראל על ראש המטה - בר מז 31 (=המליץ 513).

**ערסה**[†] ש״ע נ *n. f.* **מיטה bed** וייעלון בבתיך... ועל ערסתך (VCA ערסיך) ובאו בבתיך... ועל מטותיך (the frogs) shall come up into your house..., and on your beds - שמ ז 28, 29א (=המליץ 513). מובא גם בת״מ 231ב.

**ערע** מקרה, זימון **occurrence, appointment** [**א״י** וערע לבן ית יעקב - **נ** בר לא 25.]

**פעל** עבר: דערע - בר מב 29. וארעי (נסתרות) - ויק י 19. עתיד: דירע - בר מט 1. יערע - ויק כו 5 $*M_2$. בינוני: מערעי - במ א 16 $m_2$. **ערוי** irro - מ יד 54. ערויה (רבים) - ע״ד יט 18. **אורע** ūrå - ע״ד יג 32. **אורעה** באורעתה bū:råtå - ע״ד יג 23.

**פעל 1 קרה to occur, happen** וחבו לה ית כל דערע יתון ויגידו לו את כל הקרות אותם they told him all that had befallen them - בר מב 29 (המליץ 579: דרעה). וארעי יתי כל אלין ותקראנה אתי כאלה - ויק י 19. וחבי לכון ית דירע יתכון ואגידה לכם את אשר יקרא אתכם - בר מט 1. וירענה אסקל וקרהו אסון - בר מב 38, מד 29 (=המליץ 579) ובדומה לו מב 4. כד ירענן קרבה כי תקראנו מלחמה - שמ א 10. **2 פגש to meet** O מן אונקלוס דערעית m ...מן לך כל משריתה הדן כל המחנה הזה אשר פגשתי what is all this company which I met? - בר לג 8. וערעו ית משה $*m_2$ ויפגעו את משה - שמ ה 20. וערע באתרה $*M_1$ ויפגע במקום (נזדמן) - בר כח 11. **3 זימן to appoint** אלין מערעי כנשתה $m_2$ אלה קריאי העדה those are the appointed of the assembly - במ א 16. מערעי זמן $M_4$ קריאי מועד - במ טז 2. **4 השיג to overtake** דלא [תע]רעינני בישתה m פן תדבקני הרעה - בר יט 19. וקטפה יערע ית זרעה $*M_1$ ובציר ישיג את הזרע your vintage shall overtake the sowing - ויק כו 5.

**פלפל** [הרחבה של ער״ע] **פגש to meet** ירערנה יקרנו - המליץ 579. מביא את בר מב 4. ליתא. וערערה בטור האלהים m ויפגעהו... - שמ ד 27.

**אורע** ש״ע ז *n. m.* **זמן time** ונרוממנה בבכל אורה ונרוממנו בכל עת let us exalt Him at all times - ת״מ 98ב [זב״ח הע׳ 1: זמן, כלומר אירוע]. ויתני צלותה באורעתה בכל אורע ויאמר תפילה בזמנה, בכל זמן - ע״ד יג 32. טבה דרתותה שקיחן בכל אורה הטוב, שרחמיו נמצאים בכל זמן - א״ג 62.

**אורעה** ש״ע נ *n. f.* **זמן time** ווילה למן יהי דמך באורעתה דצלותה ווי לו למי שיהיה ישן בזמן התפילה woe to him who sleeps in the time of prayer - ע״ד יג 23.

**ערוי** ש״ע ז *n. m.* **מקרה (רע)** ← **פגע**. [טל, דברי הכינוס השמיני למדעי היהודות, ירושלים תשמ״ב 16] **mishap** לית עריו יכל עלל לה אין פגע יכול לבוא בו (בספר התורה) no mishap can get into it (the Torah) - מ יד 54. עמי מלת ישר דשרא בה... משה ועבדה מגן באפי כל ערוי ראה מלת יישרי (שמ טו 1) שהחל בה... משה ועשאה מגן בפני כל פגע - ת״מ 71א. ומרחק מנך כל ערויה ומרחיק ממך כל הפגעים - ע״ד יט 18. ולא ערויה מצדין לה ואין הפגעים מפחידים אותו (את הרשע) - מ א 79. ונעבדנה תורס באפי כל <ערואיה> ונעשנו מגן בפני כל הפגעים - ת״מ 96ב.

**ערער**[1†] בחינה ובדיקה ← **search, examination** פגיעה **mishap** [השי׳ בדק, שהוא גם חקירה וגם קלקול. שורש מורחב מן ערר. *Expanded root from* ʿ*rr*. **סוא״י** ערר תיעור וסאובא תיסאב דחרם הו = שקוץ תשקץ - דב ז 16 (תרגם προσοχθίσματι, προσοχθίζω, לשון תיעוב]

**פעל 1 חקר, דרש to search, inquire** ותבעי ותרער ותשול טבאית ודרשת וחקרת ושאלת היטב you shall investigate, inquire, and interrogate thoroughly - דב יג 15 (=המליץ 473). לא ירער כהנה לסערה צהבה לא יבקר הכהן לשער צהב - ויק יג 36. לא ירער בין טב לביש לא יבקר בין טב לביש - ויק כז 33. כד תשמט זיתך לא תרער בתרך כי תחבט זיתך לא תפאר אחריך - דב כד 20 [=המליץ 568. פירש חיפוש כמו גליון **נ**: תווקרון; מייל: תבקרון]. לא נרער על כן ולא נסטי מן אורחה דאנן בה - לא נחקור את זה ולא נסור מן הדרך שאנו בה - ת״מ 16א. כיינן מרערין על אהן שפטה אכן אנו נחקור משפט זה (מן השפטים במצרים) - ת״מ 151ב. כד ארערת בתריE (נ״א דלקת) כי דלקת אחרי - בר לא 36 [המליץ 46: ארער. פירש חקרת]. ועל מה דכסי לא <נרער> ועל מה שמכוסה לא נחקור

- ט 51 [עי' בהערות זב"ח]. **2 קלקל, הרס to**
**spoil, destroy** העיני גבריה האנון תרער C
(נ"א תסמין, תעור, תנקר) העיני האנשים ההם
תנקר should you hurt those men's eyes - במ טז
14. דלא יערערנן במות או בחרב $*M_1$ פן יפגענו
בדבר או בחרב - שמ ה 3. לא תנחשון ולא
תערע‹ר›ון $*M_1$ (!) לא תנחשו ולא תעננו -
ויק יט 26 [תפס לשון קלקולי].

**ארערה** ש"ע נ *n. f.* **חקירה inquiry** וגבר אן
ישכב עם אתה... והי אמה אחידה לגבר...
בארערה תהי לה לא יתקטל m (נ"א בגנו)
בקרת תהיה לו לא יומת if a man has carnal
relations with a woman who is a slave...; she
shall be his by inquiry - ויק יט 20.

**ערער²** ᶜårᶜår שם מקום *pr. n. (place)*

**ערער** ש"פ מן ערער דעל ספת נחל ארנן - דב
ב 36.

**ערף¹**† טפטוף **dropping** [בעש"ח. גזור מן דב לב
2: יערף כמטר לקחי. NSH, *following* Dt 32:2]

**קל נטף to drip** ודמע עיניה ערף כמטר הודמע
עיניו עורף כמטר the tear of his eye drops like
rain - ת"מ 261ב [ראה הערה בערך מטר]. **צפה אל**
כל שבטיה ואנון סדירין קמיו... ודמעיון כות
גללי ימה ערפין מן עיניון הביט (משה) אל
כל השבטים והם ערוכים לפניו... ודמעותיהם
כמו גלי הים זולגות מעיניהם - ת"מ (ק) 277ב.

**ערף²**† עורף **neck** [משורבב מן העברית *interp.* H.
ע"ע קדל]

**ערף** ש"ע ז *n. m.* **עורף neck** עם קשה ערף
אתה V (נ"א קדל) you are a stiff-necked
people - שמ לג 3, ובדומה לו לד 9.

**ערף³**† ידיעה **knowledge** [‹ عــرف = ידע -
Lane 2016]

**פעל ידע** בינוני פעול *pass. pt.* **to know** אכהן
מערף ממללה m אכן נודע הדבר indeed, the
matter is known - שמ ב 14.

**ערפאת**† שם מקום *pr. n. (place)* [היא عرفات
בקרבת מכה. זב"ח אסטיר 24]

**ערפאת** ש"פ לאתר דו מתקיה אחריה ערפאת
אל מקום שנקרא אחר כך ערפאת - אס 2א.

**ערפד**† בעל חיים **an animal** [א"י וית נגר טורא
וית ערפדא - נ ויק יא 19. טלשיר 78]

**ערפד** ש"ע ז *n. m.* **עטלף an animal** וית
נקארתה וית ערפדה (V עורפדה, A ערפאדה)
...ואת העטלף - ויק יא 19, דב יד 18 (=המליץ 553).

**ערפט**† בעל חיים מן הצאן **cattle** [ › ערפד ‹
חרף+חד (ע"ע חרף) השי' אניט מן נו"ד (ע"ע נוד, קלפוט).
*Compound of ḥrp+ḥd by ṭ>d shift in final
position; cf. ᵓnyṭ (<nwd, q. v.)*

**ערפוט** ש"ע ז *n. m.* **בן צאן sheep** (kind of)
ואם כן יתאמר ערפוטין יהי גרסך וילדן כל
עאנה ערפוטין A ואם כה יאמר נקדים יהי
שכרך וילדו כל הצאן נקדים if it is said, "the
sheep shall be your wages", then all the flocks
would drop sheep - בר לא 8.

**ערפיט** ש"ע ז *n. m.* **בן צאן sheep** (kind of)
וילדן עאנה רסומין וערפיטין A ותלדנה הצאן
עקודים ונקודים - בר ל 39. והא ערפיה עלוליה
על עאנה ערפיטין A והנה העתודים העולים
על הצאן עקדים - בר לא 10 ובדומה לו 12.

**ערפל** ᶜarfəl ערפל **thick cloud** [א"י ומשה קרב
לערפלא - נ שמ כ 21. סוא"י קבלא ועששא וערפלא -
שמ י 22]

**ערפל** ש"ע ז *n. m.* **1 ערפל thick cloud** חשך
ענן וערפל darkness, cloud, and thick cloud -
דב ה 18 (=המליץ 555). מובא גם אצל מ טז 111.
ומשה נגש לערפלה דתמן האלהים - שמ כ 17
(=המליץ 555). **2 כינוי לשכינה** ע"פ שמ כ 17 **the
divine presence** ערפלה קבל יתה הערפל
קיבל אותו the Divine Presence received him
(Moses) - ת"מ 185א. והוא כסי... על ערפל דאלהו
והוא נסתר... על ערפל אלהות - מ יא 61-62.

**ערץ**† פחד **fear** [עש"ח. גזור מן דב ז 21: לא תערץ
מפניהם. NSH *following* Dt 7:21]

**קל פחד to fear** כד ראה גאות יהוה יערץ
עד מאד כאשר ראה... פחד עד מאוד when he
sees the majesty of the Lord, he fears very
much - ת"מ 88א [דורש את שמ טו 6: ימינך יהוה
תרעץ אויב. זב"ח הע' 2].

**ערק** בריחה ומנוסה **fleeing** [א"י ויערקון סנאיך
מן קדמך - נ במ י 35. סוא"י דיערוק לתמן ויתפצי - בר
יט 20]

**קל** עבר: וערק - בר לט 12. ערוקי (נסתרות) ᶜārūqi -

ע״ד כב 12. עתיד: יערק yērråq - ע״ד כג 45. בינוני פעול: עריק - ת״מ 222א. מקור: למערק - בר יט 20. **פעל** עבר: ערק - שמ ט 20. ערקנן ᶜarriqnån - ע״ד כג 61. עתיד: תערק - ת״מ 214א. מערוק māroq - מ יח 9. **מערוקי** מערוקית (נסמך) - ויק כו 36 (המליץ 521: מערקית). **ערוק** qiṭṭūl - במ כו 10 (=המליץ 521). **ערוק** ᶜāroq (qāṭōl) - א״ג. **ערוקה** - שמ יד 25 (=המליץ 521).

**קל ברח to flee** וערק ונפק לברה וינס ויצא החוצה - he fled, and went outside - בר לט 12. וערק בלעם ואצעד ביד זרד וברח בלעם ונתפס ביד זרד - אס 19א. ולא ערק רטובה ולא נס לחו - דב לד 7. כל נפשהתה דבלידי לא ערוקי אלא לידך כל הנפשות שנבהלו לא ברחו אלא אליך - ע״ד כב 11-12 [ע׳ זב״ח שם]. לאהן יערק חיבלאן ינוס חוטא - ע״ד כג 45. ויערקון מסנאיך מקדמיך וינוסו משנאיך מפניך - במ י 35 (=המליץ521). כד אתא יעקב עריק מן תלימה כאשר בא יעקב (והוא) נס מאחיו - ת״מ 222א.

**מערק** קרתה הדה קריבה למערק ...קרובה לנוס - בר יט 20. שת קרי מקלטה... למערק לתמן קטולה ...לנוס שמה הרצח - במ לה 6.

**†פעל 1 הבריח to drive away** *trans.* פע״י הדעל מן ממלל יהוה... ערק ית עבדיו הירא... הניס את עבדיו he who feared the word of the - Lord..., made his slaves flee - שמ ט 20. בהשאלה *fig.* אלה ברך לא תערק ברכתה אלוהים בירך, אל תניס את הברכה - ת״מ 214א. **2 ברח** פע״ע **to fly** *intrans.* ערקנן ליד חסדיך נמלטנו אל חסדך - we fled towards your grace - ע״ד כג 61 [אפשר שהוא קל שהכפלתו תניינית?. *Qal with secondary gemination?*].

**†מערוק** ש״ע ז *n. m.* **flight מנוסה** אה דבוק דלידך מערוק כל נפש הוי, המושיע שאליך מנוסת כל נפש O, the redeemer, to whom is the flight of every soul - מ יח 9. על דדי מערוקה דערק מן אטרה בגלל המנוסה שנס (משה) ממטהו - ת״מ 13א. מערוקה מקדם ישראל A המנוסה מפני ישראל - שמ יד 25 [פירש אנוסה - ש״ע. ע׳ להלן].

**†מערוקי** ש״ע נ *n. f.* **flight מנוסה** ויערקון מערוקית חרב (B מערקות) ונסו מנוסת חרב - they shall flee a flight from the sword - ויק כו 36.

**†ערוק** ש״ע ז qiṭṭūl *n. m.* **flight מנוסה** ולא תסבון סלוח לערוק לקרית מקלטה E ולא תקחו כפר לנוס אל עיר מקלטו you shall accept no ransom for a flight to the city of refuge - במ לה 32. במיכל אשתה ית קרח וית חמשים ומאתים גבר והוו לערוק ...ויהי לנוס - במ כו 10. כל רחצוני בך וערוקי ליד חסדך כל מבטחי בך ומנוסתי אל חסדך - א״ג 70 [זב״ח: ההגייה wārūqi אבל טעות היא]. הלא הוא כערוק עמי ...כנוס עמדי - דב לב 34 (=המליץ 497).

**ערוק** ש״ע ז qāṭōl *n. m.* **fugitive נס** ואתה ביד ערוקן ואתה בית הנס You are the house of the fugitive (*i.e.*, refuge) - ע״ד כח 20 [ע׳ זב״ח שם]. ולא תרח רחמיך צנוק באפי ערוק ואין שער רחמיך נעול בפני בורח - מ יח 3. קבל ערוק לידך קבל את הנס אליך - א״ג 80.

**†ערוקה** ש״ע נ *n. f.* **flight מנוסה** ערוקה מקדם ישראל אנוסה מפני ישראל - flight from Israel - שמ יד 25 [= המליץ 521. פירש מנוסה - ש״ע. וכך התה״ע الهروب].

**עשו** īšåb שם פרטי *pr. n.*

**עשו** ש״פ ונפק קדמאה... וקרו שמה עשו ויצא הראשון... ויקרו שמו עשו - בר כה 25. יעקב אזדמן לעשו בתר שנין סגים - ת״מ 17ב. ואשקחו עשו שותף לישמעאל - אס 13א.

**עשי** עשייה **doing, making** [עש״ח. בתה״ש בשרבובים מן מתורה NSH. H *interp. in* ST

**קל עשה to do** ועשית ית לוחיה E (נ״א ותעבד) - you shall make the planks for the tabernacle - שמ כו 18. הגדלות לך יהוה עשה הנפלאות ...עושה הנפלאות - ת״מ 60א. מי כמוך אה עשה כל המאומות ...עושה כל הדברים - ת״מ 89א. וכל דאמר לה מרה הוה עשה - ת״מ 284ב. והי מלתה דאמרו נעשה לנו שם והוא הדבר אשר אמרו (בוני מגדל בבל) ״נעשה לנו שם״ (בר יא 4) - אס 9א.

**†אֶתְפְּעֵל נעשה to be done** המופתים אשר בים סוף אתעשו the wonders that have been done in the Sea of Reeds - ת״מ 71ב. מיום החל משה לעשות את האתות עד מבקע ים סוף ומה בו אתעשה ...ומה שנעשה בו - ת״מ 102א.

**מעשה** ש״ע ז *n. m.* **deed מעשה** וכל מעשיו נפלאות רבות all His deeds are mighty marvels - ת״מ 89א. מכבר מעשה רשת נחש E (נ״א עובד) - שמ לח 4.

**†עשה** ש״ע ז *n. m.* **deed מעשה** לא משמע ולא עשה ולא מקרא ולא צלו לא שמיעה (בקול האל) ולא מעשה (מצוות) ולא קריאה

no hearing, and no deed, ולא תפילה (בתורה)
ת״מ 201ב - and no reading and no prayer.

**עשות** ש״ע נ .*n. f* **עשייה doing** באתות כי היו יאספו מיני התמח והגאות עשות אדון קני... היו חרשיה ילאו מעשות כהם דאנון עשות אל גדול ב״אתות״ (דב ד 34) כי כללו מיני הפלא והגדולות מעשה אדון קונה... ונלאו החרשים מעשייה כהם, שהם מעשה אל גדול "by signs" (Dt 4:34) for they included various wonders and glorious (deeds), the doing of the creative Lord... and the sorcerers become weary from doing the like, for they are the ת״מ 87א - doing of a great Lord.

**עשק**[1] גזל, קיפוח **deprivation, extortion** [**א״ק** ספירה ג 20: תעשקני - KAI I 45. **א״י** ותהוון לחוד עשיקין - **נ** דב כח 29 (בגיליון). **סוא״י** לאנש לא תטלמון ולא תעשקון - לוקס ג 14 - LSP 153b]

**קל גזל to extort** אי עשק ית עברה או עשק את עמיתו - if he has extorted his neighbor - ויק ה 21. ויעזר... ית עשקנה דעשק והשיב... את העשוק אשר עשק - ויק ה 23. לא תעשק ית עברך לא תעשק את רעך - ויק יט 13. לא תעשק אגיר (ע׳ תעצי) - לא תעשק שכיר - דב כד 14. ותהי לוד עשיק ועצי והיית רק עשוק וגזול - דב כח 29.

**אֶתְפְּעֶל גזל to be extorted** ויעזר... ית עשוקה דאתעשק MBA והשיב... את העשוק אשר עשק he shall restore the extortion that - ויק ה 23 - has been extorted. וקרא שם בירה עשק הלא אתעשקו עמה (נ״א אתעצו) ...כי התעשקו עִמּוֹ he called the name of (ʿammu) the well extortion, because his people was extorted - בר כו 20 [=המליץ 549. התה״ע: قـومـه. SAV.]

**עשוק** ש״ע ז .*n. m* qiṭṭūl **גזלה extortion** ויעזר... ית עשוקה NMECBA והשיב... את העשוק he shall restore the extortion - ויק ה 23.

**עשקן** ש״ע ז .*n. m* **גזלה extortion** ויעזר... ית עשקנה והשיב... את העשוק he shall - ויק ה 23 - restore the extortion.

**עשק**[2]† ʿâšåq שם פרטי .*pr. n* [ע״ע עסק]

**עשק** ש״פ וקרא שם בירה עשק ויקרא שם הבאר עשק - בר כו 20.

**עשקלון**† שם מקום *pr. n. (place)* [עירוב של אשקלון ועסקלון .*Blend of: ʿsqlwn and ʾšqlwn*]

**עשקלון** ש״פ ודר בין [ר]קם ובין חגרה ואתותב בעשקלון $M_2$* וישב בין קדש ובין שור ויגר בגרר - בר כ 1. ודער יצחק בעשקלון $M_1$* - בר כו 6. ואזל מתמן יצחק ושרה בנחלי עשקלון mA וילך משם יצחק ויחן בנחלי גרר - בר כו 17. ואבימלך לך לותה מן עשקלון A - בר כו 26.

**עשש**† חושך **darkness** [**סוא״י** קבלא ועששא וערפלא - שמ י 12]

**עשש** ש״ע ז .*n. m* **חושך darkness** ואגשש מלאך עמה סעד אסתלק עששה A ויאבק איש עמו עד עלות השחר a man wrestled with him until the the darkness departed (*i.e.*, the breaking of the day) - בר לב 25 [מפני שנזדהו שחר ושחור, נתפרש ״עד שהוסר השחור״. šâr, *šaḥar*, *'dawn' and šahor, 'darkness', are pronounced alike.*] ועבקה ועפרה נחתין עליון ועששה בעינין והאבק והעפר יורדים עליהם והחושך בעיניהם - ת״מ 238א.

**עששה** ש״ע נ .*n. f* **חושך darkness** והוה עששה קפלה בכל ארע מצרים A ויהי חשך אפלה... there was thick darkness - שמ י 22.

**עשוש** ש״ע ז qiṭṭūl .*n. m* **חושך darkness** והוה קבול עשוש בחזות מצראי והיה חושך אפלה בעיני המצרים there was a thick (*lit.* obscure) darkness in the sight of the Egyptians - ת״מ 37א.

**עשתעה**† שם מספר *numeral* [ʿâšti ʿâšår. < עשתה עסרתי (נ״ש, כגון במ כט 20]

**אשתעתי** ש״מ (נסמך) *cardinal number (cstr.)* **אחד עשר eleven** ואמר יה‹וה› אל משה ולאהרן מבתר אשתעתי דיניה דגעזו ...אחרי אחד עשר העונשים שעברו (על המצרים) after the eleven punishments that befell - ת״מ (ק) 214ב [זב״ח הע׳ 1 לת״מ 238ב].

**עשתרות**† שם מקום ištârot *pr. n. (place)*

**עשתרות** ש״פ עוג מלך בתנינה דדאר בעשתרות באדרעי - דב א 4.

**עשתרות קרנים**† שם מקום ištârot qarnəm *pr. n. (place)* [ע׳ עפינית קרניה]

**עשתרות קרנים** ש״פ בעשתרות קרנים MCB

(J בעדרי קרנים) - בר יד 5.

**עת** זמן **time** [עש״ח NSH]

**עת** ש״ע ז *n. m.* **זמן time** בעת ההיא at that time - דב ה VC 5, ת״מ 262ב. איקר יהוה בכל עת מתחזי כבוד אלהים נראה בכל עת - ת״מ 131א. בכל עת נטר - ת״מ 292ב [הביטוי 'בכל עתי' שכיח למדאי בת״מ (29 פעמים)].

**עתד** הכנה **readiness** [**א״י** אנא קיים מעתד = אנכי נצב - **נ** בר כד 43. **סוא״י** עתדו תורא פטימה = הכינו שור מפוטם - מתי כב 4]← מזימה **plot**

**קל** בינוני פעול: עתיד $^{c}$ātəd - מ ט 15. **פעל** עבר: ועתד - בר כה 29 (=המליץ 457). דעתדו dāttēdu - מ יד 4. עתיד: שמ כא VEC 14. ציווי: ועתד - בר מג 16 m. בינוני: מעתד - ויק טז 21 $M_1E$ (המליץ 553: מעתד לזבן). **אֶתְפַּעַל** עבר: ואתעתד - ת״מ 309ב. עתיד: יתעתד - ת״מ 235ב. ציווי: ואתעתד - שמ לד 2 $*M_2$. בינוני: מתעתד - בר כז 42 (=המליץ 520). **תעתיד** tāttəd - מ יד 2.

**קל א** פע״ע **היה נכון to be ready** וישלח באד גבר עתיד למדברה ושלח ביד איש עתי המדברה send it away by the hand of a man who is ready - ויק טז 21. חכם לבניו מהו עתיד לון הודיע (יעקב) לבניו מה נכון להם (Jacob) informed his sons what was prepared for them - ת״מ 288א. ווילון אהלין דכפרין בה... דעתיד לון מכל מגביאן ווי להם לאלה הכופרים בו... שזימן להם מכל המכות - ע״ד י 13-15. איקרה רבה דעתיד לוכון הכבוד הגדול הנכון לכם - ת״מ 291ב. **ב** פועל עזר להבעת העתיד *auxiliary verb* עם הבינוני **1** *indicating a future action or state with the pt.* דו עתיד כרז אני אני הוא שהוא עתיד לקרוא "אני אני הוא" (דב לב 39) He is about to proclaim: "I, I am he" (Dt 32:39) - מ ט 15-16. סניך עתידין ממעסין קדמיך אויביך עתידים להיות מעוכים לפניך - ת״מ 7ב. **2** עם המקור *with the inf.* דאנה עתיד למוקרך שאני עתיד לכבדך I am about to honor you - ת״מ 279ב. דאנה כדו עתיד למגוזך בגוי שאני עתה מוכן להעבירך בתוכי (דברי הים אל ישראל) - ת״מ 68א.

**פעל 1 הכין, זימן to prepare, appoint** אדם אכל למותה עתד משה צעם לחייה עתד אדם אכל (מן הפרי), הכין את מוות. משה צם (בהר סיני), הכין את החיים Adam ate, he prepared death; Moses fasted, he prepared life - ת״מ 194א. ליתו תעתיד דמיכל ממה דעתדו מאתין אין הוא (הספר) מעדן של אכילה שהכינו בני תמותה - מ יד 3-4. ויעתד ית ארע מצרים mA הכין את ארץ מצרים (לקראת שנות הרעב) - בר מא 34 [מפרש 'ויחמש']. וכס נכיסה ועתד m וטבח טבח והכן - בר מג 16. וישלח ביד גבר מעתד $M_1E$ איש עתי - ויק טז 21 [המליץ 553: מעתד לזמן]. מעתד ממללה m ($*m_1$ מתעתד) נכון הדבר - בר מא 32. **2 הכין אוכל to cook** ועתד יעקב תעתיד ויזד יעקב נזיד (prepare food) Jacob was cooking a meal - בר כה 29. **3** ותעתיד ותיכל B (נ״א ותבשל) - דב טז 7. **זמם** זימן רעה למישהו **to devise, plot** בממללה דעתדו עליון בדבר אשר זדו עליהם - שמ יח 11. ואן יעתד אנש על עברה למקטלנה בערימו VEC וכי יזיד איש... - שמ כא 14. נביה דיעתד לממללה ממלל בשמי הנביא אשר יזיד... - דב יח 20.

**אֶתְפַּעַל הוכן, זומן to be prepared, appointed** ולבש קרן אורה ואתעתד לה מסו ולבש (משה) קרן אור והוכן לו מסווה (Moses) wore the ray of light and a veil was prepared for him - ת״מ 309ב. במניאנה אתעבד כתבה דאתעתד לאיטבו בחשבונה (של מלת 'וידברי') נעשה הספר שהוכן לטובה - ת״מ (ק) 60א. ואתעתדת אחתה מרחיק $*M_1$ ותתיצב אחותו מרחוק - שמ ב 4. מן לה מקדמהן בישהן יתעתד לקבל מדונאן מי שיש לו מעשים קודמים רעים יתכונן לקראת עונשים - ת״מ 235ב. ואתעד לי תמן על ריש טורה ונצבת לי שם... - שמ לד 2. אה עשו אחוך מתעתד לך למקטלנך הנה עשר אחיך מתנחם לך להרגך - בר כז 42 [פירש מתכונן. התה״ע: מתועד].

**תעתיד** ש״ע ז *n. m.* **1 מאכל, נזיד food, meal** ועתד יעקב תעתיד ויזד יעקב נזיד Jacob was cooking a meal - בר כה 29 (=המליץ 457). והוא יתן מתעתידי מלך והו יתן מעדני מלך - בר מט 20 (המליץ 543: מן תעתידי). תעתיד אדם ותעתיד משה מזון אדם (הפרי האסור) ומזון משה (הצום על הר סיני) - ת״מ 193ב. וסכה תהי לך עם תעתידך (נ״א זיונך, זינתך, זיתנך) ויתד תהיה לך על אזנך - דב כג 14 [תפס iznåk מן זו״ן ופירש מזון]. בהשאלה *fig.* הא סביען נפשהתן מן תעתיד כתבה הנה שבעות נפשותינו ממאכל הספר behold, our souls are satisfied with the food of the scripture - מ יד 1-2. ספר... משה מאסי בסמן מן תעתידה דקשטה ספרו... של משה מרפא בסם מנזיד ק' - ת״מ 212ב. **2 הכנה preparation** וטוב תעתיד יהי כניז גרמה כניזה טבה עד ישקחנה

בעקבהיתה... דחלתה מן אלה היא תעתידה רבה והכנה טובה יהא צופן לעצמו צפינה טובה כדי שימצאנה באחריתו... יראת אלהים היא ההכנה הגדולה good preparation is the hiding for oneself a goodly treasure, so that he may find it in his last day; the fear of God is the great preparation - ת״מ 292א.

**עתיס**[†] עתוד? he-goat [טלשיר 124. מיזוג של עתוד עם تيس = תיש. *Blend of ᶜtwd with* Ar *tys*.]

**עתיס** ש״ע ז *n. m.* **עתוד** he-goat וחזה ית כל עתיסיה עלוליה על עאנה A ויירא את כל העתודים העולים על הצאן - בר לא 36א.

**עתק**[1†] יושן age [א״י (צרעה) מעתקה = צרעת נושנת - נ ויק יג 11 (בגיליון). סוא״י אתעתקת גראמי = בלו עצמתי - תה לב 3 - Horol 211]

**פעל נושן** פע״ע *intrans.* to be old ותיכלון עתיק מעתק M₁A* ואכלתם ישן נושן you shall eat (very) old grain - ויק כו 10 (=המליץ 528).

**אֶתְפַּעַל נושן** to be old כד תולדון בנים... ותעתקון בארעה (B ותתעתקון = המליץ 520) כי תילדו בנים... ונושנתם בארץ when you have begotten children... and are long established in the land - דב ד 25.

**עתיק** ש״ת *adj.* **נושן** old ותיכלון עתיק עתק ועתיק מקדם חדת תפקון ואכלתם ישן נושן וישן מפני חדש תוציאו you shall eat (very) old (grain), and you shall clear out the old to make way for the new - ויק כו 10 (=המליץ 528). ותיכלון מן עללאתה עתיק... עד מיתי עללאתה תיכלון עתיק ואכלתם מן התבואתה ישן... עד בוא תבואתה תאכלו ישן - ויק כה 22. צרעה עתיקה הי צרעת נושנת היא - ויק יג 11. דאימנה מרה רזי עתיקין וחדתין שהפקידו אדוניו על סודות ישנים וחדשים - ת״מ 5א וכיו״ב 85א.

**עותק** ש״ת *adj.* **נושן** old ועותקה מקדם עדתה תפקון N וישן מפני חדש תוציאו you shall clear out the old to make way for the new - ויק כו 10 (=המליץ 528).

**עתק** ש״ת *adj.* **נושן** old ותיכלון עתיק עתק ואכלתם ישן נושן you shall eat (very) old (grain) - ויק כו 10 (=המליץ 528). מלין חדתן מלגו עתק יפקן מלים חדשות מתוך (הספר) הנושן תצאנה - אס 21א.

**עתק**[2†] חירות freedom [< عتق - Lane 1947a]

**עתק** ש״ע ז *n. m.* **דרור** release ותזעקון עתק בארעה $m_2$ וקראתם דרור בארץ you shall proclaim release throughout the land - ויק כה 10.

**עתר** עושר richness [א״י ועתר וקנה נכסין = והעשיר וקנה רכוש - נ בר לו 39. סוא״י ועותיר דמלכין תיכולון = ושד מלכים תינקי - ישע ס 16]

**קל רכש** to acquire כל חותרה דחתר קניאן נכסה דחתר כל רכושו אשר רכש מקנה קנינו all the wealth that he had acquired, אשר רכש the livestock in his possession that he had acquired - בר לא 18. כל חותרון דחתרו כל רכושם אשר רכשו - בר יב 65. עתרת פחזת - המליץ 563 מן בר מט 2. ליתא. וית כל נכסה דעתר - בר לו 6.

**פעל העשיר**[†] to make someone rich אנה אעתרת ית אברם אנכי העשרתי את אברם it is I who made Abram rich - בר יד 23 [אפשר שהוא אפעל]. מעתיר מציל מושיע - ת״מ 267ב. סימתה דמעתרה admāttārå האוצר המעשיר (הספר) - מ טו 30.

**אֶתְפַּעַל התעשר**[†] to be enriched אתון מתעתרין בון אתם מתעשרים בהם (במצרים) - you will be enriched with them (Egyptians) - ת״מ 45א [זב״ח הע' 3].

**עותר** ש״ע ז *n. m.* **עושר, קניין** property, richness ונסבו ית כל חותר סדם ויקחו את כל רכוש סדם they seized all the wealth of Sodom - בר יד 11. יפקון בחותר רב יצאו ברכוש גדול - בר טו 14. עותרה דמלכותך מנו דיכל שאםעושר מלכותך, מי הוא שיכול לראות - מ י 31-32.

**עתיר** ש״ת *adj.* ᶜattər **עשיר** rich עתירה הי אי עצה MB השמנה היא אם רזה is it rich or meager? - במ יג 20. עתירה לא יסגי העשיר לא ירבה - שמ ל 15. יעקב כד געז והוא ריקן ממדל עלמה וארום הוה עתיר מן זכותה יעקב, כאשר עבר (את הירדן) והוא ריק מרכוש העולם, ואולם היה עשיר בצדקה - ת״מ 133א. הו האלהים... עתיר בפליאן ...עשיר בנפלאות - מ יב 17-19.

# פ

פ[1] האות השמונה עשר באלף בית. סימן המספר 80. The sixteenth letter of the alphabet. Symbol of the number 80.

**פ** fi **א** ש״ע נ *n. f.* **האות פא Pe** עמו פ ממללה ממלל מרבי שמועה ראו את פ מדברת דיבור המגדל את שומעו see Pe making a speech that magnifies the listener - ת״מ 295ב. מיסתיך פ כל אהן איקרה רבה דבה אתוקרתי דייך פ (ב)כל הכבוד הגדול הזה שבו נתכבדת - ת״מ297ב. וכן מובאת פ במניין האותיות: נ, ס, פ, צ, ק, ת - ת״מ 281א-ב; 285ב. **ב** מספר מונה *cardinal number* **שמונים eighty** אלה אלף אדם ק פ אלהים לימד את אדם מאה ושמונים (שנה) God - taught Adam one hundred and eighty years אס 4א.

†פ[2] תוית החיבור *conj.* [שרבוב מן ف *Ar interp.*]

**פ- ו-** תוית החיבור **and** פיפקד כהנה וירעון ית דבה מכתשה B וצוה הכהן וכבסו את אשר בו הנגע and the priest shall command that they wash the thing in which is the disease - ויק יג 54. פאתבלו עמה שריר V ויתאבל העם מאד - במ יד 39. פאן נפס כל בשר דמה בנפסה הו וקל לבני אסראיל דם כל בשר לא תאכלו פאן נפס כל בשר דמה הו כי נפש כל בשר דמו בנפשו הוא... כי נפש כל בשר דמו הוא - ויק יז 14 [העתיק את כל הפסוק מן הטור הערבי שלפניו].

†**פאדראי טנס** שם פרטי *pr. n.* [היא فـرداي. בעיראק. כך הוא לפי נ״א. זב״ח, אסטיר 27]

**פאדראי טנס** ש״פ וקטל לקין ובנה דחלה שמה פאדראי טנס והרג (למך) את קין ובנה פסל ששמו פאדראי טנס - אס 3ב.

**פאה** פינה, קצה **corner, edge** [ס ולא תחבלון פאתה דדקניכון - ויק יט 27 - PSm 3028]

**פאה** ש״ע נ *n. f.* **1 קצה, צד edge, side** לא תסכם פאת חקלך לא תכלה פאת שדך you shall not reap all the way to the edges of your field - ויק יט 9. לא תקפון ית פאת רשיכון ולא תחבלון ית פאת דקניכון לא תקיפו את פאת ראשכם ולא תשחיתו את פאת זקנכם - ויק יט 27. מעי פאתה דמואב מחץ פאתי מואב - במ כד 17. ולפאת צפונה מאה באמה on the north side, a hundred cubits - שמ לח 11. עסרין לוחין לפואת דרום A (נ״א לפאת) עשרים קרשים לפאת נגבה - שמ כו 18 [גזור מן הריבוי. *Backform from the pl. m. pl.*] ויהב ית עסקיה על ארבע פבאתה - שמ לז 13. בעש״ח ריבוי זכר *in* NSH: נשמע קולו מכל הפאתים - ת״מ 263ב. **2 פינה, זוית angle, corner** כתיב עליו אהיה אשר אהיה מן ארבעתי פאתיה כתוב עליו ״אהיה אשר אהיה״ מארבע הפינות - ת״מ (ק) 37א. אמת דת בעי מחכם פאת שמשה משאתה מבקש לדעת את זוית השמש - תולדה 5ב [ע בהערות פלורנטין].

†**פאל** פעולה מאגית: הגדת עתידות **magical practice: divination** [< تفأل = ניחש - Lane 2325b]

**קל קסם to practice magic** ולא תטיארון ולא תפעלון $*M_2$ ולא תנחשו ולא תעננו you shall not practice divination or soothsaying - ויק יט 26 [$C^{a}$ תתפאלו כנגד תנחשו וכך בטור הערבי של המליץ 525. *Similarly,* SAV (AH) *and the* Ar *column of* Ham. *have ttp*ʾ*lw*.]

†**פאני** שם פרטי *pr. n.*

**פאני** ש״פ קעם גבר לואה ושמה עזרז בר פאני - אס 20א.

†**פג** רחם **womb** [נסתרס מן פגר > فـرج - Lane 2360a. טל ג, עה (ע״ע). *Corr. of prg, (q. v.). See* Tal III, 72.]

**פג** ש״ע ז *n. m.* **רחם womb** פתוח כל פג A פטר כל רחם - the first issue of every womb - שמ יג 2, 12, 15. כל פתוח פג לי A - שמ לד 19; במ ח 16.

†**פגיה** מזוזה **door-post** [> فـجـيـة -

[Barthélemy 594

**פגיה** ש״ע נ *n. f.* **מזוזה door-post** ואדו אדמה על מדיקה ועל תרי פגיאתה והזו את הדם על שתי המזוזות sprinkle on the lintel and the two doorposts - ת״מ 245ב. וכך הוא ק 16א: ויסבון מן אדמה ויהבו על מדיקה ובתר כן על תרי פגיאתה [הכול ע״פ שמ יב 7. ק וכן תה״ש: מזוזיאתה].

**פגל**† פסול**rejection** [מן העברית H. מעיקרו מונח: קרבן שנפסל (ויק ז 18) ונתרחב שימושו להיות דבר פסול ובייחוד רומז לעבודה זרה: **א״י** ורטף פיגול = ומרק פגלים - תרג׳ ישע סה 4. *Originally, a cultic term, 'rejected sacrifice', developed into ['falsity' especially 'idolatry'.*

**פגול** ש״ע ז fēgol *n. m.* **flaw 1 פסול** לית יתשקח בה חסרן ולא פגול לא יימצא בו חסרון ולא פיגול no defect nor flaw should be found in it - ת״מ (ק) 237ב. כל דמע אמסיר לקדש לית לפגול לגוה נמי כל תרומה מסורה לקודש, אין לפיגול חלק בה - ת״מ 94א. לית בון פגול כהלון קדשים אין בהם פסול, כולם קדושים - ת״מ 289א. **2 זיוף, שקר falsity** יתרבי חילה דלא עבדך צריך לאלפן בראי ולא לחכמת פגול רק יהב לך כתב מכלל בחיים יתגדל האל שלא עשך צריך לימוד חיצון ולא חכמת פיגול, אלא נתן לך ספר מעוטר בחיים magnified be the Mighty One, who did not submit you to external (=dissident) teaching or to wisdom of falsity, but gave you a book perfected with life - ת״מ 303א. מכתב קשט כתבה דבידן וכל כתבי אמיה פגולין... עמי לאהן איקרה... ‹לא› תחלפה בפגול כתב אמת הוא הספר שבידנו וכל כתבי האומות פיגולים... ראה את כל הכבוד הזה... לא תמירנו בפיגול the book we possess is a book of truth but all the books of the nations are falsity... all this glory..., do not change it for falsity - ת״מ 277באמית כל חיב וכל דשקר בי וכל כתב פגול דאמרו דו מדילי וליתו כן אמית ...וכל כתב כתב פיגול שאמרו שהוא משלי ואינו כן I shall kill every sinner and all who betrays me and every writing of falsity - ת״מ 246א.

**פגע** פגיעה ונגיעה, נגף **encounter, reach; harm** [**א״י** ופגע ביה שידא - בר״ר 335 (כ״י ו). **סוא״י** אנא משגר כל פגועתי ללבך - שמ ט 14].

**קל 1 פגש** **to meet** ואזל ופגעה בטור האלהים וילך ויפגשהו בהר האלהים he went, and met him at the mountain of God - שמ ד 27. מובא בת״מ 17א ובאס 16א. ופגעה יהוה ובעו למרתתנה ויפגשהו יהוה ויבקש המיתו - שמ ד 24. וכד פגעה מלאכה בתר מגוזה וכאשר פגשו המלאך לאחר מעברו - ת״מ 133א [לעניין בר לב]. אן תפגע תור דבבך,,, טעי עזור תעזרנה לה כי תפגע שור אויבך... השב תשיבנו לו - שמ כג 4. **2 הגיע** **to arrive** ואפגע באתרה ואבית תמן ויפגע במקום וילן שם he arrived at a certain place, and stayed there that night - בר כח 11. **3 נגף, הכה** **to strike** *cf. mty* פגיעה רעה. השי׳ מט״י. דלא יפגענן במותן אי בחרב ...פן יפגענו בדבר או בחרב lest He strike us with pestilence or sword - שמ ה 3. וית בנימים... לא שלח... הלא מלל הן יפגענה אסקול A (נ״א ימטינה) ... פן יקרנו אסון Jacob did not send Benjamin..., for he feared that harm might befall him - בר מב 4.

**אֶתְפְּעֶל נפגע, נגף**† **to be hurt** וחבו לה למימר עוד יוסף קיאם... ואתפגע לבה הלא לא הימן לון (E *m$_4$ ופגע = המליץ 563 מן ואפגע ‹ ואתפגע. התה״ע: وفتر SAV) ויפג לבו כי לא האמן להם they told him "Joseph is still alive...", and his heart was hurt, for he did not believe them - בר מה 26 [השי׳ Am וארתע = نفر :PG].

**מפגע**† ש״ע ז *n. m.* **פגישה encounter** גאול אדמה הוא יקטל ית קטולה במפגעה בה the blood-avenger himself shall put the murderer to death; upon encounter בפגעו בו... - במ לה 21,19.

**פגע**† ש״ע ז *n. m.* **הפצרה insistent demand** יקבל אלה מני בדילך מדרשי ופגעי ישמע האל ממני בעבורך את בקשתי והפצרתי let God accept my request and my demand on your behalf - ע״ש ז 10-9 השי׳ ירוש ברכות ט ע״ב: והוא מפגיע בעדם והגשמים יורדים].

**פגעאל** fâgâᵓel שם פרטי *pr. n.*

**פגעאל** ש״פ ונסיא לבני אשר פגעאל בר עכרן - במ ב 27.

**פגר**[1] הריסה, השחתה **destruction** [**א״י** ויפגר ית ביתה - נ ויק יד 45. **סוא״י** ואתפגרי מעצרתא = נהרסו ממגרות - יואל א 17]

**פעלהרס** **to destroy** ויפגרון ית ביתה ונתצו את הביה - they shall break down the house

ויק יד 45. תנור ותפים יפגרון תנור וכרים יתצו - ויק יא 35. ית מדבחיון תפגרון את מזבחתיהם תתצון - שמ לד 13.

**אֶתְפַּעַל נהרס** to be destroyed תנור ותפים יתפגרון V תנור וכרים יתצו oven or stove yittâṣu] 35 ויק יא - shall be smashed מתפרש פעיל וסביל כאחד]. מקדש זרותה יתפגר מקדש העבודה הזרה ימוגר - אס 20ב.

**פגר²** גוף **body** [סוא״י: בוצינה דפוגרא הי עינא = נר הגוף היא העין - מתי ו, 22. **אכ** AHw - pagru 809]

**פגר** ש״ע ז *n. m.* **גוף 1** **body** לא אכל ולא שתה... ולא נש פגרה לא אכל ולא שתה... ולא נחלש גופו (משה בהר) (Moses) did not eat or drink..., nevertheless his body did not grow weak - ת״מ 107א. יטמא פגר חתנתה ויגלי פרגה יטמא את גוף חותנתו ויגלה ערוותה - ת״מ 161ב. **2 גוויה** **carcass** [א״י ואשוי ית פגריכון על פגרי מרחקתכון - **נ** ויק כו 30] ונעת טעסה על פגריה וירד העיט על הפגרים the bird (of prey) came down upon the carcasses - בר טו 11. במדברה הדן יפלון פגריכון - במ יד 29. שגרת רגזך אכלון כקסה הך דהוה ערבה אכל פגריון "תשלח חרנך..." (שמ טו 7) כמו שהיה העורב אוכל פגריהם - ת״מ 55ב.

**†פגר³** רחם **womb** [< فرج - Lane 2360a. באה״ש המאוחרת, טל ג, עה, שיכול פרג (ע״ע), כנראה בזיקה אל פגר². Late SA; *metathesis of prg, q. v.*]

**פגר** ש״ע ז *n. m.* **רחם** **womb** פתוח כל פגר A פטר כל רחם the first issue of the womb - במ ג 12, יב 12.

**†פגש** זימון והתוועדות **encounter** [א״י ואתפגש מלאך עמה - **נ** בר לב 25]

**קל פגש** to meet הן יפגשנך עשו אחי B (נ״א יפגענך) כי יפגשך עשו אחי when my brother Esau meets you - בר לב 18.

**פדהאל** שם פרטי fâdā²əl *pr. n.*

**פדהאל** ש״פ ולשבט בני נפתלי נסי פדהאל בר עמיהוד - במ לד 28.

**פדהצור** שם פרטי fâdâṣor *pr. n.*

**פדהצור** ש״פ ונסיא לשבט בני מנשה גמליאל בר פדהצור - במ ב 20.

**פדי** גאולה והצלה, רווחה **redemption, deliverance** [א״י ופדה יתה (את יצחק) - **נ** ויק כב 27]

**קל** עבר: פדיך (נוכח) - א״ג 48. עתיד: ויפדי yēfēdi - ע״ש ד 29. ציווי: פדיתן (+כינוי) fēdītån - א״ג 48. **אֶתְפַּעַל** עבר: אתפדה - ת״מ 90ב. בינוני: מתפדי - ת״מ 142ב. **פדיון** - ת״מ 291א.

**קל פדה, גאל** to deliver, rescue פדיתן מן סנין מד לאבהתן פדיך פדנו מן השונאים כשם שפדית את אבותינו deliver us from our enemies, as you redeemed our ancestors - א״ג 48. ויפדי אלהנו יתכון מן דבביכון - ע״ש ד 29. וייתי בגדל ויבלש דבבון ויהי פדי לון יבוא בגדלו ויחפש אויביהם ויפדה אותם - ת״מ 124ב. בעובד טובה... ותפדי עורנך בעשיית הטוב... ותפדה זולתך - ת״מ 142ב.

**אפעל גאל** to deliver ואפדך מבית עבדיה B (נ״א ופרקך) ויפדך מבית עבדים (God) rescued you from the house of bondage - דב ז 8.

**†אֶתְפַּעַל נפדה, נגאל** to be redeemed אתפדה באיל נפדה (יצחק) באיל (Isaac) was redeemed by a ram - ת״מ 90ב. בעובד טובה תהי מתפדי ותפדי עורנך בעשיית הטוב תיפדה ותפדה זולתך - ת״מ 142ב.

**פדיון** ש״ע ז *n. m.* **גאולה** **deliverance** אלבשת בשמי פדיון קהלה הלבשתי בשמי גאולת הקהל - ת״מ 291א. ישראל צאו... חדים בפדיון ישראל יצאו... שמחים בגאולה Israel went forth..., exulting in their deliverance - ת״מ 63ב.

**פדן ארם** שם מקום fåddån âråm *pr. n. (place)* [ע״ע קיץ ארם]

**פדן ארם** ש״פ בתואל ארמאה מפדן ארם - בר כה 20. אלין בני יעקב דאתילדו לה בפדן ארם - במ לה 26.

**†פדע** פצע **injure** [א״י למאן פדעין דמגן = למי פצעים חנם - ויק״ר רמט מן משלי כג 29]

**קל פצע** to injure לא ייעל פדיע דחלה... בקהל יהוה (בינוני פעול *pass. pt.*) לא יבוא פצוע דכה... (fâṣa) no one whose testes are crushed... shall be admitted into the congregation of the Lord - דב כג 2.

**פדעה** ש״ע נ *n. f.* **פצע** **injure** כביה תחת

כביה פדעה תחת פדעה מכוה תחת מכוה פצע תחת פצע - burn for burn, wound for wound שמ כא 25 [= המליץ 558. נקבה: המליץ 460: <פ>ודאה = חבורה].

†**פדר** החלב המכסה את הקרביים **the fat of the animal's entrails** [נחלקו מקורות השומרונים בהבנת המילהת וכן היהודיים. ע״ע גו״ף, כר״ס, פרד. *There is no unanimity in the Sam. understanding of* SP *pdr. See gwp, krs prd.*

**פדר** ש״ע ז *n. m.* **suet** פדר ויסדרון בני אהרן... ית פסקיה וית רישה וית פדרה על קצמיה גופה. ע״ע גו״ף) וערכו בני אהרן... את (VN הנתחים ואת הראש ואת הפדר על העצים Aaron's sons... shall lay out the sections, with the head and the suet, on the wood - ויק א 8 (=המליץ 564) וית רישה וית פדרה יסדר כהנה - ויק א 12. ואועד משה ית רישה וית פסקיה וית פדרה - ויק ח 20.

**פה** אבר בגוף **mouth** [עברית. בביטויים מעטים שאולים מן התורה ומעט בשרבובים. בכלל זה מלות יחס וקישור. (ע״ע פם). H, *occurs in a few interp. and quotations from the Torah.*

**פה** ש״ע ז *n. m.* **1 פה mouth** פה אל פה מללת בה C (נ״א פם לפם) פה אל פה אדבר בו - with him I speak mouth to mouth - במ יב 8. הביטוי מובא הרבה בת״מ, כגון 261ב, 265א. בשרבושבים: אנה אהי עם פיך E (נ״א פמך) - שמ ד 12. בדיל תהי תורת יהוה בפיך B (נ״א בפמך) - שמ יג 9. ולא ישתמעון על פיך B (נ״א פמך) - שמ כג 13. ונשול ית פיה B (נ״א פמה) - בר כד 57. **2 מצווה** מן ״על פי האל״ **commandment** וכל פי אלהנן בידך וכל דבר אלוהינו בידך all the commandments of our God is in your hand - ת״מ 297א. אדכיר לטב משה... אשר הושיע קהל עבראי בפי יהוה ...אשר הושיע... על פי יהוה - ת״מ 61א. פי מרי ליתי מעלם מצוות אדוני אינני ממרה - ת״מ 68ב.

**לפי** מ״י *prep.* **according to** ולפי מניאני נהרי גנת עדן ולפי חשבוני, נהרות גן עדן according to my number (four), are the rivers of the garden of Eden - ת״מ 309א [דברי האות ד]. מזון לפי טפלה VCA [מעתק הוראה *meaning shift*] - בר מז 12.

**על פי** מ״י *prep.* **according to לפי** ורבי כל אחד על פי דרגה וגַדֵל כל אחד על פי דרגתו magnify (*imp.*) every one according to its

.ת״מ 292א - status

**פואה** שם פרטי fuwwa *pr. n.*

**פואה** ש״פ ובני יששכר תולע ופועה (!) - בר מו 13.

**פואי** ש״י *gent. n.* לפואה כרן פואה (V פוהאי) - במ כו 23.

**פוג** רווחה **comfort, relief** [א״י לא אתא אלא למתפוגגא עם בנוי = לא בא אלא להינפש עם בניו - ויק״ר תרלד. **סוא״י** מן מתפוגג = בהיותו שמח - Duensing 12. **ע** כיין... לב אנושים - ינייי (זולאי רפ, קמה (קור 159). פת נפשך ופייג לבך בן-סירא ל 23; רפיון **weakness**

**קל** עבר: ופאג - בר מה 26 C. **פועל** מקור: למפוגגה - מ ג 32 lamfūgēgå. **אתפְעֵל** עבר: ואתפג - בר מה 26. **אתפולל** עבר: אתפוגג - בר מה 26 $Vm_2$. עתיד: ויתפוגגו - ת״מ 244א. בינוני: מתפוגג - ת״מ 226ב. **פג** - ת״מ (ק) 2ב. **פוגגה** - ת״מ 308ב. **פוגגו**- בר מט 15 C.

**קל נחלש to be weakened** [א״י דטלא פייגא = שהטל התנדף - ירוש פסחים ל ע״א] וחבו לה... עוד יוסף חי... ופאג לבה הלא לא אימן לון C (=המליץ 563; N ופג) ויגידו לו... עוד יוסף חי... they told him... ויפג לבו כי לא האמין להם "Joseph is still alive...", and his heart was weakened, for he did not believe them - בר מה 26 ‎ [$C^{a}$ ופתר = נלאה. הש׳ E: ופגע, MB ואפך <) ואפג ?].

**אֶתְפְעֵל נחלש to be weakened** ואתפג לבה his heart was ואפג > ואתפג!) ויפג לבו ($*M_1$ weakened - בר מה 26.

**פועל שימח to gladden**

**מפוגגה** חלמים שלחת למפוגגה רחמיך חלומות שלחת לשמח את אוהביך You sent Your mercy to gladden those who love You - מ ג 31-32.

**אתפולל 1 שמח to rejoice, be comforted** אלולי דאנה מתפוגג בחזותכון הות רוחי מני מיסרה אילולי שאני שמח במראיכם, הייתה רוחי מתייסרת were I not comforted by the sight of you, my spirit would be afflicted - ת״מ 226ב. כסיהתה לה נפשו גליהתה בה חדו בוראיה בה אתפוגגו הנסתרות הרחיבו לו, הנגלות שמחו בו, הבריאות עלזו בו (במשה) - ת״מ 291ב. דהכמו יתי איך יתוחו בטובי ויתפוגגו באיקרי אשר ידעו אותי, איך יחיו בטובי וישמחו בכבודי - ת״מ 244א. **2 נחלש to be weakened** ואתפוגג

לבה $Vm_2$ ויפג לבו - his heart was weakened
בר מה 26.

**פג** ש״ע ז *n. m.* **ספק doubt** לאפג דבידון רזה דקסמין יחכמון בון רזי לבביה אין ספק שיש בידם סוד הקוסמים ויודעים על ידיו את סודות הלבבות no doubt they have the secret (by which) the sorcerers know the secrets of the minds - ת״מ 228ב [זב״ח העי' 3: ע״פ תפיסת א״ס ויפג - فـشكّ = פקפק (בר מו 26)]. עמו מד בעה יעבד ביצחק אילולי מד בה חכמת שרה דהוה עובד קין מתגלי תמן בלא פג ראו מה ביקש (ישמעאל) לעשות ביצחק. אילולי מה שהבינה שרה, היה מעשה קין מתגלה בלא ספק were not by what Sarah understood, the deed of Cain would emerge (again), no doubt - ת״מ (ק) 2ב (עמ' 183).

**פוגגה** ש״ע נ *n. f.* **שמחה joy** אלית שמי עביד פוגגה לנפשהן כלום לא שמי נעשה שמחה לנפשות? - was not my name a joy to souls? ת״מ 308ב. **פוגגה** נעמה nēmma - המליץ 520 מן בר מט 15. ליתא].

**פוגגו** ש״ע נ *n. f.* **1 שמחה joy** אתי עבידה לבוש דמלכו ואני עבידה לבוש דפוגגו את עושה לבוש המלכות ואני עושה לבוש השמחה (דברי האות ס לאות ט) you bring about the vestment of kingdom; I bring about the vestment of joy - ת״מ 294א. מלתה שביעיתה מלה בה פוגגוהן ובה מדוהן הדבר השביעי (שאמר משה ״וחש עתידות למו״ - דב לב 35), דבר שבו שמחות רבות ובו מדווים - ת״מ 236ב. **2 נועם delight** וחזי מנוחתה הלא טבה וית ארעה הלא פוגגו ...ואת הארץ כי נעמה he saw that a resting place was good, and that the land was a delight - בר מט 15. בכל עובד ישר לית בה חסרן וכהלה פוגגו כל מעשה ישר שאין בו חסרון וכולו נועם - ת״מ 147א.

**פוגה**[†] שם פרטי *pr. n.*
**פוגה** ש״פ ומעונון לפוגה דמסמאל לדמשק A (נ״א חובה) ויכום עד חובה אשר משמאל לדמשק - בר יד 15.

**פוח**[†] בעירה, שריפה **burning** [ע עד שאכניס פיחה בלילן של מלכיות - שיהש״ר לעניין ״עד שיפוח היום״ (ב 17), שפירש יאיר. פעולתם פחה פניהם (פחח) - ינאי טו, צד. אבל ע' ילון, פרקי לשון 81, ליברמן יוונית 158. בן-סירא נא, ד: מכבות אש לאין פיחה (=בעירה?). הש' בן-יהודה 4907: פיחה= בעירת אש]

**אפעל הבעיר to kindle** ואן יפעי אנש חקל אי כרם ושלח ית בעירה ובער בחקל עורן שלום ישלם מן חקלה כעללאתה ואם כל חקלה יפעי מן מיטב חקלה... ישלם וכי יבעיר איש שדה או כרם ושלח את אשו ובער בשדה אחר שלם ישלם משדהו כתבואתה ואם כל השדה יבעה מיטב שדהו ישלם when one kindles (his) field or vineyard, or lets his fire loose and it burns another's field, he shall make restitution, according to (the burnt) yield, from his field; and if he burns the whole field, he shall make restitution from the best of his own field - שמ כב 4.

**פחה** ש״ע נ *n. f.* **נגע inflammation** בנור תוקדונה פחה היא בצעותה או בנקיותה (נ״א כתימה, פרחה) באש תשרפנו פחתת היא בקרחתו או בגבחתו it shall be consumed in fire; it is an inflammation in his disease or in his sound part - ויק יג 55 [האם נתפרש לו דלקת?]

**פיח** ש״ע ז *n. m.* **פיח soot** ואמר יהוה למשה ולאהרן סבו לוכון פיח אתונה... ונסב... משה פיח אתונה ויאמר יהוה... קחו לכם פיח הכבשן (מן שמ ט 8) ולקח... משה פיח הכבשן - ת״מ 35א. פיח הכבשן פרשה משה שחין ״פיח הכבשן״ פרסו משה שחין - ת״מ 60ב (ק: פחי). [מן שמ ט 8]. ופם מעילה בגבה כפיע קלעי M ופי המעיל בתוכו כפי תחרא the opening of the robe in it was like a dark-colored plaiting - שמ לט 23 [פירש פי = פיח כלומר צבע? Int. of py from pyḥ, *referring to its color*].

**פוט** שם פרטי *pr. n.* foṭ
**פוט** ש״פ ובני חם כוש ומצרים פוט וכנען - בר י 6. ועבד חם ד חלקין כוש חלק ומצרים חלק ופוט חלק וכנען חלק וחילק חם לארבעה חלקים: כוש חלק ומצרים חלק ופוט חלק וכנען חלק - אס 7ב.

**פוטי פרע** שם פרטי *pr. n.* fūṭīfâra [כך בכה״י MJ. בשאר כ״י נכתב השם במילה אחת כהגייתו: פוטיפרע]
**פוטי פרע** ש״פ ויהב לה ית אסנת ברת פוטי פרע כהן אן לאתה (VECBA פוטיפרע) - בר מא 45.

**פוטיאל** שם פרטי *pr. n.* fū'ṭīl
**פוטיאל** ש״פ ואלעזר בר אהרן נסב לה מבנאת

פוטיאל לה לאתה - שמ ו 25.

**פוטיפר** שם פרטי *pr. n.* fūṭīfār

**פוטיפר** ש״פ ויוסף אתיעת למצרים וזבנה פוטיפר סריס פרעה - בר לט 1.

**פול** בלל **mixture** [מן אונקלוס O. ע״ע בסס, פסס]

**קל** בינוני פעול *pt. pass.* **בלל to mix** סלת דפילה במשח $*M_1$ סלת בלולה בשמן fine flour with $M_2$ סלת... דפילה במשח - ויק ב 5. oil mixed in סלת... בלולה בשמן - במ ז 19.

**פוס**† ריצוי **appeasement** [< - Krauss 429b πεῖσις. **א״י** פייס על נפשיה - בר״ר 925. **סוא״י** ואפיס יתה - ישעי׳ מ 14. **ע** מצוה להפיסו - ירוש שבועות לה ע״ג]

**אפעל הפיס to appease** מן ישדל בגללך מן יפיס לך מי ישתדל לך, מי יפיס עליך? who will make entreaty on your behalf, who will seek appeasement for you? - ת״מ 250א. כלה מפיס עליך mâfǝs הכול מפיסים עליך - מ ד 41. ומפיס לכל אמי עלמה ומפיס לכל אומות העולם - ע״ד יט 13. דמפיס על חיבים דלא יאבדון המפיס על חוטאים שלא יאבדו - מ כ 35-34. אלית נביה רבה משה מפיס אם אין... משה משתדל (למעננו) - ת״מ 241ב. ומעיני לון ומפיס עליון ושומר אותם ומפיס אותם - ת״מ 208א. פעול *pass.* מלף לן חכמתה נשימין ומפעסין... יפיסן וירחמן רחמנה מלמד אותנו את החכמה (ואנו) מרווחים ומרוצים... יפייסנו וינחמנו הרחמן - מרקה ? (Cow 52)

**אֶתְפַּעַל 1 פייס to appease** סגי דמתחיב לך ובזעורן את מפעס mab'bās גדול יוצא חייב מלפניך וקטן אתה מפייס You convict the major and appease the minor - ע״ד ח 27-26; מ ו 58-57. **2 נוכח לדעת to ascertain** ומד אנן מפעסין דלית אלהו אלא דילך ומשאנו יודעים שאין אלהות אלא שלך we ascertain that there is no divinity but Yours - א״ח 30-31.> ויתבעסון< הן מרן דו גדול ויראו מיהו שיאבד בים ויווכחו כי אדוננו הוא גדול (the sorcerers) will ascertain that it is our Lord who is great - ת״מ 65א [זב״ח הע׳ 2]. ואתפעס אדם דו צפית נקמס וחכם בניו ונוכח אדם שהוא ראה את המחוקק והודיע לבניו - אס 4א.

**פוסטט**† אוהל **tent** [< فسطاط - Lane 2397c]

**פוסטט** ש״ע ז *n. m.* **אוהל tent** ית פוסטטה וית עפיה וית כסוה B את המשכן את אהלו ואת מכסהו the Tabernacle, its tent and its covering - שמ לה 11.

**פוע**† הונקה **nursing** [קרוב אל נפע. **ע** שהיתה נופעת יין בתינוק... שהיתה מפיעה את התינוק כשאמרו מת - שמ״ר א יז. (זב״ח ספר שירמן 44-46). ע״ע יפע[2]]

**אפעל היניק to nurse** הלכי ית ילידה הדן ואפיענה לי A (נ״א ואינקתה, השי׳ המליץ 485) הלכי את הילד הזה והיניקהו לי take this child and nurse it for me - שמ ב 9.

**פועה** שם פרטי *pr. n.* fuwwa [ע׳ עטרה]

**פועה** ש״פ למילדאתה עבראתה אד שם אחתה שפרה ושם תניאנתה פועה - שמ א 15. ואתימני שפרה ופועה על מולד עבראתה והופקדו שפרה ופועה על הלידות של העבריות - אס 14ב.

**פוץ**[1]† פיזור **dispersion** [מן העברית H]

**אפעל פיזר to scatter** ויפיצך יהוה בכל עממאי the Lord will scatter you among all peoples - ת״מ 231ב [מביא אגב שינוי את תרגום דב כח 64: והפיצך. בתה״ש שלפנינו ויבדרנך].

**פוץ**[2]† מיעוט **littleness** [< צוב. ע״ע צבצוב]

**פוץ** ש״ת *adj.* **מעט few** פוץ ובישן הוו ימי שני חיי A מעט ורעים היו... few and bad have been the years of my life - בר מז 9.

**פוק**† מעלה **height** [< فــوق = גובה - Lane 2460b. אבל SSt 104: > אפיק]

**פיוק** ש״ע ז *n. m.* qiṭṭūl **מעלה height** ואתסתופו מלקופי פיוק A ויסכרו מעינות תהום - בר ח 2 [תפס: מעינות עליים. השי׳ בר א 7. אבל התה״ש: אלעיואמר = המצולה. *Int. 'upper waters'; cf.* Gen 1:7.]

**פיק** ש״ת *adj.* **גבוה ? high** אי פיק אי ננוס N (נ״א גפי) או גבן או דק or who is too high, or a dwarf - ויק כא 20 [לשון גובה, המנוגד לננוס הסמוך לו *Prob. from* Ar *in the sense '(too) high' as against the foll. 'dwarf' in the list of blemishes.*]

**פור** יקיצה **awakening** [טל, תעודה ג 171] ←
הזהרה **warning** [מעניין "עורר את פלוני"].

**פולל** עבר: פורר - ת״מ 221א. בינוני: מפורר - ת״מ 195ב. **אתפולל** עבר: ואתפורר - בר כח 16 $M_1$* (=המליץ 581). עתיד: יתפורר - ת״מ 212א. ציווי: אתפוררו - ת״מ 201א. בינוני: מתפורר - במ כד 16 A. **אתפוררו** - אתפוררו הן (‹אתפוררוהן - ריבוי) - ת״מ 195ב. **פוררה** - פוררתה (ריבוי מיודע) - ת״מ 221א.

**פולל 1 עורר to arouse** מה פוררת אחוך כלום לא עוררתי את אחיך didn't I arouse your brother (Aaron)? - ת״מ 289א [דברי האות נו״ן אל משה על חמישים המעשים המיוחדים לכהונה ולאהרן (ת״מ 110ב)]. כריזת דפוררת מדעיון וקטרת לבביון על קשטה אנכי יהוה הקריאה שעוררה את שכלם וקשרה לבם אל קשטה: ״אני יהוה אלהיך״ (שמ כ 2) - ת״מ 307א. כי ידין יהוה עמה... הדה מלתה מפוררה בדיל שלמותה דארבת על כל אמתה כי ידין... (דב לב 36) הדבר הזה מעיר לעניין השלמות שהייתה יתרה (בו) על כל העמים - ת״מ 243א. **2 הזהיר to warn** *fig.* בהשאלה אלין עסרתי פוררתה דפורר בה נביה רבה משה לישראל אלה עשר ההזהרות שהזהיר... משה את ישראל these - are the ten warnings that Moses warned Israel ת״מ 221א. תלתה מן זכאי בטלו מצוהתי פוררתון בדינה ולא בטלת שמון... יהודה... פוררתה... שמעון... פוררתה... ראובן... פוררתה... שלושה מן הצדיקים ביטלו את מצוותיי, הזהרתים במשפט ולא ביטלתי שמם... יהודה... הזהרתיו... - ת״מ 219א. ועסרה ‹אתפוררוהן› הוה מפורר לכל קהלה ועשרה אזהרואן אזהרון עסר תוכחות היה מוכיח את כל הקהל ועשר אזהרות הזהירם - ת״מ 195ב.

**אתפולל ניעור to awake** ואתפורר יעקב משנתה וייקץ יעקב משנתו $M_1$* Jacob awoke from his sleep - בר כח 16. ואתפרר A (נ״א ואתעירת) ואקץ - בר מא 21. אתפוררו מן שנתכון עורו משנתכם - ת״מ 201א, ובדומה לזה 121א. כנסרה מתפורר לקנסה PetVoll כנשר יעיר קנו - דב לב 11 [נוסח משובש]. בהשאלה *fig.* אתפוררו ולמלי משה אלפו התעוררו ולמדו את דברי משה - ת״מ 184ב. אתפוררו... מן אהן דמכה רבה ועזרו אל קשטה עורו מן השינה הגדולה הזאת ושובו אל קשטה - ת״מ 225א. חכמתך עד תתפורר ותביא ענינך למה דאתה צריך תעבד הוריתיך כדי שתתעורר... - ת״מ 167א. מסקט ומתפורר חזבין A נפל וגלוי עינים - במ כד 16. עד אמת תשניק ולית יתן (!) מתפוררין עד מתי ייסורים, ואיננו מתעוררים - ת״מ 283א. **2 הוזהר to be warned** אוכחו רבה וילה לאנש דלא יתפורר תוכחה גדולה, אוי לו לאיש שלא יוזהר a great reproof, woe to the man who is not warned (by it) - ת״מ 212א.

**אתפוררו** ש״ע נ *n. f.* **עוררות reminder** ועסרה ‹אתפוררוהן› הוה מפורר לכל קהלה עסר עוררויות היה מעורר את כל הקהל ten reminders with which (Moses) was arousing all the congregation - ת״מ 195ב.

**פוררה** ש״ע נ *n. f.* **הזהרה warning** עסרתי פוררתה דפורר בה נביה רבה משה לישראל אלה עשר ההזהרות שהזהיר... משה את ישראל the ten warnings - ת״מ 221א.

†**פורצן** חרצן הפרי **kernel** [מן אונקלוס O]

**פורצן** ש״ע ז *n. m.* **חרצן kernel** מפורצנין ועד עינורין (!) לא ייכל $M_2$* מחרצנים ועד זג לא יאכל he may not eat...from grape-kernel or skin - במ ו 4.

†**פזז** מהירות ובהלה **haste, precipitaion** [ע פזז = חפז (ב״י 4864). **ס** פזז = היה מהיר - PSm 3078]

**אפעל נבהל, נחפז to hasten** *intrans.* ומפזין אדרעי אדיו V (ומפיזן $m_2$*) ויפזו זרועי ידיו his arms were hastening - בר מט 24 [דרוש: ׳מן המקום שבחר יעקב׳. נ״א ואתבהלי, ויבהלן וכו׳ וכך הוא המליץ 563. ואפשר שענייננו שירה (וריקוד) כמו m: ואצטלצלי. השי׳ תרג׳ שמ״ב ו 16: ומשבח = ומפזז. התה״ע وحليّة לשון נועם - Lane 634c].

†**פחד** בהלה ויראה **fear** [א״י ותתפחדון בליליה ובאימממה - **נ** דב כח 66. אינו אלא בעשי״ח NSH]

**קל פחד to fear** נפחד מן גדלה ונהימן בה - let us fear His greatness and believe in Him ת״מ 59א (ק). לכן לא פחד מן מותה לכן לא פחד (משה) מן המוות - ת״מ 266ב. יהי ברנשה ידע רבות ברוה ויזע מן גדלה ויפחד מן גבורתה יהי אדם יודע את גדולת בוראו וייראַ מגודלו ויפחד מגבורתו - ת״מ 292ב.

**פחד** ש״ע ז *n. m.* **יראה fear** תפכת... וכל בטח אל פחד יהפכו... כל טוב לרע וכל בטחון לפחד - (the deeds) will change... security into fear ת״מ 233ב. ואבריון מזזעין מן פחד יומה דדינה ואבריהם רועדים מיראת יום הדין - ת״מ 243ב.

†**פחירתה** שם פרטי *pr. n.* ע״ע פם חירתה [דורש

את השם פי החירות מעניין התפארת. ע״ע פחר]

**פחירתה** ש״פ וישרון לקדם פחירתה בין מגדלה ובין ימה V ויחנו לפני פי החירת בין מגדל ובין הים - שמ יד 2 ואמטו יתון... על פחירתה V - שמ יד 9.

**פחר** נוי ותפארת **praise, glory** [עש״ח. ‹ فخر -. Lane 2349b. זב״ח: הוא פאר ונכתב פחר בהשפעת הערבית (לשוננו לעם כ (ד) 261, תרביץ י 359). אבל אין פאר בהוראה זו בתורה. NSH]

**פאר** ש״ע ז .n. m **תפארת praise** פארי וגליגותי והוה לי פצוה A (נ״א עזי, עזזי, תקופי, תקיפי) my praise and my עזי וזמרתי ויהי לי לישועה glory - it was my relief - שמ טו 2 [התה״ע: عـزي وفخرتي :SAV].

**אֶתְפְּעֵל נתגדל to be glorified** קהל ישראל יתפחר let the congregation of Israel be glorified - אלעזר בן פינחס (Cow 804). **ועליו** כהלון שלמו וכל מנון אמר מימר ואתפחר במה עבד אתפחרו בעובדיון ואמרו במימריון שלם לך - סעד אלדין (Cow 382). **ועברני לגן** עדן ואני בה מתפחר ראיתי בה תמחים לא אוכל אספר - אבישע (Cow 481). **ואתבונן בה** ואתפחר כי שמורה יתחני ואני מתבונן בה (בתורה) ומתפעל, כי השומר אותה ייהנה - הקדמה לכתובה (Ryl Sam 324).

**פחרה** ש״ע נ .n. f **תפארת glory** ושם לאנש בה פחרה ונתן ונתן לאדם בה תפארת He gave the man glory (by the Law of matrimony) - בהקדמה לכתובה Pummer, Firk. Sam X, 57.

**פחרו** ש״ע נ .n. f **פאר glory** פחרותך בשבת אל גן עדן מעזרך תפארתך בשבת, (ה)מחזירך אל גן עדן your glory resides in the Sabbath - (which) returns you to the Garden of Eden אלעזר (Cow 804).

**פחת** מיעוט וחסר **littleness, want** [א״י פחית ליה שנה - פסיקתא דר״כ 162. **סוא״י** פחת רב אית בינן לבינכון - פער גדול יש בינינו וביניכם - לוקס טז 26]

**קל נתמעט** פע״ע **to diminish** *intrans.* וכד אתרמי לנהרה פחת נהרה וכאשר הושלך (משה) לנהר פחת הנהר when (Moses) was thown into the river, the river diminished - אס 15א. לא אתוזף ולא פעת לא נוסף ולא נגרע it was no more, no less - ת״מ 212ב. **ואן יפעת** אחוך ותמוט אדה (נ״א ימך) וכי ימוך אחיך if your brother diminishes (*i.e.*, ומטה ידו becomes poor) - ויק כה 35. **ואם יפעת ביתה** ממהי מנקי E (נ״א יזער) ואם ימעט הבית... - שמ יב 4. **לא יתר ולא פחת** fāt **לא ירבה ולא** ימעט - ע״ד יט 34. ובדומה לו ת״מ 197א ועוד. **חזוה** פעת מן משכה A מראהו שפל מן העור - ויק יג 20. **בין סגי לפעית** C) A לפיעת; נ״א לזעור) בין רב למעט - במ כו 56 [בינוני פעול *pass. pt.*].

**פעל המעיט to reduce** ודפעת לא חסר C (נ״א ודאזער) והממעיט לא החסיר he who reduced (his gathering) had was not lacking - שמ טז 18.

**אפעל המעיט to reduce** ולקבל פיעת שניה תפעת זבינתה A (נ״א תזער) ולפי מעט השנים תמעיט מקנתו according to the fewness of the years you shall reduce the price - ויק כה 16.

**אֶתְפְּעֵל נגרע to be reduced** הות נביותה כות הים... כי אתנבה ממנו שבעים נביא ולא הפעת הייתה נבואתו כמו הים... אכן התנבאו ממנה שבעים נביא ולא נגרעה his prophethood was like the sea... for from it seventy prophets prophesied without being diminished - ת״מ 107ב.

**פחת** ש״ע ז .n. m [א״י פחיתה היא בכליותה - נ ויק יג 55] **גריעה deficiency** ישלח יהוה בך ית מרתה וית אלעלותה וית פעתה בכל שליחות אדיך דתעבד ישלח יהוה בך את... המגערת בכל משלח ידיך אשר תעשה the Lord will send upon you bitterness, confusion, and frustration in all that you undertake to do - דב כח 20 [נתפס לשון גריעה, אף שהקריאה ammâ:gērət, מן עג״ר - עואנ״ש ד 308].

**פיעת** fiyyāt* ש״ע ז .n. m **1 חסר fewness** ולקבל פיעת שניה תפעת זבינתה A (נ״א תזער) ולפי מעט השנים תמעיט מקנתו - ויק כה 16. **ב** ש״ת .adj **מעט few, little** בין סגי לפיעת C בין רב למעט between larger or smaller (groups) - במ כו 56. **ולפעיתה תפעת** סחנתה CA ולמעט תמעיט נחלתו - במ כו 54.

**†פטדה** אבן חן יקרה **a gem** [מן העברית H]

**פטדה** ש״ע נ .n. f **אבן יקרה a gem** אדם פטדה וברקת - שמ כח 17; לט 10 [רק בכ״י J, שאינו מתרגם את אבני החושן].

**†פטוע** ? [כנראה ט״ס מן פטט² (ע״ע). ZSp 177. מן פטס *Corr. from*]

**פטוע** ש״ע .*n* **?** מן אשר פטוע לחיפה A מאשר שמן לחמו - בר מט 20.

†**פטט**[1] דיבור **speech** [**א״י** דמפטט צחי = המפטפט צמא - בר״ר 1264; למי שיח... למן פיטוטין - ויק״ר 27 (גניזה)]

**פטוט** ש״ע ז .qiṭṭūl *n. m.* **דיבור speech** אתנטר לך מפטוט עם יעקב A (נ״א ממלל) השמר לך מדבר עם יעקב - beware of speaking to Jacob בר לא 29.

†**פטט**[2] מזון ? **food** [אולי הוא קשור עם קרבן פטיט - בבלי ערכין עז ע״ב].

**מפטוט** ש״ע ז .*n. m* **מזון ? food** יהב לך אלהים מטלה דשומיה וממפטוטי ארעה A ...מטל השמים ומשמני הארץ may God give you of - the dew of heaven and the fat of the earth בר כז 28.

**פוטיטה** ש״ע נ .*n. f* **מזון ? food** ואושטני אלהה... למשוי לכון פוטיטה בארעה A (נ״א חמירן, טמירן) לשים לכם שארות בארץ God - sent me... to give you food in the land בר מה 7 [נתפרש לו šārot מן שְׁאֵר = מזון (שמ כא 10 B). *Int.* [*šārot from š*ʾ*r 'food'*, Ex 21:10 B].

†**פטיר** מצה **unleavened bread** [**א״י** וחלה דפטיר חד - **נ** במ ו 19. **סוא״י** ופטירין אפא להון - בר יט 3]

**פטיר** ש״ע ז .*n. m* **מצה unleavened bread** פטיר יתאכל ית שבעתי יומיה מצות יאכל את שבעת הימים unleavened bread shall be - eaten for seven days שמ יג 7 (=המליץ 515). תלת מכלין קמח פטיר A שלש סאים קמח סלת - בר יח 6 [להתאימו אל בר יט 3: ופטיר אפה ואכלו]. מלאכיה אכלו פטיר לגו סדם המלאכים אכלו מצה בסדום - ת״מ 18א. ית חג פטירה תטר את חג המצות תשמר - שמ כג 15 [יחיד (= המליץ 515)].

†**פטם** האבסה, השמנה **fattening** [**א״י** תרנוגלין פטימין - ירוש פאה טר ע״ג. **סוא״י** עתדו תורא פטימא - מתי כב 4]

**פטים 1** ש״ת .*adj* **שמן, בריא בשר fat, stuffed** שבע פרואן יין חזב ופטימן בסר ...ובריאות בשר seven cows, handsome *M$_1$ - and fat בר מא 2. וכיוצא בו בפס׳ 4, 5. **2** ש״ע ז .*n* **בהמה שמנה fat cattle** .*m* שמן תורין ותרב

פטימים; E) V׳ עאן עם רתע פטימין ודכרים (נ״א ארפין) ...עם חמת כרים ואילים curds from the herd, and milk from the flock, with - anger (!) of fat cattle and rams דב לב 14.

**פטין** [< פטים] ש״ת .*adj* **שמן fat, full** ובלעי נקלופיה קטיניה ית שבע נקלופיה פטיניה A (*M$_1$ בטימאתה !) ותבלענה השבלים הדקות את שבע השבלים הבריאות the thin ears - swallowed up the seven full ears בר מא 7.

†**פטן** התעוררות **rousing** [< فتن = ניעור מן השינה - Dozy II, 277. א״ס قـايـم (< قـائم). חילופי ת/ט אינם שכיחים באה״ש *uncommon interchange t/ṭ in SA*.]

**קל ניעור** בינוני פעול .*pass. pt* **to awake** ארעה דאת פטין עליה לך אהבנה A (נ״א דמך) הארץ אשר אתה ניעור עליה לך אתננה the ground - on which you (just) awoke I will give to you בר כח 13 [פירוש .*Int*].

†**פטר** פרידה, שילוח **dismissal** [**א״י** ויפטור ית ציפורא חייתא - **נ** ויק יד 53 (גיליון). **סוא״י** דמן דייפטיר אתתה יתל לה אגרת פטירין - מתי ה 31]

**קל שילח, שחרר to release** ואל שדי יתן לכון רחמים לקדם גברה ויפטר ית אחוכון m (נ״א וישלח, ויטלק) ...ושלח את אחיכם may God Almighty grant you mercy before the - man, that he may release your brother בר מג 14 (מן אונקלוס O).

**אֶתְפְּעֵל נפטר, נפרד to depart** ואפטרו מן קדמיו... ואזל עילם ואשור לצפון ונפטרו מלפניו... they departed from him..., Elam and - Assur went northwards אס 8א. ומבתר דאפטרו עמה באשגלון עלו נבייה ליד פרעה ולאחר שנפוצו העם בעיסוקם, באו הנביאים (משה ואהרן) אל פרעה after the people had departed to their occupations, the two prophets came to - Pharaoh ת״מ (ל) 30 - מקביל ל-ש 19א.

†**פטר** ש״ע ז .*n. m* **פטר (רחם) firstborn** כל פטר רחם V - שמ יג 15 [שרבובמן הטור העברי. בכל מקום אחר: פתוח רחם *H interp., elsewhere ptwḥ rḥm*].

†**פי** מילית היחס .*prep* [< في]

**פי** מ״י .*prep* **ב- in** פי אלשהר שביעה J (נ״א בירחה) בחדש השביעי - in the seventh month

ויק טז 29 [שרבוב Ar. interp.]

**פיאלי** אגן לנוזלים **receptacle for liquids**
[> φιάλη - Krauss 443b. **א״י** פיילי דכסף חדא - **נ** במ ז 13]

**פיאלי** ש״ע נ .*n. f.* **כף, ספל cup, pot** פיאלי חדה עסרה דהב כף אחת... one gold pot of ten (shekels) - במ ז 20. פיאלן דהב תרתעסרי מלין אועדו עסרה עסרה פיאלתה במתקל קדשה כל דהב פיאלאתה עסרים ומאה כפות זהב שתים עשרה מלאות קטרת עשרה עשרה הכף בשקל הקדש כל זהב הכפות עשרים ומאה - במ ז 86.

**פיגמה** שם פרטי .*pr. n.* [שם משפחה מצוי בעדת השומרונים. זב״ח, אסטיר 55. ועי' Companion s.v. Pigma family]

**פיגמה** ש״פ קעם קדקד פרע פיגמה קהלה יקום נשיא נוצר פיגמה a prince will arise, who will protect the Pigma - אס 22א.

**פיום**† שם מקום *pr. n. (place)* [> فيوم]

**פיום** ש״פ ובנו קורי סכונן לפרעה ית פיום וית רעמסס A ויבנו ערי מסכנות לפרעה את פיתון ואת רעמסס - שמ א 11.

**פיכל** שם פרטי .*pr. n.* [ עי' פם כל, מימר כל]

**פיכל** ש״פ ואמר אבימלך ופיכל רב חילה (C ופי כל) - בר כא 22.

**פילדש** שם פרטי fildåš *pr. n.*

**פילדש** ש״פ אה ילדת מלכה... ית עוץ... וית פילדש - בר כב 20 - 22.

**פילונה** שם מקום *pr. n. (place)* [זב״ח, אסטיר 26: > בלניאס/בניאס]

**פילונה** ש״פ ובנה אדם קריה ושמה פילונה - אס 3א.

**פילוקה**† משמר ? **watch**

**פילוקה** ש״ע .*n* **משמר? watch** ונפל יהוה אלה פילוקה על האדם E)A) ויפל יהוה אלהים תרדמה על האדם - בר ב 21 [אולי הוא דרוש: הטיל אותו בפילקי (φυλακή), כלומר עשאו חסר תנועה? .*Perhaps int.: "put him under watch"*]

**פילן** שם מקום *pr. n. (place)*

**פילן** ש״פ לוד טפליהון ועניון ותוריון שבקו בארע פילן A...עזבו בארץ גשן - בר נ 8.

**פינגאל**† שם פרטי .*pr. n.* [שד או מלאך. זב״ח, אסטיר 31]

**פינגאל** ש״פ ועבדת ניגוג דרוח מתקרי פינגאל ועשתה פסל זכוכית מרוח הנקרא פינגאל - אס 36ב.

**פינחס** שם פרטי fi'nās *pr. n.*

**פינחס** ש״פ פינחס בר אלעזר בר אהרן כהנה - במ כה 7. והוה אלעזר כהנה צעד בימינה ופינחס ברה צעד בשמאלה והיה אלעזר הכהן אוחז בימינו ופינחס בנו אוחז בשמאלו - ת״מ 258ב. ואיתמר יקירה ופינחס קדישה - ע״ד ט 29. ואמת דאזלו למדין יהב פינחס קמי קהלה וכאשר הלכו אל מדין נתן את פינחס לפני הקהל - אס 18א.

**פינן**[1] שם פרטי fīnån *pr. n.*

**פינן** ש״פ רבה אלה רבה פינן - בר לו 41.

**פינן**[2] שם מקום fīnån *pr. n. (place)*

**פינן** ש״פ ונטלו מצלמונה ושרו בפינן ונטלו מפינן ושרו באבות - במ לג 42 - 43.

**פירתה**† שם מקום *pr. n. (place)* [היא פי החירות בכ״י V. ע״ע פחירתה]

**פירתה** ש״פ ונטלו מאתם ויתבו על פירתה ונטלו מפירתה ועברו בגו ימה B - במ לג 7 - 8.

**פישון** שם מקום fīšon *pr. n. (place)*

**פישון** ש״פ שם חדה פישון הוא דסהר ית כל ארע חוילה שם האחד פישון הוא הסבב את כל ארץ החוילה - בר ב 11. משה ואהרן קטלו פישון ברה דעדן הרגו את פישון בנו של עדן - ת״מ 18ב [נתפרש על היאור].

**פישוש**† אבק ? **dust** [אולי שיבוש מן .*Perh* *corr. from* πηλός, *'clay,' 'earth'*]

**פישוש** ש״ע .*n* **עפר ? dust** ויהונו בניך כפישוש ארעה A ויהי זרעך כעפר הארץ your descendants shall be like the dust of the earth -

בר כח 14.

**פיתון** fīton שם מקום *pr. n. (place)*

**פיתון** ש״פ ובנו קרין מגדדן לפרעה ית פיתון וית רעמסס - שמ א 11.

**פכר**[†] פירוק **taking apart** [**א״י** פכרו קדשיה... די באדני נשיכון = פרקו - **נ** שמ לב 2].

**קל סתר, פרק to dismantle** פכרת משׁשת - המליץ 512, מן בר לא 37 [ליתא].

**פלג**[1] חלוקה **division** ← נחלה **distributed possession** [**א״י** גבר דלביה פליג על אחוי - **נ** בר מט 2. **סוא״י** בפלגא דיומא - בר יח 1]

**קל** עבר: ופלג - בר יד 15 (= המליץ 462). בינוני: דפלג - מ טו 37 adfalləg [הכפלה תניינית *Secondary gemination*]. פעול: פליג - דב כט 25. **פעל** עבר: ופלג - בר לג 1 (= המליץ 462). עתיד: יפלג - דב ג 28 V (= המליץ 527). ציווי: ופלגה (+נסתר) - שמ יד 16. בינוני: מפלג amfalləg - מ ב 81. מקור: מפלגה - במ לד 18. **אֶתְפַּעַל** עבר: אתפלג - ת״מ 183א. ואפלגת (נסתרת) - במ טז 31. עתיד: תתפלג - ת״מ 237א. **פלג** - שמ כו 12. **פלגה** - fallēgå ע״ש ו 75. **פלגו** - במ יח 21 A. **פלוג** - שמ כד 6 A. **פלוגה** פלוגתון - בר יד 24 *m₂. **פליגה** פליגת (נסמך) - במ לא 43.

**קל 1 נחלק to be divided** ופלג עליון לילי ויחלק עליהם לילה (Abraham) divided (his forces) against them by night - בר יד 15 [תפס ״יחלק למחנות תוקפים״. נ״ש פעיל: wyēllaq (קל). התה״ע و قسم]. הלא מפרס פרסה הו ופליג טלף פרסה כי מפריס פרסה הוא ושסע שסע פרסה - ויק יא 7. אלהים דלא עכמותו[ן] ולא פליג לון אלהים אשר לא ידעום ולא חלק להם gods whom they had not experienced and had not been allotted to them - דב כט 25 [תפס מעניין חלוקת הנחלה]. **2 חלק על פלוני to disagree** ווילה דפלג על מדעה אוי למי שחולק על דעתו (של האל) woe to the mann who disagrees with (God's) mind - מ טו 37 [ראה זב״ח על אתר].

**פעל 1 ביקע, ביתר to separate, split** ופלג ית ילידיה על לאה ועל רחל ויחץ את הילדים... (Jacob) separated the children among Leah and Rachel - בר לג 1. ימה פלגת לעבדיך את הים ביקעת לעבדיך You split the sea for Your servants - מ ח 37. ופלג עאי עלתה C (נ״א וקטע) ויבקע עצי העולה - בר כב 3. וית עופיה לא פלג M₄A ואת העוף לא בתר - בר טו 10. **2**

**חילק to divide** אפלגנון ביעקב ואבדרנון בישראל I אחליקם ביעקב ואפיצם בישראל I will divide them in Jacob and scatter them in Israel - בר מט 7. **3 נתן בחלוקה to dispense, distribute** ותפלג ית מסבה בין אעדי קרבה וחצית את המלקח בין תפשי המלחמה... ובין כל העדה distribute the booty between the warriors who went out to battle and all the congregation - במ לא 27. בנבזה יפלג ית ארעה בגורל יחלק את הארץ - במ כו 55. והוא יפלג יתון ית ארעה V והוא ינחיל... - דב ג 28. שלם אתה מפלק שלום אתה חולק - מ ב 81.

**מפלגה** ונסי אחד נסי אחד משבטה תסבון למפלגה ית ארעה ...תקחו לנחל את הארץ - במ לד 18. וכך VNECB בפס׳ 29 (ואבל J שם: למסחנה].

**אֶתְפַּעַל 1 נחלק to be divided** עמי אקרי מיה איך אתפלג ארבעה פלגים ראה את יסודות המים איך נפלגו לארבעה פלגים see the elements of water, how they were divided into four divisions - ת״מ 183א. ואפלגת ארעה דתחתיון (נ״א והתפלגת) ותבקע האדמה אשר תחתיהם - במ טז 31. שרוי קציה דפלגו ראשי הקצים אשר נחלקו - ת״מ 285ב. אפלגת ארעה לבניו נחלקה הארץ לבניו - אס 7א. **2 נבקע to be split** תתפלג ארעה מן אימתה רבה תחלק הארץ מן האימה הגדולה the earth will be split because of the great terror - ת״מ 237א. **3 התנחל to take possession** ותתפלגון ית ארעה בנבז... לשבטי אבהתכון תתפלגון V (תפלגון פעמיים ECB) והתנחלתם את הארץ בגורל... למטות אבותיכם תתנחלו you shall inherit the land by lot...; according to the tribes of your fathers you shall inherit - במ לג 54.

**פלג** ש״ע ז *n. m.* **1 חצי half** פלג יריעתה דיתרת תרשל (VB פלגות) וחצי היריעה העדפת תסרח the half curtain that remains, shall overlap - שמ כו 12. אמתים ופלג ארכה ואמה ופלג פתחה אמתים וחצי ארכה ואמה וחצי רחבה - שמ כה 17. **2 חלק part** אתפלגו אל תלתה פלגים נחלקו שלושה חלקים they were divided into three divisions - ת״מ 217א. **3 מחלוקת enmity** וטלמואה מסעני פלגים E וישטמהו בעלי חצים the opponents (*lit.*: owners of enmity) harassed him - בר מט 23 [חצים נתפס מן חצי. *Int.as from ḥṣy, ‘division’*].

**פלגה** ש״ע נ *n. f.* **1 חלק part** ופלגת גבריה

דאזלו עמי (נ״א וחולק) $*M_2$ וחלק האנשים אשר הלכו אתי - בר יד 24. (אנון יסבון) פלגתון (הם יקחו) חלקם - המליץ 462 [ע״פ בר יד 24. ליתא]. **2 נחלה inheritance** פלגה דצדקה נחלת הצדקה - ע״ש ו 75. פלגת עקלה MECB חלקת השדה - בר לג 19 [מכאן כינוי להר גריזים, *Epithet of Mount Gerizim*, המצוי הרבה בפיוט. *frequent in liturgy*]. ולא תסהר פלגה משבט לשבט אורןולא תסב נחלה משבט לשבט אחר no inheritance shall pass over from one tribe to another - במ לו 9. העוד לנן חלק ופלגה ...חלק ונחלה - בר לא 14. **3 קרב contents** ויסטי ית מרתה בפלגתה והסיר את מרתו בנצתו he - shall remove its gall-bladder with its contents ויק א 16.

**פלגו** ש״ע נ *n. f.* **1 חצי half** פלגות הינה חמר ונסכיהם חצי ההין יין half a hin of wine - במ כח 14. והוה בפלגות ליליה ויהי בחצי הלילה - שמ יב 29. פלגות עקלה $*M_1$ חלקת השדה - בר לג 19 (= המליץ 462). **2 חלק share** ולברי לואי הא יהבת כל מעסר בישרון לפלגו A ולבני הלוים הנה נתתי כל מעשר בישראל לחלק to the Levites I hereby give all the tithes in Israel as share - במ יח 21.

**פלוג** ש״ע ז qiṭṭūl *n. m.* **1 חלוקה allotment** בפלוג עליון גועיה בפרודה בני אדם C (נ״א בפרוקה, בפרושה) בהנחיל עליון גוים בהפרידו בני אדם at God's allotment to the nations (their inheritance), at His separation of the sons of men - דב לב 8. **2 חצי half** פלוג אדמה A חצי הדם half of the blood - שמ כד 6. פלוגה חמשין ומאתיםA מחציתו... - שמ ל 23.

**פלוגה** ש״ע נ *n. f.* **חלק share** אנון יסבון פלוגתון $*m_2$ הם יקחו חלקם let them take their share - בר יד 24.

**פליגה** ש״ע נ *n. f.* **מחצית half** פליגת כנישתה מחצית העדה that half-share of the community - במ לא 43. והות פליגתה ותהי המחצה - במ לא 36.

**פלג²** fâlåg שם פרטי *pr. n.*

**פלג** ש״פ ולעבר אתילדו תרי בנים שם חדה פלגולעבר ילדו שני בנים שם האחד פלג - בר י 25. דאלין תחומיה פרישין מן ימי פלג כי הגבולות האלה נפלגו מימי פלג - ת״מ 230ב.

**פלגי תמר**† שם מקום *pr. n. (place)* [תרגם מלשון חציצה. *Transl. of the name.*]

**פלגי תמר** ש״פ ומעו... ית אמראה דדאר בפלגי תמר ויכו... את האמרי הישב בחצצון תמר - בר יד 7.

**פלגיאל**† שם מקום *pr. n. (place)* [נתפרש נחלת אל. *Transl. of the name.*]

**פלג** ש״פ וממתנה פלגיאל ומן פלגיאלA במות וממתנה נחליאל ומנחליאל במות - במ כא 19.

**פלגין**† שם מקום *pr. n. (place)* [תרגום מעניין הנחלה. ע״ע נחלאל. *Transl. of the name.*]

**פלג** ש״פ וממתנה פלגין (B לפלגים) ומפלגין במות ECA וממתנה נחליאל ומנחליאל במות - במ כא 19.

**פלוא** filu שם פרטי *pr. n.*

**פלוא** ש״פ ובני ראובן חנוך ופלוא... - בר מו 9 וכיו״ב שמ ו 14.

**פלואי** ש״י *gent. n.* לפלוא כרן פלואה (V פלואי) - במ כו 5.

**פלוג**† שם מקום; *pr. n. (place)* [מן הגיליון?]

**פלוג** ש״פ בטורי סעיר עד פרוס פלשה לפלוג דעל מדברה A בהררי שעיר עד איל פראן אשר על המדבר - במ כב 36.

**פלוג גדי**† שם מקום *pr. n. (place)* [תרגום ע״פ אונקלוס. ע״ע פלגי תמר *Transl. of the name, following O.*]

**פלוג גדי** ש״פ אמראה דדאר בפלוג גדי A האמרי הישב בחצצון תמר - בר יד 7.

**פלוך**† רקיע **heavens** [> فلك = כיפת השמים - (ZSp 128) Lane 2443c]

**פלוך** ש״ע ז *n. m.* **רקיע sky** ויהונו למאורין בפלוך פלוק (!) שומיהA והיו למאורות ברקיע השמים let them be lights in the firmament of the heavens - בר א 15 [התה״ע (ע״פ א״ס: פי פלך אלסמא. ע' בגליונותיו (שחאדה, מבוא 81)].

**פלוק**† רקיע **heavens** [> فلك בחילוף כ/ק - ZSp 203. ע״ע פלוך]

**פלוק** ש״ע ז *n. m.* **רקיע sky** יהי נהירין בפלוק

שומיה (E)A יהי מאורות ברקיע השמים let them be lights in the firmament of the heavens - בר א 14. ויהונו למאורין בפלוך פלוק שומיה (E)A! והיו למאורות ברקיע השמים - בר א 15. וקמץ ינפנף... על אפי פלוק חללה ועוף יעפף... על פני רקיע השמים - בר א 20.

## פלוש† ?

**פלוש** ש״ע *n.* **?** ופקד יוסף... ולמהב להון פלוש לדרך **!** A (נ״א זבדין לאורעה) ...ולתת להם צדה לדרך - בר מב 25 [נשתבש כמו כל הקטע. *Corr. passage*].

## פלח

**פלח** עשייה, מלאכה **work, worship** [א״י שית שנין יפלח קדמך - **נ** שמ כא 2. **סוא״י** דיפלוח יתה לארעא - בר ב 5] ← **1** עבודה קשה **hard labor** [בשמות עצם נתקיימה ההוראה העתיקה של עשייה. הוראת הפועל נצטמצמה לעבודה קשה, לבד משרבובים מן אונקלוס בכ״י A ובין שיטי M ובגליונותיו. ע״ע שמש. *The original meaning 'doing' was preserved only in the nominal forms, the verb being used for 'hard, compulsory labor' (except for O interp.); otherwise šmš occurs (q. v.).* **2** סביבה **surroundings** [זב״ח, תרביץ יד 188]

**קל** עבר: פלחו - בר יד 4 $*M_2$ [מן אונקלוס O]. עתיד: תפלח - בר ד 12 A [מן אונקלוס O]. ציווי: פלח - בר יז 1 m (מן אונקלוס). בינוני: פעלין (ר) - מ יד 21. מקור: מפלח - במ טז 9 m [מן אונקלוס O]. **אפעל** עתיד: תפלע - ויק כה 43. בינוני: מפלעים - שמ א 11. **פלח** פלחה (+נסתר) - ת״מ 282ב. **פלחה** פעלאתה (+ נסתר) - ת״מ 252ב. **פלחן** - במ כח 18 V. **פלחנה** פלענה - שמ לא 3 B.

**קל 1 עבד to work** הלא תפלח ית אדמתה A כי תעבד את האדמה when you till the soil - בר ד 12. כל ספר דלגו ביספרה פעלין לא יתהב לון תבן כל שוטר שבקהלו עובדים, לא יינתן להם תבן - ת״מ 20א [זב״ח הע׳ 1]. **2 שירת to serve** תרתעסרי שנה פלחו ית כדר לעמר $*M_2$ (נ״א שמשו) שתים עשרה שנה עברו את כדרלעמר twelve years they served Chedorlaomer - בר יד 4. בכל חילי פלחית ית אבוכין m בכל כחי עבדתי את אביכן - בר לא 6. ואקים תמן מדבח ופלח עליו קדם עיולה $*M_2$ ויצב שם מזבח ועבד עליו לאל - בר לג 20 [פרפרזה .*Paraph*]. פלח לקדמי m התהלך לפני - בר יז 1. **3 ליווה, סובב to surround** חיליה פעלין לה הכוחות (העליונים) מקיפים אותו (את משה על ההר) the (celestial) powers surrounded him (Moses) - מ יד 21 [ע׳ זב״ח בהערתו].

**מפלח** [ל]מפלח m ית פלחן $M_2$ משכן יהוה (נ״א למשמשה ית תשמיש) לעבד את עבודת... - במ טז 9.

**אפעל העביד to force to toil** לא תפלע בה בקשאי לא תעבד בן בפרך you shall not force him to toil - ויק כה 46,43. ושבו עליו רבני מפלעים וישימו עליו שרי מסים - שמ א 11 (המליץ 516 מפעלים). ומפלחיה מסרפין בון והנגשים דוחקים בהם - ת״מ 20א. ואף ית גואה דיפלחון בון דיאן אנה A וגם את הגוי אשר יעבידו בהם דן אני - בר טו 14.

**פלח א** ש״ע ז .*n. m* **1 פועל doer** ישר פעלה כשירה אשרי פועל הצדק (משה) happy is the good doer (Moses) - אס 20א. **2 עבודה קשה forced labor** לבדיל מלבטתון בפלחיהון למען ענותם בסבלותם $*M_2$ in order to oppress them with forced labor - שמ א 11. אזלו לפלחיכון m לכו לסבלותיכם - שמ ה 4. **ב** ת״פ **סביב round about** *adv.* הוה בגו אורה וכבודה פעלה היה (משה) בתוך האור והכבוד סביבו it was in the light, and the glory around it - ת״מ 282ב.

**פלחה א** ש״ע נ .*n. f* **סביבה surrounding** ואניר כל פעלאתה מן חזוה והאיר את כל סביבתו ממראהו (של אברהם) all the surrounding were shining by its appearance - אס 11א. **ב** ת״פ .*adv* **סביב** וכרוביה פעלתך והכרובים סביבך the Cherubs are around you - מ כ 37. הלכת שרח וכל שבט אפרים פעלאתה הלכה שרח וכל שבט אפרים סביבה - ת״מ 252ב.

**פלחן** ש״ע ז .*n. m* **מלאכה work** למעבד ית כל פלחן עבידת קודשהN (נ״א פלענת) לעשות את כל מלאכת עבודת הקדש to do any work in the making of the sanctuary - שמ לו 1. כל פלחן עבידה לא תעבדון V (N פלען) כל מלאכת עבודה לא תעשו - במ כח 18.

**פלחנה** ש״ע נ .*n. f* **מלאכה work** וכלל אלה ביומה שתיתה פלענתה דעבד (E)A ויכל אלהים ביום הששי מלאכתו אשר עשה on the seventh day God finished his work which he had done - בר ב 2. בחכמה ובנעירו ובדעה ובכל פלענה B ...ובכל מלאכה - שמ לא 3. ואתן לך אף ית דה בפלחנתה $*m_1$ דתפלח $*M_1$ ואתן לך גם את זאת בעבודה אשר תעבד - בר כט 27. ועלל יוסף לביתה למעבד פלענתה A

לעשות מלאכתו - בר לט 11. כל פלענת עבדה לא תעבדון - במ כט 1.

**פלט**[1] פליטה, הוצאה החוצה **discharge, ejection** [א״י ולא תפלוט ארעא יתכון = ולא תקיא הארץ אתכם - **נ** ויק יח 28. הש׳ **פ** דפלטה = ויקא - יונה ב 11, LS 573a. ראה Barth Etym St 7] ← מילוט **escape** [סוא״י פלטו צריכא ומסכינא = פלטו דל ואביון - תה פב 4]

**קל** עבר: פלטת (נסתרת) - דב ב 36 B (=המליץ 597). עתיד: יפלט - במ יב 14 $m_2$. בינוני: פלטיה (ריבוי מיודע) - בר ל 41 A. פעול: פליטה (מיודע) - בר יד 13 (=המליץ 559). **פעל** עבר: פלטת (נוכח) - ת״מ 5ב. ציווי: פלטי - א״ג 21. **אתפעל** עבר: דאפלטו - במ כא 29 fālēṭi EC (=המליץ 559). עתיד: יפלט - ת״מ 266א. ציווי: אתפלט - בר יט 22 C. בינוני: מתפלט - ת״מ 201א. מקור: מתפלטה - בר יט 19 M. **מפלט** - ת״מ 222א. **פלטו** פלטות (נסמך) - בר כא 8 A. **פלטן** פלטנה (מיודע) - בר מב 23 A. **פליטה** - בר מה 7 (= המליץ 559). **פליטו** פליטות (נסמך) - ת״מ 60א. **ב אתפְעל** עבר: ואפליטו - בר נ 10 A. **מפלט** - בר נ 10 A.

**קל 1 נחלץ, נמלט to escape** לא הות קריה דפלטת מנן B (VN דאשתוזבת) לא היתה קריה אשר שגבה ממנו there was not a city that escaped from us - דב ב 36 [תפס נחלצה, כמו **נ**: די אשתזבת]. ישוי יעקב ית אטיריה (!) לקבל עאנה במצפתה בפלטיה A ישים יעקב את המקלות לעיני הצאן ברהטים - בר ל 41 [תפס מן רהט = רץ, מקום שהמים רצים בו]. ואתה פליטה וחוי לאברם ויבא הפליט... - בר יד 13. בניו פליטים ובנאתה בשבי בניו פליטים... - במ כא 29. **2 ירק to spit** ואביה [פל]ט יפלט באפיה ואביה ירק ירק בפניה her father spat in $m_2$ her face - במ יב 14.

**פעל הציל to rescue** אלהי אבי נח דפלטה מן מבולה אלהוי אבי נח אשר הצילו מן המבול the God of my father Noah, whom he rescued from the flood - ת״מ 85א. פלטת לאברהם ויתבתה אקר... פלטת ליצחק ופרקתה בדכר... פלטת ליעקב מן אחיו הצלתי את אברהם והצבתיו עיקר... היצלתי את יצחק וגאלתיו באיל... היצלתי את יעקב מאחיו - ת״מ 5ב. פלטי מכל דין וזרז בפרקני הצילני מכל עונש וזרז את גאולתי - א״ג 21.

**אֶתְפְּעֶל ניצל to be rescued** יהב בניו דאפלטו... למלכה אמראה EC (V מפלטיה) נתן בניו פליטים... למלך האמרי he gave his sons who were rescued to the Amorite king - במ כא 29. דינה דמותה... לית יפלט מנה אנש דין המוות...לא ימלט ממנו איש - ת״מ 266א. אפלט שבי לתמן C (M הפלט) אמלט נא שמה - בר יט 20. אתפלט לתמן C המלט שמה - בר יט 22. טוב מן הוא תמן מתפלט בעמל טב אשרי מי שיינצל (ביום נקם) במעשה טוב - ת״מ 201א.

**מתפלטה** ואנה לא אכל למתפלטה לטברה M ...להמלט ההרה - בר יט 19.

**מפלט**† ש״ע ז .n. m **מפלט refuge, shelter** אתר מפלט למן לידה יערק מקום מפלט למי שינוס אליו a refuge for he who flees to it - ת״מ 222א.

**פלטו**† ש״נ נ .n. f **הצלה ? rescue** ביום פלטות ית יצחק A ביום הגמל את יצחק on the day of Isaac's rescue - בר כא 8 [נגרר מן הפרק הסמוך. Misplacement from the following chapter].

**פלטן**† ש״ע ז .n. m **מציל rescuer** קעם קדקד עציף בקשט יהי פלטנה יקום נשיא עצום באמת. יהיה המציל a prince will rise, mighty in truth; he will be a rescuer - אס 21א. הן פלטנה בינון ובינה A כי המציל בינם ובינו there was a rescuer between him and them - בר מב 23 [פירוש .Int].

**פליטה** ש״ע נ .n. f **פליטה, הצלה deliverance** ולמוחה לכון פליטה רבה ולהחיות לכם פלטה גדולה to save your lives (in a) great deliverance - בר מה 7. משריתה דמשתיאר לפליטה ...הנשאר לפלטה - בר לב 9. וייכל ית יתיר פליטתה דאשתארת - שמ י 5.

**פליטו**† ש״ע נ .n. f **הצלה rescue** בתר פליטות עבדיו אחרי הצלת עבדיו (בים סוף) after the rescue of His servants - ת״מ 60א.

**פלט**[2]† הספד ? .Corr

**אתפעל ?** ואפליטו תמן מפלט יעי רב A ויספדו שם מספד גדול - בר נ 10.

**מפלט ?** ואפליטו תמן מפלט A - בר נ 10.

**פלט**[3]† ט״ס מן פל״ח *Corr. from plḥ*

**פעל? העביד to force to work** לא יפלטנה בקשי A (נ״א יפעלנה) לא ירדנו בפרך - ויק כה 53.

**פלטי**[1] שם פרטי filṭi *pr. n.*

**פלטי** ש״פ לשבט בנימים פלטי בר רפוא - במ יג 9.

**פלטי²** filṭi שם פרטי *pr. n.*

**פלטי** ש״פ והוה במצרים חרש ושמה פלטי והיה במצרים מנחש ושמו פלטי - אס 14א.

**פלטיאל** fil'ṭīl שם פרטי *pr. n.*

**פלטי** ש״פ לשבט בני יששכר פלטיאל בר עזן - במ לד 26.

**פלי¹** ריחוק **distance, remoteness** ← תימה, פלא **wonder** [נתמזגו פלי/פלא. *Blend of pl³/ply*.
**א״י** אעבד נסין ופלאין - **נ** שמ לד 10]

**קל** עתיד: יפלי - דב יז 8 VC. בינוני: דפלא adfâlå - ע״ד כד 61. פעול: פלי - ת״מ 211ב. פליה (נ) - דב ל 11. **אפעל** עתיד: יפלי - במ טז 30 A. **אתפעל** עתיד: יתפלי - ת״מ 163ב. **פלי** - שמ ז 9 (= המליץ 513). **פליה** - ת״מ 25א. פליתה (מיודע) - ת״מ 11ב. פליאן (ר) fâl'yân - א״ח 22.

**†קל 1 נפלא, רחק** בהשאלה *fig.* **to be remote**
אן יפלי מנך ממלל לדין VB (EC ,יפלא J) פלא) כי יפלא ממך דבר למשפט if a case is too difficult (*lit.*: remote) for you to decide - דב יז 8. הפלי מיהוה ממלל (C הא פלי) היפלא מיהוה דבר is anything too wondrous for the Lord? - בר יח 14 (המליץ 559: הפלא). ומה דו פלי מנך ישכילונך ומה שהוא רחוק ממך יורוך - ת״מ 211ב. הלא מצותה הדה... לא פליה היא מנך ולא רחיקה לא נפלאת היא ממך ולא רחוקה היא - דב ל 11. **2 היה חבוי to be concealed** הא מן דפלא מן מצפית כל עמיו הא מי שהוא חבוי מראיית כל רואה - ע״ד כה 62-61.

**†אפעל הפליא to do wonders** (to do things remote from common) ואם פליה יפלי יהוה A ואם בריה יברא ופתחת אדמתה ית פמה ואם בריאה יברא יהוה ופצתה הארץ את פיה if the Lords brings about a wonder, so that the ground opens its mouth - במ טז 30. ויפלי יהוה ית מחיאתך V (נ״א ויפרש) והפלא יהוה אלהיך את מכותך the Lord will wondrously inflict plagues upon you - דב כח 59.

**†אֶתְפְּעֶל נפלא, רחק to be remote** וידע אנשה דלית יתפלי מני ברי וידע האדם שלא ייפלא ממני דבר men may know that nothing is remote from me (*i.e.*, my ability) - ת״מ 163ב. ונפלי אנה ועמך מכל עמה N (נ״א ונתפרש) ונפלאנו אני ועמך מכל עם we may be remote (*i.e.*, distinguished), Your people and I, from every people - שמ לג 16.

**פלי** ש״ע נ *n. f.* **מופת wonder** אבו לכון סימן אי פלי תנו לכם אות או מופת produce a sign or a wonder - שמ ז 9. הדה פלי רבה כותה לא עמינן זהו מופת גדול, כמונו לא ראינו - ת״מ 24ב.

**פליה** ש״ע ז/נ *n. m/f.* [המין אינו קבוע] **מופת wonder** זעק לכל חכימיה כי יחכמונך מהו הדה פליה קרא לכל החרטומים שיורוך מהו המופת הזה summon all the sages, that they may teach you what wonder is this - ת״מ 25א.
ואם פליה יפלי יהוה A ואם בריה יברא יהוה if the Lord brings about a wonder - במ טז 30.
מה הו פליתה דאנה מחכם לון מהו המופת שאני מראה להם - ת״מ 11ב. קבל כל עמך אעבד פליאן נגד כל עמך אעשה נפלאות - שמ לד 10. פליאן רברבן מכבשין לבבי עציפין מופתים גדולים, מכניעים לבות חזקים - ת״מ 13ב. עבדו ית כל פליאתה אלין לקדם פרעה עשו את כל המופתים האלה לפני פרעה - שמ יא 10.

**†פלי²** ? ט״ס מן דלי *Corr. from*

**קל ?** ואתין ופלין ומלין ית מרכאיה A (נ״א ודלי) ותבאנה ותדלאנה ותמלאנה את הרהטים - שמ ב 16.

**†פלי³** ?

**אתפעל ?** ואתילדותך... על שם אחיהון יתפלו בחלקון A ומולדתך... על שם אחיהם יקראו בנחלתם - בר מח 6.

**†פליכסה** כלי נגינה **musical instrument** >] פלגא - **ס** בר לא 27 - LS 571a].

**פליכסה** ש״ע *n.* **כינור musical instrument** הוא הוה ארש כל מן עפס פליכסה A הוא היה אבי כל תפס כנר - בר ד 21.

**†פלינה** ? ט״ס *Corr.*

**פלינה** ש״ע *n.* **?** וחכם בפלינה A ויודע ציד - בר כה 27.

**†פלינו** ? ט״ס *Corr.*

**פלינו** ש״ע *n.* **?** ומלל לי מה פלינותך A (נ״א אגירותך,אגרך, אגרתך) הגידה לי מה משכרתך - בר כט 15.

†פליץ שם מקום *pr. n.*

**פליץ** ש״פ ושלח יתה פדנה פליץ... ואזל לקיץ ניפוק פליץ ושלח אתו פדנה ארם... וילך פדנה ארם - בר כח 6 -7.

†פליקה נעילה **locking** [< φυλακή = משמר? **א״י** ואיחבש בפילקי - ויק״ר תשב. **סוא״י** וחבש ליוחנס בפלקא - לוקס ג 20. אבל כהן: < قفل = נעילה - (SSt 104) Dozy II 384a].

**פליקה** ש״ע *n.* **דלת door** ופליקה קבלו A והדלת סגרו they locked the door - בר יט 6.

†פלל ציפייה, תפילה **expectation, hope,** **prayer** [עש״ח NSH]

**פעל ציפה to expect** לחזות אפיך לא פללתי C (נ״א סכית, צלית) ראה פניך לא פללתי I - never expected to see your face - בר מח 11 [שירבוב מן העברית]. **ואתפלל** אברהם קדם אלה A (נ״א **וצלה**) Abraham prayed to God - בר כ 17.

**אפעל? פילל to expect** חזות אפיך לא עפלת A (C פללתי) ראה פניך לא פללתי - בר מח 11 [כתיב לא שגרתי של מלה נדירה].

**אֶתְפַּעַל התפלל to pray** נקד ארצה בכל עת קדם יהוה אלהנן ונתפלל לידה let us bow down before our God and pray to Him - ת״מ 180א. בשני מקומות מובא מן התורה: ת״מ 208א (בר כ 17); 264א (במ יא 2). עבדך יתפלל לך - מ יח 25 [זב״ח: תוספת מאוחרת לפיוט].

**פלל** ש״ע ז *n. m.* **תפילה prayer** וקמיך פללינן ולפניך תפילותינו our prayers are before You - פינחס 29-30.

**תפלין** ש״ע נ *n. f.* **תפילין** שרבוב. אין השומרונים מניחים תפילין **phylacteries** (*Interp.; the Samaritans have no phylacteries*) ויהון לך לסימן על אדיך ולתפלין בין עיניך B (נ״א ולטפין = המליץ 477) והיו לך לאות על ידיך ולטטפות בין עיניך it shall be a sign upon your hand and phylacteries on your forehead - שמ יג 16. ויהן לתפלין בין עיניך V (נ״א לטפין) - דב ו 8. ויהן לתפלין בין עיניכון V (B לטפלין, נ״א לטפין) - דב יא 18.

†פלס¹ מום **blemish** [< פזל ? זב״ח המליץ 615. ZBH (Ham 615): *from pzl*]

**פעל פוזל ? squint-eyed** מפלס בעיניו (M₁* אמפלס, נ״א מפלר ע״ע פלר) תבלל בעיניו - squinting (with) his eyes - ויק כא 20.

†פלס² מידה **a measure** [ע הקלירי: כל אוצרות שלג ורוח פלס במשקלו (ב״י 4960)].

**פלס** ש״ע ז *n. m.* **1 משורה a measure** לא תעבד זיף בדין במשחה במתקל ובפלס M₂* לא תעשה עול במשפט במדה במשקול ובמשורה you shall do no wrong in judgment, in measures or weights or capacity measures - ויק יט 35. **2 חלק (measured) share** הלית לנן פלג פלס וסחנה בבית אבונן A (נ״א חלק ופלגה) האין לנו חלק ונחלה... - בר לא 14 [מן הגיליון. פירש מדד = נתן (בנחלה). *Gloss.*]

†פלס³ יישור **leveling** [ע יפלס נתיב - תה עח 50]

**פלוס** ש״ע ז *n. m.* **יישור leveling** ונהר יפק מן גנתה לפלוס ית פרדסה ומתמן יתפרק ויהי לארבעה נסולין (E)A ונהר יצא מעדן ליישר את הגן ומשם יפרד ויהי לארבעה ענפים a river flowed out of Eden to level the garden, and from there it was divided and became four offsprings - בר ב 10.

†פלסטון שם מקום *pr. n. (place)* [ע״ע פלסטין]

**פלסטונאי** ש״י *gent. n.* ופנסו יתה פליסטונאי A (M₂* פלסטונאה) ויקנאו אתו הפלשתים - בר כו 14. וכל ביראתה... טמטמונון פליסטונאי A (m פלצטונאי, m₁* פלצטונאה) - בר כו 15. ויטמנון פליסטונאה A - בר כו 18.

†פלסטין שם מקום *pr. n. (place)* [כינוי אקטואלי לפלשת: فلسطين]

**פלסטין** ש״פ ואזל יצחק לות אבימלך מלך פלסטין m₁* (m פלצטין) וילך יצחק אל אבימלך מלך פלשתים - בר כו 1. ונעמי הך אמר... משה בדיל דיארי פלסטין ונראה איך אמר... משה אודות יושבי פלשת - ת״מ 290ב.

**פלסטאי** ש״י *gent. n.* [נגזר לאחור ממה שנתפרש ריבוי -ין] ועזרו לארע פלסטאה A וישבו אל ארץ פלשתים - בר כא 32. ואתותב אברהם בארע פלסטאה A - בר כא 34. וטמטמונון פלסטאיה E - בר כו 18.

†פלסטיני שם מקום *pr. n. (place)* [השי׳ בר״ר 1106. והיא παλαιστίνη]

**פלסטיני** ש״פ ואזל יצחק לות אבימלך מלך פלסטיני A (m פלצטין) וילך יצחק אל אבימלך מלך פלשתים - בר כו 1. ואדיק אבימלך מלך פלסטיני A ($*M_2$ פליצטיני) - בר כו 8.

**פלסקן**† ?
**פעל ?** בפלסקנה יהבתה A (נ״א ברעמותה יתה) באהבתו אתה - בר כט 20.

**פלקוליל**† ? [כהן (ZSpr 153): שיבוש מן قلعة = מבצר - Dozy II, 396b].
**פלקוליל** ש״ע .n **?** וקטעו בנין ית קרתה וית פלקולילה A (נ״א מגדלה) ויחדלו לבנות אל העיר ואת המגדל - בר יא 89.

**פלקון**† מספוא **fodder** [< عليق שבתה״ע - Corr. (ZSpr 131) Lane 2136a]
**פלקון** ש״ע ז .n. m **מספוא fodder** ופתח חדה ית סקה למהב פלקון לחמרה A (נ״א כסה) ויפתח אחד את שקו לתת מספה לחמורו one - of them opened his sack to give his ass fodder בר מב 27.

**פלקין**† כלי קיבול לנוזלים **receptacle for liquids** [Corr. (ZSpr 154) - λάγηνος >]
**פלקין** ש״ע ז .n. m **מכל waterskin** ואתכללו מיה מן פלקינה A ויכלו המים מן החמת the - water was gone from the skin בר כא 15.

**פלר**† מום **blemish** [< βηλάριον (הוא velarium) = כסות > קרום המכסה את גלגל העין - זב״ח, המליץ 615. ע״ע בלר]
**פעל היה בעל פגם בראייתו** בינוני פעול **to have defective sight** pass. pt. גפי אי ננוס אי מפלר בעיניו גבן או דק או תבלל בעיניו a hunchback, or a dwarf, or who has a growth in his eye - ויק כא 20 (= המליץ 615: מפלאר. $*M_1$ גורס מבלר כנגד יבלת. ע״ע בל״ר).

**פלשת** שם פרטי falšət pr. n.
**פלשת** ש״פ חיל אעד דיארי פלשת חיל אחז ישבי פלשת - שמ טו 14.

**פלשתים** שם פרטי של ציבור fēlīštəm pr. n.
**פלשתים** ש״פ אבימלך מלך פלשתים - בר כו 8.

ונפקו מיתי פלשתים ועבדו קרבה קמאה עם כנענאי ויצאו החטאים הפלשתים ועשו מלחמה ראשונה עם הכנענים - אס 9א. ומכאן שם חבל ארץ. אתפדה באיל מן גנתה ואתיהבת לה ארע פלשתים נפדה באיל מגן העדן וניתנה לו ארץ פלשתים - ת״מ 90ב.

**פלשתאי** ש״י .gent. n וקנו מנה פלשתאי ויקנאו אתו פלשתים - בר כו 14. ומלכו פלשתאי ממצרים לנהר כוש - אס 29ב.

**פלת**[1] שם פרטי fâlåt pr. n.
**פלת** ש״פ ואון בר פלת בר ראובן - במ טז 1.

**פלת**[2]† ? [שיבוש מן פלח Corr. from]
**פעל העביד** פינוני taskmaster pt. וית צבעתון שמעת מקדם מפלתיו M (נ״א מפלעיו) ואת צעקתם שמעתי מפני נגשיו I have heeded their outcry because of their taskmasters - שמ ג 7.

**פמם** פה, איבר בגוף **mouth** ← **1** פתח **aperture**, **2** דיבור **speech** [נתרחב להיות תלת עיצורי. זב״ח, תרביץ י 336, 348. וכן קוטשר, מחקרים קפא. **א״י** ופם מעילה - **נ** שמ לד 23. **סוא״י** וכל פים ממלל עמיון - ישע ט 16. Expanded root from the biradical pm > pmm]

**פם** fam - ע״ד כד 65. כל פם kal-fəm - מ ה 25. פמה Cow 248 - **פמם** ע״ד טז 21. (+נסתר) fimme [גזירה לאחור מן הריבוי (כפולים): פממין fēmâməm - מ ה 25. פממיה fēmâmayyå - מ יב 36. **פום** פומה - בר כט 2, $*M_1$ 3 [מן אונקלוס O.]

**פום** ש״ע ז .n. m **פה mouth** רק בשולי כ״י M מן אונקלוס: בר כט 3.2; ויק כה 51; במ ו 21 Only on the margins of MS M; interp. from O.

**פם** ש״ע ז .n. m **1 פה** איבר בגוף **mouth** הלא צידה בפמה כי צידו בפיו he ate of his game (lit. he had game in his mouth) - בר כה 28. זאון כל פממין זן את כל הפיות (God) feeds all the mouths - מ ה 25. ותהי צלותה בפמה ותהי התפילה בפיו - ע״ד טז 21. פתחו פממיכון ואמרו לה תשבחן פתחו פיותיכם ואמרו לו תשבחות - מ ז 65. טבהתה יתניון ביד כל פממיה טובותיו יסופרו בכל הפיות - מ יב 35-36. **2 דיבור speech** אתפך פמה לברכאן נהפך דיבורו (של בלעם) לברכות (Balaam's) speech turned into blessings - מ ה 79. ואפתח יהוה ית פם אתנה ויפתח יהוה את פי האתון - במ כב 28. יקיר פם ויקיר לשן כבד פה וכבד לשון - שמ ד 10. **3**

**פתח aperture** וחזה ית כספה ואה הוא בפם חדה ויראו את כספו והנה הוא בפי אמתחתו - he saw his money in the mouth of his sack - בר מב 27. ופם מעילה בממציעה כפם קליד ופי המעיל בתוכו כפי תחרה - שמ לט 23. ויגללון את אבנה מן על פם בירה וגללו את האבן מעל פי הבאר - בר כט 8.

**כפם** מ״י *prep.* **כפי in accordance with** כפם נדרה דידר כן יעבד (A כלפם; ECB כקבל) כפי נדרו אשר ידר כן יעשה in accordance - with the vow which he takes, so shall he do - במ ו 21.

**לפם** מ״י *prep.* **1 לפי in accordance with** ולקטו... אנש לפם מיכלה איש לפי אכלו they - gathered..., each according to his needs - שמ טז 21. לפם סגאי שניה תסגי זבינתה לפי רב השנים תרבה מקנתו - ויק כה 16. מגזי כל עמול לפם עמלה גומל לכל עושה לפי מעשהו - ת״מ 78א. **2** מ״ק *conj.* **לפי ש- in accordance with** לפם די עבדתה הוא אגרה לפי שהוא according to the toil is the מעשהו הוא שכרו reward - ע״ש ו 11. ארתיתן לפם מה דאמרת חוננו לפי מה שאמרת ט 14.

**†כלפם** מ״י *prep.* **כפי according to** [הש׳ כלפי («כלאפי»)] וית ארבעת תוריה יהב לברי גרשון כלפם עבידתון NA (MJECB כקבל) ואת ארבעת הבקר נתן לבני גרשון לפי עבדתם the four oxen he gave to the Gershonites according to their service - במ ז 7 וכך 8. כלפם נדרה דידר כן יעבד A (ECB כקבל) כפי נדרו אשר ידר כן יעשה - במ ו 21. אנש כלפם עבידתה A - במ ז 5.

**†פמחד** ת״פ *adv.* **פתאם suddenly** ואמר יהוה פם חד למשה V (M פם אחד; B שפמאחד! המליץ 567 פמחד) ויאמר יהוה פתאם... - suddenly the Lord said to Moses - במ יב 4.

**†פם חירתה** שם מקום *pr. n. (place)* [תרגום השם לארמית. ע׳ פי כל *Transl. of the name*]

**פם חירתה** ש״פ וישרון לקדם פם חירתה בין מגדלה ובין ימה (V פחירתה) ויחנו לפני פי החירת בין מגדל ובין הים - שמ יד 2 ואמטו יתון... על פם חירתה (V פחירתה) - שמ יד 9. ונטלו מאתם ויתבו על פם חירתה ונטלו מפם חירתה ועברו בגו ימה (VEC פי חירתה, B פירתה) - במ לג 7 - 8.

**†פם כל** שם פרטי *pr. n.* [תרגום השם לארמית. ע׳ פי כל *Transl. of the name*]

**פם כל** ש״פ אבימלך ופם כל נסיא חילה A אבימלך ופיכל שר צבאו - בר כא 22.

**†פן** ת״פ *adv.* [עש״ח NSH]

**פן** ת״פ *adv.* **פן lest** פן תלקי בעוב קרתה A (נ״א דלא) פן תספה בעון העיר lest you be - consumed in the punishment of the city - בר יט 15. פן תסגי עליך חית בראה פן תרבה עליך חית השדה - ת״מ 221א (ע״פ דב ז 22, אבל בתה״ש שם דלא). פן תקום בקלל רב ותהי ערטלאי ביני כל בוראיה פן תעמד בקללה גדולה... - ת״מ 136ב. וכן במובאה מן דב יא 16 - ת״מ 256ב.

**†פנה** פינה **corner** [מן העברית H]

**פנה** ש״ע נ *n. f.* **פינה corner** פנך על ארבע פנתה MBA על ארבע פנותיו on its four - corners - שמ לח 2. וכך הוא C כז 2.

**פנואל** שם מקום fânuwwəl ← *pr. n. (place)* שם ישות שמימית, מלאך! **celestial being**. עש״ח [NSH

**פנואל** שם מקום *pr. n. (place)* **1** וקרא יעקב שם אתרה פנואל ויקרא יעקב שם המקום פנואל - בר לב 31 - 32. **2** ש״פ *pr. n.* הנביא דסמוכיו פנואל וכבלע הנביא אשר תומכיו הם פנואל וכבלע - אבישע (Cow 698).

**פני** נטייה ופנייה **turning** [א״י ואפני מימרי מייטבה בכון - **נ** ויק כו 9. **סוא״י** ואתפנו למדברא - שמ טז 10] ← ריקות **emptiness** [א״י ופנית קולתה = ותער כדה - **נ** בר כד 20]

**קל** עבר: פנו - דב לא 18. עתיד: דתפני - ויק כ 6. ציווי: פנו (ר) - דב א 7 (= המליץ 561). בינוני: פנה - דב כט 17. פעול: פני fâni - מ ד 65. **פעל** עבר: פנו - ת״מ 238ב. עתיד: ויפנון - ויק יד 36 (= המליץ561). בינוני: מפנה ambanni - מ יא 30. **אפעל** עבר: אפנית - בר כד 31. **אתפעל** עבר: ואתפנה - שמ לב 15. עתיד: ואתפני - בר כד 49. יפני yibbanni - ע״ד י 29. ציווי: אתפנו - דב א 7. בינוני: מתפני - ת״מ 250א. **מפנה** ambannå - מ א 149. **פנאי** qattāl - ת״מ 226ב. **פנו** - אס 20ב. פנותה fânūtå (מיודע) - ע״ד יט 19. **פנוי** פנוי (ריבוי נסמך) - ת״מ 300ב. **פני** פאניה - ת״מ 199ב. **פנים** פני (+מדבר) - שמ לג C 14. **פעניה** - בר מט A 15. **במילות**: לפני - במ טז 2. מפני - ת״מ 143א.

**קל** *intrans.* **1 נטה to turn** פנו וטולו לכון... לטור אמראה VNECB (J אתפנו) פנו וסעו לכם... הר האמרי turn and take your

- journey..., to the hill country of the Amorites דב א 7. ונפשה דתפני לות אוביה והנפש אשר תפנה אל האובות - ויק כ 6. פנו לכון צפונה

**2 סר to turn aside** במ כ 13א. - (BA אתפנו) פנו לות אלהין עורנין (V' אתפנו) פנו אל אלהים אחרים they turned aside to other gods - דב לא 18. אל תפנון ליד אוביה ($^*M_1$ תתפנון) אל תפנו אל האובות - ויק יט 31. גבר אי אתה... דלבה פנה יומן מן עם יהוה איש או אשה אשר לבבו פנה היום מעם יהוה - דב כט 17.

**3 היה ריק to be empty** וגובה פני לית בה מים VC (נ״א ריקן) והבור רק אין בו מים the pit was empty; there was no water in it - בר לז 24. לא תשבק לבך פני מן מחכומה אל תניח לבך ריק מידיעה - ת״מ 140א. אנון פנינים סקיון A הם מריקים שקיהם - בר מב 35 [ט״ס מן מפנין. Corr. see V -]

**4 היה פנוי to be available** פני אתה ושקיח למן דבעי לך פנוי אתה ומצוי למי שמבקש אותך you are available and found to any one who seeks you - מ ד 66-65.

**פעל 1 הטה to turn** *trans.* אופיון מופעין דאנון לא פנו אפיון מן דרוש ופניהם מאירים כי הם לא הטו פניהם ממבקש their faces will shine, for they did not turn their faces from one who seeks (their help) - 238ב. נפני קנומן מן חברי בישה נטה את עצמנו מבעלי הרעה - ת״מ 139ב. **2 פינה to empty** ואנה פנית ביתה MCB ואנכי פנית הבית I have emptied the house - בר כד 31. ויפקד כהנה ויפנון ית ביתה וצוה הכהן ופנו את הבית - ויק יד 36. חיי עולם דילה וכל חיים הו מפני ...ואת כל החיים הוא (האל) מפנה (מן העולם) - מ יא 30-29. אנון מפנין סקיון V הם מריקים שקיהם - בר מב 35.

**אפעל פינה to empty** ואנה הפנית ביתה ואתר לגמליה ואנכי פניתי הבית ומקום לגמלים I emptied the house and a place for the camels - בר כד 31.

**אֶתְפְּעַל 1** פע״ע *intrans.* **נטה, הוסר to turn** ואתפנה פרעה ועל לביתה ויפן פרעה ויבא אל ביתו Pharaoh turned and went into his house - שמ ז 23. מובא גם בת״מ 330ב (פעמיים). ואפנית ונעתת מן טברה VEQ ואתפנית = המליץ 561) ואפן... - דב י 5. ואתפני לימינה אי לסמאלה (M ואפני) ואפנה אל הימין או אל השמאל - בר כד 49. אתפנו וטלו לוכון פנו וסעו לכם - דב א 7. מן חייה אנה מתפני ורמי בגובה מן החיים אתפנה ואושלך לבור - ת״מ 250א.

ומן דלית לה נמי בעלמה יפני ומי שאין לו חלק בעולם יוסר - ע״ד י 29. **2** פע״י *trans.* **פינה to empty** ואנה אפנית ביתה (המליץ 561: אתפנית) ואנכי פנית הבית I emptied the house - בר כד 31.

†**פנאי** ש״ע ז *n. m.* **ערב eve** הזמן הסמוך לזמן אחר [א״י ובפניא סמיך למשכבכון = ובשכבך - מי״ל דב ו 7. ס בפניא דיומא = לרוח היום - פ בר ג 8]

**לפנאי** ועזר ימה לפנאי צפרה לעמקה וישב הים לפנות הבקר לאיתנו the sea returned to its might on the eve of the morning - שמ יד 27 [= המליץ 499]. מובא בת״מ 82א אגב שינוי ע״פ העברית: לפנות צפרה. ונפק יצחק למצלאה בברה לפנאי רמש - ויצא יצחק לשוח בשדה לפנות ערב - בר כד 63.

**מפנה** ש״ע ז *n. m.* **פינוי eviction** תשבחן... נימר אלא מפנה מן הכה תשבחות... נאמר לפני הפנוי מכאן let us say praises... before (our) eviction - מ א 149-148. במפני נורה ית קרח A (נ״א במיכל) באכל האש את קרח - במ כו 10 [בהוראת חיסול].

†**פנאי** ש״ע ז *n. m.* qaṭṭāl **תועה apostate** ראש ולענה פנאיה טמאה "ראש ולענה" (דב לב 24) הוא התועה הטמא "poison and wormwood" (Dt 29:17) is the defiled apostate - ת״מ 226ב.

†**פנוי** ש״ת *adj.* qāṭōl **ריק empty** פנוי חכמתה דבבים לנהרי לבהריקי החכמה אויבים לחכמי הלב those devoid of wisdom are enemies of the enlightened of mind - ת״מ 300ב.

**פנותה** ש״ע נ *n. f.* **פנותה disfavor** [מונח: תקופת פניית האל מבני ישראל, הסתרת פניו. לרוב מיודע. *Fanūta, the period of disfavor, when God "turned away" his face from Israel* (The Samaritans, 278-279).] פלגה רמי לגו קהלה סדר פנו ורשו מחלוקת יטיל בתוך הקהח, משטר של פנותה ורשעות - אס 20ב. יובל בחדו פנו תניאני תקום יובל אחר פנותה בשנית יקום - אס 21א.היך הויך ביומי רחותה והך אתה ביומי פנותה איך היית בימי רחותה ואיך אתה בימי פנותה - ע״ד יט 19-18. טול מן ארח פנותה דהי אכלה דיאריה סור מדרך פנותה, שהיא אוכלת יושביה - ת״מ 276א.

**פני** ש״ע ז *n. m.* **תועה** בזדון**apostate** מה דאה יתעבד בפניה דמבדר על אפי כל ארעה מה זה ייעשה בתועה המפוזר על פני כל הארץ what happens to those who go astray (=apostate) - they became scattered on the face of the whole earth - ת״מ 126א. פאניה ארורה

כדו יקום ויסתיר משכנה התועה הארור, כאשר the cursed apostate, יקום ויהרוס את המשכן - when he stands and destroys the sanctuary ת״מ 199ב. דפאניה בישה ייתי ויעבד תועבהן - ת״מ 198ב.

**פניה** ש״ע נ *n. f.* **פנותה** מונח תיאולוגי, בן-גוון נדיר של פנותה (ע׳ לעיל) **disfavor** *rare variant of* וביומי פניה קוממותה *Fanūta, see above.* בבית מרה קומה דדכרן ובימי פנותה עמידתו (של הכהן) בבית אדוניו, מעמד של זכרון during the days of *Fanūta* (the priest's) dwelling in the House of his God is a dwelling of commemoration - ת״מ (ק) 54ב || ש 119א: מדורה דדכרן).

**פנים** ש״ע ז *n. m.* [מן העברית H] **1 פנים face** וסבל מסבלה מן עם פניו C (נ״א אפיו, קדמיו) he sent portions unto וישא משאת מאת פניו them from before him (*lit.:* from his face) - בר מג 34. ועלל לגו מערתה ופנה בפניו אל הרגריזים ודמך על ארצה - ת״מ 266ב. **2 נכבד, נשוא פנים notable** ופרעה ממלל עם פני חילה ופרעה מדבר עם חשובי החיל Pharaoh talks to the notables of his army - ת״מ 276ב. פני יהכון C (VM₂ קדמי נ״א רעותי) פני ילכו *My Glory shall walk* - שמ לג 14 [כלומר: כבודי ילך. השי׳ התה״ע: חיואצי = ייחודי].

**לפני** מ״י *prep.* [עש״ח NSH] למקום **in front of** *(of place)* ויקומו לפני משה (נ״א לקדם) they stood in front of Moses - במ טז 2 [כאן שרבוב מן נ״ש]. מן יכל קעם לפני כרוביה מי יכול לעמוד לפני הכרובים - ת״מ 290א. וסגדנן לפניך - ע״ד יג 5. אמר עמלק ליהושע... אה יהושע אין לך לפני קוממות אגיבו יהושע אין לך לפני קעימות - בן מניר (Cow 322). לזמן **before** *(of time)* לפני חבלות יהוה ית סדם before the Lord's A לפני שחת יהוה את סדום destruction of Sodom - בר יג 10.

**מפני** [עש״ח NSH] **1 לפני** מ״י לזמן דאת מפני גויתה **before** *prep. (temporal)* ונפשה שאתה מלפני הגוף והנפש (דברי השכל אל הלבן) - ת״מ 143א. **2 לפני** מ״י למקום **in front of** *prep. (locative)* סגדו מפני בריתה השתחוו prostrate in front of the creation לפני הבריאה - א״ד ב 6. מפני שיבה תקום B - ויק יט 32.

**פעניה**† ש״ע נ *n. f.* **פנאי leisure** וחזה פעניה הלא השפיעה וית ארעה הלא שמינה A וירא את הפנאי כי שופע ואת הארץ כי שמנה he saw that the leisure is abundant and that the land is fertile - בר מט 15 [ע לפי שאין פנאי לנסך - מש ע״ז ה ו].

**פניאעיס**† שם מקום *pr. n. (place)* [היא Πανιας]

**פניאעיס** ש״פ **פניאעיס** דן - המליץ 446 [מן בר יד 14. התה״ש שלפנינו: בניאס (ע״ע)].

**פנך** כלי קיבול **vessel** [< πίναξ - Krauss 467. א״י פינך דסולת - ירוש ברכות יג ע״ד. ס פינכא - מתי יד 8. השי׳ LS 579b]

**פנך** ש״ע ז *n. m.* **ספל basin** פנך אחד כסף שבעים מתקל מזרק אחד... one silver basin of... seventy shekels - במ ז 13. פנכי כסף תריעסר - במ ז 84. וית דודיה וית פנכיה - במ ד 14. פנפיה המזרקות A - שמ לח 3 [ט״ס מן פנכיה .*Corr*].

**פנס**† קנאה, רוגז **anger, jealousy** [א״מ בנס - דניאל ב 12. א״י ובנס פרעה - מי״ל בר מ 2].

**קל** פע״ע **1 רגז to envy, be jealous** ופנסו יתה פליסטונאי A (וכנסו! E) ויקנאו אתו פלשתים the Philistines envied him - בר כו 14. ופנסו מנה תלימיו A ויקנאו בו אחיו his brothers were jealous of him - בר לז 11. **2 קינא to be zealous** חליפת דפנס לאלהה A תחת אשר קנא לאלהים because he was zealous for his God - במ כה 13.

**פעל 1 הרגיז to provoke jealousy** אנון פנסוני בלא אל אכעסוני בבטליון E הם קנאוני בלא אל כעסוני באבליהם they have provoked me to jealousy with what is no god; they have enraged me with their futilities - דב לב 21. פנסתה בבראים ובגנואן אכעסתה E יקניאהו בזרים ובתועבות יכעיסהו he provoked Him to jealousy with alien gods; with abomination he vexed Him - דב לב 16 (יחיד! .*sg*). **2 ניבל to scoff** וירשפו (!) תקוף פנסתה E (נ״א ונבלו) וינבלו צור ישועתו they scoffed the Rock, which they have enraged - דב לב 15.

**מפנס** ש״ע ז *n. m.* **קנאה zeal** אלהי... איתמר ופינחס דקטל הזנים והשיב החמה במפנס אלהי... איתמר ופינחס אשר הרג את הזונים והשיב את החמה בקנאה (שלו) God... of Ithamar and Phinehas, who killed the fornicators and appeased the anger with (His) zeal - סעד אלדין (Cow 380).

**פנוס** ש״ע ז qiṭṭūl *n. m.* **קנאה zeal** ממלכת

כהנים מסחני פנוסה ישמשון למרון "ממלכת כהנים" (שמ יט 6) בעלי הקנאה אשר ישרתו את אדונם "a kingdom of priests" (Ex 19:6) - the owners of zeal, who will serve their Lord ת"מ 231א. פינחס... עזר ית רגזי... בפנוסה ית פנסאתי בגבהון A פינחס... השיב את כעסי... בקנאותו את קנאתי - במ כה 11.

**פנוסה** ש"ע נ .*n. f.* **קנאה zeal** בפנוסה ית פנסאתי בגבהון A (פינחס... השיב את כעסי...) בקנאותו את קנאתי (Phinehas... appeased My anger) - by displaying his zeal for Me - במ כה 11.

**פנקל**† אבן יקרה **gem** ?

**פנקל** ש"ע ז .*n. m.* **אבן יקרה gem** תמן פנקלה וכיף שהמה A שם הבדלח ואבן השהם - בר ב 12.

**פנתירין**† אבן יקרה **gem** [מן אונקלוס O: פנתירי]

**פנתירין** ש"ע .*n.* **ישפה** אכרום ימה ופנתירין B תרשיש שהם וישפה - שמ כח 20. כרום ימה ובורלה ופנתירין $M_2$ - שמ לט 13.

**פס**† קו, רצועה **strip** [א"י כתונא דפסי - אונקלוס בר לז 3]

**פס** ש"ע ז .*n. m.* **פס strip** ועבד לה כיתונה פסים ויעש לא כתנת פסים and he had made - him a tunic ornamented with stripes - בר לז 2 (= המליץ 562). ואשלעו מן יוסף ית כיתנתה ית כיתנת פסיה ויפשיטו את יוסף את כתנתו את כתנת הפסים - בר לז 23. ובדומה לזה (= 32,31 המליץ 562).

**פסג**† חלוקה, נתיחה **dissection** [א"י ופסג יתהון = ויבתר אתם - נ בר טו 10. ע"ע פלג]

**פעל שסע to tear** [ו]יפסג יתה בכנפיו $*m_2$ (נ"א ויפלג, ויסדק) ושסע אתו בכנפיו he shall - tear it by its wings - ויק א 17.

**פסח¹** תנועה **moving** [ראה גם פסע *See also*] דילוג **leaping over** [א"י ואפסח ואגן במימרי עליכון - נ שמ יב 13. סוא"י פסחא מתעבד - מתי כו 2] ,[*ps*ᶜ. ← חג הפסח **Passover**

**קל 1 דילג to pass over** דאפסח על בתי בני ישראל אשר פסח על בתי בני ישראל for he passed over the houses of the people of Israel - שמ יב 27. מובא בת"מ 243ב: דפסח על ישראל.

ויפסח יהוה על תרחה - שמ יב 23. **2 צולע** בינוני פעול *pt. pass.* **to limp** ואן יהי בה מום פסיח אי סמי... לא תדבחנה אם יהיה בו מום פסח או עור... לא תזבחנו if it has any blemish, if it - is lame or blind..., you shall not sacrifice it - דב טו 21. גבר סמי אי פסיח ($*M_2$ אפסיה) איש עור או פסח fēsi - ויק כא 18.

**פסח** ש"ע ז .*n. m.* **1 קרבן הפסח Passover sacrifice** ותיכלון יתה בזריזו פסח הוא ליהוה ואכלתם אתו בחפזון פסח הוא ליהוה and you shall eat it in haste; it is the Lord's - Passover sacrifice - שמ יב 11. תמן תדבח ית פסחה - דב טז 6. מובא בת"מ 225ב: תמן תנכס ית פסחה. **2 חג הפסח Passover** ולא יבית לצפרה דבח חג פסחה ולא ילין לבקר זבח חג הפסח the sacrifice of the feast of the Passover shall - not be left until the morning - שמ לד 25.

**פסח** ש"ת qiṭṭel *adj.* **פיסח lame** גבר סמי אי פסח C (נ"א פסיח) איש עור או פסח a blind or - lame man - ויק כא 18 [השי' **אכ** pessû = חיגר - AHw 856b].

**פסח²**† השחתה **spoil, corruption** [> فسخ - Lane 2395c]

**קל נשחת to be corrupt** ו"ל"פסחת ארעה לקודם האלהים ואמלת ארעה טלום(E)A (נ"א ואתחבלת) ותשחת הארץ... ותמלא הארץ חמס - the earth became corrupt before God - בר ו 11.

**אתפְעַל נשחת to be corrupt** וחזה אלהה ית ארעה והא אתפסחת(E)A (נ"א אתחבלת) וירא אלהים את הארץ והנה נשחתה God saw - the earth, and behold, it was corrupt - בר ו 12.

**פסל¹**† ביטול ודחייה **rejection** [א"י דלא נבעוט יתך ויתפסיל קרבנך - נ בר כב 10. **סוא"י** אבנא הדא דפסלו בנאין - מתי כא 42, מן תה קיח 22: אבן מאסו הבונים]

**קל דחה to reject** לית חילך טרף בעו מלב דכי ולא פסל סגדה לאנש דנציר עמך fâsəl אין כוחך דוחה בקשה מלב זך ואינו פוסל השתחוויה של איש שנתמסר לך Your might does not turn down a request of a pure heart nor does it reject a prostration of one devoted - to You - מ ו 45-48. ולא תפסל גרמך תהי בערימו ולא תפסול עצמך (פן) תהיה בחרם - ת"מ 223א. וכד לא עמה קין מנחתה מתקבלה... ידע דו פסיל וכאשר לא ראה קין שמנחתו מתקבלת...

ידע שהוא פסול - אס 2א.

**אתפעל נפסל to be rejected** אתבחר אנש ואתפסל אנש נבחר איש ונפסל איש one man was chosen and one man was rejected - ת״מ 125א. לא תשחי ממיתי תפסל אל תאחר לבוא (פן) תיפסל - ת״מ 227א. אתבחר מנון אחד ואתפסלו השיורין נבחר מהם אחד ונפסלו הנותרים - ת״מ (ק) 3ב.

**פסול**† ש״ת *adj.* qĕṭūl **rejected דחוי** הן הוה דמע הוא ליהוה אי פסול יהי משתבק אם תרומה (ראוי) הוא - לאל; ואם פסול - ייעזב - ת״מ 297ב. לא תשבק קנומך פסול אל תנח עצמך דחוי - ת״מ 276א [זב״ח הע׳ 4: מנותק, כרות]. לא תתלי אפי פסול $M_1$* (נ״א מסכין) ולא תשא פני דל - ויק יט 15. ייתי בשלם תאבה ויפרק בין בחוריה ובין פסוליה יבוא בשלום התהב ויפריד בין הבחירים ובין הפסולים - ת״מ 43א. אנן בני טבים... נהי פסולים אנו בני טובים... הנהיה פסולים? we are the children - of the good ones…; how can we be rejected ת״מ 233א.

**פסל²** גילוף, כרייה **[א״י carving, graving]** פסל לך תרין לוחי אבנין - **מ״ל** שמ לד 1; בירין פסילין דלא לעית למיפסל - **מ״ל** דב ו 11] ← מקווה מים **water cistern**

**קל גילף**† **to carve** ופסל משה תרי לוחי אבנים ($M_1EA$* ואפסל, VB וגלף) ויפסל משה שני לוחות אבנים Moses carved two tablets of stone - שמ לד 4. ואפסלת תרי לוחי אבנים (VE ופסלת) ואפסלה שני לוחות אבנים - דב י 3. פסל לך תרי לוחי אבנים ($VM_1B$ גלף) - שמ לד 1 וכן דב י 1.

**פסיל**† ש״ע ז *n. m.* **פסל graven image** ופסיליון תוקדון בנור (C ופסליון) ופסיליהם תשרפון באש burn their graven images with fire - דב ז 5. ופסילי אלהיון תקטעון - דב יב 3.

**פסל** ש״ע ז *n. m.* **פסל graven image** לא תעבד לך פסל וכל דמו you shall not make for - yourself a sculptured image, or any likeness שמ כ 3. ופסליון תוקדון בנור C - דב ז 5. פסלי אלהיהון תוקדון בנור EC (B פסל) - דב ז 25. ארור גברה דיעבד פסל - דב כז 15, ת״מ 138ב.

**מפסל**† ש״ע ז *n. m.* **1 מקווה cistern** שבחו לאמנה דברא מפסל מיה הללו את האומן שברא את מקווה המים praise the artisan who created the cistern of water - ננה 81 [ע׳ בהערות זב״ח]. דלא מפסל בלא מקווה מים - מ כה 26. מעין $M_1$ מעיין מים וגב מפסל מים יי דכי מים ובור מקווה מים יהיה טהור a spring or cistern in which water is collected shall be clean - ויק יא 36. **2 מקור source** בזבן דאמר יעקב יעקב חכמה דו מפסל גבאי ובראי בזמן שאמר ״יעקב יעקב״ (בר מ 2), הודיעו שהוא מקור פנימי וחיצון when He said Jacob, Jacob (Gen 46:2), He informed him that He is the source of inner and outer - ת״מ 34ב [זב״ח הע׳ 4].

**פסס¹**† כליון **[א״י annihilation** קיאמי אפס = בריתי הפר - **נ** בר יז 14. הש׳ **אכ** pasāsu = ביטל - AHw 838a]

**קל כלה to be exhausted** אנדו קניניכון ואהב לכון מלף בקניניכון הרי פס כספה A (נ״א אמצה, שלם) הבו מקניכם ואתן לכם לחם במקניכם אם אפס הכסף give your cattle, and I will give you food in exchange for your cattle, if your money is gone - בר מז 16.

**פסו** ש״ע נ *n. f.* **כליון ? perishing** יומי שני פסוי תלתין ומאה שנה A (נ״א חיי) ימי שני כליוני (נ״ש חיי) שלשים ומאה שנה the years of my perishing are one hundred and thirty - בר מז 9 [אם אינו שיבוש, הריהו שימוש מושאל].

**פסס²** בלילה **mixture** [ע״ע בסס]

**קל בלל** בינוני פעול *pass. pt.* **to mix** ועסור סלת פסיס במשח EC (נ״א בסיס) ועשרון סלת בלול בשמן a tenth measure of fine flour mixed with oil - שמ כט 40. וכיו״ב ויק יד 21, במ יד 4. סלת פסיסה במשח סלת בללה בשמן - ויק ב 5. וחלין פטיר פסיסן במשח EC (נ״א בסיסן) וחלות מצות בלולות בשמן unleavened cakes mixed with oil - שמ כט 2.

**פסע** תנועה **move** [ע גם פס״ח. *See also psḥ*[1]]

**קל פסע, זז to move, step** צאו מעבידת אנש... לגו מצרים פסחו ואל רעמסס נסעו יצאו (ישראל) מעבודת אדם... במצרים פסעו ואל רעמסס נסעו they went forth from the servitude of man…, in Egypt they strode and journeyed to Rameses - ת״מ 103א. רחמיה אמרים לון לינן פסחים מנוכון ...איננו זזים מכם Mercy said to them "I will not move (away) from you" - ת״מ 67א. יהושע וכלב דאתלוו על קשטה ולא פסעו מנה ...ולא זזו ממנו Joshua

and Caleb, who were companions of the True
תי״מ 221א. - One and did not move from Him
לא פסחת מנך ארפות עין לא זזתי ממך הרף
עין - I did not leave you for a moment תי״מ
לינן יכלין פסחין מנך לעלם - תי״מ 279ב. 295ב.

פספיו[†] ? ט״ס מן מספיואתה = מ+ספיואתה לפי
שפירש מן שפתים. *Apparently corr. from*
*[m+šptym (= lips, i. e., nations).*

**פספיו** ש״ע *n.* **?** ישׂשכר סבול פשטן טפיח בין
פספיואתה A ...רבץ בין המשפתים - בר מט 14
[ע״ע כרן].

פסק[1] **cessation,** פסיקה, חידלון, קטיעה
**interruption; cutting off** [א״י ופסקת מלכו
מוחשבון = ואבדה חשבון - נ במ כא 30. **סוא״י** אפסק
= אנתק - ירמ ל 8]← קצבה **allowance**

**קל** עבר: פסק - שמ יג 22 CB (= המליץ 513). עתיד:
ויפסק - שמ י 21 (המליץ 513: ופסק). בינוני פעול:
פסיקה (נ) - תי״מ (ק) 23ב. פסיקן (ר) - תי״מ (ק) 2א.
**פעל** עבר: פסק - בר טו 10. עתיד: תפסק - שמ כט 17
(= המליץ 528). **אתפְּעל** עבר: אפסק - שמ יג 22. **מפסק**
- המליץ 513. **פסוק** qittūl - בר טו 10. **פסוק** qəṭūl -
אס 12ב. **פסיקו** פסיקואן - תי״מ 85ב. **פסק** פסקה
(+נסתר) - בר טו 10.

**קל 1 חדל** to cease פסק למהי לשרה ארח
כנשים m₂ (נ״א קץ, הקטע) חדל להיות לשרה...
it had ceased to be with Sarah the period of
women - בר יח 11. וצמת יוסף מיר... עד דפסק
לממני M₂ (נ״א קץ) ויצבר יוסף בר... עד כי
Joseph collected produce..., until חדל לספר
- he ceased to measure בר מא 49. לא פסק עמוד
ענגה CB (נ״א אפסק) לא ימוש עמוד הענן -
שמ יג 22. אנתע ית אדך על חללה... ויפסק
חשכה ...וימש החשך - שמ י 21 [אתפעל!]. **2**
**הקצה, נתן** to **allocate** פסק ליעקב פסיקן
רברבאן פסק ליעקב מתנות גדולות (God)
- allocated to Jacob great allocations תי״מ (ק)
2א. וימה ליצחק ובסק ליעקב ונשבע ליצחק
ופסק ליעקב- תי״מ 9ב. את נפיק לארעה דפסיקה
לך אתה יוצא אל הארץ אשר נפסקה לך - תי״מ
(ק) 23ב. **3 החליט** to **decide** פסקו ועלו ליד
פרעה החליטו (החרטומים) ובאו אל פרעה
- (the sorcerers) decided and came to Pharaoh
תי״מ 25ב [היינו גמרו אומר].

**פעל ניתח** to **cut, divide** וית עופיה לא
פסק ואת הצפורים לא בתר but he did not cut
- the birds בר טו 10. וית דכרה תפסק לפסקיו
ואת האיל תנתח לנתחיו - שמ כט 17. ויפסקון
יתה לפסקיה ונתח אתה לנתחיה - ויק א 6 (=
המליץ 513).

**אֶתְפְּעֶל חדל** to **cease** לא אפסק עמוד ענגה
לא ימוש עמוד הענן the pillar of cloud did not
depart - שמ יג 22. יהושע בר נון... לא אפסק
מבגו משכנה (B פסק) ...לא ימוש מתוך האהל
- שמ לג 11. אפסקו חכימיה ‹ביני› קהלה התפזרו
החכמים בתוך הקהל - תי״מ 52א [ק: הבסקו. זב״ח
הע׳ 4].

**מפסק** במפסק (יובלה) במושך (היובל) - המליץ
513 [תפס bâmūšâk מן מוש. ע׳ זב״ח].

**פסוק** ש״ע ז qittūl *n. m.* **נתח** piece וית דכרה
תפסק לפסוקיו V ואת האיל תנתח לנתחיו
- cut the ram into sections שמ כט 17. ופסק
יתון פסוק ויבתר אתם בתור - בר טו 10.

**פסוק** ש״ע ז (qəṭūl) *fēsoq *n. m.* **קטע** של דיבור,
כתוב **passage** הבט נא השמים... רב הוא
פסוקה דלית כותה "הבט נא..." (בר טו 5) גדול
הוא המאמר הזה ואין כמוהו "look toward
heaven" (Gen 15:5); great is this passage, there
is none like it - אס 12ב.

**פסיקו** ש״ע *n. f.* **מתן** **allocation** ופסק לה
שבעה פסיקואן ופסק לו שבע מתנות (God)
- allocated him seven allocations תי״מ 85ב.

**פסק** ש״ע ז *n. m.* **נתח** **piece** ויפסקון יתה
לפסקיה - they shall cut it int pieces ויק א 6.
ויהב גבר ית פסקה לזימון עברה ויתן איש
את בתרו לקראת רעהו - בר טו 10. ויסדרון בני
אהרן... ית פסקיה - ויק א 8. **2 מנה** **portion**
ויעקב יהב לעשו לחם ונפצק A ויעקב נתן
לעשו לחם ונזיד - בר כה 34 [עירוב של נזיד ושל
פסק. *Blend of nzyd and pṣq (=psq). See* ZSp
181.].

פסק[2] זפק **goiter** [שיכול מן ספק[3], ע״ע.
*[Metathesis of spq[3] (q. v.)*.

**פסק** ש״ע ז *n. m.* **זפק** **goiter** ויסטי ית מרתה
בפסקה (NECA) MB והסיר את מרתו בנצתו
he shall remove its gall-bladder with its
goiter - ויק א 16.

פסקל[1†] ברית **covenant** [< פסק+ל (זב״ח המליץ
523 נגד נלדקה: פסק+קל - ZDMG 22, 520. באה״ש
מאוחרת (טל ג סא). *Late* SA. **א״י** ופסקלוניה במאה
דינר - פאה טו ע״ג. ע, ליברמן יוונית 135. **סוא״י** פסקל
עם פעליה מן זוז ליומא - מתי כ 2.

**פעל כרת ברית** to covenant ופסקלת עמה... תלתה פסקולין רברבין מפסקולין ביד יתון טביה דגעזו וכרתי עמו (אברהם)... שלוש בריתות גדולות כרותות (בינוני פעול) בידי אותם הטובים שחלפו (מן העולם) I made a covenant with him (Abraham)..., (Israel) have three great covenants made by those good ones who passed away - ת״מ 6א [זב״ח הע׳ 10]. אקים מה דפסקלת לאבהתן קיים מה שכרת לאבותינו - ת״מ 172ב. (ד)פסקלת (אשר) נשאתי (את ידי) - המליץ 523 [כנראה ע״פ שמ ו 8. ליתא].

**פסקול** ש״ע ז .n. m **ברית** covenant ותהי לסימן פסקול ביני ובין ארעה A(E) והיתה לאות ברית ביני ובין הארץ it shall serve as a sign of the covenant between Me and the earth - בר ט 13. ואדכר ית פסקולי A(E) וזכרתי את בריתי - בר ט 15. מסחני פסקול אברם A בעלי ברית אברם - בר יד 13. ואקים ית פסקולי... לפסקול עלםA - בר יז 7. ית פסקולי תטר A - בר יז 9. דה פסקולי דתטרוןA - בר יז 10. לסימן פסקול A - בר יז 11. לפסקול עלם A - בר יז 13. ית פסקולי אנשי A את בריתי הפר - בר יז 14. ודכר אלהה ית פסקולה A - שמ ב 24. ותטרון ית פסקולי A - שמ יט 5. ואדכרת לון פסקול קדמאיםA - ויק כו 45. ויבטלו ית פסקולי E - דב לא 16 וכן V'E בפסוק 20. אלולי פסקולה דהוינן אבדין אילולי הברית, כי אז היינו אובדים - ת״מ 11א. תלתה פסקולין רברבין - ת״מ 6א. תביע פסקול אברהם ולא תעבד עובדיו כלום תבקש את ברית אברהם ולא תעשה (כ)מעשיו? - ת״מ 113ב. וברה פינחס קנא לאלה ונסב פסקול ממן ובנו פינחס קנא לאלוהים ולקח ברית קיימת - ת״מ 220ב.

פסקל²† אבן יקרה a gem

**פסקל** ש״ע ז .n. m **אבן יקרה** a gem נפק ופסקל ואעלםA נפך ספיר ויהלם - שמ כח 18 (= המליץ 539; לט NMBA11.

פעו fū שם מקום(pr. n. (place

**פעו** ש״פ ומלך תחתיו הדד ושם קרתה פעו ...ושם עירו פעו - בר לו 39.

פעוס† ? [שיבוש מן מחוז - - Corr. from *mḥwz* [ZSpr 177

**פעוס** ש״ע .n **חוף** shore זבולן פעוס ימיה ישרי והוא פעוס ספינואן A זבולן לחוף ימים ישכן והוא לחוף אניות Zebulun shall dwell by the seashore; he shall be a shore for ships - בר מט 13.

פעור fūr [ע״ע בעל פעור] שם פרטי .pr. n

**פעור** ש״פ דאתנכלו לכון על ממלל פעור אשר נכלו לכם על דבר פעור - במ כה 18. ודאצטמתו ליד בעל פעור והנצמדים לבעל פעור - ת״מ ד 219ב. מערטים חרשה ערק מן ערד למדין והוה פעור דאשלו מואבאי מזעק לבלעם מערטיס המנחש ברח מערד אל מדין והיה לפעור שביקשו המואבים לקרוא את בלעם - אס 16ב.

פעטה† שם פרטי .pr. n

**פעטה** ש״פ בלעם בר בעור בר גדיטיט בר פעטה בר עמינגף - אס 16ב.

פעל† עשייה doing, making [מן העברית ע״ע. עבד H. **א״י** ולאגר פעליה הוא מסר קדמך ית נפשיה = ולשכר פעלו הוא נשא את נפשו - **נ** דב כד 15. **סוא״י** פסקל עם פעליה - מתי כ 2]

**קל עשה** רק בשירה to do כזבן יתאמר ליעקב ולישראל מה פעל אל כעת יאמר... מה פעל אל now it shall be said of Jacob and Israel what has God done - במ כג 23. ולא יהוה פעל כל דה ולא יהוה פעל כל זאת - דב לב 27. מכבן למיתוביתך פעלת מכון לשבתך פעלת - שמ טו 17, מובא בת״מ 100א בשינויים. מליו הוה אמניו פעליו מאמריו (של האל) היו אומניו, פועליו - מ יג 51-52.

**פעל** ש״ע ז .n. m **1 מעשה** deed ופעל אדה תרחי ופעל ידו תרצה accept the deed of his hands - דב לג 11, מובא גם בת״מ 126ב. ותהי כשיר בפעלך ותהיה ישר במעשיך - ת״מ 113א. תקיפה דשלם פעלה V' הצור תמים פעלו - דב לב 4, מלת ׳פעלו׳ מובאת בת״מ 184א (פעמיים). אלה דלא עצי פעלה fāʾēlo האל שאינו מואס במעשיו - ע״ד טו 3. דומה לו מ ד 80. לסגין אגר פעל עבד לריבוי שכר המעשה (ש)עשה - ת״מ (ק) 68א. **2 שכר** reward, wages לא תבית פעל אגיר עמך NMCA לא תלין פעלת שכיר אתך the wages of a laborer shall not remain with you until morning - ויק יט 13.

**פעלה** ש״ע נ .n. f **שכר** wages לא תבית פעלת אגיר עמך לא תלין פעלת שכיר אתך - ויק יט 13.

**פעלו** ש״ע נ .n. f **שכר** wages לא תבית פעלות

אגיר עמך V - ויק יט 13.

**פיעל** ש״ע ז *n. m.* **מעשה deed** [זב״ח ת״מ 113א, העי' 2] **צעורה דשלם פיעלה** C (E **פילה**, המליץ 565 **פיאלה**) הצור תמים פעלו The Rock!—His deeds are perfect - דב לב 4. **מה פיעל אלה** C - במ כג 23 [תפס ש״ע, שהגייתו שווה לעבר: fâʾēl].

**†פעם[1]** התרגשות **emotion**

**קל רגש to be agitated** ופעמת ותפעם (רוחו) - המליץ 559 [מן בר מא 8. ליתא].

**אֶתְפַּעַל נרגש to be agitated** ואפעמת רוחה his spirit ותפעם רוחו (ואתפעמת VMECB) was agitated - בר מא 8. **ואה אנון מפעמין** V*$m_2$ והנם זעפים - בר מ 6.

**†פעם[2]** פעימה **recurrence** [מן העברית H]

**פעם** ש״ע *n.* **פעם recurrence, reprise** שלשה פעמים... האש הגדלה מאת יהוה... רוחיה עשרה פעמים שרתו שבטי רחותה... והמים ארבעה עשר פעמים שרתם... ועפרה עוד שרתם ששה פעמים... - ת״מ 58ב. אלה השלשה הפעמים אשר שרתת אש יהוה לעבדי יהוה - ת״מ 59א. שלש פעמים אמנו ביהוה - ת״מ 257ב.

**פעם אחת** ת״פ *adv.* **בבת אחת at once** יזעק לבוראיו... ויקומו פעם אחת קדמיו יקרא לברואיו... ויעמדו בבת אחת לפניו - ת״מ 237א.

**פעמאי** ש״ע ז *n. m.* **מנהיג leader** [מלשון הליכה, בדומה ל-נג״ד. *Parallels ngd, 'walking'>'rule'*.] ריש פעמאי אב לבני הדנפתיראש המנהיגים, אב לבני הדנפיים the head leader of the sons of Danfi (family) - תולדה 10א[2] (Neubauer 405) גרסתו הערבית: اول دوافع من دفع الى = הנהיג - [Lane 891a.

**פעמה** ש״ע נ *n. f.* **פעם recurrence** העקרים שלשה ושלשים פעמה נצרו אהבים וצררו איובים the elements, thirty three times protected friends and afflicted foes - ת״מ 59א. ארבעה עשר פעמות המים... שרתו צבאות יהוה - ת״מ 61א. ופעמות הארץ הששה - ת״מ 60א.

**פעמו** ש״ע חולק סתמי בדומה ל'איש' *n. f. partitive* **אחד each** תסב חמשה חמשה מתקלים לפעמותון A ולקחת חמשת חמשת שקלים לגלגלות take five shekels per head - במ ג 47. לברי שמעון נקיבותון לכרניון... מסהרתון במנין שמהת לפעמותון A לבני שמעון

תולדתם למשפחותם לבית אבותם במספר שמות כל זכר לגלגלותם - במ א 22.

**†פענטוס** שיח **shrub** [< planta או כיו״ב - ZSpr 204 n]

**פענטוס** ש״ע *n.* **שיח shrub** וכל פענטוס ברה אדלה יהי בארעה (E)A וכל שיח השדה טרם יהיה בארץ no shrub of the field was yet on earth - בר ב 5. אלה אלהיה דברא בחכמתו ארעה ושומיה... פענטוס רמיה - בן מניר (Cow 322) [הקטע משובש מאוד. *Very corrupt passage*]

**†פצויל** ?

**פצויל** ש״ע *n.* **?** ותחף ברקוע פצוילה A ותשב באיתן קשתו - בר מט 24 [ZSpr 184 : > فضيلة = יתרון. לפי שתפס קשת - קשט. הש' Lane 2413a].

**†פצח[1]** חום, אור **heat, light** [א״י כשחין פציח = כחם צח - ישע יח 4. **ס** אפצח = האיר - LS 587b. **אכ** **desire** תשוקה ← [AHw 857a - בהיר = pešû [תפס תשוקה מעניין החום. *Fig. int. of* H *wyhmnh*]

**קל 1 האיר to shine** [< פצח. א״י כשחין פציח = כחם צח - ישע יח 4. **ס** אפצח = האיר - LS 587b] אורה פסח עד יתיבל ממללה ליד עמה האור האיר כדי שיובא הדבר אל העם the light shone so that his (Moses') word would be led to the people - ת״מ 179א [זב״ח העי' 1: עניינו אור וחום]. **בהיר** פעול *pass. pt.* **light-colored** ערפוד דרעים עם עאנה קרוים ונמורים ופציחים *$M_2$ (נ״א וסמוקים) העתודים העלים על הצאן עקודים נקודים וברודים I saw that the he-goats mating with the flock were streaked, speckled, and light-colored - בר ל 36א. וכך הוא ב-לא 10 (A ונצחין - טי״ס) וב-$M_1$* לא 12. **2 השתוקק to desire** ויפסחן ענה בעללין למשתי A (נ״א ויתיחמן) ויחמנה הצאן... the flocks desired at their coming (=when thay came) to drink - בר ל 38. ויפסחן עאנה על חוטריה A ויחמנה הצאן... - בר ל 39.

**†פצח[2]** פתוח **open** [מן אונקלוס O]

**פצח** ש״ע ז *n. m.* **חצר open yard** אלין אנון בני ישמעאל... בפצחיון *$M_2$ אלה הם בני ישמעאל... בחצריהם - בר כה 16. ומה קריאתה דהו דאר בין הבפצחי[ן] m ומה הערים אשר

הוא ישב בהן הבמחנים - במ יג 19.

**פצטי** ?[†]

**פצטי ?** ויהוה הלקי על סדם ועל עמרה פצטי ונורA ויהוה המטיר... גפרית ואש - בר יט 24.

**פצי**[1] הצלה וישועה **rescue** [סוא"י ולית דמפצא מן בין אידאי - ישע מג 13]

[ההבחנה בין הבניינים אינה תמיד בטוחה *Uncertain distinction between conjugations.*] **קל** עבר: ופצה - שמ יד 30. בינוני: פצה - דב כח VB 29. מקור: למפצי - דב כ 4. **פעל** עבר: פצה - ת״מ 210ב. עתיד: ויפצי - ת״מ 186א. ציווי: ופציתן (+כינוי) wfaṣṣītån - ננה 93.

בינוני: ומפצי wamfāṣṣi - א״ח 45. מקור: מפצאה - דב כה 11. **אפעל** עבר: אפצה - שמ יד 30. עתיד: ואפצי - שמ ו 6. ציווי: הפציתי (+מדבר) - בר לב 12. **אתפַּעַל** עבר: אפציאת - בר לב 31. עתיד: דיתפצי - דף כג 16 (המליץ 531: יפצי). בינוני: ומתפצי - במ כא EC 15. **אפצה** - בר לז 22. **אפצי** (אפצאי) - שמ ה 23. **פצאי** פצאה (מיודע) fåṣṣa - ע״ש ו 86. **פצו** - שמ ה 23 A. **פצוה** לפצוה - שמ טו A 2, פצואת (נסמך) - שמ יד 13. **פצוי** qiṭṭūl - שמ ה 23 A.

**קל הציל to rescue** צבעת רביתה דמרסה ולית דפצה לה VB צעקה הנערה המארשה ואין מושיע לה the betrothed young woman cried (but) there was no one to rescue her - דב כב 27 [השי המליץ 605]. **ופצה יהוה ביתה יומה** ית ישראל A ויצל יהוה ביום ההוא את ישראל - שמ יד 30. **ולית פצה** VB (JEC מפצי) ואין מושיע - דב כח 29.

**מפצי** למגחי לכון עם דבביכון ולמפצי יתכון להלחם לכם עם איביכם ולהושיע אתכם - דב כ 4. **לבדיל מפצי יתה** NC למען הציל אתו - בר לז 22.

**פעל הציל to rescue** ופצי יהוה ית קנין אבוכין והב לי A (MCB ופצה) ויצל יהוה את מקנה אביכן ויתן לי God has rescued your father's livestock and given it to me - בר לא 9. גבר מצראי פצתן CA איש מצרי הצילנו an Egyptian rescued us - שמ ב 19. **זעקה מלכי** צדק עקובה חדתה על שמה דפצנה קרא מלכיצדק ברכה חדשה על שם מי שהצילו - אסי 212. "אהיה אשר אהיה" פצה ושנק ...הציל וייסר - ת״מ 210ב. **ופציתך** וקטלת דבביך והצלתיך והרגתי אויביך - ת״מ 223א. **ויפצי** רחמיה ויאבד כל דבביה ויושיע את האוהבים ויאביד את כל האויבים - ת״מ 186א. **ופציתן** ופשרן והצילנו וחלצנו - ננה 93. **ולית מפצי** ואין מושיע - דב כח 29. **רתי ומפצי** חונן ומציל - א״ח 45.

**מפצאה** למפצאה ית גברה מן אד מעיה להציל את אישה מיד המכה - דב כה 11. **ואיעת** למפצהתה וארדה להצילו - שמ ג 8. **אלהותה** צבת מפצהתה בסימנים האלהות חפצה להצילו באותות - ת״מ 86א.

**אפעל הציל to rescue, save** וית בתינן אפצה ואת בתינו הציל (God) saved our houses - שמ יב 27. **גבר מצראי אפצתן** איש מצרי הצילנו an Egyptian rescued us from the shepherds - שמ ב 19. **ואפצה יהוה ביומה ההוא** ית ישראל מן אד מצרים ויצל יהוה ביום ההוא את ישראל... - שמ יד 30. **דאפצה ית** עמה אשר הציל את העם - שמ יח 10. **הלא** הפצית לי ברכה הלא הצלת לי ברכה - בר כז 36. **ואפצי ייתכון** מן תשמישון והצלתי אתכם מעבדתם - שמ ו 6. **הפציתי** שבי מן אד אחי הצילני נא מיד אחי - בר לב 12. **ויפצון כנשתה** ית מעיה והצילו העדה את המכה - במ לה 25.

**אֶתְפַּעַל ניצל to be rescued** ואפציאת נפשי ECA) ואתפצית) ותנצל נפשי my soul has been rescued - בר לב 31. **דיתפצי** לידך מן עם רבה(EC דיפצי) אשר ינצל אליך מעם אדניו - דב כג 16. **ותתפצון** מן דבביכון ונושעתם מאיביכם - במ י 9. **ואתא מתפציה** A ויבא הפליט - בר יד 13. **ומתפצי** לתחום מואב EC (N ואתפצינן, V ואתפצינן) ונשען לגבול מואב - במ כא 15 [תפסו ונושע]. **הן הוינן אתפצינן בריש** כיינן ניבד בעקבה אם ניצלנו בתחילה, הרי נאבד בסוף - ת״מ 274ב. **וכד אתעקב בה נח** אתפצה וכאשר נתכנה בו נח (בשם צדיק), ניצל - ת״מ 191א.

**אפצה** ש״ע ז .n. m **הצלה rescue** לבדיל אפצה יתה מן אדון למען הציל אתו מידם intending to save him from them - בר לז 22.

**אפצי** ש״ע נ .n. f **הצלה rescue** ואפצי לא אפצית ית עמך (M[1]* ואפצאי) והצל לא הצלת את עמך as for rescue, you have not rescued your people - שמ ה 23.

**פצאי** ש״ע ז n. m. qaṭṭāl **גואל rescuer** פצאה דמפצי לן מן חוביה הגואל המציל אותנו מן החטאים the Rescuer who rescues us from iniquities - ע״ש ו 86.

**פצו** ש״ע נ .n. f **ישועה deliverance** והוה לי לפצו ויהי לי לישועה He has become my deliverance - שמ טו 2. **וחכמון בפצו** והודיעם

את הגאולה - ת״מ 40א. וחזו ית פצות יהוה וראו את ישועת יהוה - ת״מ 55א. וסלקת פצותון C (נ״א אשבהותון) ותעל שועתם - שמ ב 23 [תפס ישועתם]. לבדיל פצותה מן אדיון A למען הציל אתו - בר לז 22. לפצותך סכית A לישועתך קויתי - בר מט 18.

**פצוה** ש״ע נ *n. f.* **ישועה redemption** וחזו ית פצואת יהוה דיעבד לכוןוראו את ישועת יהוה אשר יעשה לכם witness the deliverance which the Lord will work for you - שמ יד 13. לפצואתך כתורי לישועתך קויתי - בר מט 18. והוה לי פצוה A (VE לפצואה) ויהי לי לישועה - שמ טו 2. ובפצואהן C (E ובפצואן) ובמשענותם - במ כא 18 [תפס מן ישועה].

**פצוי** ש״ע ז qiṭṭūl *n. m.* **ישועה redemption** ופצוי לא פצית ית עמך $M_2A$* (C ופצו [אפשר ששניהם מייצגים משקלים שונים: fiṣṣuwwi*: fâṣo*) והצל לא הצלת את עמך ..., as for rescue - שמ ה 23.

**†פצי² ב** פרידה **separation** [שאילת משמעות מן Ar *calque from prq, q. v.* Lane - (ע״ע) فـــرق [2383

**אִתְפַּעַל הופרש to be distinguished,** ומתפצים אנה ועמך מכל עמה **separated** C (ME ומתפצין) ונפלאנו wniflânu אני ועמך מכל העם we may be distinguished, Your people and I, from every people - שמ לג 16. ואתפץ אדם ואתתה מלקדם יהוה (E)A ויתחבא אדם... - בר ג 8 [דרש: נבדלו].

**†פצל** העדפה **preference** [ZSpr 130 : > فـضّل Lane 2411 -]

**פעל העדיף to prefer** זבנה יפצלני גברי A הפעם יעדיפני אישי this time my husband will prefer me - בר ל 20.

**†פצפצו** ציד **game** [שיבוש מכוון כדי להרחיק מן הטקסט את הצייד שנחשב טמא. אבל ע׳ ZSpr 173: מן قـنـص. ע״ע צפצפו. *Intentional distortion of ṣwd to efface the abhorred hunting in the context of the Patriarchs. See* Mikra 208, *see above ṣpṣpw (ṣwp²). ZSpr* 17 *suggests* Ar *origin.*]

**פצפצו** ש״ע נ *n. f.* **ציד game** קדם לידי ואיכל מפצפצות ברי A ...ואכל מציד בני bring it to me, that I may eat from my son's game - בר כז 25.

**†פצקה** סבל ? **misery** [< فـســاق ? Dozy II] [267a)

**פצקה** ש״ע נ *n. f.* **סבל ? misery** ולית אדביקו יומי שני חיי אבהתי ביומי פצקתיהון A ולא השיגו את ימי שני חיי אבותי בימי מגוריהם (my years) did not attain to the years of the life of my fathers in the days of their misery - בר מז 9 [פרפרזה של מגוריהם בפי יעקב הקושרת את המילה עם חייו הוא. *Jacob refers to his own life.*]

**†פצר** דחק, חזקה **submission** [מקביל לכבלני (ע״ע כבל) בהוראת כבושה? *Parallel to kblny,* ע פצר, הפציר - ב״י 5089] *'submitted'; see kbl*]

**פצירה** ש״ע נ *n. f.* **פילגש concubine** ותמנע הות פצירה לאליפז m ...פלגש לאליפז Timna was a concubine of Eliphaz - בר לו 12.

**פקד** זכירה, מניין; ציווי והפקדה **remembering, counting; command, appointment, commission** [א״י פקד ית בני ישראל - נויק כד 2. סוא״י דאנא מפקד לך - דב י 13]

**קל** עבר: פקד - בר כא C 1. אפקד - שמ ד 31. עתיד: ואפקד - שמ לב 34. בינוני: פקד - שמ לד MA 7. פעול: פקידין afqīdən - ע״ד יז 7. מקור מפקד - ת״מ 170א. **פעל** עבר: פקד faqqəd - ע״ד יח 2. עתיד: אפקד - ויק כה 21. ציווי: פקד - ויק כד 2. בינוני: מפקד - במ לב 25. **אפעל** עבר: דאפקד - ויק ה 23. עתיד: יפקד - במ כז VEC 16. מקור: מפקדה - בר מט 33. **אתפְעֵל** עבר: אפקד - במ לא 49. **אתפַעַל** עבר: דאפקד - ת״מ 168ב. **פקוד** - שמ ג 16. ופקודין wfiqqūdən - א״ד ב 10. **פקודה** ופקודאן (ר) - ת״מ 230ב. **פקדה** כפקדת (נסמך) - בר מז A 11. **פקדון** - בר מא C 36.

**קל א זכר to remember** ויהוה פקד ית שרה C (נ״א דכר) ויהוה פקד את שרה the Lord rememberd Sarah - בר כא 1. הלא אפקד יהוה ית בני ישראל (נ״א דכר, אדכר) כי פקד יהוה את בני ישראל - שמ ד 31. ואפקד עליון עוביון (נ״א ואדכר) ופקדתי עליהם חטאתם I will remember (*i.e.,* bring to account) their sins - שמ לב 34. ופקד עליון חוביון - ת״מ 349ב. פקד חובי אבאן על ברים MA (נ״א מסר) - שמ לד 7. **ב 1 ציווה to command** כמה דאפקדת (נ״א דפקדת) כאשר צויתי as I commanded - ויק ח 31. וברכאתה פקידין לגוה והברכות מצוות

בו (ביום השבת) - ע״ד יז 7. **2 השגיח to oversee** אזהרותה לכהניה... ולשוטריה ולפקידיה אזהרות לכוהנים... ולשוטרים ולפקידים warnings for the priests..., the officers, the overseers - ת״מ 164ב.

**מפקד** מה זעק אלה למפקד אלא ליהושע כלום לא קרא אלהים לצוות (אל העם) אלא את יהושע - ת״מ 168א. וכד אתסכם מן מפקד דיאנה זעק לספריה (!) כאשר גמר מלצוות את השופטים קרא לשוטרים - ת״מ 170א.

**פעל 1 ציווה to command** ויעבד ית כל דפקד יהוה ועשה את כל אשר צוה יהוה let (every able man) make all that the Lord has commanded - שמ לה 10. פקד לנביה קדישה ציווה לנביא... - ע״ד יח 2. ופקד נמרוד דיעזר כל אנש לאתרה ונמרוד ציווה שיחזור כל איש למקומו - אס 10א. ואפקד ית ברכתי לכון וצויתי את ברכתי לכם - ויק כה 21. עבדיך יעבדון כמד רבי מפקד עבדיך יעשו כאשר אדני מצוה - במ לב 25. פקד ית בני ישראל צווה את... - ויק כד 2. **2 מינה to appoint** ופקד עליו פרעה גברים ויצו עליו פרעה אנשים (ללותו) Pharaoh put men in charge of him - בר יב 20, אס 11ב. ופקד להון משה ית אלעזר - במ לב 28. **3 הוביל**[†] **to drive** בגועיה דיפקד יהוה יתכון לתמן V (נ״א דידחק) ...אשר ינהג אתכם שם among the nations to which the Lord will drive you - דב ד 27.

**אפעל 1 מינה**[†] **to appoint** יפקד יהוה אלהה דרוחיה... גבר על כנשתה VEC (נ״א יהימן) Let the Lord..., יפקד יהוה... איש על העדה appoint someone over the community - במ כז 16. **2 הפקיד to entrust** ויעזר ית... פקדונה דאפקדא A) דפקד) N והשיב את... את הפקדון he shall restore... the deposit that אשר הפקיד was entrusted to him - ויק ה 23.

**מפקדה** ואסכם יעקב למפקדה ית בניו ויכל... לצוות - בר מט 33.

**אִתְפַּעַל נעדר to be absent** זעורה עם אבונן... ואחדה היפקד m (נ״א ליתו) הקטן את אבינו... והאחד איננו the youngest is with our father, and one is absent - בר מב 13. עבדיך תלו ית סכום גברי קרבה... ולא אפקד מנן גבר (B אתפקד) ולא נפקד ממנו איש - במ לא 49. יוסף הפיקד m יוסף איננו - בר מב 36.

**אִתְפַּעַל נצטווה to be commanded** הלא כן אפקדת (נ״א אתפקדת) כי כן צויתי so I am commanded - ויק ח 35, י 13. תיכלון ית

בקדשה כמה דאפקדת - ויק י 18 ודומה לו ח 31. בזבן דאפקד הגדל שריר בשעה שנצטווה נתגדל מאוד (נתמנה לצוות) - ת״מ 168ב.

**פקוד** ש״ע ז במעמד המקור **1** *n. m.* qiṭṭūl *as inf.* **ציווי charging** וכלל יעקב לפקוד ית בריו A (נ״א למפקדה) ויכל יעקב לצוות את בניו Jacob finished charging his sons - בר מט 33. וכד אסכם ... משה מן פקוד נסיאיה וכאשר כלה... לצוות - ת״מ 169א, ודומה לו 170ב. **2 מצווה commandment** מן בטל פקודי אבטל אנה ית דכרנה מי ששינה את מצוותי, אבטל אני את זכרו he who abolished my commands, I shall abolish his remembrance - ת״מ 217ב. גנה דגזרין ופקודין גן של חוקים ומצוות - א״ד ב 10. **3 זכירה remembrance** פקוד אפקדת יתכון פקד פקדתי אתכם - שמ ג 16.

**פקודה** ש״ע נ *n. f.* **מצווה commandment** ואתרבה עורי בגזיראן ופקודאן והתגדל (ישראל) עוד בחוקים ומצוות (Israel) was magnified in decrees and commandments - ת״מ 230ב.

**פקדה** ש״ע נ *n. f.* **מצווה commandment** ואתיב יוסף ית אבוה... בארע רעמסס כפקדת פרעה A (נ״א כמה דפקד) ...בארץ רעמסס כפקדת פרעה Joseph settled his father... in the region of Rameses, according to Pharaoh's command - בר מז 11.

**פקדון** ש״ע ז *n. m.* **פיקדון deposit** ויהי מזונה לפקדון לשבע שני כפנה C והיה האכל לפקדון let the food be a deposit for the seven ...לארץ years of famine - בר מא 36. ויכדב בחברה בפקדון אי בשותפות אד NA (נ״א במסרון) וכחש בחברו בפקדון או בתשומת יד - ויק ה 21.

**פקע**[†] **crack** בקיעה [**א״י** דביתי פקעה (נ״א תבירה) = שביתי נשבר - בר״ר 1096]

**קל נבקע to be cracked** ופקעת כף ירך יעקב (B ואפקעת, נ״א ואקבעת) ותקע כף רגל יעקב the socket of his hip was cracked - בר לב 26.

**פקר**[†] מרי, פריקת עול **rebellion** (ע״ע בקר). **ס** שגעון - LS 590b. **אכ** paqāru = תבע - AHw 104b]

**פעל נרגן to rebel** ופקרו בני ישראל... ואמרו בסנת יהוה יתנן אפקנן מן ארע מצרים MB (VN ובקרו) וירגנו בני ישראל... the Israelites rebelled... and said 'Because of the Lord hatred for us he has brought us forth out of the land of Egypt - במ יג 33א.

**פראן** שם מקום *pr. n. (place)* fårrån

**פראן** ש״פ **ושרה עננה במדבר פראן** - במ י 12. **אלקרד תחום פראן** - אס 19ב.

†**פרבל** מישור **plain** [< פרור. ערוך (תוספת) ט 334. **א״י** ופרוילין לקרויא חזרנותהון = ומגרש לעריהם סביבתיהם - **מי״ל** במ לה 2].

**פרבל** ש״ע ז *n. m.* **מישור plain** פרבלה שפילה - המליץ 599 (ע׳ זב״ח שם) ע״פ דב א 7. ליתא.

†**פרג**[1] חילוף והמרה **exchange, substitute** [**א״י** מפרגה יפרג = המר ימיר - **נ** ויק כז 10. ע״ע פרד[1] ← הריסה, קלקול **destruction** [טל, תעודה ג 170]

**פעל 1 המיר to exchange** ולא יפרגנה ואם פרוג יפרג בבהמה ויהי הוא ופריגתה יהי קדש לא יחליפנו ולא ימיר אתו... ואם המר ימיר... והיה הוא ותמירתו יהיה קדש one shall not substitute it, neither shall he exchange it good for bad; and if he exchanges it..., then both it and that for which it is exchanged shall be holy - ויק כז 33. **לא יחלפנה ולא יפרג יתה טב בביש... ואם פרוג יפרג... ויהי הוא ופריגתה יהי קדש לא יחליפנו ולא ימיר אתו... ואם המר ימיר... והיה הוא ותמירתו יהיה קדש** - ויק כז 10. **2 השחית to ruin** **לבר מקורי פריגאתהE** (נ״א **פרידאתה**) **לבד מערי הפרזי** - apart from ruined villages - דב ג 5 [תפס ערים פרוצות. המליץ 510: פרגתה].

**פרוג** ש״ע ז qiṭṭūl *n. m.* **המרה exchange** **ואם פרוג יפרג בבהמה** if he exchanges an animal for an animal - ויק כז 10, 33.

**פריגה** ש״ע נ *n. f.* **תמורה exchange** **הוא ופריגתה יהי קדש והיה ותמירתו יהיה קדש** both it and that for which it is exchanged shall be holy - ויק כז 10, 33. **איתהו בריאתה ופריגת כלב אתנן זונה ומחיר כלב** - דב כג 19 [= המליץ 510. תפס מחיר mā'ər מן מיר = חילוף. SP *[pronounciation attests to myr, 'exchange'.*

†**פרג**[2] רחם **womb** [< فرج - Lane 2360a. בכ״י מאוחרים, טל ג, עה. נשתנה ל-פגר, פג (ע״ע) *Late SA*

**פרג** ש״ע ז *n. m.* **רחם womb** **כל פתוח פרג** B every first issue of the **כל פטר רחם** (A פג) womb - שמ לד 19. במ יח 15 A. **ויגלי פרגה ויסיב ית משכבה ויגלה ערוותה ויסאב את משכבה** - ת״מ 161ב.

**פרד**[1] הפרדה, ייחוד ופירוט **distinction, separation** [**א״י** פרדו כנשת רשעא = התר חרצבות רשע - תרג׳ ישע נח 6] ← פרש **excrement**; קלקול והשחתה **spoiling** [**ע** מרד עדרו ופרד - יניי קטו. ראה טל, תעודה ג 167]

**קל** עבר: פרדת fâråḏtå - מ י 67. ופרדו - בר ג 7 (= המליץ 568 - זב״ח). עתיד: יפרדון - ת״מ 133ב. בינוני: דפרדה (נ) - ת״מ 40א. פעול: פריד - ת״מ 302ב. פרידה (נ) - ויק טז 22 A. מקור: מפרדנה (+נסתרת) - ת״מ 132א. **אפעל** עבר: הפרד - בר ל 40 *M[1]. עתיד: יפרד - ויק כז 2. **אֶתְפְּעַל** עבר: אתפרד - ת״מ 125א. יפרדון - בר כה 23. בינוני: מתפרד - ת״מ 177א. **הפרד** - בר יג 14. **פרד** - דב לב 12 E. **פרוד** qiṭṭūl בפרודה (+נסתר) - דב לב 8. **פרוד** qāṭōl - ת״מ 134ב. **פריד** - בר ל 42 E. **פרידה** ובפרידת (נסמך) - בר ל 42 M (המליץ 454: ובפרידות).

**קל 1 הבדיל, ייחד to distinguish, separate** פרדת בימינך בוראין מן האן דלא הוה הבדלת בימינך בריות מהיכן שלא היו You have separated with Your right hand creatures from nothing - מ י 67-68. **פריד בקדש** מיוחד הוא בקודש (Israel is) distinguished in holiness - ת״מ 302ב. **ליד ארע פרידה** A לארץ גזרה - ויק טז 22. **לבר מקורי פרידתה**VN (CB **פרידאתה**) לבד מערי הפרזי - דב ג 5 [תפס מופרדות = המליץ 454 (זב״ח)]. **2 פרט to pronounce, specify** לוי זבנה דפרד ברכתה יסעדנה אלה לוי כאשר פרט את הברכה, סייעו אלוהים Levi, when he specified the blessing, God was aiding him - ת״מ 134ב. **נחכם אך יפרדון ברכתה** נדע איך הם פורטים את הברכה - ת״מ 133ב. **ולתשבחתה דפרדה ובה אתפצה ולתהילה (של האל) שפרט ונגאל בה** - ת״מ 40א. **וישר מלה פרידה לית לה תניאן "וישר" (דב לב 4) היא מלה יחידה, שאין לה שני** - ת״מ 192א. **כאלין רבוהתה דמן פמה פרדון** אלה הגדולות שמפיו פרטן - ת״מ (ק) 65ב. **3 קטף to pick** **ופרדו טרפי תאנה** (נ״א **וקטפו**) **ויקטפו עלי תאנה** - they picked fig leaves - בר ג 7 [תפס yitfâru מן ויתפארו, לשון קטיף, כמו תפאר, דב כד 20. אכן יש כתיבים כאלה (von Gall) וכך הוא בהמליץ 578 (זב״ח) השי׳ גדדי = פארי - שמ לט 28]. **4 חלש** פעול **feeble** *pass. pt.* **והוו פרידיה ללבן וקטיריה ליעקב** ME (B פרידה) והיו העטופים ללבן... the feeble ones were Laban's - בר ל 42 (זב״ח המליץ

[454.

**מפרד** מן אהן לון מפרדנה תמן מאין להם פירוטה (של הברכה) שם - ת״מ 132א [זב״ח העי' 2].

**אפעל 1 הפריד to separate** ואמריה הפרד יעקב $M_1$* (נ״א אפרש, אפרק) והכבשים הפריד יעקב Jacob separated the lambs - בר ל 40. **אנש** דיפרד נדר m (נ״א אן יפרש) איש כי יפלא לנדר - ויק כז 2 [תפס מעניין ההרחקה]. **2 הפריע to disturb** למה... תפרדון ית עמה מן עובדיון (m תפרקון) למה... תפרידו את העם ממעשיו why do you disturb the people from their work? - שמ ה 4.

**אֶתְפְּעֶל 1 נפרד to separate** from one another ואפרדו אנש מן עם אחיו ויפרדו איש מעל אחיו they separated from one another - בר יג 11. ותרי אלימים ממעיך יפרדון ושני לאמים ממעיך יפרדו - בר כה 23. ומתמן יפרד ויהי לארבעה ראשים - בר ב 10. מן אלין אפרדו אקרי גועיה (נ״א אתפרדו = המליץ 558, אתפרקו) מאלה נפרדו איי הגוים - בר י 5. לא אתפרד מנון אחד מן חברה לא נפרד מהם איש מרעהו - ת״מ 125א. **2 נתייחד to be distinguished** אתמסר אהרן לכהנתה ואתפרד בה נמסר אהרן לכהונה ונתייחד בה Aaron was commisioned for the priesthood and was distinguished by it - ת״מ 109ב. רב הו הדה דבה הפרדתי גדול הוא הדבר שנתייחדתי בו - ת״מ 297ב. נח הוה מתפרד במה עבד נח היה מתייחד במה שעשה - ת״מ 177א. **3 נפרט to be specified** מה דאתפרד קמיך יהי לך מה שנפרט לפניך יהיה לך what has been specified before you will occur to you - ת״מ 153ב.

**הפרד** ש״ע ז *n. m.* **פרידה separation** ויהוה אמר לאברם בתר הפרד לוט מן עמה (A מפרקות; נ״א דאפרש, דאתפרש) ...אחרי הפרד לוט מעמו the Lord said to Abram after Lot's separation from him - בר יג 14.

**פרד א** ש״ע ז *n. m.* **1 יחיד peerless** אחד באלהותה פרד בקמאותה אחד באלוהות, יחיד בראשונות one in His divinity, peerless in His antiquity - ת״מ 209ב. דו פרד לא קם כותה שהוא יחיד, לא קם כמוהו (משה) - ת״מ 294ב. דו אחד לגרמה פרד במלכותה שהוא אחד לעצמו, יחיד במלכות - ת״מ (ק) 237ב. **2 פרש** מה שהגוף מרחיק **excrement** וית פרה... וית פרדה the bull..., ואת הפר ...ואת פרשו (A פרתה) and its dung - ויק ח 17. וגבה ופרדה (A ופרתה)

B) תוקד - ויק ד 11. וית בסר פרה... וית פרדה פרתה) - שמ כט 14. ית משכון... וית פרדון (JA פרתון) NMCB - ויק טז 27. **ב** ת״פ *adv.* **בדד alone** יהוה (נ״א ביחידאו) E יהוה פרד ינגדנה בדד ינחנו the Lord alone guided him - דב לב 12. ושרה ישראל ברצון פרד עין יעקב ED (נ״א ביחידאו) וישכן ישראל בטח בדד עין יעקב - דב לג 28.

**פרוד** ש״ע ז qiṭṭūl *n. m.* **הפרדה separation** בפלוג עליון גועיה בפרודה בני אדם C (נ״א בפרוקה, בפרושה) בהנחיל עליון גוים בהפרידו בני אדם at God's allotment to the nations (their inheritance), at His separation of the sons of men - דב לב 8.

**פרוד** ש״ע ז qāṭōl *n. m.* **פורט specifying** במעמד הבינוני *participial* כד הוה אהרן פרוד אהן ברכתה כשהיה אהרן פורט את הברכה הזאת - when Aaron was specifying those blessings ת״מ 134ב [זב״ח העי' 1].

**פריד** ש״ע ז *n. m.* **חולשה weakness** ובפריד עאנה E ובהעטיף הצאן at the weakening of the flocks - בר ל 42 [תפס עטף לשון חולשה. הש' התה״ע: ענד ח'ריפית. הש' עטף בעברית - לשון חולשה].

**פרידה** ש״ע נ *n. f.* **חולשה weakness** ובפרידת עאנה לא שבה M ובהעטיף הצאן... - בר ל 42.

**פרד**$^2$† חלק מן הקרביים של הבהמה **suet** [שיכול של פדר (עי״ע) *Metathesis of pdr, q.v.*]

**פרד פדר** מקרבי הבהמה **suet** ויסדרון... ית פסקיה... וית פרדה M ...ואת הפדר (Aaron'sסons) shall lay out the... suet - ויק א 8 וכך הוא בפסוק 12. $M_2$* ואועד משה ית רישה... וית פרדה M ויקטיר משה את הראש... ואת הפרד - ויק ח 20 (= המליץ 564 כנגד פרשו).

**פרדס** גן **garden** [א״י ונצב אברהם פרדס - **נ** בר כא 33. **סוא״י** ונצב אלהא פורדיס בעדם - בר ב 8]

**פרדיס** ש״ע ז *n. m.* **1 גן garden** ונצב אברהם פרדיס בבאר שבע ויטע אברהם אשל בבאר שבע Abraham planted a garden at Beer-sheba - בר כא 33 [התה״ע: בסתאנא. כך מפרשים גם נ, מי״ל, התה״מ]. ונצב יהוה אלה פרדיס בעדן (E)A - בר ב 8. עילן הדן דבגו פרדיסה (E)A (נ״א גנה) - בר ג 3. פרדיסה דנטר פרנסיו fardīsā הגן השומר על בעליו - ע״ד יח 15. **צאצאים** בהשאלה **offshoot** *fig.* ‹אילנה› דאתנצב לגו פרדיס עמרם האילן שניטע בפרדס עמרם (משה) the

א269 ת״מ - tree planted in the garden of Amram פרדיסי יצחק שביקין דלא מפרנס גינות יצחק עזובות בלא מכלכל - ת״מ 36ב.

†**פרה** חסר **less** [> παρά - Krauss 476 . **א״י** תרין חולקין פרא ציבחד = שני חלקים חסר אחד - ירוש כתובות ל ע״ד. **סוא״י** פרא ציבחד - אולוגיוס 57ב HS) (IX, 79. Dalman 134 וכן גוגנהיים, לשוננו לט 60]

**פרע** ת״פ *adv.* **חסר, פחות less** וכד אסכם נח פלוגיה קעם על נגימות יומיה ד אלפין וגק דשנה פרע ז שנין מבתר מבולה כשסיים נח את חלוקתו צפה בכוכבי הימים על ארבעת אלפים ושלש מאות חסר שבע שנים שלאחר המבול when Noah finished his division, he foresaw by the stars of the sky the (following) four thousand and three hundred years less seven years - אס 7ב.

†**פרו** ש״פ *pr. n.* [תרגום השם פרץ *Transl. of the name*]

**פרו** ש״פ לפרו כרן פרואה A לפרץ משפחת הפרצי - במ כו 20.

**פרואה** ש״י *gent. n.* לפרו כרן פרואה A לפרץ משפחת הפרצי - במ כו 20.

†**פרוס פלשה** שם מקום *pr. n. (place)*

**פלשה** ש״פ בטורי סעיר עד פרוס פלשה לפלוג A בהררי שעיר עד איל פראן אשר - בר יד 6.

†**פרז**[1] פירוד ובידול **separation** [> فرز - Lane 2365b]

**אפעל הפריד to separate** ואמריה הפרז יעקב ויהב קדם עאנה $*M_2$ (נ״א אפרש, אפרק) והכבשים הפריד יעקב ויתן פני הצאן Jacob separated the sheep and put them in front of the flock - בר ל 40. ותפרז פרכה לכון בין קדשה ובין קדש קדשיה B והבדילה הפרכת לכם... - שמ כו 33.

**אֶתְפְּעַל נפרד to be separated** ויהוה אמר לאברם בתר דאפרז לוט מן עמה $*M_1$ ...אחרי הפרד לוט מעליו the Lord said to Abram, after Lot had separated from him - בר יג 14.

†**פרז**[2] עקיצה **sting** [> ברז. **א״י** ויברז רבוניי ית אוזנ<יה> = ורצע אדוניו את אזנו - **נ** שמ כא 6 (בגיליון)]

**פריזה** ש״ע נ *n. f.* **עקיצה sting** (וריש) פריזתון וראש פתנים - המליץ 568 ע״פ דב לב 33 [ליתא. ראה זב״ח שם. אבל בכ״י C כריזתון והוא ט״ס. MS C is corrupt: kryztwn.]

**פרזאי** שם ייחוס *gent. n.*

**פרזאי** ש״י *gent. n.* לאתר כנענאה חתאה ואמראה ופרזאה... - שמ ג 8.

**פרזל** ברזל **iron** [**א״י** ערסיה ערס דפרזל - **נ** דב ג 11. **סוא״י** וחולף פורזלא... כיסף - ישע ס 17. ע״ע ברזל]

**פרזל** ש״ע ז *n. m.* **ברזל iron** לא תגיז עליון פרזל V לא תניף עליהן ברזל you shall not wield an iron (tool) over them - שמ כ 13א. ואתן ית שומיכון כפרזלה NV ונתתי את שמיכם כברזל - ויק כו 19. ברן ית דהבה... וית פרזלה תעברון בנורV - במ לא 20א. ואפק יתכון מכור פרזלהVN - דב ד 20.

†**פורזל** ש״ע ז *n. m.* **ברזל iron** ומצראי הך כפילין בפורזל והמצרים כאילו כבולים בברזל the Egyptians were as fettered in iron - ת״מ 37א. ואתן ית שומיכון כפורזלה N ונתתי את שמיכם כברזל - ויק כו 19. ברן ית דהבה... וית פורזלה תעברון בנורN - במ לא 20א.

†**פרזק** ש״ע ז *n. m.* **ברזל iron** לסיק כל קחף נחשה ופרזקה A לטש כל חרש נחשת וברזל the forger of all instruments of bronze and iron - בר ד 22 [ט״ס מן פרזל *Corr. from przl*.]

**פרח** פריחה; עליה וטיסה **blossoming; flying** [**א״י** ועופא דפרח על ארעא - **נ** בר א 20. **סוא״י** ופרחן דפרחן על ארעא - שם] ← התפשטות **spreading** [**א״י** ואין מפרח תפרח צרעתה - **נ** ויק יג 13]

**קל** עבר: פרח - במ יז 23. עתיד: יפרח - במ יז 20. בינוני: פרע - דב ד 17. **אפעל** עבר: אפרע - ת״מ 14ב. מקור: מפרע - ת״מ 175א. **אפרח** אפרחים - דב כב 6. **אפרחו** כאפרחותה - בר מ 10 V. **פרח** - שמ כה 33. **פלע** - שמ יט 4 B. **פרע לבן** - המליץ 530.

**קל 1 העלה ציץ to blossom** ואה פרח אטר אהרן (567 המליץ = אפרח $*M_1EC$) והנה פרח מטה אהרן the staff of Aaron sprouted - במ יז 23. גברה דאבחר בה אטרה יפרח האיש אשר אבחר בו מטהו יפרח - במ יז 20 (= המליץ 567). **2 עופף to fly** וקמץ יפרע על ארעה ועוף יעפף על הארץ let birds fly above the earth - בר א 20 (= המליץ 541). דמות כל עוף פרע דטעס בחללה תבנית כל צפור כנף אשר תעף בשמים - דב ד

14 ז כל עוף כל פרע C כל עוף כל כנף - בר ז 14.17

**3 נתפשט** to spread *intrans.* (המליץ 486=)
ואה לא פרח מכתשה (A פתה) והנה לא פשה
הנגע the disease has not spread - ויק יד 48. **ואם**
יעזר מכתשה ויפרח בביתה ...ופרח בבית -
ויק יד 43. ויהי... לשחן פרח שלבוקין והיה...
לשחין פרח אבעבעות - שמ ט 9 וכן 10.

**אפעל העלה ציץ** to blossom והיא כמד
אפרחת אסקת נץ (*M₂ כמפרחה) והיא כפרחת
עלתה נצה as it budded, its blossoms shot forth
- בר מ 10. **2 הפריח, הטיס** to cause to fly
מן נצב לשנה בפמה מן אפרע ממללה מקלה
מי נטע את הלשון בפה, מי הפריח את הדיבור
מן הקול? - ת״מ 214ב.

**מפרח** אמר בדיל ישמע עמה... למפרע
רבותך בין כל קהלה אמר ״בעבור ישמע
העם...״ (שמ יט 9) להפריח (= להפיץ) גדולתך
בקרב כל הקהל - ת״מ 175א [מקביל לו ק 262ב:
למודע].

**אפרח** ש״ע ז *n. m.* **אפרוח** fledgling כד יזדמן
קן עוף לקדמיך... אפרחים אי ביעים כי יקרה
קן צפור לפניך אפרחים או בצים if you
chance upon a bird's nest...,with fledglings or
eggs - דב כב 6.

**אפרחו** ש״ע נ *n. f.* **1 פריחה** blossoming והיא
כאפרחותה אסקת נץ $V^*M_1$ והיא כפריחתה
עלתה נצה as it budded, its blossoms shot
forth - בר מ 10 [פירש ש״ע. ואכן נ״ש: kâf'rât]. **2**
**גובה** elevation אלהה אפקון ממצרים
כאפרעות רימה לה (נ״א כפרעות, כאפרעה)
אל מוציאו ממצרים כתעפות ראם לו God
brought them out from Egypt; it is for them
like the elevation to the height - במ כג 22 ובדומה
לו כד 8 (המליץ 613: כעפרעות, כפרעות. ע׳ זב״ח שם.
הבל תפסו טיסת גובה: כ(א)פרעות רומה). **ואפרעות**
מלכיה בה N (נ״א ואשמעות) ותרועת מלך בו
there is royal exaltation in it - במ כג 21.

**פלע**† ש״ע ז *n. m.* **כנף** wing על פלעי נשרים
(נ״א כנפי) על כנפי נשרים on eagles' wings B
- שמ יט 4 [שינוי פוניטי ספונטני. *Spontaneous*
*phonetic change r/l*.]

**פרח** ש״ע ז *n. m.* **1 ציץ** blossom עזור ופרח
כפתר ופרח calyx and blossom - שמ כה 33, לז
19. ופרחי עמודיה... כסף - שמ לח 12. **ואפק**
פרח ואנץ נץ ויוצא פרח ויצץ ציץ - במ יז 23. **2**
**התפשטות** spreading ואם פרח תפרח
צרעתה if the eruption spreads out - ויק יג 12.

**פרע לבן** ש״ע ז *n. m.* **מין תבלין** a spice פרע
לבן נכאת - המליץ 530 מן בר מג 11. ליתא.

**פרט** יחידות ופירוט dispersion, singleness
[א״י ופרט כרמכון לא תלקטון - נ ויק יט 10. **סוא״י**
פרטא דחטתא = גרגר החיטה - יוחנן יב 24. **ס** - LS
595a. ע״ע פרד] ← אמירה **speech**

**קל 1 נפוץ** to be dispersed מבתר דפרטו
עמה מבספרון עלו נבייה ליד פרעה לאחר
שנפוץ העם ממקום כינוסם באו הנביאים אל
פרעה after the people had dispersed from their
assembly place, the two prophets went to
Pharaoh - ת״מ 19א [אבל כ״י ל: דאפטרו]. **2 פירט**
to specify עסר פריטין הוי אנין עשר (מלים)
פרוטות היו על הלוחות ten (commandments)
were specified on the tablets - מ יד 39-40 [ע׳
זב״ח שם]. הך דאמר זאת התורה והפרט
דבתרה... זאת תורת נגע הצרעת כמו שאמר
״זאת התורה״ (ויק ז 37) ופירט אחריו... ״זאת
תורת...״ ויק יג 39) - ת״מ 165א. **3 הביע, אמר**
to say, בת״מ. היינו פרט את המלים. הש׳ פר״ד.
ואנשים אמרו... בדיל יוסף דו **pronounce**
דפרט ברכתה על אודות יוסף שהוא שאמר
את הברכה people said... about Joseph that he
pronounced the blessing - ת״מ 127א. לוי הוא
חברה דברכתה והוא יפרטה לוי הוא בעל
הברכה והוא אומרה - ת״מ 126ב. פריטין ברכתה
ומרבים מן אודאותה אומרים את הברכה
ומרבים את ההודיה - ת״מ 129א. **4 עשרת**
**הדברים** the Decalogue זרע קדש דאנדה
משה זריע על תרי אבניה עסר פריט״י״ן אנין
זרע קודש שהביא משה זרוע על שתי האבנים,
עשרת הדברים היו אלה the holy seed that
Moses brought, sown on the two tablets, they
were the Decalogue - מ יד 37-39.

**מפרט** פממיכון דכין למפרט ברכתה
פיותיכם זכים לומר את הברכה - ת״מ 172א.

**פעל ליקט** to gather ופרט כרמך לא תפרט
(נ״א תלקט) ופרט כרמך לא תלקט you m
shall not gather the fallen fruit of your
vineyard - ויק יט 10 [פועל גזור-שם השולל את השם
בדומה ל-עקר *denom. verb*].

**פרוט** ש״ע ז במעמד הבינוני qāṭōl *n. m. participial*
**אומר** saying ולא אטלטל לשנה דו פרוט
מלי ארהותה ולא נתגמגם לשונו כי הוא אומר
את מלי התורה (Moses') tongue was not
stammering, for he was pronouncing the words
of the Torah - ת״מ 269ב. פממיכון פרוטי מלי

סליחתה לא תחללו יתה בכדף פיותיכם (טהורים) לומר ברכות - אל תטמאו אותם בשקר - ת״מ 172א.

**פרט** ש״ע ז במעמד אדוורביאלי **1** *n. m. (adverbial)* **בפרט in particular** אלהותה נכראיאה דאזהר מנה בטור סיני בכלול וגלתה בבקעת מואב בפרט ואנון שמשה וזהרה... האלוהות הנכרית שהזהיר מפניה בהר סיני בכלל וגילה בבקעת מואב בפרט, והם השמש והירח... the alien god against which He warned on `Mount Sinai in general, and in the valey of Moab in particular, is the sun and the moon..., - ת״מ 154ב. **2 ציון פסקה mark of a paragraph** יזדמן תמן בר נכראה ואף גיורה דיגור עמוכון פרט - ת״מ (ק) 55 (34ב). שרי עמי כדו סימנה תניאנה פרט - ת״מ (ק) 5א..

**פרי** פרייה ורבייה, גידול **fecundity, fertility** [**א״י** ובריכין תהוון... בפרי ולד מעיכון ובפירי ארעכון - **נ** דב כח 4. **סוא״י** וכול פיריא דאילניא - שמ י 12]

**קל** עבר: פרו (נסתרים) - שמ א 7. ואפרו - בר מז 27 V. עתיד: יפרה - שמ א 12. ציווי: פרי - בר לה 11. בינוני: פרה - דב כט 17 E (המליץ 557: פרי). **אפעל** עבר: והפרית (מדבר) - בר יז 10 (= המליץ 557). עתיד: ואפרי - ויק כו 9. בינוני: מפריך (+נוכח) - בר מח 4. **פר** - ת״מ 271ב. **פרה** - בר טז 12. **פרו** - דב כט 17 C. דפרותה - מ א 126. **פרי** fīri - מ א 116. **פרת** - adfērūtå - בר מט 22.

**קל גדל, נתרבה to be fruitful, increase** ובני ישראל פרו ושרצו וסגו the Israelites were fruitful and increased and multiplied - שמ א 7. ואפרו ואסגו שריר - בר מז 27 V. ארבע יהוה לנן ופרינן בארעה (A וסגינן) הרחיב יהוה לנו ופרינו בארץ - בר כו 22. וכמד ילבטון יתה כן יפרה וכאשר יענו אתו כן יפרה - שמ א 12. ויוליד בני זנו ותפרי בישתה בעלמה ויוליד בני זנות ותרבה הרעה בעולם - ת״מ 161ב. פרי וסגי פרה ורבה - בר לה 11. ואמר לון הפרו ואסגו - ת״מ 132א. דלא יית בוכון שרש פרה ריש ולצעם E פן יש בכם שרש פרה ראש ולענה - דב כט 17.

**אפעל הגדיל to make fruitful** ברכת יתה והפרית יתה ברכתי אתו והפריתי אתו I will bless him and make him fruitful - בר יז 20. והפרית יתך בשריר שריר והפריתי אתך במאד מאד - בר יז 6. הלא אפרתי אלהים כי הפרני אלהים - בר מא 52. ואל שדי יברך יתך ויפרינך - בר כח 3. ואתרחי לידכון ואפרי יתכון ואסגי יתכון - ויק כו 9. אהנה מפריך ואסגיאך - בר מח 4.

**פר**[†] ש״ע ז *n. m.* **פרי** עש״ח גזור לאחור מן הריבוי פרים **fruit** NSH *backformation from the pl.* והן אמטת בון אד גברו לא פר יתחזי ואם באה עליהום יד האונס לא ייראה פרי - ת״מ 271ב [זב״ח הע׳ 7]. לבה הוה הך הגן כל פר דבה חיים לבו היה כמו הגן, כל פרי שבו חיים his heart was like a garden; all its fruit is life - ת״מ 284א.

**פרה**[†] ש״ת *adj.* **פורה fruitful** והוא יהי פרה אדם והוא יהיה פרה אדם he shall be a prolific man - בר טז 12 [קריאתו fâri ועניינו גידול, בן. אבל ראה טלשיר 203].

**פרו**[†] ש״ע נ *n. f.* **1 פריון, שפע fertility, abundance** בר פרותה יוסף בן פרת יוסף Joseph is the son of abundance - בר מט 22. שריש פרו ריש ולצעם C שרש פרה ראש ולענה - דב כט 17 [קריאתו fâri ועניינו גידול, בן]. אדלא יספי כריה דפרותה עד שלא ייספה מקור השפע - מ א 126. ותתרבו בפרו יתרה ותתגדלו בפריון יתר - ת״מ 135א. **2 צאצאים offshoot** לקנומה אבד ולפרותה עקר את עצמו איבד ואת צאצאיו כרת he will destroy himself and cut off his own offshoot - ת״מ 203א [כלומר פירות פריונו].

**פרי** ש״ע ז *n. m.* **1 פרי fruit** וחזונון ית פרי ארעה ויראום את פרי הארץ they showed them the fruit of the land - במ יג 26. כל אילנך ופרי ארעתך יחרב צנצלה כל עצך ופרי אדמתך יוריש הצלצל - דב כח 42. אילן טב למחזי מכלל בפרים - ת״מ 110א. **2 צאצאים** ע״י הביטוי המיתאפורי ״פרי בטן״ **offshoot** *fig.* בריך פרי מעיך blessed be the offshoot of your womb - דב כח 4. פרי מעיה עצירין פרי הבטן עצורים - מ א 116. ויקים פריה בישה ויוליד בני זנו ויעמיד פרי רע ויוליד בני זנות - ת״מ 161ב.

**פרת**[†] ש״ע נ *n. f.* **פריון fertility** בר פרת עלבי עין בן פרת עלי עין a son of fertility by a spring - בר מט 22. יוסף הצדיק בר פרת דמוך בחלקת השדה - ת״מ 270ב.

**פרך**[†] המרה [בן-גוון של פרג[1] *Var. of*] **exchange**

**פעל המיר to exchange** לא יחלפנה ולא יפרך יתה טב בביש N לא יחליפנו ולא ימיר אתו one shall not substitute it, neither shall he exchange it good for bad - ויק כז 10.

**פרוך** ש״ע ז *n. m.* **המרה exchange** ואם פרוך

יפרך בהמה בבהמה ויהי הוא ופריגתה יהי קדש N ואם המר ימיר... והיה הוא ותמירתו and if he exchanges it, then both the יהיה קדש animal and that for which it is exchanged shall be holy - ויק כז 10.

**פרכה** פרוכת **curtain** [שאילה מן העברית. אבל ראה עואנ״ש ג/א H loan .45]

**פרכה** ש״ע נ *n. f.* **פרוכת curtain** ותעבד פרכה תכלה וארגמן ועשית פרכת תכלת וארגמן - you shall make a curtain of blue and purple שמ כו 31. ושבה ית פרכת פרסה ואטל על ארון סעדואתה וישם את פרכת המסך ויסך על ארון העדות - שמ מ 21. ושרא כבוד יהוה מלגו פרכתה ושכן כבוד יהוה מפנים לפרכת - ת״מ 265ב.

**פרם**† פרימה והתרה **rending** [LS 598a - ס]

**קל פרם to rend** ית רישה לא יפרע ורקעיו לא יפרם את ראשו לא יפרע ובגדיו לא יפרם he shall not bare his head or rend his vestments - ויק כא 10. וארקעיכון לא תפרמון - ויק י 6 (המליץ 566: תפרמו). ארקעיו יהון פרימים - ויק יג 455 (= המליץ 566).

**פרן**† מוהר **bride** [> περνή; - Sperber 160-4; Krauss 490b. **א״י** פרני בתולתא - **נ** שמ כב 16]

**פעל שילם מוהר to pay the *Mohar*** פרן יפרננה לה לאתה מהר ימהרנה לו לאשה he must make her his wife by payment of a bride-price - שמ כב 15 [**א״י** מפרנה יפרן יתה - **התה״מ** שם (Vat 440)].

**פרן** ש״ע *n.* [**א״י** תיפוק בלא פרן - ירוש כתובות לא ע״ג] **מוהר Mohar** הסגו עלי פרן שריר A) אבריז, M בראן, $^{*}m_1$ פרד ט״ס?) הרבו עלי מהר... ask of me a bride-price ever so high - בר לד 12. פרן יפרננה A) פרנה יפרננה) מהר ימהרנה - שמ כב 15. כסף יתקל כפרן בתולתה כמהר הבתולות - שמ כב 16.

**פרנה** ש״ע מופשט *n. (abstr.)* **מוהר Mohar** פרנה יפרננהA מהר ימהרנה - שמ כב 15.

**פרני** ש״ע *n.* **מוהר Mohar** כפרני בתולאתה in accordance with the כמהר הבתולות A - bride-price for virgins - שמ כב 16 [**נ**: כנימוס פרני בתולתא].

**פרד**† ש״ע *n.* **מוהר Mohar** הסגו עלי פרד שריר $^{*}m_1$ (נ״א פרן) הרבו עלי מהר מאד

12 בר לד - increase the bride-price ever so high [ט״ס מן פרן (ע״ע .*Corr. from prn, q. v*)].

**פרנך** *pr. n.* שם פרטי fârēnåk

**פרנך** ש״פ ולשבט בני זבולן נסי אליצפן בר פרנך - במ לד 25.

**פרנס** כלכלה, הנהגה **support** [**א״י** ואנה זקיק למפרנסה בניי - **נ** בר ל 30. **סוא״י** מפרניס די כולא במלתה דחילה - אל העבריים א 3]

**פעל** עבר: ופרנס - שמ לב A 20. עתיד: יפרנס - בר מא 40. בינוני: מפרנס - בר טו 2. מקור: מפרנס - המליץ 542. למפרנסתה (+נסתר) - בר ב 15. **אֶתְפַּעַל** עבר: אפרנס - דב כא 3 (נ״א אתפרנס). עתיד: יפרנס - בר מא 40 (נ״א יתפרנס). יפרנס - ע״ש ג 26 yibbårnås. בינוני: מפרנס - ע״ד ח 7 wmibbårnås. **פרנוס** - ת״מ 272א. **פרנס** - בר ד C 2 (= המליץ 542). פרנסיו - ע״ד יח 15. **פרנסה** - בר כו E 14.

**פעל 1 כלכל to support, tend** אלהותה נטעת יתה וכבודה פרנסה האלוהות נטעה אותו (את הגן) והכבוד כלכלו the Divinity planted it and the Glory tended it - ת״מ 282א. ובר מפרנס ביתי הוא דמפרנס אליעזר ובן משק ביתי הוא דמשק אליעזר the one in charge of my house is the attendant, Eliezer - בר טו 2 [על תפיסת משק = הנהגה מעיד A: מדבר. השי׳ דב טו A :6 תמשק || תמשל. הוא כנראה שורש תנייני מן שק״ק. *Prob. from mšq, a secondary root* [*from šqq,' to support'*]. ופרנס ית ברי ישראל A וישק את בני ישראל - שמ לב 20 [פירש: האכיל לפי תפיסת שק״ק = כלכל]. ברי ומפרנס ומסובר בורא ומפרנס ומכלכל - ע״ד ח 7. דאתה עתיד מפרנס כוכבי אברהם שאתה (משה) עתיד להנהיג את צאצאי אברהם - ת״מ 5א. במבחר שלישיו דהוו מפרנסי חילי פרעה ב״מבחר שלישיו״ שהיו מנהיגי חיל פרעה - ת״מ 277ב. **2 טיפח to foster, cultivate** כרמים תצב ותפרנס כרמים תטע ועבדת you shall plant vineyards and cultivate them - דב כח 39. כד תפרנס ית ארעה C כי תעבד את האדמה - בר ד 12 (= המליץ 542). פרדיסי יצחק שביקין דלא מפרנס ...עזובים ללא עובד - ת״מ 6ב.

**מפרנס** למפרנס (ית ארעה) לעבד את האדמה - המליץ 542 (ע״פ בר ב 15).

**מפרנסה** ואשריאה בגן עדן למפרנסתה ויניחהו בגן עדן לעבדה - בר ב 15 (המליץ 542: למפרנס בה).

**אֶתְפַּעַל 1 נעבד to be worked** עגלת תורים

דלא אפרנס בה (VB אתפרנס) אשר לא עבד בה - a heifer which has never been worked - דב כא 3. **2 התנהג to conduct** ועל מימרך יפרנס כל עמי (VMCB יתפרנס) ועל פיך ישק כל עמי by your command shall all my people be conducted - בר מא 40 [פירש מן משק]. כלה דילך... ובנהרך יפרנס הכל שלך... ובאורך יונהג - ע״ש ג 25-26. כלה במימרה אתא והוא בחילה מפרנס ובטובה מתחיל הכול בדברו נברא, והוא בכוחו מתנהג ובטובו מתחזק - ת״מ 184א. **3 כלכל** בהוראה פעילה *active* **to support** ומפרנס ברי בורא ומכלכל (God) creates and supports - ע״ד ח 7.

**פרנוס** ש״ע ז *n. m.* **הנהגה dominion, rule** בידון פרנוס ליתו בטול לעלם להם (לכוכבים) שליטה שאינה בטלה לעולם (in their power (of the stars) there is an unending dominion - ת״מ 296א. פרנוס בני אדם בנפשה וברוחה ופרנוס שתיקיה בנפשה מיסתה הנהגת בני אדם היא ע״י הנפש והרוח והנהגת הדוממים ע״י הנפש בלבד - ת״מ 34א*. וכל אחד מהם לה פרנוס חיול בגויתך ולכל אחד מהם (יצרת לבת עניין...) שליטה חזקה בגופך - ת״מ 272א.

**פרנס** ש״ע ז *n. m.* **1 עובד tiller, worker** וקין הוה פרנס ארעה C עובד אדמה Cain became a tiller of the soil - בר ד 2 (= המליץ 542). והוה לאריס פרנס E (M₂ מפרנס) ויהי למס עובד - בר מט 15. **2 מנהיג leader** פרדיסה דנטר פרנסיו fårnåso הגן השומר את בעליו (השבת) (the Sabbath) is a garden that guards its owner - ע״ד יח 15. פרנס חייה מכלכל החיים - ת״מ 9ב.

**פרנסה** ש״ע נ *n. f.* **עבודה work** והוה לה נכסן... ופרנסה סגי E ויהי לו קנין... ועבדה רבה he and much work ... acquired flocks - בר כו 14. ושרי נח גבר פרנסה(E)A ויחל נח איש האדמה - בר ט 20.

**פרס¹** הצעה ומתיחה **spreading out** [א״י כד יהוון ענניא פרסין על ארעא - נ בר ט 14. סוא״י ותעבד פרסא מן תכולתא - שמ כו 31]

**קל** עבר: ופרס - שמ מ 19. דפרס adfårås - מ ו 19. עתיד: ויפרס - דב כב 17. ציווי: פרס fērås - ע״ד יא 2. בינוני: פרסים - שמ לז 9. פעול: פריסין fårīsən - ע״ד ט 7. **אֶתְפְּעֶל** עבר: והפרס - בר יג A 12. עתיד: יפרס - ת״מ 308 ב ציווי: התפרס - בר יג A 17. **פרוס** qåṭōl - פרוסין - ת״מ 254ב. **פריסה** - Cow 818. **פרס** - שמ כו 36.

**קל 1 מתח יריעה, שיטח to spread out** ופרס ית עפיה על משכנה ויפרש את האהל על המשכן he spread the tent over the Tabernacle - שמ מ 19. וביומה תנינה פרסת רקיע רם וביום השני נטיתי רקיע רם - ת״מ 239ב. ועל פתור רחותה יפרסון ארקעי תכלה ועל שלחן הפנים יפרשו בגד תכלת - במ ד 7. ויפרס תכסיתה לקדם סאבי קרתה ופרש השמלה לפני זקני העיר - דב כב 17. בהשאלה *fig.* ורחמיה פריסין והרחמים פרוסים the mercy is spread - ע״ד ט 7. האן דפרס חשכה זה שפרס את החושך - מ ו 19. רחמנה פרס רחמיך עלינן פרוש רחמיך עלינו - ע״ד יא 2. אגרתה תליתה פריסה האיגרת השלישית פרוסה - שמ ט 33. **2 התפלל** עם אד, כפין *fig. with* **to pray** כאפקותי מן קרתה אפרס כפי ליהוה כצאתי את העיר אפרש כפי אל יהוה As I go out of the city, I shall spread out my hands to the Lord - שמ ט 29. פרס כפיו קמי מרה - ת״מ 205ב. קמיך פרסתי כפי לפניך פרשתי כפי - א״ג 12. פרס ית אדך צית שומיה (שמ י 21) נטה את ידך על השמים - ת״מ 37א.

**אֶתְפְּעֶל התפשט to expand, spread** והפרס עד סדם A ויאהל עד סדם he expanded (his abode) till Sodom - בר יג 12. יפרס ממללי קמיך יישטח דברי לפניך - ת״מ 308ב. קום התפרס בארעה A קום התהלך בארץ - בר יג 17. וממללון כדו יתפרס קדמיך ודיבורים עתה ישתטח לפניך - ת״מ 126א.

**פרוס** ש״ע ז במעמד הבינוני *n. m. (participial)* qåṭ ōl **פורס** לאוי הוי אנה קעום... ומצלי... וידי פרוסין צית שומיה הלוואי הייתי עומד... ומתפלל... וידי פרוסות השמימה I stand... and pray..., and my hands are spread towards heavens - ת״מ 254ב.

**פריסה** ש״ע נ *n. f.* **פיוט prayer** עורן כן פריסה על חתנה another prayer about the bride groom - Cow 818 [מן פריסת ידיים].

**פרס** ש״ע ז *n. m.* **מסך screen** ותעבד פרס לתרח משכנה ועשית מסך לפתח האהל you shall make a screen for the entrance of the Tent - שמ כו 36. ושבה ית פרס תרחה למשכנה וישם את מסך הפתח למשכן - שמ מ 28.

**פרס²** פרסה, טלף **hoof** [א״י לכל העירא דהוא פריס פרסה - נ ויק יא 26]

**אפעל הפריס to have hoofs** בהמתה דהי מפרסה פרסה - every animal that has hoofs (VNMBA מפרס) ויק יא 26. ופרסה לא הפרס - ויק יא 5.

**פרסה** ש״ע נ *n. f.* **1 נתירה leap** דלה מסגים לפרס; בון על ארעה $M_2$ לניתור בהם על הארץ - to leap with on the ground - ויק יא 21 [שם במעמד המקור. סימן הקיצור (;) מעיד על התנועה הסופית. *Abridged form, as the sign ; testifies.*] **2 פרסה hoof** ופליגה טלף תרתין פרסן has true hoofs - which are cleft in two - דב יד 6. בהמתה דהי מפרסה פרסה - ויק יא 26.

פרס³ גילוי, פרסום **exposure, disclosure** [מן פרסי (ע״ע) *See below prsy.*]

**פעל פרסם to manifest** הודע בחכמתה דפרסה דמרן בחילה רבה עבד כלה הודיע בחכמתו שפרסמה כי אדוננו בכוחו הגדול עשה את הכול He made known in His wisdom, which He manifested, that in His great power He created all = ת״מ 184א.

**אֶתְפָּעֶל נתפרסם to be manifested** ופקד משה... למימר בדיל מד יהי תמן מתפרס ״ויצו משה״ (דב כז 11) בדבר מה שיתפרסם אחר כך "Moses commanded..." (Dt 27:11), speaking of what would be manifested later - ת״מ 120ב [זב״ח העי׳ 2].

פרסי† גילוי, פרסום **exposure, disclosure** [παῤῥησία > Krauss 481a. **א״י** מפרסייה = מגלה (נ) - **נ** בר לח 25. **ס** - LS 601b]

**פעל פרסם, גילה to manifest, reveal** וחכם למשה רזין בסניה פריסאת רבותה והורה למשה את הסודות בסנה שפרסמו את גדולתו (God) taught Moses the secrets in the bush, that manifested His greatness - ת״מ 3ב* [זב״ח העי׳ 8]. ורב ממה דפרסיך לעיניה מה דכסיך ורב ממה שגילית לעיניים הוא מה שהסתרת more than You revealed to the eyes, You concealed - ע״ד כו 23-24. דאתה עתיד... מפרסי מלגוה פליאן שאתה עתיד לפרסם מתוכו מופתים - ת״מ 8א. קשיטה היא הדה פליתה דפרסיכון אמת הוא אותו מופת שגיליתם - ת״מ 227ב. וזכות אברהם כדו מפרסיה וצדקת אברהם עתה נודעת - ת״מ 78א.

**אֶתְפַּעַל נתגלה to be revealed** האזינו אל מלי דכדו יתפרסי האזינו לדבריי, שעכשיו מתגלים hearken to My words, which are revealed now - ת״מ (ק) 1א (|| ש 120ב).

פרסן† הערכה **evaluation** [מן אונקלוס O]

**פעל העריך to evaluate** על פימו דתדבק אד נדרה יפרסנה כהנה $*M_2$ על פי אשר תשיג יד הנדר יערכנו הכהן according to the ability of he who vowed shall the priest value him - ויק כז 8.

פורסן† ש״ע ז *n. m.* **שומה evaluation** אנש דיפרד נדר בפורסן נפשהן m איש כי יפלא נדר בערכך נפשות when anyone explicitly vows the evaluation (of the) equivalent for a human being - ויק כז 2, וכך הוא בפסוקים 3 ($M_1$), 5 (m), והכול מן אונקלוס.

פרע¹ גילוי **uncovering** [**א״י** ויפרע ית רישה - **נ** במ ה 18. **ס** - LS 603a <- אי סדר **disorder** [**א״י** וחמה משה ית עמה ארום פריעין אנון - **נ** שמ לב 25] ← מהירות **quickness** [**א״י** חיויא פרי בתרך = נחש ממהר אחריך - ירוש שבת ח ע״ג. טל ג ע״ד (העי׳ 50). **סוא״י** ותיבודון בפריע מן ארעא - דב יא 17]

**קל** עבר: ופרת (נסתרת) - בר כד 20 A. פרעה (+נסתר) - שמ לב 25 CB (המליץ 564: פרעאה). עתיד: יפרע - ויק כא 10 (= המליץ 564). בינוני פעול: פריע - שמ לב 25 CB (=המליץ 564). **אפעל** בינוני: מפרע mafra - מ טז 26. **אֶתְפְּעֶל** עתיד: תתפרע - שמ כ 22 A. בינוני: מתפרע - שמ לב 22 V. **פרוע** qāṭōl - שמ לב 22. **(ב)פריע** - דב ז 4V. בפרי - שמ לב 8 B. **אפרעו** - דב לב 42 E. **פרע** - במ ו 5.

**קל 1 מיהר to hurry** *intrans.* ופרת ואחתת קלתה A ותמהר ותוריד כדה she rushed and lowered her jar - בר כד 20. **2 גילה to uncover** ערות גנות אבוה פרע A (נ״א גלה) ערות אביו גלה he uncovered the pudenda of his father - ויק כ 11. גנות תלימתה פרע A (נ״א גלה) - ויק כ 17. גנות אביך... לא תפרע A (נ״א תגלי) - ויק יח 7. ויפרע ית ריש אתתה VNMECBA (J ויגלי) ופרע את ראש האשה - במ ה 18. ית רישה לא יפרע וראשו לא יפרע - ויק כא 10. ראשיכון לא תפרעון - ויק י 6. ורישה יהי פריע N וראשו יהיה פרוע - ויק יג 45. **3 נתון באי סדר to be in disorder** אתה חכמת ית עמה הלא פריע הוא VEC (נ״א פרי, פרוע) אתה ידעת את העם כי פרוע הוא you know the people, that they are disordered - שמ לב 22. וחזה משה ית עמה הלא פריע הוא VEC (נ״א פריע) הלא פרעה CB אהרן וירא

משה את העם כי פרוע הוא כי פרוע הוא כי פרעו אהרן - שמ לב 25.

**אפעל נתן** (< גילה) **to give** הוה נביה קעם מפרע רבואן למרה היה הנביא עומד ונותן תהילות לאדוניו the prophet was standing and giving praises to his Lord - מ טז 25-27 ובדומה לזה א״ד ג 23.

**אֶתְפְּעֵל 1 נגלה to be exposed** ולא תסק... עלוי מדבחי דלא תתפרע גנותך עלויו A (נ״א תתגלי) ...פן תגלה ערותך עליו do not ascend... My altar, that your nakedness may not be exposed upon it - שמ כ 22. **2 התפרע to act disorderly** אתה חכמת ית עמה הלא מתפרע הוא V (נ״א פריע) אתה ידעת את העם כי פרוע הוא - שמ לב 22.

**פרוע** ש״ת qāṭōl *adj.* **פרוע disordered, unruly** אתה חכמת ית עמה הלא פרוע הוא - you know the people, that they are disordered שמ לב 22.

**בפריע** ת״פ *adv.* **מהר quickly** סטו באפרי מן אורעה A (B בפרי, המליץ 507 באפרי) סרו מהר מן הדרך they have turned aside quickly - out of the way שמ לב 8. ואובל בפריע $M_2$ (נ״א בפרי, באפרי) - במ יז 11. וישיצינך בפריע V - דב ז 4. אתינן לידך בפרי - ת״מ 29א. נחת ענגה בפרי - ת״מ 38א.

**אפרעו** ש״ע נ *n. f.* **פריעה, אי סדר disorder** וחרבי תיכל בסר... מריש אפרעות דבבה E (נ״א פרעת) ...מראש פרעת אויב my sword shall devour flesh..., from the disordered heads of the enemy - דב לב 42 [בטור הערבי של המליץ 564: אנהתאך = קלון].

**פרע** ש״ע ז *n. m.* **גילוי display** מרבי פרע סער רישה גדל פרע שער ראשו he shall let the hair of his head grow on display - במ ו 5 [= המליץ 564. בטור בערבי: כשף = גילוי].

**פרע²** תשלום, נקם **pay, requital** [א״י פרע יהוה אלהכון מן פרעה - נ דב ז 18. **סוא״י** וכל פורעתא... דלא תהא מתפרע - Land 183]

**קל המיר to exchange** לא יחלפנה ולא יפרע יתה טב בביש $m_2$ לא יחליפנו ולא ימיר אתו... one shall not substitute it, neither shall he exchange it good for bad - ויק כז 10.

**אֶתְפְּעֵל נפרע מן to revenge, punish** הך צבעתה... עבדו כלה ואם לא [את]פרע m (נ״א אחכם) ...ואם לא אשלם כגמולם (if)

according to the outcry... have they done - destruction, shall I not punish? [תמורת ,21 בר יח] אדעה ע״פ אונקלוס *following* O]. יחזי יהוה עליכון ויתפרע m (נ״א וידון) יראה יהוה עליכם וישפט - שמ ה 21 [= אונקלוס O]. אתפרע פרית בני ישראל B (נ״א גבי) נקם נקמת בני שיראל - במ לא 2 [= אונקלוס O].

**פריה** ש״ע נ *n. f.* **נקמה revenge** גבי פרית בני ישראל נקם נקמת בני שיראל - במ לא 2. חרב גבי פרית קיאם חרב נקמת נקם ברית - ויק כו 25. אתהו דגבי פרית קהלי אתה הוא שנוקם את נקמת עדתי you are the one who will take vengeance for My congregation - ת״מ 27ב. אעזר פריה לעאקי E אשיב נקם לצרי - דב לב 41.

**פרעה** fārū תואר מלך מצרים **title of the Egyptian king**

**פרעה** ש״ע ז *n. m.* **פרעה Pharaoh** ויהבת ית כסה על כף פרעה ואתן את הכוס על כף פרעה - בר מ 11. שמעו מה אגיב לון פרעה שמעו מה השיב להם פרעה - ת״מ 25א. פרעה ואכלסיו טמעתה בים סוף פרעה ואנשיו טיבעתו בים סוף - מ ו 67 - 68.

**פרף**† רכיסה **fastening** [< πόρπη - Krauss 435a. **א״י** פורפין דדהב = קרסי זהב - **נ** שמ כו 6. **ס** פרפא - LS 604a]

**פרף** ש״ע ז *n. m.* **קרס clasp** ועבד פרפי נחש... למדבקה ית אגנה $*M_2$ (נ״א קרכסי, המליץ 587: קורכסי) ויעש קרסי נחשת... לחבר את האהל he made copper clasps... to couple the tent together - שמ לו 18 [בהשפעת אונקלוס: פרפין דנחש following O].

**פרפס**† כינוס **joining** [קשה. זב״ח: < פספס (השי׳ דרדק < דקדק) מן פסס² = בלל. < *Diss. of psps* [*pss²*, 'to mix'.

**אתפעל נתכנס to join** יפרפסון (עממאי) יקחתו עמים peoples will join him - המליץ 580 מן בר מט 10 בהוראת "יצטרפו אליו" השי׳ נ״א יתכנשון. ליתא.

**פרץ¹**† התפשטות **expansion** [מן העברית, ע״פ H *after* 12 שמ א - "כן יפרץ"]

**פריצה** ש״ע נ *n. f.* **התפשטות expansion**

ולמוחי לכון פריצה רבה A ולהחיות לכם
פריצה גדולה to keep alive for you a great
expansion (of descendants) - בר מה 7.

**פרץ²** fâråṣ שם פרטי *pr. n.*
**פרץ** ש״פ ובני יהודה ער ואונן שלה פרץ וזרח
- בר מו 12.
**פרצאי** ש״י *gent. n.* לפרץ כרן פרצאה (V
פרצאי) - במ כו 20.

**פרק** הסרה, הרחקה **removal** [א״י ופרקו כל עמה
ית קדשיה דדהבא - נ שמ לב 3] ← הסרת משא, נטל
**removal of burden** [א״י מפרק תפרק עמה - נ
שמ כג 5] ← גאולה, פדיון **redemption** [א״י או
מן קריב בשריה מן זרעיתה יפרוק יתיה - נ ויק כה 49.
סוא״י דפרק יתכון מן בית עבדותא - דב יג 6]; הפרדה
**separation** [זב״ח, ת״מ (מבוא) 23: באה״ש
המאוחרת, בהשפעת فــرق = הפרדה Ar *calque in*
[*late* SA - Lane 2383a ff.

**קל** עבר: דפרק adfâråq - א״ח 89. עתיד: תפרק - שמ
לד 20 (= המליץ 565). ציווי: פרק fēråq - ע״ד כז 67.
בינוני: דפרק - בר מח 16. פעול: פריקיה (ריבוי מיודע) -
במ ג 51. מקור: מפרק - ת״מ 6א. **אִתְפְּעֵל** עבר: אתפרק
- ת״מ 139ב. עתיד: יתפרק - ת״מ 244א. ציווי: אתפרק
- בר יג 9 A. בינוני: מתפרק - ת״מ 291א. **אפרק** - ויק
כז 19. **אפרקה** - ויק כה 48. **אפרקו** אפרקותה (+נסתר)
- ויק כה 29. **מפרקה** - ויק כז 13 $*M_2$. **מפרקו** - בר יג
14 A. **פרוק** qiṭṭūl - ויק כז 19 A. **פרוק** (qâṭ fâroq
ōl) - א״ג 96. **פרוקה** - ויק כה 31 A. **פרק** - ויק כו 19
C. **פרקה** - במ יח 15 MBA. **פרקו** פרקותה (+נסתר) -
ויק כה 29 A. **פרקון** - ויק יט 20 B. **פרקן** firqån - ננה
5, שמ כא 30 (= המליץ 566).

**קל 1 הסיר to remove** ופרקו כל עמה ית
קודשי דדהבה ויתפרקו כל העם את נזמי הזהב
all the people took off the gold ornaments - שמ
לב 3 (= המליץ 564). פרקו ית קודשי דדהבה פרקו
את נזמי הזהב - שמ לב 2. בהשאלה: ותפרק נירה
מן על צוארך ופרקת עולו... - בר כז 40. **2 פדה
בכסף to redeem** with money ויהב משה ית
כסף פריקיה לאהרן (נ״א פרקניה) ויתן משה
את כסף הפדוים לאהרן Moses gave the
redemption money to Aaron - במ ג 51. וכל פתוח
רחם תפרק בנקי ...תפדה בשה - שמ יג 12. וכל
בכור אנש בבניך תפרק - שמ לד 20. **3 גאל
מדיכוי to redeem** from oppression יהוה
דפרק לאבהתן יהוה שגאל את אבותינו the
Lord who redeemed our ancestors - א״ח 89. אל
תחבל עמך ופלגתך דפרקת אל תשחית עמך

ונחלתך אשר פדית - דב ט 26. ויפרק יתן מן
הדה בישתה ויגאל אותנו מן הרעה הזאת -
ת״מ 147ב. פרק מתלתיה גאל את הנחרדים -
ע״ד כז 67. מלכה דפרק יתי מכל ביש המלך
הגאל אתי... - בר מח 16. **4 נפרד to leave, be
separated from** ופרקת שרח למשה ולאהרן
ונפרדה שרח ממשה ומאהרן Serah left Moses
and Aaron - ת״מ 252ב [זב״ח הע׳ 4]. וליתי פריקה
מנה לעלם ואינן היא נפרדת ממנו לעולם it is
never separated from him - ת״מ 289א. **5 הפריד
to separate** ועסיריה אפרק יעקב A
והכבשים הפריד יעקב Jacob separated the
lambs - בר ל 40. ייתי בשלם תאבה ויפרק בין
בחוריה ובין פסוליה יבוא בשלום התהב
ויפריד בין הבחירים ובין הפסולים - ת״מ 43א.
למה... תפרקון ית עמה מן עובדיון m (נ״א
תבטלון) למה... תפרידו את העם... - שמ ה 4
[פירוש אחר של תפרידו. ע״ע פרד]. ואתה תפרק
אדמה זכאה מבגוך VB (נ״א תפרש) ואתה
תבער את הדם הנקיא מקרבך - דב כא 9. אנש
דיפרק נדר $*m_2$ (נ״א יפרש) איש כי יפלא נדר
- ויק כז 2. **6 פירק לחלקים to dismantle**
ויסדק יתה בכנפיו ולא יפרק $*M_1$ (נ״א יפרש)
ושסע אתו בכנפיו ולא יבדיל he shall tear it
by its wings, but shall not dismantle it - ויק א
17. ודומה לו ויק ה 8 $*M_1$. ויפרק ית רישה NA
ומלק את ראשו - ויק א 15. ויפרק כהנה ית
רישה A - ויק ה 8.

**מפרק** ועדנה מטי מפרק מלבטה והזמן
הגיע לגאול מן הלחץ - ת״מ 6א [כ״י ל 6: למפרק
מן לבטה]. למנהרה על ארעה ולמפרק בין יומה
ובין ליליA(E)... ולהבדיל בין היום ובין הלילה
- בר א 14. ולמפרק בין אורה ובין חשכה A(E)
- בר א 18.

**אִתְפְּעֵל 1 הוסר המשא to be discharged**
למן דהב אתפרקו למי זהב, התפרקו whoever
has gold, take it off! - שמ לב 24. בהשאלה *fig.*
קהלה מתפרק מן חוביה הקהל מתפרק מן
החטאים the congregation is discharged from
the sins - ת״מ 291א. **2 נפדה בכסף to be
ransomed** אי מטיה אדה ויתפרק או השיגה
ידו ונגאל if he prospers, he may redeem
himself - ויק כה 49. ופרקן לא אפרקת והחרו
לא ייב לה (נ״א אתפרקת) והפדה לא נפדתה...
- ויק יט 20. **3 נושע to be redeemed** ותקפו
בה עד אתפרק והחזיקו בו (המלאכים בלוט)
עד שנושע - ת״מ 139ב. תמן יתפרקו טביה ויגבו
כל בישיה אז ייגאלו הטובים וייענשו הרעים

- ת״מ 211א. קהל יהוה מתפרק - ת״מ 302א. **4 נבדל, נפרד to be separated from** ואתפרק גבר מלות אחיו A ויפרדו איש מעל אחיו they - separated from each other - בר יג 11. ביומה דנקם יתפרק דן מן דן...יובדל זה מזה - ת״מ 244א. ונהר יפק מן גנתה... ומתמן יתפרק ויהי לארבעה נסולין (E)A ...ומשם יפרד והיה לארבעה ראשים - בר ב 10. ומלכים מחלציך יפרקון B ...מחלציך יצאו - בר לה 11 [ט״ס מן יפרדון או פירש יפרדו כמו כה 23]. אתפרק שוי מן עלי A הפרד נא ממני - בר יג 9. **5 פירש to be specified** לא אפרק מה יתעבד לה A (נ״א פרש) לא פרש מה יעשה לו it had not been specified what should be done to him - במ טו 34 [השי׳ יניי (קטע שפרסם ש׳ וידר, ספר היובל לדב הללר, בודפשט תשי״א קטע ו (ז): שדברי פשר פתר פרק פרט].

**אפרק** ש״ע ז *n. m.* **פדיון redemption** ואם אפראק יפרק ית עקלה N (נ״א פרקן, אפרקה) - ויק כז 19.

**אפרקה** ש״ע נ *n. f.* **גאולה redemption** בתר אזדבן אפרקה תהי לה אחרי נמכר גאלה תהיה לו he shall have (the right of redemption) after he has sold himself - ויק כה 48. אפרקה תתנון לארעה גאלה תתנו לארץ - ויק כה 24. אפרקת עלם תהי ללואי (נ״א אפרקות) גאלת עולם תהיה ללוים - ויק כה 32.

**אפרקו** ש״ע נ *n. f.* **גאולה redemption** ותהי אפרקותה עד שלם שנת זבונה יומים תהי אפרקותה והיתה גאלתו עד תם שנת ממכרו ימים תהיה גאלתו its redemption (is possible) until a year has elapsed since its sale - ויק כה 29.

**מפרקה** ש״ע נ *n. f.* **גאולה redemption** ואם מפרקה יפרקנה *$M_2$ ואם גאל יגאלנו - ויק כז 13 [לכאורה רמז לבניין פעל, והוא עיבוד של אונקלוס: מפרק].

**מפרקו** ש״ע נ *n. f.* **פרידה separation** בתר מפרקות לוט מן עליו A אחרי הפרד לוט מעמו after Lot's separation from him - בר יג 14.

**פרוק** ש״ע ז qiṭṭūl *n. m.* **1 הפרדה separation** בסחן עלמה (!) אמיה בפרוקה ברי אדם E בהנחל עליון גוים בהפרידו בני אדם when the Most High gave to the nations (their) inheritance, when he separated the sons of men - דב לב 8. **2 פדיון redemption** ואו פרוק יפרק ית עקלה A - ויק כז 19. **3 חלק בעמוד השזרה the backbone** [א״י ואת על פרקת צורי מלכיהון תדרוך = ואתה על במותימו תדרך - אונקלוס דב לג 29. הש״ס ואתתברת פרקתה = ותשבר מפרקתו - פ שמ״א ד 18] עֵצָה לתשבית פרוקה *$M_1$ (J עצצה) לעמת העצה close to the backbone - ויק ג 9.

**פרוק** ש״ת qāṭōl *adj.* **1 גואל redeemer** אלהה דאברהם ופרוק יצחק אלהי אברם ופחד יצחק the God of Abraham and the Redeemer of Isaac - בר לא 42 [מילולית: וגואל]. ואשתבע יעקב בפרוק אבוה יצחק וישבע יעקב בפחד אביו... - בר לא 53 [כנ״ל]. דת פרוק פרוקיה שאתה גואל הגואלים - א״ג 96. אה פרוק עבראי - ת״מ 261ב. **2 מסיר, מאביד remover** קדש גבעתה ידיר צעורין וצלמין פרוק (בסוף הימים) בהר הקדוש ישכון יוצרנו ומאביד הצלמים on the Holy Mountain will dwell our creator, the remover of the idols - אס 21א. **3 בודד alone** והוא... A הלא אחוה מת והוא לחודה פרוק לבדו נשאר - בר מב 38.

**פרוקה** ש״ע נ *n. f.* **גאולה redemption** פרוקה תהי לה A גאלה תהיה לו - ויק כה 31. ותהי פרוקתה סעד שלם סנת זבונה יומים תהי פרוקותה A - ויק כה 29.

**פרק** ש״ע ז *n. m.* **1 פדיון redemption** ואם פרק יפרק ית עקלה C - ויק כז 19. **2 חלק בעמוד השזרה the backbone** לתשבית פרקה NMECBA לעמת העצה close to the backbone - ויק ג 9 (ע״ע פרוק).

**פרקה** ש״ע נ *n. f.* **פדיון ransom** פרקה תפרק ית בכורי אנשה MBA (נ״א אפרקה, פרקן) פדה תפדה את בכור האדם - במ יח 15.

**פרקו** ש״ע נ *n. f.* **גאולה redemption** יומים תהי פרקותה A ימים תהיה גאלתו its redemption period shall be a year - ויק כה 29.

**פרקון** ש״ע ז *n. m.* **פדיון redemption** ופרקון לא אפרקת B והפדה לא נפדתה - ויק יט 20.

**פרקן** ש״ע ז *n. m.* **1 פדיון ransom** אם סלוח ישתבי עליו ויתן פרקן נפשה ואם כופר יושת עליו ונתן פדיון נפשו if ransom is laid upon him, he must pay whatever the ransom for his life - שמ כא 30. ואם פרקן יפרקנה ואם גאל יגאלנו - ויק כז 13. **2 גאולה redemption** ישראל חדי בפרקנה ישראל שמח בגאולתו Israel rejoiced at its redemption - ת״מ 44א. פרקן עבדה לשש שנים גאולת העבד לשש שנים - ננה 5. **3 תקיעת שופר proclamation of redemption** ותעבר פרקן אשמעה $M_1$ והעברת שופר גאולה you shall sound the

המליץ =) 9 ויק כה - trumpe7 sound of redemption (598. **4 כיתה division** פרקנה קדמאה אמר נעזר אל מצרים... פרקנה תניאנה אמר נערק מן מצראי... פרקנה תליתה אמר נקום ונגיח עם מצראי כיתה אחת אמרה נחזור למצרים..., הכיתה השנייה אמרה נברח מן המצרים..., הכיתה השלישית אמרה נילחם במצרים the first division said "let us go back to Egypt" , the second division said "let us..(Num 14:4) serve the Egyptians..." (Ex 14:12), the third division said "let us fight the Egyptians" - ת״מ 217א.

## פרר1 ביטול **violation** [מן העברית ע״פ בר יז 14 H]

**אפעל הפר to violate** מן הפר בריתה יתקטל he who violated the covenant shall be put to death - מי שהפר את הברית יומת ת״מ 160א. טמא ית גזרתה והפר בריתה טימא את המילה והפר את הברית - ת״מ 159ב. בריתך לא ניפר - ת״מ 172ב.

**אפרו** ש״ע נ *n. f.* **הפרה violation** אם בגזירתי תציקון... דלא למעבד ית כל פקודי לאפרותכון ית קיאמי V (נ״א לבטולכון) ...להפרכם את בריתי if you reject My laws..., so that you do not observe all My commandments and by your violation of My covenant - ויק כו 15.

## פרר2 בהמה גסה **cattle** [טלשיר 162]

**פר** ש״ע ז *n. m.* **פר, שור bull** בפר בר תורים בפר בן בקר - with a bull of the herd ויק טז 3. ואסק פר ודכר במדבחה ויעל פר ואיל במזבח - במ כג 14. תקרבון עלה ליהוה פרים בני תורים - במ כח 11.

**פרה** ש״ע נ *n. f.* **פרה cow** פרה סמקה שלמה פרה אדמה תמימה a red cow without blemish - במ יט 2. ואה מן נהרה סלקי שבע פרואן יין שפר והנה מן היאור עלות שבע פרות יפות מראה - בר מא 2. ואכלי פרואתה בישת חזבה... ית שבעתי פרואתה יית חזבה ותאכלנה שבע הפרות רעות המראה... את שבע הפרות יפות המראה - בר מא 4.

## פרש1 הפרדה והבדלה **separation** [א״י ותפרשון בין בעירה דכייה למסאבה - נ ויק כ 25. סוא״י ומן תמן פרש לארבעא רישין - בר ב 10] ← פירוט ופירוש **specifying** [א״י דפרש שמה קדישה - נ ויק כד 12

← ביטוי **utterance**

**קל** עבר: פרשת (נוכח) - שמ טו 17 EC (=המליץ 564); fâraštâ - מ י 65. עתיד: נפרש (מדברים) nifrâš - ט 60. בינוני פעול: פרישין (ר) - ת״מ 230ב. **פעל** עבר: פרש - במ טו 34 (= המליץ 566). עתיד: יפרש - ויק כז 2. ציווי: פרש - בר ל 28 A. בינוני: מפרש - ת״מ 229א. מקור: **מפרשה** - ויק ה 4 (=המליץ 566). **אפעל** עבר: ואפרש - ע״ד יט 5. עתיד: תפרש - דב יג 6. בינוני: wafrəš מפרש - בר א 6. פעול: מפרש mafrāš - מ ב 14. מקור: למפרשה - בר א 18. **אֶתְפְּעֶל** עבר: ואתפרשו - בר יג 11 C. עתיד: ונתפרש - שמ לג 16. ציווי: הפרש - בר יג 9. בינוני: מתפרש - ת״מ 256א. ומתפרשין (ר) - שמ לג 16 V*$M_1$. **אֶתְפַּעַל** עבר: אתפרש - במ טו 34 m (= אונקלוס O). ציווי: התפרש - שמ ח 5 (המליץ 609: אתפרש, הפרש). **אפרש** אפרשיה (ריבוי+נסתרת) - ויק כה 11 m. **אפרשו** - ת״מ 5א. אפרשותה afrâšūta - ט 62. **מפרוש** - במ ל 7 **מפרש** מפרשה (מיודע) - ת״מ 237ב. **פרוש** qiṭṭ **פרוש** qāṭōl - אס 22א. **פרישה** פרישן - במ ל 7 N. ūl (ר) - שמ לד 10 *$M_2$. לפרישת (נסמך) - במ כד 22.

**קל 1 הבדיל to separate** מכבן למיתוביתך פרשת (אפרשתה v) EC מכון לשבתך הבדלת - the place You set apart for Your dweling שמ טו 17 [= הפרשת לעצמך (ע' זב״ח, המליץ 564)]. פרשת בעפרה ואנדיך מלגוה צורכן פעלת בעפר ועשית מתוכו (סיפוק) צרכים - מ י 65. דאלין תחומיה פרישין מן ימי פלג התחומים האלה נבדלים מימי פלג... - ת״מ 230ב. **2 ביאר to construe** [א״י וכתיב ומפרש - נ שמ כח 17] דאנן בעין כדו נפרש ממלל נדע בה סודי בוננותה שאנו מבקשים עתה לבאר דבר שנדע בו את סודות התבונה we seek to construe now a statement by which we shall know the secrets of understanding - ת״מ 127ב. ואהן דלית בן נשום נפרש וזה שאיננו יכולים להעריך, נפרש - ט 60.

**פעל ביטא to state, specify** אנש אן יפרש נדר איש כי יפלא נדר - when one states a vow ויק כז 2. לכל דיפרש אנשה בשבועה לכל אשר יבטא האדם בשבועה - ויק ה 4. פרש אגרך (נ״א כרז) נקבה שכרך - בר ל 28 mA. ואתה מפרש לעלם מהו בלבך - ת״מ 299א. ואנחו יתה במטר הלא לא פרש מה יתעבד לה...כי לא פרש מה יעשה לו he was placed in custody, for it had not been specified what should be done to him - במ טו 34.

**מפרשה** ואנחה במטר למפרשה לון על מימר יהוה ויניחהו במשמר לפרש להם... - ויק כד 12. אי נפש... תשתבע למפרשה בספואן A או נפש כי תשבע לבטא בשפתים - ויק ה 4.

**אפעל 1 הבדיל** **to separate** *trans.* טטה אפרש משה תלת קרין בעבר ירדנה אז יבדיל משה שלש ערים... then Moses set aside three... cities on the east side of the Jordan - דב ד 41. ואפרש מועדים קדושים - ע״ד יט 5. ותפרשון בין בהמתה דכיתה למסבתה והבדלתם בין הבהמה הטהורה לטמאה - ויק כ 25. קשטה בחרון ואפרש יתון לאלהותה האל בחרם (את האור והשבת והר גריזים וכו׳) והפריש אותם לאלוהות - ת״מ 94ב. והי מפרש בין מיה למיה ויהי מבדיל בין מים למים - בר א 6. דמע... מפרש בידך תרומה... מופרשת בידך - מ ב 15-14. **2 הרחיק** **to remove** אפרשת קדשה מן ביתה ביערתי הקדש מן הבית - דב כו 13. ותפרש אדמה דברי מישראל ובערת הדם הנקיא מישראל - דב יט 13.

**מפרשה 1 הבדלה** **separation** ולמפרשה בין נהרה ובין חשכה ולהבדיל בין האור ובין החשך to separate light from darkness - בר א 18. ולמפרשה בין קדשה ובין חלה ולהבדיל לבין הקדש ובין החל - ויק י 10. **2 ביטוי** **statement** למפרשה נדר לפלא נדר to specify a vow - ויק כב 21.

**אֶתְפְּעַל 1 נבדל, נפרד** **to separate** *intrans.* ואתפרשו גבר מן על אחיו C (B ואפרשו) ויפרדו איש מעל אחיו they separated from each other - בר יג 11. בתר דאתפרש לוט מן עמה C (MB דאפרש) אחרי הפרד לוט מעליו - בר יג 14.לבשו כהנתה ובה אפרשו לבשו כהונה ובה הובדלו - ת״מ 110א. ונתפרש אנה ועמך מכל עמה ($V^*M_1$ ומתפרשין) ונפלינו אני ועמך מכל עם - שמ לג 16. ואפרש משה למדור עם גברה A ויאל משה... - שמ ב 21 [פרש ממקומו]. הפרש שבי מן עמי הפרד נא מעלי - בר יג 9. ופקד פרעה דיתפרשו נשיה מן גבריה וציווה פרעה והופרדו הנשים מן הגברים - אס 14ב. **2 הופרש** **to be alloted** כל דמע דיתפרש באדי אנשיה כל תרומה המופרשת בידי אנשים any offering alloted by men - ת״מ 94א. ארוה קדישה יהיבה לעם קדש מתפרש בידה דאלה תורה קדושה נתונה לעם קודש, מופרש ביד האלוהים - ת״מ 256א.

**אֶתְפַּעַל בוטא** **to be specified** ונסב משה... ית גבריה... [ד]אתפרשו בשמהתה m (נ״א דאכרזו) ...אשר נקבו בשמות Moses... took the men, who were designated by name - במ א 17. הלא לא אתפר[ש] מה יתעבד לה m ...כי לא פרש מה יעשה לו - במ טו 34(=אונקלוס).

התפרש עלי לאמת אצלי לך התפאר עלי... - שמ ח 5.

**אפרש** ש״ע ז *n. m.* **דבר מופרש** **selected thing** ולא תקטפון ית אפרשיה m ולא תבצרו את נזיריה you shall not gather the selected grapes - ויק כה 11 [מה שהופרש למטרה מסויימת].

**אפרשו** ש״ע נ *n. f.* **1 דבר מופרש** **selected thing** ולא תקטפון ית אפרשותה $*m_2$ ולא תבצרו את נזיריה - ויק כה 11. **2 פסקה, פרק** **chapter, paragraph** נתן אפרשו... בין אלהותה ובין נביותה נתן פסקה... בין האלוהות ובין הנבואה let us set out a section... between the divinity and the prophecy - ת״מ 5א [זב״ח הע׳ 7] ובדומה לזה 14א, 16א, ועוד. **3 פירוש** **interpretation** ברן אפרשותה קשט אלהותה אכן הפירוש הוא אמת האלוהים - ט 62.

**מפרוש** ש״ע ז *n. m.* **ביטוי** **utterance** מפרוש ספבאתה מבטא שפתיה the utterance of her lips - במ ל 7 ובדומה לו 9.

**מפרש** ש״ע ז *n. m.* **הבדלה** **separation** וכד יזדמנו אלין ואלין חזי מפרשה בין תריון וכאשר ייפגשו אלה עם אלה (הטובים והרעים) ייראה ההפרש בין שניהם when they meet, these and these (the good ones and the bad ones), the difference between them will be seen - ת״מ 237ב. עמו המפרש לבין תרים ראו את הפרש בין שנים - ת״מ (ק) 26א.

**פרוש** ש״ע ז qīṭṭūl *n. m.* **ביטוי** **utterance** פרוש ספאבותה N מבטא שפתיה the utterance of her lips - במ ל 7.

**פרוש** ש״ע ז qāṭōl *n. m.* **אביר** **singled out** קעם קדקד פרוש ארע עבראותה יבטל יקום נשיא אביר (?), ארץ העברים יחריב - אס 22א.

**פרישה**† ש״ע ז *n. m.* **1 בידוד** **isolation** אם יהי לפרישת קין עד מן אשור מדרך אם יהיה לבער קין עד מאשור תושבך if Cain is to be isolated, till Asshur is your dwelling - במ כד 22. **2 מופת** מרוחק מן הדעת **wonder** קבל כל עמך אעבד פרישן $*M_2$ אעשה נפלאות before all your people I will work wonders - שמ לד 10 (=אונקלוס). בכל פרי‹ש›תי דאעבד m בכל נפלאותי אשר אעשה - שמ ג 20 (=אונקלוס O).

**פרש2** שטיחה ופריסה **spreading out** [מאוחר. עלה מחילופי ש/שׂ בדומה ל-כנש/כנס. אולי השפעת

Late SA, *emerged from the* .ע״ע פרס ؛ فــرش
[*blend of* š *and* ś.

**קל שיטח, פרס to spread out** ופרש אהרן ית אדה על מימי מצראי A ויט אהרן ידו על מימי מצרים Aaron spread out his arm over the waters of Egypt - שמ ח 2. פרש ית אדך A נטה את ידך - שמ ח 12. ובדרעה פרישה B והזרוע הנטויה - דב ז 19. ופרש כפיו ליד יהוה A ויפרש כפיו - שמ ט 33. כנסרה... יפרש כנפיו E כנשר... יפרש כנפיו - דב לב 11 [הפסוק רב שרבובים]. נפרש שלחן תשבחן נהיה עליו מודים נסמך על כגון במ ד 7 - אבישע (Cow 107).

**אתפעל התפשט to spread forth** ולא אתפרשת בארעה וכללת יתה כלום לא התפרסתי בארץ ועיטרתי אותה? (דברי האות (צ was I not spread forth over the earth, and did I not crown it? - ת״מ 299א. ובזרוע נטויה יתפרש בימינה לכל שרש פרה ראש ולענה ״ובזרוע נטויה״ (דב ד 34) פשט ימינו לכל ״שרש פרה...״ (דב כט 17) - ת״מ 287ב.

**פרוש א** ש״ע ז qāṭōl *n. m.* **1 פושט breaking out** שחינה פרוש שלבוקין A שחין פרח אבעבעות boils breaking out in inflammations - שמ ט 9. והוה שחינה משלביק פרוש באנשה A ויהי שחין אבעבעות פרח באדם - שמ ט 10. **2 נשא כפיים one who prays** ולא תקפל רחמיך מן פרושי כפים ולא תסיר רחמיך מן המתפללים do not remove Your mercy from those who pray (to You) - ע״ד כח 45-46. **ב** ש״ת **נשא exalted** *adj.* קעם קדקד פרוש ארע עבראותה יבטל יקום נשיא נישא (!) ארץ העברים יחריב an exalted prince will arise, he will destroy the land of the Hebrews - אס 22א.

†**פרש**[3] צואה **excrement** [מן העברית, ע״ע פרת.
[H, *see prt*

**פרש** ש״ע ז *n. m.* **צואה dung** ויתוקד בנור ית משכון... וית פרשם E (נ״א פרתון) ושרף את עורם... ואת פרשם their hide..., and dung shall be consumed in fire - ויק טז 27.

†**פרש**[4] רכיבה **riding** [א״י בארתכוי ובפרשוי - נ שמ יד 17. **סוא״י** מרכבן ופרשין - בר נ 9. **ס** פרשא - [LS 609a

**פרש** ש״ע ז qaṭṭāl *n. m.* **פרש rider** ועזרו מיה וכסו ית רכבה וית פרשיה ...ויכסו את הרכב ואת הפרשים the waters returned and covered the chariots and the horsemen - שמ יד 28. באתיקרי בפרעה ובכל חילה ברכבה ובפרשיו בהכבדי בפרעה... ובפרשיו - שמ יד 18.

†**פרת**[1] צואה, פרש **excrement** [א״י פרתיה (מתרגם יהפרשדונה') - בר״ר 1275. **ס** פרתא LS 609b]

**פרת** ש״ע ז *n. m.* **פרש excrement** ויוקד בנור ית משכיון... וית פרתון (NMCB פרדון) ושרף באש את עורתם... ואת פרשם their hide..., and dung shall be consumed in fire - ויק טז 27. וגבה ופרתה A (נ״א ופרדה) וקרבו ופרשו - ויק ד 11. וית אדמה עם פרתה יתוקד A (נ״א פרדה) A ואת דמה על פרשה ישרף - במ יט 5. וית פרתה אוקד בנור A (נ״א פרדה) ...ואת פרשו שרף באש - ויק ח 17. וית בסר פרה... וית פרתה תוקד B (נ״א פרדה) - שמ כט 14.

†**פרת**[2] חלק מן הקרביים **the fat of the animal's entrails** [ע פירשה גופה היא - ירוש ע״ז מא ע״ג (ע״ע גוף)].

**פרת** ש״ע ז *n. m.* **פדר suet** ויסדרון... ית פסקיה... וית פרתה A (M פרדה) ...ואת הפדר - they shall lay out the sections..., with the suet - ויק א 8 וכך הוא A בפסוק 12.

**פרת**[3] שם מקום fârât *pr. n. pl.* [ע״ע נהר פרת]

**פרת א** ש״פ ונהרה רביעאה הוא פרת - בר ב 14. דקל ופרת אזדמנו תריון חידקל ופרת נזדמנו יחד - ת״מ 17א. **ב** ש״ע ז בהשאלה *n. m. fig.* **מקור source** פרת מכסיאתה אנון לוחיה פרת מגלגל חכמה לכל דריה מקור הנסתרות הם הלוחות, מקור המביא חכמה לכל הדורות - מ ט 65 - 68. פרת חיים ולא כותה... פרת מן חיי עולם מקור חיים (התורה) ואין כמוהו... מקור חיי עולם - מרקה? (Cow 57).

†**פשור** שם פרטי *pr. n.* [תרגום של דן *Transl. of*
[*Dan's name*

**פשור** ש״פ לפשור אחיעזר בר עמישדה - $^*m_1$ במ א 12.

†**פשח** כריתה **tearing off** [א״י אין יתפשח איברא וימות - **מי״ל** ויק יא 39. **ס** ונסב סכינא ופשחה - **פ** שופ יט 19]

**קל** בינוני פעול *pass. pt.* **כרת to tear off** ויסב כהנה ית אדרעה פשיעה מן דכרה C (E פשיאה,

MB בשיה) ולקח הכהן את הזרוע הכרותה מן
האיל - the priest should take the torn off limb
במ ו 19 [פירוש .Int].

**פשט** פשיטה והושטה **reaching out, streching** [**א״י** ופשט ידה ונסב יתה - **נ** בר ח 9.
**סוא״י** פשוט אידך לשומיא - שמ ט 22]

**קל** עבר: דפשט - ת״מ 145א. עתיד: ואפשט - ת״מ 251ב. ציווי: פשט ifšå - ע״ד כו 67. בינוני: דפשט - א״ג 110. מקור: מפשט - ת״מ 214ב. **אֶתְפְּעֵל** adfåšåṭ בינוני: מתפשט - ת״מ 265ב. **אפשטו** הפשטות (נסמך) - ת״מ 143ב. **פשוט** (qåṭōl) fåšoṭ - מ יט 21. **פשטן** - בר מט 14 A.

**קל 1** פע״י .*trans* **הושיט to extend** מן אתאלף מן יצחק שעבודה יקום באתר דפשט צפרה מי שלמד מיצחק הכנעה, יעמד במקום שהושיט he who learned from Isaac צוארו submissiveness, let him stand in the place ואפשטת .ת״מ 145א - where he extended his neck לה אטר מן אשתה והושטתי לו מטה מן האש - ת״מ 216ב. יצחק חכמה והפשט לה צברה - ת״מ 274ב. תפשטנה כל אחד לפם עובדה תושיטהו לכל אחד לפי מעשהו - ת״מ 148ב. וייתי לאכה ואפשט לון שלמה יבוא הנה ואושיט להם שלום - ת״מ 251ב. פשט באדי חסדך רוח הושיט רווח בידי חדסך - ע״ד כו 67 ובדומה לו כח 7. שמעיו צבעתה דפשט כל טבן שומע הצעקות, המושיט כל טובות - א״ג 110. ואפשט לה ניאמיך והושט לו חלקך - א״ג 34. **2** פע״ע .*intrans* **פשט, יצא to depart** גיחון... ודקל ונהר פרת... אפשטו נפקין למגבי פריתה גיחון... פשטו Gihon..., Tigris and Euphrates לצאת לנקום **3** .ת״מ 30א - departed going forth to revenge **שלח to send** לא תפשט עינך אל מד לחברך do not send לא תשלח עינך במה שלחברך your eye (*i. e.* covet) to what (belongs) to your fellow - ת״מ 149א.

**מפשט** עזר... משה ליד יתרו בזרוז מפשט לה שלמה חזר... משה אל יתרו מהר כדי להושיט לו שלום - ת״מ 214ב.

**אֶתְפְּעֵל נפרש to be spread out** וחזה משכן כסיתה מתפשט באשתה לגו עננה וראה את משכן הנסתרות מתפשט באש בתוך הענן (Moses) saw the Sanctuary of the hidden - things spread out in the fire within the cloud ת״מ 265ב.

**אפשטו** ש״ע נ .*n. f* **הושטה extending** והפשטות יצחק צברה והושטת יצחק את

צוארו - Isaac's extending of his neck ת״מ 143ב.

**פשוט** ש״ת qåṭōl .*adj* **1 מושיט one who extends** פלגון דחייה ופשוט רחמיה החולק חיים והמושיט רחמים He who distributes life - and extends mercy ע״ד כח 65. פשוט רתואתה מושיט הרחמים - א״ג 99. פשוטה דיהובה דלא מוני המושיט שנותן בלא מניין - א״ג 107. פשוטי אדינן פושטי יד אנו - ע״ד כו 65. **2** במעמד הבינוני participial אשקחנתך פשוט רחמיך עלינן מצאנוך פורס רחמיך עלינו - מ יט 21.

**פשטן**† ש״ת .*adj* **מושיט extending** יששכר סבול פשטן A יששכר גמל מושיט (צוארו Issachar is a neck-extending (for למשא burden) camel (כך פירש ״חמור גרים״. השי׳ בהמשך: ויט כתפו לסבל. השי׳ בר לח 17 ) - בר מט 14.

**פשי**† פרייה והתפשטות **expansion** [שורש תנייני מן נפש. השי׳ תרגום שיה״ש א 16: פשין וסגיאן. זב״ח תרביץ טו 71. השי׳ فشا = היה שופע - *Secondary root from npš, See* ZBH *Tarbiẓ* 15, 71. *Cf.* [Barthélemy 610; Lane 2402

**קל פורה** .*intrans* **to spread out** וכמה דילבטון יתה כן יפשהA (נ״א יפרה) ...כן יפרה the more they were oppressed, the more they spread out - שמ א 12. אן פתאי תפשי במשכה A (נ״א תפתי וכך A בפסוק 27) אם פשה תפשה בעור - if it should spread in the skin ויק יג 22. סניה שעיל בנור וסניה לינה פשי A הסנה the bush was בער באש והסנה אֵיננו אכל - burning in flame, yet it does not spread out שמ ג 2 [פירוש .Int].

**אפעל הפרה** .*trans* **to increase** אהנה מפשי לך *M₁ (A מפשלנך עירוב של ׳מפשי לך׳ ושל ׳מפשינך׳) הנני מפריך I will increase you - בר מח 4.

**פשה** ש״ת .*adj* **פורה prolific** הוא יהי פשה אנשה A (נ״א פרה) הוא יהיה פרה אדם he will be a prolific man - בר טז 12 [נ״ש מן פרה. SP: .[fâri, *from pry*

**פשל**† שזירה **twisting** [ס] פשל = ארג - LS 613a]

**אפעל שזור** בינוני פעול .*pass. pt* **to twist** ותעבד פרס לתרח משכנה תכלה... ומילת מפשל V ועשית מסך לפתח האהל... ושש משזר you shall make a screen for the door of the tent, of blue... and fine twined linen - שמ כו 36. כז 9 C

(מפלש). כח 6, 8, V 15. לח 18 V.

**פשע** חטא **sin** [**ס** פשע - LS 613a]

**פשע** ש״ע ז *n. m.* **חטא sin** על כן ממלל פשע... עד יהוה ייעל ממלל תריון על כל דבר פשע... in all matter of offense... - שמ כב 8. **מה פשעי ומה חטיי** what is my crime, what is my guilt? - בר לא 36. **תלי שבי לפשע אחיך... וכדו תלי שבי לפשע עבדי אלהה דאבוך** - בר נ 17. **וכפר לפשעינן** alfēšā'īnån - מ יב 88. **תלי חובין ופשעין** A - שמ לד 7.

**פשעה** ש״ע נ *n. f.* **חטא sin** תלי שבי לפשעת V (N פשעת) אחיך... וכדו תלי שבי לפשעת VC עבדי אלהי אבוך MEC שא נא פשע אחיך... ועתה שא נא לפשע עב׳ אלהי אביך forgive the transgression of your brothers..., now, forgive the transgression of the servants of the God of your father - בר נ 17. **הלא לא יתלי לפשעתכון** N - שמ כג 21.

**פשף**[†] [ט״ס מן פשל: فشل. *Corr. from* Ar; *see* Barthélemy 610]

**פשף** ש״ע *n.* **?** בלוש פשפה הי A אולי משגה הוא perhaps it was a mistake - בר מג 12

**פשפש**[†] חיפוש **search** [א״י ופשפש לבן ית כל משכנה - **נ** בר לא 34. **סוא״י** פשפש וחמי - יוחנן ז 52].

**פעל חיפש to search** ופשפש לבן ית כל משכנה C ויחפש לבן את כל האהל Laban searched throughout the tent - בר לא 34. **והלא פשפשת ית כל מני** C וכי משׁשת את כל כלי - בר לא 37.

**פשר** פתרון **solution, interpretation** [א״י ולית דפשר יתהון לפרעה - **נ** בר מא 8. **סוא״י** ופשיר יהא לישנהון דפיקיא דהא אתפתחו מין במדברא - ישע לה 6] ← משפט, דין **judgment** ← הצלה (התרה ושחרור) **rescue** / עונש **punishment** (ע״ע דון)

**קל** עבר: פשר - בר מ 16. בינוני: פשר - בר מא 8. מקור: מפשר - בר מא 15. **פעל** עבר: פשר - ת״מ 63א. עתיד: ויפשר wyēfaššår - ע״ש ד 38. ציווי: פשר faššår - מ יא 60. בינוני: ומפשר wamfaššår - מ א 35. מקור: למפשר - שמ יח 13. **אפעל** ציווי: אפשרן afšērån (+מדברים) - ט 61. אֶתְפַּעַל עתיד: ויתפשרון - דב כה 1. **אפשרו** אפשרותה (מיודע) - ט 61. **פשור** qāṭōl - דב יז 9. **פשור** qiṭṭūl - בר מא 8 $V^*M_1A$ (= המליץ 563). **פשר** - אס 11ב. **פשר** (qaṭṭāl) faššår - מ ד 67. **פשרון** - בר מא 11.

**קל 1 פתר to interpret** וחזה... הלא טב פשר (נ״א אפשר) כי טוב פתר he saw... that (Joseph) interpreted favorably - בר מ 16. **גבר כחלמה אפשר** (נ״א פשר) איש כחלומו פתר - בר מא 12. **וית רב אפיה צלב כמד אפשר לון** (נ״א פשר) כאשר פתר להם - בר מ 22. **ולית פשר יתון** ואין פותר אתם - בר מא 8.

**מפשר** התשמע חלם למפשר יתה התשמע חלום לפתר אתו - בר מא 15.

**פעל 1 שפט to judge** דן יפשר עמה m דן ידין עמו Dan shall judge his people - בר מט 16. **ואפשר בין אנש ובין עברה** VEC ושפטתי בין איש ובין רעהו I judge between one person and another - שמ יח 16. **כד עמה פרעה דינה מפשר בה** כשראה פרעה את הדין נחרץ בו - ת״מ 32א. **2 ענש to punish** ואסר אפן מרכבתו... עד פשר ראשם באסור אסר את מנהיגי הרכב... וענש ראשם (=מנהיגיהם) במחבוש (God) confined the leaders of the cars... and punished them by confinement - ת״מ 63א [זב״ח יחזי .Acta of the SES Congress, Paris 1992]. **יהוה עליכון ויפשר** E (m ויתפרע) יראה יהוה עליכם וישפט - שמ יח 22. **3 הציל to rescue** ויפשר דלחציכון ויציל את לחוציכם (God) will rescue your oppressed - ע״ש ד 38. **אדיק לן ופשרן השקף עליהו והצילנו** - ע״ד יא 12. **פשר הך דאת אלוף הצל כפי שאתה למוד** - מ יא 60. **ואבהתן... ולא יאסו עלינן ולא יפשרו יתן** ואבותינו... לא יחוסו עלינו ולא יצילו אותנו - ת״מ 204ב. **ביום נקם מן יפשרנה** ...מי יצילנו? - ת״מ 239ב. **מן יכל אתי ומפשר לה** מי יכול לבוא ולחלצו - מ א 35.

**מפשר** ויתב משה למפשר C וישב משה לשפט - שמ יח 13.

**אפעל פירש to explain** ואהן... דלית אפשרותה אפשרן וזה שאין לו פירוש, פרש לנו explain to us what has no explanation - ט 61.

**אֶתְפַּעַל נשפט to be judged** אן יהי תיגר בין גברים ויקדמון ליד פשורה ויתפשרון EC (נ״א וידונון) ...ונגשו אל השופט ושפטום if there is a dispute between men, and they come into court, and the judges decide between them (*lit.*: let them be judged) - דב כה 1.

**אפשרו** ש״ע נ *n. f.* **פירוש explanation** ואהן... דלית אפשרותה אפשרן וזה שאין לו פירוש, פרש לנו explain to us what has no explanation - ט 61.

**פשור** ש״ע ז qāṭōl *n. m.* **1 שופט judge** מן שבתך לגבר רב ולפשור E (נ״א ולדיאן) מי שמך לאיש שר ולשופט who made you chief and judge? - שמ ב 14. ותיתי ליד כהניה... וליד פשורה EC ובאתה אל הכהנים... ואל השופט - דב יז 9. ואמר משה לפשורי ישראל EC ויאמר משה אל שפטי ישראל - במ כה 5 (=המליץ 600). **2 פותר interpreter** בלעם... פשורה בלעם... פתרה - Balaam, ...the interpreter - במ כב 5, דב כג 5 [נתפרש לוואי: הפותר]. במעמד הבינוני *participial* חלם חלמנן ופשור לית יתהחלום חלמנו ופתר אין אתו we had a dream, and there is no one to interpret it - בר מ 8.

**פשור** ש״ע ז qiṭṭūl *n. m.* **משפט verdict** ויחבון לך ית ממלל פשורה C (נ״א פשרונה, דינה) והגידו לך את דבר המשפט they shall declare to you the verdict - דב יז 9.

**פשר** ש״ע ז *n. m.* **הצלה rescue** פשר מרגל למי אתנגד עמה הצלה מהירה למי שנמשך אליו (אל האל) a quick rescue to him who follows Him - ת״מ 212ב. ואכרז אברהם ואתבעי לפשר והתפלל אברהם וביקש הצלה - אס 11ב.

**פשר** ש״ע ז qaṭṭāl **מציל rescuer** פשר כל סגוד מציל כל משתחווה rescuer of every worshiper - מ ד 67. פשרה דיצחק מצילו של יצחק - מ ב 65.

**פשרון** ש״ע ז *n. m.* **1 פתרון interpretation** גבר כפשרון חלמה חלמנן איש כפתרון חלומו חלמנו each of us dreamt a dream with a meaning of its own - בר מא 11. ואמר לה יוסף דן פשרונה ויאמר לו יוסף זה פתרונו - בר מ 12. הלא לאלהים פשרוניה כי לאלהים פתרונים - בר מ 8. **2 דין rights** ארור מסטי פשרון גר ארור מטה משפט גר cursed be he who subverts the rights of the stranger - דב כז 19. **3** פשרון בכורותה מפשט הבכורה - דב כא 17. **עונש judgment** באלהיון עבד פשרונים E ובאלהיהם עשה שפטים (God) made judgment on their gods - במ לג 4 (= המליץ 600).

**פשש**[†] פגיעה **harm** [ס פוש = - - LS 561b (< detrimentum fecit. ואפשר שהוא ט״ס מן כשש *But perhaps corr. from kšš* (<*gšš*, *q.* .(ע״ע - גשש *v.*)]

**קל נגח to injure** ואן יפש תור אנש... ית תור חברה A (EB יכש) וכי יגח שור... if a ...man's ox injures his fellow ox - שמ כא 35.

**פתגם**[†] דבר **word, matter** [א״י כמה דמללת בפתגמך - **נ** במ יד 20 (נ״א); לא תעבדון פתגם - **נ** בר יט 9]. בתה״ש רק בכ״י מושפעים מן אונקלוס: בין שיטי M ובגליונותיו וכן ב-B המעתיק ממנו (טל ג ל-לט)].

**פתגם** ש״ע ז *n. m.* **1 מלה word** בתר [פ]תגמיה m אלין הוה פתגם יהוה עם אברם $M_3$ אחר הדברים האלה היה דבר יהוה אל אברם after these things the word of the Lord came to Abram - בר טו 1. כמד שמועי עשו ית פתגמי אבוה *$M_1$ - בר כז 34. וטבו פתגמיון בעיני חמור *$M_1$ - בר לד 18. **2 עניין matter, thing** חסלה לך מן מעבד כפתגמה הדן *$M_1$ חלילה לך מעשות כדבר הזה far be it from You to do such a thing - בר יח 25. תלית אפיך אף לפתגמה הדן *$M_2$ נשאתי פניך גם לדבר הזה - בר יט 21. וחוית לבית אמה כפתגמיה אלין *$M_1$ - בר כד 28. ית כל פתגמיה דעבד $M_1$ - בר כד 66. קטלו לפתגמה דח[רב] m הרגו לפי חרב - בר לד 26. תטרון ית כהנתכון לכל [פת]גם מדבחה m - במ יח 7. ותעבד ית כל פתגמיה האלין B - דב יב 28. אנצר ענינך עד יגלי דן פתגמה תן דעתך כדי שיתגלה לך הדבר הזה - ת״מ 124א [זב״ח הע׳ 3]. וזעק ליהושע... ותנה לה כל פיתגמיה ...ושנה לו את כל הדברים - ת״מ 250ב.

**פתוח**[†] ש״פ *pr. n.* [תרגום השם פרץ *Transl. of the name.*]

**פתוח** ש״פ והוו ברי פתוח A ויהיו בני פרץ - במ כו 20.

**פתח** הסרת מחסום **opening, aperture** [א״י ופתח נח ית תרעא דתיבותא - **נ** בר ח 6. **סוא״י** דתפתוח עיניהון דהלין דסמין - ישע מב 6]

**קל** עבר: ואפתח - במ כב 28. עתיד: יפתח yifta - מ יד 130. ציווי: פתח ifta - ע״ד כח 67. בינוני: דפתח adfāta - א״ד ד 16. פעול: פתיח afti - מ א 118. מקור: מפתח - ת״מ 18א. **פעל** עתיד: ותפתח - שמ כח 36 (=המליץ 558). בינוני פעול: מפתחן (רבות) - שמ לט 6. **אפעל** בינוני: ומפתח wmafta - ע״ד יט 11. פעול מפתח mafta - מ כד 15. אֶתְפְּעֵל עבר: והפתח - ת״מ 296א. אתפתחו - בר ז 11 A(E). בינוני: מתפתח - ת״מ 266ב. **מפתוח** - דב טו 8 (=המליץ 558). **מפתח** mafta - ננה 60. **פתוח** qiṭṭūl - פתוחי (ריבוי נסמך) - שמ כח 11 (=המליץ 558). **פתוח** qāṭōl - שמ יג 12 (=המליץ 565). **פתח** fōta - מ יח 22.

**קל 1 פתח to open** ואפתח יהוה ית פם אתנה ויפתח יהוה את פי האתון the Lord

פתח... בם כב 28. - opened the mouth of the ass משה ארונה בימינה - ת״מ 252ב. תרח יפתח וייתי משה השער יפתח ויבוא משה - מ יד 130. יפתח יהוה לך ית אוצרה טבה - דב כח 12. פתח אד חסדך פתח את יד חסדך - ע״ד כח 67. פמה דדינה פתיח עלינן פי העונש פתוח עלינו - מ א 118. אפתח אזניך פתח אזניך - ת״מ 7א. טוב כל אנש דפתח פמה ומרבי למרה אשרי כל אדם הפותח את פיו ומגדל את אדוניו - א״ד ב 16. וכל מאן אפתיח וכל כלי פתוח - במ יט 15. **2 פקח to see** אי פתיח אי סמי $*M_2$ או פקח או עור or seeing, or blind - שמ ד 11.

**מפתח** ועלו תרי מלכיה לסדם ברמשה משגרין מפתח אוצר רגזה... ובאו שני המלאכים לסדם בערב שלוחים לפתוח את אוצר הכעס - ת״מ 18א.

**פעל חרט, פיתח to engrave** פתוחי חתים תפתח ית תרתי אבניה on the two stones you shall engrave seal engravings - שמ כח 11. **ותעבד** טס דהב דכי ותפתח עליו פתוחי חתים ...ופתחת עליו פתוחי חותם - שמ כח 36. **אבני** שהמה... מפתחן פתוחי חתים - שמ לט 6.

**אפעל**† בהוראת הקל מן תפיסת התנועה הפרוסטתית תחילית הבניין **פתח to open** ומפתח לון אוצר שומיה ופותח להם את אוצר השמים He opens to them the treasure of heavens - ע״ד יט 11. מפתח ומניר לעלמה פותח ומאיר לעולם - ע״ד יג 18. אן דכתבה רבה מפתח אם הספר הגדול פתוח - מ כד 27,15.

**אֶתְפְּעֶל נפתח to be open** תרחה שביעה דהוה צניק... והפתח קמיך שהיה סגור... ונפתח לפניך the seventh gate, which was locked..., was opened before you - ת״מ 296א. **אפתחו** כל מעיני תהומה סגיה וארבי שומיה אפתחו (A אפלגו...אתפתחו) נבקעו על מעינות תהום רבה וארבות השמים נפתחו - בר ז 11. **אפתחו** ארכי שומיה - אס 7א. **תריח** גנתה לה הפתחו שערי הגן לו נפתחו - ת״מ 185א. פמה דמערתה מתפתח קמיו פי המערה נפתח לפניו - ת״מ 266ב. וקנה ליתי מתפתחה... לעלם וקנאה אינה נגלית... לעולם - ת״מ (ק) 94א.

**מפתוח** ש״ע ז *n. m.* **פתיחה opening** עם מפתוחה דאורה עם בקיעת האור at the opening (=kindling) of the light - ע״ד יג 11. מפתוח תפתח אדך פתוח תפתח ידך - דב טו 8, ב... מפתוחה ומצנקה למה דאזל ולמה דאתי (האות) ב... המפתח והמנעול למה שהיה ולמה שיהיה - ת״מ 174א.

**מפתח** ש״ע ז *n. m.* **פתיחה opening** מפתח דרחותה וצנוק דפנותה מפתח רחותה ומסגר פנותה the opening of the favor and the closing of the disfavor - ת״מ 238ב.

**פתוח** ש״ע ז qiṭṭūl *n. m.* **חריטה engraving** וכתבו עליו מכתב פתוחי חתים ויכתבו עליו מכתב פתוחי חותם they incised upon it the seal engraving - שמ לט 30. ותפתח עליו פתוחי חתים ופתחת עליו פתוחי חותם - שמ כח 36. פתוחי חתים תפתח ית תרתי אבניה - שמ כח 11.

**פתוח** ש״ע ז qāṭōl *n. m.* **פותח opener** כל פתוח רחם לי כל פטר רחם לי every first issue of the womb is Mine - שמ לד 19. **ותעבד** כל פתוח רחם ליהוה - שמ יג 12. קדש לי כל בכור פתוחי כל רחם בבני ישראל - שמ יג 2.

**פתח** ש״ע ז מאוחר *n. m.* **1 פתיחה opening** והבו גדל עבדה... משה פתח לכל תשבחן "והבו גדל" (דב לב 3), עשאה... משה פתיחה לכל התשבחות "give glory to our God!" (Dt 32:3)... Moses made it the opening to all praises - ת״מ 181א. **2 פתח doorway** ולא יסגר... פתח רחמיך let the doorway of Your mercy... never be closed - מ יח 22 [עברית!]. הפתח ית פתח טובה - ת״מ 219ב. מדבח עלתה דפתח אהל מועד E (נ״א דתרה) - ויק ד 7. **3 אשך testicle** מריס פתחין $*M_2$ מרוח אשך - ויק כא 20 [מן אונקלוס: מריס פתחין O].

**פתי** רווח, רוחב, התפשטות **width, expansion** [א״י אפתי ייי לן = הרחיב יהוה לנו - **נ** בר כו 22; פריצה **burst**; שידול **convincement** [מהוראת הרוחב שהיא גם שטות. השי׳ **ע** פתי ועי׳ ב״י 5297 הערה 2]

**קל** עבר: אפתה - ויק יג 5. פתו (נסתרים) fâtu - א״ג 25. עתיד: תפתי - ויק יג 7 (המליץ 561: תפתה). ויפתון - בר מח 16 (=המליץ 444). בינוני פעול: פתיחה (נ) - דב ח 7. פתית (נקבה נסמך) - בר לד 21. **פעל** עבר: פתתי (+מדבר) - בר ל 8 (המליץ 524: פתאתי). **אפעל** עתיד: ואפתיח (מדבר) - שמ לד 24. יפתי - דב יב 20. **אֶתְפְּעֶל** עבר: [א]תפתי - בר י 18. אפתית - בר ל 8 M. עתיד: יתפתי - שמ א 12 V. **אפתי** - ויק יג 35. **מפתי** ומפתעד - בר לח 18 (המליץ 562: ומפתאך). **פותי** - במ יג 21 V. **פתאה** - ויק יג 7 N. **פתאי** - ויק יג 22. **פתו** פתות - בר לד 21 $*M_2$. **פתוי** qiṭṭūl - בר לח 29 (=המליץ 561). **תפתי** - בר לו 37 A.

**קל 1 גדל, התפשט to grow, expand** *intrans.* לא אפתה מכתשה במשכה (נ״א פתה) לא פשה הנגע בעור the disease has not spread

מן דחסדיו על כל שיאמיה - on the skin ויק יג 5. פתו מי שחסדיו גדלו מכל ההערכות - א״ג 25. ואם פתאי תפתי קלפתה ואם פשה תפשה המספחת - ויק יג 7. אם פתיח תפתיה במשכה M - ויק יג 22. כן יפרה וכן יפתי כן יפרה וכן יפרץ - שמ א 12 (=המליץ 561). ויפתון לסגאי בגו ארעה וידגו לרב... - בר מח 16. לארע טבה ופתיחה אל ארץ טבה ורחבה - דב ח 7. פתית אתרים A רחבת ידים - בר לד 21. **2 פרץ to breach** מה פתית עלינן פתוי מה פרצת עלינו פרץ - what a breach you have breached בר לח 29. יתקדשון דלא יפתי בון יהוה ...פן יפרץ בם - שמ יט 22, ודומה לו 24.

**פעל הרוויח to comfort** פתחי אלהים פתוי נפתלי אלהים נפתלתי God has comforted me - with comfort בר ל 8 [כלומר הרוויחני אלהים הרווחה. דומה לו התה״ע: אשרכני אללה אשתראכא היינו שיתפני אלהים שיתוף עם אחותי (הפורייה)].

**אפעל הרוויח to expand** *trans.* ואפתיח ית תהומך והרחבתי את גבולך I will expand your territory - שמ לד 24. אד יפתי יהוה אלהך ית תומחך כי ירחיב יהוה אלהיך את גבולך - דב יב 20.

**אֶתְפְּעֶל 1 נתרווח to be comforted** נפתאתי אלהים אפתית M נפתלי אלהים נפתלתי (!) - God has comforted me with comfort בר ל 8 [כלומר: הרווחות אלהים נתרווחתי]. **2 נתפשט to expanded** מן אלין אפתיאת כל ארעה מאלה נפצה כל הארץ and from these the whole world expanded - בר ט 19. ובתר [א]תפתי כרן כנענאה (C אפתי) ואחר נפצה משפחת הכנעני - בר י 18. ותתפתי מערבה ולמדנחה *M₁ - בר כח 14. כן יתפתי וכן יפרה V כן יפרה וכן יפרץ - שמ א 12.

**אפתאי/פתאי** ש״ע ז מופשט *n. m. abstr.* **1 רוחב, רווח expansion** ואם פתאי תפתי קלפתה (נ״א פתי) ואם פשה תפשה המספחת - ויק יג 7. ואם אפתי יפתי נתקה ואם פשה יפשה הנתק - ויק יג 35. **2** שם מוחש *concr.* **רחוב square** וית כל אנחיתה תצמת לגו ממצית אפתחה ואת כל שללה תקבץ אל תוך רחבה - דב יג 17. **3 רוחב breadth** קום התהלך בארעה לארכה ולאפתחה לארכה ולרחבה arise, walk through the length and the breadth of the land - בר יג 17. ופתחי ארבע באמה (נ״א ופתי) ורחב ארבע באמה - שמ כו 2 ועוד. אמה ארכה ואמה פתחה (נ״א פתאה) - שמ לז 25.

**מפתי** ש״ע ז *n. m.* **?** חתימך ומפתעך ועוטר[ך] N חותמך ופתילך ומטך - בר לח 18.

**פותי** ש״ע ז *n. m.* [א״י ופותיה חמש אומין - נ שמ לח 18] **רוחב width** ופותי דארתה... חמשים אמה ורחב החצר... (EA ופתי) C the breadth of the court... fifty cubits - שמ כז 12, 13. שאול מפותי נהרה C (נ״א מפתי) שאול מרחבות הנהר - בר לו 37. ועלו... עד פותי V (MC פתי) למיעל לחמת ויבאו עד רחב לבא חמת - במ יג 21.

**פתאה** ש״ע *n.* **רווח expansion** ואם פתאה תפתי קלפתהN ואם פשה תפשה - ויק יג 7.

**פתו** ש״ע נ *n. f.* **רוחב width** וארעה אה היא פתות אתרים *M₂ והארץ הנה היא רחבת ידים behold, the land is large enough for them; - בר לד 21.

**פתוי** ש״ע ז *n. m.* qiṭṭūl **פריצה breach** מה פתית עלינן פתוי מה פרצת עלינו פרץ what a breach you have breached - בר לח 29

**תפתי** ש״ע ז *n. m.* **רוחב width** שאול מתפתית נהרה A שאול מרחבות הנהר - בר לו 37 [נראה לעיל *Int/ of the name*.]

**†פתי נהרה** שם מקום *pr. n. (place)* [תרגום השם לארמית. *Transl. of the name*]

**פתי נהרה** ש״פ ומלך תחתיו שאול מפתי נהרה וימלך תחתיו שאול מרחבות הנהר Saul from the breadth of the river (!) - בר לו 37.

**†פתי קריה** שם מקום *pr. n. (place)* [תרגום השם לארמית. *Transl. of the name*]

**פאתי קריה** ש״פ ובנה ית נינוה [ית] פאתי קריהויבן את נינוה ואת רחבות עיר - בר י 11.

**†פתך** עירוב **mixture** [א״י וגריץ דלחם פתיך במשח = וחלת לחם שמן - מי״ל שמ כט 23]

**קל רקח to mix** ותעבד יתה משח... פתי[ך] ועשית אתו שמן רקח M₁ make of this a sacred anointing oil, a mixture - שמ ל 25. אנש דיפתך כבתה... ויתעקר מן עמה *M₁ איש אשר ירקח כמהו... ונכרת מעמו - שמ ל 33.

**פתל** פיתול, אריגה ושזירה **twisting** [א״י דרה עקמנה ופתלתנה = דור עקש ופתלתל - נ דב לב 5 (בגיליון)]

**פעל 1 שזר to twist** מילת מפתל A שש משזר fine twisted linen - שמ כו 1. **2 עיקש, לא ישר twisted morally** גיל מעקמה ומפתלה

V' דור עקש ופתלתל - דב לב 5.

**פתן**† מין נחש **a snake** [טלשיר 205]

**פתן** ש״ע ז *n. m.* **פתן a snake** וריש פתנין בר נבר וראש פתנים אך זרי poison of vipers is - only the stranger דב לב 33 (המליץ 568: פנותון. זב״ח: ט״ס מן פתונין).

**פתר**[1] התרה, פתרון חלום או חידה **solution, interpretation** [א״י פתר קרייה = הרבה בירושלמי, כגון סוטה יז ע״א. (ע״ע פשר)]

**קל פתר to interpret** ותנינן לה ופתר לנן ית חלמינן גבר כחלמה פתר $*M_2$ ונספר לו ויפתר לנו את חלמתינו איש כחלמו פתר we told him, and he interpreted the dreams for us, - interpreting to each his dream בר מא 12.

**פתור** ש״ע ז *n. m.* qāṭōl **פותר חלומות interpreter** (fâtūrâ) יוסף פתורה דחלמה - Joseph, the interpreter of the dream ע״ש ד 52. בלעם בר בעור פתורה דעל נהרה A (VN חרשה = המליץ 563) בלעם... פתרה אשר על הנהר - במ כב 5 [נתפס לוואי].

**פתרון** ש״ע ז *n. m.* **פתרון solution** גבר כפתרון חלמה חלמנן $*M_1$ איש כפתרון חלומו חלמנו each of us dreamt a dream with its own solution - בר מא 11. הלא לאלהים פתרונים $*M_2$ כי לאלהים פתרונים - בר מ 8.

**פתר**[2] שולחן **table** [א״י ותשוי ית פתורא לבר מן פרכתא - **נ** שמ כו 35. **סוא״י** ומנרתא לקובל פתורא - שם]

**פתור** ש״ע ז *n. m.* **1 שולחן** ותעבד פתור עאי שטים ועשית שלחן עצי שטים you shall make - a table of acacia wood שמ כה 23 (=המליץ 604). ושבה ית פתורה במשכן זימונה - שמ מ 22. ועמר פתור לקבל מלאכיה וערך (אברהם) שלחן לפני המלאכים - ת״מ 121ב. **2** בהשאלה *fig.* **הבריאה the creation** כד עסל מרי עבידאתה שרי כרז על פתורה כליליתה כאשר סיים אדוני את מלאכתו, החל מכריז על הבריאה: גמרתיה when my Lord finished His deeds, He started to proclaim the creation: I finished it - א״ד א 16. וביומה תליתה עמרת פתור וצמתת לגוה גוני טבואן וביום השלישי ערכתי שולחן ואספתי בו כל מיני טובות - ת״מ 139ב.

**פתרסים**† שם פרטי fitrâsəm *pr. n.*

**פתרסאי** ש״י ומצרים אולד ית לדים... וית פתרסים - בר י 13 - 14.

**פתש**† חיפוש **search** [שאול מן فتش (טל ג עה) וחדר גם לסורית של בר עבריא Ar *loan.* LS 618b]

**קל חיפש to search** ופתש במשכן יעקב ויחפש באהל יעקב (Laban) searched Jacob's tent - בר לא 33. ופתש לבן ית כל משכנה - בר לא 34 (=המליץ 466). ופתש ולא אשקע ית תרפיה - בר לא 35. וכד פתשת ית כל מני כי מששת את כל כלי - בר לא 37 (=המליץ 512). ופתש ברבה שרי ובזעורה עסל ויחפש בגדול החל ובקטן כלה - בר מד 12.

**פתת**† לחם **bread** [א״י אכל... חד פתית - DJPA 455b. **סוא״י** דאנא צבע פתיתה = שאני טובל את הפת - יוחנן יג 26 (CCR 80)].

**פת** ש״ע נ *n. f.* **פת לחם bread** (a loaf of) ואסב פת לחם וסעדו לבכון (A פתית) let me fetch a morsel of bread that you may refresh yourselves - בר יח 5. **תגזר יתה פתי[ן]** m פתות אתה פתים - ויק ב 6. **פתין** ככר - המליץ 488, מן שמ כט 23 [משקף את האב טיפוס של: ודתפין (<ודפתין)].

**פתית** ט״ס מן כתית *corr. of* סלת בסיס במשה פתית A (נ״א **כתית**) - שמ כט 40.

# צ

**צ** האות השמונה עשרה באלף בית. סימן המספר 90. The eighteenth letter of the alphabet. Symbol of the number 90.

**צדי א** ש״ע נ ṣå'dīy *n. f.* **האות צדי Ṣade** עמו צ קעמה ממללה ראו את צ מדברת see Ṣade - standing speaking ת״מ 298ב. דצ יקרת לשרה וקעמת עם משה ואף עם ישראל בכל צבעתה דתסק מנון כי צ כיבדה את שרה ועמדה למשה ואף לישראל בכל הצעקה העולה מהם - ת״מ 300א [לפי שהיא בראש המלה צעקה - ע״פ שלושה מקומות: בר יח 12: ותצעק שרה (נ״א ותצחק) - wtēṣå'əq (תרגום A: וקטרגת, היינו טענה); שמ ב 23; שמ יד 15]. **ב** מספר מונה *cardinal number* **שמונה eight** אנוש אלף צ שנה וטק שתה אנוש למד שמונה מאות ותשעים שנה Enosh - studied eight hundred and ninety years אס 4ב. אדן "לא" מללה אלה בר ט וצ שנה בזמן שדיבר עמו אלוהים היה (אברהם) בן תשעים ותשע שנים - אס 13א.

**צאן**† קיבוץ של בהמה דקה **small cattle** [מן העברית H]

**צאן** ש״ע ז קיבוץ *n. m. coll.* **צאן small cattle** הוה רעי צאן קבל טורה היה (משה) רועה צאן לפני ההר (Moses) was a shepherd before the mountain - ת״מ 284ב.

**צב**† מין עגלה **a kind of carriage** [שרבוב מן העברית. *Hinterp.* **א״י** וייתון בניך בצבין = והביאו בניך בחצן - תרגי ישע מט 22. השי **אכי** ṣubbu = עגלה - AHw 1111b]

**צב** ש״ע ז *n. m.* **צב cart** ואנדו ית קרבנון... שת עגלן צב (MECB חיל, NA דחיל = המליץ 572) they brought their ...שש עגלות צב offering...: six draught carts - במ ז 3 [טלשיר 85].

**צבא** חיל **host** [עש״ח NSH]

**נפעל יצא לקרב to fight** ויצבאו על מדין כמד פקד יהוה they waged war against Midian, as the Lord commanded - אס 18ב [מובא מן בר לא 7: wyiṣṣåbā'u].

**צבא** ש״ע ז קיבוץ *n. m. coll.* **צבא, מחנה army, host** ואתפלג הצבא ואתיתב ימין ושמאל ונחלק המחנה והוצב בימין ובשמאל the host was divided and set on the right and on the left - אלעזר (Cow 330). כל צבא השמים ומלאכיה הוו קעמים - סעדאל (Cow 382).

**אלהים צבאות כינוי לאל epithet of God** אבי יעקב דראה מחנה אלהים צבאות - ת״מ 86א [רמז לבר לב 3. זב״ח הע׳ 1. אולי הביטוי לקוח מן שמ יב 41].

**צבאות יהוה כינוי לישראל epithet of Israel** נקם למצרים ופרקן לצבאות יהוה נקם למצאים וגאולה לצבאות יהוה vengeance on the, Egyptians and deliverance for the hosts of the Lord - ת״מ 58ב. המים על ידו שרתו צבאות יהוה - ת״מ 61א. והיה בתוכו דרך מכונה לצבאות יהוה - ת״מ 62א.

**צבואים** שם מקום ṣåbuwwəm *pr. n. (place)*

**צבואים** ש״פ ושם עבד מלך צבואים - בר יד 2. סדם ועמרה אדמה וצבואים - דב כט 22.

**צבי**† רצון, חפץ **will, desire** [שכיח ממנו רעי *Rare; more frequent: r'y'* (q. v.)] **א״י** לא צבא למיבני = לא יבנה - נ דב כה 9. **סוא״י** צבא דיצדק יתכון = חפץ למען צדקו - ישעי מב 21]

**קל** עבר: צבה - ת״מ 229ב. צוה ṣåbå - ע״ד כד 71. עתיד: תצבי (נוכח) - ת״מ 198ב. בינוני: צבעין ṣå'bīn - מא 59. **צבו** - בר כו 40 A. **צבי** בצביה (+נסתר) - ת״מ 181א. **צבי** (נ) צבית - ת״מ 272א. **צביה** - ת״מ (ק) 1א. **צפי** בצפיתך afṣēfitåk - מ י 38. **צפיה** - ת״מ 10א.

**קל רצה to want, desire** עבד רוח רמה ולא צבה שמע לון נתגאה (פרעה) ולא אבה לשמוע להם (למשה ולאהרן) Pharaoh acted - arrogantly and did not want to listen to them ת״מ 29א-ב (6 פעמים). אלהותה צבת מפצהתה האלוהות חפצה להצילו (את ישראל) - ת״מ 86א. צוה במשה ויהב לה חייה לחייה רצה במשה ונתן לו חיים בשביל החיים - ע״ד כד 71-72. ולא צביך תילף ולא רצית ללמוד - ת״מ 113ב. כד צבה אלה ויהב כיר אדה לנביה רבה משה כאשר רצה האלוהים ונתן כתב ידו ל... משה - ת״מ 279ב. ולא צבה ילף ולא רצה ללמוד

- ת״מ 218א. הו דברא כד צבה הוא שברא כאשר רצה - ת״מ 193ב. אמר לה מרה הרף ממני ולא צבה אמר לו אדוניו "הרף ממני" ולא רצה (משה) - ת״מ 114א. תקף פרעה לבה ולא צבה למשגרון חיזק פרעה את לבו ולא רצה לשלחם - ת״מ 237ב. צבית חפצתי - המליץ 467 ע״פ דב כה 8. בתה״ש שלפנינו: אתריחת. צבה (בבת יעקב) חפץ... - המליץ 467 ע״פ בר לד 19 בתה״ש שלפנינו: אתריח, אתרחי. ולא צבי מקבל ולא אבה לשמוע - אס 12א-ב. וצבי משה למדור עם גברה m ויאל משה... - שמ ב 21 (=אונקלוס O). ולא תצב[ון] למשמע לי m - ויק כו 21. דאתבחרנן ולא צבינן שנבחרנו ולא רצינו - ת״מ 215ב. אם צבת נפשכון $m_4$ אם ישת נפשכם - בר כג 8 [נ״ש תפס פועל בנסתרת עבר]. והן תרף ולא תצבי תלעט ואם תרפה ולא תחפוץ, תקולל - ת״מ 198ב. והן לא תצבי אסאה למיזל A ואם לא תאבה האשה ללכת - בר כד 8. ולינן צבעין מחזרה ואיננו רוצים לחזור - מ א 59.

**צבו** ש״ע נ *n. f.* **רצון will** ותפלה ‹ותפרק› שבולה מן על צבואך A ופרקת שלטונו (מילולית: אורחותיו) מעל רצונך you shall remove his rule (*lit.*: ways) from your will - בר כז 40 [דרוש. ואולי הוא שיבוש מן צבראך. *Midr., if not a corr.* [*from ṣwʾrk*

**צבי** ש״ע ז *n. m.* **רצון will** כי תמן קשטה חזה וחדד בצביה אכן שם אלוהים ראה וחידש ברצונו the True One there saw and created by his will - ת״מ 181א.

**צבי** ש״ע נ *n. f.* **רצון will** כד ‹הכללת› צורתה בצבית ‹עבודה› מן ארבע אקרים כאשר הושלמה הצורה (=הבריאה) ברצון בוראה מן ארבעה היסודות when the Creation is perfected by the will of its Creator from the four elements - ת״מ 272א.

**צפי** ש״ע נ *n. f.* **רצון will** אנדיך כל דבעיך מן צפית מדעך ṣēfət הבאת כל מה שרצית מרצון שכלך You brought (about) all that You wanted by the will of Your mind - מ ח 4-3 [ע׳ זב״ח שם]. ימה וגלליו מכבשין בצפיתך הים וגליו נכבשים ברצונך - מ י 38-37. צפיאתה דאלהים אנון לוחיה צפיאתה דעבד באשתתי יומיה sifyâte רצון האלוהים הם הלוחות, רצונו שעשה בששת הימים - מ ט 72-69. צפית קשטה מוקר ישראל רצון קשטה לכבד את ישראל - ת״מ 111ב [ק: אתרחי אלה יוקר ישראל]. ותרי לוחיה מן אקר דאלהו חלצון בחילה מן צפית ‹מדעה› ושני הלוחות מאצל האלוהות חילצם בכוחו מרצון שכלו - ת״מ 94ב. נהירותך נפשת עלמה בצפיתך תבונתך פרסה את העולם ברצונך - מ י 54-53.

**צביה** ש״ע נ *n. f.* **רצון will** יהוה... אתחזי לידי בנהר מדילה ובצביה מגדלה (ש: ובצפיה) נראה אלי באור משלו וברצון מגדלו the Lord... has revealed Himself to me in His own light and by the will of His glory - ת״מ (ק) 1א.

**צבלום**† a gem אבן חן [השי׳ סבהלום - אונקלוס O .*Cf.* ע״ע סחבלום]

**צבלום** ש״ע ז *n. m.* **אבן חן a gem** זמרגדי שבזוז וצבלום VB נפך ספיר ויהלם - שמ כח 18 [צבלום בא בהמליץ 482 || ישפה].

**צבע**[1] חלק בגוף, אצבע [א״י ויצבע כהנא אצבעיה באדמה - נ ויק ד 6]

**אצבע** ש״ע נ *n. f.* **1 אצבע finger** iṣba ויטבל כהנה ית אצבעה באדמה וטבל הכהן את אצבעו בדם the priest shall dip his finger in the blood - ויק ד 6; ט 9. **2 כח, יכולת** *fig.* בהשאלה עבודה דעבד לכל בריה באצבע הבורא שיצר את כל הבריות ביכולת(ו) the creator who created all the creatures in His power - פינחס הרבן [עואנ״ש ג/ב 304. ע׳ זב״ח על אתר]. אצבע אלהים היא - שמ ח 15. לוחי אבנים כתיבים באצבע אלהים - שמ לא 18. מובא ב-מ יד 83, כ 7 ועוד, ת״מ 242ב, 278ב ועוד.

**צבע**[2] רטיבות ולחות, טבילה בנוזלים **moisture, immersion in liquid** [א״י הווה צבע פיסתיה בקטמא = היה טובל פתו באפר (לאות אבל) - ירוש תענית סט ע״ג. סוא״י אנא... מצביע לכון במין = אני מטביל אתכם במים - לוקס ג 16] ← שטיפה במים, צבע **rinsing, dyeing** [ס צבע = טבל - שמ יב 22; צובעא = גוון - LS 620a]

**קל 1 שטף, רחץ** פע״י *trans.* **to wash, rinse** וואדה לא צבע במים EC (= המליץ 603; $*M_1$ אצבע, B צביע, M צביה - בינוני פעול) וידו לא שטף במים without having rinsed his hand in water - ויק טו 11. ויצבע רקעיו B (נ״א וירע) וכבס בגדיו - במ יט 7, ודומה לו 10,8. **2 טבל** פע״ע *intrans. (fig.)* **to bath** בשימוש מושאל אתי וצבע בכיור דחלתה בוא וטבול בכיור היראה come and wash in the basin of fear - ת״מ 293ב. ומשה צבע בכיור סימניה ומשה טבל בכיור האותות - ת״מ 105ב. מן אקרה דקעימים אלף מן מירון המאר על פתורון יתב ומן לחמון סבע ובכיורון

צבע מאצל החיים למד (משה), ממזונם ניזון, אל שולחנם ישב ומלחמם שבע ובכיורם טבל - ת״מ 202ב. **3 צבע** בינוני פעול *pass. pt.* **to dye** ויפרסון עליהון כסוי רקע צביע זעורי M ופרסו עליו כסוי בגד תולעת שני they shall spread over these a scarlet dyed cloth - במ ד 8 [ואפשר שהוא הריבוי צבעי, ראה בסמוך. *However, it may be the plural ṣbᶜy, see below.*]

**†פעל רחץ** פע״י בשימוש מושאל. בינוני פעול **to immerse** *trans. (fig.); pass. pt* **מצבע** דהוה לגו אשתה שהיה מוטבל באש it was immersed in fire (the Torah) - מרקה? (Cow 51). כתבין דקשט ממכין ממעונה... ואנון מצבעין באש כתובי אמת מורגים מן המעון... והם טבולים באש scriptures of truth brought down from heavens..., immersed in fire - מרקה? (Cow 52).

**†אֶתְפְעֵל נתרחץ, נשטף to be washed, rinsed** ויתמרק ויצטבע במים VMECB (= המליץ 603; A ויסטבע) ומרק ושטף במים (the vessel) shall be scoured and rinsed with water - ויק ו 21. יתשגי ויסטבע במיה A ומרק ושתף במים - ויק ו 21. וכל מאן קיצם יצטבע במים NMECB (A יצבע) וכל כלי עץ ישטף במים - ויק טו 12.

**†מצבוע** שפ״ע ז *v. n. m.* **1 טבילה immersion** דו מצבוע מדכי masbu שהיא (המילה) טבילה מטהרת for it (the circumcision) is a purifying immersion - מ כה 23. אתי וצבע בכיור דחלתה דו מצבוע מדכי מכל טמא בוא וטבול בכיור היראה שהוא טבילה מטהרת מכל טמאה - ת״מ 293ב. **2** ש״ע ז מוחש *n. m. concr.* **כיור basin** ותעבד מצבוע נחש... למסועי A ועשית כיור נחשת... לרחצה make a basing of copper..., for washing - שמ ל 18.

**צבע זהורי** ש״ע ז *n. m.* ℑ רואה ב״תולעת שני״ צירוף כבול המקביל לחברו ״שני תולעת״ ומתרגם את שניהם ״צבע(י) זעורי(תה)״ בדומה לאונקלוס, לניאופיטי (צבע זהורי) ולפשיטתא (צובעא דזחוריתא). כיי׳ אחרים של התה״ש עוקבים אחר המקור. לפיכך נוצר ״זעורי צביעה״ (פעול) - שם ולוואו. כך הוא ויק יד 52,51,49,6,4. במ יט 6]. **צבע התולעת scarlet** ויפרסון עליהון כסוי ארקיע צבע זעורי (M צביע) ופרסו עליו כסוי בגד תולעת שני they shall spread over these a scarlet cloth - במ ד 8. ויסב כהנה קיצם ארז ואזוב וצבע זעורי (C וצביע זעורי) ולקח הכהן עץ ארז ואזוב ושני תולעת - במ יט 6. ותעבד רקעי תכלה וארגמן וצבע זורי למשמשה בון בקדשה ועשית בגדי תכלת וארגמן ותולעת שני לשרת בהם בקדש - שמ כז 19. וית קיצם ארזה וית צבעי זעוריתה - ויק יד 6.

**צבעה** ש״ע נ *n. f.* **צבע התולעת scarlet** ומן תכלתה וארׄ[גבנה] וצבעתה זעוריתה עבדו רקעי תשמיש $^{*}M_2$ ומן התכלת והארגמן ותולעת השני עשו בגדי שרד of the blue, purple, and crimson yarns they also made the service vestments - במ ד 8.

**צבעון** ṣâ'būn שם פרטי *pr. n.*

**צבעון** ש״פ בני צבעון איה וענה - בר לו 24.

**†צבצב¹** מיעוט **fewness** [מן הכפלת ציב (< סיב) הנתון בציבחד (ע״ע). **סוא״י**: בציב ציב = במעט מעט - אולוגיוס (HS IX, 78b). טל ג סב; זב״ח ת״מ 212א העי׳ 1. *Reduplication of ṣyb (< sib), 'thread'.* [*See* Tal III, 57; ZBH, *TM* 212a, n.1.

**פעל** גזור מן השם צבצוב **to diminish המעיט** *denom.* ואשלח בכון ית חית ברה... ותצבצב יתכון m (נ״א ותזער) ושלחתי בכם את חית השדה... והמעיטה אתכם I will let loose the wild beasts among you..., which shall diminish you - ויק כו 22. אהן דצבצב... אהן דסגי - תולדה 25ב.

**צבצוב** [u בהשפעת b] ש״ת **א** *adj.* **few מעט** הגמיתי שבי צבצוב מים $^{*}M_3$ (נ״א זעור; ציבעד) הגמיאיני נא מעט מים give me a little water to drink - בר כד 17 ובדומה לזה $m_2$ בפסי 43. וכך $^{*}m_2$ בפסי 45. שובו ורבצו לנן צבצוב רבוץ A (נ״א זעור, ציבעד) שובו ושברו לנו מעט אכל go again, buy us a little food - בר מד 25. ונפשנן אציקת בלחם צבצובה C ונפשנו קצה בלחם הקלקל - במ כא 5 [תפס קלקל מן קל = מעט]. **ב** ש״ע *n.* **צמצום scantness** שמנת עבית כשית מיכל דלא צבצוב ״שמנת...״ (דב לב 15) מאכל שלא בצמצום "you waxed fat, you grew thick, you became sleek" (Dt 52:15) - with food in no scantness - ת״מ 212א [זב״ח שם].

**כצבצוב** ת״פ *adv.* **כמעט almost** כצבצוב דמך חד עממה [עם] אתתך A (נ״א כזעור) כמעט שכב אחד העם עם אשתך one of the people might easily have lain with your wife (*lit.*: has almost lain) - בר כו 10.

**†צבצב²** תליש, מריטה (שער) **hair-plucking** [ע ספסף: נזיר שגילח... או שסיפסף כלשהוא - מש נזיר

ו ג; נזיר שמירט או שסיפסף או שתלש - תוס נזיר ד ג]

**פעל מרט to pluck** לא יצבצבון צבצוב ברישון $M_1$* (נ״א יקרחון קרחה) לא יקרחו קרחה בראשם they shall not remove the hair of their heads - ויק כא 5.

**צבצוב** ש״ע ז *n. m.* **מריטה plucking** לא יצבצבון צבצוב ברישון $M_1$* לא יקרחו קרחה בראשם - ויק כא 5.

**צבר[1]**† אגירה **accumulation, storing** [א״י עיבוריכון צבורין באדריכון - התה״מ שמ כג 19 Klein 86). ע״ע סבר]

**קל כינס, אגר to heap up, gather** וצבר יוסף מיר כחל ימה (VMB וצמת, m וכנש) Joseph stored up grain (in ויצבר יוסף בר abundance), like the sand of the sea - בר מא 49 (= המליץ 574). וצברו יתון כרבן כרבן (V וצמתו) ויצברו אתם חמרים חמרים - שמ ח 10. ותצבר כספה באדך ותהך לאתרה דבחר יהוה אלהך בה (כך י״ש. י״ר: ותצרה, ECB ותיצר = המליץ 578) וצרת הכסף בידך... - דב יד 25. [יש קשר בין צרר ל-צבר. הש׳ m להלן בר מא 35]. ויצברון מיר תחת אד פרעה (E וצברו, m ויצרון, VMB ויצמתון) ויצברו בר תחת יד פרעה - בר מא 35.

**צבור** ש״ע ז *n. m.* qiṭṭūl **עדה, קהל community** צבורין לאמים - המליץ 499 ע״פ בר כה 3. ליתא. וצבור מן צבור ולאם מלאם - שם.

**צבר[2]**† ציבור של דברים כבדים להצלה **ballast, heavy things used to stabilize a ship**

[< صابورة = משקולת לאיזון הספינה - Lane 1646b]

**צברה** ש״ע נ *n. f.* **משקולת ballast** תהומין טמרנון נחתו בצברה כות כיפה (V A בצברן, EC בצבראתה = המליץ 514) תהמות יכסימו ירדו במצלות כמו אבן they went down with ballasts like a stone - שמ טו 5 [מובא גם בת״מ 255ב. זב״ח (המליץ 515): הוא זיבורית = מטען, כובד - **מש** מקוואות י א]. אבדן מצראי במיעתון בצברה אבדן המצרים ברדתם במצלות the perishing of the Egyptians, when they went down with ballast - ת״מ 82א.

**צבת**† אחיזה ותפיסה **seizing, grasp** [מן אונקלוס ].

**צבת** ש״ע ז *n. m.* **מלקחיים tongs** ועבד ית בוציניה שבעה וצבתיה... דהב דכי $M_1$* ויעש את נרותיה שבעה ומלקחיה... זהב טהור he made its seven lamps and its tongs... of pure gold - שמ לז 23.

**צד**† מילית יחס לכיוון *prep. of direction* [מן ש״ע צד שאינו באה״ש. **א״י** כיוון דקרב המן צד מרדכי אמ׳ ליה = כאשר קרב המן אל מרדכי... - בקטע של תרג׳ אסתר TS B 12.21 (HUCA 61, 96). שכיח באונקלוס בצורה **צית**. *Der. of ṣd (inexistent in SA), frequent in* O *under the form ṣyt. See LOT* IIIb 227].

**צד** מ״י *prep.* **1 בתוך into** עסר מלין... כתיבין בלוחי אבניה ויהיבין לגו צדה דארונה šiddā עשרה הדברים... כתובים בלוחות אבנים ונתונים בתוך הארון ten words..., written on stone tablets and set into the ark - מ יד 25-28. דו ספר ארהותה דביאר משה... ויהבה לגו צדה דארונה שהוא ספר התורה שכתב משה... ונתנו בתוך הארון - מ טו 39-42. במעון קדשה היא כתיבה... בצדה דארונה היא מנחה - Cow 872. **2 עד until** מן צפרה וצד רמשה B (נ״א ועד, וסעד) מן הבקר ועד הערב from morning until evening - שמ יח 14,13.

**צית** מ״י *prep.* [חילוף ד/ת בסוף המלה. *d/t interchange in final position*] **אל to, toward** פרס ית אדך צית שומיה (שמ י 21) נטה את ידך על השמים stretch out your hand toward heaven - ת״מ 37א. סבו לכון פיח אתונה ודידינה משה צית שומיה ונסב... משה פיח אתונה... וזרקה צית עללה "קחו לכם פיח..." (שמ ט 8) ולקח... משה פיח הכבשן... וזרקו אל השמים - ת״מ 35א. הנתח ית אדך צית שומיה "נטה את ידך על השמים" (שמ ט 22) - ת״מ 37א. ווידי פרוסין צית שומיה וידיו פרוסות השמימה - ת״מ 254ב.

**עד צית** מ״י *prep.* **אל to, towards** ואה סלם קעם ארעה ורישה מטי עד צית שומיה $M_1$* (נ״א לשומיה, שומיה, לעללה) והנה סלם מציב ארצה וראשו מגיע השמים a stairway was set on the ground and its top reached to the sky - בר כח 12.

**צדי[1]** שממה **desolation** [א״י ואצדי ית במסיכון - נ ויק כו 30]; פחד **fear** [א״י וצדי לי מינך - בר״ר 1114]

**קל** עבר: וצדה - בר לב 8 ECB (=המליץ573). עתיד:

יצדי - שמ יא 3א (המליץ 470 יצטעדי). בינוני: צדין (ר) ṣâdən - ע״ד כז 71. **פעל** עבר: צדיאת (נסתרת) - שמ טו 6. צעדו - אס 3ב. בינוני: מצדי - ת״מ 369ב. מצדין (ר) amṣâd'dīn - מ א 79. **אֶתְפְּעֵל** עבר: אצטדיך (נוכח) - ת״מ 366ב. עתיד: תצטדי - דב ז 21 (המליץ 470: תצטעדי). תצטדון - דב א 29 (המליץ 554: תצטעדון). בינוני: מצטדי - ש״ע ז 27א. **צדו** ṣâdu - מ א 120. **צדיה** - המליץ 606.

**קל 1 תמה, השתומם** to be appalled **ויצדון** עליה דבביכון $M_2$* (נ״א וישממון) ושממו עליה - your enemies shall be appalled by it איביכם ויק כו 32 (=אונקלוס O). **בר ארדעי ומעזי חרב לפרדיסה הצדו בה אבהתה בן סורר ומורה החריב את הגן, השתוממו בו האבות** a rebellious and capricious son destroys the garden (planted by Abraham - Gen 21:33) the fathers were consternated by him - ת״מ 182ב. **ודעל יעקב שריר וצדה לה** ECB **ויירא יעקב מאד ויצר לו** - בר לב 8 [wyâṣâr מן צור, שנתפס צער. ע׳ להלן, צדו]. **2 פחד** to fear **וצדה לבון ואדחלו** $m_1$ **ויצא לבם ויחרדו** their heart was frightened and they feared - בר מב 28. **לא תדחלון ולא תצדון** C **אל תיראו ואל תערצו** do not fear or dread - דב כ 3. **לא אנשמת רוחי מצדות אתמל והן צדית יומה כי עקתי רבה לא נינוחה רוחי מפחד אתמול ואם פוחד אני היום, אכן מצוקתי גדולה** - ת״מ 29א. **ולכל בני ישראל לא יצדי כלב לשנה** (נ״א יזזע) **...לא יחרץ כלב לשונו** - שמ יא 3א.

**פעל 1 השמים, הבהיל** trans. פע״י **to frighten** **פרעה עלל כבודה מצדי לבה פרעה** Pharaoh enters, the **בא, הכבוד מפחיד את לבו** glory frightens him - ת״מ 369ב. **נקום במקום מצדי נעמוד במקום מפחיד** - ת״מ 139ב. **ולא ערויה מצדין להו ואין הפגעים מפחידים אותו** - מ א 79. **ימינך יהוה צדיאת דבבה ימינך יהוה תרעץ אויב** - שמ טו 6 [נתפס כמו tērāʾəṣ = tērâṣ תערץ (כמו דב ז 21). כך תפס גם התה״ע: تذعر = תבהיל. השי׳ ת״מ 88א. שם מובא המקום ונדרש: כד ראה גאות יהוה יערץ עד מאד.אבל B: כתש]. **2 השחית** to ruin **אתילדו בני קין... וצעדו עלמה נולדו בני קין... והשחיתו את העולם** the children of Cain were born... and they ruined the world - אס 3ב. **3** פע״ע intrans. **ירא** to fear **וישדך אלין קליה דלבי מצדי מנון וישקיט את הקולות האלה שלבי ירא מהם** let (God) quieten these thunders, from which my heart fear - ת״מ 36א. **ידע אנה דאנון מצדעין כותי יודע אני שהם פוחדים כמוני** - ת״מ 25א.

**אֶתְפְּעֵל ירא** to fear **הן אצטדיך בון כיתך חדי בשלמות בני זכאי אם אתה ירא מהם, הרי תשמח בשלום בני הצדיקים** (ישראל) if you are afraid of them (Egyptians), you will rejoice at the safety of the Children of the Righteous (Moses speaking to the sea) - ת״מ 366ב (דברי משה אל ים סוף). **לא תצטדון ולא תדחלון מנון לא תערצון ולא תיראון מהם** dread not, neither be afraid of them - דב א 29 מובא גם בבמ יג 33א. **ואל תצטדי מקדמיון אל תערץ מפניהם** - דב ז 21. **לא יסטדי כלב לשנה** B **לא יחרץ כלב לשונו** - שמ יא 3א. בפסוק 7 יצסטדי (צ - נקוד עליה).

**צדו** ש״ע נ *n. f.* **1 פחד** disquiet, fear **אגיב לון פרעה ולבה מלי צדו השיב פרעה ולבו מלא פחד** Pharaoh answered them with a heart full of fear - ת״מ 25א. **צנק מדינה דלגוה צדו ופתח מדינה דלגוה חדו סגר מדינה שבה פחד ופתח מדינה שבה שמחה** - ת״מ 43א. **צדו רבה דבעלמה פחד גדול שבעולם** - מ א 120. **2 אסון** affliction **דאה מחוהן סגים דאה צדוהן רברבן אלה מכות רבות, אלה אסונות גדולים** these are many plagues, these are great afflictions - ת״מ 234ב (על ויק כו 37). **ונמרוד דרבה צדותה ונמרוד שגדל חורבנו** - ת״מ 64א [זב״ח הע׳ 5].

**צדיה**† ש״ע נ *n. f.* **תהו** desolation **צדיה תהו** - המליץ 606 ע״פ בר א 2. בתה״ש שלפנינו: שאמה.

**צדי²**† עוף דורס טמא a bird [א״י וית צדיה וית שלוי - נ ויק יא 17. טלשיר 64].

**צדי** ש״ע נ *n. f.* **כוס** a bird **וית צדיה וית קיפופה ואת הכוס ואת השלך** - ויק יא 17, דב יד 16.

**צדף**† סתר concealing [> صدف - Lane 1666b (ע״ע צעיף)].

**קל** בינוני פועל *pass pt.* **הסתיר** to conceal **גבר צדיף כספה בסקה** A (נ״א צריר) **איש צרור כספו בשקו** the money of each one was concealed in his sack - בר מב 35 [נ״ש תפס צרור במעמד הנשוא. SP ṣâror *acts as predicate*.]

**צדיפו** ש״ע נ *n. f.* **סתר** concealing **וצפו ית צדיפות כספיון ...ודחלון** A (נ״א צוררית) **ויראו את צררות כספיהם... ויראו** they saw the concealing of their money... and were dismayed - בר מב 35.

**צדק** יושר וחסד **righteousness, justice** [א״י
למעבד צדקתה ודין - **נ** בר יח 19. **סוא״י** דיעבדון
צדקא ודינא - שם] ← מתן בחסד **charity**

**קל** בינוני: צדק ṣaddəq - א״ג 98 [אע״פ שהוא מוכפל,
אינו פעל מפני חסרון המ״ם. קשה. זב״ח עואנ״ש ג/ב
166]. **פעל** עבר: צדק - בר לג 5 $*M_2$ (=המליץ 466).
עתיד: ואצדק - המליץ 467. ציווי: צדק ṣåddəq - ע״ד
כה 71. **אפעל** עבר: אצדקי (+מדבר) בר לג 11 $*m_4$.
**אֶתְפְּעֵל** עתיד: נצטדק - בר מד 16. **צדיק** ṣâdəq - ע״ש
ה 23. **צדק** - ת״מ 235ב. **צדקה** ṣidqå - מ יא 76.

**קל נתן צדקה**† [גזור מן צדקה **to give charity**
[*denom. of ṣdqh*] צדק מתנהתה דלצדקה לא
כלי נותן המתנות, שאינו מונע את הצדקה
the Giver of the gifts, who does not withhold
charity - א״ג 98.

**פעל חונן, העניק**† [גזור מן צדקה **to favor**
[*denom. of ṣdqh*] ילידיה דצדק אלהים ית עבדך
$*M_2$ הילדים אשר חנן אלהים את עבדך the
children with whom God has favored your
servant - בר לג 5. **צדקי** חנני - המליץ 466 ע״פ בר
לג 11. ליתא. **ואצדק** והחנתי (!) - המליץ 467 ע״פ
שמ לג 19. ליתא. צדק עלינן מן צדקתך חנן אותנו
מצדקתך favor us with Your favor - ע״ד כה 71.
הביטוי חוזר בע״ד כו 71, ע״ש א 33, 45, ע״ש ב 8.
פתח תרה רחמיך באפי וצדק עלי פתח שער
רחמיך לפני וחונני - א״ג 100.

**אפעל חונן**† **to favor** אצדקי אלהים $*m_4$
חנני אלהים God has favored me - בר לג 11.

**אֶתְפְּעֵל הצטדק**† **to clear oneself** of guilt
מה נימר לרבי... ומה נצטדק (נ״א נזדכי,
נתקשט) ...ומה נצטדק what shall we say to
my lord... and how can we clear ourselves? -
בר מד 16. ויצטדקון ממלליכון A ויאמנו דבריכם
your words may be verified - בר מב 20.

**צדיק א** ש״ת *adj.* **righteous טהור,נקי** וגלה
לן נביא צדיק וגילה לנו נביא צדיק (God)
revealed אם us a righteous prophet - ת״מ 295א.
צדיק וישר הוא - ע״ש ה 23 [מן דב לב 4]. **ב** ש״ע ז
*n. m.* כינוי לאבות האומה **epithet of the
ancestors** פרעה... אביד במלי צדיקים
פרעה... אובד בדברי צדיקים (משה ואהרן)
Pharaoh... will perish by the words of the
righteous (Moses and Aaron) - ת״מ 66א. בקשט
מדכיה מערתה דצדיקיה המטהר באמת את
מערת הצדיקים - א״ג 97.

**צדק** ש״ע ז *n. m.* **equity צדק** הלכו בצדק
והזהרו מן שקרה התהלכו בצדק ונזהרו מן
השקר they walked in equity and were careful
of falsehood - ת״מ 221א. אמנו באלה ואתקשטו
צדק נביותה האמינו באלוהים ונוכחו בצדק
נבואתו - ת״מ 235ב.

**צדקה** ש״ע נ *n. f.* **mercy, charity צדקה**
קבל מן מסכינים בעים מנך צדקה שמע את
המסכנים המבקשים ממך צדקה listen to the
poor that ask Your charity - מ יא 76. **יהב צדקה**
בריחות נפשה נותן צדקה ברצונו - ת״מ 277א.
עבד צדקה לחיביה עושה צדקה לרשעים
(God) treats the wicked with grace - מ א 139.

**צהב**† צהוב, זהוב **yellow**

**צהב** ש״ת *adj.* **yellow צהוב** ויחזי כהנה ית
מכתשה... ובה סער צהב דקיק וראה הכהן
את הנגע... ובו שער צהב דק if the priest sees
the plague..., and if there is yellow thin hair in
it - ויק יג 30 [התה״ע اصهب]. ולא הוה בה סער
צהב - ויק יג 32. לא ירעך כהנה לסערה צהבה
לא יבקר הכהן לשער הצהב - ויק יג 36.

**צביב** ש״ת *adj.* [< צהביב.)]. **צהוב yellow** ויחזי
כהנה ית מכתשה... ובה סער צביב $*M_2$ ...ובו
שער צהב the priest shall examine the
disease...; and the hair in it is yellow - ויק יג
30. לא ירעך כהנה לסערה צביבה $M_2$ לא יבקר
הכהן לשער הצהב - ויק יג 36.

**צהי**† צמא **thirst** [א״י בכפן ובצהו - **נ** דב כח 48.
**סוא״י** בוסום מדברא הדן דצהא = ישׁשום מדבר וציה -
ישע לה 1 (מתרגם διψῶσα, לשון צמאון)]

**קל צמא to thirst** וצעה תמן עמה למיה NB
ויצמא שם העם למים the people thirsted
there for water - שמ יז 3. בינוני פעול *pass. pt.*
לבדיל מספי רויה עם ציאה למען ספות הרואה
את הצמאה to destroy the moist and dry alike
- דב כט 18.

**אֶתְפְּעֵל צמא to thirst** ואצטעו תמן עמה
למים ויצמא העם שם למים the people
thirsted there for water - שמ יז 3.

**ציו** [< צהיו. **א״י** מה עבדת ההיא צהיותך - ירוש יומא
מג ע״ד] ש״ע נ *n. f.* **צמאון thirst** דאנון הוו
בציותה ותיגרה בישה התיגרו בה עם נביה
שהם היו בצמא, ומריבה רעה רבו עם הנביא
they were in great thirst and quarrelled a bad
quarrel with the prophet - ת״מ 215א.

**צואן** ש״ע ז *n. m.* **צמאון thirst** למקטל יתי
וית ברי... בצאואן A ...בצמא to kill us and

המיתיך .3 שמ יז - our children... with thirst? במדברה... וצואן דלית מים EC...וצמאון אשר אין מים - דב ח 15 (=המליץ 570).

**ציעה** ש״ע נ *n. f.* **צמאון thirst** למקטל יתי וית בני... בציעה B...בצמא - שמ יז 3.

**צעו** ש״ע נ *n. f.* **צמאון thirst** למקטל יתי וית בני... בצעו להמית אתי ואת בני... בצמא to kill us and our children... with thirst? - שמ יז 3. המהלכך במדברה... וצעו דלית מים המוליכך במדבר... וצמאון אשר אין מים - דב ח 15. ותשמש ית דבביך... בכפן ובצעו ועבדת את איביך... ברעב ובצמא - דב כח 48.

**צהר**[1] *pr. n.* שם פרטי ṣâr

**צהר** ש״פ ובני שמעון ימואל וימין ואחד ויכין וצהר... - בר מו 10.

**צהר**[2] *pr. n.* שם פרטי ṣâr

**צהר** ש״פ עפרון בר צהר חתאה - בר כג 8, כה 9.

**צואר** ṣuw'wâr חלק בגוף **neck** [**א״י** ובכה על צואריה - **נ** בר מו 29. **סוא״י** ונפל יוסיף על צורה דאבוי - בר נ 1]

**צואר** ש״ע ז *n. m.* **צואר neck** ושבה רביד דהב על צברה וישם רביד זהב על צוארו - Pharaoh put a gold chain about his neck - בר מא 42. ונפל על צבר בנימים ויפל על צואר בנימים - בר מה 14. ויתן ניר ברזל על צברך ונתן עול ברזל על צוארך - דב כח 48. ויפרק נר ברזלה מעל צואריכון ṣuwwârīkon ופרק את עול הברזל מעל צואריכם - ע״ש ד 15.

**צפר** ש״ע ז *n. m.* **צואר neck** מן אתאלף מן יצחק שעבודה יקום באתר דפשט צפרה מי שלמד מיצחק הכנעה יעמוד במקום ש(יצחק) פשט צוארו he who learned from Isaac submissiveness, let him stand in the place where he extended his neck - ת״מ 145א.

**צוד** ציד **chase** ← אחיזה, תפיסה **seizing, grasp** [באה״ש המאוחרת (ע״ע אחד) *Late SA*. **א״י** צדון יתיה - ירוש כלאים כז ע״א. **סוא״י** אלא עד כדו את צאד לה = ועודך מחזיק בם - שמ ט 2]

**קל** עבר: וצעד - בר מג 31 m. עתיד: דיצוד - ויק יז 13. ציווי: וצוד - בר כז 3. צעיד - ת״מ 115א. בינוני: צעד - ת״מ 258ב. פעול: צעיד ṣīd - מ ז 6. מקור: מצוד - בר כז 5. **אֶתְפְּעֵל** עבר: אצעד - אס 19א. אצטעדת (נסתרת) - במ ה 13 E (=המליץ 562). עתיד: נצטעד - ת״מ 171ב. בינוני: מצטעד - ת״מ (ל) 34. **ציד** - בר כה 27. **ציוד** - בר כז 3 A.

**קל 1 תפס, אחז**[†] **to seize, grasp** סעו אפיו ונפק וצעד גרמה ואמר m וירחץ פניו ויצא ויתאפק ואמר he washed his face and came out; and controlling (*lit.*: seizing) himself he said - בר מג 31. **וצעדה ודמך עמה** A (נ״א ואתעידה) ותפסה ושכב עמה - דב כב 28. אלעזר כהנה צעד בימינה ופינחס ברה צעד בשמאלה אלעזר... אחז בימינו (של משה) ופינחס... אחז בשמאלו - ת״מ 258ב. **אה אבדנה צעדון הנה** האבדון אחז בהם - ת״מ 277ב. **תרי עלמים צעדין** במלתה שני עולמות אחוזים בדברו - ת״מ 231ב. פעול בהוראת פעיל *pass. pt. acting as active* ואת צעיד לון ואתה אוחז בהם - You seize them - ע״ש א 19. בראשית בימינך ויום נקם את צעיד ...ויום נקם אתה אוחז - מ ז 6. והוא צעיד עלמה - ת״מ 21א. **צעיד דשמעת אחוז מה** ששמעת - ת״מ 115א. **2 צד to hunt** דיצוד ציד חיה אי עוף (נ״א דצעד, דיצד) אשר יצוד ציד חיה או עוף any (one) who hunts down an animal or a bird - ויק יז 13. **וצוד לי ציד** C (נ״א וצעד, וצד) - בר כז 3. **מן הפו צעד ציד** (נ״א דצאד, דצד, הצד =המליץ 572) מי אפוא הצד ציד - בר כז 33.

**מצוד** ואזל עשו לברה למצוד ציד (נ״א למצעד, לצד) - בר כז 5.

**אֶתְפְּעֵל נתפס**[†] **to be caught, seized** והי לא אצטעדת E (נ״א אתחידת) והיא לא נתפשה - she was not caught (*i.e.*, taken in the act) - במ ה 13. **וערק בלעם ואצעד ביד זרד** וברח בלעם ונתפס ביד זרד - אס 19א. **הן שבקנן הדה במה** נצטעד אם עזבנו זאת, במה ניאחז? - ת״מ 171ב. **דו שם יקיר... ובה עלמה מצטעד** ...ובו נאחז העולם - ת״מ (ל) 34.

**ציד** ש״ע ז *n. m.* **1 ציד hunting** גבר חכם ציד איש יודע ציד - one who knows hunting - בר כה 27. **2 ציד game** ורחם יצחק ית עשו הלא מצידה הוה אכל $M_2$* כי מצידו היה אוכל - בר כה 28 [פרפרזה *paraph.*]. **דיצוד ציד** - ויק יז 13.

**ציוד** ש״ע ז qiṭṭūl *n. m.* **ציד game** וצוד לי ציוד A וצוד לי ציד - hunt game for me - בר כז 3. הנדי לי ציוד A הבא לי ציד - בר כז 7.

**צוח** צעקה **cry** [**א״י** וצווחית בקל רם - **נ** בר לט 14. **סוא״י** קל צוח במדברא - ישע מ 3] ← תפילה **prayer** [ע הצועק לשעבר הרי זו תפילת שוא - **מש**

[ברכות ט ג]

**קל** עבר: צבע ṣâba - מ ו 71. עתיד: יצבע yiṣba - מ א 39. ציווי: צבעו (ר) ṣēbā'u - מ ה 69. בינוני: צבע ṣâba - מ א 42. מקור: מצבע almiṣba - מ א 38. **צוח** צבע - שמ כב 22. **צוחה** צבעה - שמ יב 30. צבען (+מדברים) - מ יא 69. **צוחו** צבעות (נסמך) - ת״מ 90א. ṣēbān

**קל 1 צעק to cry out** וצוח צוחה רבה ויצעק צעקה גדולה A he cried out with a great cry - בר כז 34. צבעת רביתה דמרסה ולית מפצי לה צעקה הנערה המארשה ואין מושיע לה - דב כב 27. חיב אן יצבע דבק... מה מצראי מחנה צבע דבק ורתותה מסלקה מנה חוטא אם יקרא: הושע!... מה קריאתו מועילה? קורא לישועה והרחמים מסולקים ממנו - מ א 39-42. צבעו בדחלה צעקו ביראה - מ ה 69. דם אחוך צבע לי קול דם אחיך צעק אלי - בר ד 10 (=המליץ 570). **2 התפלל to pray** צבע לך משה התפלל אליך משה Moses prayed to You - מ ו 71. וצבעו בני ישראל ליהוה - שמ יד 10 (=המליץ 570). קדם אלהותך כהלן צבעין לפני אלוהותך כולנו מתפללים - מ י 73-74.

**מצוח** לית לן אפים למצבע דבק אין לנו עוז (מילולית: פנים) לצעוק הושע! - מ א 38.

†**צוח** ש״ע ז .n. m **צעקה cry** הלא אם צבע יצבע לי ושמע אשמע צבעתה כי אם צעק יצעק אלי... - שמ כב 22.

**צוחה** ש״ע נ .n. f **1 צעקה cry** וצוח צוחה רבה ויצעק צעקה גדולה A - בר כז 34. והות צבעה רבה במצרים ותהי צעקה גדולה במצרים - שמ יב 30 - there was a loud cry in Egypt. ותשתמע צבעה רבה - ת״מ 38א. **2 תפילה prayer** צבען הו שמע את תפילתנו הוא שומע to our prayer - מ יא 69 - He listens. צבעתון שמעת - שמ ג 7.

†**צוחו** ש״ע נ .n. f **צעקה cry** ותסק צבעתון אל מעונה עלאה כצבעות אלין כד צבעו מלגו לחצה ותעלה צעקתם אל המעון העליון כצעקת אלה כאשר צעקו מתוך הלחץ (ישראל) their cry mounted to the upper (divine) abode like the cry of those who cried out of oppression - ת״מ 90א.

**צוי** פקודה, ציווי **command** [עש״ח NSH]

**פעל ציווה to command** יעקב צוה וברך תרי עסר בניו... משה צוה וברך שת מואן אלף יעקב ציווה ובירך שנים עשר בניו, ...משה ציווה ובירך שש מאות אלף Jacob ...commanded and blessed his twelve sons; Moses commanded and blessed six hundred thousand - ת״מ 255א. דאני צויתי מבגלל כל הדה כי אני ציויתי על כל זה - ת״מ 156ב. מן זבנה דבה צוך אלה בין רמשיה מן השעה שציווך אלוהים בין השמשות - ת״מ 243ב. השאר - מובאות מן התורה, כגון 'תורה צוה לנו משה' (דב לג 4) - ת״מ 256א (5 פעמים), ועוד.

**מצוה** ש״ע נ .n. f **פקודה, צו commandment** לא הנהר אלה מצוה אלא בשמך לא הזכיר אלוהים מצווה אלא בשמך God did not mention a commandment unless by your name - ת״מ 300א. דו מצוה מצוה ואנשה דיקים יתה יתגזי בכל איקר שהוא מצווה מצוה והאיש שיקיים אותה ייגמל בכל כבוד - ת״מ 277א. טרו מצות אלה mēṣâbot שמרו את מצוות אלוהים - מ טז 168. אזמנת תלתה (!) מצואן כולל שלש מצוות - ת״מ 156א.

**צום** עינוי נפש, הימנעות מאכילה **fasting** [א״י תהון צימין = ועניתם את נפשתיכם - נ ויק כג 32. סוא״וכד תהון צימין = וכשתהיו צמים - מתי ו 16]

**קל** עבר: צעם ṣâm - ע״ד יז 16. עתיד: תצום tēṣom - מ יז 17. בינוני: צעם ṣâm - מ כג 6. צעמין ṣâ'ēmən - מ יז 21. **אפעל** עבר: אצים - ת״מ 202ב. עתיד: יצים yâṣəm - מ יז 8. **צום** צומה ṣūma - מ יז 1. **ציאם** - ת״מ 269ב. **צעום** צעומיה qâṭōl ṣâ'ūmayyâ - מ יז 45.

**קל צם to fast** משה צעם וצלה בדיל אנשים משה צם והתפלל בעבור אנשים Moses fasted and prayed for men - ת״מ 186א. צעם סביע לא אכל צם סבע... - ע״ד יז 16. ארבעים יומים עמד נביה צעם על טורה (בינוני) ארבעים ימים עמד הנביא צם על ההר - מ כג 6-7. ווילון אלין דלא צעמין אוי להם לאלה שאינם צמים - מ יז 21. שריש פרו ריש ולצעם שרש פרה ראש ולענה - דב כט 17 [=המליץ 501. תפס = לֹ+ ענה - עינוי. [Int. from ʿny 'fast' כל נפשה דלא תצום... ותתעקר כל הנפש אשר לא תצום... ותכרת - ויק כג 29.

**אפעל הצים to make someone fast** צעם יומה תנינה ואצים כל ישראל צם (אהרן) ביום השני והצים את ישראל Aaron fasted the second day and made all Israel fast with him - ת״מ 202ב. יצים קנומה יצים עצמו - מ יז 8. תצימון ית נפשהתכון תענו את נפשותיכם - ויק טז 29 (=המליץ 547).

**צום** ש״ע ז .n. m **צום fast** אתי בשלם יום צומה בוא בשלום יום הצום come in peace, O day of fast - מ יז 1. נחת מן טור סיני ביומה דצומה ירד מהר סיני ביום הצום - ת״מ 202ב.

בצומין ובצלואן בצומות ובתפילות - מ טו 12.

**ציאם** ש״ע ז *n. m.* **צום fast** בנביו ובצלו ובציאם in prophethood, in בנבואה ובתפילה ובצום prayer, and in fasting - ת״מ 269ב. ובמניאני הוה ציאמה ובחשבוני היה צומו (דברי האות מ׳, כלומר ארבעים יום) - ת״מ 249א.

**צעום**† ש״ע ז qāṭōl *n. m.* **צם fasting** תנים יומה צעומיה (תהיו) שונים את היום, הצמים - מ יז 45. be repeating the day, O fasters בנביות עבדך משה בן עמרם צעומה כפר לעמך ישראל ב(זכות) נביאות משה בן עמרם הצם כפר לעמך ישראל - יעקב הרבן (Cow 658).

**צוע**† ? [שיבוש מן צואר? *Corr.*]

**צוע** ש״ע *n.* **?** ושוי נסיקת דהב על צועה A (נ״א צברה) וישם רביד זהב על צוארו - בר מא 42.

**צוער** שם פרטי ṣuwwår *pr. n.*

**צוער** ש״פ ונסיא לבני ישׂשכר נתנאל בר צוער - במ ב 5. כיו״ב ב 5.

**צוף**[1]† צמר **wool** [ע יוצאין בפיקרין ובצופא - תוס שבת ה א. **מנ** צופיא = צמר - MD 390b. صوف .Lane 1748a -]

**צוף** ש״ע ז *n. m.* **צמר wool** בלבוש צוף אי בלבוש כתנים בבגד צמר או בבגד פשתים in - ויק יג 47 (=המליץ a woolen or a linen garment 576). לכתנים אי לצוף in linen or in wool - ויק יג 48. בצופה ובכתניה בצמר או בפשתים - ויק יג 52. לבוש צופה - ויק יג 59. לא תלבש שעטניז צוף וכתנים - דב כב 11.

**צוף**[2]† צייד? **game** [שיבוש מכוון כדי להרחיק מן הטקסט את הצייד שנחשב טמא. *Intentional distortion of ṣwd to efface the abhorred hunting in the context of the Patriarchs; see* Mikra 208] ← מזון **food**

**ציף** ש״ע *n.* **ציד game** מן אתרגז ציוף ציף A מי אפוא הצד ציד who was it then the hunter - בר כז 33. who hunted game?

**ציוף** ש״ע ז qāṭōl *n. m.* **ציד hunter** מן אתרגז ציוף ציף A מי אפוא הצד ציד who was it - בר כז 33. then the hunter who hunted game?

**ציפה** ש״ע נ *n. f.* **מזון food** הן תמן ייכלון ציפה A (נ״א לחם) כי שם יאכלו לחם it is - בר מג 25. there that they will eat food

**צפצפה** ש״ע נ *n. f.* **ציד hunt** ועשו אחוה עלל מצפצפתה A (נ״א מצידה) ועשו אחיו בא מצידו his brother Esau came back from his - בר כז 30. hunt

**צפצפו** ש״ע נ *n. f.* **ציד game** יקום אבה וייכל מצפצפות ברה A (נ״א מציד) ויאכל מציד בנו let my father sit up and eat from his son's - בר כז 31. game

**צופה** שם מקום *pr. n. (place)* [ע״ע שנער]

**צופה** ש״פ בבל וארך ואכד וכהלין בארע צופה A בבל וארך ואכד וכולן בארץ שנער - בר י 10.

**צוץ**† **א** פריחה **blossoming** [מכאן קישוט למצנפת הכהן: **א״י** ותעבד ציצא דהב דכי - **נ** שמ כח 36 → גדילי הבגד **tassels** [בויארין, תרביץ נ 164-173]. **ב** פריחת העוף באוויר **flight** → צעיר העופות **young bird** [טלשיר 142. אונקלוס: וציצא = והתחמס - ויק יא 16]

**אפעל פרח to sprout** ויי גברה דאבחר בה אטרה יצץ A (נ״א יפרח = המליץ 567) והיה האיש אשר אבחר בו מטהו יפרח the rod of - במ יז 20. the man whom I choose shall sprout

**צוץ** ש״ע ז *n. m.* **1 גוזל young bird** ודכר משלש (!) ושפנין וצוץ Am ואיל משלש ותר וגוזל a ram three years old, a turtledove, and a - בר טו 9. young bird **2 תור** אולי נתפס גם הוא עוף צעיר **turtledove** יסב לה תרתין צוצין A יקח שני תרים he shall take two turtledoves or two - ויק טו 14. pigeons - A תסב לה תרי צוצים - ויק טו 29. ויקריב מן צוציה A - ויק א 14. צוץ לסלוח - המליץ 607 ע״פ ויק יב 6. ליתא.

**ציץ** ש״ע ז *n. m.* **גוזל young bird** על ציצוה ינשב E על גוזליו ירחף that flutters over its - דב לב 11. young

**ציצי** ש״ע נ *n. f.* **גדיל tassel** [בחרס מאדום: חטיבו מן ציציתא = ניתקו מן הציצית - AO, p. 62] ויעבדון להון ציצין על איסטרי רקעיון... ויתנון על ציצית איסטרה שזר תכלה MB ויעשו להם ציציות על כנפי בגדיהם... ונתנו על ציציות הכנף פתיל תכלת let them make tassels on the corners of their garments..., and put upon the - במ טו 38. tassel of each corner a cord of blue ויהן לכון לציצין ותחזון יתון ותדכרון ית

פקודי יהוה M והיו לכם לציצית... - במ טו 39.

**צוק**[1]† **pressure; distress** דוחק ולחץ, צער [שאול מן העברית. ע״ע צל״ר, עו״ק H *loan; see* ᶜ*wq,* = *srr.* **א״י** שרון מציקין אמרין דילמא דחללינן שבתא - התחילו מיצירים ואומרים אולי חיללנו את השבת = ירוש כלאים לב ע״ב. **סוא״י** ואציק יונס צקא רבה - וירע אל יונה רעה גדולה - יונה ד 1]

**קל** עבר: צוק (!) - בר כ 18 A. וצקת (נסתרת) - ת״מ 336ב. **אפעל** עבר: ואציק - בר לז 34 B. בינוני: מציק - ת״מ 261א. **אציק** - בר לז 35 B. עציק - בר כ 18 A. **אציקה** אציקת (נסמך) - שמ ו 9. **אציקו** - בר נ 11 A. **אצקו** - בר נ 11 m. **צוק** - בר כז 41 B. **צוקה** צוקת (נסמך) - בר כז 41 A. **ציקה** ציקתה (מיודע) - בר מב 21 A. **צקה** צקת (נסמך) - שמ ו 9 A.

**קל 1 הצר** פע״ע **to be dismayed** *intrans.* וצקת רוחה דפרעה והצרה רוח פרעה the spirit of Pharaoh was dismayed - ת״מ 336ב [ק (312ב): אתלחצת]. **2 העיק, דחק** פע״י **to oppress** *trans.* צוק אלהים בסעד כל רחם A עצר אלהים בעד כל רחם the Lord has oppressed every womb - בר כ 18.

**אפעל 1 הצטער** פע״ע **to be in distress** *intrans.* ואציק על ברה B (נ״א ואתאבל) ויתאבל על בנו he (Jacob) was distressed for his son - בר לז 34. הוה כל אחד מנון מציק ובכי היה כל אחד מהם מיצר ובוכה - ת״מ 261א. חדי עמי טובה דארעה ומציק דליתו עלל לה שמח (משה) בהיותו רואה את טוב הארץ ומיצר על שאינו נכנס לתוכה - אס 20א. ואגיר לא מציק בה ושכיר אינו מצטער בו - מרקה? (Cow 74). **2 ציער** פע״י **to grieve** *trans.* כל עפר ארעה הוה כלמין מציקין כל עפר הארץ היה כנים מציקות all the dust of the earth become gnats, oppressing the living - ת״מ 332ב.

**אציק א** ש״ע ז .*n. m* **לחץ** **oppressing** עציק צוק אלהים בסעד כל רחם A עצר עצר אלהים בעד כל רחם - בר כ 18. **ב** ש״ת .*adj* **אָבֵל** **mourning** איעת על ברי אציק לשיול B (נ״א אביל) ארד אל בני אבל שאולה I will go down mourning to my son in Sheol - בר לז 35.

**אציקה** ש״ע נ .*n. f* **צער** **mourning** אציקת מצראי A אבל מצרים the mourning of the Egyptians - בר נ 11. מן אציקת רוח ומן עבידה קשיה $M_1$* מקצר רוח ומעבדה קשה - שמ ו 9.

**אציקו** ש״ע נ .*n. f* **אבל** **mourning** אציקו רבה דן למצראי A אבל כבד זה למצרים a great mourning of the Egyptians - בר נ 11.

**אצקו** ש״ע נ .*n. f* **אבל** **mourning** ועבד לאבוה אצקו m ויעש לאביו אבל he made a mourning for his father - בר נ 10. וחזה דיור ארע כנענאה ית אצקותה... ואמרו אצקו יקיר (!) דן m וירא... את האבל... ויאמרו אבל כבד זה - בר נ 11. מן אצקות רוח B (M אצחקות) מקצר רוח - שמ ו 9.

**צוק** ש״ע ז .*n. m* **אבל** **mourning** יקרבון יומי צוק אבה B יקרבו ימי אבל אבי when the mourning days of my father come - בר כז 41.

**צוקה** ש״ע נ .*n. f* **1 אבל** **mourning** יקרבון יומי צוקת אבה A יקרבו ימי אבל אבי - בר כז 41. **2 צרה, דוחק** **distress** וקרת ית שמה בר צוקתי m (נ״א לבוטי) ותקרא שמו בן אוני she named him "the son of my distress" - בר לה 18 [תפס אוני = עוני] וכך הוא חילי ורשות צוקתי A כחי וראשית אוני - בר מט 3. על כן עלת עלינן כל צוקתה הדה $M_2$* על כן באה עלינו כל הצרה הזאת - בר מב 21. כד חסלו מצראי ממקבר בניון אתעירו מן שנתה דצוקתון ...התעוררו משנת מצוקתם - ת״מ 54א.

**ציקה** ש״ע נ .*n. f* **1 צרה** **distress** בגלל כן עלל עלינן כל ציקתה הדה A ...כל הצרה הזאת that is why this distress has come upon us - בר מב 21. **2 אבל** יומי ציקת אבה $M_1$ ימי אבל אבי the days of mourning of my father - בר כז 41.

**צקה** ש״ע נ .*n. f* **צרה** **distress** מן צקת ריחותה A מקצר רוח because of distress of spirit - שמ ו 9. דחזינן בצקת נפשה $M_2$* אשר ראינו בצרת נפשו - בר מב 21.

**צוק**[2] **abhorrence** מיאוס [מן שיכול קוץ. זב״ח ת״מ 332 הע׳ 2. *Metathesis of qwṣ, see* ZBH *TM,* 32b, n. 2]

**אפעל מאס** **to abhor** ואציק מואב מקדם בני ישראל ויקץ מואב מפני בני ישראל Moab abhorred the Israelites - במ כב 3. אציקת בחיי מקדם בנאת חת (Am עקת =המליץ 581) קצתי בחיי I abhor my life because of the Hittite women - בר כז 46. ואציקו מקדם בני ישראל ($m_2$* ועקו) ויקצו... - שמ א 12. ית כל אלין עבדו ואציקת בון ($M_2$* וקנטת) את כל אלה עשו ואקץ בם - ויק כ 23. אם בגזירתי תציקון אם בחקותי תמאסו - ויק כו 15 (=המליץ 510). בדיני אציקו (V אציקון) NMECB משפטי

מאסו - ויק כו 43. הלא אציקתון ית יהוה VNEC (A הציקתון, B חציקתון) - במ יא 20.

**צור¹** יצירה, מתן דמות **creation, shaping** [א״י דצר טוריא - תרג׳ עמוס ד 13. **סוא״י** בצורתן והיך דמותן - בר א 26]

**קל** עבר: דצער adṣâr - ע״ד כד 69. וצר - בר ב 7 (המליץ 573: וצער). בינוני פעול: צעיר - אס 10א. **אתפַּעַל** עבר: אצטער - אס 16ב. **מצטער** - אס 16ב. **צורה** - ת״מ 239ב. **ציור** qiṭṭūl - שמ לז 8 V (=המליץ 485) **ציור** qâṭ ōl - שמ לו 37 M₁. **צעור** qâṭōl - ṣâ°or - ע״ד כג 69. **צעורה** - מ י 69.

**קל יצר** צעורה דצער עלמה **to create, shape** היוצר שצר את העולם the Creator who created the world - ע״ד כד 69-70. **וצר** [יהוה...] ית האדם (A וצער) ויצר... - בר ב 7. **וצער** *M₁ יתה בטופרין *M₄ ויצר אתו בחרט - שמ לב 4 [פירש חריטה בציפורן]. בריכה שעתה דצער בה אדם ברוכה השעה שיצר בה את האדם - ת״מ 80ב. ואמרו דמולדה צעיר ואמרו שהיילוד נוצר - אס 10א. וצר יתה במרכי NMECA (*M₁ וצער = המליץ 573, B וכנש) ויצר אתו בחרט (Aaron) shaped it in a mold - שמ לב 4 [נתפרש חרט - רהט שהגייתו bârâṭ. *ḥrṭ, 'chisel' and rhṭ, 'trough'* [*have a similar pronunciation.*

**אתפַּעַל† נוצר to be shaped** אצטער מן קינה ונוצר ע״י קין (the statue) was shaped by Cain - אס 16ב.

**מצטער** ש״ע ז *n. m.* **פסל statue** דמטצער דלה מצער כי מטי לה מצטער מקשט מלך מואב כי הפסל שלו מן צוער, הרי הגיע אליו הפסל מן קשט מלך מואב his (Balaam's) statue was from Zoar; indeed, the statue had come to him from Qšṭ, the king of Moab - אס 16ב [ראה הערות זב״ח].

**צורה** ש״ע נ *n. f.* **1 דמות image** ובראו וכון אלה ית האדם בצורתה בצורת אלה כון יתה (E)A ויברא... את האדם בצלמו בצלם אלהים ברא אתו God created man in His image, in the image of God He created him - בר א 27. נעבד אדם בצורתן(E)A נעשה אדם בדמותנו - בר א 26. ואולד בתשביתה כצורתה A ויולד בדמותו וכצלמו - בר ה 3. מכן התרבת צורתה דאדם על כן נתגדלה צורת אדם - ת״מ 94א. **2 פסל statue** מן עבד צורה וסגד לה מי שעשה פסל והשתחווה לו he who makes a statue and worships it - ת״מ 239ב.

**ציור†** ש״ע ז *n. m.* qiṭṭūl **דמות image** ציור אחד מן איסטרה מדן וציור אחד מן איסטרה מדן V כרוב אחד מקצה מזה וכרוב אחד מקצה מזה one image at one end and the other image at the other end - שמ לז 8. **עובד חשוב יעבדון** יתה ציורים מעשה חשב יעשו אתה כרובים - שמ כו 31.

**ציור†** ש״ע ז *n. m.* qâṭōl הכול מן אונקלוס O **אומן craftman** ומילת שזיר עובד ציור M₁ (נ״א רקם) ושש משזר מעשה רקם fine twined lined, a craftman's work - שמ לו 37. **ופרס** תרח דרתה עבאד ציור M₁ ומסך שער החצר מעשה רקם - שמ לח 18. **נגר ואומן וציו[ר]** *M₁ חרש וחשב ורקם - שמ לה 35.

**צעור** ש״ע ז *n. m.* qâṭōl **1 יוצר creator** צעור גויאתה ושכלל אבריה יוצר הגופים ומשכלל האברים Creator of the bodies and Perfectioner of the limbs - ע״ד כג 69-70. **צעורה דשלם פיעלה** הצור תמים פעלו - דב לב 4 (=המליץ 575. פירש היוצר).

**צעורה** ש״ע נ *n. f.* כתיב אחר של צורה והקריאה ṣâ°ūrå אינה מתאשרת מן ההקשר **צורה form** צעורה יקירה מבינה ביד אלה צורה יקרה, מחושבת ביד אלוהים a glorious form, evolved by God - מ כה 7-8 [זב״ח שם]. **סט צעור[ה]** m₂ (נ״א שלטנה, צלם) סר צלם - במ יד 9 [נתפס דמות]. **צעורה מן עפר וכלה ברי בגללה** צורה מן עפר והכול נברא בגללה - מ י 69-70. **רבות צעורתה דאדם** גדולת דמות אדם - ת״מ 80ב.

**צור²†** דוחק, צער **pressure, siege** [נתמזג עם צרר (ע״ע). *Merged with ṣrr, q.v.* **א״י** צור כנישתא עלוי = נעל את בית הכנסת לפניו - ירוש פאה טו ע״ד. השי׳ אונקלוס: בנוהי צירין = בניו פלטים - במ כא 29]

**קל דחק** פע״י *trans.* **to harass** אל תיצור ית מואב (נ״א תצור, תיצר) אל תצור את מואב do not harass Moab - דב ב 9. וכך הוא במ כא 11. ‹אל› תצורנון A) B תצירנון) אל תצורם - דב ב 19. מובא גם בבמ כא 12א: **אל תצורנון** A (C לתצורנון). **צערו ית מדיאנאיה... הלא צערין** אנון לכון A (נ״א עאקו... אעיקו) צררו את המדינים... כי צררים הם לכם - במ כה 17-18.

**צורה** ש״ע נ *n. f.* **דחק, צרה mishap** ואן ינצון גברין... ולא יי צורה ECB (נ״א אסקל) ...ולא יהיה אסון when men fight..., and there is no mishap - שמ כא 22. **ואן צורה יי** CB (E סורה, נ״א אסקל) ואם אסון יהיה - שמ כא 23 [**ס** צורנא = שבץ LS 625b].

**צער** ש״ע ז *n. m.* **מצור siege** ותבני צער על

קרתה A ובנית מצור על העיר that you may
build siege(works) against the city - דב כ 20.
למיעל מקדמיך בצער לבוא מפניך במצור -
דב כ 19. בצער ובעיוק במצור ובמצוק in siege
and in distress - דב כח 57,55,53.

**צור³**† שמירה **watching** [< נצר שבנ״ש דב לב 10.
ראה זב״ח על אתר. *Secondary root from*
*[wyâṣârinnēʾu* (Dt 32:30)

**קל שמר** to watch over ויצרכון כות יצר
גפינה על עינה ושמר אתכם כמו שתשמור
הגבה על העין he watched over you as the
eyebrow watches over the eye - ת״מ 222א.

**צור⁴** שם פרטי ṣûr *pr. n.*

**צור** ש״פ כזבית ברר צור - במ כה 15. ק וכ
אלפין דקדישן וברת צור בממציתין מאה
ועשרים אלף זונות ובתוכן בת צור - אס 9א.

**צוריאל¹** שם פרטי ṣû'rīl *pr. n.*

**צוריאל** ש״פ רדיה בר צוריאל - אס 19א.

**צוריאל²** שם פרטי ṣû'rīl *pr. n.*

**צוריאל** ש״פ ונשיא בית אב לכרני מררי
צוריאל בר אביאל - במ ג 35. כיו״ב ב 12.

**צורין**† מגדל ? **tower** [זב״ח: שיבוש מן צורח (=
צריח) *[Corr. from ṣwryḥ*

**צורין** ש״ע *n.* **מגדל tower** ובנה צורין מדי
מתקריה ציון ובנה מגדל שהוא קרוי ציון he
built a tower called Zion - אס 6א.

**צורישדה** שם פרטי ṣû'rīšiddi *pr. n.*

**צורישדה** ש״פ נשיא לבני שמעון שלמיאל
בר צורישדה - במ ז 36.

**צות** הקשבה, שמיעה **listening, hearing** [**א״י**
ולא אצית למליכון - **נ** דב א 45. **סוא״י** דיצית להלין
וישמוע - ישע מב 23]

**אפעל האזין to listen** ולא שמע יהוה בקלכון
ולא אצית לידכון ולא שמע יהוה בקולכם
ולא האזין אליכם but the Lord did not
hearken to your voice or listen to you - דב א 45.
מן דבה בוננו יצית לממלליה מי שבו תבונה
יאזין לדברים - ת״מ 247א. ולא יצית לוכון פרעה

A (נ״א ישמע) ולא ישמע לכם פרעה - שמ ז 4.
ותצית לפקודיו - שמ טו 26. **אצית** ושמע ישראל
הסכת ושמע ישראל - listen and hear, O Israel!
דב כז 9. **אציתין** לאמירתי A (C **אציתן**) האזינה
אמרתי - בר ד 23 (=המליץ 451). **הלא מצית**
בוננותון **המצית בינתון** (J MEB (ה מציינת
תנועה פרוסתטית) כי המליץ בינתם Joseph
understands, for he listens to their wisdom - בר
מב 23 [פירוש: כי שומע יוסף, כי הוא מאזין לבינתם =
בוחן כליותיהם, ע״פ הקריאה bīnâtimma מן בינה
כמו ובינתכם wbīnâtkimma, שתרגומה ובוננותכון -
דב ד 6. *[Int., see bwn*. **והוא שמע כות טלי**
**מצית** למלי ספרה והוא (משה) שומע כמו נער
המאזין לדברי מורו - ת״מ 5א.

**אצתו** ש״ע נ *n. f.* **האזנה hearing** חלק מביטוי
כעין ״דיבר באוזני פלוני״ **ואגיב עפרון... באצתות**
**בני חת** (נ״א **במשמוע**) ויען עפרון... באזני
בני חת mk Ephron the Hittite answered... in the
hearing of the Hittites - בר כג 10. **וממלל עם**
**עפרון באצתות** עמה דארעה mk וידבר אל
עפרון באזני עם הארץ - בר כג 13. **ית זוזה**
**דמלל באצתות** ברי חת A - בר כג 16. **ימלל**
**שבי עבדך ממלל באצתות רבי** m - בר מד 18.

**מצית**† ש״ע ז *n. m.* **ציות obeisance** [פירש מסכה
מן סכת כמו ״הסכת ושמע״ = אצית. ע׳ לעיל. *Int.*
*[from skt (q.v.), after* Dt 27:9. **אלהי מצית לא**
**תעבד לך** V אלהי מסכה לא תעשה לך you
shall not make gods for yourselves for
obeisance (to them) - שמ לד 17 **ואלהה מצית**
**לא תעבדון לכון** - $m_2$ - ויק יט 4.

**צחק**† **laughter** [משורבב מן העברית *H interp.*

**פיעל צחק to laugh** וקמו לצחק E (נ״א
למעיכה, למיעאך) ויקומו לצחק they rose up
to laugh - שמ לב 6.

**ציבחד** מעוט **fewness** [עיקרה באה״ש המאורחת.
בקדומה רק מעט, במעמד של ת״פ. טל ג סב *Mostly in*
*late SA*. **א״י** תרי חולקין פרה ציבחד - ירוש כתובות
ל ע״ד. **סוא״י** דיחרוב מינין לא ציבחד - ישע י 7 (LSp
מן ציב+חד .(Nöldeke NSS, p. 270, n.1) (169b
ואפשר שהיא מן צבו+חד = דבר, חפץ אחד]

**ציבחד א** ש״ע ז *n. m.* **מעט few** עורי ציבעד
וירגמוני C (נ״א זעור) עוד מעט וסקלוני
before long they will be stoning me (*lit.*: a little
more) - שמ יז 4. מי יוכל יימר ציבעד מן גלגיו
מי יוכל לומר מעט משבחיו - ת״מ 264ב. **ב** ת״פ
*adv.* **1 מעט little ציבעד ציבעד** אטרדנה (E

ציבעת) מעט מעט אגרשנו I will drive them out before you little by little - שמ כג 30. וישלי יהוה... ית גועיה... ציבעד ציבעד ציבעת (EC) ונשל יהוה... את הגוים... מעט מעט - דב ז 22. והוא סליק ציבעד ומשתאם לאחריו והוא עולה מעט ומשקיף לאחוריו - ת״מ 260ב. קום עמנן ציבעד עמוד עמנו מעט - ת״מ 260א. **2** **מייד** at once ואנדיך בציבעד כל הצריך לעלם והבאת מיד כל הצריך לעולם You created at once all that is necessary for the world - ע״ש א

**ב** ש״ת *adj.* **מעט little** אשקיני ציבעד מיה A הגמיני נא מעט מים let me drink a little water - בר כד 17. מורו לנן ציבעד מזון V שברו לנו מעט אכל - בר מד 25. מציבעד יומים מקדש זרותה יתפגר וכעבור מעט ימים מקדש העבודה הזרה ימוגר - אס 20ב. 79.

**צידן** שם מקום *pr. n. (place)* [ע״ע צידון]

**צידן** ש״פ ומיתוביתה עד צידן וירכתו על צידן - בר מט 13.

**צידנאי** ש״י *gent. n.* צידנאי יזעקון לחרמון שרין - דב ג 9.

**צידון** שם מקום ṣīdon *pr. n. (place)* [ע״ע צידן]

**צידון** ש״פ וכנען אולד ית צידון בכורה - בר י 15.

**ציון**† שם מקום *pr. n. (place)*

**ציון** ש״פ ואזל אחידן בר ברד... ובנה ציון די מתקריה גפנה והיא בית מכתש והלך אחידן בן ברד... ובנה את ציון הנקראת גפנה, והיא בית נגע - אס 5ב. ובנה צורין מדי מתקריה ציון תלה ובנה מגדל הנקרא ציון הרמה - אס 6א.

**ציר** יתד **peg** [**א״ק** ציריהם זי דששיא - **יב** Cow [Pap 30

**ציר** ש״ע ז *n. m.* **1** **ידית tenon** תרתים צירין לדפה אחדה $*M_1$ (נ״א סכים) שתי ידות לקרש האחד each plank had two tenons - שמ לו 22 (=אונקלוס O). **2** **יתד peg** וית כל צירי משכנה $*M_2$ (נ״א סכי) ואת כל יתדות המזבח all the pegs of the Tabernacle - שמ לח 31. וכל ציריה... נחש $*M_2$ - שמ לח 20. וצירי‹הון› ומשיאתון m ויתדתם ומיתריהם - במ ג 37.

**צלב**† תלייה **hanging** [**א״י** ויצלב יתך על צליבה - **נ** בר מא 19. **סוא״י** תקטולון ותצלובון - מתי כג 34]

**קל תלה to hang** וית רב אפיה צלב ואת רב האפים תלה he hanged the chief baker - בר מ 22 (=המליץ 609). יתי עזר על דרגי ויתה צלב אתי השיב על כני ואתו תלה - בר מא 13. ויצלב יתך על קיצם ותלה אתך על העץ - בר מ 19. ותצלב יתה על קיצם ותלית אתו על העץ - דב כא 22. קללת אלהים צלבה V קללת אלהים תלוי - דב כא 23 [בינוני פעול מיודע. *det. pass.* tâlo [*pt.* ויהון חייך צליבים לך מקבל והיו חייך תלואים לך מנגד - דב כח 66.

**צלוב** ש״ע ז qiṭṭūl *n. m.* **תלייה hanging** קללת אלהים צלובה קללת אלהים תלאי hanging is accursed by God - דב כא 23 [qāṭōl?].

**צליב** ש״ע ז *n. m.* **1** **עץ לתלייה gallows** ויצלב יתך על צליבה m ותלה אתך על העץ (Pharaoh) hang you on a gallows - בר מ 19. **2** **צלב cross** שאלף צליבה שלה - המליץ 597 לבר מט 10 [פירש שלה (בר מט 10) מן שלח = חילץ, שלף וכנראה כוונתו למוחמד ומכנה אותו ״עוקר הצלב״. ע׳ זב״ח שם. *Refers to Muḥammad, "the uprooter of the cross".*]

**צלה** שם פרטי ṣâla *pr. n.*

**צלה** ש״פ ונסב לה למך תרתי נשים שם חדה עדה ושם תנינתה צלה - בר ד 19.

**צלהב**† דליקה, בעירה **burning** [**א״י** יתוקדון באישא מצלהבא - **מי״ל** שמ כט 37. **סוא״י** שרבא הו מצלהב - Duensing 80]

**קל** בינוני פעול *pass. pt.* **דלק to burn** וכל בוראיה סדירין ורישיון מכבין ולבביון מרקפין ועיניון צליבין ואבריון מזוען מן פחד יומה דדינה כל הברואים נאספים וראשיהם מורכנים ולבותיהם רועדים ועיניהם יוקדות ואבריהם מזועזעים מפחד יום הדין all creatures will be arrayed with their heads lowered, their hearts trembling and theit eyes flaming and their limbs shaking from fear of the Day of Judgment - ת״מ 243א.

**פעל הכה במחלה to afflict** with disease [ויח]זי ית מעבת ארעה... וית צלוביה דצלב יהוה בה יקדה כל ארעה וראה את מכות הארץ... ואת תחלואיה אשר חלא יהוה בה he will see the plagues of the Land... and the diseases that the Lord has inflicted upon it - דב כט 21 [=המליץ 474. ע׳ זב״ח שם].

**אֶתְפַּעַל נשרף to be scorched** ושתו מרתה דמותה□ ומיתו פגריון ואצטלבי רוחיון ושתו את מר המוות... ומתו גוויותיהם ונשרף רוחם they drank the bitterness of death..., their bodies died and their spirits were scorched - ת״מ 35א [ק 1א: ואשתנקת רוחיון]. מרוד עמי גרמה מגעל וידע דלה מצטלבה מורד יראה עצמו מסור לענשים וידע ש(מה) שלו נשרף a rebel is handed over to punishments knowing that all that is his is consumed (in fire) - מ א 81-82.

**צלוב** ש״ע ז qiṭṭūl *n. m.* **מחלה disease** וית צלוביה דצלב ...ואת תחלואיה אשר חלא the diseases that (the Lord) has inflicted - דב כט 21.

**צלוחי**† כלי קיבול **receptacle** [**א״י** וצלוחית מיא - **נ** במ כט 31. **סוא״י** צלוחי דביסם - מתי כו 7]

**צלועי** ש״ע נ *n. f.* **צנצנת jar** סב צלועי אחדה והב תמן מלו מכלה מן N קח צנצנת אחת ותן שם מלוא העמר מן Take a jar and put there a full measure of manna - שמ טז 33.

**צלח** כשירה, הצלחה **prosperity** [**א״י** אן אצלח ייי אורחה - **נ** בר כד 21. **סוא״י** ואצלח לה אורעה - לוקס יב 16]

**אפעל הצליח 1** פע״י *trans.* **to prosper** ויהוה הצלח ית אורעי ויהוה הצליח את דרכי the Lord has prospered my way - בר כד 56. ורבה ליעקב ואצלח ליוסף וגידל את יעקב והצליח את יוסף - ת״מ 117ב. ישלח שליחה עמך ויצלח אורעך ישלח מלאכו אתך והצליח דרכך - בר כד 40. ולא תצלח אורחך - דב כח 29. וכל דו עבד יהוה מצלח - בר לט 23. **1** פע״ע **to succeed** *intrans.* ולא עלם מצלח måṣlå... כיי מסתגד בשלמו ואין עולם מצליח אלא אם נעבד (האל) בשלמות - ע״ד א 22-23. הן תטרון יתה מיתוביתה אתון מצלחים בתרי עלמיה אם תשמרו אותה מדרגה, תצליחו בשני העולמות - ת״מ 146ב.

**אצלחו** ש״ע נ *n. f.* **הצלחה success** אמטתה לדרגה כהלה אצלחו הביאו למדרגה שכולה הצלחה it brought him to a status, all of which is success - ת״מ 274ב. ומלל משה... מימר טב כהלה אצלחו ״וידבר משה״... דיבור טוב, כולו הצלחה - ת״מ (ק) 242. וכלה בה חדי ותתעמי אצלחותה והכול ישמחו בו (בה׳) ותיראה ההצלחה - ת״מ 115א.

**צלי**[1] תפילה **imploring** [**א״י** וצלי משה קדם ייי - **נ** שמ לב 11. **סוא״י** וצלו און לות מרא - שמ ט 28]

**פעל התפלל to pray** סגי דצלה משה הרבה התפלל משה adṣållå Moses prayed a lot - מ ט 59. חזות אפיך לא צלית M (נ״א סכית) ראות פניך לא פללתי - בר מח 11. וצלי תמן אברהם בשם יהוה *M₂ (נ״א וקרא) ויקרא... בשם יהוה - בר יג 4 (מן אונקלוס O). מן יצלי בתרך מי יתפלל אחריך (אחרי מותך) - ת״מ 260א. צלי אל יהוה יקץ אהן ברדה התפלל אל יהוה שיפסיק את הברד הזה - ת״מ 36א. טוב מן יכל קעם מצלי amṣalli אשרי מי שיכול לעמוד מתפלל - ע״ד יג 30. צלו בדילי העתירו בעדי - שמ ח 24.

**מצלאה** ונפק יצחק למצלאה בברה ויצא יצחק לשוח בשדה - בר כד 63.

**צלאי**† ש״ע ז qaṭṭāl *n. m.* **מתפלל one who prays** הרגריזים ריק בלא צלאי ...ריק בלא מתפלל Mount Gerizim is empty, with no praying person - ת״מ 7א. ואנוש קראה וחנוך צלאה ...וחנוך המתפלל - ṣål'lå ע״ד ט 23. והאן דאנון צלאי מלאכי יהוה ייתון סהרתון והיכן שהם המתפללים, מלאכי יהוה ṣållâʾi יבואו סביבם - ע״ד יג 26.

**צלו** ש״ע נ *n. f.* **תפילה prayer** ולא חטאת ולא אועד ולא צלו ולא כהן ולא (קרבן) חטאת, ולא מנחה ולא תפילה ולא כהן no sin-offering, no incense, no prayer, and no priest - ת״מ 199ב. ואקדם אברהם בצלו צפר A וישכם אברהם בתפילה בבקר - בר יט 27 (ע״פ אונקלוס O *following*). וקבל אלהים לצלות לאה A וישמע אלהים בקול לאה - בר ל 17 (ע״פ אונקלוס O *following*). ומקבל צלות טביה ṣēlot ושומע תפילת הטובים - ע״ד טז 27. בצומין ובצלואן בצומות ובתפילות wafṣēluw'wân - מ טו 12. ויתן בצלואן ECB ונתן בפללים - שמ כא 22 [= המליץ 565. נתפס מן פלל - תפילה. *Attributed to the root pll, 'to pray'*]. ואקים קנומה בצלו והעמיד (נח) עצמו בתפילה - אס 7א.

**צלי**[2]† בשר עשוי באש **roast** [**א״י** צלי בנורא - **נ** שמ יב 8. **סוא״י** נון צלא = דג צלוי - לוקס כד 42]

**קל** בינוני פעול *pass. pt.* **צלה to roast** וייכלון ית בסרה... צלי נור (A שליק) ואכלו את בשרו... צלי אש they shall eat the flesh..., roasted - שמ יב 8 (=המליץ 575). צלי נור רישה עם כרעיו צלי אש ראשו על קרביו - שמ יב 9.

**צלל**1† שקיעה במים **submerging** [מן העברית. ע״ע צלצל. H]

**קל שקע** to sink צללו כעברה במים חסינים they sank as lead צללו כעופרת במים אדירים - שמ טו 10. **וכד עמותון** in the mighty waters צללו ולא חזותון עוד וכאשר ראום (ישראל) צללו (מצרים) ולא ראום עוד - ת״מ 72א [לעניין שמ יד 13].

**אֶתְפְּעֵל שקע** to sink אצטללו כעברה C צללו כעופרת - they sank as lead שמ טו 10.

**אתפלפל שקע** to sink אצטלצלו כעברה E (אצטללו C) צללו כעופרת - שמ טו 10.

**צלל**2† ריקות, שממה **emptiness** [**א״י** ובצללתה יליל ישימון = ובתהו ילל ישמון - **נ** דב לב 10. טל, חקר ועיון, חיפה תשלו 103]

**קל ריק** בינוני פעול *pass. pt.* **empty** ואה שבע שבלין צלילן דקיקן ושדיפן קדום (Am צלילין) והנה שבע שבלים צנימות דקות ושדיפת קדים seven ears, emptied, thin, and withered by the east wind, sprouted after them - בר מא 23.

**צלל**3† השמעת צלילים **sound** [**א״י** ושרי מצלצל - ירוש תרומות מו ע״ב]

**אתפלפל ניגן** to play an instrument **ואצטלצלי אדרעי אדיו** m ויפזו זרועי ידיו his arms played - בר מט 24 [בדומה ל-V: ומפזין. תפס יפזו מן פזז, זימר. השי׳ שמ״ב ו 16: ומפזז. תרגומו: ומשבח].

**צלצלה** ש״ע נ *n. f.* **שירה** song וחזה ית עגלה וית צלצלאתה V וירא את העגל ואת המחלות - שמ לב 19. he saw the calf and the playing

**צלל**4† מזון? **food** [אולי קשור עם צליל לחם שערים - שופטים ז 13]

**צליל** ש״ע *n.* **מזון food** וצבר יוסף צליל כחלה ימה A (נ״א מיר) ויצבר יוסף בר כחול הים - בר מא 49.

**צלם**1 דמות **image** ← פסל **idol** [**א״י** וגנבת רחל ית צלמייה די לאבוה - **נ** בר לא 19. **סוא״י** מא לי תובן לצלמייא = מה לי עוד לעצבים - הושע יד 9]

**צלם** ש״ע ז *n. m.* **1 דמות** מופשט *abstr.* **image** ובראה אלהים ית האדם בצלמה בצלם אלהים ברא יתה God created man in His image, in the image of God He created him - בר א 27. ואולד בדמותה כצלמה - בר ה 3. הוה לבוש צלמה אשר אשלעה אדם בגן עדן היה (משה) לובש דמות אשר פשטה אדם בגן העדן - ת״מ 269ב. דמי צלמה לאשתה sâlâme דומה דמותו (של משה) לאש - מ כא 21. **2 פנים** מוחש *concr.* **face** קרן אורה דהוה שרי על צלמה עמה לגו קבורתה ליתו שרי על צלם עורנה לעלם קרן האור שהייתה שרויה על פניו (של משה) הועמה בקברו לא תשרה על פני זולתו לעולם the ray of light which abode on his face dimmed in (Moses') tomb; it will not abide ever again on another's face - ת״מ 267ב. ונשקו ית צלמה ויהבו לה שלמה ונשקו את פניו... - ת״מ 259א. ונסב... קודש דהב... ושוי על צלמה $M_{ins}$ (נ״א אפה) ויקח... נזם זהב וישם על אפה - בר כד 22. **3 פסל** מוחש *concr.* **statue** מן עבד צלם... וילה מי שעשה פסל... אוי לו he who made a statue... woe to him - ת״מ 201ב. לא תעבדון לכון אלהואן וצלם וקאמה לא תקימון לכון $*M_2$ לא תעשו לכם אלילים ופסל ומצבה לא תקימו לכם - ויק כו 1. גבר מחי כל סגדיה ומבתר כל צלמיה איש מכה את כל האלילים ומשבר את כל הפסלים - אס 9ב. סטה צלמה מן עליון VN (MECB צלם) סר צלם מעליהם - במ יד 9 [sạlâm] אינו לעניין הצל אלא נתפרש כמיטאפורה: האלילים המגינים עליהם. השי׳ צעורה = צורה. גם הוא תרגום לצלם (ע״ע) *Int.*: "the protecting idols".]

**צלמן**† ש״ע ז *n. m.* **פסל idol** ונסבת רחל ית צלמניה m ותגנב רחל את התרפים Rachel stole her father's (household) idols - בר לא 19 (O=אונקלוס).

**צלם**2† חורבן **desolation** [> صلم = עקר - Lane 1719c]

**קל חרב** to be devastated והפך ית קריאתה אלין וית כל משוחה... וצלמת ארעה A ויהפך את הערים האלה ואת כל הככר... וחרבה הארץ God overthrew those cities, and all the valley... and the ground was devastated - בר יט 25 [יצר פסוקית נפרדת ע״י שעשה את וצמח נשוא של ארעה ואינו מושא של ויהפך, כדרך שהוא בנה״מ. B וצבעת = וצעקה, מתוך אותה גישה תחבירית. *wṣlmt is the predicate of* $^{\supset}r^{c}h$.]

**אֶתְפְּעֵל חרב** to be devastated נכס לאלהין עורנ[ין] יצטלם A (נ״א יתחרם) זובח לאלהים אחרים יחרב whoever sacrifices to alien gods

שמ כב 19 [בטור הערבי של - shall be devastated
המליץ 470: יסטלם. התה״ע: יצטלם].

**צלום** ש״ת qāṭōl *adj.* **בעל מום** **spoiled** ותור
ונקי צלום וגדוד M ושור ושה שרוע וקלוט an
ויק כב 23 - ox or a sheep blemished or spoiled
[ואפשר שהוא מן צרום. ע״ע צרם].

†**צלם**³ עצה [< سلم = שמע בקול פלוני ? - Lane
[1413c

**פעל יעץ** to advise כדו שמק בקלי אצלמנך
now, listen to me, I עתה שמע בקולי איעצך B
שמ יח 19 [התה״ע: ארשדך = - will advise you
אדריכך].

**צלמונה** ṣâlâmūna שם מקום *pr. n. (place)*

**צלמונה** ש״פ ונטלו מטור טורה ושרו בצלמונה
ונטלו מצלמונה ושרו בפינן - במ לג 41 - 42.

†**צלף** מקרה **event** [כנראה < سلف = עבר - Lane
[1407c

**קל קרה** to befall וחוו לה י[ת כל] צליפאתה
דצלפת יתון A (נ״א ית כל דערע יתון) ויגדו
they told him all the לו את כל הקרות אתם
בר מב 29. - events that had befallen them

**צליפה** ש״ע נ *n. f.* **מקרה** **event** וחוו לה י[ת
כל] צליפאתה A - בר מב 29.

**צלפחד** ṣâlâ'fād שם פרטי *pr. n.*

**צלפחד** ש״פ וצלפחד בר חפר לא הוה לה בנים
ושם בנאת צלפחד... - במ כו 33.

†**צלצל**¹ מין עוף **a bird** [טלשיר 250-246. הש׳
כביעתא צוצלא = כביצת הצוצלא - בבלי ב״ב עה ע״ב.
[Jastrow 1270a

**צלצל** ש״ע ז *n. m.* **מין עוף** **a bird** כל אילנה
ופרי ארעתך יחרב צלצלה A (נ״א צנצלה -
ע״ע) כל עצך ופרי אדמתך יירש הצלצל - דב כח
42.

†**צלצל**² גדילי הבגד **tassels** [א״י אסרת חרצהא
בצלצוליין = חגרה חלציה באבנט - **מ״ל** במ ה 18. **ע**
לצלצל קטן שארג בו שני חוטין - תוס שבת יב א. ע׳
תוס״כ על אתר]

**צלצלין** ש״ע נ *n. f.* **גדיל** **tassels** ויעבדון להון
צלצלין איצטר רקעיון... ויתנון על צלצלת

E) C כנפה שזר תכלה ויהון לכון לצלצלין
צלצלן... צנצלת... לצנצלין) ועשו להם ציצית
על כנפי בגדיהם... ונתנו על ציצית הכנף פתיל
let them make תכלת והיו להם לציצית
tassels on the corners of their garments..., and
put upon the tassels of each corner a cord of
במ טו - blue and it shall be to you a tassel
39-38 (המליץ 576: צנצלין, צנצלי).

†**צלקיפה** שם פרטי *pr. n.* [אפשר שהוא עיוות מכוון
לגנותה של נעמה (ע״ע). ראה ת״מ 136ב]

**צלקיפה** ש״פ ואחות תובל קין צלקיפה A
ואחות תובל קין נעמה - בר ד 10.

†**צמא** צימאו **thirst** [מן העברית H]

**קל צמא** to thirst וצמא תמן עמה למים V
A) וצמאו. נ״א וצעו, אוצטעו) ויצמא שם
- the people thirsted there for water העם למים
שמ יז 3. בת״מ בטקסט עברי: צמאים אנחנו למימי
חיים - ת״מ 56ב.

**צמאון** ש״ע ז *n. m.* **צמא** **thirst** דאיתיאך
במדברה רבה וחיולה נחש מוקד עקרב וצמאון
דלית מים VB המוליכך במדבר הגדול והנורא
who נחש שרוף עקרב וצמאון אשר אין מים
led you through the great and terrible
wilderness with its burning serpents, scorpions
דב ח 15. - and thirst, where was no water

†**צמד** חיבור ודיבוק **coupling** [א״י דהות ליה
כלה בישא והות צמידא אמרה לישן ביש - שהיתה לו
כלה רעה והיתה רגילה לומר לשון הרע - ויק״ר תקצב,
נוסח הדפוס ונוסח קטע גניזה (כרך ג עמ׳ 92). **סוא״י**
והוית צמיד אזל לקליתהון = והייתי רגיל ללכת לתאיהם
- הארבעים 5]

**אֶתְפְּעֵל 1 נצמד** to join *intrans.* ואצטמד
מבני ישראל לבעל פעור ויצמד מני ישראל
(some people from) Israel joined לבעל פעור
במ כה 3 (המליץ 577: ואצטמדו). ויקטלון - Baal-Peor
ית גבריה דאצטמדו לבעל פעור ויהרגו את
האנשים הנצמדים לבעל פעור - במ כה 4 (=המליץ
577). קטלו גבר ית גבריו דאצטמדו לבעל פעור
- במ כה 5. **2 נאספו** to assemble ואצטמדו
חרשיה וכל קסמיה וקעמו במרטוש רב ונאספו
המנחשים וכל הקוסמים והיו במצוקה גדולה
the soothsayers and all the sorcerers assembled
אס 11א - and they were in great distress [אפשר
שהוא מן אצטמתו? ע״ע צמת].

**צמח**[†] צמיחה וגידול **growth** [**א״י** דסלקין ומרווין צמחה דארעא - **נ** דב לב 2. **סוא״י** וכול עסבא דארעא עד לא יצמח - בר ב 5]

**קל גדל to grow** אלהותה נגדה לה מים חיים משקיה לבבה עד יצמח מד מוחי האלוהות משכה לו מים חיים להשקות את לבו עד שיצמח מה שנותן חיים the Divinity drew for him (Moses) living water that watered his heart, so that he sprouted forth that which gives life - ת״מ 104ב. **וסער עכום צמח בה** ושער שחר צמח בו - ויק יג 37. **כל·פרי אילנה** דצמח לכון מן ברה כל פרי העץ אשר צמח לכם מן השדה - שמ י 2א, 5. **ואה שבע שבלין...** צמחי בתרין והנה שבע שבלים צמחות אחריהן - בר מא 6, 23.

**אפעל גידל to cause to grow** ויצמיח יהוה אלהים ‹מן› האדמה ית כל עץ מכלל ויצמיח יהוה... the Lord God made to grow out of the ground every tree that is perfect - ת״מ 194ב (עירוב עברית-ארמית במובאה מן בר ב 9. המליץ 570: ואצמח. ליתא. **וקוצן ודרדר תצמיח לך** וקוץ ודרדר תצמיח לך - בר ג 18. **וית כל פרי אילנה** דמצמח לוכון מן בראה A כל פרי העץ אשר צמח לכם מן השדה - שמ י 2א. **ענין מצמח נור** יתוקד בה לב המצמיח אש יישרף בה - ת״מ 29ב [שימוש מיטאפורי. אש = ריב - זב״ח הע׳ 1]. **לא** תזדרע ולא תצמיח ולא יסק בה כל עסב - דב כט 22. מובא גם בת״מ 226א.

**צמח** n. m. coll. ש״ע ז קיבוץ **צמחיה vegetation** והפך ית קריאתה אלין... וית כל דיארי קריאתה וצמח ארעה ויהפך את הערים האלה... ואת כל יושבי הערים וצמח הארץ he overthrew those cities, and all the valley, and all the inhabitants of the cities, and what grew on the ground - בר יט 25 (=המליץ 570).

**צמחה** n. f. coll. ש״ע נ קיבוץ **צמחיה vegetation** והפך ית קריאתה אלין... וצמחת ארעה C ויהפך את הערים האלה... ואת כל יושבי הערים וצמח הארץ - בר יט 25 [הש התה״ע: ونبات (ר) SAV].

**צמר**[†] צמר **wool** [שרבוב מן העברית. ע״ע עמר, צוף H interp.]

**צמר** ש״ע ז n.m. **צמר wool** לא תלבש מנמרים צמר וכתנים כחדה CA (נ״א צוף, עמר) לא תלבש שעטנז צמר ופשתים you shall not wear cloth combining wool and linen - דב כב 11.

**צמרי** pr. n. שם פרטי ṣâmri

**צמרי** ש״י gent. n. וכנען אולד ית צידון בכורה... וית ארודאה וית צמראה וכנען הוליד את צידון בכורו... ואת הארודי ואת הצמרי - בר י 15 - 18.

**צמת** איסוף וקיבוץ, זימון והיוועדות **assembly, gathering, appointment** [**א״י** אזל וצמת ליה תרין תרין גברין - ירוש סוטה יז ע״ב. **סוא״י** הן דהוין מיניא מצמתין - Land 200. **ע** צמת יצמת את קלונך - הדותא, MdW I עמ׳ יג (הש׳ אסף אלהים את חרפתי - בר׳ ל 23)] ← זימון 60 יום לפני הפסח ולפני סוכות. *An assembly, taking place 60 days before Pesah and Sukkot respectively.*

**פעל** עבר: וצמת - בר מא 48. עתיד: ויצמת - בר מא 35. ציווי: צמתו A - שמ טז 16. בינוני: מצמת - ת״מ 366ב. פעול (נ): מצמתה amṣâmmâta - מ א 27. **אֶתְפַּעַל** עבר: אצטמתו iṣṭâmmâtu - מ טז 78. ואצמתו - אס 15א. ציווי: אצטמתו - בר מט 2). **צמות** - ת״מ 120א.

**פעל 1 אסף, כינס to assemble, summon** וצמת ית כל מזונה ויקבץ את כל אכל - בר מא 48. (Joseph) gathered all the food. **וצמת** כל חכימיה וכינס את כל החכמים he gathered all the sages - אס 29ב. **וקם פרעה וצמת** אכלסין רברבין וקם פרעה וכינס המונים גדולים - אס 14א. **ויצמת ית כל מזונה ויקבץ** את כל אכל... - בר מא 35. **צמתו מנה גבר כפם** מיכלה A לקטו ממנו איש לפי אכלו - שמ טז 16. **סלוי מצמתה כרואן השליו נערם ערמות** - מ א 27. **עללתה דבי אשתבעת מדגנה ומצמתה** ומגדשה באדרעה דטובה תבואת ״בי נשבעתי״ (בר׳ כב 17) נדגנת, נאספת, נגדשת בזרועו של הטוב (=ה׳) - ת״מ 50א. **2 אחז to hold** מה אתה מצמת טבין כלום אינך אוחז טובות - ת״מ 366ב. don't you hold good things? **ימה הך** אמר מן צמת גנואן הך יתעבד קברה בי הים כאילו אמר ״מי שאחז חרפות, איך ייעשה קברו בי?״ - ת״מ 366ב. **3 כלל to include** אז צמת בה בראשית ושבתה ״אז״ כלל בתוכה את ״בראשית״ והשבת "then" (Ex 15:1) included Creation the and Sabbath - ת״מ 270ב [דורש את האותיות: א - היום הראשון, ז - היום השביעי (זב״ח)]. **ארור מקל אבוה ואמה צמתת הדה** מלתה עסרה מצואן ״ארור מקלה אביו ואמו״ (דב כז 16) דבר זה כולל עשר מצוות - ת״מ 140ב.

**אֶתְפַּעַל נקבץ to assemble** *intrans.* טליה אצטמתו הנערים נקבצו the youngsters

מ טז 78. - assembled אלו אצטמתו כל מלכי עלמה למסב ישראל מני לא יכלו אילו התאספו כל מלכי העולם לקחת את ישראל ממני, לא יכלו - ת״מ 219ב. דאצטמתו ליד בעל פעור נאספו אל בעל פעור - ת״מ 219ב [מביא את במ׳ כה 5 שתרגומו דאצטמדו]. ואצמתו חרשיה וקסמיה וקמו במרטוש ונאספו החרטומים והקוסמים ועמדו במצוקה - אס 15א. ויצמתון תמן כל רעיה $M_3$* ונאספו שמה כל הרעים - בר׳ כט 3 ($M_5$* ויצטמתון). אצטמתו ושמעו (A הסטמתו) הקבצו ושמעו - בר מט 2 [השי׳ המליץ 585].

**צמות** ש״ע ז qiṭṭūl *n. m.* **1 איסוף gathering** בשוטריה דהוו ...מכין לון בצמות קשיה בשוטרים שהיו...מכים אותם באיסוף הקשים the officers who... were beating them (Israel) - ת״מ 279ב. in the gathering of the stubble **2 התכנסות assembly** בעה... משה יעבדנה צמות לקהל ישראל ביקש... משה לעשותו מועד לקהל ישראל Moses desired to make it an assembly of the congregation of Israel - ת״מ 120א. **3 זימון** מונח באסטרונומיה **conjunction** *(astronomy)* אמת דת בעי מחכם... רחוקה דלבין שמשה וזערה בשעת צמותון... אימתי שאתה מבקש לדעת את מידת השמש והיא המרחק בין השמש והירח בשעת היקבצם... when you want to know the distance between the sun and the moon at the time of their conjunction... - תולדה 25ב (Neubauer 396) [השי׳ S.Powels, *Der Kalender der Samaritaner,* etc., Berlin 1977, pp. 77 ff.]. **4 חבורה party, group** וכל עמה דבצמותך CE וכל העם אשר ברגליך all the people in your party - שמ יא 8. ואתר צמותיו כעובד לבנת ספירה CE ותחת רגליו כמעשה לבנת הספיר - שמ׳ כד 10. וית כל יקומה דבצמותיון C ואת כל היקום אשר ברגליהם - דב׳ יא 6 [טל, תעודה ו 33. ע״ע סעד]. **5 אוצר store-house** ועבדת ארעה בשבע שני סבעה לצמותים $M_2$* (נ״א לכנושין, לאוצרין) ועשתה הארץ... לקמצים during the seven years of plenty the land produced for store-houses - בר מא 47 [ע״ע כנוש].

**צן** ṣen שם מקום *pr. n. (place)*

**צן** ש״פ ושרו במדבר צן היא קדש - במ לג 36. מדרומה ללעל עקרבים ועבר צנה מנגב למעלה עקרבים ועבר צנה - במ לד 4. מן עקרבים מעל צנה מן עקרבים מעלה צן - אס 19ב.

**צנג**† כלי נגינה **musical instrument** [ס צנגא - PSm 3420. למוצאו מן הפרסית ע׳ LS 623b. חדר גם לערבית صنج - Lane 1731b. נסיונות ביאור אחרים: SSt 32; ZSp 167; Nöldeke ZDMG 30, 418.

**צנג** ש״ע *n.* **כינור lyre?** ארש כל מן עפס פליכסה וקטלוס צנגה ועמרה A אבי כל תפש כנור ועגב - בר ד 21 [מן הגיליון. אפשר שמינו נקבה ויסודו צנגה].

**צנך**† כלי קיבול **receptacle** [א״י צנך = כליך - מי״ל דב כג 25. ס צנתה = סל - LS 632b].

**צנו** ש״ע נ *n. f.* **צנצנת jar** סב צנוה חדה והב תמן מלו מכלה מנה A (B צנבת) קח צנצנת אחת ותן שם מלא העמר מן take a jar, and put a full measure of manna in it - שמ טז 33. צנות מנה ואטרה ṣånnâbåt צנצנת המן והמטה - מ כ 36. the jar of manna and the staff

**צנואה** ש״ע נ [זב״ח: גזירה לאחור מן הריבוי ZBH: *n. f.* [*backform from the pl.* **מטמון treasury** וזעק פרעה שם יוסף צנואת חכמה A (נ״א טמרתי, כונתי) ויקרא פרעה שם יוסף מטמון החכמה Pharaoh called Joseph "the treasury of wisdom" - בר מא 45 [פירוש צפנת פענח. התה״ע: كنز العلم = אוצר החכמה. זב״ח, ת״מ, עמ׳ SAV.14].

**צנוי** ש״ע נ [כתיב אחר של צנו. *Alt. spelling of* *n. f.* [*ṣnw* **צנצנת jar** סב צנוי אחדה ואב תמן מלו מכלה מן E - שמ טז 33 (=המליץ 575).

**צנוע**† משתה **feast** [מן הערבית. השי׳ مصنعة = משתה - *Cf.* Lane 1734b].

**צנוע** ש״ע ז *n. m.* **משתה feast** ועבד אברהם צנוע רב ביומה פלטות ית יצחק A (נ״א משתה) ויעש אברהם משתה גדול ביום הגמל את יצחק Abraham held a great feast on the day that Isaac was weaned - בר כא 8.

**צפוע** ש״ע ז *n. m.* (ט״ס מן צנוע *corr.*) **משתה feast** ועבד צפוע לכל שמשיו A (נ״א משתה) ויעש משתה לכל עבדיו (Pharaoh) made a banquet for all his officials - בר מ 20.

**צנורי**† כלי חד, קרס **hook** [א״י וצנוריתיה = ומזלגותיו - אונקלוס שמ כז 3. סוא״י אזל לימא ורמי צנורתא ונוניא קמיא דסלק סב - מתי יז 27]

**צנורי** ש״ע נ *n. f.* **שפוד, קרס hook** וית גבריה דבתרע ביתה אלקו בצנוריאן $M_2$* (נ״א

בסמיונים) ...הכו בדוקרנים the people who were at the entrance of the house they struck - with hooks בר יט 11 [השי׳ גליון **נ**: בחרבייא. וכך התה״ע: باصنر = קרס. *Cf.* MS Neofiti:*bhrbyy*ʾ (*marg.*) and the SAV: *bʾṣnr*. *See* Dozy I 846b.] ועבד ית כל מאני מדבחה ית איאריה... וית צנוריה... נחש $^*M_2$ ...ואת המזלגות he made all the utensils of the altar: the pails..., - the flesh hooks, and the fire pans... of copper thorns לצנוריאן לצנים .(O מן אונקלוס) 3 שמ לח - המליץ 577 ע״פ במ לג 55. ליתא.

**צנם** קושי, יובש **hardness, dryness** [א״י שבע שבלין צנינן - **נ** בר מא 32 (=צנימן, השי׳ **קת״ג** - Klein ← [(Gn 109 אבן, סלע **rock** [**ס** צונמא - LS 633a. **ע** תוס ב״ב א ד: ובצונן (=ובצונם)]

**צנם** ש״ע ז *n. m.* **1 אבן flint, rock** ונסבת צפורה צנם $m^d$ ותקח צפורה צר Zipporah - took a flint שמ ד 25 (=המליץ 574). המפק לך מים מתקפה צנמה המוציא לך מים מצור who brought forth water for you from החלמיש - the flinty rock דב ח 15 (=המליץ 473). אשקה יתך מים מן צנמה השקה אותך מים מן הצור - ת״מ 213ב. לב ‹מתברי› מן צנם לבה דלנן לב שנברא מאבן הוא לבנו - 283ב. הא אנא קעם לקדמך תמן עלוי צנמה בחורב ותמעי צנמה ויפק מנה מיה A ...והכית בצור ויצא ממנו מים - שמ יז 6. **2 פסל** בהשאלה *idol fig.* ובמיעול אדם ר; ע; אלצנמין עביד טנס דהב צלמים ובהיכנס אדם אל רחובות עיר הצלמים עשה when Adam entered Rehoboth, עמוד של זהב - the city of the idols, he made a pillar of gold אס 3ב [אפשר שהוא אלצלצין ואינו שייך כאן].

**צנן**† קור **cold, coolness** [א״י בשעת צינתה - ירוש שבת ז ע״א. **סוא״י** תצון חבתהון = תפוג אהבתם - מתי כד 12].

**צנה** ש״ע נ *n. f.* **קור cold** צנה ושרב קיץ (!) ואסתב... לא יבטלון קור וחם קיץ וחרף... לא ישבתו cold and heat, summer and winter..., - shall not cease בר ח 22. הוית באימם אסיפני אסתב וצנה בלילי (EB וצנתה) הייתי ביום אכלני חרף וקרח בלילה - בר לא 40.

**צונה** ש״ע נ *n. f.* **קור cold** ואגן עליכון בעננה מן שרב יומה ובלילה מן צונתה וגונן עליכם בענן מחום היום ובלילה מן הקור (God) shielded you with the cloud from the heat of the day, and at night from the cold - ת״מ 223א. צונה וארתע קיט ואסתב... לא יבטלו A(E) ...קור וחם קיץ וחרף... לא ישבתו - בר ח 22.

**צנע**† סתר **secrecy** [א״י ואצנע יתיה... למטרה = ויניחהו... למשמרת - **נ** שמ טז 34]

**צנע** ש״ע ז *n. m.* **סתר secrecy** ולא ייעלון למחזי כצנ[ע] ית קדשה m (נ״א כבלע) ולא יבאו לראות כבלע את הקדש let them not - enter and see the secrecy of the sanctuary במ ד 20.

**צנף** לבישה **wearing** [א״י ובמצנפן דבוץ יצטנף - **נ** ויק טז 4. **סוא״י** קרבת לאוחריא ואיטחת לצנפתא = קרבהלאחוריו ונגעה בבגדו - לוקס ח 44. **ס** מצנפתא - LS 633b]

**קל** מן העברית H **נתעטף to wear** ובמצנפה עבארה יצנף C (נ״א יתעטף) ובמצנפת בד יצנף he shall wear a linen headdress - ויק טז 4.

**מצנפה** ש״ע נ *n. f.* **מצנפת headdress** ושבה ית מצנפתה על רישה ויהב על מצנפתה... ית טס דהבה וישם את המצנפת על ראשו ויתן על המצנפת... את ציץ הזהב he set the headdress on his head; and on the headdress... - he put the gold frontlet ויק ח 9. ואפודה ומעילה והאבניט והמצנפת - ת״מ 111ב [עברית H]. בעש״ח משמש בפנייה של כבוד אל נשוא פנים בצירוף ׳מצנפת ראשי׳ *In NSH, a formula of esteem* אדונן וגברנן ומצנפת ראשינן הכהן הגדול האיקר - מתנה כיור״ב עבד אל (Cow 141) ועוד. (Cow 426)

**צנפה** ש״ע נ *n. f.* **גדיל tassel** ויעבדון להון צנפן על סטרי ארקעיהון... ויתנון על צנפת סטרה שזר דתכלה $Nm_2$ ועשו להם ציצות על כנפי בגדיהם... ונתנו על ציצת הכנף פתיל תכלת let them make tassels on the corners of their garments..., and put upon the tassel of - each corner a cord of blue במ טו 38 (המליץ 576: צנפין). ויהון לכון לצנפן N - במ טו 39.

**צנצל**[1]† גדיל **tassel** [< צלצל ? (ע״ע צלל)]

**צנצלה** ש״ע נ *n. f.* **גדיל tassel** ויעבדון להון צנצלן $mE_{sup}$ (E צלצלן, C צלצלין)... ויתנון על צנצלת E (המליץ 507 צנצלי, C צלצלת) איסטרה שזר תכלה ועשו להם ציצות על כנפי בגדיהם... ונתנו על ציצת הכנף פתיל תכלת let them make tassels on the corners of their garments... and put upon the tassel of - each corner a cord of blue במ טו 38 (המליץ 576:

צנצלין). ויהון לוכון לצנצלין E (C לצלצלין)- במ טו 39.

**צנצל²**† בעל חיים **an animal** [טלשיר 249. ע״ע צלצל]

**צנצל** ש״ע *n.* **בעל חיים an animal** כל אילנך ופרי ארעתך יחרב צנצלה E C = צנהצלה המליץ 578. VB צונצלה) כל עצך ופרי אדמתך יוריש הצלצל - דב כח 42.

**צנצל³**† כלי נגינה **musical instrument** (ע״ע צלצל)

**צנצלה** ש״ע נ *n. f.* **כלי נגינה musical instrument** בדיוך ובצנצלן ובטפוח ובזמרים במקוש וקתרוס ובצלצלים ובתוף - אס 17ב [זב״ח שם: יש בגעז].

**צנצנה**† כלי קיבול **receptacle** (ע״ע צנן)

**צנצונה** ש״ע נ *n. f.* **צנצנת jar** סב צנצנה אחדה ואב תמן מלו מכלה מן קח צנצנת אחת... take - a jar, and put a full measure of manna in it שמ טז 33.

**צנק** קשירה נעילה וסגירה **binding, locking**

[ע צינק = כלי מסגר לידים - ירמ׳ כט 26 (רד״ק). ירק שאגדו בשדה ועתיד לעשותו צינוק לשוק - תוס מעשרות א ו. ליברמן, תוסכ״פ 672; טל, דברי הקונגרס הששי 114. ס זנקני בחבלה - PSm 1142].

**קל** עבר: וצנק - ת״מ 285א. עתיד: ויצנקו - המליץ 535. ציווי: צנק wṣânåq - מ ה 67]. בינוני: צנק ṣânåq - ננה 73. פעול: צניק - ת״מ 296א. מקור: מצנק - ת״מ 174ב. **אפעל** עתיד: תצנק tåṣnəq - ע״ד כג 66. **אֶתְפְּעֵל** עבר: אצטנק - ת״מ 55א. בינוני: מצטנק - שמ יד 3 A. **אֶתְפַּעַל** בינוני: מצטנקה miṣṭånnēqå (נקבה) - א״ד ג 13. **מסנקוק** - שמ כז 10 B. **מצנוק** - ת״מ 161ב (ק). **מצנק** מצנקיך - דב לג 25 ED. **מצנקה** - שמ כה 25. **צנוק** ṣânoq (qāṭōl) - מ יח 3. **צניק** - במ יט 15.

**קל סגר to shut, lock** פמה דנחש צנק פי הנחש סגר - shut the mouth of the serpent! מ ה 67 [זב״ח, עואנ״ש ג/ב 170]. ויח דרשה צנקו ואת הדלת סגרו they shut the door - בר יט 6, 10 (= המליץ 535)]. ופתח ימה ברבו רבה וצנק יתה ביכלו רבה ופתח את הים בתפארת גדולה וסגר אותו ביכולת גדולה - ת״מ 285א. בבראשית צנקת ופתחת צנקת למה דעבר ופתחת למה יאתי בבריאה היא סגרה ופתחה. סגרה מה שהיה ופתחה מה שיהיה - ת״מ 174א. ופתח לה וצנק לה ועורן לא ימעי ופותח לו וסוגר לו ואחר אין ממחה - ננה 73. צניק עליון מדברה סגר עליהם המדבר - שמ יד 3 [נ״ש sēgər, פעול. השי המליץ 535, ש׳ 41. SP*pass. pt.*]. תרחה שביעה דהוה צניק עד הן אתיתיך והפתח קמיךהשער השביעי היה סגור עד שבאתי אליך ונפתח לפניך - ת״מ 296א

**מצנק** למפתח ולצנק למפתח קשטה ומצנק בישתה לפתח ולסגר לפתוח את האמת ולסגור שער הרעה - ת״מ 174ב [לצנק הוא ט״ס והנכון בסמוך לו. ק ולמצנוק בשני המקומות] - ת״מ 174ב

**אפעל סגר to shut, lock** לא תצנק באפינן תרחי רתותך אל תסגור בפנינו את שערי רתיונך do not shut before us the gates of Your mercy - ע״ד כג 66. תריה רחמיך מרי לא תצנקנה באפינן שערי רחמיך, אדוני, לא תסגרם לפנינו (נ״א תצנקנון) ע״ד כה 88.

**אֶתְפְּעֵל נסגר to be locked** מצטנק עלויון קפרה A סגר עליהם המדבר the desert is locked (around) them - שמ יד 3 (=המליץ 535). ועלו מצראי בתרון ואצטנק עליון ובאו המצרים אחריהם ונסגר עליהם (הים) - ת״מ 55א

**אֶתְפַּעַל נסגר to be locked** גנה דלא מצטנקה לעלם היא שבתה גינה שאינה נסגרת לעולם היא השבת the Sabbath is a garden never locked - א״ד ג 13.

**מסנקוק**† ש״ע ז *n. m.* **מסגר lock** מסנקוקיון ולבניהון כסף B (נ״א ופרעיון) וויהם וחשוקיהם כסף the locks and bands to be of silver - שמ כז 10.

**מצנוק** ש״ע ז *n. m.* **1 סגירה closure** ב׳ בה הגדל כל איקר בעלמה מפתוח ומצנוק מצנוקה למה דאזל ומפתוחה למה דאתי ב׳, בה התגדל כל הכבוד בעולם: הפתיחה והסגירה; הסגירה למה שעבר הפתיחה למה שיבוא with beth all glory was augmented in the world: the opening and the closure: the closure of of what passed and the opening of what is still to come - ת״מ (ק) 161ב. **2 מסגר lock** ומצנוקיון B וויהם - שמ כו 32, 37, כז 11.

**מצנק** ש״ע ז *n. m.* **1 סגירה closure** ב׳... מפתוחה ומצנקה למה דאזל ולמה דאתי ב׳...היא המפתח והסגר למה שהיה ולמה שיבוא Beth... is the opening and the closure of what had passed and of what was yet to come (in Creation) - ת״מ 174א. **2 מנעל lock** מצנקיך

ED מנעליך [נתפס מנעול ?] - דב לג 25.

**מצנקה** ש״ע נ *n. f.* **מסגרת rim, enclosure**
ותעבד לה מצנקה טפח סאר ועשית לו מסגרת
make a rim of a hand's breadth טפח סביב
- שמ כה 25. ועבד כליל דהב למצנקתה around it
סאר ויעש זר זהב למסגרתו סביב - שמ לז 12.

**צנוק** ש״ת qāṭōl *adj.* **סוגר conclusion** מפתח
דרחותה וצנוק דפנותה פותח רעותה ונועל
the opening of the Favor and the פנותה
- ת״מ 238 - conclusion of disfavor. ולא תרח
רחמיך צנוק באפי ערוק ואין שער רחמיך
סגור בפני בורח - מ יח 3 [זב״ח עואנ״ש ג/ב 241ב].

**צניק** ש״ע ז *n. m.* **צמיד twisted strip**
וכל מאן אפתיח holding the cover of a vessel
דלית לה צניק ושזיר וכל כלי פתוח אשר אין
every open vessel, which has עליו צמיד ופתיל
- במ יט 15 - no twisted strip upon it.

**צעי** כלי קיבול, קערה **receptacle** [א״י צעא אפומא
דחצבא = קערה על פי הכד - בבלי פסחים קיא ע״ב. **ס**
צעא = קערה - PSm 3424b. **ע** נהגו בסוריא לגבות מן
הנחושת ומן הצועות - ירוש כתובות לג ע״ד]

**צעה** ש״ע נ *n. f.* **1 קערה platter** צעה כסף
אחדה תלתים ומאה מתקלה קערת כסף אחת
one silver plate whose שלשים ומאה משקלה
- במ ז - weight was a hundred and thirty shekels
13. וכך 37 (M₁* צעתה) ועוד. **2 גביע bowl** וית
צעיי צעי כספה תשוה בפי טועינה זעורה A
put my ...צעי צעה) ואת גביעי גביע הכסף m)
cup, the silver cup, in the mouth of the sack of
- בר מד 2 - the youngest. ואשכח ציעה בטעונת
בנימים A - בר מד 12. ולא אשקחת יונתה
מקר לצעי רגלה E)A) ולא מצאה היונה מנוח
לכף רגלה - בר ח 9 [תרגום מיכאני *Mechanical*
*translation*.]

**צעו** ש״ע נ *n. f.* **1 קערה platter** ועבד ית
מניה... ית צעויו ...את קערותיו he made the
- שמ לז 16 - vessels… its platters.

**צעי** ש״ע נ *n. f.* **1 קערה platter** ועבד ית
מניה... ית צעיו A (צעיו = המליץ 587. V*M₂
צעתה) ...את קערותיו - שמ לז 16. ויתנון עליו
ית צעייה B (VN צאיה) - במ ד 7 (המליץ 587:
צעיאיה). צעאין כסף M - במ ז 84. **2 גביע bowl**
וית צעיי צעי כספה תשוה בפי טועינה זעורה
put ...צעי צעה) ואת גביעי גביע הכסף m) A
my cup, the silver cup, in the mouth of the sack
- בר מד 2 - of the youngest. ולא אשקחת יונתה
מקר לצעי רגלה E)A) ולא מצאה היונה מנוח
לכף רגלה - בר ח 9 [הכליל את שימוש המלה]. **3**
**אוצר מזון** בהשאלה *fig.* **store-house** ובנו
קריאן צעין M₁ ויבנו ערי מסכנות they built
- שמ א 11 - store-cities.

**צעיר**† רך בשנים **youth** [עש״ח NSH]

**צעיר** ש״ת *adj.* **צעיר young** ואושט ישראל
ית ימינה ושותה על ריש אפרים והוא צעירה
Israel stretched והוא הצעיר... (נ״א זעורה) A
out his right hand and laid it on Ephraim's
- בר מח 14 - head, though he was the younger.

**צעע**† פגם, מום **blemish** [**ס** צעעא = לכלוך; צעותא
= מום - LS 633b]

**צעו** ש״ע נ *n. f.* **מחלה disease** פחה היא
בצעותה או בנקיותה (A בצחותה, B
בצחיותה) פחתת היא בקרחתו או בגבחתו it
is an inflammation on his disease or on his
- sound part - ויק יג 55 (=המליץ 585. ע׳ זב״ח שם,
שורה 218).

**צעף¹** כסוי לפנים **covering** [מן העברית H]

**צעיף** ש״ע ז *n. m.* **רדיד veil** ונסבת צעיפה
ואכסית ותקח הצעיף ותתכס she took her
- בר כד 65 - veil and covered herself. ואכסית
בצעיף (E בצעיפה, B בציפה) ותתכס בצעיף
- בר לח 14.

**ציאף** ש״ע ז *n. m.* **צעיף veil** *ṣiyyāf וצר יתה
בציאף *M₈ ויצר אתו בחרט (bâråṭ) (Aaron)
- שמ לב 4 - bundled it in a veil [תפס בחריט. השי׳ B
וכנש, והשי׳ מי״ל בשושיפא. אבל אפשר שהוא מן זיף -
ע״ע].

**צעף²**† ? [עירוב של ויצר ושל עפר שבנ״ש *Corr.:*
[*blend of wyṣr and of ᶜpr* (SP)

**צעף ?** וצער יהוה אלה ית האדם צעף מן
אדמתה ויצר יהוה אלהים את האדם עפר מן
האדמה - בר ב 6.

**צער¹** כאב, יגון **pain, sorrow** [א״י ויצערון
יתהון ארבע מאה שנין - **נ** בר טו 13. **סוא״י** קודם
קירוס דתצער יתן = שתצער אותנו בטרם עת - מתי ח
29]

**פעל עינה, הכאיב to afflict** יצערנה קדוף
ויענינה עבר A יענו אשור ויענו עבר they

בם כד 24. - shall afflict Assur and distress Eber דהוו מצערין לון בכל זבן עד ייתון קסה באשר היו דוחקים אותם (השוטרים את העם) בכל עת להביא את הקש - ת״מ 279ב.

**אפעל עינה** אצערת to afflict לקין וכל זרעה ציערתי את קין ואת כל זרעו I afflicted Cain and all his descendants - ת״מ 304ב.

**אֶתְפָּעַל 1 נעצב** ואצטער to be distressed אל לבה ויתעצב אל לבו (God's) heart was distressed - בר ו 6. ואצטערו גבריה ואתקף לון ויתעצבו האנשים ויחר להם the men were distressed and very angry - בר לד 7 (=המליץ 545). אל תצטערון ואל יתקף בעיניכון (C תסטערו, M תסטהרון, המליץ 545 תצטערוא) אל תעצבו ואל יחר בעיניכם - בר מה 5. **2** סתמי *impers.* אצטער על כהניה... דן ממללה והוו בלחץ צר לכוהנים... הדיבור הזה והיו בלחץ this statement was afflicting to the priests and they were in distress - ת״מ 251א. **3 נתענה** to be afflicted ולא יסטערו בדין כי הלכו בשביל זכותה ולא יצטערו בעונשים כי הלכו בשביל הצדק they will not be afflicted in judgment, for they walked in the path of righteousness - ת״מ 243א. אנן מצטערין ואתה אנו מצטערים עמך - ת״מ 24ב.

**צער** ש״ע ז *n. m.* **צער** distress ונפקת נפשה בלא צער ויצאה נפשו בלא צער (Moses') soul departed without distress - ת״מ 266ב. לא עלל ללבה צער לא בא ללבו צער - ת״מ 114א. סגוי אסגי צעריך... בצער תלדי בנים הרבה ארבה עצבונך... בעצבון תלדי בנים - בר ג 16.

**צערה**† ש״ע נ *n. f.* **צער** distress הפלגו מצראי פלגים וגלו צרעה (!) לבני רחמי נחלקו המצרים פלגות ועשו צער לבני אוהביי - ת״מ 273ב. ואקים קנומה ביש יעמי גרמה בצעראה (מי ש)עשה עצמו רשע, יראה עצמו בצער (בצרה?) - ת״מ 153ב [זב״ח הע׳ 3]. זרזו למביע מן אלה הן יקרב רחמיו וינפש צרעהתן מהרו לבקש מן אלוהים שיקרב רחמיו וירווח לנו מצערנו (מצרתנו?) rush to ask God that He may bring near His mercy and relieve our distress - ת״מ 294א [זב״ח הע׳ 4].

**צער²** şâr שם מקום *pr. n. (place)*

**צער** ש״פ כארע מצרים במיעלך לצער כארץ מצרים באכה צערה - בר יג 10. דמצטער (מילולית: הנגלף. ע״ע צור²) דלא מצער כי הפסל שלו מן

צוער - אס 16ב.

**צעתר**† מין תבלין a spice [> صعتر Dozy II 832b -

**צעתר** ש״ע ז *n. m.* **צתרה** thyme ויסב כהנה קיצם ארז וצעתר A (נ״א ואזוב) ולקח הכהן עץ ארז ואזוב the priest shall take cedar wood and thyme - במ יט 6 [בתה״ע שתי גרסאות: عزوب (=אזוב - א״ח) / زعتر (א״ס). ב״כרוניקה החדשה" בעניין דוסיס: ויהי כי השיג בו לדבר יהוה "ולקחתם אגדת אזוב" ויאמר תחתיה "ולקחתם אגודת צעתר" ויגערו בו העדה... - E.N. Adler, *Une nouvelle Chronique samaritaine*, Paris 1903, p. 67. הדבר מובא אצל אבו-אלפתח Stenhouse, p. 217].

**צפו** şâfu שם פרטי *pr. n.*

**צפו** ש״פ והוו בני אליפז תימן ואמר וצפו... - בר לו 11. רבה צפו - בר לו 15.

**צפון¹** מרוחות השמים north [א״י עד חובה די מן צפון לדמשק - נ בר יד 15. סוא״י על סיטרא דמשכנא לפי צפונא - שמ כו 35]

**צפון** ש״ע ז *n. m.* **צפון** north מצפון חמת מצפון לחמת north of Hamath - אס 19ב. ותפתי מערבה ומדנעה וצפונה ודרומה you shall spread out to the west and to the east, to the north and to the south - בר כח 14 (=המליץ 576). הוית באימם אסיפני אסתב וצפונה בלילי A הייתי ביום אכלני חרף וקרח בלילה - בר לא 40 [ט״ס מן צונה .*Corr*]. ואזל עילם ואשור לצפון אור כשדים - אס 8א.

**צפון²** şâ'fūn שם פרטי *pr. n.*

**צפון** ש״פ ובני גד צפון וחגי... - בר מו 16.

**צפונאי** ש״י *gent. n.* בני גד לכרניון לצפון כרן צפונאה... (VNC צפונאי) - במ כו 15.

**צפור** şibbor שם פרטי *pr. n.*

**צפור** ש״פ ובלק בר צפור מלך למואב - במ כב 4. בלק בר צפור מלך מואב (A בלק בר כנפר) - במ כב 10.

**צפורה** şibborå שם פרטי *pr. n.*

**צפורה** ש״פ ויהב ית צפורה ברתה למשה לאתה - שמ ב 21.

**צפי**[1] הבטה, השקפה **looking out, watching** [**א״י** דמצפייה מן על קבל בית הישימון - **נ** במ כג 28. **סוא״י** ויתל ארכוניכי בשילם ולצפויכי בצדיק = ושמתי פקדתך שלום ונגשיך צדקה - ישע ס 17] ← ראיה **sight** [הוראה זו רק באה״ש המאוחרת. בתה״ש שכיח ב-A. טל ג, סו. *Late* SA]

**קל** עבר: צפה - ת״מ 224ב עתיד: נצפי (מדברים) - niṣfi ע״ד כה 55. ציווי: צפי - ע״ד כג 43. בינוני: צפי - ṣēfi ע״ד כח 83. מקור: מצפי - בר מב 12 A. **מצפי** - ṣēfi במצפי bâmiṣfi - ע״ד כג 44. **צפיה** ṣifyā - ע״ד כה 64. צפיאתה (ריבוי+נסתר) ṣifyâte - מ ז 71.

**קל 1 הביט, השקיף to look, observe** צפה פרעה לסיעתה ושרי ממלך מה יעבד הביט פרעה בסיעתו והתחיל להוועץ מה לעשות Pharaoh looked at his party and begun to seek advice (about) what to do - ת״מ 224ב. **וצפה** אל איתמר ואמר לה - ת״מ 256ב. **יצפי** יהוה ביני ובינך (JEB יצף) CA יצף יהוה ביני ובינך - בר לא 49 [השי קת״ג: יצפי. התה״ע: ינצף = יחצה]. **ונצפי** אל ס ונתבונן אל האות ס - ת״מ 295א. **צפי לן** במצפי דרתו הבט בנו במבט של רחמים - ע״ד כג 44-43. **אלית צפי לן**... מה אסותן אם אינך מביט בנו, מה רפואתנו? - ע״ד כח 83-84. **2 ראה to see** A לא תצפו אפי אלא ואחוכון לותכון לא תראו פני בלתי אחיכם אתכם you shall not see my face unless your brother is with you - בר מג 3. **נצפי** חכמתך נראה את חכמתך - ע״ד כה 55. **כד צפה** יתון ושרו תפוכה בבתי סגדתון אך ראה אותם (לוט את המלאכים) כבר החלו להפוך את בתי אליליהם - ת״מ 44א.

**מצפי** גנות ארעה אתיתון למצפי A ערות הארץ באתם לראות - בר מב 12. ולית יתון סבעין מן מצפיתה ואין הם שבעים מלראותו - ת״מ 252א.

**מצפי**† ש״ע נ *n. f.* **1 מבט sight** נחת ענגה ושגבה מן מצפית כל קהל ישראל ירד הענן והסתירו ממבט כל קהל ישראל the cloud descended and covered him from the sight of all the congregation of Israel - ת״מ 269א. **במצפי** דרתו במבט של רחמים - ע״ד כג 44. **ומצפיתה** תשבחן ומראהו תשבחות - ע״ד כו 16. **בכל יתיחם** עאנה... ישוי יעקב ית אטיריה לקבל עאנה במצפ‹י› אתה בפלטיה A ויהי בכל יחם הצאן... ישים יעקב את המקלות לעיני הצאן ‹בראייה› ברהטים - בר ל 41 [מן הגיליון *Gloss* ?].

**צפיה**† ש״ע נ *n. f.* **הבטה looking** צפיאתה רחמים מוחיון עלמה הבטותיו רחמים, מחיות את העולם (God's) looking is mercy, that revives the world - מ ז 71-72. **צפי לן צפיה** ברחמיך הבט בנו הבטה ברחמיך - ע״ד כה 63-64.

**צפי**[2]† שקיעה **drain** [> صفا = טיהור הנוזל ע״י שקיעת דליחותו - Lane 1703a]

**קל נמצה to be drained out** וימלק ית רישה... ויצפי אדמה לגו כתל מדבחה M3* (נ״א וישקיע) ...ונמצא דמו אל קיר המזבח (the priest shall) wring off its head..., and its blood shall be drained out on the side of the altar - ויק א 15 [הטור הערבי של המליץ 505: פיצפא]. ודמשתאר באדמה יצפי לגו ארש מדבחה m (נ״א ישקיע) והנשאר בדם ימצא אל יסוד המזבח - ויק ה 9.

**צפן**† טמינה **secrecy** ← מארב **ambush** [מן העברית H]

**אפעל ארב to lie in waiting** מן הצפין לאנש לגו שבילה למחיתה... עלל בלבטתה מי שארב לאדם בדרך להכותו... בא בקללה he who lies in waiting on the path for someone in order to strike him... enters into the curse - ת״מ 162א. (Dt 27:24)

**צפון** ש״ת qāṭōl *adj.* **שמור, צפון reserved** והוו עטיפיה ללבן וצפוניה ליעקב A והיו העטופים ללבן והקשורים ליעקב the wrapped were Labans, and the reserved (ones) for Jacob - בר ל 42 [פירש קשורים = צפונים, היינו מיועדים].

**צפינה** ש״ע נ *n. f.* **מצפון hidden thoughts** והות צפינה בישה הגלת לגו מדברה קץ שבי מנן נקים ריש ונעזר אל מצרימה והייתה צפינה רעה נגלית במדבר: ״חדל נא ממנו״ (שמ יד 12) ״נתן ראש ונשוב מצרימה״ (במ יד 4) there was a bad hidden thought, which was manifested in the desert: "let us alone" (Ex 14:12); "let us chose a chieftain and return to Egypt" (Num 14:4) - ת״מ 214ב [זב״ח הע׳ 1].

**צפינו** ש״ע ז *n. m.* **מצפון hidden thoughts** תדע כל צפינותם אתה יודע את כל מצפוניה - You know all their hidden thoughts פינחס (Cow 491).

**צפר**[1] בוקר **morning** [**א"י** ולקטו יתיה בכל צפר וצפר - **נ** שמ טז 21. **סוא"י** וקם אברהם בצפרא - בר כב 3]

**קל השכים** גזור ש"ע בעש"ח **to get up (early)** *denom.*NSH טרח על עבדיך הרגז ודחלון וצפרו נביכים כבד על עבדים הרוגז והפחידם והשכימו נבוכים the anger was arduous on Your servants and it frightened them, and they got up confused - משלמה בן אב סכוה (Cow 89).

**צפר א**[†] ש"ע ז *n. m.* **1 בוקר morning** נהר קרץ כל צפר אור משכים כל בוקר - ע"ד ז 15. האן דאתון קעמין light gets up every morning בחלקה דצפרה ועמין למאורה סלק באשר אתם קמים בחלק הבוקר ורואים את האור עולה - ע"ד ז 2-1. במיעתון בצברה במהי צפרה ברדתם במצלות בהיות הבוקר - ת"מ 82א. **2** במעמד אדוורביאלי *adverbial* צפר ויעכם יהוה ית דלה בקר וידע יהוה את אשר לו - במ טז 5. לא תבית פעלת אגיר עמך עד צפר לא תלין פעלת שכיר עמך עד בקר - ויק יט 13. [†]**ב** ת"פ *adv.* **מחר tomorrow** שבתה שבה קדש ליהוה צפר B שבת שבתון... מחר tomorrow is a day of rest, a holy Sabbath - שמ טז 23. ופוק הגיח בעמלק צפר B - שמ יז 9. חג ליהוה צפר B - שמ לב 5. והוה בצפרה ויתב משה למדון עם עמה B ויהי ממחרת... - שמ יח 13. ותסיד בי זכותי ביום צפר B וענתה בי צדקתי ביום מחר - בר ל 33.

**צפר**[2†] עוף **bird** [רק בעניין הפולחן. טלשיר 86. ע"ע עוף. **א"י** וית צפר שחפה וית בר נצצא - **נ** ויק יא 16. **סוא"י** חמשא צפרין - לוקס יב 6]

**צפור** ש"ע נ *n. f.* **צפור bird** [מן העברית H] וית צפוריה לא פסק *$M_2$ ואת צפורים לא בתר - בר טו 10 - he did not cut up the bird.

**צפיר** ש"ע נ *n. f.* **צפור bird** ויסבו למדכאה תרתין צפירין A ולקחו למטהר שתי צפורים they shall take for him who is to be cleansed - ויק יד 4 - two birds [טלשיר 87: הוא לשון הקטנה].

**צפרה** ש"ע נ *n. f.* **צפור bird** ויכס ית צפרתה אחדתה ושחט את הצפור האחת they shall slaughter the one bird - ויק יד 50. וישלח ית צפרתה חיתה למלבר לקרתה ושלח את הצפור החיה אל מחוץ לעיר - ויק יד 53. ויסבון למדכיה תרתי צפרן (*$M_1$ צפארים) - ויק יד 4.

**צפרתה דגמלה** ש"ע נ *n. f.* **יען a bird** [טלשיר 142] צפרתה דגמלה $M_1$ בת היענה - ויק יא 16.

**צפר**[3] בהמה דקה: צעיר העזים **small cattle** [**א"י** תרין צפירין דעיזין - **נ** ויק טז 5. טלשיר 101]

**צפיר** ש"ע ז *n. m.* **שעיר he-goat** ותעבדון צפיר עזים אחד לסלוח ועשיתם שעיר עזים אחד לחטאת - ויק כג 19. ויסמך ית אדה על ריש צפירה - ויק ד 24. יסב תרי צפירי עזים לסלוח - ויק טז 5.

**צפירה** ש"ע נ *n. f.* **שעירה she-goat** וינדי ית קרבנה צפירת עזים והביא את קרבנו שעירת עזים - ויק ד 28. צפירת עזים לסלוח - ויק ה 6.

**צרדה** שם מקום ṣ̄âridda *pr. n. (place)*

**צרדה** ש"פ ויי אפקותה תחומה צרדה והיה תוצאיתו הגבול צרדה - במ לד 8.

**צרח**[†] השמעה בקול, זעקה **cry** [**א"י** וסיען יצטרחן מרומאי - אונקלוס במ כד 24. **ס** אצרח - PSm 3443a **ע** היה צורח וצווח מראש ההר - תוס גיטין ד ח]

**אפעל הזעיק to convoke** אצרע ית עמה... לבדיל ישמעון E (נ"א כנש) הקהל את העם... למען ישמעו... convoke the people..., that they may hear - דב לא 12.

**אתפעל נקרא to be designated** by name גבריה אלין [ד]אצרעו בשמהן $m_2$ (נ"א דאכרזו) האנשים האלה אשר נקבו בשמות these men, who were designated by name - במ א 17.

**מצראי** ש"ע ז *n. m.* **צעקה cry** חיב אן יצבע דבק... מה מצראי מחנה mis̄'rây חוטא אם יצעק הושע!... מה צעקתו מועילה if a sinner, what helps the cry?...cries out "save!" - מ א 41-39 [אין הקריאה משקפת פירוש זה ואע"פ כן הוא מוכרח. ע' זב"ח שם].

**צרי**[†] דוחק וצער **sorrow, grief** [**א"י** וצרה לי מינך (נ"א וצדי) - בר"ר 1114. קרוב אל צו"ר ואל צר"ר (ע"ע) [*Cognate of swr and ṣrr, q.v.*]

**קל נצטער to be distressed** *with l* עם ל' ודעל יעקב שריר וצרה לה (נ"א וצדה) ויירא יעקב מאד ויצר לו Jacob was greatly afraid and distressed - בר לב 8 [**נ** ועקת ליה, וכך פשיטתא ואונקלוס].

**אֶתְפְּעֶל נצטער to be distressed** יצטריהן כתפהתה דעתידין לבדור יצטערו הכתפים של העתידים להתפזר let be distressed the

ת״מ - shoulders that are about to be dispersed 247ב [זב״ח מתרגם תיסדקנה כמו בבלי שבת קנד ע״ב, וכן **ס** - LS 636b. אבל זהו שורש אחר, רגיל בדיאלקטים מזרחיים].

**צרי** ש״ע נ *n. f.* **1 מקום צר narrow passage** וקעם מלאך יהוה בצרי כרמיה A (נ״א בשביל) ויעמד מלאך יהוה במיצר הכרמים the angel of the Lord stood in a narrow passage between the vineyards - במ כב 24 [פירש משעל - מקום צר, כמו התה״ע: مضيف simmilarly, SAV (Lane 1816b). השי **מי״ל** בדוחקא דמיצע בין כרמיא]. **2 צרה distress** (C) אשלח ית צריתה לקדמיך (עקתה) ושלחתי את הצרה לפניך וגרשה את הכנעני I will send distress ahead of you, and it shall drive out before you the Canaanites - שמ כג 28 השומרוני פירש צרה את הקריאה aṣṣâ'râ ותרגם דעתך שבבר מב 21 נ״ש יש כתיבים הצרעה - von Gall ad loc. ותרגומו עקתה. וראה טלשיר 206]. **ואף** ית צריתה ישלח יהוה אלהך בון (B עקתה) וגם את הצרעה ישלח... בם aṣṣâ'rā - דב ז 20.

**צריעו** ש״ע נ *n. f.* **צרה distress** ואשגר ית צריעותה לקודמיך BA ושלחתי את הצרה לפניך I will send distress ahead of you - שמ כג 28. **ואף** ית צריעתה ישלח יהוה אלהך בון E (V צרעיתה) - דב ז 20 [לכאורה צרעה, אבל השומרונים הבינו צרה. החרק שבנה״מ ניתרגם בתרגומים למיניהם אורעי, עורעי, כראוי. לפנינו אפוא כתיב אחר של צריותה, מושפע מן הנוסח העברי = הצרה. טלשיר 205 .Sam [tradition interprets from ṣry, unlike MT.

**צרה**[†] ש״ע נ *n. f.* **מצוק distress** [עש״ח NSH] וארוח ברחמיך וחסדיך וגאל מכל צרע relieve with Your mercy and grace and redeem from any distress - אבישע (Cow 485). **ואתת** הרווחות לכל עדת העברים מכל הצרעותובאו רווחות לכל עדת העברים מכל הצרות relief from distress will come to all the congregation of the Hebrews - בן מניר (Cow 99). **והסיר צררנו** ומצוקנו וצרענו - בן מניר (Cow 184). **ויחנך** בעת הלחץ והמצוק והצרע - פינחס הרבן (Cow 83).

**צרך** צורך, כפיפות לדרישה **need** [**א״י** לא תצרכון למיזף - **נ** דב טו 6. **סוא״י** לא צריכין הלין דברין לאסיא = הבריאים אינם צריכים לרופא - לוקס ה 31; עוני **poverty**

**קל** עבר: צרכת (נוכח) - ת״מ 211ב. בינוני פעול: צריך - ע״ד כו 64. **אפעל** עבר: אצרכת (מדבר) - ת״מ ṣârak 305א. ואסרכך (נסתר+נוכח) - דב ח 3. עתיד: תצרכני

- ט 43. **אצרך** - בר מב 33 $*M_{ex}$. **צורך** taṣrēkinni - ע״ד כו 69. **צורכן** - בר מב 19 $*M_1$. **צריכה** ṣūrǝk צריכות ṣârīkot - א״ג 69. **צרך** - בר מא 36 $m^a$. לצרכין - במ י 31 (=המליץ 498). **צרכו** צרכות (נסמך) - בר מב 19. צרכואן - ת״מ 211ב. **צרכן** - בר מב 19 $M_3$. צרכניה - שמ כא 10 EC (=המליץ 602).

**קל א** פע״ע *intrans.* **צריך, זקוק to need** כי בשמי צרכואן והן צרכת כי בידי גלי לך סימנים אכן בשמי (סיפוק) צרכים ואם צרכת, אני יכול לגלות לך מופתים in My name there is (satisfaction of) needs, and if you need, (it is in) My power to reveal to you wonders - ת״מ 211ב. תחמדתה דשלטת עלינן... ואבדת דעתה מנן וצרכנן לבראי ילפן התאווה שהשתלטה עלינו... ואיבדה את הדעת ממנו ונזקקנו לזר שילמדנו - ת״מ 283ב. **ואהן תמה חיול... צריך** לאודאו וזהו פלא חזק... הצריך לתודה - ע״ד טז 15-16 [כלומר ראוי]. אלית אנה צריך לסימן אין אני צריך לאות - ת״מ 244ב. **2 עני** בינוני פעול במעמד ש״ת *pass. pt. (adjectival)* **poor** וחסלך תנזף באפי תותב צריך וחלילה לך מלנזוף בפני תושב עני far be it from You to rebuke a poor sojourner - ע״ד כו 63-64. נפושיך רברבין וצורכי כל צריך רווחותיך רבות וצרכי כל עני - מ ז 53-54. **ב** פועל עזר *auxiliary verb* (**א**) עם פועל בלתי מפורש *with the inf.* ליתה צריך למבקר עליה אינו צריך לחקור אודותיה there is no need to inquire about it - ת״מ 189ב. ליתה צריך למחדדה אכה אין צריך לחדש כאן - ת״מ 174א. דו ידע כלה דלא צריך מתודע כי היא יודע הכול ואינו צריך להתידע - מ יג 15-16. (**ב**) עם פועל מפורש *with a finite verb* לית צריך תבקר על אלין מליה אינך צריך לחקור על הדברים האלה you don't have to inquire about these things - ת״מ 192ב. לינן צריכין נבלשנה איננו צריכים לחפשה - ת״מ 282ב.

**אפעל הזקיק**[†] **to submit, subject** אצרכת כל סניו אליו (יצחק), הזקקתי כל שונאיו אליו I submitted all his enemies to him (Isaac) - ת״מ 305א. הך נצרך גרמן ‹לבראין› וכלה צריך לידן איך נזקיק עצמנו לזרים, והכול צריכים לנו!? - ת״מ 283א. **ולאנשה לא תצרכני ולאדם** אל תצריכני - ט 43. **ואסרכך ואיכלך ית מנה** E ויִרעבך ויאכילך את המן (God) subjected you - to hunger and (then) gave you manna to eat - דב ח 3.

**אצרך**[†] ש״ע ז *n. m.* **צורך need** וית אצרך בתיכון סבו ואזלו $*M_{ex}$ ואת רעבון בתיכם

קחו ולכו and take (grain) for the need of your households and be off - בר מב 33.

**צורך** ש״ע ז *n. m.* **1 צורך need** לית צורך למבקר עליהון אין צורך לחקור בהם there is no need to inquire about them - ת״מ 111ב. צורך נפשה לרוחה צורכן לרחמיך צורך הנפש לרווחה צורכנו לרחמיך - ע״ד כו 69-70 [כלומר, הנפש צריכה..., אנו צריכים]. **2** שם כללי למה שנחוץ לאדם **need** וספק צורכיון וסיפק צורכיהם - (God) supplied their needs ת״מ 274א. **אנש** דיבלש מן מלך צורכה איש אשר יבקש ממלך את צרכיו - ת״מ 167א. והוית לנו לצורכים VN והיית לנו ל(ספוק) צרכים (a you will be to us supplier of) needs - במ י 31.

**צורכן**[†] ש״ע ז *n. m.* **צורך needs** ואיתו ית מירא צורכן בבתיכון $M_1$* והביאו את שבר רעבון בתיכם - בר מב 19.

**צריכה**[†] ש״ע נ *n. f.* **צרכים need** מטי צריכות לכל רחיותה סבר נותן צרכים לכל המצפה לרצונו (God) supplies the needs to every living (being) that expects His favor - א״ג 68.

**צרך** ש״ע ז *n. m.* **1 צורך need** ויהי מזונה לצרך לארעה $m^a$ והיה האכל לפקדון לארץ the food shall be (reserved) for the needs of the land - בר מא 36. ותהי לנן לצרכין והיית לנו לעינים - במ י 31.

**צרכו**[†] ש״ע נ *n. f.* **צורך need** בשמי צרכואן בשמי (סיפוק) צרכים in My name there is supplying of needs - ת״מ 11ב. צרכות בתיכון $M_3$ רעבון בתיכם - בר מב 19, 33 [ע׳ לעיל].

**צרכן**[†] ש״ע ז *n. m.* **צורך need** עמירה ותכסיתה וצרכנה לא יתבצר V (EC וצרכניה) שארה כסותה ועונתה לא יחסר her food, her clothing, and her needs must not be withheld - שמ כא 10 [פירש ענות מעניין עוני]. **ארע** דיהוה אלהך בעי מנה תדיר צרכני יהוה אלהך בה (E C עין צרכני) ארץ אשר יהוה אלהיך דורש ממנה תמיד, עניי יהוה אלהיך בה - דב יא 12 [דרוש. עירב את הגרסאות .Midr]. והוא יהי מרוד באדם צריך לכלה וצרכן כלה בה $M_1$+$M_2$ פרא אדם ידו בכל ויד כל בו - בר טז 12 [פרפרזה מן אונקלוס. *Paraph. from* O]. ואיתו ית מיר צרכן בתיכון והביאו את שבר רעבון בתיכם - בר מב 19.

**צרם**[†] הטלת מום **blemish** [ע צרם באוזנו - **מש** ב״ק ח ו (ב״י 5646). **ס** צרם = חתך - LS 638a]

**קל** בינוני פעול *pass. pt.* **בעל מום to be maimed** סמאי אי תבר אי צרים (V צרם, N צרעם) עורת או שבור או חרוץ (anything) blind, injured, or maimed - ויק כב 22.

**צרום** ש״ת qāṭōl *adj.* **בעל מום spoiled** ותור ונקי צרום וגדום EA ושור ושה שרוע וקלוט an ox or a sheep blemished or spoiled - ויק כב 23.

**צרע** מחלת עור **a skin disease** [א״י והא ידיה מצרעה כתלגא - **נ** שמ ד 6]

**קל** בינוני פעול *pass. pt.* **צרוע leprous** גבר גבר מזרע אהרן והוא צריע... בקדשיה לא ייכל איש איש מזרע אהרן והוא צרוע... בקדשים לא יאכל any person of the line of Aaron who is a leper... may not eat of the sacred donations - ויק כב 4. **אתהסי** מכתש צרעתה מן צריה נרפא נגע הצרעת מן הצרוע - ויק יד 3. וצריה דיי בה מכתשה והצרוע אשר בו הנגע - ויק יג 45 (המליץ 576: וצריעה).

**פעל** בינוני פעול *pass. pt.* **מצורע leprous** ואה אדה מצרעה כתלג והנה ידו מצרעת כשלג his hand was leprous, as (white as) snow - שמ ד 6. ואה מרים מצרעה והנה מרים מצרעת - במ יב 10. דה תהי תורות מצרעה זאת תהיה תורת המצרע - ויק יד 2.

**אֶתְפַּעַל חלה בצרעת to be struck with leprosy** דה תהי תורות דאצטרע VN (EBA דמצטרע) זאת תהיה תורת המצרע this shall be the ritual for a leper (*lit.*: one struck with leprosy) - ויק יד 2 (המליץ 576: דמצטרה).

**צורעה**[†] ש״ע נ *n. f.* **צרעת leprosy** למכתש צורעה $M_1$* לנגע הצרעת a leprous disease - ויק יג 2. צורעה עתיקה $M_1$* צרעת נושנת - ויק יג 11. דמדכי מן צורעתה $M_1$* המטהר מן הצרעת - במ יד 7.

**צרעה** ש״ע נ *n. f.* **צרעת leprosy** ומכתש צרעה אן תהי באדמי ונגע צרעת אם תהיה באדם when one is afflicted with leprosy - ויק יג 9. למכתש צרעה לנגע הצרעת - ויק יג 2. **אשתמר** במכתש צרעתה - דב כד 8.

**צרף**[†] בחינה וניסוי **test** [א״י ושמה דאיתתיה מהיטבאל... ברתא דמצרף דהבא - **התה״מ** בר לו 39. **סוא״י** צרפת יתי - תה יז 3 (Horol 198)]

**קל ניסה to test** דצרפתנה במסה ED (נ״א דנסיתנה) אשר נסיתו במסה whom you

תמן שבה לה גזרה 8. דב לג - tested at Massah ודינה ותמן סרפהA (נ״א נסיה, נסתה) ...ושם נסהו - שמ טו 25. מה תתיגרון עמי ומה תסרפון ית יהוה (נ״א תנסון) ...מה תנסו את יהוה - שמ יז 2. בדיל אסרפנה הא ייזלו בארואתי A (נ״א אנסינה, מנסאתה ועוד) למען אנסנו - שמ טז 4. וצרפו יתי עסר זבנין וינסו אתי אתי עשר פעמים - ת״מ 216ב, 287ב [מביאים את במ יד 22. ליתא].

**סרף** ש״ע ז *n. m.* **ניסיון test** וזעק שם אתרה סרפה ותיגרה על תיגר ברי שיראל ועל סרפיון ית יהוה A (נ״א נסיון... נסיונון) ויקרא שם המקום מסה ומריבה... ועל נסותם את יהוה the place was named Massah and Quarrel..., because of their testing of the Lord - שמ יז 7. בדיל סרף יתכון אתא אלהה A (נ״א מנסאה, נסהות) לבעבור נסות אתכם בא אלהים - שמ כ 16.

**סרפה** ש״ע נ *n. f.* **ניסיון test** וזעק שם אתרה סרפה ותיגרה A (נ״א נסיון) ויקרא שם המקום מסה ומריבה - שמ יז 7.

**צרצר** שיר **a kind of prayer** [השי׳ صَرْصَر Lane 1672 - = صَرَّة .Dozy II, 827b - cigale = [clamor

**צרצר** ש״ע ז *n. m.* **פיוט** ובתר זה יתמר צרצר על חתנה מן מימר עבד אלה בן שלמה - Cow 827. עורן כן צרצר על גמלה לעבד יהוה בן שלמה - Cow 829.

**צרר¹**† איסוף וכינוס **gathering, storing** [א״י אצבתהון צרירן בשושפיהון - נ שמ יב 34] ← דחק ולחץ **pressure, opression** [ע״ע צור. חלקו נוטה ע״ד פ״י. השי׳ עלל *Var. of swr², q. v.*]

**קל 1 כינס, צבר to store, heap up** ויצרון מיר תחת יד מהימני פרעה m ויצברו בר תחת יד פרעה let the grain be stored under Pharaoh's authority - בר מא 35 (מן אונקלוס O). מלשתון צרירן בתכסיאתון על כתפתון A) צררין) משרתם צררות בשמלתם - שמ יב 34. ותצרר כספה באדך ותהך לאתרה דבחר יהוה V) ותצר,ECB ותיצר = המליץ 578) וצרת הכסף בידך והלכת אל המקום אשר בחר ה׳ - דב יד 25 [= המליץ 578; הטור הערבי: ותגמע - לשון כינוס]. ואה גבר צריר כספה בסקה והנה איש צרור כספו בשקו the money of every one was bundled in his sack - בר מב 35 [=המליץ 574. נתפס צרור בינוני פעול במעמד הנשוא. ṣârôr *acts as a predicate* .pass. pt.]

**2 דחק, עצר to oppress, prevent** ויצר ית שומיה ולא יהי מטר VEC (B ויצר) ועצר את השמים ולא יהי מטר (God) will shut up the skies so that there will be no rain - דב יא 17. רוחיה... שרתו שבטי רחותה וצררו איביהון הרוחות שרתו את שבטי רעותה וצררו את אויביהם the winds served the tribes of the Favor and oppressed their enemies - ת״מ 258ב. נצרו אהבים וצררו איובים - ת״מ 59א [הצורה המלאה באה רק בעש״ח. *The full form occurs in NSH only*]. אל תיצר ית מואב ואל תסדר בון אל תצור את מואב ואל תתגר בם do not harass Moab or contend with them - במ כא 11א. אל תיצרנון ואל תתרברב בון אל תצורם ואל תתגר בם - במ כא 12א, דב ב 19. **3 צר** הטיל מצור **to besiege** כד תיצר על קריה יומים סגים למגחי עליה כי תצור על עיר... להלחם עליה when you besiege a city for a long time, making war against it - דב כ 19. ואם לא תשלם עמך... ותיצר עליה VECB ...וצרת עליה - דב כ 12 (=המליץ 578).

**צוררי** ש״ע נ *n. f.* **צרירה bundling** וחזו ית צוררית כספון (M₁* צוררת, VC צררות) ויראו את צררות כספם they saw the bundling of their money - בר מב 35.

**צרה** ש״ע נ *n. f.* **משקולת ballast** נעתו בצרתון כתשבית כיפה B ירדו במצלות כמו אבן they went down in their ballast, as stone - בר מב 35 [נתכוון בצרורות כמו בצברן (VC) ונשתבש. *Corr. of* [bṣrrn; see ṣbr².

**צרר** ש״ע ז *n. m.* **צרה distress** יומה דבה הצרר מתנפש ולא ישתיר בעבדותה ביום שבו תהיה הצרה לרווחה ולא יישאר בעבדות - the day when distress will be relieved - ת״מ 291ב [מבנה עש״ח כגון עמם, פמם (ע״ע)].

**צררה** ש״ע נ *n. f.* **צרור bundle** וחזו ית צררת כספיהון MEB ויראו את צררות כספם they saw the bundles of their money - בר מב 35. והברד דירד מן שחוקי עלוים ואש מתלקחת בתוך צררים קווים והברד שירד מן שמים רמים ואש מתלקחת בתוך צרורות כנוסים - בן מניר Cow 186).

**צררו** ש״ע נ *n. f.* **צרירה bundling** וחזו ית צררות כספיהון... ודחלוVC ויראו את צררות כספם... ויראו they saw the bundling of their

**צרר**[2]

.35 בר מב - money and were dismayed

†**צרר**[2] אבן, סלע **stone, rock** [< **ע** צרור - שמ״ב יז 13]

**צר** ש״ע ז **צור flint** ונסבת צפורה צר CA ותקח צפורה צר - Zipporah took a flint - שמ ד 25 [עברית? H].

# ק

**ק** האות התשע עשרה באלף בית. סימן המספר 100. The nineteenth letter of the alphabet. Symbol of the number 100.

**ק א** qūf ש״ע נ *n. f.* **האות קוף** **Qoph** עמו ק הך הי מזרזה ומגליה מלים משפּעין טבוהן ראו את ק איך היא מזדרזת ומגלה מלים see Qoph, how it hastens to משופעות טובות - reveal words that abund in blessings - ת״מ 301ב.

**ב** שם מספר *cardinal number* **מאה** **hundred** וכתרו ק וי שנין ואולד אסור בר ושהו מאה ועשר שנים... they tarried one hundred and ten - years, and (then) Assur begot a son - אס 36ב. אלה אלף אדם ק ופ אלהים לימד את אדם מאה ושמונים שנה - אס 4א.

**קאל**† **דיבור** **speech** [ = قال בקטעים שנשתרבבו מן התה״ע *Ar interp.*]

**קל אמר** **to say** וקל לבני אסראיל J ואמר לבני ישראל (God) said to the Children of Israel - ויק יז 14. תם קאל באלק לבלעאם J ויאמר בלק... - במ כד 10.

**קאתין**† **a bird** [עירוב של קוזתין ושל קאת *Blend of qwztyn and SP q*ʾ*t:*]

**קאתין** ש״ע *n.* **קאת** **a bird** וית קיפופה וית קאתין וית נעמיתה E (נ״א קוזתין) ואת התנשמת ואת הקאת ואת הרחמה - ויק יא 18.

**קב**† מידה **a measure** [**א״י** ורבעת קבא = ורבע הקב - תרג׳ מל״ב ו 25]

**קב** ש״ע ז *n. m.* **איפה** **a measure** of capacity קב קשט... יהי לכון m (נ״א מכלת, אמכלת) איפת צדק... יהיה לכם you shall have just measures - ויק יט 36.

**קבה**† אוהל **tent** [**ס** קובתא - LS 640a. قُبَّة בניין מקורה כיפה - Lane 2478b. השי׳ KB³ 992b]

**קבה** ש״ע נ *n. f.* **אוהל** **tent** ועל בתר גברה ישראלאה לגו קבתה (V קובה, N קבה) ודקר

יתָ תריון... על קבתה (המליץ 589, B קובתה) ויבא אחרי איש ישראל אל הקבה (aqqåbbå) וידקר את שניהם... אל קבתה (qabbâtå) (Phinehas) went after the man of Israel into the tent, and pierced both of them... in the tent. - במ כה 8 [לפי קריאת נ״ש שני המקומות אחד הם, וקשה לברר אם גם התה״ש תפס כך. ואף לא מן התה״ע: אלקבה... קבתהא *Due to the equal pronunciation, the Samaritan tradition interprets both words as 'tent'. Cf.* SAV.] ואתת קבתה וזמרי וכזבית לגוה ובאה הקובה וזמרי וכזבית בתוכה - אס 18א.

**קבל¹** קדם ← **front, face** קבלה ← **reception** [**א״י** אן לווי את מקבל מני = לו שמעני - **נ** בר כג 13] ← צעקה, תפילה **prayer** [בגליונות כ״י M ובין שיטיו]

**פעל** עבר: קבל qabbəl - מ יד 14. עתיד: יקבל yēqabbəl - ע״ש ז 9. ציווי: קבל qabbəl - ע״ד כה 85. בינוני: מקבל amqabbəl - ע״ד יט 24. מקור: מקבלתך - מ כ 29. **אפעל** בינוני: מקבלן (ר) - שמ כו 5. **אֶתְפַעל** עבר: אקבל iqqabbəl - מ טו 12. עתיד: יתקבל - ת״מ 115ב. בינוני: מקבל - ת״מ 116א. מתקבל - ת״מ 142א. **אתקבלה** - במ טו 3 (מן אונקלוס O). **קבול** qiṭṭūl - ת״מ 107א. **קבל** qâbål - א״ג 95. **קבילה** קבילת (נסמך) - שמ ו 5 m. **קבלה** קבלתה (מיודע) - בר יח 21 *M$_1$. **קובל** לקובל - ת״מ 107א.

**פעל 1 קיבל** **to receive** גלגים אתעבד נביה כד קבל כתבה על טורה תהילות (= מהולל) נעשה הנביא כשקיבל את הספר על ההר the prophet became praised when he received the Book on the mountain - מ יד 13-14. דו רחמן ורתאה מקבל כל תהב שהוא רחמן וחנון מקבל כל שב - ת״מ 305ב. ומנדי לה קרבנים... והו מקבל מנך ו(היית) מביא לו קרבנות... והוא מקבל ממך - ע״ד יט 22-24. **2 שמע** תפילה, צעקה וקבל **to heed** a prayer, an imploration, etc. אלהים לצלות לאה A וישמע אלהים... God heeded Leah - בר ל 17. יקבל אלה מני בדילך - ע״ש ז 9. לא תקבל משמוע מגן לא תשא שמע שוא - שמ כג 1. קבל מני m שמעני - בר כג 11. תתובתון קבל קבל תשובתנו - ע״ד כה 85. ולא צבי מקבל מן חרשיו ולא רצה לשמוע את

קוסמיו - אס 12א. **3 נשא** חטא **to bear** obligation, guilt ונפשה דאכלה מנה עובה תקבל NMECBA (J תסבל) והנפש האכלת ממנו עונה תשא the person who eats of it shall bear his guilt - ויק ז 18. ולא תקבל עליו חטי ולא תשא עליו חטא - ויק יט 17. ויקבלון ית זנואתכון VN (נ״א ויסבלון) ונשאו את זנותכם - במ יד 33.

**מקבלה** נביה דאכלל באורה דהוה מלו מקבלתך הנביא עוטר באור שיהיה ראוי לקבלך - מ כ 28-29.

**אפעל הוצב מנגד**† **to parallel** מקבלן ענביה אחדה לאחדה (A מנגדין) מקבלות הללאות the loops shall parallel one אחת אל אחת another - שמ כו 5.

**אֶתְפָּעַל 1 נתקבל** **to be received** בצומין ובצלואן אקבל ביד משה בצומות ובתפילות (the Book) was נתקבל (הספר) ביד משה - received by Moses with fasts and prayers מ טו 12-13. אקבל שדלה ואשתיר קהלה נתקבל שידולו (= תפילתו) ונשארה העדה (בחיים) - ת״מ 202ב. כל קהל ישראל הן סטה יתקבל כל קהל ישראל, אם סר, יתקבל (בתשובתו) - ת״מ 115ב. למה כהנה ליתו מתקבל למה הכהן (שסרח) אינו מתקבל? - ת״מ 116א. **2 נשמעה** המתפלל **to be heeded** ונתפלל לידה בדחלה... דמה דנתקבל ונתפלל אליו ביראה... אולי let us pray to Him with fear... perhaps נתקבל we will be heeded - ת״מ 208א.

**אתקבלה**† ש״ע נ *n. f.* **התקבלות** **acceptation** ותעבדון קרבן ליהוה... לאתקבלה ברעוה $*M_1$ - $*M_2$ ועשיתם אשה ליהוה... להתקבלות you shall offer to the Lord... to be ברצון accepted with favor - במ טו 3; יח $*M_1$ 17.

**קבול** ש״ע ז qiṭṭūl *n. m.* **1 קבלה** **reception** באדיו כי קרב לקבול בון כיר אדה דאלה בידיו, in אכן נגש לקבל את כתב ידו של האלוהים his (Moses') hands, indeed he put them forward - for the reception of the handwriting of God ת״מ 107א. פתחת תרחי שומיה לקבול בלישהתך פתחתי שערי השמים לקבל בקשותיך - ת״מ 297א. תתפתח תרחי הקבול ויתקבל כל נדר ייפתחו שערי הקבלה ויתקבל כל נדר - אבישע (Cow 482). **2 ממיני הפיוט** בכותרות **a liturgical piece** [עש״ח NSH] ונרכן ונרנן במיני פללותה ונימר זה הקבול... ומרן יקבל צלואתכון ונשתחווה ונרנן מיני תפילות ונאמר את הקבול הזה... ואדוננו יקבל את let us prostrate and praise with תפילותיכם various prayers and say this *qibbul*... and our Lord will heed your prayers - אלעזר (Cow 332). ויתמר קבול מן מימר מתנה המצרי - Cow 111.

**(ל)קבל** מ״י *prep.* [**א״י** ולקבל כפרתה - **נ** ויק טז 15. **סוא״י** הוא דאזל לקובל סוריא - בר ב 14] **א מול** **in front of, opposite** מקלטה דגלי קבל כל ערוקיה המקלט הגלוי מול כל הבורחים the refuge revealed in front of all the fugitives - א״ג 95. קבל אחונן הכר לך מה עמי (B לקבל, C לקובל) נגד אחינו הכר לך מה עמדי in front of our kinsmen, point out what I have (of yours) - בר לא 32. ודערנן בגיא קבל בית פעור (B לקבל, V לקובל) ונשב בגיא מול בית we stayed in the valley opposite פעור Beth-Peor - דב ג 29. קבל בני עמי m (נ״א לעיני, לקדם) לעיני בני עמי - בר כג 11. הוה רעי צאן קבל טורה - ת״מ 284ב. ומה עפר נשיש לקבל גבולה ומהו עפר חלש (אדם) כנגד בוראו - ע״ד כח 51-52. **ב** במעמד אדוורביאלי *adverbial* **1 כנגד, בעניין** **as against, with regard** לית אגר אלא לקבל עמל אין שכר אלא כנגד מעשה - there is no reward, but against merit ת״מ 276ב. ואגיבה... משה קבל מימרה והשיבו... משה Moses answered with regard to its כנגד דבריו statement - ת״מ 217א. תמן שתק ימה לקבל אלין מליה אז החריש הים כנגד הדברים האלה - ת״מ 67א. אה גזוי מעתד לקבל עובד מכעס הנה גמול מזומן לפי מעשה מכעיס - ת״מ 232א. כל מצאי יהרגני אהן לקבל עובדה בישה הוה ״כל מצאי...״ (בר ד 14) זה, כנגד המעשה הרע היה - ת״מ 221ב. **2 כמידת-** **to the extent of** ואם לא תמטי אדה קבל נקי ואם לא תשיג if he cannot afford to the extent of a ידו די שה lamb - ויק ה 7. תיזפנה קבל מחסרה (B לקבל, V לקובל) תעביטנו די מחסרו - דב טו 8. למתן לה קבל תרים לתת לו פי שנים - דב כא 17 (=המליץ 558).

**כקבל** מ״י במעמד אדוורביאלי *prep. (adverbial)* **כמידת-** **to the extent of** ואשקע כקבל אפרקותה (N לקובל, V כקובל) ומצא כדי (if) he finds (means) according to his גאלתו redeeming - ויק כה 26. מלבר דתמטי אדה כקבל

נדרה ECB ...כפי נדרו - במ ו 21. גבר כקבל תשמישה איש כפי עבדתו - במ ז 5.

**לקובל** מ״י *prep.* [**א״י** ולקבל כפרתה - **נ** ויק טז 15. **סאו״י** הוא דאזל לקובל סוריא - בר ב 14] **א מול in front of, opposite** לקובל אחינו חכם לך מה עמי C נגד אחינו הכר לך מה עמדי In front of our kinsmen, point out what I have (of yours) - בר לא 32. ודערנן בגיאה לקובל בית פעור V ונשב בגיא מול בית פעור we stayed in the valley opposite Beth-Peor - דב ג 29. **ב** במעמד אדוורביאלי *adverbial* **כמידת- to the extent of** תיזפנה לקובל חסרנה V תעביטנו די מחסרו you shall lend him to the extent of his needs - דב טו 8. ואם לא אשקעת אדה לקובל דיעזר לה B ואם לא מצאה ידו די השיב לו - ויק כה 28.

**מ(נ)קבל א** מ״י לסיבה *prep. (causal)* **מפני because of** הלא אמלת ארעה טלום מקבלון (E)A כי מלאה הארץ חמס מפניהם the earth is filled with violence because of them - בר ו 13. דאת תדחל מקבלון B (נ״א מקדמיון) אשר אתה ירא מפניהם - דב ז 19. למקום *locative* וימלק כהנה ית רישה מקבל קדלה ומלק הכהן את ראשו ממול ערפו - ויק ה 8. אפקותה כדו מקבל צלמי הוציאוהו עתה מפניי - ת״מ 27א. **ב** ת״פ *adv.* **מנגד opposite** ויתבת לה מקבל B) מלקבל, CA מלקובל) ותשב לה מנגד she sat down opposite - בר כא 16. ויהון חייך צליבים לך מקבל (E מלקבל, VB מלקובל) והיו חייך תלוים לך מנגד your life shall hang (in doubt) opposite - דב כח 66. ישרון בני ישראל מקבל ויחנו בני ישראל מנגד - במ ב 2.

**עם קבל** מ״י *prep.* **אל מול in front of** ותכפל ית יריעתה... עם קבל אפי משכנה ...אל מול פני האהל you shall double the curtain in front of the tent - שמ כו 9. ותתן על כתפת אפודה עם קבל אפיו (N עם לקבל) ...אל מול פניו - שמ כח 25. עם קבל אפי מעטפתה אל מול פני המצנפת - שמ כח 37.

**קבילה**† ש״ע נ *n. f.* **צעקה outcry** קבילת סדם ועמרה הלא סגיה m (נ״א צבעת) צעקת סדם ועמרה כי רבה the outcry against Sodom and Gomorrah is great - בר יח 20. וסלקת קבילתון ליד האלהים $*M_1$ ותעל שועתם... - שמ ב 23. וית קבילתהון שמעת $*M_2$ - שמ ג 7. ואף אנה שמעת ית קבילת בני ישראל m - שמ ו 5.

**קבלה** ש״ע נ *n. f.* **צעקה outcry** ושמע אלהים ית קבלתון $*M_1$ וישמע אלהים את נקאתם God heard their outcry - שמ ב 24. הך קבלתה אתיה לידי $*M_1$ הכצעקתה הבאה אלי - בר יח 21. הלא סגת קב[לתון] m - בר יט 13.

**קבל²** חשך **darkness** [**א״י** והוה חשוך דקבל - **נ** שמ י 22. **סאו״י** וקבלא הוא לעיל מן תומא - בר א 2]

**קל** עבר: קבל - ת״מ 163א. בינוני: מקבל (<מן קבל) - אס 11א. קבלין qâbâlən - מ א 127. פעול: קביל - שמ י 22. קפיל - ת״מ 37א. **פעל** בינוני: מקפל - ת״מ 264ב. מקבלין - ת״מ 239א. **קבול** - ת״מ 37א. **קבל** qâbal - מ יז 23. **קבלה** - בר טו 12 A. **קבלו** - ת״מ 33ב (2°). **קפלה** - שמ י 22 A. **קפלו** - ת״מ 33ב (1°).

**קל חשך to be dark** ושומיה קבל עליו והשמים חשכו עליו - the sky is dark over him - ת״מ 163א. ואקבלת מנה וחשכה (הארץ) ממנו (הארבה) - ת״מ 36ב. ושרו רבניה עלין מקבל ומגלי החלו השרים לבוא בסתר ובגלוי the officers started to come in covertly and overtly - אס 11א [זב״ח: ת״פ מן+הבינוני: מן קבל ומן גלי. [ZBH: *part. + mn used adverbially*]. קבלין רומה ומכה עלינן חשכים עלינו מעלה ומטה - מ א 127. והוה חשך קביל בכל ארע מצרים (B קבילה) ויהי חשך אפלה בכל ארץ מצרים - שמ י 22. בית אסור קפיל לית מתעמי לגוה נאר בית סוהר אפל, אין נראה בו אור - ת״מ 37א.

**פעל החשיך to darken** דו מניר על רחומיה ומקפל על דבביה שהוא מאיר על האוהבים ומחשיך על האויבים for it (the cloud) illuminates the devoted and darkens the enemies - ת״מ 264ב. ובישיה במדון רב... ואפיון מקבלין והרעים בעונש גדול... ופניהם מוחשכים - ת״מ 239א.

**קבול** ש״ע ז *n. m.* qiṭṭūl **חושך darkness** והוה קבול עשוש בחזות מצראי והיה חושך אפלה בעיני המצרים there was a deep (*lit.*: obscure) darkness in the eyes of the Egyptians - ת״מ 37א.

**קבל א** ש״ע ז *n. m.* **חושך darkness** דאנון הך סמי בקבל שהם כמו סומא בחושך they are like the blind in darkness - מ יז 23. וכד קבלה אסתלק $*M_1$ וכמו השחר עלה - בר יט 15 [תפס: נאסף החושך, לפי שפירש שחר מן שחור]. בהשאלה *fig.* וילה למן ישוי קנומה בקבל אוי לו למי שישים

עצמו בחושך - ת״מ 200ב. **ב** ש״ת *adj.* **כהה dark** וכל קבל באמריה $m_2$ וכל חום בכשבים every - בר ל 35. וכך - dark (colored) among the lambs הוא $m_8$ בפסוק 40 [פירש כהה. dark :*Int.*].

**קבלה** ש״ע נ *n. f.* **חושך darkness** והא קבלה חשיכה $*m_1A$ והנה אימה חשכה an obscure - בר טו 12. וקבלה הוה $*m_2$ ועלטה darkness היה - בר טו 17.

**קבלו**† ש״ע נ *n. f.* **חושך darkness** קבלו רבה אתעמית תמן חשכה גדולה נראתה שם a - ת״מ 33ב (2°). great darknes was seen there

**קפלה** ש״ע נ **חושך darkness** והוה עננה קפלה ויניר ית לילותה A ויהי ענן החשך והאיר את there was the dark cloud and it הלילה - שמ יד 20. illuminated the night והוה עשׂשה קפלה בכל ארע מצרים A - שמ י 22.

**קפלו**† ש״ע נ *n. f.* **חושך darkness** קפלו רבה אתעמית תמן חשכה גדולה נראתה שם a - ת״מ 33ב (1°). great darknes was seen there ועננה הוה כפל וחשכה בתרו קפל ואש להבה וערפל - עבד אל (Cow 412).

קבל³ נשיקה **kiss** [< قبّل - Barthélemy 635]

**פעל נישק to kiss** וקבל לבריו ולבנאתה A (Laban) (נ״א ונשק) וינשק לבניו ולבנותיו - בר לב 1. ונפל - kissed his sons and daughters על צורה וקבלה m (נ״א ונשקה) ויפל על צוארו וישקהו - בר לג 4.

**מקבלה** ולא שבקתני למקבלה לבני ולבנאתי $*M1$ (נ״א למנשקה) ולא נטשתני לנשק... - בר לא 28.

קבע נעיצה ותקיעה; הצבה ושיקוע **thursting, establishing** [א״י ותקבעון יתהון בתרעי בתיכון - נ דב ו 9. **סוא״י** דעבד שומיא וקבע יתהון - ישע מב 5]

**קל** עבר: קבע qāba - ננה 80. בינוני: קבעים - ויק יט 28 CE (=המליץ 587). פעול: קביע qēbī - ע״ד יד 9. **אֶתְפְּעֶל** עבר: הקבע - ת״מ 278ב. אתקבעת (נסתרת) - בר לב 26 A. עתיד: יקבע - במ לד 11 EC.

**קל 1 נעץ to thrust** ואמנה דעבדה קבע לה שבשבאן האומן שעשאה (את בראשית) נעץ לה שורשים the Craftman who crafted it - ננה 80. (Genesis) and thrusted its roots וכתב קביע לא תתנון בכון (NA קבעין, EC קבעים, V קביעין) וכתבת קעקע לא תתנו בכם - ויק יט 28 [כתב ע״י נעיצת סיכה בעור]. **2 תקע** אהל **to pitch** a tent ויעקב קבע ית משכנה בטברה Jacob had pitched ויעקב תקע את אהלו בהר - בר לא 25 (=המליץ 608). his tent on the hill וזבן ית ששיות עקלה דקבע תמן משכנה ויקן את חלקת השדה אשר נטה שם אהלו - בר לג 19.

בלא מושא (כסדר התורה *without object (following* SP) ולבן קבע עם אחיו בטור גלעד ולבן תקע את אחיו בהר כגלעד - בר לא 25. **3 הציב** בהשאלה *fig.* **to establish** אלה קבע תחום לא תטלטלונה אלוהים הציב גבול, אל תטלטלוהו - God has established a limit; do not abolish it - א״ד ג 12. וקבע עמה חסד ויט אליו חסד - בר לט 21. דו תחום קביע ביד אלה שהוא גבול קבוע ביד אלוהים - ע״ד יד 9. **4 ייחד, יעד to designate** משה ואהרן קבעו במצרים חג פטיר משה ואהרן קבעו במצרים חג המצות Moses and Aaron designated in Egypt the feast - ת״מ 18א. • מזה בביטוי of unleavened bread **קבע בל** (ע״ע בל *bl* See).

**אֶתְפְּעֶל 1 הוצב to be established** מן בראשית הקבע ובגו אורה אתעבד מ״בראשית״ נקבע ובתוך האור נעשה (הספר) (the Book) was established from Creation, it - ת״מ 278ב. was made in the Light אקר אדם הגלת והקבעת דמס כהלה אצלחו אצל אדם נגלתה (המלה ׳יאמר׳) ונקבעה בניין שכולו הצלחה - ת״מ 174ב. ויעת תחומה ויקבע לגו כתף ים מגנסר EC וירד הגבול ומחה אל כתף ים כנרת - במ לד 11. **2 גר to abide** ומן לחמון סבע... ובמשכנון הקבע מלחמם שבע (משה)... from their bread (Moses) has been ובאהלם גר satisfied... and in their dwelling he has abided - ת״מ 202ב. **3 ניזוק to be impaired** ואתקבעת כף מיתב יעקב A (C ואקבעת) ותקע כף רגל - that the socket of his hip was strained יעקב בר לב 26.

קבץ† איסוף **gathering** [מן העברית, ע״ע קמץ. H].

**קל נטל to pick up** ויקבץ כהנה מן מנחתה ית אדכרותה ויועד למדבחה $*M_2$ (NMB ויקמץ = המליץ 586. נ״א וירם) והרים הכהן מן המנחה את אזכרתה והקטיר המזבחה the priest shall pick up of the meal offering a memorial part of it and turn it into smoke on the altar - במ ה 26.

**קבץ ארם**† שם מקום *pr. n. (place)* [ע״ע פדן ארם]

**קבץ ארם** ש״פ ואנה בעללי מקבץ ארם A ואני בבאי מפדן ארם - בר מח 7.

**קבר** הטמנת גופה באדמה **burying** [**א״י** בקברי די חפרת... תקבר יתי - **נ** בר נ 5. **סוא״י** ותמן קברו לליא - בר מט 31]

**קל** עבר: קבר - בר כג 19. אקברו (נסתרים) - במ יא 34. עתיד: ואקבר - בר נ 5. ציווי: קבר - בר כג 15. בינוני פעול: קביר - ת״מ 268ב. מקור: מקבר - בר נ 7. **פעל** בינוני: מקברים - במ לג 4. **אֶתְפְּעֵל** עבר: ואקבר - דב י 7 (V ואתקבר). עתיד: תקבר (נוכח) - בר טו 15 (C תתקבר). **קבורה** קבורתה (+ נסתר) - ת״מ 267ב. **קבר** - בר כג 20. קברה - **קברה** קברת (נסמך) - בר לה 20 NC. **קברו** קברותה (+נסתר) - ת״מ 108א.

**קל קבר to bury** ובתר כן קבר אברהם ית שרה ואחרי כן קבר אברהם את שרה after this Abraham buried Sarah - בר כג 19. וקברו יתה עשו ויעקב בניו ויקברו אתו עשו ויעקב בניו - בר לה 29. הלא תמן אקברו ית עמה כי שם קברו את העם - במ יא 34. אסק שבי ואקבר ית אבה אעלה נא ואקברה את אבי - בר נ 5. וית מתך קבר ואת מתך קבר bury your dead - בר כג 15 משה קביר ביד אלהותה משה קבור ביד האלוהות - ת״מ 268ב.

**מקבר** וסלק יוסף למקבר ית אבוה ויעל יוסף לקבר את אביו - בר נ 7.

**פעל קבר**† **to bury** ומצראי מקברים ית דקטל יהוה בהון ומצרים מקברים את אשר הכה יהוה בהם the Egyptians were burying all - those, whom the Lord had killed among them במ לג 4.

**אֶתְפְּעֵל נקבר to be buried** ומית תמן אהרן ואקבר תמן (V ואתקבר) וימת שם אהרן ויקבר שם Aaron died there and was buried there - דב י 7. ואתה תיעל ליד אבאתך בשלם תקבר (C תתקבר) בסיבו טבה ...תקבר בשיבה טובה - בר טו 15.

**מקבר** ש״ע ז *n. m.* **קבורה burying** כד חסלו מצראי ממקבר בניון כאשר גמרו המצרים לקבור את בניהם when the Egyptians had finished burying their sons - ת״מ 54א.

**קבורה** ש״ע נ *n. f.* **קבר grave, tomb** ואקים יעקב קאמה על קבורתה הי קאמת קבורת רחל ויצב יעקב מצבה על קברתה היא מצבת קברת רחל Jacob set up a pillar upon her grave; it is the pillar of Rachel's tomb, which is there to this day - בר לה 20. ותסבלני ממצרים ותקברני בקבורתון ונשאתני ממצרים וקברתני בקברתם - בר מז 30. קרן אורה דהוה שרי על צלמה עמה לגו קבורתה קרן האור... הועמה בקברו - ת״מ 267ב.

**קבר** ש״ע ז *n. m.* **קבר grave** ימה הך אמר הוי אנה קבר הים כאילו אמר אהיה אני קבר לטמא it was as though the sea were saying:"I will be the grave of the unclean" - ת״מ 67א. וקעם חקלה... לאברהם לסחנת קבר לטמא... לאחזת קבר - בר כג 20. והבנה בה קברין סגי ונבנו בה קברים רבים - אס 5א.

**קברה** ש״ע נ *n. f.* **קבר grave** ותסבלני ממצרים ותקברני בקברתון VMB ונשאתני ממצרים וקברתני בקברתם take me up from Egypt and bury me in their grave - בר מז 30. ואקים יעקב קאמה על קברתה C הי קאמת קברת רחל NC ויצב יעקב מצבה על קברתה היא מצבת קברת רחל - בר לה 20.

**קברו** ש״ע נ *n. f.* **קבר grave** ותסבלני ממצרים ותקברני בקברותון $M_1C$* ונשאתני ממצרים וקברתני בקברתם - בר מז 30. ולא ידע אנש ית קברותה עד יום נקם - ת״מ 108א [ע״פ דב לד 6. בתה״ש שלפנינו: בקברתה].

**קברי תחמדה** שם מקום *pr. n. (place)* [תרגום השם *Transl. of the name*]

**קברי תחמדה** ש״פ וקרא שם אתרה ההוא קברי תחמדאתה ויקרא שם המקום ההוא קברות התאוה - במ יא 34. ונטלו ממדבר סיני ושרו בקברי תחמדאתה - במ לג 16.

**קדד[1]**† קריעה ופרימה, פירוק והפרדה **tearing, rending; separating** [**אי״מ** גרמי יקדון = עצמי נקר - תרג׳ איוב מקומראן ל, 17. **ס** נקוד = וקרע - ויק יג 56פ. LS 645a. **ע** מקדדים - **מש** עירובין ה ד]

**קל קרע to tear** והא כמע מכתשה... ויקדון יתה מן לבושה ECBA והנה כהה הנגע... וקרעו אתו מן הבגד (if) the disease is dim..., they he

ויק יג 56. - shall tear it out of the garment

**פעל 1 קרע פרם to tear, rend** וקדד ית רקעיו ויקרע את בגדיו (Reuben) rent his clothes - בר לז 29, ודומה לו 34. **קדדו ארקעיון** - במ יד 6. **וקדדו תכסיאתון** - בר מד 13 (=המליץ 584). **ויקדדו יתה מן לבושה** M (J וקדדו) וקרעו אתו מן הבגד - ויק יג 56. **ותכסיהתון** מקדדין ואפיון זעיפין ובגדיהם קרועים ופניהם זועפים - ת״מ 238א. **ובישיה במדון רב ותכסיהתון מקדדין** והרעים בעונש גדול ובגדיהם קרועים - ת״מ 239א. **רישיכון לא תגלון ולבושיהון (!) לא תקדדון***M₂A (נ״א תפרמון) ראשיכם לא תפרעו ובגדיכם לא תפרמו - ויק י 6. **וקדדו ית טסי דהבה** וירקעו את טס הזהב - שמ לט 3 [פירוש: קרעו את פחי הזהב, חתכו אותם לעשותם שזרים]. **2 פרק to take off** קדדו ית קודשי דהבה דבאדני נשיכון A (נ״א פרקו) פרקו את נזמי הזהב... take off the gold rings ... that are on the ears of your wives - שמ לב 2. **וקדדו... ית קודשי דהבה** A (נ״א ופרקו) - שמ לב 3. **למן דהב קדדו** A (נ״א פרקו, אתפרקו) למי זהב התפרקו - שמ לב 24. **3 הפריד to separate** ותקדד ית טברה סחר A (נ״א ותתחם) והגבלת את ההר סביב you shall set off the mountain round about - שמ יט 12. **קדד ית טורה** A הגבל את ההר - שמ יט 23.

**אֶתְפָּעַל נקרע to be torn, rent** ופם מעילה... ספבה לפמה לא יתקדד N (נ״א יקדד, יקדת) ...שפה לפיו סביב לא יקרע the opening of the robe... shall have a rim around the opening, that it might not be torn - שמ לט 23. **ספבה יהי לפמה סאר עובד סרק כפם קליה יהי לה לא יקדד** (A יקדת) שפה יהיה לפיו סביב מעשה ארג כפי תחרה לא יקרע - שמ כח 32.

**קדד** ש״ע ז *n. m.* **קרע rag** והן הוה בר טמרונה בקדדה ושבקו במדברה כעובד הגר ואם היה בן כיסוהו קרעים ועזבוהו במדבר כמעשה הגר if it was a son they wrapped him up in a rag - and left him in the desert, as Hagar did - ת״מ 224ב.

## קדד² שם פרטי *pr. n.*

**קדד** ש״פ בכור ישמעאל נבאות וקדד ואדבאל... - בר כה 13.

## קדה† מין צמח a plant [LS 645a - קדתא **ס**]

**קדה** ש״ע נ *n. f.* **קידה a plant** וקדה חמש מון במתקל קדשה ומשע זית הין וקדה חמש מאות בשקל הקדש ושמן זית הין - שמ ל 24 (=המליץ 587).

## קדול† גמל camel [טלשיר 143: מן קדל = עורף, על שם צווארו הארוך (על פי SSt 105, אבל ע׳ Nöldeke, (JZWL 6, 204 ff.]

**קדול** ש״ע ז *n. m.* **גמל camel** ברן ית דן לא תיכלון... ית קדולה B (נ״א גמלה) אך את זה לא תאכלו... את הגמל of those you shall not eat...: the camel - דב יד 7. **והוה לה עאן ותור ... וחמרין ואתונן וקדולין** A (נ״א וגמלים) ויהי לו צאן ובקר... וחמורים ואתנות וגמלים - בר יב 16.

## קדוף† שם מקום *pr. n. (place)* [ע״ע אשור]

**קדוף** ש״פ שם חדה פישון קדוף והוא הסחר ית כלול ארע חוילתה A שם האחד פישון והוא הסבב את כל ארץ החוילה - בר ב 11 [חדר מן הגיליון]. **יצערנה קדוף ויענינה עבר** A יענו אשור ויענו עבר - במ כד 24.

## קדח¹† חום ובעירה heat, burning [**ס** נורא קדחא - דב לב 22 **פ**. LS 645b. **ע** הקדיחה תבשילו - **מש** גיטין ט י] ← מחלה **disease** [**א״י** ית שחפיתה וית קדחיתה - **נ** ויק כו 16]

**קל בער to burn** הלא אש תקדח ברגזי ותוקד עד שיאול ארעיתה V'C (E תנצץ, המליץ 585: תדלק) כי אש קדחה באפי ותוקד עד שאל תחתית a fire burns by my anger, and it consumes to the depths of Sheol - דב לב 22.

**קדחה** ש״ע נ *n. f.* **קדחת** מחלה **fever** ואמסר עליכון באשו ית חמימתה וית קדחתה MB (=המליץ 589; N קדעתה, נ״א חמימתה) ופקדתי עליכם בהלה את השחפת ואת הקדחת I will inflict disease upon you: consumption and fever - ויק כו 16. **ימחינך יהוה בשחפתה ובקדחתה** V (נ״א בחמימתה) יכך יהוה בשחפת ובקדחת - דב כח 22.

## קדח²† ניקוב drilling, piercing [**ס** קדח - LS 645b. **ע** הקודח... והקוצץ - תוס שבת יא ג]

**קל נקב** בינוני פעול **to pierce** *pass. pt.* **עובד** סריק כפם קדיע יהי לה V (=המליץ 612; נ״א תריע, קליע) מעשה ארג כפי תחרה יהיה לו a weaver's work like a pierced opening - שמ כח 32 [מעניין קדוח בדומה ל-B: פרוץ. ע׳ זב״ח בהמליץ שם]. ופם מעילה כפם קדי EC (נ״א קליד, קלי) ופי המעיל כפי תחרה the opening of the robe - shall be like a pierced opening - שמ לט 23.

**קדל** עורף **nape** [**א״י** תבירי קדל - **נ** שמ כג 27. **סוא״י** דלא תקשון קדלכון - דב י 16]

**קל ערף** to break the neck ואם לא תפרקנה ותקדלנה ואם לא תפדנו וערפתו if you do not redeem it, you must break its neck - שמ יג 13 (=המליץ 551). ויקדלון תמן ית עגלתה וערפו שם את העגלה - דב כא 4. יסעון ית אדיון על עגלתה קדילתה ירחצו את ידיהם על העגלה הערופה - דב כא 6.

**פעל** בינוני פעול *pass. pt.* **ערף** to break the neck יסעון ית אדיון על עגלתה דמקדלה VCB...על העגלה הערופה they shall wash their hands over the heifer whose neck was broken - דב כא 6.

**אִתְפַּעַל ערף** to have one's neck broken עגלתה דאקדלת E העגלה הערופה the heifer whose neck was broken - דב כא 6.

**קדל** ש״ע ז *n. m.* **1 עורף** nape וימלק כהנה ית רישה מקבל קדלה ומלק הכהן את ראשו ממול ערפו he shall wring its head from its neck - ויק ה 8. מתרגם את מליצת המקרא: אדיך בקדל דבביך ידיך בערף איביך - בר מט 8. **2 סרבן** בהשאלה עם יקשה׳ *fig., with qšh* obstinate **עם קשה קדל** עם קשה ערף - שמ לב 9. מרדכון וקדלכון הקשה - ת״מ 254א. וקדלכון לא תקשון וערפכם אל תקשו - דב י 16 (=המליץ 551). מובא בת״מ 225א.

**קדם** ראשית, פנים, תנועה לפנים **aforetime, front, movement forward** [**א״י** צלותהון דעמי קדמת (!) - **נ** שמ יד 15 (נ״א). **סוא״י** וזניתא מקדמין לכון למלכותה די אלהא - מתי כא 31]

**קל** עבר: דקדם adqēdəm - מ ט 2. בחילוף המשקל: קדמה (+נסתר) qâdâme - א״ג 102. עתיד: יקדם - ויק כא 23. ציווי: קדם - בר כז 21. בינוני: קדמי (ריבוי נסמך) - שמ ה 10. **פעל** עבר: וקדם - בר מח 10. קדמון (+נסתרים) qaddēmon - מ טז 8. עתיד: יקדם - דב טו 2. ציווי: קדם - בר כז 25. בינוני: מקדם - ת״מ 128ב.

מקור: למקדמה - ויק כא 17. **אפעל** עבר: ואקדם - בר כ 8. עתיד: ותקדמון - בר יט 2. ציווי: הקדם - שמ ח 16. **אִתְפַּעַל** עבר: אתקדם - ת״מ 259א. עתיד: ויתקדם - שמ כד A 2. ציווי: אתקדמו - ת״מ 51א. **אקדמו** לאקדמות - בר מו 29 *$M_1$. **מקדום** מקדומה - במ ח 19. **מקדמה** - שמ לד 30. **קדום** qiṭṭūl - - בר מא 6. וקדומון - מ א 147. **קדום** qâdom (qāṭōl) - ט wqiddūmon. 16. **קדם** (ש״ע) qēdəm - מ ג 37. (מ״י) qâdâm - ע״ד ד 33. **קדמאה** בקדמאה - במ י 13 BA. **קדמאו** - בר לג 2. **קדמאי** - בר לח 28 (=המליץ 592). **קדמה** - בר כח 19. **קדמו** לקדמותך (+נוכח) - שמ ד 14 m (מן אונקלוס O). לקדמונה (+נסתר) - ת״מ 261א. **קדמין** מלקדמין - בר כח 19 *$M_1$ (מן אונקלוס O). **קדמיתה** דבקדמיתה - בר מא 21 *$m_1$. **קודם** לקודם - בר מח 20 CA (השׁ׳ המליץ 557). **קמאו** בקמאו afqammâ'u - ע״ד כה 39. **קמאי** קמאה (מיודע) qâm'mâ - ע״ד כג 21. קמאי (רבוי מיודע) - ת״מ 255ב. **קמוי** קמיו qāṭōl qammo - ע״ד כו 6. **קמי** qammi - ע״ד יד 21. **תקדומה** - בר מג 11.

**קל 1 קדם, היה לפני** to precede אלהים קמאה דקדם לעלם אלוהים הוא הראשון, God, the First One, who שקדם לעולם preceded the world - מ ט 1-2. דקדמת לעלמה ואקמתנה אשר קדמת לעולם והעמדת אותו - מ ג 13-14. קמאה יכלותה דלא קדמה קדום הראשון ביכולת שלא קדמו קדום - א״ג 102. דהוא הקדם בלא שרואה כי הוא אשר קדם (לכול) בלא התחלה - ת״מ 193א [זב״ח הע׳ 7: < אדקדם]. **2 קרב** to approach וקדם יעקב וגלל ית אבנה (וקרב MCB) ויגש יעקב ויגל את האבן Jacob approached and rolled the stone - בר כט 10. ולמדבחה לא יקדם הלא מום בה (VNMB יקרב) ואל המזבח לא ייגש... - ויק כא 23. ואמר יצחק... קדם שבי ואגששנך (MCB קרב) ...גשה נא ואמשך - בר כז 21. **3 שלט** to lead ונפקו קדמי עמה וספריו (נ״א מפלחי, שליטי) ויצאו נגשי העם ושוטריו the leaders and foremen of the people went out and said - שמ ה 10 [לפי שנתמזג נגשׂ עם נגשׁ נתפס nēgīši בהוראת ״המוציא והמביא״. m תרגם שליטי בדומה למ״ל שולטני וכן **נ** שליטנוהי. ובפס׳ 13: וקדמיה, וכן JE בשמ ג 7, ה 6, 14. ע׳ להלן קמאי. ואפשר שהוא ש״ת qaddām. *The translation follows the blend of ngš and ngś, meaning 'to approach' > 'to lead'. (Cf. var. and qmʾy).*]

**פעל 1 קידם, הגיש** to bring near ואם לא תפרקנה ותקדמנה*$M_2$ ואם לא תפדנו וערפתו - if you do not redeem it, you shall hand it over - שמ לד 20 [פירוש. השׁ׳ B ותמסרנה = המליץ 551

(זב״ח)]. רבון שלמי זכותה קדמון לזימוני מליו אדון שלומי האמונה קידמם לקראת דבריו - מ טז 8-7. וקדם יתון לידה ונשק לון (MCB וקרב) ויגש אתם אליו... Joseph brought them close to him, and he kissed them - בר מח 10. לקח שחד... מקדם גרמה לקטלה באדה "לוקח שחד" (דב כז 25) מגיש עצמו להריגה בידו - ת״מ 162ב. ויקדמנה למדבחה והגישה אל המזבח - ויק ב 8. קדם לי ואיכל הגישה לי ואכל - בר כז 25. **2 הקדים** to **advance** *trans.* פע״י מקדם ברכה מקמי לבטתה הקדים את הברכה לפני הקללה - (God) advanced blessing before cursing - ת״מ 128ב. ויכוננך קדם ו לי "ויכוננך" (דב לב 6) הקדים וי״ו ליו״ד - ת״מ 208ב. דלא קדמו יתכון בלחם ובמים - דב כג 5. **3 שלט** to **lead** ע״י דחק C ופקד פרעה... ית מקדמי עמה oppressively (m מקדמיה בעמה) ויצו פרעה... את הנגשים בעם Pharaoh commanded... the leaders of the people - שמ ה 6. ולקו ספרי בני ישראל דשבו עליון מקדמי פרעה m ויכו שוטרי בני שיראל אשר שמו עליהם נגשי פרעה - שמ ה 14. לא יקדם ית עברה ית אחיו... ית נכראה תקדם (נ״א יגבי) לא יגיש את רעהו את אחיו... את הנכרי תגיש - דב טו 3-2 [ע׳ קל 3].

**מקדמה** לא יקרב למקדמה לחם אלהה ...להגיש לחם אלהיו - ויק כא 17.

**אפעל 1 השכים, הקדים לקום** פע״ע to **rise early** *intrans.* ואקדם אבימלך בצפרה וישכם... בבקר - Abimelech rose early in the morning - בר כ 8. ואקדמו מבתר ואסקו עלן וישכמו ממחרת ויעלו עלות - שמ לב 6. ותקדמון ותהכון לאורעכון והשכמתם והלכתם לדרככם - בר יט 2. ואמר יהוה למשה הקדם בצפרה ויאמר... השכם בבקר - שמ ח 16. אתמל אמרת לנן אקדמו בצפרה אתמול אמרת לנו "השכימו בבוקר" - ת״מ 29א. **2 הקדים** פע״י *trans.* to **advance** ארור מטה משפט גר יתום ואלמנה אקדם על עשרים עובד ביש "ארור מטה..." (דב כז 19), הקדים (תורה זו) לעשרים מעשים רעים "cursed be..." (Dt 27:19), He advanced (this precept) before twenty (other) evil acts - ת״מ 156א.

**אֶתְפָּעַל 1 ניגש, קרב** to **approach** ובתר כן אתקדם יהושע... ונשק צלמה אחרי כן ניגש יהושע... ונשק את פניו afterwards Joshua - approached... and kissed his (Moses') face - ת״מ 259א. ויתקדם משה לחודה ליהוה ואנון לא יתקדמו A (נ״א ויקדם... לא יקדמון) ויגש משה לבדו... והם לא יגשו - שמ כד 2. אתקדמו כדו סדרי רחותה התקדמו-נא, אסיפת רעותה - ת״מ 51א. לבדיל דלא יתקדם אנש בראי A (נ״א יקרב) למען אשר לא יקרב איש זר - במ יז 5. **2 קדם** to **precede** וסלק ‹גובה› מגבי למצראי... סגי מן שבעתי דיניה דאתקדמו ויעלה הארבה להכות את המצרים... יותר משבע המכות שקדמו the locusts came up to strike the Egyptians... more than the seven plagues that preceded - ת״מ 336ב. **3** בעש״ח: ׳נאמר לעיל׳ **"mentioned above"** (NSH) ומלל משה ואהרן הך מה דאתקדם "וידבר משה ואהרן" כמו שנאמר לעיל "Moses and Aaron said" (Ex 16:6), as mentioned above - ת״מ 112א [השׁ׳ تقدّم .Cf. كما]. אנן כדו קדמין על מלה תדמי למלה דאתקדמת אנו עתה ניגשים אל דבר דומה לדבר שקדם (דלעיל) - ת״מ 161א.

**לאקדמו**[†] *prep.* מ״י **toward** **לקראת** וסלק לאקדמות ישראל אביו *M₁ (נ״א לזימון) ויעל לקראת ישראל אביו (Joseph) went up to meet Israel his father - בר מו 29 [ע׳ לקדמות].

**מקדום** ש״ע ז *n. m.* **התקרבות, גישה** **arrival, approach, getting near** ולא יהי בבני ישראל מגוף... במקדום ברי ישראל לקדשה A ולא יהיה בבני ישראל נגף... בגשת בני ישראל אל הקדש so that no plague may afflict the Israelites for coming near the sanctuary - במ ח 19. חדד לון לוט פטיר מוקרה למקדומון חידש להם לוט (למלאכים) מצות לכבד בואם Lot made new unleavened bread for them in honor of their arrival - ת״מ 243ב. ומלאכי שומיה חדין במקדומה ומלאכי השמים שמחים בגשתו the angels of heaven rejoiced at his approach - ת״מ 262א. עם אדם קעמנן ורבינן מקדומה עם אדם היינו והגדלנו לקדמו - ת״מ 146א [דברי המלאכים]. ונפק מלך סדם [ל]מקדומה $m_2$ ויצא מלך סדם לקראתו the king of Sodom came out to meet him - בר יד 17.

**מקדמה**[†] ש״ע נ *n. f.* **1 גישה approach** וכהניה לון שבעה דרגים... מיכל ית קדישה ומקדמתה... והכוהנים, להם שבע מדרגות...

the priests have seven ...אכילת הקודש, הגישה prerogatives... eating of the holy (offerings), **2** .118ב ת״מ - ...approaching (the sanctuary)

**קדימה priority** לוי... הוה משרי הך מד לאוי לה כי לית לאנש עליו מדקמה לוי... היה פותח (בברכה) כיאה לו, כי אין לאיש קדימה לו Levi... begins (the blessing) as is proper for ת״מ - him, for no man has priority over him 133ב. ויחכמו דלון מקדמהתה וידעו (ישראל) כי להם (לכוהנים) קדימה - ת״מ 112א. **3 דבר**

**קודם precedence** מן לה מקדמהן בישהן יתעתד לקבל מדונאן מי שיש לו (מעשים) he who קודמים רעים, יתכונן לקראת עונשים has evil precedent (deeds), let him be prepared 235ב ת״מ - for punishments.

**קדום א** ש״ע ז qiṭṭūl *n. m.* **1 גישה approach** וסגד ארעה... עד קדומה עד אחיו וישתחוה he went on ahead ארצה... עד גשתו עד אחיו and bowed to the ground... until his approach to his brother - בר לג 3. ולא יהי בבני ישראלי נגף בקדום בני ישראל לקדשה (נ״א במקרב) ולא יהיה בבני ישראל נגף בגשת בני ישראל אל הקדש - במ ח 19. **2 רוח קדים eastern**

**dry wind** ויהוה דבר רוח קדום בארעה... ורוח קדומה סבל ית גובה ויהוה נהג רוח the Lord drove an east wind over קדים בארץ the land - שמ י 13. ואיבל יהוה ית ימה ברוח קדום עזיז - שמ יד 21. דקיקן ושדיפן קדום דקות ושדפות קדים - בר מא 6. וקדומון דחוביה תקיף וסערת החטאים חזקה - מ א 147 [דימוי ע״פ שמ י 13, 21]. **3 הגשה offering,**

**extending** ועל פתור קדומה יפרסון עליו רקה תכלה A (נ״א רחותה) ועל שלחן הפנים over the table of offering יפרשו בגד תכלת - במ ד 7. they shall spread a blue cloth ותתן על פתורה לחם קדום EC (נ״א רעותה) ונתת על on the table you shall set the השלחן לחם פנים - שמ כה 30. bread of offering **ב** מ״י למקום

**לפני before** *prep.(locative)* כל ארעה לקדומיך the whole land is before you כל הארץ לפניך C - בר יג 9. עבד לנן אלהים דיהכו לקדומינן C עשה לנו אלהים אשר ילכו לפנינו - שמ לב 23. והוא עבר לקדומיהון C (m מקדומה) והוא עבר לפניהם - בר לג 3.

**קדום א** ש״ת qāṭōl *adj.* **עתיק, קדום ancient** אתה קדום הקדומים אתה קדום

- You are the ancient of the ancients הקדומים ט 16. קמאה יכלותה דלא קדמה קדום הראשון ביכולת שלא קדמו קדום - א״ג 102. **קרב** במעמד הבינוני *participial* **approaching** לא נהי קדומי it is דן דרה לא נהיה קרבים לדור הזה appropriate that we do not approach this generation - ת״מ 93א. כהניה קדומיה ליהוה ת״מ 110א - the priests (who) approach the Lord

**לפני before** *prep.* **ב** מ״י [לפי שמ יט 22. ליתא]. ויום הדין לפניי qâdūmi ויום דינה קדומי the Day of Judgment is before me - א״ג 92.

**קדם א** ש״ע ז *n. f.* **1 ראשית (of old)** **beginning** יחידאי את קדם יחידי אתה מקדם מ ג 37. - You are unique from the beginning וברכאתה... מן פמה דאלהי קדם והברכות... the blessings...from the מפי אלוהי קדם - mouth of the God of the beginning ע״ד יז 8. **2**

**פנים presence** לשם הרחקת ההגשמה קדמי יהכון ואאגד לך (נ״א רעותי) $VM_2$ פני ילכו והנחתי My presence will go (with you), and I will לך lead you - שמ לג 14. **ב** מ״י *prep.* [א״י ויפלח קדמך שית שנין - נ דב טו 12. סוא״י ואסתרחת ארעא קודם אלהא - בר ו 4]. **א לפני, מול** למקום **before, in front of** *locative* ויהב קדם עאנה דכר קרו (Jacob) set in יעקב ויתן פני הצאן איל עקוד front of the flocks a striped ram - בר ל 40. ולא none יתעזון קדמי ריקנין לא יראו פני ריקם shall appear before Me empty (handed) - שמ כג 15 [פירש: ייראו לפניי]. עתיד קרי במשמועה קהלה קדם חכימיה עתיד לקרוא באזני הקהל לעיני החכמים - ת״מ 10א. וייתי לאכה ויסתדר קדמי ויבוא הנה וייאסף לפניי - ת״מ 251ב. ושלחון מן על יצחק ברה בהדו קעים קדמון לארע מדנחה MB (נ״א מדנח) וישלחם... בעודנו חי קדמה אל ארץ קדמה - בר כה 6 [פירש 'קדמה' qidma = למול פניהם. וכן פירשו VNB קדמה - קדמאין = ראשונים - במ ב 2 ובדומה לזה לד 15, הכול מפני סמיכות 'קדמה' ל'קדם' או ל'מזרח'. השי: נ: ושלח יתהון... קדמאין לארעא מדינחאן]. **ב** לזמן *temporal* ואלין מלכיה דמלכו... קדם מלך מלך לבני ישראל... these are the kings לפני מלך מלך לבני ישראל who reigned... before any king reigned over the Israelites - בר לו 31. כיורה דמנה יסחי קדם מקרובה אל עובד קדישה הכיור שממנו ירחץ (הכוהן) לפני גשתו אל מלאכת הקדש - ת״מ 111א. **ג** מחליף מלות יחס ישירות (אל, ל) להרחקת

substitutes a direct prep. in order to ההגשמה
ונשתעבד קדם *avoid anthropomorphism*
רבותה וניכנע לפני גדולתו let us yield before
His Greatness - ת״מ 140ב. ואתפלל אברהם קדם
אלה A (נ״א לאלהים) ויתפלל... אל האלהים
Abraham prayed before God - בר כ 17. **ג** מ״ק
לזמן *conj. (temporal)* **לפני ש- before** ינדי כל
אחד בוננותה קדם ימלל ית כל אחד דעתו
let every one pay attention (*lit.:* לפני שידבר
bring his mind) before he speaks - ת״מ 281ב.
שיאלה דאתה חכם קדם נימרנה הבקשה
שאתה יודע לפני שנאמרנה - ע״ד כה 83-84. **ד**
ת״פ *adv.* **טרם not yet** קדם תדחלון מקדם
רבי A טרם תיראון מפני אדוני you do not yet
fear my Lord - שמ ט 30.

**קדם ד-** מ״ק לזמן *conj. (temporal)* **לפני ש-**
**before** נתן אפרשו קדם דנעיל לגו מדינתה
כהלה פוגגו ניתן פסקה לפני שנבוא אל המדינה
שכולה נועם - ת״מ 157ב.

**לקדם א** מ״י *prep.* למקום **לפני in front of,**
*before locative* ותקם ית לואי לקדם אהרן
והעמדת את הלוים לפני אהרן you shall place
the Levites before Aaron- במ ח 13. ולקדם דמי
לא תתן מגופי ולפני עור לא תתם מכשול -
ויק יט 14. וארמה אהרן אטרה לקדם פרעה -
ת״מ 224ב. לזמן *temporal* וחברון שבע שנים אבנת
לקדם טנס וחברון שבע שנים נבנתה לפני צען
- במ יג 22. הלא כלה משקה לקדם חבלות יהוה
ית סדם ...לפני שחת יהוה את סדם - בר יג 10.
**ב** ת״פ *adv.* **לפנים formerly** אימאי לקדם
ידערו בה האימים לפנים ישבו בה The Emim
formerly lived there - דב ב 10.

**מקדם א** מ״י *prep.* **1 מפני** לסיבה **because of**
*causal* במעקרה מקדם אחיו בברחו מפני אחיו
in his flight because of his brother - בר לה 7. לא
תבהתון מקדם אנש לא תגורו מפני איש - דב
א 17. ועד יבדנך זריז מקדם ביש שקריך ועד
אבידך מהר מפני רע מעלליך - דב כח 20. **2**
**לפני** למקום *locative* **before** לא אכל למקום
מקדמיך לא אוכל לקום מפניך I cannot rise
before you - בר לא 35. הלא אערב גוים סגים
מקדמים כי אוריש גוים רבים מפניך - שמ לד
24. האנה טרד מקדמיך ית כנענאה הנני גרש
מפניך את הכנעני - שמ לד 11. • לזמן *temporal*
כל אהן אתעבד מקדם נביותה כל זה נעשה

לפני היותך נביא - ת״מ 299ב. משה ואהרן אפקו
ישראל מקדם צפרה ...הוציאו את ישראל לפני
הבוקר - ת״מ 218ב. **ב** ת״פ לזמן *adv. (temporal)*
**קודם, תחילה firstly, previously** ארור
שכב עם אחותו מקדם אזהר מן הדה בישה
ואכהן קלל מן יעבדנה ״ארור שכב...״ (דב כז
22) תחילה הזהיר על הרעה ועתה קילל את מי
שיעשנה "cursed be..." (Dt 27:22); He
previously warned against this evil and then He
cursed those who do it - ת״מ 161א. אמת כתב
אלה עסרתי מליה הוה מקדם כתב תרין
ועשרים אות מתי שכתב אלוהים את עשרת
הדברות כבר קודם כתב עשרים ושתים אותיות
- ת״מ 280א. וחכמה דהוא עביד מה דאמר מקדם
לארשה דזכותה והודיעו כי יעשה מה שאמר
תחילה לראשון הצדיקים - ת״מ 94א. למקום
*adv. (locative)* דהות אשתה מקדם... וחשכה
בתרה היתה האש מלפנים... והחושך מאחריו
the fire was at the front... and the darkness
behind it - ת״מ 106ב [זב״ח העי׳ 2]. **ג** מ״ק *conj.*
**לפני ש- before** לזמן **א** *temporal* מפשט לה
שלמה מקדם דייזל מושיט לו שלום לפני שיילך
(Jethro) greeted him before he went - ת״מ 214ב.
**ב** לסיבה *causal* וטור סיני להב כלה מקדם
דיעת יהוה עליו באש ...מפני אשר ירד יהוה
עליו באש Mount Sinai was all in smoke, for
the Lord had come down upon it in fire - שמ יט
18. מובא בת״מ 106ב: מקדם דנחת.

**קדמ(א)ה** באה״ש המאוחרת *Late SA*. **א** ת״פ לזמן
*adv. (temporal)* **תחילה firstly** ושוה ית
שמשאתה... קדמאה E (נ״א קדמהו) וישם את
השפחות... ראשונה he put the maids... first -
בר לג 2. **ב** ש״ע נ. *n. f.* **1 ראשית beginning** וכל
תרב יביש ואביב קדמאתון דיתנון ליהוה לך
יהבתון A (נ״א קדמהותון) וכל חלב תירוש
ודגן ראשיתם אשר יתנו ליהוה לך נתתים all
the best of dried fruits and grain, the first parts
that they present to the Lord, I give to you - במ
יח 12. **2** במעמד אדוורביאלי עם תחילית *used*
*adverbially with prefixes* **תחילה at first,**
**previously** ונטלו בקדמאה על מימר יהוה
BA (נ״א בקדמהו, בקדמאי) ויסעו בראשונה
על פי יהוה they set out at the first at the
command of the Lord - במ י 13. לוזה שם קרתה
לקדמה B (נ״א לקדמהו) לוזה שם העיר
לראשונה the name of the city had been Luz

.19 בר כח - previously

**עם קדם** מ״י למקום *prep. (locative)* **על פני, לפני** **before, in front of** הלא רבה צבעתון עם קדם יהוה כי גדלה צעקתם את פני יהוה because their outcry has become great before the Lord - בר יט 13. חקל עפרון דבמכפלה דעם קדם ממראשדה עפרון אשר במכפלה אשר על פני ממרא Ephron's land in Machpelah, in front of Mamre - בר כג 17. וטרדו יתון מן עם קדם פרעה ויגרשו אתם מאת פני פרעה - שמ י 11. ברן נפק יעקב מן עם קדם יצחק אך יצא יצא יעקב מאת פני יצחק - בר כז 30.

**קדמאו א** ת״פ לזמן *adv. (temporal)* **תחילה at first** ושוה ית שמשיהתה... קדמהו וישם את השפחות... ראשונה... first - he put the maids... first בר לג 2. קדמהו יטלון ראישונה יסעו they shall set out first - במ ב 9. **ב** ש״ע נ *n. f.* **א ראשית the first** אנדית ית קדמאות פרי ארעה הבאתי את ראשית פרי האדמה I brought the first of the fruit of the ground - דב כו 10. קרבן קדמהות תקרבון יתון קרבן ראשית תקריבו אתם - ויק ב 12. וכל טיאב יביש ודגן קדמהותון דיתנון ליהוה וכל חלב תירוש ודגן ראשיתם אשר יתנו... - במ יח 12. ונסב מן אבני אתרה ושבה מקדמהותה ויקח מאבני המקום וישם מראשותיו - בר כח 11 [פירש 'בצידו הקדמי'. התה״ע: וגעל וסאדתה = עשה (אותה) כר לראשו]. **ב** במעמד אדוורביאלי עם תחילית *with prefixes* **at first** *(adverbial)* ועבדו ית פסחה בקדמאו ויעשו את הפסח בראישון and they offered the Passover sacrifice in the first (month) - במ ט 5. לאתר מדבחה דעבד תמן בקדמהו אל מקום המזבח אשר עשה שם בראישונה the site of to the place of the altar that he had built there at first - בר יג 4. אדך תהי בה בקדמהו ידך תהיה בו בראישונה - דב יג 10. לוזה שם קרתה לקדמהו לוזה שם העיר לראשונה - בר כח 19.

**קדמאי א** ש״ת *adj.* **ראשון first** ירחה הדן... קדמאי הו לכון לירחי שתה ...ראישון הוא לכם לחדשי השנה this month... shall be the first of the months of the year for you - שמ יב 2. דן נפק קדמאי זה יצא ראישון - בר לח 28. הך מה דאמר בזבנה קדמאה כאשר אמר בפעם הראשונה - ת״מ 24א. ואנדית לוחיה קדמאיה ותניניה והבאתי את הלוחות הראשונים והשניים - ת״מ 255א. ואדכרת להון קיאם קדמאים ואזכר להם ברית ראישונים - ויק כו 45. **ב** ש״ע נ *n f.* **ראשית the first** קדמאית בכירי ארעתך תנדי בית יהוה ראשית בכורי אדמתך תביא... the first of the first fruits of your ground you shall bring into the house of the Lord - שמ כג 19. הלא הוא קדמהית לבוטה כי הוא ראשית אונו - דב כא 17.

**קדמה** ש״ע נ *n. f.* **גישה approaching** ודעלו מקדמה לידה (נ״א מקדום) ויראו מגשת אליו they were afraid of approaching him - שמ לד 30.

**קדמו** ש״ע נ במעמד המקור *n. f. as infinitive* **קבלה reception** מלאכי רומה מכונים לקדמונה מלאכי המרום מזומנים לקבלו the angels of heaven prepared to meet him - ת״מ 261א. וקם לקדמותון m ויקם לקראתם - בר יט 1. ורעט עשו לקדמותה $m_2$ וירץ עשו לקראתו - בר לג 4. הא הוא יפק לקדמותך m - שמ ד 14.

**מלקדמין**† ש״ע במעמד אדוורביאלי *n. (adverbial)* **לפנים previously** לוזה שמה דקרתה מלקדמין $*M_1$ לוזה שם העיר לראשונה the name of the city had been Luz previously - בר כח 19.

**בקדמיתה**† ש״ע במעמד אדוורביאלי *n. (adverbial)* **בתחילה at first** לאתר מדבחה דעבד תמן [ב]קדמיתה $*M_2$ אל מקום המזבח אשר עשה שם בראישונה the place of the altar that he had built there at first - בר יג 4. וחזבין ביש כמה דבקדמיתה $*M_1$ (m דבקמיתה) ומראהן רע כאשר בתחלה - בר מא 21.

**קודם** מ״י עם תחיליות *prep. with prefixes* **לפני** ושבה ית אפרים לקודם מנשה CA (נ״א קדם) וישם את אפרים לפני מנשה he put Ephraim before Manasseh - בר מח 20. באקרבותון אש בראה לקודם יהוה N (נ״א קדם) בהקריבם אש זרה לפני יהוה - במ ג 4.

**עם קודם** עם קודם ממרא $*K_1C$ (נ״א קדם) על פני ממרא - בר כג 19. במערוקך מקודם עשו NC - בר לה 1.

**קמאו** ש״ע נ *n. f.* **ראשית primacy** דילה קמאותה דילה אורכותה שלו הראשית, שלו הנצח primacy is His, eternity is His - ת״מ 189ב. מורך בקמאו מאריך (ימים) בראשונות - ת״מ 197א. יחידאי בקמאו יחיד בראשונות - ע״ד כה 39. • במעמד אדוורביאלי עם תחיליות *adverbial,* *with pref.* בקמאותה ברא אלהים בראשית ברא אלהים - in the beginning God created - בר א 1.

**קמאי** ש״ת *adj.* [**סוא״י** מלך קמאי וקשיט - ישע כה
[1 **1 ראשון first** גלג קמאי ורבה עקבאי הילל את הראשונים וגידל את האחרונים (Moses) praised the first ones and magnified the last ones - ת״מ 255ב. אדכר לקמאי זוכר את הראשונים - מ ב 61. קמאה הוא לוכון לירחי שתה A ראישון הוא לכם לחדשי השנה - שמ יב 2. עלמה קמאה ועלמה תנינה העולם הראשון והעולם השני - ת״מ 181ב. **2 מנהיג** ראשון במעלה **leader** ואסר ית קמאי מרכבתה (V קדמאי) אסר את ראשי המרכבות (של פרעה, בין חומות הים) - He confined the leaders of the chariots (שמ יד 25 [פירוש של 'ויאסר את אפן מרכבתו'. תפס "אפן" = ân‏âfə פנים. השי 'משכן אפן' בפיוט של אבישע (Cow 697) המקביל ל'משכן קדם'. זב״ח ספר בלאו 103. התה״ע: اجلّ = נכבד, *Int. of* SP ᵓ*pn as 'face'*, *i.e. 'honorable'. See* ZBH, Blau Festschrift, 103]. ואנפק מנה למדינת עכה היא אמדינתה דבנתה קינן קמאה ויצא ממנה לעיר עכה, הוא העיר שבנה קינן הנכבד - תולדה 38ב² Neubauer) 480).

**קמוי** ש״ת qāṭōl *n. m.* **ראשון first** בחדאות בוראיך את ידע ‹אתידע› דאת קמיו בחידוש בריותיך נודע שאתה ראשון by the Creation of Your creatures it became known that You are - The First - ע״ד כו 6-5. יכול קמיו דחיל יכול, ראשון, נורא - ע״ד כו 39.

**קמי א** ש״ע ז *n. m.* **פנים face** וסבל מסבלה מן עם קמיו M (VEB קדמיו) וישא משאת מאת פניו portions were served them from his face - בר מג 34. **ב** מ״י *prep.* (*i.e.*, from before him)
**לפני, מול** למקום (*local*) **before, opposite** אורה קמיו אניר חשכה מקמיו הטרד האור לפניו האיר, החושך מלפניו גורש the light shone before him, the darkness was driven away before him - ת״מ 185א. ועמונה קעם קמי הסלע וראוהו עומד לפני הסלע - ת״מ 285ב. ואלפה קמי טור סיני ולימדו לפני הר סיני - ע״ד יד 21. וכל דבב קמיך נפל וכל אויב לפניך נופל - ת״מ 15א. • **מקמי** לסיבה *causal* מקמי שרי רבתי אנה ערקת C מפני שרי גברתי אנכי ברחת I am fleeing from my mistress Sarai - בר טז 8. וערק משה מקמי פרעה A ויברח משה מפני פרעה - שמ ב 15. וערק משה מקמיו BA וינס משה מפניו - שמ ד 3.

**מדקמי**† ש״ע ז במעמד אדבריאלי *n. m.* **the day before שלשום** (*adverbial*) **yesterday** $M_2$ לית אנון כאתמל ומדקמוי as before (*lit.*:yesterday (or) the כתמל שלשם... day before yesterday) - בר לא 2 וכך M1* שמ ה 7 (מן אונקלוס O).

**קמיתה**† ת״פ *adv.* **תחילה at the beginning** וחזבין ביש כמה דבקמיתה m ומראהם רע כאשר בתחלה for their look was bad just as at the beginning - בר מא 21.

**תקדומה**† ש״ע נ *n. f.* **מנחה present** [השי׳ ע תקרובת - תוס ב״ב ו יד]. ונסבו גבריה ית תקדומתה... ונעתו למצרים $*m_2$ ויקחו האנשים את המנחה... וירדו מצרימה the men - took the present… and went down to Egypt - בר מג 15. ואעתו לגברה תקדומה $*m_2$ והורידו לאיש מנחה - בר מג 11. וכבנו ית תקדומתה עד על יוסף $*m_2$ ויכינו את המנחה... - בר מג 25.

**קדמה** שם פרטי qâdâmâ *pr. n.*
**קדמה** ש״פ ואלין שמהת בני ישמעאל... יטור ונפיש וקדמה - בר כה 13 - 15.

**קדמונאי** שם פרטי *pr. n.*
**קדמונאי** ש״פ ית קינאה וית קנזאה וית קדמונה - בר טו 19.

**קדמות** שם מקום qâdâmot *pr. n. (place)*
**קדמות** ש״פ ושלחת שליחים ממדבר קדמות - דב ב 26.

**קדקד** ראש **head** [**א״י** מן כף רגליכון ועד קדקדי ראשיכון - **נ** דב כח 35]

**קדקד** ש״ע ז *n. m.* **1 ראש head** מכף רגלך ועד קדקדך מכף רגלך ועד קדקדך from the sole of your foot to your head - דב כח 35. והמחואן מן רגלה ועד קדקדה והמכות מן הרגל ועד הקדקד - ת״מ 239א. ומחי פתה מואב וקדקד כל בני שת V מחץ פאתי מואב וקדקד כל בני שת - במ כד 17. **2 מנהיג** בהשאלה *fig.* **leader** תהי לרישה יוסף ולקדקד נזיר אחוה A תהיינה

לראש יוסף ולקדקד נזיר אחיו - בר מט 26. כינוי לכל אחד מן 26 הנשיאים שיביאו קץ לשלטון הישמעאלים לפי אסטיר פרק יב each of the 26 leaders who will put an end to the Ishmaelite rule (Asatir, ch. XII) קדקד יקום באד תקיפה יכלי עמינדס ביומיו ייתי נשיא יקום. ביד חזקה (יהיה). כליון הישמאלים בימיו יבוא - אס 21א [ע' בהערות זב"ח שם]. וקדקד יקום בקשט יכתב ארהותה ואטר פליאתה באדה ונשיא יקום. באמת יכתוב את התורה ומטה הפלאים בידו - אס 22ב [רמז לתהב .Ref. to the Taheb].

קדר† כלי לבישול pot [א״י בקדר חדת - ויק״ר תטו (נ״א בקידרא חדתא). סוא״י היך יקדנה דקדרא - יואל ב 6. הש' Nöldeke KSG § 84]

**קדר** ש״ע ז/נ *n. m./f.* **כלי לבישול pot** שטו עמה ולקטו... ובשלו בקדר (VNECB בקדרה) שטו העם ולקטו... ובשלו בפרור the people went about and gathered it...and boiled it in pots - במ יא 8 [המליץ 567: קדראן, בקדריה - ריבוי].

קדש[1] קדושה **holiness** [א״י וקדש שמה בהון - נ במ כ 13. סוא״י קדשו צומא - יואל א 14] ← זנות (פולחנית)**cultic whoredom**

**קל** עבר: וקדשו - במ יז 3 N. עתיד: יקדש - שמ כט 37. **פעל** עבר: וקדש wqaddəš - א״ד ג 36. עתיד: ויקדש - במ ו 11. ציווי: קדש - שמ יג 2. בינוני: מקדש amqaddəš - מ כא 26. פעול: מקדש amqåddåš - מ כה 36. מקור: למקדשה - שמ כט 1. **אפעל** (?) עבר: הקדשת (מדבר) - במ ח 17. עתיד: יקדש - ויק כז 14. בינוני: דמקדש - ויק כז 15. **אֶתְפָּעַל** עתיד: יתקדשון - שמ יט 22. ציווי: התקדשו - במ יא 18. בינוני: מתקדש mitqåddåš - ע״ד טז 2. **אקדשו** - אס 20ב. **מקדש** - שמ כה 8. מקדשה (מיודע) maqdåšå - ע״ד ג 27. **קדוש** - qaddəš קדושה (+נסתר) - ע״ד כד 35. **קדיש** qiṭṭūl ע״ד יב 21. **קדישו** בקדישו - ת״מ 284ב. לקדישותה alqaddīšūte קדושה (+נסתר) - מ כא 4. **קדש** qådəš - מ כא 36. **קדשה** - בר לח 21 (נ״א קדישה = המליץ 584).

**קל נעשה קדוש, אסור to be sacred, forbidden** הלא הקרבונון לקודם יהוה וקדשו N (נ״א ואקדשו, ואקדשי) כי הקריבום לפני יהוה ויקדשו for they offered them before the Lord; therefore they are sacred - במ יז 3. כל הקרב במדבחה יקדש (B יתקדש) כל הנגע במזבח יקדש - שמ כט 37. כל דקרב בון יקדש (CBA יתקדש) כל הנגע בהם יקדש whatever touches them shall be consecrated - שמ ל 29. דלא תקדש מליתה (VB תתקדש) פן תקדיש

המלאה - דב כב 9.

**פעל קידש to consecrate** יהי סגד... ומרבי לאמנה דכן ברך וקדש יהיה משתחווה... ומגדל את האומן שכך בירך וקידש he shall bow down... and magnify the Craftsman who thus blessed and consecrated - א״ד ג 36-35. וקדש יתה... וית כל מניו ויקדש אתו... ואת כל כליו - במ ז 1. ויקדש ית רישה וקידש את ראשו - במ ו 11. ותקדש יתון ויון קדש - שמ ל 29. קדש לי כל בכור - שמ יג 2. הו מקדש נפשהתה הוא מקדש את הנפשות - מ כא 26. אני יהוה מקדשון אני יהוה מקדשם - ויק כב 9. ליתו מן עבראי ולא מקדש אינו מן העברים ואינו מקודש - מ כה 36-35

**מקדשה** ודן ממללה דתעבד לון למקדשה יתון למכהנה לי וזה הדבר אשר תעשה להם לקדש אתם לכהן לי - שמ כט 1. וטהרתה לשני למקדשהתך וטיהרתי לשוני לקדשך - ת״מ 206א [להכריז שאתה קדוש].

**אפעל הקדיש to consecrate** ואנש אן יקדש ית ביתה קדש ליהוה ואיש כי יקדיש את ביתו קדש ליהוה if anyone consecrates his house to be holy to the Lord - ויק כז 14. ואם דמקדש יפרק ית ביתה ואם המקדיש יגאל את ביתו - ויק כז 15. ביום מקטלי כל בכור בארע מצרים הקדשת יתון לי ...הקדשתם אותם לי - במ ח 17. ויסבל אהרן ית עוב קדשיה דיקדשון בני ישראל אשר יקדישו בני ישראל - שמ כח 38.

**אֶתְפָּעַל 1 נעשה קדוש to consecrate oneself** ואף כהניה... יתקדשון דלא יפתי בון יהוה וגם הכהנים... יתקדשו פן יפרץ בם יהוה let the priests... consecrate themselves, lest the Lord break out against them - שמ יט 22. התקדשו למחר - במ יא 18. הא יום קדיש ומקדש טובי מן מתקדש לגוה הנה יום קדוש ומקודש, אשרי מי שמתקדש בו - ע״ד טז 1-2. **2 נתקדש to be sanctified** ואתקדש בגו בני ישראל I will be sanctified among (נ״א ואקדש) VB the people of Israel - ויק כב 32. בקריבי אתקדש ועל אפי כל עמה אתיקרV (נ״א אקדש) בקריבי אקדש ועל פני כל העם אכבד - ויק י 3. בכורי חם קטילין ובכורי ישראל מתקדשין the firstborn of Ham are slain, and the firstborn of Israel are sanctified - ת״מ 247ב.

**אקדשו** ש״ע נ *n. f.* **זנות** **cultic prostitution** קהל "יהי" בעי קשטה יתלחצון בר מולד אקדשו העדה הדורשת אלוהים תילחץ ביד יליד זנות the congregation of those who seek truth will be oppressed by a son of whoredom - אס 20ב [רמז לרדיפות הנצרות. *Refers to Christianity*.]

**מקדש** שע״ז *n. m.* **בית פולחן** **sanctuary** ועבדו לי מקדש ואשרי בגבכון ועשו לי מקדש ושכנתי בתוככם let them make Me a sanctuary that I may dwell among you - שמ כה 8. בני רחמיך מתקנין טמאתה על ריש מקדשה בני אוהביך שמים את הטומאה בראש המקדש - ע״ד ג 27-26. אהרן יקום בתשמיש מקדשה - ת״מ 290א.

**קדוש א** שע״ז qiṭṭūl *n. m.* **קדושה** **holiness** תמן יתחכם קדוש הרגריזים אז תיוודע קדושת הר גריזים then the holiness of Mount Gerizim would be made known - ת״מ 226א. כד בלש ליצחק וגלה קדושה כאשר ביקש את יצחק (לעקדו) וגילה קדושתו - ת״מ 95א. טל קדושה מנשם לון צל קדושתה (של השבת) מרוויח להם - ע״ד כד 35. **ב** במעמד המקור *as inf.* טר ית יום שבתה לקדושה שמר את יום השבת לקדשו observe the Sabbath day, to keep it holy - דב ה 11. ודן ממללה דתעבד לון לקדושון A (נ״א למקדשה יתון)...לקדש אתם - שמ כט 1.

**קדיש א** ש״ת **1 קדוש** **holy** ויהי משרואך קדיש והיה מחניך קדוש let your camp be holy - דב כג 15. כל ממללה קדיש כל דברה (של השבת) קדוש - ע״ד יב 21. אנן בני טבים כהלון קדישים אנו בני טובים, כולם קדושים - ת״מ 204א. בזבנה דיקרי כהנה ארהותה קדישתה- ת״מ 124א. **ב** ש״ע *n.* **1 קדש** כהן לאלילים **cultic prostitute (male)** לא יתוחי קדיש מבני ישראל לא יחיה קדיש מבני ישראל no Israelite man shall be a cult prostitute - דב כג 18 (המליץ 584: קדש, כמו נה״מ). • נקבה **female** לא תתוחי קדישה מבנאת ישראל לא תחיה קדישה... - דב כג 18 (= המליץ 584). **2 זונה** לשון נקייה! *euph.* **harlot** אהן קדישתה ההיא בעזבים NC (קדשתה = המליץ 584, A זניתה) איה הקדשה ההיא בעינים where is the harlot who was at Enaim? - בר לח 21. לא הות בדן קדשה (נ״א קדישה) לא היתה בזה קדשה there has been no prostitute here - בר לח 21-22. ואדם קדישיה לא מטפטף ודם הנואפים אינו מטפטף (על פינחס בשטים)- אס 18א.

**קדישו** ש״ע נ *n. f.* **קדושה** **holiness** עד אתחזי לה מרה... והו רחט לידה בקדישו ...והוא רץ אליו בקדושה - ת״מ 284ב. קדישות יצרה לא יחשב תועבה קדושת הלב: לא יחשוב (אדם) תועבה - ת״מ 292א. עד יהונו מודין לקדישותה שיהיהו (עבדיו) מודים לקדושתו - מ כא 4.

**קדש** ש״ע ז *n. m.* **קודש** **holiness** ותקדש יתון ויון קדש וקדשת אתם והיו קדש you shall consecrate them, that they may be most holy - שמ ל 29. זימוני קדש לגוה מקראי קודש בו (בספר) - מ כא 36. נטרי מטרת קדשה שמרי משמרת הקדש - במ ג 32. קדשה לא תחללו הקודש לא תחללו - ת״מ 257ב. קדש עבראותה יחלף את קדושת העברים ימיר - אס 20ב. • בצירופי סמיכות, במעמד ש״ת *as adj. (cstr.)* ממלכת כהנים וגוי קדש (BA קדיש)...וגוי קדוש a kingdom of priests and a holy nation - שמ יט 6. אנון זעיקים עם קדש הם קרואים עם קודש - ת״מ 305ב.

**קדש²** תכשיט **ornament** [א״י וית קדשיא די באדניהון - נ בר לה 4. **אכ** AHw 925b - qudāšu]

**קודש** ש״ע ז *n. m.* **תכשיט** **ring, earring** ונסב גברה קודש דהב... ושוי על אפה ויקח האיש נזם זהב... the man took a gold ornament... and put (it) on her nose - בר כד 22. ופרקו כל עמה ית קודשי דהבה דבאדניון ויתפרקו כל העם את נזמי הזהב... - שמ לב 3. והוה כחזותה ית קודשה ויהי כראותו את הנזם - בר כד 30 (=המליץ 524). וית קודשיה אד באדניון - בר לה 4 (=המליץ 524).

**קדש³** שם מקום qādəš *pr. n. (place)*

**קדש** ש״פ ודאר עמה בקדש ויגר העם בקדש - במ כ 1. ואתא לחלל מתקריה קדש והגיע למישור הנקרא קדש - אס 12א.

**קדש ברנע** שם מקום qādəš birna *pr. n. (place)* [ע״ע רקם]

**קדש ברנע** ש״פ אורע טור גבלה עד קדש ברנע - דב א 2.

†קהי הרקה ופינוי **emptiness** [**א״י** יקהת (!) כף ירכיה דיעקב - **נ** בר לב 26 (= יצאה מפרקה *Int. as* *'dislocated'*.). קהיות שנא = נקיון שנים - תרג׳ עמוס ד 6. ע׳ הערות טור-סיני, ב״י 5800). **ע** ינויי: קיהוי קרביים - זולאי פה. ע״ע קעע *see*]

**קל הריק to expel** ולא תקיא (=המליץ 586, $^*M_2$ מקיאה) ארעה יתכון... כמד קאת (=המליץ 586, E קאה) ית גויה דלקדמיכון ולא תקיא הארץ אתכם... כאשר קאה את הגוי אשר לפניכם , as it.. let not the land expel you - expelled the nation that came before you - ויק יח 28. ותקיא ארעה ית דיאריה ותקיא הארץ את ישביה - ויק יח 25. ולא תקיא ארעה יתכון - ויק כ 22. ונפשה דתעבד באד גבהה... ית יהוה היא תקיא A (נ״א מגדף) והנפש אשר תעשה ביד רמה... את יהוה הוא מגדף - במ טו 30 [נתפרש לו כמו $^*M_2$ בויק כ 22: תקיא = תנזף. וקשה].

**אפעל הריק to expel** ואקיאת ארעה ית דיאריה VEA (N ואקחית, MB ואקית, $^*M_1$ ומקיאה) ותקיא הארץ את ישביה the land - expelled its inhabitants - ויק יח 25. כמה דאקיאת ית גואה דלקדמיכון A (VMCB דאקית, N דאקחית, המליץ 586 אקה) כאשר קאה את הגוי... - ויק יח 28.

קהל עדה, ציבור **gathering** of people [**א״י** לא ייעול ממזר בקהל כנשתה דייי - **נ** דב כג 3. **סוא״י** קהלא כולה היך חדא - בר יט 4]

**קהל** ש״ע ז qāl *n. m.* **עדה congregation** לית מועד כותה... ולא קהל קדיש הך דנטר לה אין מועד כמותו (השבת)... ולא קהל קדוש כמו זה ששומר אותו - ע״ד יב 16-18. וממה תתרברבון על קהל יהוה ומדוע תתנשאו על קהל יהוה why do you raise yourselves above the Lord's congregation? - במ טז 3. **יהב לפינחס** קמי קהלה נתן את פינחס לפני הקהל (למלחמה) - אס 18ב. פוקו מגו עמי אתון וכל קהלכון צאו מתוך עמי אתם וכל עדתכם (דברי פרעה) - ת״מ 248ב.

†**קהלה** ש״ע נ *n. f.* **עדה congregation** ארוה פקד לנן משה מתירתה קהלת יעקב תורה צוה לנו משה מורשה קהלת יעקב Moses charged us with a law, the heritage of the congregation of Jacob - דב לג 4. חסל נביה... מן ברכת קהלת יעקב סיים הנביא... לברך את קהל יעקב the prophet finished to bless the congregation... - ת״מ 256א [ע״פ דברים הנ״ל].

קהלתה שם מקום qēllâtå *pr. n. (place)*

**קהלתה** ש״פ ונטלו מרסה ושרו בקהלתה ונטלו מקהלתה ושרו בטור שפר - במ לג 22 - 23.

קהת שם פרטי qāt *pr. n.*

**קהת** ש״פ ואלין שמהת בני לוי לתולדתון גרשון קהת ומררי - שמ ו 16.

**קהתאי** ש״י *gent. n.* ונסיא בית אב לכרן קהתאה אליצפן בר עזיאל (VC קהתאי) - במ ג 30.

†קובע כסוי לראש **head-cover** [מן אונקלוס O. **ס** קובעא - LS 644a. **נ** קובעיה - שמ לט 28]

**קובע** ש״ע ז *n. m.* **מגבעת cap** ושקע לון קובעין $^*M_2$ (נ״א מגבען, שקעין) ויחבש להם מגבעות - and bound caps upon them - ויק ח 13.

†קוזתין עוף טמא **a bird** [טלשיר 168: < קאזת ים שנתפסו מלה אחת. ע״ע קאתין]

**קוזתין** ש״ע *n.* **קאת a bird** וית ברברי וית קוזתין וית נעמיתה ואת התנשמת ואת הקאת ואת הרחמה - ויק יא 18, דב יד 17 (המליץ 586: קזתים).

†קוט מיאוס **abhorrence** [**ע** קץ מפני חורב וקט מפני חורף - ינויי מג. ואקוץ בם כאדם שהוא קווט ממזונו - ספרא תיב. וע״ע קט״ט]

**קל (אפעל?) מאס to abhor** ואקטו מקדם בני ישראל m ויקצו מפני בני ישראל the Egyptians abhorred the people of Israel - שמ א 12.

†קוי[1] כינוס **gathering** [**ע** מעשה ברום בית ענת שקוות יותר מאלפים כור - תוס ו ג. **ס** קבא - LS 640a. פלורנטין 336]

**קל 1 כלל to include** עלתה ושליחתה וחטאתה ואשמה ושלמיה קות יתון תורה חדה העולה והמנחה... כוללת אותם ״תורה אחת״ the burnt offering, the cereal offering, (ויק ז 7) the guilt offering... "one rule" (Lev 7:7) - includes them - ת״מ 165א. כי הודע אן דתלתים אזדמנו לה בראשית ומה קות וארעה ומד אסחנת ״כיי״ (דב לא 29) שלשים נאספו אליו:

בראשית ומה שכללה, והארץ ומה שהחזיקה - ת״מ 178ב [דרוש על 'כי']. **אקרא... קות אשתתי יומיה** (ק צמתת) "אקרא"... (דב לב 3) כללה את ששת הימים - ת״מ 181א. **שחתו קות ממלל נחשה** "שחתו" (דב לב 5) כללה את דיבור הנחש (אל חוה) - ת״מ 194א. **מכעוס בניו... וקוה בניה עם בנאתה** "מכעס בניו ובנותיו" (דב לב 19)... וכרך את הבנים עם הבנות - ת״מ 212א. **כד חסל מן מקרתה כי ומד בה קוה אמר בשם יהוה** כאשר סיים (משה) את הקריאה "כי" (דב לא 29) ומה שכלל בה, אמר "בשם יהוה" (דב לב 3) - ת״מ (ק) 71ב. **2 כינס to assemble** מלתה דקות מימי המלה שהקוותה את מימיי (דברי ים סוף) the word that assembled my waters (*i.e.*, brought them together) - ת״מ 68ב.

**אֶתְפְּעֶל נכלל to be included** בראשית ומה בה הקוה וכלול ארעה ומד אסחנת בראשית ומה שנכלל בה, וכל הארץ ומה שהחזיקה the Creation and what was included in it; the whole earth and what it contained - ת״מ (ק) 66א.

**מקוה** ש״ע ז *n. m.* [עש״ח מן בר א 10 NSH] **1 כינוס council** ויעשו עדת השמרים... מקוה בכנשת שכם עשו... כינוס בבית הכנסת בשכם the congregation of the Samaritans gathered a council in the synagogue of Shekhem - הכרוניקה החדשה 17. **ויעשו מקוה עצות בכסי** עשו אסיפה לשם התייעצות בסתר - הכרוניקה החדשה 94-95. **2 בית תפילה synagogue** וישובו... לכנישתם ויחדשו מעמרה ויתפללו בה... ויבנו שם מקוה להם - הכרוניקה החדשה 1 (REJ 46, p. 129-130).

## קוי²†

ציפייה **expectation** [בעש״ח מן "לישועתך קויתי יהוה" - בר מט 18. NSH, *after* Gen 49:18. **ס** קוא - LS 651b]

**פעל קיווה, ביקש to seek** אה אסירי חוביה קוו סליחתה הוי החטאים, קוו לסליחה O the imprisoned in sins, seek for forgiveness - ת״מ 291ב.

## קול

צליל, דיבור **speech** [מן העברית. ע״ע קל. H]

**קול** ש״ע ז *n. m.* **צו, עצה** בצירוף עם שמע ל/מן בהוראת 'ציות' **order, advise** *with šm*ᶜ *l/mn* לית אנון כבר שמעין לקולי אין הם שומעים בקולי they do not obey my voice - ת״מ 211ב (נוסח ק: ולא יקבלון לקלי - 3א). **ולא שמעו קול** אלה ולא נשמעו לאלוהים - ת״מ 234ב. **כד שמע מן קול אתתה** - כשנשמע (אדם) לאשתו - ת״מ 190ב. **אורה פקד לנן משה מירתה לקולי יעקב** - ED תורה צוה לנו משה מורשה קהלת יעקב - דב לג 4 [התה״ע: جـوت = מקהלה - SAV: 'choir' (Barthélemy 130)]. **2** עם 'אחד' במעמד אדוורביאלי 'פה אחד' **unanimously** *adverbial use with* ᵓḥd **ענו כהלון קול אחד** ענו כולם פה אחד all of them replied unanimously - ת״מ 171ב. **אגיבו כהלון קול אחד** - ת״מ 170א.

## קום¹

עמידה וקיום **standing, existence** [בעקבות הרחבת השורש בבינוני קל קאם נוצר שורש תנייני ע״ד השלמים. ברם אפשר שהעתיד יקעם הוא אֶתְפְּעֶל, מעין *yiqqam › *yitqam שהוראתו שווה לקל. זב״ח ת״מ 150א והספרות המובאת שם. *Following the expansion of the pt. qal, qâᵓəm, a secondary root qᵓm emerged (also spelled qᶜm)*. **א״י** וקמו קדם משה - **נ** במ טז. **סוא״י** ולא תקום בכול הדא ארעא - בר יט 17]

**קל** עבר: קעם qām - ע״ד ו 3. וקם - שמ א 8. עתיד: דיקום adyēqom - ע״ד כב 30. יקעם - שמ כא 21. ציווי: קום - ת״מ 54א. קומו qūmu - ע״ד ז 17. בינוני: קעם qāᵓəm - מ יב 62; qām - מ טז 25. קעמין qāᵓēmən - ע״ד ז 1. מקור: מקום - בר לא 35. מקעם - שמ ט 28. **פעל** עבר: דקיאם - ת״מ (ל) 13. עתיד: ונקיאם - בר כו 28 N. בינוני: מקאים - במ כג 19 N. מקור: למקימה - בר מה 7. **פועל** עבר: קומם - ת״מ 191ב. ציווי: קומם qūməm - ע״ד כז 73. בינוני: ומקוממי (ריבוי נסמך) wamqūmēmi - ע״ד יט 16. פעול: מקוממין - ויק כו 13 N. מקור: למקוממה lamqūmēmå - מ ח 14. **אפעל** עבר: ואקים - בר כא 28. הקמת (נוכח) âqimtå - ע״ד כב 18. עתיד: יקים - דב כז 26. ציווי: אקים - ת״מ 196א. בינוני: ומקים wmâqəm - ע״ד ח 8. מקור: מקמה - במ ז 1. מקים - ת״מ 16א. פאסיב: הוקם - שמ מ 17 A [מאוחר, מן העברית. H]. **אֶתְפְּעֶל** עבר: אתקם - שמ מ 17. אתקעם - במ יד 38 B. **אֶתְפַּעַל** עבר: ואקעים - בר מז 28. עתיד: ויתקעים - שמ לג 20 V (C ויקעים). **אתפועל** עבר: אתקומם - שמ מ 17. עתיד: יתקומם - דב ז 24. ציווי: התקומם - במ כג 15. בינוני: מתקומם - ת״מ 256ב. **יקום** יקומה (מיודע) - בר ז 4. **מקום** - ת״מ 286א. **מקם** מקעם - ת״מ 151א. **מקמה** מקעמן (ר) - אס 18א. **קאום** (qāṭōl) qāᵓom - א״ג 104. **קאם** - בר יט 26 B. **קאמה** - בר יט 26. **קאמו** קעמאותן! (ריבוי+נסתרים) - שמ לד 13 C. **קום** ובקומה - בר יט 33 MCBA. **קומה** - ת״מ 154א. **קוממה** קוממתכון (+נוכחים) qūmēmatkon - מ יא 34. **קוממו** qūmēmu - ע״ד כח 59. **קיאם** qiyyâm - ע״ד כז 52. **קיום** בקיומה qiṭṭūl - דב ה 3. קיאמה - בר מא 46 A. **קים** qayyâm - מ כה 12. **קימה** - בר מה 5 m (מן אונקלוס O). **קמו** קמות (נסמך) - ת״מ 57א. **תקומה** -

בר כו 28.
**קל 1 עמד, ניצב to stand** לאתרה דקעם תמן עם קדם יהוה אל המקום אשר עמד שם to the place where he had stood את פני יהוה - before the Lord בר יט 27. **אמת** דקעם קמי סניה שעה שעמד (משה) לפני הסנה - ע״ד א 9. אלין יקעמון למברכה אלה יעמדו לברך - דב כז 12. אם יום אי יומים יקעם לא יתקטל (NB יקום) אם יום או יומים יעמד... - שמ כא 21. ואתה הכה קעם עמי (V קום) ואתה פה עמד עמדי - you stand here by me דב ה 27. קעמו ואשמעה מה יפקד יהוה לכון עמדו ואשמעה מה יצוה יהוה - במ ט 8. ברישה דטור סיני הוה נביה קעם בראש הר סיני היה הנביא עומד - מ טז 24-25. וכל עמה קעמין למשמע - ת״מ 129ב. ומרים קעמה לקבלה ומרים עומדת מולה - אס 15ב. ועטיתה דלא אנסת כף רגלה קעמה על ארעה והענגה אשר לא נסתה כף רגלה הציגה על הארץ the most delicate , who never compelled the sole of...(woman) her foot to stand upon the ground - דב כח 56 [=המליץ 572: קהמאה (+נסתרת)]. **2 החזיק מעמד to stand firm** לית חיל דיקום אלא חילך אין כוח שיקום זולת כוחך there is no power that can stand firm except Your power - ע״ד כב 30. ופקדך אלהים ותכל קעם וצוך אלהים ויכלת עמד - שמ יח 23. **עם ב** *with b* לית בן נקום בגבאיך לא נוכל לעמוד בעונשיך - ע״ד ב 18. ומן יכל קעם בה ומי יוכל לעמוד בפניו - מ ה 20. ולית בן חיל נקום בה ואין לנו כוח לעמוד בפניה we have no power to stand in front of it - ת״מ 165ב. ואה מכתשה קעם בחזביו והנה הנגע עמד בעיניו - ויק יג 5. **3 ניעור to awaken** וקאם בלעאם בצפרה ויקם בלעם בבקר - Balaam arose in the morning במ כב 21. טוב דקעם מן שנתה וייתי לידך ברחמו אשרי הקם משנתו ובא אליך באהבה - ע״ד יג 7-8. קומו מן שנתכון - ע״ד ז 17. האן דאתון קעמין בחלקה דצפרה - ע״ד ז 1. **4 עזר, הציל to help, rescue** *with* עם *with* ʿ*m* יעמ׳ מרן קעם עמן אדוננו, עמוד לנו - our Lord, help us מ יב 62. דאת קעם עם סגודיך שאתה עומד למשתחווים לך - מ יב 8. וקעמת עם הזכאים - ת״מ 286א. **5 הופיע to arise** ולא קעם עוד נביא בישראל כמשה never again did there arise in Israel a prophet like Moses - דב לד 10. נבי רב ולית קעם כותה - ע״ד ו 3. וקם מלך חדת על מצרים - שמ א 8. וקמו שבע שני כפן בתרין וקמו שבע שנות רעב אחריהן - בר מא 30. והן יקום בך נביא יהי גנב לבך ואם יקום בך נביא (שקר) שיהיה גונב לבך - ת״מ 187ב. ברה דיקום מן נכראה בן שיוולד מן נוכרייה - ת״מ 125א. **6 התנפל to attack** *with* ʿ*l* עם יעל׳ וכמן לה וקעם עליו וקטלה וקם עליו והכהו (a person who is the enemy of another) lies in wait for him and attacks him and kills him - דב יט 11. דבביך דקעמין עלויך תבירין לקדמיך איביך הקאמים עליך נגפים לפניך - דב כח 7. כמד יקום אנש על עברה ויקטלנה כאשר יקום איש על רעהו ורצחו - דב כב 26. **7 נאבק** עם יעמ׳ **to struggle** *with* ʿ*m* מן יכל יקום עמון מי יוכל להיאבק עמם (המלאכים) who can struggle with them? - ת״מ 223ב. כד קעם עם אישה ויגע בכף מיתובה כאשר נאבק (יעקב) עם האיש... - ת״מ 102ב. וקמת עורי עם אנשי בבל <ובדרת> יתון ונאבקתי גם עם אנשי בבל... - ת״מ 233ב. **8 נתקיים to come to pass, take effect** על מימר תלתה סאדין יקום ממלל על פי שלשה עדים יקום דבר on (the evidence of) three witnesses shall a charge take effect - דב יט 15. לא יקום מימר יעקב אבינן... עלינן לא יתקיים דבר יעקב אבינו... the statement of Jacob our father will not take effect for us - ת״מ 139א. ומד אתמר לאבהתך יקום עליך ומה שנאמר לאבותיך יתקיים בך what was said to your ancestors will take effect with you - ת״מ 147ב. ויקומון כל נדריה ואסריה ויקומו כל נדריה ואסריה - במ ל 5. **9 עבר לידי פלוני to pass into the possession of someone** ויוזף חמוש כסף... ויקום לה ויסף חמשת כסף... וקם לו he must add one-fifth to the sum... and it shall pass to him - ויק כז 19. וקעם חקלה ומערתה דבה לאברהם ויקם השדה והמערה אשר בו לאברהם the field with its cave passed to the possession of Abraham, as a burial site - בר כג 20. **10 פסק to stop** וקעמת ממילד ותעמד מלדת - בר כט 35. וכד קעם מן סגדתה וכאשר עמד מהשתחוויתו - ת״מ 266ב. **11 הבין** עם יעל׳ **to understand** *with* ʿ*l* יקום מדעה על אהן ממללה יבין השכל את הדבר הזה let the mind understand this

statement - ת״מ 147ב. יקום מדעה על אהן רזה וידע מה דאמר - ת״מ 288ב. **12** עם ב ועם ש״ע - *with a noun preceded by b,* תחליף לפועל מפורש *replaces a finite verb* וגבר דיקום בחובה הן הות בלא כמינה לית חוב ואיש שיחטא, אם היה בלא צדייה, אין החטא (נענש) one who sins, if it was without malicious intent, the sin is not punished - ת״מ 152ב. מן לא לה פלגה מה חנאה בה יתרחק ויקום בחרימו מי שאין לו נחלה מה חפץ בו? ירחק ויהיה בחרם he who has no portion what is his advantage? let him be evicted and in ban (*i.e.,* banned) - ת״מ 193א. ערק משה וקעם בבלוד רב ברח משה והיה נבהל Moses fled from it and was in fear (*i.e.,* afraid) - ת״מ 12א. וקעם עלמה תמן בדחלה והיה העולם אז נפחד - ת״מ 69א. וקעמו חרשיה בבעתה והיו הקוסמים מבוהלים - ת״מ 26ב. ואצטמדו חרשיה וכל קסמיה וקעמו במרטוש רב ונאספו החרטומים והקוסמים והיו בבהלה גדולה - אס 11א. **13** עם פועל אחר מביע תחילת פעולה *with another verb expresses the inchoative* וקאם משה ואזל ליד דתן Moses rose and went to Dathan - במ טז 25. וקם פרעה וצמת אכלסין רברבין וקם פרעה ואסף אוכלוסים גדולים - אס 14א. וקמת ואזלת ואסטת צעיפה (A וקעמת) ותקם ותלך ותסר צעיפה - בר לח 19. וקעמת זעורתה ושכבת עמה ותקם הצעירה ותשכב עמו - בר יט 35. קום אסר מרכביך - ת״מ 54א. ונקום ונסק נקומה ונעלה - בר לה 3.

**מקום** לא אכל למקום מקדמיך לא אוכל לקום מפניך - בר לא 35. ויפקדך אלהה ותרשי מקוםA וצוך אלהים ויכלת עמד - שמ יח 23.

**מקעם** ולא תוזפון למקעם ולא תוסיפון לעמד - שמ ט 28. ולמקעם לקדם כנשתה ולעמד לפני העדה - במ טז 9.

**פעל 1 החיה to maintain life** ונקים מן אבונן זרע m (נ״א ונוחי) ונחיה מאבינו זרע let us maintain offspring from our father - בר יט 32 (מן אונקלוס O). **2 קיים, הגשים to fulfill** ההוא אמר ולא יעבד ממלל ולא מקים (N מקאים) ההוא אמר ולא יעשה דבר ולא יקימנה would He speak and not act, promise and not fulfill? - במ כג 19. **3 כרת ברית to make a covenant** חיולה דקיאם עם אברהם האדיר שכרת ברית עם אברהם the Mighty One who made a covenant with Abraham - ת״מ (ל) 13. ואף קימת ית קיאמי עמון C וגם הקמתי את בריתי אתם - שמ ו 4. ונקים קיאם עמך MC (N ונקיאם) ונכרתה ברית עמך - בר כו 28. בקברי דקעימת לי... תמן תקברני MB (נ״א דקטעת) בקברי אשר כרתי לי... שם תקברני - בר נ 5 [הקבר אשר קיימתי לי לאחוזה. נ״ש kâråtti]. **4 נשבע to swear, vow** (מן אונקלוס O) וקים לה על פתגמה הדן $M_2$* (נ״א ואשתבע) וישבע לו על הדבר הזה he swore to him concerning this matter - בר כד 9. ודקים לי למימר m (נ״א ודאשתבע) ואשר נשבע לי לאמר - בר כד 7. אבה קים עלי m (נ״א השבעני) אבי השביעני - בר נ 5.

**מקימה** ולמקימה לכון פליטה רבה V (נ״א ולמוחה) ולהחיות לכם פלטה גדולה - בר מה 7. למקימה עם סגי m (נ״א למוחה) להחיות עם רב - בר נ 20.

**פועל 1 העמיד to set** וכד אמרה משה... קומם לגוה י וכאשר אמר משה (מילת צדיק)... העמיד בה יו״ד when Moses said it (the word ṣdyq)..., he set a Yod in it - ת״מ 191ב. **2 קומם to make someone erect** ואיתית יתכון מקוממין N ואוליך אתכם קוממית I set you up (*i.e.,* I made you walk erect) - ויק כו 13. **3 הגשים to fulfill** ומקוממי מועדיו בשלמו ומקיימי מועדיו בלשמות those who fulfill (the commandment of) the festivals in entirety - ע״ד יט 16. צורכינו (!) הוא מספק למקוממי מליו צרכים הו מספק למקיימי דבריו - מ יא 71-72. **4 קיים to maintain** קומם נפשתהן קיים את נפשותינו maintain our souls - ע״ד כז 73.

**מקוממה** איקרי שומיה מרבים לך... בדיל מקוממהתה חסדי השמים מגדלים לך... כדי לקיימך - ת״מ 276א [זב״ח הע׳ 3]. דהדה צלותה למקוממה חייה כי התפילה הזאת היא לקיים את החיים - מ ח 13-14.

**אפעל 1 העמיד, הקים to set, set up** ואקים אברהם שבע אמרן עאן ויצב אברהם שבע כבשות צאן Abraham set seven ewes of the flock - בר כא 28. ואקים יעקב קאמה ויצב יעקב מצבה Jacob set up a pillar - בר לה 14. ואקים תחומיה סהר והציב את הגבולות סביב - אס 19ב. ויקים ית אתתה לקדם יהוה והעמיד

את האשה לפני יהוה - במ ה 30. ופסל וקאמה לא תקימון לכון ופסל ומצבה לא תקימו לכם - ויק כו 1. **2 הגשים** **to fulfill** ואקים ית קיאמי עמכון והקמתי את בריתי אתכם I will fulfill My covenant with you - ויק כו 9. ארור דלא יקים ית כל מלי ארהותה הדה - דב כז 26. ויקים ית כל נדריה והקים את כל נדריה - במ ל 15. הקמת כמה אמרת קיימת כמה שאמרת - ע״ד כב 18. ואקים דימה לאבהתון וקיים מה שנשבע לאבותיהם - ת״מ 129א. **3 החיה** **to maintain** והבם יתה ואקים זרע לאחיך ויבם אתה ואקים זרע לאחיך maintain offspring for your brother - בר לח 8. ומוחי וממית ומקים כלה ומחיה וממית ומקיים את הכול - ע״ד ח 8.

**4 נתן דעתו** **to pay attention** with עם מדע *md*[c] אקים מדעך שמועה למה דלה שמעת תן דעתך, השומע, למה ששמעת apply your mind, O hearer, to what you have heard - ת״מ 196א. אקים מדעך האן דו קשטה תן דעתך איפה האמת - ת״מ 127ב. **5 עשה** מתווך בין שני מושאים ביחס של נושא ונשוא **to make** *mediates between two objects that act as subject & predicate* ואקים אדם ארש ועשה את האדם יסוד - אס 1א. ומרן אקימך דיאן ואדוננו עשאך שופט our Lord has made you a judge - ת״מ 66א. אקימה מהימן על כל קהלה... אקימה חליפתה העמידו (משה את יהושע) נאמן על כל הקהל... העמידו לחליפתו - ת״מ 168ב. אקים קנומה עני כד חלף פקודה העמיד עצמו עני כששינה את המצווה - ת״מ 194ב. **6** עם ב ועם ש״ע - תחליף לפועל מפורש *with a noun preceded by **b**, replaces a finite verb* ואקימתך בתשניק יתר ואעמידך בייסורים יתרים (=ואייסרך) I afflicted you (*lit.*: I set you in great afflictions) - ת״מ 147ב. קין חכמה ולבש אגדדותה הוקם בקלל קין ידעו ולבש כחש, העמד בקללה (=נתקלל) - ת״מ 275א. ויקים נפשה בעקה והעמיד עצמו בצרה (=ציער עצמו) - ת״מ 276א.

**מקמה** ביום אסכמות משה למקמה ית משכנה ביום כלות משה להקים את המשכן - במ ז 1. תריה מרבין גויתה למקעמה השניים (הלב והשכל) מגדלים את הגוף לחיות - ת״מ 140ב.

**מקים** ואזל לטור סיני למקים קמי מרה והלך להר סיני לעמוד לפני אדוניו - ת״מ 16א. אברהם דו הוה ארש למקים זרע אברהם, שהוא היה יסוד להקים זרע - ת״מ 299ב.

**הופעל** מן העברית H. בירחה קדמאה... הוקם משכנה A (נ״א אתקם) בחדש הראשון... הוקם המשכן - שמ מ 17. במניאנה הוקם כתבה בחשבונה (של מילת 'וידברי') הועמד הספר - ת״מ 173ב. ונביותה הוקמת לסקפן דרגה והנבואה הוקמה לזקוף מדרגתו - ת״מ 86א.

**אֶתְפְּעֵל 1 הועמד** **to be set, erected** באחד לירחה אתקם משכנה ...הוקם המשכן on the first of the month, the Tabernacle was erected - שמ מ 17. אתקמת חומה פני המים הוקמה חומה לפני המים - ת״מ (ק) 35א [זב״ח 62א, העי' 5]. **2 חי** **to survive** ויהושע בר נון... אתקעם מן גבריה... דאזלו למגש ית ארעה B ...חיו מן האנשים... Joshua the son of Nun... survived, of those men who went to spy out the land - במ יד 38 [אולי נשתבש מן ואקעימו - אֶתְפַּעַל].

**אתפַּעַל חי** **to live** ואקעים יעקב בארע מצרים שבעסר שנה ויחי יעקב בארץ מצרים... Jacob lived seventeen years in the land of Egypt - בר מז 28 (המליץ 459: ואקיאם). לוי ישמעאל יקעים לרחותך M ($^*M_1$ יתקעים) לו ישמעאל יחיה לפניך - בר יז 18. ונתקים ולא נמות V ($^*M_2$ ונקיים) ונחיה ולא נמות that we may live and not die - בר מג 8. לא יחזני אנש ויתקעים V (C ויקעים) לא יראני אדם וחי - שמ לג 20.

**אתפועל 1 ניצב** **to stand** ונעת יהוה בענן ואתקומם עמה תמן וירד יהוה בענן ויתיצב עמו שם the Lord came down in a cloud; He stood with him there - שמ לד 5. לא יתקומם אנש לקדמיך לא יתיצב איש לפניך - דב ז 24. התקומם עם עלאתך התיצב על עלתיך - במ כג 15. את מתקומם על דרג כהנתה אתה תעמוד על מדרגת הכהונה - ת״מ 256ב (|| ק 78א: אתה יתיב). לית ארעה מתקוממה על מיה אין הארץ עומדת על המים - ת״מ 273א. **2 הוקם** **to be erected** באחד לירחה אתקומם משכנה MB ...הוקם המשכן on the first of the month, the Tabernacle was erected - שמ מ 17. **3 קם על רגליו** **to rise** אן יתקומם ויתיזל בבראה A אם יקום והתהלך בחוץ if the man rises and walks outdoors - שמ כא 19. **4 נתקיים** **to be maintained** וידע דלית היא מתקוממה ולא מתאמנה אלא בפרות יוסף וידע (משה) שלא יתקיים ולא יתמיד אלא בזרע יוסף

(Moses) knew that (the assembly (השומרונים) on Mount Gerizim) will not be maintained, except for the offspring of Joseph (*i.e.*, the Samaritans) - ת״מ 120א. טכח שבועת מרן תתקומם לנן אולי תתקיים לנו שבועת אדוננו perhaps the oath of the Lord will be maintained for us - ת״מ 234א.

**יקום** קיום, כל הנתון מן הבריאה [המסורת השומרונית תפסה מן קו״ם בהוראת קיים, יציב, ואכן זו הוראתו של ׳ממן׳ הנתונה בנ״א בתה״ש (מן אמן). השי׳ התה״ע בבר ז 23: الثابت אלת׳אבת = היציב, האיתן. *The Sam. tradition assigns the word to the root* **the** **קיום** **1** *n. m.* ש״ע ז [*qwm. Cf.* SAV. **existence** ואמחי ית כל יקומה דעבדת מן על אפי ארעה (A ממנה) ומחיתי את כל היקום אשר עשיתי מעל פני האדמה I will blot out from the earth all existence that I created - בר ז 4. ואמחי ית כל יקומה (A ממנה) וימח את כל היקום - בר ז 23. **2** **רכוש** בהרחבת ההוראה **possession** דפתחת ארעה ית פמה ובלעתון וית כל אנשה דלקרח... וית כל יקומה דברגליון (B הממן) אשר פצתה הארץ את פיה ותבלעם ואת כל האדם אשר לקרח... ואת כל היקום אשר ברגליהם the earth opened its mouth and swallowed them up, with all the households of Qorah..., all the possession of their company - דב יא 6.

**מקום** ש״ע ז *n. m.* **אתר** מן העברית (from **place**) H) וקעמת עמך למרבה יתך בכל מקום ועמדתי לך לגדלך בכל מקום to magnify you in every place - ת״מ 286א. וילן כדו באהן מקומה אוי לנו עתה במקום הזה - ת״מ 139א. פה אל פה אדבר בו מן אהן מקומה התודעת מיתוביתיך ״פה אל פה...״ (במ יב 8) מן המקום הזה נודעה מדרגתך - ת״מ 297ב [מקום בכתובים. *Quoted* scripture].

**מקם, מקעם** ש״ע ז *n. m.* **עניין** **matter** גבר מזרז למקעם בישתה עזרה מן שבילה איש הממהר לדבר הרעה, השיבהו מדרכו when one hastens to an evil matter, turn him from his path - ת״מ 151א. מחטב עץ אי זלי מים הוה מקעמון מבתר כל אלין ״מחוטב עצים...״ (דב כט 10) היה עניינם אחרי כל אלה (עניין הגרים וכו׳) - ת״מ 123א.

**מקמה, מקעמה** ש״ע נ *n. f.* **עניין** **matter** כל מקעמן דצבען על ז וח כל ענייני המתפללים (קשורים במספרים) שבעה ושמונה all the matters of these who pray are (connected with the numbers) seven and eight - אס 18א.

**קאום, קעום א** ש״ע ז qāṭōl *n. m.* **עמוד** **pillar** ותתן יתה על ארבעה קעומי שטה B (נ״א עמודי) ונתת אתה על ארבעה עמודי שטים - four pillars of acacia - שמ כו 32. **ב** ש״ת *adj.* **1** **אדון** **master** אהיה אשר אהיה קעומה דבראשית וטור סיני ״אהיה...״ (שמ ג 14) אדון בראשית והר סיני "I am who I am" (Ex 3:14), the Master of Bereshit and Mount Sinai - ת״מ 9א [זב״ח הע׳ 4. ע׳ גם עואנ״ש ג/ב 297]. הוא הקעום על בראשית וטור סיני הוא אדון בראשית והר סיני - ת״מ 243ב. **2** **עומד** במעמד הבינוני **standing** *participial* לא טרף מסכינה דלקדמיך קעום אל תדחה את המסכן העומד לפניך do not reject the poor who is standing before You - א״ג 104. וכל קהלה קעום מבכי לה וכל הקהל עומד ומבכה אותו all the congregation was standing mourning him - ת״מ 53א. הוא הקעום על כריה דמשתוקה הוא העומד על יסוד האלם - ת״מ 193ב [זב״ח הע׳ 1]. ואשקחו פרעה קעום על נהרה ומצאו את פרעה עומד על הנהר - ת״מ 28ב.

**קאם, קעם** ש״ע ז *n. m.* **1** **עמוד** **pillar** ואסתכלת אתתה מן חריו והות קעם מלח B (נ״א קעמה) ותביט אשתו מאחריו ותהי נציב מלח (Lot's) wife looked back, and she turned into a pillar of salt - בר יט 26. ותעבד לפרסה חמשה קעמי שטה A (נ״א עמודי) ועשית למסך חמשה עמודי שטים - שמ כו 37. **2** **אדן** **socket** ארבע קעמי כסף A (נ״א לבני) ארבעה אדני כסף four sockets of silver - שמ כו 32 [ט״ס. נגרר מן הסמוך לו *corr.*]. **3** **קימה, עמידה** מופשט *abstr.* **rising** במדורך ובקאמך B בשכבך ובקומך at your lying down, and at your rising up - דב יא 19.

**קאמה, קעמה** ש״ע נ *n. f.* **1** **עמוד** **pillar** והות קעמה מלח ותהי נציב מלח she turned into a pillar of salt - בר יט 26. **2** **מצבה** **sacred pillar** ונסב יעקב אבן וארמה קאמה CB (קעמה, המליץ 515 קעאמה EA) ויקח יעקב אבן וירמה מצבה Jacob took a stone and set it up as a (sacred) pillar - בר לא 45. ופסל וקאמה לא תקימון לכון ופסל ומצבה לא תקימו לכם - ויק כו 1. היא קאמת קבורת רחל היא מצבת קברת רחל - בר לה 20.

**קאמו, קעמו** ש״ע נ *n. f.* **מצבה** **memorial**

ותתברון ית קעמבאתון ושברתם את מצבתיהם you shall tear down their altars, and - dash in pieces their (sacred) pillars דב יב 3. וית קעאמבתון תתברון M₂* (C קעמאותן, E קעמהותון) - שמ לד 13.

**קום**[†] ש״ע ז *n. m.* **1 קימה rising** ולא חכם בשכבה ובקומה MCBA ולא ידע בשכבה ובקומה (Lot) did not know about her lying - down or her rising up בר יט 33. **2 עמידה stand, belief** מן אסע על חברה בכסי ואפקה מן קומה געז לבגו לבטה מי שהסיח את רעהו בסתר והוציאו מאמונתו, מתקלל he who drives his fellow in secret and leads him away from his stand (=belief), will be cursed (*lit.*: passes under curse) - ת״מ 162א [עמידתו הרוחנית. השי׳ ס קומא - LS 652b].

**קומה**[†] ש״ע נ *n. f.* **מעמד position** עמי למליה דיהי ממלל יתון ולא ידע רזון והב בלך לא יהונו קומה לך ראה את הדברים אשר ידבר אותם (המגדף) ולא ידע פשרם, תן דעתך שלא יהיו לך סמך see the words that he says, not knowing their meaning; apply your mind, let them not be your position - ת״מ 154א. וביומי פניה קוממותה בבית מרה קומה דדכרן ובימי פנותה עמידתו (של הכהן) בבית אדוניו, מעמד של זכרון during the days of *Fanuta* (the priest's) dwelling in the House of his God is a dwelling of commemoration - ת״מ (ק) 254ב || ש 119א: מדורה דדכרן).

**קוממה**[†] ש״ע נ *n. f.* **חיים life** טרו גזיראתה דאנון קוממתכון שמרו מצוותיו, שהן חייכם - observe the precepts, for they are your life מ יא 33-34.

**קוממו**[†] ש״ע נ *n. f.* **עמידה stand** מן עבד בישאתה... הך יהי לה קוממו בעלמה מי שעשה רעות... איך תהיה לו עמידה בעולם? he who does evil, how can he have an stand in the world - ת״מ 264ב. מבלעדיך לית קוממו לחיינן בלעדיך אין עמידה לחיינו - ע״ד כז 51-52. ואלולי רחמיו... לא הוה לישראל קוממו ואילולי רחמיו... לא הייתה לישראל עמידה - ת״מ 307א.

**קיאם** ש״ע ז qiyyam (*qəyām>) *n. m.* **ברית covenant** ודכר לנן קיאם וזכור לנו ברית - remember the covenant with us ע״ד כח 59. וקטעו תריון קיאם ויכרתו שניהם ברית - בר כא 27. אה חבר קיאמה אוי, בעל הברית - ת״מ 309ב.

**קי(א)ם, קעים** ש״ת qaṭṭāl *adj.* **חי living** קעים דלא מאת - the living one who does not die ת״מ 9ב. עוד יוסף ברי קיאם עוד יוסף בני חי הכדה - my son Joseph is still living! בר מה 28. מן אלה קים עד לעלם קים עודנו חי - בר מג 28. מן האלוהים החי עד עולם - מ כה 11-12. ואעת מלכה קעימה וירד המלך החי - מ טז 110. ודער ביני קעימיה ושכן (משה) בין החיים (=המלאכים) - ת״מ 185א.

**קיאמה**[†] ש״ע נ *n. f.* **1 ברית covenant** לא עם אבהתן קטע יהוה ית קיאמה הדה לא את אבותינו כרת יהוה את הברית הזאת not with - our fathers did the Lord make this covenant דב ה 3, כט 13 [בהשפעת ׳ברית׳].

**קיום** ש״ע ז qiṭṭūl *n. m.* **1 חיים life** והאלין שני קיומי ישמעאל A ואלה שני חיי ישמעאל - these are the years of the life of Ishmael בר כה 17 (=המליץ 459). כל יומי קיומך (E)A כל ימי חייך - בר ג 17 (המליץ 459: קיומיך). **2 עמידה standing** ויוסף בר תלתין שתה בקיומה בין ידי פרעה A ...בעמדו לפני פרעה Joseph was thirty years old when he entered the service of - Pharaoh (*lit.*: in hisw standing before) בר מא 46. **3 שבועה oath** אסכמו שקר בקיומיון כלו חמס בשבועותיהם - בר מט 5 [פירש מכרתיהם מלשון כריתת ברית במעשה דינה (ראה עואנ״ש ה 4.2.3.2. they put an end to injustice by their oaths (in Dinah's narrative). ותהי ברי מן קיומי M₂* ונקית מאלתי - בר כד 41. ושמעה קל קיום M₂* ושמעה קול אלה - ויק ה 1.

**קימה**[†] ש״ע נ *n. f.* **החיאה keeping alive** מקור מן אונקלוס O [ל]קימה ית נפשי m להחיות את נפשי - in keeping me alive בר יט 19. הלא לקימה שלחי m למחיה שלחני - בר מה 5.

**קמה** ש״ע נ *n. f.* **שדה תבואה standing grain** וכד תפק אש... ואכלה גדיש אי קאמה וכי תצא אש... ואכלה גדיש או קמה if a fire is started and... stacked, standing grain is consumed - שמ כב 5. ומגל לא תגיז על קאמת עברך וחרמש לא תניף על קמת רעך - דב כג 26.

**קמו**[†] ש״ע נ *n. f.* **קיום existence** וכמה בנפש קמות אנוש כן בתורה קמות הנפש וכמו שבנפש קיום האדם, כך בתורה קיום הנפש as the existence of the human being lies with the soul, so the existence of the soul lies with the Torah - ת״מ 57א.

**תקומה** ש״ע נ *n. f.* **1 אלה** **oath** טטה תתברי מתקומתי אז תנקיא מאלתי then you will be free from my oath - בר כד 41. ויהי בשמעה ית מלי תקומתה הדה והיה בשמעו את דברי האלה הזאת - דב כט 18. תהי שבי תקומה בינתן תהי נא אלה בינתנו - בר כו 28. ויכתב ית תקומיה... בספר m ויכתב את האלות... בספר he shall put these oaths down in writing - במ ה 23. **2 קיום** **existence** לו הוה לון חיל מרבי לון תקומה לו היה להם (לאילנות) כוח המרבה את הקיום even if they (trees) had the power to prolong their existence - ת״מ 273א. כליתה ולא תרבה לה תקומה כלהו (את הרשע) ולא תרבה לו קיום bring him to an end and let him have no more existence - ת״מ 198ב. **3 תקומה** **ressurection** ולא תהי לכון תקומה לקדם דביכון ולא תהיה לכם תקומה לפני איביכם and you shall have no resurrection before your enemies - ויק כו 37. כל גדף בעלמה לית לה תקומה כל מגדף בעולם לא תהיה לו תקומה no reviler in the world shall have any resurrection - ת״מ 152ב.

**קום²** נקמה **vengeance** [עואנ״ש ה 2.6.13]

**קל נקם** **to avenge** לא תקום ולא תסדר ית בני עמך (VC תקם, M₁* תנקם) לא תקום ולא תטור את בני עמך you shall not tiqqom take vengeance nor shall you be hostile towards the people - ויק יט 18.

**תקומה** ש״ע נ *n. f.* **נקמה** **vengeance** ושבק חכמתה יתפך עליו תקומה ועזב את החכמה, תבוא עליו נקמה (if one) forsake wisdom, it will turn into revenge - ת״מ 153ב [זב״ח הע׳ 1].

**קומן†** גוי? [< قوم - Barthélemy 692]

**קומן** ש״ע *n.* **גוי ?** **people ?** על אבירתיו ישא גוזליו ויעלה בם מעלה מכל עוף ויעבירם אל קומני ימה ...אל גויי הים on its pinions it bears its young... and makes them pass to the peoples of the sea - ת״מ 101ב [זב״ח: איי, ע״פ התה״ע של ת״מ: גזאיר. ראה הערתו].

**קוף¹†** תקופה, מחזור הזמן **period, epoch** [מן העברית H]

**אקפו** ש״ע נ *n. f.* **תקופה** **period** וחג כנושין אקפות שתה MA (B אפקות, M₁* במפקת השי׳ אונקלוס: במפקא דשתא) וחג האסיף תקופת השנה - שמ לד 22.

**תקופה** ש״ע נ *n. f.* **תקופה** **period** וחג כנושין תקופת שתה - שמ לד 22.

**קוף²†** מין עוף **a bird** [טלשיר 198. قوب - Kohn ZDMG 47, 641]

**קוף** ש״ע ז *n. m.* **מין עוף** **a bird** תנדי אמר... אי קוף לסלוח A תביא כבש... או תר לחטאת - ויק יב 6. ותסב תרי קופין A ולקחת שתי תרים - ויק יב 8. ויעבד ית חדה מן קופיה A ועשה את אחד מן התרים - ויק יד 30.

**קוף³†** מוט **pole** [א״י על קופה = על המוט - **נ** במ ד 10. **סוא״י** ונסבו יתה בקופיא - במ יג 23]

**קוף** ש״ע ז *n. m.* **מוט** **pole** וסבלו בקוף בתרים M₁* וישאו במוט בשנים they carried it on a pole between two of them - במ יג 23. ויתנון יתה על קופה M₂ ונתנו אתו על המוט - במ ד 10, 14א.

**קוב** ש״ע ז *n. m.* **מוט** **pole** ויתנון יתה על דקוב M₂* ...על המוט - במ ד 12. ובפס 12: קובה M₄*.

**קוף⁴†** באר **fountain**

**קוף** ש״ע נ *n. f.* **באר** **well** וינשון ית כיפה מן על פם קופה וישקון ית עאנה ויעזרו ית כיפה על פם קופה A וגללו את האבן מעל פי הבאר והשקו את הצאן והשיבו את האבן על פי הבאר the shepherds would roll the stone from the mouth of the well, and water the sheep, and put the stone back upon the mouth of the well - בר כט 3. ו[חזה ואה] קוף בחקלה... הל[א] מן קופה ההיא ישקון קטוי[ה] וכיפה רבה על פם קופה A וירא והנה באר בשדה... כי מן הבאר ההיא ישקו העדרים ואבן גדלה על פי הבאר - בר כט 2.

**קופית†** ראשית **beginning** [ZSp 111 - caput]

**קופית** ש״ע נ *n. f.* **ראשית** **beginning** ותהי קופית ממלכתה בבל וארך A (נ״א קדמאות)

ותהי ראשית ממלכתו בבל וארך the beginning of his kingdom was Babel, and Erech - בר י 10.

**קופיד**† עוף דורס **a bird** [אהרוני, לשוננו ו 137 ואילך. **ע** קופד - **מש** כלאים ח ה (כ״י קאופמן). **ס** קופדה = עוף לילה דורס - PSm 3687. וכך הוא ס״ח Maclean 274a - qüptå. ע״ע קפד]

**קופיד** ש״ע ז *n. m.* **קיפוד** **a bird** of prey ולטאיתה וקופידה VNA (MCB וקפדה) והלטאה והחמט - ויק יא 30 [המליץ 613: וקופידה = התנשמת.]

**קוץ**[1]† מיאוס **abhorrence** [מן אונקלוס O]

**קל מאס** to abhor ועכמון ית ארעה דקצתון בה $M_1$* (נ״א דאציקתון, דשקרתון) וידעו את הארץ אשר מאסתם בה they shall know the land which you have abhorred - במ יד 31.

**קוץ**[2]† עשב דוקרני **thorn** [א״י וקוצין ודרדרין תרבי לך - **התה״מ** בר ג 18.]

**קוץ** ש״ע ז *n. m.* **צמח דוקרני** **thorn** וכד תפק אש ותשקח קוצים V (נ״א קוצנים, כובים) וכי תצא אש ומצאה קוצים if a fire is started and spreads to thorns - שמ כב 5.

**קוצנים** ריבוי ״מורחב״ *extended pl., see LOT* IIIb, 37. - J וכד תפק אש ומשקעה קוצנים - שם [אינו ביחיד. **א״י** ותשכח קוצנין - **קת״ג** שם. ראה Fassberg, 135. על המרכיב an- ראה עואנ״ש ג/ב, 37.]

**קיץ** ש״ע ז *n. m.* **צמח דוקרני** **thorn** קיצין קוצים - המליץ 580 לשמ׳ כב 5. ליתא.

**קוץ**[3]† חידלון, פסיקה **cease, coming to an end** [< קצץ, ע״ע]

**קל חדל** to cease קוץ ני מנן N חדל נא ממנו - שמ יד 12, ו 9א $M_2$*. אהלו הוה לה תניאן עזרה בעובד הות יכלתה קעצה אילו היה לו (לאל) שני, עוזרו בבריאה, הייתה יכולתו חדלה if (God) had a partner, a helper in the Creation, his might would have ceased - ת״מ (ק) 37ב [זב״ח בהערה על אתר]. פממין ישבחון לך דלא קצין פיות ישבחו לך ואינם פוסקים qâṣən - מ ג 66-68.

**קעצה** ש״ע נ *n. f.* **מחדל** cease תהי יכלתה לית בה חסירו ולא קעצה תהיה יכולתו באין בה חסרון ולא מחדל his might would be without flaw or cease - ת״מ (ק) 37ב.

**קחף**†?

**קחף** ש״ע *n.* **?** כל קחף נחשה A (C אמנות) כל חרש נחשת - all instruments of bronze - בר ד 22.

**קטורה** שם פרטי qīṭūrå *pr. n.*

**קטורה** ש״פ ואוזף אברהם ונסב אתה ושמה קטורה A (קיטורה) - בר כה 1 - 4. יובב מן בני קטורה - אס 13א.

**קטט**† חידלון, פסיקה **cease, coming to an end** [**ע** והמקטקט על האריג (=החותך) - ירוש שבת יג ע״ג. ע״ע גטט]

**קל 1 חדל** פע״ע *to cease intrans.* קט שבי מנן ונשמש ית מצראי A חדל נא ממנו ונעבדה את מצרים leave us (*lit.*: stop) and let us serve the Egyptians - שמ יד 12 [וכך שמ ו 9א. זב״ח ת״מ 54ב, הע׳ 5].

**2 כרת** פע״י *to cut off trans.* קרח וסיעתה... קטית לדכרנון קרח ועדתו... כרתי את זכרם Qorah and his party..., I cut off his remembrance - ת״מ 219ב [אפשר שהוא קטע. זב״ח הע׳ 1].

**קטל**[1] המתה והריגה. הואיל ובעברית הכאה היא גם הריגה, נתפשט שימושו באהי״ש המאוחרת כנגד כל הכאה **killing, strike** *since the* H *verb means both 'to strike' and 'to kill', in late* SA *qṭl is used for both* [א״י ויקטל יתיה ויתחייב בנפשיה - **נ** דב יט 6. **סוא״י** דתקטול צדיקא עם רשיעא - בר יח 25]

**קל** בינוני: קטל - אס 12א. פעול: קטיל - דב כא 1. מקור: מקטל - שמ ב 15. **קל/פעל** עבר: קטל - שמ ט 25. עתיד: יקטל - שמ כא 31. ציווי: קטלי (+מדבר) - במ יא 15. מקור: למקטלאתה (+נסתר) - בר לז 18. **אֶתְפְּעַל** עבר: אתקטל - ת״מ 191א. דאקטל - במ כה 14. עתיד: יתקטל yitqâṭâl - ע״ד יד 8. יקטל - במ ג 10. בינוני: מתקטל - ת״מ 30א. מקור: למתקטלה - במ לה 31. **קטול** qiṭṭūl - במ יא 33 A. קטולין pl. tant. - במ ד 28 MB. **קטול** qâṭōl - במ לה 31. **קטל** - דב יט 6. **קטלה** - במ יא 33. **קטלו** - בר יד 17 A.

**קל הרג** to kill, smite חרבה דאתה עתיד קטל בה כפוריה החרב שאתה עתיד להרוג בה את הכופרים the sword with which you will kill the unbelievers - ת״מ 8א. ושרי קטל כל אנש והתחיל הורג כל איש - אס 12א. אן יתשקע קטיל בארעה כי ימצא חלל באדמה - דב כא 1.

**מקטל** ובעו למקטל ית משה ויבקש להרג את משה - שמ ב 15. **ואתנכלו למקטלנה** והתנכלו להרגו - ת״מ 287ב (ע״פ בר לז 18). **ארור נסב ממון למקטל נפש אדם** ברי ארור לקח שחד להכות נפש דם נקי - דב כז 25.

**קל/פעל הרג** to kill, smite ויהוה קטל כל בכור ויהוה הרג כל בכור the Lord killed all the first-born - שמ יב 29. **ופציתך וקטלת דבביך** ופדיתיך והרגתי את אויביך - ת״מ 223א. **ואתחיל** עליו וקטלה בחרב וגבר עליו והרגו בחרב - אס 19א. **אי בר יקטל... כדינה הדן יתעבד לה או** בן יכה... כמשפט הזה יעשה לו - שמ כא 31. **ואם אכהן אתה עבד לי קטלי שבי ואם ככה** אתה עשה לי הרגני נא - במ יא 15. **וכדו קטלו** כל דכר בטפלה ועתה הרגו כל זכר בטף - במ לא 17. בצירוף 'קטל נפש' ע״פ מליצת התורה *with npš, following the wording of the Torah* **לא נקטלנה נפש** לא נכנו נפש - בר לז 21. **וקטלה נפש** ומאת והכהו נפש ומת - דב יט 11. (נבדל ממקומות ש'נפש' היא המושא distinct from cases where *npš* is the object: **ואנש אן יקטל כל** נפש אנש ואיש כי יכה כל נפש אדם - ויק כד 17). **2 החריב** בהשאלה *to destroy fig.* **וית כל** עסב ברה קטל ברדה (נ״א מחה, מעו) ואת כל עשב השדה הכה הברד and the hail struck down every plant of the field - שמ ט 25. **ארעה** דקטל יהוה לקדם כנשת ישראל הארץ אשר הכה יהוה לפני עדת ישראל the land which the Lord smote before the congregation of Israel - במ לב 4.

**מקטלה**† ואתנכלו יתה למקטלאתה (נ״א למקטלה, למקטלנה) והתנכלו אתו להמיתו - בר לז 18.

**אֶתְפְּעֶל הומת** to be killed **כד אתקטל הבל** אנחמה מרה כאשר נהרג הבל ניחמו אדוניו when Abel was killed, his Master (את אדם) consoled him (Adam) - ת״מ 191א. **ובלעם... הקטל** בחרבה ובלעם... נהרג בחרב - ת״מ 304ב. **גברה ... דאקטל עם מדינאיתה האיש...** אשר הכה את המדינית - במ כה 14. **וכל דמחלל לה יתקטל** וכל המחלל אותו (את יום השבת) יומת - ע״ד יד 8. **ובראה דקרב יקטל** והזר הקרב יומת - במ ג 10. **ואתקטלי נשיה שביאתה** והומתו הנשים השבויות - אס 19א. **מטי לך מתקטל ולא קעים** מגיע לך להיהרג ולא לחיות - ת״מ 30א.

**מתקטלה** ולא תסבון סלוח לנפש קטול דהו חיב למתקטלה ולא תקחו כפר לנפש רוצח אשר הוא רשע למות - במ לה 31.

**קטול** ש״ע ז *n. m.* qiṭṭūl **הריגה** killing **וקטל** יהוה בעמה קטול רב A (נ״א קטל, קטלה) ויך יהוה בעם מכה רבה - במ יא 33. **וגבר דיהב אדמכתה בבהמה קטול יתקטל** ואיש אשר יתן שכבתו בבהמה מות יומת - ת״מ 160א [לפי ויק כ 15]. **מקטול ברי סלקת** N מטרף בני עלית - בר מט 9.

**קטולין**† ש״ע *n. pl. tant.* **הריגה** killing **מקטולין** ברי סלקת MEB מטרף בני עלית on prey (*lit.*:killing), my son, have you grown - בר מט 9. **קטולין קטל יוסף** B טרף טרף יוסף - בר לז 33. **ברן קטולין קטיל** MB אך טרף טרף - בר מד 28.

**קטול** ש״ע ז *n. m.* qāṭōl **רוצח** murderer **ולא** תסבון סלוח לנפש קטול ולא תקחו כפר לנפש רצח you may not take a ransom for the life of a murderer - במ לה 31. **חכם דאת קטולה דישראל** דע שאתה רוצח ישראל - ת״מ 254ב. **קטולה מעי** נפש בשגו רוצח מכה נפש בשגגה - במ לה 11. במעמד הבינוני *participial* ⟨עבוד⟩ **אהן עובדה** קטול גרמה ומבטל פרותה עושה דבר זה הורג עצמו ומשבית זרעו he who does such a deed - kills himself and cuts off his offspring - ת״מ 158ב. **כד שמעו אן ימה הוא קטול למצראי** כאשר שמעו שהים הורג את המצרים - ת״מ 93א.

**קטל** ש״ע ז *n. m.* **הריגה** killing **ולה לית דין** קטל ולו אין משפט מות he does not incur the death penalty - דב יט 6. **אנה מרשי בקטלך** אצווה להרגך - I shall order your killing - ת״מ 337ב. **ובתר קטלה דהבל אתנזר ק שתה ואחרי** רצח הבל פרש (אדם מאשתו) מאה שנים - אס 2ב.

**קטלה** ש״ע נ *n. f.* **הריגה** killing **מקטלה ברי** סלקת C מטרף בני עלית - בר מט 9. **מן עם** מדבחי תסבנה לקטלה מעם מזבחי תקחהו למות - שמ כא 14 [התה״ע גורס אף הוא ש״ע للقتال SAV: noun]. **וקטל יהוה בעמה קטלה סגיה** ויך יהוה בעם מכה רבה - במ יא 33. "ארור לקח שחד..." מקדם גרמה לקטלה באדה "ארור לקח שחד..." (דב כז 25) מביא עצמו להריגה "cursed be he who takes a bribe to slay a person" (Dt 27:25) he advances himself to

.162ב ת״מ - slaying himself with his hand

**קטלו**† ש״ע נ *n. f.* **הריגה smiting** בתר עזורותה מקטלותה ית כדר לעמר A (נ״א ממקטל) אחרי שובו מהכות את כדרלעמר when he returned - from smiting Chedorlaomer בר יד 17.

**קטל²** תכשיט **personal ornament** [< catella Krauss 525b. **א״י** עזקין קטלין מעוכין - **נ** בר מט 22]

**קט(ע)לה** ש״ע נ *n. f.* **תכשיט ornament** מאן דהב קטלה ושיר עסקה גימון וגולה EC (קטעלה) כלי זהב אצעדה וצמיד טבעת עגיל וכומז - במ לא 50. כל דרעי לב ינדי קטעלה וקודש... MA (V קטלה) כל נדיב לב הביא חח ונזם... - שמ לה 22.

**קטלל** ש״ע נ *n. f.* **תכשיט ornament** כל כרים רז לב אנדה קטלל וקודש B כל נדיב לב הביא חח ונזם... - שמ לה 22.

**קטלוס**† כלי נגינה **musical instrument** [< κίθαρις - ZSpr 167. **א״מ**: קו(י)תרוס - דני ג 5. ע״ע קיתרה]

**קטלוס** ש״ע ז *n. m.* **עוגב ?pipe** פליכסה וקטלוס A (נ״א דפה, זמרה) כנר ועגב - בר ד 21.

**קטם¹** אפר **ash** [**א״י** ואנה עפר וקטם - **נ** בר יח 27; עפר **dust** [נזדהה 'עפרי' עם ʿâfår 'אפרי' âfår בכ״י מאוחרים, אף שההגייה שונה. ראה קוטשר מחקרים, שמ״ג. *In late manuscrips, due to the loss of the gutturals.*]

**פעל הסיר את האפר**† **to remove the ash** ויקטמון ית מדבחה (VN וידשנון) ודשנו את המזבח they shall remove the ashes from the altar - במ ד 13.

**קטום**† ש״ע ז *n. m.* qiṭṭūl **הסרת האפר removal of ash** ותעבד עיריו לקטומה ועשית סירתיו לדשנו you shall make the pails for removing its ashes - שמ כז 3.

**קטם** ש״ע ז *n. m.* **1 אפר ash** ויכנש גבר דכי ית קטם פרתה NCBA ואסף איש טהור את אפר הפרה a clean man shall gather up the ashes of the cow - במ יט 9. על שפכות קטמה על שפך הדשן - ויק ד 12. ויפק ית קטמה והוציא את הדשן - ויק ו 4. ואנה עפר וקטם ואנכי עפר ואפר - בר יח 27. **2 עפר dust** וקטם תיכל A (J ועפר) ועפר תאכל dust shall you eat - בר ג 14. ואשוי ית בניך כקטם ארעה A (MJCB כעפר) ...כעפר הארץ - בר יג 16. ואנה קטם ורבוע A (נ״א עפר וקטם) ואנכי עפר ואפר - בר יח 27. כקטם ארעה B (נ״א כעפר) כעפר הארץ - בר כח 14.

**קיטם**† ש״ע ז *n. m.* **אפר ash** ויכנש גבר דכי ית קיטם פרתה ואסף איש טהור את אפר הפרה - במ יט 9.

**קטם²**† גזירה, קיצוץ **cutting off** [**א״י** עלה דזית קטים - **נ** בר ח 11. **ס** קטם - LS 659a]

**קטם** ש״ת *adj.* **קטוע cut off** ואיך ישמקני פרעה ואנה קטם ספפאה A ...ואני ערל שפתים how should Pharaoh heed me, a man of impeded speech (*lit.*: cut off lips) - שמ ו 12 [השי' פס 30: הא אנה קטיע ספפאן A. התה״ע: قصير البيان = קצר יד באשר לדיבור].

**קטן¹**† דקות, זעירות **thinness, smallness** [**א״מ** ומא אריכן וקטינן כל אצבעת ידיהא - מגילת בראשית כ 5. **ס** קטן = צר - LS 659a]

**קל חתך, קיצץ to cut** ורקעו ית טס דהבה וקטנו שזרים (= המליץ 586;E וקטאן, V וקטעו) וירקעו את פחי הזהב וקצצו פתילים they - hammered out sheets of gold and cut threads שמ לט 3.

**קטין** ש״ת (בינוני פעול?) *adj. (pass. pt.?)* **דק thin** והא שבע נקלופין קטינן mA והנה שבע שבלים דקות - seven thin ears - בר מא 6. ובלעי נקלופיה קטיניה A ותבלענה השבלים הדקות - בר מא 7. ושבע פרואתה קטינאתה $m_2$ ושבע הפרות הרקות - בר מא 27.

**קטן²**† מיאוס **aversion** [שיכול מן קנט (ע״ע) *Metathesis of qnṭ, q. v.*]

**קטנה** ש״ע נ *n. f.* **מיאוס aversion** עד דיפק מן אפכון ויהי לכון לקטנה E (= המליץ 458; נ״א לקנטה) ...והיה לכם לזרה until it comes out of your nostrils and becomes loathsome to you - במ יא 20.

**קטני**† מין ירק **a vegetable** [Löw Pfl, 336]

**קטני** ש״ע נ .n. f **מין ירק** a **vegetable** וחטיה וקטניתה לא אנכו הלא רכיכן אנין והחטה והכסמת לא נכו... - שמ ט 32 [המליץ 493: קטניאתה].

**קטס**† שבר **break** [ס קטיס חצא = תביר חצא - בר בהלול 1762b: منقطع النخاع = קטוע במח העצמות. ע׳ גם LS 660a]

**קל** בינוני פעול .pass. pt **שבור broken** כל גבר דיהי בה מום... גבר סמי אי קטיס $*M_4$ (נ״א פסיח, חגיר) כל איש אשר יהיה בו מום... איש עור או שבור :...one who has a defect - ויק כא 18. blind or broken -

**קטע** כריתה ופסיקה **ceasing, cutting** [א״י למקטוע קיסין - נ דב יט 5 (בגיליון). **סוא״י** ונקטוע שקומין - ישע ט 10] ← מחלקה, חבורה; ברית **division, group; covenant** [ **א״י** דהוו עלין קטעין קטעין - ירוש ברכות יב ע״א]

**קל** עבר: קטע - דב ה 3 (=המליץ 489). עתיד: יקטע - שמ כא 33. בינוני: קטע - דב כט 13. פעול: קטי - דב כג 2. קטיע - ויק כב 24. מקור: למקטע - דב יט 5. אֶתְפְּעֵל עבר: דאתקטע - בר כא 8 $*M_1$. אקטע - ת״מ 267ב. עתיד: ותתקטע (נסתרת) - שמ יב 15 A. יקטע (נסתר) - במ יא 33. ציווי: אקטע - בר מא 49 A. **קטוע** qiṭṭūl קטועיה (ר) - בר טו 17 $*m_2$ קטוי - בר כט 2 A. **קטוע** qāṭōl - דב כט 10. **קטע** בקטעיון - בר מט 6 V. **קטעו** בקטעותון - בר מט 3 $M_3$.

**קל א** פע״י .trans **1 קצץ, חתך, כרת to cut, cut off** וקטע יתון $*M_1$ (נ״א ופסק) ויבתר אתם (he cut them (in two - בר טו 10. **ונסבת** צפורה צר וקטעת ית ערלת ברה C ותקח צפורה צר ותכרת את ערלת בנה Zipporah took a flint and cut off her son's foreskin - שמ ד 25. ותקטע ית כפה וקצת את כפה - דב כה 12. ומטלאתון תקטעון ואשריהם תגדעון - דב ז 5. ומעיך וכתית ונתיק וקטיע לא תקרבון ליהוה ומעוך וכתות ונתוק וכרות לא תקריבו ליהוה - ויק כב 24. לא תבנה יתהן קטיאן V (נ״א גזיזן, נקשון) לא תבנה אתהן גזית you shall not build (the altar) of hewn stones - שמ כ 21 [**סוא״י** קטע כיפין - אולוגיוס 380ב]. פדיע דחלה וקטי ספבאן A (נ״א עקיר) פצוע פצע וכרות שפכת - דב כג 2. **2 בא בברית** עם ׳ברית׳ **to make a covenant** with bryt לא עם אבהתן קטע יהוה ית קיאמה הדה הלא עמנן לא את אבתינו כרת יהוה את הברית הזאת כי אתנו it was not with our fathers that the Lord made this covenant, but with us - דב ה 3. אנה קטע ית קיאמנ - דב כט 13. **3 חפר, כרה to dig** וקטעו תמן עבדי יצחק באר ויכרו שם עבדי יצחק באר Isaac's servants dug a well - בר כו 25. אן יקטע אנש גוב וכי יפתח איש בור - שמ כא 33. באר... קטואה נעירי עמה E באר... כרוה נגידי העם - במ כא 18 [=המליץ 496: קטעוה]. **4 הכרית to cut off** אל תקטעון ית שבט כרן קהתה מבגו לואי אל תכריתו את שבט משפחת הקהתי מתוך הלוים do not cut off the family of Kohathite clans from the Levites - במ ד 18. ופסילי אלהיון תקטעון ופסילי אלהיהם תגדעון - דב יב 3. **5 גזר** פסיקת דין **to decree** וקטע מתמן לא יהי מן שמשה בן בכור וגזר (האל) משם שלא יהיה מן שפחה בן בכור (God) decreed from there that the son of a maidservant should not be a firstborn - ת״מ 122א [זב״ח הע׳ 5]. **6** בהשאלה .fig לא נקטע מן רבי הלא אם שלם כספה V (m נקצץ, נ״א נבהת) לא נכחד מאדני... we will not hide from my lord that our money is all spent - בר מז 18 [התה״ע: تنقطع follows (SAV)]. הא אנה קטיע ספפאן ואיך ישמקני פרעה A הן אני ערל שפתים ואיך ישמעני פרעה I am of impeded speech (lit.: cut off lips) and how should Pharaoh heed me? - שמ ו 30. **ב** פע״ע .intrans **חדל, פסק to stop** וקטעו בנין ית קרתה A (נ״א וקצו) ויחדלו לבנות את העיר they stopped building the city - בר יא 8. ית מליה האלין מלל יהוה... ולא יקטע EC את הדברים האלה דבר יהוה... לא פסק these words the Lord spoke... and he did not stop - דב ה 18.

**מקטע** ותטעי אדה בקצוצה למקטע קיצמה ונדח ידו בגרזן לכרת העץ - דב יט 5. קיאמה דפקד יהוה... למקטע עם בני ישראל הברית אשר ציוה יהוה... לכרת את בני ישראל - דב כח 69.

**אֶתְפְּעֵל 1 חדל to cease** מנה דנחת מן שומיה... אקטע וליתו נחת המן שירד מן השמים... פסק ואינו יורד the manna that descended from heaven... ceased and no more descends - ת״מ 267ב. עד הלא אקטע לממני A עד כי חדל לספר - בר מא 49. אקטע ני מנן m

חדל נא ממנו - שמ ו 9א. וקליה יקטעון וברדה לא יהי עורי A הקולות יחדלון והברד לא יהיה עוד - שמ ט 29. ורבה ילידה ואתקטע $M_4$ ועבד אברהם משתה רב ביום דאתקטע ית יצחק $*M_1$ ויגדל הילד ויגמל ויעש אברהם משתה גדול ביום הגמל את יצחק - בר כא 8 [=חדל מיניקה]. **2 נכרת to be cut off** ותתקטע יתה נפשה מן ישראל A ונכרתה הנפש ההיא מישראל that person shall be cut off from Israel - שמ יב 15. ולית תקטע ארעה בכפנה A ולא תכרת הארץ ברעב - בר מא 36. בסרה הכדה בין שניון אדלא יקטע ($*M_1$ אתקטע) הבשר עדנו בין שניהם טרם יכרת the meat was yet between their teeth, before it was cut off - במ יא 33.

**קטוע**[†] ש״ע ז qiṭṭūl *n. m.* **1 חלק, קטע part, piece** ולפיד אש דעבר בין קטועיה $*m_2$ ולפיד אש אשר עבר בין הגזרים a flaming torch passed between pieces - בר טו 17. **2 עדר flock** תל[תה] קטוי עאן רבעים עליה הל[א] מן קופה ההיא ישקון קטוי[ה]A שלשה עדרי צאן רבצים עליה כי מן הבאר ההיא ישקו העדרים three flocks of sheep were lying beside it, for the flocks were watered from that well - בר כט 2.

**קטוע**[†] ש״ע ז qāṭōl *n. m.* **חוטב wood cutter** מן קטוע קצמיך ועד מלוי מימיך מחטב עציך ועד שאב מימיך he who hews your wood and he who draws your water - דב כט 10.

**קטועי**[†] ש״ע ז *n. m.* **כלי לחיתוך cutting instrument** ונסבת צפורה קטועי וקעימת עם בטול בנואה $M_2$ ולקחה צפורה צר וכרתה (תרגום מיכאני) עם ערלת עקשותה Zipporah took a flint and she cut out the foreskin of her insolence - שמ ד 25 [דרוש. ע״ע בנן].

**קטע**[†] ש״ע ז *n. m.* **1 חבורה party** בקטעיון לתתרחי נפשי V בסודם אל יחר כבודי let not my person be included in their party - בר מט 6 [= בחבורתם]. **2 עדר flock** ויהב באד שמשיו קטע קטע לחודה... ונפוש תשבו בין קטע ובין קטע A ויתן ביד עבדיו עדר עדר לבדו... ורוח תשימו בין עדר ובין עדר he put in the charge of his servants flock by flock and he told his servants, "keep a distance between flocks" - בר לב 17.

**קטעו**[†] ש״ע נ *n. f.* **השמדה annihilation** אסכמו שקר בקטעותון $M_3$ (A בקטעותם) כלו חמס בהשמדתם (את אנשי שכם) they ended the injustice by their annihilation (of the Shechemites) - בר מט 5 [תפס נ״ש מכרת מן כרת, כלומר בהשחתת אנשי שכם נ״א במעקרון. והכול רמז לפסוק 6. *Int.* SP *makrētīyyimma as from krt*].

**קוטע**[†] ש״ע ז *n. m.* **עדר flock** תלתה קוטעי עאן רבעין עליה הלא מן בארה ההיא ישקון קוטעיה $*M_4$ שלשה עדרי צאן רבצים עליה כי מן הבאר ההיא ישקו העדרים three flocks of sheep were lying there beside it, for the flocks were watered from that well - בר כט 2.

## קטף[1]

קטיף ותלישת הפרי **plucking, picking** [**א״י** ארום תקטפון כרמיכון - **נ** דב כד 21. **סוא״י** שלחו מגליא לגלל דמטא קטפא - יואל ד 13] ← חטיפה [**ע** אמה קטופה - תוס מגילה ג כז (ליברמן תוס״כ 361)] **tearing**

**קל 1 תלש to pick** fruit פרי כד תיעל בקאמת עברך ותקטף מלילן באדך VECB כי תבוא בקאמת רעך וקטפת מלילות בידיך when you enter your fellow's field of standing grain, you may pluck ears with your hand - דב כג 26 (=המליץ 589). וית ענבי כלילך לא תקטף (B תעצר) ואת ענבי נזיריך לא תבצר - ויק כה 5. וקטפו קטופי עלי תאנה A(E) קטפו עלי תאנה - בר ג 7 [פירוש של 'ויתפרו']. **2 זמר** [תלישה וקיצוץ בזמורות הכרם לשיפוי הגפן. **א״י** ואקטוף ית תקוף דרעך - תרג׳ שמ״א ב 31. **ע** מסקלין מקווצין מקטפין... ומגמזין עד ראש השנה - תוס שביעית א יא] **to prune** dry branches of vine שת שנים תזרע חקלך ושת שנים תקטף כרמך... ובשתה שביעיתה... חקלך לא תזרע וכרמך לא תקטף (NMECBA תשפי = המליץ) שש שנים תזרע שדך ושש שנים תזמר כרמך ובשנה השביעית... שדך לא תזרע וכרמך לא תזמר six years you may sow your field and six years you may prune your vineyard..., but in the seventh year... you shall not sow your field or prune your vineyard - ויק כה 3-4 [השי׳ אונקלוס: תכסח O]. **3 בציר vintage** ואמטי לכון דרכה ית קטפה וקטפה ימטי ית זרעה והשיג לכם דיש את בציר ובציר ישיג את הזרע your threshing shall overtake the vintage, and your vintage shall overtake the sowing - ויק כו 5. **4 חטף to tear** *fig.* בהשאלה קטיף אדרעה גם רומה E (נ״א עטיף) טרף זרוע גם קדקד he tears arm and head - דב לג 20. **5 יצק שמן** גזור

**to anoint** *denom. from qtp* = שמן = מן קטף
וקטף שמנה על רישה A (נ״א וארק) *curd.*
he poured oil on the top ויצק שמן על ראשה
- of (the stone) בר כח 18 [השי׳ תוס ב״מ ח ז: והמקטף
והאופה - ר׳ ברודי, לשוננו מז 295. ראה להלן קטף א].

**קטוף** ש״ע ז *n. m.* qiṭṭūl **leaf עלה** וקטפו קטופי
עלי תאנה A(E) קטפו עלי תאנה they picked
- fig leaves בר ג 7 [מן הגיליון *Gloss*].

**קטיפו** ש״ע נ *n. f.* **fruit ! פרי** וחש עבד פרי
דקטיפותה בה A(E) ועץ עושה פרי אשר זרעו
- and trees of bearing fruit with the fruit in it בו
בר א 12.

**קטף א** ש״ע ז *n. m.* **1 מין שרף a spice** קטף
ושעבה וכרכם נכאת וצרי ולוט - בר לז 25
(=המליץ 530). וזעור דבש קטף וכרכם ומעט
דבש נכאת ולוט- בר מג 11. סב לך סמנים קטף
ושללי קח לך סמים נטף ושחלת - שמ ל 34
(=המליץ 528). **2 שומן curd** קטף (תורין) חמת
בקר curd of herd - המליץ 473 [ע״פ דב לב 14.
ליתא]. **3 חוטר branch** השי׳ קטיפו לעיל ומקטפי
אחיו נסב עמה חמשה גברים $M_1$* ומקצה
אחיו לקח עמו חמשה אנשים from the branch
- of his brothers he took five men בר מז 2 [פירש:
מזרע אחיו, לא דווקא מאחיו]. **5 קטע** רצף של מבחר
קטעים מן התורה בתפילה המצטרפים לחטיבה אחת
**string of scriptural passages** מצד עניינם
**in the liturgy** בית דראן ובית מרקה יתמרו
על יומי השבתות הקדושים פי אלקטף על
צוי את קרבני מן מימר הכהן הגדול פינחס
רצון יהוה עליו אמן - (Cow 81) [< قَطَف =
אוסף. 196 *Companion*]. **6 נבחר chosen** [עש״ח.
פלורנטין NSH .337] זה הו הגבר הגביר הרם... אשר
שמו משה קטף כל נאשמה זהו האיש הגביר
this הרם... אשר שמו משה, בחיר כל הנשמה
is the man, the exalted master…, whose name
- is Moses, the chosen of all souls סעד אלדין
(Cow 229). לסגיל עלמה דאפרש לון מועדים
על יד קטף כל נשמה לנבחר העולם שהבדיל
לנו מועדים, בחיר כל נשמה - עבד אל Cow)
131). אלעזר דו לנשיאים קטף אלעזר שהוא
בחיר הנשיאים - עבד אל (Cow 239).

**קטפן א** ש״ע ז *n. m.* **טורף tearing predator**
קטפן הורין ושן בהמן אשלח בון (E חטים
ט״ס מן חטיף) חוטף מתגרה ושן בהמות אשלח
a striving predator and (devouring) teeth of בם
- animals I shall send against them דב לב 24

(המליץ 589: קטפון. ע״ע הרר].

**קטף²**† בד **linen** [ס קטיפתא = אריג - LS 661b]

**קטף** ש״ע ז *n. m.* **בד linen** וילבש כהנה
תולבשה קטף $M_1$ ולבש הכהן מדי בד the
- priest shall put on a linen garment ויק ו 3.
מובא גם בת״מ 111ב [זב״ח הע׳ 1]. ובדומה לזה ויק טז
m 4 וכן שמ כח B 42.

**קטר¹** קשר **tying, binding** [א״י וקטרת על
ידיה זיהוריה - נ בר לח 28. **סוא״י** דכר חד קטיר באילן
- בר כב 13] ← חבורה, עדר **group, flock** [ס
קטרא - LS 662b. قطار - Lane 2543a]

**קל 1 קשר to bind, tie** קטר לגפנה קרתה
- he ties his city to a vine אסורי לגפן עירו m
בר מט 11 [תרגום מיכאני *Mechanical transl.*]. וקטר
רתכוה $m_2$* ויאסר מרכבתו Joseph tied (the
- horse to) his chariot בר מו 29. ותקטרנון לסימן
על אדיך וקשרתם לאות על ידיך - דב ו 8
(=המליץ 584). בהשאלה *fig.* ונפשה קטירה בנפשה
ונפשו קשורה בנפשו - בר מד 30 (=המליץ 583).
לבבי טביה קטירין עם מרון לבות הטובים
קשורים עם אדונם - ת״מ 296ב. **2 נדר** עשה בכ״י
B. שאילת משמעות מן عقد = קשר, התחייבות Lane)
(2104c, 2106b. ע״ע חבש. *only* NSH] **to vow**
*in* MS B, *calque of* Ar ʿ*qd*, *'tie'*, *'pledge'*; *see*
*ḥbš*. ושמע אבוה ית נדריה ואקטריה דאקטרת
על נפשה B ושמע אביה את נדריה ואסריה
if her father hears of her אשר אסרה על נפשה
pledge and of her vow which she has vowed
- (*lit.*: bound) on herself במ ל 5. ודומה לו בפסי׳ 12
[אינו יוצא מגדר בניין קל. א׳ בהשפעת שה״ע הסמוך].
דקטרת על נפשה B אשר אסרה על נפשה -
במ ל 7, 10. ובריית שלום לו קטר - עבד אל Cow)
430). **3 חיזק** בינוני פעול *pass. pt.* **to fasten**
והוו עטופיה ללבן וקטיריה ליעקב והיו
העטופים ללבן והקשורים ליעקב the feeble
ones belonged to Laban, and the fastened ones
- belonged to Jacob בר ל 42 (=המליץ 583). בכל
אתיחמן עאנה קטיראתה בכל יחם הצאן
המקשרות - בר ל 41 [מכונסות בעדר?].

**אקטר**† ש״ע ז *n. m.* **נדר** ע׳ לעיל קל *vow see Qal*
*above* ואקטריה דאקטרת על נפשה B ואסריה
her vow by which she אשר אסרה על נפשה
- has vowed on herself במ ל 5. ודומה לו בפסי׳ 12.

**קוטר** ש״ע ז *n. m.* **עדר** flock [ושבה] לה קוטרין לחודה A וישת לו עדרים לבדו he put flocks apart - בר ל 40.

**קטר** ש״ע ז *n. m.* **1 עדר** flock ואה תמן תלתה קטרי עאן... הלא מן בארה ההיא משקין קטריה *M₂ והנה שלשה עדרי צאן... כי מן הבאר ההיא ישקו העדרים three flocks of sheep were there..., for the flocks were watered from that well - בר כט 2 (המליץ 549: קטרי). **2 נתח** piece ובעיר נור דעבר בין קטריה האלין mA ולפיד אש אשר עבר בין הגזרים האלה a flaming torch which passed between those pieces - בר טו 17 [*See qṭ^c*]. **3 מידת האורך** a measure of length בין אדמה ואדה דפינחס ז קטירין בין הדם לידו של פינחס שבעה טפחים between the blood and the hand of Phinehas there were seven handbreadths - אס 18א [תרגומו של זב״ח (עמ 78) על פי התה״ע של אסטיר: قبضات. ס״ת קטירא = חופן - Maclean 276b].

**קטר²** צד, קצה **extremity** [< قطر - Lane 2542c]

**קטר** ש״ע ז *n. m.* **צד** **end** כחדה קטרי ארעה E יחד אפסי הארץ the ends of the earth one and all - דב לג 17 [התה״ע לפי 'V: קאטר אלארץ' SAV].

**קטר³** קטורת **incense** [מן העברית. ע״ע אודאו מן ידי״.H]

**קטרה** ש״ע נ *n. f.* **קטורת** **incense** וקטרתה בתרי זבניה והקטורת בשני הזמנים the incense at the two times - ת״מ 111א.

**קטרג**† גערה, תלונה **complaint** [< κατηγορέω. Krauss 526b - **א״י** סטנא דאתי למקטרגא - מי״ל במ כט 1. **סוא״י** הוו מקטרגין לי = ישטנוני - תה׳ לח (Horol 3b) 21]

**פעל 1 קבל** **to complain** וקטרגת שרה בסודה A ותצחק שרה בקרבה Sarah complained to herself - בר יח 12 [תפס 'ותצעק', והקריאה אמנם wtēṣâ^cəq (עי׳ נ״א במהדורת von Gall). השי׳ ת״מ 300א: צעקת שרה משה וישראל. *Int. ṣhq as ṣ^cq; cf. TM* 300a]. **2 גער** **to rebuke** וקטרג בה אבוה A ויגער בו אביו his father rebuked him - בר לז 10.

**קיב**† אשמה **guilt** [ט״ס מן עיב (< חיב) מפני דמיון ק ו-ע. *Corr. of ^cyb (<ḥyb) due to resemblance of ^c and q.*]

**אֶתְפְּעֵל אשם** **to be guilty** ויהי כד יחטי ואתקיב E (נ״א ואתעיב) והיה כי יחטא ואשם - ויק ה 23.

**קיט**† עונת החמה **summer** [**א״י** וקיט ותסב (!)... לא יפסקון - **נ** בר ח 22 (בגיליון). **סוא״י** קיטא וסתוא - שם]

**קיט** ש״ע ז *n. m.* **קיץ** **summer** סעד כל יומי ארעה זרע וחציד צונה וארתע קיט ואסתב... לא יבטלו A(E) (נ״א קייץ) עד כל ימי הארץ זרע וקציר קיץ וחרף... לא ישבתו so long as the earth endures, seedtime and harvest, cold and heat, summer and winter..., shall not cease - בר ח 22 (=המליץ 581).

**קיל**† מקל **rod** [< κῆλον - Krauss 529b. אבל ראה הערותיו של Löw שם. **א״י** מאן דאכיל בהדא קודא לקי בהדא קילא = האוכל את ראשי הדקל לוקה במקל הזה - ויק״ר שסב (לפי כ״י כ). עי׳ בהערות בעמ׳ שלז. אפשר שהוא מן מקל (ע״ע)]

**קיל** ש״ע ז *n. m.* **מקל** **rod** מסניכון ברגליכון וקיליכון באדיכון E (נ״א ואטריכון) נעליכם ברגליכם ומקליכם בידיכם your sandals on your feet, and your staffs in your hands - שמ יב 11. ומעו ית אתנה בקיל C (נ״א בעוטר) ויך את האתון במקל (Balaam) he struck the ass with a staff - במ כב 27.

**קין** qẵn שם פרטי *pr. n.*

**קין** ש״פ ובטנת וילדת ית קין ותהר ותלד את קין - בר ד 1. ולא יקים גרמה כדמות קין אבד גרמה ולא יעמיד עצמו כמו קין מאבד עצמו - ת״מ 197ב. אזל קין למדנחה דבנה חנוך - אס 3א.

**קינאי** ש״י *gent. n.* ית קינאה וית קנזאה - בר טו 19. וחזה ית קינאה ותלה מתלה ואמר ויר‍א את הקיני וישא משלו ויאמר - במ כד 21. אחידן בר תובל קין דהוה דער בחברון ריש חיל קינאי - אס 4ב.

**קינן** qīnẵn שם פרטי *pr. n.*

**קינן** ש״פ ואולד ית קינן ויחי אנוש ויוליד את קינן - בר ה 9. ואולד אנוש לקינן - אס 3א.

†**קיסט** מידה לנוזלים. ע״ע קצת, קסטון, קיצטר **a** Krauss - ξέστης >] **measure for liquids** 535a. **א״י** חד קיסט דחמר - בר״ר 503. **סוא״י** קיסט חד - **פ** שמ טז 33. Fränkel 205]

**קיסט** ש״ע ז *n. m.* **מידה** **a measure** וקיסט חדה mA ולג (שמן) אחד one log (of oil) - ויק יד 10. ויסב כהנה מן קיסט משחה $^*M_2$ ולקח הכהן מלג השמן - ויק יד 15. ותעבד יתה משח קיסט קדש $M_3$ ועשית אתה שמן משחת קדש - שמ ל 25 [תפס משחה = מידה]. ברבעות קי[סטה] משח m ברביעית ההין שמן - במ טו 4.

**קצת** ש״ע ז *n. m.* **הין** ועמר ליצר רבועת קצתה A ויין לנסך רביעית ההין - במ טו 5. פלגות קצתה A חצי ההין - במ טו 9.

†**קיפץ** חטיפה **tearing, rending** [ט״ס מן קנץ מפני הדמיון של נ ושל פ (قنص - ZSp 152). *Corr. of qnṣ due to resemblance of p and n. See* Lane [2568a

**קיפץ** ש״ת *adj.* **חוטף** **abductor** הוא שרי למהי קיפץ בארעה הו הוה קיפץ ציד לקודם יהוה לבדיל יתאמר כנמקס קיפץ ציד A הוא החל להיות גיבור בארץ הוא היה גיבור ציד לפני יהוה על כן יאמר כנמרוד גיבור ציד (Nimrod) started to be an abductor on earth; he was an abductor in hunting before the Lord, hence the saying, "like Namqas an abductor in hunting - בר י 9-8 [נמרוד גיבור שלילי בהיסטוריוסופיה השומרונית. *Nimrod is a negative figure in the Sam. tradition. On the negative attitude towards hunting, see* Tal, Mikra 208.]

†**קיץ**[1] עונת החמה בשנה **summer** [מן העברית. ע״ע קיט. H, cf.]

**קיץ** ש״ע ז *n. f.* **עונת החמה** **summer** צנה ושרב קיץ ואסתב קור וחם קית וחרף cold and heat, summer and winter - בר ח 22.

†**קיץ**[2] שם מקום *pr. n.* [ע׳ פדן ארם]

**קיץ** ש״פ קום אהך לקיץ ארם A קום לך פדנה ארם - בר כח 2. ואזל לקיץ ארם A וילך פדנה ארם - בר כח 5. ואזל לקיץ ניפוק פליץ A וילך פדנה ארם - בר כח 7. נכסינה דנכיס בקיץ קנינו אשר רכש בפדן ארם - בר לא 18.

†**קיצטר** מידה לנוזלים **a measure for liquids** [<sextarius - Krauss 558a. ע״ע קיסט]

**קיצטר** ש״ע ז *n. m.* **מידה** **a measure** ויסב כהנה מקיצטר משחהA ולקח הכהן מלג השמן - ויק יד 15.

**קיצם** עץ **wood** [החליף את ׳אע׳ ברוב שימושיו, לבד מענייני פולחן (ע״ע אע). *Replaces* אע *except for cultic matters*. **א״י** קיס: וכל מן דקיס יתמרק - **נ** ויק טו 12. **סוא״י** דתפק קיסמא מן עינה דאחוך - מתי ז 5 (נ״א קיסא) - Lect 67]

**קיצם** ש״ע ז *n. m.* **עץ** חומר **wood** as material וכל מאן קיצם ישתטף במים וכל כלי עץ ישתף במים - ויק טו 12 (=המליץ 542). ית שקציון וית גלליון קיצם ואבן כסף ודהב - דב כט 16. קיצם נגיב עביד נחש מטיעל עץ יבש נעשה נחש מתנועע (מטה משה) - ת״מ 12א. ועבד... צלמין אחד דהב... ואחד קיצם זית ועשה... צלמים, אחד זהב... ואחד עץ זית - אס 6א. והוה אדמה בכל ארע מצרים ובקצמיה ובאבניה והיה הדם בכל ארץ מצרים ובעצים ובאבנים - שמ ז 19 [פירש כלי עץ, כמו אונקלוס: ובמאני אעא, המובא ב-m. *Int.*:vessels of wood. *Cf.* O.]. ודייעל עם עברה בארשה למקטע קיצמים ואשר יבוא עם רעהו ביער לחטב עצים - דב יט 5.

†**קיש** איחור **lateness** [מן לקיש (ע״ע לקש). פירש את הלמ״ד תווית המושא והפכה ליית׳. בדומה לזה נוף מן לינוף. *By elision (l taken as prefix); see lqš.*]

**קישה** ש״ת *adj.* **צעירה** **young** למהבות ית קישתה לקובל בכירתה A לתת הצעירה לפני הבכירה to marry off the younger before the older - בר כט 26.

†**קיתרה** כלי נגינה **musical instrument** [< κίθαρις **א״מ** ק(י)תרוס - דנ׳ ג 5. **סוא״י** עם מזמור וקיתרא - תה צב 4 (Horol 194). ע״ע קטלוס]

**קיתרה** ש״ע נ *n. f.* **כלי נגינה** **zither** בדיוך וקיתרה ובצנצלן ובטפוח ובזמרין במקוש וקתרוס ובצלצלים ובתוף ובחלילים - אס 17ב.

**קתר** ש״ע ז *n. f.* **קיתרוס** **zither** ונפקת כל נשיה בתרה בתפיה ובקתריה A ותצאנה כל הנשים אחריה בתפים ובמחלות all the women went out after her with timbrels and zithers - שמ טו 20.

**קל** צליל, קול **sound, voice** [**א״י** וענון כל עמא קל חד - **נ** שמ כד 3. **סוא״י** דשמעת בקלי - בר כב 18]

**קל** qål ש״ע ז *n. m.* **1 קול, דיבור voice** ונפק קל חייה מן ענן כבודה ואמר ויצא קול (אלוהים) חיים... ואמר the voice of the living (God) went out of the Cloud of Glory and said - אס 18א. **דשוה משמע קל אלה שנזדרז לשמוע** את קול האלוהים - מ טז 88. **וקלה וקל שופרה** וקולו וקול השופר - מ טז 146. • עם ׳שמע ל/מן׳ בהוראת ׳ציות׳ with *šmᶜ+l/mn* denotes **obedience** ליתו שמע בקל אביו אינו שומע בקול אביו - he does not heed his father - דב כא 18. **ושמעת בקל יהוה אלהיך** - דב כז 10. **נשמע** בקלה אולי נתוחי נשמע בקולו אולי נחיה - ת״מ 228א. • עם ׳אחד׳ במעמד אדוורביאלי ׳פה אחד׳ **unanimously** *adverbial with ʾḥd* **ואגיבו כל** עמה קל אחד ויענו כל העם קול אחד all the people answered with one voice - שמ כד 3. עם פעלים ׳יהב׳, ׳תלה׳ על פי מליצת התורה *with yhb and tly, according to the wording of the Torah* **ותלת** **ית קלה ובכת** ותשא את קולו ותבך sitting thus afar, (Hagar) raised her voice and burst into tears - בר כא 16. **בתר כן תלא... משה קלה** ואמר - ת״מ 53א. **ויהב ית קלה בבכיה** - בר מה 2. **2 שמועה rumor** וקלה אשתמע בית פרעה והקול נשמע בית פרעה the rumor was heard in Pharaoh's house - בר מה 16. **3 רעש sound, noise** וירדף יתון קל טרף אנתיר ורדף אתם קול עלי נדף the sound of a driven leaf shall put them to flight - ויק כו 36. **קל קרב במשריתה** קול מלחמה במחנה - שמ לב 17. **ויהוה יהב** קלין וברד...קולות וברד - שמ ט 23.

**קלום**† עיקר **substance, self** ← כינוי חוזר; מגביר *refl. pron.; intensifier* [J מעדיפו (10 פעמים) על קנום (פעם אחת). לא כן ת״מ: 7 פעמים קלום, 74 פעמים קנום. בפיוט רק קנום (ע״ע). J מבחין: גרם = עצם בגוף, קלום = להדגשה. שאר כ״י של התה״ש אינם מבחינים]

**קלום א** ש״ע ז *n. m.* **1 עיקר self** הלא מקלומי סדם גפנון E כי משרש סדם גפנם their vine comes from the substance of Sodom - דב לב 32. **2** תמורה לשם הגברה *intensifying apposition* **עצם** אתחזית לטביה... על יד מלאך לא בגלי קלום גברתי נגליתי לטובים... על ידי מלאך לא בגילוי עצם כוחי I revealed myself to the good ones... through an angel, not by the revelation of my own mighty self - ת״מ 41א*. **וכקלום שומיה** לאדכי (EC וכקנום, A וכגרם) וכעצם השמים לטהור like the very sky for purity - שמ כד 10. **בקלום יומה הדן על נח... לתיבותה** (C בקנום, A בגרם = המליץ548) בעצם היום הזה בא נח... אל התבה - בר ז 13. בדומה לזה שמ יב 17, 41, 51, ויק כג 14, 21, 28, 29, 30 ובכולם נ״א קנום, גרם. **ב** אמצעי דקדוקי *grammatical device* **1** כינוי חוזר (מוסב על אלוהים) *refl. pron. (of God)* **דו רחמן** ‹ורתאי› וכן כתב על קלומה שהוא רחום וחנון וכן כתב על עצמו He is merciful and pitiful - as He wrote about Himself - ת״מ 294א. **2** ת״פ *adv.* **לבד by oneself** **קני שומיה** וארעה לקלומה קונה את השמים ואת הארץ לבדו - creator of heaven and earth by Himself - ת״מ 34א*. **בגדלה ממנה לקלומה המתמיד** בגודלו לבדו - ת״מ 189א. **דו אחד לקלומה שהוא** אחד לבדו - ת״מ 189ב, 271ב. **הממן לקלומה** - ת״מ 242א.

**קלח**† צמיחה וגידול **growth** [**א״י** יקלח פירוי - **מי״ל** ויק׳ כו 20. תלתא קילחין - **מי״ל** במ׳ יט 18. **סוא״י** ועבד ית מנרתא... שרירא קולחה = ועשה את המנורה... מקשת גזע - שמ לז 17 (מתרגם στερεὰν τὸν καυλόν). **ס** קלחלחא = מין צמח - LS 668a. **ע** ובשעה שהוא מפריח הוא מקליח את פירותיו - ספרא בחוקותי פרק ה (וייס קיא)]

**קל צמח to grow** *intrans.* **אילנה דאנצב לגו** ארע מצרים ואקלע לגו במדברה העץ שניטע בארץ מצרים וגדל במדבר the tree that was planted in the land of Egypt and grew up in the desert - ת״מ 269א. **קלולעיה דקלעו באילני** בישתה הענפים שצמחו בעצי הרעה - ת״מ 47א. **ויקלע וימטי לערפלה ויצמח ויגיע לערפל** - ע״ד ו 10.

**פעל צמח to grow** *intrans.* **אש מלבלבה וסניה** לגוה מקלע האש מנצנצת והסנה צומח בתוכה - shooting fire and the bush growing in it - ת״מ 4א. **כארזים עלי מים מקלעים בעללה כארזים...** הצומחים בשמים - ת״מ 253א.

**קולח** ש״ע ז *n. m.* **קנה stalk** **שבע שבלין** סלקי בקולע אחד m ...עלות בקנה אחד seven ears (of grain) grew on a single stalk - בר מא 5, 22.

**קלוח** ש״ע ז .n.m **קנה stalk** בקלוע חד A בקנה אחד - בר מא 5, 22.

**קליח** ש״ע ז .n. m **יתר spread** קליעי כמיה A פחזת כמים spread as water - בר מט 4 [זב״ח: זהו דרוש על ראובן שנמנעו צאצאים מפני מעשהו. ראה ת״מ 159א, העי׳ 1. ZBH, *TM* 159a, n 1: *midr. on Reuben whose intercourse with Bilhah produced no progeniture*; קליעי מסבל m יתר שאת affluence in power - בר מט 3 [והוא ענף הוא ייתור בדומה לשרכא׳ בסורית שעניינו יתר ובבבלי ׳שרכי׳ הם שיחים (ב״ק צב ע״ב) *'branch' has the meaning 'excess' too. Cf. Syriac šrk*ʾ.]

**קליחה** ש״ע נ .n. m **יתר 1 affluence** קליעת מסבל וקליעת תקוף A יתר שאת ויתר עז affluence in burden, affluence in power - בר מט 3 [ע״ע קליח].

**קלחלוח** ש״ע ז .n. m **ענף branch** ובגפנה תלתה קלעלוים ובגפן שלשה שרוגים on the vine (were) three branches - בר מ 10 (= המליץ 596). תלתה קלעלוים תלתה יומים אנון VC שלשת השרוגים שלשה ימים הם (BM קללועיה, E קלעלועיה) - בר מ 12. מטפטף מים מקלעלקיו (> מקלעלעיו) C יזל מים מדליו - במ כד 7. קלולעיה דקלעו באילני בישתה הענפים שצמחו בעצי הרעה - ת״מ 47א.

**קלט**† תפיסה וקבלה **seizing, taking in** [שאול מן העברית באה״ש רק בש״ע מקלט. *Only in the n.* [*mqlṭ (H loan).*

**מקלט** ש״ע ז maqlåṭ .n. m **מנוס** מקום למנוסת הרוצח בשגגה **refuge** for the inadvertent manslayer ותפרדון לוכון קריאן קרי מקלט יהן לוכון ויערק לתמן קטולה והקריתם לכם ערים ערי מקלט תהיינה לכם ונס שם הרצח you shall provide appoint for you cities, as cities of refuge to which an inadvertent manslayer may flee - במ לה 11 [ועוד 10 פעמים באותו הפרק]. מתארי הר גריזים **epithet of Mount Gerizim** דלית אשתה קרבה לית סהרת הרגריזים... דו קרי מקלט לערוק שאין האש קרבה אל סביבת הר גריזים... כי הוא נקרא מקלט לבורח - אס 5א. בית אל... ושמו מקלט הפליטה למי ישובו אל האלהים - ת״מ (ק[1]) 8א [עש״ח NSH בכ״י ש: מקלטה פליטה]. מתארי האלוהים **epithet of God** אה רחמן ורתאה... ואה מקלטה דקריב לקבל כל ערוק הוי הרחמן והחנון..., והוי המקלט הקרוב לפני כל בורח - א״ג 17-16. מקלטה דגלי קבל כל ערוקיה המקלט הגלוי לפני כל הבורחים - א״ג 95.

**קלי**[1]† אפייה וקלייה באש **baking, roasting** [א״י מהבהב קלי בנורא - נ ויק ב 14]

**קל 1 אפה to bake** ועבד להון נציבה ופטיר קלי A (נ״א אפה) ויעש להם משתה ומצות he prepared a feast for them and baked אפה unleavened bread - בר יט 3. **2 קלה to roast** אביב קלי בנור... תקרב אביב קלי באש... תקריב you shall offer... grain from fresh ears, parched with fire - ויק ב 14.

**פעל קלי** בינוני פעול .pass **parched (grain)** ולחם ומקלי וקליף לא תיכלון E (נ״א וקלי) .pt ולחם וקלי וכרמל לא תאכלו you shall eat no bread, parched grain, or fresh ears - ויק כג 14.

**קלי**[2]† בוז **disgrace** [אחי קלל (ע״ע) *Cognate of* [*qll (q. v.)*

**אֶתְפְּעֶל נתבזה to become despised** אה גזוי מעתד לקבל עובד מכעס מן הפל גרמה יתקלי הנה גמול מזומן לפי מעשה מכעיס; מי שהשפיל עצמו יבוזה he who degrades himself will be despised - ת״מ 232א [זב״ח העי׳ 3: אפשר שהוא ט״ס מן יתלקי].

**קלן** ש״ע ז .n. m **ביזיון disgrace** קלנה עבידה בישראל למשכב עם ברת יעקב m כי נבלה עשה בישראל לשכב עם בת יעקב disgrace has been committed in Israel by lying with Jacob's daughter - בר לד 7 (מן אונקלוס O).

**קליד**† שריון **mail** [> κλεῖδα, אקוזאטיב של κλείς = בריח - Krauss 541b. **א״ב** אקלודי מיקלד - בבלי חולין צג ע״ב. **ס** קלידא = בריח - LS 667b]

**קליד** ש״ע ז .n. m **שריון mail** ופם מעילה בממציעה כפם קליד (A קלי, B קליע = המליץ 612; EC קדי(ע) השי׳ המליץ שם) ופי המעיל בתוכו כפי תחרה the opening of the robe, in the middle of it, was like the opening of a coat of mail - שמ לט 23 [כלומר, סגור, נעול. הש׳ אונקלוס: שריון = armor. התה״ע: الدرع SAV].

**קלל** קלות ערך, זילות **little worth, importance** [א״י ויקל מעלווך - נ שמ יח 22.

סוא״י דיקללון מנהון - יונה ד 5. ע״ע קלי, קלקל] ← אלה ומארה **curse** [א״י והפך... ית קללה לברכה - נ דב כג 6]

**קל** עבר: קלת (נסתרת) - בר טז A 4. עתיד: ויקל - דב כה V 3. **פעל** עבר: קלל - ויק כ VMECB 9. עתיד: דיקלל - ויק כ 9. ציווי: וקלל - שמ יח 22. בינוני: מקלל - ת״מ 278א. פעול: מקלל - במ כב A 6. מקור: למקללה - בר לא A 7. **אפעל** עבר: אקל - ויק כ 9. עתיד: דיקל - ויק כ NM9. ציווי: ואקל - שמ יח N 22. בינוני: מקל - דב כז 16. פעול: מקל - דב כה C3; ת״מ 167א. **אֶתְפַּעַל** בינוני: מתקלל - ת״מ 141ב. **אתפלפל** דאקלקל - במ כא 5. **קאקל** - המליץ 581. **קליל** - בר לד 30 (=המליץ 581). **קלל** - ת״מ 136ב. **קללה** - בר כז 12. קללתה (ר) qâlâlâta - ע״ש ד 24. **קלקל** - במ כא 5.

**קל 1 נקל, נתמעט** **to be little, few, unimportant**[†] ותקל גברתה בעיניה *M₂ וקלת רבתה בעיניה her mistress was lowered in her esteem - בר טז 4. אשתה כד דרסת יתה קלת גבורתה ואת לגוה הלך האש כאשר דרכת בה אפסה כוחה ואתה הולך בתוכה - ת״מ 307א [זב״ח הע׳ 3]. ושלח ית יונתה מן עמה למחזי הקלו מיה (A הקלת) וישלח את היונה מאתו לראות הקלו המים (Noah) sent out the dove to see whether the waters had decreased from the surface of the ground - בר ח 8 (=המליץ 581). וחכם נח הלא קלו מיה (A קלת) וידע נח כי קלו המים - בר ח 11. **2 נתבזה to be degraded** דלא יווף למחיתה... ויקל אחוך לעיניך V ...ונקל אחיך לעיניך lest, if one should go on sriking him..., your brother will be degraded in your esteem - דב כה 3.

**פעל 1 מיעט to alleviate**[†] וקלל מן עליך ויסבלון עמך והקל העליך ונשאו אתך make it easier for yourself by letting them share the burden with you - שמ יח 22. **2 ארר to curse** אביו ואמה קלל VMECB אביו ואמו קלל he has cursed his father or his mother - ויק כ 9. מקדם אזהר מן הדה בישה ואכהן קלל מן יעבדנה קודם הזהיר מן הרעה הזאת ועתה קילל את מי שיעשנה - ת״מ 161א [על דב כז 22: ארור שכב אם אחתו]. אפק ית דקלל (E מקללה) הוציא את המקלל - ויק כד 14. וכד לא שמענן קללן וכאשר לא שמענו קיללנו - ת״מ 165ב. אנש דיקלל ית אביו וית אמה קטל יתקטל - ויק כ 9. אלהים לא תקלל ECB - שמ כב 27. לא תקלל חרש - ויק יט 14. ומקלל יתך וטרידך בכל אתר ומקלל אותך וטורד אותך בכל מקום - ת״מ 278א. ויהי מאבד ומשנק ... ומקלל - ת״מ 145ב. וית דתקלל מקלל A ואת אשר תאר יואר - במ כב 6.

**מקללה** ולית יהבנה יהוה למקללה עמי A (נ״א למבעשה) ולא נתנו יהוה להריע עמדי - בר לא 7 [< למקלקלה ?].

**אפעל 1 מיעט to alleviate**[†] ואקל מן עליך N והקל העליך make it easier for yourself - שמ יח 22. **2 ארר to curse** אביו ואמה אקל N אביו ואמו קלל he has cursed his father or his mother - ויק כ 9. ואקל ואיתו יתה ליד משה ויקלל ויביאו אתו אל משה - ויק כד 11. אנש דיקל ית אביו וית אמה קטל יתקטל NM - ויק כ 9. לא תקל חרש NMCBA - ויק יט 14. ארור מקל אבוה ואמה - דב כז 16. מובא גם בת״מ 140ב. לא תקים גרמך דבב לאלה תהי מקל לא תשים עצמך אויב לאלוהים (פן) תהיה מקולל - ת״מ 167א. **3 ביזה to degrade** תריון יסקלו דאנון אקלו אבהתון שניהם ייסקלו, שהם ביזו את אבותיהם both of them will be stoned, for they degraded their fathers - ת״מ 246ב. ומקל אחוך לעיניך C ונקל אחיך לעיניך - דב כה 3.

**אֶתְפַּעַל נתקלל to be cursed**[†] ומן מתקלל חסילה ומי שמקולל סוף לו he who is cursed, it is his end - ת״מ 141ב. חסל זרעה דאברהם יהי מנזף... ומבתר ברכתה יהי מתקלל חלילה לזרעו של אברהם שיהיה נזוף... ולאחר הברכה יהיה מקולל - ת״מ 144א.

**אתפלפל**[†] [א״י ומערבב ומקלקל מליהון דזכאי - נ דב טז 19 (בגיליון)] **נתקלקל to be spoiled** ונפשנן מציקה בלחמה דאקלקל NE ונפשנו קצה בלחם הקלקל and we have come to loathe that spoiled food - במ כא 5 [= הדל].

**קאקל מקלל**[†] - **one who curses** המליץ 581. בינוני פועל ע״פ שמ כא 17 [ליתא. ואפשר שהוא מן קלקל (זב״ח)].

**קליל א** ש״ת **מעט few** *adj.* ואנה קליל מניאן ואני מתי מספר - my men are few in number - בר לד 30. דומה לו דב ד 27 [תפס ׳מתי׳ mēti = מעט]. ואתותב תמן בקליל זעור ויגר שם במתי מעט - דב כו 5. ונפשנן אציקת בלחמה קלילה ונפשנו קצה בלחם הקלקל - במ כא 5. עברים נשישים וזעורין בעינה וקלילין עברים חלשים וקטנים לעין ומעטים - ת״מ 219ב. חילן נשיש וקליל wqallǝl כוחנו תשוש ומועט - מ ד 31. **ב** ת״פ *adv.*

**מעט little, few** קליל אעבד אף אנה לביתי (NMECB AM$_2$ **ציבעד**) מתי אעשה גם אנכי לביתי let me make a little (provision) for my own household - בר ל 30. נתפס כך מפני הקריאה mēti, בהוראה מועברת מן כגון דב ד 27. *mty in this sense is transferred from cases like* Dt 4:27.] הקליל מסבתיך ית בעלי A המעט קחתך את אישי - בר ל 15.

**קלל** ש״ע ז *n. m.* **1 מארה curse** ואתעמי קלל רב ביני כל מצראי והייתה קללה גדולה בין כל המצרים a great curse appeared amongst all the Egyptians - ת״מ 35א [זב״ח הע׳ 3]. **אי יבלש** ביצר ביש ליתו שמע לה ומעזר לה קלל אם יבקש (את האל) ביצר רע, לא ישמע לו וישיב לו קללה - ת״מ 164א. לית קלל מקים כל צדו אין הקללה עושה כל פחד - ת״מ 153א. **2 חרפה contempt** ושמור נפשך... פן תקום בקלל רב היזהר... פן תהיה בחרפה גדולה beware... - lest you be in great contempt - ת״מ 136ב. **תפכת** כל איקר אל קלל הפכת כל כבוד אל חרפה all glory will change into contempt - ת״מ 233ב. ותקום באשדה ולית רתי... ובקלל ולית מרחם ותהיה במצוקה ואין חונן... ובקלון ואין מרחם - ת״מ 141ב.

**קללה** ש״ע נ *n. f.* **מארה curse** ותנדי עלי קללה ולא ברכה והבאתי עלי קללה ולא ברכה - you will bring upon me a curse, not a blessing בר כז 12. ואה קללתה קמיך הב בלך לא תשבק ברכתה והנה הקללה לפניך. תן דעתך שלא תעזוב את הברכה - ת״מ 137ב. ומן קללאתה לברכתה ומן הקללות אל הברכות - ע״ש ד 24.

**קלקל** ש״ע ז *n. m.* **דל worthless** ונפשנן מציקין במזון דקלקלהA (B דקלקל, המליץ 588: קלקלה) ונפשנו קצה בלחם הקלקל and we have come to loathe this worthless food - במ כא 5.

**קלס**† שבח ותהילה **praise** [**א״י** והוו מקלסין קדמוי - **נ** בר מא 43. **סוא״י** להלין דהוו מקלסין - קיריל הירושלמי י 19 (Duensing 57)]

**פעל שיבח to praise** וחזו כל עמה וקלסו (נ״א ושבחו) ויראו כל העם וירנו M$_2$ all the people saw and praised - ויק ט 24. ונרכן ונרנן ונקלס ונשתחווה ונרנן ונשבח - מתוך תפילה ליום הכיפורים - Cow 709. קלסו אמיה אמה הלא דם עבדיו יגבי ED הרנינו גוים עמו כי דם עבדיו יקם - דב לב 43 (=המליץ 454). ואהרן כהנה חדי בדילון... ופינחס מקלס לון ואהרן הכהן שמח בגללם (הטובים)... ופינחס מהלל אותם - ת״מ 237ב. ושת מואן דאלף מקלסין גרמך ושש מאות אלף מהללים אותך - ת״מ 53א. ואנון מקלצין... ואמרין לאל חיול והם משבחים... ואומרים לעל יכול - עלום שם - Cow 165 [פלורנטין 338]. דאת מקלס בעננה ובאשתה שאתה מהולל בענן ובאש - ת״מ (ק) 23ב [בינוני פעול].

**קלע**[1] שזירה ואריגה **plaiting, weaving** [**א״י** והוון פרסין קילעייה = והיו פורסים את הוילונות - ירוש שבת יז ע״ג]

**קל שזור** בינוני פעול *pass. pt.* **to plait** עובד סרק כפם קלי A (J קליה י״ש; המליץ 612 קליע) מעשה ארג כפי תחרא a weaver's work like a plaited opening - שמ כח 32. וכך הוא לט 23 (B קליע, M קלעי) [תפס תחרה - קליעה. **נ** כפם סירה - אריגת חבל. השי׳ **פ** שם: סיראן].

**קלע** ש״ע ז *n. m.* **מסך curtain** קלעים לדארתה מילת משזר קלעים לחצר שש משזר curtains of twisted linen - שמ כז (=המליץ 586). קלעי דרתה מילת משזר קלעי החצר שש משזר - שמ לח 9.

**קלע**[2]† טירה **fortress** [‹ قلعة - Dozy II 404]

**קליעה** ש״ע נ *n. f.* **מבצר fortress** האלין אנון ברי ישמעאל... בדרביתון ובקליעתון A אלה הם בני ישמעאל... בחצרותם ובטירותם these are the sons of Ishmael... according to their villages and by their fortresses - בר כה 16.

**קלע**[3]† ירייה **shooting** [**א״י** ואקלע יתה ימא דסוף - **נ** שמ י 19 (בגיליון: וטלק)]

**קלע** ש״ע ז *n. m.* qaṭṭāl **קַלָּע archer** קלעה עז - המליץ 545 כנגד עז, מן במ יג 28, דב כח 50. ליתא [פירש עז=לוחם. *Int. ᶜz as 'warrior'*.]

**קלף**[1] הסרת השכבה החיצונית **peeling** [**א״י** וקלף בהון קלפין חוורין - **נ** בר ל 37] ← גרגרי תבואה **grain**

**קל 1 קילף** בינוני פעול *pass. pt.* **to peel off** והוא כארז קליף והוא (המן) כזרע גד (the manna) is like peeled rice - שמ טז 31. ובדומה לזה במ יא 7. **2 גרגרי תבואה** לאחר הקילוף **peeled**

**off grain** אביב קלי בנור גריס קליף תקרב
אביב קלי באש גרש כרמל תקריב fresh grain
ויק - parched with fire, grits of the peeled grain
ב 14 (=המליץ 495). ולחם וקלי וקליף לא תיכלון
ולחם וקלי וכרמל לא תאכלו - ויק כג 14.

**פעל 1 הסיר את השכבה החיצונית to peel off** וקלף בון קולופין עברן ויפצל בהם פצלות
לבנות (Jacob) peeled off white stripes from
them - בר ל 37 (המליץ 561 קלופין). **ואקים** ית
אטריה דקלף במרכעיה ויצב את המקלות אשר
פצל ברהטים - בר ל 38. **2 הקציע** את אבני הקיר
**to scrape off** וית ביתה יקלפון מלגו סאר
וישפכון ית עפרה דקלפו למלבר לקרתה ואת
הבית יקצעו מבית סביב ושפכו את העפר אשר
הקיצו אל מחוץ לעיר the house shall be
scraped inside all around, and the coating that
is scraped off shall be dumped outside the city
- ויק יד 41 (=המליץ 586). ויפקד כהנה [וי]קלפון
ית אבניה דבין מכתשה m (*$m_2$ [וי]גלפון. ע״ע
גלף) וצוה הכהן וחלצו את האבנים... - ויק יד
40. ודמקלף בביתה ירע ארקעיו N (נ״א ודגרף
ודאכל) והמקציע (?) בבית יכבס בגדיו - ויק יד
47 [נ״ש והאכל, אבל נתפרשה המילה כאן לעניין אחר
וכך מעידה הקריאה wâkkəl. ע״ע גרף[2]]. וקלפו ית
טסי דהבה *$M_2$ (נ״א ורקעו, ורקרקו) וירקעו
את פחי הזהב - שמ לט 3 [נתפרש לו לעניין הקצעה,
או הו א מן גלף (ע״ע)].

**נקלוף** ש״ע ז *n. m.* **שבולת ear** of corn והא
שבע נקלופין עלין... והא שבע נקלופין...
בתריהון A והנה שבע שבלים עלות... והנה
שבע שבלים... אחריהן ...,seven ears grew
בר מא - close behind them sprouted seven ears
6-5. ובלעי נקלופיה קטיניה A - בר מא 7. ושבע
נקלופיה חסירן... A - בר מא 27.

**קולף** ש״ע ז qiṭṭūl *n. m.* **1 קילוף scraping** ואן
יעזר מכתשה... בתר... קלוף ית ביתה A ואם
ישוב הנגע... אחרי הקצות הביה if the plague
- , after... scraping the house... again breaks out
ויק יד 43. **2** תוצאת הפעולה *the result of the action*
וקלף בון קולפין עברין A ויפצל בהם פצלות
לבנות - בר ל 37.

**קולפה** ש״ע נ *n. f.* **מחלת עור a skin disease**
אן יי במשך בסרה שומעה אי קולפה A כי
יהיה בעור בשרו שאת או ספחת when one has
on the skin of his body a swelling or an
eruption - ויק יג 2.

**קולפי** ש״ע נ *n. f.* **קילוף peeling off** וקלף
בון קולפין ויפצל בהם פצלות he peeled off
stripes - בר ל 37.

**קלוף** ש״ע ז *n. m.* **שבולת ear** ית שבע קלופיה
שפיריה A א את שבע השבלים הטובות the
seven good ears - בר מא 24. ושבע קלופיה
טביה... A - בר מא 26.

**קלופי** ש״ע נ *n. f.* **כרמל peeled off grain**
גרס קלופי $M_2$A גרש כרמל grits of peeled off
grain - ויק ב 14. ולחם וקלי וקלופי לא תיכלון
ולחם וקלי וכרמל לא תאכלו - ויג כג VNMB
14.

**קלף** ש״ע ז *n. m.* **1 קילוף** שם הפעולה **scraping**
*v. n.* בתר... קלף ית ביתה אחרי הקצות הבית
ויק יד 43 - after... scraping the house. **2** תוצאת
הפעולה *the result of the action* וקלף בון קלפין
E ויפצל בהם פצלות he peeled off stripes from
them - בר ל 37.

**קלפה** ש״ע נ *n. f.* **מחלת עור a skin disease**
וידכינה כהנה קלפה היא וטהרו הכהן מספחת
היא the priest shall pronounce him clean; it is
an eruption - ויק יג 6 (=המליץ 540). אן יי במשך
בסרה שומה אי קלפה NMECB - ויק יג 2. ואם
פתאי תפתי קלפתה אם פשה תפשה המספחת
- ויק יג 7.

**קלפי** ש״ע נ *n. f.* **מחלת עור a skin disease**
אן יי במשך בסרה שומה אי קלפי - ויק יג 2.

**†קלף[2]** ערלה **foreskin** [> قلفة - ZSp 128, השי׳
טל ג פא]

**קל** בינוני פעול *pass. pt.* **ערל uncircumcised**
וקליף דכר דלית ילסין ית בסר קלפתה... ית
פסקולי אנשי A וערל זכר אשר לא ימול את
בשר ערלתו... את בריתי הפר if an
uncircumcised fails to circumcise the flesh of
his foreskin..., he has broken My covenant - בר
יז 14.

**קליף** ש״ע ז *n. m.* **ערלה foreskin** לא נכל...
למתן ית אחתנן לגבר דלה קליף $M_2$ ...לאיש
אשר לו ערלה ...,we cannot..., give our sister to a
man who is uncircumcised - בר לד 14.

**קלפה** ש״ע נ *n. f.* **ערלה foreskin** ותלסינון
ית בסר קלפתיכון A ונמלתם את בסר ערלתכם
you shall circumcise the flesh of your foreskin
- בר יז 11. דלית ילסין ית בסר קלפתה A אשר

לא ימול את בשר ערלתו - בר יז 14.

**קלפוט**† ? בן-גוון של ערפט (ע״ע) *Var. of* *ᶜrpṭ, q.*
v.]

**קלפוט** ש״ת *adj.* **?** כל עזיא קלפוטיה A (נ״א נמוריה, נמוראתה) כל העזים הנקודות - בר ל 35 וכן 36.

**קלפוץ**† ? [< κέλυφος = קליפה. בהשאלה, גופה? (Uhlemann 76a)]

**קלפוץ** ש״ע ז *n. m.* **פגר carcass** ונעת ‹ד›טעס על קלפוציה (נ״א פגריה = המליץ 566) וירד העיט על הפגרים birds (of prey) came down upon the carcasses - בר טו 11.

**קלפן**† טיחה בשרף הקרוי קלפון **spreading colophony** [< κολοφωνία = מין שרף - Uhleman 76a. **ס** קלפוניא - LS 670b]

**פעל** גזור מן השם **טח בקלפון to spread colophony** עבד לך ספינה... ותקלפן יתה מלגו ומלבר בקלפון (E)A עשה לך תבת עצי גפר... וכפרת אתה מבית ומחוץ בכפר make yourself an ark..., and cover it inside and out with colophony - בר ו 14.

**קלפון** ש״ע ז *n. m.* **מין שרף colophony** ותקלפן יתה... בקלפון (E)A וכפרת אתה... בכפר - בר ו 14.

**קלץ**† חיבור ודביקה **attachment** [שאול בעשׁ״ח מן قلص = כיווץ - Lane 2559. פלורנטין 338, טל ג פא. ע״ע עלץ. *Ar loan in* NSH]

**קל דבק to cling** קלץ גרמך בקשטה לא יכל עליך דבב דבק בקשטה (ו)לא יוכל לך אויב cling to the True One, and no enemy will overpower you - ת״מ 230ב [זב״ח הע' 1]. קלץ גרמך בקשטה קשור עצמך לקשטה - ת״מ 230ב. ארור אשר לא יקים את כל דברי התורה הזאת לעשותם אנשים אמרו הן מימרה קליץ בדאה קצתה ״ארור אשר...״ (דב כז 26) אנשים אמרו כי הדיבור קשור בקיצה הזאת (בלבד) - ת״מ 165א. קליצים באהן דכרנה סגדים ומודים לאלה דבקים בזכרון זה, משתחווים ומודים לאלוהים - מרקה? (Cow 115).

**אֶתְפְּעֶל דבק to cling** והאכו בתרה ואתקלצו במימרה ולכו אחריו ודבקו בדברו learn from him and walk after Him and cling to His word - ת״מ 182א. מן לא ידע קשטה במה יתקלץ מי שאינו יודע את ק' במה ידבק? - ת״מ 200ב. והוא לכל הבשר אב... ובו יתקלץ- ...ובו ידבק - עבדה בן שלמה (Cow 130). ויתה תעבדון ובה תתקלצון A (נ״א תתקרבון) ...ובו תדבקו - דב יג 5. הוה לבה מתקלץ בעלם עלאי היה לבו (של משה) דבק בעולם העליון - ת״מ 107ב [זב״ח הע' 3]. ואת באלה מתקלץ ואתה באלוהים דבק - שלמה בן טביה (Cow 280).

**קלש**† הקצעה, החלקה **scraping, smoothing** [**א״י** מזירקא חד דכסף קליש = מזרק אחד כסף, שציפויו דק - **מי״ל** במ ז 13. Jastrow 1383a] ← קרחת **baldness** (of forehead)

**פעל הקצה to scrape** וישפכון ית עפרה דקלשו $*M_1$ (נ״א דקלפו, דגרדו) ושפכו את העפר אשר הקיצו the coating that is scraped off shall be dumped - ויק יד 41. ויפרח בביתה בתר קלשו ית אבניה $*M_1$ (נ״א שלפו) ופרח בבית אחרי חלצו את האבנים - ויק יד 43 [העביר את קלש מן ההקצעה אל החליצה].

**קלשן** ש״ת *adj.* **גיבח bald forehead** ואם מן קבל אפיו יתמרט רישה קלשן הוא $*M_2$ (נ״א גלשן) ואם מפאת פניו ימרט ראשו גבח הוא if one's hair has fallen from his forehead and temples, he is bald - ויק יג 41.

**קלשנו** ש״ע נ *n. f.* **גבחת baldness of forehead** ואן יהי... בקלשנותה מכתש אבר סמק צרעה פרחה היא בקרותה אי בקלשנותה $*M_2$ (נ״א בגלשנותה) וכי יהיה בקרחתו או בגבחתו נגע לבן אדמדם צרעת פרחת היא בקרחתו או בגבחתו if there is... on his baldness of his forehead a reddish-white diseased spot, it is leprosy breaking out on his... baldness of forehead - ויק יג 42.

**קלשפו**† ? [ט״ס מן קלפו = ערווה. ZSp 128. ע״ע קלף *Corr., see*]

**קלשפו** ש״ע נ *n. f.* **ערווה pudenda** ועגל חם... ית קלשפות אבוה (E)A וירא חם... את ערות אביו Ham...saw the pudenda of his father - בר ט 22. ולכו לולק וכסו ית קלשפות אביהון (E)A וילכו אחורנית ויכסו את ערות אביהם

- they... covered the nakedness of their father
בר ט 23.

†קמא ביזיון **contempt** [< قمأ - Lane 2560b]

**אֶתְפַּעַל נתבזה to act despicably**
ואתקמאה עמה עם בראת מואבא[י] A ויחלל
העם עצמו עם בנות מואב the people acted
despicably with the daughters of Moab - במ כה
1 [פירש "ויחל העם לזנות" כמו התה"ע: ابتذل :SAV].

קמואל[1] שם פרטי qāmuwwəl *pr. n.*
**קמואל** ש"פ אה ילדת מלכה... ית עוץ... וית
קמואל - בר כב 20 - 21. ואצעד ביד זרד בר
קמואל ונתפס ביד זרד בן קמואל - אס 19א.

קמואל[2] שם פרטי qāmuwwəl *pr. n.*
**קמואל** ש"פ ולשבט בני אפרים נשיא קמואל
בר שפטן - במ לד 24.

קמח קמח **flour** [א"י וסבי תלת סאין קמח - נ בר
יח 6. סוא"י בתלת אסון דקמח - לוקס יג 21]

**קמח** ש"ע נ *n. f.* **קמח flour** זרזי תלת סים
קמח סלת לאשי ועבדי עגולים מהרי שלש
סים קמח סלת לושי ועשי עגות rush, (take)
three seahs of choice flour, knead and make
cakes - בר יח 6. עסור מכאלתה קמח סערים
עשרית האיפה קמח שערים - במ ה 15.

†קמץ[1] קפיצה, קמיצה, הידוק **contraction,**
**compression** [א"י ההוא דחפן... ההוא דקמץ -
בר"ר 36. ע"ע קבץ]

**קל קמץ to take a handful** ויקמץ מנה
מלוא קמצה מסלתה וממשחה וקמץ ממנה
מלוא קמצו מסלתה ומשמנה the priest shall
take of it a handful of its choice flour and oil -
ויק ב 2 ובדומה לו ה 12 (=המליץ 586). ויקמץ כהנה
מן מנחתה ית אדכרותה NMB (נ"א וירם)
והרים הכהן מן המנחה... - במ ה 26 [התאמה
לויק ה 12, וכך נ"ש].

**פעל קפץ to shut** ולא תקמץ ית אדך מן
אחוך מסכינה (V תכפץ) ולא תכפץ את ידך
מאחיך האביון you shall not shut your hand
against your needy kinsman - דב טו 7 [השי' ירוש
שבת יד ע"ב: דו קמיץ...ופתח. על בידול הנחציים עואנ"ש
ג/א 124].

**קמץ** ש"ע ז *n. m.* **קומץ היד handfull** ויקמץ
מנה מלוא קמצה וקמץ ממנה מלוא קמצו
(the priest) shall take of it a handful of it - ויק ב
2, ובדומה לו ה 12 (=המליץ 586). וירם מנה בקמצה
מסלת מנחתה - ויק ו 8. קמצה מן עפר מזדוג
עם מיה קומץ עפר מעורב במים - ת"מ 182ב
[הוא יסוד הגוף. גרסת ק: אתעבד מן קמצה דעפרה -
72ב].

†קמץ[2] ייצור מעופף **flying creature** [טלשיר
33, 57, 160, 166. בכ"י J עניינו חרק ושרץ העוף כמו
בא"י קמצה - בר"ר 201; **סוא"י** ויסוק קמצא על ארעא
- שמ י 12. באה"ש המאוחרת נתרחבה הוראתו לעוף -
טל ג סו. *Originally 'insect', its meaning*
*[expanded in late* SA *to any flying being.*

**קמץ** ש"ע ז *n. m.* **1 חרק insect** וית קמצה
למינה ואת החגב למינהו and all varieties of
grasshopper - ויק יא 22. והוינן בעינינן כקמצים
והיינו בעינינו כחגבים - במ יג 33 (=המליץ 471).
וכל שרץ קמצה דלה ארבע רגלים וכל שרץ
העוף... - ויק יא 23 [ודאי חרק הוא, שאינו מן העופות
לפי פס' 21: שרץ העוף שהוא מותר באכילה ושם תרגומו
עופה]. **2 עוף bird** וקמץ יפרע על ארעה ועוף
יעופף על הארץ - birds that fly above the earth
בר א 20 (=המליץ 543). וית כל קמץ כנף ואת כל
עוף כנף - בר א 21. וקמצה יסגי על ארעה CA -
בר א 22. ובקמץ עללה DA ובעוף השמים - בר
א 26. מכאן ואילך באה קמץ כנגד עוף בכ"י A בבר א
28, 30; ב 19, 20; ו 7, 20; ז 3, 8, 14, 21, 23; ח 17, 19,
20; ט 2, 10; ויק א 14, ז 26, יא 13, 20, 46; כ 25. בכ"י
B דב יד 20; כח 26. בשולי כ"י M (m) ויק יז 13; כ 25.
כל השאר: עוף. המליץ 570 מביא קמצה כנגד צפור.
ליתא]. בהמתה קמצה רמסה נוני ימה הבהמה,
העוף, הרמש, דגי הים - ת"מ 154ב [ע"פ דב ד
17-18].

†קן מרבץ **nest** [א"י קן דצפרין - נ דב כב 6. **סוא"י**
קננים תעבד כיבותא - בר ו 14]

**קן** ש"ע ז *n. m.* **1 קן nest** לציפור כד יזדמן קן
עוף לקדמיך כי יקרא קן צפור לפניך if, along
the road, you chance upon a bird's nest - דב כב
6. בהשאלה: מושב לאדם *fig.* עמיק מדרך ושבי
בכיפה קנך איתן מושבך ושים בסלע קנך - במ
כד 21. **2 תא** מושב לבעלי חיים **compartment**
עבד לך תיבו... קננים תעבד ית for animals
תיבותה קנים תעשה את התבה make it an
ark with compartments - בר ו 14 [ השי' פממין,

עממים. המליץ 584: קנים]. **3 חלון window** בית איסור קפיל דלא קן נאר בית סוהר אפל בלא חלון אור a dark jail, with no window for light - ת״מ (ל) המקביל ל-ש 37א [נוסח ק (13א): קני. הכול על מכת החושך והוא על פי תיבת נח. *Borrowed from* [Gen 6:14.

**קנב**† זמירה, קיצוץ ענפים (plants) **pruning** [**א״י** מן דאמרה גלשה היא מקנב - ירוש פסחים ד (ש״ג 115). **ע** כרוב שליקטו לקנב את האיספרגוס שבו - תוס דמאי ד ה]

**פעל זמר to prune** ושת שנים תקנב כרמך m (נ״א תשפי) ושש שנים תזמר כרמך six years you may prune your vineyard - ויק כה 3. חקלך לא תזרע וכרמך לא תקנב m - ויק כה 4.

**קנה בשם**† מין בושם **a kind of perfume** [כתיבה לפי העברית. בכל מקום אחר 'בסם' (ע״ע) H]

**קנה בשם** ש״ע ז *n. m.* **בושם perfume** וקנמון בשם פלגותה חמשים ומאתים וקנה בשם חמשים ומאתים JECB (בסם A) וקנמון בשם... וקנה בשם... - שמ ל 23.

**קנום** qēnom עיקר **substance, self** ← כינוי חוזר, מגביר *refl. pron.; intensifier* [ע״ע קלום. במקומות רבים מייצג את אלוהים (לא בתה״ש). **ס** קנום (Nöldeke KSG 168 והש׳ LS 677b - קיומו בסוא״י מסופק. Schulthess 181 משחזרו. **א״י** קנומיה דמריה דביתא - איכ״ר פרשה א. מקביל למהד׳ ש׳ בובר, וילנה תרנט. אבל שם: אף הוא גברא - עמ׳ 48].

**קנום א** ש״ע ז *n. m.* **1 עיקר self** מייצג את הנושא *represents the subject* דימיך לון בקנומך שנשבעת להם בך that You swore to them by - Your Self - ננה 97. לית ארעה מתקוממה על מיה... אלו הות על מיה הוה קנומה מאבד כל דבה מן אילן עד עשב אין הארץ עומדת על המים... אילו הייתה (עומדת) על המים, הייתה עצמה (=היא הייתה) מאבדת כל אשר בה מעץ עד עשב the earth does not rest on water...; if it were on water only, its substance would destroy all that is in it of trees and grass - ת״מ 273א [זב״ח הע׳ 2]. נוראה כתבון באצבע דקנומה הנורא (האל) כתבם (את הלוחות) באצבע עצמו - מ ט 55-56. **2** מייצג את המושא *represents the object* חזי יהבתך אלהים לפרעה בגלל מאבד קנומה וכל קהלה ״ראה נתתיך אלהים לפרעה״ (שמ ז 1) כדי לאבד אותו וכל קהלו "see, I made you as God to Pharaoh" (Ex 7:1), so that you will annihilate his self and his congregation - ת״מ 21ב ע״ע גרם. **3** תמורה לשם הגברה *intensifying apposition* **עצם** ומה הי לקנום גבורתך ומה זאת כנגד עצם גבורתך - what is (all this) against your very might ע״ד ד 28. וימה לון ביכלותה ובקנום גבורתה ונשבע להם ביכולתו ובעצם כוחו (God) swore by His power and His very might - ת״מ 171ב. **ואגזר** ית בסר ערלתון בקנום יומה הדן (בגרם MCBA) וימל את בשר ערלתם בעצם היום הזה Abraham circumcised the flesh of their foreskins on that very day - בר יז 23 [רק כאן בכ״י J. בביטוי הזה גם בר ז 13 C, שמ יב 17 VC, 41 C, 51 C, ויק כג 21 EA, 28 MCA, ועוד]. **ב** כינוי חוזר *refl. pron.* טוב לנן הן נעבד לקנומן זבד לעלמה עורנה אשרינו שנעשה לעצמנו צידה לעולם האחר it is good for us that we make provisions for the other world - ת״מ 199א. משה במדין שרר קנומה למהלך משה במדין חיזק עצמו ללכת (אל פרעה) Moses in Midian fortified himself to go (to Pharaoh) - ת״מ 16א. וכד מלך קנומה וכאשר יעץ לעצמו - ת״מ 287א. נחיל קנומן במטר פקודין נחזק עצמנו בשמירת מצוות - ת״מ 200א. ואקים קנומה בצלו והעמיד עצמו בתפילה - אס 7א.

**קנון** מכל **receptacle** [< κανίον, καννίον - Nöldeke MG 125, n 2. **ע** ולא בקנון אלא בסלים - **מש** מו״ק ג ז. **ס** קנינתא = קערה - LS 674a].

**קנון** ש״ע ז *n. m.* **1 סל basket** ותתן יתון על קנון אחד ותקרב יתון בקנונה ונתתה אתם על סל אחד והקרבת אתם בסל you shall place these in one basket and present them in the basket - שמ כט 3. ומקנון פטירה... נסב חלה ומסל המצות... - ויק ח 26. ארור קנונך ומלאשתך ארור טנאך ומשארתך Cursed shall be your basket and your kneading-trough - דב כח 17. בקנון חדה A (נ״א בקנה) בקנה אחד - שמ כה 33 [ט״ס *Corr.*:]. **2 קן nest** [הרחבת קן (ע״ע)] גוזלי שרה בקנוניה - צאצאי שרה בקניה Sarah's youngs in her nest - ת״מ 50א (= ק 20א) [על בני ישראל, יוצאי מצרים. About the Children of Israel coming out of Egypt.]

**קנז¹**† קְנַז qĕnåz שם פרטי *pr. n.*

**קנז** ש״פ והוו בני אליפז תימן... וקנז - בר לד 11.

**קנזאי** ש״י *gent. n.* ית קינאה וית קנזאה וית קדמונה - בר טו 19.

**קנז²** שם פרטי *pr. n.*

**קנזאי** ש״י בלוד כלב בר יפנה קנזאה - במ לב 12.

**קנז³**† qēnåz שם מקום *pr. n. (place)* [מזוהה עם ניסבור שבאיראן]

**קנז** ש״פ עיבל בנה קנז והיא ניסבור - אס 4א.

**קנט**† מיאוס ודחייה **abhorrence** [**א״י** ונפשאנה קנטת במנא הדין - **מי״ל** במ כא 5. לא תקניטי בי - תרגום רות א 16. **ע** נפשו קניטה עליו - מכילתא דרשב״י (נוסח מן המדרש הגדול) עמ׳ 46. לפי קראוס הוא מן J. Greenfield, אבל ראה ,Krauss 552 - κεντέω. HUCA 29, 233. השי׳ **ס** קנט - LS 676b וכן قنط - [Lane 2568b

**קל מאס to abhor** ית כל אלין עבדו וקנטת בון M₂* (נ״א **ואציקת**) את כל אלה עשו ואקוץ בם they did all these things and I abhorred them - ויק כ 23 [ואולי תפס יואקצץ בס׳ = קטן א].

**קנטה** ש״ע נ *n. f.* **מיאוס abhorrence** עד דיפק מפמכון ויהי לכון לקנטה E לקטנה = המליץ 458) ...והיה לכם לזרה until it comes out of your mouth and becomes an abhorrence to you - במ יא 20 [הטור הערבי של המליץ 458: ללקנט. השי׳ וולגאטה: Vulg.: in nauseam].

**קנטר**† יחידת משקל **a measuring unit** [< Krauss 553a - centenarius. **א״י** קנטר דהב - **נ** שמ לז 24. קינטרין דכסף - פסיקתא דר״כ 160. והוא קנטינר - **מי״ל** שמ כה 35]

**קנטר** ש״ע ז *n. m.* **כיכר measure** קנטר דהב דכי C ככר זהב טהור - a talent of pure gold שמ כה 39 (=המליץ 488). וקנטר מזון חתה B וככר לחם אחד - שמ כט 23. אשע ועסרים קנטר V תשע ועשרים ככר (זהב) - שמ לח 24 ובדומה לו פסי׳ 25, 27.

**קני¹** רכישה **possession** [**א״י** וית כל קניינוי די קנה - **נ** בר לו 6.ע״ע עתר]; הוויה, בריאה **existence,** **creation** [**סוא״י** וקהלא הדין דקנית לי - ישע מג 21]

**קל** עבר: קנה qânå - א״ד ג 37. דקניך (נוכח) - מ ג 20. בינוני: קני - א״ח 12. קעניך (+נוכח) adqānək - המליץ 580. מקור: למקני - בר מג 18. **קנוי** קנוך (+נוכח) - דב לב 6 . **קני(א)ן** - בר לא 9. קניינן (ר) qinyânən - מ ג 19.

**קל 1 רכש to acquire** ומדלאבונן קנא ית כל נכסיא האלי[ן] m ומאשר לאבינו עשה את כל הכבוד הזה from that which was our father's he has built up all these possessions - בר לא 1 (מן אונקלוס O). וית כל קנינה דקנא קנין נכסיו דקנא בפדן ארם M₂* (נ״א דחתר) ואת כל רכושו אשר רכש מקנה קנינו אשר רכש בפדן ארם - בר לא 18 (מן אונקלוס O). וית כל נכסיו דקנא M₂* (נ״א דעתר) ואת כל קנינו אשר רכש - בר לו 6 [ע״פ אונקלוס O .*foll.*]. **2** פועל הוויה ובעלות *verb of existence and possession* תלתה רחמים קנה חילה רבה שלושה אוהבים יש לאל הגדול the Great Power has three devotees - א״ד ג 37. קנית אנש מן יהוה C קניתי איש את יהוה I have gotten a man from God - בר ד 1. האן קנינין אלא ממה דקניך איפה קניין חוץ ממה שקנית - מ ג 20. ושלטנה דלא קעניה סוף ושלטונו אין לו סוף - ע״ד ד 9. **3 ברא to create** (related to God) על האלוהים לאל עליון קנה שומים וארע God Most High, creator of heaven and earth - בר יד 19, 22 (=המליץ 580). ואתה אל קני שומיה וארעה - א״ח 12, דומה לו ת״מ 34א*. עמה דן דקנית VC - שמ טו 16 (=המליץ 580). הוא אבוך קניך V' - דב לב 6 (המליץ 580: קעניך). עבודה דבריתה וקעניה וסדורה עושה הבריאה, יוצרה ומתקנה - א״ג 63. עבודן וקענין יוצרנו ובוראנו - מ יב 61. קנה דמעונה בורא המעון - מ ב 73. וצ עורן וקענין ויוצרנו ובוראנו - ת״מ 147ב.

**מקני** למקני יתנן לעבדים M₂* לקחת אתנו לעבדים - בר מג 18 [מן אונקלוס O. מביע את תפיסת העברית של חז״ל את הפועל קנה = לקח. *Mishnaic H understanding of qny as 'taking'*].

**קנוי**† ש״ע ז qāṭōl *n. m.* **בורא** על האלוהים **Creator** (related to God) הלא הוא אבוך קנוך הוא דעבדך וכוננך C (נ״א קניך) הלא הוא אביך קנך הוא עשך ויכוננך is not He your Father your Creator, who fashioned you and established you ? - דב לב 6.

**קני(א)ן א** ש״ע ז *n. m.* **רכוש possession** בבהמות (השי׳ מקנה בעברית) ואפרש יהוה מן קניאן

אבוכין ויהב לי ויצל יהוה את מקנה אביכן ויתן לי God has taken away your father's possession and given it to me - בר לא 9. והוה תיגר בין רעיני קניאן אברם ובין רעיני קניאן לוט ויהי ריב בין רעי מקנה אברם... - בר יג 7. אעיק ישראל עליו וחרם חרמה קניאנה לחץ עליו ישראל (על מלך ערד) והחרים את חרמה ורכושה - אס 16ב. קטול קניאן ומאבד כל מתוניאן הורג (הברד) מקנה ומאבד כל פרות - ת״מ 35ב. בהשאלה .fig קניאן דלא כותה קניאן חכמתה רכוש שאין כמוהו הוא רכוש החכמה - ת״מ 109א. **ב** שם פעולה .v. n **ונזרז לקניאן** חכמתה ונמלי נפשהתן נמהר לרכוש את החכמה ונמלא את עצמנו let us hasten to acquiring wisdom and fill our souls - ת״מ 110א.

**קני²** מוט **pole** [**א״י** שבע שבלין סלקן בקנה חד - **נ** בר מא 5. **סוא״י** והוו מחין לה בקנא על רישה - מרקוס טו 19]

**קנה** ש״ע ז .n. m **1 גבעול stalk** שבעת שבלין סלקי בקנה אחד שבע שבלים עלות בקנה אחד seven ears grew on a single stalk - בר מא 5, 22.

**2 מוט, קנה המנורה branch** ושתה קנים נפקים מן איצטריהושׁשה קנים יוצאים מצדיה six branches issued from its sides - שמ לז 18.

ועזור תחת תרי קניה... וכפתר תחת שני הקנים - שמ כה 35.

**קנו**† ש״ע נ .n. f **קנה המנורה branch** עזוריון וקנותון Ⓔ וקנואתון) מנה יון כפתריהם וקנותם ממנה יהיו their calyxes and their branches shall be of one piece with it - שמ כה 36, לז 22.

**קני³ (קנא)** מסירות וקנאה **devotion, zeal** [**א״י** הא מקני את לי - **נ** במ יא 29. **סוא״י** דאלה קנאי - דב ו 15] ← רוגז, התגוששות **anger, struggle**

**קל** בינוני: קנא - שמ כ 4; קני qāni - א״ג 23. פעול: קניאן (ר) - ת״מ 239א. **פעל** עבר: דקנא - במ כה 13 (=המליץ 583). עתיד: יקנא - ת״מ 253ב. בינוני: מקני - שמ כ 4 N. **אפעל** עבר: אקנוני (+מדבר) - דב לב 16 V'C. עתיד: אקנינון (+נסתרים) - דב לב 21 V'C. בינוני: מקנין maqnəm - מ א 152. **אקנאו** - ת״מ 33ב. **קנ(א)ה** קנאה - במ ה 14. **קנו** קנואן (ר) - ת״מ 267א. **קנו(א)** qāṭōl קנואה - שמ כ 4 A. **קנו(א)**? qiṭṭul בקנוה - במ כה 11 (=המליץ 583).

**קל**† **1 היה קנאי** בינוני .pt **to be jealous** אנכי יהוה אלהך אל קנא (נ״א מקני) אל קנא I the Lord your God am a jealous God - שמ כ 4. ועקובתך אל קני ותוארך [נ״ש .SP part. qânå] אל קנא - א״ג 23. **2 כעס to be angry** ובישיה במדון רב... ולבביון קניאן והרעים בעונש גדול... ולבותיהם כעוסים the evil will be in severe punishment..., their hearts will be angry - ת״מ 239א [זב״ח הע׳ 2].

**פעל**† **1 היה מסור** מצטרף לו ל- היחס **to be devoted** with the prep. l ותהי לה... בריה כהנת עלם תחת דקנא לאלהה והיתה לו... ברית כהנת עולם תחת אשר קנא לאלהיו it shall be to him..., a covenant of a constant priesthood, because he was jealous for his God - במ כה 13. וברה פינחס קנא לאלה ונסב פסקול ובנו פינחס קינא לאלהים ולקח ברית - ת״מ 220ב. ולית מן יקנא לאלהולא יהיה מי שיקנה לאלהים - ת״מ 253ב. המקני אתה לי - במ יא 29. **היה קנאי to be jealous** אנכי יהוה אלהך אל מקני... N אל קנא I the Lord your God am a jealous God - שמ כ 4. מצטרפות אליו ב, מן with the prep. b, mn וקניאת רחל באחתה - בר ל 1. וקנו בה אחיו - בר לז 11. וקנו מנה פלשתאי - בר כו 14. וקנה מן אתתה - במ ה 14. **2 הרגיז to make angry** מצטרף אליו מושא ישר with a direct object וקנאונה במה דעבדו והכעיסוהו במה שעשו they made Him angry with what they did - ת״מ 275ב. ייתי ויעבד תועבהן ויקנא לאלה יבוא ויעשה תועבות ויכעיס את האלוהים - ת״מ 198ב. **3 נלחם to fight** וקנה לוט בון ונלחם לוט בהם (בכדרלעמר ובחבריו) - Lot fought against them אס 12א.

**אפעל**† **הכעיס, הקניא to make angry, jealous** אקנותה בבראים ובתועבן אכעסותה יקניאהו בזרים ובתועבות יכעיסהו They made Him jealous with strange gods; with abominations they made Him angry - דב לב 16. אנון אקנוני בלא אלה אכעסותי באבליהון ואנה אקנינון בלא עם בגוי נביל אכעסנון V'C הם קנאוני בלא אל כעסוני באבליהם ואני אקניהם בלא עם בגוי נבל אכעיסם - דב לב 21. ואנן מקנין לה על מגן ואנו מכעיסים אותו (את האל) חינם - מ א 152.

**אקנאו**† **1** ש״ע נ .n. f **כעס anger** אקנהו בבתיה ואשנתו בבראה כעס (היה) בבתים וזעם בחוץ - anger within the houses and wrath without - ת״מ 33ב. **2** שפ״ע .v. n **הכעסה making**

someone angry ושבקת דחלת אדם ואתילפת אקנאות קין ועזבת את יראת אדם (את האל) ולמדת את הכעסת קין you have forsaken the fear of Adam and learned Cain's making (God) angry - ת״מ 278א. ושמה עזרז בר פאני וריש אקנהותה באדה ושמו... וראשית ההכעסה על ידו - אס 20א. יהי מגבי לאקנהותה יהיה עונש להכעסה - אס 20ב.

**קנ(א)ה** ש״ע נ *n. f.* **1 קנאה jealousy** ועבר עליו רוח קנאה a fit of jealousy comes over him - במ ה 14 (פעמיים), 30. לא אכלת בקנתי A (נ״א במסכינותי) לא אכלתי באני - דב כו 14 [פירוש *Int.*] רבה קנאה בישה גידל (קין) קנאה רעה - ת״מ 300ב. **2 זעם anger** קנאה רבה הות בארע מצרים (there was) a great anger in the land of Egypt - ת״מ 36א. לואי עלינן נחיל הקנאה על נפשהתן על מה דעבדנן ראוי לנו שנחזק את הכעס עלינו על מה שעשינו - ת״מ 233א. ומפלחיה מסרפין... וקנאתון ראמה והנגשים לוחצים... וכעסם עולה - ת״מ 20א. והות ארעה בקנאה וימיה עכירין והיתה הארץ בזעם והימים עכורים - אס 22ב. **3 מסירות zeal** ואתמסר ליהוה בקנאה יתרה (Aaron) was appointed to the Lord with great zeal - ת״מ 109ב. לאוי יתשקע כהן כפינחס ברה יקום בקנאה הלואי דיקום כהן כפינחס בנו, שיהיה קנאי - ת״מ 254ב. מן הנון אנן עד יהי לן פרקן אלית נזזע רוחה דקנתה מי אנחנו שתהיה לנו הצלה אם לא נניע את רוח הקנאה - ת״מ 139ב.

**קנו**† ש״ע נ *n. f.* **צער grief** דאגלה בתר מותה קנואן רברבהן שגילה (משה) אחר מותו צערים גדולים by his death (Moses) disclosed great grief - ת״מ 267א.

**קנוי**† ש״ת qāṭōl *adj.* **קנאי jealous** אנא יהוה אלהך חילה קנואה I the Lord ...אל קנא A your God am a jealous God - שמ כ 4. יד יהוה היתה במקנים והקנוים - בן מניר (Cow 185).

**קנו(א)**† ש״ע ז qiṭṭūl *n. m.* **מסירות zeal** עזר ית אמתי... בקנוה ית קנאתי בגבון השיב את חמתי... בקנאו את קנאתי בתוכם (Phinehas) has turned back My wrath... by displaying among them his zeal for Me - במ כה 11.

**קנמון**† תבלין **a spice** [א״י וקנמון דבשם - נ שמ ל 23. Löw Pfl 346]

**קנמון** ש״ע ז *n. m.* **קינמון cinnamon** סב לך בסמנים ריש מרדרור... וקנמון בשם קח לך בשמים ראש מרדרור... וקנמון בשם - שמ ל 23.

**קנס**† עונש **punishment** [< κῆνσος - Krauss 554a. **א״י** מתקנסא יתקנס = ענש יענש - **נ** שמ כא 22]

**אֶתְפְּעֵל ענש to punish** יתקנס (לא) ידון (רוחי באדם) - המליץ 446 [מן בר ו 3 yēdon. בתהי״ש שלפנינו: ידון, ילקפן. אפשר שהוא דרוש מקוטע בדומה **נ**: לא יתדנון כל דריה... כסדר דינה דדריה דמבולה. התהי״ע *Prob. a midr. similar to* Neof. *ad loc.*

يـنغمد, לשון כיסוי והסתר (נ״א يـنغمض) ואכן המליץ שם: יטמר. ואפשר שיקנס ט״ס מן יכנס, = המליץ שם. **פ**: לא תעמר רוחי. השווה לזה מובאה בקטע מקומרן: לא ידור רוחי באדם - 4Q252 (DSSU 80). על אתפעל בהוראה אקטיבית ראה עואנ״ש ג/ב 86 *On active* [*Etpa*ᶜ*el, see LOT* IIIb, 86.

**קנף**† ?

**קנף** ש״ע ז *n. m.* ? ועל קנפך תתוחי A (נ״א חרבך) ועל חרבך תחיה by your sword you shall live - בר כז 40.

**קנפד**† בעל חיים **an animal** [< قنفذ - Lane 2569a. ע״ע קפד]

**קנפד** ש״ע ז *n. m.* **קפוד porcupine** ולטאיתה וקנפדה $*M_2$ (נ״א וקפדה, וקופידה, המליץ 471 קפודה) והלטאה והחמט - ויק יא 30.

**קנץ**† חטיפה **tearing, rending** [< قنص = טרף, חטף - Lane 2568a]

**קל צד to hunt** מן אכה קנץ ציד B (נ״א צעד, דצד, הצד) מי אפוא הצד ציד who was it then, that hunted game - בר כז 33.

**אֶתְפַּעַל נחטף to be abducted** קנוץ נקנצתי מן ארע עבראי A (נ״א אגנבת, אתגנבת) גנוב נגנבתי מארץ העברים I was abducted from the land of the Hebrews - בר מ 15 [שיבוש מן אקנצת בגלל הטור העברי. *Corr. after* SP.]

**קנוץ** ש״ע ז qiṭṭūl *n. m.* **חטיפה, ציד game, hunt** ורעם יצחק ית עשו הלא קנוצה בפמה B (נ״א ציד) ...כי ציד בפיו Isaac favored Esau because he had a taste for game - בר כה 28. קנוץ נקנצתי מן ארע עבראי A - בר מ 15

†קנצה קרביים **entrails** [< قانصة - Lane
[2568b

**קנצה** ש״ע נ *n. f.* **קרביים entrails** ויסטי ית מרתה בקנצתה *$M_2$ (נ״א בספקה, בפסקה, בפלגתה) ויסר ית מרתו בנצתו he shall - remove its gall-bladder with the entrails ויק א 16 [=המליץ 529. הטור הערבי: בקאנצתה].

קנת שם מקום qēnât *pr. n. (place)*

**קנת** ש״פ ונבח אזל וכבש ית קנת ונבח הלך וילכד את קנת ואת בנתיה - במ לב 42.

†קנתרין אבן יקרה **a gem** [< chenchros (κέγκρος) השי׳ קנכירי - אונקלוס שמ כח 19 - Krauss 554b. **ס** קנכנון - LS 677b]

**קנתרין** ש״ע ז *n. m.* **אחלמה a gem** טריקה ועין עגלה וקנתרין VB לשם שבו ואחלמה - שמ כח 19. וכך $M_2$ לט 12.

†קסה[1] כלי קיבול **receptacle** [מן אונקלוס O: קסות נסוכא בפסוקנו. Levy Tg II 374a]

**קסה** ש״ע נ *n. f.* **כלי קיבול flagon** וית קסאתה וית אמכלי נסכה *$M_2$ ואת המנקית ואת קשות הנסך - במ ד 7 [הפך את הסדר שבאונקלוס: וית מכילתא וית קסות נסוכא: *O in reverse order*.]

†קסה[2] קש **stubble** [< قسّ ? (Hava 604a) אבל ראה זב״ח ת״מ, הערה לדף 79ב]

**קסה** ש״ע נ *n. f.* **קש stubble** תשגר רגזך ייכלנון כקסאה A (נ״א כקשה) תשלח חרונך יאכלמו כקש You send forth Your fury, it - consumes them like stubble שמ טו 7. מובא גם בת״מ 255ב, 79ב (בשינוי לשון). **מצערין לון... עד ייתון קסה ויעבדון לבניה דוחקים בהם... כדי שיביאו קש ויעשו לבנים** - ת״מ 79ב.

†קסטון מידה לנוזלים **a measure for liquids** [< ξέστιον - Krauss 558a. **א״י** בתרתין קסוסטבן - ירוש ב״מ י ע״ג (למטה). כ״י אסקוריאל: קסוסטוון - ירושלמי נזיקין, מהד׳ א״ש רוזנטל, ירושלים תשמ״ד, 66. ליברמן שם, עמ׳ 162, הע׳ 33. ע״ע קיסט]

**קסטון** ש״ע ז *n. m.* **היין** ונסוכה אספנטה רבעות קסטונה m ונסכיו יין רביעית ההין - ויק כג 13. וקסטון קשט יהי לכון *$M_2$ והין צדק יהיה

לכם - ויק יט 36.

†קסטרין מתכת **a metal** [< κασσίτερος - Krauss 556b. ע״ע קסיטר]

**קסטרין** ש״ע ז *n. m.* **עופרת lead** וית קסטרינה... תעברון בנור EC (V קסיטרנה, B קצטירנה) ואת העופרת... באש תעבירו the lead... you - shall pass through fire במ לא 20א וכיו״ב 22-23.

†קסיטר מתכת **a metal** [< κασσίτερος - Krauss 556b. ע״ע קסטרין. **א״י** ית דהבה... וית כסיטרא - **נ** במ לא 22. **סוא״י** כספא ונחשא ופורזלא וק[סי]טרא - יחז כב 20]

**קסיטר** ש״ע ז *n. m.* **עופרת lead** ית קסיטרה... תעברון בנור N את העופרת... באש תעבירו - the lead... you shall pass through fire במ לא 20א וכיו״ב 22-23. **אסטלטלו בקסטרה במים אסינ[ם]** A (נ״א כעברה) צללו כעופרת במים אדירים - they sank like lead in mighty waters שמ טו 10 (המליץ 552: קצטר = עופרת).

†קסם[1] כישוף וניחוש **witchcraft** [**א״י** מקסם יקסם - **נ** בר מד 5. **סוא״י** לא תקצמון - לא תתגודדו - דב יד 1. (B. Jacob, ZAW1902, 109)]

**קל מכשף** בינוני *pt.* **sorcerer** וזעק אף פרעה לחכמיה ולקסמיה ויקרא גם פרעה לחכמים ולמכשפים Pharaoh too, summoned the wise - men and the sorcerers שמ ז 11. **קסם קסמים** מערש מנחש קסם קסמים מענן מנחש - דב יח 10 (=המליץ 588). **הלא גועיה אהלין... לערשיה ולקסמיה ישמקון כי הגוים האלה... אל המעננים ואל הקסמים ישמעו** - דב יח 13. **אנית מצרים השדכת ביד קסמיה כינה מתחרבה ביד קשיטיה אם מצרים שקטה ע״י הקוסמים, הרי היא נחרבת ע״י הצדיקים** - ת״מ 265ב. **והצטמתו חרשיה וקסמיה וקעמו במרטוש רב והתכנסו המנחשים וכל הקוסמים במצוקה גדולה** - אס 15א.

**פעל נקב בשם** לכישוף **to pronounce the name of God** for sorcery ? **ומקסם שם יהוה** קטל יקטל *$M_2$ECA (=המליץ 588, נ״א וכרז) ונקב שם יהוה מות יומת one who pronounces - the name YHWH shall be put to death ויק כד 16 [תפס נקב לשם כישוף או השבעה. השי׳ قسم = נשבע].

**אֶתְפַּעַל ניקב בשם to be specified by**

name ונסב משה... ית גבריה דהקסמו בשמהן
M₂* (נ״א דכרזו, דהתהגו, דאתפרשו) ויקח
משה... את האנשים האלה אשר נקבו בשמות
Moses... took the men, who were designated
by name - במ א 17 [ואולי הוא דרוש: האנשים אשר
עלו שמותיהם בדרך מאגית. *Midr.: those whose*
*names were specified by magic.*]

**קסום** ש״ע ז *n. m.* qiṭṭūl **נקיבת שם האל**
**pronouncing of the name of God** כגיורה
כיצובה בקסומה שמה יתקטל M₂ECA* (נ״א
בכרזה, במכרזה) כגר כאזרח בנקבו השם יומת
citizen or sojourner, by his pronouncing the
Name, shall be put to death - ויק כד 16.

**קסם** ש״ע ז *n. m.* **כישוף witchcraft** הלא לא
נחש ביעקב ולא קסם בישראל there is no
divination in Jacob, no witchcraft in Israel - במ
כג 23. וקסמיון באדיון וקסמיהם בידם - במ כב
7. דבידון רזה דקסמין שבידיהם (משה ואהרן)
סוד הקסמים - ת״מ 29א. **ועמה חרשה בקסמיו**
דכוכבה דישראל סליק וראה המכשף שכוכבו
של ישראל עולה - אס 14ב.

†**קסם²** חלוקה **division** [<قسم - Lane 2988b]
**פעל חילק to divide** וקסם עליון לילי M₄
he divided his (נ״א ופלג) ויחלק עליהם לילה
forces against them by night - בר יד 15 [נ״ש
wyēllaq - קל. התה״ע: وقسم]. וקסם ית ילידיה
M₃* ויחץ את הילדים he divided the children -
בר לג 1 [התה״ע: وقسم].

†**קעע** שבירה וקלקול ? **breaking**
**קל נקע to be strained** וקעת כף ירך יעקב
בגשושה עמה E (נ״א ופקעת, ואקבעת) ותקע
כף רגל יעקב... so the socket of (Jacob's) hip
was strained as he wrestled with him - בר לב 26
[=המליץ 584. מי״ל: וזעזע].

**קעקע** ש״ע ז *n. m.* **ניקוב העור ? incision**
(נ״א B וכתב קעקע לא תתנון בכון (tattoo)
קביע, קבעין) וכתבת קעקע לא תתנו בכם
- , incise tattoos on yourselves... you shall not
ויק יט 28 [ע״ע קבע = נעץ].

†**קעק** [עירוב של קרא ושל זעק. *Blend of* **calling**

[*qr*ʾ *and z*ʿ*q*
**קל קרא to name** וקעק שם בירה עצו E -
בר כו 20. וקעק שמה אעשדה E - בר כו 21.
וקעק שמה נפושה E - בר כו 22.

†**קפד** בעל חיים **an animal** [ס קופדא = קיפוד -
טלשיר 236. ע״ע קנפד] LS 682a.

**קפד** ש״ע ז *n. m.* **קיפוד porcupine** ולטאיתה
וקפדה וכושתה (VNA וקופידה) והלטאה
והחמט והתנשמת - ויק יא 30 (המליץ 613: קופידה
= התנשמת. המליץ 471: קפודה = החמוט).

†**קפוס** אבל **mourning** [< κοπετός = אבל, מן
κόπτομαι .LSJ *s.v.*]

**קפוס** ש״ע *n.* **אבל grief** ותיעתון ית סנכלותי
בקפוס סרדופה A (נ״א בגנו) והורדתם את
שיבתי ביגון שאולה you will send my white
head down to Sheol in grief - בר מב 38 [התרגום
משובש מאוד בכ״י זה. *Very corrupt passage.*]

†**קפוף** בעל חיים **an animal** [א״י וית קיפופה =
ואת הינשוף - נ ויק יא 17. טלשיר: עוף דורס לילי - 64,
197, 263]

**קפוף** ש״ע ז *n. m.* **בעל חיים an animal** וית
צדיה וית קיפופה A) קפופה, וכן VN כנגד
הכוס. E קפופה כנגד התנשמת בפס 18 = המליץ 613)
ואת הכוס ואת השלך ואת הינשוף - ויק יא 17.
דב יד 16 (י׳ תלויה. EC קפופה כנגד התנשמת).

†**קפט** ? [ע קפד, לשון קיצור - ב״י 6057א. ס קפד =
κοπάδιον = כיווץ - PSm 3687a. אולי הוא מן קופד
נתח (בשר) - Krauss 516a. ונתייחד להוראת מיעוט.
השי׳ קרץ 2 - DJPA 507a. כהן: שיבוש מן קטע ? -
ZSp 159]

**קפט** ש״ע *n.* **מעט few** דה עבדו סבו מן ספלפות
ארעה בכליכון והיעתו לנסיאה שליחה קפט
קטף וקפט דבש שעף ולטום קחו מזמרת הארץ
בכליכם מעט צרי ומעט דבש נכאת ולוט take
some of the choice products of the land in your
baggage, and carry them down as a gift for the
man: some balm and some honey, gum and
myrhh - בר מג 11 [תרגום הפסוק משובש מאוד *Very*
*corrupt passage*].

†**קפטאי** שם ייחוס: קופטים *gent. n.* **Copts** [ע״ע

גיבטאי]

**קפטאי** ש״י .gent. n וקם פרעה וצמת אכלסין רברבין מן קפטאי וקם פרעה ואסף המונים רבים מן הקופטים - אס 14א

**קפי**† קרישה וקיפאון **congelation** [עואנ״ש ה, 2.2.3. **א״י** קפון תהומיא - **קת״ג** שמ טו 8. **ע** בשר הקדש שקרם עליו הקופה - ירוש חלה נט ע״ד. טל, ספר מלמד 260]

**קל קפא** פע״ע .congeal intrans **to** קפאה תהומה בלבה דימה VBA) קרשו, C קפאו תהומין) קפאו תהמות בלב ים the depths מובא .8 שמ טו - congealed in the heart of the sea גם בת״מ 56א.

**אפעל הקפיא** פע״י .freeze trans **to** קפאו תהומיה בלבה דימה הך דהוה ברדה מקפע לון בבראה ״קפאו תהמות״(שמ טו 8) כמו שהברד היה מקפיא אותם (את המצרים) בשדה "the depths congealed…" (Ex 15:8), just as the hail froze them in the fields - ת״מ 56א. וכל עבדיו מרגשין מקפעין מיתין מרב דחלה וכל עבדיו (של פרעה) נרגשים, קפואים, מתים מרוב פחד - ת״מ 25ב [בינוני פעול .pass. pt].

**קפאיה** ש״ע נ .f .n **קרום הרקיע** **the firmament** ואמר אלהה הוה קפאיה במיסון מיה E)A) (נ״א רקיע) ...יהי רקיע בתוך המים and God said, let there be a firmament in the midst of the waters - בר א 6. **ועבד אלהה ית** קפאיה ואפרש בין מיה דמכתי לקפאיה ובין מיה דמלעל לקפאיה E)A) (נ״א רקיע) ויעש אלהים את הרקיע ויבדל בין המים אשר מתחת לרקיע ובין המים אשר מעל לרקיע - בר א 7. וזעק אלהה לקפאיה שומיה E)A) ויקרא אלהים לרקיע שמים - בר א 8.

**קפל**[1]† הרחקה והסרה **removal** [**א״י** אתו עלאי ורוחין וקפלוה מני - איכ״ר לפרק א 16 - Bodl MS .Seld sup. 102, f. 149v. השי ירוש ברכות ה ע״א: וחטפוניה מן ידי - שי״ג 9. **סוא״י** והיך די עטפתה די תיקבל יתהון = כבגדים אשר תסיר אותם - אל העבריים (PalLect 23 12 א, נ״א את [ק]פל - SchGr 79]

**קל 1 סר** פע״ע .depart intrans **to** עם נהרה דשמשה דקפל מן עלמה adqâfâl עם אור השמש שסר מן העולם the light of the sun that departs from the world - א״ד ג 8. **דרגזה יקפלי שיסור** הכעס let the anger depart - א״ג 61 [היו״ד הסופית למען החרוז. .The final yod completes the rhyme] **קפיל קדשה דשבתה** qēfəl סרה קדושת השבת - ננה 21. **ועכרה מסלקה ורשותה קפילה והחשך** מסולק והרשעות מוסרת - ע״ד ט 40-41. **ויקפל** חשכה A (נ״א ואפסק, ויפסק) וימש החשך - שמ י 21. **ואזון יתך תמן... דלא תקפל** m (נ״א תחרב, תתערב, תיבד, תסתפי) פן תורש - בר מה 11 [נתכוון תוסר מן החיים]. **2**

**הרחיק** פע״י .remove trans **to** לא תקפל רחמיך מן פרושי כפים tiqfâl לא תסיר רחמיך ממתפללים do not remove Your mercy from those who pray - ע״ד כח 45. **ויקפל ענן חשכה** ולחצה דפרס עלויכון ויסיר (אלהים) את ענן החושך ואת הלחץ הפרוס עליכם - ע״ש ד 45. דמי לבוצין מניר קמינן וקפל כל חשך דומה לנר מאיר ומרחיק כל חושך - ת״מ 150א.

**קפל**[2]† נעילה וסגירה **locking** [**ע** שרשרת של קופלאות - תוס כלים ב״מ ב ג. **ס** קופלא = מנעול - LS 683b]

**פעל נעל** **to lock** וית לוטה קפלו A (נ״א צנקו, אחדו) ואת הדלת סגרו they locked the door - בר יט 10. **ופליקה קבלו בתרה** A (נ״א צנקו, אחדו) ואת הדלת סגרו אחריו - בר יט 6. ויתן לי ית מערת מקפלה $^*M_2$ (נ״א מכפלה) את מערת המכפלה - בר כג 9 [דרוש: נעולה על האבות :midr.: the cavern that locks the father's remains]. וקפלו רפוס בשבילה A (נ״א וירענה) וקרהו אסון בדרך if a disaster locks him on the journey - בר מב 38 [מסופק .Dub].

**קפלוס**† שם מקום: (pr. n. (place

**קפלוס** ש״פ ושם נהרה תליתה קפלוסה ושם הנהר השלישי הדקל - בר ב 14.

**קפצה**† אוצר **treasure** [ע״י מטונימיה של capsa (Lew-Sh 288a, cf. Krauss 517b) (meton.). **א״י** סבו ית סיפרא דאורייתא הדא ותשוון יתיה בקופסא - **מי״ל** דב לו 26]

**קפצה** ש״ע נ .f .n **מטמון** **treasure** אלהכון... יהב לכון קפצה בטעוניכון A (נ״א טמירה, טמיראן = המליץ 513) אלהיכם... נתן לכן מטמון באמתחתיכם your God… must have put a treasure in your bags - בר מג 23 [בהוראה מצומצמת:

דברי ערך שבתיבה].

†**קפר** מדבר **wilderness** [> قفر, - Dozy II, 391a. השי' ZSp 152; טל ג, עה]

**קפר** ש״ע ז .*n. m* **מדבר wilderness** שביל קפר ים סוף A דרך מדבר ים סוף by way of the wilderness at the Sea of Reeds - שמ יג 18. קפר שור A מדבר שור - שמ טו 22. קפר סין A מדבר סין - שמ טז 1, יז 1. קפר סיני A - שמ יט 1, 2; ויק ז 38; במ א 1, ג 4, ט 1, 5, י 12, כו 64. מקפר פראן A - במ יג 3, 26. קפר צין A - במ יג 21, כ 1, כז 14. בקפר (!) הדן לוי מתנן A - במ יד 2. ושרו... בקפר דעל אפי מואב A - במ כא 11. ואתפנה לקפר אפיו A וישת אל המדבר פניו - במ כד 1. אבינן מת בקפר A - במ כז 3. הוא ענה דאשקח ית לושיה בקפרה A הוא ענה אשר מצא את האימים במדבר - בר לו 24. ניזל שבי שביל תלתה ימים בקפרה A נלכה נא דרך שלשת ימים במדבר - שמ ג 18 ובדומה לו ה 3, ח 23. שגר ית עמי וישמשני בקפרה A שלח את עמי ויעבדני במדבר - שמ ז 16. דבאסטאר קפרה A - שמ יג 20. מצטנק עלוין קפרה A סגר עליהם המדבר - שמ יד 3. דומה לו ת״מ 54א. נסבתנן למחוה בקפרהA לקחתנו למות במדבר - שמ יד 11. מן מותן בקפרה A ממותנו במדבר - שמ יד 20. אפקתנן ליד קפרה הדן A - שמ טז 3. על אפי קפרה A - שמ טז 14. לות משה בקפרה A - שמ יח 5. ומקפרה סעד נהרה A - שמ כג 31. למטלק יתה לעזאזל קפרהA - ויק טז 10. אתפנו ונטלו לוכון לקפרהA - במ יד 25. למשתיאצה בקפרה A - במ כא 5.

**קפיר** ש״ע ז .*n. m* **מדבר wilderness** וישגר באד גבר עתיד קפיר A ושלח ביד איש עתי המדברה it shall be sent off to the wilderness through a designated man - ויק טז 21.

†**קפש**[1] מעשה קליעה ? **plait** [ע אי זהו איחוי, כאריג. הסולם והקפש אין מעכבין - ירוש מו״ק פג ע״ד (סוף)]

**קפוש** ש״ע ז qiṭṭūl .*n. m* **לבוש העמוד** בקלעי החצר **plaited band** for the pillars of the curtains ופריחי עמודיה וקפושיהון $^*M_2$ (נ״א ולבושיון, וכבושיהון) ווי העמודים וחשוקיהם the hooks and bands of the posts - שמ לח 10, 11, 12 [כמין מקלעות לעמודים ? התה״ע وطلاها = וציפוים].

†**קפש**[2] חטיפה וטריפה **tearing** [ע מעשה וקפשה זקן זר - **מש** חלה ב ה. **ס** קפש = טרף - LS 686a]

**קל טרף** בינוני פעול .*pass. pt* **to tear** והא טרפי זית קפיש בפמה A (נ״א עטיף) והנה עלה זית טרף בפיה in its bill was a plucked-off olive leaf - בר ח 11. וכל נפשה דתטלק נאדה וקפישה... ויסתב עד רמשה $^*M_1$ (נ״א חטיפה, קטילה) וכל הנפש אשר תאכל נבלה וטרפה... any person, who flays a carcass or a torn (animal)..., shall be unclean until evening - ויק יז 15 (=המליץ 475).

**אֶתְפְּעֵל נחטף to be torn** אם קפישה אקפש ינדי סהד קפישותה A (נ״א עטוף יתעטף) אם טרף יטרף יביא עד הטרפה if it was torn, he shall bring the evidence of the tearing - שמ כב 12.

**קפישה** שפ״ע .*v. n* **טריפה tearing** אם קפישה אקפש A (נ״א עטוף) אם טרף יטרף - שמ כב 12.

**קפישו** ש״ע נ .*n. f* **טריפה tearing** ינדי סהד קפישותהA יביא עד הטרפה - שמ כב 12.

†**קפתול** רום, גובה **height** [> capitulum - ZSp 111.]

**קפתול** ש״ע ז .*n. m* **רום height** ותלתין אמה קפתולה(E)A (נ״א רומה) ושלשים אמה קומתו its height shall be thirteen cubits - בר ו 15.

†**קפתקיה** שם מקום [הוא Cappadocia] .*pr. n* *(place)*

**קפתקאי** ש״י .*gent. n* קפתקאי דנפקו מקפתקיםכפתרים היצאים מכפתר - דב ב 23.

**קפתקים** ש״פ [הרבוי גזור משם הייחוס] קפתקאי דנפקו מקפתקים כפתרים היצאים מכפתר - דב ב 23.

†**קצב** גזירה וכריתה **cutting up** [ע נוטלין את העלי לקצב עליו בשר - **מש** ביצה א ה. טבח שהוא מקצב - ירוש מכות לא ע״ג. **ס** קצבא - LS 687a]

**פעל כרת, ביתר to cut up** ונסב לה ית כל

אלין וקצב יתון קצ[וב]m ויהב גברה ית קצובה $M_2$ לאטעות עברה וית עופיה לא קצב $M_2$ (נ״א ופסק... פסקה... פסק) ויקח לו את כל אלה ויבתר אתם בתוך ויתן איש את בתרו לקראת רעהו ואת העוף לא בתר (Abram) brought Him all these and cut them up, placing each piece opposite the other; but he did not cut up the bird - בר טו 10.

**קצוב** ש״ע ז qiṭṭūl *n. m.* **piece ביתור** ויהב גברה ית קצובה לאטעות עברה $M_2$ ויתן איש את בתרו לקראת רעהו - בר טו 10.

**קצע**[†] גזירה וכריתה **cutting off** [א״י דקצעתיה = שגזרתו - ויק״ר קלה. **ס** קצעא = שבירה - BB 1827]

**קל גזר** בינוני פעול *pass. pt.* **cut off** ומעיס וסריף וקציע... לא תקרבון $M_2B$* (נ״א וקצי, ונתיק) ומעוך וכתות ונתוק... לא תקריבו (with its testes) crushed or inflammed or cut off... you shall not offer - ויק כב 24.

**פעל גזר** בינוני פעול *pass. pt.* **to remove** אה קהלה הדבקו בדן יומה... יומה דבה פנותה מקצעה מן עלמה הוי הקהל, דבקו ביום הזה... ביום שתיכרת פנותה מן העולם O congregation, cling to this day..., the day when Disfavor will be removed from the world - ת״מ 291א [אבל ראה זב״ח על אתר].

**קצף** רוגז **anger** [א״י אף וחימה וקצף (שמות מלאכי חבלה) - **מי״ל** דב ט 19. **ס** קצף = רוגז - LS 687b]

**קל 1 כעס to be angry** ראשיכון לא תפרעון... ולא תמותון ועל כל כנשתה יקצף (נ״א ירגז) ...ועל כל העדה יקצף do not bare your heads..., lest you die and anger strike the whole community - ויק י 6. **אלית נהי אלפים**... כלה קצף עלינן אם לא נהיה לומדים... הכול יהיה קוצף עלינו - ת״מ 185ב. **2 העז פניו to dare** קצפו למסק לריש טורה B (נ״א ועצפו) ויעפלו לעלות אל ראש ההר - במ יד 44 [אפשר שהוא ט״ס מחילופי ק/ע. *Corr.*].

**פעל הרגיז to anger** ולא תתנשי ית דקצפת ית יהוה A (נ״א דארגזת) ואל תשכח את אשר הקצפת את יהוה do not forget how you angered the Lord - דב ט 7.

**קצף** ש״ע ז *n. m.* **רוגז wrath** ועל כל כנשתה יי קצף NB ועל כל העדה יהיה קצף lest wrath

ולואי - ויק י 6. come upon all the congregation ישרון סאר למשכן סעדואתה ולא יהי קצף (נ״א רגז) והלוים יחנו סביב משכן VNMEB העדות ולא יהיה קצף - במ א 53. **ולא יהי עוד** קצף על בני ישראל NMB (נ״א רגז) - במ יח 5. בניו דהם בקצף רב וקשי בני חם ברוגז רב וקשה - ת״מ 247ב.

**קצץ** חידלון וכלייה, סוף; גזירה וכריתה **ceasing, interruption, end** [מתחלף אם קצר (ע״ע). **א״י** ותקצץ ית טופרייה - **נ** דב כא 12. *Interchanges with* *qṣr, qwṣ q. v.*; פסיקה **stipulation** [א״י קוץ כען אגרך - **נ** בר ל 28. **סוא״י** וכול קציצתך וכול מא דאן תקוצון = וכל נדריך אשר תדר - דב יב 17]

**קל** עבר: קץ - בר יח 11. עתיד: יקץ - דב טו 11 (=המליץ 461). ציווי: קץ - שמ יד 12 (נ״א קוץ). פעול: קציצים - ת״מ 239א. מקור: מקץ - דב יט 5 VB. **פעל** עתיד: ותקצץ (נוכח) - דב כה 12 V. מקור: מקצץ - דב יט 5 EC. **אפעל** עבר: ואקצת - במ כא 4. עתיד: ואקץ - במ יז 20. ציווי: ואקץ - שמ יח 22. **אתפעל** עבר: ואקצץ - ת״מ 269ב. **קץ** - בר ו 13. **קצה** - ת״מ 306ב. **קצוץ** - דב כ 19 (=המליץ 443).

**קל א** פע״ע *intrans.* **1 פסק to cease** קץ למהי לשרה שביל כנשיה ($m_2$ פסק) חדל להיות לשרה ארח כנשים Sarah ceased having the periods of women - בר יח 11. **עד הלא קץ לממני** ($M_2$ דפסק, A אקטע) עד כי חדל לספר until he ceased to measure it - בר מא 49. **וז קץ גזרה** ביום השביעי פסקה הגזרה (המבול) - אס 7א. וחזה פרעה הלא קץ ברדה (A אקטע) וירא פרעה כי חדל הברד - שמ ט 34. **הלא לא יקץ** מסכינה מבגו ארעה כי לא יחדל האביון מקרב הארץ - דב טו 11. **וקצו** (שומיה וארעה) ויכלו (השמים והארץ) - המליץ 486 [מן בר ב 1. ליתא]. **2 נמנע מלעשות to refrain from doing** וקצו למבני ית קרתה (A וקטעו) ויחדלו לבנות את העיר they stopped building the city - בר יא 8. קץ ני מנן (N קוץ) חדל נא ממנו - שמ יד 12, ו 9א (*$M_2$ קוץ). מובא גם בת״מ 214ב. **ותקץ מן** משבק לה וחדלת מעזב לו - שמ כג 5. **3 חסר to lack** ודאזער לא קץ B (נ״א חסר, בצר) והממעיט לא חסר and he who had gathered little was not lacking - שמ טז 18. **(לא) קצת** (ממלל) (לא) חסרת (דבר) - המליץ 463 [מן דב ב 7. ליתא]. (מאן) יקצון ($M_1$* יקצרון, נ״א יחסרון,

**קץ** ש״ע ז .n. m [א״י קץ ברכתא - **נ** בר מט 1] **1 סוף end** קץ כל בסר על לקדמי קץ כל בשר בא לפני - I have decided on the end of all flesh - בר ו 13. מקץ שלש שנים E (נ״א מסכום) מקץ שלש שנים - at the end of (every) three years - דב יד 28 [עברית H]. **2 כלי כריתה axe** ותטעי אדה בקצה למעקר עאה VB ונדח ידו בגרזן לכרת העץ his hand swings the axe to cut down a tree - דב יט 5.

**קצה** ש״ע נ .n. f **פרשה בתורה** לפי חלוקת השומרונים **pericope**(*according to Sam. practice*) כל קצה דאתעבד לה שרוי כל קיצה שיש לה התחלה - every pericope that has a beginning - ת״מ 306ב. ודעו למה לא אתעבדת שרוי קצה ודעו למה לא נעשתה (האות נ) ראשית קיצה - ת״מ 290א. הודע... משה בנביותו בקצת אז ישר הודיע... משה בנבואתו בקיצת "אז ישר" (שמ טו) - ת״מ 263ב. לא יהי לי בריש קצין דכרן לא יהיה לי זכר בראשי הקיצות - ת״מ 286א.

**קצוץ** ש״ע ז .qāṭōl n. m **גרזן axe** ותטעי אדה בקצוצה למקטע קיצמה ונדח ידו בגרזן לכרת העץ his hand swings the axe to cut down a tree - דב יט 5. למגעזה עליו קצוץ לנדח עליו גרזן - דב כ 19.

**קצר**† קיצור, מיעוט **shortening, lessening** [שאול מן העברית. עפ״ר נתון בביטויים מן התורה. H .*loan, frequent in quotations from the Torah* **א״י** אתקצרו שעיי (!) דיומא - **נ** בר כח 9. **סוא״י** ואלו לא דקצרו הליך יומיא - מתי כד 22]

**קל** עבר: קצר - ת״מ 64א. וקצרת - במ כא 4 N. עתיד: תקצר - במ יא 23. בינוני: קציר - ת״מ 282א. **אֶתְפְּעֵל** עבר: ואקצרת - במ כא 4 (קל?). בינוני פעול: ומקצרה - ת״מ 250א. **קצור** (נסמך) qiṭṭūl - שמ ו E9. **קציר** - שמ כג 16. **קצירו** - ת״מ (ק) 38א. **קצירן** - ת״מ (ק) 70ב. **קצר** (נסמך) - שמ ו 9 (=המליץ 583).

**קל א** פע״ע .intrans **1 היה קצר רוח** בהשאלה, עם ׳נפש׳ *fig., with ‘soul’* **to be impatient** וקצרת נפש עמה באורעה N (נ״א ואקצרת) ותקצר נפש העם בדרך the people became impatient - on the way - במ כא 4. **2 היה רפה** בהשאלה **to** **be powerless** *fig.* האד יהוה תקצר is the Lord powerless? - במ יא 23. מובא גם בת״מ 246ב.

**3 חדל** ע״ע קצץ המתחלף עמו **to cease** כעסוני באבליהם עשרה זבנים ולא קצרו "כיעסוני..." (דב לב 21) עשר פעמים ולא חדלו "they vexed

יתחסרון) אולי יחסרון - המליץ 463 [מן בר יח 28. ליתא]. **ב** פע״י .trans **כרת to cut** וקצו מתמן נבזה MB וקטעו (VJECA) ויכרתו משם זמורה - they cut down a branch - במ יג 23. לוד אילן דתחכם הלא לא אילן מיכל הו יתה תחבל ותקץ V(B ותעקר, JEC ותקטע)...אתו תשחית וכרת - דב כ 20 [**נ** ותקצון]. ותקץ ית כפה (V EC ותקצץ, J ותקטע) וקצת את כפה - דב כה 12. וכפיון קציצים - ת״מ 239א.

**מקץ** ודייעל עם עברה בחורשה למקץ עאין VB (EC למקצץ, J למקטע) ואשר יבוא עם רעהו ביער לחטב עצים - דב יט 5 [**נ** למיקוץ].

**פעל כרת to cut** ותקצץ ית כפה V וקצת את כפה - you shall cut off her hand - דב כה 12. ואטליון תקצצון $M_2$* (נ״א תקטעון, תעקרון) ואשריהם תכרתו - דב ז 5 (=אונקלוס O). לא נקצץ מן רבי הלא אם שלם כספה m (V נקטע, נ״א נבהת) לא נכחד מאדני כי אם תם הכסף - בר מז 18 [שאילת משמעות מן قطع *Calque of*].

**מקצץ** למקצץ קיצמים EC לחטב עצים - דב יט 5.

**אפעל חיסל** פע״י .trans **to bring to an end** צלי אל יהוה יקץ אהן ברדה העתר אל יהוה (ש)יפסיק את הברד הזה pray to the Lord that - He stops this hail - ת״מ 36א. ואקץ מן עלי את רניני בני ישראל (נ״א ואשדך) והשכתי מעלי... - במ יז 20 [פירש: ואפסיק]. ואקץ מן עליך ויסבלון עמך E(N ואקל, נ״א וקלל) והקל מעליך ונשאו אתך - שמ יח 22 [אם אינו ט״ס מן ואקל, הרי הוא פירוש: חסל ממך את המשא]. ואקץ (יתון כעטף) ואכלה (אתם כרגע) - המליץ 486 [מן במ טז 21, יז 10. ליתא]. **2 היה קצר רוח** בהשאלה, עם ׳נפש׳ **to be impatient** *fig., with npš, ‘soul’.* ואקצת נפש עמה בשבילה A (נ״א ואקצרת) ותקצר נפש העם בדרך the people became impatient - on the way - במ כא 4.

**אֶתְפָּעַל נכרת to be cut off** רב הוא אילנה דאנצב לגו ארע מצרים ואקלע לגו מדברה ואקצץ בטור נבא גדול הוא האילן שניטע בארץ מצרים וגדל במדבר ונכרת בהר נבו (משה) great is the tree (Moses) which was planted in the land of Egypt and grew up in the desert and - was cut off on Mount Nebo - ת״מ 269ב.

Me with their futilities" (Dt 32:21) ten times - ת״מ 212א [זב״ח הע׳ 5 המשווה and did not stop עם قصر عن]. לא קצרתון באהן מימרה לא חדלתם במאמר זה - ת״מ 273א [=לא הייתם חדלי שכל]. לא ‹קצרו› במה דעבדו לון לא חדלו (ממעשה) במה שעשו להם - ת״מ 221א [זב״ח הע׳

1]. **4 חסר** to lack מאן יקצרון תמן חמישתי זכאי חמשה $M_1$* (נ״א יחסרון, המליץ 463 יקצון) אולי יחסרו חמשים הצדיקים חמשה what if the fifty righteous should lack five? - בר יח 28.

**ב** פע״י *trans.* **קצר תבואה** ע״ע חצד to reap מן זרע בישאן קצר כובין מי שזרע רעות קצר קוצים - he who sowed evils harvested thorns ת״מ 64ב. לדזרע הוה קציר את אשר זרע היה קוצר - ת״מ 282א.

**אֶתְפְּעֶל 1 היה קצר רוח** בהשאלה, עם ׳נפש׳ to be impatient *fig., with 'soul'*. **ואקצרת נפש** עמה באורעה ותקצר נפש העם בדרך the people became impatient on the way - במ כא 4.

**2 נמנע** to be denied ולינִי עלל ליד ארעה טבתה ומקצרה הוא מני לא אבוא אל הארץ הטובה ומנועה היא ממני I will not enter the good land; it is denied me - ת״מ 250א.

**קצור** ש״ע ז qiṭṭūl *n. m.* **קוצר רוח** shortness *fig.* ולא שמעו למשה מקצור רוח E ולא שמעו למשה מקצר רוח, they did not listen to Moses, because of their broken spirit - שמ ו 9.

**קציר** ש״ע ז שרבוב מן העברית *interp.* H *n. m.*

**קציר harvest** וחג הקציר בכירי עובדיך E (נ״א וחג חצאדה) וחג הקציר... the feast of harvest, of the first fruits of your labor - שמ כג 16.

**קצירו** ש״ע נ *n. f.* **חוסר יכולת** בנוי בזיקה אל ״היד יהוה תקצר״ (במ יא 23) impotence *following* Num 11:23 ואן בלש בכן יגלי יכלות אדה מעמי אנה קצירות אדה אם ביקש (הרשע) להראות יכולתו, אני אראה את קוצר ידו if he (the wicked) seeks to show his power, I shall show his weakness - ת״מ 163ב. הן ביכלו אי בקצירו אם ביכולת, אם בקוצר יד - ת״מ (ק) 38א [לשון חסרה].

**קצירן** ש״ע ז *n. m.* **סוג של הנגנה של טקסט** cantillation [עומד בראשו בת״מ ע׳ הערות זב״ח בעמ׳ 242] קצירן. אה אמדינה כהלה רבו... - ת״מ (ק) 70ב. קצירן. כלה בה עביד - ת״מ (ק) 74א.

**קצר** ש״ע ז *n. m.* **קוצר רוח** shortness *fig.* מקצר רוח ומן עבדה קשיה מקצר רוח... because of their broken spirit - שמ ו 9.

**קקלס**[†] encircling הקפה [‹ κύκλος = מעגל, מגן - LSJ 1007]

**קקלס** ש״ת *adj.* **מוקף** encircled ושבה ית שמשהתה וית ילידיהון קדמאהין וית לאה ואולדיה בתרון וית רחל וית יוסף קקלסין A וישם את השפחות ואת ילדיהן ראשונה ואת לאה וילדיה אחרנים ואת רחל ואת יוסף מוקפים (Jacob) put the maids with their children in front, then Leah with her children, and Rachel and Joseph encircled - בר לג 2 [פירוש הטקסט. היות וכבר לאה וילדיה אחרונים, ואין אחרון אחרי אחרון, הציע את יוסף ואת רחל כבתוך מעגל להגנה. *Int.:intended to avoid two consecutive "last" groups*.]

**קרב**[1] נגיעה וגישה reach, approach [א״י וקרב לוותיה - נ בר מח 13. סוא|״י ולא תקרבון לה - בר ג 3] ← קרבן offering; מלחמה war [א״י עבדי קרב מן טליותיהון - נ בר מט 5]

**קל** עבר: קרב - בר כ 4 (=המליץ 582). עתיד: יקרב - במ יח 4. ציווי: קרב qērâb - מ טז 160. בינוני: קרב qârâb - מ ב 20. מקור: מקרב - בר כ 6. **פעל** עבר: וקרב - במ מח MCB 10. עתיד: ויקרב wyēqarrəb - ע״ש ד 34. **אפעל** עבר: ואקרב - ויק ח 6. עתיד: יקרב - ויק א 10. ציווי: אקרב - במ ג 6. בינוני: מקרב - ויק כא 8. מקור: מקרבה - ויק כא 21. **אֶתְפְּעֶל** עבר: אתקרב - ת״מ 182א. עתיד: יתקרב - שמ יב 48. ציווי: אתקרב - שמ כ 15 A (=המליץ 585). בינוני: דמתקרב admitqârrâb - ע״ד כח 33. מקור: ולמתקרבה - דב יא 22. **אקרב** הקרבון (+נסתרים) - ויק ז 35 $M_1$*. **אקרבו** אקרבותה - ויק ז 16. **מקרבו** - במקרבותון - במ ד 19 B. **מקרוב** maqrob - מ כא 23. **מתקרבה** mitqarrēba - מ ג 56. **קרב** qērâb - מ ה 82. **קרבה** בקרבה afqirbå - ע״ד ד 11. **קרבו** בקרבותון - במ ג 4 CA. **קרבן** qârâbân - ע״ד יט 32. **קרוב** בקרובון qiṭṭūl - ויק טז 1. **קרוב** קרוב qāṭōl - ע״ד ד 23. **קריב** qarrəb - מ יג 65. **תקרבה** qārob תקרבאתה - בר מג 25 A. **תקרובה** - בר מג 11 m (=אונקלוס O).

**קל א** פעל יוצא *trans.* **1 נגע** to touch, reach וכל דיקרב בה מסבה יסתב וכל אשר יגע בו הטמא יטמא whatever the unclean person touches shall be unclean - במ יט 22. כל דקרב בטברה קטל יתקטל כל הנגע בהר מות יומת - שמ יט 12. חילך רבה סביל כהלון דלא קרב לון כוחך הגדול נושא את כולם ואינו נוגע בהם -

מ ב 20-19. **2 קרב אל אישה to have sexual intercourse** אל תקרבון לות אתה do not go near a woman - שמ יט 15. ואזל תרח וקרב לאתתה וכד קרב לה אסתלק סימנה והלך תרח וקרב אל אשתו וכשקרב אליה נסתלק הסימן - אס 10א. ואבימלך לא קרב לותה ואבימלך לא קרב אליה - בר כ 4. **3 פגע to harm** וקרב בכף ירכה ויגע בכף ירכו he harmed Jacob's hip - בר לב 26 וביו״ב 33. דקרב בגברה הדן ובאתתה קטל יתקטל הנגע באיש זה ובאשתו whoever harms this man or his wife shall be put to death - בר כו 11. **ב** פע״ע מביע תנועה *intrans., expressing movement* **ניגש, קרב to approach** ובראי לא יקרב לידכון וזר לא יקרב אליכם but no outsider shall approach you - במ יח 4. כד תקרב אל קריה למגחה עליה כי תקרב אל עיר להלחם בה - דב כ 10. לית בראי יכל יקרב - ת״מ 289ב. קרב אתה ושמע - מ טז 16 ע״פ דב ה 23. חילך רבה סביל כהלון דלא קרב לון כוחך הגדול נושא כולם ואינו קרב אליהם - מ ב 20-19.

**מקרב 1 נגיעה touch** על כן לא יהבתך למקרב לותה על כן לא נתתיך לנגע אליה therefore I did not let you touch her - בר כ 6. **2 קרבן offering** למה נתבצר לדלא מקרב ית קרבן יהוה למה נגרע לבלתי הקריב את קרבן יהוה why are we kept from offering the Lord's offering - במ ט 7.

**פעל קירב to bring near** וקרב יתון לידה MCB (נ״א וקדם) ויגש אתם אליו Joseph brought them near him - בר מח 10. ואקרב יתכון לי לעם m (נ״א ואסב) ולקחתי אתכם לי לעם - שמ ו 7. ויקרב רחמיכון ויאמן יראתיכון יקרב את אוהביכם ויתן ביטחון לאמונתכם - ע״ש ד 34 [ע׳ זב״ח שם].

**אפעל א** פע״י *trans.* **1 הגיש to bring near** ואקרב משה ית אהרן וית בניו וסעו יתון במים ויקריב משה את אהרן... Moses brought Aaron and his sons, and washed them with water - ויק ח 6. ואקרב משה ית פשרונין לקדם יהוה ויקריב משה את משפטן... - במ כז 5. אקרב ית שבט לוי הקרב את מטה לוי - במ ג 6. **2 הקריב קרבן to offer as sacrifice** כד אקרב קרבנה when he offered his offering - ת״מ 263ב. לתרח אהל מועד יקרב יתה אל פתח אהל מועד יקריב אתו - ויק א 10. לחם אלהך הוא מקרב - ויק כא 8. ומקריבין לה ומקבל מנון - ע״ד יט 9-10. קטל בכורי דהוו מקרבין לשידים - ת״מ 47א. **ב** פע״ע *intrans.* **ניגש to come near, approach** [אפשר שהוא קל+אל״ף פרוסתטית או אֶתְפַּעַל] וישראל אקרב וצבע ליהוה וישראל ניגש וצעק אל יהוה Israel approached and called to the Lord - ת״מ 47א. והוה כמד הקרב למיעל למצרים - בר יב 11. ופרעה הקרב A אתקרב, VCB קרב) ופרעה הקריב aqrəb - שמ יד 10.

**מקרבה** מום בה לא יקדם למקרבה מום בו לא יגש להקריב - ויק כא 21. למקרבה ית קרבניון - ויק ז 38.

**אֶתְפַּעַל א** *intrans.* **1 ניגש to approach** ופרעה אתקרב A ופרעה הקריב Pharaoh approached - שמ יד 10. אתקרב את ושמק ית כל דיימר יהוה A (נ״א קרב) קרב אתה ושמע... - שמ כ 15 (דב ה 23). וטטה יתקרב למעבדה ויי ביצוב ארעה ואז יקרב לעשות את הפסח והיה כאזרח הארץ - שמ יב 48. וארתת לבה שריר ולא ‹יכל› יתקרב לידה ורעד לבו מאוד ולא ‹יכול› לגשת אליו (משה אל הנחש) - ת״מ 12א. **2 דבק to cling** ווילה למן חסכה וסט מן אורה ... ובה לא אתקרב אוי לו למי שחסר אותו (האל) וסטה מן הדרך ובו לא דבק - ת״מ 182א. ולמן נתקרב ועל מן נתרחץ ובמי נדבק ועל מי נבטח to whom shall we cling; whom shall we trust? - ת״מ 171ב. בקשטה אתלבבו ולה אתקרבו בקי׳ התחזקו ובו דבקו - ת״מ 117א. טוב דמתקרב בך אשרי הדבק בך - ע״ד כח 33. **3 היה קרוב to be near** לחמירה המתקרב לה... ולתלימתה בתולתה המתקרבה לה... יסתב A (נ״א דקריב... דקריבה) כי אם לשארו הקרוב לו... ולאחותו הבתולה הקרובה אליו - ויק כא 2-3. ויסב הוא ושריה המתקרב ליד ביתה A (נ״א דקריב) ולקח הוא ושכינו הקרוב אל ביתו let him share one with a neighbor who dwells near to his house - שמ יב 4. **ב** פע״י *trans.* **נגע to touch** [באה״ש המאוחרת *Late SA*] כל דיתקרב בהון יתקדש A (נ״א דיקרב) כל הנגע בהם יקדש whoever touches them shall become holy - ויק ו 11. ודמתקרב בבסר דהבה ירע רקעיו A (נ״א ודקרב) והנגע

בבשר הזב... - ויק טו 7. מנון נערק ובון לא נתקרב מהם נברח ובהם לא ניגע - ת״מ 210ב. ויתקרב (באתתה) - המליץ 444 [מן בר ב 24. ליתא. ע״ע קלץ]. **5 חייב קרבן** פועל גזור-שם מן קרבן *denom. from* M דנסיא יחטי... בשגו ואתקרב (נ״א וחיב, ואתחיב) אשר נשיא יחטא... בשגגה ואשם if a ruler sins, doing unwittingly, and is guilty (*i.e., is requested to offer)* - ויק ד 22. **6 נלחם to fight** פועל גזור-שם, מן קרב *denom.* *from qrb* בז אקרב מלך ערד עם ישראל ביום השבת נלחם מלך ערד עם ישראל on Sabbath the king of Arad fought with Israel - אס 16ב.

**מתקרבה** למרעם ית יהוה... ולמתקרבה בה (V ולמדבקה) לאהב את יהוה... ולדבקה בו - דב יא 22 (=המליץ 444). למתקרבה (לותה) לנגע (אליה) - המליץ 522 [מן בר כ 6. ליתא].

**אקרב**[†] ש״ע ז *n. m.* **הגשה bringing near** דה רבות אהרן ורבות בניו... ביום הקרבון למתכהנה *M$_1$ (נ״א אקרבותה יתון) ...ביום הקריבו אתם לכהן this is the consecration of Aaron and the consecration of his sons... on the day of bringing them near to serve as priests - ויק ז 35.

**אקרבו** ש״ע נ *n. f.* **1 גישה coming near** ולא יהי בבני ישראל נגוף בהקרבות בני ישראל לקדשה M ...בגשת בני ישראל אל הקדש so that no plague may afflict the Israelites for coming near the sanctuary - במ ח 19. **2 הגשה bringing near** ...ביום אקרבותה יתון לכהנה ...ביום הקריבו אתם לכהן ...on the day of bringing them near to serve as priests - ויק ז 35. **3 הקרבת קרבן offering** ביום אקרבותה ית דבחה on the day that of his offering his sacrifice - ויק ז 16. ומית נדב ואביהוא באקרבותון אש בראה NE ...בהקריבם אש זרה - במ ג 4.

**מקרבו**[†] ש״ע נ *n. f.* **גישה approach** ולא ימותון במקרבותון לקדש קדשיה B (נ״א במקרבון) בגשתם אל קדש הקדשים that they may not die in their approach to the most sacred objects - במ ד 19.

**מקרוב** ש״ע ז *n. m.* **1 גישה approaching** וידחלון מן מקרוב לידה ויפחדו מגשת אליו that they fear approaching him - מ כא 23. **אי** על מאנה די יתבת עליו במקרובה בה יסתב (NMB במקרבה) או על הכלי אשר היא ישבת עליו בנגעו בו יטמא - ויק טו 23. **2 נגיעה** במעמד המקור *as inf.* **touch** על כן לא יהבתיך למקרוב לותה A על כן לא נתתיך לנגע אליה therefore I did not let you touch her - בר כ 6. וכל דרעבנה לבה למקרוב לעביתה A וכל אשר נשאו לבו לקרב למלאכה - שמ לו 2. **3 דביקה clinging** ושבח למרך דאזהרך מן מקרובה אל בישהתה והלל את אדוניך אשר הזהירך מן הדביקה ברעות give praise to your Master who warned you from clinging to evil - ת״מ 158ב. זבן דטמאו גזרתה במקרוב ליד זנותה בעת שטימאו את המילה בדביקה בזנות at the time when they defiled the circumcision by clinging to adultery - ת״מ 310ב. **4 פגיעה harm** אן יפלא מנך ממלל לפשרון... בין דין לדין בין מקרוב למקרוב C (נ״א מכתש למכתש) כי יפלא ממך דבר למשפט... ובין דין לדין ובין נגע לנגע if a case is too remote for you to decide, be it a controversy over..., civil law, or harm, matters of dispute in your courts - דב יז 8.

**מתקרבה** ש״ע נ *n. f.* **גישה approach** נטורון דחייה בטובך מתקרבה שומר החיים, אל טובך ההתקרבות (שלנו) O, Guardian of Life, to your goodness is (our) approach - מ ג 6.

**קרב א** ש״ע ז *n. m.* **1 מלחמה, תגרה war, fight** דו דנצח כל קרב שהוא המנצח כל קרב He is the victor in every fight - מ ה 82. קל קרב במשריתה קול מלחמה במחנה there is a cry of war in the camp - שמ לב 17. נעבד עמון קרב נעשה עמם מלחמה - ת״מ 79א. אזדיאנו עלולי קרבה התכוננו כיוצאי המלחמה - אס 18ב. **2 קרביים womb** [עברית H] זה אלי דכונני בקרב יוכבד "this is my God" (Ex 15:2), who formed me in the womb of Jochebed - ת״מ 84א. **אזו** קרבי חמרמרו מעיי my entrails are burning (*i.e.*, my soul is troubled) - ת״מ 26א [אבל ראה הערת זב״ח שם]. **3 נגיעה touching** השתמרו לכון סלקין בטברה וקרב באיסטרה הישמרו לכם עלות בהר ונגע בקצהו beware of going up the mountain or touching the border of it - שמ יט 12. **ב** מ״י *prep.* [משורבבת מן העברית H *interp.*] **תוך midst** לבדיל יורך יומים על כרסי מלכותה... בקרב בני ישראל E (נ״א בגו) למען יאריך ימים... בקרב בני ישראל that he and his descendants may reign long in the midst of Israel - דב יז 20. שמה רבה בקרבי השם הגדול בקרבי - ת״מ 145ב (ולהלן שם: כי שמי בקרבו - עברית).

**קרבה א**[†] ש״ע נ .n. f **קרבה closeness** דבק ברחמיך אן ברחקה ואן בקרבה הושע ברחמיך אם במרחקים ואם בקרבה (=הרחוקים והקרובים) - ע״ד ד 11. **ב** שפ״ע .v. n **גישה approach** ובקרבתון למדבחה יסעון E (נ״א ובקרובון) ובקרבתם אל המזבח ירחצו - שמ מ 32. בקרבתון לקדם יהוה ומיתו MB (נ״א בקרובון) בקרבתם לפני יהוה וימתו - ויק טז 1.

**קרבו** ש״ע נ .n. f **1 גישה approach** ובקרבותון למדבחה יסעון MB ובקרבתם אל המזבח ירחצו - שמ מ 32 - in their approach to the altar. ולא ימותון בקרבותון לקדש קדשיה ולא ימותו בגשתם אל קדש הקדשים - במ ד 19. **2 הקרבה offering** ומית נדב ואביהוא בקרבותון נור בראה CA ...בהקריבם אש זרה Nadab and Abihu died in their offering unholy fire - במ ג 4.

**קרבן** ש״ע ז .n. m **קרבן offering** ירחים ומועדים געזים... ולא סלק לגוון קרבן חדשים ומועדים עוברים... לא עלה בהם קרבן - ע״ד יט 31-32. ותעבדון קרבן ליהוה עלה אי דבח ועשיתם אשה ליהוה עלה או זבח you offer to the Lord an offering by fire, a burnt offering, or a sacrifice - במ טו 3. ומנדי לה קרבנים - ע״ד יט 22. ועסרתי קרבניה כל קרבן עביד לגו זבנה ועשרת הקרבנות, כל קרבן עשוי בזמנו - ת״מ 111א. איתי קין מנחה והבל איתי קרבן הביא קין מנחה והבל הביא קרבן - אס 1ב.

**קרוב** ש״ע ז qiṭṭūl .n. m **גישה approach** ובקרובון למדבחה יסעוןובקרבתם אל המזבח ירחצו in their approach to the altar they washed; - שמ מ 32. בתר מות תרי בני אהרן בקרובון לקדם יהוה ומיתו אחרי מות שני בני אהרן בקרבתם לפני יהוה ומתו - ויק טז 1.

**קרוב א** ש״ע ז qāṭōl .n. m **1 נוגע one who comes near** כל קרוב דקרב למשכן יהוה יתקטל NB (EC קרובה, MJ קריבה) כל הקרוב הקרב אל משכן יהוה יומת any one who comes near, who approaches the Tabernacle of the Lord, shall be put to death - במ יז 28. הקרוב בטברה קטל יתקטל B (נ״א דקרב, המתקרב) הנגע בהר מות יומת - שמ יט 12. **2 לוחם warrior** ולא מלך יכל קעם בך ולא קרוב יכל מבלד לך לא מלך יכול לעמוד בפניך ולא לוחם יכול להפחידך no king can resist You and no warrior can frighten You - ע״ד ד 23. **ב** ש״ת .adj **קרוב near** ויסב הוא ומגירה דקרוב לביתה E (נ״א דקריב) ולקח הוא ושכינו הקרוב לביתו a man and his neighbor near to his house shall take - שמ יב 4 [שרבוב מן העברית. ולא מצאנו כמוהו אלא בתוך עברית: כל המתפנים לדרש אלהים ימצאו אתו קרוב - ת״מ 99ב .H interp].

**קריב** ש״ת .adj **1 קרוב near** פשר קריב הו למן דבעי לה מציל קרוב הוא (האל) למי שמבקש אותו (God) is near to anyone who seeks Him - מ יג 65-66. אה מלכה קריבה הוי, המלך הקרוב - א״ג 5. קרתה הדה קריבה למערק העיר הזאת קרובה לנוס that town is near enough to flee to - בר יט 20. ועתדו דבחה דשעתה קריבה והכינו את הזבח כי השעה קרובה - ת״מ 245ב. **2** במעמד אדוורביאלי *adverbial* **א** זמן *temporal* אחזינה ולא כדו אשבחנה ולא קריב אראנו ולא עתה אשורנו ולא קרוב what I see for them is not yet, what I behold will not be near (soon) - במ כד 17. זל לזימון אחוך דבניו ואתתה עזרו מן קריב לך לקראת אחיך כי בניו ואשתו חזרו זה עתה - ת״מ 216ב. **ב** למקום *locative* ותהי קריב לידי והיית קרוב אלי you will be near me - בר מה 10. רביו דאברהם יתבו מרחיק... ובניו דמשה עזרו מן קריב נעריו של אברהם ישבו מרחוק...(בר כב 5) ובניו של משה חזרו מקרוב (שמ ד 20) - ת״מ 16א. **ב** ש״ע .n **בן משפחה relative** קריבי ובסרי אתה m עצמי ובשרי אתה you are my relative and flesh - בר כט 14 (מן אונקלוס O).

**תקרבה**[†] [מן אונקלוס O] ש״ע נ .n. f **מנחה present** ועתדו ית תקרבאתה עד על יוסף A ויכינו את המנחה עד בא יוסף they made ready the present before Joseph came - בר מג 25. ועלל לו ית תקרבאתה A (נ״א תקדומתה) ויביאו לו את המנחה - בר מג 26.

**תקרובה**[†] [מן אונקלוס O] ש״ע נ .n. f **מנחה present** ואעתו לגברה תקרובה m והורידו לאיש מנחה - carry down to the man a present - בר מג 11. ונסבו גבריה ית תקרובתה... ונעתו למצרים m (נ״א תקדומתה) ויקחו האנשים

the men took the המנחה... וירדו מצרימה את
present... and went down to Egypt - בר מג 15.
ואיתי לה ית תקרובתה $*m_2$ (A תקרבאתה)
ויביאו לו את המנחה - בר מג 26

†קרב$^2$ חמת מים **waterskin** [**א״י** מזון וקרבה - **נ** בר כא 14. **מי״ל** קרווא (שם). כנראה קשור עם רקבה (אונקלוס O) ועם רכוית - המליץ 464]

**קרבה** ש״ע נ *n. f.* **חמת waterskin** ונסב לחם וקרבת מים ויהב להגר B ויקח לחם וחמת מים ויתן להגר (Abraham) took some bread - and a skin of water, and gave them to Hagar בר כא 14.

†קרד שד **demon** [> قــرد = שד - Barthélemy 646. ע״ע רקוד]

**קרד** ש״ע ז *n. m.* **שד demon** ותעבדון לכון פסל דמות כל קרד B (נ״א גנוס, נשם) ועשיתם לכם פסל דמות כל סמל lest you make for yourselves a graven image, any demon - דב ד 16.

**קרוד** ש״ע ז *n. m.* qāṭōl **שד demon** דבחו לקרודין לא אלה E (נ״א לסיעדין, לברים) יזבחו לשדים לא אלה they sacrificed to demons which were not gods - דב לב 17.

†קרדו שם מקום [ארט] *pr. n. (place)*

**קרדו** ש״פ [ואתנחת] תיבותה... על טברי דקר[דו] B ה ותנח התבה... על הרי הררט - בר ח 4.

†קרח$^1$ מריטת שער **baldness** [**א״י** ולא תשוון קרחה - **נ** דב יד 1. **סוא״י** ולא תעבדון קורחא בין עיניכון - שם]

**קל מרט שער to pluck the hair** ולא יקרחון קרחה בראשיון $*M_2$) ימרטון = אונקלוס O) ולא יקרחו קרחה בראשם they shall not shave - smooth their heads ויק כא 5. **ואנש אן ימרט** רישה קרח הוא (MEC קריח, B קרי, המליץ 585 קריע) ואיש כי ימרט ראשו קרח הוא if one loses the hair of his head, he becomes bald - ויק יג 40 [בינוני פעול *pass. pt.*].

**קרוח** ש״ע ז *n. m.* qāṭōl **1 קרח bald** ואנש אן ימרט רישה קרוע הוא $*M_1$ ...קרח הוא - ויק יג 40. **2 עקוד** נתפרש כנראה בעל כתמים דמויי קרחת

**(white) spotted** ויהב קדם עאנה דכר קרו ויתן פני הצאן איל עקד (Jacob) set the faces - of the flocks (toward) a white spotted ram בר ל 40 [המליץ 549 קרוא]. **וילדי עאנה קרוים** ותלדנה הצאן עקדים - בר ל 39 (המליץ 549 קרואים). וכיו״ב לא 8 (פעמיים), 10, 12.

**קרוח** ש״ע ז *n. m.* qiṭṭūl **גנאי** בהשאלה **disgrace** *fig.* וגבר אן ישכב עם אתה... והי אמה... בקרוע תהי לה (VNMCBA בגנו) ואיש כי ישכב את אישה והיא אמה... בקרת תהיה לו if a man has carnal relations with a woman - who is a slave..., she shall be his in disgrace ויק יט 20 [נ״ש afqârât ונתפס קר(ח)ת + ב׳ היחס. נתפרש גנות מעניין הנגע. התה״ע בפחץ. תן דעתך שהדיבור המתחיל בקטעי הגניזה: בקרחת - Klein 186].

**קרח** ש״ת *adj.* qiṭṭēl **קרח bald** ואנש אן ימרט רישה קרח הוא VJ ואיש כי ימרט שער ראשו קרח הוא if a man's hair has fallen from his head, he is bald - ויק יג 40.

**קרחה** ש״ע נ *n. f.* **מריטה** ולא תשבון קרחה בין עיניכון למית VECB ולא תשימו קרחה בין עיניכם למת you shall not make any baldness on your foreheads for the dead - דב יד 1 (=המליץ 588).

**קרחו** ש״ע נ *n. f.* **מריטה plucking hair** ואן יהי בקרחותה... מכתש אבר סמק צרעה פרחת היא בקרותה וכי יהיה בקרחתו... נגע לבן אדמדם צרעת פרחת היא בקרחתו if there is on the baldness... a reddish-white diseased - spot, it is leprosy breaking out in his baldness ויק יג 40, וכיו״ב 43.

†קרח$^2$ מים קפואים **frost, ice** [מן העברית H. **א״י** מן מימר אלהא יתיהב קרחה = מנשמת אל יתן קרח - איוב לז 10]

**קורח** ש״ע ז *n. m.* **קרח ice** באימּמה אסיפני אסתב וקורח בלילי C (נ״א וצנה, וצונה) ביום אכלני חרף וקרח בלילה winter consumed me - by day, and ice by night בר לא 40.

קרח$^3$ שם פרטי qāra *pr. n.*

**קרח** ש״פ ובני יצהר קרח נפג וזכרי - שמ ו 21. קרח כד בלש מד ליתו עבד לה קרח כאשר ביקש מה שאינו ראוי לו - ת״מ 310ב.

**קרחאי** ש״י *gent. n.* אלין כרן קרחה - שמ ו 24. אלין כרני בני לוי כרן לבנאה וכרן קרחה (V קרחאי) - במ כו 58.

†**קרט** עשב **grass** [< قـــرط - מין ירק - Lane
C^ar 2517b. פי אלקרט וכך רס״ג. אבן ג׳נאח בספר השורשים 22: והוא שם צמח רועים אותו הבהמות ופרשו בו המפרשים שהוא הקורט (תרגום אבן תיבון)]

**קרט** ש״ע ז *n. m.* **דשא grass** שבע פרואן... ורעין בקרט *m1 שבע פרות... ותרעינה באחו seven cows..., grazed in the grass - בר מא 2.

**קרי¹** צעקה, קריאה **calling, reading** [א״י בכן קרא דבירה למשה - נ ויק א 1. **סוא״י** קרי שימה דיתה מדינתא זוער - בר יט 22. נתמזג קרא עם קרי. *Blend of qr³ and qry.* נסוג באה״ש מפני זעק (ע״ע). *Its distribution was reduced in SA by the* [*propagation of zᶜq (q.v.)* ← כינוי בשם **naming** [באה״ש הקדומה נשמר בהוראה זו. טל ג סד-סה. [*See* Tal III, 59-60.

**קל** עבר: קרא בר יט 21. קרינן - ע״ד כד 6 qārēnån. עתיד: ונקרי (מדברים) wniq'rī - ננה 61. בינוני: קרי - ת״מ 11א. פעול: קרי - בר יא 9. מקור: למקרי almiqri - ע״ד כ 10. **אֶתְפְּעֵל** עבר: אתקרי - אס 5א. עתיד: יתקרי - בר יז 5. יקרי - בר לה 10. בינוני: מתקרי - שמ ג 18. **אקראו** - Cow 676. **מקרא** - ת״מ 188א. מקרתה (מיודע) - ת״מ 188א. **קרא** qaṭṭāl - ת״מ 5א. **קראי** - ת״מ 7א.

**קל 1 קרא to call, name** על כן קרא שם קרתה צער (he) therefore called the name of the city Zoar - בר יט 22. על כן קרי שמה בבל הלא תמן בלל יהוה ית לשן כל ארעה - בר יא 9. דו קרי מקלט לערוק - אס 5א. **2 קרא כתוב to read** באתרה דבחר יקרא ית ארהותה הדה קבל בני ישראל in the place that He has chosen, you shall read this Torah in the presence of Israel - דב לא 11. הבו לן מפתח דבראשית ונקרי בה ומד מתשקח קמיו - ננה 61. מבתר דת קרי קמי חכימיה אלין מליה - ת״מ 11א. וישמע כהנה קרי ארהותה ולא יקרינה כהנה אלאן באתרה דבחר יהוה - ת״מ 125ב. כפת שריו דדבבינן עד נהי קרין בכתביך - ע״ש א 10-11. באלפן קשטה רבה קרינן וחכמנן - ע״ד כד 5-6.

**מקרי** אדין שרי למקרי בשם יהוה - בר ד 26. טליה דרחותה נפיקים למקרי בשפולי טור סיני - ע״ד כ 9-10.

**אֶתְפְּעֵל נקרא ואתקרי to be called, named** טברה הר עיבל the mountain was called Mount Ebal - אס 5א. כל תחום ריגובה לכל בתנין ההוא יתקרא ארע גיבריה - דב ג 13. ולא יתקרי עוד שמך אברם ויי שמך אברה- בר יז 5. הלא ביצחק יתקרי לך זרע - בר כא 12. לא יקרי עוד שמך יעקב הלא אם ישראל יהי שמך - בר לה 10. יהוה אלהי עבראי מתקרי עלינן - שמ ג 18. ותשבחתה דאדם היה מתרביה ביתה מקומה ומקרת אנוש מתחדדה ובפממיון מתקריה ושבילה דחנוך קדמון - ת״מ 78א. ובנה ציון די מתקריה גפנה - אס 5ב.

**אקראו המנון** ש״ע נ *n. f.* **hymn** ובתר כן יתמר אקראו ושבוע - Cow 676.

**מקרה** ש״ע נ *n. f.* **1 קריאה proclamation** ריש מקרתה דקרא אלה אנכי יהוה אלהיך ראשית הקריאה שקרא האל: ״אנכי...״ the beginning of the proclamation that God proclaimed: "I am..." - ע״ש ו 22-23. ירום משה אישה דחכמנן חכמה כהלה חיים טבים... דאמר במקרתה ...ירום משה האיש שהורנו חכמה שכולה חיים טובים... במה שאמר בקריאתו... - ת״מ 188א. מקרתה דקרא אלה על טור סיני המקרא שקרא האל על הר סיני - ע״ד יח 4-5. **2 קריאה בתורה reading** טעמה דארהותה מקרתה טעם התורה - הקריאה (בה) the sense of the Torah is the reading of it - א״ד ב 13. כי אתעבדת ארש בכל צלו ומקרא ״כי״ *ky* (דב לב 3) נעשתה יסוד בכל תפילה ומקרא (Dt 32:3) was made an element in every prayer and reading - ת״מ 188א.

**קרא** ש״ע ז *n. m.* qaṭṭāl **קורא reader** אסקו בשלם קראי ברכתה come up safely, readers of the Blessing - ת״מ 51א. כינוי לאלהים שקרא את עשרת הדברים [פלורנטין 274, הערה 13] epithet of God who "read" the Decalogue חתימה ביד קראה דטובה - ת״מ 5א.

**קראי** ש״ע ז *n. m.* **קורא reader** ארע כנען (שבקה) <שביקה> בלא קראי ארץ כנען עזובה בלא קורא the land of Canaan is abandoned, with no reader (of the Torah) - ת״מ 7א.

†**קרי²** אירוע **occurrence** [משורבב מן העברית. במקומות אחדים נטמע ב״קרא״. המשמעות מובעת בשורשים ארע (ערע), זמן. *Interpolated from* H; *in several instances merged with qr³. See above.* **ס** קרא - LS 691]

**קל אירע to happen, occur** בני בלעל יקרא יתכון בישה בעקבאית יומיה בני בליעל, תקרה לכם רעה באחרית הימים sons of Belial, evil will befall to you in the end of the days - ת״מ 256ב. וחבו לה ית כל דקרה יתון M (נ״א דע(א)רע, דאמטה) ויגדו לו את כל הקורות

אתם - they told him all that had befallen them
בר מב 29.

**קרי** ש״ע ז *n. m.* **מקרה לילה** [מונח שאול מן העברית. *H loan.*] **emission** of semen אן יהי בך גבר דלא יהי אדכי מקרי לילי אשר לא יהיה טהור מקרי לילה (=מן קרי miqqēri) If anyone among you has been rendered unclean - by a nocturnal emission - דב כג 11. **2 מרי** מן העברית H **rebellion** ואם תהכו עמי קרי VC (נ״א מראי, מרי) ואם תלכו עמי קרי if you - walk in rebellion against me - ויק כו 21 וכיו״ב 23, 24, 27 (V), 28 (V), 40, 41.

**קרי³** מקום יישוב **dwelling place** [א״י וטלטל יתהון מן קרייה לקרייה - **נ** בר מז 21. **סוא״י** ולפא ארעא דקריחתא דחגילן - בר יט 28]

**קורי** ש״ע רבוי נסמך, בן-גוון של קרי *n. pl. cstr.,* **ערי- towns** *variant of qry* ודער ישראל בקורי אמראה וישב ישראל בערי האמרי Israel dwelt - in the land of the Amorites - במ כא 31. ותיכל בקוריך בכל תחמדת נפשך (B בקריך) ואכלת בשעריך בכל אות נפשך - דב יב 21. בחבלות אלהים ית קורי מישרה (MB קרי) בהשחית אלהים את ערי הככר - בר יט 29. קורי מקלט יהון (NB קרי) - במ לה 14. ואחרם ית קורתון A (נ״א קריאתון) והחרמתי את עריהם - במ כא 2 וכיו״ב 3.

**קרי** ש״ע ריבוי נסמך של קריה *n. pl.cstr.* **ערי- towns** כל קרי מישורה (VEC קורי) כל ערי המישור - all the towns of the plain - דב ג 10. וידור טפלנן בקרי תללה (VN'EC בקורי) וישב טפנו בערי המבצר - במ לב 17. יתן מקריו ללואי (VNC מקוריו) - במ לה 8.

**קריה** ש״ע נ. *n. f.* **עיר town** לא הות קריה דלא נסבנן מן עמון (VEB מדינה) לא היתה עיר אשר לא לקחנו מאתם there was not a - town that we did not take from them - דב ג 4. כד תיצר על קריה כי תצור על עיר - דב כ 19. חרבו קריה וקטלו מלכיה החריבו עיר והרגו מלכיה - ת״מ 287ב. ובנה אדם קריה ושמה פילונה - אס 3א. כל אלין קריאן תלילן שור ראם כל אלה ערים בצרות חומה גבהה - דב ג 5. וכבר שמם בקריאתה ואכן שממה בערים - .afqaryâtå מ א 72



**קרתה** ש״ע נ. אלומורף מיודע של קריה *n. f.* **עיר town** *determinated allomorph of qryh* בריך אתה בקרתה ברוך אמה בעיר blessed shall you be in the city - דב כח 3. והתחרבת קרתה ונחרבה העיר - ת״מ 304ב. ואשקעה גבר בקרתה ומצאה איש בעיר - דב כב 23. דלא תסתפה בעובי קרתה פן תספה בעון העיר - בר יט 15. ואתא חמור ושכם ברה לתרה קרתון ומללו עם אנשי קרתון ויבוא חמור ושכם בנו אל שער עירם וידברו אל אנשי עירם - בר לד 20.

**קרית ארביעתה** [גירסת A של ׳מדינת ארבעתיתה׳]

**קרית ארביעתה** ומיתת שרה בקרית ארביעתה A ותמת שרה בקרית הארבע - בר כג 2.

**קרית שוקרין** שם מקום *pr. n. (place)* [תרגום של קרית חוצות על פי המעשה. ע״ע מדינת פלגיה *Midr. transl. of the name, according to the narrative.*]

**קרית שוקרין** ש״פ ואזל בלעם עם בלק ואעלה קרית שוקרין A (נ״א מדינת פלגיה) - במ כב 39.

**קריתים** שם מקום *pr. n. (place)*

**קריתים** ש״פ ובני ראובן בנו ית חשבון וית אלעלה וית קריתים - במ לב 37.

**קרכס**† טבעת **ring** [< κίκρος. **ע** קורקוסים שלזהב - בר״ר 162. **ס** קרקוס = קרס - LS 701a. **סוא״י** קורקוסין - שמ כו 6. ע״ע קרקס]

**קרכס** ש״ע ז *n. m.* **קרס clasp** ותעבד חמשים קרכסי דהב ותדבק ית יריעאתה ועשית חמשים קרסי זהב וחברת את היריעות make fifty gold clasps, and couple the cloths to one another - שמ כו 6. כיו״ב 11, לו 13, 18. ותעל ית קרכסיה בענביה והבאת את הקרסים בללאות - שמ כו 11 וכיו״ב 33, כו 6, לו 13. וית קרכסיו - שמ לה 11, לט 33 (E כרקסי).

**קורכס** ש״ע ז בן-גוון של קרכס *n. m. variant of* **קרס clasp** *qrks* ותתן ית פרכתה תחת קורכסיה N ונתת את הפרכת תחת הקרסים - hang the curtain under the clasps - שמ כו 33 (=המליץ 587).

†קרמט צרעת **leper** [< قرطام = צרעת - Dozy
[II 339a

**קרמט** ש״ע ז *n. m.* **כינוי גנאי לבית המקדש pejorative epithet of the** (ע״ע כתש) [*metathesis* שיכול] **Temple of Jerusalem** קעם גבר לואה... ומקדשה יוסיף ביומיו מקדש זרו קרמט בנימים יבני ראשית הפנותה... קם איש לוי... ומקדש יוסיף בימיו, מקדש של עבודה זרה. ״צרעת״ בנימין יבנה a Levite will arise..., he will add a temple for idolatry..., he will build the "leper" of Benjamin - אס 20א-ב [ע בדיון של זב״ח בעמ׳ 82].

קרן זיז בראש הבהמה **horn** [**א״י** בקרני רימנה - **נ** דב לג 17. **סוא״י** קטיר באילן שבק בקרנוי - בר כב 13] ← פינה, זוית **corner** [**א״י** נפק להון תחומה לקרן זווי - **נ**במ לד 15]; קו של אור **ray** [**א״י** ]

†**קל הפיץ אור** גזור-שם **to be radiant, send out rays** *(denom.)* ומשה לא עכם הלא קרן עור אפיו ומשה לא ידע כי קרן עור פניו Moses was not aware that the skin of his face was radiant - שמ לד 29. כיו״ב 30, 35. מובא גם בת״מ 261ב.

**קרן** ש״ע נ *n. f.* **1 זיז בראש הבהמה horn** דכר אחד אחד בסבך בקרניו איל אחד נאחז בסבך בקרניו a ram, caught in the thicket by its horns - בר כב 13. ודכרה דיצחק מטיעאל לגוה מנכש בקרניו והאיל של יצחק מטייל בה, נוגח בקרניו - ת״מ 50א. **2 זיז בכותל** המזבח **protrusion** of the altar's corner ויתן כהנה מן אדמה על קרנת מדבח אועדות סמניה ונתן הכהן מן הדם על קרנות מזבח קטרת הסמים the priest shall put some of the blood on the protrusions of the altar of aromatic incense - ויק ד 7 וכיו״ב 18. ותעבד קרנתה על ארבע פואתה ועשית קרנתיו על ארבע פנתיו - שמ כז 2 וכיו״ב לח 2. **3 קרן אור ray of light** על משה ואפיו מלבשין בקרן אורה (Moses') face was wrapped in the rays of light - ע״ד ו 14, מ יד 81, 125 קרן אורה דהוה שרי על צלמה קרן האור שהיה שרוי על פניו - ת״מ 267ב.

†קרס[1] טבעת **ring** [מן העברית. ע״ע קרכס. H]

**קרס** ש״ע ז *n. m.* **קרס clasp** חמשים קרסי דהב E (נ״א קרכסי) חמשים קרסי זהב fifty clasps of gold - שמ כו 6 כיו״ב לו 13. ותעל ית קרסיה בענביה B והבאת את הקרסים בללאות - שמ כו 11. ותתן ית פרכתה כתי קרסיה B ונתת את הפרכת תחת הקרסים - שמ כו 33.

קרס[2] ילוד **child** [זב״ח עואנ״ש ג/ב 263: נשתבש מן קרפס - ZBH: *corr. of* καρπός]

**קרס** ש״ע *n.* **ילוד child** הא מקרס קרס מקסקס זה הילד הקטן גדול (יהיה) this little son shall be a big one - מרקה כה 49-50.

†קרע ניתוק והשחתה **tearing** [**א״י** נסתה וקרעה - בר״ר 883. ע״ע בזע, קדד]

**קל קרע to tear** דו קרע סיג גדלי תחמה שהוא (הרשע) קרע את הסייג שגודלי תחמו (the wicked) tore the fence that My Greatnes has set up - 152ב. אהן כמשה דקרע שגביה איה כמשה, שקרע את המסווים - ת״מ 242ב וכיו״ב 259א, 261ב.

קרץ השכמה **awakening (in the morning)** [באה״ש הקדומה אקדם, קדם. *Late* **א״י** בצפרא קרץ - ירוש ב״ב יג ע״ג. SA. *See qdm* **סוא״י** בצפרא אנא קריץ - תה ה 4 (Horol 181)]

**קל השכים to rise early** וקרץ אברהם בצפרה A (נ״א ואקדם) Abraham rose early in the morning - בר כא 14. טוב דשחר וקרץ על ריחותה דמרה אשרי המשכים לרצון אדוניו - מ ו 35. נהר קרץ כל צפר אור משכים כל בוקר - ע״ד ז 15. אורה קרץ כל יום - ננה 71. וקרץ לבן בצפרה A (נ״א ואקדם) - בר לב 1. ואקרץ בצפרה *M[2] (נ״א ואקדם) - שמ לד 4. ויקרץ בצפרה - ת״מ 124א. משה קרץ בצפרה - ת״מ 215ב.

†**קרץ** ש״ע ז *n. m.* **בוקר morning** וכד קרצה אסתלק *M[2] וכמו השחר עלה when morning dawned - בר יט 15.

†קרקס טבעת **ring** [< κίρκος. ע״ע קרכס. *See qrks*]

**קרקס** ש״ע ז *n. m.* **קרס clasp** חמשים קרקסי דהבה V חמשים קרסי זהב fifty clasps of gold - שמ לו 13 וכיו״ב 18, לט 18. וית כסוה וית קרקסיו C ואת מכסהו ואת קרסיו its covering and its clasps - שמ לה 11.

†קרקע אדמה **soil** [מן העברית H]

**קרקע** ש״ע ז *n. m.* **רצפה floor** ומן עפרה דיהי בקרקע משכנה יסב כהנה ומן העפר אשר יהיה בקרקע המשכן יקח הכהן (the priest) shall take some of the dust that is on the floor of the Tabernacle- במ ה 17 (=המליץ 588). מובא גם בת״מ 183ב.

†קרקר תחתית **bottom** [ע קרקרותיהן ודפנותיהן = החלק התחתון בכלי - **מש** כלים ב ב. ב״י 6219. ]

**קרקר** ש״ע ז *n. m.* **תחתית bottom** וקרקרי עמודיה וכבושיון כסף $*M_2$ (נ״א ופריחי) תחתיות העמודים וחשוקיהם כסף the bottoms of the posts and their bands (made of) silver - שמ לח 10, 11, 12 [פירוש *Int*.]

קרר צינה **coldness** [א״י ואתקררו תחות אילנה - **נ** בר יח 4. **סוא״י** ואקרו תחות אילנא - שם] ← מנוחה **rest** [מעתק סימאנטי. הש׳ ״קורת רוח״ = מנוחה (זב״ח המליץ 518). הש׳ **ס** קורת רוחא = - LS 689b gaudium. מיהאן, ספר בן-חיים 379. מכאן עלתה המשמעות ׳הניח׳]

**אפעל א** פע״י *trans.* **קירר 1 to cool** מקר כל שרביה מקרר כל השרבים maqqər (God) cools all heats - ט 33. טלה מן גנתה וטובה מן שומיה אהן מקר לה ואהן מנשם לה הצל מן הגן והטוב מן השמים, זה מקררו וזה מניח לו - ת״מ 239ב. **2 הניח, שם to place, put** *not in early* SA ונסב יהוה אלה ית האדם ואקרה בפרדים עדן A(E) (נ״א ואשריה, המליץ 518: ואשרהה) ...ויניחהו בגן עדן the Lord God took the man and placed him in the garden of Eden - בר ב 15. **ואקר משה ית אטריה** mA (נ״א ואנח) - במ יז 22. **ואקרת רקעיה אצטרה** A (נ״א ואנחת) ותנח בגדיו אצלה - בר לט 16. **ויכנש... ית קטם פרתה ויקר מלבר למשריתה** A (נ״א וינח) ואסף... את אפר הפרה והניח מחוץ למחנה - במ יט 9. **ואקרו יתה במטרה** A (נ״א ואנחו) ויניחו אתו במשמר - במ טו 34. **אחוכון אחדה אקרו עמי** V (נ״א אנחו) אחיכם האחד הניחו אתי - בר מב 33. **וית כל המתותר אקרו לוכון למטרה... ואקרו יתה סעד צפרה** VA ...הניחו לכם למשמרת... ויניחו אתו עד הבקר - שמ טז 23-24. **ואפקואה ואקרוה לבר מן קרתה** C (נ״א ואנחוה) ויוצאהו ויניחהו מחוץ לעיר - בר יט 16. **3 השאיר to leave** ביום קרבנה יתאכל לא יקר מנה עד צפר m (נ״א יתנח, ינח) ביום קרבנו יאכל לא יניח ממנו עד בקר it shall be eaten on the day of his offering; he shall not leave any of it until the morning - ויק ז 15. **4 הרפה to abandon** וכמה יקר אדיו יתרברב עמלק A (נ״א אנח) וכאשר יניח ידיו וגבר עמלק whenever he abandoned (the raising of) his hands, Amalek prevailed - שמ יז 11. **וכדו אקרה לי** A (נ״א הניחה) ועתה הניחה לי - שמ לב 10. **ב** פע״ע **נח 1 to rest** *intrans.* **ואקרו תחת אילנה** והשעינו תחת העץ rest under the tree - בר יח 4 (=המליץ 605). **2 חנה to settle** וסלק גובה בכל ארע מצרים ואקר בכל תחום מצרים A (נ״א ושרה) ...וינח בכל גבול מצרים locusts invaded all the land of Egypt and settled within all the territory of Egypt - שמ י 14. **מלקבל סאר לאהל מועד יקרון** $*M_2$ (נ״א ישרון) מנגד סביב לאהל מועד יחנו - במ ב 2. **מקר** (עליון רוחה) כנח עליהם הרוח - המליץ 533 ע״פ במ יא 25 [ליתא]. **לקפרה דהוא מקר תמן** A (נ״א שרי) אל המדבר אשר הוא חנה שם - שמ יח 5.

**אֶתְפְּעֵל נח to rest** **ואקרו תחת אילנה** $*M_1$ (נ״א ואתקרו) והשעינו תחת העץ rest under the tree - בר יח 4. מובא בת״מ 192א: ואתיקרו כתי אילנה וכך הוא המליץ 605. **השעינו בה טבים תמן יתוקרו** חסו בו הטובים, שם נוחו - ת״מ 186א (על בר יח 4 [ע׳ זב״ח הע׳ 3 וע״ע יקר].

†**אקרו** ש״ע נ *n. f.* **רווחה relief** דהציל עמו בסימנים ובאותות... דנגד עמו אל הר סיני באקרות אשר הציל עמו בסימנים ובאותות... אשר הוליך עמו אל הר סיני ברווחה (God) led His people to Mount Sinai in relief - עבד אל (Cow 336).

**מקר** ש״ע ז *n. m.* **מנוחה rest** ולא אשקחת מקר לצעי רגלה A (נ״א מנוח) ולא מצאה מנוח לכף רגלה (the dove) could not find a rest for its foot - בר ח 9.

**קר** ש״ע ז *n. m.* **קור cold** קר וחם קיץ וסתב C (נ״א צנה) קר וחם קיץ וחרף coolness and heat - בר ח 22.

**קרו** ש״ע נ *n. f.* **קירור** בהשאלה: קורת רוח coolness (of spirit) בטל טובך אדיק וזרז

בקרותי afqarrūti בצל טובך הבט והחש הקרותי in the shadow of Your goodness (קורת רוחי) - look and hasten my relief א״ג 50 [עי׳ זב״ח].

†קרש[1] קפיאה וקרישה congelation [א״י באימּמא אכיל יתי שרבא וקירושא בליליא = ביום אכלני חרב וקרח בלילה - **קת״ג** בר לא 40. ומיא קרשון הי כשורין רמין - **מי״ל** שמ יד 22]

**קל קפא** פע״ע *intrans.* to congeal קרשו תהומין בלב ימה VBA (נ״א קפאו, קפאה) the depths congealed in קפאו תהמות בלב ים the heart of the sea - שמ טו 8. מובא בת״מ (ק) 27א.

ומן בחור נגודיו קרשו בים סוף A ומבחר שלישיו קפאו בים סוף - שמ טו 4 [דרוש או ט״ס מן פסי 8]. ואבקע מימיו ואקרש ואפתח בו שנים עשר דרך ונבקעו מימיו (ים סוף) וקפא ונפתחו בו שנים עשר שבילים (למעבר ישראל - עבד אל (Cow 230).

†קרש[2] לוח **board** [שרבוב מן העברית *H interp.*]

**קרש** ש״ע ז *n. m.* **לוח** board קרשי המשכן ונגריו B (נ״א לוחי משכנה) קרשי המשכן the planks of the Tabernacle and its ובריחיו bars - במ ג 36. בעש״ח כינוי ללוחות הברית (פלורנטין 338) ...ודברו *In* NSH *the tables of the covenant* ונתן לו שני קרשי (God) took him… and gave him the two tables - פינחס בן איתמר (Cow 368).

ובא זה הכהן המשיח ולקח מן מרה דעלמה את שני קרשי ...ולקח מאדון העולם את שני הלוחות - סעד אלדין (Cow 536).

†קשה כלי במקדש [שירבוב מן העברית *H interp.*]

**קשה** ש״ע נ *n. f.* **קשות** jug וית קשי נסכה B (נ״א כאסי, כסי) ואת קשות הנסך the libation jugs - במ ד 7.

†קשו מין ירק cucumber [א״י ית קישואיה וית בטיחייה - **נ** במ יא 5]

**קשו** ש״ע נ *n. f.* **קשות** cucumber דכרנן... ית קשויה וית בטחיה A) קשואה, המליץ 588: קשואיה) זכרנו... את הקשואים ואת האבטיחים - במ יא 5.

†קשוף[1] ?

**קשוף** ש״ע *n.* ? ברן קשופי ובסרי את A (נ״א גרמי) אך עצמי ובשרי אתה - בר כט 14 [אולי הוא ט״ס מן קטופי = חוטר משפחתי - ע״ע קטף].

†קשוף[2] ?

**קשוף** ש״ע *n.* ? ולטלט יוסף ית כל קשופה דמשתקח בארע מצרים... ועל יוסף ית קשופה לבית פרעה ותם קשופה ממצרים A (נ״א כספה) - בר מז 14-5.

קשט[1] אמת, צדק והנובעים מהם **truth** (and its derivates) [א״י מן קושטא אתכוון פתגמא - **נ** דב יז 4. **סוא״י** דאן מן קשוט יעמור אלהא עם בנינשא - ישע ח 27]

**פעל** בינוני פעול *pass. pt.*: מקשטין - בר מב 11. **אֶתְפַּעַל** עבר: אתקשט - ת״מ 260א. עתיד: נתקשט (מדברים) - בר מד mA 16. **קושט** ויק יט NB 15. **קשט** qâšəṭ - ע״ד א 21. קשטה - בר מג A 11. **קשיט** qâššəṭ - ע״ד א 19. **קשיטה** - בר טו MCBA 6. **קשיטו** - ת״מ 276ב.

†**פעל היה כן** to be honest מקשטין אנחנן לא הוו עבדיך אלילים M[2] (נ״א מהימנים) כנים אנחנו... we are honest men - בר מב 11. כיו״ב m 19.

**אֶתְפַּעַל 1 הצטדק** to justify oneself מה נאמר לרבי... ומה נתקשט mA (נ״א נזדכי = המליץ 571, **נצטדק**) ...ומה נצטדק what shall we say to my Lord…, or how can we justify ourselves? - בר מד 16. **2 נוכח** to realize כד אתקשט קהלה אהן דברה אמרו כהלון אזל שלם כאשר עמד הקהל על אמיתת הדבר אמרו כולם לך בשלום when the congregation realized this, they all said, go in peace - ת״מ 260א. אמנו באלה ואתקשטו צדק נביותה האמינו באלוהים ונוכחו בצדק נביאותו - ת״מ 235ב (על שמ יד 31).

†**קושט** ש״ע ז *n. m.* **צדק** בן-גוון של קשט *var. of qšṭ* righteousness בקושט תדון ית עברך NB (נ״א בקשט) בצדק תשפט את עמיתך in righteousness shall you judge your fellow - ויק יט 15.

**קשט** qâšəṭ **א** ש״ע ז *n. m.* **1 אמת, צדק** righteousness, truth וידונון עם עמה דין קשט ושפטו את העם משפט צדק they shall judge the people with righteous judgment - דב טז 18. ולא קשט אלא דילה ואין אמת אלא שלו - ע״ד א 21. וקדקד יקום בקשט יכתב ארהותה ונשיא יקום, באמת יכתוב את התורה

- אס 22ב. ודרת בעמקה קשטה B (נ״א קשתה) ותשב באיתן קשתו - בר מט 24 [דרוש! .Midr]. זערת מכל חסדיה ומכל קשטה דעבדת עם עבדך קטנתי מכל החסדים ומכל האמת אשר עשית עם עבדך - בר לב 11. **2 כינוי לאלוהים** **epithet of God** קיצור לשון מן 'אלהי קשטה'? זזועה דילך אה קשטה הפחד שלך הוא, אוי קשטה - ע״ד כב 5. וקשטה אמר אשכיר חצי מדם וקשטה אמר: "אשכיר..." (דב לב 42) the True One said: "I shall intoxicate my arrows with blood" (Dt 32:42) - ת״מ 238ב. לא יתעבד עובד מכעס לקשטה במד אזהר מנה לא יעשה דבר המכעיס את קשטה, במה שהזהיר ממנו - ת״מ 194ב. **ב** ת״פ מגביר *adv. (intensifier)* [באה״ש המאוחרת. *Late SA*] **אכן** קשט הן שרה אתתך תילד לך בר A (נ״א על ברי) אבל הנה שרה אשתך ילדת לך בן - בר יז 19. קשט לית ברת אמי A (נ״א ברן) אך לא בת אמי (היא) - בר כ 12. קשט עיבין אנן A (נ״א על ברי) אבל אשמים אנחנו - בר מב 21. וקשט תסתפה ולא תתלי לאתרה A (נ״א האף) האף תספה ולא תשא למקום - בר יח 24 [תפס: האמנם]. וקשט ית מליה דאמלל לידך יתה תטר לממלל A (נ״א ושבק) ואפס את הדבר אשר אדבר אליך אתו תשמר לדבר - במ כב 35. **ג** נתגלגל להיות מ״ק *conj.* **הנן** שמשין לרבי קשט אנחנן קשט דנשכח ציעה באדה A (נ״א אף) הננו עבדים לאדני גם אנחנו גם אשר נמצא הגביע בידו - בר מד 16.

**קשטה** ת״פ מגביר *adv. (intensifier)* **אכן** אם כן $M_1A$ הן כן קשטה דה עבדו **indeed** אפוא זאת עשו if it must be so, indeed do this - בר מג 11. בקשטה יקרה דיהוה שרי באתרה הדן m (נ״א ברן, אכן) אכן יש יהוה במקום הזה - בר כח 16 (מן אונקלוס O).

**קשיט** qâššəṭ ש״ת *adj.* **צדיק, אמיתי** **righteous, true** ולא נבי קשיט כמשה ואין נביא אמת כמשה there is no true prophet like Moses - ע״ד א 19. דיאנה קשיטה דלא נסב אפים השופט הצדיק שאינו נושא פנים - מ ז 13-14. (pr. n. (place גזרים ודינים קשיטים חקים ומשפטים צדיקים - דב ד 8. והאנה מקים לך סהד קשיט והנה אני מעמיד לך עד צדיק - ת״מ 96א. דכל פליאתך קשיטין שכל מופתיך אמיתיים - ת״מ 213ב.

**קשיטה** ש״ע נ *n. f.* **צדקה righteousness** והימן ביהוה וחשבה לה קשיטה MCBA (נ״א זכו) והאמין ביהוה ויחשבה לו צדקה he believed the Lord; and he reckoned it to him as righteousness - בר טו 6. למעבד קשיטה $^*M_1$ (נ״א זכו) לעשות צדקה - בר יח 19. ושמע פרעה קשיטת ממללה A וישמע פרעה את (אמיתת) הדבר - שמ ב 15.

**קשיטו** ש״ע נ *n. f.* **תום integrity** [ב]קשיטות לבי... עבדת דה $^*M_1$ (נ״א בתמימות, בשלמות) בתם לבבי... עשיתי זאת in the integrity of my heart... I have done this - בר כ 5. רבותה לאלהנו דארשה לן עמלים עד יהב לן אגרים בקשיטו הגדולה לאלוהנו שציוה לנו מעשים כדי שיתן לנו שכר באמונה - ת״מ 276ב. וחדד עורי קשיטות נביות משה וחידש (האל) את צדקת נבואת משה - ת״מ 93ב. ודכיות פגר וקשיטות ממלל וטוהר הגוף ותום הדיבור - ת״מ 291ב.

קשט² אמצעי תשלום **money** מעיקרו בהמה דקה. ע' הערוך ז 224ב, המביא את בר״ר ע״ט: אפיק חדא אימרא אפיק חדא קשיטא. ע' באפארט של תיאודור-אלבק, עמ' 948. טל לשון 156. *Originally: small cattle*]

**קשיטה** ש״ע נ *n. f.* **אמצעי תשלום money** וזבן ית ששיות עקלה... במאה קשיטה (A שבקה) ויקן את חלקת השדה... במאה קשיטה he purchased the parcel of land... for a hundred kesitahs - בר לג 19 (=המליץ 584).

קשט³ שם פרטי *pr. n.*

**קשט** ש״פ מטי לה מצטער מקשט מלך מואב הגיע אליו הפסל מאת קשט מלך מואב - אס 16ב.

קשי† חוזק, קושי **hardness** [א״י ארום אקשי ייי אלהכון ית רוחיה - נ דב ב 30. סוא״י ויאתא עליכון כפן קשא - ישע ח 21] ← סרבנות, קשי לב, עורף **obstinacy**

**קל** עבר: אקשיאת (נסתרת) - בר לה 16. עתיד: יקשי - דב טו 18. בינוני: קשה - ת״מ 11א. **אפעל** הקשה - דב ב 30. עתיד: אקשה - שמ ז 3. בינוני: מקשה - ת״מ 11א. **אֶתְפְּעֶל** עבר: הקשה - שמ יג 15 (A אתקשה). עתיד: יתקשה - דב טו 18 B. בינוני: מתקשי - ת״מ (ק) 2ב. מקשי - ת״מ (ק) 11א. **אקשהו** - ת״מ 287ב. **הקשו** בהקושתה (+נסתרת) - בר לה 16. **קושי** - ויק כה 43.

**קש(א)י** - שמ א 13. **קשו** קשות (נסמך) - ת״מ 11א. **קשוי** - דב ט 27. **קשי** qāši - מ טז 66. קשיה - שמ ו 9. **קשיאית** - בר מב 7. **קשיו** - ויק כו 21 ${}^*M_1$ (מן אונקלוס O).

**קל 1 נתקשה to have difficulties** וילדת רחל ואקשיאת במילדה (נ״א וקשיאת, ואתקשית) ותלד רחל ותקשה בלדתה Rachel was in childbirth, and she had hard labor - בר לה 16. ולא יקשי בעיניך בשלוחך יתה חראי ולא יקשה בעיניך בשלחך אתו חפשי - דב טו 18. וממללה דיקשה מנכון תקרבון לידי ואשמענה והדבר אשר יקשה מכם תקריבון אלי ושמעתיו - דב א 17. מובא גם בשמ יח 25א. קשה עלי פרוקך יומה קשה עלי פרידתך היום - ת״מ 259ב. **2 היה קשה to be hard** כי לבה קשה ודינה ראם עליו (נ״א מתקשי) אכן לבו יתקשה והעונש יגבר עליו indeed, his heart is hard, and the punishment (will be) hard on him - ת״מ 11א.

**אפעל הקשה to harden** (spirit) גרם סרבנות הלא הקשה יהוה אלהיך ית רוחה כי הקשה יהוה אלהיך את רוחו for the Lord your God hardened his spirit - דב ב 30. ואנא אקשה ית לב פרעה - שמ ז 3. וקדלכון לא תקשון - דב י 16. מובא גם בת״מ 225א. לא יקום לבך במדלך ותקשה יתה ארוקנך כל מה באדך לא יגבה לבך ברכושך ותקשה אותו, (פן) ארוקנך מכל מה שבידך - ת״מ 149א. דאנה מקשה לבה - ת״מ 11א [מביא את שמ ז 3 בשינוי לשון המביע עתיד בבינוני].

**אֶתְפְּעֵל 1 נתקשה to have difficulties** ולא יתקשה בחזותך בשלוחך יתה חראי B ולא יקשה בעיניך... it shall not seem hard to you, when you let him go free from you - דב טו 18. וילדת רחל ואתקשית במולדה ${}^*M_1$ ...ותקשה בלדתה - בר לה 16. **כד אתקשה פרעה למטלקן** A (נ״א הקשה) ויהי כי הקשה פרעה לשלחנו - שמ יג 15. **2 היה עקשן to be stubborn** לבה מתקשי לבו יתקשה his heart is hard - ת״מ (ק) 2ב. אתקשי לב קין - ת״מ 233ב. עבד לשנה מתקשי עדהן דיתלבט עשה לשונו קשה כדי שייענש - ת״מ 229ב. ותשוב תתקשה ושבה וקשתה (היד החזקה) - ת״מ 87א. ופרעה מקשי - ת״מ (ק) 11א.

**אקשהו mercilessness קשי לב** *n. f.* ש״ע נ ויתבו לאכל לחם אקשהו רבה "וישבו..." (בר לז 25) אכזריות גדולה (של בני יעקב) "they sat down to eat bread" (Gen 37:25) a great mercilessness! - ת״מ 287ב.

**הקשו difficulty קושי** *v. n.* שפ״ע והוה בהקשותה במילדה V ויהי בהקשותה בלדתה as she was in her hard labor - בר לה 17.

**קושי rigor פרך** *n. m.* ש״ע ז לא תפלח בה בקושי N (נ״א בקשאי, בקשי) לא תעבד בו בפרך - you shall not rule over him with rigor - ויק כה 43, NB 46, VN 53.

**קש(א)י rigor פרך** *n. m.* ש״ע ז ועבדו מצראי ית בני ישראל בקשאי (MEA, בקשי, ${}^*M_2$ בקושי) ויעבדו מצרים את בני ישראל בפרך the Egyptians made the people of Israel work with rigor - שמ א 13. לא תפלע בה בקשאי (MECA, בקשי B, בקשה) לא תעבד בו בפרך - ויק כה 43, 46 (MECA בקשי), 53 (MECBA בקשי).

**קשו obstinacy סרבנות** *n. f.* ש״ע נ אזהרון נביה... מן קשותה הזהירם הנביא ...מן הסרבנות the prophet warned them against the obstinacy - ת״מ 225א. ישמעאל תמן ילפנון קשותה שם ישמעאל לימדם הקשיות (עורף) - ת״מ 216ב [דורש את בר כא 20 רבי קשת. המתורגם והוה סגי קשיה. זב״ח בהערה 4 וכן זב״ח, ספר בלאו 98. ע״ע קשת]. ועזר ימה למזרם צפרה לקשותה A וישב הים... לאיתנו - שמ יד 27. והוה בקשותה במילדה CA ויהי בהקשותה בלדתה - בר לה 17. מן רב דחלתה וקשות לבה דאנה מקשה לבה מרוב פחד וסרבנות, שאני מקשה את לבו - ת״מ 11א.

**קשוי hardness קושי** *n. m.* qiṭṭūl ש״ע ז והוה בקשוה במילדה as she was in her hardness of labor - בר לה 17. אל תסתכל לקשוי עמה הדן (V לקשי) אל תפן אל קשה העם הזה - דב ט 27. לא תפלח בה בקשוי V לא תעבד בו בפרך - ויק כה 43.

**קשי, קשה hard, קשה א** *adj.* ש״ת **difficult** זזעיו קשה עד מותר זעזוע קשה עד מאוד - מ טז 66. סיאגים רברבים וקשים גדרות גדולות וקשות - ע״ד ט 1. ארצם רב וקשה לחץ גדול וקשה a great and hard distress - א״ג 28. ופרקי מן לבוט דן לחציה דקשה וגאלני מזה הלחצים הקשה - א״ג 43. עם קשה קדל עם קשה ערף - שמ לב 9; לג 3, 5; לד 9; דב ט 6, 13. עבדה קשיה עבודה קשה - שמ א 14, ו 9; דב כו 6.

ודביקתון הלא קשיה וחברתם כי קשתה - בר מט 7. **ב** ת״פ *adv.* **קשה roughly** ומלל עמון קשי A וידבר עמם קשות (Joseph) spoke roughly to them - בר מב 7.

**קשיאית** ת״פ *adv.* **קשה roughly** ומלל עמון קשיאית (MB קשית, EC קשיאת, $*M_2$ קשין, $*M_4$ קשיה) וידבר עמם קשות (Joseph) spoke roughly to them - בר מב 7 (המליץ 585 קשיאה). כיו״ב 30 Ⓞ קשיאת).

**קשיו** ש״ע נ *n. f.* **קושי rigour** לא תפלה בה בקשיו $*M_1$ לא תעבד בו בפרך you shall not rule over him with rigor - ויק כה 53.

**קשש**[†] גבעולי תבואה יבשים **straw** [א״י למגבבא קש - **נ** שמ ה 12. **סוא״י** היך מא דקשא - שמ טו 7]

**פעל קושש** עצים או קש. פועל גזור שם **to gather straw or sticks** *denom.* אנון ייזלון ויקששון לון תבן ילכו ויקששו להם תבן let them go and gather straw for themselves - שמ ה 7. גבר מקשש אעים איש מקשש עצים - במ טו 32, כיו״ב 33.

**מקששה** ובדר עמה... למקששה קש ויפץ העם לקשש קש - שמ ה 12.

**קש** ש״ע ז *n. m.* **קש stubble** למקששה קש לקשש קש to gather stubble - שמ ה 12. אכלון כקשה יאכלמו כקש - שמ טו 7.

**קשת**[†] כלי ירייה **bow** [א״י לא בחרבי ולא בקשתי - **נ** בר מח 22]

**קשי** ש״ע נ *n. f.* **קשת bow** [גזירה לאחור מתפיסת התיי״ו של קשת סימן הנקבה. הש׳ בריה מן ברית. זב״ח, ספר בלאו 101. *Backformation, taking the final t as fem. ending; cf. bryt.*] הרחקת כמרמי קשיה (נ״א קשתה) הרחיקב כמטחוי קשת she moved a good way off, about the distance of a bowshot - בר כא 16. ודער במדברה והוה סגי קשיה (נ״א קשתה) וישב במדבר ויהי רבי קשת - בר כא 20.

**קשת** ש״ע נ *n. f.* **1 קשת bow** תלי שבי מניך מרמיתך וקשתך... וצעד לי ציד שא נא כליך תליתך וקשתך... וצוד לי ציד take your gear, your quiver and bow..., and hunt me some game - בר כז 3. ודרת בעמקה קשתה ותשב באיתן קשתו - בר מט 24. ולא חרב ולא קשת ולא רמח - ת״מ 234א. דאנסבת מן אד אמראה בחרבי ובקשתי אשר לקחתי מיד האמרי בחרבי ובקשתי - בר מח 22. הרחקת כמרמי קשת MCB הרחיקה כמטחוי קשת - בר כא 16. ודער בבראה והוה מרמי קשתה A וישב במדבר ויהי רבי קשת - בר כא 20. **2 קשת בענן rainbow** ית קשתי אתן בעננה ותהי לסימן קיאם את קשתי נתתי בענן והיתה לאות ברית I have set My bow in the clouds, and it shall serve as a sign of the covenant - בר ט 13. קיאם עמה קיאמה דקשתה כרת עמו את ברית הקשת (בענן) - אס 26ב.

# ר

ר האות העשרים באלף בית. סימן המספר 200. The twentieth letter of the alphabet. Symbol of the number 200.

**ריש א** ש״ע נ *n. f.* rīš **האות ריש Resh** מכן אמר השירה הזאת ה חמשתי ספריה ש ר שמה רבה י עשרתי מליה על כן אמר ״השירה הזאת״ ה = חמשת הספרים; ש, ר = השם הגדול; י = עשרת הדברים thus he said "hšyrh hz³t" (Dt 31:1), **h** (represents) the Five Books, **šr** the Great Name (šmh rbh), **y** the Ten Words - ת״מ 176ב. זה כ האותות הוא ריש האות העשרים היא ריש - המליץ 589. **ב** שם מספר *numeral* **מאתיים two hundred** ואמר מה עתיד אתי לג אלפין ור וד שנין ואמר מה עתיד לבוא לשלושת אלפים ומאתיים וארבע שנים he said what is bound to come in three thousand, two hundred and four years - אס 20א. בשרוי הדה מלתה וידב ור היא חתמה בתחילת המלה הזאת וידב ור היא סופה - ת״מ 174א, ת״מ (ק) 61א [זב״ח הע׳ 4].

## ראובן

ראובן שם פרטי rē³ūbən *pr. n.*

**ראובן** ש״פ בכור יעקב ראובן - בר מו 8. שם השבט וקנין סגי הוה לבני ראובן ומקנה רב היה לבני ראובן - במ לב 1. לשבט ראובן שמוע בר זכור - במ יג 4. יקום ראובן... ויפרט מלי לבטתה עומד ראובן (על הר עיבל) ופורט את דברי הקללה - ת״מ 138א. והוה משרי ראובן תמן ממערב והיה מחנה ראוהן שם ממערב - אס 17ב.

**ראובנאי** ש״י *gent. n.* אלין כרני ראובנאה (VN ראובנאי) - במ כו 7.

## ראי

ראי ראייה **sight** [עש״ח. בתרגום הוא משורבב מן נ״ש. (NSH (*occurs in* ST *only in* H *interp.*)

**קל 1 ראה to see** וירא יושב ארעה כנענאי ית אבלה E (נ״א וחזה) the Canaanite inhabitants of the land saw the mourning - בר נ 11. וזעק אברהם ית שם אתרה ההוא יהוה יראה A (נ״א יחזי) ויקרא אברהם את שם המקום ההוא יהוה יראה - בר כב 14. דראה מחנה אלהים - ת״מ 86 א. ראו מופתים בים

סוף - ת״מ 58א ועוד הרבה במובאות מן התורה. **2 בדק to examine** וראה אתה כהנה J (נ״א ויחזי יתה, ויעמי יתה) וראה אתה הכהן the priest shall examine him - ויק יג 43.

**הפעיל הראה to show** ויראהו יהוה שבטים the Lord showed him (Abraham) the chastisements (on Egypt) - ת״מ 102ב.

**מראה** ש״ע ז *n. m.* **חיזיון vision** ראשה במראה ותוכה הוה בחלמה ראשיתה בחיזיון ותוכה בחלום its first part was in a vision and its middle part in a dream and the third one as the first - ת״מ 102ב.

**ראו** ש״ע נ *n. f.* **ראייה sight** כל תמה בראות עינה לא במשמע אזנה כל פלא במראה העין ולא במשמע האוזן every wonder (ref. to Dt 4:34f.) was to the sight of the eye, not to the hearing of the ear - ת״מ 87ב. ומאחרי ראות ישראל את המצרים רדו במצלות - ת״מ 88א.

## ראם†

ראם† בעל חיים **an animal** [טלשיר 89. **אכ׳** rīmu .**ס** רימה - LS 727b]

**ראם** ש״ע ז *n. m.* **ראם wild ox** בכור תור משבח לה וקרני ראמן קרניו C (E רמיה) בכור שור הדר לו וקרני ראמי קרניו - דב לג 17.

## ראש

ראש שם פרטי rē³oš *pr. n.*

**ראש** ש״פ ובני בנימים בלע ובכר ואשבאל גרה ונעמן אחים וראש מפים ואפים וארד - בר מו 21.

## רבב

רבב גודל, אדנות ושלטון **greatness, rule, authority** [**א״י** רב מן קדם ייי את בינינן - **נ** בר כג 6. לארבעא ראשי נהרין רברבין - **נ** בר ב 10. **סוא״י** דיהא למין רב וסגי - בר יח 18. תרין נהוריא רברביא - בר א 16. ע״ע רבי] ← מאבק, מריבה **struggle, quarrel** [**א״י** אתרברבת עם מלאכים - **נ** בר לה 29. השי׳ **ע** ׳התעצמ׳]

**פלפל** עבר: רברב - בר לט 4. מקור: למרברבתה (+נסתר) - שמ לב 25. **אתפלפל** עבר: אתרברב - שמ יא 3א A. עתיד: יתרברב - בר לח 11A.מקור: למתרברבה - שמ כט 29. **אתרברב** - במ טז 13. **אתרברבה** - בר מג 18. **רב** råbbå (מיודע) רבה 28. ע״ד ה - rāb - ע״ד ב 10.

רברבים (ר) râbrâbəm - ע״ד ט 1. **רבה** (נ) råbbå - מ א 22. רבתה (מיודע) råbtå - ע״ד י 15. רברבאן (ר) råbrå'bån - ע״ד כא 5. **רבון** råbbon - מ א 60. **רבונה** רבונתיך (+נוכחת) - בר טז 9 $M_1$*. **רבן** - שמ ב 14 A. רבנין (ר) - במ כא 18. **רבנה** - בר טז 8 $M_1$*. **רביב** רביבים - דב לב 2. **רברב** רברבה (+נסתר) - דב ה 20 B. **רברוב** - במ טז 13 m.

**פלפל גידל**† to promote, elevate ואשתקה יוסף רעים בעיני רבה ורברב יתה ואימנה על ביתהE (נ״א ושמש) וימצא יוסף חן בעיני אדניו וישרת אתו ויפקדהו על ביתו Joseph found favor in the sight of his master who promoted him and put him in charge of his house - בר לט 4 [פירש 'וישרת' מלשון שׂר. נושא הפועל הוא 'רבה' ולא יוסף כמו נ״א. בכך מתיישב הפסוק Midr. transl. of *šrt* as a transitive of *šrr*, 'to rule', the subject being *rbh*, 'his master')]

**מרברבה** הלא פרעה אהרן למרברבתה באתריון V (נ״א למשתפתה) כי פרעה אהרן for Aaron had put them להריבו במקומותיהם in disorder, in order to expose them to quarrel them in their places - שמ לב 25.

**אתפלפל 1 גדל**† to grow up תבי ארמלה... סעד יתרברב שלהA (נ״א ירבי) שבי אלמנה... עד יגדל שלה stay as a widow... until Shelah grows up - בר לח 11. **2 נישא** to be exalted ואף גברה משה אתרברב שריר... בחזות שמשי פרעה A (נ״א רבה) וגם האיש משה גדל מאד... Moses himself was much exalted..., among Pharaoh's courtier - שמ יא 3א. ותתרברב מלכותה J (נ״א ותתלי) ותנשא מלכותו - במ כד 7. וכאריה יתרברב (E יתלי) וכאריה יתנשא - במ כג 24. **3 השתרר** to dominate כד תתרברב עלינן (NMA אף אתרברבת) כי תשתרר עלינו you would also dominate us? - במ טז 13. וממה תתרברבון על קהל יהוה (נ״א תתלון = המליץ 523) ומדוע תתנשאו על קהל יהוה - במ טז 3. אתרברבת כשית - המליץ 496 [מן דב לב 15. ליתא]. **3 גבר** to prevail והוה כמה יתלי משה אדיו יתרברב ישראל וכמה יקר אדיו יתרברב עמלק A (נ״א אגבר, גבר, יתגבר) ...וגבר ישראל... וגבר עמלק whenever Moses held up his hand, Israel prevailed; and whenever he lowered his hand, Amalek prevailed - שמ יז 11. **4 התגרה** to contend with ואל תתרברב בה A (נ״א תגיה, תסדר) ואל תתגר בו do not contend with him - דב ב 9, 19. אל תתרברבון בהון אל תתגרו בם - דב ב 5. אל תתרבר‹ב›ון באורעה do not quarrel on the way אל תריבו בדרך $M_2$* - בר מה 24 [פירש תתרגזו, בדומה לאונקלוס: תתנצון .[Int. of ttrgzw as 'quarrel'. Cf. O.

**מתרברבה 1 להימשח** לכהונה to be anointed for priesthood ורקעי קדשה דלאהרן יון לבניו בתרה למתרברבה בון ובגדי הקדש אשר לאהרן יהיו לבניו אחריו למשחה בם the holy garments of Aaron shall be for his sons after him, to be anointed in them - שמ כט 29. **2 לגבור** to prevail אנחנן מתיעלים למתרברבה עלינןE$M_2$* (m לאתרברבה = O) אנחנו מובאים להתגולל עלינו we have been brought inside, to prevail over us - בר מג 18.

**אתרברב**† ש״ע ז *n. m.* **התנשאות** boasting כד תתרברב עלינן אף אתרברב (NM אף אתרברבת) כי תשתרר עלינו גם אשתרר you would also dominate us? - במ טז 13.

**אתרברבה**† ש״ע נ *n. f.* **השתררות** prevalence לאתרברבה עלינן m להתגולל עלינו to prevail over us - בר מג 18 [מקור ע״פ אונקלוס. .[Inf. interp. from O

**רב א** ש״ע ז *n. m.* **1 גודל** greatness וקבל צלותן מנן ברב חסדך וקבל תפילתנו ממנו hearken to our prayer in the בגודל חסדך greatness of your grace - ע״ד ה 28. גברת סניה כפתה ברב חילך גבורת השונאים הכנע ברוב חסדך - ע״ד כז 12-13. וברב אדרעך אשדכה כאבן ובגדול זרועך ידמו כאבן - שמ טו 16. ומרב דחלתה ערק משה ומגודל הפחד ברח משה - ת״מ 12א. **2 אדון, שר** chief, master הוי רב לאחוך היה גביר לאחיך be master over your brothers - בר כז 29. שלחותי ואיזל ליד רבי שלחוני ואלכה אל אדני - בר כד 56. לא אשתיר לקדם רבן בלוד אם גויתנן J (נ״א רבי) לא נשאר לפני אדני בלתי אם גויותינו - בר מז 18 [ad sensu]. ועבדון רברבין על כל בניו ועשאם נגידים על כל בניו - אס 7ב. בתארים רשמיים in official titles רב אפיה שר האופים - בר מ 2, 20. רב בית אסורה שר בית הסהר בר לט 21, 22. ופיכל רב חילה ופיכל שר צבאו - בר כא 32. **ב** ש״ת *adj.* **גדול** great ולית כתב רב כותך ואין ספר גדול כמוך (התורה) there is no book as great as you (the Torah) - מ כ 3. נסגי תשבחן לאלה רב נרבה תשבחות לאל גדול - מ יד 95. תמה רב שריר פלא גדול מאוד - ת״מ 223ב*. ארתי נפשהתן בטובך רבה חון את נפשותינו בטובך הגדול - ע״ד ב 9-10. סיאגים רברבים גדרות גדולים - ע״ד ט 1. וכתש יהוה ית פרעה כתושים רברבים וינגע יהוה את פרעה נגעים

גדולים - בר יב 17. **דחלה רבה** דבעלמה מורא גדול שבעולם - מ א 22. **וצנק יתה ביכלו רבה** ונעל אותו ביכולת גדולה - ת״מ 285א. **למתן זעורתה לקדם רבתה** לתת הצעירה לפני הבכירה - בר כט 26. **ורסן היא קרתה רבתה** ורסן היא העיר הגדולה - אס 38ב. **ארבע עקובאן רברבאן** ארבעה כינויים גדולים - ע״ד כא 5. **בגיל elder** עשו ברה רבה עשב בנו הגדול his older son Esau -בר כז 1. **שם רבתה לאה** שם הגדלה לאה - בר כט 16.

**רבה** ש״ע נ *n. f.* **1 ריבוי abundance** וכל נשמה ליגע וכל רבה למתי מספר וכל מנוחה תהיה לידע וכל ריבוי יהיה למתי מספר every rest (will change into) toil and every abundance to paucity - ת״מ 233ב [זב״ח הע׳ 1]. **2 גברת mistress** מקדם שרי רבתי אנה חקרת מפני שרי גברתי אנכי ברחת I am running away from my mistress Sarai - בר טז 8. **עזרי ליד רבתיך** שובי אל גברתיך - בר טז 9.

**רבבה**† ש״ע נ *n. f.* [כתיב אחר של רבוה. *Alternative* **רבבה** [*spelling of rbbh; see LOT* V, § 1.1.4.1 **ten thousand** ומאה מנכון רבבה ירדפון C ומאה מכם רבבה ירדפו a hundred of you shall give chase to ten thousand - ויק כו 8. **עזרה** יהוה רבבות אלפי ישראל V - במ י 36. **אנון** רבבת אפרים C - דב לג 17.

**רבון** ש״ע ז *n. m.* [**א״י** ורבון על כל רבוניא - **נ** שמ יח 11] **אדון master** משה רבון דנבייה משה אדון הנביאים Moses, the master of the prophets - מ א 60, ת״מ 192ב. **רבון דשלמי זכותה** אדון שלומי האמונה - מ טז 7. **אה שבי רבוני אסטו שבי** לבית עבדכון הנה נא אדוני סורו נא... - בר יט 2. **ועלת אשבהותון לרבון** A (נ״א ליד האלהים) ותעל שועתם אל האלהים - שמ ב 23.

**רבונה**† ש״ע נ *n. f.* [**א״י** חזרי לוות רבונתיך - **נ** בר טז 9] **גברת mistress** עזרי ליד רבונתיך $*M_1$ שובי אל גברתך - go back to your mistress - בר טז 9.

**רבן** ש״ע ז *n. m.* [היחיד בא רק באה״ש המאוחרת. גזור מן הריבוי רבנין. זב״ח עואנ״ש ג/ב 37-38. *The sg. is a backform from the pl. rbnyn, the normal* **רב, שר** [*sg. being rb, see LOT* IIIb, 37-38. **master, chief** מן שותך לגבר רבן ולדיאן $*M_1A$ (נ״א רב) מי שמך לאיש שר ולשופט - who made you chief and judge? - שמ ב 14. **שמקנן** רבני $*M_1$ (נ״א רבי) שמענו אדוני - בר כג 6. **רבן** ואשבעני רבני A (נ״א רבי) - בר כד 37. **רבן** תימן רבן אמר רבן צפו רבן קנז A (נ״א רב,

רבה) - בר לו 15 ועוד. **רבן יעקב** A אביר יעקב - בר מט 24. **צידנאי זעקו לחרמון רבאן** C (VE רבן, B רבנן, המליץ 597 **רבנין**) צדנים יקרו לחרמון שרין - דב ג 9 [דרוש מיוסד על הקריאה šārən = שׂרים. ע׳ זב״ח בהמליץ שם]. **באר חפרוה רבנים** באר חפרוה שרים - במ כא 18. **לאשגרנך בחדו ברבנים בדפה ובזמרה** mEBA (C ברבנין) ואשלחך בשמחה ובשרים... - בר לא 27 [תפס שׂרים].

**רבנה**† ש״ע נ *n. f.* **גברת mistress** מקדם שרי רבנתי אנה ערקה $*M_1$ מפני שרי גברתי אנכי ברחת I am running away from my mistress Sarai - בר טז 8.

**רביב**† ש״ע ז *n. m.* **בהמה דקה small cattle** [מעניין הגידול, כמו רביה (ע״ע רבי). **סוא״י** רביבא = רחל - ישע נג 7. טלשיר 191] **כצפירים עלוי יאר וכרביבים עלוי עסב** V׳ (נ״א וכטביים, וכטלין) - like goats upon grass, and lambs upon herbs דב לב 2.

**רברב א**† ש״ע ז *n. m.* [היחיד גזר לאחור מן רברבין שהיחיד המצוי שלו הוא רב *The sg. is a backform* **1** *from the pl. rbrbyn, the normal sg. being rb*] **גודל greatness** חזינן יהוה... ית כבודה וית רברבה B (נ״א רביאנה, רבותה) הראנו יהוה... את כבודו ואת גדלו the Lord... has shown us his glory and greatness - דב ה 20 (A מביאו בשמ כ 15). **2** [מן אונקלוס O - ריבוי של רב] **נשיא prince, chief** תרי עסר רברבין יולד m (נ״א נסיאים) שנים עשר נשיאים יוליד he shall beget twelve princes - בר יז 20. **ושאל ית רברבי פרעה** m (נ״א סריסי) - בר מ 7 וכיו״ב במ ז 2, טז 2. ש״ת רק בריבוי **ב** ש״ת *adj.* **גדול great** **ואוזף** עוד בלק שלח שלחין רברבין N (נ״א סגים) ויוסף עוד בלק שלח שליחים רבים Balaq sent other dignitaries, more numerous - במ כב 15. רברבין תעבד לך על ארבע סטרי כסותך VB גדלים תעשה לך על ארבע כנפות כסותך - דב כב 12 [תרגום מיכאני: גדולים .*Mechanical transl*].

**רברבנין**† ש״ע ז, ריבוי של רב *n. m. pl. of rb* **שר officer, chief** ורגז פרעה על תרי רברבניו $M_5$ (נ״א סריסיו) ויקצף פרעה על שני סריסיו - Pharaoh was angry with his two officers - בר מ 2. טטה אתבהלו רברבני אדום N (נ״א רבני) אז נבהלו אלופי אדום then the chiefs of Edom were dismayed - שמ טו 15.

**רברוב**† ש״ע ז *n. m.* **התנשאות domination** כד תתרברב עלינן אף רברוב m כי תשתרר עלינו גם השתרר - במ טז 13.

†רבטט שם פרטי *pr. n.*

**רבטט** ש״פ פרעה בר גוטיס בר אטיסס בר רבטט בר גוסיס... - אס 13ב.

רבי גידול: באדם, בבהמה, בממון **growth** (in age, possession, etc.) [א״י ותלד ואנה ארבי - **נ** בר ל 3. **סוא״י** רבו וסגו - בר א 22. ע״ע רבב]

**קל** עבר: רבה - בר לח 14. עתיד: וירבי wyirbi - ע״ד ו 9. ציווי: ורבה - בר לה 11 C. בינוני: רבה - במ יב 3. **פעל** עבר: רבה rắbbå - ע״ד כד 79. רבת (נסתרת) - ת״מ 288ב. עתיד: וירבי - שמ ז 28 $*M_1$ (מן אונקלוס O). ירבנך (+נוכח) yərabbinnåk - א״ח 74. בינוני: מרבי amråbbi - ע״ד ט 35. פעול: מרבי - ויק כא 20. מקור: למרבאה - ת״מ (ק) 68א. מרביה - ת״מ 283ב. מרבי (!) - ת״מ 120א. **אִתְפַּעַל** עבר: אתרבי itråbbi - ע״ד כ 15. עתיד: יתרבי yitråbbi - מ כה 15. בינוני: מתרבי mitråbbi - מ א 53. מקור: למתרבאה - שמ כט 29 NECA. **רבאה** - ת״מ 180א. **רבאי** - ויק כה 36 EC (=המליץ 614). **רבו** rəbu - מ ה 21. **רבו(א)ה** - בר כד 60. רבואן (ר) - ויק כו 8 NMB. רבואת (מיודע) rəbuw'wât - מ יז 164. **רבי** - שמ ב 6. **רביו** כרביותה (+נסתרת) - ויק כב 13. **רבי(א)ן** - ת״מ 255ב, רביאנך rabyânåk - ע״ד כד 2. **רביאנו** כרביאנותה (+נסתר) - בר מג 33. **רוב** רוביה (ריבוי מיודע) - בר כא 15. **תרבו** בתרבותך - ת״מ 141א. תרבות - המליץ 614. **תרבי** ותרבי - ויק כה 37 M (המליץ 614: ובתרבית). **תרביו** ותרביו - ויק כה 37 $*M_{ex}$.

**קל 1 גדל, בגר to grow up** כד חזת הלא רבה שלה כי ראתה כי גדל שלה she saw that Shelah was grown up - בר לח 14. ורבה ואנדיתה ליד ברת פרעה ויגדל ותביאהו אל בת פרעה - שמ ב 10, אס 15ב. בבית פרעה רבית בבית פרעה גדלתי - ת״מ 14א. **2 נישא, נתעלה מעמדו to be exalted** וירבי נביה ויגדל הנביא the prophet was exalted - ע״ד ו 9. מן שלמות עובד ירבי מלוכה משלמות מעשה יתגדל בעליו - ת״מ 303א. ואישה משה רבה שריר J (נ״א חיול, כנגד נ״א כני, ענו) והאיש משה ענו מאד - במ יב 3. **3 נתגדל על זולתו to be preeminent** אחיו זעורה ירבי מנה אחיו הקטן יגדל ממנו his younger brother shall be preeminent over him - בר מח 19. ורבה גברה ואזל ורבה עד הלא רבה שריר וילך האיש הלך וגדל עד כי גדל מאד - בר כו 13. וכהנה דרבה מן אחיו דאתרק על רישה משח רבותה והכהן הגדול מאחיו אשר יוצק על ראשו שמן המשחה - ויק כא 10. **4 נעשה מרובה to increase** *intrans.* פרי ורבה גוי וקהל גוים יהי מנך C פרה ורבה גוי וקהל גוים יהיה ממך be fruitful and multiply; a nation and an assembly of nations - בר לה 11. shall come from you

**פעל 1 גידל to raise** רבת בניה בבטניה גידלה את הבנים בבטנים it raised the children in the wombs - ת״מ 288ב. דאתה ברה והיא לך רבת שאתה בנה והיא אותך גידלה - ת״מ 137ב. בניה דרבית יתון הבנים שגידלתי אותם - ת״מ 304ב. וירבי נהרה ארדענים $*M_1$ ושרץ היאר צפרדעים - שמ ז 28. **2 גידל מידותיו to increase** *trans.* מרבי אשכו (נ״א מרוח = המליץ 510) מרוח אשך with dilated testicle - ויק כא 20 [תפס מ+רוח, מעין amråb'bā. אבל הקריאה mâ'rū ראה ספר מורג, עמ׳ 95. *Int. as from rwḥ with prefix m.*] ותרבי חסדך ותגדל חסדך - בר יט 19. **3 העלה את מעמו to promote, exalt** ומרה דכלה מרבי לון ואדון הכול מגדל אותם the Master of all promotes them - ע״ד ט 35. חכמה מרביה אלופה חכמה מגדלת את לומדה - ת״מ 141א. ורבה ליעקב ואצלח ליוסף וגידל את יעקב והצליח את יוסף (God) exalted Jacob... - ת״מ 117ב. רבה לבר ביתה גידל את בן ביתו - ע״ד כד 79. **4 הילל, פאר to praise** מן ירבנך לפם דו רביאנך מי יגדלך לפי גאונך? who will praise You according to Your greatness - א״ח 74. נודי ונסגד ונרבי נודה ונשתחווה ונהלל - ע״ד יט 2. נרבי למרן ונרכן קדם גדלה נהלל את אדוננו ונקוד לפני גדלו - ת״מ 183ב. **5 משח to anoint** לעבודת המשכן ותרבי ית מדבח עלתה $*M_2$ ומשחת את מזבח העולה you shall anoint the altar of burnt offering - שמ מ 9. ותרבי יתון כמה דרבית ית אבהון $*M_2$ ומשחת אתם כאשר משחת את אביהם - שמ מ 15.

**מרב(א)ה** עסרתי אקריה דאגלו בבראשית קעמו למרבאה עסרת היסודות שנבראו ב״בראשית״ קמו להלל - ת״מ (ק) 68א [ש: לרבאה - 180א]. ארבעה גונין אצטמתו למרבה יתה ארבעה מינים נתקבצו לגדלו - ת״מ 81ב. אתחזי בסימנין בדיל מרבהתך איראה באותות כדי לגדלך - ת״מ 212א.

**מרבי** ארשה משה מרבי מלוכה ציווה משה לגדל את האוחז בו - ת״מ 120א.

**מרביה** קשטה נגד לה מים חיים מרביה לרוחה קשטה משך לו מיים חיים מגדלים את רוחו - ת״מ 104ב. כד אשמע אלה קלה בטור סיני מרביה למשה ומעמי שלמותה כאשר השמיע אלוהים את קולו... לגדל את משה ולהראות את שלמותו - ת״מ 283ב.

**אֶתְפַּעַל 1 בגר to grow up** כד הוה טלי

אתרבי בחכמה כשהיה נער, גדל בחכמה when (the Taheb) was young, he grew up in wisdom - ת״מ 242א. הן לא יתרבה ריקן מן חכמתה כדי שלא יגדל ריק מן החכמה - ת״מ 157א. ילידה דאתרבה באדי תרביה חסידה הילד שגודל גידול נאה - ת״מ 279ב. **2 נתעלה מעמדו to be exalted** ואף הוא יתרבי וארום אחוה זעורה יתרבי מנהA וגם הוא יגדל ואולם אחיו הקטן יגדל ממנו he too shall be exalted, yet his younger brother shall be exalted more than he - בר מח 19. ומן מדמי למשה דאתרבה על כל מינה דאדם ומי דומה למשה שנתגדל על כל מין האדם - ת״מ 244ב. **3 נשתבח to be praised** ובתר מותה אתרבי ואחרי מותו נשתבח (יוסף) (Joseph) was praised after his death - ע״ד כ 15. יתרבי אלה דכן עבד ישתבח האל שכך עשה - מ כה 15. לילי דלית מתרבי לגוה דמוכה במרטוש חיול לילה שאין מתהלל בו, הישן בו (הוא) במצוקה גדולה - מ א 54-53. תשתבח תתרביתשתבח, תתהלל - ע״ד כו 85.

**מתרבאה** ורקעי קדשה דלאהרן יהון לבניו למתרבאה בון NECA ...למשחה בם - שמ כט 29.

**רבאה**† קעמו תמן לרבאה עמדו שם להללו - ת״מ 180א (ק: למרבאה).

**רב(א)י**† ש״ע ז *n. m.* **ריבית interest** אל תסב מן עמה כפול ורבאי EC (נ״א ורבי) לא תקח ממנו נשך ותרבית take no usury from him or interest - ויק כה 36. ית כספך לא תתן לה בכפול וברבאי E (C וברביע, נ״א וברבי) את כספך לא תתן לו בנשך ובתרבית - ויק כה 37.

**רבו** ש״ע נ *n. f.* **1 גדולה greatness** גלה בעלמה רבות ישראל גילה בעולם את גדולת ישראל - it revealed to the world the greatness of Israel ת״מ 86א. כל רבו ושלטנו רביאנך רב מכן כל גדולה ושלטון, גאונך רב מכן - מ ח 44-43. אה רבו רבה אה שלטנו יתרה הנה גדולה רבה, הנה שלטון יתר - ת״מ 275ב. **2 תהילה praise** וסגדו כהלון ואמרו תשבחן ורבואן לאלה והשתחוו כלם ואמרו תשבחות ותהילות לאל they all bowed and said hymns and praises to God - ת״מ 19א. הא מגעז יומה קדישה אלא ברבואן ובתשבחן ובאיקר הנה מה (=לא?) עבר היום הקדוש אלא בתהילות ובתשבחות ובכבוד - ננה 13-14. והבו רבו לאלהנו והבו גודל לאלהנו - מ ה 21 מן דב לב 3. **3 משיחה anointing** for worship לעבודת המשכן ונסב משה ית משח רבותה ויקח משה את שמן המשחה Moses took the anointing oil - ויק ח 10. דה רבות אהרן ורבות בניו זאת משחת אהרן ומשחת בניו - ויק ז 35.

**רבוה**† ש״ע נ *n. f.* **רבבה ten thousand** ומאה מנכון רבוה ירדפון EA) רבואה, NMB רבואן, C רבבה!) ומאה מכם רבבה ירדפו a hundred of you shall give chase to ten thousand - ויק כו 8. ותרין יערקון רבואן ושנים ירדפו רבבה - דב לב 30. את הוי לאלפי רבוה ($M_1$* רבואה, MCB רבואן) את היי לאלפי רבבה - בר כד 60 [התה״ע: ربوة]. ואעת רבואת קדשה עמה וירד ורבבות הקדש עמו - מ טז 164.

**רבוי** ש״ע ז *n. m.* **פיאור, שבח** בכותרות לפיוטים **exaltation** *in headlines of liturgical pieces* עורן כן רבוי על גלות כתבה כיוצא בזה רבוי על גילוי ספר התורה - Cow 56.

**רבי, 1** ש״ע ז *n. m.* **נער youngster** (male) ואה רבי בכי והנה נער בכה lo, there was a youngster crying - שמ ב 6. מובא גם באס 15א. ותמן עמנן רבי עבראי ושם עמנו נער עברי - בר מא 12. הלא עבדך ערב ית רביה כי עבדך ערב את הנער - בר מד 32. ורבו רביה ויגדלו הנערים - בר כה 27. **2** ש״ע נ *n. f.* **נערה youngster** (female) נזעק לרביתה ונשול ית פמה נקרא לנערה ונשאל את פיה let us call the girl and ask for her reply - בר כד 57. צבעת רביתה... ולית מפצי לה צעקה הנערה... ואין מושיע לה - דב כב 27. וקעמת רבקה ורביאתה וארכבי על גמליה ותקם רבקה ונערותיה... - בר כד 61.

**רבי₂** ש״ע נ [כתיב אחר של רבאי?] *Alternative* **ריבית interest** *n. f.* [*spelling of rb'y?* אל תסב מן עמה כפול ורבי (נ״א ורבאי) לא תקח ממנו נשך ותרבית take no usury from him or interest - ויק כה 36. ית כספך לא תתן לה בכפול וברבי (C וברביע, נ״א וברבאי) את כספך לא תתן לו בנשך ובתרבית - ויק כה 37.

**רביו** ש״ע נ *n. f.* **נעורים youth** ועזרת לבית אבוה כרביותה ושבה לבית אביה כנעריה she - is back in her father's house as in her youth - ויק כב 13. ונטל יעקב ברביותה A וישא יעקב בנעוריו - בר כט 1 [דורש 'רגליו']. הלא יצר לב אנשה ביש מרביותה כי יצר לב האדם רע מנעריו - בר ח 21.

**רבי(א)ן** ש״ע ז *n. m.* **1 גדולה greatness** ומשה ברך ברכה כהלה רבין ומשה בירך ברכה כלה גדולה Moses blessed a blessing full of greatness - ת״מ 255ב. רבין משה יתר על כל אנש גדולת משה יתרה על כל אדם - ת״מ 269ב. מן ישום רביאנך מי יעריך את גדולתך - ע״ד כד 2. אחזיאנן יהוה ית כבודה וית רביאנה הראנו יהוה את כבודו ואת גדלו - דב ה 20. וברבין אדרעך שנקת מרגזיך B וברב גאונך תהרס קמיך - שמ טו 7. **נגיד**[†] **2** **master** הוה רבין לאחוך A ($M_2$ רבון) הוה גביר לאחיך be master over your brothers - בר כז 29.

**רבי(א)נו**[†] ש״ע נ *n. f.* **בכירה** **seniority** ויתבו לקדמיו רבה כרביאנותה וזעורה כזעורנותה וישבו לפניו הבכור כבכירתו והצעיר כצעירתו they were seated before him, the oldest in the order of his seniority and the youngest in the order of his youth - בר מג 33.

**רוב**[†] ש״ע ז *n. m.* **שיח** = גידול *i. e.* **bush** growth) וארמת ית ילידה תחת חד רוביה ($*M_1$ חרוביה (ואולי הוא הוא)... תחת אחד she cast the child under one of the השוחים bushes - בר כא 15.

**תרבו**[†] ש״ע נ *n. f.* **טיפוח** **brood** תרבות גברים חיבים VN'C תרבות אנשים חטאים a brood of sinful men - במ לב 14 (=המליץ 614). הקעומין בתרבותך ואף במילפך (הלב והשכל) מכלכלי גידולך ואף לימודך the establishers of your fostering and your teaching - ת״מ 141א.

**תרבי**[†] ש״ע נ *n. f.* **1 טיפוח** **brood** תרבית גברים חיבים תרבות אנשים חטאים a brood of sinful men - במ לב 14. ידע אנה דאנון תרביתה דמצראי יודע אני שהם גידול המצכים (=גדלו במצרים) - ת״מ 9א. **2 ריבית** **interest** ית כספך לא תתן לה בכפול ותרבי M את כספך לא תתן לו בנשך ותרבית you shall not lend him your money at usury or interest - ויק כה 37.

**תרביה**[†] ש״ע נ *n. f.* **טיפוח** **brood** ילידה דאתרבה באדי תרביה חסידה ילד שגודל גידול נאה the child who grew up by my care, in an excellent brood - ת״מ 279ב.

**תרביו**[†] ש״ע נ *n. f.* **ריבית** **interest** ית כספך לא תתן לה בכפול ותרביו $M_{ex}$... בנשך ותרבית you shall not lend him your money at usury or interest - ויק כה 37.

**רביד**[†] תכשיט לצואר **chain, necklace** [מן העברית H]

**רביד** ש״ע ז *n. m.* **רביד** **chain** ושבה רביד דהב על צברה (נ״א גימון)... וישם רביד זהב על צווארו (Pharaoh) put a gold chain about his neck - בר מא 42.

**רבע**[1] חנייה ורביצה **lying down** [א״י ואמהון רביעה על גוזלייה - נ דב כב 6. **סוא״י** וירבעון עם אברהם... במלכותא דשומיא - מתי ח 11] ← הזדווגות **mating** [השי' דמ״ך היוצא לשכיבה ולהזדווגות כאחד. **א״י** בערכון לא תרבעון כלאים - נ ויק יט 19. **סוא״י** ברכתא דתדיא ומרבעא = ברכות שדים ורחם - בר מט 25]; עפר הארץ **dust** [**סוא״י** רבוח מן ארעא = עפר מן האדמה - בר ב 7]

**קל** עבר: ורבעת (נסתרת) - במ כב 27. עתיד: וירבעון - דב כט 19. בינוני פעול: רבע - שמ כג 5, רביע - בר מט 25 V. רבעים (ר) - בר כט 2. פעול: רביע - בר מט 9 A; רבי - במ כד 9 BA. רביעין (ר) - בר כט 2 C. **מרבע** (מקור) - ויק כ 16; ש״ע - במ כג 10. **רבוע** - בר יח 27.

**קל**[†] **רבץ, שכב** **to lie down** וחזת אתנה... ורבעת תחת בלעם... ותרבץ תחת בלעם the ass saw ... and lay down under Balaam - במ כב 27. רבע בין כרניה רבץ בין המשפתים - בר מט 14. רבע תחת מסבלה (ECB רבי, V רביע) רבץ תחת משאו lying under its burden - שמ כג 5. רביע כאריה A (נ״א רבי) רבץ כאריה - בר מט 9. רבי כמו אריה BA (נ״א דמך) - במ כד 9. ואמהיתה רביעה על אפרחיה והאם רבצת על האפרחים - דב כב 6. תלתה עדרי עאן רבעים עליה (C רביעין) שלשה עדרי צאן רבצים עליה - בר כט 2. בהשאלה *fig.* וירבעון בה כל לבטה ורבצו בה כל האלה - דב כט 19.

**מרבע שכיבת זרע** **to mate** ואתה לא תקעם לקדם בהמה למרבעה (MECBA למרבע) ואשה לא תעמד לפני בהמה לרבעה let no woman lend herself to a beast to mate with it - ויק יח 23. ואתה דתקרב לכל בהמה למרבע עמה (A למרבעה) - ויק כ 16.

**מרבע**[†] ש״ע ז *n. m.* **אבק** **powder** מן עפר יעקב מניאן מרבע ישראל מעפר יעקב מספר אבק ישראל from the dust of Jacob, the number of the powder of Israel - במ כג 10.

**מרבעת**[†] ש״ע נ *n. f.* **אבק** **powder** מן עפר יעקב מניאן מרבעת ישראל N (B מרבעאת) מעפר יעקב מספר אבק ישראל - במ כג 10 [ע' לעיל].

**רבוע**[†] ש״ע ז *n. m.* **אבק** **powder** ואנה קטם ורבוע $M_2A$ (נ״א וקטם, ובטול) ואנכי אפר ועפר I who am but ashes and dust - בר יח 27 [נ״ש אינו מבחין: *No distinction in* SP ʿâfâr wâfâr].

והא תלתה סלין רבוע על רישי $M_2A$ והנה שלשה סלי חרי על ראשי in my dream: there

- were three baskets of powder (?) on my head בר מ 16 [התה"ע حوارى = SAV white flour].

**רבע**[†] ש"ע ז *n. m.* **אבק powder** מן מני עפר יעקב ומן מתני רבע ישראל C (E רבעה) מי מנה עפר יעקב ומספר מרבעת ישראל who can count the dust of Jacob, and who can tell of the powder of Israel? - במ כג 10.

**רבי** ש"ע נ *n. f.* **עפר dust** שיעלה מרירה עד מותר מוקדה ודריה ורביתה קעמה שאילה מרה עד מאוד, שורפת· וזורה, ועפרה קיים an exceedingly bitter lending, it burns and scatters (but) its dust remains - ת"מ 49א [זב"ח הע' 4].

**רבע**[2] ש"מ *numeral* ארבע, החלק הרביעי **four,** **fourth** ← פינה, קצה **end, extremity** [השי' פנמו ב, שורה 14: רבעתארק - KAI No. 215. **א"י** ארבע מאה ותלת שנין - **נ** בר יד 15. **סוא"י** מן ארבעיתא כנפיה דארעא - ישע יא 12]

**ארבע** arba - ע"ד כא 5-6. **ארבעה** - שמ לו 36. ארבעת (נסמך)arbat - מ ב 17. ארבעתת (נסמך) - במ ז 7 (נ"א ארבעתי). **ארבעים** arbīm - מ כג 6. **ארבעסר** - בר לא 41. **ארבעסרי** - בר יד 5. **ארבעתי** ארבעתיתה (מיודע) - ת"מ 272א. **רביעי** - בר טו 16. רביעיה - (מיודע) - ת"מ 272א. רביעיתה (נ) - ת"מ 234ב. **רבע** רבח - ויק יט 9 $M_1$. **רבעו** רבעות (נסמך) - במ כח 7. **רבעה** - רבעת ( נסמך)rē'bāt - מ ב 17.

**ארבע** ש"מ מונה מותאם לנקבה *cardinal number* במעמד ש"ת *adjectival* **ארבע four** *with f. nouns* ארבע עקובאן רברבאן אשבתה דכרנה אשמחה וזימון קדש ארבעה כינויים גדולים (לראש החודש השביעי): שבתון, זיכרון, תרועה ומקרא קודש four great names - ע"ד כא 5-6. ותתן ית עסקיה על ארבע פואתה ונתתה את הטבעות על ארבע הפאות - שמ כה 26. וארבע מון גבר עמה וארבע מאות איש עמו - בר לב 7. וארבע עאנין תחת נקיה וארבע צאן תחת השה - שמ כא 37. לזכר *masculine* צורתה דאדם... מן ארבע אקרים הוקמת דמותו של אדם... מארבעה יסודות הוקמה - ת"מ 182ב. במעמד ש"ע *substantival* דמהלך על ארבע ההלך על ארבע - that walk on fours - ויק יא 21.

**ארבעה** ש"מ מונה מותאם לזכר *cardinal number* במעמד ש"ת **ארבעה four** *with m. nouns* *adjectival* ארבעה עמודי שטים ארבעה עמודי שטים four posts of acacia wood - שמ לו 36. עסרים וארבעה פרים - במ ז 88. עמי אקרי מיה איך אתפלג ארבעה פלגים ראה את יסודות המים איך נחלקו לארבעה חלקים - ת"מ 183א.

ארבעת רבעת עלמה ארבעת רבעי העולם - מ ב 17. ארבעה צלמין ארבעה צלמים - אס 6א. בהכפלת ציון הנסמך *with doubled cstr. marker* וית ארבעתת תוריה יהב לבני גרשון (NA ארבעת) ואת ארבעת הבקר נתן לבני גרשון - במ ז 7. וית ארבעתת עגלאתה... יהב לבני מררי (A ארבע, N ארבעת) ואת ארבעת העגלות נתן... - במ ז 8.

**ארבעתי** נסמך לש"ע מיודע *cstr. with det. n.* ארבעתי ארשיה ארבע היסודות the four elements - ת"מ 271א. וארבעתי אקריה דגדל בון אדם וארבעה היסודות שגדל בהם אדם - ת"מ 281ב. ארבעתי תוריה MECB ארבעת הבקר - במ ז 7. ארבעתי עגלאתה MECB ארבעת העגלות - במ ז 8.

**ארבעתי** ש"ע נ *n. f.* **רביעייה** קבוצה של ארבעה **group of four** ועמי ארבעתיתה דגדלת צורתה וראה את הארבעה אשר גידלו את הדמות (=היצר, העניין, המחשבה והסוד) see the four who exalted the image - ת"מ 272א. ארבעתיתה דמן סולהתה אקימון על טורה דעיבל הארבעה (=השבטים) ש(נולדו) מן השפחות, העמידם על הר עיבל - ת"מ 122א. וארבע‹ת›יתה דאתעבדו ביכולה גדלה והארבעה (=הנסים) שנעשו ביכולת גדולה - ת"מ 83ב.

**ארבעסר** ש"מ מונה *cardinal number* **ארבעה עסר/ארבע עשרה fourteen** שמשתך ארבעסר שנה בתרתי בנאתך (A ארבע עסר, ECB ארבע עסרי) עבדתיך ארבע עשרה שנה בשתי בנתיך I served you fourteen years for your two daughters - בר לא 41. כל נפש ארבעסר (VB ארבעסרי,CA ארבעה עסרי, E ארבע עסרי) - בר מו 22. ארבעסר יום לירחה (ECA ארבע עסר, B ארבעה עסר) - שמ יב 6.

**ארבעסרי** ש"מ מונה *cardinal number* **ארבע עסרי fourteen** ובארבעסרי שנה אתה כדר לעמר (C ובארבע עסרי, A ובארבע עסרה) ובארבע עשרה שנה בא כדר לעמר in the fourteenth year came Chedorlaomer - בר יד 5.

**ארבעים** ש"מ מונה *cardinal number* **ארבעים forty** ארבעים ימים עמד נביה צעם על טורה ארבעים יום עמד הנביא, צם על ההר forty days stayed the prophet on the mountain fasting - מ כג 6-7. ואטעון במדברה ארבעים שנה - במ לב 13. והוה עשו בר ארבעים שנה - בר כו 34. ארבעים קרב עבד אלה ארבעים מלחמות עשה האלוהים - ת"מ 286ב.

**רביעי** ש״מ סודר *ordinal number* **רביעי** ודרה רביעה יעזר אכה ודור הרביעי **fourth** ישוב הנה the fourth generation shall return here - בר טו 16. וביומה רביעאה פרים עסרה וביום הרביעי... - במ כט 23. זבנה רביעיה הפעם הרביעית - ת״מ 272א. על בנים ועל תליתאים ועל רביעים על בנים ועל שלישים ועל רביעים - במ יד 18 [נתמזגה הגייתה עם המספר הסודר בארמית rēbiyyâ'əm]. ובשתה רביעיתה יהון כל פריו קדש ובשנה הרביעית... - ויק יט 24. מלתה רביעיתה - ת״מ 234ב.

**רבעו** ש״ע נ *n. f.* **רביע** **fourth part** ונסוכה רבעות הינה ונסכיו רבעית ההין the libation with it shall be a quarter of a hin - במ כח 7. ורבעות הינה לאמרה חדה ורבעית ההין לכבש האחד - במ כח 14.

**רבע**† ש״ע ז *n. m.* **1 פינה, קצה** **edge** לא תסכם רבח חקלך $M_1$ (נ״א פאת) לא תכלה פאת שדך you shall not reap all the way to the edges of your field - ויק יט 9.

**רבעה**† ש״ע נ *n. f.* **פינה, קצה** **extremity** ארבע רבעת עלמה ארבעת כנפות העולם the four ends of the world - מ ב 17, ת״מ 85ב, 90א, 266א. כל רבעת עלמה כל כנפות הארץ - מ ז 43. מדו ברבעתה הוא בחשבהמה שהוא בפנות (העולם) הוא במחשבה - ת״מ 274א. ופתאי דארתה לרבעת מדנעה B ורחב החצר לפאת קדמה - שמ כז 13 וכיו״ב לו 15. נגד קל ברוח מכל רבעתה מושך קול ברוח מכל <ארבע> הכנפות - אס 26ב. והוה נורה מתעמי לד רבעתה והיה אורה נראה לארבע כנפות (הארץ) - אס 9א.

**רבע³** שם פרטי rēba *pr. n.*

**רבע** ש״פ וית מלכי מדין קטלו... ית אוי וית רקם וית צור וית חור וית רבע - במ לא 8.

**רבץ¹**† חנייה ושכיבה **lying down** [מן העברית H]

**קל רבץ** **to lie down** כביש רבץ כאריה E he crouches, (נ״א רבע, רבי) כרע רבץ כאריה lies down like a lion - בר מט 9. ורבצת תחת בלעם C (נ״א ורבעת) ותרבץ תחת בלעם - במ כב 27.

**רבץ²**† כלכלה והספקה **supply** [השי׳ rābīṣu = פקיד באכדית (עואנ״ש א 132, הערה), והפועל גזור שם *Denom. from Akkadian rābīṣu, 'officer'* - AHw 935. Cf. *LOT* I, 132 n.]

**פעל ? כלכל** **to provide** ורבצו לנן מתמן ונתוחי A (נ״א ומורו, ומירו) ושברו לנו משם ונחיה provide (food) for us there, that we may live and not die - בר מב 2. ורבצו לנן צבצוב רבוץ A (נ״א ומורו, ומירו) ושברו לנו מעט אכל - בר מד 25.

**רבוץ** ש״ע ז qāṭōl *n. m.* **מכלכל** **provider** והוא רבוץ לכל עממי ארעה A והוא המשביר לכל עמי הארץ it was he (Joseph) the provider to all the peoples of the land - בר מב 6.

**רבוץ, רבוס** ש״ע ז qiṭṭūl *n. m.* **כלכלה** **supplies** ועללו ברבוץ צרכן בתיכון A והביאו את שבר רעבון בתיכם bring home supplies for your starving households - בר מב 19 [שאילת משמעות מן جاء ب *Calque*]. וכל ארעתה אתו למצרים לרבוץ לות יוסף A ...לשבר אל יוסף - בר מא 57. הלא שקיח רבוץ במצרים A כי יש שבר במצרים - בר מב 1, 2. ונעתו לרבוץ רבוץ A - בר מב 3. לרבוץ בגו עלליה A - בר מב 5. אתו לרבוץ לחם A - בר מב 10. ומלו ית שקלביהון רבוץ A - בר מב 25. וסבלו ית רבוצון A - בר מב 26. רבוס בקריאתה A - בר מא 35.

**רבצו** ש״ע נ *n. f.* **כלכלה** **supplies** ופתח יוסף ית כל דבהן רבצו A ויפתח יוסף את כל אשר בהן בר Joseph opened all (the storehouses) in which there were supplies - בר מא 56.

**רבץ³**† שפיעת מים, השקייה **irrigation, watering** [א״י מרבץ ליה = מתיז (מים) עליו - ירוש סנה כה ע״ד. **סוא״י** מרביץ בטלה - Anecd 111. ובהשאלה: מרבצין לבביהון מן חשבא בישא ||סחון פוגרינין במין דכין = שטופים לבותיהם ממחשבת זדון, גופותינו רוחצים במים זכים - אל העבריים י 22. **ע** והקב״ה מרביץ לפניהם טללים - תוס ערכין א י]

**קל השקה** **to irrigate** ברכת תהומה דרבץ מלרע ברכת תהום רבצת תחת blessings of the deep that irrigates beneath - בר מט 25 [תפס מעניין הנתינה בשפע (ב״י 6399ב, הערה 1) אבל V: דרביע, C דרבי]. ומתהומה דרבץ לרע (נ״א רבצת מלרע) ומתהום רבצת תחת - דב לג 13.

**רבץ⁴**† צבירה **accumulation** [מן הערבית: השי׳ مـتـربّـص = מי שאוגר תבואה למכרה ביוקר - Lane 1011]

**פעל ? צבר** **to heap up** וירבסו עבור תחת

אד פרעה A (נ״א ויצברון, ויצמתון) ויצברו
let the grain be collected בר תחתח יד פרעה
- בר מא 35. under Pharaoh's authority **ורבצו**
**יתון כרואן כרואן** A (נ״א וצברו, וצמתו) **ויצברו**
אתם חמרים חמרים - שמ ח 10 [הוראה מורחבת
מן בר מא 35].

## רבקה rubqå שם פרטי *pr. n.*

**רבקה** ש״פ ונסב ית רבקה והות לה לאתה
ויקח את רבקה ותהי לו לאשה - בר כד 67.
ורבקה רעמת ית יעקב ורִבקה אהבת את יעקב
- בר כה 28. עזבת רבקה ומדרשה ואזלת לתמר
- ת״מ 136ב.

## †רבת בני עמון ribbåt bâni ᶜammon שם מקום *pr. n. (place)*

**רבת בני עמון** ש״פ עוג מלך בתנינה... אה
ערסה ערס ברזל הלא היא ברבת בני עמון
עוג מלך הבשן... הנה ערשו ערש ברזל הלוא
היא ברבת בני עמון - דב ג 11.

## †רגג חיבה, אהבה **affection** [א״י רגתא = תאווה
- תרג׳ תה י 17. **ס** רגג = אהב; רגתה = חמדה - LS
710b]

**רגה** ש״ע נ *n. f.* **חיבה affection** ואתקפו
אנושיה באדה... ‹ב›רגה יהוה עליו ואפקוה
ואנחוה מלבר לקרתה m ויחזיקו האנשים
the men seized his בידו... בחמלת יהוה עליו
- בר יט hand..., in the Lord's affection for him
16 [האות האחרונה מסופקת ואפשר שהיא ת: רגת.
ומכל מקום קשה].

## †רגולה מין ארבה **a kind of locust** [טלשיר
152: נגזר מן רגל, על שם חדקו, שנראה כמו רגל נוספת.
זב״ח: מן חרגול - המליץ 471]

**רגולה** ש״ע נ *n. f.* **חרגול locust** ומנון תיכלון
ית... רגולה EC ($M_2$* ריגולה. המליץ 471: רגולתה)
ומהם תאכלו את... החרגל - ויק יא 22.

## רגז כעס וקצף **rage** [א״י ובאהרן רגז ממרה דייי - נ
דב ט 20. **סוא״י** ומרא יתחמת וירגוז עליכון - דב יא
17]

**קל** עבר: ורגז - בר מ 2 (המליץ 584: וארגז). עתיד: ירגז -
ויק י 6. בינוני: רגז - דב כח VB 65. פעול: רגיז - דב כח
65. **פעל** עבר: רגזתון - דב ט 8. **אפעל** עבר: דארגזת
(נוכח) - דב ט 7. בינוני: מרגזיך (+נוכח) margēzək -
ע״ד ג 17, שמ טו 7 (=המליץ 585). **אתפעל** עבר: אתרגז
- דב ט 20 (=המליץ 453). וארגז - ת״מ 162א. עתיד:
יתרגז - בר יח 30 C. בינוני: מתרגז - בר כז MB 42
(=המליץ 520). **ארגז** (ת״פ) - בר כז 37 ME. **ארגזו**
(ת״פ) - בר מג 11 E. אתרגז - בר כז 33 mEA. **מרגזה** -
שמ לג 16. **רגוז** - ויק כ 12. **רגז** râgåz - מ ו 77. **רגזה**
שמ כג 19 A (= המליץ 553). ברגזה abragzå - ע״ד יא
15. **רוגז** - ויק יח 23 N.

**קל כעס, קצף to be enraged** ורגז פרעה
על תרי סריסיו ויקצף פרעה על שני סריסיו
- בר מ Pharaoh was angry with his two officers
2. פרעה ארגז על עבדיו (MCB רגז) פרעה
קצף על עבדיו - בר מא 10. ועל כל כנשתה ירגז
ועל כל העדה יקצף - ויק י 6. ויתן לך יהוה
תמן לב רגיז (VB רגז) ונתן לך שם יהוה לב
רגז - דב כח 65.

**†פעל הכעיס to enrage** ובחוריב רגזתון ית
יהוה J (י״ש על מחק. נ״א ארגזתון) ובחורב
- דב at Horeb you enraged the Lord...הקצפתם
ט 8.

**אפעל הכעיס to enrage** דכר ולא תתנשי
ית דארגזת ית יהוה זכור ואל תשכח את אשר
remember, never forget, how הקצפת את יהוה
- דב ט 7. you enraged the Lord **הלא ארגזו**
גבריא האלין ית יהוה m (נ״א בתרו) כי נאצו...
במ טז 30. מיסתך סוברות מרגזיך דייך לסלוח
למכעיסיך - ע״ד ג 17. ובסגי יכלותך רסרסתה
מרגזיך וברב גאונך תהרס קמיך - שמ טו 7.
וילון מרגזיה ומה עבדו בגרמון אוי להם
המרגיזים ומה שעשו בעצמם - ת״מ 199א.

**אֶתְפַּעַל כעס to be enraged** ובאהרן אתרגז
the Lord was ...יהוה שריר ובאהרן התאנף
angry enough with Aaron to have destroyed
- דב ט 20. him **ואתרגז עבראי ואמר למשה**
אה קטולה והתרגז העברי ואמר למשה: הוי
הרוצח! - אס 15ב. **וארגז** עליו מרה כעס עליו
אדוניו - ת״מ 162א. אל ני יתרגז למרי C אל נא
יחר לאדני - בר יח 30. ומראה מרגז עליו ואדוניו
כועס עליו - ת״מ 198א. אל תתרגזון באורעה -
בר מה 24 (=המליץ 609). עשו אחוך מתרגז עליך
למקטלנך MB ...מתנחם לך להרגך - בר כז 42
[פירוש *Int.*].

**†ארגז** מגביר *intensifier* **אפוא, אף then** [מן
עירוב abbu עם âfu נתפס מגביר. *The merger of* SP
*âfu with abbu resulted in its interpretation as*
*intensifier*] ולך ארגז מה אעבד ברי ME ולך
what, then, can I still do אפוא מה אעשה בני
- בר כז 37. for you, my son? **וארגז אף דה** CEA
(נ״א ואף) ואף גם זאת -ויק כו 44.

**†ארגזו** מגביר *intensifier* **אפוא then** אם כן

ארגזו דה עבדו E (NMCB רגזה) אם כן אפוא זאת עשו - if it must be so then, do this בר מג 11 [ראה לעיל].

**אתרגז**† מגביר *intensifier* **אפוא then** מן אתרגז צעד ציד mEA מי אפוא הצד ציד who was it - then, that hunted game? בר כז 33 [ראה לעיל].

**מרגזה א**† ש״ע *n.* **כעס anger** ומרגזה היא לאלהי יעקב C (N ומארגזה) ועברה היא... it is anger to the God of Jacob - שמ כג 19. **ב** מגביר *intensifier* **אפוא then** ולך מרגזה מה אעבד ברי C (N מארגזה) ולך אפוא מה אעשה בני - what, then, can I still do for you, my son? בר כז 37. במה יעכם מרגזה הלא אתשקעת רעים בעיניך ובמה יודע אפוא כי מצאתי חן בעיניך - שמ לג 16 [ראה לעיל].

**רגוז** ש״ע ז *n. m.* **1 כעס anger** ולא תיתי אותהו בראה ומן רגוז כלב בית יהוה VB ולא תביא אתנן זונה ומחיר כלב... you shall not bring the fee of a whore or the anger (!) of a dog into the house of the Lord - דב כג 19 [הקריאה wmâ̂ᵓər אבל נתפסה מן+חיר = מן חרון. המליץ 510: מרגז *Int. as m+ḥyr (<ḥry)*]. ואנה אתן ית רגוזי באישה ההואN ואני אתן את פני באיש ההוא - ויק כ 3. **2 גנאי**† **disgrace** רגוז הוא V (N רגוז, נ״א רגז) תבל הוא it is a disgrace - ויק יח 23. רגוז עבדו VNB (MECA רגז) תבל עשו - ויק כ 12.

**רגז א** ש״ע ז *n. m.* **כעס anger** רחיק מכל רגז רחוק מכל כעס far from any anger - מ ו 77. ואתקף רגז יהוה בון ויחר אף יהוה בהם - במ יב 9. ולא יהי עוד רגז על בני ישראל ולא יהיה עוד קצף... - במ יח 5. וצפה לידון ברגז והביט בהם בכעס - ת״מ 219ב. יהוה רחיק רגזים יהוה ארך אפים - במ יד 18. **ב** מגביר *intensifier* **אף** הרגז תספה זכאי עם חיב B האף תספה צדיק עם רשע will You really sweep away the innocent along with the guilty? - בר יח 23.

**רגזה א**† ש״ע נ *n. f.* **כעס anger** ורגזה היא לאלהה דיעקב A (נ״א מרגזה) ועברה היא לאלהי יעקב - it is anger to the God of Israel שמ כג 19. **ב** מגביר *intensifier* **אפוא then** אם כן רגזה דה עבדו NMCB אם כן אפוא זאת עשו - בר מג 11 [ראה לעיל].

**רוגז** ש״ע ז *n. m.* **1 כעס anger** תוב מן חורן רוגזך N (נ״א רגזך) שוב מחרון אפך turn from Your blazing anger - שמ לב 12. רחיק רוגזין N ארך אפים - במ יד 18. הברוגז תסיף זכאי עם חיב *M[1] האף תספה... - בר יח 23. **2 גנאי** **disgrace** רוגז הוא N תבל הוא it is a disgrace - ויק יח 23.

**רגל[1]** הגפה התחתונה בגוף **foot** [**א״י** לא תשתייר פרסת רגל - **נ** שמ י 26. **סוא״י** לא אשכחת... ניח לריגליה - בר ח 9] ← הליכה; דרך והרגל **marching; habit**

**פעל 1 הרגיל**† **to accustom** האנה משלח לך אחוך לזימונך דלשנה מרגל סגי מנך הנה אני שולח את אחיך לקראתך אשר לשונו מורגלת יותר ממך I send your brother (Aaron) to meet you, for his tongue is more accustomed than yours - ת״מ 214ב. **2 מיהר, נזדרז** **to hurry** *intrans.* נרגל בתר נביה רבה משה נמהר אחרי הנביא... let us rush after the great prophet Moses - ת״מ 208א, 214ב. בינוני פעול *pass. pt.* פשר מרגל למי אתנגד עמה הצלה מהירה למי שנמשך אליו (אל האל) a quick rescue to the one who follows Him - ת״מ 212ב. אשפיר מרגלה הקרץ בצפרה לזימון אחוך אשרי המהיר, השכם בבקר לקראת אחיך - ת״מ 17א. פשור הוא מרגל amraggål מושיע הוא מהיר - מ יא 67. אה דבוקה מרגלה amraggēle הנה המושיע המהיר - ע״ד כב 29 [ראה בהערות זב״ח]. שליחיך מרגלין שליחיך מהירים - מ ג 83. וילן אלית נהי מרגלין לקשטה אוי לנו אם לא נהיה מזדרזים אל קשטה - ת״מ 205א.

**מרגל**† ש״ע ז *n. m.* **איש רגלי infantry man** עלוי רכבה ועלוי מרגליו A על רכבו ועל הרגליים שלו upon their chariots and upon their infantry men - שמ יד 26 [עלה מן ההקבלה רכב/פרש שנתפסה ניגוד *rkb and prš are regarded as contradictory*].

**רגילאי** ש״ע ז *n. m.* **איש רגלי infantry man** מסחני סוסיה ורגיליה הלכיה קמיון בעלי הסוסים והרגליים ההולכים לפניהם the cavalry and infantry marching before them - ת״מ 73א [ראה לעיל *See above*].

**רגילו** ש״ע נ *n. f.* **הרגל custom** אנה בעי מימר קמיך מהי רגילותי... ידע אנה בלבי כל דאתה אמר לי אלא דרגילותי זעורה מן הדה לשני יקיר בממללה ולא לי רגילו בהדה שלטנותה... ולא אשננת לשונון ולית בי <רגילו> אני מבקש לומר לפניך מהי דרכי... יודע אני בלבי כל שאתה אומר לי, אלא שהרגלי קטן מזה. לשוני כבדה בדיבור ואין לי הרגל בממשלה הזאת... ולא שיננתי לשונם (של בית פרעה) ואין לי הרגל (לדבר) I wish to say before You what is my habit... I know within my heart all that you say to me, but may way is limited. My tongue is defective, and I have no custom in this sphere... I have not learned their language and [איני איש ת״מ 14א - I have no custom (to speak) דברים. זב״ח הע׳ 5,1].

**רגל א** ש״ע נ *n. f.* **1 איבר ההליכה foot** ותשקי ברגליך כגן ירקה והשקית ברגליך כגן הירק you watered it with your feet, like a garden of vegetables - דב יא 10. יסעון אדיון ורגליון ירחצו ידיהם ורגליהם - שמ ל 21. ולחצת ית רגל בלעם ותלחץ את רגל בלעם - במ כב 25. בהשאלה *fig.* מן מהלך בבישה ימוט כף רגלה מי שהולך ברע ימוט כף רגלו - ת״מ 235ב. **2 מועד**[†] **time** [מן העברית H] הלא מעיתני תלתה רגלים C כי הכיתני שלש רגלים you have struck me three times - במ כב 28. על מה מעית ית אתנך דן תלתה רגלין N (EC רגלואן) על מה הכית את אתנך זה שלש רגלים - במ כב 32. **3 חבורה company** [ע״ע סעד] וית כל יקומה דברגליון (B הממן) ואת כל היקום אשר ברגליהם all the possession of their company - דב יא 6. **ב**[†] מ״י *prep* **בגלל because of** וברך יהוה יתך לרגלי (נ״א בדילי, לגללי, לסעדי) ויברך יהוה אתך לרגלי the Lord has blessed you because of me - בר ל 30. **ג**[†] ש״ת *adj.* **מהיר swift** ורגיל עתיד לון Eוחש עתידת למו what is destined for them is swift - דב לב 35.

**רג(א)ל**[†] ש״ע ז *n. m.* qaṭṭāl **רגלי infantry man** [ראה לעיל *supra*] וסלק עמה אף רכב אף רגלין (נ״א פרשין) ויעל עמו גם רכב גם פרשים chariots, too, and infantry men went up with him - בר נ 9 (המליץ 563: רגאלין). כל סוס רכב פרעה ורגליו VCA (E ורגאליו) כל סוס רכב פרעה ופרשיו - שמ יד 9. כל סוס פרעה רכבה ורגליו VCA(E ורגלאיו) - שמ יד 23.

**רגלאי** ש״ע ז *n. m.* **רגלי infantry man** כשת מון אלף רגלאי כשש מאות אלף רגלאי about six hundred thousand men on foot - שמ יב 37. וכל רגלאיה קבלה וכל הרגלים לפניו - ת״מ 73א.

**רגלו**[†] ש״ע נ *n. f.* **מועד time** הלא מעיתני תלתה רגלואן E כי הכיתני שלש רגלים you have struck me three times - במ כב 28. על מה מעית ית אתנך דן תלתה רגלואן EC על מה הכית את אתנך זה שלש רגלים - במ כב 32.

**רגל²**[†] קשירה **binding** [ע לא עקוד ולא רגול - מש שבת ה ד. והבטן מרוגלת הנה והנה = החרב קשורה אליה - מלחמת בני אור ה 13-14]

**רגול** ש״ת *n. m.* qāṭōl **עקוד fastened** וסטה... ית תישיה רגוליה mA (נ״א נמוריה, קרועיה) ויסר... את התישים העקודים he removed... the fastened he-goats - בר ל 35. רפדה דראמים על עאנה רגוליה $M_2$* העתודים העלים על הצאן עקודים - בר לא 10.

**רגם** ירייה, הטלה **throwing stones** [א״י וירגמון יתיה כל עמה - נ ויק כד 14. סוא״י עוד ציבחד ורגמין יתי - שמ יז 4]

**קל 1 סקל to stone** ורגמו יתה אבן וירגמו אתו אבן they stoned him with stones - ויק כד 23. וירגמונה כל גברי קרתה באבנים - דב כא 21. ומחקת עמלק ורגמת בר שלומית ומחקתי את עמלק וסקלתי את בן שלומית - ת״מ 233ב. **2** (ציווי *imp.*) רגמו יתה באבנים - במ טו 35. **השליך to cast** רכבון דפרעה... רגם בימה A Pharaoh's chariots... He cast into ירא בים... the sea - שמ טו 4.

**מרגם** ואמרו כל כנשתה למרגם יתה ($M_1$* למרגמה = המליץ 539) ויאמר כל העדה לרגם אתם - במ יד 10. בעים מרגמנן מבקשים לרגום אותנו - ת״מ (ק) 10א.

**אֶתְפָּעַל נסקל to be stoned** בר שלומית כד נקב לשם אתרגם בן שלומית, כאשר נקב את השם נסקל the son of Shelomit, when he pronounced the Name, he was stoned - ת״מ 204ב. וילה אנש דיהי נקב לה יתרגם אוי לו לאיש שיהיה נוקב אותו (את השם), ייסקל - ת״מ 309א. רגם יתרגם... אם בהמה אם אנש (A ירגם) סקל יסקל... - שמ יט 13. כיו״ב כא 28 (=המליץ 539).

**רגם** ש״ע ז *n. m.* **סקילה stoning** רגם ירגמונה כל כנשתה - ויק כד 16. רגם יתרגם סקל יסקל - שמ יט 13.

**רגמה** ש״ע נ *n. f.* **סקילה stoning** רגמה ירגם E סקל יסקל - שמ יט 13. רגמה תתרגם בהמתה NCA - שמ כא 28.

**רגן**[†] תרעומת **murmuring**

**מרגן** ש״ע ז *n. m.* **מחבת stew-pan** [מושאל מעניין התלונה והתרעומת. מקביל לימרחשת׳ שאף היא מן השמעת רחש. טל, דברי הקונגרס השמיני למדעי היהדות ד (יושלים תשמ״ב), 18, *Cf. mrḥšt*, 'stew-pan', derived from *rhš*, 'murmur', *i.e.*, [*making a murmur-like noise.* ואן מנחה על מרגן קרבנך $M_2$* (נ״א טיגן) ואם מנחה על if your offering is a meal מחבת קרבנך offering on a pan - ויק ב 5. **מנחת מר[גן]** m (נ״א מלפץ) - ויק ב 7. **על מרגנה במשח תתעבד** $M_2$ (נ״א טיגן) על המחבת בשמן תעשה - ויק ו 14. וכל דמתעבד בלפץ ועל מרגן $M_2$ (נ״א טיגן) וכל נעשה במרחשת או על מחבת - ויק ז 9.

**רגע**† זמן קצר מאוד, הרף עין **moment** [מן העברית? H. **א״י** פורק‹ן› דריגעה :: פורקן עלמא - **נ** בר מט 18 (בגיליון)]

**רגע** ש״ע ז *n. m.* **רגע moment** רחמיו שקיחה עם חדוד שעיה ורגעיה רחמיו מצויים עם חידוש השעות והרגעים (=תמיד) His mercy is - found with the passing of hours and moments ת״מ 224ב. **רגע עין** במעמד אדוורביאלי *adverbial* הך רגע עין אתת סיעה זעורה מקבל אדום כהרף עין בא מחנה קטן מכיוון אדום - אס 18ב [זב״ח: עירוב של 'הרף עין' ושל 'רגע'].

**רגש**† המולה **tumult, noise** ← בהלה **excitement** [**א״י** רגוש ימיא = שאון ימים - תרג' תה סה 8. **סוא״י** דמלית יתהון מן רוחא דארגשותא - שמ כח 3 (כנגד πνεύματος αἰσθήσεως = רוח חכמה). **ס** רגושא = המון - LS 718b; עם רב **crowd**

**אפעל 1 הריע to sound** (an alarm?) **ובכנוש** ית קהלה תתקעון ולא תרגשון A (VmB תשמעון, C תשמעו) תתקעו ולא תרעו you - shall blow, but you shall not sound an alarm במ י 7. **ותרגשון ותשמעון בחציצראתה** A (mJECB ותשמעון) והרעתם בחצצרות - במ י 9 [מן הגיליון]. **2 נבהל, נחרד to be anxious** וארגש יצחק $m_4$ (נ״א וארתת, ובלד, ודחל) ויחרד יצחק Isaac was anxious - בר כז 33. **וארגשו** גבר על אחיו $M_2$* (נ״א וארתתו, ואדחלו, ותהו) they turned in anxiety to ויחרדו איש אל אחיו - one another בר מב 28.

**ארגשו** ש״ע נ *n. f.* **חרדה anxiety** וארגש יצחק אר[גשו] רבה $M_2$ ויחרד יצחק חרדה גדולה - Isaac was anxious by a great anxiety בר כז 33.

**רגוש** ש״ע ז qāṭōl *n. m.* **המון multitude** ותהי לאב רגוש גועיה... הלא רגוש גועיה יהבתך A (נ״א המון) והיית לאב המון גוים... כי אב you shall be the father of a המון גוים נתתיך multitude of nations..., I have made you the father of a multitude of nations - בר יז 5-4.

**רגשון** ש״ע ז *n. m.* **המון multitude** [זב״ח, ספר המקורות, 11] ותהי לאב רגשון עממין m והיית לאב המון גוים - ויק יז 4 (=המליץ 452). הלא רגשון גו[ים] יהבתך $M_2$ כי אב המון גוים נתתיך - בר יז 5.

**רדי**[1]† חריש **plowing** [**א״י** לא תרדון בתור ובחמר - **נ** דב כב 10. **סוא״י** רדא אא רעה = חרש או רעה - לוקס יז 7]

**קל חרש to plow** לא תרדי בתור ובחמר כחדה לא תחריש בשור ובחמור יחדו you shall - not plow with an ox and an ass together דב כב 10 (המליץ 468: תארדי).

**חרדאי** ש״ע ז *n. m.* **חריש plowing** ביומה שביעאה תשבת בחרדאי ובחצד וביום השביעי on the seventh day you תשבת בחריש ובקציר - shall cease from labor in plowing and harvest שמ לד 21 (המליץ 464 בארדי). ועוד חמש שנין דלית חרדאי וחצד E אדדי, B חריד) ועוד חמש שנים אשר אין חריש וקציר - בר מה 6.

**ארדן** ש״ע ז *n.m.* **חריש plowing** תשבת בארדנה B תשבת בחריש you shall cease from - labor in plowing שמ לד 21.

**רד(א)י** ש״ע ז *n. m.* **חריש plowing** דלית רדאי וחצד VC ($M_2$ רדי) אשר אין חריש וקציר - there will be neither plowing nor harvest בר מה 6.

**רדי**[2]† ייסורי ענישה **discipline** [**א״י** אבא רדא יתכון בשרביטין - תרג' מל״א יב 11. **סוא״י** מרדותא דמרך - דב יא 2]

**קל** ע' להלן אפעל **1 ייסר to discipline** כמה דרדי אנש ית ברה יהוה אלהך רדי לךV כאשר as one ייסר איש את בנו יהוה אלהיך מיסרך disciplines his son, the Lord your God - disciplines you דב ח 5. מה את עליו רדי... אך פדה תפדי למה אתה רודה בו... אך פדה תפדה - אבישע (Cow 501). **2** בהשאלה *fig.* **עשק to persecute** ומסכין לא תרדי בתיגרה E (נ״א תשבח, , תרתי) ודל לא תעשוק בריבו you - shall not persecute a poor man in his dispute שמ כג 3 [tâddår נתפרשה תעדר].

**מרדי** ואם עד אלין לא תשמעון לי ואוזף למרדי יתכון ...ויספתי ליסרה אתכם - ויק כו 18. מן שומיה אשמעך ית קלה למרדיך (VEB למרדיאך) מן השמים השמיעך את קולו ליסרך - דב ד 36 [המליץ 484: למרדינך].

**אפעל** אינו נבדל יפה מן הקל *hardly distinct from* **ייסר** *Qal* **to discipline** ואַרדי יתכון אף אנה שבוע על עוביכון ויסרתי אתכם אף אני I will discipline you שבע אל חטאתיכם - myself exceedingly for your sins - ויק כו 28. כמד ירדי אנש ית ברה יהוה אלהך מרדיאך ...יהוה אלהיך מיסרך - דב ח 5 (המליץ 484: ירדי... מרדינך). מובא בשינוי לשון בת״מ 212ב. וירדון יתה ולא שמע להון (C ואַרדו) ויסרו אתו ולא ישמע להם - דב כא 18. ויסבון... ית גברה ההוא וירדון יתה ולקחו... את האיש ההוא ויסרו אתו - דב כב 18.

**ארדאי** ש״ת *adj.* **סורר** (*i.e.,* **rebellious** בר ארדי ומחזי (E ארדאי, VB punishable) רדי) בן סורר ומורא a rebellious and capricious son - דב כא 18 וכיו״ב 20. שבקנן אבהתן נהי כבר ערדאי ומעזי עזבנו את אבותינו, נהיה כבן סורר ומורה - ת״מ 204ב וכן 96ב, 182א, 182ב, 246א, 276א [נתפס סורר מן יסר והובן ״בן עונשין״, ראוי לייסורים. לפירוש אחר ראה טלשיר, תרביץ מט, 81. *swrr was interpreted as from ysr,* *'punishable'*.]

**מרדו** ש״ע נ *n. f.* **תוכחה, עונש discipline** לא ית בניכון דלא חכמו ודלא חזו ית מרדות יהוה V לא את בניכם אשר לא ידעו ואשר לא ראו את מוסר יהוה not your children, who neither experienced nor witnessed the discipline of the Lord - דב יא 2.

**מרדי** ש״ע נ *n. f.* **תוכחה, עונש discipline** ודלא חזו ית מרדי יהוה EC ואשר לא ראו את מוסר יהוה who have not seen the discipline of the Lord - דב יא 2.

**רדיאן** ש״ע ז *n. m.* **תוכחה, עונש discipline** ודלא חזו ית רדיאן יהוה JB ואשר לא ראו את מוסר יהוה - דב יא 2.

**רדיה** שם פרטי *pr. n.*

**רדיה** ש״פ וקעם רדיה בר צוריאל - אס 19א.

**רדף**[1] יצה אחרי פלוני **chase** [א״י וירדוף בתריהון - נ שמ יד 4. סוא״י כד רדפו מן לחוריכון - דב יא 4]

**קל רדף to pursue** וארדף עד דן (נ״א ורדף) וירדף עד דן he pursued as far as Dan - בר יד 14. וארדפו מצראי בתרון וירדפו מצרים אחריהם the Egyptians pursued them - שמ יד 9. ורדפו בתר ישראל - ת״מ 254ב. דאנה בעי מיפך לף (!) פרעה עליון עד ירדף בתרון שאני מבקש להפוך את לב פרעה עליהם כדי שירדוף אחריהם - ת״מ 54א. קום רדף בתר גבריה קום רדף אחרי האנשים - בר מד 4. ואשקחו שליחיה לאברהם נפק רדף בתר מלכיה ומצאו השליחים את אברהם יוצא לרדוף אחר המלכים - אס 12א. ולית דרדף יתכון N ואין רדף אתכם - ויק כו 17.

**מרדף** במרדפון בתרכון ברדפם אחריכם - דב יא 4.

**ארדפו** ש״ע נ *n. f.* **רדיפה chase** ודעבד לחיל מצראי... בארדפותון בתרכון ואשר עשה לחיל מצרים... ברדפם אחריכם what He did to Egypt's army..., in their chase after you - דב יא 4.

**רדף** ש״ע ז **רדיפה pursue** ודעבד לחיל מצראי... ברדפון בתרכון V (B בארדפון) ואשר עשה לחיל מצרים... ברדפם אחריכם - דב יא 4.

**רדוף** ש״ע ז qāṭōl **רודף pursuer** ותערקון ולית רדוף ונסתם ואין רדף you shall flee though there is no pursuer - ויק כו 17. ויפלון ולית רדוף - ויק כו 36.

**רדף**[2]† צעיף **veil** [< رِدَاف - Dozy II, 522a]

**רדוף** ש״ע ז *n. m.* **צעיף veil** וסטת רדופה מן עלויה A (נ״א צעיפה) ותסר צעיפה מעליה she took off her veil - בר לח 19.

**רדף** ש״ע ז *n. m.* **צעיף veil** ונסבת רדפה ואכסיאת $*M_6$ (=המליץ 573) ותקח הצעיף ותתכס - she took the veil and covered herself - בר כד 65. ואטמרת ברדפה A ותתכס בצעיף - בר לח 14. ואתגלת עיני רדפי עליון והתגלו הצעיפים (מ)עליהם - בר ג 7 [=המליץ 573. והוא גיליון הדורש את ״ותפקחנה עיני שניהם״. ע׳ זב״ח שם. *Gloss.; midr. .int.*]

**רהט** ריצה **run** [א״י ורהט לקדמותהון - נ בר יח 2. סוא״י והות נורא רהטא על כולא ארעא - שמ ט 23 כנגד διέτρεχεν]

**קל 1 רץ to run** ולתוריה רעט אברהם ואל הבקר רָץ אברהם Abraham ran to the herd - בר יח 7. ורעטת רביתה וחוית לבית אמה ותרץ הנערה... - בר כד 28. ורחטי כלמיה בכל ארעה מצרים ורצו הכינים בכל ארץ מצרים - ת״מ 32ב. וכד עמתה עזיזה בה רעטת ואמרת כשראתה (מרים) אותה (את בת פרעה) נרגשת בו (במשה) רצה ואמרה - אס 15ב. רעטין בזרוז רצים מהר - ע״ד כז 79. **2** בהשאלה *fig.* rāʾēṭən

**דבק ב-** to cling חנוך חכמה ורהט לידה
חנוך ידעו (את האל) ודבק בו Enoch knew
תי"מ 96א. **יעקב רהט** - Him and clung to Him
ביתה שבילה יעקב הלך בדרך ההיא (של האל)
- תי"מ 186ב.

**אפעל 1 זירז** to hasten *trans.* וזעק ית יוסף
ואריטה מן גובה ...ויריצהו מן הבור
(Pharaoh) sent for Joseph, and hastened him
בר מא 14. - from the dungeon **2 השליך** to
throw מרכבת פרעה וחילה אריט בימה
מרכבת פרעה וחילו ירה בים Pharaoh's
- chariots and his army He has cast into the sea
שמ טו 4. [=המליץ 480, וגם: אטרי, זרגל, רמין, הכול
לשונות זריקה. זב"ח: הטביל, גזור מן רהט = שוקט].
ונסב מידון ואריט יתה במרכי (NMEQ וצר,
המליץ 573: **וצער**) ויקח מידיהם והשליך אתו
(Aaron) took from them (the gold) and ברהט
שמ לב 4 [ראה להלן רכי. *See* - cast it in a mold
*below, rky*.]

**רחיטה** ש"ע נז *n. f.* **ריצה** run רחטו רחיטה
ליד משה רצו ריצה אל משה they ran a run to
תי"מ (ל) 33. - Moses

**רהן**[†] אירוסין **betrothal** [מעניין הכבילה והקשירה
לנישואין. **ע** מעשר שני... אין מרהינין אותו - תוס מע"ש
א א. לעניין אישות: תינוקת שהורהנה באשקלון - עדויות
ח ב. עניינם מסירה למשכון (ב"י 6468). הש' رهن =
משכן - Dozy I, 564a. ע"ע כבל *Originally 'to bind*
*(by pledge)'; see kbl.*]

**אפעל אירס** to betroth בינוני פעול *pass. pt.*
והיא סולה מרהנה לגבר $Nm_2A$ (EB = מרחנה
המליץ 529, C מחרנה, V מרחצה! MJ מרסה)
והיא שפחה נחרפת לאיש she is a slave
ויק יט 20. - woman betrothed to (another) man

**רוד**[†] ירידה **descent** [שורש תנייני מן יר"ד בעש"ח,
כדרך שורשי פ"י (פלורנטין 219). הש' **ע** בגד יהודה...
ורד ונתחתן בכנענים - ינייי נג. *Secondary root, from*
*yrd* (NSH)]

**קל ירד** to descend כד איסרו בימה רדו
כאשר נאסרו (מרכבות פרעה), בים ירדו when
they (the Egyptians) were tied up in the sea,
תי"מ 75א. **ומאחרי ראות ישראל** - they descended
את המצרים רדו במצלות מיתים ולאחר שראו
ישראל את המצרים (ש)ירדו במצולות מתים -
תי"מ 88א. **דאילולי... משה לא אתגלת תורה**
ולא רדת מצוה שאילולי... משה, לא נתגלתה
תורה ולא ירדה (מן השמים) מצווה - תי"מ 97א.
**ויטר מצוהתה דעל ידיך רדת וישמר את המצוה**
שעל ידיך ירדה - תי"מ 309ב. **והמים היו רדים**
עמדו שורים לשמר השבטים והמים (בים סוף)
היו יורדים, עומדים לשמור את השבטים -
תי"מ (ק) 35ב.

**רודנים** rūdânəm שם פרטי *pr. n.*

**רודנים** ש"פ ובני יון אליש ותרשיש כתים
ורודנים - בר י 4. פרעה דמשה מן יפת כתים
והוא עבד רודנים פרעה של משה הוא מיפת
כתים והוא עבד לרודנים - אס 13ב.

**רוח**[1] rū רוח, תנועת אוויר **breath, wind** [א"י
והפך ייי רוח בימא - **נ** שמ י 19. **סוא"י** ואייטי אלהא
רוחא על ארעא - בר ח 1] ← בהשאלה: נשמה; כוח
הנפש; כוח עליון *fig.* **spirit** [א"י וחמא יעקב ברוח
קודשא - **נ** בר מב 1. **סוא"י** ורוחא דאלהא - בר א 2]

**רוח** - במ יא 31. דרוח adrū - א"ג 113. רוחיה (ריבוי
מיודע)ruwwayā - מ כא 25.

**רוח** ש"ע נ *n. f.* **1 תנועת אויר wind** ואיבל
יהוה ית ימה ברוח קדום עזיז ויולך יהוה את
הים ברוח קדים עזה the Lord drove the sea
שמ יד 21. - with a strong east wind **ורוח נטל מן**
עם יהוה ואגיז ית סלבי ורוח נסע מאת יהוה
ויגז שלוי - במ יא 31. **והפך רוח מערב** - תי"מ
336ב. **2 נשמה spirit** מן צער גויתה וסדרה מן
חתם רחוה לגוה מי יצר את הגוף וסדרו? מי
חתם את הנשמה בו? who created the body
and arranged it? who fenced the spirit within
it? - תי"מ 14א. **וטפי בטל דרוח יקדנה דליהבן**
וְכָבָּה בצל הרוח את מוקד הלהבות - א"ג 113.
**ואתוחית רוח יעקב** ותחי רוח יעקב - בר מה
27. **ואתפעמת רוחה** ותפעם רוחו - בר מא 8.
**ונפקת רוחיון** A ויצא לבם - בר מב 28. **וכד**
השפך אדמה דהבל התעכרת רוחה וכאשר
נשפך דמו של הבל, נעכרה רוחו - אס 2ב. ביטוי
של כבוד למת **ניחה רוחה** הש' **ע** ינוח נפשי' **ניחה**
רוחך אבאה תנוח רוחך, אבי - תי"מ 253ב. **ניחה**
רוחך יוסף - תי"מ 53א (פעמיים). **3 נטיית הנפש**
**disposition** עקב הות רוח אורני עמה עקב
היתה רוח אחרת עמו since he has a different
disposition - במ יד 24. **ועבר עליו רוח קנאה**
או עבר עליו רוח קנאה - במ ה 14. **4 כוח עליון**
**spirit of God** והות עליו רוח אלהים ותהי
עליו רוח אלהים the spirit of God came upon
him - במ כד 2. **ואצל מן רוחה דעליך ואשבי**
עליון והצלתי מן הרוח אשר עליך ושמתי

עליהם - במ יא 17. אל אלהי רוחיה אל אלהי הרוחות - במ טז 22. האן הך יוסף נהיר חכים רוח אלהה בה איה כמו יוסף, חכם, נבון, רוח אלהים בו - ת״מ 242א. ע״פ בר מא 38-39. **5 שד** **demon** ועבדת ניגוג דרוח מתקרי פינגאל ועשתה פסל-זכוכית מרוח הנקראת פינגאל she made a glass statue of a demon named pyngꜥl - אס 6ב [ע׳ זב״ח הערה, שם].

**רוח רמה גאווה arrogance** עבד רוח רמה ולא צבה שמע נתגאה (פרעה) ולא אבה לשמוע Pharaoh acted with arrogance and refused to listen - ת״מ 29א).

**רוח אריכה 1 מתינות patience** עבדו רוח אריכה כי בעותכון בידכון המתינו ואכן בקשתכם בידכם act with patience, for your demand is in your hands - ת״מ 27א [זב״ח הע׳ 3]. **2 שהות pause, delay** קומו פוקו בשלם לית הוה רוח אריכה קומו צאו בשלום, אין שהות arise, set forth in peace, there is no delay - ת״מ 49א. כי סכומה מטי ולא הוה רוח אריכה אכן הקץ הגיע, אין שהות - ת״מ 10ב

**רוח²** rēba רוחב, רווח **width, room** [סוא״י ופתא הו תרעא ורויחא הי אורחא = רחב הוא השער ומרווחת היא הדרך - מתי ז 13] ← הקלה והצלה **relief, rescue** [א״י רווחא קריב - ירוש שביעית לו ע״ד]

**קל** בינוני פעול: רביחה - שמ ג 8. **אפעל** עבר: ארבע - בר כו 22. וארוחת (נוכח) warbā:tâ - מ א 12. עתיד: וירוח wyarba - ע״ש ד 11. ציווי: ארוח - ע״ש א 25. בינוני: ומרוח wmarba - מ ז 68. **אִתְפְּעֶל** עבר: ואתרוח ētarba - מ ג 66. **רוח** rēba - ע״ד כו 67 - 68. **מרבח** - ויק כה 34 N. ומרבעי (ריבוי נסמך) - המליץ 516. **רבוע** - בר מ 16 $M_2A$. **רבע** - ויק כה 34. **רוחה** alruw'wâ (זב״ח, עואנ״ש ג/ב 109) - ע״ד כו 69.

**†קל רחב wide** בינוני פעול *pass. pt.* וארעה הא היא רביחה אתרים (MEB פתיה) והארץ הנה רחבות ידים the land is wide enough - בר לד 21. לארע טבה ורביחה (B MB ורביה, נ״א ופתיחה) אל ארץ טובה ורחבה - שמ ג 8.

**†אפעל הניח, הרוויח to relieve** וארוחת לון מכל עקה והנחת להם מכל לחץ you relieved them from any distress - מ א 12. ארבע יהוה לנן (m [א]רוח) הרחיב יהוה לנו - בר כו 22. וירוח לחציכון ויניח מלחציכם - ת״מ 117ב. וירוח לשתיקיכון וירויח לדוממיכם - ע״ש ד 11 [הערת זב״ח עואנ״ש ג/ב 143]. מכל לחץ ארוחע לן מכל לחץ הנח לנו - ע״ש א 25. ומרוח לכל עלמה - מ ז 68. ומרוח למן לה משבח ומרוויח לכל המהלל אותו - ת״מ 207א. אלה דמרוח ורתי האל המרוויח וחונן - ע״ד כ״ג 18. ומיטיב ומרוח בכל זבן ומיטיב ומרוויח בכל זמן - ע״ש ב 25.

**†אִתְפְּעֶל רווח to be relieved** אתרוח עלמה נתרווח העולם the world was relieved - מ ג 66. אנשמו ביום דינה... ואתרוחת נפשהתון ינוחו ביום הדין... ותרווחנה נפשותיכהם they will have rest in the day of Judgment, their souls will be relieved - ת״מ 243א. **ואסי אלהים ית** אבימלך וית אתתה ואמתיו ואתרוחו $*M_1$ (נ״א וילדו) וירפא אלהים את אבימלך ואת אשתו ואמהותיו וירוח להם - בר כ 17 (מן אונקלוס O).

**†מרבע** ש״ע ז *n. m.* **מגרש** מקום מרווח **open space** ועקל מרבע קריתון (N מרבח) VM ושדה מגרש עריהם the fields of open space belonging to their cities - ויק כה 34. ומרבעיין ומגרשיהן - המליץ 516 מן במ לה 3. [ליתא]. ומרבעי (קריאתה) - המליץ 516 מן במ לה 4 [ליתא].

**רוח, רבע** ש״ע ז *n. m.* **1 מגרש open space**

[בטור הערבי של המליץ 516: מגרש = فناء (רחבה)]

ועקלת רבע קריאתון ושדה מגרש עריהם... the fields of open space belonging to their cities - ויק כה 34. ויתנון ללואי קריאן למדר ורבע לקריאן סארתון ...ומגרש לערים סביבתיהם - במ לה 2 וכיו״ב 5. ורבעיין יהון לבהמתון - במ לה 3. ורבעי קריאתה - במ לה 4. **2 רווח interval** ורוח תשבון בין עדר ובין עדר (BA ונפוש) ורוח תשימו בין עדר ובין עדר - put an interval between flock and flock - בר לב 17. **3 רווחה** נפשית **comfort** פשט באדי חסדך לאתלתותן הושט בידי חסדך רווחה לחרדתנו extend by your grace comfort to our anxiety - ע״ד כו 67-68. מן לחצה אל רוח מן הלחץ אל הרווחה - ע״ש ד 21. חסול תשניקה ושרוי רוחה סוף המצוקה ותחילת הרווחה - ת״מ 39א. ייתי בשלם יומה דבה רוחה יבוא בשלום היום שבו הרווחה - ת״מ *241ב. ארצמה יתפך רוחה הלחץ יהפוך לרווחה - ת״מ 43א.

**רוחה** ש״ע נ *n. f.* **1 מקום מרווח open space** לא הלא ברבחה נבית (A MCB ברוחה) לא כי ברחב נלין no, we will spend the night in the open - בר יט 2. **2 הצלה relief** צורך נפשה לרוחה צורך הנפש לרווחה the soul needs relief - ע״ד כו 69. וחזה פרעה הלא הות רוחה ויקר ית לבה (BA נפושה) וירא פרעה כי היתה הרווחה ויכבד את לבו - שמ ח 11.

**רוי**[1]† שתייה ורוויה **saturation** [**א״י** ומרווין צמחה דארעא - **נ** דב לב 2] ← שכרון **intoxication** [**א״י** כיוון דרוי שרי זמן = משנשתכר התחיל לזמר - **ויק״ר** רמז. **סוא״י** וארוית יתהון בחמתי - ישע סג 6]

**קל 1 רווה** בינוני *pt.* **to be saturated** לבדיל מספי רויה עם ציאה למען ספות הרואה את הצמאה to ruin the moist and the dry alike - דב כט 18 [=המליץ 534. עואנ״ש ג/א 153]. **2 השתכר** $^*M_2$ ושתו ורויו עמה **to be intoxicated** they drank and were וישתו וישכרו עמו intoxicated (together) with him - בר מג 34 (מן אונקלוס O).

**אפעל 1 הרווה to saturate** פמה... מים חיים מרוים למן דשתי מנון פיו... מים חיים מרווים living water that saturate את מי ששותה מה those who drink of them - ת״מ 284א. **2 השכיר** בהשאלה *fig.* **to intoxicate** ארבי גרי מדם I will intoxicate My arrows אשכיר חצי מדם with blood - דב לב 42.

**אֶתְפְּעֶל השתכר to be intoxicated** ושתו ואתרבו עמה they drank וישתו וישכרו עמו and were intoxicated (together) with him - בר מג 34.

**רבי** ש״ע נ *n. f.* **שכר intoxicating drink** he shall refrain from מרבי יזר m מִשֵּׁכָר יזיר any intoxicating drink - במ ו 3.

**רוי**[2]† ראייה **sight** [עש״ח NSH]

**קל ראה to see** דרוה בשעתה קמאיתה ולושה לא אתצטר ויחר לקין כשראה בשעה הראשונה שלמנחתו לא שעה, ויחר לקין" (בר ד 5 when he saw in the first hour that his offering was not accepted, "Cain was distressed" - אס 2א [זב״ח: ט״ס מן דדוה והא כמו בבלי תמיד כו ע״ב: דוי להכא ודוי להכא .ZBH: *corr. from ddwh*. Cf. b Shabbath 35a.]

**רום**[1] גובה **height** ← עלייה מעל דבר, סטייה, הסתלקות **departure, deviation** [השי׳ ויעלו מעל משכן קרח - במ טז 27. **א״י** וטענו ית תיבותא ורמת מעלוי ארעא - **נ** בר ז 17. **סוא״י** רמו מיא לעל - בר ז 20]

**קל** עבר: ורהם - במ כ 21 A. ורם - ת״מ 270א. עתיד: ירום yērom - ע״ד ו 8. בינוני: רם râm - מ טו 5. פעול: רימת (נ) - אס 25ב. **פועל** עתיד: ירוממנך (+נוכח) yērūmēminnåk - מ ד 51. בינוני: מרוממין (ר) - amrūmēmən - מ יב 4. פעול: מרוממה (מיודע) amrūmemå - מ יא 77. **אפעל** עבר: ארם - שמ יז 11. עתיד: ירים - בר מא 44. ציווי: וארים wârəm - ט 71. בינוני: מרים - שמ לה 24. **אֶתְפְּעַל** עבר: ודאתרם - שמ כט 27. עתיד: דיתרם - ויק ד 10. ציווי: התרמו (נ״א הרמו) - במ יז 10. בינוני: מתרים - ת״מ 66א. **אתפועל** עתיד: יתרומם yitrūmâm - ע״ד טז 17. ירוממון - ת״מ 55א. בינוני: מתרומם - ת״מ 48א. **ארמה** - במ טו N19. **ארמו** - שמ כט 28 (=המליץ 611). **מרוממו** מרוממותך amrūmēmūtâk (+נוכח) - א״ח 73. **רום** rom - ע״ד כד 77, שמ כט 20 (=המליץ 612). **רוממו** - ת״מ 309א. **ריאם** - ת״מ 102א. בריאמה (מיודע) abriyyâmâ - מ יז 2. **ריאמו** - פיוטים לשמחות 357. **רמו** רמבת (ריבוי נסמך) - במ כא 28. **תרומה** - ת״מ 297ב.

**קל 1 הגביה** פע״ע *intrans.* **to rise** נביא רם וסלק טור סיני דחל ורתת הנביא מגביה ועולה, the prophet rises and הר סיני פוחד ורועד ascends, Mount Sinai fears and trembles - מ טו 5. ורמת מעל ארעה ותרום (התיבה) מעל הארץ - בר ז 17. ועבד לגוה אבן רימת דחלה ועשה בה (בירושלים) אבן תלויה כבית יראה - אס 25ב. חרפיה דראמים על עאנה העתודים העלים על הצאן - בר לא 10. **2** בהשאלה *fig.* **גבה to be exalted** אסתקף ורם רבינה עד עלם נזדקפה ושגבה גדולתו עד עולם his greatness was elevated and exalted for ever - ת״מ 270א. וטובה אמר ירום נביי והטוב (האל) אמר: יגבה נביאי the Good One said: "let my prophet be exalted" - ע״ד ו 8. **3 התנשא to be haughty** לדלא ירום לבה מן אחיו לבלתי רם לבבו מאחיו he will not act haughtily toward his fellows - דב יז 20. ורם לבבך ותתנשי ית יהוה אלהך וגבה לבבך ותשכח את יהוה אלהיך - ת״מ 225א. **4 סר, נטה to turn away, aside** [בדומה לעלה בהוראת סר. השי׳ במ טז 24-27] ורהם ישראל מן עליו BA (נ״א וסטה) ויט ישראל מעליו Israel turned away from them - במ כ 21 (המליץ 478: ורם. זב״ח: אפעל). ודראם למדור קריה N ואשר נטה לשבת עיר - במ כא 15. לא ארום בעקל ובכרם VNECBA לא אטה בשדה ובכרם - במ כא 22 [עואנ״ש א 238 (העי׳ 2)]. בינוני במעמד ש״ת *pt.* (*adjectival*): **גבוה high** נכרז קמיך בקל רם נכריז לפניך בקול רם we shall proclaim before You loudly (*lit.*: with high voice) - ע״ד ח 11. נבני לנן בניאן ראם נבנה לנו בניין גבוה we shall build a high building - אס 9א. לעל מן כל רמין למעלה מכל גבוהים - מ ב 22.

**פועל גידל, רומם to exalt** אלהה דאבה וארוממנה אלהי אבי וארוממנהו the God of my father, and I will exalt Him - שמ טו 2. מן ירוממנך לפם דאנון פליאתך מי ירוממך לפי

מה שהם נפלאותיך - מ ד 52-51. נודי לאלהינו... ונרומם גדלה נודה לאלוהנו ונרומם גודלו - ת״מ 214א. לך אנן משבחין... לך אנן מרוממין ...אותך אנו מרוממים - מ יב 2-4. רמה מרוממה הרם המרומם - מ יא 77.

**אפעל 1 הרים** פע״י **to raise** *trans.* והוה כמד ארם משה אדיו והיה כאשר ירים משה ידיו - whenever Moses raised up his hand שמ יז 11. לא ירים אנש ית אדה לא ירים איש את ידו - בר מא 44. ארם ית אדך באטרך B נטה את ידך במטך - שמ ח 1 (=המליץ 531). וארים אהרן ית אדה B ויט אהרן... - שמ ח 2. לארעה דארמת עם אדי למתן יתה לאברהם... אל הארץ אשר נשאתי את ידי לתת אתה לאברהם... - שמ ו 8. **2 גידל to elevate** וארים לן למיטבאתן וגדל אותנו להיטיב לנו elevate us, for our own good - ט 71. **3 הפריש to offer** a gift תרומה וכל מרים ארמות כסף וכל מרים תרומת כסף - everyone who would make gifts of silver שמ לה 24. כן תרמון... ארמות יהוה כן תרימו... תרומת יהוה - במ יח 28. וירם כהנה מן מנחתה ית אדכרותה והרים הכהן מן המנחה את אזכרתה - ויק ב 9. במיכלכון מלחם ארעה תרמון ארמו ליהוה ...תרימו תרומה... - במ טו 19. **4 סר to turn** *intrans.* ודארם למדר קריה ואשר נטה לשבת עיר VEBA who turned to dwell in a city - במ כא 15. וירים (מן בתנין) ויזנק מן הבשן - המליץ 459 [מן דב לג 22, והא פירוש. בתה״ש דידן: ידיק. ,(Abr-Nahrain 24(1986 190].

**אֶתְפַּעַל 1 הורם מעמדו to be elevated** ומתרים מן גוג מלכה (A ויתריאם) וירום מגוג מלכו his king shall be more elevated than Gog - במ כד 7. כינך מתרים במד בך מתעבד מפצי ומאבד אה איקר יתיר מתרים בתרה ביני כל בוראיה הרי אתה תרומם על ידי מה שייעשה בך גואל ומאבד. הנה כבוד יתר מרומם בשניים (בגאולה ובאיבוד) בין כל הברואים - ת״מ 66א. **2 הופרש to offer** a gift תרומה ודאתרם מדכר אשלמיה ואשר הורם מאיל המלאים which is offered from the ram of ordination - שמ כט 27. כמה דיתרם מתור דבח שלמיה כאשר יורם משור זבח השלמים - ויק ד 10. **3 סר to turn away** התרמו מבגו כנשתה הדה MBA (נ״א הרמו) הרמו מתוך העדה הזאת turn away from this community - במ יז 10.

**אתפועל נתרומם to be exalted** יתרומם חילה יתרומם האל let God be exalted - ע״ד טז 17. ואלה דשם מתרבי ומתרומם ואלוהי שם מתגדל ומתרומם - ת״מ 48א. **תשתבח תתרבי תתרומם לעלם** - ע״ד כח 85-86. **יתשבח חכום** כסיאתה וגליאתה ויתרומם לעלםישתבח יודע הנסתרות והנגלות ויתרומם לעולם - אס 22ב. ירוממון טליה דרחותה דאתיבש ימה קמיון ירומו ילדי ״רעותה״ שחרב הים לפניהם exalted be the Children of the Divine Grace before whom the sea was dried up - ת״מ 55א.

**†ארמה** ש״ע נ *n. f.* **תרומה offering** במיכלכון מלחם ארעה תרימון אראמה ליהוה N ...תרימו תרומה... when you eat of the food of the land, ...you shall present an offering to the Lord - במ טו 19.

**ארמו** ש״ע נ *n. f.* **תרומה offering** הלא ארמו היא וארמו יהי מן עם בני ישראל כי תרומה היא ותרומה יהיה מאת בני ישראל it is a gift; - and so shall they be a gift from the Israelites שמ כט 28. ודה ארמותה דתסבון מן עמון וזאת התרומה אשר תקחו מאתם - שמ כה 3 (=המליץ 611). כל רחי לבה ייתי ית ארמות יהוה - שמ לה 5. ותנדון לתמן... וית ארמואתכון והבאתם שמה ...ואת תרומותיכם - דב יב 6.

**†מרוממו** ש״ע נ *n. f.* **רוממות praise** מרוממותך מד אנן יכלין רוממותך היא לפי שאנו יכולים - the praise to You is according to our power א״ח 72-73.

**רום** ש״ע ז *n. m.* **1 גובה, קומה** מוחש **height** *concr.* ואמה ופלג רומה ואמה וחצי קומתו its height is a cubit and a half - שמ לז 1. ורומה חמש אמין וקומה חמש אמות - שמ כז 18 (=המליץ 587). רום רבואתה רום הגדולות - ע״ד כד 76. **2 מרום heaven, height** מלאכי רומה מלאכי המרום the angels of heaven - ת״מ 260ב. ואתה ברום עלמה ואתה במרום העולם - מ ב 21. כאפרעות רומה להVNECA כמעוף המרום it is for them like the elevation to the height לו - במ כג 22. **3 קדקוד head, peak** יהן לריש יוסף ולרום כליל אחיו לראש יוסף ולקדקד נזיר אחיו let these come upon the head of Joseph, and upon the peak of crown among his brothers - בר מט 26. מעי פאתה דמואב ורום כל בני שת מחץ פאתי מואב וקדקד כל בני שת it shall crush the ends of Moab, and the top of all the sons of Seth - במ כד 17. ומשה רום כל נבייה ומשה ראש כל הנביים Moses, the top of all the prophets - ת״מ 245ב. **4 תנוך האוזן lobe of ear** ונסב משה מן אדמה ויהב על

רום אדן אהרן ויקח משה מדמו ויתן על תנך אזן אהרן Moses took some of its blood and put it on the tip of Aaron's right ea - ויק ח 23 [=המליץ 612. ע' גם עואנ"ש א, סח והש' אונקלוס על אתר].

**רוממו**† ש"ע נ *n. f.* **גדולה exaltation** יתרבי חילה דלה כל ‹תשבחה› וכל רוממו יתגדל הבורא אשר לו כל תהילה וכל רוממות magnified is the Mighty One to whom belong all praise and exaltation - ת"מ 309א.

**ריאם**† ש"ע ז *n. m.* **1 רום, רמה height** עבדי פרעה כלם נפלם מן ריאם עבדי פרעה כלם נופלים מן הרום all the servants of Pharaoh fell from the height - ת"מ 102א. אלהה אפקון ממצרים כאפרעות רימה לה J (נ"א רומה לשון גובה, כדרך שתפסה הקריאה râm. אבל התה"ע: אלרים) כפריחה לרום לו... God brought them out from Egypt; it is for them like the elevation to the height - במ כג 22, כד 8. יום צומה דבה מנסב בריאמה שני שעירים לאשמה יום הצום אשר בו נלקחים ברמה שני שעירים לאשם - מ יז 1-3. **2 עצמה might** אזלו ומלכו עליון בריאם הלכו ומלכו עליהם ביד רמה they went and ruled over them in might - אס 13א. אדין אתחללת עיוצי ריאמה E אז חללת את עצמתי הרמה - בר מט 4 [פרפרזה להרחקת עניין גילוי העריות. אבל לא מצינו ריאם ש"ת].

**ריאמו**† ש"ע נ *n. f.* **מרום height** אחד בלא שני תמיד בריאמו (אל) אחד באין שני, תמיד במרום (God is) One, with no other, always in high - פיוטים לשמחות 357.

**רמו**† ש"ע נ *n. f.* **1. רמה height** מסעני רמבת ארנון (CB רמאות) בעלי במות ארנון the lords of the heights of the Arnon - במ כא 28. *fig.* בהשאלה דאנון ימלכו רמואת עלמה שהם יקנו רמות העולם - ת"מ 223ב. ארכבה על רמואת ארעה ירכבהו על במתי הארץ - דב לב 13. **2 במה high-place** for worship וית כל רמבתון תשוצון וית כל במותם תשמידו you shall demolish all their high places - במ לג 52. ואשוצי ית רמבתכון - ויק כו 30.

**תרומה**† ש"ע נ מונח, מן העברית *n. f.* H *term* **תרומה gift** ולא תרומה אלא לידה ואין תרומה אלא אליו (אל המזבח) there is no gift but for the altar - ת"מ 97ב. ותנדון לתמן... ית תרומתיכון E (נ"א ארמואתכון) והבאתם שמה את... תרומותיכם - דב יב 6. בתרומת קדשיה לא תיכל (B בתרמהת, נ"א בארמות) בתרומת הקדשים לא תאכל - ויק כב 12.

**רום**²† כינוי לבני עשו בערבית **surname of Esau's dynasty** (Ar) < الروم - Lane 1193c. מן אדום שיוחס לרומא, והוקש כאן לבני ישמעאל. ע' להלן רומה². *Edom was associated with Rome;* [*see rwmh*², *below*

**רום** ש"ע ז *n. m.* **רום Esau's sons** האלין אנון ברי ישמעאל... תרת עסרי נסיאין לרומון A (נ"א לאמתון, לאומיהון) שנים עשר נשיאים לאמתם - בר כה 16 [השי' רומה = אדום - במ כה 16 A. אבל ZSpr 173: שיבוש מן קומון - قوم].

**רום**³† חיפוש ובחינה **search** > روم - Lane 1193b]

**קל בחן, בדק to examine** וגברה ראם לה שתיק *$m_1$ (נ"א שאם, מתאר) והאיש משתה לה ומחריש - the man examined her in silence - בר כד 21 [לשון תמיהה. בטור הערבי של המליץ 507 ראים]. נשלה גברים לקדמינן וירומון לנן ית ארעה m ויחפדו לנו את הארץ - במ יב 16א C$^{a}$ [ירומון וכך הוא בטור הערבי של המליץ 472. ראה זב"ח שם].

**רומה**¹† שם פרטי rūma *pr. n.*
**רומה** ש"פ וכבלניתה ושמה רומה - בר כב 24.

**רומה**²† שם מקום *pr. n. (place)* [כינוי לאדום שכיח במסורת היהודים, כגון: עתידין בניך נאחזין בעונות ומסתבכין במלכיות מבבל למדי ממדי ליון ומיון לאדום - ירוש תענית סה ע"ד. השי' روم - כינוי לבני עשו - Lane 1193c. ע' לעיל רום². *Epithet of Esau's lineage, usually associated with Rome in* [*Jewish literature*

**ארומה אדום Edom** ואמר לה ארומה לא תגעז עלבי A (נ"א אדום) ויאמר אליו אדום לא תעבר בי - במ כ 18.

**רומה אדום Edom** לתהום ארע רומה A על גבול ארץ אדום - במ כ 23. ונטלו מטור טורה... לסהר ית ארע רומה A (נ"א אדום) ויסעו מהר ההר... לסבב את ארץ אדום - במ כא 4. וייי רומה ירתה ויי ירת עשו דבביו A (נ"א אדום) והיה אדום ירשה והיה ירשה עשו איביו - במ כד 18.

**רומאי** ש"י *gent. n.* **Roman** אדכיר לטב גרמון

אסורה רומה זכור לטוב גרמון המושל הרומי - מ כה 51 - 52.

**רומי**[†] שם מקום *pr. n. (place)* [אפשר שהיא ארמניה. זב״ח, אסטיר 33. *Prob. Armenia*]

**רומי** ש״פ וארפכדש שרה באור כשדים ברקטרס דשמה רומי וארפכשד שכן באור כשדים במקום ששמו רומי - אס 8א.

**רוע**[†] השמעת תרועה **trumpet sound** [מן העברית H]

**תרועה** ש״ע נ *n. f.* **blast** **תרועה** ומאני קדשה וחציצרת תרועה באדה VN (נ״א אשמעותה) וכלי הקדש וחצצרות התרועה בידו equipped with the sacred utensils and the trumpets for sounding the blasts - במ לא 6. **וחציצריה באדיכון** ואתקעו תרועה ...ותקעו תרועה - ת״מ 251ב. ותרועת מלך בו - אס 16ב. מביא את במ כג 21.

**רוף**[†] עמידה מנגד **standing still** [> راف - Lane 1190b]

**קל עמד מנגד** **to stand aloof** עיבים אנן על אחנן דרפנן ולבטנן רוחה בתחנונה לנן A אשמים אנחנו על אחינו כי שתקנו ועינינו נפשו בהתחננו אלינו we are guilty concerning our brother, in that we stood aloof and distressed his soul, when he besought us - בר מב 21 [פרפרזה של ״אשר ראינו בצרת נפשו״].

**רוץ**[†] ריצה **run** [שרבוב מן העברית. ע״ע רהט H *interp.*]

**קל רץ** **to run** ורצת וחויאת לאבוה A (נ״א ורעטת) ותרץ ותגד לאביה she ran and told her father - בר כט 12.

**רוק**[1] צעיר, נער **youth** [א״י וישתלהון עולימין חייבין וילאון ורוקי רשיעיא אתקלא יתקלון - תרג׳ ישע מ 30]

**רבק, רוק** ש״ע ז *n. m.* **נער youngster** והוא רבק A והוא נער he was a lad - בר לז 2. רבק עברי A נער עברי a Hebrew youth - בר מא 12. ושגר ית רבקי ברי ישראל A וישלח את נערי בני ישראל - שמ כד 5. אף רבק אף בתולה EC גם בחור גם בתולה - דב לב 25. שמשך טפד ית רבקה A עבדך ערב את הנער - בר מד 32. לגבריה שרר לרבקיה אנהר את האנשים חיזק, את הנערים האיר בתבונה - ת״מ 208ב. יתמיה חיבין רבקיה מרודין היתומים חטאים, הנערים מורדים - ת״מ 233א. ברבקינן ובסהבינן נהך A בנערינו ובזקנינו נלך - שמ י 9. ונסב שת מון רכב רבק V (נ״א בחור) ויקח שש מאות רכב בחור - שמ יד 7.

**רוק**[2] הרקה, יציקה **pouring** [א״י וית אדמה אריק על יסודוי דמדבחה - נ ויק ח 15. **סוא״י** אריק גרמה ודמו דעבד נסב = הריק עצמו ונטל דמות של עבד - אל הפיליפיים ב 7. ע״ע רקן. *See rqn*]

**אפעל 1 יצק** נוזלים **to pour** וארק משה על רישה ויצק שמן על ראשה (Jacob) poured oil on its top - בר כח 18. וית אדמה ארק לגו ארש מדבחה ואת הדם יצק אל יסוד המזבח - ויק ט 9. לא ירק עליה משח - ויק ה 11. ית אדמון תרק m את (נ״א תזרק) דמם תזרק - במ יח 17. מתכת casting metals וארק לה ארבע עסקין דהב ויצק לו ארבע טבעות זהב - שמ לז 3. ותרק להון חמשה לבני נחש - שמ כח 13. **2 הריק** כלי מתוכנו **to empty** והוו אנון מרקין סקיון (NC מריקים, E מריקין) ויהיו הם מריקים שקיהם as they were emptying their sacks - בר מב 35. בהוראת שליפת החרב מן ׳אריק חרבי׳ (שמ טו 9) *in the sense of emptying a sheath* הלא חרבך ארקת עלויון A כי (*after* Ex 15:9) חרבך הנפת עליהם by wielding your tool upon them you have profaned them - שמ כ 21. וחרבה אריק באדה A (נ״א שליפה) וחרב שלף בידו - במ כב 31. לא תריק עלביון פרזלה A לא תניף עליהם ברזל - שמ כ 13א [מן דב כז 2. ליתא].

**מרקה** למרקה ית לבני קדשה לצקת את אדני הקדש - שמ לח 27.

**אֶתְפְּעֶל נוצק** **to be poured** וכהנה... דיתרק על רישה משח רבותה (VNMECA דאתרק) והכהן אשר יוצק על ראשו שמן המשחה... the priest..., on whose head the anointing oil has been poured - ויק כא 10. על בסר אנש לא יתרק (B יתארק) MECA על בשר אדם לא יוסך - שמ ל 32. מי נדתה לא אתרק עלויו A מי נדה לא זרק עליו - במ יט 13.

**ריק** ש״ת *adj.* **ריק empty** הרגריזים ריק בלא צלאי הר גריזים ריק בלא מתפלל Mount Gerizim is empty with no one praying - ת״מ 7א (נ״א שביק). כל מדרש... לא ישוב מסחנה ריק כל שאלה... לא ישוב בעליה ריק - ת״מ 101א. ולא שרי באתר וריק מן אתר אלהים אינו שוכן במקום והוא ריק ממקום (שלול מלייחס לו תואר של מקום) - ת״מ 209א. ישבק קנומה

רק מן החכמה יניח עצמו ריק מן החכמה - ת״מ 150ב.

**ריקה** ש״ע נ .*n. f* **ריקות emptiness** שעילה מרה... אדירת ריקה במדורה דמשיאלה שאלה מרה... משכינה ריקות במעון השואל a bitter lending..., harbors emptiness to the abode of the lender - ת״מ 49א [על שמ יב 36. *ref. to* Ex. 12:36]. אסורי לגפנה קרתה ולריקה ברי עמוקה (נ״א לריקנו) סרה לגפנה עירו ולריקות בני עמקו - בר מט 11 [פירש 'שריקה' שממה (=המליץ 598. זב״ח: מן רקי״ק). ע״ע עמק[1]. *Midr.; see* ᶜ*mq*[1]]. וישלם לריקה חילכון ותם לריק כחכם - ויק כו 20. ותזרעון לריקה זרעכון (B לרחיקה כתיב אחר או דרוש: לתועבה? ע״ע רחק) וזרעתם לריק זרעכם - ויק כו 16.

**רוק**[3]† מילית צמצום *part. of limitation* [בן-גוון של רק ? (H) *Alternate of rq*]

**רוק רק but** לית רוק גנות ארעה אתיתון למצפיA לא כי ערות הארץ באתם לראות no, but to see the weakness of the land you have come - בר מב 12. אן תפקון מן הנה רוק אלהן בעללות אחיכון A אם תצאו מזה כי אם בבוא אחיכם you shall not go from this place unless your youngest brother comes here - בר מב 15. רוק אעלל לות אבי ורבקה לינה לותיA לא! האעלה אל אבי והנער איננו עמי but, can I go back to my father when the boy is not with me? - בר מד 34.

**רזי**[1] râz סוד **secret** [אינו באה״ש הקדומה *Not in* early SA. **א״י** מן דאתגלי ליה רזא - **נ** בר מט 1. **סוא״י** דתדעון ראזא דמלכותא דאלהא - לוקס ח 10. הפועל קיים בסורית: PSm 3871-5. ע״ע סוד] ← לב, דעת **heart, mind**

**פעל**† גזור מן השם רז *denom. from rz* **הבין סוד to comprehend** עמיתה בעיניך ורזיתה בלבך דאתה עתיד מפרסי מלגוה פליאן ראהו בעיניך והבן סודו בלבך כי אתה עתיד לפרסם מתוכו פלאים see it with your eyes and comprehend it with your heart, for you are going to disclose wonders from it - ת״מ 8א [זב״ח הע' 2]. בראש ‹ית› חכמתנה ורזיתה איך היא ״בראשית״ ידעתו והבנת סודו איך הוא "Bereshit"; you have known it, and comprehended its secret - ת״מ (ק) 69א.

**ארז**† ש״ע ז .*n. m* **אות sign** ביומה רביעה אקימת ארזין מועדין ביום הרביעי הקמתי אותות, זמנים on the fourth day I established signs, times - ת״מ 39ב [ס רזא, ארזא PSm 3871a].

**רז** ש״ע ז .*n. m* **1 סוד secret** כסי ועמי כל רז נסתר ורואה כל סוד He is hidden (but) sees every secret - ע״ד כה 15. וגלה לי רז כהלה טבוהן וגילה לי רז כולו טובות - ת״מ 143ב. סודי האמונה the secrets of faith דאימנה מרה רזי עתיקין וחדתין שהפקיד בידיו אדוניו סודות עתיקים וחדשים - ת״מ 5א. רבותה לאלהנו דקבע רזין בלבבי טביה הגדולה לאלוהנו שנטע סודות בלבות הטובים - ת״מ 96ב. **2 יצר** פנימיות, נטיית הלב **mind** [השי' **ע** פחז עלי יצרי - תוס נזירות ד ז. פחז לבי עלי - ספרי במדבר כב 26] וכל רז ענין סודה לחוד ביש (E)A וכל יצר מחשבות לבו רק רע every plan devised by his mind was nothing but evil - בר ו 5. ואמר יהוה ליד רזה (E)A ויאמר יהוה אל לבו the Lord said in his mind - בר ח 21. ואתקף רז פרעה ולא שמק מנון A (נ״א לב) ויחזק לב פרעה ולא שמע אליהם - שמ ח 15. ואזל בלעם עם בלק ואעלה מדינת רזיו NECB וילך בלעם עם בלק ויביאהו קרית חיצת Balaam went with Balaq, and they came to "the City of Counsels" - במ כב 39 [=המליץ 470. נתפרש עצות, והכינוי מוסב על בלעם. הכול רומז אל עצת בלעם, שלפי האגדה הביאה למעשה בשטים. ראה אס 17א ואילך. *ḥyst is taken as* ᶜ*yṣt, 'advise' (pl.)*.]

**רזי**[2]† ט״ס מן בזי. ע״ע בזז[2] *Corr. from bzy (see bzz*[2]*)*

**אפעל ביזה to disdain** הלא ית ממלל יהוה ארזה A (נ״א אביז) כי את דבר יהוה בזה because he has disdained the word of the Lord - במ טו 31 [נגרר אחר נ״ש וטעה *Misspelled interp. of SP*.]

**רחב**[1] râb שם פרטי *pr. n.*

**רחב** ש״פ ממדבר צן עד רחב למיעל לחמת ממדבר צן עד לבא חמת - ברמ יג 21.

**רחב**[2]† רוחב **width** [מן העברית H]

**רחב** ש״ע ז .*n. m* **1 מרחב room, space, width** הים שב לאיתנו לפני פרעה וכל עבדיו... ולית להם רחב לרוח ...ואין להם מרחב להצלה the sea returned to its strength before Pharaoh and all his servants... and there was

ורחב משכנה .A63 ת״מ - no space for relief במנאי ורוחב המשכן בחשבוני (חמשים אמה the breadth of the (דברי האות נו״ן - Tabernacle is in my number (fifty cubits - thus .A290 ת״מ - spoke the letter Nun) **2 רחבה** **square** (**open**) וית כל אנחיתה תצמת אל תוך רחבה E ואת כל שללה תקבץ אל תוך - gather all its spoil into the open square רחבה ת״מ חג 17 [שרבוב מן נ״ש .SP *interp.*]

**רחבי** ש״ע נ *n. f.* **רווחה comfort** וחפרו באר עורנה... וקרא שמה רחביתה MB ויקרא שמה they dug another well..., and (rabbot) רחבות .22 בר כו - they called it Comfort

**רחיבו** ש״ע נ *n. f.* **רווחה comfort** וקרא שמה רחיבות C - בר כו 22.

†**רחבות עיר** שם מקום *pr. n. (place)*

**רחבות עיר** ש״פ ואתו ובנו נינוה ורחבות עיר - אס 8ב [מן בר י 11. אבל התה״ש והתה״ע פירשו שם כללי . ע״ע סטכן].

†**רחי** ריחיים **mill** [**א״י** טחין בריחייא - ירוש קידושין סא ע״ב. **סוא״י** בבית רחיא - שמ יא 5]

**ריחי** ש״ע ז *n. m.* **ריחיים mill** בכור שמשתה דבתר ריחהV בכור השפחה אשר אחרי הרחים the first-born of the maidservant who is behind the mill - שמ יא 5. מובא גם בפס 3א. **ולקטו וטחנו** בריחיה לקטו וטחנו ברחים - במ יא 8.

**רחים** בעל חיים **an animal**

**רחים** ש״ע נ *n. f.* **בעל חים an animal** אילה וטביה... רחים ויאר VEB (נ״א ותיתלה) איל וצבי... תאי וזמר - דב יד 5 [אפשר שנתפרש מעניין התאווה. השי׳ נעמיתה = רחמה ע׳ להלן רחמה *Prob.* *int. of t*ʾ*y from t*ʾ*wh, 'lust'*.]

†**רחל¹** הנקבה בצאן **ewe** [**א״י** רחלין תרתין - **נ** בר לא 38. טלשיר 92]

**רחל** ש״ע נ *n. f.* **רחל ewe** רחלים מאתים ודכרים עסרים רחלים מאתים ואילים עשרים - בר לב 15. רחליך ועזיך לא תכלו רחליך ועזיך לא your ewes and she-goats never שכלו .38 בר לא - miscarried

**רחל²** שם פרטי rāʾəl *pr. n.*

**רחל** ש״פ ושמש יעקב ברחל שבע שנים ויעבד יעקב ברחל שבע שנים - בר כט 20. **בני רחל** אתת יעקב יוסף ובנימים - בר מו 19. **משכללין** הוו אלימיה דרחל מושלמים היו עלמי רחל - ת״מ 50א.

**רחם¹** אהבה, חמלה **love, compassion** [**א״יועבד** לי תבשילין היך מה דרחמת - **נ** בר כז 4. **סוא״י** ואתרחמת עלי - ישע יג 1]

הואיל וכל הצורות בעלות התחיליות הוראתן ׳חמלה׳ הנחנו שמה שהוראתו אהבה הוא קל, אם אין עדות אחרת. *Since all the prefixed forms mean 'compassion', the meaning 'love' was assigned to Qal.* **קל** עבר: רעם -בר לז 3. עתיד: נרחם nērāʾəm - ע״ש ו 84. בינוני: רחם rāʾəm - מ ה 43. פעול: רעימה (נ) - דב כא 15. מקור: מרעם - דב יא 13. מרעמה - דב ל 6. מרעמנך (+נוכח) amrāʾēminnåk - מ ח 30. **פעל** עתיד: תרחם (נסתרת) tērāʾəm - מ ד 10. ציווי: רחם rāʾəm - מ ו 79. בינוני: ומרחם wamrāʾəm - א״ח 45. **אֶתְפַּעַל** עבר: אתרחם - דב ז 7 B. עתיד: נתרחם - ת״מ 214א. ציווי: אתרחם it'rām - מ ב 78. בינוני: מתרחם mit'rām - ע״ד ט 4. **רחום** qiṭṭūl - בר לג 15 B. **רחום** rāʾom (qāṭōl) - ע״ש ו 64. **רחים** - בר לט 4 (=המליץ 461). **רחימו** רחימות (נסמך) - שמ ג 21 $^*M_{ins}$. **רחם** - בר יט 16 $M_1$. **רחמו** ברחמו abrāʾēmu - ע״ד יג 8. **רחמן** rēmməm (pl. tant.) - מ יד 115. **רחמן** rēmmån - מ א 15.

**קל אהב to love** וישראל רעם ית יוסף וישראל אהב את יוסף Israel loved Joseph - בר לז 3. תרתי נשים חדה רעימה וחדה מסתניה שתי נשים אחת אהובה ואחת שנואה ,two wives one loved and one disliked - דב כא 15. **והות** חוה רחמה לקין ואדם רחם להבל והיתה חוה אוהבת את קין ואדם אהב את הבל - אס 2א. רעמת ית רבי אהבתי את אדני - שמ כא 5. **מנה** נדחל ויתה נרחם ממנו נירא ואותו נאהב - ע״ש ו 84. **ירחם לטביה דשמעו ית קלה יאהב** את הטובים אשר שמעו לקולו - ת״מ 198ב. **מן** רחם לן מי שאוהב אותנו - מ ה 43. **דבק ברחמיך** הושע את אוהביך - ע״ד ד 11. **ויפצי רחמיה** ויאבד כל דבביה יושיע את האוהבים ויאבד את כל האויבים - ת״מ 186א.

**מרחם** למרעם ית יהוה אלהכון לאהבה את יהוה אלהיכם - דב יא 13. חילה נפשה ושרה אשוו מרחמנך הכוח, הנפש וה״מאוד״ חברו לאהוב אותך - מ ח 29-30.

†**מרחמה** למרעמה ית יהוה אלהך C (E למרחם) לאהבה את יהוה אלהיך - דב ל 6 [מקור קל בתנועה סופית. הבחירה מושפעת מן המקור בנ״ש .*Vowel ending of the inf. following* SP.]

**פעל חס, חמל** **to show compassion** גבורתך רבתה תרחם עלינן גבורתך הגדולה תרחם עלינו - Your great Might will have compassion for us מ ד 10-9. וארתי ית דארתי וארחם ית דארחם וחנתי את אשר אחן ורחמתי את אשר ארחם - שמ לג 19. ולא תיעס עינך עליו ולא תרחם ולא תחוס עינך עליו ולא תרחם - דב יג 9. במה דן אחס עליון במה ארחמנון למה זה אחוס עליהם, למה ארחמם? - ת״מ 241א. רחם עלינן דשמך רחמנה חוס עלינו, ששמך הרחמן - מ ו 80-79. רתי ומפצי ומרחם ומסובר חס ומושיע ומרחם ונושא (עוון) - א״ח 45.

**אֶתְפַּעַל 1 אהב** **to love**[†] לא מסגיכון... אתרחם יהוה בכון B לא מרבכם... חשק יהוה בכם it was not because of your multitude... that the Lord set his love upon you - דב ז 7. כל מן דמזעזע בעמלון מרה דעלמה מתרחם כל מי שמתיירא, בזכותם (של הצדיקים), אדון העולם אוהב - ע״ד ט 4-3. **2 חמל** **to show compassion** ועל עבדיו יתרחם C (E יסובר) (God) will have compassion ועל עבדיו יתנחם - on his servants - דב לב 36. ואתרחם ית דאתרעם B ורחמתי את אשר ארחם - שמ לג 19.עלינן אתרחם - מ ב 78. מרן וקענין מתרחם עלינן אדוננו וקוננו מרחם עלינו - ת״מ 208א. **3 רוחם** **to receive mercy** ונשמע ממלל משה... דמה נתרחם ונשמע את דיבור משה... אולי נרוחם let us hear the word of Moses, perchance we may receive mercy - ת״מ 214א. ולא תסטון... דמה דנתרחם לגו תרי עלמיה ולא תסורו... אולי נרוחם בשני העולמות - ת״מ 167ב.

**רחום** (qāṭōl) rēᵓom **א** ש״ת *adj.* **רחום** **merciful** בביטוי רחום וחנון merciful and gracious - ע״ד יח 7, ת״מ 184ב ועוד, והכול מן שמ לד 6. **ב** ש״ע ז במעמד הבינוני *n. m. participial* **אוהב** **loving** ואלהי יעקב רחום תהביה ...אוהב את השבים Jacob's God loves the repentants - ע״ש ו 64. אף רחום עממאי E אף חובב עמים - דב לג 3. ואפסה על בתי בני רחומי ואקטל בכורי סנאי ואפסח על בתי אוהבי ואהרג את בכורי שונאי - ת״מ *42א.

**רחום**[†] ש״ע ז qiṭṭūl *n. m.* **חן** **favor** אתשקע רחום בעיני רבי אמצא חן בעיני אדוני let me find favor in the sight of my lord - בר לג 15. למתשקעה רחום בעיניך למצוא חן בעיניך - בר לב 8. אתשקע רחום ביעיניך - בר יט 19.

**רחים** ש״ע ז *n. m.* **חן** **favor** ואשקע יוסף רעים בעיני רבה וימצא יוסף חן בעיני אדוניו Joseph found favor in the sight of his master - בר לט 4. אם לא אשקעת רחים בעיניך - דב כד 1.

**רחימו**[†] ש״ע נ *n. f.* **חן** **favor** ואתן ית רחימות עמה הדן בעיני מצרים $*m_{ins}$ ונתתי את חן העם הזה בעיני מצרים I will give this people favor in the sight of the Egyptians - שמ ג 21.

**רחם** ש״ע ז *n. m.* **1 חן** **favor** אה שבי אשקע שמשך רחם בעיניך A (נ״א רחים) הנה נא מצא עבדך חן בעיניך your servant has found favor in your sight - בר יט 19. באדינן פרקנה... באדינן רחמה בידינו הישועה, בידינו האהבה - ת״מ 146א. יהוה עם רחמה בסופה ועם מסעני ארנן את והב בסופה ואת הנחלים ארנן - במ כא 14 [דרש והב לעניין אהבת האל]. **2 חמלה** **mercy** ברחם יהוה עליו $*M_1$ (נ״א ברחים) בחמלת יהוה עליו in the Lord's mercy for him - בר יט 16. **3 רֶחֶם** **womb** דבאפקותה מרחם אמה אשר בצאתו מרחם אמו in his emergence out of his mother's womb - במ יב 12. עצר אלהם בעד כל רחם לבית אבימלך - בר כ 18. ברכת תדים ורחם ברכת שדים ורחם - בר מט 25.

**רחמו** ש״ע נ *n. f.* **אהבה** **love** וייתי לידך ברחמו רבה ויבוא אליך באהבה he comes to You in great love - ע״ד יג 8. ואנדית יתכון לידי ברחמו רבה והבאתי אתכם עלי באהבה רבה I brought you to me with much love - ת״מ 223א. בנקירות תקפה קעמו תריון אמרין ושמעין ברחמו רבה בנקרת הצור עמדו שניהם (משה ואהרן) נושאים ונותנים באהבה רבה - ת״מ 217ב. **חן** **favor** אם אשקענן רעמו בעיניך (נ״א רחים, רחם) אם מצאנו חן בעיניך if we found favor in your sight - במ לב 5.

**רחמין** ש״ע ז *n. m. pl. tant.* **חמלה** **compassion** ואדיק אלה ברחמיו ודבק והביט האל ברחמיו והושיע God looked with His compassion and relieved - ת״מ 90א. רחמים קרא אלה... רחמים קבל נביה רחמים קרא האל... רחמים קיבל הנביא - מ יד 117-115. טב הוא קשטה וטבין רחמיו טוב הוא קשטה וטובים רחמיו - ת״מ 81א.

**רחמן** ש״ת *adj.* **רחום** **compassionate** גלגיך דאת רחמן שבחך, שאתה רחמן Your praise, for You are compassionate - מ א 15. אה מלכה רחמנה הוי המלך הרחמן - ע״ד כז 19. אלה רחמן ולית בר מנה אל רחמן ואין זולתו a - compassionate God, there is none except He - ת״מ 231ב.

רחם²† ריחיים **mill** [שורש תנייני מהכללת הסיום *Secondary root by inclusion of the dual* (י)ם- [*ending -(y)m*

**רחם** ש״ע ז *n. m.* **ריחיים mill** בכור אמתה דאחרי רחמה (רחימה ECA) the first-born of - the maid who is behind the mill שמ יא 5.

**רחים** ש״ע ז *n. m.* **ריחיים mill** ולקטו וטחנו ברחים (A ברחין, N בריחים, B ברחימיה) VEC they gathered it and ולקטו וטחנו ברחים ground it in mills - במ יא 8. **לא יחבל רחים ורכב** - דב כד 6. **ועד בכור אמתה דאחר רחימה** - ת״מ 38א.

## רחמה בעל חיים **an animal**

**רחמה** ש״ע נ *n. f.* בעל חיים **an animal** וית הרבדה וית קוזתין וית רחמתה (נ״א M₂ נעמיתה)...ואת הרחמה - ויק יא 18.

רחף† דאייה **flutter** [א״י על גוזלוי מרחף - **נ** דב לב 11] ← חמלה **compassion** [עש״ח NSH. **ס** ורוחה דאלהא מרחפא - **פ** בר א 2. להגנה על גוזלים בקן: ועלוהי נרחף כל יומא - **פ** דב לג 12; רוחפא = חן **פ** - זכ יב 10. **ע** ריחמתה כאב על בנים וריחפת כאם על בנים - ינייי רמה. טל, תעודה ג 179].

**פעל 1 דאה to flutter** רחפת (ברוחך) ריחפת ברוחך - המליץ 527 You fluttered in your spirit מן שמ טו 10 [פירש כך נשבת ברוחך מפני המשוואה רחף = נשב: ורוח אלהה מנשבה = מרחפת - בר א 2 A = המליץ 590. על ציצוה ינשב = ירחף - דב לב 11 E = המליץ 590] **2 חמל to show compassion** והא רבי בכי ורחפת עליו ברת פרעה (נ״א M₁A* ורחמת, ואחסת) והנה נער בכה ותחמל עליו behold, a boy crying; she took pity בת פרעה on it and said - שמ ב 6 [התה״ע וראפת - לשון רחמים].

רחץ¹ ביטחון **security, confidence** [א״י שורייה רמייה... דאתון רחיצין בהון - **נ** דב כח 52. **סוא״י** אנא רחיץ עלוי - ישע ח 17]

**קל** בינוני פעול: דרחיץ ad'rīṣ - ע״ד י 9. **אֶתְפְּעֵל** עבר: אתרחצון (נסתרים) itrēṣṣon - מ ח 7. עתיד: נתרחץ (מדברים) nit'rēṣ - מ ח 55. ציווי: אתרחץ - ת״מ 222א. בינוני: מתרחצין - ת״מ 145א. **רוחצן, רחוצן** - ויק כה 18 B. **רחצה** - דב יב 10. **רחצון** rēṣṣon - ע״ד ד 3.

**קל בטח to trust** וטובי קהלה דרחיץ בה happy is the ואשרי הקהל הבוטח בו congregation that trusts in Him - ע״ד י 9. דקעם עם כל מן דרחיץ בה העוזר לכל מי שבוטח בו - ע״ש ו 83. שוריך... דאתה רחיץ בהין חומתך... your walls..., in which אשר אתה בטח בהן you trusted - דב כח 52. אלהיה דהוה רחיץ עליון האלים שהיה (פרעה) בוטח בהם - ת״מ 254ב. בך אנן רחיצין בך אנו בוטחים - מ ח 5.

**אֶתְפְּעֵל בטח to trust** בחילך אתרחצנן בכוחך בטחנן in Your might we trust - ע״ד כז 7. בך אתרחצון זכאי עלמה בך בטחו צדיקי העולם - מ ח 7-8. אהן אלהיון תקפה דאתרחצו בה איה אלהימו צור חסיו בו - דב לב 37. על מן יתרחץ מן דו בך אלא בך על מי יבטח מי שהוא (תלוי) בך, רק בך - ע״ד כח 61. נתרחץ בחילך נבטח בכוחך - מ ח 55. זכותה אמרת לה אתרחץ על מרך הצדקה אמרה לו: בטח באדוניך - ת״מ 222א. מתרחצין על אלה בוטחים באלהים - ת״מ 145א.

**רוחצן, רחוצן**† ש״ע ז *n. m.* **בטחה security** ותדורון על ארעה לרעוצן (N לרעצן B) וישבתם על הארץ לבטח you may live upon the land in security - ויק כה 18 וכיו״ב 19: לרחוצן (B לרעוצן, כו 5 N לרעוצן (M₁* לרוחצן).

**רחצה**† ש״ע נ *n. f.* **1 בטחה security** ותדורון על ארעה לרחצה וישבתם על הארץ לבטח you may live upon the land in security - ויק כה 18. ותדורון ברחצה - דב יב 10. ישרי לרחצה C (E ברחצן) - דב לג 12. **2 ביטחון confidence** ועלו על קרתה ברחצה ויבאו אל העיר בטח - they came upon the city confidently - בר לד 25.

**רחצון** ש״ע ז *n. m.* **מבטח trust** לית לן רחצון אלא אתה כל רחצונים נפלים ומבלים ואתה מלך דלא מתחלף ורחצון דלא נפל אין לנו מבטח אלא אתה; כל המבטחים נופלים ומתבלים ואתה מלך שאינו מתחלף ומבטח שאינו נופל we have no trust but You; all trusts fall and wear away, but You are a King that does not change and a trust that never falls - ע״ד ד 3. דסגדו לאלהי נכר ועבדוה רחצונון שהשתחוו לאלוהי נכר ועשוהו מבטחם they venerated foreign gods and made them their trust - ת״מ 210ב. ועלו על קרתה ברחצון MA ויבאו אל העיר בטח - בר לד 25. דמה נדור ברחצונה אולי נשכון לבטח - ת״מ 96ב.

רחץ²† רחצה **washing** [משורבב מן העברית. ע״ע רעץ³. H *interp; see* $r^{cc3}$]

**קל רחץ to bathe** רחץ בסרה במיה E (נ״א יסעי, סחה, סחו) רחץ בשרו במים he shall bathe himself in water - דב כג 12.

**רחק** הפלגה מן המקום **departure, distance**
[**א״י** ארום ירחוק מנכון אתרה - **נ** דב יב 21. **סוא״י**
דקריבין לך אי דרחיקין מנך - דב יג 8] ← תיעוב
**abhorrence**

**קל** עתיד: ירחק - ת״מ 184א. **אפעל** עתיד: וירחק
- wyâ'rēq - ע״ש ד 33. ציווי: ארחק - במ יז B 2. בינוני:
דמרחק admâ'rēq - ע״ד כח 35. **אֶתְפַּעַל** עבר: אתרחק -
בר מד 4. ציווי: אתרחק - ת״מ 182א. עתיד: יתרחק -
דב יב 21. **ארחק** הרחק - שמ ח 24 A. **ארחקה** - שמ ח
24. **ארחקו** - ת״מ 34א*. **רחיק** rā<sup></sup>əq - מ ו 77. **רחק**
דרחק adrā<sup></sup>əq - ע״ד כח 36. **רחקה** ברחקה abrâqa -
ע״ד ד 11.

**קל רחק**† **to depart** כד יתי זבן מולדון ירחקו
במדברה... ויילדו כשבא זמן לידתן (של ההרות)
ירחקו במדבר (מפחד גזרת פרעה)... וילדו
when the time of the delivery came the
(pregnant women) went far away in the
desert... and gave birth - ת״מ 224ב. בהשאלה *fig.*
טוב מן בה מתקרב ומנה לא ירחק אשרי מי
שאליו מתקרב וממנו לא ירחק - ת״מ 184א. מן
ממלל שקר תרחק (נ״א תתרחק) מדבר שקר
תרחק - שמ כג 7.

**אפעל הרחיק 1** פע״ע *intrans.* **to be distant**
ויתבת לה מקבל הרחקת כמרמי קשיה ותשב
לה מנגד הרחיקה כמטוי קשת she sat down
- opposite (him), being as distant as a bowshot
בר כא 16. ארחקה לא תרחקון למהכה הרחק
לא תרחיקו ללכת - שמ ח 24. בהשאלה *fig.* ווילה
דמרחק מנך אוי לו למרחיק ממך - ע״ד כח 35.
**2** פע״י *trans.* **to remove** וירחק ית דבביכון
He shall remove your וירחיק ית אויביכם
enemies - ע״ש ד 33. וית אשתה ארחק להלה B
ואת האש זרה הלאה - במ יז 2. ולא תרחק
גרמך מן מרך ולא תרחיק עצמך מאדוניך -
ת״מ 140א. **3** בהשאלה *fig.* **תיעב to abhor** לא
תרחק אדומי E (C תרעק) לא תתעב אדומי
you shall not abhor an Edomite - דב כג 8 (המליץ
615: תערק). ותרחק נפשי יתכון B וגעלה נפשי
אתכם - ויק כו 30. ותתרחקון ית רחקתה $*M_2$
וערלתם את ערלתו - ויק יט 23 (מן אונקלוס O).

**אֶתְפַּעַל רחק to be distant** ואתנשי אלפנה
ומנה אתרחק ושכח את הלימוד וממנו התרחק
- ת״מ 182א. אנון נפקו מן קרתה לא אתרחקו
they had just הם יצאו את העיר לא הרחיקו A
- left the city having not gone far - בר מד 4. **כד**
יתרחק מנך אתרה (נ״א רחיק) כי ירחק ממך
המקום - דב יב 21. בהשאלה *fig.* מן ממלל שקר
keep far from a תתרחק A מדבר שקר תרחק
false charge - שמ כג 7. לאוי עלינן נתרחק מן
אהן עובדה בישה ראוי לנו שנתרחק מן המעשה
הרע הזה - ת״מ 159א.

**ארחק** ש״ע ז *n. m.* **ריחוק distance** הרחק לא
תרחקון A הרחק לא תרחיקו - שמ ח 24.

**ארחקה** ש״ע נ *n. f.* **1 ריחוק distance** ארחקה
לא תרחקון הרחק לא תרחיקו - שמ ח 24. **2**
בהשאלה *fig.* **תיעוב abhorrence** ארחקה עבדו
m תועבה עשו - they committed an abhorrence
- ויק כ 13. וארחקה תרחקנה E ותעב תתעבנו -
דב ז 26 (המליץ 615: ארחיקה).

**ארחקו** ש״ע נ *n. f.* **1 ריחוק distance** ארחקו
רבה בינן וביניכון ריחוק גדול בינינו וביניכם
(ישראל ועכו״ם) there is a great distance
between us and you - ת״מ 34א*. ארחקו לא
תרחקון VB הרחק לא תרחיקו - שמ ח 24. **2**
בהשאלה *fig.* **תיעוב abhorrence** ארחקות
מצרים נדבח ליהוה אלהנן V תועבת מצרים
what we sacrifice to the Lord is an נזבח ליהוה
abhorrence to the Egyptians - שמ ח 22.

**רחיק א** ש״ת *adj.* **רחוק distant** רחיק מכל
רגז רחוק מכל כעס remote from any rage - מ ו
77. ולא דבח באתר רחיק ולא הקריב במקום
רחוק (Noah) did not sacrifice at a distant place
(but on Mount Gerizim) - ת״מ 130ב. כהלון שמעין
קלה כחדה רחיקה כקריבה כלם שומעים קולו
כאחד, הרחוק כקרוב - ת״מ 107ב. **ב** ש״ע ז בשימוש
אדוורביאלי *n. m. (adverbial)* **ריחוק distance**
וחזה ית אתרה מרחיק וירא את המקום מרחק
(Abraham) saw the place from afar - בר כב 4.
וחזו יתה מרחיק בהדלא יקרב לידון... ויראו
they saw ...אתו מרחוק ובטרם יקרב אליהם
him afar off, and before he came near to them -
בר לז 18.

**רחק א** ש״ת *adj.* **רחוק remote** אה קריבה
דרחק הוי הקרוב שהוא רחוק O, the near one
who is remote - ע״ד כח 36 [ש 34: אה רחיקה דקרב].
**ב** במעמד אדוורביאלי *adverbial* ש״ע ז *n. m.* **ריחוק**
**distance** ואתקוממו מרחק A (נ״א מרחיק)
ויעמדו מרחוק they stood afar off - שמ כ 14.

**רחקה** ש״ע נ *n. f.* **1 מרחק distance** דבק
ברחמיך אן ברחקה אן בקרבה הושע ברחמיך,
אם מרחקים, אם בקרבה - ע״ד ד 11. בשימוש
אדוורביאלי *adverbial* ועמו יתה מרחקה A
(נ״א מרחיק) ויראו אתו מרחוק they saw him
from afar - בר לז 18. **2 גנות** לשון נקייה
*euph.* **abomination** ותרחקו ית רחקתה

*M$_2$ (נ״א ותבטלון ית בטולתה) וערלתם את ערלתו - you shall remove its abomination ויק יט 23 (מן אונקלוס O. ע״ע בטל).

**רחש**† creeping זחילה [**א״י** בכל מה די תרחש ארעה - **נ** בר ט 2. **סוא״י** רחשתא - LSP 193b]

**קל זחל to creep** איי עביד נחש חזותה מבלדה ורחש והלך מיד הוא נעשה נחש, מראהו מבהיל והוא זוחל והולך quickly it became a serpent, its sight terrifying, and it creeps and goes - ת״מ 4א [ש: רחיש]. (ק) **וכל נפשה דרחשת על ארעה** A (נ״א **דשרצה**) וכל הנפש השרצת על הארץ - ויק יא 46.

**רטב** לחות, רעננות **moisture, freshness** [**א״י** גברא די אתרעי ביה חוטריה ירטב - **נ** במ יז 20]

**קל א הוצף to be flooded** וכד אמר אלה מעבד תיבו עבדה וסכמה בי יומים בירחה ב בד ארטבת ארעהוכאשר ציווה אלוהים לעשות תיבה, עשאה וגמרה ביום העשירי בחודש השני. ארבעה ימים (אחרי כן) הוצפה הארץ when God commanded to build an ark, he made it and finished it in the tenth day of the second month; four days latter the earth was flooded - אס 7א. **ב** ש״ת (בינוני פעול) *adj. (pass. pt.)* **1 לח** wet רר (רטיף MBA) רטיב בסרה מן דיאבה בשרו את זובו his member is wet with the discharge - ויק טו 3. **2 רענן fresh** ונסב לה יעקב אטר עבר רטיב (MB רטיף) ויקח לו יעקב מקל לבנה לח Jacob got fresh shoots of poplar - בר ל 37 (=המליץ 499). **וענבים רטיבן ויבישן לא ייכל** (נ״א **רטיבים** = המליץ 499) וענבים לחים ויבשים לא יאכל he shall not eat grapes fresh or dried - במ ו 3. **ואדגנה דשם** עביד בפרי רטיב והדגן של שם נעשה מהר רענן - ת״מ 48א.

**אפעל הרטיב to moisten** ומטרה לא ארטבת ארעה A והמטר לא הרטיב את הארץ no rain moistened the earth - שמ ט 33 [פירוש של נ״ש נתך .*Int. of* SP *ntk*]

**רטבו** ש״ע נ *n. f.* **לחות moisture** אלו הות על מיה... הות רטבותה מכיה לכל מד בה אילו הייתה (הארץ עומדת) על המים..., הרטיבות מזיקה לכל מה שבה if it were (the earth's rest) on water only..., its moisture would harm everything that is in it - ת״מ 273א.

**רטוב** ש״ע ז *n. m.* **ליח, מרץ freshness,** vigor V'C לא כמעת עינה ולא ערק רטובה לא כהתה עינו ולא נס לחו his eye was not dim, nor his vigor abated (*lit.*: nor his freshness departed) - דב לד 7.

**רטיב** ש״ע ז *n. m.* **פרי לח** [בא עם יביש כנגד יצהר ותירוש. טל, הצבי ישראל, ת״א 1976, 129] **fresh fruit** וכל טיאב רטיב וכל טיאב יביש A) רטיף) וכל חלב יצהר וכל חלב תירש all the best of the fresh fruit and all the best of the dried fruit - במ יח 12. **דלא ישתיאר לך דגן** ויביש ורטיב אשר לא ישאיר לך דגן ותירש ויצהר - דב כח 51. **ויבישך ורטיבך** ותירשך ויצהרך - דב יח 4.

**רטיבו** ש״ע נ *n. f.* **ליח, מרץ freshness, vigor** רטיבותה לחו - המליץ 499 [מן דב לד 7. ליתא].

**רטיני**† מין שרף **a resin** [ῥητίνη - LSJ 1569b. **ס** רהטנא = נכאת - בר לז 25 **פ**. PSm 3837]

**רטיני** ש״ע ז *n. m.* **צרי a resin** - המליץ 573 [מן בר מג 11. ליתא].

**רטש**†[1] מצוקה **distress** [מן הוראת ההכאה. זב״ח, מחקרים בלשון ב-ג, 103. **א״י** ואנון שביקין ורטישין - **נ** דב לב 37]

**פעל הציק to harass** ובגבאי מדמכיך... מרטשין אדניך ומנטין שנתך "בחדרי משכביך" (שמ ז 28) יציקו (הצפרדעים) לאוזניך וינדדו את שנתך (the frogs) will harass your ears and expel your sleep - ת״מ 31ב [זב״ח הע׳ 1].

**מרטוש** martoš ש״ע ז *n. m.* **מצוקה distress** הלא קריב יום מרטושון E (נ״א **אבדנון**) כי קרוב יום אדם the day of their distress is at hand - דב לב 35. **לילי דלית מתרבי בגבה דמוכה** במרטוש חיול לילה שלא יגודל בו (שמו של האל) הישן הוא במצוקה גדולה a night in which (God's name) is not exalted, he who sleeps is in distress - מ א 53-54. **נפשה קעמה** בבלוד וחייה במרטוש חיול הנפש העומדת בבהלה והחיים במצוקה גדולה - מ א 93. **גבר** דיקים קנומה בזגו... יקום במרטוש בחייו ובמותה איש שיחזיק עצמו צדיק... יהיה במצוקה בחיו ובמותו - ת״מ 151ב. **ואצטמדו** חרשיה וכל קסמיה וקעמו במרטוש רבונאספו החרטומים והקוסמים (של פרעה) והיו במצוקה גדולה the soothsayers and the sorcerers assembled and were in great distress - אס 11א.

**רטש²**† נטישה **abandon** [מן אונקלוס O]

**אפעל נטש** (בהוהותון בארעת **to abandon** דבביון לא) ארט[שנון] $M_2$ בהיותם בארצות איביהם לא מאסתים when they are in the - land of their enemies, I will not abandon them ויק כו 44.

**ריגוב**† שם מקום *pr. n. (place)*

**ריגוב** ש״פ כל תחום ריגובה ממלכת עוג בבתנינה כל חבל הארגב ממלכת עוג בשן - דב ג 4 וכיו״ב 13, 14.

**ריח¹** תחושה העולה משאיפת מה שמתנדף מחומרים שונים **fragrance** [א״י ואריח ית ריח לבושי - נ בר כז 27]

**אפעל הריח**† **to smell** ואריח ית ריח רקעיו he smelled the smell of ויריח את ריח בגדיו - his clothes - בר כז 27. **לא אריח בריח רחותכון** לא אריח בריח ניחחיכם - ויק כו 31. **דמריח ספוק יריח** A אשר מריח שדי יריח - במ כד 16 [להרחקת ההגשמה. עי׳ להלן ׳ריחן׳]. **ולא ישמעון ולא ייכלון ולא יריחון** - דב ד 28.

**מרחה** אנש דיעבד כותה **to emit smell** למרחה בה ויקטע מן עמה MCA (B למרחי) ואיש אשר יעשה כמוה להריח בה ונכרתה whoever makes like it, to emit smell of מעמיו - it, shall be cut off from his kin - שמ ל 38.

**אֶתְפַּעַל הריח**† **to emit a smell**

**מתריח** למתריחה בה להריח בה - שמ ל 38.

**ריח** ש״ע ז *n. m.* **ריח** *trans.* **smell** ריח ברי כריח ברה ריח בני כריח השדה the smell of - my son is like the smell of the field - בר כז 27. ריח ריחו ריח ניחח - ויק ב 12 [לעניין ריחו ע״ע רעין]. **ותתעבד ריח רוחה ליהוה ותיעשה ריח ניחוח...** - ת״מ 116א. בהשאלה *fig.* **דאסריתון ית ריחנן בעיני פרעה אשר הבאשתם את ריחנו בעיני פרעה** - שמ ה 21. מובא בת״מ 220ב: רחינן]. **ובישיה... כד תסק ריחון בישה והרעים, כאשר יעלה ריחם הרע** - ת״מ 237ב. **דמריח ספוק יריח** A אשר מריח שדי יריח - במ כד 16 [להרחקת ההגשמה. פירש מחזה - מי היחס, אע״פ שהקריאה mâzzi. וכך הוא התה״ע: ומנבוה אלכאפי יתנבי].

**ריחו**† ש״ע נ *n. f.* **ריח** **smell** ריח ברי כריחות ברה A ריח בני כריח השדה the smell of my - son is like the smell of the field - בר כז 27.

**ריח²** רוח, תנועת אוויר **wind** ← כוח עליון **spirit** [< ريح - Lane 1180c]

**ריח** ש״ע ז *n. m.* **1 רוח** כוח האל **spirit** of God ריח אלהה מנשבה על אפי מיה A(E) רוח אלהים מרחפת על פני המים the Spirit of God - was blowing over the face of the waters - בר א 2. **אשדכת בריחך** A נשבת ברוחך - שמ טו 10. **דמליתה ריח חכמה** B (נ״א רוח) אשר מלאתיו רוח חכמה - שמ כח 3. **2 חיבה, חן grace** ואהב ית ריח עמה הדן בחזות מצראי A ונתתי את חן העם הזה בעיני מצרים I shall give the grace of this people in the sight of the Egyptians - שמ יא 3. **3 משב אויר wind** וריח נטל מן עם יהוה ואגיז סלבי מן ימה A ורוח נסע מאת יהוה ויגז שלוי מן הים a wind went - from the Lord and swept quail from the sea במ יא 31.

**ריחו**† ש״ע נ *n. f.* **רוח spirit** מן צקת ריחותה ומן תשמישותה קשיה A מקצר רוח ומעבדה קשה because of broken spirit and cruel - bondage - שמ ו 9 [נתמזג עם ריחו, ריעו מן רע״י]

**ריחן**† ש״ע ז *n. m.* [< ريحان - Lane 1182a] **חיבה, חן grace** ויהוה יאב ית ריחן עמה בחזות מצראי A ויהוה נתן את חן העם בעיני מצרים the Lord gave the grace of the people in the - sight of the Egyptians - שמ יב 36.

**ריטור**† דובר **spokesman** [< ῥήτορ - Sperber - Pummer 198. בעשי״ח נעשה תואר: חשוב, נכבד. ס ריטור, רהיטור - *Contracts*, 10-11 LS 727a]

**ריטור** ש״ע ז *n. m.* **1 נושא דבר spokesman** הו יי לך לריטור $M_1$* (NMECBA לאמור) הוא יהיה לך לפה he shall serve as your spokesman - שמ ד 16. **2 משורר poem-singer** וברי דדן הוו ריטורים ואמשחים A ובני דדן היא אשורים ולטשים the descendants of Dedan were - poem-singer and sharpeners - בר חה 3 [פירש שרים = âŝūrəm. הש במ כג 9: אשורנו = אשבחנה, תפס שם כללי, כמו לאמים. עואנ״ש ד 308 *Int. as common noun*]. **ושמו ריטור ולכל רז פתור ושמו דובר ופותר כל סוד** - תפילה לחג המצות מאת אבי יצחק שלמה הכהן Cow 264. **3 תואר כבוד honorific title** האן פתור האן ריטור זה פותר, זה דובר - אבישע Cow 739. **כאיש החכום הנבון... הריטור** - אבישע Cow 495.

**רימס**† שם פרטי *pr. n.*

**רימס** ש״פ פרעה בר גוטיס בר אטיסס בר רבטט בר גוסיס בר רימס בר כתים - אס 13ב.

**ריפד** שם פרטי *pr. n.* [היא ריפת ע״ע]

**ריפד** ש״פ ובני גמר אשכנז ריפד ותגרמה C - בר י 3.

**ריפון** שם מקום *pr. n. (place)*

**ריפון** ש״פ והוה אברהם שרי בריפון כבון טכס והיה אברהם שוכן בריפון נוכח צוען - אס 10ב.

**ריפת**[1] שם פרטי rīfåt *pr. n.*

**ריפת** ש״פ ובני גמר אשכנז ריפת ותגרמה BA - בר י 3.

**ריפת**[2] שם מקום *pr. n. (place)*

**ריפת** ש״פ קריה... ושמה ריפת והיא גבעון עיר... וכינה אותה ריפת והיא גבעון - אס 4א.

**ריש** riš ראש, תחילה **head, beginning** [**א״י** ויסמך... ית ידיהון על ריש תורא - **נ** שמ כט 10. **סוא״י** הוא יהא ינטר רישך = הוא ישופך ראש - בר ג 15]

**בראשית** bårâšət ש״ע נ *n. f.* [H מן העברית] **כינוי לבריאה the Creation** בראשית אתעבד אוצר למאוריה ״בראשית״ נעשתה אוצר למאורות "Bereshit" became the treasure of the luminaries - ע״ד ז 12. בבראשית גלית בוראין חיולין ב״בראשית״ בראת בריות עצומות - ע״ד כג 5-6. מיום בוראה דבראשית עד יום מיה אלף וג ק וז שנין מיום בריאת ״בראשית״ עד יום המבול (היה בשנת) אלף שלש מאות ושבע שנים - אס 7ב. אהיה אשר אהיה קעומה דבראשית וטור סיני ...אדון ה״בראשית״ והר סיני - ת״מ 9א.

**ראש, ריש** reš ש״ע ז *n. m.* **1 ראש head** שבה אביו את אד ימינה על ריש אפרים ישית אביו את יד ימינו על ראש אפרים his father placed his right hand on Ephraim's head - בר מח 17. **אן** יהי בה מכתש בריש אי בדקן כי יהיה בו נגע בראש או בזקן - ויק יג 29. עלו קמאי לידך ורישיון מרכנים באו לראשונה אליך וראשיהם מורכנים - ת״מ 23א. **2 פסגה peak** אסקת על ריש טורה עלית על ראש ההר you went up to the peak of the mountain - מ ח 66. סלקו לריש גבעתה עלו אל ראש הגבעה - שמ יז 10. וכד אמטה אל ריש טורה נחת עננה ושגבה וכאשר הגיע אל ראש ההר ירד הענן והסתירו - ת״מ 269א. ריש סכיתה ראש הפסגה - במ כא 20. **3 תחילה beginning** ריש דלא עקב אנון תשבחתך תחילה בלא סוף הן תשבחותיך - Your thoughts are a beginning without end מ ג 77-78. בריש ירחה שביעה בראשית החודש השביעי - ע״ד כא 2. מריש שתה ועד עקב שתה VB מראשית השנה... - דב יא 12. שגרני כד אסתלק רישה A (נ״א שחרה) שלחני כי עלה השחר let me go, for the day begins - בר לב 27 [כלומר ראשית היום *i.e.,* the beginning of the day]. **4 מנהיג leader** ריש כל אלהיה אתה - You are the leader of all gods - מ ח 77. **ראשי** אבהת שבטיה - במ לב 28. ובלעם ריש דבבי עבראי ובלעם ראש שונאי העברים - ת״מ 304ב. ומית גיטט ריש מצרים - אס 9ב. **5 יסוד fundament** ריש אימנותה היא יסוד האמונה היא היראה the fundament of faith is the fear - אס 12ב. יעקב נוף וארש ריש ונוף מן אבהן ובנים מן נח ארשה ועד תהבה נופה יעקב ענף ושורש (=הוא הכול), יסוד וענף מאבות ובנים מנח יסודו ועד התהב ענפו - ת״מ 243א.

**ראשית** râšət [משורבב מן העברית *interp.* H] **ראשית beginning** מראשית שתה C מראשית השנה from the beginning of the year - דב יא 12. קרבן ראשית תקרבון יתון E קרבן ראשית תקריבו אתם - ויק ב 12.

**רישון**† ש״ע ז *n. m.* **ראשית beginning** רישון גואיה עמלק ועקבאיתה עד יאבד VJA (J ״יש; EC קדמאות, N ראשות, B רשות) ראשית גוים עמלק ואחריתו עד יאבד the beginning of the nations is Amalek; but its fate is to perish forever - במ כד 20 [ריש+ון. אינו קשור עם ראשון, שהוא עברית - ת״מ 59א ועוד].

**רשו**† ש״ע נ *n. f.* **ראשית beginning** רשות גואיה עמלק B ראשית גוים עמלק the beginning of the nations is Amalek - במ כד 20 (= המליץ 590). קרבן רשואן תקרבון יתון BA (NM ראשון) קרבן ראשית תקריבו אתם - ויק ב 12 (המליץ 590: רשות). ונסב מן אבני אתרה ושבה מרשותה MC (נ״א מקדמהותה) ...וישם מראשותיו - בר כח 11. וכך MCA בפס׳ 18 [תפסו מן+ראשותיו, אע״פ שהקריאה אינה כן: mârâšītu. ואכן התה״ע وسادته. אבל המליץ 511: רשותה].

**רכב**[1]† חיבור ושילוב **coupling, grafting** [**א|״י** וארכב יתיה בארתכא תניינתא - **נ** בר מא 43. **סוא״י**

ורכיב על חמר - זכ ט 9] 1 של בהמה ועגלה לשם העברת משא או אדם, 2 של אדם ובהמה לשם נסיעה, 3 של מינים שונים לשם הרבעה [ס דתתרכב מנה = לרבעה - ויק יח 23 פ]

**קל** עבר: דרכבת (נוכח) - במ כב 30. עתיד: ירכב - ויק טו 9. בינוני: רכבה (+נסתר) - בר מט 17. פעול: רכיב - במ כב 22. **פעל** עבר: ורכב - ת״מ 158א. עתיד: וירכב - ת״מ 161ב. **אפעל** עבר: וארכב - בר מא 43. עתיד: תרכב - ויק יט 19. מקור: מרכבה - ויק כ 16 $^{*}M_1$ (מן אונקלוס O). **אֶתְפַּעַל** מקור: מתרכבה - ויק יח 23 $N_2$.

**מרכב** - שמ יד 9 A. **מרכבה** - אס 14א. **רכב** - בר נ 9. **רכב** (qaṭṭāl) rakkåb - מ יב 77. **רכוב** - בר נ 9 A.

**קל רכב to ride** הלא אנכי אתנך דרכבת עלי מדביך הלוא אנכי אתנך אשר רכבת עלי מעודך I am the ass that you have been riding all your life - במ כב 30. וקעמת רבקה ורביאתה וארכבי על גמליה ...ותרכבנה על הגמלים - בר כד 61. וכל מרכבה אד ירכב עליו דאבה יסתב וכל המרכב אשר ירכב עליו הזב יטמא - ויק טו 9. ואפל רכבה אחריה ויפל רכבו אחור - בר מט 17. רכבי סוסיה בחורי פרעה רוכבי הסוסים, בחורי פרעה - ת״מ 272ב. אסר רכביה אזר את הרוכבים - ת״מ 75א. והוא רכיב על אתנה והוא רכב על אתנו - במ כב 22.

**פעל 1 הרכיב** מינים שונים **to graft** זנה באבוה ואף באמה ורכב בסר תריון כחדה זנה באביו ואף באמו והרכיב בשר שניהם יחד (השוכב עם אשת אביו) one who has lain with his father's wife) commits adultery regarding his father and his mother and joins the flesh of both of them - ת״מ 158א. ויזני בקנומה וירכב תלתה בסרהן ויזנה בעצמו וירכיב שלש קורבות (השוכב עם חותנתו) - ת״מ 161ב. **2 התקין** [עש״ח, לפי פירושו לירכב שמים בעזרך' (דב לג 26) שהגייתו בהכפלה rakkåb, שלא כשאר היקרויות הפועל הזה NSH, *after the particular occurrence in* Deut **to** [33:26, *where the second radical is doubled.* **set** הוא דפתח אפינן... ורכב בו רוחינן הוא it is he שפתח את אפינו... והתקין את רוחינו - who opened our nostrils… and set our spirit (Cow 241) אבישע.

**אפעל 1 הרכיב** הציב על מרכבה או על בהמת משא **to mount** וארכב יתה במרכבתה תניאנתה דלה וירכב אתו במרכבת המשנה אשר לו (Pharaoh) had him mounted in the chariot of his second-in-command - בר מא 43. **ונסב משה** ית אתתה וית בניו וארכבון על חמורה ...וירכיבם על החמור - שמ ד 20. **2 הרביע to mate** בהמתך לא תרכב ערברוב בהמתך לא תרביע כלאים you shall not let your cattle mate with a different kind - ויק יט 19.

**מרכבה** ואתה דתקרב לכל בהמה למרכבה עמה $^{*}M_1$ (נ״א למרבע) ואשה אשר תקרב אל כל בהמה לרבעה אתה - ויק כ 16.

**אֶתְפַּעַל הורבע to be mated**

**מתרכבה** ואתה לא תקעם לקדם בהמה למתרכ‹ב›ה $N_2$ (נ״א למרבעה) ואשה לא תעמד לפני בהמה לרבעה let no woman lend herself to a beast to mate with it - ויק יח 23.

**מרכב א** ש״ע ז .n. m **1 אוכף! saddle** וכל מרכבה אד ירכב עליו דאבה יסתב וכל המרכב אשר ירכב עליו הזב יטמא any saddle on which he who has the discharge rides shall be unclean - ויק טו 9. **2 מרכבה chariot** קום אסר מרכביך קום, אסור את רכבך come, harness your chariots - ת״מ 54א. אסר ית מרכביה ועמה נסב עמה אסר את הרכב ואת העם לקח עמו - ת״מ 54ב. **ב** ש״ק .coll. n **רכב chariotry** וכל סוסי מרכב פרעה A (נ״א רכב) all the chariot horses of Pharaoh - שמ יד 9.

**מרכבה** ש״ע נ .n. f **מרכבה chariot** ועמה לוי עלל ליד פרעה במרכבה רבה וראה את לוי נכנס אל פרעה במרכבה מפוארת he saw Levy going in to Pharaoh in a magnificent chariot - אס 14א. וארכב יתה במרכבתה תניאנתה דלה ...במרכבת המשנה אשר לו - בר מא 43. מרכבת פרעה וחילה הזא בימה מרכבות פרעה וחילו... - שמ טו 4.

**רכב** ש״ק .coll. n **רכב chariotry** וסלק עמה אף רכב אף רגלין ויעל עמו גם רכב גם רגלים there went up with him both chariots and horsemen - בר נ 9. ועלו בתרון כל סוס פרעה רכבה ופרשיו - שמ יד 23. כיו״ב 26, 28. על סוס פרעה ברכבה... בימה - שמ טו 19.

**רכב** ש״ע ז qaṭṭāl .n. m **רַכָּב charioteer** רכב שומיה ותחת אדרעך עלמה רוכב שמים ותחת זרועך העולם Rider of heaven, beneath His arm (is) the world - מ יב 77-78.

**רכוב** ש״ק .coll. n **רכב chariotry** ועל עמה אף רכוב רב אף פרשין A ויעל עמו גם רכב גם פרשים there went up with him both chariots and horsemen - בר נ 9.

**רכב$^{2}$**† ברך **knee** [א״מ ארכבתה - דנ ה 6. סוא״י וארכובתא מרשלתא - ישע לב 3. ע״ע ברך]

**ארכבין** ש״ע ז .n. m. pl. tant **ברכים knees**

ואפק יוסף יתון מן עם ארכביו V ויצא יוסף אתם מעם ברכיו Joseph removed them from his knees - בר מח 12.

**ארכובין** ש״ע ז .n. m. pl. tant **ברכים ! knees** יתו דן תיכלון מכל שרץ עופה... דלה ארכובין M$_2$ (נ״א כרעין) אשר לא כרעים these you may eat among all the winged swarming things... all that have, above their feet, knees (?) - ויק יא 21.

**רכי**† מכל לנוזלים receptacle for liquids [א״י ופנית קולתה לגו מורכין - **נ** בר כד 20] ← דפוס ליציקת מתכת **mold**

**מורכי** ש״ע נ .n. f **דפוס mold** ונסב מן אדון ואריט יתה במורכי N ויקח מידם ויצר אתו בחרט (Aaron) took from them (the gold) and cast it in a mold - שמ לב 4 [ראה להלן מרכי].

**מרכו** ש״ע נ .n. f **1 רהט trough** ודלי ומלי ית מרכואתה C ותדלאנה ותמלאנה את הרהטים - they drew water and filled the troughs - שמ ב 16. **ואקים ית אטריה דקלף במורכואתה** N) C במרכבתה) ויצג את המקלות אשר פצל ברהטים - בר ל 38 וכיו״ב 41 . **2 דפוס mold** ונסב מן אדון ואריט יתה במרכו M$_2$* ויצר אתו בחרט (Aaron) cast it in a mold - שמ לב 4.

**מרכי** ש״ע נ .n. f **1 רהט trough** ודלי ומלי ית מרכעיה (N מרכאתה, C מרכואתה) ותדלאנה ותמלאנה את הרהטים they drew water and filled the troughs - שמ ב 16. **ואקים ית אטריה** דקלף במרכעיה ויצג את המקלות אשר פצל ברהטים - בר ל 38 וכיו״ב 41 .M **2 חמת waterskin** ונסב לחם ומרכי מים C ויקח לחם וחמת מים (Abraham) took some bread and a waterskin - בר כא 14 (=המליץ 464). **ואסתכמו** מיה מן מרכיתה C ויכלו המים מן החמת - בר כא 15 (=המליץ 464). **3 דפוס mold** ואריט יתה במרכי ויצר אתו בחרט - he cast it in a mold שמ לב 4 [נ״ש bârâṭ ברהט נתפרש דפוס, בדומה ל-**נ** בטופסא. היינו השליך את הזהב בתבנית. ואכן כך עניינה של ׳מרכי׳ (=המליץ 470. זב״ח). וכך התה״ע: וגמעה פי קאלב = כינס אותו בדפוס. *ḥrṭ, 'chisel' and rhṭ, 'trough' have a similar pronunciation*: bârâṭ. [Cf. Neof : *bṭwps*$^{2}$, *'in a mold'*.

**רכוי** ש״ע נ .n. f **כלי קיבול receptacle** ורכוית מים m (=המליץ 464) וחמת מים a skin of water - בר כא 14. **ואקים ית אטריה... ברכועיה** M$_1$* ויצג את המקלות... ברחטים he set the rods... in the runnels - בר ל 38.

**רכך**† רוך ועדינות **softness, tenderness** [א״י דרב בחכמתא... ורכיך בשנייה - **נ** בר מא 43. **סוא״י** אתעבד רכיך - מתי כד 32] ← חולשה ופחד **weakness, fear**

**קל פחד** עם ׳לבי׳ **to be fainthearted** with *lb* אל ירך לבכון אל תדחלון ואל תצטדון אל ירך לבבכם אל תיראו ועל תערצו let not your heart fear; do not fear, or tremble, or be in dread of them - דב כ 3.

**אֶתְפְּעֵל פחד** עם ׳לבי׳ **to be fainthearted** with *lb* אל ירכך לבוכון E) C לירכך) אל ירך לבבכם - דב כ 3.

**מרוכה** ש״ע נ .n. f **מורך faintness** ואעל מרוכה בלבון VNB והבאתי מרך בלבבם I will cast faintness into their hearts - ויק כו 36.

**מרכיך** ש״ע ז .n. m **מורך faintness** ואעל מרכיך בלבון ECA - ויק כו 36.

**רך א** ש״ת .adj **רך tender** [מן העברית H] וסב בר בקר רך וטב A (נ״א רכיך) ויקח בן בקר רך וטוב (Abraham) took a calf, tender and good - בר יח 7. מה חיל בר תורין רך וטוב מה כוח בן בקר רך וטוב (משה לעומת פרעה) - ת״מ (ל) 9 [ע״פ בר יח 7]. **ב** ש״ע ז .n. m **רוך tenderness** דלא אנסת כף רגלה על ארעה מן עטיו ומרך VB אשר לא נסתה כף רגלה... מהתענג ומרך who would not venture to set the sole of her foot upon the ground because of delicacy and tenderness - דב כח 56.

**רכה** ש״ע נ .n. f **מורך faintness** ואעל רכה בלבון M והבאתי מרך בלבבם I will cast a faintness into their hearts - ויק כו 36.

**רכון** ש״ע ז .n. m **מורך faintness** ואעל רכה בלבון (M$_1$* רכוכה) - ויק כו 36.

**רכוכה** ש״ע נ .n. f **מורך faintness** ואעל רכוכה בלבון M$_1$* - ויק כו 36.

**רכיך** ש״ת râkək .adj **1 רך soft, tender** דאנון הך עסב רכיך שהם כמו עשב רך they are like soft grass - מ א 146. גברה דרכיך בך ועטי האיש הרך בך והענג - דב כח 54. רכיכתה בך ועטיתה הרכה בך והענגה - דב כח 56. **דאנון רכיכין** וצריכין אל אחסה שהם רכים וזקוקים לרחמים - ת״מ 227ב. **ועיני לאה רכיכן** ועיני לאה רכות - בר כט 17. וחטיה וקטניתה לא אנכו הלא רכיכן אנין והחטה והכסמת לא נכו כי אפילות הנה - שמ ט 32. **בר תורין רכיך וטב** בן בקר רך וטוב - בר יח 7. **הלא ילידיה רכיכים** כי הילדים רכים - בר לג 13. מה חיל בר תור רכיך וטוב

מה כוח בן בקר רך וטוב - ת״מ 27ב. **2 ירא** עם לב׳ *with lb* **fainthearted** גברה דחילה ורכיך לבה האיש הירא ורך הלבב What man is there ידע .8 דב כ - that is fearful and fainthearted? אנה דאתה זעור ורכיך לבה יודע אני שאתה קטן ורך לבב - ת״מ 27ב.

**רכיכו** ש״ע נ *n. f.* **1 רוך tenderness** מן עטאי ומרכיכו מהתענג ומרך because of delicacy **faintness 2 מורך** .56 דב כח - and tenderness ואעל רכיכו בלבון $*M_3$ והבאתי מרך בלבבכם ויק כו - I will cast a faintness into their hearts .36

†**רכל** לשון הרע **slander**

**ריכלן** ש״ת *adj.* **הולך רכיל slanderer** לא תהך ריכלן בעמךVEC לא תלך רכיל בעמך do not - walk (as a) slanderer among your countrymen ויק יט 16 [נתפס רכיל משלים אופן. השי׳ واشيًا. *rkyl* [*functions adverbially, as a compl. of manner.*

**ריכלנו** ש״ע נ במעמד ש״ת *n. f. (adverbial)* **רכילות slander** לא תהך ריכלנו בעמך לא תלך רכיל בעמך do not walk slandering among your ויק יט 16. - countrymen

**רכילה** ש״ע נ *n. f.* **רכילות slander** כיון הלכו ברכילה ולא דחלו מן דאה עובדה אכן הם הלכו רכיל ולא פחדו מן המעשה הזה - ת״מ 239א.

**רכילן** ש״ת *adj.* **הולך רכיל slanderer** לא תהך רכילן בעמךNA - ויק יט 16.

**רכילנו** ש״ע נ *n. f.* **רכילות slander** לא תהך רכילנו בעמך $*M_1$ - ויק יט 16.

**רכלנה** ש״ע נ *n. f.* **רכילות slander** לא תהך רכלענה בעמך $*M_2$ - ויק יט 16.

**רכן** כפיפה, שפלות **bending** [א״י ארכן ית אדך - נ שמ ח 1. **סוא״י** מרכנין הוון גר דיניהון דמסכיניא - ישע י 2]

**אפעל שח, רכן to bend, bow down** ארכן כל קהלה לקבל הדה מלתה שח כל הקהל לעומת המלה הזאת (״מכעוס בניו ובנתיו״ - all the congregation bowed down (19 דב לב ת״מ 212א. - before this statement **עמי אורה הך** ארכן קדמיו כד עלל לגוה ראה את האור איך שח לפניו כשנכנס (משה) לתוכו - ת״מ 279א. וירכן כתפה למסבל (MB ומרכם) ויט כתפו לסבל - בר מט 15. **ונכנע לבבינן ונרכן** wnarkən נכניע לבותינו ונשתחווה - ט 52. **ארכני שבי** קלתיך $*M_1$ (ארכמי M) הטי נא כדך - בר כד 14 (=המליץ 454). **ועקד וסגד ומרכן** wmarkən וכורע ומשתחווה ומרכין (עצמו) - ע״ד יג 35. בינוני פעול *pass. pt.* רישה מרכן מן תפוך בניה ראשו מורכן מתהפוכות בניו - ת״מ 304א.

**ארכנו** ש״ע נ *n. f.* **הכנעה prostration** נבלש אנחמו בלא ארכנו אנו מבקשים נחמה בלא הכנעה we seek relief without prostration - ת״מ 300ב. בדחלה רבה וארכנו יתרה ביראה רבה והכנעה יתרה - ת״מ 268ב. וסימת ארכנותה arkānūtå ואוצר ההכנעה - ט 63 [ע׳ זב״ח שם].

†**רכס** חיבור ואיסוף, סתר וכיסוי **joining, wrapping, covering** [סוא״י וגלי נח רכסא דכיבותא = ויסר נח את מכסה התבה - בר ח 13

**קל כינס, כיסה to wrap, cover** וחטיה וקטניתה לא אדגני הלא רכיכן אנון A (נ״א לא לקו הלא רכיכן אנין) והחטה והכסמת לא בשלו כי מכונסות הנה the wheat and the - emmer were not hurt, for they were wrapped שמ ט 32. [כך פירש ׳אפילות׳. השי׳ התה״ע خَفِيَان - .[*int.*: they were hidden, *i.e.*, protected לשון סתר וירכס ית כל מזון שבעתי שניה טבאתה $*M_2$ ויסרך) $*M_2A$) ויקבץ את כל אכל שבע השנים let (Pharaoh) put under cover all the הטובות בר מא 35 - food of these good years [אפשר שהוא .[*But prob. corr. of srk, q. v.*.ט״ס.

**אתפעל נתחבר to join** *intrans.* וב אכהן גלת... דקדמה אקר מתרכס עליו עורנהוב כאן (במלת ״בראשית״) גלתה... כי קדמה יסוד שנתחבר בו זולתו (the letter) Beth indeed revealed... that before it (there was) a radical that joined it - ת״מ 196ב [על משמעות תחילתה של המלה ׳בראשית׳].

†**רמואן** שם מקום *pr. n. (place)* [תרגום השם לארמית. ע״ע במות *Transl. of the name*]

**רמואן** ש״פ ומפלגין רמואן EC ומנחלאל במות - במ כא 19. ומרמואן לגיא דבעקל מואב A ומבמות הגיא אשר בשדה מואב - במ כא 20.

†**רמוט** שינה **sleep** [כנראה מן מרמוטה ע״י שנפרדה מ׳ שלה, שנחשבה תווית יחס. השי׳ חשבה < מחשבה. ואפשר שהיא מן דורמיטה (dormitio) שהדל״ת שלה נתפסה תווית הזיקה. השי׳ בר״ר 156: תרדימת מרמיטה, נ״א דורמיטה. Levy III 254, Fleischer, *ibid* 318b. השי׳ ׳אסתקאי׳ בס (LS 38b) מן דסתקא (טל, הלשון

134). וכן עדקין (בבלי סנה יא ע״ב) מן דעדקין (תוס סנה ב ה). ע׳ גם קוטשר, לשוננו לו 121 *Prob.* *metanalysis of mrmwṯh, m being considered prepositional, or of dwrmyṯh (dormitio), whose initial d was taken as relative pron.* (Levy III 254, Fleischer, *ibid* 318b. See Tal *Former Prophets*, 134.]

**ארמוטה** ש״ע נ *n. f.* **שנה** **sleep** והוה שמשה למיעל וארמוטה נפלת על אברם m (המליץ 608: ורמוט, נ״א ושנה) ויהי השמש לבוא ותרדמה נפלה על אברם as the sun was about to set, a deep sleep fell upon Abram - בר טו 12.

**ארמיטה** ש״ע נ *n. f.* **שנה** **sleep** ואתנטת ארמיטתי מן עיני A (נ״א שנתי) ותדד שנתי מעיני my sleep wandered from my eyes - בר לא 40.

**ארמטו** ש״ע נ *n. f.* **תרדמה** **deep sleep** - המליץ 608 מן בר ב 21. [ליתא].

**רמוט** ש״ע ז *n. m.* **תרדמה** **deep sleep** - המליץ 608 מן בר ב 21. [ליתא].

†**רמוטה** חשכה **darkness** [אחי עמוטה (ע״ע). הש׳ רמש/אמש. **א״י** אמיטתא - בר״ר 443. **ס** עמוטותא - PSm 2911a]

**רמוטה** ש״ע נ *n. f.* **חשכה** **darkness** והוה שמשה למיעל ורמוטה הוה (C ורמטה, A ועמוטה, B ועמטה) ויהי השמש באה ועלטה היה as the sun was about to set, there was darkness - בר טו 17 (=המליץ 547).

**רמון** מין פרי **pomegranate** [**א״י** זוגין דדהב ורמון - **נ** שמ כח 34. **סוא״י** ומן רימוניא ומן תיניא - במ יג 24]

**רמון** ש״ע ז *n. m.* **רימון** **pomegranate** ארע חטה וסערה גפן תאנה ורמון ארץ חטה ושעורה גפן תאנה ורמון a land of wheat and barley, of vines, figs, and pomegranates - דב ח 8. לא אתר זרע תינה גפן ורמון - במ כ 5. ומן רמוניה ומן תיניה - במ יג 23. קישוט בדמות רימון *as ornament* זוג דהב ורמון פעמון זהב ורמון - שמ כח 34 (2), לט 26 (2). ותעבד על רשליו רמוני תכלה ועשית על שוליו רמוני תכלת - שמ כח 33.

**רמון פרץ** שם מקום rimmon fâråṣ *pr. n. (place)*

**רמון פרץ** ש״פ ונטלו מרתמה ושרו ברמון פרץ - במ לג 19.

**רמות** שם מקום rīmot *pr. n. (place)*

**רמות** ש״פ וית רמות בגלעד לגדאה - דב ד 43.

**רמות בעל** שם מקום *pr. n. (place)* [תרגום השם לארמית. ע״ע במת בעל. *Transl. of the name*]

**רמות בעל** ש״פ ואסקה ברמבת בעל (C ברמות, EB ברמאות) ויעלהו במות בעל - ברמ כב 41.

†**רמז** הספקה וכלכלה **supply** [אחי רבץ ע״ע]

**פעל כלכל** **to provide** נתו לתמן ורמזו לנן מתמן $m_2$* (נ״א ורבצו) רדו שם ושברו לנו משם go down and procure supplies for us there - בר מב 2. ולקט יוסף ית כל כספה... במירה דאנון מרמזן m ...בשבר אשר הם שברים Joseph gathered up all the money... for the grain which they bought - בר מז 14.

**רמח** כלי זין **weapon** [**א״י** ונסב רמחא בידיה - **נ** במ כה 7. **סוא״י** ומגליכון לרומחין - יואל ד 10]

**רמח** ש״ע ז *n. m.* **כידון** **spear** ונסב רמח באדה... ודקר ית תריון (N רומה) ויקח רמח בידו... וידקר את שניהם took a spear in ...(Phinehas) his hand... and stabbed both of them - במ כה 7-8. ונשק ידו דנסב בה ית רמחה ודקר זנוה וזנותה ונישק (אלעזר) את ידו, שלקח בה את הרומח ודקר את הזונה ואת הזונה - ת״מ 257א. רמח באדה ואדם קדישיה לא מטפטף עליו טפה ״רומח בידו״ (במ כה 7) ודם הטמאים לא מטפטף עליו טפה - אס 18א.

**רמי¹** השלכה והטלה **throwing** [**א״י** ורמה עליהון נפטא ואישתא - **נ** שמ יד 24. **סוא״י** נרמא נבזין = נפיל גורלות - יונה א 7]

**קל** עבר: רמה - שמ טו 1. ציווי: רמיתה (+נסתר) - שמ ד 3 A. בינוני: רמי râmi - ע״ד ט 38. פעול: רמי - ת״מ 296ב. מקור: מרמי - אס 15א. **אפעל** (אפשר שחלק הוא קל) עבר: ארמה - שמ לב 19. עתיד: וירמי - במ יט 6. ציווי: הרמו - בר לז 22. **אתפעל** עבר: אתרמי - ת״מ 279א. **ארמאי** - שמ כב 30. **מרמי** - בר כא 16 (ש״ע). **רמו** רמות (נסמך) - ת״מ 88א.

**קל השליך** **to throw** סוס ורכבה רמה בימה סוס ורכבו רמה בים horse and his rider He has thrown into the sea - שמ טו 1. ואם... רמה עליו בכמנה ומית VNB (נ״א ארמה) ואם... השליך עליו בצדיה וימת - במ לה 20. ונסבה נמרוד ורמתה לנורה ולקחו נמרוד והשליכו לאש - אס 10א. רמיתה על ארעה ורמתה על

ארעה A השליכהו ארצה וישליכהו ארצה - שמ ד 3. כי שלמה רמי כי הוא מטיל שלום (התהב) - ע״ד ט 38. ואת טלי רמי בשילולהו ואתה (משה) נער מושלך ביאור - ת״מ 296ב. פלגה רמי לגו קהלה מחלוקת יטיל בעדה - אס 20ב.

**מרמי** לא אסכם משה מרמי יתה מן אדה לא גמר משה להשליך אותו מידו - ת״מ (ק) 4א. ופקד פרעה... לכל עמה למרמי ילידיה בנהרה וציווה פרעה... להשליך את הילדים ליאור - אס 15א. למרמי לבניה m (נ״א למלבן) ללבן לבנים - שמ ה 5 [להשליך חומר בתבנית. הש׳ ואריט יתה במרכו - שמ לב 4. ע״ע רהט].

**אפעל השליך to throw** וארמה מן אדה ית לוחיה וישלך מידיו את הלוחות (Moses) threw the tablets out of his hands - שמ לב 19. וארמית ית עפרה לגו נחלה ואשליכה את עפרו אל הנחל I threw the dust of it into the brook - דב ט 21. ארמו אטריון והוו כהלון תנינים השליכו את מקלותיהם והיו כולם תנינים - ת״מ 26ב. וירמי לגו יקידת פרתה והשליך אל תוך שרפת הפרה - במ יט 6. כל ברה דמתילד לעבראי לנהרה תרמון כל הבן הילד לעברים היאר תשליכון - שמ א 22. הרמו יתה לגו גובה הדן השליכו אתו אל הבור הזה - בר לז 22.

**אֶתְפָּעֵל הושלך to be thrown** עמי מיה הך אמתנת גלליה... כד אתרמי בה ראה את המים איך מיתנו גליהם... כשהושלך (משה) בהם see the waters, how they stilled their waves..., when he was cast into it - ת״מ 279א. בגוי אתרמית ואת טלי בתוכי הושלכת ואתה נער - ת״מ 365ב (דברי הנהר אל משה). אתרמי קלה בין קהלה הושלך הקול בתוך הקהל - ת״מ 252ב. אתרמי בנהרה - אס 15א.

**ארמאי** ש״ע ז *n. m.* **השלכה throwing** ובסר בברה עטיפה לא תיכלון ארמאי תרמון יתה (נ״א ארמי) ובשר בשדה טרפה לא תאכלו השלך תשליכו אתו - שמ כב 30.

**מרמי** ש״ע נ *n. f.* **1 השלכה throwing** הרחקת כמרמי קשיה הרחיקה כמטחוי קשת she (sat) as distant as a bowshot - בר כא 16. **2 כלי ירייה quiver** תלי שבי מניך מרמיתך וקשתך שא נא כליך תליתך וקשתך take your gear, your quiver and bow - בר כז 3.

**רמו** ש״ע נ *n. f.* **השלכה throwing** וברב גאונך הם רמות חצי דיניו "וברב גאונך" (שמ טו 7) היא ירית חיצי עונשיו "in the greatness of Your majesty" (Ex 15:7), they are as the throwing of your arrows of Your punishments - ת״מ 88א.

**רמי²** הונאה וגניבת דעת **deceit** [א״י רמית בי - נ בר כט 25. סוא״י - LSP 195a]

**פעל רימה to deceive** ברחל שמשת עמך ולמה רמיתני ברחל עבדתי עמך ולמה רמיתני I worked for you for Rachel, why did you deceive me? - בר כט 25.

**מרמה** ש״ע נ *n. f.* **רמייה deceit** הלא צערין אנון לכון במרמה דמרו (!) לכון A (נ״א בנכליון דנכלו) כי צררים הם לכם בנכליהם אשר נכלו לכם they have harassed you with their deceit, with which they beguiled you - במ כה 18. אתה אחוך במרמה ונסב ית ברכתך (C במרמי) בא אחיך במרמה... - בר כז 35. ואגיבו בני יעקב... במרמה - בר לד 13.

**רמם¹†** רימה, תולעה **worm** [א״י ורמה לא הוות בגויה - נ שמ טז 24]

**פעל התליע to breed worms** וארם תולעים ואסרה וירם תולעים ויבאש it bred worms and became foul - שמ טז 20.

**רמה** ש״ע נ *n. f.* **תולעה worm** ולא אסרה ורמה לא הות בה ולא הבאיש ורמה לא יהיה בו it did not become foul, and there were no worms in it - שמ טז 24.

**רמם²†** חכמת כפיים **craft** [< رُمَّم = נבון כפיים - Lane 1151b]

**פעל** בינוני פעול *pass. pt.* **בעל מלאכה craftsman** ובני דדן הבו אשורים ולאטשים ומרמים B ובני דדן שרים, לוטשים ובעלי מלאכה the sons of Dedan were poem-singers and sharpeners and craftsmen - בר כה 3 [התה״ע ומרממין :SAV].

**רמס** שריצה ורחישה **creeping, swarming** [א״י דמו כל דרמס בארעא - נ דב ד 18. סוא״י וכול רמסא דזיעא על ארעא - בר ז 14]

**קל שרץ, רחש to creep** כל נפש חיתה הרמסה דרמסו מיה כל נפש החיה הרמשת אשר שרצו המים all the living creatures that creep, which the waters brought forth in swarms - בר א 21. וירמס נהרה ערדנים A ושרץ הנהר צפרדעים (נ״א וישרצון) B וירמשו בארעה - שמ ז 28, 29א.

A) וכל נפשה חיתה דרמסה במיה - בר ח 17. וכל נפשה חיתה דרמסה במיה (A הרומיסת) - ויק יא 46. ירמסון מיה רמס נפשה קעימה ישרצו המים שרץ נפש חיה - בר א 20. ובכל חיתה דרמסה על ארעה (A דרומיסת) ובכל החיה הרמשת על הארץ - בר א 28. ומכל דרמס על ארעה - בר ו 20. וכל רמסה דרמס על ארעה (A רומיסה) - בר ח 19.

**רמס** ש״ע ז .n. m **רמש, שרץ creeping creature** ירמסון מיה רמס ישרצו המים שרט let the waters bring forth swarms of living creatures - בר א 20. וכל רמסה דרמס על ארעה - בר ח 19. מן אנש עד בהמה עד רמס עד עוף (A רמש) - בר ו 7. רמס מסב A (E רמש) שרץ טמא - ויק ה 2. מכל רמס קמצה מכל שרץ העוף - ויק יא 20.

**רמסה** ש״ע נ .n. f **רמש creeping creature** ורמסה לא הות בה A ורמה לא היתה בו there were no maggots in it - שמ טז 24.

**רמץ**† שיבוץ ושילוב **laying in** [מן אונקלוס O]

**פעל** בינוני פעול **שיבץ to inlay** ועבדו ית אבני שהמה משקען מרמצן דהב $M_2$* (נ״א מעיצן) ויעשו לא אבני השהם מוסבות משבצות זהב the onyx stones were prepared, enclosed, inlaid of gold - שמ לט 6.

**רמש** ערב râmåš **evening** [א״י והוה רמש והוה צפר - נ בר א 8. **סוא״י** ותבת יתה יונא לפי רמשא - בר ח 11]

**רמש** ש״ע ז .n. m **ערב evening** מן רמש עד רמש תשבתון מערב עד ערב תשבתו from evening to evening you shall rest - א״ד ג 11. ייתי בשלם יומה דרמשה לאלה ויומה לישראל יבוא בשלום היום שערבו לאלוהים ויומו לישראל - ת״מ 42א*. בצפרה תימר מן יתן רמש וברמשה תימר מן יתן צפר בבקר תאמר מי יתן ערב ובערב תאמר מי יתן בקר - דב כח 67. במעמד אדוורביאלי *adverbial* רמש ותעכמון הלא יהוה אפק יתכון ערב וידעתם כי... in the evening you shall know that it was the Lord who brought you out - שמ טז 6. ברמשה ובצפרה בערב ובבקר - ננה 101. ואברך גמליה... abrāmša לזבן רמשה ויברך הגמלים... לעת ערב - בר כד 11. ועלו תרי מלאכיה לסדם ברמשה ויבאו שני המלאכים סדמה בערב - בר יט 1.

**אפי רמשה לפנות ערב toward evening** .adv וכל דבב קמיך נפל הך עטף עם אפי רמשה וכל אויב נופל לפניך כהרף עין לפנות ערב any enemy will fall before you suddenly toward evening - ת״מ 15א. אתחזי מנון ללוט תרין בפי רמשה נראו מהם (מן המלאכים) ללוט שניים לפנות ערב - ת״מ 4א (ל: באפי). עם אפי רמשה נפק משה ואהרן - ת״מ 227ב.

**בין רמשיה בין הערבים** ש״ת **at sunset** .adv ויכסון יתה... בין רמשיה ושחטו אתו... בין הערבים they shall kill their lambs at sunset - שמ יב 6 (=המליץ 541). בין רמשיה תיכלון בסר בין הערבים תאכלו בשר - שמ טז 12. בארבעסר יום לירחה בין רמשיה פסח ליהוה ...בין הערבים פסח ליהוה - ויק כג 5. ייתי בשלם תהבה... ויזבח ישראל בין רמשיה - ת״מ 43א. בין רמשיה עלו מלאכיה לסדם בין הערבים באו המלאכים לסדום- ת״מ 243ב.

**לפנאי רמש** ש״ת .adv **לפנות ערב toward evening** למצלאה בברה לפנאי רמש לשוח בשדה לפנות ערב to pray in the fields toward evening - בר כד 63.

**רומש**† ש״ע ז .n. m [א״י ברומשא - ירוש קידושין סד ע״ד. **סוא״י** רומשא - בר ג 8] **ערב evening** ודעלל לביתה... יסתב עד רומשה N (נ״א רמשה) והבא אל הבית... יטמא עד הערב he who enters the house... shall be unclean until the evening - ויק יד 46.

**רמשין**† ת״פ. לסיום -ין ראה לקדמין *adv.; for the suffix -in cf. lqdmyn* **בערב שעבר last night** שכבת רמשין עם אבה M שכבתי אמש את אבי I lay last night with my father - בר יט 34. ואלהה דאבוך רמשין אמר לי C ואלוהי אביך אמש אמר אלי - בר לא 29. ית לבוטי...חזה אלהים והוכח רמשין C את עניי... ראה אלהים והוכיח אמש - בר לא 42.

**רמשית**† ת״פ .adv [א״י יהא חולקי עם אלין דאכלין הכא רומשית - ירוש מו״ק פא ע״ב] **בערב שעבר last evening** אה שכבת רמשית עם אבה (A רמש) הנה שכבתי אמש את אבי I lay last night with my father - בר יט 34. ואלהה דאבוך רמשית אמר לי (A רמש) ואלוהי אביך אמש אמר אלי - בר לא 29. ית לבוטי...חזה אלהים והוכח רמשית את עניי... ראה אלהים והוכיח אמש - בר לא 42.

**רנן** השמעת קול תרעומת, מרי **murmuring, complaint** [א״י והוו רבנן מרננים ביה - ירוש ע״ז מב ע״ג. **סוא״י** רנונכון... דאתון מרננין עלינה - שמ טז 7. ע״ע ירן]; שירה והודיה **praise** [עש״ח NSH]

**קל** קשה להבחין בין קל עבר ולו אלף פרוסטטית ובין אפעל. עבר: ורן - שמ יז EC 3. עתיד: תרנון - שמ טז 7. בינוני פעול: ורניניה wrēnīnayyå (ריבוי מיודע) - מ א 28. **פעל** עבר: ורנן - שמ יז 3 (=המליץ 501). עתיד: תרנונן - במ טז 11 (=המליץ 501). בינוני: מרננים - שמ טז 8 (=המליץ 501). **אפעל** עבר: וארנו - במ יד V 36. עתיד: תרנון - במ טז N 11. בינוני: מרנין - במ יד N 27. **אֶתְפַּעַל** עבר: וארנן - שמ טו V 24. עתיד: תתרננון - במ טז B 11. **רנון** qiṭṭūl - ת״מ 20א. **רנין** rēnən - מ א 31. רניניכון (ריבוי+נוכחים) - שמ טז 9 (=המליץ 501, 611). **רנינה** רנינת (ריבוי נסמך) - המליץ 501 מן שמ טז 12. רננו - ברננותה - ט 63.

**קל 1 התרעם to complain** ורן עמה על משה E וילן העם על משה the people complained against Moses - שמ טו 24. ורנו כל כנשת בני ישראל על משה NE וילנו... על משה - שמ טז 2. דרנתון עלי VNE אשר הלנתם עלי - במ יד 29. ואנחנן מה כד תרנון עלינן C ואנחנו מה כי תלנו עלינו - שמ טז 7. ורניניה יהבין בדיניה והמתלוננים נתונים לעונשים - מ א 28. **2 הלין** פע״י **to make someone to complain** *trans.* ורנו עליו ית כל כנשתה וילנו עליו את כל העדה - במ יד 36.

**פעל 1 התרעם to complain** ורנן עמה על משה וילן העם על משה the people complained against Moses - שמ טו 24, יז 3. ורננו כל כנשת בני ישראל - שמ טז 2. ורננו עורי ברפידים והתלוננו עוד ברפידים - ת״מ 215א. ובתר תלתה יומים רננת על מרך ואחרי שלושה ימים הלנת על אדוניך - ת״מ 113א. ואהרן מה הוא כד תרננון עליו...כי תלנו עליו - במ טז 11. רניניכון דאתון מרננים עליו תלנתיכם אשר אתם מלנים עליו - שמ טז 8. והוה עמה כמרננים ביש ECBA ויהי העם כמתלוננים רע - במ יא 1 (=המליץ 512). כד עמתון על ימה מרנינים גלגל עמון דאנון הוו בעקהכשראם על הים מלינים נשא להם, כי היו במצוקה - ת״מ 214ב. **2 הלין** פע״י **to make someone to complain** *trans.* ורננו עליו ית כל כנשתה $M_{ins}$BA וילנו עליו את כל העדה they made all the congregation complain against him (Moses) - במ יד 36. **3 נתן הודיה to praise** ונרכן ונרנן במיני פללותה נשתחווה ונרנן מיני תפילות let us bow down and praise with various prayers - אלעזר (Cow 332). ותשירו ותרננו בקולותיכם ותודו ליהוה אלהיכם - פינחס הרבן (Cow 190). ומרנן האלמים ופוקיח העוירים - תפילת אב חסדה (Cow 79).

**אפעל הלין** פעל יוצא **to make someone to complain** $V^*N_1$ וארנו עליו ית כל כנשתה וילנו עליו את כל העדה they made all the congregation complain against him - במ יד 36. ואהרן מה הוא כד תרנון עליו N ...כי תלנו עליו - במ טז 11. ית רניני בני ישראל דאנון מרנים עלי N - במ יד 27.

**אֶתְפַּעַל התרעם to complain** וארנן עמה על משה V וילן העם על משה the people complained against Moses - שמ טו 24. וארננו על משה $M_1$* וילנו על משה - במ יד 2. וארננו כל כנשתה $M^1B$* - במ יז 6. ואהרן מה הוא כד תתרננון עליו B ...כי תלנו עליו - במ טז 11.

**רנון** qiṭṭūl ש״ע ז **תלונה** *n. m.* **complaint** לא חזינן לחץ אלא מן יומה ‹דאתו› אקרצו ברנון לא ראינו לחץ אלא מן היום שבאו השכם בתלונה we have not seen affliction, but from the day they woke up with complaint - ת״מ 20ב.

**רנין** ש״ע ז *n. m.* **תלונה complaint** לית לן רנין קמי טובך אין לנו תלונה לפני טובך we have no complaint before Your goodness - מ א 31. ולית לה עלי רנין ואין לו עלי תלונה - ת״מ 11א. על מן הו רניני אלא על קנומי על מי תלונתי אם לא על עצמי - א״ג 90. כל רניניה עלינן - מ א 32. ואסכם רניניון מן עלי ותכל תלנתם מעלי - במ יז 25.

**רנינה** ש״ע נ *n. f.* **תלונה complaint** רנינת תלנות - המליץ 501 מן שמ טז 12 (נסמך). [ליתא].

**רננו** ש״ע נ *n. f.* **תרעומת complaint** ותהום ברננותה וסימת ארכנותה וגבול התרעומת the abyss of the complaint and ואוצר ההכנעה the treasure of the prostration - ט 63 [התרעומת מנוגדת להכנעה. ע׳ זב״ח שם].

**רסה** risså שם מקום *pr. n. (place)*

**רסה** ש״פ ונטלו מלבונה ושרו ברסה - במ לג 21.

**רסום**† טלוא **a kind of young cattle** [הגיזרון אינו ידוע. זב״ח מציע לקושרו עם רמץ (ע״ע), המליץ 476. *Unknown etymology.*]

**רסום** ש״ת *adj.* **טלוא** הסטי מתמן כל נקי נמור ורסום וכל נקי לוש באמריה ורסום ונמור בעזיה הסר משם כל שה נקוד וטלוא וכל שה חום בכבשים וטלוא ונקוד בעזים removing from it every speckled and spotted sheep and every black lamb, and the spotted and speckled among the goats - בר ל 32. כיו״ב 33. ואסטה... ית

תישיה נמוריה ורסומיה וית כל עזיה נמוראתה ורסומאתה ויסר את התישים העקודים והטלואים ואת כל העזים הנקודות והטלואות - בר ל 35 (=המליץ 476). וילדי עאנה קרוים נמורים ורסומים ותלדנה הצאן עקודים נקודים וטלואים - בר ל 39.

**רסן** שם מקום rissån *pr. n. (place)*

**רסן** ש״פ מן ארעה ההיא נפק אשור ובנה ית נינוה... וית רסן מן הארץ ההיא יצא אשור ויבן את נינוה... ואת רסן - בר י 11-12. מובא גם באס 8ב.

**רסס**† טפטוף נטפי נוזלים **dripping** [**א״י** לחוד שומיא...רסיין טלין = אף שמיו יערפו טל - **מ״ל** דב לג 28. **סוא״י** ברסיסא דדמא - Horol 150a] ← הריסה וניתוץ **destruction** [**ס** רסרס = פיזר - LS 736b. **סוא״י** לרישא דבישא רצרצת - Horol 187a]

**קל נטף, ערף to drip** ירס כמטרה נסיבי V'E יערף כמטר לקחי may my teaching drop as the rain - דב לב 2. טלל מן סליחתה רסס למן דצעם בה râsəs טל מן הסליחות רועף לכל הצם בו (ביום הכיפורים) - מ יז 35-36. והות לה כטל רסס כתי רגליו והיתה לו (אש הסנה) כטל רועף תחת רגליו - ת״מ 284ב. וטללי רחמיה רססים עליון טללי הרחמים רועפים עליהם - ת״מ 237ב.

**פעל נטף, ערף to drip** ירסס כמטרה מסבי C יערף כמטר לקחי may my teaching drop as the rain - דב לב 2. דו ים הטוב והחסד ורחמיו הך טל רסס שהוא ים הטוב והחסד ורחמיו כמו טל ריסס - סעדאל (Cow 381). וטלל רתותו עליך ירסס ויאזן לפללך וטל רצונו עליך יטיף ויאזין לתפילתך - עבד אל (Cow 296).

**פלפל הרס, נתץ to destroy** (pulverize) ובסגי יכלותך רסרסתה מרגזיך (נ״א שנקת) וברב גאנך תהרס קמיך in Your great might You destroy those who exasperate You - שמ טו 7. יסיף גועיה עאקיו וגרמיון ירסרס (נ״א ישחק, יגרם, ידק) יאכל גוים צריו ועצמותיהם יגרם - במ כד 8. רסרוס תרסרסנון ותבור תתבר קעמתון הרס תהרסם ושבר תשבר מצבותיהם - שמ כג 24 (=המליץ 453).

**רסס** ש״ע ז *n. m.* **טיפות drops** בטל רסס מחיי כל נפש בטיפות טל המחייה על נפש drops of dew that relieve every soul - עבד אל (Cow 141).

**רסרוס** ש״ע ז qiṭṭūl *n. m.* **הרס destruction**

רסרוס תרסרסנון ותבור תתבר קעמתון הרס תהרסם... you shall destroy them and smash their pillars - שמ כג 24 (=המליץ 453).

**רסף**[1]† הכאה ? **to beat** [**א״י** ומן הקבלה את מלקני אתמהא. אמר ליה רצוף ריצפך - בר״ר 52. ע׳ בדברי תיאודור שם].

**קל** בינוני פעול *pass. pt.* **הכה ? to be ruined** וכתנה וסעירה רסיפין הלא סעירה מדגן וכתנה נתף A (נ״א אנכו, לקו) והפשתה והשערה מוכות כי השערה אביב... the flax and barley were ruined, for the barley was in the ear and the flax was in bud - שמ ט 31.

**רסף**[2]† ? [עירוב רסום (ע״ע) עם מחשף שבנ״ש ? [Corr. blend of *rswm (q. v.)* with SP *mḥšp*

**רסוף** ש״ע ז *n. m.* **? רסוף** עברה דעל חוטריה A (נ״א רשום, *M₁ רסום) מחשף הלבן אשר על המקלות the bare white on the shoots - בר ל 37 [אם אכן הוא מן רסום, פירש מחשף - הי׳טלאי׳ שבקליפת העץ].

**רסף**[3]† רופא **healing** [עירוב של רופא ושל אסה. ע׳ גם רפוס [Corr. blend of H *rwp*ʾ *with* A *ʾsh*

**רוסף** ש״ע ז *n. m.* **רופא** ע״י שיכול ההגאים **embalmer** *(by metathesis)* [וחט ] רוספין ישראל A (נ״א רפאיה, אסיה) ויחניטו הרפאים את ישראל the embalmers embalmed Israel - בר נ 2.

**רע**† זולת, אדם אחר **friend** [מן העברית. רק באה״ש המאוחרת [H, *not in early* SA

**רע** ש״ע ז *n. m.* **חבר one's fellow** למה תמעי רעך E (נ״א עברך) למה תכה רעך why do you strike your fellow - שמ ב 13. לא תסיד ברעך סעדו דשקר EB (נ״א בעברך) לא תענה ברעך עד שקר - שמ כ 12. וקטלו גבר... ית רעהו E (נ״א עברה, רחמה) - שמ לב 27.

**רעבת**† שם פרטי *pr. n.* [תרגום דרשני של השם נדב על פי סדר קרבנות הנדבה. והוא משורש רעי *Midr.* [*transl. of the name.*

**רעבת** ש״פ ואתילד לאהרן ית רעבת וית בבהי... ומית רעבת ובבהי באקרותון נור בראה A ויולד לאהרן את נדב ואביהוא... וימת נדב ואביהוא בהקרבם אש זרה - במ כו 60 - 61.

**רעד**† רעד וחלחלה **trembling** [**א״י** רעדת ארעא - ירוש סנה כט ע״א. **סוא״י** אלהא דתשבוחתא ארעד - Lit 696 מביא את תה כט 3: אל הכבוד הרעים]

**ריעד** *riyyåd ש״ע ז qəṭāl *n. m.* **רעד tremble** חיולי מואב אעדון ריעד C (E ריאד, נ״א ארתתו, רקפו) אילי מואב יאחזמו רעד (rēd) the leaders of Moab, trembling grips them - שמ טו 15.

**רעו** rē³u שם פרטי *pr. n.*

**רעו** ש״פ ואקעים פלג תלתין שנה ומאר שנה ואולד ית רעו - בר יא 18.

**רעואל**1 rāwwəl שם פרטי *pr. n.*

**רעואל** ש״פ וילדת עסה לעשו ית אליפז ומחלת ילדת ית רעואל - בר לו 4.

**רעואל**2 rāwwəl שם פרטי *pr. n.*

**רעואל** ש״פ ולכהן מדין שבע בנן... אותי ליד רעואל אבוין... ולכהן מדין שבע בנות... ותבאנה אל רעואל אביהן - שמ ב 16 - 18.

**רעוש**† מין תכשיט ? **ornament**

**רעוש** ש״ע ז *n. m.* **תכשיט** כל רחי לבה אנדה רעוש וקודש כל נדיב לב הביא חח ונזם ...brought brooches and earrings - שמ לה 22 (=המליץ 470).

**רעט**† משקה משכר **intoxicating drink** <] רהט = שוקת ? trough]

**רעט** ש״ע ז *n. m.* **שכר intoxicating drink** חמר ורעט אל תשתה יין ושכר אל תשתה drink no wine or other intoxicant - ויק י 9. מן חמר ורעט ינזר חמי חמר וחמי רעט לא ישתי מיין ושכר יזיר חמץ יין וחמץ שכר לא ישתה - במ ו 3. בעמר וברעט ביין ובשכר - דב יד 26. הסוך נסך רעט ליהוה הסך נסך שכר ליהוה - במ כח 7. לחם לא אכלתון וחמר ורעט לא שתיתון לחם לא אכלתם ויין ושכר לא שתיתם - דב כט 5.

**רעי**1 רצון, חפץ **desire; satisfaction** [**א״י** אם רעי הוא בן - **נ** במ יד 98. **סוא״י** היך רעיונא דצביונה = כחפץ רצונו - אל בני אפסוס א 5]

**קל** עתיד: דירחון adyē'rūn - א״ח 84. בינוני: רחי - שמ לה 5. (המליץ 528: רחי). פעול: רחי - דב לג 23. **פעל** עבר: דרעבנה (+נסתר) שמ לו A 2. **אפעל** עבר: דאריחת (נסתרת) - שמ לה EC 21. עתיד: יריח - ת״מ 140ב. בינוני פעול: מרחי - ת״מ 274א. מרחין (ר) mâ'rīn - מ ז 88. **אֶתְפְּעֵל** עבר: אתרחי - בר לד 19. עתיד: יתרחי - דב כה 7. בינוני: מתרחי - ת״מ (ק) 50א. **אתרעו** - בר כג 8 M. **מרעה** מרחה - שמ כח 38. **מרעו** למרחותה - ויק א 3 $^*M_2$. **ריעו** - ויק ח A 21 (המליץ 518: ריחו). ריחותה riyyūta - ע״ד טז 24. **רעה** לרחתה (מיודע) - ויק א 3. **רעו** רחותך rū:tak - ע״ד ג 24. **רעוה** - ויק א N 9. גזור ממנו **פעל** עבר: דרעבנה (+נסתר) - שמ לו A 2. **רע** רעך (+נוכח) - שמ ב E 13.

**קל 1 רצה to desire** תהבין דירחון במלכותך שבים הרוצים במלכותך - א״ח 86. תהביה... וירחון לקדישותך השבים... וירצו בקדושתך - א״ח 98. כל רחי לבה ייתי ית ארמות יהוה כל נדיב לב יביא את תרומת יהוה - שמ לה 5. **2 היה מרוצה to be contented** נפתלי סביע ורחי נפתלי שבע ורצון Naphtali is sated and contented - דב לג 23.

**פעל נידב**† פע״י גזור מן רעוה **to donate** *trans.* (*denom. from r*$^c$*wh*) כל דרעבנה לבה למקרוב לעביתה A כל אשר נשאו לבו לקרב אל המלאכה - שמ לו 2.

**אפעל 1 רצה** [זב״ח עואנ״ש ג/ב 182 *See LOT*] תהביה אתין ומרחין לאלהותך **to desire**[IIIb, השבים רצויים הם לאלוהותך those who return are desirable to Your divinity - מ ז 88. טטה תרחי ארעה ית שביה... טטה תשבת ארעה ותרחי ית שביה אז תרצה הארץ את שבתתיה... אז תשבת הארץ והרצתה את שבתתיה - ויק כו 34 [נ״ש הפעיל: wârṣâtå, tarṣi כסדרם]. חזית אפיך כחזותי אפי אלהים ותריחני ($^*M_1B$ ואריחתני) ראיתי פניך כראותי פני אלהים ותרצני - בר לג 10 [נ״ש הפעיל: wtarṣīni]. ונרכן קדם גבורתה דמה יריח עלינן וניכנע לפני גדולתו אולי ירצה בנו - ת״מ 140ב. **ועבד** עובד מרחי ועשה מעשה רצוי - ת״מ 274א. **לאלה** גלגין מרחין לאל השבחים רצויים - מ כא 15. **2 נידב** פע״י: הטה ליבו של פלוני לתת **to stimulate to donation** *trans.* כל גבר דסבלה לבה וכל גבר דאריחת רוחה יתה איתו ית ארמות יהוה EC כל איש אשר נדבו לבו וכל איש אשר נדבה רוחו אתו הביאו את תרומת יהוה every one whose heart stirred him, and every one whose spirit moved him, and brought the Lord's offering - שמ לה 21. **כל אנש אד ירחינה** לבה כל איש אשר ידבנו לבו - שמ כה 2.

**אֶתְפְּעֵל 1 נרצה to be accepted** קרבן **favorably offering** ויסמך ית אדה על ריש

עלתה וירחי לה (A ויתרחי) וסמך את ידו על
ראש העלה ונרצה לו he shall lay his hand
upon the head of the burnt offering, and it shall
be accepted - ויק א 4. הלא אדכיותה אסתלקת
מנה להדה ליתו מתרחי משנלקח ממנו (הקרבן)
הטוהר, אינו נרצה - ת״מ (ק) 50א. **2 נתרצה to**
**be favorable** אתרחי יהוה להבל נתרצה יהוה
להבל God was favorable to Abel - אס 2א. **3**
**רצה to desire** לא אתרחי יבמי לא אבה
יבמי my husband's brother does not desire - דב
כה 7. ואם לא יתרחי גברה ואם לא יחפץ האיש
- דב כה 7. בסיעדון לא תתרחי נפשי בסודם
אל תבא נפשי - בר מט 6 [נתפרש: תאבה tâbu מפני
דמיונה אל תבוא tā'bū]. אם אתריחת נפשכון אם
ישת נפשכם - בר כג 8 (נסתרת עבר). אמר לן מה
תתריח נעבד אמור לנו מה תרצה שנעשה -
ת״מ 25ב. הלא אתרחי בברת יעקבכי חפץ בבת
יעקב - בר לד 19. ואעבד יתון טעמנים לאבוך
כמה דאתריח $M_1$* (נ״א רחם) ואעשה אתם
מטעמים לאביך כאשר אהב - בר כז 9.

**אתרעו** ש״ע נ *n. f.* **רצון desire** אם אתרעות
נפשכון M אם ישת נפשכם if you (*lit.*: your
soul) desire - בר כג 8.

**מרעה** ש״ע נ *n. f.* **רצון acceptance** יקרב יתה
למרעתה A (MECB למרחה) יקריב אתו לרצונו
he shall bring it for acceptance - ויק א 3. כל
דבה ערבו לא תקרבון הלא לא למרחה יהי
לוכון A ...כי לא לרצון יהיה לכם - ויק כב 20.
ויי על מוחה תדיר למרחה לון לקדם יהוה
והיה על מצחו תמיד לרצון להם לפני יהוה -
שמ כח 38.

**מרעו** ש״ע נ *n. f.* **רצון acceptance** יקרב יתה
למרחותה $M_2$* יקריב אתו לרצונו he shall
bring it for acceptance in his behalf - ויק א 3.

**ריעו** ש״ע נ *n. f.* **1 רצון acceptance** בהוראה זו
הגייתה (זב״ח *in this sense, pronounced riyyūta*
ת״מ 122א, הערה 4) יקרב יתה לרעותה V יקריב
אתו לרצונו he shall bring it for acceptance in
his behalf - ויק א 3. דו מטי להדה ריחותה
שהוא (יום השבת) מגיע לאותו הרצון - ע״ד טז
24. **2 רצון pleasing** טוב דשחר וקרץ על
ריחותה דמרה אשרי המאחר בנשף והמשכים
לרצון אדוניו happy is the one who rises early,
for the pleasing of his Master - מ ו 35-36. אפלג
אנחה ריותה דנפשי אחלק שלל תמלאמו נפשי
- שמ טו 9. לריח ריעו לריח ניחח ויק ח 21.
ישמשה ויעבד ריחותה יעבדנו ויעשה רצונו -
ת״מ 31א. קרבן ליהוה לריח ריחו קרבן ליהוה
לריח ניחח an offering to the Lord as an odor
of pleasing - ויק ב 12, יז 4, במ טו 7. דו מטי
להדה ריחותה כי הוא מגיע לאותו הרצון -
ע״ד טז 24. **3 פנים** להרחקת ההגשמה **presence**
of God *to avoid anthropomorphism* ומרחותך
אתכסי C ומפניך אסתר from your presence I
hide myself - בר ד 14. תלת זבנים בשתה יתחזי
כל דכרך עם רחות ארון יהוה V שלש פעמים
בשנה יראה כל זכרך את פני ארון יהוה - שמ
כג 17. ותתן על פתורה ית לחם רעותה ותתן
על השלחן את לחם הפנים - שמ כה 30. רעותי
יהכון ואגד לך פני ילכו והנחתי לך - שמ לג 14.
יניר יהוה רחותה לידך (נ״א אפיו) יאר יהוה
פני אליך - במ ו 25. אכסי רעותי מנון C אסתיר
פני מהם - דב לא 17. בכי״י מאוחרים הורחב השימוש
*In late MSS the meaning expanded* עבד לנן
אלהים דיהכון לרחותנן E (נ״א לקדמינן) עשה
לנו אלהים אשר ילכו לפנינו make us a god
who shall go according to our desire - שמ לב 1.
וכך EA בפס׳ 23.

**רחותה**[†] ש״ע נ *n. f.* **תקופת הרצון the period**
**of Divine Favor** *in this sense, pronounced*
*rū:ta; see LOT* IIIb, 47) טוב עלמה אמת דייתי
תהבה וסדרי רחותה אשרי העולם בשעה
שיבואו התהב וסדרי הרחותה happy will be
the world when the Taheb and the Divine
Favor come - ע״ד ט 36-37. בזמן דאמר אברהם
אברהם בסרה דהוא דכיר ברחותה ובפנותה
בשעה שאמר ״אברהם אברהם (בר כב 11)
בישרו שהוא זוכר את רחותה ואת פנותה -
ת״מ 4ב. ורחותך וקשטך סבל לון ורחותה שלך
ואמתך נושאות להם - ע״ד ג 24.

**רעה**[†] ש״ע נ *n. f.* **רצון acceptance** יקרב יתה
לרחתה יקריב אתו לרצונו he shall offer it for
acceptance on his behalf - ויק א 3.

**רעוה** ש״ע נ *n. f.* **1 רצון acceptance** כל דבה
מום לא תקרבון הלא לא לרעוה יהי לוכון
mB (N רעוה) ...כי לא לרצון יהיה לכם you
shall not offer any that has a defect, for it will
not be for acceptance on your behalf - ויק כב 20.
**2 אוות נפש desire** ושבק רוחה דנפשה דלית
בה הנאה ועזוב את אוות הנפש, שאין בה
תועלת leave the desire of the soul, which has
no use - ת״מ 127ב. **3 נדבה offering** ואנון
איתו לידה עוד רעבה והם הביאו אליו עוד
נדבה they kept bringing him offerings - שמ לו
3. מסת רעבת אדיך מסת נדבת ידיך - דב טז
10.

**רעי²** רעיית צאן ובקר **pasture** [**א״י** ארעי ענך - **נ** בר ל 31. **סוא״י** וירעא דיבא עם אימרא - ישע יא 6]

**קל 1 אכל עשב to graze** ואף עאן ותורין אל ירעון לקבל טורה וגם צאן ובקר אל ירעו let no flocks and herds graze at אל מול ההר - the foot of the mountain - שמ לד 3. **ואמצץ** אילניה ורעי עסביה ומצץ את האילנות ורעה את העשבים - ת״מ 336ב. **2 האכיל עשב to pasture** עזר ארעה עאנך אטר אשוב ארעה צאנך אשמר I will again pasture and keep your flocks - בר ל 31. השקו עאנו ואזלו רעו השקו הצאן ולכו רעו - בר כט 7. ומשה הוה רעה ית עאן יתרו ומשה היה רעי את צאן יתרו - שמ ג 1. **3** בהשאלה *fig.* **הנהיג to lead** האלהים דרעה יתי מדוית האלהים אשר רעה אתי מעודי the God who has led me all my life long - בר מח 15. מתמן רעה אבן ישראל - בר מט 24.

**מרעי** ואזלו אחיו למרעי ית עאן אבוון וילכו אחיו לרעות את צאן אביהם - בר לז 12. דאשקע ית אימאי במדברה במריעה ית חמוריה אשר מצא את האימים במדבר ברעתו את החמרים - בר לו 24.

**אפעל 1 רעה צאן**† **to pasture** הלית תלימיך מרעים בנאפליס A (נ״א רעים) הלוא אחיך רעים בשכם your brothers are pasturing at Shechem - בר לז 13. **2 השגיח** בהשאלה **to look after** *fig.* זה אלי דהוה מרעי יתי בחלץ עמרם ״זה אלי״ (שמ טו 2) אשר היה משגיח עלי בחלצי עמרם "this is my God" (Ex 15:2) who looked after me in the loins of Amram - ת״מ 84א. ומרה מרעי יתה ואדוניו משגיח עליו - ת״מ 279ב. אל מרעי כל טביה ״אלי״ (דב לב 4) משגיח על הטובים - ת״מ 189א.

**מרעה**† ש״ע ז *n. m.* **מרעה pasture** הלא לית מרעה לעאנה כי אין מרעה לצאן there is no pasture for the flocks - בר מז 4.

**רעיה**† ש״ע נ *n. f.* **מרעה pasture** הלא לית רעיה לעאנה $^*M_1$ - בר מז 4.

**מרעיני**† ש״ע ז *n. m.* **מרעה pasture** הלא לית מרעיני לעאנהE - בר מז 4.

**רעין** ש״ע ז *n. m.* **רועה shepherd** והוה תיגר בית רעיני קניאן אברהם ובין רעיני קניאן לוט ויהי ריב בין רעי מקנה אברהם ובין רעי מקנה לוט there was quarreling between the herdsmen of Abram's cattle and those of Lot's cattle - בר יג 7. ואתו רעיניה וטרדונון (A רעיה) ויבואו הרעים ויגרשום - שמ ב 17. אפצתן מן אד רעיניה הצילנו מיד הרעים - שמ ב 19. והא מן נהרה סלקי שבע פרואן... ורעיניין בתלימו J (נ״א ורעיאן, ורעין) והנה מן היאר עלות שבע פרות... ורועיהן באחווה there came up out of the river seven cows..., and their shepherds (were) in fraternity - בר מא 2, 18 [מדרש. ע״ע תלים. *Midr., see tlym*.]

**רעם**† תרעומת וטינה **complaint** [מן אונקלוס .O ע״ע רנן]

**אפעל גרם תרעומת to incite to complain** וגבריה דשלח משה למגש ית ארעה ועזרו ו<א>רעמו עליו ית כל כנשתה $^*M_1$ (נ״א ורנו, ורננו, וארנו) והאנשים אשר שלח משה לתור את הארץ וישבו וילנו עליו את כל העדה the men whom Moses sent to spy out the land, returned and made all the congregation to complain against him - במ יד 36.

**אֶתְפַּעַל התרעם to complain** [ו]אתרעמו על משה... כל בני ישראל m (נ״א ורנו, ורננו, וארננו) וילנו על משה... כל בני ישראל all the people of Israel complained against Moses - במ יד 2. עד אמת לכנשתה בישתה הדה דאנון [מתר]עמין m עלי ית רניני בני ישראל דאנון מתרעמין $^*M_2$ עלי שמעת (נ״א מרננים) עד מתי לעדה הרעה הזאת אשר הם מלנים עלי את תלנות בני ישראל אשר הם מלנים עלי שמעתי - במ יד 27.

**תורעמה** ש״ע נ *n. f.* **תרעומת complaint** ואשדך מן עלי ית תורחמת בני ישראל $M_2$ (נ״א רניני) והשכתי מעלי את תלנות בני ישראל I will rid Myself of the complaints of the Israelites - במ יז 20. ואסכם תורעמתון $^*M_2$ (נ״א רניניון) ותכל תלנותם - במ יז 25.

**רעמה** שם פרטי rēmma *pr. n.*

**רעמה** ש״פ ובני כוש סבא וחוילה סבתה ורעמה וסבתכה ובני רעמה שבא ודדן - בר י 7.

**רעמסס** שם מקום râmsəs *pr. n. (place)*

**רעמסס** ש״פ ובנו... ית פיתון וית רעמסס - שמ א 11. ברעמסס דבחו ואל סכות נטלו - ת״מ 251א.

**רענן**† רב נוף (bough) **luxuriant** [משורבב מן העברית. ע׳ בישענף בשרש באש. *H interp.*]

**רענן** ש״ת *adj.* **רב נוף** אבד תאבדון ית כל אתריה דעבדו תמן גועיה... על טבריה רמיה ועל גלמהתה ותחת כל אילן רענן J (נ״א בישענן, בישענף) אבד תאבדון את כל המקומות אשר עבדו שם הגוים... על ההרים הרמים ועל הגבעות ותחת כל עץ רענן you shall destroy all the sites at which the nations... whether on lofty mountains and on hills or under any luxuriant tree - דב יב 2.

**רעע**[1]† קלקול והרס **destruction** [א״י לא תיזול (!) בתר לישנה תליתיה למרעיה ית בעלי דינה = לא תלך רכיל בעמך - **נ** ויק יט 16. עשיק ורעיע = עשוק ורצוץ - אונקלוס דב כח 33. **סוא״י** ורערעת יתהון ברוגזך - ישע סג 3. **ס** רעיע = רצוץ - **פ** מל״ב יח 21 - LS 737a]

**אֶתְפְּעֵל קלקל to destroy** לא תתרעון ולא תשבון קרחה בין עיניכון למית E (נ״א תסתרקון, תתנגדון, תתגדדון) לא תתגדדו ולא תשימו קרחה בין עיניכם למת you shall not gash yourselves or make any baldness on your foreheads for the dead - דב יד 1. סיגי פרדיסיך דנצבת מתרעים בחוביה גדרות הפרדסים שנטעת נשברים בגלל העוונות - ת״מ 252ב.

**רעי** ש״ע נ *n. f.* **בקע ? hernia** ימעינך יהוה בשחן מצרים ובסבנים ובגרב וברעי דלא תכל למתסאה יכך יהוה בשחן מצרים ובעפלים ובגרב ובחרס אשר לא תוכל להרפא the Lord will strike you with Egyptian inflammation, with hemorrhoids, boil-scars, and rupture, from which you shall never recover - דב כח 27 [נתפס הרס = המליץ 473. זב״ח: = רעיע *Int. as hrs*.]

**ריעה** ש״ע נ *n. f.* **בקע ? hernia** ילוטנך יהוה בחמימתה ובערביתה ובריעה (VEC ובדלקתה) יכך יהוה בשחפת ובקדחת ובבקע the Lord will strike you with consumption and with fever and with rupture - דב כח 22.

**רעע**[2] רוע **evil** [מן העברית H]

**רע** ש״ת *adj.* **רע bad** כל איקר אל קלל וכל טוב אל רע כל כבוד לקללה וכל טוב לרע any glory (changed) to contempt, any good to evil - ת״מ 233ב. ולעובדי הרע צמתה סב גזוי ומעשים רעים אחזת, קח עונש - ת״מ 264ב. חסלה דיעקב יהי בימיו רע חלילה לו ליעקב מהיות בימיו רע - ת״מ 288א. לא הגלה בון דבר רע לא נתגלה (בטובים) דבר רע - ת״מ 298ב. **זעור ורעים הוו** ימי שני חיי CB (נ״א ובישים) מעט ורעים היו ימי שני חיי - בר מז 9. **רעין** חזב A רעות מראה bad looking - בר מא 3.

**הרעה** ש״ע נ *n. f.* **רוע evil** וחכמו יתון ישראל וודו הרעתון והכירו אותם (את מצרים) ישראל וגילו להם את הרעתם Israel recognized them and revealed their evil - ת״מ 89ב.

**רעע**[3] רחיצה וכביסה **washing** [< רחע (= رحض) - זב״ח, תרביץ יט 200. יש שנעשה ל״י כדרך הרבה כפולים *Acts occasionally as III-yod*]

**קל כיבס to wash** וקדש ית עמה ורעו תכסיאתון ויקדש את העם ויכבסו שמלותם they consecrated the people and they washed their garments - שמ יט 14. כל דיסבל מנבלתון ירע רקעיו ויסעי במים וכל הנושא מנבלתם יכבס בגדיו ורחץ במים whoever carries any part of their carcass shall wash his clothes - ויק יא 25 ואם לא ירעי ובסרה לא יסעי ויסבל עובה J (NMECBA ירע =המליץ 494) ואם לא יכבס ובסרו לא ירחץ ונשא עונו - ויק יז 16. רעי בחמר לבושה כבס ביין לבושו - בר מט 11 (=המליץ 494).

**אפעל כיבס**† **to wash** וארחתה מן גובה C (MB ואסחיה) ויריצהו מן הבור they washed him the dungeon - בר מא 14 [תפס וירחיצהו wyârīṣē[ɔ]u *was understood as from rḥṣ*.] ואסתלחו לואי וארעו ארקעיון (נ״א ורעו) ויתחטאו הלוים ויכבסו בגדיהם the Levites - purified themselves and washed their clothes במ ח 21.

**אֶתְפְּעֵל 1 נתכבס**† **to be washed** כל מאן משכה דיתרע (MEA דתתרע, C דתרע) כל כלי העור אשר תכבס any article of skin that has been washed - ויק יג 58. דידי עליו יתרע באתר קדיש MEB (V תרע, C ירע, J יתרחי) אשר יזה עליו תכבס במקום קדוש - ויק ו 20. ואה כמה מכתשה בתר דאתרחו יתהEC והנה כהה הנגע אחרי הכבסו אתו - ויק יג 56. בתר דיתרע ית מכתשה C (NMBA דרעו) אחרי הכבס את הנגע - ויק יג 55. **2 שטף to flow** אתרעת כמיה אל תותר פחזת כמים לא תותיר you flowed as water; you shall not excel - בר מט 4 [לשון זרימה ושטיפה. ע״ע ערי[1]].

**ארעה**† ש״ע ז׳ *n. m.* **כביסה washing** ויחזי כהנה בתר ארעה ית מכתשה E (אתרע) אחרי הכבס את הנגע the priest shall examine the diseased thing after its washing - ויק יג 55.

†רפא רפואה **healing** [עש״ח NSH]

**רפא** ש״ע ז *n. m.* **רופא embalmer** ופקד יוסף... ית רפאיה למחנטה ית אבוה וחנטו רפאיה ית ישראל (נ״א אסיה) ויצו יוסף... את הרפאים לחנט את אביו ויחניטו הרפאים את ישראל Joseph ordered the... physicians to embalm his father, and the physicians embalmed Israẹl - בר נ 2.

רפאים שם פרטי *pr. n.* [ע״ע אסי]

**רפאים** ש״י *gent. n.* ארע רפאים אתחשבת אף הי רפאים דערו בה לקדמן VN ארץ רפאים תחשב אף היא רפאים ישבו בה לפנים - דב ב 20. לוד עוג... אשתיר מיתר רפאי V - דב ג 11.

רפוא ribbu שם פרטי *pr. n.*

**רפוא** ש״פ לשבט בנימים פלטי בר רפוא - במ יג 9.

†רפד עתוד, מן הצאן **he-goat** [ > חרף חד - זב״ח, המליץ 550. ע״ע חרף[1]]

**רפד** ש״ע ז *n. m.* **עתוד he-goat** רפדה דראמים על עאנה M (נ״א חרפיה) העתודים העלים על הצאן - the he-goats mating with the flock - בר לא 10 (המליץ 550: ארפדיה). רפדיה דראמים על עאנה M העתודים... - בר לא 12.

†רפוס ריפוי **healing** [עירוב אסא עם רפא *Corr.* *blend of rwp*[ʾ] (H) *with* *ʾsh* (A)]

**רפוס** ש״ע ז *qāṭōl* *n. m.* **רופא embalmer** הלא כן אתכללו יומי רפוסיה A כי כן ימלאו ימי החנטים such is the full period (required by the) embalmers - בר נ 3.

†רפח תפיחת בצק **dough** [ > رفخ = טפח - Barthélemy 286]

**קל** בינוני פעול *pass. pt.* **תפוח to leaven** על טיגן במשח תתעבד רפיחה תנדינה m (נ״א מסרבכה, מרתחה, שליקה) על המחבת בשמן תעשה מרבכת תביאנה it shall be made with oil on a griddle; you shall bring it leavened - ויק ו 14.

†רפי חולשה, רפיון **weakness** [ע״ע רפף. **א״י** ארפי מנן ונפלח ית מצריי - **נ** שמ יד 12. **סוא״י** ויתחילאן אידיא מרפיאתה - ישע לה 3]

**קל חלש** בינוני פעול *pass. pt.* **weak** התקיף הוא או רפי V (נ״א הרפא, אי חלש) החזק הוא הרפא - is it strong or weak? - במ יג 18. הלא רפים אנון (נ״א ארפין) כי נרפים הם - שמ ה 8 (=המליץ 531). רפים אתון רפים (נ״א ארפין) נרפים אתם נרפים - שמ ה 17.

**אפעל 1 החליש to weaken** הלא אל רחמן יהוה אלהך לא ירפינך ...לא ירפך the Lord your God is a compassionate God; He will not weaken you - דב ד 31. **2 הניח, עזב** נדיר. בהוראה זו נוהג בכפולים, ובנ״ש arrəf. זב״ח ספר ייבין 430 וכן עואנ״ש ג/א 101 **to leave, abandon** *rare in this sense; the usual is rpp; see LOT* IIIb, 101 וארפה מנה *$M_2$ (נ״א וארף) וירף ממנה he let her alone - שמ ד 26. ארפי מני ואשיצינון V (נ״א הרף) הרף ממני ואשמידם let Me alone and I will destroy them - דב ט 14.

**ארפו** ש״ע נ במעמד אדוורביאלי *n. f. adverbial* **הרף עין** עם ׳עין׳ *with* *ᶜyn* **instant, moment** כי כהלן קטילין כארפות עין אכן כולנו ניהרג כהרף עין - we shall all be killed in an instant - ת״מ 55א. רעטו בזרוז בדחלה רבה הך ארפות עין רצו במהירות ביראה רבה כהרף עין - ת״מ 225ב. לא פסחת מנך ארפות עין לא פסעתי ממך הרף עין - ת״מ 295ב. ביטוי מקוצר *abridged* ואן ימות מית עליו בעטף ארפו וכי ימות מת עליו בפתע פתאם - במ ו 9. ואסכם יתון כארפו m (נ״א כעטף) ואכלה אתם כרגע I may annihilate them in an instant - במ יז 10 וכיו״ב טז 21: כארפ[ו]. בבעותי אאבדה וכל עמה כארפו ברצוני אאבדו וכל עמו כרגע - ת״מ 21א. ומתו הך ארפו ומתו (המצרים) כרגע - ת״מ (ק) 12א.

רפידים שם מקום rēfīdəm *pr. n. (place)*

**רפידים** ש״פ עם ישראל ברפידים וילחם עם ישראל ברפידים - שמ יז 8. ונטלו מן אליש ושרו ברפידים - במ לג 14. ורננו עורי ברפידים - ת״מ 215א.

†רפס אסון ? **disaster** [ > ربيس = אסון - Hava 237b]

**רפוס אסון disaster** וקפלו רפוס בשבילה וקרהו אסון בדרך A if a disaster befalls (*lit.*: locks him on the journey - בר מב 38.

**תרפיס אסון disaster** וחגל מדור ארע כנענאה ית תרפיסה A וירא ישב ארץ הכנעני את האבל the Canaanite inhabitants of the land

אסון בין הקשר [על 11 בר נ - saw the mourning
לאבל ראה יג״ן *Cf. ygn in both senses 'mourning'*
*[and 'misfortune'.*

**רפף**[1]† רפיון ועזיבה **abandon** [< רפי (ע״ע). בהוראה זו נוהג ככפולים, ובנ״ש arrǝf ]

**אפעל הניח, עזב to leave, abandon** וכד נאצוני הרפת מנון וכאשר ניאצוני עזבתי אותם - when they spurned Me, I abandoned them ת״מ 241א. **וארף מנה וירף ממנה** - שמ ד 26. **והן תרף ולא תצבי תלעט ואם תרפה (מן האמונה) ולא תאבה (לשמע) תקולל** - ת״מ 198ב. **בריך יהוה... דלא ארף חסדה... מן עם רבי** $M_1$ (נ״א שבק) אשר לא עזב חסדו... מעם אדני - בר כד 27. **ולא תרף מנה לעלם** - ת״מ 156ב. **לא תרף מנן** - ת״מ 77א וכיו״ב 154ב. **והן נרף למליך במה נסתעד ואם נרפה מדבריך במה ניעזר** - ת״מ 169ב. **ארף מני ואשיצינון הרף ממני ואשמידם** - דב ט 14. מובא גם בת״מ 114א, 235ב. **אה פרעה ארף רשעותך ואנשם הוי פרעה, עזוב את רשעותך וירווח לך** - ת״מ 64א. **עד אמת קשטה מרף יתן עד מתי ק׳ עוזב אותנו** - ת״מ 205א. **וליתו מרף מנן ואינו מרפה ממנו** - ת״מ 75א.

**רפף**[2]† ריחוף וחפיפה **hovering** [סוא״י ורוחא דאלהא הות מרפרפה לעל מן מיא - בר א 2] ← הגנה **protection**

**פלפל 1 ריחף to hover** כנשר מורר קנה על גוזליו מרפרף C כנשר יער קנו על גוזליו ירחף like an eagle that awakens its nestlings, that flutters over its young - דב לב 11. **ישרי ברחצן וירפרף עליו כל יומה** D ישכן לבטח וחפף עליו כל היום - דב לג 12 (המליץ 474: ומרפרף). **ירפרף יעפף** - המליץ 541 [מן בר א 20. ליתא]. **2 הגן to protect** ואגן עליכון בעננה... הך ירפרף עופה על בניה והגן עליכם בענן... כמו שמרחף העוף על בניו - ת״מ 223א. **כל אנש דלה קניאן ירפרף עליו** כל איש שיש לו רכוש יחופף עליו every man who has a possession protects it - ת״מ 207ב. **וזכותה עליו מרפרפה** והזכות מגוננת עליו - the righteousness protects him ת״מ 79ב.

**רפק**† ? [שיבוש של רקיקן ? *Corr. from rqyqn*]

**רפק ?** והא סבע תורין... הסיכן... ורפקין בסר A (נ״א רקריקן, רקיקן) והנה שבע פרות...

דלות... ורקות בשר - בר מא 19.

**רפש**† נפילה **falling** [טל תעודה ג 172. **א״י** וירפשון אתה מעברתה = ונגפו אשה הרה (=והפילו) - **נ** שמ כא 22. **מנ** רמיא וראפיש - גינזא ימינא קמד D&M - 15 437a. **ע** ומגבה לתהום הרפישי - הקלירי, סדר הקינות מהד׳ ד׳ גולדשמידט, ירושלים תשלז, עמ׳ סו. וירפש על משריתא = ויטש על המחנה - **נ** במ יא 31 בגיליון] ← נפילה מוסרית **baseness**

**קל נפל to fall** וימחון אנש ית חברה... וירפש למדמך A (נ״א ויפל) ...ונפל למשכב when one strikes the other..., and he has to take (*lit.: falls*) to bed - שמ כא 18. **ארפשו תרפש אף את אף עמה הדן** A (נ״א ליחי תלחי) נפל תפל גם אתה... you will surely fall, and these people as well - שמ יח 18 [נתמזג תפל עם תבל שהגיית שניהם tibbāl ואין המשמעויות רחוקות. *Result of the merger of npl and nbl.*]

**אפעל 1 הפיל to cause to fall** אם שן עבדה... ירפש לחרוי יטלקנה A אם שן עבדו... יפל לחפשי ישלחנו if he knocks out the tooth of his slave, male or female, he shall let him go free - שמ כא 27. **2 ניבל to scoff** וירשפו (!) תקוף פנסתה E (נ״א ונבלו) וינבלו צור ישועתו they scoffed the Rock, which they have enraged - דב לב 15.

**ארפש** ש״ע ז *n. m.* **חרפה disgrace** ארפש הוא A חסד הוא it is a disgrace - ויק כ 17.

**ארפשו** ש״ע נ *n. f.* **1 נפילה falling** ארפשו תרפש אף את אף עמה הדן A נפל תפל גם אתה גם העם הזה you will fall, and this people as well - שמ יח 18. **2 נבלה disgraceful deeds** ארפשו עבד בישראל למדמך עם ברת ישראל A (נ״א נבלה) נבלה עשה בישראל לשכב את בת יעקב he had committed an outrage in Israel by lying with Jacob's daughter - בר לד 7. **ועם זכר (!) לא תשכב משכבי אתה ארפשו היא** A ...תועבה היא - ויק יח 22. **ואנש דישכב עם דכר... ארפשו עבדו** ...תועבה עשו - ויק כ 13. **ארפשו היא** $M_2$ תבל הוא - it is abomination - ויק יח 23. וכך הוא m כ 12.

**רשוף** (< רפוש) ש״ת qāṭōl *adj.* **נבל vilain** עם רשוף ולא חכם E עם נבל ולא חכם a vilain and unwise people. - דב לב 6. **בגוי רשוף אכעסנון** E בגוי נביל אכעיסם I will enrage them with a wicked nation - דב לב 21.

**רצד**[†] מארב, כמינה **ambuscade** [**א״י** אזל ורצד וחמא יתיה = הלך וארב וראה אותו - ויק״ר תקצב (באפאראט). הש׳ رصد = ארב - Lane 1092b]

**פעל ארב to ambush** לא תקום ולא תרצד (נ״א תטור, תנטר) לא תקום ולא תטור m you shall not take vengeance nor shall you ambush your own people - ויק יט 18.

**רציד** ש״ע ז .n. m **אורב ? one who ambushes** ואת אנושיה דתרח ביתה אלקו בסמיונים מן רציד ועד רבי A ואת האנשים אשר פתח הבית הכו בסנורים מאורֵב ועד נער they struck with blindness the men who were at the door of the house, both man in ambush and young - בר יט 11.

**רצי**[†] רצון, חפץ **desire** [עש״ח NSH]

**קל חפץ to desire** דו מבקש על טבה ומקימנה לא רצי במד לה חזה מן גוני תפוכה שהוא מחפש את הטוב ויקיימנו ולא ירצה מיני תהפוכות אשר ראה he seeks prosperity and will bring it about (and) will not want any of the setbacks that he saw - ת״מ 122ב. **אבדה דמרך רצי** בכן השמידהו (את המורד) כי אדוניך חפץ בזה destroy him (the rebel), for your Lord desires this - ת״מ 198ב. **לא נדמי בעובד לבני** ישמעאל לית מרן רצי בכן לא נידמה במעשה לבני ישמעאל. אין אדוננו רוצה בזה - ת״מ 203ב. ומרון רצי עליון ומתנחם בטובה עליון ואדונם רוצה בהם וסולח בטובו להם - ת״מ 304ב. עבד <לדבביך> אתה ליתון רצין בך עבד לאויביך אתה ואינם רוצים בך - 278א. **דיארי** ארעה הרצין בדן עובדה יתקטלו יושבי הארץ הרוצים בדבר הזה (משכב בהמה) ייהרגו - ת״מ 160ב. בינוני פעול *pass. pt.* ומימרו ארצי לאלה - אבישע (Cow 108).

**אֶתְפְּעֶל נרצה to be accepted favorably** ואם מיכל יתאכל מבסר דבח שלמיו (offering) ביומה תליתאה לא ירצי B (נ״א ירחי) ואם האכל יאכל... ביום השלישי לא ירצה if any of the flesh of the sacrifice of his peace offering is eaten on the third day, ...it shall not be accepted - ויק ז 18. **עם הזכאים אשר ארצו** לאלהותך והלכו אחריך - אלעזר (Cow 438).

**רצון** ש״ע ז .n. m **1 חפץ** חסד האל. בעיקר בנוסחאות של ברכה שיסודן בערבית: رضى الله عنه **favor of God** *usually in formulae taken from* Ar. ורצון יהוה ישרי עליון וחסד יהוה ישרה עליהם (על הצדיקים) the Favor of the Lord will dwell over them - ת״מ 237ב. **ורצונה ישרי עליו** - ת״מ 134א. **רצון יהוה עליו** - ת״מ 3ב, 56ב, 247א, 311ב. ידור לכל רצון יחזיק כל רצון - 181ב. וחסך רצון מרה ומנע רצון אדוניו (החוטא) - ת״מ 159ב. **2 תקופת הרצון the period of Divine Favor** [מתורגם מן המונח ׳רעותה׳. ע״ע רעי H *version of rū:ta. See rᶜy, above.*] **ומלאכי** רצונה סהרין בון ומלאכי רעותה סובבים אותם - the angels of the Divine Favor encircle them - ת״מ 237ב. **מקים רצונה** אדון רעותה (משה) - the days of the Divine **ימי רצונה** ת״מ 261ב. Favor - ת״מ 254ב (פעמיים). **ימי הרצון** ע״ש ד 37. **שבטי הרצון** - ת״מ (ק) 33ב.

**רצם**[†] לחץ ודחק **pressure** [ע אין סנדל אלא שרצמו חי - ירוש נידה נ ע״ד]

**קל לחץ to oppress** עמי מה לחצין ולא תרצם עליון tirṣåm ראה מה לחוצים הם ואל תדחק בהם see how oppressed they are and do not harass them - מ ז 63-64. פעול *pass. pt.* **וקעם** באתר ארצים דלית אורע לסטו ימין וסמאל (לחיץ VNBA) ויעמד במקום צר... - במ כב 26 (=המליץ 573). **דמפשר על לחצים ועל ארצמים** ârṣīmǝm המציל לחוצים ודחוקים - מ יב 65-66 [בינוני פעול לפי ההגייה. *pass. pt., according to the pronunciation.*]

**אתפעל נדחק to push each other** הדדי ואתרצמו בניה בגבה ויתרצצו הבנים בקרבה - the children push each other in her womb - בר כה 22.

**ארצם** ârṣåm ש״ע ז .n. m **1 לחץ oppression, distress** ואהן ארצמה יתפך רווחה והלחץ הזה יהפוך לרווחה let this distress change into relief - ת״מ 43א. **סכינן הנפוש נפלנן בארצם** רב קיווינו לרווחה ונפלנו בלחץ גדול - ת״מ 20ב. ערקת לידך... מן ארצם רבנסתי אליך... מלחץ גדול - א״ג 27-28. **אלא ליד רתותך מלגו לב** ארצמה אם לא (נס) אל חסדך מתוך הדחק - א״ג 75. **ולמן ישול בעידן ארצמה**- ע״ד כג 47־48. ארתי לחיצה דלידך מן ארצמה ברח חון את הלחוץ שברח אליך מן הלחץ - א״ג 64. **נפש לן** מכל ארצמים הרווח לנו מכל הלחצים - ע״ד כז 27-28. וינפש לרצמיכון - ע״ש ד 39. **2 לחוץ distressed** אה ארצמיה הולו רווחה ואנשמותה הוי הדחוקים, דבקו ברווח וברווחה

- O distressed ones, cling to relief and comfort ת״מ 291ב. להן יערק מסכין יפף ארצמה לאן ינוס מסכן או יפנה הדחוק - א״ג 74.

**(א)רצמה 1** *n. f.* ש״ע ג årṣåm **לחץ** **oppression, distress** וברצמה לא תשבקני do not abandon me in ובלחץ אל תעזבני - ט 41. distress

†**רצע** ניקוב **piercing** [**א״י** וירצע... ית אודנה במרצעא - **נ** שמ כא 6]

**פעל ניקב** **to pierce** וירצע רבה ית אדנה במרצע ורצע אדוניו את אזנו במרצע his master shall pierce his ear with an awl - שמ כא 6.

**מרצע** ש״ע ז *n. m.* **כלי ניקוב awl** וירצע רבה ית אדנה במרצע his master shall pierce his ear with an awl - שמ כא 6. ותסב ית מרצעה ותתן באדנה ובדרשה ולקחת את המרצע ונתת באזנו ובדלת - דב טו 17.

†**רצף** צפיפות ועובי **thickness** [**ס** עננא רציפתא = ענן עבות - PSm 3971a]

**רציף א** ש״ת *adj.* **עבות** **leafy** ותסבון לכון... פרי אילן משבח... ושבשבן דאילן רציף ולקחתם... פרי עץ הדר... וענפי עץ עבות you shall take... the fruit of a choice tree..., boughs of leafy trees - ויק כג 40 (=המליץ 553). **ב** ש״ע ז *m.* **עובי** **thickness** ותרתי שלשלן דהב דכי מתהמן תעבד יתין עובד רציף ושתי שרשרות זהב טהור... מעשה עבות two chains of pure gold, twisted shall you make them, work of thickness - שמ כח 14 וכיו״ב 22, לט 15.

**רציפה** ש״ע נ *n. f.* **חבל** **thick cord** ותתן ית שלשלת רציפאתה על מעיצאתה ונתת את שרשרות העבותות על המשבצות you shall attach the thick-cord-like chains to the fastenings - שמ כח 14 וכיו״ב 25, לט 18. ותתן ית תרתי רציפאת דהבה על תרתי עסקיה - שמ כח 24. כיו״ב לט 17.

†**רצץ** שבירה וניתוץ **crushing** [שאול מן העברית. ע״ע רסס *see rss* .H. **א״י** עצן ורציצין - **נ** דב כח 33.]

**קל רוצץ** **to crush** ורצצו בניה בגוה A (נ״א ואתרצמו) ויתרצצו הבנים בקרבה the children crushed each other in her womb - בר כה 22. ותהי לוד עשיק ורציץ והיית רק עשוק ורצוץ - דב כח 33. סמאי אי תבר אי רציץ... לא

תקרבון A (*$M_2$ ארציץ, E חרציץ = המליץ 471, כתיב התנועה הפרוסטתית מושפע מן המקור) עורת או שבור או חרוץ... לא תקריבו - ויק כב 22.

†**רק** מילית להגבלה ולניגוד: אך, אלא [מן העברית H]

**רק** מילית הגבלה *part. of limitation.* **רק, only, but** רק יתעצמון רב ממה דהוו רק אם ילינו (בני ישראל) יותר ממה שהיו לנים only if they quarel more than they were (quarelling) - ת״מ 20א (ק: ברן). אימנו ולא אתקוממו רק סרו... ולא אמנו רק סרו האמינו ולא התמידו (בני ישראל) רק סרו... ולא האמינו רק סרו - ת״מ 58א. רק לכהלון עובד אחד אבל (לפי ש)לכולם דרך אחת - ת״מ 125א [בעניין עליית בני הנכריות להר גריזים]. רק אתי ליד מרך בנציר רק בוא אל אדונך במסירות - ת״מ 167ב. עננה לית מן אלופה יניר רק מן אלופה חשיכה הענן אין דרכו להאיר רק מדרכו החושך - ת״מ 264ב. לא יעצינה רק ילך בשביליה לא ימרוד בו אלא ילך בדרכיו he will not disobey Him, but walks in His ways - ת״מ 292ב. רק יהב לך כתב מכלל בחיים רק נתן לו כתב מעוטר בחיים - ת״מ 303א.

†**רקבה** חמת מים **waterskin** [מן אונקלוס O: ורוקבה דמיא - בר כא 15. ע״ע קרבה]

**רקבה** ש״ע נ *n. f.* **חמת** **waterskin** ואתחסלו מיה מן רקבה $M_1$* ויכלו המים מן החמת the water was gone from the skin - בר כא 15.

†**רקוד** שד **demon** [**סוא״י** היך דראקודין = כתנים - ירמ יד 6 - (PalSyrT). אבל קריאת גושן: דרקונין. אפשר שהוא מן קרד (ע״ע) בשינוי בגלל רקד. השי׳ וילדיהם ירקדו (איוב כא 11) כאילין שידיא - ויק״ר ק. רק במקורות מאוחרים. .*In the late* MS A]

**רקוד** ש״ע ז *n. m.* **מלך** **demon** [נ״ש נהגה mēlək בניגוד לשליט הנהגה mâlək *as distinct* SP mēlək, *from* mâ□k, *'king'*.] ומזרעך לא תהב למשמשה לרקוד A ומזרעך לא תתן להעביד למלך do not let any of your offspring to be offered up to a demon - ויק יח 21. למזני בתר רקודה A לזנות אחרי המלך - ויק כ 5. גבר גבר... דיהב מן זרעה לרקוד קטיל יתקטל A איש איש... אשר יתן מזרעו למלך מות יומת - ויק כ 2 וכיו״ב 3, 4.

†**רקח** עירוב בשמים וסמים (spices, **mixing** perfumes) [מן העברית. ע״ע ערב H]

**פעל עירב סמים to compound** אנש דירקח כבתה ודיתן מנה על בראי ויתעקר מן עמה (MECBA דיערב) איש אשר ירקח כמהו ואשר יתן ממנו על זר ונכרת מעמיו (yēraqqa whoever compounds its like, or puts any of it on a layman, shall be cut off from his kin - שמ ל 33.

רקטרס† מקום ; **place**

**רקטרס** ש״ע ז **מקום ! ** וארפכשד שרה באור כשדים ברקטרס דשמה רומי וארפכשד שכן באור כשדים במקום ששמו רומי Arpachshad - dwelt in Ur Kasdim, in a place named Rumi

אס 8א. [לפי תרגום אסטיר: في مكان. אבל אפשר שהוא ט״ס מן דקטיס, מקום מול הרגריזים (ע״ע). זב״ח, אסטיר 33. דקטיס According to the Ar translation of Asatir; alternatively, pr. n. [(place), corr. of dqṭys.

רקי† קיבה **stomach** [א״י אדרעא ולחייה... ורקיתה - נ דב יח 3. **אכ** riqītu - AHw 987b]

**רקי** ש״ע נ *n. f.* **קיבה stomach** ויתן לכהנה אדרעה ולוחיה ורקיתה ונתן לכהן הזרוע והלחים והקבה (waqābba he shall give to the priest the shoulder, the cheeks, and the stomach - דב יח 3 (=המליץ 589). ודקר ית תריון ית גברה ישראלאה וית אתתה... על רקיתה N (VJECA קבתה) וידקר את שניהם את איש ישראל ואת האשה אל קבתה qabbâtå - במ כה 8 [פירש 'קיבתה' מפני שוויון ההגייה].

רקם[1] אומנות: רקמה **embroidery**

**קל** בינוני פעול **רוקם embroiderer** מלא יתון חכמת לב למעבד בכל עבידן אמן וחשב ורקם מלא אתם חכמת לב לעשות בכל מלאכת חרש וחשב ורקם they have been endowed with the skill to do any work: of the carver, the designer, the embroiderer - שמ לה 35. ומילת משזר עובד רקם ושש משזר מעשה רקם - שמ כו 36.

רקם[2] שם פרטי raqqåm *pr. n.*

**רקם** ש״פ וית מלכי מדין קטלו... ות אוי וית רקם...- במ לא 8.

רקם[3]† שם מקום *pr. n. (place)* [ע״פ אונקלוס. ע״ע

קדש ברנע]

**רקם** ש״פ ועזרו ואתו ליד עין דין היא רקם m וישבו ויבאו אל עין דין היא קדש - במ לא 8. ונטל אברהם לארע דרומה ודר בין [ר]קם ובין חגרה $M_2$ ויסע משם אברהם ארץ הנגב וישב בין קדש ובין שור - בר כ 1.

בשלוחי יתון מרקם גיאה למחזי ית ארעה B (נ״א מדקש ברנע) בשלחי אתם מקדש ברנע לראות את הארץ - במ לב 8. ויסחר לכון תחומה... לרקם B (לקדש ברנע) - במ לד 4.

רקן ריקות **emptiness** [שורש תנייני מן 'ריקן'. *Secondary root from the adj. ryqn; see* סגל 120 Segal, 120.] **א״י** ורוקן יהוה ית נכסוי דאבוכון - **נ** בר לא 9. **סוא״י** רוקן גרמה ונסיב דמו דעבד - אל הפיליפיים ב 7. ע״ע רוק *See*]

**פועל** עבר: רוקן - ת״מ 236ב. עתיד: ירוקנון - ת״מ 211ב. בינוני פעול: מרוקן - ת״מ 110א. **אתפועל** עבר: ואתרוקנו - שמ לג 6. בינוני: מתרוקן - ת״מ (ק) 246ב. **רוקן** - בר לז 24. **רוקנה** - ת״מ (ק) 19א. **רוקנו** - ת״מ 249ב. **ריקן** - דב טו 13. **ריקנו** - בר מט 11. **ריקני** - בר א E 2.

**פועל הריק to empty** ורוקנו ית מצראי (B וריקנון!) וינצלו את מצרים (*i.* they emptied *e.*, stripped) the Egyptians - שמ יב 36. מובא גם בת״מ 249ב. ותרוקנון ית מצראי ונצלתם את מצרים - שמ ג 22. ורעי עסביה וחרב בתיה ורוקן מזוניה ורעה את העסבים והחריב את הבתים והריק את המזונות - ת״מ 236ב. ארוקנך כל מה באדך אריקך (מ)כל מה שבידך - ת״מ 149א. וירוקנון יתון ויפקון בשלם וירוקנו (העברים) אותם (את המצרים)... - ת״מ 211ב. דכל אתר מרוקן לית ביה חנאה שכל מקום שנתרוקן אין בו תועלת - ת״מ 110א. מרוקנין יתקטלון $M_1$ ריקים (מכול) יומתו - ויק כ 20 [נ״ש: "ערירים ימותו"].

**אתפועל התרוקן to be emptied** ואתרוקנו בני ישראל מן סהדון מטור חורב MBA ויתנצלו בני ישראל את עדים מהר חורב the Israelites remained stripped of their testimony from Mount Horeb - שמ לג 6 [ע״ע סהד. *see shd*]. לא תשבקו מד יקרכון אלה בה מתרוקן מנוכון אל תעזבו את מה שכיבדכם אלוהים בו - יתרוקן מכם (=ישלל מכם) - ת״מ 144א. ואנה מנה מתרוקן ואני מתרוקן (נפטר) ממנו - ת״מ (ק) 246ב. ומצראיה מתרוקנין מכל מדהלון והמצרים מתרוקנים מכל רכושם - ת״מ (כ) 122.

**רוקן א** ש״ת *adj.* **ריק empty** לא תהכון רוקנין C (נ״א ריקנים) לא תלכו רקים you shall not

וגבה רוקן לית בה מים A 21. שמ ג - go empty והבור ריק אין בו מים (נ״א ריקן) - בר לז 24. ושבקונן רוקנין והניחנו ריקים - ת״מ (ק) 224ב.

**רוקן** ב ת״פ *adv.* **ריקם empty-handed** שגרתני A (נ״א ריקן) ריקם שלחתני you would have sent me away empty-handed - בר לא 42.

**רוקנה** ש״ע נ *n. f.* **ריקות emptiness** שאילה מרה... אדירת רוקנה במדורה דמשילה שאלה מרה... משכינה ריקות במעון השואל a bitter lending... it settled emptiness in the borrower's abode - ת״מ (ק) 19א.

**רוקנו** ש״ע נ *n. f.* **הרקה emptying** רוקנות מצראי הרקת (=ניצול) המצרים the emptying of the Egyptians - ת״מ 49ב.

**ריקן א** ת״פ *adv.* **1 ריקם empty-handed** לא תשלחנה ריקן לא תשלחנו ריקם you shall not send him away empty-handed - דב טו 13. ליתו יכל יעזרנה ריקן אינו יכול להשיב פניו ריקם - ת״מ 277א. **2 לריק in vain** וישלם לריקן עמלכון $M_1$* (נ״א לריקה) ותם לריק כחכם your strength shall be spent in vain - ויק כו 20.

**ב** ש״ת *adj.* **ריק empty** ולא שבק משכן יצחק אבוה ריקן ולא הניח את אוהל אביו יצחק ריק he did not leave the tent of his father Isaac empty - ת״מ 287א. ריקן מן חכמתה ריק מן החכמה empty from the wisdom - ת״מ 157א. אילו הויך ריקן לא אתיהב לך תורה אילו היית ריק לא ניתנה לך תורה - ת״מ303א. וגובה ריקן והבור ריק - בר לז 24. אצטער מן קינה ריקנה (הפסל) נוצר בידי קין ריקא - אס 16ב. לא תהכון ריקנין לא תלכו רקים - שמ ג 21. לא יתעזון קדמי ריקנין ולא יראו פני ריקם - שמ כג 15.

**ריקנו** ש״ע נ *n. f.* [סואי״: דסנין לי לריקנו - Horol 148] **שממה desolation** אסירה לגפנה קרתה ולריקנו בני עמוקה C אסורי לגפן עירו ולשריקה בני איתנו he binds (*i.e.*, attaches) his city to a vine, the sons of his might to desolation - בר מט 11.

**ריקני א** ש״ע נ *n. f.* **ריקות desolation** וארעה הות שאמה וריקני (E)A והארץ היתה תהו ובהו the earth was desolated and void - בר א 2.

**ב** ש״ת נ *adj. (f.)* rīqâni לא תשיב בעותי ריקני אל תשיב בקשתי ריקם do not turn down my pray (*lit.*: push back my pray empty, unfulfilled) - א״ג 22.

**רקע** הכאה, רידוד מתכת **beating, beating out** מתיחה יריעת מתכת או בד **spreading out** a ← foil of metal, or linen **garment** לבוש [א״י רקיעתה למשך בשרה - נ שמ כב 26. **סוא״י** וכרכת יתה במרקעית = וכרכה אתו בסחבות - לוקס ב 7. טל, ספר מלמד 256]

**פעל 1 רידד** † **to hammer out** ורקעו ית טסי דהבה (VNMECB ורקרקו) וירקעו את פחי הזהב - they hammered out sheets of gold - שמ לט 3. ונסב אלעזר... ית מחתיאת נחשה... ורקחונון עפוי למדבחה (C ורקעו, נ״א ורקרקון) וירקעם צפוי למזבח - במ יז 4. **2 הכה to beat** הלא ירקע לבה C (נ״א ירתע) כי יחם לבבו in hot anger (*lit.*: as his heart beats) - דב יט 6 [פירש: הכה לבו מהתרגשות. ואפשר שהוא טי״ס. ע״ע רת״ע].

**רקוע** † ש״ע ז *n. m.* qiṭṭūl **1 רידוד hammered metal** ועבדו יתון רקוחי טסים עפוי למדבחה (EC רקריקי, MB רקרקי וכיו״ב) ועשו אתם רקועי פחים צפוי למזבח let them be made into hammered sheets as plating for the altar - במ יז 3. **2 עצמה firmness** ותחף ברקוע פצוילה A ותשב באיתן יתרונו his priority was fast in firmness - בר מט 24 [מסופק .*Dub*. א״ס وثبتت على الصلابة قوسه ואמצה בתקיפות קשתו].

**(א)רקוע** † ש״ע ז *n. m.* **טלוא patched** אעדי m מתמן כל אימר $M_2$ נמור ורקוע $M_1$* וכל נקי לחוש באימריה וארקוע $M_1$* ונמור בעזיההסר משם כל שה נקוד וטלוא וכל שה חום בכשבים וטלוא ונקוד בעזים remove from there every speckled and spotted animal; every dark-colored sheep and every spotted and speckled goat - בר ל 32.

**רקיע** ש״ע ז *n. m.* **שמים firmament** מי תהומה מעיס ומי רקיע תלה את מי התהום השפיל ואת מי הרקיע הרים (God) lowered the waters of the abyss and elevated the waters of the firmament - מ ה 49-50. וביומה תנינה פרסת רקיע רם וביום השני פרשת רקיע גבוה - ת״מ 339ב. וסגד לאל האור ולאל הרקיע - אס 17א. יהי רקיע במיסון מיה יהי רקיע בתוך המים - בר א 6 (=המליץ 591).

**(א)רקע, (א)רקיע** ש״ע ז *n. m.* **בגד** לבושי אברה ורקיע שרדה למשמשהלבוש הבד ובגד השרד לעבוד the linen vestments and the service garments for ministering - ת״מ 111ב. ויסבון ארקע ארגמן ויכסון ית כיורה ולקחו

בגד ארגמן וכסו את הכיור - במ ד 14א. וילבש ית ארקעי אברה ארקעי קדשה (נ״א רקיעי, רקעי) ולבש את בגדי הבד בגדי הקדש - ויק טז 32. וישלע ית ארקעיו וילבש רקעים עורנים ופשט את בגדיו ולבש בגדים אחרים - ויק ו 4. וישלח ית רקיעי אברה ופשט את בגדי הבד - ויק טז 23. דאנון חבלו רקיע אלמנה שהם חבלו בגד אלמנה - ת״מ 239א.

**רקף**[1]† זיע, רעד **movement, trembling** ← פחד **fear** [ע רקבוּבית הכניס בהם - דב״ר כ״ח (ליברמן 30. זב״ח, ארץ ישראל ד 126]

**קל 1 רעד to tremble** ועל מימר[ך] ירקף כל עמי Am ועל פיך ישק כל עמי by your command shall all my people tremble - בר מא 40 [תפס ישק - yiššâq - מן שקי״ק, לשון התרוצצות ותנועה. ב״י 7453. *Int. as from šqq 'rapid motion'*] נדחל מן אימתה ונרקף מן גבורתה ניראו מאימתו ונרעד מגבורתו let us fear His dread and tremble at His might - ת״מ 119א. וכל דהוה עמי לי ירקף לקדמי וכל שהיה רואה אותי היה ירא ממני whoever looked at me trembled before me - ת״מ 77א. **2 פחד to be dismayed** לא תדעל ולא תרקף E לא תירא ולא תחת do not fear or be dismayed - דב לא 8. רקפו נמגו - המליץ 526 מן שמ טו 15. ליתא לבד מן N רקעיו (ט״ס). בטור הערבי שם: אנטחנו וכך א״ס = נשחק (Barthélemy 472), זב״ח שם].

**אפעל 1 נע to move** from fear מפחד וארקפו ואתקוממו מרחק EC) A ואטלטלו. התה״ע: وتشردوا = נעו) וינועו ויעמדו מרחק they moved and stood at a distance - שמ כ 14. **2 רעד to tremble** וארקפת איבריו כד עמתה ורעדו איבריו כאשר ראהו his limbs trembled when he saw it (the snake) - ת״מ 33ב. ורישיון מככין ולבביון מרקפין ...ולבותיהם רועדים - ת״מ 243א וארקף לבון ואדחלו $*m_6$ E) ורתק, $*M_1$ $*m_4V$ וארתק) ויצא לבם ויחרדו - בר מב 28.

**רקפו** ש״ע נ *n. f.* **רעד quiver** דכרי (!) מואב אחדנון רקפו A (VJB ארתתו, N רתתה, C ריעד) אילי מואב יאחזמו רעד the rams of Moab, quiver grips them - שמ טו 15.

**רקף**[2]† הכאהת טריקה [< נקף, גרינפילד 264, 45 Biblica, זב״ח עואנ״ש ג/ב 300. **א״י** תרעא פתיח מרקפא ליה = אם השער פתוח היא טורקת אותו - ויק״ר קכג. [DJPA, 529a

**אֶתְפְּעֵל נטרק to be shut** (door, gate) לית תרחי רחמיך אלופים באפי מסכין מתרקפים mitrâqēfəm אין שערי רחמיך רגילים בפני מסכן (להיות) טרוקים the gates of Your mercy are not used to being shut in front of the poor - ט 25

**רקק**[1]† יריקה **spitting** [א״י ותירוק קדמוי - נ דב כה 9]

**קל ירק to spit** ואבוה ירק ירק באפיה (V רק) ואביה ירק ירק בפניה her father spat in her face - במ יב 14 [נ״ש yirrāq - עתיד של רק״ק]. ואן ירק דאבה באדכי ירע רקעיו וכי ירק הזב בטהור יכבס בגדיו - ויק טו 8 [כנ״ל]. ותשלף מסנה מן על רגלה ותרק באפיו וחלצה נעלו מעל רגלו וירקה בפניו - דב כה 9.

**פעל ירק to spit** ואבוה מרוקי ירקק באפיה EC - במ יב 14 (= המליץ 484).

**אֶתְפְּעֵל ירק to spit** ואן יתרק דאבה באדכי C וכי ירק הזב בטהור if one with a discharge spits on one who is clean - ויק טו 8.

**מרוקי** ש״ע נ *n. f.* **יריקה spitting** ואבוה מרוקי ירקק באפיה VMECA - במ יב 14 (=המליץ 484).

**רקק**[2] דקות, רדידה **thinness, beating out** [ס רקיק = דק - פ שמ טז 14. ע״ע רקרק]

**פלפל רידד**† **to hammer out** ורקרקו את טסי דהבה VNMECBA וירקעו את פחי הזהב they hammered out sheets of gold - שמ לט 3. ונסב אלעזר... ית מגמרי נחשה... ורקרקון חפוי למדבחה MEB (C ורקעו, נ״א ורקרקין) וירקעם צפוי למזבח - במ יז 4.

**רקיק א** ש״ע ז *n. m.* **עוגה דקה a thin cake** ורקיקי פטיר B (נ״א ורקריקי) ורקיקי מצות VC) N 26 ח - ויק ב 4 וכיו״ב unleavened cakes ורקיקה), שמ כט 2A, במ ו BA 15. [מן העברית H]. **ב** ש״ת *adj.* **דק** שבע פרין... בישן חזב ורקיקן בסר VM (C ורקיקת) שבע פרות... רעות מראה ורקות בשר seven cows, gaunt and thin - בר מא 3 וכיו״ב MB בפס 19. ואכלי פרואתה בישן חזבה ורקיקן בסרה ית שבעתי פרואתה יית חזבה - M בר מא 4.

**רקיקה** ש״ע ז *n. m.* **עוגה a thin cake** ומקנון פטירה... נסב... ורקיקה חדה VC ומסל המצות... לקח... ורקיק אחד out of the basket of unleavened bread... he took one unleavened cake - ויק ח 26.

**רקר(י)ק א** ש״ע ז *n. m.* **1 פח מרודד hammered out foil** ועבדו יתון רקריקי טסים עפוי למדבחה EC (MB רקרקי וכיו״ב) ועשו אתם רקועי פחים צפוי למזבח let them be made into hammered sheets as plating for the altar - במ יז 3. **2 רקיק a thin cake** ורקריק אחד מקנון פטיריה ורקיק אחד מסל המצות one unleavened cake from the basket of unleavened bread - שמ כט 23. ורקריקי פטיר סלת חטים - שמ כט 2. **ב** ש״ת **דק thin** ואה שבע פרואן... בישן חזב ורקריקן בסר רעות מראה ורקות בשר seven cows, gaunt and thin - בר מא 3. ואכלי פרואתה בישן חזבה ורקריקאתה... - בר מא 4.

**רקק³†** ירוק **green** [שורש תנייני *Secondary root* *from yrq*]

**פעל ירק** בינוני פעול *pass. pt.* **green** והא מכתשה בכתלי ביתה שארקן מרקק $*M_2$ (נ״א ירקן) והנה הנגע בקירות הבית שקערורות ירקרקות if the disease is in the walls of the house with greenish or reddish spots - ויק יד 37.

**רשון, רשום** מין ארבה **a kind of locust** [טלשיר 72-74, 121. **א״י** ית גובה וית רשונה - **נ** ויק יא 22]

**רשום** ש״ע ז *n. m.* **סלעם locust** ית אלין מנון תיכלון ית גובה למינה וית רשומה למינה (VNMEA רשונה, B רישונה) ...את הארבה למינהו ואת הסלעם למינהו - ויק יא 22.

**רשי¹** יכולת **ability** [א״י מן ייכול למללא... ירשי לאשמעא - תרגי תה קו 2. הלך ותפס את מקומו של יכ״ל באה״ש המאוחרת. *Supplants ykl in late SA*.] [א״י שליטה, ציווי והיתר **control, permission** ולא ירשי מלאכה - **נ** שמ יב 23 (בגיליון). לא יהבת לך רשו = לא נתתיך - **נ** בר כ 6]

**אפעל** עבר: ארשי - שמ לה 26 N. עתיד: ירשי - ת״מ 143א. ציווי: ארשי - arši - א״ג 61. בינוני: מרשי - ת״מ 337ב. **אֶתְפַּעַל** עבר: אתרשי - ת״מ 280ב. עתיד: אתרשי (מדבר) - בר יט 19 $*M_1$. בינוני: מתרשי - ת״מ 66א. **ארשו** aršu - מ ג 84.

**אפעל א** פע״י **1 ציווה to command, order** ועבד משה כמה ארשה לו מרה ועשה משה כמו שציווה עליו אדוניו Moses did as his Master commanded him - ת״מ 37. מחכום דריה מה דגלה משה... ממה דארשתה מרה להודיע לדורות מה שעשה משה... ממה שציווהו האדון - אס 20א. רביתה דארשי לה אמכי קלתיך A (נ״א דאימר) הנערה אשר אמר אליה הטי נא כדך - בר כד 14 [תפס אמר כמו امر = ציווה. Ar. *calque*]. ארשי לחשכותה דרגזה יקפלי צווה לחשכה שיסור הכעס - א״ג 61. אנה מרשי בקטלך אני מצווה להרגך - ת״מ 337ב. **2 הניע to stir** כל גבר דארשיה לבה NB (A דרשיעה, נ״א דסבלה) כל איש אשר נשאו לבו every one whose heart stirred him - שמ לה 21. כל נשיה דארשי לבהין יתין N כל הנשים אשר נשא לבהן אתהן - שמ לה 26. **3 הרשה to permit** אה מלכה ארשי לן נימר לך כדו הוי המלך, הרשה לנו לומר עתה O king, permit us to say to you now - ת״מ 222ב. **ב** פע״ע **יכול to be able** עבדיה... לא ירשון למפוק כדו מתרח ביתה העבדים... לא יוכלו לצאת עתה מפתח הבית the servants...were now unable to leave the door of the house - ת״מ 25א. מי ירשי ידמי לך מי יוכל לדמות לך - ת״מ 143א. לא נרשי למעבד דן מימרה לא נוכל לעשות את הדבר הזה - ת״מ 333ב. לא ארשי למסתלקה לטורה A (נ״א אכל) לא אוכל להמלט ההרה - בר יט 19. ועמה הן לא ירשי לה A (נ״א יכל) וירא כי לא יכל לו - בר לב 26. לית ירשון מצראי למיכל עם עבראי MEBA (נ״א ייכלון) לא יוכלון המצרים לאכל את העברים - בר מג 32.

**אֶתְפַּעַל 1 נצטווה to be ordered** ליתי מתרשי אלא במד קשטה רחם לא נצטוויתי אלא במה שקי אוהב I am commanded only what the True One desires - ת״מ 66א. **2 הורשה to be allowed** זבנה דקרא קשטה לא אתרשי לה מקרי וכד קרא כבודה אתרשי לה למקרי בזמן שקרא קשטה (את הקריאה בשמי׳ לד 6-7) לא הורשה (משה) לקרוא וכאשר קרא הכבוד הורשה לקרוא when the True One proclaimed, he was not allowed to proclaim, but when the Glory proclaimed, he was allowed to proclaim - ת״מ 280ב. **3 יכול to be able** לא אתרשי למסתלקה לטורה $*M_1$ לא אוכל להמלט ההרה - בר יט 19.

**ארשו** ש״ע נ *n. f.* **1 צו command** שליחיך מרגלין ובידון ארשו מדילך שליחיך זריזים ובידם פקודה ממך Your diligent messengers bear Your command - מ ג 83-84. דו ספר ארהותה דביאר משה נביה מן ארשותה דמרה שהוא ספר התורה שכתב משה בפקודת אדוניו - מ טו 39-40. **2 היתר permission** ואדלה עלו נסבו ארשו ולפני שבאו נטלו רשות before they

נסב .תימ 19א - entered, they got permission משה ארשו מן מרה דעלמה ואקש לימה באתרה נטל משה רשות מאת אדוניו והכה את הים במטהו - תימ 55א. בפניה: בארשו מנך מרי האנה ממלל ברשותך אדוני, אני מדבר - תימ 28ב. **3 יכולת ability** ארשו יכלת - המליץ 479 [מן במ יד 16, דב ט 28. ליתא]. ארשותך ימינך - המליץ 482 [מן שמ טו 6. ליתא].

**רשי²** ראשית, תחילה **beginning** [שיכול מן שרי, או עירוב אר״ש/רש״י. *Metathesis of šry, or blend of* ʾ*rš/ršy*]

**אפעל התחיל to begin** אתה ארשית למחזאה ית עבדך ית רביאנך (NECBA שרית) אתה החלת להראות את עבדך את גדלך You have - begun to show Your servant Your greatness - במ כ 13א [מובא מן דב ג 24. אבל שם הכול שרית - VJECB]. וברת כהן כד תרשי למזדנאה ית אבוה היא מחללה (VNMECBA תשרי) ובת כהן כי תחל לזנות... - ויק כא 9.

**אֶתְפְּעֵל התחיל to start** ואתרשי אברם ואתא ודער במישרי ממרא ויאל אברהם... Abram began and came to dwell in the plain of Mamre - בר יג 18 [נ״ש wyâʾol מן אויל - עואנ״ש ה 2.6.10. והוא מן אוול, לשון ראשית. זב״ח, דברי האקדמיה למדעים ג (תשכ״ח) 67. וכך נתפסו הפעלים שלהלן SP .[wyâʾol, *taken as from* ʾwl, *'beginning'* (ZBH). אה שבי אתרשית לממללה הנה נא הואלתי לדבר - בר יח 27 וכיו״ב 31. ואתרשי משה לקדם יהוה BA (נ״א ושרה) ויחל משה את פני יהוה - שמ לב 11. בארע מואב אתרשי משה מביאר ית ארהותה בארץ מואב הואל משה באר את התורה - דב א 5. מובא גם באס 19ב. כרם תצב ולא תארשינה $v_2$ כרם תטע ולא תחללנו - דב כח 30 [פירש: תתחיל, תחדש, תהיה ראשון לאכילת פירותיו *Int.*: you shall not be the first to eat its fruit].

**רשו** ש״ע נ *n. f.* **תחילה beginning** חילי ורשות צוקתי MCA כוחי וראשית אוני my might and - בר מט 3. the beginning of my distress רשואת בכירי ארעתך תנדי בית יהוה A ראשית בכורי אדמתך... - שמ כג 19, לד 26 MA (B רשות). קרבן רשואן תקרבות יתון BA (קדמהות) קרבן ראשית תקריבו אתם - ויק ב 12. רשות חצדכון VMB (N ראשות, m רשבת) ראשית קצירכם - ויק כג 10 (=המליץ 590). רשואתון דייתון ליהוה MB (N ראשותון) ראשיתם אשר יתנו ליהוה - במ יח 12.

**רשי³†** רעל: **poison**

**רשו** ש״ע נ *n. f.* **רוש ? poison** ענביהון ענבי רשו וסגולי מררין לון E ענביהם ענבי ראש ואשכלי מררות למו their grapes are grapes of poison, their clusters are bitter - דב לב 32.

**רשל** שוליים, סרח עודף **overhanging, flapping** [א״י וכד מתרשל בפתגמי אוריתא שלטין ביה ידוי דעשו - נ בר כז 22 (בגיליון). **סוא״י** אידיא מרפיאתא וארכובתא מרשלאתא - ישע לה 3]

**פעלסרח to hang over** פלג יריעתה דיתרת תרשל לאחרי משכנה חצי היריעה העדפת תסרח אל אחורי המשכן the half curtain that remains, shall hang over the back of the Tabernacle - שמ כו 12 (=המליץ 539).

**רשול** ש״ע ז *n. m.* **1 סרח excess** ורשול דיתר ביריעת עאפיה פלג יריעתה דיתרת תרשל לאחרי משכנה וסרח העדף ביריעות האהל - the excess of the curtains of the tent - שמ כו 12. זוג דהב ורמון על רשולי מעילה סאר פעמון זהב ורמון על שולי המעיל סביב - שמ כח 34 (=המליץ 604). **2 עודף** qāṭōl במעמד הבינוני **exceeding** *participial* ואמה מדן ואמה מדן... יהי רשול לאיצטרי משכנה (A ראשל בינוני) ואמה מזה ואמה מזה... יהיה סרוח על צדי המשכן while the extra cubit at either end... shall hang down ton the sides of the Tabernacle - שמ כו 13.

**רשם†** כתיבה וסרטוט לסימון **marking** [א״י לא ירשמון רושם = לא יקרחו קרחה - נ ויק כא 5. **סוא״י** רושם למין דנהרין = סימן למי הנהרות - Lit 705]

**פעל סימן to mark** וירשם רבה ית אדנה במרשם VB ויסמן אדוניו את אזנו בסמן his master shall mark his ear with a marker - שמ כא 6 [פרפרזה לש ״ורצע... במרצע״. השי התה״ע: וליוסם... במאסם].

**מרשם** ש״ע ז *n. m.* **כלי לסימון marker** *(instrument)* וירשם רבה ית אדנה במרשם VB ויסמן אדוניו את אזנו בסמן - שמ כא 6..

**רשום** ש״ע ז qiṭṭūl **כתבת קעקע tattoo** ורשום קביע לא תתנון בכון $*M_1$ (נ״א וכתב, וכתבין) וכתבת קעקע לא תתנו בכם ... you shall not make marking incisions on yourselves - ויק יט 28. ונסב לה יעקב אטר... וקלף בון קולפין עברן רשום עבר על אטריה ויקח לו יעקב מקל... ויפצל בהם פצלות לבנות מחשף הלבן

אשר על המקלות - בר ל 37 [=המליץ 512. נתפרש סימן. אבל ע׳ זב״ח שם].

†**רשע** חטא, אשמה, רוע **sin, guilt, evil** [**א״י** וארשעתון על פם גזירת מימרה דייי - **נ** דב א 43. **סוא״י** תיבד צדיקא עם רשיעא - בר יח 24]

**אפעל הזיד** וארשע[ו] **to act insolently** למסק לריש טורה $M_2$* (נ״א ועצפו) ויעפלו לעלות אל ראש ההר they acted insolently - ascending the mountain במ יד 44 (מן אונקלוס O).

**אֶתְפַּעַל הזיד** ואן יתרשע אנש **to scheme** על עברה למקטלנה במכמן B וכי יזיד איש על רעהו להרגו בערמה when one schemes - against another and kills him treacherously שמ כא 14. נביה דיתרשע לממלל מלל בשמי דלא אפקדנה לממלל... ויתקטל B (נ״א דיעתד, דיעצף) הנביא אשר יזיד לדבר בשמי אשר לא צויתי לדבר... ומת - שמ כ 17א.

**אתרשעו** בזדון **insolence** ש״ע נ *n. f.* **זדון** באתרשעו מללה נביה B (נ״א בזידנו, בעצפו) בזדון דברו הנביא in insolence the prophet said it - שמ ב 17א.

**רשוע** ש״ע נ qiṭṭūl *n. f.* **רשע evil** אל תסתכל לקשוי עמה הדן ולרשועה ולעובתה אל תפן אל קשה העם הזה ואל רשעו ואל חטאתו - דב ט 27.

**רשי(ע)** ש״ת *adj.* **רָשָׁע** הא נסיא ביש מן שבט רשי הנה נשיא רע משבט רשע behold, a bad prince from an evil tribe - ת״מ 216א.

**רשע** ש״ת *adj.* **רָשָׁע** [עש״ח NSH] כל חית הארץ באת מן היער אל העיר לטרף הרשעים the beast of the earth came from the forest to tear the evil ones - ת״מ 60ב. שפט בין צדיק ורשע והפך הרשע לפניו - ת״מ 63א. ואוכח סרוחה ואמר את רשע והוכיח את החוטא ואמר לו אתה רשע - אס 15ב.

**רש(ע)ו** ש״ע נ *n. f.* **1 רשעות evil** אה פרעה ארף רשעותך ואנשם הוי פרעה, הנח כעסך והיה נינוח O, Pharaoh, abandon your evil and be relieved - ת״מ 64א. ענביהון ענבי רשו ענביהם ענבי ראש their grapes are grapes of evil - דב לב 32 [=המליץ 592. הקריאה rēᵓoš]. ועכרה מסלקה ורשותה קפילה והחושך מסולק והרשעות מוסרת wrâšūtå - ע״ד ט 41. **2 כעס anger** אמתן רשותך עתיד לך מגביאן השקט כעסך, מזומנים לך עונשים - ת״מ 33א. ורשותה מכבשה וטרחותה מרכנה וכעסו כבוש ומשאו שככה his evil is subdued, his burden alleviated - ת״מ 248ב [הערת זב״ח].

†**רשף** להבה, שרפה **burning** [**א״י** וגיתיהון לרישפין די נור - תה׳ עח 48]

**רשוף** ש״ע נ *n. f.* **רשף flame** מדן געה טעמה רשוף E מזה הרעב לחמו רשף because of this hunger, his food is flame - דב לב 24 [שיעורו: מפני זה הרעב לחמו רשף (=אש). ע״ע געה *See ghh.*]

**רשפו** ש״ע נ *n. f.* **רשף flame** מדן כפנה לחמה רשפו C (E רשוף) מזה הרעב לחמו רשף because of this hunger, his food is flame - דב לב 24.

†**רשת** רשת **net** [משורבבת מן העברית *H interp.*]

**רשת** ש״ע נ *n. f.* **רשת** מעשה רשת נחש E (נ״א עובד אלכת נחש) מעשה רשת נחשת a grating, a network of bronze - שמ לח 4.

†**רתח** חום ורתיחה **heat, boiling** [**א״י** מרתחה ייתי יתה - **נ** ויק ו 14. **סוא״י** שחנין רתחין שלבוקיאן - שמ ט 9]

**קל רתח** וארתע שמשה ושרה **to be hot** ורתע = המליץ 461, VB (וארתעת NE) וחמה השמש ונמס when the sun grew hot, it melted - שמ טז 21. הלא ירתע לבה וימטינה (E ארתע) כי יחם לבבו והשיגו - דב יט 6.

**אפעל הרתיח to cook** על טיגן במשח תתעבד מרתחה תנדינה V ($M_2$ מרתעה) על המחבת בשמן מרבכת תביאנה It shall be made with oil on a griddle; you shall bring it well stirred - ויק ו 14.

**(א)רתח** ש״ע ז *n. m.* **1 חום heat** מתיזל... בפרדיסה לרתח יומה (E)A מתהלך... בגן לחום היום they heard the sound of the Lord God walking in the garden in the heat of the day - בר ג 8 [פירש ״כחום היום״ בהשפעת בר יח 1]. זרע וחציד צונה וארתע קיט ואסתב(E)A זרע וקציר קר וחם קיץ וחרף - בר ח 22 (המליץ 461: ורתע). והוא יתיב תרח משכנה כארתע יומה (MCBA כרתע) והוא יושב פתח האהל כחם היום - בר יח 1 (= המליץ 461). **2 כעס** בהשאלה *fig.* **anger** ארתע תניניה עמרון חמת תנינים יינם their wine is the anger of serpents - דב לב 33. רתע תורין ורתע עאן עם ארתע ארפין ודכרים חמת בקר וחמת צאן עם חמת כרים ואילים -

דב לב 14 [פירוש מיטפורי שנסתייע במיזוג ההגייה של חמאת בקר âmāt עם חמת אחיך âmāt (בר כז 44). *The merger of ḥm'h with ḥmh produced this* [*int.; see LOT* IIIa, 161. מכאן גם בבר יח 8: **ונסב** ארתע ותרבה B (M ארתעה, המליץ 462: ארתה נ״א גבנה, חמאה) ויקח חמאה וחלב - בר יח 8. ואהך עמכון בארתע מראי (VECA ברתע, Mברתה) והלכתי עמכם בחמת קרי - ויק כו 28.

**(א)רתחו** ש״ע נ *n. f.* **1 חום heat** וארתעות שמשה שרה C וחמה השמש ונמס at the heat - שמ טז 21. of the sun, it melted **2 כעס** בהשאלה *anger fig.* עד דתעזר ארתעות אחוך (נ״א רתחות, רגז) עד אשר תשוב חמת אחיך until - בר כז 44. your brother's fury subsides

**רתי** חנינה ורחמים **grace, mercy** [ע הקשה עליו... ריתה עליו - בר״ר 178]

**קל** עבר: דרתה - בר לג 5 MC. עתיד: ירתי yirti - ע״ש ד 58. ציווי: רתי irti - ע״ש ד 58. בינוני: רתי râti - מ ז 28. **אפעל** ציווי: ארתיתן (+מדברים) artītân - ט 14. **רתאי** qaṭṭāl - שמ כב 26. **רתו** râtu - ע״ד כז 66.

**קל חנן to favor, gratify** ילידיה דרתה אלהים ית עבדך MC (נ״א דארתה) הילדים the children with אשר חנן אלהים את עבדך - בר לג 5 whom God has favored your servant (המליץ 466: ראתה). **וארתי ית דארתי וחנותי את אשר אחן** - שמ לג 19. **ירתי חייכון** (בזכות הצדיקים) יחון את חייכם - ע״ש ד 58. **גוי...** דלא יתלי אפים לסאב ורבי לא ירתי (VECB רתי) גוי... אשר לא ישא פנים לזקן ונער לא יחן - דב כח 50 (=המליץ 466). **רתי רתותן** חון את רעדנו - ע״ד כח 77. **ארתי לעבדיך בעמל ארשיון** חון את עבדיך בזכות אבותיהם - מ יח 11. **וחיבים את רתי** וחוטאים אתה חונן - מ ז 28. **מן לא רתי לגרמה מנו דרתי לה** מי שאינו מרחם על עצמו מי הוא שירחם עליו - ת״מ 204ב.

**אפעל** אפשר שגם חלק מצורות הקל הן אפעל, אבל רק לאלה יש עדות **1 חנן to favor** ארתיתן לפם favor us, as מה דאמרת חוננו לפי מה שאמרת - ט 14. you have said **וארתיתי ביום תכרז בה** אני אני חונני ביום שתקרא בו ״אני אני״ (דב לב 39) - א״ג 15. **2 התיר to ungird** ועל גברה לביתה וארתה לגמליה M (m ושרה) ויפתח the man entered the house and הגמלים - בר כד 32 ungirded the camels [ניש הפעיל: wyafta.

**רתאי** ש״ע ז *n. m.* qaṭṭāl **חנון compassionate**

ויי כד יצבע לי ואשמע הלא רתאי אנה והיה כי יצעק אלי ושמעתי כי חנון אני if he cries to - שמ כב me, I will hear, for I am compassionate 26. **אל רחמן ורתאי** אל רחום וחנון - שמ לד 6 [מובא הרבה בפיוט כגון ע״ד כב 19 ובת״מ כגון 140א, 159ב].

**רתו** ש״ע נ *n. f.* **רחמים mercy** פשרן מן סנין לית בלבון רתו חלצנו משונאים שאין בלבם relieve us from our enemies, for their רחמים - ע״ד כז 65-66. hearts have no mercy **נבלש רתו** ולית בן זכו נבקש רחמים ואין בנו זכות - ת״מ 300ב. **אלולי רתות אלה... דהוה שמעון כקין** אילולי רחמי אלוהים... כי אז היה שמעון כקין - ת״מ 216א. **לא תצנק באפינן תרחי רתותך** אל תנעל בפנינו את שערי רחמיך - ע״ד כג 66-67. ומנדי לה רחמיה דו... מגלגל רתואן (הלומד חכמה) יביא על עצמו רחמים כי הוא (המעון)... מגלגל רחמים - ת״מ 298א.

**†רתך** מרכבה [מן אונקלוס O]

**רתך** ש״ע נ *n. f.* **מרכבה chariot** וארכב יתה על רתיכה תנינתה דלה A (m ברתיכה, נ״א במרכבתה) וירכב אתו במרכבת המשנה אשר לו - בר he made him ride in his second chariot מא 43. **וטקיס יוסף את רתכוה** m (נ״א מרכבתה) ויאסר יוסף מרכבתו - בר מו 29.

**†רתע** רעד, זעזוע **tremble** ← פחד, חלחלה **fright** [**א״י** ארום ירתע לבביה - **נ** דב ט 6 (נ״א). רב חסדא מרתען שיפוותה = רב חסדא, רועדות שפתיו - בבלי עירובין סז ע״א. **ס** מטל כאב רישא ...דתורא. אן הו דקאם ולא אכל ומרתען אדנוהי רישה כאב לה = בעניין כאב הראש... של השור. אם הוא עומד ואינו אוכל ואזניו רועדות, ראשו כואב לו - Geoponicon 103]

**קל/אפעל** אין הבחנה צורנית בטוחה בינו ובין קל. אפשר שחלק מן הצורות הן קל *No clear distinction between Qal and Afʿel*. **1 רעד to tremble** ארתעת כמיה V פחזת כמים you trembled - בר מט 4 like water [השי: פחז כמים...זעזעתה הרתעתה - בבלי שבת נה ע״ב. היה מפחז ומזדעזע - אלפא ביתא דר״ע (בית המדרש, ילינק ג 44). פחז הוא לשון בהילות ומהירות ואף ריגוש הלב. השי׳ ׳הרגשי׳ בא״מ שעניינו מהירות: גבריא אלך הרגשו על מלכא - דנ ו 16 (נגד באומגרטנר בערכו) וגם המייה: ומה תרגישי עלי || ומה תהמי עלי - תרג׳ תה מב 12. וכן ׳בהל׳ בא״מ: בהתבהלה הנעל לדניאל קדם מלכא - דנ ב 25. כנגד: שגיא מתבהל וזיוהי שנין עלוהי - דנ ה 9. וכן ׳סרהב׳ בסורית יוצא לעניין הבהלה והמהירות - *H pḥz means both* *celerity and excitement, cf. bhl, rgš in* BA. *See* LS 716a]. וארתע לבון (V וארתק) ויצא לבם - בר מב 28 (המליץ 569: וארתע, וארתק. ועי' **נ** ואזדעדע). וארתע לבה $m_1$ (Am וארתק) ויפג לבו - בר מה 26. ארתע לבי מן דחלתה רעד לבי מן הפחד - ת״מ 12א. הלא ירתע לבה כי יהם לבבו - דב יט 6. [נתפרש מעניין המייה. השי' **נ** יזדעזע, התה״מ ירתע. אבל **מי״ל** ירתח. יש חילופים בין רתע/רתח במקורות העברית, כגון: שמלאכי השרת אינן יכולין לשמוע קולו אלא עומדים ומרתחים ונבהלים - תנחומא בובר ויק א. שהיה אדם מזכיר שמו על הרוחות שהן זועות ומרתיחות מפניו - שיהש״ר א (בובר 5). ויצאה ענן הקטרת והרתיח את כל הבית - תוס כפורים א ח [כך בדפוס אבל בכה״י: והרתיע. ליברמן, תוספתא כפשוטה למקום. אין החנווני רשאי להרתיח את המידה ולא להקפיצה ולא להטותה - כ״י וינה אבל כ״י ארפורט: להרתיע. ובבבלי ב״מ סא ע״ב, ב״ב פט ע״ב: ובמשורה שלא ירתיח. רש״י פירש ביעבוע היין ורתיחתו. 'ירתח' הוא איפוא גירסת המקורות הנחותים]. **2 הפחיד to frighten** לא ירתע כלב בלשנה A (נ״א יזעזע) לא יחרץ כלב לשונו not a dog shall frighten (*lit.*:snarl) at any of the Israelites - שמ יא 7 [א״ס: ידער = יבהיל]. וארתע ית משרית מצראי (B וחלחל, C והלהל = המליץ 515) ויהם את מחנה מצרים - שמ יד 24 [**נ** וערבב, תמ״ק: ושעמם (נ״א: ושמם)].

**רתעה** ש״ע נ *n. f.* **רעדה tremble** וגויתה קעמה ביניון ברתעה ובבלוד והגוף עומד ביניהם ברעדה ובבהלה the body stood between them in fear and tremble - ת״מ 142א [זב״ח הע' 4].

**רתמה** ritma שם מקום *pr. n. (place)*

**רתמה** ש״פ ונטלו מחצרות ושרו ברתמה ונטלו מרתמה ושרו ברמון פרץ - במ לג 18 - 19.

**רתף**[†] אצירה ואגירה **accumulation, storage** [**ע** לא ירתף על גבו יין - תוס ב״מ ח ל. טל, הצבי 129]

**פעל אצר to store** כרמים תצב ותפרנס ויין לא תשתה ולא תרתף VB (נ״א תסבר) כרמים תטע ועבדת ויין לא תשתה ולא תאגר though you plant vineyards and cultivate them, you shall have no wine to drink or store - דב כח 39.

**ארתף** ש״ע ז *n. m.* **פירות נאגרים stored fruits** יהב לך אלהים מטלה דשומיה... וסגי סדר וארתף mA (נ״א ויביש) יתן לך האלהים מטל השמים... ורב דגן ותירש may God give you of the dew of heaven...and abundance of grain and wine (*lit.* stored stuff) - בר כז 28. ודגן וארתף סעדתה $M_2$ (נ״א ותירש) ודגן ותירש סמכתיו - בר כז 37.

**רתק**[†] הכאה, הלם **beating** [**א״י** מרתוק = אגרוף - **נ** שמ כא 18. **סוא״י** דכד יתא וירתק שוי יפתחון לה = שכאשר יבוא ויקיש מיד יפתחו לו - לוקאס יב 36 (C). מרתיק על תרעא = מקיש על השער - CCR 196]

**קל הלם to beat** *intrans.* ורתק לבון וארתתו E ויצא לבם ויחרדו their hearts beat and they trembled - בר מב 28 [עי' אפעל].

**אפעל הלם to beat** *intrans.* ורתק לבון V יצא לבם $^*M_1$ $^*m_4$ their hearts beat - בר מב 28 [השי' המליץ 569, זב״ח]. וארתק לבה $^*m_1$ ויפג לבו - בר מה 26. וארתק לבה ותנא טבהתה והלם לבו וסיפר את הטובות - ת״מ 45ב (ק).

**ארתקו** ש״ע נ *n. f.* **הלמות beating** כד חכם אלה בלוד ישראל וארתקות לבה שרי וקרא קמיון עשרתי מליהכאשר ראה האלוהים את בהלת ישראל והלמות לבו החל לקרוא לפניהם את עשרת הדברים when God knew the fear of Israel and the beating of its heart, He started to read to them the Ten Commandments - ת״מ 307ב.

**רתת**[†] רעד **tremble** [**סוא״י** כולה ארעא ארתתת = כל הארץ רעדה - Horol 261b. **ע** היה שוחט והרתית - תוס חולין ב, ח]← חרדה **fright** [**א״י** כד חמא משה לעוג...דחל וארתת - **נ** במ כא 34. **סוא״י**; וארתתותכון ודחלתכון תהא על כול חיותא דארעא - בר ט 2]

**קל** בינוני: רתת râtət - מ טז 62. בינוני פעול: ארתיתן (רבות) - ע״ד כג 26. **אפעל** עבר: ארתת - ע״ד כב 7; ארתתו artētu - מ' ט 85. עתיד: וירתתו - ע״ד כז 64. בינוני: מרתת - ת״מ 241ב. מקור: למרתתנה - שמ ד 24. **ארתתה** - בר כז 33 E. **ארתתו** - א״ג 27. **רתתה** - שמ טו 15 N.

**קל רעד to tremble** וקהלה רתת מן שמע והקהל רועד בשמעו the congregation trembled when hearing - מ טז 62. וכלה רתת ודחל והכל רועד ופוחד - ת״מ 210א. כלה רתת מנך הכל רועדים מפניך - מ ד 43. טור סיני דחל ורתת הר סיני פוחד ורועד - מ טו 6. וירתתון ויתלהלון קדמיך B ורגזו וחלו מפניך - במ כא 20א [אפעל? על חילופי קל אפעל. זב״ח עואנ״ש ג/ב 86]. זעקין אנן לך בגויאן ארתיתן artītån קוראים אנו אליך בגופים רעודים - ע״ד כג 25-26.

**אפעל 1 רעד to tremble** ארתת כל עמה מן שמעין קלה ורעד כל העם בשמעו את קולו the people trembled when hearing the voice - מ

שם artət תמן ארתתו קעימין ומאתין .116 טז רעדו חיים ומתים - מ ט 85-86. יזעו וירתתו wyartētu מזדעדעים ורועדים - ע״ד כז 64. ארתת עלמה וכל בוראי דלגבה אמת דאמר אלה למשה אהיה אשר אהיה רעד העולם וכל ברייה שבו בשעה שאמר האלוהים למשה ״אהיה אשר אהיה״ - ת״מ 9א. וארתת עלמה מנה כד קרא ונרעד העולם ממנו כאשר קרא - ת״מ 202א. וקם בבלוד רב... וארתת ללבה שריר ועמד בבהלה גדולה...ורעד לבו מאוד - ת״מ 12א **2** **חרד to be frightened** וארתת יצחק ארתתו רבה ויחרד יצחק חרדה גדולה Isaac trembled with a great trembling - בר כז 33 [השי׳ המליץ 465]. וארתתו גבר עם אחיו ויחרדו איש אל אחיו - בר׳ מב 28. ותדמכון ולא מרתת ושכבתם ואין מחריד - ת״מ 222א [ע״פ ויק כו 6, אבל שם התרגום: ימדחלי] ונדמך ולא מרתת ונשכב ״ואין מחריד״ - ת״מ 241ב [כנ״ל].

**מרתתה** ובעו למרתתנה ויבקש המיתו - שמ ד 24 [על מחק - יי״ש. פירוש. עואנ״ש ה 2.14.15, הערה].

**ארתתה** ש״ע נ *n. f.* **חרדה fright** ארתתה רבה E חרדה גדולה a great trembling - בר כז 33.

**ארתתו** ש״ע נ *n. f.* **1 רעד quiver** חיולי מואב אעדון ארתתו אילי מואב יאחזמו רעד the mighty ones of Moab, quiver grips them - שמ טו 15 [השי׳ המליץ 465]. **2 חרדה fright** ארתתו רבה חרדה גדולה a great trembling - בר כז 33. ערקת לידך בדחלה וארתתו wartētu נסתי אליך בפחד ובחרדה - א״ג 27.

**רתתה** ש״ע נ *n. f.* **רעד quiver** אעדון רתתה N יאחזמו רעד quiver grips them - שמ טו 15.

# ש

**ש** האות העשרים ואחת באלף בית The twenty first letter of the alphabet.

**ש** šan ש״ע נ *n. f.* **שין šin** מכן אמר השירה הזאת ה חמשתי ספריה ש ר שמה רבה י עסרתי מליה על כן אמר "השירה הזאת" (דב לא 30): ה' - חמשת הספרים, ש, ר - השם הגדול, י - עשרת הדברים thus he said "hšyrh hz'ṭ" (Dt 31:1), **h** (represents) the Five Books, **šr** the Great Name (šmh rbh), **y** the Ten Words - ת״מ 176ב.

שאול[1]† šā̊ᵓol שם פרטי *pr. n.*

**שאול** ש״פ ומית שמלה ומלך תחתיו שאול מפתי נהרה - בר לו 37. ושאול מבני נחור - אס 13ב.

שאול[2]† šā̊ᵓol שם פרטי, מבני שמעון *pr. n.*

**שאול** ש״פ ובני שמעון ימואל... ושאול בר כנענאיתה - בר מו 10.

**שאולאי** ש״י *gent. n.* לשאול כרן שאולאה (VN שאולאי) - במ כו 13.

## שאל[1]/שול שאלה, בקשה **question, inquiry**

[בכ״י J העתיד קל לעולם ע״ו: ישול, ע״כ אפשר לראות את הבינוני והעבר ע״ו אף הם, ע״ד קעם, קעמו. בכ״י מאוחרים ממנו ניכר העתיד ישאל. והוא מושפע מן נ״ש הגורס בכל מקום פיעל לא-דגוש: *The imperf.* yšwl (2.2.2.3 עואנ״ש ה) yēšāᵓəl *points to a change from II-aleph to II-waw; however, in late* SA *yšᵓl reappears under the influence of* SH (*ungeminated Piᶜel, see LOT* .V, § 2.2.2.3) **נ** - **א״י** מה ייי אלהכון שאל מן לוותכון - דב י 12. **סוא״י** וישול אנש מן חברה - שמ יא 2]

**קל** עבר: שאל - בר מד 19. עתיד: ישול yēšol - ע״ד כג 47. ציווי: שול - דב ד 32 'V. בינוני: שאל - דב י 12. שאלין šāᵓēlən - מ יט 22. פעול: שאילה (נ) - ת״מ 294א. **פעל** עבר: שיאל - בר מג 7 A. עתיד: ישאל - במ כז 21 E. ציווי: שאל - דב ד 32. **אפעל** עבר: ואשילונון (+נסתרים) - שמ יב 36. עתיד: וישילונון (+נסתרים) - שמ יא 3. בינוני: משיאלה (מיודע) - ת״מ 49א. **אֶתְפָּעַל** עבר: השתאלו - ת״מ 127א. עתיד: ישתאל - ת״מ 234ב. בינוני: משתאל - ת״מ (ק) 50ב. **שאול** qāṭōl šā̊ᵓol - א״ג 78. **שיאל** šiyyål - ע״ד כו 83. **שיאלה** šiyyâla -

ע״ד כג 40. שעילה - ת״מ 249ב. **שאלן** - בר מג 7 A.

**קל 1 הציג שאלה to ask** a question רבי שאל ית עבדיו למימר היית לכון אב אדני שאל את עבדיו לאמר היש לכם אב my lord asked his servants, have you a father? - בר מד 19. שאל פרעה ליעקב בדיל ימי חייה שאל פרעה את יעקב על אודות ימי החיים - ת״מ 288א. וישול לה בפשרון נאיריה ושאל לו במשפט הארים - במ כז 21. נזעק לרביתה ונשול ית פמה נקרא לנערה ונשאל את פיה - בר כד 57. שול שבי ליומיה קדמהי 'V (נ״א שאל) שאל נא לימים הראשונים - דב ד 32. **2 ביקש to request** שעלו מנון כל דבעת נפשהתון שאלו מהם כל מה שחפצה נפשם they asked from them everything they desired - ת״מ 49א. וישול גבר מן עברה ושאל איש מאת רעהו - שמ ג 22. דאשלו (!) מואבאי מזעק לבלעם שבקשו המואבים לקרוא לבלעם - אס 16ב. ולמן ישול בעדן ארצמה וממי יבקש בזמן הדחק - ע״ד כג 47. מה יהוה אלהך שאל מן עמך - דב י 12. על כן אנה שאלה לא יקרב לה מותה על כן אני מבקשת: אל יגע בו המות - ת״מ 249א. שאלין אנן לך תסטר דיניך מבקשים אנו ממך שתסיר את עונשיך - מ יט 22. אנה שאילה הן לא יקרבה מותה אני מבקשת שלא יגע בו המות - ת״מ 249ב.

**פעל 1 הציג שאלה to ask, inquire** שאלן שיאל שלטנה A שאל שאל האיש the man questioned us - בר מג 7. יקום וישאל לה בפשרון נאיריה C) E וישעל) יעמד וישאל לו במשפט הארים he shall inquire for him by the judgment of the Urim - במ כז 21. ותבעי... ותשעל טבאית EC (נ״א ותשול) ודרשת... ושאלת היטב - דב יג 15. ויי כד ישאלנך ברך VC (נ״א ישולנך) והיה כי ישאלך בנך - שמ יג 14. שאל שבי ליומיה קדמהי שאל נא לימים ראשונים - דב ד 32. **2 שאל חפץ to borrow** וישאל גבר מן עם עברה E ושאל איש מאת רעהו each man shall borrow from his neighbor - שמ ג 22. ואן ישעל אנש מן עם עברה ואתבר ECB (נ״א ישול) וכי ישאל איש מעם רעהו ונשבר - שמ כב 13. **3† נתן, השאיל to lend** ויהוה יאב ית ריחן עמה בחזות מצראי ושעלונון A ויהוה

and נתן את חן העם בעיני מצרים והשאילום the Lord had given the people favor in the - sight of the Egyptians, so that they lent them שמ יב 36. ואהב ית ריח עמה הדן בחזות מצראי וישעלנון A ונתתי את חן העם הזה בעיני מצרים והשאילום - שמ יא 3.

†**אפעל השאיל** to lend ואתן ית רעמות עמה הדן בעיני מצראי וישילונון ונתתי את חן העם הזה בעיני מצרים והשאילום I shall give the people favor in the sight of the Egyptians, - so that they will lend them שמ יא 3. ויהוה יהב ית רעמות עמה בעיני מצראי ואשילונון ויהוה נתן את חן העם בעיני מצרים והשאילום - שמ יב 36. שעילה מרירה עד מותר רוקנת משיאלה ואפלת שעולה שאילה מרה עד מאוד, ניצלה את המשאיל והפילה את השואל - ת״מ 49א.

†**אֶתְפַּעַל 1 נשאל** to be asked וכד השתאלו... when they were אמרו וכאשר נשאלו... אמרו - asked..., they said ת״מ 127א. ליתו משתאל בדילה נהית אינו נשאל על אודותיה (מילת ״נהית״ - דב כז 9) - ת״מ (ק) 50ב. **2 נתבע** to be questioned טובי לאנש דיהי לה עובדים מרחים מד ישתאל אשרי האיש שיהיו לו happy is the מעשים רצויים, כאשר ייתבע man who has pleasing deeds to his credit, - when he is questioned about them ת״מ 234ב. לית כל אמיה משתאלים על עמל דאנון לא אזדעקו גוי קדש אין כל האומות נתבעות על מעשה, כי הן לא נקראו גוי קדוש - ת״מ 234ב.

**שאול** ש״ע ז qāṭōl *n. m.* **1 שואל** one who asks ישר שאולה במד שאלת חזק השואל be strong, O questioner, in במה ששאלת - asking this ת״מ 122א. **2 מבקש** one who requests אתה... שקיח לכל שאול אתה You are present... for every מצוי... לכל דורש - one who requests א״ג 78. **3 שואל** חפץ borrower רוקנת משיאלה ואפלת שעולה it ניצלה את המשאיל והפילה את השואל emptied the lender and overthrew the borrower - ת״מ 49א.

†**שאלן** ש״ע ז *n. m.* **שאלה** question שאלן שיאל שלטנה A שאל שאל השליט the ruler - asked us a question בר מג 7.

**שיאל** ש״ע ז *n. m.* **1 שאלה** question פתח ית פמה ושאל שיאל קשט פתח את פיו ושאל open your mouth and ask a true שאלת אמת - question ת״מ 296ב. כד שאל... שיאל קשט כאשר שאל... שאלת אמת - ת״מ 151ב. **2 בקשה** request יום געוזה מטי לית שיאל יומה מקבל יום מיתתו (של משה) הגיע. היום אין בקשה the day of his passing approaches; מתקבלת - no request is accepted today ת״מ 249ב. שיאל שפיפותן... עני בקשת שפיפותנו... ענה - ע״ד כו 83-84.

**שיאלה, שעילה** ש״ע נ *n. f.* **1 שאלה** question שילה שאל גברה שאל שאל האיש - the man asked us a question בר מג 7. ובכל שיאלה דמשה שאלה הות שיאלה למלכון ארעה ובכל שאלה שמשה שאל הייתה שאלה לבעלות הארץ - ת״מ 132ב. **2 שאילה, נתינה** lending דבק מן דחיון שיאלה על זבן הושע את מי שחייהם שאילה הן לזמן (קצוב) save those whose life is a lending for (a determined) - time ע״ד כג 39-40. שעילה מרירה עד מותר רוקנת משיאלה שאילה מרה עד מאוד, ניצלה את המשאיל - ת״מ 49א.

**שאל²** העולם התחתון, מקום משכן המתים the underworld [א״י שאול ארעייתה - נדב לב 22]

**שיאול** ש״ע ז šiyyol *n. m.* **שאול תחתית** underworld ותוקד עד שיאול ארעאיתה ותוקד עד שאול תחתית (the fire of My anger) - burns to the depths of Sheol דב לב 22 (המליץ 596: שיול). מובא גם בת״מ 196א, 200ב. **איעת על** ברי אביל לשיול VC) לשאול) ארד על בני אבל שאולה - בר לז 35. וייעתון קעימים לשיול וירדו חיים שאולה - במ טז 30.

**שאר/שיר** שארית remainder, rest [לרוב ע״י *In most occurrences* > *šyr.* **א״י** כל מה די שייר ברדה - **נ** שמ י 12. שרידי שאר: התה״מ אשתאר - שמ יד 28. **סוא״י** לקהלי הדין דאשתר במצרין - ישע יא 16]

**פעל** עבר: דשיאר - שמ י 12. עתיד: ישיר - שמ טז 19. **אֶתְפְּעֶל** עבר: אשתאר - ויק כה 52. עתיד: ישתארן (נסתרות) - שמ ח 5. בינוני: משתאר miš'târ - ט 54. **אֶתְפַּעַל** עבר: אשתיאר - שמ ח 27. עתיד: ישתיר - ת״מ 291ב. תשיאר (!) - שמ י 26. בינוני: דמשתיאר - בר לב 9. **אִתַּפְעַל** עבר: אתשר - ויק כה N52. **משארה** משארתכון - במ טו 20 A. **שארו** לשארות (נפרד) - בר מה 5 A. **שיור** qiṭṭūl - דב ג 3 (=המליץ 596).

**פעל הותיר** to leave over ווייכל ית... כל פרי אילנה דשיאר ברדה (B דאשיר אפעל ?) ואכל את... פרי העץ אשר השאיר הברד (the - locusts) may eat... all that the hail has left שמ י 12. ורבה ליעקב... ולוכון שיאר וגידל את

יעקב... ואתכם הותיר - ת״מ (ק) 251ב. ושיארו גבריה מנה סעד צפר A ויותירו אנשים ממנו... - שמ טז 20. לא שיארנן שיור לא השארנו שריד - דב ב 34. אנש אל ישיר מנה עד צפר איש אל יותר ממנו עד בקר - שמ טז 19. ושיר הוא לעודה לאמה A (ואשתאר *M₁) ויותר הוא לבדו לאמו he alone is left of his mother - בר מד 20 [פע״ע. רק כאן (only here) *intrans.*].

**אֶתְפָּעַל** משרידי שאר **נותר to remain, be left over** ואם זעור אשתאר בשניה ואם מעט נשאר בשנים if few years remain - ויק כה 52. וייכל ית יתיר פליטתה דאשתארת לכון ואכל את יתר הפלטה הנשארות לכם they shall devour the surviving remnant that was left to you - שמ י 5. ואשתארו תרי גברים במשריתה וישארו שני אנשים במחנה - במ יא 26. ותשתארון בקליל זעור ונשארתם במתי מעט - דב כח 62. כיו״ב דב ד 27. לוד בנהרה ישתארן רק ביאר תשארנה - שמ ח 5, 7. ודמשאר באדמה ישקיע לגו ארש מדבחה ונשאר בדם ימצא אל יסוד המזבח - ויק ה 9. ודמשתארים בכון והנשארים בכם - ויק כו 36, 39. כיו״ב דב יט 20. ונשתעבד קדם רביאנך דלא משתאר וניכנע לפני גאונך עד בלי שיור - ט 53-54. משריתה דמשתארה B (E דמשאר) לפליטה המחנה הנשאר לפלטה - בר לב 9.

**אֶתְפָּעַל 1 נותר to remain** לא אשתיר לוכון לגוה דבב לא נותר לכם בו אויב no enemy is left to you in (the land) - ת״מ 134ב. לא אשתיאר אחד - שמ ח 27, וכיו״ב יד 28 (B אשיאר). וייכל ית יתיר פליטתה דאשתירת EB (A דמשתירה) ואכל את יתר הפלטה הנשארות - שמ י 2א. ואשתיארו תרי גברים במשריתה E (VC ואשתירו) וישארו שני אנשים במחנה - במ יא 26. דלא ישתיר לך דגן ויביש אשר לא ישיר לך (!) דגן ותירוש - דב כח 51. לוד בנהרה תשתיר A (B אשתירי) - שמ ח 5, 7. לא תשיאר פרסה (V תשתיאר) לא תשאר פרסה - שמ י 26. ודמשתיר באדמה ישקיע לגו ארש מדבחה EB - ויק ה 9. ודמשתארים בכון A - ויק כו 36, 39. **2 היה נתון במצב to be in a certain condition** אבד גרמה אשתיר כלי וטמי איבד עצמו ונותר נע ונד (Cain) destroyed himself and was left restrained and isolated - ת״מ 197ב. ולא ישתיר בעבדותה ולא יוותר בעבדות - ת״מ 291ב. משתיר על עודנו נשאר על עומדו - ת״מ 273ב. והובתון משתירה עליון וחטאתם נשארת עליהם - ת״מ 275ב.

**אֶתְפָּעַל**† משרידי שא״ר **הושאר to remain** ואם זעור אתשר בשניה N ואם מעט נשאר בשנים if few years remain - ויק כה 52. ודאתשרו לטברה ערקו (נ״א ודאשתארו) והנשארים הרה נסו - בר יד 10.

**משארה**† ש״ע נ *n. f.* **משארת kneading vessel** קדמאית משארתיכון עגין הרמו ארמו... מן קדמאית משארתכון תאבון ליהוה ארמו A (נ״א מלאשתיכון, אצותכון) ראשית ערסתיכם חלה תרימו תרומה... מראשית ערסתיכם תתנו ליהוה תרומה as the first yield of your kneading vessel, you shall offer loaf as a gift... from the first yield of your kneading vessel, you shall give to the Lord - במ טו 20-21.

**שארו**† ש״ע נ *n. f.* **פליטה survival** הלא לשארות אושטני אלהה לפניכון A כי לפליטת(כם) שלחני אלהים לפניכם it was to save life that God sent me ahead of you - בר מה 5 [הושפע מן התה״ע: لبقاء. נ״ש למחיה ושאר כה״י מתאימים לו: למוחה, למוחיה].

**שיור** ש״ע ז *n. m.* qiṭṭūl **1 שארית survivor** עד דלא אשתיר לה שיור עד בלתי השאיר לו שריד no survivor was left - דב ג 3. וייבד שיור מקרתה ואבד שריד מעיר - במ כד 19. חכמה דהוא שיורה טבה עלל ליד ארעה טבהתה הודיעו שהוא השארית הטובה הבאה אל הארץ הטובה - ת״מ 116ב. **2 מותר remainder** ושיור מנה עד צפרה בנורה יתוקד והנותר ממנו עד הבוקר יישרף the remainder of it (the sacrifice) till morning shall be burnt - ת״מ 243ב. **3 כינוי לעדת השומרונים epithet of the Samaritans** וליתו מסובר אלא אולי יהי שיורה מרבי קשטה ואינו סולח אלא (משום התקווה ש)אולי תהיה השארית מגדלת את קשטה - ת״מ 215א. ולא תשתבק מן שיורה דן ואל תמשוך ידך מן השארית הזאת אשר let not this remainder be forsaken - ת״מ 199ב.

**שבא** שם פרטי *pr. n.* šāba

**שבא** ש״פ ויקשן אולד ית ... דדן - בר כה 3.

**שבב¹**† תכשיט **ornament** [מן אונקלוס O]

**שבב** ש״ע ז *n. m.* **נזם ornament** קטעלה ושבבין M₁* (נ״א וקודש) חח ונזם - שמ לה 22.

**†שבב²** שכנות **neighborhood** [מן אונקלוס. **ס** תשאל אנתתא מן שבבתה - **פ** שמ ג 22]

**שבבה** ש״ע נ *n. f.* **שכנה** **neighbor** וישול גבר מלות עברה ואתה משבבתה... מנין ד(כסף) m ושאל איש מאת רעהו ואשה מאת רעותה... כלי כסף each men shall ask of his fellow and each woman her neighbor... jewelry - שמ ג 22. [התרגום הועתק מאונקלוס המתאים לנוסח המסורה. נ״ש שונה: ו...ואשה מאת רעותה משכנתה ומגירת ביתה maškinta wamgīrat. לפי שאין הכפלה אין זו מ׳ היחס אלא המשקל, ואלה תמורות לירעותה׳. *The passage is copied from* O *and reflects* MT *which differs from* SP. *The word is eastern* A. *See* Kaufman 101.]

**†שבו** אבן יקרה **a gem** [מן העברית H]

**שבו** ש״ע ז *n. m.* **שבו** לשם שבו ואהלמה - שמ כח 19, לט 12.

**†שבר** שבר, מזון **food** [מן העברית H]

**שבור** ש״ע ז *n. m.* **מזון** עזרו ומרו לנן זעור שבור B (נ״א מזון, רבוץ) שובו ושברו לנו מעט אכל - בר מג 2.

**†שבזוז** אבן יקרה **a gem** [מן אונקלוס אגב שינוי. O *(corr.)*, see ע״ע שבזיז]

**שבזוז** ש״ע ז *n. m.* **אבן יקרה** זמרגדי שבזוז וצבלוםVB נפך ספיר ויהלם - שמ כח 18.

**†שבזיז** אבן יקרה **a gem** [מן אונקלוס O. ע״ע שבזוז]

**שבזיז** ש״ע ז *n. m.* **אבן יקרה** זמרגדי שבזיז וסחבלום $*M_2$ נפך ספיר ויהלם - שמ לט 11 [אונקלוס: אזמרגדין שבזיז וסבהלום].

**שבח** ייתור; פאר **excess; glory** ← הודיה **praise** [א״י בכדו שבח משה... ית שירת תשבחתה הדה - **נ** שמ טו 1. **סוא״י** הלין דמשבחין לכון = מאשריך - ישע ג 12]

**פעל** עבר: שבח - שמ טו 1 (=המליץ 481). שבחו šabbāᵓu - מ כ 42. עתיד: וישבח wyēšabba - ע״ד יג 20. ואשבחנה (+נסתר) - שמ טו 2 (=המליץ 531). ציווי: שבחו šabbāᵓu - ננה 81. בינוני: משבח amšabba - ע״ד יג 31. פעול: דמשבח - דב לג 26 (=המליץ 485). מקור: משבחה amšabbāᵓa - מ ח 47. **אֶתְפַּעַל** עתיד: ישתבח yištabba - ע״ד א 33. בינוני: משתבח mištabba - מ ד 16. **שבוח** qiṭṭūl שבוע - ויק כו 18.

**שבח** שבחך (+נוכח) šab'bāk - מ ח 39. **שבחו** - Cow 151. **שובחן** - ויק יט 24 $M_2$. **תשבחה** - דב כו 19 (=המליץ 609). תשבחן (ר) tåš'bān - מ ח 50. **תשבחן** בתשבחני (+מדבר) - בר ל 13.

**פעל 1 העדיף, ייתר** **to show preference** ומסכין לא תשבח בתיגרה ודל לא תהדר בריבו you shall not show preference to a poor man in his dispute - שמ כג 3. לא תשבח אפי רב לא תהדר פני גדול - ויק יט 15. **2 הילל, קילס** **to praise** וחזו יתה רבני פרעה ושבחו יתה ויראו אתה שרי פרעה ויהללו אתה Pharaoh's officers saw her and praised her - בר יב 15. שבחו גועיה כד שמעו הילל הגויים כאשר שמעו - מ כ 42. וישבח לברואה ויימר ויהלל את הבורא ויאמר - ע״ד יג 20 שבחו לאמנה הללו את האומן - ננה 81. ויקום משבח ויסגד למרה ויקום מהלל ומשתחווה לאדוניו - ע״ד יג 31. סחנת בעזיזותך אל משבח קדשך (C חיול משבח, V אה אל משבח) נהלת בעזך אל נוה קדשך - שמ טו 13 [תפס ש״ת מלשון תהילה ע״פ פס׳ 2: ואנוהו והסמיך את התואר לשם]. לית כאלהה משבחה אין כאל המהולל there is none like the praised God yâšâron - דב לג 26 [פירש ׳ישרון׳ מלשון שיר, וכך מתרגם בדב לב 15, לג 5. זב״ח ת״מ 229ב, הע׳ 1]. **3 שר** לכבוד האל **to sing the praise of God** טטה שבח משה... ית תשבחתה הדה אז ישר משה... את השירה הזאת then Moses... sang this song - שמ טו 1. דן אלי ואשבחנה זה אלי ואנוהו - שמ טו 2. כד אתחזי לה שבח לקבלה כאשר נראה לו (אלוהים למשה) קילס לפניו - ת״מ 105ב. **4 היה יתר** **to be excessive** משבח רגזון הלא עזיז אדיר - their rage is excessive and fierce אפם כי עז - בר מט 7.

**משבחה** לך יאי משבחה לך יאה לשבח - מ ח 47. הב לן משבחה עלינו לשבח - מ ה 1. אנן חיבין משבחתך עלינו לשבחך - ננה 52.

**אֶתְפַּעַל 1 היה מרובה, יתר** **to be abundant** ויהי כמה תשתבח ותעדי נירה מן על צוארך $*M_1$ (נ״א תתקן) והיה כאשר תהדר ופרקת עלו מעל צוארך when you grow abundant, you shall break his yoke from your neck - בר כז 40 [א״ס (נ״א): تتوفق = תהיה משופע]. **2 נתהלל** **to be praised** ישתבח אלה דעבד עלמה יתהלל האל שעשה את העולם praised be God, who created the world - אס 1ב. ישתבח אלהים - ע״ד א 33. דאתה לגו כל יום בעובדיך משתבח שאתה בכל יום מתהלל במעשיך - מ

ד 16. ישתבח אמורה ויתגלג שמועה יתהלל האומר וישובח השומע - ת״מ 211ב. חסינה בקדשה נוראה תשתבח עבוד פליאתה נאדרי בקדש נורא תהלות עשה פלאה - שמ טו 11 [תפס ׳תהלות׳ עתיד נוכח] tēllåt.

**ישתבח** ש״ע ז **ממיני הפיוטים** מעיקרם הפותחים במילה ״ישתבח״ (כגון Cow 414). לימים נתרחב השימוש במונח לפיוטים אחרים. **a liturgical piece** (orriginally starting with "praised be"; later, the use was expanded to other pieces עורן כן ישתבח מן מימר כתובה - Cow 284.

**שבוח א**[†] ת״פ **1 יותר** *adv.* **exceedingly, more** [זב״ח, ספר שירמן 42] ואוזף למרדי יתכון שבוע על חוביכון (VEC שבע, $M_1$* ספוק, m יתיר) ויספתי ליסרה אתכם שבע על חטאתיכם I will chastise you again exceedingly for your sins - ויק כו 18 וכיו״ב 28 [התה״ע: الى الكمال]. SAV: ואוזף עליכון מעה שבוע כחוביכון VNMB ויספתי עליכם מכה שבע כחטאתיכם - ויק כו 21. **ב** ש״ע ז *n. m.* **שבח** ממיני הפיוט **a liturgical piece** ובתר כן יתמר שבוע ואחרי כן ייאמר שבח - Cow 357. שבוע מן מימר בן מניר - Cow 178 [השי׳ ׳ישתבח׳ לעיל].

**שבוחאי(ם)**[†] ת״פ *adv.* **יותר exceedingly** כל קטול קין שבועים יגבי (תרתי שבעין) כל הרג קין שבעתים יקם if anyone kills Cain, vengeance shall be taken on him exceedingly - בר ד 15 [התה״ע: كُـفُـوًا = SAV: equally]. הלא שבועאי יגבי קין (A שבועין) כי שבעתים יקם קין - בר ד 24.

**שבח 1** ש״ע ז *n. m.* **יתרון advantage** ימה פלגת לעבדיך יגוזון לגוה ישראל שבחך מלבין כל אמיה את הים קרעת לעבדיך למען יעברו בו ישראל שבחך מבין כל האומות You split the sea, so that Israel, your advantage - amongst the nations, passes in it - מ ח 37-40. **2**[†] ת״פ *adv.* **יותר exceedingly** וארדי יתכון אף אנה שבע על עוביכון EC ויסרתי אתכם אף אני שבע אל חטאתיכם I will discipline you - myself exceedingly for your sins - ויק כו 28. ואוזף למרדי יתכון שבע על חוביכון VEC שבע ...שבע על חטאתיכם - ויק כו 18. ואוזף עליכון מעה שבע כחוביכון ויספתי עליכם מכה שבע כחטאתיכם - ויק כו 21.

**שבחו** ש״ע נ *n. f.* **ממיני הפיוט a liturgical piece** ויתמר שבחו לא נדע בעלה וייאמר שבח מעטו של סופר עלום שם - Cow 151.

**שובחן** ש״ע ז *n. m.* **תהילה praise** כל פריו קדש שובחנין ליהוה $M_2$ (נ״א משבחים, חלולים, מתחללין) כל פריו קדש הלולים ליהוה all their fruit shall be holy, an offering of praise to the Lord - ויק יט 24.

**תשבחה** ש״ע נ *n. f.* **1 תהילה exultation** לתשבחה לשם ולרבו לתהלה לשם ולתפארת in exultation and in fame and in glory - דב כו 19. הוא תשבחתך והוא אלהך הוא תהלתך והוא אלהיך - דב י 21. (דחיל) תשבחתה נורא תהלת - המליץ 609 [מביא את שמ טו 11. ליתא]. **2** **שיר הלל praise** ואמרו תשבחן ורבואן לאלה אבהתון ואמרו תשבחות ותהילות לאלוהי אבותיהם they said praises and acclamations to the God of their fathers - ת״מ 19א. מן מכה לרומה יסק לך תשבחן ממטה למעלה יעלו לך תשבחות - מ ח 49-50.

**תשבחן**[†] ש״ע ז *n. m.* **תהילה praise** בתשבחני הלא שבחני בנן (M בתשבחן) באשרי כי אשרוני בנות in my praises, for women will praise me - בר ל 13.

## שבט[1] מקל **staff** ← הנהגה **rule**; בית אב **tribe** [ע״ע שוט, שורבט, שרבט. **א״י** בנימן (!) שבט תקיף - **נ** בר מט 27. **סוא״י** דשובטיא נוכרייא - ישע יא 14]

**שבט** ש״ע ז *n. m.* **1 מקל staff** [מן העברית H] וסב מן עמהון אטר אטר למשכן בית אב... גבר על שמה תכתב על שבטה וית שם אהרן תכתב על שבט לוי A (נ״א אטרה... אטר) וקח מאתם מטה מטה לבית אב... איש את שמו תכתב על מטהו ואת שם אהרן תכתב על מטה לוי take from them... one staff for each ancestral house. Inscribe each man's name on his staff; also inscribe Aaron's name on the staff of Levi - במ יז 17-18. וכל מעשר תור ועאן כל דיעבר תחת שבטה עסיראה יהי קדש (נ״א שרביטה, שוטה. המליץ 597: שרבטה) ...כל אשר יעבר תחת השבט העשירי יהיה קדש - ויק כז 32. **2**[†] בהשאלה *fig.* **מנהיג rule** לא יסטי שבט מיהודה ומגד מבין סדריו לא יסור שבט מיהודה ומחוקק מבין דגליו the ruler's staff (shall not depart) from Judah and the leader from amongst his troops - בר מט 10. אורע כוכב מיעקב וקעם שבט מישראל (A מקל) דרך כוכב מיעקב וקם שבט מישראל - במ כד 17. **3** **משפחה, בית אב tribe** ושלח יתון משה אלף לשבטה לחיל Moses dispatched them on

במ - the campaign, a thousand from each tribe
לא 6. ולא תסהר פלגה... משבט לשבט הלא אנש בסחנת שבט אבהתה ידבקון ולא תסב נחלה... ממטה אל מטה כי איש בנחלת מטה אבותיו ידבקו - במ לו 7. ונפקו בזרוז שבט בתר שבט עד אתו לאהל משה כל ראשי שבטיה ויצאו מהר שבט אחר שבט עד שבאו לאהל משה כל ראשי השבטים - ת״מ 252א. וערק בלעם ואצעד ביד זרד בר קמואל... דמן שבט יהודה וברח בלעם ונתפס ביד... משבט יהודה - אס 19א.

**שבט²** עונש **chastisement** [< שפט. מן העברית H]

**שבט** ש״ע ז *n. m.* **עונש chastisement** ויראהו יהוה שבטים the Lord showed him (Abraham) the chastisements (on Egypt) - ת״מ 102ב.

**שבי** תפיסה בידי אויב **captivity** [א״י וית נשיהון שבו - נ בר לד 27. סוא״י דיעבדון ביזא ושביא - ישע י 6]

**קל** עבר: ושבה - במ כא 1. עתיד: ותשבי - דב כא 10 VECB. בינוני פעול: כשבין - בר לא 26 (המליץ 595: כשביאן). **אֶתְפְּעֵל** עבר: אשתבי - בר יד 14 (=המליץ 595). **שבאי** - במ כא 1 E. **שבי** (ז) - במ כא 1 (=המליץ 595). **שבי** (נ) שביתה (מיודע) - במ לא 12 V. **שביה** - במ כא 1 N. **שביו** - ת״מ (ק$_2$)4א.

**קל שבה, תפס to capture** ושבה מנה שבי וישב ממנו שבי (the Canaanite) captured some of them in captivity - במ כא 1. מובא גם באס 16ב. ושבו בני ישראל את נשי מדין the Israelites captured the women of the Midianites - במ לא 9. רדף בתר מלכיה דשבו ללוט רדף אחר המלכים אשר שבו את לוט - אס 12א. ויתננה יהוה אלה באדך ותשבי שביה VECB (נ״א ושבית) ...ושבית שביו - דב כא 10. ודעקת ית בנאתי כשבין חרב (MEC כשבית, A כשביי - הכול נסמך) ...כשביות חרב - בר לא 26. ואתקטלי נשיה שביאתה ונהרגו הנשים השבויות - אס 19א.

**אֶתְפְּעֵל נשבה to be captured** ושמע אברם הלא אשתבי אחיו (A השוה) וישמע אברם כי נשבה אחיו Abram heard that his kinsman had been captured - בר יד 14. ומית... אי אשתבי ומת... או נשבה - שמ כב 9.

**שבאי** ש״ע ז qəṭāl *n. m.* **שבי captivity** ושבה מנה שבאי E וישב ממנו שבי they took some of them in captivity - במ כא 1.

**שבי** ש״ע ז *n. m.* **שבי captivity** יהב בניו פליטים ובנאתה בשבי (נ״א בשביה מיודע) נתן בניו פליטים ובנתיו בשבי he has made his sons fugitives and (put) his daughters in captivity - במ כא 29. ושבה מנה שבי וישב מנה שבי - במ כא 1. ושבית שביה ותחזי בשביה אתה ייה אשפר ושבית שביו וראית בשביו אשה יפת תאר - דב כא 10-11. ועד בכור שביה ועד בכור השבי - שמ יב 29. ותסטי ית תכסית שביה מן עליהוהסירה את שמלת שביה מעליה - דב כא 13.

**שבית** ש״ע נ *n. f.* **שבי captivity** ואיתו... ית שביתה וית מסבה V ויביאו... את השבי ואת המלקח they brought the captivity and the booty - במ לא 12. אתון ושביתכון אתם ושביתכם - במ לא 19 (=המליץ 595).

**שביה** ש״ע נ *n. f.* **שבי captivity** ושבה מנה שביה N וישב ממנו שבי they took some of them in captivity - במ כא 1.

**שביו** ש״ע נ *n. f.* **שבי captivity** בר נכראה דיולד על שביו בן הנוכריה שנולד מן השביה the son of the foreigner, born in captivity - ת״מ (ק2) 4א [ש 125ב: בשפיו = בהסכמה? זב״ח הע׳ 5].

**שבך¹†** סבך, חסימה **blocking** [< شبك = סיבך, לפת - Dozy I 722 ; Lane 1497c] ע״ע סבך, שוביך

**פעל חסם to muzzle, block** לא תשבך תור בדרכה E (נ״א תסבך) לא תחסם שור בדישו you shall not muzzle an ox while it is threshing - דב כה 4 [=המליץ 473. זב״ח: מן שובך].

**שבך** ש״ע ז *n. m.* **מחסום thicket** (blocking) דכר אחד אחד בשבך בקרניו *m$_2$ (נ״א בסבך, בסבכה, בעקוף) איל אחד נאחז בסבך בקרניו a ram, caught in the thicket by its horns - בר כב 13 [המליץ 540: בשובך. הטור הערבי: משתבך].

**שבך²†** מגדל (לתצפית?) **a high structure, place** [SSt 106: קשור עם شباك - ע׳ זב״ח בהערתו לאס 5א. א״י מאן דבעי מיעבד ביתא כמין שובך לא שמעין ליה - ירוש יבמות יב ע״ד. ע הבית והבורגין והמגדל והשובך שבתוכה - תוס ערכין ד יג]

**שוביך** ש״ע ז *n. m.* **1 מגדל tower** ונעת יהוה למחזי ית קרתה וית שוביכה דבנו ברי האדם A (נ״א מגדלה) וירד יהוה לראות את העיר ואת המגדל אשר בנו בני האדם the Lord came down to see the city and tower that men had built - בר יא 5. **2 גובה height** ושוה יתון

אלה בשוביך שומיה A (נ״א ברקיע) ויתן אתם אלהים ברקיע השמים God set them in the height of the sky - בר א 17.

**שובך** ש״ע ז .n. m **מגדל tower** וישרו לקמי פם חירתה בין שובכה ובין ימהה A (נ״א מגדלה) ויחנו לפני פי החירות בין מגדל ובין הים let them encamp in front of Pi-ha-hiroth, between the tower and the sea - שמ יד 2 [תפס שם כללי. *Int. as common noun*]. ואנצב משכנה לקבל שובך עדר A (נ״א מגדל) ויט אהלו מהלאה למגדל עדר - בר לה 21.

**שפך** ש״ע ז .n. m **מגדל tower** ואתקרי טברה הר עיבל... והבנה בה קברין סגי... דו שפך אלעלמה ולעל מנה תרח שומיה ונקרא ההר הר עיבל... ונבנו בו הרבה קברים... כי הוא מגדל אל העולם the mountain was called Mount Ebal..., and many tombs were built there... for it is the tower of the God of the world - אס 5א [עי׳ זב״ח שם].

**שבל** דרך, אורח **path, way** [א״י באילין שביליא דטביר - ויק״ר תקעו. **סוא״י** ושוביליא דריגליכון הנון מערבבין - ישע ג 12] ← הולכה והנהגה **leading** [ס שובלא = directio - PSm 4033a. השי׳ **ע** הלכה]

†**שבול** ש״ע ז qiṭṭūl .n. m **מנהג custom** ויי כמה תתקן ותפלה שבולה מן על צבואך A (נ״א ותפרק נירה מן על צוארך) והיה כאשר תאדר ותפרוק את אורחותיו מעל רצונך but when you grow strong you shall remove (!) his rule from your will - בר כז 40 [משובש כמו מלים אחרות בפסוק. דורש עולו = אורחותיו *Int.*: his ways ]*(Corr. passage)*.

**שביל** ש״ע .n פעמים בהקשר זכר ופעמים נקבה **path 1 דרך** šēbəl מכמן אלוי שביל שפפון עלי דרך ambushing by the path - בר מט 17. תמן קביעה הות סכות על שבילה רבה שם קבועה הייתה סכות על הדרך הגדולה - ת״מ (ק) 219ב. ארור משגי סמי בשביל ארור משגה עור בדרך - דב כז 18. בשביל חדה יפקון לידך ובשבע שבילים יערקון לקדמיך בדרך אחת יצאו אליך ובשבע דרכים ינוסו לפניך - דב כח 7. **2** בהשאלה .*fig* **אורח חיים, מעשים conduct** הלא חבל כל בסר ית שבילה A(E) כי השחית כל בשר את דרכו all flesh had corrupted their conduct upon the earth - בר ו 12. מובא גם באס 26ב. גבר טעי בשביל בישו איש טועה בדרך הרע - ת״מ 150ב. קץ למהי לשרה שביל כנשיה חדל להיות לשרה ארח כנשים - בר יח 11. זכאי הלכו שביליו šēbīlo הצדיקים הלכו בדרכיו - מ כא 38.

†**שבילה** ש״ע נ .n. f **דרך way** בהשאלה .*fig* לא נסטי מן שבילתון עד לעלם לא נסטה מדרכם עד עולם let us not deviate from their way ever - ת״מ 162א.

**שבלה** שיבולת **ear** of grain [א״י והא שבע שבלין סלקן בקנה חד - **נ** בר מא 22. **סוא״י** מקטפין שובילין - מרקוס ב 23]

**שבלה** ש״ע נ .n. f **1 שיבולת ear** ואה שבעת שבלין סלקי בקנה אחד והנה שבע שבלים עלות בקנה אחד seven ears of grain grow on a single stalk - בר מא 5. ובלעי שבליה דקיקאתה ית שבע שבליה בריאתה ותבלענה השבלים הדקות את שבע השבלים הבריאות - בר מא 7. שבלן מלילות - המליץ 516 [מן דב כג 26. ליתא]. **2** בהשאלה .*fig* **צאצאים offshoot** כלי עקלה דאברהם שבלי שדה אברהם the ears of the field of Abraham - ע״ד כ 7.

**שבמה** שם מקום šabbēma *pr. n. (place)*

**שבמה** ש״פ ונמרה וחשבון ואלעלה ושבמה (B שפמה) - במ לב 3.

**שבע¹** שבועה **oath** [א״י אשתבע לי בשמה דייי - **נ** בר כא 23. ע״ע ימי see]

**אפעל** עבר: ואשבע - בר נ 25. עתיד: וישבע - במ ה 19. בינוני: משבע - ת״מ 252ב. **אֶתְפְּעֶל** עבר: אשבע (מדבר) - בר כא 24. דאשתבעת (נוכח) dištābāttâ - מ ב 64. דאשבע - ת״מ 138ב. עתיד: דישתבע - ויק ה 24. וישבע - ת״מ 292א. וישבע - ת״מ 292א. ציווי: אשתבע - בר כא 23. **אֶתְפְּעַל** עבר: אתשבעו - בר כא 31 B. **אשתבעו** ולשתבעו - במ ה 21 A. **שבועה** - במ ל 3. ושבועתה (מיודע) wšēbuwwâtâ - א״ע 31. **שבעו** שבעותה (+נסתר) - דב ז 8 (=שבועה).

**אפעל השביע to adjure** ואשבע יוסף ית בני ישראל וישביע יוסף את בני ישראל Joseph made the sons of Israel swear - בר נ 25. ואשבענך ביהוה אלהי שומיה ואשביעך ביהוה אלהי השמים - בר כד 3. ואשבעי רבי למימר לא תסב אתה לברי וישביעני אדני לאמר... - בר כד 37. וישבע יתה כהנה והשביע אתה הכהן - במ ה 19. והו משבע לכל עמה הן יסקון גרמיו מדן והוא (יוסף) משביע את כל העם שיעלו את עצמותיו מזה - ת״מ 252ב.

**אֶתְפְּעֶל נשבע to swear** כמד אשתבע

לאבהתך כאשר נשבע לאבותיך as He swore to your fathers - דב יט 8. יירתו ית ארעה דאשבע לאבהתון יירשו את הארץ אשר נשבע לאבותם - ת״מ 138ב. כד יעלנך לארעה דאשתבע לאבהתך כאשר יביאך אל הארץ אשר נשבע לאבותיך - ת״מ 224א. אדכר לקמאי... דאשתבעת להם לון בך זכור את הראשונים... שנשבעת להם בך - מ ב 61-64. דישתבע עליו לשקר - ויק ה 24. יברר נפשה מן כל תחמדה בישה וישבע אנו לא יקרב יתה לעלם יבדיל עצמו מכל חמדה רעה ויישבע שהוא לא יקרב אליה לעולם - ת״מ 292א. ואמר אברהם אנה אשבע ויאמר אברהם אנכי אשבע - בר כא 24. וכדו אשתבע לי באלהים הכה אם תשקר לי ועתה השבע לי באלהים... - בר כא 23.

†**אֶתְפְּעֵל נשבע** to swear תמן אתשבעו תרין B (נ״א אשתבעו) שם נשבעו שניהם there the two of them swore an oath - בר כא 31.

†**אשתבעו** שבועה n. f. ש״ע נ oath שוה יהוה יתיך ללבוט ולשתבעו בגו עמיך A (נ״א ולשבועה) יתן יהוה אתך לאלה ולשבועה the Lord make you an execration and an oath among your people - במ ה 21.

**שבועה** שבועה n. f. ש״ע נ oath גבר אן ידר נדר ליהוה אי השתבע שבועה איש כי ידר נדר ליהוה או השבע שבועה if one makes a vow to the Lord or takes an oath imposing an obligation on himself - במ ל 3. ושבועתה דימיך והשבועה אשר נשבעת - א״ג 31. וממטרתה ית שבועתה (!) דאשתבע לאבהתכון JA (נ״א שבועתה) ומשמרו את השבועה... - דב ז 8.

**שבע²** ש״מ שבע seven numeral [א״י שבעה על דחטיתון - נ ויק כו 24. סוא״י שובעא שובעא דכר ונקבא - בר ז 2]

**שבוע** - בר כט 27. שבועים - דב טז 9. **שבע** - בר מא 30. **שבעה** - דב ז 1. נסמך: שבעת - במ כח 24 VN. שבעתת - במ כג 4. שבעתי - בר מא 35. **שבעתי** (ש״ע) שבעתיתה (מיודע) - ת״מ 105ב. **שבעים** šābəm - ע״ד כ 4. **שבעסר** - בר מז 28. **שבעסרי** - בר לז 2. שבעים šēbiyyāʾå - ע״ד כ 4. **שביעי** שביעאה (מיודע) - šāʾbīm - ע״ד כא 2. **שביע** šēbī - ע״ד כא 14. **שביעיה** שביעיתה (נקבה, מיודע) - ויק כה 20. **סבע** (ערבית) - בר ה 27 A. **סבעה** - בר ז 2 A.

†**שבוע** ש״ע n. **שבוע** קבוצה של שבע יחידות group of seven, week מלא שבוע דה מלא שבוע זאת complete the week of this (šibbu) one - בר כט 27 וכיו״ב 28. שבעה שבועים תמני לך משרואך מגלה בקמאתה תשרי לממני שבעה שבועיםשבעה שבעות תספר לך מהחלך חרמש בקמה תחל לספר שבעה שבעות - דב טז 9. ותסתבב שבועים כטמאתה (נ״א תרין שבועים) וטמאה שבועים כנדתה - ויק יב 5 ׳חג שבועות׳ נהגה: šibbuwwâʾəm Pentecost is pronounced šâbāʾot וחג שבועים תעבד לך- שמ לד 22. ביום בכוריה... בשבועיכון - במ כח 26. ותעבד חג שבועים - דב טז 10. ובחג שבועיה - דב טז 16.

**שבע** ש״מ מונה מותאם לנקבה cardinal number seven **שבע במעמד ש״ת** with f. nouns adjectival ויקומון שבע שני כפן וקמו שבע שני רעב there will arise seven years of famine - בר מא 30. ולכהן מדין שבע בנן ולכהן מדין שבע בנות - שמ ב 16. וידי על ביתה שבע אזבנים והזה על הבית שבע פעמים - ויק יד 51. ואקים אברהם שבע אמרן עאן ויצב אברהם שבע כבשות צאן - בר כא 28.

**שבעה** ש״מ מונה מותאם לזכר cardinal number seven **שבעה** במעמד ש״ת with m. nouns adjectival שבעה גוים סגים ועיולים מנךשבעה גוים רבים ועצומים ממך seven nations greater and mightier than yourselves - דב ז 1. ותעבד ית בוציניה שבעה ועשית את הנרות שבעה - שמ כה 37. שבעה יומים פטיר תיכלון שבעה ימים מצות תאכלו - שמ יב 15. שבעה דמעין אנון בעלמה שבע תרומות הן בעולם - ת״מ 94ב. וכהניה לון שבעה דרגים והכוהנים, להם שבע דרגות - ת״מ 118ב. כאלין ליומה תעבדון שבעתת יומיה VN (ECB שבעת, שבעת) כאלה ליום תעשו שבעת הימים - במ כח 24. ית שבעתת מדבחיה סדרת (NB שבעת, VEC שבעתי) את שבעת המזבחות ערכתי - במ כג 4.

**שבעתי** ש״מ מונה cardinal number **שבע** seven ש״ת נסמך לש״ע מיודע נקבה או זכר adjectival. with det. nouns f./m. [רישביץ, שם המספר, עמ׳ 117 ואילך] מה אנין שבעתי (A שבע) אמרתה אלין מה הן שבע הכבשות האלה what mean these seven ewes - בר כא 29. ית שבעתי אמרתה תסב מן אדי CB (JA שבע) את שבע הכבשות תקח מידי - בר כא 30. ויחמש ית ארע מצרים בשבע JA (VNMECB בשבעתי) שני סבעה ויצמת ית כל מזונה שבעתי שניה טבאתה... ויהי מזונה... לשבע JA (VNMECB לשבעתי) שני כפנה ויחמש את ארץ מצרים בשבע שנות השבע ויקבץ את כל אכל שבע השנים הטובות... והיה האכל...

לשבע שני הרעב - בר מא 34-36.

†**שבעתי** ש״ע נ *n. f.* **שביעייה** קבוצה של שבע יחידות **a group of seven** עמו אילן תלתיתה דבתר שבעתיתהראו את אלה השלושה נוסף על השבעה (מעיינות) see these three in addition to the seven (sources) - ת״מ 105ב. **אלה** אסגלנה באלין שבעתיתה האל ייחדו (את הַגֵּר) באלה השבעה (מצוות) - ת״מ 156ב.

†**שבעסר, שבעה עסר** ש״מ מונה *cardinal number* **שבע עסרה/שבעה עסר seventeen** בשבעסר יום לירחה (C בשבע עסר, A בשבעה עסר) בשבעה עשר יום לחדש on the seventeenth day of the month - בר ז 11, ח 4. יוסף בר שבע עסר שנה VC יוסף בן שבע עשרה שנה - בר לז 2. ואקעים יעקב בארע מצרים שבעסר שנה (MB שבעסרי,NE שבע עסרי,C שבע עסרה) ויחי יעקב בארץ מצרים שבע עשרה שנה - בר מז 28.

†**שבעסרי, שבע עסרי** ש״מ מונה מותאם לנקבה **שבע** *cardinal number with f. nouns* **עסרה/שבעה עסר seventeen** יוסף בר שבעסרי (EBA שבע עסרי) יוסף בן שבע עשרה שנה - בר לז 2. וחה יעקב בארע מצרים שבעסרי שנה (MB NE שבע עסרי, C שבע עסרה) ויחי יעקב בארץ מצרים שבע עשרה שנה Jacob lived in the land of Egypt seventeen years - בר מז 28.

**שבעים** ש״מ מונה *cardinal number* **שבעים seventy** שת מואן דאלפים הוו מבנים מן שבעים נפש שש מאות אלפים היו מבונים משבעים נפש six hundred thousend were begot from the seventy souls - ע״ד כ 3-4. **כנש לי שבעים גבר** - ת״מ 175א.

**שביעי** ש״מ סודר *ordinal number* **שביעי seventh** שביע מועדיה וקדש קדשיה שביעי המועדים וקדש הקדשים the seventh of the festivals and the holiest of the holies - ע״ד כא 13-14. **ושבת עמה ביום שביעאה** - שמ טז 30. מיומה קדמאה עד יומה שביעה מן היום הראשון עד היום השביעי - ת״מ 344ב. **בריש ירחה שביעה**- ע״ד כא 2.

**שביעיה** ש״מ סודר *ordinal number* **שביעית seventh** מה ניכל בשתה שביעיתה what shall we eat in the seventh year? - ויק כה 20. מלתה שביעיתה - ת״מ 236א. **ושביעאיתה** תשמטנה והשביעית תשמטנה - שמ כג 11.

**סבע(ה)** ש״מ מונה *cardinal number* **שבע(ה)** **seven** שירבוב מן הערבית *Ar interp.* **וסבע מואן** שתה A ושבע מאות שנה seven hundred years - בר ה 27. מן כל בהמתה דכיתה... סבעה סבעה (E)A - בר ז 2. **אשמשנך סבע שנין ברחל** A - בר כט 18.

**שבק** עזיבה ונטישה **leaving, abandon** [א״י אן שבק טליא ית אבוי - נ בר מד 22. **סוא״י** ישבוק גבר לאבוי ולאימה - בר ב 24] ← סליחה **forgiving** [א״י ותשבוק לחוביון - נ שמ לב 32. **סוא״י** שבקין לך סיכלתך - מתי ט 2], הרשייה **permission** [א״י ולא שבק יתיה... למבאשה לי - **קת״ג** בר לא 7.]

**קל** עבר: דשבק adšâbâq - מ א 55. עתיד: וישבק - ת״מ 161ב. תשבקנן tišbâqinnân - ע״ד כג 77. ציווי: שבק - ת״מ 64א. בינוני: שבק šâbâq - מ ד 40. פעול: ושביק - דב לב 36 (=המליץ 556). מקור: משבק - שמ כג 5 (=המליץ 551). **פעל** בינוני פעול: ומשבקה (נ) - במ ל 10. **אֶתְפְּעַל** עבר: והשתבק - ת״מ 162ב. עתיד: ישתבק - שמ י 24 (=המליץ 571). ציווי: אשתבק - ת״מ (ק) 345ב. בינוני: משתבק - ת״מ 297ב. **משבוקה** - במ ל 10. **שבוק** qiṭṭūl .V 5 - שמ כג 5. **שבוקין** - דב כד 1 $^*M_2$. **שבוקית** - דב כד 1 J. **שביק** - VECB (=המליץ 492). **שבק** - במ יג 28. **שבקה** - המליץ 597. בר לח 17 A. **שבקו**שבקות (נסמך) - בר מב 16. **שבקין** - מ יג 84.

**קל 1 נטש to abandon** ושבק רקעיו באדה וערק ויעזב בגדיו בידה וינס he left his garment in her hand and fled - בר לט 12 (=המליץ 551). מנגר דשבק לנגודה מנגף הוא דלא בטל טעינן מן יום דשבקנתך מונהג שעזב את מנהיגו ניגף הוא ואינו פוסק. תועים אנו מיום שעזבנוך - מ א 55-57. וישבק קשטה ויחסר ברכתה ויעזב את האמת ויחסר את הברכה - ת״מ 161ב. רחמנה לא תשבקנן הרחמנן, אל תעזבנו - ע״ד כג 77. ימיך לאבהתן לית שבק לבניון את שבועתך לאבותינו אינך מבטל לבניהם - מ ד 39-40. עציר ושביק עצור ועזוב - דב לב 36. **2 הניח לאחר to leave** ושבק כל דלה באד יוסף ויעזב כל אשר לו ביד יוסף he left all that he had in Joseph's hands - בר לט 6. ופרט כרמך לא תלקט למלבטה ולגיורה תשבק יתון לעני ולגר תעזב אתם - ויק יט 10. אשבק שבי עמך מן עמה דעמי MEB (נ״א אקים) אציגה נא עמך מן העם אשר אתי - בר לג 15 (=המליץ 572). **3 סלח to forgive** ואלה שבק לך וסבל לך כד תעזר לידה ואלוהים סולח לך ונושא לך כשתשוב אליו God forgives you and pardons you when you turn back to Him - ת״מ 112ב. שבק לעובין ולמרוד $M_2$ (נ״א תלי) נשא עון ופשע - שמ לד 7 (מן אונקלוס O). ותשבק לעובינן $M_2$ (נ״א ותסלח) וסלחת לעונינו - שמ לד 9 (מן אונקלוס O). **4 הרשה**

(נ״א *M₁ לא שבקתך למקרב לותה **to allow** I did not allow יהבתך) לא נתתיך לנגע אליה you to touch her - בר כ 6 (מן אונקלוס O). **ולא שבקה יהוה למבאשה לי** m (נ״א יהבה) ולא נתנו יהוה להריע עמדי - בר לא 7 (מן אונקלוס O ?). **ולא שבקתני למנשקה לבני** MB (נ״א כתרתני) ולא נטשתני לנשק לבני - בר לא 28 (=המליץ 525).

**משבק** לא יכל רביה למשבק ית אביו לא יוכל הנער לעזב את אביו - בר מב 16. ותקץ מן משבק לה וחדלת מעזב לו - שמ כג 5.

**†פעל גרש אישה to divorce** [א״י ואתה משבקה מן בעלה - **נ** ויק כא 7] ונדר ארמלה ומשבקה... יקום עליה VNEC (נ״א וטרידה) ונדר אלמנה וגרושה... יקום עליה the vow of a widow or of a divorced woman..., shall be binding upon her - במ ל 10.

**אתפְעֵל 1 נעזב to be abandoned** עבד בישה... והשתבק כלי וטמי עשה רעה... ונעזב he did evil... and was abandoned נע ונד - restrained and isolated - ת״מ 162ב. אזלו שמשו ית יהוה לוד עניכון ותוריכון ישתבק לכו עבדו את יהוה רק צאנכם ובקרכם יצג - שמ י 24. וארעה תשתבק מנון והארץ תעזב מהם - ויק כו 43. הן הוה דמע ליהוה אי פסול יהי משתבק אם היה (ראוי ל)תרומה - ליהוה, אם פסול - ייעזב - ת״מ 297ב. **2 הרפה to** עם מן **let alone** *with mn* אשתבק מני הרף ממני - let Me alone - ת״מ (ק) 245 [מביא את דב ט 14. בנוסחאותינו: הרף, הרפי]. דכר אבהתן ולא תשתבק מן שיורה דן זכור את אבותינו ואל תמשוך ידך מן השארית הזאת - ת״מ 199ב [זב״ח הע׳ 2].

**†משבוקה** מילית ניגוד *adversative part.* **אולם** משבוקה הלא תקיף עמה **however, yet** אפס כי עז העם *M₂ however, the people are powerful - במ יג 28 [ראה להלן שבוק].

**†שבוק** מילית ניגוד *adversative part.* **אולם however, yet** [ס שבוק - ציווי בשימוש מילית *Originally imp.* (Grundriss I 504). - קריאה; בר״ר 384: אפס... לשון יווני הוא הפס ἀφές. והוא ציווי: חדל, עזוב)]. אזל עם גבריה ושבוק ית ממללה דאמלל עמך יתה תטר לממללה N (A וקשט) לך עם האנשים ואפס את הדבר אשר אדבר אליך אתו תשמר לדבר go with the men, yet - you must say nothing except what I tell you במ כב 35. שבוק סטרה תחזי N (J ברן) אפס קצהו תראה - במ כג 13. שבוק הלא תקיף עמה V אפס כי עז העם - במ יג 28.

**†שבוק** ש״ע ז qiṭṭūl *n. m.* **הרפייה, הקלה relaxing** שבוק תשבק עמה V עזב תעזב עמו - you must alleviate him - שמ כג 5 (המליץ 551: שבק תשבק).

**†שבוקין** ש״ע ז *n. m. pl. tant.* **גט** עם 'ספרי' **bill of divorce** *with spr* אן יסב גבר אתה... ויהי אם לא תשקח רחים בעיניו... ויכתב לה ספר שבוקין... וישלחנה מביתה VECB (J שבוקית) כי יקח איש אשה... והיה אם לא תמצא חן בעיניו... וכתב לה ספר כריתת... ושלחה מביתו if a man takes a wife and marries her..., if then she finds no favor in his eyes..., and he writes her a bill of divorce..., and sends her out of his house - דב כד 1, וכיו״ב 3.

**†שביק א** מילית ניגוד *adversative part.* **אולם** שביק הלא תקיף עמה *M₁ אפס **however** - however, the people are powerful כי עז העם - במ יג 28. **ב** ש״ע ז *n. m.* **ערבון pledge** מה תהב שביק סעד משגרך A (נ״א ערבון)... מה שביקה דאהב ליך A (נ״א ערבונה) מה תתן ערבון עד שלחך... מה הערבון אשר אתן לך you must leave a pledge until you have sent it... what pledge shall I give you? - בר לח 17-18.

**†שבק א** מילית ניגוד *adversative part.* **אולם** שבק הלא תקיף עמה אפס **but, however** - however, the people are powerful כי עז העם - במ יג 28. ושבק ית ממללה דאמלל עמך יתה תטר לממללה ואפס את הדבר אשר אדבר אליך אתו תשמר לדבר but only the word - which I bid you, that shall you speak - במ כב 35. שבק אצטרה תחזי VCB אפס קצהו תראה - במ כג 13. שבק הלא לא יהי בך מסכין אפס כי לא יהיה בך אביון - דב טו 4. **ב** ש״ע ז *n. m.* **קצה edge** [העברה מן שבק = אפס] שבקי ארעה (E קטרי ע״ע) אפסי הארץ the edges of the world - דב לג 17.

**†שבקה** ש״ע נ *n. f.* **שמיטה fallow** (year) שבקה שמטה - המליץ 597. ליתא [הש״פ שובקנה = שמטה - דב טו 1].

**†שבקו** ש״ע נ *n. f.* **עזיבה forsake** לא ירשי רבקה על שבקות אבוה A לא יוכל הנער לעזב את אביו leaving his father is impossible for the lad - בר מב 16.

**†שבקין** ש״ע ז *n. f. pl. tant.* **מחילה pardon** שבקין הו עבד למן דשבק חוביו מחילה הוא עושה למי שעוזב עוונותיו (God) gives forgiveness to him who leaves his sins - מ יג 83-84.

†שבקה גמל צעיר **young camel** [ < سقب -  Lane 1379a. טלשיר 251. אונקלוס על אתר: חורפן; **פ** נקון. והכול בעלי חיים כאמצעי תשלום *Domestic animals used as means of payment. See* O *and* [P *ad loc.*

**שבקה** ש״ע נ *n. f.* **גמל young camel** וזבן ית ששיות עקלה... במאה שבקה A ויקן אלת חלקת השדה... במאה גמלים he purchased the parcel of land...for a hundred camels - בר לג 19.

†שבררין קרני אור **rays of light** [מן אונקלוס O. ע״ע סמי *See smy*.]

**שבררין** ש״ע ז *n. m. pl. tant.* **אור מסנור blinding light** וית גבריה דתרח ביתה אלקו בשבר[ריה] $*m_2$ (נ״א בסמיונים, בצנוריאן) ואת האנשים אשר פתח הבית הכו בסנורים the people who were at the entrance of the house, they struck with blinding light - בר יט 11.

†שבש¹ מהירות וזירוז **haste, urge** [< שבשב. זב״ח המליץ Schwally 92,464. **סוא״י** הוו מלאכיה משבשין ללוט = ויאיצו... - בר יט 15]

**פעל 1 זירז** פע״י *trans.* **to urge** ושבשו מלאכיה בלוט C ויאיצו המלאכים בלוט the angels urged Lot - בר יט 15. ומפלעיה משבשין בעמה m (נ״א עצמים) והנגשים אצים בעם - שמ ה 13. **2 נזדרז** פע״ע *intrans.* **to hurry** למה שבשת למערק mEC (נ״א טמרת, אטמרת) למה מיהרת לברח why did you hurry to flee - בר לא 27 (=המליץ 464).

†שבש² בלבול **confusion** [ < שו״ש? HW 90 - Psm 4107. **א״מ** ורברבנוהי משתבשין - דנ ה 9. **א״י** שבשתני ייי ואשתבשית = פתתני יהוה ואפת - ירמ כ 7]

**פעל 1 טעה** פע״ע *intrans.* **to err** לא תשבשון באורעה mV (נ״א תתרגזון) אל תטעו בדרך do not err on the way - בר מה 24. **2 הטעה** פע״י *trans.* **to cause confusion** לא תשבשון יתי mKC (תכתרון, תאחרון) אל תאחרו אתי do not confuse me - בר כד 56 פירשו מעניין אחירות מעשים. טל תעודה ז 155 והספרות המובאת שם].

†שבשב ענף, נוף **twig** [**א״י** כמין שבשבה דהדס - בר״ר 633. **סוא״י** שובשבין דדקלין - יוחנן יב 13 A]← שורש, צאצאים **offshoot, descendance**

[פלורנטין 328]

**פעל חבש** כובע **to put on** a cap וקרב משה ית ברי אהרן ואלבשון כיתנואן... ושבשב לון מגבעין A (נ״א וחבש, וקבע) ...ויחבש להם מגבעות Moses brought Aaron's sons and clothed them with coats..., and put on them caps - ויק ח 13 [השי׳ ירוש סוטה כד ע״ב (למטה): ר׳ ירמיה שבשב ולבש עטרה = עשה עטרה מזמורות].

**שבש (<שבשב)** ש״ע ז *n. m.* **ענף branch** ובגפנה תלתה שבשין $*m^2$ ובגפן שלשה שרוגים on the vine were three branches - בר מ 10 (מן אונקלוס O) תלתה שבשיה תלתה יומין אנון m שלשת השרוגים שלשה ימים הם - בר מ 12.

**שבשב** ש״ע ז *n. m.* **צאצא** בהשאלה **offshoot** *fig.* דמות אהרן מן יהי... אי אלעזר אי פינחס אי שבשביה דמנה נפקת כמו אהרן מי ראוי... או אלעזר או פינחס או הצאצאים שממנו יצאו Eleazar ...like Aaron, who is appropriate? or Phinehas or the offshoots which emerged from him - ת״מ 290ב [אפשר שהוא ריבוי זכרי של שבשבה].

**שבשבה** ש״ע נ *n. f.* **1 ענף branch** כפי תמרים ושבשבן דאילן רציף (B ושובשון) כפות תמרים וענפי עץ עבות branches of palm trees, boughs of leafy trees - ויק כג 40. **2 שורש root** אורה רבה דמי לשבשבה alšabšâbå האור כגדול דומה לשורש the great light resembles a flame - ע״ד ז 14. יום שבתה שבשבתה עקבה מרה יום השבת, השורש כינהו האדון - ע״ד יז 2-3. בטור סיני אקבע ארשה בבקעת מואב שבשבתה בהר סיני נקבע היסוד, בבקעת מואב העיקר - מ כא 8-9. ואמנה דעבדה קבע לה שבשבאן והאומן (= האל) שעשאו קבע לה יסודות (ל״בראשית״) - ננה 80. שבשבן שרשים - המליץ 604. [ליתא]. **3** בהשאלה *fig.* **נוי beauty** נפתלי רהטה שליחה היבה מלי שבשבן A נפתלי רצה שליחה הנותנת דברי נוי Naphtali is like a running emissary that provides words of beauty (=beautiful words) - בר מט 21 [נ״ש שופר ונתפרש מן שפר = יופי]. **4** בהשאלה *fig.* **צאצא offshoot** ויהוה קטל שבשבהתה דהות נציבה על סובתה ויהוה הרג את החוטרים שהיו נטועים על הטומאה the Lord slain the offshoots that were planted on uncleanness - ת״מ (ק) 17א ‖ש: אילניה].

**שבת** פסיקה מעשייה **desistance** [**א״י** תהון צימין צומיכון ושבתין שביכון - **נ** ויק כג 32] ← יום מנוחה

**rest day**

**קל** עבר: שבת šâbåt - ע״ד טז 5 אשבת - שמ לא 17. עתיד: דישבת adyišbåt - ע״ד טז 6. בינוני: דשבת adšâbåt - ע״ד יד 7. **אשבתה** ašbåttâ - ע״ד כא 6. **אשבתו** אשבתותה (מיודע) - ת״מ 179ב. **שב** šab - ע״ד כא 8 [גזירה לאחור מן הריבוי שבין - ויק כה 8]. **שבה** šâbbå .[backform from the pl. ע״ד טז 10 - šâbtå [גזירה לאחור מן המיודע שבתה - ע״ד יב 19] ריבוי: שבין - ויק כה 8. [backform from the det. f. **שבות** šâbūtayya שבותיה (ריבוי מיודע) - ע״ד כד 33. **שבתון** šabton - ע״ד כא 7. **שובה** - ויק טז 31 $M_1$*.

**to cease** from work, action **קל 1 שבת** וביומה שביעאה אשבת ואנשם וביום *intrans.* השביעי שבת וינפש on the seventh day He ceased from work and was refreshed - שמ לא 17. בדומה לו ת״מ 1197א. שבת חילה רבה לגוה ופקד דישבת בה ישראל שבת האל הגדול בו (ביום השביעי) וציווה שישבות בו ישראל - ע״ד טז 5-6. כל יומי שממה תשבת כל ימי אשמה תשבת - ויק כו 35. שמירת השבת ושבת עמה ביומה observing the Sabbath שביעאה וישבת העם ביום השביעי the - people remained inactive on the seventh day שמ טז 30. מן רמש עד רמש תשבתון שביכון מערב עד ערב תשביתו שבתכם - ויק כג 32. מובא גם א״ד ג 11: tišbâton šabbikon בבניין קל, אע״פ שנ״ש הפעיל והמושא יחיד: tašbītu šâbbåtkimma. דשבת בה יתברך השובת בו (ביום השביעי) יתברך - ע״ד יד 7.

**אשבתה** ש״ע נ. *n. f.* **שבתון** **rest (day)** ארבע עקובאן רברבאן אשבתה דכרנה אשמחה וזימון קדש ארבעה כינויים גדולים (ליום השביעי): שבתון, זיכרון, תרועה ומקרא קודש four great epithets (of the seventh day): rest, - remembrance, sound blast and holy assembly ע״ד כא 5-6. יום שבה אשבתה עבד יום סלוחיה לישראל יום שבת השבתון נעשה יום כיפורים לישראל - מ יז 37-38.

**אשבתו**[†] ש״ע נ. *n. f.* **שביתה** **cessation** ואשבתותה וצלותה כל אלין אקרים טבים... ואשבתותה מכל עובד... והשביתה והתפילה, כל אלה יסודות טובים... והשביתה מכל cessation and prayer, all these are ...מלאכה good foundations... and the cessation from all deed... - ת״מ 179ב. ואשבתותה מכללה למן דמלך לאלין והשביתה מכתירה את מי שקונה אלה ת״מ (ק) 68א.

**שב**[†] ש״ע ז. *n. m.* **שבת** **Sabbath** שב שבתון למועדיה שבת שבתון למועדים - ע״ד כא 8 [ע' בהערות זב״ח].

**שבה** ש״ע נ. *n. f.* [א״י שבא וניח קדם ייי - נ שמ כ 10] **שבת Sabbath** ועקבה בעקובאן טבן שבה וקדש וברכה וכינהו (את יום השביעי) בכינויים He named (the ...טובים: שבת וקודש וברכה seventh day) good names: Sabbath and holy ע״ד טז 9-10. - and and blessing ויומה שביעאה שבה ליהוה אלהך והיום השביעי שבת ליהוה אלהיך - שמ כ 9. אה נטורי שבתה הוו שמרין לה הוי שומרי השבת, היו שומרים אותה - ע״ד יב 19-20. שבתה אתר כהלה קדיש השבת היא מקום, כולו קדוש - ת״מ 270ב. במפוק שבתה נפק אברהם במוצאי שבת יצא אברהם - אס 12א. ותמני לך שבע שבין שנים (NME שבי) וספרת לך שבע שבתות שנים - ויק כה 8. מן רמש עד רמש תשבתון שביכון מערב עד ערב תשביתו שבתכם - ויק כג 32.

**שבות** ש״ע ז. *n. m.* qāṭōl **שובת** **one who ceases** from work טובי שבותיה אשרי השובתים happy are those who cease from work - ע״ד כד 33. תתדכרון בטב שבותיה תיזכרו לטוב, השובתים - א״ד ב 30.

**שבתון**[†] ש״ע ז. *n. m.* [מן העברית H. הגייתה šabton והוראתה נבדלת מן נ״ש šâbbâton] **1 שביתה rest** דו זעיק... ארבע עקובאן... עד יהונו שבתון לירחיה ושב שבתון למועדיה וכליל מועדי רחותה שהוא (ראש החודש השביעי) נקרא... בארבעה כינויים... כדי שיהיה שבתון לירחים ושבת שבתון למועדים וכתר מועדי רחותה (the seventh month) is called rest of the months and rest of the festivals and crown of the festivals of Favor - ע״ד כא 4-9. **2 יום שבתון** **rest (day)** שבת שבתון ליהוה B (נ״א אשבתה) - שמ לה 2. שבתון בטול קדש ליהוה A - שמ טז 23. כך גם V בשינוי קל.

**שובה** ש״ע נ. *n. f.* [בן-גוון של שבה. **סוא״י** עבר בשובתא בין זרעיא - מרקוס ב 23] **שבת Sabbath** מקשש אעים ביום שובתה N מקשש עצים a man gathering wood on the ביום השבת Sabbath day - במ טו 32. ותמני לך שבע שובין שנים - ויק כה 8 $M_1$*. מן רמש עד רמש תשבתון שוביכון VB - ויק כג 32. שובה אשבתה הוא לכון - ויק טז 31 $M_1$*.

**שגב**[†] כיסוי והסתרה, הסוואה **concealing, covering** [עש״ח. השורש בנוי מן דב ב 36: לא היתה קריה אשר שגבה ממנו šāgâbå ונתפרש 'נסתתרה'. מובא בהמליץ 597 ותרגומו הערבי אחתגבת = נסתתרה. [NSH. *der. from* Dt 2:36, *int. as 'hiding'*.

**קל כיסה, הסתיר** to cover נחת עננה בפרי ושגב ביניון ירד הענן מהר וחצץ ביניהם the cloud descended in (הסתיר אותם זה מזה) haste and separated them (*lit.*: covered them from one another) - ת״מ 38א. נחת עננה ושגבה מן מצפית כל קהל ישראל ירד הענן והסתירו the cloud descended ממראה כל קהל ישראל and covered him (Moses) from the sight of all the congregation of Israel - ת״מ 269א. מרי שגבני מן הזידנים אדוני, הסתירני מן הרשעים - עבד אל (Cow 214).

**אֶתְפְּעֶל נתכסה** to be covered וכד השגב משה מן עיני קהלה וכאשר נתכסה משה מעיני when Moses was covered from the sight הקהל of the congregation - ת״מ (ק) 283ב [ש: אתכסה]. מרירה שעתה דבה עלל נביה רבה משה לגו ענגה והשגב כות מאור וכד אתכסה נביה רבה משה מן עיני קהל ישראל מרה השעה שבא בה... משה ונסתר כמו מאור. וכאשר נסתר... מעיני קהל ישראל - ת״מ 261א. ואזל מתשגב A (נ״א מכמן) וילך שפי - במ כג 3 [תפס שפי כמו שפוף. C$^{ar}$ מתחיפיא = מסתתר].

**שגב א** ש״ע ז *n. m.* **מסווה** veil ושמעו שופריה ועמו נור ברקיה וארבעה שגביה ושמעו את השופרות וראו את אש הברקים ואת ארבעה they heard the trumpets and saw the המסווים - flames of the lightning and the four veils אברהם אלעיה 109-111 (עואנ״ש ג/ב 342). אהן כמשה דקרע שגביה איה כמשה אשר קרע את המסווים - ת״מ 242ב [אש, חושך, ענן וערפל]. וקרע שגב לבך וקרע את מסך לבך - אברהם הקבצי 5 (עואנ״ש ג/ב 335). אלהי משה דלשגבים קרע - אלעזר (Cow 318). **ב** ש״ת *adj.* **נסתר** hidden נור הכוכבים שגבים אור הכוכבים נסתרים (!) - the light of the hidden stars - אבישע (Cow 430).

**שגבה** ש״ע נ *n. f.* **מסך** curtain ולא תשים עונותי שגבה ביני ובין סליחתך do not put my sins as a curtain between me and Your forgiveness - עבד אל (Cow 214).

**שגג**† שגגה, טעות error [שכיח בעשה״ח NSH. **א״י** מן שגגתא דעבדית קדמיך - ויק״ר קכו]

**קל שגה** to err ויסלח עליו כהנה על שגגתה דשגג B (נ״א שגותה דשגה) וכפר עליו הכהן על שגגתו אשר שגג the priest shall make expiation on his behalf for the error that he erred - ויק ה 18. מכל אשר חטינו ושגגנו ופשענו - אלעזר (Cow 37).

**שגג** ש״ע ז *n. m.* **1 שגגה** error שא שגגנו ופשענו forgive our error and sin - אלעזר (Cow 37).

**שגגה** ש״ע נ *n. f.* **שגגה** error ויסלח עליו כהנה על שגגתה דשגג B - ויק ה 18 (=המליץ 602).

**שגד**† מין פרי a fruit [Löw Pfl 374]

**שגד** ש״ע ז *n. m.* **שקד** almond [ב]טמין ושגד‹ים› m (נ״א ולוזים) בטנים ושקדים - בר מג 11. ואנץ נץ וכפת שגדין *M$_2$ ויצץ נץ ויגמל שקידים - במ יז 23.

**שגי** שגגה, טעות error (ע״ע שגג, שלי) [**א״י** לא שגא מיננא אינש - **מי״ל** במ לא 49] ← סטייה אחר אלילים deviation (from God's path) [השי' פלחן טעון = אל נכר - אונקלוס דב לב 12]

**קל** עבר: דשגה - ויק ה 18. עתיד: ישגון - ויק ד 13. בינוני: שגיהן (רבות) - ת״מ 233א. **פעל** בינוני: משגי - דב כז 18 (נ״ש amšaggi). **אֶתְפַּעַל** עתיד: תשתגון - במ טו 22 $M_1$*. **משגו** - בר מג 12. **שגו** - במ טו 25. **תשגיו** תשגיותה - שמ ב 22A.

**קל 1 שגג** to err ויסלח עליו כהנה על שגותה דשגה והוא לא עכם וכפר עליו הכהן על שגגתו אשר שגג... the priest shall make expiation on his behalf for the error that he erred unwittingly - ויק ה 18. על מלה דשגו בה אברהם באור כשדים על דבר אשר שגה בו אברהם... - ת״מ 6א. ויסלח כהנה על נפשה דשגת וכפר הכהן על הנפש השגגת - במ טו 28. ואם כל כנשת ישראל ישגון ואתעלם ממלל מן עיני קהלה ואם כל עדת ישראל ישגו ונעלם דבר מעיני הקהל - ויק ד 13. תרח סליחתה... פתיח לאלין דשגין בסריחתון שער הסליחות... פתוח לאלה ששוגגים בחטאיהם - מרקה ? 52 (Cow 52). **2 טעה** to go astray *fig.* לעניין עבודה זרה אלין אלהיכון דשגיתון *for pagan worship* במדעיכון בתרון "אלה אלהיכם" (שמ לב 4) אשר זניתם בלבבכם אחריהם "these are your gods" (Ex 32:4) after which you have gone astray in your minds - ת״מ 240א [על שמ לב 4]. ארמליה שגיהן יתמיה חיבין רבקיה מרודין האלמנות שוגות, היתומים חוטאים, הנערים מורדים - ת״מ 233א.

**פעל הטעה** to mislead ארור משגי סמי בשביל C ארור משגה עור בדרך cursed be he

דב כז - who misleads a blind man on the road 18.

**אֶתְפַּעַל טעה** to err וכד תשתגון ולא תעבדון ית כל פקודיה אלין $^{*}M_1$ וכי תשגו... if you err, and do not observe all these commandments - במ טו 22.

**משגו** ש״ע נ *n. f.* **משגה** error ... וית כספה תעזרון באדיכון לוי משגו היא (B משגה, VC שגו, $^{*}M_1$ שלו) ואת הכסף... תשיבו בידיכם אולי משגה הוא the money... carry back with you; perhaps it was an error - בר מג 12.

**שגו** ש״ע נ *n. f.* **שגגה** error ויסלח להון הלא שגו היא... ויסתלחון לקדם יהוה על שגותון ונסלח להם כי שגגה היא... וחטאתם לפני יהוה על שגגתם it shall be forgiven to them, for it was an error..., and they shall be forgiven for their error - במ טו 25. אנה מהימן דאתון מעזרין בתר שגו תתחזי מנוכון אני מאמין שתשובו לאחר שתיראה טעותכם - ת״מ 115א. ואם נפש חדה תחטי בשגו ואם נפש אחת תחטא בשגגה - ויק ד 27. אורהו חדה יי לכון לדעבד בשגו תורה אחת יהיה לכם לעושה בשגגה - במ טו 29. ואן מן עיני כנשתה אתעבדת לשגו אם מעיני נעדה נעשתה לשגגה - במ טו 24. ויסלח עליו כהנה על שגותה וכפר עליו הכהן על שגגתו - ויק ה 18. כיו״ב במ טו 28.

**תשגיו** ש״ע נ *n. f.* **משגה** עבודת אלילים error *fig. for pagan worship* גר הוית בארע תשגיותה A (נ״א נכראותה) גר הייתי בארץ נכריה I have been a stranger in a land of error - שמ ב 22 [דרוש: בארץ של עבודה זרה. *Midr.* in a land of idolatry].

שגל† טרחה, התעסקות occupation [ס שוגלא = עיסוק - LS 755a]

**אֶתְפַּעַל התעסק, טרח** to be occupied with והן צלינן בלב מתשגל בעורן אלה ליתה צלוה מקבלה ואם התפללנו בלב עסוק בזולת האלוהים, אין התפילה מתקבלת if we read with a heart preoccupied other than with God, the prayer is not accepted - ת״מ 300ב [תחביר ערבי - זב״ח הע׳ 1].

**אשגל** ש״ע ז *n. m.* **עיסוק** occupation ומבתר דאפטרו עמה באשגלון עלו נבייה ליד פרעה ולאחר שנפוצו העם בעיסוקים, באו הנביאים אל פרעה (משה ואהרן) after the people had departed to their occupations, the two prophets came to Pharaoh - ת״מ (ל) 30 [מקביל ל-ש 19א].

שגע† טירוף הדעת madness [א״י בשיגועה - קת״ג דב כח 28. ותהוון משגעין - נ דב כח 34]

**פעל מטורף** בינוני פעול *mad pass. pt.* ותהי משגע מן חזו עיניך VECB (= המליץ 602, J משגיע ל״י ע״פ ההגיה amšaggi - עואנ״ש ג/א 147) והיית משגע ממראה עיניך you shall be driven mad by the sight which your eyes shall see - דב כח 34.

**שגעון** ש״ע ז *n. m.* **טירוף הדעת** madness ימעינך יהוה בשגעונה ובסמיונה (C בשגעון, E בשגועון) יככך יהוה בשגעון ובעורון the Lord will strike you with madness, blindness - דב כח 28 (המליץ 602: בשגיעונה).

שגר שליחה sending, dispach [באה״ש המאוחרת (טל ג, סג; השי Müller ZDPV 1978, 64). א״י כל מכתישיא בישיא די שגרית על מצראי *Late* SA - התה״מ שמ טו 26. סוא״י ושגר יתה מרא - בר ג 23; צאצא offshoot [חיוג׳ 498. מתחלף בתה״ש עם אקר (עקר - ע״ע)]← plant צמח [אפשר שהוא מן شجر הבא בצירופים לציון צמחי תבלין, מרפא וכיו״ב - Dozy II, 729-30. אבל ס שיגרא - מין צמח - LS 756b; Löw Pfl 124, 166 השי׳]

**פעל** עבר: שגר - ת״מ 338ב. עתיד: ישגר - בר כד 40 A. ציווי: שגר - ת״מ 337ב. בינוני: ומשגר wamšaggår - מ ה 44. פעול: משגרה (נ) - בר מט 21 $M_6$. מקור: למשגרה (+נסתר) - שמ ד 23 A. **אֶתְפַּעַל** עבר: השתגרנן - ת״מ 146א. בינוני: משתגרה (נ) - בר לב 12 A. **משגר** - דב כג 21 A. **שגור** qiṭṭūl לשגורה - דב כב 29 A. **שגר** - דב ט 23 B. **שגרה** שגרתה - ת״מ 222ב. **שגרו** - שמ יח 2 [בן גוון של שגור? *Var. of šgwr*].

**פעל 1 התיר ללכת** to let go, release ולא שגר ית בני ישראל ולא שלח את בני ישראל - (Pharaoh) did not let the people of Israel go - ת״מ 338ב [מביא את שמ יא 10, והוא כמו A שם]. ואמר לה שגר ית עמה ואמר לו ״שלח את העם״ - ת״מ 337ב. שגר ית עמי וישמשני שלח את עמי ויעבדני - ת״מ 119ב [מביא את שמ ט 1, והוא כמו A שם]. **2 שלח** to send בדה תעכמון הלא יהוה שגרני B בזאת תדעו כי יהוה שלחני by this you shall know that it was the Lord who sent me - במ טז 28. לא יהוה שגרני mA - במ טז 29. יהוה... ישגר מלאכה עמך A - בר כד 40. עד מרן לן ירחם וישגר לנן פצו כדי שאדוננו ירחם עלינו וישלח לנו פדות - ת״מ 211א. מן

רחם לן מותר ומשגר מסיד בן מי שאוהב אותנו יותר ושולח בנו מעיד - מ ה 43-44. **נפתלי** אגרה משגרה $M_6$ (נ״א משלחה) נפתלי איגרת שלוחה - בר מט 21 [פירוש *Int.*]. **ואנן משגרין** בידה ואנו שלוחים על ידו - ת״מ 24א.

**משגר** ואם מעי את למשגר ית עמי ואם מאן אתה לשלח את עמי - ת״מ 28א [מביא את שמ י 2א, והוא כמו A שם]. **ותמאי למשגרה** A ותמאן לשלחו - שמ ד 23.

**אֶתְפַּעַל נשלח to be sent** לא השתגרנן אלא לאלין טביה לא נשלחנו אלא אל הטובים האלה we (the angels) were sent (דברי המלאכים) - ת״מ 146א - only to these good ones. **מנחתה** היא משתגרה לרבי A (נ״א משלחה) מנחה היא שלוחה לאדני - בר לב 19.

**משגר** ש״ע ז .*n. m* **1 משלח יד undertaking** with yd לבדיל יברכנך יהוה בכל משגר אדיך A (נ״א שליחות) למען יברכך יהוה בכל משלח ידיך the Lord your God may bless you in all - דב כג 21. - your undertakings **2 גירושין divorce** ונסב יתרו... ית צפורה אתת משה בתר משגרה A (B שגרוה, נ״א שלוחיה) ויקח יתרו... את צפורה אשת משה אחר שלוחיה Jethro... had taken Zipporah, Moses' wife, - שמ יח 2 השי ׳חקת השליחות׳ - after her divorce בנוסח של גט (Sam X 86) מאוסף פירקוביץ. Vilsker, *Macuch Festschrift*, 356.

†**שגור** ש״ע ז .*n. m* **גירושין divorce** ולה תהי לאתה חליפת דלבטה לא יכל לשגורה כל ימיו A (נ״א שלוחה, משלחתה) ולו תהיה לאשה תחת אשר ענהה לא יוכל שלחה כל ימיו she shall be his wife; because he has violated her; - דב כב 29. - he may not divorce her all his days

†**שגר** ש״ע ז .*n. m* **1 שילוח dispach** ובשגר יהוה יתכון מקדש ברנע B ובשלח יהוה at the Lord's dispatch from ...אתכם - דב ט 23. - Kadesh-Barnea. ובתר כן ישגר יתכון מדן כשגרוה כהלון A ואחרי כן ישלח אתכם מזה כשלחו כלה - שמ יא 1. **2 צאצא offshoot** B בבהמה ויברך... שגר עמליך וטעפלי עאנך **א** (נ״א אקר = המליץ 602) ויברך... את צאצאי He will bless the... גמליך ואת צעירי צאנך offshoot of your camels and the young of your - דב ז 13 [פירוש של ״שגר אלפיך ועשתרות צאנך״]. **ב** בצמח והוא כנראה העברה מן (א) **אברהם** כרב פרדיס דלנח ובאתרה דדבח אנדה זרע וזרע ולקט מתמן שגר מד זרע אברהם חרש גן של נח ובמקום שזבח (נח) הביא זרע וזרע

ואסף משם תבואת מה שזרע - ת״מ 220א [זב״ח, הערה 2]. **דבש שעף ושגר** $M_2$ דבש נכאת ולוט - בר מג 11 [תרגם ׳נבטים׳?].

†**שגרה** ש״ע נ .*n. f* **תוצאות result** תבקר על יתה מדמכה הלא שגרתה ועבדו לי משכן תבחן אותו המשכב (ששכב יעקב בדרכו לפדן ארם) כי תוצאותיו ״ועשו לי מקדש״ (שמ כה 8) inquire about that sleep, for its result is "let - them make Me a sanctuary" (Ex 25:8) ת״מ 222ב [לפי מסורת השומרונים יעקב שכב בהר גריזים. *According to the Sam. tradition, Jacob slept on Mount Gerizim*].

†**שגרו** ש״ע נ .*n. f* **גירושין divorce** ונסב יתרו... ית צפורה אתת משה בתר שגרוה B ויקח יתרו... את צפורה אשת משה אחר שלוחיה - שמ יח 2.

**שדיאור** *pr. n.* šādiyyor שם פרטי

**שדיאור** ש״פ נסיא לבני ראובן אליצור בר שדיאור - במ ז 30.

**שדך** שקט, רגיעה **serenity, tranquility** [א״י ושדכו מיה - **נ** - בר ח 1. **סוא״י** וזעף ברוחא ובימא ואתעבד שודך רב - מתי ח 26] ← הנחה, שימה **putting** [כמו ׳הניח׳ - ,Tal, Proceedings 1]; שמחה **joy** [עש״ח NSH. זב״ח, תרביץ י, 350-51; פלורנטין 299, 358]

**קל** עבר: ושדך - ויק י 3 (=המליץ 448). עתיד: ישדכון - שמ טו 16 CB (=המליץ 448). בינוני פעול: שדיכי - דב לג 19 E. **אפעל** עבר: ואשדך - במ יג 30 (=המליץ 451). והשדך wašdåk - מ יד 90. עתיד: וישדך - ת״מ 36א. ציווי: אשדך - ת״מ 9א. מקור: למשדך - ת״מ 128א. **אֶתְפְּעֵל** עבר: ואשתדכו - בר ח 1 C. והשדכו - ת״מ (ק) 12ב. ציווי: השדך - ת״מ 68ב. **משדכה** - המליץ 516. **שדך** ובשדך wafšēdåk - ע״ש ד 46. **שדכה** - ת״מ 277א. **שדכנה** - טביה בן יצחק (Cow 134). שדכנים - עבד אל Cow 109). שדכמה - פיוטים לשמחות 358.

**קל שקט, נדם to be silent, quiet** ושדך אהרן (נ״א ושתק) וידם אהרן Aaron was - ויק י 3. **ושדכו מיה** וישכו המים the - silent - בר ח 1. **וקיץ ברדה ומטרה** - waters subsided ושדכי קליה וחדל הברד והמטר ושקטו the hail and the rain ceased and the הקולות - ת״מ 36א. - thunder was silenced. **ישדכון כאבן** (נ״א ישתקון) ידמאו כאבן - שמ טו 16. **יהוה** יגיח לכון ואתון תשדכון B (נ״א תשתקון) יהוה ילחם לכם ואתם תחרישון - שמ יד 14. ושדיכי טמירי חיול E ודוממי, שפוני האל -

דב לג 19 [פרפרזה של "ושפוני טמוני חול"].

**אפעל הרגיע to calm down** *trans.* ואשדך כלב ית עמה ויהס כלב את העם Caleb ב‎מ יג 30 - calmed down the people. ואדשך מן עלי ית רניני בני ישראל והשכתי מעלי את תלונות בני ישראל - במ יז 20 [נתפס ,והשכתי מן שכ"ך = רגיעה]. והשדך עלמה ברחמיו והרגיע את העולם ברחמיו - מ יד 90. והשדכת בסגאי רחמיך והרגעת ברוב רחמיך - ע"ד כב 14. אשדכת בריחך A נשבת ברוחך - שמ טו 10 [פירש: הרגעת]. ואשדך וחש - המליץ 473 [מן דב לב 35. ליתא. זב"ח: מן חשאי]. צלי אל יהוה... וישדך אלין קליה ...וירגיע את הקולות האלה - ת"מ 36א. ואשדך כפי עליך ושכתי כפי עליך - שמ לג 22 [תפס wšakti מן שכ"ך]. אשדך ‹לבך› נביי השקט את לבך, נביאי - ת"מ 9א.

**משדך** מברכה עמה למשדך לבביה לברך את העם ולהרגיע את הלבבות - ת"מ 128א. למשדך לבה ולמחס עליו להרגיע את לבו ולחוס עליו - ת"מ 159א.

**אֶתְפְּעֵל נרגע to be quiet** ואשתדכו מיה C וישכו המים the waters subsided - בר ח 1. ואשדך אהרן B וידם אהרן - ויק י 3 [אפשר שהוא קל]. מצרים השדכת ביד קסמיה מצרים נרגעה בידי הקוסמים - ת"מ 65ב. והשדכו קליה ושקטו הקולות - ת"מ (ק) 12ב. השדך למי בך ‹יגוז› שקוט לפני מי שיעבור בך - ת"מ 68ב.

**משדכה** ש"ע נ *n. f.* **תכשיט ornament** [השי' ס מתנות חיתון - PSm 4067. ואפשר שפירש מן שכ"ך]. ותבדון ית כל משדכיון EC (נ"א מסגדתון, מסכיאתון) ואבדתם עת כל משכיתם you - במ לג 52 - shall destroy all their ornaments. משדכה משכית - המליץ 516 [מן ויק כו 1. ליתא].

**שדך** ש"ע ז *n. m.* [השווה לזה הקטע 4Q386, 3 II 7 מקומראן: השלום והשדך] **שקט, שלווה tranquility** מאן רחותה תתחזי בעלמה ושדכה ושלמה יעזר למסחניו אולי רחותה תיראה בעולם והשלווה והשלום ישובו אל בעליו perchance the Favor will be seen in the world and tranquility and peace will return to their owners - ת"מ 241א. שדך יהי בעלמה בחור וחיל ויקר וחיים בטב שלווה תהיה בעולם מיטב העושר ויקר וחיים טובים - אס 20ב [הצירוף "שלם ושדך" נשתגר בעש"ח, כגון: ויכתב לון שדך ושלם - Cow 242. ואתם בשדך ושלמותה - Cow 256.
.[*Frequent collocation in* NSH.

**שדכה** ש"ע נ *n. f.* **1 שקט tranquility** ובלוד תקיף ושדכה רבה ומורא גדול ודממה גדולה ת"מ 277א. - a strong fear and great stillness **2** בעש"ח NSH **שמחה joy** בשמח ושדכה בשמחה וששון - עבד אל (Cow 131).

**שדכנה** ש"ע נ *n. f.* **שמחה joy** [עש"ח NSH] בזהו וששו ושדכנה בדיצה וששון ושמחה Cow) טביה - with delight and happiness and joy 134). ריבויה זכר: ותעשו זה שבתה בשמחה ושדכנים ותעשו את השבת הזאת בשמחה ובששון - עבד אל (Cow 109). וזהו רב ושדכנים - סעד אלדין (Cow 832). חדו וזהו ושדכמה - פיוטים לשמחות 358 [זב"ח: נ>מ בגלל החרוז. וכך הוא .[Cow 464, 760

**שדל**† תפילה **prayer, entreaty** [מעניין השידול והפיתוי. **א"י** לשון פיתוי: וארום ישדל גבר בתולה - אונקלוס שמ כב 15. שדלתני יי ואשתדלית - פסיקתא דר"כ 238 (מוסר את ירמ ב 7: פתיתני... ואפת. וכך **ס** - LS 758a. באה"ש הוראתה חיובית והיא קרובה ל"שידל בדברים", **ע** מכילתא יתרו עמ' 232]

**פעל התפלל to supplicate** הידן צריך דאתי בבאו לחסדיך מתחנן משדל בקיאם עבדיך איזה נצרך שבא, בבקשה לחסדיך, מתחנן, מתפלל (שתקיים) ברית עבדיך (amšåddål) the poor who comes seeking Your favor, implores, supplicates that You (fulfill) the covenant with Your servants - א"ג 44-45. בתר מותי מן יתחנן בדילך מן ישדל בגללך אחר מותי, מי יתחנן לך, מי יתפלל למענך? after my death who will supplicate for you, pray for you? - ת"מ 250א (דברי משה אל הקהל). לואי הוי אנה קעום מתחנן ומשדל ומצלי וידי פרוסין צית שומיה הלואי הייתי עומד מתחנן ומשדל ומתפלל וידי פרוסות לשמים - ת"מ 254ב.

**שדל** ש"ע ז *n. m.* **תפילה prayer** אקבל שדלה ואשתיר קהלה נתקבלה תפילתו ושרד הקהל his prayer has been received, and the congregation survived - ת"מ 202ב. כל רחצוני בך... ושדלי לך לבדך כל מבטחי בך... ותפילתי לך לבדך - א"ג 70-71. אקבל שדלה ואשתיר קהלה נתקבלה תפילתו ונשאר הקהל (חי) - ת"מ 202ב. גבאי יתגבי כמד ישבי עליו מסען אתתה ויתן בשדלין (נ"א בצלואן - שתי הגרסאות במליץ 565) ...ונתן בפללים - שמ כא 22 [תפס מלשון תפילה. וכוונתו אל מעמד כוהני הדת, אשר להם הסמכות. וכך תפסו ME פללתי בבר מח 11 ותרגמו צלית].

**שדל** ש"ע ז *n. m.* qaṭṭāl? **מתפלל one who implores** ודבביון שדלין E (נ"א סכאין) ואויביהם פללים (fallāləm) their enemies

Int. as from pll 'to pray'.] 31 דב לב - implore .[See LOT V § 4.1.3.10, n. 13

† **שדף** יובש התבואה מפני רוח קדים **scorch** [**א״י** דקיקן ושדיפן רוח דקדים - **נ** בר מא 6. **ע** רוח אחד של קדים אני שולח בהם והוא שודפתן - פסיקתא דר״כ 172

**קל נבל** to wither שבע שבלין דקיקן ושדיפן קדום (NC ושדיפת) שבע שבלים דקות seven ears, thin, and withered ושדיפות קדים by the east wind, sprouted after them - בר מא 6 (המליץ 596: שדיפין). כיו״ב פס׳ 23 (C ושדיפת). **ושבע** שבליה דקיקאתה ושדיפאת קדומה יהן שבע שני כפן (M ושדיפן, A ושדיקיה - ט״ס?) ושבע השבלים הדקות ושדיפות הקדים יהיו שבע שנות רעב - בר מא 27.

**שדפן** ש״ע ז .n. m **שידפון** scorching ילוטנך יהוה בחמימתה... ובנגבנה ובשדפנה ובירקנה יכך יהוה בשחפת... וחרב ובשדפון ובירקון the Lord will strike you with consumption..., with drought, and with scorching heat, and with mildew - דב כח 22.

† **שדק** ט״ס מן שדף (ע״ע) [הפסוק Corr. of šdp משובש כולו .Very corrupt passage]

**קל נבל** to wither ושבע נקלופיה חסירן ושדיקיה עלנקיה יהין שבע שני כפן A ושבע השבלים הדקות ושדיפות הקדים יהיו שבע שנות רעב - בר מא 27.

† **שה** הקטן בצאן **sheep** [משורבב מן העברית šī. ע״ע נקי .H interp. See nqy]

**שה** ש״ע ז .n. m **שֶׂה** sheep סטי מתמן כל שה נמור A (נ״א נקי וכך גם A בכל מקום) הסר remove from there every משם כל שה נקוד speckled sheep - בר ל 32. וכל פתוח חמור תפרק בשה V (נ״א בנקי) וכל פטר חמור תפדה בשה - שמ יג 13.

† **שהי** עשייה במקום, עיכוב ואיחור **staying,** **delay** [א״י לא תשהון יתי - **נ** שמ יב 33]

**קל 1 עשה במקום** to stay ואתה לנינוה... ושחו תמן ג שנין ובא אל נינוה... ושהה שם he came to Niniveh... and stayed שלוש שנים there three years - אס 13ב. **2 איחר** to delay intrans. מן המועד הצפוי ולא שהו רביה למעבד ממללה (A שאי, C שחה) ולא אחר הנער the young man did not delay לעשות הדבר doing the thing - בר לד 19. **הלא שאו משה** למיעת מן טורה (A שחה, N שאה) כי בשש Moses delayed coming משה לרדת מן ההר down from the mountain - שמ לב 1. **וכד שחו** קין דלא אתי וכאשר איחר קין לבוא - אס 2א. עם לבן אתותבת ושהית סעד כדו A עם לבן גרתי ואחר עד עתה - בר לב 5. **ומשלם לסנאיו...** לא ישהי לסנאיו ומשלם לשנאיו... לא יאחר לשנאיו - דב ז 10. **לא תשחי ממיתי תפסל לא** תאחר לבוא (פן) תיפסל - ת״מ 227א.

**משהי** הלא טרדונון מצראי ולא יכלו למשחי כי גרשום מצרים ולא יכלו להתמהמה - שמ יב 39 (המליץ 515: למשהי)

**אפעל השהה, עיכב** to delay trans. אעל שבי אדך בחבך... לא תשחי יתה בחבך הבא נא ידך בחיקך... לא תשהה אותה בחיקך put your hand into your bosom... do not delay it in your bosom - ת״מ 13א (ק: תשיח). קדם ברכתה ושהי (< ואשחי) קללתה הקדים את הברכה (God) put blessing first and ועיכב את הקללה delayed cursing - ת״מ 129א. **למלבטה ולגיורה** תשהי יתון m (נ״א תשבק) לעני ולגר תעזב אתם (פאה ולקט) - ויק כג 22.

**משהאה** אן תעזרון מבתרה ויוסף עוד למשחתה 'VN כי תשובו מאחריו ויוסף עוד if you turn away from להניחו במדבר following him, he will again abandon them in the wilderness - במ לב 15.

**אֶתְפְּעֵל 1 שהה** to stay ואשתחה אדם וחוה בגנה ח יומים ושהה אדם וחוה בגן שמונה Adam and Eve stayed in the Garden ימים eight days - אס 2ב. **2 התמהמה** to delay ואשתחי ואתקפו אנושיה באדה C ויתמהמה he lingered; so the men ויחזקו האנושים בידו seized him by the hand - בר יט 16. **הלא אלו לא** אשתהינן הלא כדו עזרנן תרין זבנין B) m אשחינן) כי לו לא התמהמהנו... - בר מג 10. **נת** לידי ואל תשתחי *$m_2$ רדה אלי אל תעמד - בר מה 9.

**אֶתַּפְעַל התמהמה** to delay intrans. הלא אלולי אתשינן הלא כדו עזרנן כי לו לא if we had not delayed, we would... התמהמהנו now have returned twice - בר מג 10.

**שהו** ש״ע נ .n. f **עיכוב** delay דצמתן אכה ואזמן בינן מבתר שהותה רבה היא הדה זומנותה דמבתר שהותה אשר אספנו פה (את משה ואהרן) לאחר השהות. גדול הא הזימון

הזה שלאחר השהות הזאת (God) has assembled us now after the delay; great is this meeting after this delay - ת״מ 217ב.

**שיון** (< שהיון) ש״ע ז *n. m.* **מקום מושב dwelling place** שיון נוה (קדשך) - המליץ 531 [מן שמ טו 13. ליתא].

**שהם** אבן יקרה **a gem** [מן העברית H]

**שהם** ש״ע ז *n. m.* **שהם a gem** ואבני שהם ואבני אשלמים לאפוד ולחשן ואבני שהם ואבני מלאים לאפוד ולחשן onyx stones, and stones for setting, for the ephod and for the breastpiece - שמ כה 7. **תרשיש שהם וישפה** - שמ כח 20. **ואנין כד אבני שהם** והם עשרים וארבע אבני שהם - אס 3א. **ויהב לגו זערה אבן שהם** ונתן לתוך הירח (של זכוכית) אבן שהם - אס 6א.

**שהר**† חודש **month** [= شهر נשתרבב מן הטור הערבי של כתב היד. *Interp. from the* Ar *column*]

**שהר** ש״ע ז *n. m.* **חודש month** פי אלשהר שביעה J (נ״א בירחה) בחודש השביעי - ויק טז 29.

**שוב** שיבה, חזרה **return** [בעש״ח, בשרבובים מן נ״ש לתה״ש ובמובאות מן התורה בת״מ. ע״ע חזר NSH *in interp. and quotations from the Torah*]

**קל 1 חזר to return** וקומו ושובון לנסיאה A (נ״א ועזרו) וקומו ושובו אל האיש arise, go back to the man - בר מג 13. **שובו** ורבצו לנן צבצוב רבוץ A (נ״א עזרו) שובו ושברו לנו מעט אכל - בר מד 25. **ושבת עד יהוה... ושב יהוה אלהיך עם עזורותך** E (נ״א ותעזר... ויעזר) ושבת עד יהוה... ושב יהוה אלהיך את שובתך - דב ל 3-2. **וטמא לא ישוב קדש וטמא לא ישוב** (להיות) קודש - ת״מ 115ב. **כל מתחדד** הוא שאב לעקרה כל חדש שב אל יסודו - ת״מ 196ב. **הרביעי שב הדם אל המים** (הנס) הרביעי: שב הדם למים - ת״מ 361ב. **2 עשה תשובה to repent** למי ישובו אל האלהים to those who repent (*lit.*: return to God) - ת״מ (ק) 35*. **ואתה** מגדד על מד דאתה בה לא שהב ואתה מורד במה שאתה בו ולא שב - ת״מ 113ב. **הלכים** בבישתה ולינן שהבים - ת״מ 288א. **שוב אל** מרך דו רחמן - ת״מ 305ב. **3 נכזבה תוחלתו** עם ריקם **to be rejected** *with ryqm* **לא ישוב** שאלך ריקם your request will not be rejected - מ יח 21. **כל מדרש... לא ישוב מסחנה ריק** כל בקשה... לא ישוב בעלה ריקם - ת״מ 101א. **4** פועל המציין פעולה נשנית **חזר to do something again** **ושב ואמר** he said again - ת״מ 170ב. **ושב פרדון ושב ופרטם** (את דברי הפסוק) - ת״מ 122ב:. **ושב ודכר שעיר ופראן** ושב והזכיר את שעיר ופראן - ת״מ (ק) 77א. ותשוב תתקשה (היד החזקה) - ת״מ 87א. **ושב** אזדעק אף לכהניה ושב וקרא גם לכהנים - ת״מ 171ב. **5 שב** במובאות מן התורה **to return** *in quotations* **וישב הים** - ת״מ 83ב (שמ יד 27). **ומבן חמישים שנה ישוב** - ת״מ 170ב (במ ח 25). **שוב מחרון אפך** - ת״מ 180א (שמ לב 12), ע״ש א 36, ע״ש ב 24. **כי תשוב אל יהוה** - ת״מ (ק) 49א (דב ל 10). וכן בנוסחת הברכה *in the blessing formula* **שובה יהוה רבבות אלפי ישראל** V (נ״א עזרה, תובה) - במ י 36; ת״מ 229א.

**אפעל השיב to bring back** **השיב הים לאיתנו** the sea returned to its strength - ת״מ 60א. **השיב לבך אל מליה קדמיה** - ת״מ 123ב. **ולהשיבך על כנך** - ת״מ 293ב (ע״פ בר מ 13). **לא השיב בעותי ריקני** - א״ג 22 (ע׳ לעיל, קל 3). **ובכל משלח ידיכון ישיב אלהנו אמן** - ע״ש ד 36. **ישיב אלהינו עלינן** - ע״ש ד 54. **עד מעול שמשה תשיבנה לה** E (נ״א תעזרנה) עד בוא השמש תשיבנה לו - שמ כב 25.

**שובה** ש״ע נ *n. f.* **1 תשובה repentance** ולא טריד למסכן דאתי לשובה בלש ואין (אתה) מגרש מסכן הבא מבקש תשובה You never reject the poor who seeks repentance - מ יח 4. **2 השבה restoring** ושוב את שובתינו restore us - ע״ש ב 9 *šūbātīnu*.

**שובל** שם פרטי *pr. n.* šūbål

**שובל** ש״פ בני גבלה חראה דיארי ארעה לוטן ושובל - בר לו 20.

**שוג**† רחצה, שטיפה **washing, rinsing** [א״י ישיג במים - **נ** ויק א 9. **סוא״י** וישיגון רגליכון - בר יח 4. **ס** ונשיגון... אידיהון - **פ** שמ ל 19 - LS 762a]

**אפעל שטף to rinse** וכל דקרב בה דאבה ואדה לא אשיג במים ויסתב עד רמשה $M_2$ (נ״א שטף, צבע) וכל אשר יגע בו הזב וידו לא שטף במים... וטמא עד הערב any one whom he that has the discharge touches without having rinsed his hands in water..., shall be unclean until the evening - ויק טו 11.

**אֶתְפְּעֵל נשטף to be rinsed** וכל מאן קיצם

יתשג במים $M_2$ (נ״א ישטף, יצבע) וכל כלי עץ any wooden vessel shall be rinsed ישטף במים with water - ויק טו 12. וימרק ויתשג במים $M_2$* (נ״א וישטף, ויתשגי. $M_1$* מציג ויתשג כנגד וימרק) - ויק ו 21.

†**שוד** מריחה בסיד **plastering** [מן העברית של נ״ש. ע״ע סוד. H, *see swd*]

**קל סייד to plaster** ותקים לך אבנים רברבן ותשאד יתון בשיד והקמת לך אבנים גדלות you shall set up large stones, ושדת אתם בשיד and plaster them with plaster - שמ כ 13א [מן דב כז 2].

**פעל סייד to plaster** ותשיד יתון בשיד you shall plaster them ושדת אתם בשיד ECB with plaster - שמ כ 13א (=המליץ 603). וכך דב ה 17א JE (תשיאד) כז 2 A.

**שיאד** ש״ע ז *n. m.* qaṭṭāl **סייד plasterer** ובני דדן הוו לשיאדין ומבדאים $M_3$* ובני דדן היו אשורים ולטשים ולאמים the descendants of Dedan were plasterers, and workmen - בר כה 3 [מפרש בעלי מלאכה בדומה לתה״ע مغندجين = עובדים במקצועות, מן رَنْدَج מקצוע - Dozy I, 561b. *Int.* *as 'craftsmen'* (SAV)].

**שיד** ש״ע ז *n. m.* šiyyåd **סיד plaster** ותשיד יתון בשיד you shall plaster them with plaster - שמ כ 13א (=המליץ 603), וכך דב ה 17א, כז 2 A.

**שיוד** ש״ע ז *n. m.* qiṭṭūl **סיד plaster** ותשיד יתון בשיודECA - שמ כ 13א (=המליץ 603), וכך דב ה 17אCA.

**שוה קריתים** *pr. n.* שם מקום šēbi qaryåtēm (*place*)

**שוה קריתים** ש״פ ומעו ית רפאיה... וית אימאי בשוה קריתים (A בשוה מדינתה) ויכו את הרפאים ואת האימים בשוה קריתים - בר יד 5.

†**שוזב** הצלה **rescue** [באה״ש המאוחרת, כנגד פצ״י, נצ״ל, פר״ק. ע׳ גם שיזב. *In late SA, for nṣl, pṣy, prq. See šyzb*. **א״י** שיזב יתן - **נ** שמ ב 19. **סוא״י** אנה משוזב לך - ירמ ל 10. **ס** שוזב - PSm 4109]

**פעל הציל to rescue** גבר מצראי שוזבן מן אד רעיה m (נ״א פצתן) איש מצרי הצילנו מיד הרעים an Egyptian rescued us from the shepherds - שמ ב 19. אהן כוכבה דלמדני ושוזבי כוכב זה שלימדני והצילני - עבד אל בן שלמה $M_2$* (עואנ״ש ג/ב 334) 48-49. ושוזב לא שוזבת (נ״א פצית) והצל לא הצלת - שמ ה 23. ואשוזב יתכון מן תשמישיון m (נ״א ואפצי, ואפרק) והצלתי אתכם מעבודתם - שמ ו 6. ואשוזב מן רוחה דעליך ואשוי עליון והצלתי מן הרוח אשר עליך... - ת״מ 175א [מביא את במ יא 17 ותפס לשון הצלה. בתה״ש שלפנינו: ואצל]. שוזבי שבי מן אד תלימי A (נ״א הפציתי =המליץ 572) הצילני נא מיד אחי - בר לב 12 (=המליץ 572). ואתה משוז[בה] וחוי לאברם m (נ״א מתפציה, פליטה) ויבא הפליט - בר יד 13.

**אֶתְפַּעַל ניצל to be rescued** לא הות מדינה דאשתוזבת ממנו (!) V (נ״א דשלפת, דפלטת) לא היתה עיר אשר שגבה ממנו there was not a city that was rescued from us - דב ב 36.

**שוזב** ש״ע ז *n. m.* **הצלה rescue** ושוזב לא שוזבת $M_2$* (נ״א ואפצי) והצל לא הצלת - שמ ה 23.

**שוזבה** ש״ע נ *n. f.* **הצלה rescue** לשוזבותך כתורי $M_2$* לישועתך קויתי my waiting is for Your deliverance - בר מט 18.

†**שוח**[1] זילות, קלקול **contempt, harming** [**ס** על חשא... אשיח = ליסורים... בזה - ספר המכבים ד יד 11. ראה PSm 4090]

**פעל השחית to harm** בינוני פעול *pass. pt.* גברה דמשוי חזותהVN הגבר שתם העין the man whose eye is harmed - במ כד 3, 15 [=המליץ 600. ראה זב״ח. נתפרש שתם=סתם].

**שחי** ש״ע נ *n. f.* **זלזול contempt** לא תבשל גדי בחלב אמה הלא עבד דה כדבח שחיAN (המליץ 593 שיח) ...כי עשה זאת כזבח זלזול you shall not boil a kid in its mother's milk, for whoever does this is like (one who) offers a sacrifice of contempt - שמ כג 19. מה הדה שהותה ושבקת אבהתך טביה במן אתה מדבק מה הזלזול הזה? עזבת את אבותיך הטובים, במי אתה דבק? - ת״מ 137א [זב״ח, הע׳ 1].

†**שוח**[2] בקעה **valley** [**ע** בארץ ערבה ושוחה - ספרי במדבר פב (הורוביץ 79)]

**שועה** ש״ע נ *n. f.* **בקעה** והוה במטלון ממדנע ואשקעו שועה בארע שנער A (נ״א בקעה) ויהי בנסעם מקדם וימצאו בקעה בארץ שנער as they migrated from the east, they came upon a valley in the land of Shinar - בר יא 2.

**שוח³** šū שם פרטי *pr. n.*
**שוח** ש״פ וילדת לה ית זמרון וית יקשן וית מדן וית מדין וית ישבק וית שוח - בר כה 2.

**שוחם†** šuwwåm שם פרטי *pr. n.*
**שוחם** ש״פ ואלין בני דן לכרניון לשוחם כרן שוחמאה - בר כו 42.
**שוחמאי** ש״י לשוחם כרן שוחמאה (VN שוחמאי) - בר כו 42.

**שוי¹** ערך ודמיון **resemblance, likeness,** [א״י] **value** ומשכונך שוי תרין דינרין - ירוש שבועות לז ע״ב. **סוא״י** רחמך דשוא לנפשך = רעך אשר כנפשך - דב יג 6]; כינוס, חיבור והסכמה **assembly,** [א״י] **agreement** לא שוינא ליה = איני מסכימה עמו - ירוש מו״ק פב ע״א. השי׳ ״ואשוון ואתקנון״ בנוסחאות של כתובות - Friedman II, 25 (סיכום הדיון). עואנ״ש ג/ב 69. **סוא״י** דאן ישוון תרין מנכון = שאם יוועדו שנים מכם - מתי יח 19]; שלמות ומליאות **soundness**; שימה ונתינה (עם מושא ישר *with* [א״י] **putting, giving** (*direct object* ותעבד כיור... ותשווי יתה בין משכן זימונה ובין מדבחא - **נ** שמ ל 18]; חבישה והלבשה (בהבלעת המושא *with* [א״י] **saddling** (*elliptic object* ושוי ית חמרה - **נ** בר כב 3. **סוא״י** ושוי חמרה - שם]. פועל גרימה היוצא לשני מושאים, שהם הנושא והנושא של הפסוק השמני. *Causative verb with two objects forming a* [א״י *nominal clause (subject and predicate)* לאומה רבה אשויניה - **נ** בר כא 13] ונתגלגל להביע הוויה ונעשה אוגד. *Developed into a verb of* [עואנ״ש *existence and hence a copulative verb.* ג/ב 195].

**קל** עבר: ושוה wšåbå - מ טז 139. עתיד: ישוי - ת״מ 249ב. בינוני: שוה šåbå - מ טז 90. פעול: ושבי - במ כד 21. מקור: למשוי - ת״מ 83א. **פעל** עבר: ושוה - שמ מ 28. עתיד: ישוי - בר מו 4. ציווי: שבי - בר מח 18. בינוני: משבי - ת״מ 227א. פעול: ומשוי - במ כד 21 VN. מקור: למשבאה - במ יא 11. **אפעל** עבר: אשוו ašbu - מ טו 34. **אֶתְפַּעַל** עבר: אשתוי (נסתרים) ištabbi - מ י 30. עתיד: ישתבי - שמ כא 30 (נ״א ישוי). **אֶתְפַּעַל** עתיד: יתשבון - בר לד 22. משוי - **המליץ** 516. **שואי** qattāl šabbå̄ᵓe שבאה (+נסתר) - מ יא 82. **שווי** qittūl - שמ י 1 (=המליץ 595). **שוי** šâbi (ש״ת) - מ כה 4. **תשוי** kâtâšbət כתשבית - ע״ד כה 4.

**קל 1 היה ראוי to be worthy, seemly** שפיר לשמועה דשוה משמע מן מרה יאה לשומע הראוי לשמוע מאדוניו it is good to the - hearer who is worthy to hear from his master - ת״מ 11ב ואתימן כסיאתה וגליאתה ושוה מלבש בשמה והואמן (משה) על הנסתרות והנגלות והיה ראוי ללבוש את שמו - מ טז 139-138. מן פלגי ואנגבי... לא ישוה מותה מי שפילגני וייבשני... אינו ראוי למיתה (דברי הים לפני מות משה) - ת״מ 249ב. ומה שוה משמע מנה ומה ראוי לשמוע ממנו - מ טז 90. טובי קהלה דשוין בה אשרי הקהל הראויים לו (לצום) - מ יז 34. **2 שוה, דומה to be equal, alike** הי חשיב לון דינין דלא שוין לדיניה מהר, הכן להם עונשים שאינם דומים ל(שאר) העונשים quickly, prepare for them punishments that are not equal to the (other) punishments - ע״ד י 17-16. ואפקה מן חבה ואה שביה כבסרה MJEB (נ״א חזרת, תבת) ויוציאה מחיקו והנה שבה כבשרו he took (his hand) out of his bosom, and it was like his body - שמ ד 7 [תפס ׳שבהי׳ šåbå בינוני נקבה של שוי״. *Int. šbḥ*. **3 היה שלם† to be sound** *[from šwy, pt. f.* ולא שוו באימנותון ולא היו שלמים באמונתם they were not sound in their belief (בני ישראל) - ת״מ 257ב [ע״ע שמי². זב״ח, תרביץ יט, 200]. **4 בריא, מלא** ע״ע שמי **to be strong, full** ויעקב יהב לעשו לחם ותעתיד סאד שוה ויעקב נתן לעשו לחם ונזיד עד (ש)הושבה נפשו Jacob gave Esau bread and stew; until (Esau) recovered - בר כה 34 [פירוש עדשים. השי׳ ותברני לחם - שמ״ב יג 5]. שבע שבלין שבין וטבן M₂) V שוין) שבע שבלים... בריאות וטבות seven ears of grain, solid and healthy - בר מא 5. נקלופיה פטיניה ושויה A השבלים הבריאות והמלאות - בר מא 7. שבע תורין שוין בסרה M₃A שבע פרות בריאות בשר - בר מא 18 [בפס׳ 6 שיבש A ׳ושוין׳ מן ׳ושדיפן׳]. טמעו כאברה במיה שוים B (נ״א חסינים) צללו כעפרת במים אדירים - שמ טו 10. **5 חבר to join** טובי סגודיה דשוו בך אשרי המשתחווים שחברו בך happy are the worshipers who cling to You - ננה 19, 28. זעורה ורבה ישוון ויימרון לך קטן וגדול יחברו ויאמרו לך - מ יט 8. אל תשבי אדך עם חיב למהי סעד שקר (נ״א תשתף) אל תשית ידך עם רשע להיות עד חמס - שמ כג 1. **6 הסכים to agree** ווילן דלא שוינן מילף אוי לנו שלא הסכמנו ללמוד woe to us, for we did not agree to learn - מ א 24. ואסרתון גבר ית מאני קרבה ואשויתון למסק לטברה N (B ואשביתון, V ותשויתון) ותחגרו איש את כלי מלחמתו וגמרתם לעלות ההרה - דב א 41 [פירש כך: ותהיינו. השי׳ התה״ע: אנעמתם = הסכמתם - Dozy II 699a]. **7 שם to place** עמיק מדרך ושבי בכיפה קנך (נ״א ומשוי) איתן מושבך ושים

בסלע קנך your abode be secure, and your nest is placed among cliffs - במ כד 21.

**משוי** פלגות מיה בתרי איצריה למשוי שבילה ליתה מגוזה חילוק המים לשני הצדדים לשים דרך לאותו מעבר - ת״מ 83א. **אנה יטמת** A **ית לבה... בדיל משבי סימני אלין בגבה** אני הכבדתי את לבו... למען שתי אותותי בקרבו - שמ י 1.

**פעל 1 שׂם to place, put** ושבה ית פרס תרחה למשכנה וישם את מסך הפתח למשכן he put up the screen for the entrance of the Tabernacle - שמ מ 28. **ונסב משה פלגות אדמה ושבה באגנן** ויקח משה מחצית הדם וישם באגנות - שמ כד 6. **ויוסף ישבי אדיו על עיניך** ויוסף ישית ידו על עיניך - בר מו 4. **ואשבינך** בנקירות תקפה ושמתיך בנקרות הצור - שמ לג 22. **שבי ימינך על רישה** שים ימינך על ראשו - בר מח 18. בהשאלה *fig.* **כל באשו דשבית במצרים לא אשבי עליך** כל המחלה אשר שמתי במצרים לא אשים עליך - שמ טו 26. **דה תורותה דשבה משה לקדם בני ישראל** זאת התורה אשר שם משה לפני בני ישראל - דב ד 44. **אה פתור מיקר קדשה בה משוי** הנה שלחן מכובד, הקדש מושם בו - ת״מ 227א. **ומשוי בכיפה קנך** VN ושים בסלע קנך - במ כד 21. **2 חבש** מגבעת **to put on** a cap (נ״א ותשקע) A **ותשוי לון מגבען** וחבשת להם מגבעות you shall bind caps on them - שמ כט 9. **ושוי לון מגבען** N (נ״א ושקע, וחבש) ויחבש להם מגבעות - ויק ח 13. אוכף, מרדעת (בלא מושא) **to saddle ושבה ית אתנה** ואזל (A ואסר) ויחבש את אתונו he saddled his ass and departed - במ כב 21. **ושבי ית חמרה** B ויחבש את חמורו - בר כב 3. **משה קריץ בצפרה ושוה חמורה** משה השכים בבוקר וחבש את חמורו - ת״מ 215ב. **3 היה מלא** פע״ע **to be full** *intrans.* **נפתלי סביע... ומשוי ברכת יהוה** ED (נ״א ומלי) נפתלי שבע... ומלא ברכת יהוה Naphtali, sated... and full of the Lord's blessing - דב לג 23. **4** פועל גרימה: הוויה או שינוי *causative verb (existence, change)* **ושבה ית ימה לנגבובי** וישם את הים לחרבה (Moses) made the sea dry land - שמ יד 21. **עביד אלפנה ושוהה שרוי זיעקתה** עשה התורה ועשאה ראשית קריאתו - ת״מ 173א. **וקעמת עם הזכאים ושוית לבביון משכן לי** ועמדתי לצדיקים ועשיתי לבותיהם משכן לי - ת״מ 286א. **ושבה יתה יוסף לחלק** וישת אתה יוסף לחק - בר מז 26. **ושבתי לאב לפרעה** וישימני לאב לפרעה - בר מה 8.

**משואה** ולמה לא אשקעת רחים בעיניך למשבאה ית מסבל כל עמה הזה (!) עלי ולמה לא מצאתי חן בעיניך לשים את כל משא העם הזה עלי - במ יא 11. [ל]משבאה ית שמה תמן לשים את שמו שם - דב יב 5.

**אפעל א** פע״ע *intrans.* **1 חָבַר to join** רומה ומכה אשוו מימר נביה... חכמן כל דכתיב מעלה ומטה חברו לומר: הנביא... למדנו את כל הכתוב the celestial and the earthy worlds joined to say: the prophet... taught us the entire scripture - מ טו 34-36. **חילה נפשה ושרה אשוו** מרחמנך הכוח הנפש והמאוד חברו לאהוב אותך - מ ח 29-30. **מלי רמים השוו** ואמרו מלים נשגבות חברו ואמרו (=חברו לומר) - ת״מ 76א. **אבהתה ובניה... הך דאשוו כהלון** ומרדו כן אנון לקין האבות והבנים... כמו שחברו ומרדו, כך הם לוקים - מ א 102-104. **2 היה ראוי to be worthy** ואנון תלתיתה דאתמרת לאברהם... דאשבו יתה ואותן השלוש (ברכות) שנאמרו לאברהם... כי היו ראויות לו the three (blessings) that were said to Abraham... for they were worthy of him - ת״מ 131ב. **כד לבשו דחלתה השוו מטרתה** כאשר לבשו את היראה נעשו ראויים לשמירה - ת״מ 134א [על ״וישמרך״ - במ ו 23]. **ב** פעי״ *trans.* **1 שׂם** בהשאלה *fig.* **to place, put** לידך אפכת אפי ובך אשו<י>ת מנשמה אליך הפכתי פני ובך שמתי המנוחה (מנוחתי) I turned my face towards You and with You I placed my relief - א״ג 76. **השוה פינחס בנו... משרוי זה החשבן** קבע פינחס בנו... את תחילת החשבון הזה - תולדה 24ב (Neubauer 394). **ומית יוסף... ואשותה בארן** V וימת יוסף... ויושם בארון - בר נ 26 [המיר את הסביל בפעיל סתמי אגב שימוש בכינוי המושא. *The passive is rendered by an active with the object pron.*].

**†אֶתְפַּעַל א** סביל *pass.* **1 הושם to be placed, put** ואשתוי בארן במצרים ויושם בארון במצרים he was put in a coffin in Egypt - בר נ 26. **ואשתוי לקדמיו למיכל** ויושם לפניו לאכל - בר כד 33. **2 הוטל** חוב על פלוני **to be laid on** (duty, etc.) **אם סלוח ישתבי עליו** ויתן פרקן נפשה ככל דישתבי עליו אם כופר יושת עליו ונתן פדיון נפשו ככל אשר יושת עליו if ransom is laid upon him, he must pay whatever is laid upon him - שמ כא 30. **גבאי** A **יתגבי כמה דישתוי עלויו מסחן אתתה**

ענש יענש כאשר יושת עליו בעל האשה - שמ כא 22 [תפס סביל אע״פ שהנושא מפורש. כנראה הושפע מפס׳ 30]. **ב** פע״ע *intrans.* **1 הסכים to agree** בהדה נשתוי לוכון (EB) CA נשתבי) בזאת נאות לכם on this (condition) will we agree with you - בר לד 15. כיו״ב 23. **בדאה ישתוון לנן** ישתבון, A ישתוו) בזאת יאותו לנו (ME) NC - בר לד 22. **2 נעשה שווה to become equal** ואשוו בני מחלת עם בני ישמעאל ונעשו שווים בני מחלת ובני ישמעאל the sons of Mahalath אס - became equal with the sons of Ishmael - 13א. מה הוא אשתוי והוא טמיר במחשבתי עבד אל 31 (עואנ״ש ג/ב 333). השוה פמה דאלהותה ופמה דנביותה נשתוו פי האלוהות ופי הנבואה - ת״מ 181א. **3** הופך שם לפועל *verbalizes nouns* אנש דיבלש מן מלך צרכה ומבלשה בבגד הך ישתוי לה איקר אדם אשר יבקש ממלך צורכו ובקשתו במרמה, איך יכובד? one who requests of a king his needs, and his request is deceitful, how will he be respected? - ת״מ 167א [מילולית: איך יושם לו כבוד?]. **4** אוגד *copulative v.* עותרה דאלהותך אשתוי בטור סיני עושר אלוהותך היה בהר סיני the richness of Your divinity was on Mount Sinai - מ י 29-30 [ע׳ זב״ח שם].

†**אִתְּפָעַל הסכים to agree** בדה נתשבי לכון CA בזאת נאות לכם on this (condition) will we agree with you - בר לד 15. כיו״ב 23. **בדה** יתשבון לנן בזאת יאותו לנו - בר לד 22. **תמן** התשוו כהלון הך יומה דמת בה פרעה אז חברו כולם כמו ביום שמת בו רעה - ת״מ 19א [זב״ח: מיד, ע׳ הע׳ 1].

†**מישוי** ש״ע נ *n. f.* **מישור plane** - המליץ 516 מן דב ג 10, ד 43. [ליתא].

†**שואי** ש״ע ז *n. m.* qaṭṭāl **עושה maker** שראה דטובה שבאה דשלמה המשכין את הטוב, השם את השלום the doer of good, the pacifier - מ יא 81-82.

†**שווי** ש״ע ז *n. m.* qiṭṭūl **1 שימה** מופשט *abstr.* **putting** לבדיל שבוי סימני אלין בה (נ״א משבי) למען שתי אותותי אלה בקרבו - שמ י 1. שבוי תשבי עליך מלך (נ״א שבי) שים תשים עליך מלך for putting My signs among them - דב יז 15. **2 שיתוף** עם יד׳ *with* **deposit** A) ויכדב בעברה במסרון אי בשבוי אד *yd* בשותפות) וכחש בעמיתו בפקדון או בתשומת יד if one deals deceitfully with his fellow in the matter of a pledge or a deposit - ויק ה 21. **3**

**מיטה** מוחש *concr.* **bed** [א״י ובחשוכא שווי משוא = בחשך רפדתי יצועי - תרגום איוב יז 13]. **ואנש** דיקרב בשבוה... ויסתב עד רמשה $M_2$* (נ״א במשכבה, במדמוכה) ואיש אשר יגע במשכבו... וטמא עד הערב anyone who touches his bed shall... remain unclean until evening - ויק טו 5. שוויי סלק mA (V שבוי) יצועי עלה - בר מט 4 [השי׳ לשיווי ברי סליקתא - אונקלוס שם].

†**שוי** ש״ת *adj.* **ראוי worthy** מן שוי דיתלמד בך מי ראוי שיקבל לקח ממך who is worthy to learn from You? - מ טז 51. **דאיקרים רברבים** לאהן דשוי מסי שכבודות גדולים הם לזה שראוי לקחת - מ כה 3-4.

†**תשוי א** ש״ע נ *n. f.* **1 דמות, תבנית** [א״מ תשוית עמודא [DJD I, 135 ‑ **likeness,** **pattern** DA נעבד אדם בצורתן וכתשביתן נעשה אדם בצלמנו וכדמותנו let us make man in our image, after our likeness - בר א 26 (המליץ 444: תשבית מלאכינן). **בתשבית מלאכיה עבדה** A (נ״א **בדמות**) בדמות אלהים עשה אתו - בר ה 1 (=המליץ 444). **ותשבית מלאכיה יסתכל** ותמונת המלאכים יביט - ת״מ 107ב [מביא את במ יב 8 אגב פרפרזה. ליתא]. **וכל חילי שומיה וכל** תשבית לעל ולרע וכל צבאות השמים וכל תבנית ממעל ומתחת - ת״מ 154ב. **וחברון שבע** שנים אבניאת לתשבית טכס מצרים E (נ״א לקדם) וחברון שבע שנים נבנתה בדמות צען מצרים Hebron was built seven years, in the likeness of Zoan - במ יג 22 [מן לפני. פירק את מילית היחס ופירש: בתבנית]. **2 טבע** מנהג, דרך **manner** עבודה דעבד לא כתשבית עבוד היוצר שיצר לא כדרך כל יוצר the maker who made not in a manner of a maker - ע״ד כה 3-4 [זב״ח שם]. **התחלפת תשבית כל המים בים סוף...** כי תשבית המים ידרש מלמעלה עד למטה והמים היה עמד שורים השתנה טבע כל המים בים סוף... כי טבע המים לשאוף מלמעלה למטה, והמים עמדו חומות - ת״מ 262ב. **ב** מ״י להשוואה *prep. (comparative)* **כמו like** נעתו בצרתון כתשבית כיפה B (נ״א כדמות, כות) ירדו במצולות כמו אבן they went as ballast, like a stone - שמ טו 5. **ג** מ״י *prep.* **מול, נגד in front of** לתשבית מצנקתה יהן עסקיה (נ״א לקבל) לעמת המסגרת תהיינה הטבעות in front of the frame the rings shall lie - שמ כה 27 וכיו״ב לז 14 (=המליץ 500). **ותתן יתון... לתשבית** דבוקה ונתתה אתם... לעמת מחברתו - שמ כח 27 וכיו״ב לט 20. **ופרס תרח דרתה... לתשבית** קלעי דרתה ומסך שער החצר... לעמת קלעי

החצר - שמ לח 18.

**שוי**² מהירות וזריזות **celerity** [זב״ח עואנ״ש ג/ב 69. **א״י** די תשלחון לי... שוה = שתשלחו לי... מיד - בר-כוסבה (קוטשר, לשוננו כה 125). **סוא״י** שוא דיפוק מן מדינתא = מיד כצאתי את העיר - שמ ט 29] ← מילת קישור *conj.* [**סוא״י** והוא שוא דשמעת אלישבט = והיה כשמוע אלישבע - לוקס א 39]; מגביר *intensifier*

**קל** עבר: דשוה adšâbå - מ טז 88. בינוני: דשוי adšâbi - מ י 20. **פעל** בינוני: ומשוי wamšabbi - מ כ 19. **אפעל** עתיד: נשוי našbi - מ כג 4. אֶתְפְּעֶל - עתיד: אשתבי - פינחס (Cow 440). **שוי** - šēbi א״ד ג 42.

**קל נזדרז**† **to haste** *intrans.* ווילן דלא שוינן מילף אוי לנו שלא נזדרזנו ללמוד woe to us, for we did not hasten to learn - מ א 24. יקיר הוה ביספרה דשוה משמע קל אלה נכבד היה בית הספר שנזדרז לשמוע את קול האלוהים - מ טז 87-88. למן דשוי מטר למי שמזדרז לשמור - מ י 20.

**פעל נזדרז**† **to haste** טוב דקעם מן שנתה ומשוי לשיאלת שלמיך אשרי הקם משנתו ומזדרז לשאול תומיך happy is the one who wakes from his sleep and hastes asking Your Tumim - מ כ 18-19.

**אפעל נזדרז**† **to haste** *intrans.* נשוי כהלן ונפתח פממינן נתני בטבהתך נמהר כלנו ונפתח פינו ונספר בטובותיך let us hasten and open our mouths telling Your grace - ע״ד יב 23. **נשוי** ונסגד ליהובה נמהר ונשתחווה לנותנו (את הספר) - מ כד 16, 28. כהלן נשוי ונימר יתגלג בשלם כתבה כלנו נמהר ונומר: ישתבח בשלום הספר - מ כג 4-5 וכיו״ב א״ד 28.

**אֶתְפְּעֶל נזדרז**† **to haste** *intrans.* ואשתבי וארבי ואפרש כפי לאל העני יתי ביום צרתי אפנה בפניי אל המכון הקדש ואזדרז ואגדל ואפרוש כפיי לאל העונה אותי ביום צרתי I will hasten to exalt and I shall raise my hands to the God who answers me - פינחס הרבן (Cow 440).

**שוי א** ת״פ *adv.* **מיד immediately** קום דעק בתר אנשיה שוי A קום רדוף אחרי האנשים מיד rise up, follow after the men immediately - בר מד 4 [אינו בנ״ש ואין נ״א]. דמצלי ומדכר לון שוי ומתעני המתפלל ומזכיר אותם (את האבות), מיד הוא נענה - א״ד ג 42. סמכו בה שוי ואתו בה ליד נביה הקיפו אותה מיד (את שרח) והביאוה אל הנביא - ת״מ 52א. והוה כעדן עלינן לשמש[ך] אבונן שוי חוינן לה ית מלי רבי A ויהי כי עלינו אל עבדך אבינו, מיד אמרנו לו את דברי אדוני - בר מד 24 [אינו בנ״ש]. ואן ימות מית עליו בנגף שבי m וכי ימות מת עליו במגפה מיד - במ ו 9 [פירש ׳בפתע פתאם׳]. ושבי נפקו בני יקטן ומיד יצאו בני יקטן - אס 9ב. עם ׳מן׳ להבעת מצב וקעם נביה משוי למה דעמתה ועמד הנביא נכון למה שהראהו - ת״מ 3ב [< מן שוי]. **ב** מילית *part.* **1** מילית בקשה (עם ציווי) **I pray נא** *part of exhortation* חבי שבי שמך הגידה נא שמך tell me, I pray, your name - בר לב 30. סב שבי ית ברך קח נא את בנך take your son - בר כב 2. **יעבר שבי** רבי לקדם עבדה יעבר נא אדני לפני עבדו - בר לג 14. שלח שבי באד תשלח שלח נא ביד תשלח - שמ ד 13. **2** מגביר *intensifier* **ניזל שבי** אורע תלתה יומים נלכה נא דרך שלשת ימים let us go a three days' journey - שמ ג 18. **אסטי שבי** ואחזי אסור נא ואראה - שמ ג 3. **אסק שבי** ואקבר ית אבא אעלה נא ואקברה את אבי - בר נ 5. **אה שבי** אתרשית לממללה הנה נא הואלתי לדבר - בר יח 27. **אה שבי** לי תרתין בנן הנה נא לי שתי בנות - בר יט 8. **קנוץ** נקנצתי מן ארע עבראי ואף שוי לית עבדת כלום A (נ״א אכה) גנוב גנבתי מארץ העברים וגם אמנם לא עשיתי מאומה - בר מ 15 [כך פירש ׳פה׳]. **ג** מ״ק *conj.* ושוי דשרת שרה במדור פרעה אתעמי מפתים רברבים וכאשר שכנה שרה בבית פרעה נתגלו מופתים גדולים - אס 11א.

**שוך**† קוץ **thorn** [< شوك - Lane 1621a. חדרה לסורית - LS 764a. השי׳ **א״ב** לפי גרסת הערוך לסוכה יג ע״א - ערוך ח 40. ע׳ גם Levy IV 519a]

**שוך** ש״ע ז .*n. m.* **קוץ** ושוכין וכובין תסק לך A(E) (נ״א וקוצן) וקוץ ודרדר תצמיח לך - thorns and thistles it shall bring forth to you - בר ג 18 [המליץ 580: שוכין, כבין].

**שול**¹† שממה **desolation** [< شول - שממה - Dozy I, 805-6]

**שול** ש״ת *adj.* **שומם desolate** מה שול אתרה הדן A (נ״א נוראי) מה שומם המקום הזה how desolate is this place! - בר כח 17. (נ״ש: נורא)

**שול**²† עירוב של ׳שומיה׳ ושל ׳חללה׳ :.*Corr*) (*blend of šwmyh and ḥllh*

**שול** ש״ע ז .*n. m.* **?** ורישה בשולה C (נ״א בחללה)

וראשו בשמים - בר יא 4.

**שום**[1] ראייה; אמדן **sight; evaluation** [**א״י** וצידון חד נון ושמותה ר ליטרין ותקלותיה ואשכחותיה ש ליטרין = צדו דג אחד והעריכוהו מאתיים ליטראות ושקלוהו ומצאוהו שלוש מאות ליטראות - בר״ר 125. **סוא״י** הו אכיל ושתא דלא שאם יתה לפוגרה = הוא אוכל ושותה ואינו משגיח בגופו - אל הקורינטיים א 29:11]

**קל** עבר: שם šam - ע״ד טו 11. עתיד: ישום yēšom - ע״ד ח 3. בינוני: שאם šâ̂ʾəm - ע״ד כג 54. מקור: משום - ט 64. **אֶתְפְּעֶל** עתיד: תשתאם - ת״מ 189א. בינוני: משתאם mištâ̂ʾəm - א״ג 114. **שאם** - המליץ 614. **שיאם** šiyyåm - א״ג 65. **תשומה** תשומתה (מיודע) - ויק ב 1 $M_1$.

**קל 1 ראה, הביט to see, look** וגברה שאם לה ושתק והאיש משתה לה ומחריש the man gazed at her in silence - בר כד 21 [=המליץ 507: שאם, מסתכל. התה״ע ‏مـتـأمّل = מתבונן]. שם מועדיה... הך דאתו ראה את המועדים... כפי שבאו he saw the festivals, as they came - ע״ד טו 11-12. עלו למצרים ולא שאמין בה כלום באו (משה ואהרן) למצרים ואין משגיחים בו כלל (=רואים) they entered Egypt without noticing anything there - ת״מ 218ב. אביז ממללון ולא שאמון כלום בז (פרעה) לדבריהם ולא השגיח בהם כלל - ת״מ 231ב. שתק... ולא שאמה כלום לא השיב (פרעה) ולא השגיח בו כלל - ת״מ 33א. במעמד ת״פ *adverbial* וכל ביתה דכהנתה מוקרין יתה מן שאם וכל בית הכהונה מכבדים אותו בהיותם רואים אותו - ת״מ (ק) 81א. **2 אמד to evaluate** וישומנה כהנה בין טב לביש כמד ישום יתה כהנה כן יקום והעריכו הכהן בין טוב ובין רע כאשר יעריך אתו הכהן כן יקום the priest shall assess it. Whether good or bad, as the priest assesses it, so it shall stand - ויק כז 14. וישום יתה כהנה על פם דתמטי אד נדורה והעריך אתו הכהן על פי אשר תשיג יד הנדר - ויק כז 8 וכיו״ב 42. **3 הבין, תפס את ערכו to estimate** מן ישום מה הו חילך מי יעריך מהו כוחך who can estimate Your power ? - ע״ד ח 3, ת״מ 76א. מנו דיכל שאם מי הוא שיכול להעריך - מ י 32. מן שאם טבהתה מי יעריך את החסדים - א״ג 60. בחיל אנש שאם ית איקרה בכוח אדם להעריך את חסדו - ת״מ 139ב.

**משום** דלית מלה יכלה משום אמורה שאין מילה יכולה להבין אומרה - ט 64. דאהן תמה חיול לית בה משום יתה... לית בי משומנה שזה מופת עצום שאיני יכול לתפוס אותו... איני יכול לתפסו - ת״מ 12א. דלית בחיל אנש משומנה - ת״מ 82ב וכיו״ב 93ב. ועזרו ממשום ית ארעה A (נ״א מן מגש, ממגשש) וישבו מתור את הארץ - במ יג 25.

**נשום** שינוי פוניטי מ>נ ונצחן דלית נשומנה יכל וגבורה שאין יכול להעריכה - ע״ד ד 10 [ע׳ בהערת זב״ח]. ואהן דלית בן נשום נפרש וזה שאיננו יכולים להבין, נפרש - ט 60. כיו״ב ת״מ 200ב.

**אֶתְפְּעֶל 1 הוערך to be evaluated** אה יכולה לא תשתאם הנה יכולת, אין ערוך לה (=תוערך) - behold, the power that cannot be evaluated ת״מ 189א. תדיר נוראותה דחילה לא משתאם תדיר הנוראות שכוחו אין להעריכו (=אינו מוערך) - א״ג 114. וחילה וטובה ליתון משתאמין וכוחו וחסדו אין ערוך להם - ת״מ 145א. **2 הביט to look at** ומשתאם אל רישה דטורה וצפה מלאכי רומה והביט (משה) אל ראש ההר (נבא) וראה את מלאכי המרום (Moses) was looking at the top of the mountain and seeing the angels of heaven - ת״מ 261א. והוא סליק ציבעד ומשתאם לאחריו והוא (משה) עולה מעט (אל הר נבא) ומביט לאחריו - ת״מ 260ב [ק: ומשאם. ולהלן נאמר: ומסתכל לאחריו].

**שאם** ש״ע ז *n. m.* **בדיקה scrutiny** לשאם (לון משרוי) לתור (להם מנוחה) - המליץ 614 [ליתא].

**שיאם** ש״ע ז *n. m.* **אמדן evaluation** דיתרן חסדיך על כל שיאם כרע שיתרון חסדיך כל הערכה מכריע the abundance of Your grace overpowers any evaluation - א״ג 65. מן דחסדיו על כל שיאמיה פתו מי שחסדיו גדלו מכל ההערכות - א״ג 25. אנש אן יפרש נדר בשיאם נפשהן (נ״א בשיאמך) איש כי יפליא נדר בערכך נפשות ליהוה - ויק כז 2. ויתן ית שיאמה - ויק כז 13. ותתפרק בשיאם ויזדבן בשיאם ופדה בערכך... ונמכר בערכך - ויק כז 27.

**תשומה**[†] ש״ע נ *n. f.* **מנחה על פי הערכה offering upon evaluation** ויתן עליה לבונה תשומתה היא $M_1$ ויתן עליה לבונה מנחה היא he shall frankincense on it, it is an offering (upon evaluation) - ויק ב 1.

**שום**[2†] שום, צמח מאכל **garlic** [מן העברית. ע״ע תום H.]

**שום** ש״ע ז *n. m.* **שום** דכרנן ית נוניתה... וית

בצליה וית שואמיה (נ״א תומה =המליץ 614) זכרנו את הדגה... ואת הבצלים ואת השומים we remember the fish... the onions, and the garlic - במ יא 5.

**שומה** בהרת, כתם בעור **skin disease** [**א״י** דאית ביה שומה חוורא - **נ** אשר לבן בו - בר ל 35]

**שומה** ש״ע נ *n. f.* **כתם בעור bright spot on skin** אן יי במשך בסרה שומה אי קלפי כי יהיה בעור בשרו שאת או ספחת when a one has on the skin of his body a swelling or a rash (=המליץ 602). שומאה אברה שאת לבנה - ויק יג 19. שומעת כביתה היא שאת המכוה היא - ויק יג 28.

**שוני** שם פרטי šunī *pr. n.*

**שוני** ש״פ ובני גד צפון וחגי ושוני - בר מו 16.

**שונאי** ש״י *gent. n.* לשוני כרן שונאה - במ חו 15.

†**שוע**[1] צעקה **outcry** [**ע** זעקה שועה נאקה (לשונות תפילה) - ספרי דברים כו (פינקלשטיין 39)]

**אשבהו** ש״ע נ *n. f.* **צעקה** וצבעו וסלקת אשבהותון ליד האלהים ויצעקו ותעל שועתם אל האלהים they cried out; and their outcry rose up to God - שמ ב 23 (המליץ 600: אשבאתון, שפהתון). ואתנח ישראל וסלקת אשוהותה ונאנח ישראל ועלתה שועתו - אס 16א.

†**שוע**[2] שם פרטי šū *pr. n.*

**שוע** ש״פ גבר כנענאי ושמה שוע - בר לח 2. ומיתת ברת שוע - בר לח 12.

†**שוף**[1] נאה ? **good looking** [< شوف - Lane 1619b]

**שוף** ש״ת *adj.* **נאה good looking** בעללות אחיכון שופה הכהA (נ״א זעורה) בבוא אחיכם הקטן הנה when your good looking brother comes - בר מב 15 [רמז לבר, לז 4].

†**שוף**[2] ?

**שופה ?** ודחק ית עאנה לשוף מדברה A (נ״א אחרי) וינהג את הצאן אחר המדבר - שמ ג 1.

**שופם** שם פרטי šūfām *pr. n.*

**שופם** ש״פ לשופם כרן שופמאה - במ כו 39.

**שופמאי** ש״פ לשופם כרן שופמאה (VN שופמאי) - במ כו 39.

**שופר** כלי נגינה לתקיעה ולתרועה **musical instrument** [מן העברית H. **א״י** ותעברון שיפור יבבו (נ״א) שופר דיבבו - **נ** ויק כה 9. **סוא״י** בקל דשופיר - תה מז 6]

**שופר** ש״ע ז *n. m.* **שופר horn** שרי שופרה כרז šūfâra החל השופר להכריז the horn began to blow - ע״ד ו 6. וקל שופרה תקף שריר וקול השופר חזק מאוד - שמ יט 16 וכיו״ב 19. שופרה אשמע קמיו השופר השמיע לפניו - מ טז 100. נפתלי אגרה משלחה היהב מימרי שופר $*M_2$ (נ״א כרוז) ...אגרת שלוחה הנותן דברי כרוז - בר מט 21 [נ״ש šūfår]. מייצג את צליל השופר ותעבר שופר אשמעה... תעברון שופר בכל ארעכון והעברת שופר תרועה... תעבירו שופר בכל ארצכם - ויק כה 9.

†**שוצי** השמדה **extermination,** [נתון רק בתה״ש בצורות הפועל המפורש. לא בשמות ולא במקור, שהם מן שיצי. ובכל מקום יש ח״נ שיצי (ע״ע) **סוא״י** פר צבחד שוצא יתי = כמעט כלוני - תה קיט 87 - Horol 116a. *Occurs only in the* ST *and only in finite forms. See šysy.*]

**פעלהשמיד to exterminate** כל גברה דאזל בתר בעל פעור שוציה יהוה כל איש אשר הלך אחרי בעל פעור השמידו יהוה the Lord destroyed from among you all the men who followed Baal Peor - דב ד 3. דשוצו ית חראי אשר השמיד את החרי - דב ב 22. דשוצי יתון E - דב לא 4. ושוציון יהוה מקדמיון וישמידם יהוה מפניהם - דב ב 12. ושוצינון יהוה מקדמיון - דב ב 21. ושוצונון ודערו אתריון והשמידום וישבו תחתיהם - דב ב 23. הוא ישוצי ית גועיה E הוא ישמיד את הגוים - דב לא 3. וישוצינך מן על אפי ארעה והשמידך מעל פני האדמה - דב ו 15. וישוצינך זריז והשמידך מהר - דב ז 4. עד ישוצינון עד השמידם - דב ז 23. הוא ישוצינון - דב ט 3. ואשוצינון ואמחי ית שמון ואשמידם ואמחה את שמם - דב ט 14. עד ישוצינך ועד יבדנך עד השמידך... - דב כח 20. ואשוצי ית רמבתכון והשמדתי את במתיכם - ויק כו 30. וית כל רמבתון תשוצון - במ לג 52.

**אֶתְפַּעַל הושמד to be exterminated** ואשתוצי אנא וביתי (MEB ומשתוצי, C ונשתוצי) ונשמדתי אני וביתי I shall be

.30 בר לד - destroyed, both I and my household

**שיצעו** ש״ע נ *n. f.* **השמדה extermination**
שיצעו תשתוצון אבד תאבדון - דב ד 26.

†**שוק** חלק בגוף האדם והבהמה **thigh** [שרבוב מן העברית. ע״ע שק *See šq.* *H interp.*]

**שוק** ש״ע ז *n. m.* **שוק thigh** וית שוק ימינה תתנון ארמו לכהנה E ואת שוק הימין תתנו תרומה לכהן the right thigh you shall give to the priest - ויק ז 32. לה תהי שוק ימינה E לו תהיה שוק הימין - ויק ז 33. וית שק ארמותה נסבת מן עם בני ישראל A ואת שוק התרומה לקחתי מאת בני ישראל - ויק ז 34. ותקדש ית ניח אנופותה וית שוק ארמותה EC וקדשת את חזה התנופה ואת שוק התרומה - שמ כט 27.

†**שור**[1] זכר בבהמה הגסה **ox** [שרבוב מן העברית. ע״ע תור *See twr.* *H interp.*]

**שור** ש״ע ז *n. m.* **שור ox** פתוח שור ונקי E פטר שור ושה - the firstlings of ox and sheep שמ לד 19. עד אמת שורך טבוח וכל קניאניך בזיזין עד מתי ״שורך טבוח״ (מן דב כח 31) וכל נכסיך בזוזים? - ת״מ 293ב.

**שור**[2] חומה **wall** [א״י ומיא הוון להון שורין - נ שמ יד 22. סוא״י אבד שורה - ישע טו 1. ע׳ גם שרר. *See šrr*]

**שור** ש״ע ז *n. m.* **חומה wall** ואנש אן יזבן בית מדר קריה שור ואיש כי ימכר בית מושב עיר חומה if one sells a dwelling house in a walled city - ויק כה 29. ויקום ביתה דבקרתה דלה שור לעלוטים לזבון יתה וקם הבית אשר בעיר אשר לה חומה לצמתת לקנה אתו -- ויק כה 30. קריאן תלילן שור ראם דרשים ודנגר ערים בצרות חומה גבוהה דלתים ובריח - דב ג 5. ומיה לון שור מימינון ומסמאלון והמים להם חומה מימינם ומשמאלם - שמ יד 22, 29 (המליץ 469: שורין). והמים היה עמד שורים לשמר השבטים - ת״מ 262ב.

**שור**[3] שם מקום šor *pr. n. (place)*

**שור** ש״פ על עינה באורח שור - בר טז 7. מן חוריב עד מדבר שור - ת״מ 258ב. וזרז בלעם לכתל מדין לשור דרומה ומיהר בלעם לבוא למדין לשור שבצד דרום - אס 218ב.

†**שושב** בגד **garment** [א״י שושיפא = אדרת - תרג׳ מל״ב ב 8. אצבתהון צרירן בשושפיהון = משארתם צררות בשמלתם - נ שמ יב 34. ס וארמי על אפוהי שושפא = ויתן על פניו מסוה - פ שמ לד 33 - LS 767a]

**שושב** ש״ע ז *n. m.* **בגד garment** חלק בלבוש הכהן **priestly piece of garment** שושב אפודה חשב האפוד - שמ כח 28. כיו״ב 27. כט 5, 8, לט 5, 20. 21. ויק ח 7.

†**שושן** פרח **flower** [א״י חזור ושושן נ - שמ לז 19. סוא״י ינץ היך שושנתא = יפרח כשושנה - הושע יד 6]

**שושן** ש״ע ז *n. m.* **פרח** דמות פרח בקישוטי המנורה במשכן **flower like ornament of the lampstand** תלתה עזור ושושן $M_2$ (נ״א ופרח) כפתר ופרח - שמ לז 19. דהב דכי מגד עבד ית מנהרתה... עזוריה ושושניה $^*M_2$ (נ״א ופרחיה) - שמ לז 17.

†**שותלה** שם פרטי šūtâla *pr. n.*

**שותלה** ש״פ ואלין בני אפרים לכרניון לשותלה כרן שותלחה... אלין בני שותלה לעדן... - במ כו 35 - 36.

**שותלחאי** ש״י *gent. n.* לשותלה כרן שותלחה (V שותלח) - במ כו 35.

**שזר** פיתול **twisting** [א״י בוץ שזיר - נ שמ כו 1. סוא״י וזחוריתא שזירתא - שמ כו 31]

**קל 1** בינוני פעול *pass. pt.* **קלוע twined** linen ותעבד פרכה תכלה וארגון... ומילת שזיר B (נ״א משזר) ועשית פרכת תכלת וארגמן... ושש משזר you shall make a veil of blue and purple and... fine twined linen - שמ כו 31. כיו״ב 36, כז 18, כח 33. **2** בהשאלה *fig.* **מעוות crooked** גלי מעקם ושזר שקר E דור עקש ופתלתל (!) crooked and twined with lie generation - דב לב 5 [המליץ 568: ושזיר שקר - מפרש ׳פתיל שקרים׳].

**פעל 1 עיוות to twist** גד שזור ישזרנה והוא ישזר עקב $M_1$ (נ״א בסור יבסרנה... יבסר) גד גדוד יגידנו והוא יגיד עקב twisting shall Gad be twisted, but he shall twist at the end - בר מט 19 [הקריאה gâdod yagīdinnu... yaggəd נתפסה מן גד״ד, לשון אריגה. הש׳ **פ** איוב ז 6: גדדא = ארג. זב״ח עואנ״ש ג/א 35. *SP int. gdd, ygdnh from gdd, ʻto weave*׳]. **2 ארג to weave** קלעי דרתה סאר מילת משזר קלעי החצר סביב שש משזר the hangings around the yard were of fine twisted

.16 שמ לח - linen

**שזור** ש״ע ז qiṭṭūl *n. m.* **אריגה twisting** גד
שזור ישזרנה $M_1A$ גד גדוד יגידנו - בר מט 19
[ע׳ לעיל].

**שזיר** ש״ע ז *n. m.* **פתיל thread** וכל מאן אפתיח
דלית צניק ושזיר עליו מסב הוא וכל כלי
פתוח אשר שאין צמיד ופתיל עליו טמא הוא
every open vessel, which has no cover and
המליץ=] 15 במ יט - thread upon it, is unclean
562. התה״ע תופסו בינוני פעול: مـسـمـور ]. ותשבי
יתה על שזיר תכלה A ושמת אתו על פתיל
תכלת - שב כח 37. ויהבו עליו שזיר תכלה B
ויתנו עליו פתיל תכלת - שמ לט 31.

**שזר** ש״ע ז *n. m.* **פתיל thread** ויתנון על
הנמסין איסטרה שזר תכלה ונתנו על ציצית
they shall put upon the הכנף פתיל תכלת
.38 במ טו - tassel of each corner a cord of blue
ותשבי יתה על שזר תכלה - שמ כח 37. חתימך
ושזרך ואטרך חתימך ופתילך ומטך - בר לח 18
(=המליץ 562). חתימה ושזרה ואטרה - בר לח 25
(=המליץ 562).

†**שחד** שידול, תחינה **persuasion, entreaty**
[< شـحـد = הפציר, ביקש נדבה - Barthélemy 379.
אינו קשור עם שלמונים, כגון א״י שחוד דממון - נ דב י
17. *Not connected with* JA *and* SP *šḥd 'bribe'*,
*[constantly rendered in* SA *as* mmwn.

**פעל^א^ שידל to endear** ונשלח גברים...
וישחדון לנן ית ארעה C (E וישעדון = המליץ
472, B וישודון, נ״א ויגשון, ויגששון) נשלחה
let us send men אנשים... ויחפדו לנו את הארץ
- before us, that they may endear the land to us
דב א 22 [זב״ח המליץ 472: חפד נתפס בדרך הדרוש:
ויחבבו עלינו את הארץ *Midr. int. of hpd.*].

**פעל^ב^** עש״ח. כנראה גזור מן ישחוד׳NSH **השתחווה**
**נכבדו to prostrate** in supplication בתחינה
ונשחוד לו לבדו נכבדו (את האל) ונשתחווה
let us glorify him and prostrate before לו לבדו
- Him alone - בהקדמה לכתובה משנת 1922 -
.[Pummer Contracts, pl. 36

**אתפעל? השתחווה to prostrate** in בתחינה
ואתפלל ואשתחוד ואתפלל supplication
ואתחנן - I shall prostrate and supplicate פיוטים
לשמחות, כ״י ילין דף 99א וכן בהקדמה לכתובה משנת
.[Pummer *Contracts*, pl 29 - 1876

**שחוד** ש״ת qāṭōl *adj.* **משדל pleader** ואמר
לון שחודין אתון m מרגלים אתם you are
בפס׳ $M_2$ ,11 בפס׳ $*m_2$ וכך הוא 9 בר מב - pleaders
14 וכן $M_2A$ בפס׳ 16 [נתפס מרגלים - מרכלים, אף
שהקריאה amraggēləm (עואנ״ש ה 1.1.5) ע״ע דגל,
שמץ. *Int. as from rkl, 'gossip'*.]

†**שחל^1^** נשילה **dropping off** [ע תפילם לפערה
פיה... תשחילם לשערי שאול - יניי של״ט. משחילים
פירות דרך ארובה ביום טוב - **מש** ביצה ה א. בבלי
ביצה לה ע״ב. שחל = נשל: אפשטיין מבוא 319. זב״ח
עואנ״ש ג/א 148; דברי האקדמיה הישראלית למדעים
תשכח 68]

**קל נשל to drop off** *intrans.* זיתים יהון
לך... ומשח לא תסך הלא ישעל זיתך (VB
ישעלון זיתיך) זיתים יהיו לך... ושמן לו תסך
you shall have olive trees..., but כי ישאל זיתך
you shall not anoint yourself with the oil; for
.40 דב כח - your olives shall drop off

**אֶתְפְּעֶל נשל to drop off** הלא יתשעל זיתך
E (המליץ 601: יתעשל) כי ישאל זיתך for your
.40 olives shall drop off (נ״א ישלו) - דב כח

†**שחל^2^** שלייה וחילוץ **drawing out** [מן אונקלוס
O. **א״י** ואנתתיה יהודאיתה רביאת ית משה כד שחלתיה
מן מיא - תרג׳ דבה״י א ד 18. כמישחל ביניתא מחלבה
= כשולה שערה מן החלב - בבלי ברכות ח ע״א. ע״ע
שלי^1^.]

**קל שלה to draw out** וקרת ית שמה משה
$M_4$) $m_2$ ואמרת הלא מן מיה [ש]חלתה
she named שלחתה!) ...כי מן המים משיתיו
him Moses, explaining, "I drew him out of the
.10 שמ ב - water"

†**שחלה** מין סם **a spice** [שיבוש מן שללי (ע״ע).
*Corr. from šlly* השי׳ **ס** תחלא - Löw Pfl 396 f.].

**שחלה** ש״ע נ *n. f.* **מין סם a spice** סב לך
סמנים קטף ושחלה וחלבניה B (נ״א שללי)
קח לך סמים נטף ושחלת וחלבניה - שמ ל 34
(המליץ 451 ושללה = והלבניה).

†**שחם** צבע חום **a dark color** [מן אונקלוס O.
**ס** שחם = היה שחור - LS 769a]

**שחום** ש״ת qāṭōl *adj.* **חום brown** הסטי... כל
נקי שחום m (נ״א נמור = המליץ 525) ורסום
וכל נקי לחוש באמריה ורסום ושחום $*M_2$
(נ״א ונמור) בעזיה הסר... כל כל שה נקוד
וטלוא וכל שה חום בכבשים וטלוא ונקוד
remove... every brown and spotted בעזים
animal; every dark-colored sheep and every

גורס שחום A) 32 בר ל - brown and speckled goat כנגד חום כמו אונקלוס). **כל דליתו נמור ורסום בעזיה ושחום באמריה גניב הוא עמי** A*M₁ (נ״א ולחוש, ולוש) כל אשר איננו נקוד וטלוא בעזים וחום בכבשים גנוב הוא עמי - בר ל 33.

**שחן¹** נגע בעור **heat, inflammation** [א״י לשחין פרח - נ שמ ט 9. סוא״י שחנין רתחין - שם]

**שחן** ש״ע ז *n. m.* **שחין skin errupion** **לשחן פרה שלבוקין** (A שחינה) an inflammation **ובסר אן יהי בה** - שמ ט 9. breaking out in boils **שחן ואתאסי** (A שחין) ובשר כי יהיה בו שחין ונרפא - ויק יג 18. **ימעינך יהוה בשחן מצרים** יכך יהוה בשחין מצרים - דב כח 27 [נ״ש שחין נקרה בכה״י המאוחרים של התה״ש. *The "plene" orthography occurs in late MSS of the ST and reflects the* SP šå̄ᵓən.]

**†שחן²** ט״ס (ע״ע שעי״) *Corr.*

**אֶתְפְּעֶל ? ואשתחני עבדה ליצחק** *M₁ **ויספר העבד ליצחק** - בר כד 66 [MJCBA ותנה. אפשר שהוא עירוב של ואשתעי ושל תנה. ואכן יד אחרת שינתה ח' לע' ומחקה את הנ']. **אסירה לשפלה טפרה ולספיקה ברי אשתחננו** mA (נ״א עמוקה, אסטהותה, מסטניתה) **ולשריקה בני איתנו** - בר מט 11 [איני יודע לפרנסו. walšērīqa bēni itânu מכל מקום אינו לשון אתון כמו בנה״מ שהוא בנ״ש (במ כב 21) דרוש הוא איתן לפי קריאתו. זב״ח עואנ״ש ג/1 34].

**†שחף** מין עוף **a bird** [א״י צפר שחפה - נ ויק יא 16 טלשיר 126]

**שחף** ש״ע ז *n. m.* **מין עוף a bird** **וית טעוסה וית שחפה למינה** VMBA (J **שאפה** הכתיב מושפע מן התה״ע אלשאף, E **שופה**, *M₁ **סחפה** ע״ע סחף ב) ואת התחמוס ואת השחף למינו - ויק יא 16 (=המליץ 602). **וית שחפה למינה** - דב יד 15.

**†שחפה** מחלה **a disease** [א״י ימחי ייי יתכון בשחפיתה - נ דב כח 22]

**שחפה** ש״ע נ *n. f.* **שחפת a disease** **ואמסר עליכון באשו ית שהפתה** N (B **שפחתה** = המליץ 599, נ״א **חמימתה, ערביתה**) **והפקדתי עליהם בהלה את השחפת** - ויק כו 16. **ימחינך יהוה בשחפתה** V (נ״א **בחמימתה, בערביתה**. המליץ 599: **בשפחתה**) יכך יהוה בשחפת - דב כח 22.

**†שחק¹** כתישה, כתיתה **crushing** [א״י שחקין במדוכתה - נ במ יא 8 (גיליון). סוא״י שחקת להלין דקאימין לקבולדן|| תהרס קמיך - שמ טו 7]

**קלכתת to crush** **ותשחק מנה דקיקה** ותשחק ממנו הדק - שמ ל crush some of it into powder 36. **ושחקו במכתותה** B (V **ושעקו במדוכה**) ודכו במדוכה - במ יא 8. **וטמיון ישעק** EC (נ״א **ירסרס, יגרם**) ועצמתיהם יגרם - במ כד 8 (המליץ 443: ישחק). **וישחק לגו מי בחורה** *M₁ (נ״א **וימחק, וימחי**) ומחה אל מי המארים - במ ה 23 [טעה וכתב ש במקום מ, והן דומות בצורתן *Corr. from mḥq (q. v.)*.]

**†שחק²** רום, גובה **height** [לשון מאוחר בהשפעת شاهق = (הר) גבוה - Lane 1613b. אבל א״י וגיוותה בשחקיה - נ דב לג 26. שאול מן העברית? זב״ח ת״מ 130ב. *Late SA under the influence of* Ar. 3 העי' 130ב.]

**שחוק** ש״ע ז *n. m.* **שמים** מן דב לג 26: יובגאותו שחוקים' **heavens** (after Dt 33:26) **והברד דירד מן שחוקי עלוים ואש מתלקחת** the hail that descended from the upper heavens - בן מניר (Cow 185). **ועל שחוקי מעונה עצם השמים** - אבישע (Cow 430).

**שחק א** ש״ת *adj.* **גבוה high** **וטמרו כל טבריה שחקיה** E)A (נ״א **רמיה**) ויכסו כל ההרים הגבהים - all the high mountains were covered - בר ז 19 (המליץ 440: שחקיה, רמיה). מובא בת״מ 130ב: טוריה שחיקה. **כד יתי זבן מולדון ירחקו במדברה אל רישי גבחיה שחקיה** כאשר באה שעת לידתן (של הנשים העבריות) ירחקו במדבר אל ראשי הגבעות הגבוהות - ת״מ 224ב. **ב** ש״ע ז *n. m.* **שמים heavens** **רכב שומיה בסעדך ובנברה שחקין** ED (נ״א **שקילין**) רכב שמים בעזרך ובגאתו שחקים riding through the skies to help you, through the heavens in His majesty - דב לג 26 [=המליץ 604. בטור הערבי שלו: שוהאק].

**†שחר¹** ראשית האור בבוקר **dawn** [א״י עמוד שחרא - נ בר לב 25] ← השכמה **rising early** ← חיפוש ודרישה **inquiry** [א״י לית ליה מאן דשחר ויבעוהי - תרג' ישע ח 20. ע שוחר טוב יבקש רצון - משלי יא 27]

**קל 1 השכים** גזור שם *denom.* **to rise early** **טוב דשחר וקרץ על ריחותה דמרה** אשרי המשכים לרצון אדונו happy is the one who rises early, pleasing his Master - מ ו 35-36. **הידועים... דשחרו הליל ולא על משכב יצועים**

- בן מניר (Cow 186). **2 חקר ודרש to inquire** שעיר בעי לה כי משקח לה קריב דורש ומבקש לו, אכן נמצא לו קרוב he inquires and queries, and indeed he finds - מ יג 80-81 [ראה הערות זב״ח].

**שחר** ש״ע ז *n. m.* **שחר dawn** וגשש אישה עמה עד אסתלק שחרה ויאבק איש עמו עד עלות השחר a man wrestled with him until the break of dawn - בר לב 25. שלחי הלא אסתלק שחרה שלחני כי עלה השחר - בר לב 27. וכות שחרה אסתלק MCB (J סחרה ע״ע סחר) וכמו השחר עלה - בר יט 15.

שחר²† כהות **dark color** [**א״י** ונפח נור בשיחורין = ופעל בפחם - תרג׳ ישע מד 12. כוכב שחרה אדיק... למפרוק שחורה - שירת 92. השי׳ צביב < צהביב]

**שריר** [< שחריר] ש״ת *adj.* **כהה dark colored** וכל שריר באמריה m (נ״א לחוש, חכום) וכל חום בכבשים - every lamb that was black - בר ל 35 וכיו״ב 40. וסדרה רביעיה שריר ברי וממן A תרשיש שהם וישפה - שמ כח 20 (=המליץ 612) וכן שמ לט 13 [נקראו האבנים על שם תכונתן. ואפשר שעניינו חזק, ע״ע שרר]. וסער שריר לית בה VNMECBA (J עכום) ושער שחור אין בו - ויק יג 31 וכיו״ב 37.

שחת† קלקול, הריסה **ruin, destruction** [מן העברית. בעיקרו במובאות מן התורה. *H. mainly in quotations from the Torah.* **א״י** ודשחית ודמסרס גידוי - **מי״ל** נתוק וכרות - ויק כב 24]

**פעל 1 קלקל to ruin** ולא תשחיתון ית פאת דקניכון C (נ״א תחבלון) ולא תשחיתו את פאת זקנכם you shall not mar the edges of your beard - ויק יט 27. **2 נתקלקל** פע״ע **to be ruined** *intrans.* [עש״ח NSH] הרוח דשחת עד הביא דבר כבד (ק: נשחת הרוח עד בא...) הרוח שנתקלקל עד שהביא דבר כבד the wind that was ruined until it brought a heavy plague - ת״מ 59ב [פע״ע - זב״ח העי׳ 1]. במובאות מן דב לב 5: ת״מ 194א (5 פעמים), 195א, ועוד מן שמ לב 7 - ת״מ 244א. וכן מן דב כ 20 - ת״מ (ק) 40א.

**אֶתְפְּעֵל נתקלקל to be ruined** ותשחת ארעה מקדם ערבה אכל ילידיון ותשחת הארץ מפני הערב, אכל את ילדיהם the land was ruined because of the insects - ת״מ 33ב [הנוסח מושפע מן נ״ש המובא כאן (שמ ח 20). אבל נוסח ק: ואתחבלת ארעה (פעמיים)].

שטה מין עץ **a tree** [**א״י** אעין דשטין - **נ** שמ כה 13]

**שטה** ש״ע נ *n. f.* **מין עץ a tree** ותעבד ארון אעי שטים ועשית ארון עצי שטים - שמ כה 10. ותעבד מדבח אעי שטים - שמ כז 1 (המליץ 604: שטה).

שטי† שטות, איוולת; סטייה מן הדרך **foolishness; deviation** [נתמזגו שׁטה ו־שׂטה בעקבות שׂ > שׁ. זב״ח ת״מ 257ב, העי׳ 4. *Blend of šṭy and šṭy following the shift ś > š.* **א״י** ותהי משתטי = והיית משגע - אונקלוס דב כח 34. כמלך שטי הוינא - ויק״ר תריט. **סוא״י** והו משתטא למא אתון שמעין לה - יוחנן י 20]

**קל 1 סטה to go astray, deviate** ואם לא שטיתי מסבה... הזדכי M ואם לא שטית טמאה... הנקיא if you have not turned aside to uncleanness..., be free - במ ה 19. דה תורות קנאתה דתשטה אתה חליפת גברה MB זאת תורת הקנאת אשר תשטה אשה תחת אישה - במ ה 29. כד תעמי אנש שטי על דרך יהוה הקטלנה כאשר תראה אדם סוטה מדרך האל הרגהו - ת״מ (ק) 79א [ש: סטין]. חכם דאת שטי בכל עת ואלה מקבל מנך וסבלך דע שאתה סוטה בכל עת והאל מקבל אותך ומוחל לך - ת״מ (ק) 43א. **2 נשתטה to act foolishly** שטיתי שכלתי - המליץ 594 [מן בר מג 14 לפי שדרש שכלתי הראשון לעניין סכלות (שׂ = שׁ). השני הגייתו šâkålti. ליתא šakkilti].

**פעל שיטה to lead astray** וילה ברנשה דשטת בה פנותה עד אזל מדעה לאלהי נכר אוי לו לאיש אשר שיטתה בו פנותה עד שהלך שכלו לאלוהי נכר woe to the man whom Fanūta led astray, so that his mind turned to alien gods - ת״מ 200א.

**אֶתְפְּעֵל נשתטה to go astray** גבר אן תשתטי אתתה VN*M$_1$BA ואיש כי תשטה אשתו - if any man's wife has gone astray - במ ה 12. ואם לא אשתטית מסבה... אזדכי VA (*M$_1$B אשתטיתי) ואם לא שטית טמאה... הנקיא - במ ה 19. דה תורות קנאתה דתשתטי אתה חליפת גברה VA זאת תורת הקנאת אשר תשטה אשה תחת אישה - במ ה 29.

שטים שם מקום šiṭṭəm *pr. n. (place)*

**שטים** ש״פ ודר ישראל בשטים - במ כה 1.

**שטף** שטיפה ורחיצה **rinsing** [גם טו"ף נתפס שטיפה במים, אבל התה"ע הבינו תיקון ושיפוץ הבית ותרגם מן طرّ - Lane 1839b). **א"י** ושטפו נחליה מן אדמהון - **נ** במ כא 15]

**קל רחץ to rinse** וכל אד יקרב בה דאבה ואדה לא אשטף במים... ויסתב עד רמשה A) שטף) וכל אשר יגע בו הזב וידיו לא שטף במים... וטמא עד הערב anyone whom one with a discharge touches, without having rinsed his hands in water, that person shall remain unclean until evening - ויק טו 11. **ועפר** עורן יסבון וישטפון ית ביתה C) ויטחון, E ויטעשון) ועפר אחר יקחו וטחו את הבית - ויק יד 42 (=המליץ 477). **ואם יעזר מכתשה... בתר** שלפו ית אבניה... ובתר דשטף B ואם ישוב הנגע... אחרי חליצו את האבנים ואחרי הטח - ויק יד 43.

**אֶתְפְּעֵל רחץ to rinse** כל מאן קיצם ישתטף במים וכל כלי עץ ישטף במים any wooden vessel shall be rinsed with water - ויק טו 12. ואם במאן נחש בשלת וימרק וישטף במים $M_1$*) וישתטף) ומרק ושטף במים - ויק ו 21. ובתר קלף ית ביתה ובתר אשתטף MA) דאשטף, N דשתטף) ואחרי הטח את הבית ואחרי הקצות - ויק יד 43.

**שטר**† ממונה, פקיד **officer** [שאילה מן העברית, כגון שמ יח 25 - šūṭår. ע"ע ספר. H *loan*]

**שוטר** ש"ע ז *n. m.* **שוטר taskmaster** תמינה דאתעבד בשוטריה דהוו מתעבדים בבישו לבני ישראל (המופת) השמיני שנעשה בשוטרים שנהגו ברעה בבני ישראל the eighth (wonder) that happened to the taskmasters, who treated the Israelites badly לכהניה ללויאיה... ולשוטריה ולפקדיה נתבונן במלה האחרת שכללה כל מיני האזהרות לכהנים, ללויים... ולשוטרים ולפקידים - ת"מ 164ב.

**שיבה**† מין צמח **a plant** [Löw Pfl 47. ואולי הוא מן شـيـبـة = מין צמח - Lane 1627b. ואפשר שהוא אחד עם שיוף (ע"ע). Perhaps belongs to *šywp*, *q. v.* **ע** השיפה והאיטם והגמי - תוס כלאים ג יד. ע' ליברמן אל אתר.]

**שיבה** ש"ע נ *n. f.* **שורש root** *by synecdoche* הלא מקלומי (נ"א מגפן) סדם גפנון ומשיבת עמרה E (נ"א ומשפתינת = המליץ 604. ויש שם גם ספה - ע' זב"ח) כי מעצם סדם גפנם ומשורש עמרה their vine comes from the substance of Sodom, and from the root of Gomorrah - דב לב 32 [התה"ע: נولى = מין גפן - Lane 935a].

**שיד**† שד **demon** [בת"מ מן נ"ש דב לב 17. **א"י** דבחו קדם טעוות שדיה - דב לב 17. **סוא"י** וקרבו לה הלין דעליהון שידין = הביאו לו את אלה שהיו אחוזי שדים - מתי ח 16]

**שיד** ש"ע ז *n. m.* **שד** קטל בכורי דהוו מקרבין לשידים הרג את הבכורים שהיו מקריבים לשדים He killed the firstlings (of those) who were offering to demons - ת"מ 47א. וכן במובאה מן דב לב 17: יזבחו לשידים לא אלה - alšīdəm - ת"מ 196א, 199א, 304א.

**שיוף**† שורש **root** [ZSp 166: > شافة = שורש. ע' شَأْفَة, Lane 1490a, המציבו במקביל אל اصل ומעלה את ההוראה משפחה. אפשר שהוא כמו שיבה (ע"ע). [*Perhaps belongs to šybh, q. v.*

**שיוף** ש"ע ז *n. m.* **שורש** בהשאלה *fig.* **root** דה הסמקת שיוף משיופי ובסר מבסרי E)A) זאת הפעם עצם מעצמי this one, at last, is a root of my roots - בר ב 23.

**שיזב**† הצלה **rescue** [מן אונקלוס. ע"ע שוזב O. [*See šwzb*

**פעל** בינוני פעול *pass. pt.* **הציל to rescue** ואתה משיז[בה] וחוי לאברם $M_1$* ויבא הפליט ויגד לאברה a fugitive came and told Abram - בר יד 13.

**אֶתְפַּעַל ניצל to be rescued** לטברה אשתזב דלא [תסת]פי m ההרה המלט פן תספה flee to the hills, lest you be rescue yourself consumed - בר יט 17.

**אשתיזבה** ש"ע נ *n. f.* **הצלה rescue** ואנה לא איכל לאשתזבה לטורה $M_2$* ואנכי לא אוכל להמלט ההרה I cannot flee to the hills - בר יט 19 [צורת מקור של אונקלוס *O-like inf.*].

**שיזבה** ש"ע נ *n. f.* **הצלה rescue** ואתגלית לשזבתה $M_2$* וארדה להצילו I have come down to rescue them - שמ ג 8 [צורת מקור של אונקלוס *O-like inf.*]. ולמוחה לכון שיזבה רבה m ולהחיות לכם פלטה גדולה to rescue your lives by a great deliverance - בר מה 7.

**שילולי**† זרם מים **water stream** [ע אלו מפסיקין לפאה הנחל והשלולית - **מש** פאה ב א]

**שילול(י)** ש״ע נ *n. f.* **נהר river** זבנה דקעימת עמך ואת טלי רמי בשילולה כאשר עמדתי לך ואתה נער מושלך ביאר when I was with you, and you were an infant cast into the river - ת״מ 296ב. **ונתח ית אדך על מימי מצרים... על שלוליון ועל שאקיון... ויון אדם** m (נ״א נהריון) ונטה את ידך על מימי מצרים על נהרותם ועל יאריהם... והיו לדם - שמ ז 19. **ומעו ית מיה דבשילולה... ואתפכו כל מיה דבשילולה לאדם** m (נ״א דבנהרה) ויך את המים אשר ביאר... ויהפכו על המים אשר ביאר לדם - שמ ז 20. **בחלמי ואהנה קעם על שילולי נהרה** mA (נ״א ספת) ...על שפת הנהר - בר מא 17.

**שים** שימה, הנחה **placing, putting** ← פועל אוגד *copulative verb* [עש״ח - זב״ח ת״מ 84ב, הע׳ 5. NSH]

**קל א שֵׂם, הניח to place, put** זה אלי דשם שירוי זיעקתי אחר אבהתי ״זה אלי״ (שמ טו 2) אשר שם תחילת צעקתי אחר אבותיי "this is my God" (Ex 15:2) who placed the beginning of my cry next to that of my fathers - ת״מ 84ב [רמז לשמ ג 6-7. *refers to* Ex 3:6-7.] **אנדו לכון גברים חכימים... ואשימנון בראשיכון** E הבו לכם אנשים חכמים... ואשימם בראשיכם pick wise men..., and I will appoint them as your heads - דב א 13. **ושם י׳ בממציע** והניח י׳ באמצע (המלה ׳תמים׳) - ת״מ 183ב. **שם גויתה בחכמתו נציבה עד תהי מלואה לאופע הלבב שם את גופו** (של אדם) בחכמתו נטועה כדי שתהיה מוכשרת ליפעת הרוח - ת״מ 57א. **וישמם בגלמי טוריה ושמם** בפסגות ההרים - ת״מ 101ב [על דב לב 11: כנשר יעיר קנו]. **נשים קנומן קעימים ביספר קשטה** נשים עצמנו עומדים בבית הספר של קי - ת״מ 199ב. **ב** אוגד *copulative verb* **עשה את א ל-ב to turn something into something else** ואסגי ואשים ית בניך ככוכבי שומיה A והרביתי את זרעך ככוכבי השמים I will multiply and make your descendants as the stars of heaven - בר כו 4 [גליון]. **תבלש מאדל אשימך** עני אם תבקש רכוש אעשך עני - ת״מ 149ב. **סנתה כלה חיים טובה אנשה דישימה** חלקו שנאה (של פינחס) כולה חיים, אשרי האיש שיעשנה חלקו - ת״מ 301ב. **ושם גרמה** ספר טב למילפף ושם (האל) עצמו מורה טוב ללמדך - ת״מ 113א. **כי קרא יתה עבדה ארש... ושמה אקר לסגדה** כאשר קרא אותה (את קריאת שמע) עשה אותה יסוד ושמה שורש לפולחן - ת״מ 245א. **ושמו סהדון מימרה בקדמאה** ועשו לעדם את הדיבור הקודם לזה (במ ה 30) - ת״מ 165א. **שם יתה משרוי לכבודה** שם אותו (את הר גריזים) משכן לכבודו = ת״מ 95א. **אל תשימני מרגזה עליך** אל תהפכני לכעס עליך - ת״מ 141א. כן הוא במובאות מן התורה: וישם את הים לחרבה (שמ יד 21) - ת״מ 59ב, 262ב, 283ב; וישם לך שלום (במ ו 24) - ת״מ 134ב. שימה בפיהם (דב לא 19) - ת״מ 171א, 270א ועוד.

**שיץ**[1]† כליה, אבדון; סוף **annihilation, destruction; end** [< שיצי. אה״ש מאוחרת. Late SA. **סוא״י** ומלכותה לא יהא לה שיוצה - לוקס א 33, כ״יB]

**פעל 1 האביד to annihilate** האף תשיץ זכאי עם חיב m האף תספה צדיק עם רשע will You destroy the innocent along with the guilty? - בר יח 23 וכיו״ב 24. **כות מצראי שיאצה** כמו (את) המצרים השמידהו (את הרשע) - ת״מ 198ב. **שיאץ יתון ועבדכון עלי האביד אותם** (הנוטים לבעל פעור) ועשה אתכם ״עליון״ (דב כו 19) - ת״מ 222א. **ואלה אמר ואשיצנון** והאלוהים אמר ״ואכלם״ (שמ לב 10) - ת״מ 217ב [בתה״ש שם: ואסכמנון, ואחסלן]. **ושיצון יהוה מקדמיון** B וישמידם יהוה מפניהם - דב ב 12, 21. **וישיצנך מן על אפי ארעה** B והשמידך מעל פני האדמה - דב ו 15. **וישיצנך בפריע** CB והשמידך מהר - דב ז 4. **עד ישיצון** B עד השמידם - דב ז 23. **הוא ישיצנון והוא יכנענון** CB - דב ט 3. **ויימר שיץ** E ויאמר השמיד - דב לג 27 (ציווי). **2 סיים to finish** ברבה שרי ובזעורה שיץ m[1] בגדול החל ובקטן כלה beginning with the eldest and ending with the youngest - בר מד 12. **ויהב למשה כד שיץ לממללה עמה** M[1] (נ״א כאסכמותה) ויתן למשה ככלותו לדבר אתו - שמ לא 18.

**משיעץ** ואתרגז יהוה בכון למשיעץ יתכון A ויתאנף יהוה בכם להשמיד אתכם - דב כח 63.

**אֶתְפַּעַל הושמד to be annihilated** ואשתיץ אנה וביתי A ונשמדתי אני וביתי I shall be destroyed, I and my household - בר לד 30. **ביום מיכלך מנה שיוץ תשתיץ** A(E) ביום אכלך ממנו מות תמות - בר ב 17. **שיוץ תשתיץ את**

וכל דלך A - בר כ 7. שיוץ ישתיץ A - בר כו 11 ונוניתה דבנהרה תשתיץ A והדגה אשר ביאר תמות - שמ ז 18. ברן תשתיצון (E)A פן תמותון - בר ג 3 [הריבוי עשוי להיות שיצי (ע״ע)]. לית שיוץ תשתיצון A - בר ג 4 (המליץ 599: תשתיאצון).

**משתיאצה** למה אפקתנן מן מצראי למשתיאצה בקפרה A למה הוצאתנו ממצרים למות במדבר - במ כא 5.

**שיאץ** ש״ע ז n. m. qiṭṭāl **השמדה extinction** שיאצה השמדו - המליץ 599 [מן דב כח 48 ליתא].

**שיוץ** ש״ע ז n. m. qiṭṭūl **השמדה extinction** שיוץ תשתיץ (E)A מות תמות - בר ב 17 וכיו״ב ג 4, כ 7, כו 11. בשיוץ כנשתה A במות העדה - במ כו 10.

**שיץ**[2]† מין ירק **a kind of grass** [אולי הוא כמו ע שיצין - תוס שביעית ז טז: הקוצים שמסביב לדקל. ע׳ ליברמן על אתר. הש׳ Löw Pfl 114]

**שיץ** ש״ע ז n. m. **ירק** כלחך תורה ית שיץ ברה B (נ״א ירק) כלחך השור את ירק השדה like the oxes' consumation of the grass of the field - במ כב 4.

**שיצי** חיסול והשמדה **destruction, extermination** [בכ״י J הפועל המפורש תמיד שוצי (ע״ע) אבל לא השם ולא המקור. **א״י** אשיצי אומיא מן קדמיכון - שמ לד 24. **סוא״י** די דלא לשיצוי - עמוס ט 8]

**פעל 1 השמיד to exterminate** כל גברה דאזל בתר בעל פעור שיציה יהוה VECB כל איש אשר הלך אחרי בעל פעור השמידו יהוה the Lord wiped out every person who followed Baal-peor - דב ד 3. דשיצי ית חראי VNECB אשר השמיד את החרי - דב ב 22. שיצינון ודערו אתריון E) C שיציון, N שיצונון, V ושיציתון) השמידום וישבו תחתיהם - דב ב 23. ואמר אשיצי C ויאמר השמיד - דב לג 27 [=המליץ 599. תפס מדבר. אבל D שיצי - תפס ציווי]. ואשיצי ית רמבתכון VNECB והשמדתי את במתיכם - ויק כו 30. וישיצי כפנה ית ארעה וכלה הרעב את הארץ - בר מא 30. וישצי כל סבעה בארע מצרים A ונשכח כל השבע בארץ מצרים - בר מא 3 [פירוש .Int]. הוא ישיצי ית גועיה C הוא ישמיד את הגוים - דב לא 3. וישיצינך בפריע VEC והשמידך מהר - דב ז 4. ואשיצינון ואמחי ית שמון VEC ואשמידם ואמחה את שמם - דב ט 14. עד ישיצינך ועד יבדנך V עד השמידך... - דב כח 20. וית כל

רמבתון תשיצון EC - במ לג 52. **2 סיים to finish** [מן אונקלוס O] הדלא שצי ממללה M₁ טרם כלה לדבר before he had finished speaking - בר כד 15. ושציאת למשקהתה m (נ״א ואסכמת) ותכל להשקותו - בר כד 19. ושצי לממללה m - בר יז 22.

**משיצאה** ואתרגז יהוה בכון למשיצעה יתכון ויתאנף יהוה בכם להשמיד אתכם - דב ט 8. למתן יתן באד אמראה למשיצעתן - דב א 27. כיו״ב במ יג 33א.

**אֶתְפַּעַל הושמד to be exterminated** וישתיצי אנשה ההוא *M₁ ונכרתה הנפש ההיא - that man shall be exterminated - בר יז 14. שיצאה תשתיצון ECB אבד תאבדון - דב ד 26 (המליץ 599: תשתיאצון). ברן תשתיצון (E)A פן תמותון - בר ג 3. ומשתיצי אנה וביתי *M₁ ונשמדתי אני וביתי - בר לד 30 (המליץ 599: ונשתיצי).

**שיצאו** ש״ע נ n. f. **השמדה extermination** עד שיצאותון C עד השמידם until their extermination - דב ז 23. עד שיצאותך יתון VC עד השמידך אתם - דב ז 24. עד שיצאותך C עד השמידך until your destruction - דב כח 20. כיו״ב כח 24, 45, 51, 61. שיצעו תשתוצון אבד תאבדון - דב ד 26. למתן יתנן באד אמראה לשיצאותנן - במ יג 33א. דלא תרער בתרון בתר שיצעותון מקדמיך פן תנקש אחריהם אחרי השמידם מפניך - דב יב 30.

**שיצי** ש״ע ז n. m. **השמדה extermination** עד שיציון E עד השמידם until their extermination - דב ז 23. עד שיציאך יתון E (נ״א שיצעך) עד השמידך אתם - דב ז 24.

**שיר**[1] נגינה, זמרה **singing, praise** [א״י בשירין בתופין ובכינרין - נ בר לא 27. **סוא״י** אשירו למרא וקרו בשימה - ישע יב 4]

**קל** הכול עברית H. **אפעל** עבר: אשיר - במ כא 17. דאשירת (נסתרת) dâšīrât - ע״ד ו 24. עתיד: נשיר - ת״מ 226א. בינוני: משיר - ת״מ 135ב. משיר (פעול) - פיוטים לשמחות (תרביץ י 370). שכיח בעשי״ח [פלורנטין 341] **שירה** שירתה (מיודע) afšīrtå - ע״ד י 15.

**קל**† עפ״ר במובאות מן התורה *mostly in quotations from the Torah* **אז ישיר to sing, praise שר** - ת״מ 70ב, 71א (פעמיים), 72א-ב. ישר - ת״מ 63ב, 71א, 72א (פעמיים), 103א [נ״ש yâšâr בשמ טו 1 כנגד yâšər בבמ כא 17. אבל ת״מ אינו מבחין במובאותיו]. שירו ליהוה praise God - ת״מ 72ב. ישר הישרים ישמר השמרים וישם לון השרים בכל מקום ואתר ע״פ בר לא 27: ואשלחך בשמחה בשרים בתף ובכנור - אלעזר (Cow 847).

**אפעל 1 שר** [זב״ח תרביץ י **to sing, praise** טטה אשיר ישראל ית שירתה הדה (BA [336 שבח) אז ישיר ישראל את השירה הזאת then Israel sang this song - במ כא 17 (=המליץ 481). ומרים דאשירת על ימה ומרים ששרה על הים - ע״ד ו 24. ונשבח ונשיר ונסיד ונימר - ת״מ 226א. כן היתה מרים תשיר ותאמר שירו ליהוה עם זקנים ונשיה יימרון עם בני ישראל עזי וזמרתי וכן היתה מרים אומרת ״שירו ליהוה״ (שמ טו 21) עם הזקנים, והנשים אמרו עם בני ישראל ״עזי וזמרתי״ (שמ טו 2) - ת״מ 272ב. כד קעם משיר על ימה כאשר עמד שר על הים - ת״מ 135ב. **2 שר** תואר כבוד בעש״ח **singer** ידועים נבונים ריטורים (*honorific title in* NSH) משירים - תרביץ י 370. ונעירה וידועה ומבוננה דלו טב מדכר וריטורה ומשירה ומעיני העדה והנבון והחכם והמבין שאותו נאה להזכיר, הריטור והמשובח ומפרנס העדה - מרג׳אן הדנפי (Cow 835).

**שירה** ש״ע נ *n. f.* **שיר song** טטה אשיר ישראל ית שירתה הדה (BA תשבחתה) אז ישיר ישראל את השירה הזאת then Israel sang this song -במ כא 17. כך הם NB בשמ טו 1. אמר משה בהדה שירתה - ת״מ 287ב. לא נטעיל בכתבה אלא בשיראן ובתשבחן יהונו שיראתה מקמיו ותשבחתה מבתריו לא נהלך בספר אלא בשירות ובתשבחות. יהיו השירות לפניו והתשבחות אחריו - מ יד 67-79

**שירתה רבתה** כינוי לשירת האזינו *Epithet of* Dt 32 וכן כתיב בשירתה רבתה - ע״ד י 15. בשירתה רבתה אמר הלוא הוא אביך קנך - ת״מ 86א [מביא את דב לב 6]. מלי אזהרותה דצמת יתון... בהדה שירתה רבתה דברי אזהרתו שקיבץ אותם... בשירה הגדולה - ת״מ 226א.

**†שיר²** תכשיט **jewel, ornament** [א״י שירין עזקין... וכל מיני דהב - נ בר מט 22. **ס** שארין - שם - LS 749b].

**שיר** ש״ע ז **תכשיט ornament** מאן דהב קטל ושיר עסקה גימון וגולה (ECB ושעיר) כלי זהב אצעדה וצמיד טבעת עגיל וכומז - במ לא 50. ותרי שעירים על אדיה (המליץ 577 שעירין, K שירים, MCB שירין) ושני צמידים על ידיה - בר כד 22. והוה כחזותה ית קודשה וית שיריה (MKCA שעיריה) ויהי כראותו את הנזם ואת הצמידים - בר כד 30.

**שירה** ש״ע נ *n. f.* **תכשיט ornament** כל רחי לב איתי שירה $M_2$ כל נדיב לב הביא חח - שמ לה 22.

**שיראן** ש״ע ז *n. m.* **תכשיט ornament** מאני דהב שיראן ושעיר B כלי זהב אצעדה וצמיד - במ לא 50.

**שירת** שם פרטי *pr. n.*

**שירת** ש״פ ונסב שם שירת... לאתה - אס 6ב.

**שכב** שכיבה **lying down** [ע״ע דמך. **א״י** ושכיב באתרה ההוא - **נ** בר כח 11. **סוא״י** ולא קם אנש מן משכוביתה= שמ י 23] ← ביאה **sexual intercouse** [א״י וישכב ית בלהה - **נ** בר לה 22]

**קל 1 בא על** בצירוף ישכב עם׳ *with* **to copulate** כזעור שכב אחד עמה עם אתתך the prep. ᶜm כמעט שכב אחד העם את אשתך one of the people might have lain with your wife - בר כו 10. עם לא שכב גבר עמיך אם לא שכב איש אתיך - במ ה 19. אן יתשקע גבר שכב עם אתה מסחנת בעל ויקטלון אף תרין גברה דשכב עם אתתה ואתתה - דב כב 22. גלה ערות אבוה ועם אמה שכב - ת״מ 158א. לכן ישכב עמיך לילין לכן ישכב עמך הלילה - בר ל 15. וישכב גבר עמה שכבת זרע - במ ה 13. ואתה דישכב גברה עמה - ויק טו 18. ולא ישכב עם אתה בעילת בעל - ת״מ 292ב [ע״פ התה״ש דב כב 22 VE]. ואמרת שכב עמי ותאמר שכבה עמי - בר לט 7. ועלי שכבי עמה ובואי שכבי עמו - בר יט 34. כל שכב עם בהמה קטל יתקטל - שמ כב 18. **2 שכב to lie down** [רק כאן ב-J בהוראה זו]. וכל דישכב עליו בטמאתה יסתב וכל אשר ישכב עליו בנדתה יטמא everything upon which she lies during her impurity shall be unclean - ויק טו 20. וכל דתשכב עליו בטמאתה יסתב - ויק טו 20.

**משכב** הלא נבלה עבד בישראל למשכב עם ברת יעקב כי נבלה עשה בישראל לשכב את בת יעקב- בר לד 7. ולא שמע לה למשכב אצרה ולא שמע לה לשכב אצלה בר לט 10.

**משכב א** ש״ע ז *n. m.* **1 מיטה bed** כל משכבה דידמך עליו דאבה יסתב כל המשכב אשר ישכב עליו הזב יטמא any bedd on which the one with the discharge lies shall be unclean - ויק טו 4. ואנש דיקרב במשכבה ירע ארקעיו ואיש אשר יגע במשכבו יכבס בגדיו - ויק טו 5. בהשאלה לעניין עריות *fig. of incest* ראובן טמא משכב אבוה ראובן טימא את מיטת אביו - ת״מ 287א. הלא סלקת משכבי אבוך כי עלית משכבי אביך - בר מט 4. ויסיב ית משכבה ויטמא את משכבו - ת״מ 161ב. **2 ביאה**

**copulation** וגבר דישכב עם דכר משכבי אתה תועבה עבדו ואיש אשר ישכב את זכר משכבי אשה תועבה עשו if a man lies with a male as with a woman, both of them have committed an abomination - ויק כ 13. וכל אתה חכמת גבר למשכב דכר VNEC וכל אשה יודעת איש למשכב זכר - במ לא 17. **ב** שפ״ע *v. n.* **שכיבה lying down** ותמלל בון... במשכבך ובמקומך B (נ״א ומדמכך) ודברת בם... בשכבך ובקומך you shall recite them... when you lie down and when you get up - דב ו 7.

**שכב** ש״ע ז מופשט *n. m. abstr.* **lying שכיבה down** בשכבך וב‹מ›קומך V בשכבך ובקומך when you lie down and when you get up - דב ו 7. ולא ידע בשכבה ובמקעמה ולא ידע בשכבו ובקומו - בר יט 33, 35.

**שכבה** ש״ע נ מופשט *n. f. abstr.* **1 ביאה copulation** if a וישכב גבר עמה שכבת זרע man lies with her a carnal lying - במ ה 13. וגבר דישכב עם אתה שכבת זרע - ויק יט 20. כיו״ב טו 18. **2 פליטת זרע ejaculation** of semen וגבר אן תפק מנה שכבת זרע ואיש כי תצא ממנו שכבת זרע when a man has an emission of semen - ויק טו 16. וגבר דיתן שכבתה בבהמתה ואיש אשר יתן שכבתו בבהמה - ויק כ 15. וחבל שכבתה... וסט מן טבה והשחית שכבתו... וסטה מן הטוב - ת״מ 159ב. **3** מוחש *concr.* **רובד layer** ובצפרה הות שכבת טלה סאר למשריתה ובבקר היתה שכבת הטל סביב למחנה in the morning a layer of dew was round about the camp - שמ טז 13.

†**שכח¹** מציאה, הימצאות **finding, existence** [אינו רגיל באה״ש (ע״ע שקע). בתה״ש הוא בכיי״ מושפעים מן אונקלוס. אבל הוא מופיע גם מעט בת״מ. *Unusual in* SA, *very rare in* TM; *in* ST *only in* O *interp. See šq^c^*. **א״י** ולאדם לא אשכח ליה זוג - **נ** בר ב 20. **סוא״י** לא אשכחת לה יונה ניח - בר ח 8]

**אפעל מצא to find** ובלש... ואשכח ציעה בטעונת בנימים A ויחפש... וימצא הגביע באמתחת בנימים the cup was found (wyimṣā) in Benjamin's sack - בר מד 12. וחיולה אשכח את עיב שמשיך A*M₁ והאלהים מצא את עון עבדיך - בר מד 16. ואשכחה מלאך יהוה על עין מיה *M₁ וימצאה מלאך יהוה על עין המים - בר טז 7. ואם לא אשכ[ח] אדה N' ואם לא מצא ידו - ויק כה 28. ואשכח איתהו בברה *M₁ וימצא דודאים בשדה - בר ל 14. ואשכע לקובל אפרקותה N ומצא כדי גאלתו - ויק כה 26 (כ על מחק). אם ני אשכחת רעים בעיניך *M₁ אם נא מצאתי חן בעיניך - בר לג 10. לא יחלש מדעך במה שכחת לא יבהל שכלך במה שמצאת - ת״מ 224א [קל: זב״ח הע׳ 4]. ואשכחו תמן באר מים *M₁ - בר כו 19. וכד אשכחו מצראי בכוריון קטילין כאשר מצאו המצרים את בכוריהם הרוגים - ת״מ (ק) 18ב [ש: שקחו]. אם אשכח בסדם חמשים זכאים *M₃ אם אמצא בסדם חמשים צדיקים - בר יח 26. תשכח כל איקר תמצא כל כבוד - ת״מ 224א. לא תשחי ממיתי תפסל ולא תשכח מי יסב לך באד אל תאחר לבוא (פן) תיפסל ולא תמצא מי שיקח אותך ביד - ת״מ 227א. יומה לא תשכחו בבראה A היום לא תמצאו בשדה - שמ טז 25.

**אשכחה** מה דן זרזת לאשכחה ברי *M₂ מה שה מהרת למצא בני - בר כז 20 [מקור אופייני לאונקלוס *O-like inf.*].

**אֶתְפְּעֶל 1 מצא to find** אם אשתכחנו רחים בעיניך N' אם מצאנו חן בעיניך if we have found favor in your sight - במ לב 5 [בהוראת האפעל. ע״ע שקע]. **2 יש to be, exist** וחזה יעקב א(רי) M₂ משתכח M₃ עבור M₁ במצרים וירא יעקב כי יש שבר במצרים Jacob saw that there was food in Egypt - בר מב 1. ישכח לנן אב סהב A יש לנו אב זקן we have an old father - בר מד 20 [עירוב של ׳יש׳ ושל ׳אשתכח׳].

**אֶתַּפְעַל יש to be, exist** מאן יתשכחון תמן ארבעים *M₁ אולי ימצאו שם ארבעים what if forty should be found there? - בר יח 29.

†**שכח²** היעלמות מן הזיכרון **oblivion** [עש״ח. ע״ע נשיץ NSH. See *nšy*. **א״י** שכחון מילין מן הדין תרגומה - ברי״ר 946 (נדיר)]

**קל שכח to forget** אה ישראל ולא שכה גוי כמה שכחת (ק: אתנשי, נשי) הוי ישראל, לא שכח גוי כמו ששכחת (את אלוהיך) - ת״מ 114ב. כד שכחוני עזבתון כאשר שכחוני עזבתים - ת״מ 241א. ואל תשכח בריתך בעמל משה - בן מניר (Cow 185).

†**שכל¹** הוראה ולימוד **teaching, learning** [שאול מן העברית כגון דב כט 8: תשכילו taškīlu H. [*loan, see* SP Dt 29:8.

**פעל הורה to teach, guide** ושלח ישראל ית אד ימינה ושבתה על ריש אפרים... וית

סמאלה על ריש מנשה שכל ית אדיו (A תפך) וישלח ישראל את יד ימינו וישתה על ראש אפרים... ואת שמאלו על ראש מנשה שכל את ידיו Israel stretched out his right hand and laid it on Ephraim's head...and his left hand on Manasseh's head, thus guiding his hands - בר מח 14 [דרוש: הורה לידיו מה יעשו. *Midr.: he taught his hands what to do; cf.* O: ᵓḥkmnwn (=m)].

**אפעל הורה, השׂכיל to teach, guide** אשכלת בחסדך עמה הדן פרקת BA (נ״א נגדת) נחית בחסדך עם זה גאלת in Your grace You guided the people You redeemed - שמ טו 13 [דרוש *Midr.*] דכר אכה אלופיה הך מה דאשכילה קשטה הזכיר כאן את האלופים כמו שהשׂכילו קשטה (שמ טו 15) (Moses) mentioned here the chiefs (Ex 15:15), as the True One guided him - ת״מ 92א [זב״ח הע׳ 3]. מן אשכילה דיאן ומרד עלל לגו ‹קללתה› מי שהורהו שופט והמרה, בא בקללה - ת״מ 165ב. ואנה אהי עם פמך ואשכילך למה תמלל A (נ״א והורינך) ואנכי אהיה עם פיך והוריתיך אשר תדבר - שמ ד 12. אתה ואשכלנך ית דעבד עמה הדן לעמך A (נ״א ואמלכנך) לך ואיעצך את אשר יעשה העם הזה לעמך - במ כד 14. ישכילון דיניה ליעקב ED (נ״א יורון) יורו משפטיך ליעקב - דב לג 10. ומה דו פלי מנך ישכילונך ומה שהוא רחוק ממך יורוך - ת״מ 211ב. ישכילונה בטובה וייתי לבית אבהתה ילמדוהו את הטוב ויבוא לבית אבותיו - ת״מ 225א. אתון תשכילו דיניה ליעקב אתם תורו את המשפטים ליעקב - ת״מ 257ב. ותטרון ית מלי קיאמה... לבדיל תשכילו E (נ״א תסתכלון) ושמרתם את דברי הברית... למען תשכילו - דב כט 8 [פע״ע, והוא העתקת נ״ש לכה״י של התרגום].

**שכל²**† **bereavement** שכול [שרבוב מן נ״ש. ע״ע תכל. *H interp.*]

**פעל שיכל ? to bereave** C יתי שכלתון (נ״א תכלתון) אתי שכלתם you have bereaved me - בר מב 36 - בר מב 36.

**שכלל** השלמה וסיום **perfection** [א״י בירה דחפרו יתה רברבני עלמה... שכלילו יתה סכלתניהון - נ במ כא 18. סוא״י בתישבחתי גר שכללת יתה - יש מג 7]

**פעל השלים to perfect** דברא ושכלל ולית עמה אל עורן אשר ברא והשלים ואין עמו אל נכר (God) who created and perfected and there is no foreign god with Him - ת״מ 231ב. צעור גויאתה ושכלל אבריה יוצר הגופים ומשכלל האברים (wšaklål) - ע״ד כג 69-70. ישתבח עבודה דשכלל בריתה יתהלל הבורא שהשלים את הביאה - ת״מ 209א. ברא ושכלל לא על דמו ברא (האל) לא במתכונת - ת״מ 230א. מכללים הוו רביו דיצחק משכללין הוו אלימיה דרחל מעוטרים היו נערי יצחק, מושלמים היו עלמי רחל - ת״מ 50א.

**שכם¹**† כתף **shoulder** [מן העברית H]

**שכם** ש״ע *n.* **shoulder** ונסב שם ויפת ית שמלתה ושוו על שכם תריון (E)A (נ״א כתף) וישימו על שכם שניהם Shem and Japheth took a garment, laid it upon both their shoulders - בר ט 23.

**שכם²**† שימה והנחה **putting, placing** [<שכן (ע״ע) ע״י חילופי מ/נ בסוף המלה. הש׳ ברן, ארכם, בנימים וכיו״ב *From škn, due to m/n interchange in final position*]

**אפעל הניח to place** ואשכם משה ית אטריה לקדם יהוה במשכן סעדואתה E וינח משה את המטות לפני יהוה באהל העדות Moses deposited the staffs before the Lord in the Tent of the testimony - במ יז 22. וישלח ית רקיעי אברה דלבש... וישכמנון תמן E (נ״א וינחנון, ויקרנון) ופשט את בגד הבד אשר לבש... והניחם שם (Aaron) shall take off the linen vestments... and place them there - ויק טז 23.

**שכם³** aškəm שם מקום *pr. n. (place)*

**שכם** ש״פ ואתה יעקב שלם קרית שכם ויבא יעקב שלום עיר שכם - בר לג 18. אשקחו בקעה בארע שנער ודרו תמן והי הך בקעת שכם מצאו בקעה בארץ שנער ודרו שם, והיא כמו שכם - אס 9א.

**שכם⁴** aškəm שם פרטי *pr. n.*

**שכם** ש״פ ואתה חמור ושכם ברה לתרח קרתון ויצא חמור ושכם בנו אל שער עירם - בר לד 20.

**שכם⁵** aškəm שם פרטי *pr. n.*

**שכם** ש״פ בני מנשה...ושכם - במ כו 26 - 31.

**שכמאי** ש״י *gent. n.* ושכם כרן שכמאה (VN שכמאי) - במ כו 26 - 31.

**שכן**[1] ישיבה במקום, מגורים **settling down, dwelling** [א״י כד נחת טייסא הווה שכין על פסגיי‹ה› היידין - **נ** בר טו 11. **סוא״י** שכן בארעא ברכתך - Lit 705. גם **באי״מ** ברכת עלמא ישכונן עליכון - 4Q542 (DSSU 149)]

**קל** עבר: שכן - ת״מ 265א. עתיד: תשכן (נוכח) - ת״מ 208א. ציווי: שכן - בר כו 2 C. בינוני: שכן - בר ד 20. מקור: למשכן - במ ט 22 VNCBA. **אפעל** עבר: ואשכנת (נוכח) - ת״מ 239ב. **משכון** - בר לה 22 E. **משכין** משכינתה (נקבה, מיודע) - שמ ג 22. **משכן** (ש״ע) mašk̊ån - מ יד 33. **שכון** qāṭōl שכוני (ריבוי נסמך) - ת״מ 252ב. **שכון** qiṭṭūl - דב יב 5 V. **שכינה** šēkīna - ע״ש ה 17. **שכינו** שכינותה (מיודע) - ת״מ 130ב. **שכן** - בר לה 22.

**קל 1 שכן**[†] **to settle down** ושכן עננה במדבר פראן VNB (נ״א ושרה) וישכן הענן במדבר פראן the cloud settled down in the wilderness of Paran - במ י 12. בגלל... משה... שכן על טור סיני בגלל... משה... שכן (הענן) על הר סיני - ת״מ 265א. וחזה ית ישראל שכין לשבטיו N (נ״א שרי) וירא את ישראל שכן לשבטיו - במ כד 2. לית רוחי שכנה והוא עמי אין רוחי מיושבת העודו עמי (פרעה על הנחש) - ת״מ 227ב. **2 גר to dwell** תשכן לבטח הן תטר מצוהתה תשכון לבטח אם תשמור את המצוות you will dwell in security, if you keep the commandments - ת״מ 208א. שכן בארעה דאימר לך C (נ״א אשכן, שרי) שכן בארץ אשר אמר לך - בר כו 2. יבל הוא הוה ארש מן שכן במשכן A (נ״א יתב) הוא היה אבי כל ישב אהל - בר ד 20.

**משכן** באורכות עננה על משכנה למשכן עליו ישרון בני ישראל VNCBA (נ״א למשרי) בהאריך הענן... לשכן עליו יחנו בני שיראל - במ ט 22.

**אפעל השכין to establish, place** ואשכנת שמך עורי תמן שמי ושמך... כחדה אף השכנתי שמך שם שמי ושמך... יחד I established your name also there, My name and your name... together - ת״מ 239ב. יהוה אלהה עמה ואשכין מלך בה B (נ״א ואשמעות) יהוה אלהיו עמו והשכין מלך בו - במ כג 21 [פרפרזה של ׳ותרועת מלך בו׳. כאן הנושא האל כמו בצלע הראשונה. ׳ואשכין׳ הוא נשואו].

**משכון**[†] ש״ע ז *n. m.* **חנייה stay** והוה במשכון ישראל בארעה ההיא E (נ״א במשרוי) ויהי בשכן ישראל בארץ ההיא during Israel's stay in that land - בר לה 22.

**משכינה**[†] ש״ת *adj.* **דיירת** *f.* **resident** משכינתה ומגירת ביתה מני כסף (נ״א דעורתה, מסכינתה) ושאל איש משכינתה ומגירת ביתה כלי כסף the resident, the neighbor of her house - שמ ג 22 [נ״ש: maškinta wamgīrat. לפי שאין הכפלה אין זו מי היחס אלא המשקל, ואלה תמורות לירעותה׳. התה״ע: מסאכנתהא והוא בינוני של ساكن = דר בשכנות].

**משכן** ש״ע ז *n. m.* [א״י והוא יתב על תרעא דמשכנה - בר יח 1] **1 אוהל tent** ואעלה יצחק לגו משכן שרה אמה ויביאה יצחק האהלה שרה אמו Isaac then brought her into the tent of his mother Sarah - בר כד 67. ונפק ממשכן לאה ועל במשכן רחל ויצא מאהל לאה ויבא באהל רחל - בר לא 33. ויעקב גבר שלם יתב משכנים - בר כה 27. **2 מקום מושב dwelling** ואמר עבדו לי משכן מיתובי למלכותי ואמר עשו לי משכן, מושב למלכותי make Me a dwelling, abode for My Kingdom - מ יד 33-34. וקבע תמן משכנה ויט שם אהלו - בר כו 25. **3 בית הבחירה the Tabernacle** באחד לירחה אתקם משכנה באחד לחדש הוקם המשכן on the first of the month, the Tabernacle was set up - שמ מ 17. ענן יהוה על משכנה - שמ מ 38. וכך הוא בצירוף משכן זימונה - שמ מ 2, במ ד 30, ת״מ 251ב ועוד; משכן סעדואתה - במ א 53, י 11 ועוד. **4 כינוי לשמי השמים upper heavens משכן כסיאתה** ואעלני בגו משכן כסיאתה והביאני במשכן הנסתרות (You) brought me into the upper heavens (*lit.*: the Sanctuary of the Hidden Things) - ת״מ 206א. האן הך משה... עבדה דאלה ומהימנה דביתה דדער... לגו משכן כסיאתה איה כמו משה... עבד אלוהים ונאמן ביתו הגר... בתוך משכן הנסתרות - ת״מ 202א. **5 משפחה** תרגום שאילה מן اهل **household** Ar *calque* שמשי משה בכל משכני מהימן הוא A (נ״א ביתי) בכל ביתי נאמן הוא (Moses) is trusted throughout My household - במ יב 7. ואעבד יתך וית משכן אבוך לעם רב A (נ״א בית) - במ יד 12. מן משכן ישראל A מבית ישראל - ויק כב 18. למשכן אבהתון A לבית אבותם - במ א 2.

**שכון**[†] ש״ע ז qāṭōl *n. m.* **שוכן dweller** אה שכוני מכפלה אוי, שוכני המכפלה O, the dwellers of Machpelah - ת״מ 252ב.

**שכון**[†] ש״ע ז qiṭṭūl *n. m.* **הושבה habitation** לאתרה דבחר יהוה... למשבאה ית שמה תמן לשכונה תבעון ותיתון תמן V אל המקום אשר בחר יהוה... לשים את שמו שם לשכינו

to the site that the Lord... תדרשו ובאתם שמה choose to establish His name there, as His habitation, there you are to go - דב יב 5. ובנו קורי שכונן לפרעה mC ויבנו ערים מסכנות לפרעה and they built habitation cities for Pharaoh - שמ א 11.

†**שכינה** ש״ע נ *n. f.* **1 מושב האל God's abode** ולא שכינה אלא עליו... דהוא אתר שכינה דקשטה ומשרוי כבודה רבה... לאתרה דעליו השכינה ואין שכינה אלא עליו (על הר גריזים)... שהוא מקום שכינה של קשטה ומשכן הכבוד הגדול... אל המוקם אשר עליו השכינה there is no God's dwelling but on it (Mount Gerizim)..., for it is the place of the True One's habitation and the abode of the Great Glory... the place on which is the holy abode - ת״מ 97ב. הרגיזים... הר הנחלה והשכינה - ע״ש ה 17. **2 השכינה** כינוי לאל מן אונקלוס **the Presence** $M_2$ תהך $M_6$ שכינתי *epithet of God from* O ואני[ח] לך $*M_2$ פני ילכו והנחתי לך My presence will lead and will lighten your burden - שמ לג 14. במהך שכינתך בינינן $*M_2$ בלכתך עמנו - שמ לג 16.

†**שכינו** ש״ע נ *n. f.* **מעון האל God's abode** דו בית אלהים ומשרוי מלאכיה... ואתר שכינותה שהוא בית אלוהים ומשכן המלאכים... ומקום השכינה the House of God and abode of angels... and the place of the Presence - ת״מ 130ב [זב״ח הע׳ 7]. ומזבח אבנים תבנה במקום יהוה ושכינות - אבישע (Cow 379).

†**שכן** ש״ע ז *n. m.* **ישיבה** עברית **stay** בשכן ישראל בארעה ההיא C בשכן ישראל בארץ ההיא - during Israel's stay in that land - בר לה 22. לשכן ית שמה תמן E לשכן את שמו שם - דב יב 11.

†**שכן²** עבוט, ערבון **pledge** [פועל גזור מן משכון. ע״ע משכן. *Denom. from mškwn; see mškn*]

**אפעל נתן במשכון to pledge** דהוה בתשנק רב וחיול מיום דאשכנתה (ש: דשכנתה) שהיה (ישראל) בייסורים גדולים ועצומים מן היום שמשכנתי אותו (Israel) was in great and severe affliction from the day I pledged him - ת״מ 6א (ל).

†**שכר** שתייה לשכרה **intoxication** [עש״ח NSH].

= **א״י** ונשקי יתיה חמר ונשכרניה - ויק״ר רמה. **ס** שכר שתה לשכרה - LS 777b. ע״ע רוי, רעט]

**אֶתְפְּעֶל השתכר to become intoxicated** ושתה מן עמרה ואשכר A(E) (נ״א ואתרבה) וישת מן היין וישכר (Noah) drank of the wine and became drunk - בר ט 21.

**שכר** ש״ע ז *n. m.* **משקה משכר intoxicant** חמי חמר וחמי שכר לא ישתי m (נ״א רעט) חמץ יין וחמץ שכר לא ישתה he shall not drink vinegar of wine or of any other intoxicant - במ ו 3. לחם לא אכלתון ועמר ושכר לא שתיתון E (נ״א ורעט) ויין ושכר לא שתיתם - דב כט 5. במשתה יין ושכרים - אברהם בן פצ׳אל (Cow 736).

†**שלב** חיבור והרכבה **joining** [**א״י** משלבין - אונקלוס שמ כו 17. **ס** שלבא - LS 779]

**פעל** בינוני פעול *pass. pt.* **מחובר to join, stick** משלבן אחדה לאחדה (B אמכבנין) משלבות אחת אל אחת - joined to each other - שמ כו 17, לו 22.

**שלוב** ש״ת *adj.* qāṭōl **דבוק sticking** מכתש אבר מסמק צרעה שלובה היא בקרותה A נגע לבן אדמדם צרעת דבוקה היא בקרחתו it is leprosy sticking to his bald head - ויק יג 42.

†**שלבוש** חיבור וצימוד ? **sticking** [אפשר שהוא קרוב אל שלבש: תרין צירין... משלוושין דא לקבל דא = שתי ידות... משלבות אשה אל אחותה - **נ** שמ כו 17. והוא דיבוק וחיבור]

**שלבוש** ש״ע *n.* **צמוד ? sticking** ואן יי בקרחותה... מכתש אבר סמק צרעה שלבושה היא בקרותה A) $m_2$ פרחה, נ״א פרחה) וכי יהיה בקרחתו... נגע לבן אדמדם צרעת דבוקה היא בקרחתו if there is on the bald head... a reddish-white diseased spot, it is leprosy sticking to his bald head - ויק יג 42 [פירוש!].

†**שלבק** דלקת, בעירה **inflammation, burning** [**א״י** לשחין פרח שלפוקין - **נ** שמ ט 10 = **סוא״י** שחנין רתחין שלבוקיאן - שם]

**פעל** בינוני פעול *pass. pt.* **דלק inflamed** והוה שחינה משלביק פרוש באנשה ובבהמתה A והיה השחין דולק פורח באדם ובבהמה the boils were inflamed, breaking out on man and beast - שמ ט 10. בסרון משלביק ולשנון מבלבל בשרם (של החרטומים) נצרב, ולשונם מבולבלת

- their flesh inflamed, their tongue stuttering ת״מ (ק) 11א .

**אֶתְפָּעַל דלק** to burn ממה לא ישתלבק סניה EM$_2$ (נ״א יתוקד, יוקד, יבער) מדוע לא יבער הסנה - why doesn't the bush burn up? שמ ג 3.

**שלבוקי** ש״ע נ .n. f **דלקת, צריבה** boil לשחן פרח שלבוקין (V שלבקין) לשחין פרח אבעבעות boils breaking out in inflammations - שמ ט 9 (=המליץ 576). והוה שחן שלבוקין - שמ ט 10.

## שלה1 שם מקום šīlå pr. n.

**שלה** ש״פ עד הלא ייתי שלה ולה ידברון עממאי עד כי יבא שלה ולו יקהתו עמים - בר מט 10.

## שלה2 שם פרטי šīlå pr. n.

**שלה** ש״פ ובני יהושה ער אונן ושלה - בר מו 12.

**שלנאי** ש״י .n gent. לשלה כרן שלנאה (V שלנאי) - במ כו 20.

## שלהב† להבה, אש fire, flame [א״י בשלהובי

אשא - נ שמ ג 2. סוא״י ולחרבא דשלהביתה - בר ג 24]

**שלהובי** ש״ע נ .n. f **להבה** flame ואתגלי לה מלאך יהוה בשלהובית נור מלגו סניה A (m בשל[ה]ו[בית], נ״א בלהבת, בליאב) וירא אליו מלאך יהוה בלהבת אש an angel of the Lord appeared to him in a flame of fire out of the bush - שמ ג 2.

**שלבי** ש״ע נ .n. f **1 להבה** flame זה אלי דאתחזי לי בשלבית אשתה זה אלי (שמ טו 2) אשר נראה לי בלהבת אש "this is my God" (Ex - 15:2) who appeared to me in the flame of fire ת״מ 284ב. **2 דלקת בעור** skin inflammation ואם באתריה קעמת בהקתה... שלבית שחנה היא *M EC$^4$ (M$_2$ שלבת) ואם תחתיה תעמד הבהרת... צרבת השחין היא if the spot remains stationary..., it is the scar of the inflammation - ויק יג 23 [אבל VMB שרבית מן שר״ב].

## שלהי† ליאות, עייפות weariness, fatigue [<

להי/לאי. מן אונקלוס. אבל זב״ח, תרביץ יב 77 O [*interp.*



**פעל עייף** בינוני פעול .pass. pt to be tired ועל עשו מן ברה והוא [מ]שלהי m (נ״א כפן, נכית, עקיץ) ויבא עשו מן השדה והוא עיף - Esau came in from the field, and he was tired בר כה 29. אסגיי שבי מן סמוקה סמוקה הדן הלא משלהי אנה M$_1$ (נ״א נכית, עקיץ) הלעיטני נא מן האדם האדם הזה כי עיף אנכי - בר כה 30 [המסורת השומרונית תופסת עייף = עקוץ (נחש?) או רעב].

**אֶתְפָּעַל נלאה** to languish ואשתלהי ארע מצרים מקדם כפנה *M$_1$ (נ״א וליאת, ואתלעת וכיו״ב) ותלא ארץ מצרים מפני הרעב the land of Egypt and the land of Canaan languished because of the famine - בר מז 13.

## שלום שם פרטי šillom pr. n.

**שלום** ש״פ ובני נפתלי יחצאל וגוני יצר ושלום - בר מו 24.

**שלומאי** ש״י לשלום כרן שלומאה (N שלמאי) - במ כו 49.

## שלומית שם פרטי šillūmət pr. n.

**שלומית** ש״פ ושם אמה שלומית ברת דברי לשבט דן - וי כד 11. ומחקת עמלק ורגמת בר שלומית ומחקת את עמלק ורגמת את בן שלומית - ת״מ 233ב.

## שלח1 העברה והושטה sending, dispatch [א״י

ואוסיף עוד בלק ושלח שליחין - נ במ כב 15. סוא״י הא אנא משלח בכון עבורא - יואל ב 14]

**קל** עבר סביל: שלחו (נסתרים) - בר מד 3. בינוני פעול (ניטשטש הגבול בינו ובין שה״ע): שליח šâli - מ ה 75, ת״מ 10א. **פעל** עבר: שלח - שמ ט 7. עתיד: ישלח - בר כד 7. ציווי: שלח šalla - מ ז 83. בינוני - משלח amšalla - ננה 66. פעול: משלחה (נ) - בר לב 19. מקור: משלח - שמ ז VMEB 27. משלחה - ת״מ 29א. **אֶתְפָּעַל** עבר: אשתלחו (נסתרים) - בר מד MEB 3. עתיד: תשתלח - ת״מ 287ב. בינוני: משתלחה (נ) - בר לב 19 B. **שלוח** - במ כב 37. **שלח** בשלח - שמ יג 17. **שלחו** - qiṭṭūl בשלחות (נסמך) - שמ יג 17 B. **שליחה** - בר ד 3 A. שליתה (<שליחתה - מיודע) - ויק יד 31 A. **שליחו** שליחות (נסמך) - דב יב 18.

**קל שולח** .pass. qal to be sent וגבריה שליחו אנון וחמוריון (J שלחו) C והאנשים שלחו הם וחמוריהם the men were sent off with their asses - בר מד 3 [סביל קל. השי׳ אבו-סעיד: أُطْلِقوا].

בינוני פעול .pass. pt וזל למצרים וידעון דאת שליח מדלי ולך למצרים וידעו שאתה שלוח

משלי (דברי האל אל משה) go to Egypt, that they may know that you are a messenger of mine - ת״מ 10א. נפתלי אילה שליחה נפתלי אילה שלוחה - בר מט 21. קעם עם יעקב... ועבדה נצח שליח עמד ליעקב... ועשאו מנצח מלאך - מ ה 73-75. ועמו שליחיה דמשתלחין לון מן אקר פרעה וראו (משה ואהרן) את השלוחים שנשלחו אליהם מאת פרעה - ת״מ 348ב.

**פעל 1 שלח to send** ושלח ואנדה לגפנה ברת נעמה מן בבל ושלח והביא את גפנה... he sent and brought Gaphna from מבבל Babylon - אס 6א. הוא ישלח שליחה לקדמיך הוא ישלח מלאכו לפניך (God) will send his emissary before you - בר כד 7. **שלח** דבוק לעבדיך שלח מושיע לעבדיך - מ ז 83. עזר מן טעותך ושלח ישראל שוב מטעותך ושלח את ישראל - ת״מ 33א. מליו הוא משלח לגו מי תהו ובהו דבריו הוא שולח לתוך מי תהו ובהו - ננה 66. מנחה היא משלחה לרבי מנחה היא שלוחה לאדני - בר לב 19. נפתלי אגרה משלחהVE נפתלי אילה שלוחה - בר מט 21. **2 התיר ללכת to let go** ויקר לב פרעה ולא שלח ית עמה ויכבד לב פרעה ולא שלח את העם the heart of Pharaoh was hardened, and he did not let the people go - שמ ט 7. מה דה עבדנן כד שלחנן ית ישראל מה זאת עשינו כי שלחנו את ישראל - שמ יד 5. באד תקיפה ישלחנון ביד חזקה ישלחם - שמ ו 1. נכתר על דינה ולא נשלח ית עמה נחכה לעונש ולא נשלח את העם - ת״מ 332ב.

**משלח(ה)** איבוד הגרונית גרם לסיום תנועה. על כך מעיד גם העיצור המתווך ת לפני הכינוי (פלורנטין קווים 64) אין הפרש בין הכתיב בה׳ ובלעדיה. *The loss of the gutturals has abolished the distinction between mšlḥh and mšlḥ.* ואם מעי אתה למשלח (VMEB למשלחה=ת״מ 29א) ואם מאן אתה לשלח - שמ ז 27. ותמעי למשלחתה - שמ ד 23. ואברהם אזל עמון למשלחתון ואברהם הלך עמם לשלחם - בר יח 16.

**אֶתְפַּעַל נשלח to be sent** וגבריה אשתלחו אנון וחמוריון MEB והאנשים שלחו הם וחמוריהם the men were sent off with their asses - בר מד 3. ברוך הוא היום דאתנבה בה משה ואשתלח לפרקן בני עבדיון ברוך הוא היום שהתנבה בו משה ונשלח לגאול את בני עבדיו - ת״מ 102א. שליחה היא משתלחה לרבי B מנחה היא שלוחה לאדני - בר לב 19. ודחל יעקב... לאלא תשתלח לידון אד ברהיתה ופחד יעקב... פן תשתלח בהם יד הזרה - ת״מ 287ב. ועמו שליחיה דמשתלחין לון וראו (משה ואהרון) את השליחים הנשלחים אליהם - ת״מ 348ב.

**שלוח** ש״ע ז *n. m.* qiṭṭūl **שליחה dispatch** אם תתן ערבון עד שלוחך C אם תתן ערבון עד שלחך you must leave a pledge until your dispatch - בר לח 17. הלא שלוח שלחת לידך למזעק לך הלוא שלח שלחתי אליך לקרא לך - במ כב 37. אכהן עבדו אבהתכון בשלוחי יתון מקדש ברנע - במ לב 8. בתפקיד המקור הפעלי *as infinitive* **גירוש divorce** לא יכל שלוחה כל יומיו (VECB משלחתה) לא יוכל שלחה כל ימיו he may not divorce her all his days - דב כב 19.

**שלח** ש״ע ז *n. m.* **שילוח dispatch** ובשלחי יהוה יתכון (C ובשלוחי, V ובשלוחה) - דב ט 23. אם תתן ערבון עד שלחך EB... עד שלחך - you must leave a pledge until your dispatch - בר לח 17. והוה בשלח פרעה ית עמה ויהי בשלח פרעה את העם in Pharaoh's letting the people go - שמ יג 17.

**שלחו** ש״ע נ *n. f.* **שילוח** והוה בשלחות פרעה ית עמה B - שמ יג 17. ואנה כיר אדה ושלחות ממללה ואני כתב ידו ושליחות דיבורו (דברי האות פ) - ת״מ 297א.

**שליחה** ש״ע נ *n. f.* **1** שפ״ע *v. n.* **שילוח dispatch** ואברהם אזל עמון לשליחתון B ואברהם הלך עמם לשלחם Abraham went with them to send them off - בר יח 16. **2** שם מוחש concr. **מנחה offering** ועלל קין מן פרי אדמתה שליחה A (נ״א מנחה) ויבא קין מפרי האדמה מנחה Cain brought an offering to the Lord - בר ד 3. עלתה ושליחתה וחטאתה ואשמה ושלמיה - ת״מ 165א. וכבנו ית שליחתה עד על יוסף ויכינו את המנחה עד בא יוסף - בר מג 25. עלתה עם שליתה A (נ״א מנחתה) - ויק יד 31.

**שליחו** ש״ע נ *n. f.* **שליחות mission** וחכמו הן שליחותה משה קשיטה וידעו ששליחות משה אמת they knew that the mission of Moses was true - ת״מ 92א. וכן אמר לון נביה רבה משה בשירוי שליחותה וכך אמר להם... בראשית שליחותו - ת״מ 132ב. ובצירוף ׳שליחות אדה׳ כגון דב יב 18, טו 10 ועוד = משלח ידיך.

†**שלח²** פשיטה והסרה **stripping** [א״י וישלח ית לבושי בוצא - נ ויק טז 23. ס אשלחוהי כותינא - בר לז

23 פ. LS 780. השי' سلخ = פשט עור - Lane 1403b]

**קל** פעול: שלחין (ר) šå'līn - ע״ד כז 81. **אפעל** עבר: ואשלח - במ כ 28. ואשלחתנה (נוכח + נסתר) - ננה 4. עתיד: וישלע - ויק ו 4. תשלח tašla - מ א 142. ציווי: ואשלח - במ כ 26. בינוני: משלח mašla - ע״ד ג 29.

**קל 1** בינוני פעול *pass. pt.* **פשט** **to strip** שלחין מן רחמיך פשוטים (אנו) מרחמיך we are sripped of your mercy - ע״ד כז 81-83. **2 נשל to drop off** *intrans.* ישלעון (זיתיך) ישעל זיתך your olives shall drop off - המליץ 601 ע״פ דב כח 40. ע״ע שלח[1].

**אפעל 1 הפשיט** בגד **to strip** a garment ואשלח משה ית אהרן ית ארקעיו ויפשט משה את אהרן את בגדיו Moses stripped Aaron of his vestments - במ כ 28. **ואשלעו מן יוסף ית** כיתנתה ויפשיטו את יוסף את כתנתו - בר לז 23 (המליץ 562: ואשלחו). **ואשלח מן אהרן ית** ארקעיו והפשט את אהרן את בגדיו - במ כ 26 [לפי נה״מ: והפשט (ציווי). שאר כה״י: ותשלח כנגד והפשטת = המליץ 562]. בהשאלה *fig.* **והשלחת ית** כלילך ואנסבת מנך מלכותה והפשטתי את כתרך (מעליך) ונטלתי ממך את המלוכה - ת״מ 278א. **וכל יתה קדשה... משלח מנה וכל אותה** קדושה... מופשטת ממנו - ע״ד ג 28-29. **לא תשלח** עקובתך מנן אל תפשוט את תפארתך ממנו - מ א 142. **יום שבתה כלילה רבה... אן דאת** לביש בה את מלך ואשלחתנה אתה בדוש רב יום השבת - הכתר הגדול. אם אתה לבוש בו, אתה מלך. ואם תפשוט אותו, אתה בעמל גדול - ננה 1-4. **2 פשט** בגד **to take off** a garment **וישלע ית ארקעיו** ופשט את בגדיו he shall put off his garments - ויק ו 4. בהשאלה *fig.* **ולא ערק רטובה דו הוה לבוש צלמה אשר** אשלעה אדם בגן עדן ולא נס לחו (דב לד 7) כי היה לובש פנים אשר פשטם אדם בגן עדן - ת״מ 269ב [זב״ח העי' 3]. **ואשלע מן לבך כל אהן** בלודה והוצא מלבך כל הבהלה הזא remove from your heart all this dread - ת״מ 13א. **3 פשט** עור הבהמה **to flay** *the skin of an animal* [הרחיב את האיסור מאכילת נבלה (נ״ש) לעיסוק בנבלה בכלל, וכך גם JEC תגרף, MB תטלק והכול עניין פשיטת העור. רק A דתיכל. עואנ״ש ג/א 69. *The prohibition of eatinga carcass is extended to any dealing with it*] **וכל נפשה דתשלע נבלה... ויסתב עד** רמשה N וכל הנפש אשר תפשוט נבלה... וטמא עד הערב any person that flays a carcass... shall be unclean until the evening - ויק יז 15. **נבלה וטרפה לא ישלעון** NB ...לא יאכלו - ויק כב 8. **לא תשלעון כל נבלאה** E **למגירה דבקוריך**

תתנה ואשלעה EC לא תאכלו כל נבלה לגר אשר בשעריך תתננה ואכלה - דב יד 21.

## שלח3 שם פרטי *pr. n.* šâla3

**שלח** ש״פ **וארפכשד הולד ית שלח ושלח הולד** ית עבר - בר י 24.

## שלחם† ט״ס: עירוב של מתנם (נ״ש) ושל שלחת שבסמוך. [*Corr. blend of* SP *mtnhm and šlḥt.*]

**אִתְפַּעַל הזיד to plot** עשו אחוך משתלחם לְלָך למקטלנך C עשו אחיך מתנחם לך להרגך Esau your brother plots against you to kill you - בר מז 13.

## שלט ממשלה, שררה **rule** [א״י מלכין דשלטין באמיא - נ בר יז 6. **סוא״י** שלט יתכון דתפטרון נשיכון - מתי יט 8]

**קל עבר**: שלטת - ת״מ 283ב. עתיד: ישלט - בר ג 16. ציווי: ושלטו - בר א 28. מקור: למשלט - בר א 18 (E)A. **פעל** בינוני: משלט - ת״מ 33ב. מקור: למשלטה - בר א 18. **אפעל** עבר: ואשלט - בר מ 4 A. **משלט** - בר לז 8 VECB (=המליץ 512). **משלטה** - בר א 18. **משלטן** משלטנה (+נסתר) - במ כג 7. **שלוט** qiṭṭūl בר לז 8 A. **שלטון** שלטונין (ר) - שמ א m 11 (מן אונקלוס O). **שלטן** afšiltån - מ י 12. **שלטנו** wšiltânu - מ ח 43. **שליט** šållət̤ - מ ו 12.

**קל משל, שלט†** **to rule** תחמדתה דשלטת עלינן והלבשת יתן חשיכות לבה התאווה שהשתלטה עלינו והלבישה אותנו חשכת לב the passion that rules us and makes us wear darkness of the heart - ת״מ 283ב. **והוא ישלט** בך והוא ימשל בך - בר ג 16. **לית ישלט בה** מאדם ביש לא ישלוט בו דבר רע - ת״מ 222א. **אם משלט תשלט בנן** VECB אם משל תמשל בנו - בר לז 8. **וישלט מיעקב וייבד שיור מקרתה** וירד מיעקב והאביד שריד מעיר - במ כד 19. **פרו ורבו ושלטו בנונית ימה** A) **ואשלטון** = המליץ 591) ...ורדו בדגת הים - בר א 28.

**משלט** ולמשלט ביומה ובליליִ (E)A ולמשל ביום ובלילה - בר א 18.

**פעל משל†** **to prevail** ערב יקיר מותר משלט על מצראי ערב כבד מאוד השתלט על המצרים heavy (hordes of) flies prevailed over the Egyptians - ת״מ 33ב.

**משלטה** ולמשלטה ביומה ובליליִ J ולמשל ביום ובלילה - בר א 18. **ית מלוי מאורה** רבה למשלטת יומה וית מאורה זעורה

למשלטת ליליA(E) את מלוא המאור הגדול לממשלת היום ואת המאור הקטן לממשלת הלילה - בר א 16 (המליץ 512: לשלטנות).

**אפעל השליט**† **to install a ruler** ואשלט רב נכוסיה ית יוסף עליוןA (נ״א ואימן) ויפקד רב הטבחים את יוסף עליהם the chief steward assigned Joseph to them - בר מ 4. הצילני מידי דבבי... ולא תשלטון עליהצילני מידי אויבי...ואל תשליטם עלי - עבד אל (Cow 215).

**משלט**† ש״ע ז *n. m.* **1 שלטון** שם מופשט **rule** *abstr.* אם משלט תשלט בנן VECB (נ״א שלטן) אם משל תמשל בנו do you mean to rule over us? - בר לז 8 (=המליץ 512). ותהי לשם ולמשלט ולסנה בכל עממיה והיית לשם ולמשל ולשנינה בכ העמים - דב כח 37 [פירוש: לשלטון זר ולשנאה]. **2 נאום** נתפס משל לשון שררה **discourse** ותלה משלטה CB (JE) מתלה) וישא משלו he lifted up his discourse - במ כד 3 וכיו״ב 15, 20, 21, 23.

**משלטן**† ש״ע ז *n. m.* **נאום** נתפס מעניין השררה, והוא דרש על בלעם לפי במ לא 8, שבו נזכר בלעם עם מלכי מדין **discourse** ותלא משלטנה ואמר VA וישא משלו ויאמר Balaam lifted up his discourse, and said - במ כג 7, וכיו״ב 18 VA, VNA כד 3, VA 15, 20, 21, V 21.

**שלוט**† ש״ע ז qiṭṭūl *n. m.* **שלטון rule** אם שלוט תשלט בנןA אם משל תמשל בנו - בר לז 8.

**שלטון**† ש״ע ז *n. m.* **מושל ruler** ושבו עליו שלטונין מבאשין m (נ״א רבני מפלחים) וישמו עליו שרי מסים they set evildoing rulers over them - שמ א 11.

**שלטן** ש״ע ז *n. m.* **שררה rule** וכל מלכיה בשלטנה וכל המלכים (הם) בשלטונו all the kings are under His rule - ע״ד י 4. גליאתה וכסיאתה בשלטן אלהותך הגלויות והנסתרות (הן) בשלטון אלוהותך - מ׳ י 11-12. אסטה שלטנה מן עליון סר צלם מעליהם - במ יד 9 [נ״ש ṣālām נתפס צלם = דמות (האל, כלומר הגנתו) כמו כ״י D: בשלטנה = בצלמו - בר א 27]. נעבד אנש בשלטנן D (נ״א בצלמנו, בצורתן) נעשה אדם בצלמנו - בר א 26. דבשלטני רבה פליאן רברבן שבשליטתי הגדולה (יש) מופתים גדולים - ת״מ 13ב ונסב מן שלטנה ואמר N וישא משלו ויאמר - במ כד 20, 21, 23 [הפרדה מגמגמית של מ׳ השורש למלת יחס]. **2 שליט ruler** ולא מלך ולא שלטן יכל ימעי לה ואין מלך ואין מושל יכולים למחות ביד - no king or ruler can oppose Him - ת״מ 3ב. פרעה שלטן מצריםA (נ״א מלך) פרעה מלך מצרים - בר מא 46. ותדעל מלך שלטן

עממאיA - בר יד 9 [גיליון]. הלא כותך כשלטנה A כי כמוך כפרעה - בר מד 18. להרחקת ההגשמה מה דה עבד שלטנה לנןVA (נ״א אלהים) מה זה עשה אלהים לנו - בר מב 28. ברי שלטניה A(E) (נ״א בני האלהים) בני האלהים - בר ו 2, 4 (המליץ 449: שליטיה).

**שלטנו** ש״ע נ *n. f.* **שררה rule** כל רבו ושלטנו רביאנך רב מכן כל גדולה ושררה, גאונך גדול מכך any greatness and rule, Your supremacy is greater than it - מ ח 42-43. קעימין ומאתין תחת שלטנותהחיים ומתים (הם) תחת שלטונו - מ יג 75-76. משה ואהרן הוו משלחין לבישין שלטנו משה ואהרון היו שלוחים נאצלים בשררה - ת״מ 18א.. שלטנות מיה אתנדנדת ושלטנות אשתה אתגברת שלטון המים נתערער ושלטון האש גבר - ת״מ 80ב.

**שליט** ש״ע ז *n. m.* **מושל ruler** גלגו בחילה דו שליט בעובדיו שבחו את כוחו כי הוא מושל במעשיו praise His might, for He is the ruler over His deeds - מ ו 11-12. בחילך אתרחצנן דאת יכול ושליט בכוחך בטחנו כי אתה יכול ושליט - ע״ד כז 7-8. ולא שליט יכל ימלך עליך - ת״מ 7ב. קעם קדקד עזיז בעותר שליטים יאבדו ביומיו יקום נשיא איתן בעושר. שליטים יאבדו בימיו - אס 21 ב. ואעקב בך כל שליטיה בתרך ויזנב בך כל הנחשלים אחריך - דב כה 18 [נתפס מן חשל = כוח. *Int. as from ḥšl, 'strength'*.]. מה דה עבד שליטה לנן $*M_2$ מה זה עשה אלהים לנו what is this that the ruler has done to us - בר מב 28 [למניעת סתירה כנגד בר מה 5. *[harmonizing with* Gen 45:5.

**שלי¹** שליפה ועקירה **extraction, drawing out** [השי׳ א״י שלינוניה = שולה דגים (מין עוף) - נ דב יד 17. ע ושולה פשתנו מן המשרה - מו״ק ב, ג. ס דמן מיה שליתה - שמ ב 10 פ. LS 778b וע״ע שחל, שלח, נשל].

**אפעל עקר to eradicate, uproot** וישלי גוים סגים מקדמיך ונשל גוים רבים מפניך - (God) will eradicate many nations before you - דב ז 1. וישלי יהוה אלהיך ית גועיה האלין מלקדמיך ונשל יהוה אלהיך את הגוים האלה מלפניך - דב ז 22. אני אני הוא דנצבת גנתה ואשלית סדם אני אני הוא (דב לב 39) אשר נטעתי את הגן ועקרתי את סדום - ת״מ 243ב. והוה ברד בכל ארע מצרים משלי שרשים "let be hail in all the land of Egypt" (Ex 9:22), uprooting roots עוקר שורשים... - ת״מ (ק) 11ב

[זב"ח הע' 3].

**אֶתְפְּעֵל 1 נעקר to be uprooted** סחנתך דעמרת... אזלה לחרבנה... ומשתליה בפנותה נחלתך שבנית... הולכת לחורבן... ונעקרת בפנותה your inheritance that you built...is departing for destruction... uprooted by the Disfavor - ת"מ 253א. **2 נשלף to slip out** ותטעי אדה בקצוצה למקטע קיצמה וישתלי ברזלה מן קיצמה J (EC ויתנשל, VB וישתפל < וישתלף?) ונדח ידו בגרזן לכרת העץ ונשל הברזל מן העץ his hand swings the ax to cut down a tree, and the head slips from the handle - דב יט 5.

**משלו**† ש"ע נ *n. f.* **מזלג fork** ותעבד עיריו לקטומה ודודיו ופנכיו ומשלותיו... נחש C ועשית סירתיו לדשנו ויעיו ומזרקתיו ומזלגתיו... נחשת you shall make pots for it to receive its ashes, shovels, and basins and forks... of bronze - שמ כז 3. ועבד ית כל מני מדבחה ית איאריה... וית משלואיה... נחש N (MBA משלוחיה) - שמ לח 3. ויתנון עליו ית משלואיה VN (MB משלועיה) - במ ד 14.

**משלנ(י)**† ש"ע *n.* **מזלג fork** [ס משליא = מזלג - LS 778b] ופנכיו ומשלעיו ומחתיאתה ומזרקתיו ומזלגתיו ומחתיתיו its pans, flesh hooks, and fire pans - שמ כז 3. ועבד ית כל מני מדבחה ית איאריה... וית משלעיה... נחש - שמ לח 3. ויתנון עליו ית משלעיה - במ ד 14.

**שלוי** ש"ע ז qāṭōl *n. m.* **עוקר uprooter** אהיה אשר אהיה נצובה דגנתה ושלואה דסדם אהיה אשר אהיה נוטע הגן ועוקר סדום "I am who I am", the planter of the garden (of Eden) and the uprooter of Sodom - ת"מ (ל) 13.

**שלי** ש"ע נ *n. f.* **שליה** מעטפת העובר **afterbirth** [ע שליה - חולין ד, ז. ס שליתא - LS 778b - פ 55] ובשליתה דנפקה מבין רגליה ובבניה דתילד ובשליתה היוצאת מבין רגליה ובבניה אשר תלד her afterbirth that comes out from between her feet and her children whom she bears - דב כח 56-57. (=המליץ 601).

**שלי²**† פיתוי והטעייה **enticement, deceit** [א"י חויה אשלי יתי - נ בר ג 13]; שגגה **error** [מן אונקלוס O]

**אפעל פיתה to entice** נחשה אשלתי הנחש השיאני the serpent beguiled me - בר ג 13. **ואן** ישלי גבר בתולה וכי יפתה איש בתולה if a man seduces a virgin - שמ כב 15 (=המליץ 566). ישלינך יסיתך - המליץ 540. בנוסחאותינו: יסיתך, ימלכנך.

**אֶתְפְּעֵל 1 נתפתה to be enticed** השתמרו לכון דלא ישתלי לבכון... ותשמשון אלהים עורנים VB (EC ישלי) השמרו לכם פן יפתה לבבכם... take heed lest your heart be enticed, and you... serve other gods - דב יא 16. **דאשתלינן** ודהטינן C אשר נואלנו ואשר חטאנו - במ יב 11 (=המליץ 522). **2 שגה to err** וכד תשתלון ולא תעבדון ית כל פקודיה $*M_2$ (נ"א תשגון) וכי תשגו ולא תעשו את כל המצוות if you err, and do not observe all the commandments - במ טו 22.

**אֶתְפְּעֵל 1 נתפתה to be enticed** דלא יתשלי לבכון פן יפתה לבבכם lest your heart be enticed - דב יא 16. דאתשלינן ודהטינן MBA אשר נואלנו... - במ יב 11 (=המליץ 522).

**שלו** ש"ע נ *n. f.* **משגה error** וית כספה דאתעזר בפם חדיכון תעזרון לוי שלו היא $*M_2$ (נ"א משגו, שגו) ואת הכסף המושב בפי אמתחתיכם תשיבו בידיכם אולי משגה היא bring back the money that was replaced in the mouths of your bags; perhaps it was a mistake - בר מג 12. אתעבדת לשלו $B*M_1$ (נ"א לשגו) נעשתה לשגגה - במ טו 24. וכן $*M_1$, $*M_2$ בפסוק 25, 27. ויסתלחון לקדם יהוה על שלותהון m (נ"א שגותון) וחטאתם לפני יהוה על שגגתם - במ טו 25. **בתכיף שלו** ת"פ *adv.* **בהסח הדעת unexpectedly** ואן ימות מית עליו בתכיף שלו $M_2$ (נ"א בתרע עטף, בעטף ארפו) וכי ימות מת עליו בפתע פתאם if a person dies near him suddenly, unexpectedly - במ ו 9 (מן אונקלוס O).

**שלך**† זריקה, הטלה **throwing** [מן העברית H]

**קל שלח to send** שלך לך גבריך V (נ"א שגר, שלח) שלח לך אנשים send men - במ יג 2 [טי"ס ? *Corr.*].

**אפעל/הפעיל השליך to throw** אשליך יתה מן אדך השלך אותה מידך cast it from your hand - ת"מ 11ב [ע"פ שמ ד 3]. **וזבן השליך** הנביא התמים המטה - עבד אל (Cow 296). והשליך דשא בלבי ואזרע בפיי זרע עד תדגן I shall sow grass in my heart and grain in my mouth so that it brings forth - אבישע (Cow 107). אשלכתי נפשי באש להבה - עבד אל (Cow 214).

שללי[†] מין סם **a spice** [**ס** של = שורש הנימפיאס - LS 778b. בר בהלול 1978: סם הודי شل. Dozy I 780b]. ע״ע שחלה.

**שללי** ש״ע נ *n. f.* **מין סם a spice** סב לך סמנים קטף ושללי וחלבניה (M[1]C) ושללה (=המליץ 451), M ושלחלה, B ושחלה) קח לך סמים נטף שחלת וחלבניה - שמ ל 34.

**שלם**[1] **א״י**] **completion, perfection** שלמות וכד ישלמון יומי דכותה - **נ** ויק יב 6. **סוא״י** ושלם אלהא... עובדיו - בר ב 2] ← סוף, מוות **end, death**; הסכמה ולימוד **agreement, learning**; מסירה **handing over** [**א״י** ומשלים לך מדינתא - ירוש תענית סח ע״ד. הש״ע ומשלים את עמי לגוי נכר - מגילת המקדש סד 7-6. ב״י 7183א]. שאילת שלום **greeting** [גזור שם בעש״ח *NSH denom.*]

**קל** עבר: שלם - בר מז 15 (=המליץ 609). עתיד: וישלם - ויק כו 20. בינוני: (מ)שלם miššâləm - ע״ד א 22 [עם מ היחס במעמד ת״פ. עואנ״ש ג/א 95 *adverbial*.] פעול: שלים - בר ו 9 (E)A. מקור: משלם - במ יז 28. **פעל** עבר: שלמתון (נוכחים) - בר מד 4. עתיד: ישלם - שמ כב 4. בינוני: ומשלם - דב ז 10. **אפעל** עבר: אשלם - שמ לה 35. עתיד: ישלם yašləm - ע״ד א 5. ציווי: אשלמו - שמ לב 29. בינוני: משלמים (ר) - שמ כט 22. מקור: משלמה - שמ כט 33. **אִתְפְעַל** עבר: ואתשלם - ויק כא 10 A. **אשלם** - ויק כו 28. **אשלמה** אשלמת (נסמך) - במ ו 5 B. **אשלמו** - ויק ח 28 V. **אשלמים** - שמ כה 7. **משלמו** משלמות (נסמך) - שמ כח 16 B. **משלמין** משלמיה - שמ כט 34. **שלום** qiṭṭūl - שמ כא 36. **שלום** šâlom (ע) - ע״ש ח 46, בר מג 27 A. **שלם** - מ ב 81. šēlåm **שלמה** - שמ לא 5 A. **שלמו** - שמ לה 33 MA. בשלמו afšalmu - ע״ד א 23. **שלמים** - ויק ג 1. **תשלמה** תשלמתה (ר) - tåšlēmâtå - מ א 90. תשלמאתי (+מדבר) - במ יד 34 A. **תשלמו** תשלמותה (+נסתר) - בר כז 10.

**קל א**[†] פע״ע *intrans.* **1 תם to come to an end** ושלם כספה מן ארע מצרים ויתם הכסף מארץ מצרים money failed in the land of Egypt - בר מז 15. וישלם לריקה חילכון ותם לריק כחכך and your strength shall be spent in vain - ויק כו 20. ושלמת שתה ההיא ותתם השנה ההיא - בר מז 18. עלם מצלח משלם עולם מצליח לגמרי - ע״ד א 22. גבר זכאי ושלים איש תם ויש ר בר ו 9. **2 הושלם to be completed** הלא לא שלם עוב אמראה כי לא תם חטא האמרי for the iniquity of the Amorites is not yet complete - בר טו 16. **כד** השלמת בישתון אתחזית בדיני ובטלת דכרון כאשר שלמה רעתם נראיתי בדיני וביטלתי

את זכרם - ת״מ 218א. **3 יפה כוחו** עם 'אתרי' או 'אדי' **to be consecrated** וכהנה... דאתרק על רישה משח רבותה ושלם אתרה למלבש ית רקעיה VMB והכהן... אשר יוצק על ראשו שמן המשחה ומלא ידו ללבש את הבגדים the priest..., upon whose head the anointing oil is poured, and who has been consecrated to wear the garments - ויק כא 10. **4 גווע to die** ושלם ומית אברהם ויגוע וימת... Abraham expired and died - בר כה 8. ושלם ואכנש לעמה ויגוע ויאסף אל עמו - בר מט 33. ולוי שלמנן בשלם אחינן ולוי גוענו בגוע אחינו - במ כ 3. ושלם נח ומית - אס 38ב. **ב** ש״ת מן הבינוני *adjectival pt.* **1 תמים blemishless** וצאו לעלמה שלמין ויצאו לעולם תמימים come forth into the world blemishless - ת״מ 288א. עבדתנון שלמין יצרתם שלמים - ע״ד כד 17. נעזר כדו במדע שלם אל מימרה כי ידון יהוה עמו נשוב עתה בלב שלם אל מאמרו "כי ידין יהוה עמו" (דב לב 36) - ת״מ 244א. פר בר תורים שלם פר בן בקר תמים - ויק ד 14. כינוי לצדיקים *epithet of the righteous* קרצו שלמיה השכימו הצדיקים the blemishless woke up early (משה ואהרן) (Moses and Aron) - ת״מ 228. לאברהם ליצחק... שלמיה לאברהם ליצחק... הצדיקים - ת״מ 225א. **2 תם lenient** ויעקב גבר שלם ויעקב איש תם Jacob was a lenient man - בר כה 27 (=המליץ 615).

**משלם** האם שלמנן למשלם האם תמנו לגוע are we doomed to perish? - במ יז 28 (=המליץ 610).

**פעל 1 גמל to requite** למה שלמתון בישה תחת טבה למה שלמתם רעה תחת טובה why did you repay good with evil? - בר מד 4. ומשלם לסנאיו על קדמיו למבדאתה לא ישהי לסנאיו על קדמיו ישלם לה ומשלם לשנאיו על פניו להאבידו לא יאחר על פניו ישלם לו He instantly requites with destruction those who reject Him — never slow with those who reject Him, but requiting them instantly - דב ז 10. **2 שילם to pay** תמורה על נזק או קנייה for a damage or purchase מן מיטב חקלה... ישלם ממיטב שדהו... ישלם - שמ כב 4. ואתבר אי מית מסענה לית עמה שלם ישלם ונשבר או מת בעליו אין עמו שלם ישלם - שמ כב 13. אד יעיבנה האלהים ישלם אחד תרים אשר ירשיענו האלהים ישלם שנים לרעהו - שמ כב 8.[†] **3 השלים, שכלל to perfect** שלם יתון חכמת

לבה A (נ״א מלא) מלא אתם חכמת לב He has perfected them with ability - שמ לה 35 [בהשפעת התה״ע: اكملهما .[Under the influence of SAV

**משלמה** כד תדר נדר... לא תשחי למשלמתה VCB (E למשלמאתה) כי תדר נדר... לא תאחר לשלמו - דב כג 22.

**אפעל א** פע״י **1 סיים, השלים** trans. **to complete** ואשלם שבוע דה M (נ״א ומלא) וימלא שבוע זאת (Jacob) completed her week - בר כט 28. אשלם יתון חכמת לבה $M_1B$* (נ״א מלא) מלא אתם חכמת לב - שמ לה 35. **ואשלמו** בה ארבע סדרי אבן וימלאו בה ארבעה טורי אבן - שמ לט 10. **2 גמל to requite** יעזר לנן ית כל בישתה דאשלמנן יתה A (נ״א דגמלנן) ...אשר גמלנו לו (Joseph) will pay us back for all the evil which we did to him - בר נ 15. **3 נתן הודיה to praise** מן דשרי בתותביו ישלם למרה דאתרה מי ששוכן בתושביו (של האל) יתן הודיה לבעל המקום - ע״ד א 4-5. **4 עשה שלום to pacify** ואם לא תשלם עמך ועבדת עמך קרבה ואם לא תשלים עמך ועשתה עמך מלחמה - דב כ 12 [השי׳ **נ** ואן לא תשלם לכון]. **5 מסר to hand over** ולא תנזפנן ואתה סכיונן ולא תשלמנן... ואל תנזוף בנו... ואל תפקירנו - do not rebuke us... do not hand us over ע״ד 21-24. **6 שאל בשלום to greet** כהלון אתו... ועליו כהלון שלמו כולם באו... ושאלו לו כולם לשלום - סעד אלדין [Cow 382] > سلم على - [Lane 1412c]. **ב** פע״ע **1 יפה כוחו** intrans. עם כהנה **to be consecrated** with 'tr יאתרי' דאשלם ית אתרה MECBA (V דשלם, נ״א דמלא) הכהן אשר מלא את ידו the priest who was consecrated - ויק ד 5. **אשלמו** אתריכון יומן ליהוה מלאו ידיכם היום ליהוה - שמ לב 29. **2 למד to learn** לא בזועגה אלפנן ולא בדין דגובה אשלמנן לא ברעדה למדנו ולא בעונש הארבה למדנו not in trembling have we learned, not in the plague of the locusts have we learned - מ א 124 [זב״ח: מקביל ל׳גמר׳ = סיים <- למד].

**משלמה** ולמשלמה בון ית אתרון ולמלא את ידם - שמ כט 33 [לשון ייפוי כוח]. **ובאמנות** אבן למשלמה $M_2$* ובחרשת אבן למלאות - שמ לא 5.

**אֶתְפַּעַל**[†] **1 יופה כוחו to be consecrated** וכהנה... דאתרק על רישה משח רבותה ואתשלם אתרה למלבש ית רקעיה A ...ומלא ידו ללבש את הבגדים the priest..., upon whose head the anointing oil is poured, and who has been consecrated to wear the garments - ויק כא 10. **2 נעשה מסור to submit oneself** ונח כד אתשלם ואברהם כד אתנסה ונח כאשר נתמסר, ואברהם כאשר נתנסה Noah, when he submitted himself, Abraham, when he was tested - ת״מ 119ב.

**אשלם**[†] ת״פ adv. **בשלמות entirely** וארדי יתכון קשטה אנה אשלם על עוביכון A (נ״א שבוע, שבע) ויסרתי אף אני שבע על חטאתיכם I will chastise you myself entirely for your sins - ויק כו 28 [תפס שבע = ייתור. ע״ע שבח].

**אשלמה**[†] ש״ע נ n. f. **תום completion** עפוף לא יעבר על רישה עד אשלמת יומיה דיתנזר B תער לא יעבר על ראשו עד מלאת הימים אשר יזיר no razor shall come upon his head; until the the completion of the days for which he vows - במ ו 5.

**אשלמו** ש״ע נ n. f. **1 תום completion** עד אשלמות יומיה דיתנזר VNMA עד מלאת הימים אשר יזיר until the the completion of the days for which he vows - במ ו 5. **ביום** אשלמות יומי נזרה NMA ביום מלאת ימי נזרו - במ ו 13. ויהי כאסכמות משה למכתב ית מלי ארהותה הדה על ספר עד אשלמותון C ויהי ככלות משה לכתב את דברי התורה הזאת על ספר עד תמם - דב לא 24. **2 מילואים** קורבן **ordination offering** אשלמו אנון לריח רעוה V מלואים הם לריח ניחח it is an ordination offering for a pleasing odor - ויק ח 28. מדכר אשלמותה למשה הוה לחלק N מאיל המלאים למשה היה למנה - ויק ח 29. **3 שיבוץ** אבני חן **mounting stones** ותשלם בה אשלמות אבן ומלאת בו מלאת אבן mount in it a mounting of stones - שמ כח 17. **ובאמנות** אבן לאשלמו N (V לאשלמותה) ובחרשת אבן למלאת - שמ לה 33.

**אשלמין** ש״ע ז n. m. pl. tant. **1 מלואים** קורבן **ordination offering** ואם יתותר מן בסר אשלמיה ואם יותר מבשר המלאים if any of the flesh for the ordination remain - שמ כט 34. ואקרב ית... דכר אשלמיה ויקרב את איל המלאים - ויק ח 22. **2 שיבוץ** אבני חן **mounting precious stones** ואבני אשלמיה ואבני המלאים the mounting stones - שמ לה 9, 27. **ואבני אשלמים** - שמ כה 7.

**משלם** ת״פ (מ+בינוני) adv (m+pt.) **בשלמות**

מתסגד כיי משלם מצלח עלם ולא **entirely** בשלמו ולא עולם מצליח בשלמות אלא אם הוא (האל) נעבד בשלמות the world does not succeed entirely, unless (God) is worshiped in perfection - ע״ד א 22-23, מ כא 34. וחרמנן ית כל קריו משלם ונחרימה את כל עריו מתם we destroyed all its cities, entirely - דב ב 34 [ההגייה mittåm < מן תם. עואנ״ש ג/א 95]. אהיה שלחני אליכם משלם "אהיה שלחני..." (שמ ג 14) בשלמות - ת״מ 9ב. קעם קדקד... מערב משלם תרח דאיקר יקום נשיא... עובר לגמרי את שער הכבוד - אס 22א.

**משלמו**† ש״ע נ *n. f.* **1 שיבוץ mounting** ותשלם בון משלמות אבן B ומלאת בו מלאת אבן - mount in it a mounting of stones - שמ כח 16. **2 תום completion** ביום משלמות יומי נזרה *M₁ ביום מלאת ימי נזרו the day of the completion of the days of his vow - במ ו 13.

**משלמין** ש״ע ז *n. m. pl. tant.* **1 מילואים** קורבן **ordination** offering ואם יתותר מן בסר משלמיה ECA ואם יותר מבשר המלאים if any of the flesh for the ordination remain - שמ כט 34. ואקרב ית... דכר משלמיה MECBA ויקרב את איל המלאים - ויק ח 22. **2 שיבוץ** **mounting** precious stones ואבני חן משלמיה M ואבני המלואים the mounting stones - שמ לה 9, 27 VMEC.

**שלום** ש״ע ז qiṭṭūl *n. m.* **תשלום fulfilling** לא תשהי לשלומה לא תאחר לשלמו do not put off fulfilling it - דב כג 22. שלום ישלם בהמה תחת בהמה - שמ כא 36 וכיו״ב שמ כב 2, 4, 5.

**שלום א** ש״ע ז šālom *n. m.* **שלום** מן העברית **peace** H ברוח ובנפוש ובשדך ובשלום ברווחה ובהקלה ובשקט ובשלום in comfort and relief and in serenity and in peace - ע״ש ד 46. ואמר לון השלום לו ואמרו שלום A ויאמרו לו השלום לו ויאמרו שלום - בר כט 6. ושאל מנון לשלום - בר מג 27. עליו השלום - ת״מ 58א. עליהם השלום - אס 222ב. ושלום יהוה על אדונן - ת״מ 108ב. **ב** ש״ת qāṭōl *adj.* **שָׁלֵם safe** עד ראו בני ישראל שלומים על שפת הים so that they saw the Israelites safe on the shore of the sea - ת״מ 63א.

**שלם א** ש״ע ז *n. m.* **1 שלום peace** שלם אתה מפלג שלום אתה מחלק You dispense peace - מ ב 81. והוי שלם והיה שלום - בר יז 1. וישבי לך שלם וישם לך שלום - במ ו 26. שלם לעבדך - בר מג 28. שלם לך מלכה שלום לך המלך - ת״מ 29א. האנה יהב לה ית בריתי שלמה הנני נתן לו את בריתי שלום - במ כה 12. **2 תשלום pay** אי מית מסענה לית עמה שלם ישלם או מת בעליו אין עמו שלם ישלם - שמ כב 13. **3 סוף end** עד שלם כל דרה עד תם כל הדור until the end of all the generation - במ לב 13, דב ב 14. עד שלם פגריכון במדברה עד תם פגריכם במדבר - במ יד 33. **4 מוות death** ולוי שלמנן בשלם אחינן ולוי גוענו בגוע אחינו If only we had perished when our brothers perished - במ כ 3. לית אעזי שלם ילידה A לא אראה (ב)מות הילד - בר כא 16. **ב** ת״פ *adv.* **לגמרי entirely** ואוזף למרדי יתכון שלם על חוביכון A ויספתי ליסרה אתכם שבע על חטאתיכם I will discipline you again entirely for your sins - ויק כו 18. **ג** לשון ברכה (עם יהב) *In formulae of blessing* וקעמו קדמיו יהבו לה שלם ועמדו לפניו ונתנו לו שלום - ת״מ 223ב. ונשקו אדה ויהבו לה שלמה - ת״מ 259.

**שלמה**† ש״ע נ *n. f.* **מלוי mounting** ובאמנות כיף לשלמהA (נ״א לאשלמו, לשלמו) ובחרשת אבן למלאת - in craft of stones for mounting - שמ לא 5.

**שלמו** ש״ע נ *n. f.* **1 עשיית שלום reconciliation** ולית קעם גבר בשלמות יוסף על אחוה A ולא עמד איש בהשלם יוסף עם אחיו no one stayed with him when Joseph reconciled with his brothers - בר מה 1 [פרפראזה של 'בהתודע']. **2 מילוי mounting** ובאמנות כיף לשלמו MA ובחרשת אבן למלאת in craft of stones for mounting - שמ לה 33. **3 שְׁלֵמוּת perfection** אה שלמו יתרה אה שלטנו רבה הנה שלמות יתרה, הנה ממשל גדול what exceeding perfection, what great sovereignty! - ת״מ 295ב. שלמו לקהל דו ליך נטיר וחסרן לקהל דו לך חסיר שלמות לקהל השומר אותך וחיסרון לקהל החסר אותך - ת״מ 302ב. בשלמות לבבך עבדת דה A - בר כ 6. לבדו, במעמד אדורביאלי *adverbial* מסתגד בשלמו (האל) נעבד בשלמות - ע״ד א 23. ועסרתי אקריה דאגלו בבראשית קמו תמן... לשלמו ועשרה היסודות... עמדו שם בשלמות - ת״מ 180א [זב״ח הע׳ 2].

**שלמין** ש״ע ז *n. m. pl. tant.* **1 סוג של קורבן offering** ותדבח שלמין ותיכל וזבחת שלמים ואכלת - you shall sacrifice peace offerings - דב כז 7. ואן דבח שלמים קרבנה - ויק ג 1. ויקרב מדבח שלמיה קרבן ליהוה - ויק ג 3. ואכל מן

בבסר דבח שלמיה - ויק ז 21. **2** **תומים**[†] שעל החושן **the Tummim** ית נאיריה וית שלמיה את האורים ואת התמים the Urim and the Tummim - שמ כח 30, ויק ח 8. ומשוי לשיאלך שלמיך ומזדרז לשאול תומיך - מ כ 19. שלמיך ונוריך לגברה נסיכך תמיך ואריך לאיש חסידך - דב לג 8 (=המליץ 615).

**תַ(ו)שלמה**[†] ש״ע נ *n. f.* **עונש punishment** יום לשתה תסבלון ית עוביכון... ותעכמון ית תשלמאתי (N תושלמתי) יום לשנה תשאו את עונתיכם... וידעתם את תנואתי you shall bear your punishment a year for each day..., thus you shall know My punishment - במ יד 34 [מעניין הגמול. השי׳ התה״ע: מעיבה תענתי]. תשלמתה דאנון לקין אגר לכל סריחתה הענשים שהם לוקים (הם) שכר לכל הפשעים - מ א 90-91.

**תשל(י)מו**[†] ש״ע נ *n. f.* **1 עונש punishment** ותעכמון ית תשלמותי MA (ECB תשלמואתי) וידעתם את תנואתי you shall know My punishment - במ יד 34. **2 מוות death** בגלל דיברכנך לקבל תשלמותה A (נ״א מותה) בעבור אשר יברכך לפני מותו so that he may bless you before his death - בר כז 10. וגעזו יומי תשלימותה A (נ״א בכותה, בכיתה) ויעברו ימי בכיתו (על מותו) - בר נ 4.

**שלם**[2†] היחלצות ופליטה **escape** [תרגום שאילה מן سلم - Ar *calque*, Lane 1412b]

**פעל נמלט** פעול *pass. pt.* **to escape** ואתה משלמה וחוי לאברהם $m_3$ ויבא הפליט ויגד לאברהם a fugitive came and told Abram - בר יד 13.

**שלמה** ש״ע נ *n. f.* **פליטה remnant** ושלחי אלהים לקדמיכון... ולמוחה לכון שלמה $M_2$ וישלחני אלהים לפניכם... ולהחיות לכם פלטה it was to save remnant that God sent me ahead of you - בר מה 7.

**שלמו** ש״ע נ *n. f.* **פליטה remnant** ויהי אכלסה המתותר לשלמותה A והיה המחנה הנשאר לפלטה the party which is left will be a remnant - בר לב 9. וייכל ית שיור שלמותה דמשתירה לוכון מן ברדה A ואכל את יתר הפלטה הנשארות - שמ י 5א, 5.

**שלם**[3] שם מקום šâlәm *pr. n. (place)*

**שלם** ש״פ ואתא יעקב שלם קרית שכם ויבא יעקב שלם עיר שכם - בר לג 18. ובנה מדינה ושמה שלם רבתה - אס 3א. ואתו לידה לשלם רבתה - אס 8ב.

**שלמאי** שם ייחוס [כינוי לבני קין] *gent. n.*

**שלמאי** ש״י לזרעך אתן ית ארעה הדה... ית שלמאיה וית קנזאה וית קדמונה m ... את הקיני ואת הקנזי ואת הקדמוני - בר טו 19. עד נהרה רבה נהר שלמאה A עד הנהר הגדול נהר פרת - בר טו 18 [העברה מן הקיני שבפסוק הסמוך אחריו].

**שלמי** שם פרטי šalmi *pr. n.*

**שלמי** ש״פ ולשבט בני אשר נסי אחיהוד בר שלמי - במ לד 27.

**שלמיאל** שם פרטי šēlåm'ₒîl *pr. n.*

**שלמיאל** ש״פ ועל חיל בני שמעון שלמיאל בר צורישדה - במ י 19.

**שלף**[1†] חליצה, עקירה **drawing out** [א״י שלפי חרב - נ ויק כו 25. סוא״י ושלף סיפה - מתי כו 51]

**קל 1 חילץ to remove** ויפרח בביתה בתר שלפו ית אבניה ופרח בבית אחרי חלצו את האבנים if the plague breaks out in the house, after the stones have been removed - ויק יד 43. וישלפון ית אבניה וחלצו את האבנים - ויק יד 40 (=המליץ 471). ואשלף מן לבך כל אהן בלודה והוצא מלבך כל הבהלה הזא remove from your heart all this dread - ת״מ 13א. חלץ נעל to pull off (shoe) ותשלף מסנה מן על רגלה וחלצה נעלו מעל רגלו she shall pull the sandal off his foot - דב כה 9. שלף מסניך מן על רגליך דאתה צריך דרס יומה בשביל קדשה של נעליך מעל רגליך (שמ ג 5) כי אתה צריך לצעוד היום בדרך הקודש - ת״מ 5א. בית שליף מסנה בית חלוץ הנעל - דב כה 10. מן חוט ועד של[יף] מסן מחוט ועד שרוג נעל - בר יד 23 [תפס שרוג בינוני פעול = חלוץ. נ״א נגוד, נגד, סריק]. **2 שלף חרב to unsheathe** a sword לשנה כחרב שליף - ת״מ 284א. אשלף חרבי - שמ טו 9. ואשלף בתרכון חרב והריקתי אחריכם חרב - ויק כו 33. וחרבה שליפה באדה - במ כב 23, 31 (=המליץ 596). **3 עקר to uproot** (God) וישלפנון ויתשם uprooted them - המליץ 615 מן דב כט 27 [בתה״ש שלפנינו: וינתשנון, אף הוא בהמליץ שם]. שאלף צליבה עוקר הצלב the uprooter of the cross - המליץ

597 [מן בר מט 10: שלה. כנראה רמז למוחמד. ע׳ זב״ח שם. ליתא .[Refers to *Muḥammad*

**שלוף** ש״ת qāṭōl *adj.* **שלוף unsheathed** [עש״ח NSH] אתו נטוריא ובידון חרבין שלופין שנינין באו השומרים ובידיהם חרבות שלופות, שנונות the guards came with unsheathed, sharp swords in their hands - ת״מ 46א.

**שלף²†** צעיר לימים **young** [מהוראת האחרית. **ע** בשלפי השמד - שיהשי״ר לפרק ב 5 (זב״ח, תרביץ יב 77. המעתק הסמנטי נתון גם בלק״ש (ע״ע): לקישה = צעירה. כהן: שיבוש מן شبل - ZSp 159. Lane 1498c. ואולי הוא מן שלף¹: מה שנשלף מן הרחם ושייך לערך הקודם *Prob. connected with the meaning of 'latenes'* [(H). *Cf. lqš*.

**שלפיף** ש״ע ז *n. m.* **צעיר whelp** שלפיף אריה יהודה A (נ״א גור, גר) גור אריה יהודה Judah is a lion's whelp - בר מט 9 [לשון הקטנה? *diminutive of šlyp*].

**שלף³** שם פרטי šaləf *pr. n.*

**שלף** ש״פ ויקטן הולד ית אלמודד וית שלף - במר י 26.

**שלק†** צלייה ובישול **cooking, roasting** [א״י =|| לא תיכלון מיניה מהבהב ואף לא שליק מבשל במיה אל תאכלו ממנו נא ובשל מבשל במים - **נ** שמ יב 9]

**קל צלוי** בינוני פעול *pass. pt.* **roasted** וייכלון ית בסרה... שליק בנור A (נ״א צלי =המליץ 575) ואכלו את הבשר... צלי אש they shall eat the flesh... roasted - שמ יב 8. מובא גם בת״מ (ק) 16א: שליק נור. לא תיכלון מנה חי... אלא שליק בנורA (נ״א צלי) אל תאכלו ממנו נא... כי אם צלי אש - שמ יב 9 (=המליץ 521). אל תיכלון מנה שליק B (נ״א חי, ני) לא תאכלו ממנו נא - שמ יב 9 (לכאורה ניגוד. והוא גם בהמליץ 521). על טיגן במשח תתעבד שליקה $m_1$A (נ״א מסרבכה, מרתחה) על המחבת בשמן תעשה מרבכת - ויק ו 14. וסלת שליקה $M_2$ (נ״א מסרבך, מרתע) וסלת מרבכת - ויק ז 12.

**שלשל†** שרשרת **chain** [א״י שלשלן דדהב - תרג׳ מל״א ו 21. **סוא״י** מתסר בשישלתא - לוקס ח 29] ← תולדות, ייחוס **genealogy** [עש״ח NSH]

**פלפל שרשר** גזור שם **to carry on a genealogy** *denom.* ושלשל תולדתון מן זרע לזרע ושרשר את תולדותיו עד בוא כוכב הבריאה (משה) (God) carried on their genealogy from progeniture to progeniture until the coming of the Star of the Creation (Moses) - פיוטים לשמחות 341.

**שלשלה** ש״ע נ *n. f.* **1 שרשרת chain** ותרתי שלשלן (V שלשן) דהב דכי מתהמן תעבד יתון עובד רציף ותתן ית שלשלת רציפאתה על מעיצאתה ושתי שרשרות זהב טהור מגבלות תעשה אתם מעשה עבות ונתתה את שרשרות העבתות על המשבצות - שמ כח 14. ותעבד על חשנה שלשלן... דהב דכי ועשית על החשן שרשרות... זהב טהור you shall make for the breastpiece chains... of pure gold - שמ כח 22. **2** בהשאלה *fig.* **תולדות genealogy** - כיו״ב לט 15. מן חנוך עד למך שלשלה בישה מחנוך ועד למך שושלת רעה from Enoch to Lemech (it was) a bad genealogy - ת״מ 218ב. שלשלה הוו מן ארם תולדותיו (של בלעם) מארם - אס 17א [ע״פ ״מארם ינחני בלק״ - במ כג 7].

**שם** שם פרטי šem *pr. n.*

**שם** ש״פ ואולד נח תלתה בנים ית שם ית חם וית יפת - בר ו 10. ובניו דשם בזהו חיולה ובניו של שם בשמחה חזקה - ת״מ 347ב. ונסב שם שירת ברת שת לאתה- אס 36ב.

**שם אבד** שם פרטי *pr. n.* [בכתבי יד אחדים מילה אחת: שמאבד, וכך ההגייה היום: šamᶜabbåd. קיום העיי״ן לפני התנועה a מעיד שהיתה ראש מילה. *One word in several* MSS *reflecting contemporary pronunciation.; however, the* ᶜ *testifies to its being originally initial. See LOT* V, § 1.1.8.]

**שם אבד** ש״פ ושם אבד מלך צבואים - בר יד 2.

**שמאל†** צפון **north** [< شمال - Lane 1601a. ע״ע צפון]

**שמאל** ש״ע ז *n. m.* **צפון** ותתקעון אשמחה... ויטלון משריאתה דשרים שמאלה A (נ״א צפונה, מצפונה) ותקעתם תרועה... ונסעו המחנות החנים צפונה the camps that are on the north side shall set out - במ י 6. אתפנו לוכון שמאלה A (נ״א צפונה) פנו לכם צפונה - במ כ 13א [במקומות אחדים בת״מ באה שמאל לעומת ימין במובאות מן התורה או בשרבובים מן העברית תמורת סמאל (ע״ע): 19א, 25א, 26א, 73א, 83א, 136ב, 148א, 235ב, 257א, 258ב. *In several* SP *quotations or interp. in* TM *šm*ʾ*l means 'left'. See sm*ʾ*l*.]

**שמד** אבדון וכלייה **destruction** [מן העברית H. ע״ע שיצי, שוצי]

**אפעל השמיד to destroy** וית כל במתון תשמידון V (נ״א תשיצון, תשוצון) ואת כל במתם תשמידו you shall destroy all their high places - במ לג 52. להשמיד יתכון E (נ״א למשיצעה) להשמיד אתכם - דב ט 8. כן מובא בת״מ 235ב: ארף ממני ואשמידם (דב ט 14).

**אֶתְפְּעַל נשמד to be destroyed** שמוד תשתמדון V (נ״א תשתיצון) השמד תשמדון - you will be destroyed - דב ד 26. הפרקן הרב בין הצדיקים והנמרודים אהלין בשמח וברגש וזהים וחדים ואהלין באבל כבד מאד ולבביון משתמדים ההבדל הגדול בין הצדיקים והרשעים אלה בשמחה וברגש ושמחים ועליזים ואלה באבל כבד ולבביהם נשמדים - עבד אל (Cow 234).

**שמוד** ש״ע ז qiṭṭūl *n. m.* **השמדה destruction** שמוד תשתמדון V (נ״א שיצאה, שיצעו) - דב ד 26.

**שמה** šåmå שם פרטי *pr. n.*

**שמח** ש״פ ואלין בני רעואל נחת וזרח שמה ומזה - בר לו 13.

**שמואל** šāmuwwəl שם פרטי *pr. n.*

**שמואל** ש״פ לשבט בני שמעון שמואל בר עמיהוד - במ לד 20.

**שמוע** šāmu שם פרטי *pr. n.*

**שמוע** ש״פ לשבט ראובן שמוע בר זכור A) שבוע ט״ס) - במ יג 4.

**שמח**† שמחה **joy** [עש״ח. ע״ע חדי *ḥdy* See NSH.]

**קל שמח** בינוני *pt.* **to rejoice** ויהי לבך שמחי במה דעבד לך אלה ויהי לבך שמח במה שעשה לך אלוהים your heart will rejoice at what God has done for you - ת״מ 213ב. כל עבדי יהוה שמחים בעבדות אלהים - ת״מ 258 [ק (331ב): כל עובדי אלהים שמעים לעבדי אלהים].

**שמח** ש״ע ז *n. m.* **שמח** נפוץ בפיוט עש״ח **joy** כגון בשמח וששון, *frequent in the* NSH *liturgy* - אבישע Cow 253. ריש ירחה קדמאה דבה שמח לישראל - עבד אל (Cow 131).

**שמחה** ש״ע נ *n. f.* **שמחה joy** ולבביון קניאן דלא עבדו ית יהוה בשמחה ולבותיהם כעוסים שלא עבדו שאת יהוה בשמחה... their hearts will grieve, for they did not serve the Lord with joy - ת״מ 239א.

**שמט**† נשילה. הרחקה ועקירה **dropping, removal** [א״י וישמט פרזלא מן קיסא - נ דב יט 5. ס ונשמטון אנין לכאפא - פ ויק יד 40 - LS 785b →] ביטול עבודת השדה **fallow**, ביטול חוב **remission of debts**

**פעל 1 ביטל חוב to remit a debt** דן ממלל שמטתה שמט כל מסחן מסבל אדה דיסבל בעברה וזה דבר השמטה שמט כל בעל משא ידו אשר ישא ברעהו this shall be the nature of the remission: every creditor shall remit the due that he claims from his fellow - דב טו 2 [נ״ש מקור הפעיל ašmāṭ. המליץ 597: ישמט - תפס עבר בהוראת עתיד (זב״ח)].

**אפעל 1 הפיל to drop** כד תשמט זיתך לא תרער בתרך כי תחבט זיתך לא תפאר אחריך when you drop the fruit of your olive trees, do not go over them again - דב כד 20 [פירש הפיל לשם איסוף. נ ארום תשמטון. תרגום שני: ונפקין לבוסתננא ושמטין לולבנא וקטפין אתרוגנא - אסתר ג 8. השי׳ מי״ל תשבטון - לשון הכאה]. **2 הניח to let lie fallow** ושביעאיתה תשמטנה ותשבקנה והשביעית תשמטנה ונטשתה but in the seventh (year) you shall let it rest and lie fallow - שמ כג 11 (=המליץ 597). **3 ביטל חוב to remit a debt** ודיהי לך עם אחוך תשמט אדך ואשר יהיה לך עם אחיך תשמיט ידך - דב טו 3.

**אֶתְפְּעַל נשמט to lie fallow** טטה תשמט ארעה... כל יומי אשמה תשמט $M_2$ (נ״א תשבת) אז תשבת הארץ... כל ימי אשמה תשבת then shall the land lie fallow throughout the time that it is desolate, it shall lie fallow - ויק כו 35-34 (לפי אונקלוס O).

**אשמטו** ש״ע נ *n. f.* **שמיטת חובות remission of debts** אשמטות כל מסחן או‹ז›אפות אד דיוזף בעברה V (נ״א שמט) שמט כל בעל משא ידו אשר ישא ברעהו remission by every creditor of the due that he claims from his fellow - דב טו 2.

**שמט** ש״ע ז **דבר הנשמט ? fallowed crop** הן משמטי ארעה יהי משורך A (נ״א משמני) הן משמני הארץ יהי מושביך your abode shall (enjoy the) fallowed crop of the earth - בר כז 39 [דרוש: עשו יחיה ממה שנשמט מעושריעקב *Midr. int.*:

.[Esau will live from Jacob's dropped crops ?

**שמטה** ש״ע נ *n. f.* **1 שמיטת חובות** **remission** of debts מסכום שבע שנים תעבד שמטה מקץ שבע שנים תעשה שמטה every seventh year you shall practice remission of debts - דב טו 1. דן ממלל שמטתה... הלא קרא שמטה ליהוה - דב טו 2. קריבה שנת שבע שנת שמטתה the year of remission, is approaching - דב טו 9. **2 שמיטה** fallow year טטה תרחי ארעה ית שמטיה $M_2$* (נ״א שביה) אז תרצה הארץ את שבתתיה - ויק כו 34 (פעמיים).

**שמי**[1] כינוי **name** [הפועל גזור שם. הוא רווח בעשי״ת. השומרונים מכנים את האל šēmā, שהוא קרי קבוע לשם בעל ארבע האותיות. זב״ח ספר שירמן 64; ארץ ישראל ג 147. Denom., frequent in NSH. *šēmā is* **סוא״י** *the qere of the tetragrammaton in* SP. כל שים דמשתמא - כל שם ש(הוא) נקרא - CCR 154. השי׳ עואנ״ש ג/ב 28]

†**פעל כינה** to call someone a name ושמה אברהם ית שם ברה... יצחק m (נ״א וקרא, וזעק) ויקרא אברהם את שם בנו... יצחק - Abraham called the name of his son... Isaac בר כא 3. וקרא לין שמהן כשמהתה דשמה לין אבוה m (נ״א דקרא, דזעק) ויקרא להן שמות כשמות אשר קרא להן אביו - בר כו 18. ובנה מדינה ושמה שלם רבתה ובנה עיר וקראה שלם הגדולה - אס 3א.

†**אֶתְפַּעַל 1 נתכנה** בפיוט המאוחר to be named סגיל בקדישותו מן יומה in the late liturgy דאשתמה מיוחד בקדושתו מיום שנקרא בשם (the Sabbath) is special in its sanctity, from the day its name was called - עבדאלה Cow 131. ושמו שרשה וארשה... כי בשם יהוה אלהים אשתמה ושׂם אותו ״השורש והיסוד״... כי בשם אלהים נתכנה (God) made him (Adam) "root and fundament"..., for he was called by the name of God - סעד אלדין (Cow 228). **2 נקרא בשם** to be proclaimed by name יהוה אלהי עבראי אשתמה בדילן m (נ״א מתקרי, אזדעק) יהוה אלהי העברים נקרא עלינו the name of the Lord, the God of the Hebrews, has been proclaimed upon us - שמ ג 18, כיו״ב ה 3.

**שום** ש״ע ז *n. m.* **כינוי name** ומיתו גבריה מפקי שום ביש על ארעה $M_2$ (נ״א גנות) וימותו האנשים מוצאי דבת הארץ - במ יד 37 [הצורה זרה באה״ש והיא לקוחה מן אונקלוס O *interp.* .[(*alien form, as far as* SA *is concerned*)

**שם** ש״ע ז šam *n. m.* **כינוי name** רחמן הוא שמה (šēme) His name is "merciful" מ יג 77. וקרא שם אתרה ההוא בית אל (Jacob) called the name of that site Bethel - בר כח 19. וברוך שם קדשך לעלם - ע״ש ה 28. באהן שמה רבה חילת לון בשם הגדול הזה חיזקת אותם - ת״מ 9ב.. ושמה גיטט ואתקרו על שמה גיבטאי ושמו גיטט ונקראו על שמו הקופטים - אס 9א. וקרא לין שמהן כשמהתה דקרא לין אבוה ויקרא להן שמות כשמות אשר קרא להן אביו - בר כו 18.

†**שמי**[2] בריא, שלם **fatness** [ע״ע שוי. אפשר ששניהם מן שפ״י (ע״ע). ירוש מגילה עב ע״ג שקא ושופה - מפרש את ״השוק והעליה״ (שמ״א ט 24) *Prob. from špy,* ['*good*'; *cf. šwy*

**ש(ו)מי** ש״ת *adj.* **מלא solid** שבעת שבלים... שומיאן וטבן $M_1A$* (m שמיאן, V שבין, $M_2$ שוין) שבע שבלים... בריאות וטבת seven ears of grain, solid and healthy - בר מא 5.

**שמידע** שם פרטי šēmīda *pr. n.*

**שמידע** ש״פ ושמידע כרן שמידעה - במ כו 32.

**שמידעאי** ש״י ושמידע כרן שמידעה (VN שמידאי) - במ כו 32.

**שמים** שמים **heavens, sky** [א״י אבוהון שבשמייא - **נ** דב לג 24. **סוא״י** שומיא ושומיהון דשומיא - מל״א ח 27]

**שומים** šūmәm ש״ע ז *n. m.* **שמים heavens** ברא שומים וארע ברא שמים וארץ (God) created heavens and earth - מ ו 5. הן ליהוה אלהך שומיה ושומי שומיה ארעה וכל דבה הן ליהוה אלהיך השמים ושמי השמים הארץ וכל אשר בה - דב י 14. מן שומיה אשמעך ית קלה מן השמים השמיעך את קולו - דב ד 36. ואתן ית שומיכן כברזלה VNMECB ונתתי את שמיכם כברזל - ויק כו 19. כד אכללו שומיה וארעה כאשר הושלמו השמים והארץ - ת״מ 142א. אתעמי סימן בממציע שומיה נראה אות באמצע השמים - אס 3ב.

**שמים** ש״ע ז [עברית. במובאות מן התורה בת״מ, כגון 207א (דב ל 2) וכן לעתים בתה״ש H] וזעק לרקיעה שמים (God) called the firmament sky - בר א 8. ואתן ית שמיכן כברזלה JA ונתתי - Len 177. את שמיכם כברזל I will make your heavens like iron - ויק כו 19.

שמלה[1]† לבוש **garment** [עש״ח (ע״ע רקע, כסי, לבש) NSH]

**שמלה** ש״ע נ *n. f.* ונסב שם ויפת ית שמלתה ושוו על שכם תריון (E)A (נ״א תכסיתה) ויקח שם ויפת את השמלה וישם על כתף שניהם Shem and Japheth took a garment, laid it upon both their shoulders - בר ט 23. שמלתך לא בלתה מן עלויך - ת״מ 237ב [מובאה מן דב ח 4].

שמלה[2] שם פרטי šamla *pr. n.*

**שמלה** ש״פ ומית הדד ומלך תחתיו שמלה ממשרקה - בר לו 36 - 37. ושמלה מן עילם אס 13ב.

שמם† ריקות וחורבן **emptiness, desolation** פחד, תמהון **fear, bewilderment** [א״י שמימה אנה יתיבה - שירת 200. **סוא״י** שילמא... דלא שמים = שלום... בלא פחד - Horol p. 289. ואשתממי = ותמהו - LSP 209a]

**קל עתיד:** תשם (נסתרת) - בר מז 19. ישמן (נסתרים) - ויק כו 22 (נ״א ע״ד השלמים: ישממון. המליץ 596: וישמון). בינוני: שמם - ת״מ 130ב. **פעל** עתיד: ואשמם - ויק כו 31. **אפעל** עבר: ואשמו (נסתרים) - אס 20ב. עתיד: ואשם - ויק כו 31. **אשם** אשמה (+נסתרת) - ויק כו 34. **שאמה** - בר א 2. **שומאה** - במ כג 28 A. **שמם** šåmåm - מ א 71. **שממה** - ויק כו 33 VB.

**קל 1 שמם, חרב to be deserted, desolated** וישמן אורעיכון VNMB (JEC וישממון) ונשמו דרכיכם your roads shall be deserted - ויק כו 22. וארעה לא תשם (VMEQ תשמם) והאדמה לא תשם the land may not become a waste - בר מז 19. לא הוה טור שמם מן מי מבולה אלא הו לא היה הר חרב ממי המבול אלא הוא (הר גריזים) - ת״מ 130ב. אנן בני יצחק מבתר ברכתה נשבק אתרה שמם אנו בני יצחק לאחר הברכה. נניח את מקומו שמם? (הר גריזים) = ת״מ - 204א. בהשאלה. עם ׳אתר׳ הוא מיטאפורה של ערירות *fig.* לא יקום אחד במימר כדף... למאבד נפש ויהי אתרה דחברך שמם לא יקום אחד בדבר שקר... לאבד נפש, ויהיה מקום רעך שמם let no one rise with a false statement in order to destroy a soul, and his fellow's place will be desolate - ת״מ 148ב. חסלך מכן תשבק לקודשך... תשבק אתרך שמם חלילה לך לעזוב את קדושתך... (פן) תעזב את מקומך שמם far be it from you to leave your sanctity... and leave your place desolate - ת״מ 137א. **2 תמה to be daunted**

וישממון עליה דבביכון (VMB וישמון, N וישאמון) ושממו עליה איביכם your enemies shall be consternated by it - ויק כו 32.

**פעל החריב to devastate** ואשמם אנה ית ארעה והשמתי אני את הארץ I will devastate the land - ויק כו 32. ואשמם ית מקדשכון JEC והשמתי את מקדשכם - ויק כו 31. ויהי אלה רתי עליך ויבד דבביך וישמם כפותי ויהי האל מרחם עליך ויאביד את שונאיך ויחריב את הנכנעים - סעד אלדין (Cow 257).

**אפעל 1 החריב to devastate** *trans.* פעי״ ואשם אנה ית ארעה VB (M והשם) והשמתי אני את הארץ - ויק כו 32. ואשם ית מקדשכון VNB (M והשם) והשמתי את מקדשכם - ויק כו 31. **2 חרב to be desolated** *intrans.* פע״ע ודבית שהמה ודבית פאניה בדור בארעה קהל ואשמו דאר תחתיון ואנשי התוהו ואנשי הפנותה יפזרו בארץ את העדה ושמם היושב תחתיהם the people of desolation and the people of Disfavor will disperse the congregation and those who remain will be desolated - אס 20ב.

**אשם** שפ״ע *v. n.* **השמה desolation** טטה תרעי ארעה ית שביה כל יומי אשמה M אז תרצה הארץ את שבתתיה כל ימי אשמה then the land shall enjoy its Sabbaths as long as it is in desolation - ויק כו 34, 35. ותרחי ית שביה באשמה מנון M והרצתה את שבתתיה באשמה מהם - ויק כו 43.

**שאמה** ש״ע נ *n. f.* **תוהו, שממה desolation** וארעה הות שאמה וריקני והארץ היתה תהו ובהו the earth was desolation and void - בר א 2 (=המליץ 606). דלא תהי ארעה שאמה פן תהיה הארץ שממה - שמ כג 29 (=המליץ 596). ותהי ארעתכון שאמה והיתה ארצכם שממה - ויק כו 33. ודבית שהמה... בדור בארעה קהל ואנשי התוהו... יפזרו בארץ את העדה - אס 20ב.

**שומאה** ש״ע נ *n. f.* **שממה desert** ריש פעורה דמדיק על אפי שומאת A (נ״א הישימון) ראש הפעור הנשקף על פני הישימון the peak of Peor, which overlooks the wasteland - במ כג 28.

**שמם** ש״ע ז šåmåm *n. m.* **שממה desolation** ‹שמאם› מן ארעה היולה ימטי שממה גדולה בארץ אלוהים יביא a great desolation in the land will God bring - אס 21ב. כבר צדותה בברה וכבר שמם בקריאתה אכן הפחד בחוץ, אכן שממה בקריות - מ א 71-72. שם פעולה *v. n.* כל יומי שממה כל ימי אשמה - ויק כו 34, 35.

ותרחי ית שביה בשממה מנון... באשמה מהם... - ויק כו 43.

**שממה** ש״ע נ *n. f.* **desolation** ותהי ארעכון שממה (C שממן) VB והיתה ארצכם שממה - your land shall become a desolation - ויק כו 33.

**שמן** דשן, שפע **fatness, abundance** [א״י שמינין פריה - **נ** בר מט 15. **סוא״י** שומין ודבש יכול - ישע ז 19. ע״ע משח]

**קל שפע**[†] פע״ע **to be abundant, fat** ישמן (=המליץ 604) משבחה ויבטר *intrans.* שמנת (המליץ 604: תשמן) עבית שפרת ישמן ישרון ויבעט שמנת עבית כשית you waxed fat, you grew thick, you became sleek - דב לב 15. מובא גם בת״מ 205ב, 212א, 214א, 229ב. וחלת לחם שמנה וחלת לחם שֶׁמֶן one cake of fat bread - שמ כט 23 [נ״ש ש״ת šammən וניתרגם כאן בינוני. השי א״ס: غليظ = עבה]. וכך הוא ויק ח 26 C.

**שומין**[†] ש״ע ז *n. m.* **abundance שפע** ואכלו ית שומין ארעה m (נ״א תבר, דמע, טיאב) ואכלו את חלב הארץ and you shall eat the fat of the land - בר מה 18.

**שמין** ש״ת *adj.* **1 שמן fat** וחלת לחם שמין וחלת לחם שמן one cake of fat bread - ויק ח 26. מבכירי עאנה ומשמיניין מבכרות הצאן ומחלביהן - בר ד 4. יין חזב ושמינן בסר $VM_2$ (נ״א ובריאן) יפות מראה ובריאות בשר - בר מא 2. טעמו כמעפי בסולך ובזבן כלשדה שמינה טעמו כצפחית בדבש ובו בזמן כְּלֶשֶׁד הַשָּׁמֶן - ת״מ 225א [עירוב של שמ טז 31 ושל במ יא 8, אגב שינוי. זב״ח הע׳ 5]. **2 שופע abundant** ויחזי מנוחתה הלא טבה וית ארעה הלא שמינה וירא מנוחה כי טובה ואת הארץ כי נעמה he saw that a resting place was good, and that the land was abundant - בר מט 15 (=המליץ 520). עמי מדעה שמינה ראה את השכל השופע - ת״מ 206ב [זב״ח הע׳ 1].

**שמן** ש״ע ז *n. m.* **1 שמן** שרבוב מן העברית **oil H** וקטף שמנה על רישה A (נ״א משח) *interp.* ויצק שמן על ראשה he poured oil on the top (of the stone) - בר כח 18. מן אשר שמן לחמה E (נ״א משח) מאשר שָׁמֵן לחמו - בר מט 20 [=המליץ 600]. נ״ש šâmən (ש״ע)]. שמן תורין ותרב עאן עם רתע פטימין ודכרין V׳ (נ״א רתע, קטף) חמת בקר וחלב צאן עם חמת כרים ואילים - דב לב 14. **2 שפע abundance** ויתן לך אלהים מטל שומה ומשמני ארעה ($M_2$ ומשמני)... מטל השמים ומשמני הארץ may God give you of the dew of heaven, and of the fatness of the earth - בר כז 28. משמני ארעה יהי מדרך משמני הארץ יהי מושבך - בר כז 39.

**שמע** שמיעה, הקשבה **hearing, listening** [א״י קרב את ושמע - **נ** דב ה 27. ואולי הוא מן שלף[1]: מה שנשלף מן הרחם. **סוא״י** ושמוע מני - יונה ב 3]

**קל** עבר: שמע šāma - מ טז 36. עתיד: ישמע yišma - מ טז 93. ציווי: שמע šēma - ע״ד ה 26. בינוני: שמע šāma - מ טז 106. פעול: שמיע - ת״מ 221ב. מקור: משמע mašma - מ טז 88. **אפעל** עבר: אשמע ašma - מ טז 153. ותשמעון - במ י 9 (=המליץ 592). בינוני: משמע mašma - מ טז 59. **אֶתְפְּעֵל** עבר: אשתמע ištāma - מ טז 122. אשמע iššāma - מ טז 38. עתיד: וישתמע - שמ כח 35. בינוני: משתמע - ת״מ 127א. **אשמעה** אשמחה aš'mâ - ע״ד כא 6. **אשמעו** אשמעות (נסמך) - במ כג 21. **משמוע** - שמ כג 1. **משמע** - שמ כג 22. **משמעה** - ת״מ (ק) 14א. **שמוע** qāṭōl שמעיו šamo - ע״ד כג 83. **שמוע** qiṭṭūl - שמ יט 5 A. **שמע** בשמע afšāma - מ ז 42. **שמעה** - ת״מ 115א.

**קל 1 שמע to hear** כד שמע משה אלין מליה כאשר שמע משה את המלים האלה when Moses heard these words - ת״מ 213ב. ומן שמע ממלל הך אהן ומי שמע דבר כזה? - מ טז 36. שמעתון אמרין נהך לדותין שמעתים אמרים נלך דותינה - בר לז 17. בדיל ישמע עמה בממללי עמך כדי שישמע העם בדברי עמך - מ טז 92-94. יאי נשמע כדו ממלל כהלה איטבו נאה שנשמע עתה דיבור כולו טוב - ת״מ 143א. וכל ישראל שמע ורתת וכל ישראל שומע ורועד - מ טז 106. ושומיה וארעה שמעים למימרה - אס 14א. **2 נשמע, נעתר to grant a request, to obey** ולא שמע לה למשכב אצרה ולא שמע לה לשכב אצלה he did not yield to her request to lie beside her - בר לט 10. ותשמע ישראל ותטר למעבד דייטב לך ושמעת ישראל לשמר לעשות אשר ייטב לך obey, O Israel, willingly and faithfully, that it may go well with you and - דב ו 3. כל אד מלל יהוה נשמע ונעבד כל אשר דבר יהוה נשמע ונעשה - שמ כד 7. שמע בקלן מרן שמע בקולנו, אדוננו - ע״ד ה 26. כד הוה ישראל שמיע למרה אתמר בדילה וישכן ישראל בטח כשהיה ישראל נשמע לאדוניו נאמר עליו "וישכן..." (דב לג 28) - ת״מ 221ב. **3 הבין to understand a** לשון זרה **foreign language** ואנון לא חכמו הלא שמע יוסף והם לא ידעו כי שמע יוסף they did not know that Joseph understood - בר מב 23. גוי דלא תשמע לשנה גוי אשר לא תשמע לשונו -

דב כח 49.

**משמע** דשוה משמע קל אלה שנזדרז לשמוע את קול האלוהים - מ טז 88. ולא אתרחי... למשמע מן בלעם ולא אבה... לשמוע אל בלעם - דב כג 6.

**אפעל 1 השמיע** ,**to cause to hear** **proclaim** יהוה רבה... אשמע קלה ברבו יהוה הגדול... השמיע קולו בגדולה ...the great Lord **השמעת דלא** .153 מ טז - made His voice heard בקל השמעת שלא בקול - ע״ד כו 17. **כנש לי** ית עמה ואשמענון ית מלי הקהל לי את העם ואשמיעם את דברי - דב ד 10. **מן יומה** דאשמעתך קלי בטור סיני מן היום אשר השמעתיך קולי בהר סיני - ת״מ 157א. **2 הריע** בשופר a horn **to sound** ושתמעון בחציצראתה you shall sound the והרעתם בחצצרות trumpets - במ י 9. ובכנוש קהלה תתקעון ולא תשמעון VmB ובהקהיל את הקהל תתקעו ולא תריעו - במ י 7. **שופרה משמע ומדחל** השופר מריע ומפחיד (בהר סיני) - מ טז 59.

**אֶתְפְּעֶל נשמע** **to be heard** דקל מן שומיה אשמע לנביה שקול מן השמים נשמע לנביא a - sound from heavens was heard by the prophet מ טז 38. **מן טור סיני אשתמע** מהר סיני נשמע - מ טז 122. **וישתמע קלה במיעלה לקדשה** ונשמע קולו בבאו אל הקדש - שמ כח 35. **מה** רבה שעתה דבה ישתמע קלה דאלה מתהלך לגו עלמה מה גדולה השעה שבה יישמע קולו של אלוהים מהלך בתוך העולם - ת״מ 243א. הך יהי גבר אחד ממלל וקלה משתמע לגו משריתה איך יהיה איש אחד מדבר וקולו נשמע בתוך המחנה - ת״מ 127א.

**אשמעה** ש״ע נ .*n. f.* **תרועה** **sound** of horn יום אשמעה יהי לכון יום תרועה יהיה לכם It - is a day for you of the blow of the trumpets במ כט 1. **ותתקעון אשמעה ויטלון משריאתה** ותקעתם תרועה ונסעו המחנות - במ י 5. **ארבע** עקובאן רברבן אשבתה דכרנה אשמחה וזימון קדש ארבעה כינויים גדולים: שבתון, זכרון, תרועה ומקרא קודש - ע״ד כא 6-5 (ע״פ ויק כג 24).

**אשמעו** ש״ע נ .*n. f.* **1 תרועה** **sound** of horn וחציצרת אשמעותה באדה וחצצרות התרועה בדיו trumpets for the sounding in his hand - במ לא 6. **2 תשואות** **acclaim** ואשמעות מלך בה ותרועת מלך בו a King's acclaim is in (Israel) - במ כג 21.

**משמוע א** ש״ע ז .*n. m.* **שמועה** **rumor** לא תקבל משמוע מגן לא תשא שמע שוא you - must not bear false rumors - שמ כג 1. **מכן דחלו** מן יתה משמועה על כן פחדו מאותה השמועה - ת״מ 89ב (על ״שמעו עמים״ - שמ טו 14). **ואזל** משמועה ליד נח והלכה השמועה אל נח - אס 8ב. **והוה כד שמע לבן ית משמוע יעקב** C ויהי כאשר שמע לבן את שמע יעקב - בר כט 13. **ב** שפ״ע .*n .v* **שמיעה** **hearing** בא עם פועלי דיבור והשמעה לציין דיבור לפני פלוני כנגד ׳באזני בפלוני׳ ולבדיל תתני במשמוע ברך ולמען תספר באזני that you may recount in the hearing of בנך your sons - שמ י 2. **והוה עמה כמתננים ביש** במשמוע יהוה ויהי העם כמתאננים רע באזני יהוה - במ יא 1. **ומלל עם עפרון במשמוע עם** ארעה וידבר אל עפרון באזני עם הארץ - בר כג 13.

**משמע** ש״ע ז .*n. m.* **שמיעה** שפ״ע **hearing** ברר קנומך מן משמע מליה הפרש עצמך משמיעת הדברים (הרעים) keep away from hearing the (evil) words - ת״מ 155א. **לא משמע** ולא עמה ולא נשמה לא שמיעה ולא ראייה ולא ריח - ת״מ 235א. **הלא אשתק לה ביום** משמעה כי החריש לה ביום שמעו - במ ל 15. אם משמע תשמעון בקלי - שמ כג 22.

**משמעה** ש״ע נ .*n. f.* **שמיעה** שפ״ע **hearing** נחת עמוד עננה... וממללה מרה במשמעתה ירד עמוד הענן... ודיבר אדוניו באזניו the pillar of cloud descended... and his Master spoke in his hearing - ת״מ (ק) 14א.

**שומע** ש״ע ז qāṭōl .*n. m.* **שומע** **one who** **listens** to supplications ליד טובך אתינן שמעיו צבעתה אל טובך באנו, שומע הצעקות to your goodness we came, O the One who listens to supplications - ע״ד כג 83-82. **שמועין** דכל צבעתה שומען של כל הצעקות - א״ח 83. במעמד הבינוני *participial* ומלאכה קרי ומשה שמועי והמלאך קורא ומשה שומע the angel was proclaiming and Moses listening - ת״מ 4א.

**שמוע** ש״ע ז qiṭṭūl .*n. m.* **שמיעה** **hearing** אן שמוע תשמעון A - שמ יט 5.

**שמה** ש״ע ז qaṭṭāl .*n. m.* **משרת** **servant** ק; ד; עבד; וכ; שמהן רום קדש כריזתה ארבע מאות עבדים ועשרים משרתים למעלת קדושת קריאתה four hundred slaves and twenty servants (obey) the to the high sanctity of her proclamation - אס 6ב [השי׳ בבלי ברכות סב ע״א: א״ל ר׳ זירא לשמעיה = למשרתו].

**שמע א** שפ״ע .*n .v* **שמיעה** **hearing** כל עלמה

חדי בשמע תשבחתך כל העולם שמח בשמיעת תשבחתך - מ ז 41-42. ויהי כשמע לבן ית שמע יעקב ויהי כשמע לבן... - בר כט 13. שמע אשמע צבעתה שמע אשמע צעקתו - שמ כב 22. ושמע גברה ביום שמעה ושמע אישה ביום שמעו - במ ל 8. **ב** ש״ע ז *n. m.* **שמועה rumor** כשמע לבן ית שמע יעקב כשמע לבן את שמע יעקב - בר כט 13 - Laban, on hearing the news of Jacob. דישמעון ית שמעך וימרעון אשר ישמעו את שמעך ורגזו - דב ב 23.

**שמעה**† ש״ע נ *n. f.* **שמיעה hearing** צעיד דשמעת... ושרה בשעבוד ואמלכה בשמעה ואדירה לגו לבך אחוז את אשר שמעת (״שמע ישראל״)... וחזקהו בהכנעה וקנהו בשמיעה והשכינהו בתוך לבך take hold of what you have heard..., strengthen it with humility, possess it with obedience and settle it in your heart - ת״מ 115א.

## שמעון שם פרטי šēʾmūn *pr. n.*

**שמעון** ש״פ בני לאה... ראובן ושמעון... - בר לה 23. שם השבט שבט שמעון ונסיא לבני שמעון שלמיאל בר צורישדה - במ ב 12. שמעון אף הוא העק על יוסף שמעון גם הוא הציק ליוסף - ת״מ 219א. והוה משרי ראובן ממערב ושמעון בממצית והיה מחנה ראובן ממערב ושמעון בתווך - אס 17ב.

**שמעונאי** ש״י *gent. n.* אלין כרני שמעונאה - במ כו 14.

## שמעי שם פרטי šāmāʾi *pr. n.*

**שמעי** ש״פ ובני גרשון לבני ושמעי - שמ ו 17 וכיו״ב במ ג 18.

**שמעאי** ש״י *gent. n.* לגרשון כרן לבנאה וכרן שמעאה (V שמעאי) - במ ג 21.

## שמץ† לשון הרע **defamation**

**פעל** בינוני **מוציא דיבה to defame** לינון שמשיך משמצין A (נ״א קרוב לו מדגלין, שחודין) לא היו עבדיך מרגלים your servants have never been defamers - בר מב 11 [נתפס מרגלים - מרכלים, אף שהקריאה amraggēləm (עואנ״ש ה 1.1.5), מוציאי לשון הרע. הש׳ A פס 9: טפילין - טופלי שקר. ע״ע דגל. **נ** מתרגם ׳לשמצה׳ - קנון להון שם ביש - שמ לב 25. [*Int. as from rkl 'to defame'*.]

## שמק[1] שמיעה, הקשבה **hearing, listening**

[נוטה להחליף את שמ״ע בטקסטים מאוחרים (טל מבוא צב) ונוצר ממנו (זב״ח ת״מ, עמ׳ 256) *Partially replaces in late* SA *šmᶜ, of which it is a derivate. See* ZBH (*TM*, 256).]

**קל 1 שמע to hear** ית קלך שמקת בפרדסה (E)A את קולך שמעתי בגן I heard the sound of You in the garden - בר ג 10. הלא שמק יהוה ליד לבוטיך A כי שמע יהוה אל עניך the Lord has paid heed to your suffering - בר טז 11. שמק מן מרה דעלמה אנכי שמע מאדון העולם ״אנכי״ - ת״מ 195א. אה שמקת ית אבוך A הנה שמעתי את אביך - בר כז 6. ולבדיל ישמקון כל כנשת ברי ישרון A ולמען ישמעון כל עדת בני ישראל - במ כז 20. ותשמק ארעה מימרי פמי ותשמע הארץ אמרי פיי - ת״מ 263א [מן דב לב 1. ליתא]. ושרה שמקת *M₁ ושרה שמעת - בר יח 10. **2 נעתר to agree, heed** ושמק אברהם לעפרון A וישמע אברהם אל עפרון - בר כג 16 - Abraham agreed with Ephron. ולישמעאל שמקתך A ולישמעאל שמעתיך as for Ishmael, I have heeded you - בר יז 20. ואלית תשמקו מנן A ואם לא תשמעו אלינו - בר לד 17. הא ברי ישראל לא שמקו לי ואיך ישמקני פרעה A הן בני ישראל לא שמעו אלי ואיך ישמעני פרעה - שמ ו 12. כל דתימר לך שרה שמק מן קלה A כל אשר תאמר לך שרה שמע בקולה - בר כא 12.

**משמוק** ש״ע ז *n. m.* בא עם פועלי השמעה ודיבור לציין דיבור לפני פלוני **שמיעה hearing** ומלל עם עפרון במשמוק עמה דארעה *M₁ וידבר אל עפרון באזני עם הארץ - בר כג 13. במשמוק בני חתאה *M₁ באזני בני חת - בר כג 16.

**משמק** ש״ע ז *n. m.* **שמיעה hearing** והוה כמשמקכון ית קלה A ויהי כשמעכם את הקול - דב ה 19 - in your hearing the sound.

**שמק** ש״ע ז *n. m.* **שמיעה hearing** אם שמק תשמקון B אם שמע תשמעו - שמ יט 5.

## שמק[2]† שם פרטי [כינוי לשמעון על פי בר ל 33 [*Transl. of the name* Simeon.

**שמק** ש״פ לשמק שלמיאל בר צורישדה *M₂ - במ א 6.

## שמר† זהירות במצוות, שמירת ציווי האל **observance of God's commandments**

[מן העברית. באה״ש הקדומה מוגבל להוראה זו. ונתפשטה בעש״ח הוראתו להשגחה ונצירה, אף זה מן

H, *in early* SA *denotes observance* העברית *alone. In late* SA *the denotation of watching* [*occurs too.*

**קל 1 שמר** את המצוות **to observe** ויפיצך יהוה... אם לא תשמר למעבד קשטה "והפיצך..." (דב כח 64) אם לא תשמור לעשות את הצדק "the Lord will scatter you" (Lev 26:33), if you do not observe doing is right - ת״מ 232א [ע״פ הצירוף "אם לא תשמר לעשות" - דב כח 56]. מאז אתה לון שמר אלה לך ישמר - משעה שתשמור אלה, אלוהים ישמור אותך - ת״מ 226ב. שמרו מצות יהוה - ת״מ 256ב. נשמר חקיך - ת״מ 224א. וכן במובאות מן התורה: וישמרך (במ ו 24) - ת״מ 134א. וישמר משמרתי (בר כו 5) - ת״מ 205א. שמר הברית (דב ז 9) - ת״מ 61א. ושמרנן תורת משה - ת״מ (ק) 35. אשריך ישראל הן תשמר ותשמע - ת״מ (ק) 59א. הוו שמרין לה šåmērəm היו שומרים אותה (השבת) - ע״ד יב 20. **2 השגיח, נצר to watch over** ישמר חייכון He will watch over your lives - ע״ש ד 37. יעקב חכמה ולידה רחט שמרה בטובה יעקב ידעו (את האל) ואליו רץ, (על כן) שמרו בטובו - 274ב. אלה לך ישמר אלוהים ישמור אותך - ת״מ 226ב. דאתימן על אוצרה רבה ישמר כל מה דלגוה הופקד על האוצר הגדול לשמור מה מה שבתוכו - ת״מ (ק) 277ב. שמר כהנתך וכל קדשיה דבאדך - ת״מ 257א.

**משמר** מקור *inf.* נערמו מעלה למשמר דרך ישראל נערמו (המים) למעלה לשמור דרך ישראל - ת״מ 262ב (ק: לשמר).

**אֶתְפְּעֵל נזהר** בדברי אזהרה **to beware** ותשתמרון שריר ונשמרתם מאד be very careful - דב ב 4. אשתמר לך דלא תתנשי ית יהוה אלהך הישמר לך פן תשכח... take heed - דב ו 12, ח 11. - that you do not forget the Lord כיו״ב שמ י 28. השתמר לך דלא יהי ממלל עם לבך בלעיל - דב טו 9, כג 21, לד 12, דב ד 9, 23, יב 13, 19, 30, טו 9, כד 8. השתמרו לכון דלא יתשלי לבכון השמרו לכם פן יפתה לבבכם - דב יא 16. השתמרו לכון סלקין בטברה השמרו לכם עלות בהר - שמ יט 12. השתמר לך דלא תעזר ית ברי לתמן השמר לך פן תשיב את בני שמה - בר כד 6. השתמר לך ממלל עם יעקב מטב עד ביש השמר לך מדבר עם יעקב מטוב עד רע - בר לא 24. כיו״ב 29.

**משמר** ש״ע ז *n. m.* **שמירה observance** במופתים גדלים בעד משמר תורה תמימה (יצאו ממצרים) באותות גדולים בעבור שמירת תורה תמימה (they went forth from Egypt) with great wonders for the observance of the perfect Torah - ת״מ 58א. במשמרה תשק נפשי בשמירתה (של התורה) תתכלכל נפשי - ת״מ 57א.

**שמור** ש״ע ז *n. m.* qāṭōl **שומר guard** כהניה אנון שמורי קדשיה הכוהנים הם שומרי הקדשים the priests are the keepers of the holy things - ת״מ 176ב. ועבודי טבהתה ושמורי גזירהתה ועושי הטובות ושומרי המצוות - ת״מ 241ב.

**שמר** ש״ע ז *n. m.* **שמירה observance** לשמר פקודיו C (E למטר) לשמר מצותיו for the observance of His commandments - דב ל 10. והמים היה עמד שורים לשמר השבטים - ת״מ 262ב. לשמר חקיו - ת״מ (ק) 59א.

**שמרון**[†] שם פרטי šimron *pr. n.*

**שמרון** ש״פ ובני ישׂשכר תולע ופועה ישוב ושמרון - בר מו 13. לשמרון כרן שמרונאה - במ כו 24.

**שמרואי** ש״י *gent. n.* לשמרון כרן שמרונאה (V שמרונאי) - במ כו 24.

**שמש**[1] עבודה; שירות **work; service** [א״י ותקדש יתהון וישמשון קדמוי - **נ** שמ כח 41. **סוא״י** כהניא הלין דמשמשין למרא - יונה ב 17]

**פעל** עבר: דשמש adšammǝš - מ יד 114. עתיד: וישמש wyēšammǝš - מ טז 20. ציווי: שמשו (ר) - שמ ה 18. בינוני: משמש amšammǝš - מ טו 38. מקור: למשמש - בר ג 23 (E)A. למשמשה - שמ לט 1 **אֶתְפַּעַל** עבר: אשתמש - בר מז 21 V*M[1]. עתיד: תשתמש (נוכח) - ויק כה 39. בינוני: משתמשין (ר) mištåmmåšǝn - ע״ד ג 23. **משמש** (ש״ע) משמשה (+נסתר) - שמ כד 13. **שמוש** qiṭṭūl - שמ לט 1 V. **שמיש** - ויק כה 39 M[1]. **שמש** qaṭṭāl - בר ד 2 A. שמשה (נ) - ת״מ 122א. **שמשה** (ש״ע) - דב כו 6 B. **שמשי** - בר כט 24. **תשמיש** tåšmǝš - א״ד 9. **תשמ(י)שה** - ת״מ 170ב. **תשמ(י)שו** בתשמישותך (+נוכח) aftašmīšūtåk - מ ג 64.

**פעל א 1 שירת to labor, serve** ושמש יעקב ברחל שבע שנים ויעבד יעקב ברחל שבע שנים Jacob served seven years for Rachel - בר כט 20. בכל חילי שמשמת ית אבוכין בכל כחי עבדתי את אביכן - בר לא 6. שת שנים ישמשנך שש שנים יעבדך - שמ כא 2 (=המליץ 542). יהון לך לאריסים וישמשונך יהיו לך למוס ועבדוך - דב כ 11 (=המליץ 542). אשתה יומים תשמש ששה ימים תעבד six days you shall work - שמ כ 8. וכדו אזלו שמשו ועתה לכו עבדו - שמ ה 18. **2 שירת** לעניין הפולחן **to**

**worship** אזלו שמשו ית יהוה לכו עבדו את יהוה - go, worship the Lord שמ י 8. מן יהוה אלהך תדחל ויתה תשמש את יהוה אלהיך תירא ואתו תעבד - דב ו 13. משמש למרן בשלם משרת את אדונו בשלום - אס 22א. **3 עשה to accomplish** דשמש לכל מלי רבה אשר עשה את כל דברי אדוניו who accomplished all the commands of his Master - מ יד 114. ייסב ישראל אימנו וישמש גזיראן יאמין ישראל ויעשה מצוות - מ טז 19-20. וילה דלא משמש גזיראתה אוי לו למי שאינו עושה את מצוותיו - מ טו 38. **ב** במעמד של אוגד *copulative verb* עלמה משמש לאנש טב העולם הוא טוב לאיש the world is good for man - מ יד 113.

**משמש**[†] ואושטה יהוה אלהים מפרדס עדן למשמש ית אדמתהA(E) וישלחהו... לעבד את האדמה - בר ג 23.

**משמשה** רקעי שרד למשמשה בקדשה בגדי שרד לשרת בקדש - שמ לט 1. מובא גם בת״מ 211ב. למשמשה ית עבדת משכן זימונה לעבד את עבדת אהל מועד - במ ח 15.

**אֶתְפַּעַל 1 נעבד to be worshiped** ותוקד אלהיון... עד אמת אנון משתמשין ותשרוף את אלוהיהם... כל אימת שהם נעבדים You will burn their gods... as long as they are worshiped - ע״ד ג 22-23. **2 העביד** פע״י עם מ״י **to cause to serve** (*trans. with the prep.* **b** ) ואימן רב טבחיה ית יוסף יתון ואשתמש בון V (נ״א ושמש יתון) ויפקד שר הטבחים את יוסף אתם וישרת אתם the chief steward assigned Joseph to them, and he made them serve - בר מ 4 [נ״ש דורש וישרת = העביד ע״י הפעיל הסמוך wyafqəd, להראות שהם משרתים את יוסף]. וית עמה אשתמש עמהV*M₁ ואת העם העביד אתו he made the people serve him - בר מז 21. ואשתמשו מצראי ית בני ישראל בקשאי Vm ויעבדו מצרים את בני ישראל בפרך - שמ א 13. לא תשתמש בה תשמיש עבד (NEC תשמש) לא תעבד בו עבדת עבד - ויק כה 39.

**משמש** ש״ע ז *n. m.* **משרת servant** ומשמשה יהושע... לא אפסק מבגו משכנה (VM ושמשה) ומשרתו יהושע... לא ימוש מתוך האהל his servant Joshua... did not depart from the tent - שמ לג 11. וקם משה ויהושע משמשה (BA שמשה, C שמאשה) - שמ כד 13.

**שמוש**[†] ש״ע ז qiṭṭūl *n. m.* **שירות service** ומן תכלתה... עבדו רקעי שמוש V*M₁ ומן התכלת... עשו בגדי שרד of the blue... they

**שמש** - שמ לט 1. made ministering garments שמושין יהי לאחוה A(E) עבד עבדים יהיה לאחיו - בר ט 25 [ריבוי המשמש ש״ע מופשט. השי׳ זקנים ותרגומו].

**שמיש**[†] ש״ע ז *n. m.* **עבד slave** לא תשתמש בה תשמיש שמיש *M₁ (A שמש) לא תעבד בו עבדת עבד you shall not make him serve as a slave - ויק כה 39. מנון תזבן שמיש ואמה m (*m₂ שמאש) מהם תקנה עבד ואמה - ויק כה 44.

**שמש** ש״ע ז qaṭṭāl *n. m.* **1 משרת servant** וקם משה ויהושע שמשה BA (C שמאשה) - Moses and his attendant Joshua arose - שמ כד 13. ושמשין ואסולין A ועבדים ושפחות - בר יב 16. מלאכיה שמשי קדשה המלאכים, שמשי הקודש - ת״מ 227א. **2 עובד worker** וקין הוה שמש ארעהA (נ״א פרנס) וקין היה עבד אדמה and Cain a tiller of the ground - בר ד 2. **3 משרה post** יתי עזר על שמשי A אתי השיב על כני I was restored to my post - בר מא 13.

**שמשה** ש״ע נ *n. f.* **שפחה maid** לא יהי מן שמשה בן בכור... יסגר קנומה מן מקרוב שמשהלא יהיה מן שפחה (במעמד) בן בכור... יכבול עצמו מלקרוב אל שפחה (Abraham decided that) a firstborn sould not be born of a maidservant... and refrained from approaching a maidservant - ת״מ 122א.

**שמשה**[†] ש״ע נ *n. f.* **עבודה labor** ויהבו עלינן שמשה קשיה B (נ״א עבדה, עבידה) ויתנו עלינו עבדה קשה they imposed heavy labor upon us - דב כו 6.

**שמשי** ש״ע נ *n. f.* **שפחה maid** ויהב לבן ית זלפה... ללאה לשמשי ויתן לבן את זלפה... ללאה לשפחה Laban gave... Zilpah to Leah as her maid - בר כט 24. וילדת זלפה שמשית לאה - בר ל 10. עבדים ושמשין - בר כד 35. לעבדים ולשמשיאן - דב כח 68.

**תשמיש** ש״ע ז *n. m.* **עבודה, שירות work, service** למשמשה ית תשמיש משכן זימונה לעבד את עבדת אהל מועד to serve the service of the Tent of Meeting - במ ד 30. שומים וארע... אחד מנון תשמיש דקעימים וחורנה תשמיש למאתין שמים וארץ... אחד מהם תשמיש לחיים והאחר תשמיש למתים - א״ד א 7-10.

**תשמ(י)שה** ש״ע נ *n. f.* **עבודה labor** ומררו ית חייהון בתשמישה קשיה m וימררו את חייהם בעבדה קשה they made their lives bitter with hard labor - שמ א 14. לא תימר די

אכה תשמישה אל תאמר שהיא כאן שירות - ת״מ 170ב [זב״ח הע׳ 1]. ועסרה תשמישהן ועסרה קרבנין... עסרתי תשמישהתה - ת״מ 110ב. ומררו ית חייהון בתשמשתה קשיה... ובכל תשמשה בברה A וימררו את חייהם בעבדה קשה... ובכל עבדה בשדה they made their lives bitter with hard labor..., in all kinds of work in the field - שמ א 14.

**תשמ(י)שו** ש״ע נ *n. f.* **עבודה labor** הלא את עכמת ית תשמישותי דשמשתך A כי אתה ידעת את עבדתי אשר עבדתיך for you know the service which I have served you - בר ל 26. עבדיך מלכו בתשמישותך כל רבו עבדיך קנו בעבודתך כל גדולה - מ ג 63-64. נעזרנון לתשמישותן נחזירם לעבודתנו (את בני ישראל) - ת״מ 54א. ערק לך לתשמשות לבן A ברח לך אל לבן flee to the labor of Laban - בר כז 43 [דרוש: רמז לעתיד לבוא]. ואהב לך אף ית דה בתשמישותה דתשמש עמי A ואתן לך גם את זאת בעבדה אשר תעבד עמדי - בר כט 27.

**שמש**[2] המאור הגדול **sun** [**א״י** והא שמשא טמע - **נ** בר טו 17. **סוא״י** שימשא דנח על ארעא - בר יט 23]

**שמש** ש״ע ז šīməš *n. m.* **החמה** שמש מניר דלא טפי שמש מאירה שאינה כבה a shining sun that is never extinguished - מ יד 121. **ואה** שמשה וזערה והנה השמש והירח - בר לז 9. ועבד... דמי שמש וזער דזגוג ועשה... דמות שמש וירח מזכוכית - אס 6א. סגי מן אור שמשה רב מאור השמש - ת״מ 107א. כינוי למשה (ולאהרן) **שמש נביותה** *epithet of Moses (and Aaron)* לא כבתה נביא שמש הנבואה, אין כמוהו נביא - ת״מ 303ב. שמשה וזהרה דמן עמרם ויוכבד - ת״מ 17א.

**שנא**[†] שנאה **hatred** [עש״ח. ע״ע סני. NSH]

**קל שנא to hate** נשא עופים רמים לטרף שנאי אלהים במכת הערב נשא (הרוח) עופות גבוהים לטרוף את שונאי אלהים (the wind) bore big birds to the predation of the enemies (*i.e.*, haters) of God - ת״מ 59א. עד ידעו שנאיהם כי גדול יהוה מכל האלהים למען ידעו שונאיהם ״כי גדול...״ (שמ יח 11) - ת״מ 61א.

**שנאב** šā'nāb שם פרטי *pr. n.*

**שנאב** ש״פ ושנאב מלך אדמה - בר יד 2.

**שני**[1] תקופת העיתים ממועד למועד **year** [**א״י** בר שבע עשרה שנה - **נ** בר לז 2. **סוא״י** וליומין ולשנין - בר א 14]

**שנה** - בר לא 41. שנת - בר מא 50. שתה afšittå - מ יז 30. שנים šēnəm - ננה 5. שניה - ת״מ 189א.

**שנה** ש״ע נ *n. f.* **year שנה** דן לי עסרים שנה בביתך זה לי עשרים שנה בביתך these twenty years I have been in your house - בר לא 41. לסכום מאה שנה וארבעים שנה אתה טמיר לגו ארץ מצרים לסוף מאה שנה וארבעים שנה אתה טמון בארץ מצרים - ת״מ 53א. הא יובל אתי בזבנה אחד בשתה לישראל הוי, היובל הבא בזמן, אחד בשנה לישראל - מ יז 29-30. ותזרעון ית שתה תמינאיתה וזרעתם את השנה השמינית - ויק כה 22. אמר אחד בר שתה כבש אחד בן שנתו - במ ז 15. אתנזר ק שתה ובתר חכם אתתה אתנזר מאה שנה ואחר ידע את אשתו - אס 2ב. בהדלא תיעל שנת כפנה בטרם תבוא שנת הרעב - בר מא 50. פרקן עבדה לשש שנים גאולת העבד לשש שנים - ננה 5. יעקב אזדמן לעשו בתר שנין סגים יעקב נועד לעשו אחר שנים רבות - ת״מ 17ב. מנין שניה דהות רחותה לגון מניין השנים שהיתה רעותה בתוכם - ת״מ 189א. כקבל שניו יעזר ית אפרקותה כפי שניו ישיב גאלתו - ויק כה 52.

**שני**[2]† קלקול **destruction, deterioration** [**א״י** איך שינה דהבה = איכה יועם זהב - איכ״ר לפרק ד 1. השי׳ **ס** ושנת חרותה דיעקב = ותקע כף רגל יעקב - **פ** בר לב 25 LS 789b. באה״ש נתקיימה רק הוראה זו. חילוף והיפוך **change**; [*Only in this sense in* SA [בשרבובים מן אונקלוס. *O interp.*]

**קל מקולקל** בינוני *pt.* **deteriorated** לא בלי ולא שני אינו בלה ואינו מתקלקל it is šāni not worn nor deteriorated - א״ג 11. **ואה חזבה** שאני מן משכה (נ״א פעת) והנה מראהו שפל מן העור - ויק יג 20 (=המליץ 600). וחזבין שני מן כתלה ומראהן שפל מן הקיר - ויק יד 37. לית בה סער אבר ושניה ליתי מן משכה אין בה שער לבן ושפלה איננה מן העור - ויק יג 21 (=המליץ 600).

**משני** ולכל בני ישראל לא יסטדי כל לב למשני NB ולכל בני ישראל לא יחרץ כלב לשונו - שמ יא 3א [פרפרזה: לא יפחד איש שמא יישחת - פירוש? *Paraph.* as for the Israelites, [none of them will fear destruction.

**פעל 1** בינוני פעול *pass. pt.* **מקולקל faded**

קבלין רומה ומכה... חזב מאוריה משני חשכים the upper מעלה ומטה... פני המאורות משונים and the lower worlds are darkened... the sight of the luminaries is deteriorated - מ א 127-130.

**2 החליף** to change **ושני ית אגרי** m (נ״א וחלף) ויחלף את משכרתי he changed my wages - בר לא 7. **ושנו כסותכן** $^*M_2$ (נ״א וחלפו) והחליפו שמלותיכם - בר לה 2. **ושנו כסותה** A (נ״א וחלף) ויחלף שמלותיו - בר מא 14.

**אפעל החליף** to change **ואשני ית אגרי** $^*M_1$ (נ״א וחלף) he changed my wages - בר לא 7. **ית פקודיו אשני** $M_2$ (נ״א בטל) את מצותיו הפר - במ טו 31.

**אשנאה** [מקור של אונקלוס, אינו באה״ש. O-like inf., not SA] $^*M_2$ **לאשנאה קיאמי** (נ״א למבטלה) להפר בריתי - ויק כו 44.

**אֶתְפַּעַל נתקלקל** to deteriorate **מן עבד צורה וסגד לה תשתני צורתה יום דינה** מי שעשה צורה והשתחווה לה, תושחת צורתו ביום הדין he who made an image and worshiped it his form will deteriorate - ת״מ 239ב.

**שנן$^{1\dagger}$** חדות, חריפות **sharpness** [**א״י** שנן מני זינך - בר״ר 723. **סוא״י** שנו לשנתהון = שננו לשונם - תה קמ 4 - Horol f. 67b]

**קל חד** בינוני פעול *pass. pt.* **sharp** **אן עמיכון תמן חרב שנין קעמו באפיו וכרזו בקל רם אתו נטוריה ובידון חרבין שלופין שנינין** אם תראו שם חרב חדה קומו לפניה וקראו בקול רם. באו השומרים ובידם חרבות שלופות שנונות if you see there a sharp sword, stand up against it and proclaim loudly. The guards came with unsheathed sharp swords in their hands - ת״מ 46א.

**פעל חידד** to sharpen **אן אשנן ברק חרבי** C אם שנתי ברק חרבי when I sharpen the blade of My sword - דב לב 41 (המליץ 604: תנית).

**שן** ש״ע נ *n. f.* **tooth** **שן** שן תחת שן - שמ כא 24, ויק כד 20. **אן שן עבדה אי שן אמתה יפל לחראי ישלחנה תחת שנה** אם שן עבדו או שן אמתו יפל לחפשי ישלחנו תחת שנו - שמ כא 27. **עין בעין שן בשן** - דב יט 21. **ושן בהמן אשלה בון** - דב לב 24. מובא גם בת״מ 226ב. **ואברן שנין מן תרב ולבן שנים מחלב** - בר מט 12. **בסרה הכדה בין שניון** הבשר עודנו בין שניהם - במ יא 33.

**שנן** ש״ע ז *n. m.* **להב החרב** blade of sword

**אן אלקט שנן חרבי** E אם שנתי ברק חרבי - דב לב 41 [תרגם: אם אחזיק בחוד חרבי].

**שנן$^{2\dagger}$** חזרה; לימוד **teaching; repetition** [מן העברית ע״פ ״ושננתם לבניך״ - דב ו 7. הוראת החזרה נוצרה מן מיזוג של שנ״ן ושנ״י בעברית השומרונים. וכך הוא בעברית שנ״י של חז״ל. H, *after* Dt 6:7. *The meaning 'repetition' arises from the merging of šnn and šny in* SH, *cf* *šny in rabbinic* H, BY 7314.]

**פעל הורה** ע״י חזרה **to teach** by repetition **ותשננון לבניך** ושננתם לבניך you shall teach them by repetition to your children - דב ו 7.

**אפעל למד** **to learn** **ולא אשננת לשונן ולית לי בה רגיל״י״ן יקיר פם...** אנה לא למדתי לשונם ואין לי רגילות בה ״כי כבד פה... אנכי״ (שמ ד 1) - ת״מ 14א.

**אֶתְפַּעַל 1 נכפל** **to be repeated** **בשם אבוה אשתננת בשם אביו (עמרם) נשניתי (דברי האות מ)** I was repeated in the name of his father (*m* in Amram) - ת״מ 249א. **השתננת בתרי שמים רברבים** נשניתי בשני שמות גדולים (דברי האות ה) - ת״מ 310א. **2 למד** **to be taught** **ולא אשתננת לשון ביש ולית לי בה רגילו הלא יקיר פם...** אנה לא למדתי לשון הרע ואין לי רגילות בה ״כי כבד פה... אנכי״ (שמ ד 1) I have not been taught slander, nor have I acquaintance with it - ת״מ (ק) 7ב.

**שנער** שם מקום šinniyyår *pr. n. (place)*

**שנער** ש״פ **בבל וארך ואכד וכלהן בארע שנער** - בבר י 10. **‹אתעמי› סימן בארע שנער** - אס 10א. **אזל מן חברון לשנער** - אס 11ב.

**שנק** פגיעה, ייסורים **affliction, torment** [**א״י** די שנקת במצראי - **נ** שמ י 2. אונקלוס: ושנק יהוה ית מצראי - שמ יד 27.

**פעל** עבר: ושנק - ת״מ 210ב. עתיד: תשנק - המליץ 453. בינוני: משנק - ת״מ 232ב. פעול: משנקה (נ) - ת״מ (ק) 83א. **אֶתְפַּעַל** עבר: ואשתנקת (נסתרת) - ת״מ (ק) 11א. עתיד: ישתנקון (ר) yištannēqon - מ א 21. ציווי: השתנקו - ת״מ 240ב. בינוני: משתנק - ת״מ 201א. **שנוק** - המליץ 453. **תשניק** - ת״מ 211א. בתשניקיה aftåšnīqayyå - מ א 30.

**פעל 1 הרס$^{\dagger}$** **to destroy** **ובסגי יכלותך שנקת מרגזיך** ECB (V שנקתה, המליץ 453: תשנק) וברב גאנך תהרס קמיך in the greatness of Your might You destroy Your adversaries - שמ

טו 7. אהיה אשר אהיה פצה ושנק אהיה אשר אהיה הציל וייסר, "I am who I am" (Ex 3:14) - save and destroy ת״מ 210ב.

שנק ית סגודיו - ת״מ 222א. חרבה משנק - ת״מ 232ב. **2 ייסר to chastise** לאלין שנקת ולאלין קטלת את אלה הרגת ואת אלה ייסרת - these You slain and these You chastised ת״מ 233ב. עובדיך אנון משנקין לך מעשיך, הם המייסרים אותך your own deeds are chastising you - ת״מ 64ב. מאבד ומשנק ומלבט מאבד ומייסר ומענה - ת״מ 145ב. ורווחה משנקה מן רב בכותה ורוחו מיוסרת מרוב בכי - ת״מ (ק) 83א.

**אֶתְפָּעַל 1 נפגע to be afflicted**† ואשתנקת רוחיון ולא יכלו חרשיה למקעם לקדם קדם משה ונתייסרה רוחם ולא יכלו החרטומים לעמוד לפני משה their spirits were afflicted, and they could not resist Moses - ת״מ (ק) 11א. ועבד עובד אכעס בה על כן ישתנק ועשה מעשה שהכעיס בו על כן ייפגע - ת״מ 201א. עבד צדקה לחיביה עד לא ישתנקון בדיניה עשה צדקה לחוטאים עד שלא ייפגעו בעונשים - מ א 21-20. וישתנקו בון דבבי קהלה וייפגעו בו אויבי הקהל - ת״מ 31ב. **2 נענש to be chastised** סבו אגריכון כדו ברגזה השתנקו קחו שכרכם. עתה בכעס התייסרו receive your reward; now with wrath be chastised - ת״מ 240ב. לגו יום נקם משתנק ביום נקם מתייסר - ת״מ 201א. בדינה משתנקים - ת״מ 82א.

**שינוק**† ש״ע ז *n. m.* qittūl **הרס destruction** ובשנוק ובחרס - המליץ 473 [מן דב כח 27. ליתא]. שנוק הרס (תהרסם) - המליץ 453 [מן שמ כג 24. ליתא].

**תשניק** ש״ע ז *n. m.* **ייסורים affliction** לישראל פרק מכל תשניק את ישראל גאל מכל ייסורים He has redeemed Israel from any affliction - ת״מ 211א. ומרן מאבדנך בגוני תשניקיה ואדוננו מאבדך במיני ייסורים - ת״מ 65א. אנן לקין בתשניקיה אנו לוקים בייסורים - מ א 30. אה אבדנה צעדון אה תשניקיה נדנדון הנה האבדון אחזם, הנה הייסורים טלטלום - ת״מ 77ב.

**שנת**† השחתה וקלקול ← כעס ודחייה **ruin** **anger, rejection** [שורש תנייני מן שת״ת? השו׳ אוגׄ štt - Aistleiner 319 וכן شَتَّ - Lane 1501b. ואולי הוא שנית = רושם מקועקע - Kraeling 5:3.

[*Secondary root from štt?* DNWSI 1178.

**אפעל 1 השחית to spoil, abate** וימיה עכירין ושמשה אשנתה וזערה בניושה הימים עכורים והשמש לוקה והירח בחולשה the seas are turbid, the sun is abated, the moon is in feebleness - אס 2ב [ט״ס מן אשנתת?]. מפל אריסין ומשנת עללאן (הברד) מפיל איכרים ומשחית תבואות (the hail) overthrowing peasants and ruining crops - ת״מ 35ב. משנת הוא מלכה ומפלין חרשיה לוקה הוא המלך ומושפלים החרשים - ת״מ 32א. סחנת יעקב משנתה ובאירה נחלת יעקב חרבה ובורה - ת״מ 6ב. פרי מעיה עצירין ופרי ארעה משנתין פרות הבטן עצורים ופרות הארץ מושחתים - מ א 117-116. ועסבין קטילין ועללהן משנתין - ת״מ (ק) 12א. **2 דחה to reject** ארבע צלואן מתקבלין לא משנתין ארבע תפילות מתקבלות ואינן נידחות four prayers are received, not rejected - ת״מ 180א.

**אשנתו** ש״ע נ *n. f.* **כעס wrath** אקנהו בבתיה ואשנתו בבראה כעס בבתים וזעם בחוץ - anger within the houses and wrath without ת״מ 33ב. לסכוי לחסדיך לא תיפך באשנתו מן המקווה לחסדיך אל תפנה בכעס - א״ג 29.

**שעבד** כיבוש לעבדות, העבדה בפרך, הכנעה **enslavement, servitude** [א״י וישעבדון אתורייה - נ במ כג 24] ← קבלת עול שמים, השתחויה **submission to God**

**פעל** עבר: שעבד - בר מז 21. בינוני משעבדה - דב ג 9. פעול: משעבד amšābbåd - ננה 71. **אֶתְפָּעַל** עבר - ת״מ 119ב. עתיד: נשתעבד - ת״מ 169א. ציווי: השתעבד - ת״מ 114א. בינוני: משתעבד - ת״מ 265ב. משעבדן - משעבדן - דב ג 9. **שעבוד** šēbbod - ע״ד יג 3.

**פעל 1 כבש לעבד to subjugate** וית עמה שעבד עמה לעבדים mC ואת העם העביד אתו לעבדים the people, he subjugated with him as slaves - בר מז 21. **2 הכניע to subdue** ואמראי יזעקון לה משעבדה והאמרים יקראו לו (לחרמון) המשעבד the Amorites call it "Subduer" - דב ג 9 [דרוש של ש+ניר = עול. *Midr.* *on š+nyr, 'yoke'*]. בהשאלה *fig.* אורה קרץ... הך טלי משעבד האור משכים... כמו נער נכנע - ננה 71. טלי משעבד לספרה משה למרה נער כנוע למורו (הוא) משה לאדוניו - ת״מ 214ב. מלין מליאן עלמה ומשעבדן למן דאמרין מלים מלאות את העולם וקונות את מי שהוא אומרן - א״ד א 6-5. **3 שירת to serve** מן יהך בתרה

ליתו טעי ולא מחיב אלא משעבד אנה ושם מי שהולך אחריה אינו תועה ואינו מתחייב אלא משרת פה ושם he who follows him (Moses) will not err, nor be guilty, but will serve in both worlds - ת״מ 221א [זב״ח הע׳ 5].

**אִתְפַּעַל 1 נכנע** קיבל על עצמו עול שמים **to submit oneself to God** ונסגד קמיו באנצירו כות אדם כד דחל וחנוך כד אשתעבד ונשתחווה לפניו במסירות כמו אדם כאשר ירא וחנוך כאשר נכנע let us worship with devotion before Him like Adam when he feared, like Enoch when he submitted himself - ת״מ 119ב. ננצר בכל עת ונשתעבד בכל זבן נתמסר בכל עת וניכנע בכל זמן - ת״מ 169א. יודון לך לבביה ישתעבדון לך גויאתה יודו לך הלבבות וייכנעו לך הגופים - א״ח 50-51. אה קהלה השתעבד ושרי אוכח גרמך הוי הקהל, היכנע והחל להוכיח עצמך - ת״מ 114א. ולה נשתעבד ונשבח ולו נשתחווה ונתפלל let us submit before Him and praise (Him) - ע״ש ו 85 וכיו״ב א 54., ת״מ 125ב. נכרז קמיך דת רחמן נשתעבד לך דת רתאה נקרא לפניך שאתה רחמן ונשתחווה לך שאתה חנון - א״ח 32-33. מתחנן... ומשתעבד קדם מלכון דמלכיה - ת״מ 265ב. **2** [מן אונקלוס O] **נשתעבד, נתענה to be subdued** תובי ($*M_2$) ליד רבונתיך ($*M_1$) [וא]שתעבדי כתי אדה m והתעני תחת ידה go back to your mistress, and submit to her harsh treatment - בר טז 9. ורב ישתעבד לזעורה ($*M_1$ נ״א ישמש) ורב יעבד צעיר - בר כה 23. וישתעבדון לך לאמים $*M_1$ וישתחוו לך לאמים - בר כז 29.

**משעבדן** ש״ת *adj.* **subduer מכניע** ואמראי זעקו לה משעבדאן C (VEB משעבדין = המליץ 597. ע׳ זב״ח שם) והאמרים יקראו לו (לחרמון) המשעבד the Amorites call it "Subduer" - דב ג 9 [ראה לעיל, פעל *see above*].

**שעבוד** ש״ע ז *n. m.* **1 הכנעה** לפני האל **submission** to God ואתינן לידך... בנצירו ובשעבוד ובאנו אליך במסירות ובהכנעה we came to You... in devotion and submission - ע״ד יג 2-3. כיו״ב מ כ 4. טליה עתידין ייתון בשעבוד ליד ביספרון הנערים מוכנים לבוא בהכנעה אל בית ספרם - ת״מ 245ב. מן אתאלף מן יצחק שעבודה מי שלמד מיצחק הכנעה - ת״מ 145א וכיו״ב 178א. מילת פתיחה לפיוטים מסויימים הנאמרים אגב השתחוויה Opening word for certain prayers, requiring bowing down - מ **בשעבוד**

טו 1. **2** [מן אונקלוס O] **עבדות slavery** חזו חזית ית שע‹ב›וד עמי A (שעבוד m) ראה ראיתי את עני עמי I have seen the slavery of my people - שמ ג 7. ‹א›סק יתכון מן שעבוד מצרים $*M_1$ (נ״א לבוט) אעלה אתכם מעני מצרים - שמ ג 17. בארע שעבודי m (נ״א לבוטי) בארץ עניי - בר מא 52.

**שעה** זמן **time** [א״י דהיא שעת אנגקי - בר לח 25. **סוא״י** יתל לך מטרא לארעך בכול שעא בזבנה - דב יא 14. על השורש ראה ילון, מבוא 117 ואילך]

**שעה** ש״ע נ *n. f.* **1 זמן time** כד אמטת שעתה נחת מחבלה כאשר הגיעה שעתו, ירד המשחית when the time arrived, the Destroyer descended - ת״מ 46ב. בריכה שעתה דבה אזדמן מיה ואשתה לאבדן כפוריה ברוכה השעה שבה נועדו האש והמים לאבד את הכופרים - ת״מ 81א. **2 שעה** יחידת זמן קבועה **hour** וחזתה ברת פרעה בשעתה ה בז וראתה (בת פרעה) אותו (את משה) בשעה החמישית ביום השביעי (Pharaoh's daughter) saw him in the fifth hour of the seventh day - אס 15א. **וב שעין** אתרחי יהוה להבל... דרוה בשעתה קמאיתה ולושה לא אתצטר ויחר לקין ו[אחר] שתי שעות נתרצה יהוה להבל... וכשראה (קין) בשעה הראשונה שלמנחתו לא פנה, ׳ויחר לקין״ (בר ד 5) - אס 2א. **בו שעין** נפקו לעיני כל מצרים בשעה הששית יצאו (בני ישראל) לעיני כל מצרים - אס 16א. רחמיו שקיחה עם חדוד שעיה ורגעיה רחמיו מצויים עם חידוש השעות והרגעים - ת״מ 224ב. **3 זמן מעט** בצירוף עם ׳חדה׳ **moment** *with ḥdh* כתר עמן שעה חדה המתן עמנו שעה קלה tarry with us a moment - ת״מ 260א. ושבה על ברה נטורין... והיאך עליון הן לא ידמכו שעה חדה ושם (פרעה) על בנו שומרים... ודחק בהם שלא ינומו שעה קלה - ת״מ 46א [זב״ח הע׳ 1]. **ואסכמה יתון כשעה** $*M_1B$ (נ״א כעטף) ואכלה אתם כרגע - במ טז 21. וכך הוא במ יז 10 $*m_2$ [רק כאן בתה״ש, והכול מן אונקלוס O]. **4** במעמד תה״פ *adverbial* **אז then** שרי ביתה שעתה מבכי לה החל (משה) באותה השעה לבכותו (את יוסף) (Moses) began then to mourn him (Joseph) - ת״מ 53א.

**שעה ד- שעה ש-** *conj. (temporal)* מ״ק לזמן **when** שעתה דבסרני אלהה דעלמה בשמך שפרה חדותי בשעה שבישרני אלוהי העולם בשמך, שפרה שמחתי when the God of the world has proclaimed your name to me, my joy intensified - ת״מ 217ב. לגואי רומה זזעת שעתה דקבלך נביה את יושבי המרום זעזעת בשעה שקיבלך הנביא - מ כ 24-25. אזדזע עלמה שעתה דקעם על רגליו ובעי יסק אל טור נבא נרעד העולם בשעה שקם (משה) על רגליו וביקש לעלות אל הר נבא - ת״מ 258ב.

†**שעוה** דונג (?) המשמש מרפא ? **wax** [**א״י** שעוה משח דבוטנין ודלוזין - **נ** בר מג 11. **ס** שעותא = צרי - ירמ ח 22 **פ** - LS 792a]

**שעבה** ש״ע נ *n. f.* **1 צרי** ? **wax** וגמליון סבילין קטף ושעבה וכרכם וגמליהם נשאים נכאת וצרי ולוט - בר לז 25 (=המליץ 573). **ואעתו לגברה** מנחה זעור שעבה וזעור דבש... והורידו לאיש מנחה מעט צרי ומעט דבש - בר מג 11. **2 שחלת** ? **a perfume** סב לך סמנין קטף ושאבה ולבנתה A (נ״א ושללי) קח לך סמים נטף ושחלת וחלבניה - שמ ל 34 [כנראה נגרר אחרי קטף הבא בבראשית עם שעוה].

†**שעטנז** עירוב **mixture** [ מן העברית H. **א״י** וכיתן שעטנז לא יסוק עליכון - **נ** ויק יט 19]

**שעטניז** ש״ע ז *n. m.* **עירוב** **mixture** ולבוש ערברוב שעטניז לא יסק עליך (נ״א מנמרין) ובגד כלאים שעטנז לא יעלה עליך you shall not put on cloth from a mixture of two kinds of material - ויק יט 19. **לא תלבש שעטניז צוף** וכתנים כחדה (נ״א מנמרין) לא תלבש שעטנז צמר ופשתים יחד - דב כב 11.

†**שעי**[1] שיח, דיבור **speech, talk** [**א״י** דלמא שועי ליה = כי שיח... לו - תרגי מל״א יח 27. **סוא״י** שעותא = דיבור - אולוגיוס עמ׳ 69]

**אֶתְפַּעַל סיפר** **to tell** [מן אונקלוס O. הרגיל באה״ש תנ״י (ע״ע)] **ואשתעי עבדה ליצחק** $*M_3$ (נ״א ותנה) ויספר העבד ליצחק the servant told Isaac - בר כד 66. **ואשתעי רב שקיה ית** חלמה m (נ״א ותנה) ויספר שר המשקים את חלומו - בר מ 9. **ואשתעינה לה** m (נ״א ותנינן) ונספר לו - בר מא 12 [גם צורן המדברים הוא של אונקלוס]. **ואשת[עו] לה** m (נ״א ותנו) ויספרו לו - במ יג 27. **אשתעו כע[ן] לי** m (נ״א תנו שבי) ספרו נא לי - בר מ 8. **ואשתעי רב משקאיה** m ויספר שר המשקים - בר מ 9.

**שועה** ש״ע נ *n. f.* **דיבור** **speech** והוה כל ארעה שועה חדה C (נ״א שפה!) ויהי כל הארץ שפה the whole earth had one speech (*i.e.,* אחת language) - בר יא 1. **עם אחד ושועה חדה** C (נ״א ספבה) עם אחד ושפה אחת - בר יא 6. ניעת ונבלל תמן שועאת C (נ״א ספבן) נרדה ונבלה שם שפתים - בר יא 7. **תמן בלל יהוה ית** שועת כל ארעה C (נ״א לשן, ספת) שם בלל יהוה את שפת כל הארץ - בר יא 9.

†**שעי**[2] פנייה **heed** [מן העברית H]

**קל פנה, שעה** מובא מן בר ד 5 נ״ש **to pay heed** ולקין ולמנחתה לא שעה (נ״א אתריה) from ולקין ולמנחתו לא שעה but to Cain and his offering He paid no heed - אס 2א.

†**שעי**[3] ט״ס מן שוט. *Corr. from šwṭ*

**אתפעל** אשתעו עמה B (נ״א אשתטו, שתטו) שטו העם the people roamed - במ יא 8.

**שעיר** שם מקום *pr. n. (place)* [ע״ע גבל]

**שעיר** ש״פ ושעיר ופראן - ת״מ 255ב. **ושלח** יעקב שלחים... ארע שעיר C - בר לב 4.

†**שעל**[1] דריכה והליכה **treading, stepping** [**א״י** בשעולי פרסת רגלי עמא - תרגי מל״א כ 10. **ס** שועלא - **פ** שם - LS 793a]

**משעל** ש״ע ז *n. m.* **שביל** **path** וקאם מלאך יהוה במשעל כרמיה (נ״א בשביל) ויעמד מלאך יהוה במשעל הכרמים the angel of the Lord then stood in a path between the vineyards - במ כב 24.

**שאול** ש״ע ז *n. m.* **שביל** **path** פשר מרגל למי אתנגד עמה דו מתיבל בשאול כהלה איטבו הצלה מהירה למי שהולך אחריו (משה) כי הוא מולך במשעול שכולו טוב a quick deliverance for he who is led by him, for he is conducted in a path, wholly good - ת״מ 212ב.

†**שעל**[2] שריפה **burning** [> شَعَلَ = הדליק - Lane 1563b]

**קל בער** בינוני פעול *pass. pt.* **to burn** והא סניה שעיל בנור A (נ״א יקיד, בער, להב) והנה הסנה בער באש - there was a bush all aflame - שמ ג 2.

†**שען** תמיכה וסעד **support** [מן העברית H]

**קל סמך** **to lean** in a ceremony of

A וישען ית אדה עלויו ופקדה consecration he laid (נ״א וסמך) ויסמך את ידו עליו ויצוהו - his hands upon him, and commissioned him במ כז 23.

**אֶתְפְּעֵל נסמך to recline** אברהם נטע פרדס... השעינו בה טבים אברהם נטע גן... חסו בו טובים ,...Abraham planted a garden - good men reclined in it ת״מ 186א [על פי בר יח 4: והשענו תחת העץ .After Gen 18:4].

**משען** ש״ע ז .*n. m.* **מטה staff** לא חרש ביעקב ולא משען בישרון A (נ״א קסם) כי לא נחש ביעקב ולא מטה (קסם) בישראל there is no divining in Jacob, no staff in Israel (!) - במ כג 23 [העביר מן במ כב 7 ראה להלן ,After Num 22:7 .where qsm was taken as qysm].

**משענה** ש״ע נ .*n. f.* **מטה staff** גדדוה נעירי עמה במגד ובמשענתון כרואה נדיבי העם במחקק ובמשענותם the nobles of the people dug it leading with their own staffs - במ כא 17. ואזלו חכימי מואב... ומשענתון באדיהון A (נ״א וקסמיון) וילכו זקני מואב... וקסמיהם בידם - במ כב 7 [תפיסה מגמתית של קסם מן קיסם = עץ .*Int. qsm from qysm, 'wood'*].

**שעע**† חלקות **smoothness** [א״י ושעיית יתיה = ותחמרה - נ שמ ב 3. ס שעעא = חלק - בר כז 11 - LS 791b]

**אֶתְפְּעֵל ניטוח to be coated** ואם יעזר מכתשה ויפרח בביתה בתר... דאתשע $^*M_4$ (נ״א אשתטף) ואם ישוב הנגע ופרח בבית אחרי... הטח if the plague again breaks out in the house, after (the house) has been - replastered - ויק יד 43.

**ששיע** ש״ת .*adj.* [א״י גבר שעשיע - נ בר כז 11] **חלק smooth** תלימי גבר סעיר ואנה גבר ששיע m (נ״א נקי) אחי איש שעיר ואנכי איש חלק my brother Esau is a hairy man and I am - smooth-skinned - בר כז 11.

**שעשיעו** ש״ע נ .*n. f.* **חלקה** מקום חלק **a clear spot** וית משכי גדיי עזיה הלבשת על אדיו ועל שעשיעות צברה $^*m_2$ (ששיות mCA) ועל חלקת צוארו... she covered his hands and the hairless part of his neck with the skins of the kids - בר כז 16. וזבן ית ששיות עקלה... מן אד בני חמור (נ״א פלגת) ויקן את חלקת השדה... - בר לג 19.

**ששי** ש״ע נ .*n. f.* **חלקה** מקום חלק **a clear spot** וזבן ית ששית עקלה A (נ״א פלגת) ויקן את חלקת השדה... the even land he - purchased - בר לג 19 (=המליץ 462).

**שעף**† שרף המשמש למרפא **a balsam** [מן אונקלוס במקום שגוי .*Misplaced O interp.*]

**שעף** ש״ע ז **מין שרף a balsam** והיעתו לנסיאה שליחה קפט קטף וקפט דבש שעף ולטום שעפה ואיטפה mA והורידו לאיש מנחה מעט צרי ומעט דבש נכאת ולוט בטנים ושקדים - בר מג 11 [אף m מציב שעף כנגד קטף].

**שער**[1]† הערכה וחישוב **rate** [מן העברית H]

**שער** ש״ע ז .*n. m.* **הערכה measure** וזרע יצחק... ואשקע... מאה שערים וימצא... מאה שערים Isaac sowed... and reached... hundred measures - (*i. e.,* hundredfold) - בר כו 12.

**שער**[2]† בן הצאן **buck** [מן העברית H. טלשיר 101]

**שעיר** ש״ע ז .*n. m.* **שעיר** כשעירים עלוי יאר E (נ״א כצפירים) כשעירים עלי דשא like bucks - on grass - דב לב 2. מובא גם בת״מ 195ב.

**שפה**[1]† לשון **language** [שרבוב מן העברית ע״ע לשן .*H interp. See lšn*]

**שפה** ש״ע נ .*n. f.* **לשון** והות כל ארעה שפה חתה A (נ״א שועה) ויהי כל הארץ שפה אחת - the whole earth had one language - בר יא 1. תרים ועסרים כתבים... והיא עקרי שפת עברהותה עשרים ושתים אותיות... והן יסודות twenty two letters..., they are the שפת עבר - foundations of the Hebrew language - ת״מ 280ב.

**שפה**[2]† גדת הנהר **bank** of river [שרבוב מן העברית. ע״ע ספי .*H interp. See spy*]

**שפה** ש״ע נ .*n. f.* **גדה** עד ראו בני ישראל שלומים על שפת הים so that they saw the Israelites - safe on the shore of the sea - ת״מ 63א. הוציא אתם הים אל שפתו... ונבקעת שפת הים ובלעת יתון - ת״מ 89ב. ובמובאה מן שמ יד 31: וירא ישראל את מצרים מת על שפת הים - ת״מ 71ב, 89ב. ואזל עילם ואשור לצפון אור כשדים... הוו על שפת <באב אלאבואב> והלכו עילם ואשור (בני נח) לצפון אור כשדים... היו על שפת <באב אלאבואב> - אס 8א [ע' זב״ח שם].

**שפו**[†] שם פרטי *pr. n.* šabbu

**שפו** ש״פ בני שובל עלון ומנחת ועיבל ושפו - בר לו 23.

**שפח**[†] קשרי משפחה **family connection** [מן העברית. ע״ע אמה, כרן. *H, see ʾmh, krn*]

**שפחה** ש״ע נ *n. f.* **אמה maid** והוה לה עאן ותורים... עבדים ושפחן C (נ״א ואמאן) ויהי לו... עבדים ושפחות he had sheep, oxen..., servants, maids - בר יב 16. עול ני ליד שפחתי C (נ״א שמשהתי) בא נא אל שפחתי consort with my maid - בר טז 2.

**משפחה** ש״ע נ *n. f.* **בית אב family** ותעזרון גבר לסחנה וגבר למשפחתה M (נ״א לכרנה) each of you shall return to his holding and each of you shall return to his family - ויק כה 10. חנוך ובניו וכל משפחתו - ת״מ 275א.

**שפט**[1] דין **judgement** [עש״ח NSH. אבל אי״מ אף בספריא... ראשין ושפטין - צוואת לוי קטע ד, טור 2 - DSSU 138]

**קל דן**[†] **to judge** דן ישפט בין עמה A (נ״א ידין) דן ידין עמו Dan will judge between his people - בר מט 16. ומשרי ומחסל ושופט ודער במקדש ומתחיל וגומר ודן וגר במקדש - 118א. שופט צדק שפט בין צדיק ורשע - ת״מ 63א. שפטו בצדק - ת״מ 61ב. דין קשטה שפט בה אלה - ת״מ 266א. מלך שופט כהן מלמד - ת״מ 267ב. ושופט בכל ארע מצרים B (נ״א ושליט) - בר מה 8. אני סלק ולא נחת כמד שפט עלי מרי אני עולה (להר נבא) ולא יורד, כמו שדן אותי אדוני - ת״מ (ק) 76א.

**משפט** ש״ע ז *n. m.* **1מ דין** במובאות מן התורה **judgment** *in quotations from the Torah* עמי מלתה דמשפט ראה את מילת משפט see the word mšpṭ (Dt 32:4), how it is - ת״מ 187א. כי אלה עבד בה משפט כי האלוהים עשה בו דין - ת״מ 187ב. **2 מנהג practice, rule** לא יקרב קנומה במשפט ביש לא יקרב עצמו למשפט רע - let him not approach a bad practice - ת״מ 158א [ראה נערות זב״ח]. ומנחתה ונסוכיה כמשפטם E (נ״א כפשרונון) their drink offering, according to their practice - במ כט 6.

**שפט**[†] ש״ע ז *n. m.* **כלל rule** כיינן מרערין על אהן שפטה אנו חוקרים על אותו כלל indeed, we may inquire into this rule - ת״מ 251ב.

**שפט**[2] שם פרטי *pr. n.* šâfâṭ

**שפט** ש״פ שפט בר חורי - במ יג 5.

**שפטן** שם פרטי *pr. n.* šiftån

**שפטן** ש״פ לשבט בני אפרים נסי קמואל בר שפטן - במ לד 24.

**שפי**[1†] כיסוי והסתרה **covering, hiding** ← החלקה והטבה **smoothing, improving** [בן-גוון של שפף[1]. *Cognate of špp*[1]. אי״ בלב שפי = שפי - נ במ כג 3. **סוא״י** שופיא = פיוס - Horol f. 166b]

**קל חלק** בינוני פעול *pass. pt.* **smooth** ואם מדבח אבנים תעבד לי לא תבנה יתין שפיאן N (נ״א גזיזן) ...לא תבנה אתהן גזית - שמ כ 21 [פירש: חלקות].

**פעל 1 כיפר** לשון כיסוי חטא [זב״ח ספר זליגמן 35-40] **to appease** אשפי אפיו בשליחתה האזלה לקדמי אכפרה פניו במנחה ההלכת לפני I may appease him with the present that goes before me - בר לב 21. **אשפי אכפר** - המליץ 490 מן שמ לב 30. [ליתא]. **2 כיסה to cover** ותשפי יתה מלגו ומלבר בשפי וכפרת אתה מבית ומחוץ בכפר you shall cover it inside and out with covering - בר ו 14 (=המליץ 487). **3 זמר to trim** a plant את הצמח ע״י קיצוץ ענפיו ושת שנים תשפי כרמך NMECBA (J תקטף) ושש שנים תזמר כרמך and six years you shall prune your vineyard - ויק כה 3 וכיו״ב NMECB בפס׳ 4 (=המליץ 457). ופרט כרמך לא תש[פי] $M_2$ ופרט כרמך לא תלקט - ויק יט 10.

**אפעל כיפר to atone** אשפת (לא חמוד אחד מהם) נשאתי - המליץ 523 מן במ טז 15. ליתא [עואנ״ש ה 122, הע׳ 86].

**אֶתְפָּעַל? נתכסה to be covered** נשפה נסתר (איש מרעהו) when we are out of sight of each other - המליץ 538 מן בר לא 49. [ליתא].

**שפי א** ש״ע ז *n. m.* **כיסוי cover** ותשפי יתה... בשפי וכפרת אתה... בכפר you shall cover it... with covering - בר ו 14. **ב** ש״ת *adj.* **יפה good, fine** [פירש גדי: היפה בבהמה הדקה] וסב לי מתמן תרי שפיי עזין טבין A וקח לי משם שני גדיי עזים טובים and fetch me two good kids - בר כז 9. וית משכי שפיי עלפיה A ואת עורות גדיי עזים - בר כז 16.

**שפיו** ש״ע נ *n. f.* **הסכמה ? agreement** ברה

דיקום מן נכראה בשפיו הבן שיעמוד מן the son born from the הנכריה בהסכמה - foreigner in agreement 5. ת״מ 125א [זב״ח הע׳ 5. ואפשר שנוסח ק עיקר: על שביו = שנולד מן השבויה (דב כא 11)? והכול מסופק].

שפי²† ביזיון **contempt** [ס שפיא = פגיעה, איבה - LS 794b. בן-גוון של שפף (ע״ע) *Cognate of špp²* [(q. v.).

**פעל 1 ביזה to despise** ואשפי עשו ית בכירתה $M_2A$* ויבז עשו את הבכורה - בר כה 34. **2 השפיל to throw** ואשפי רכבה לאסחן *int.:* (the snake) bites A ומשפיל רכבו לשפל the horse's heels and degrades the rider to defeat. - בר מט 17 wyabbəl] נתפס כמו ״נבל תבל״ שתרגם ארפשו - לשון ביזיון (שמ יח 18) ע״ע רפש].

שפי³† יציקה **pouring** [א״י עברון שפאין = עברו מוזגי יין - ויק״ר רמו. שאפו שיכרא ממנא למנא = יצקו שיכר מכלי לכלי - בבלי שבת קלט ע״ב. **ס** שפיתא = מידת נוזלים - LS 794b]

**אפעל נסך to pour** זיתים יהון לך... ושמן לא תשפי VB (נ״א תסך) זיתים יהיו לך... you shall have olive (tissåk) ושמן לא תסך trees..., but you shall not pour oil - דב כח 40. שפי משפי רעט VB הסך נסך שכר you shall pour a libation offering of intoxicant - במ כח 7 [נ״ש assåk - ציווי].

**משפי** ש״ע ז *n. m.* **נסך pouring** שפי משפי רעט VB הסך נסך שכר - במ כח 7.

**שפך** הוצאה חוצה של נוזלים ועפר **pouring out** [א״י אדם זכיי שפך - **נ** ויק יז 4. **סוא״י** דשפך אדם דברנש ישתפך אדמה חולפה - בר ט 6]

**קל** עבר: שפך - ויק יז 4. עתיד: ישפך - ויק ד 7. בינוני: שפך - בר ט 6. פעול: שפיך - ת״מ 255ב. **אֶתְפְּעַל** עבר: אשתפך - ת״מ 220א. השפך - ת״מ 252ב. עתיד: ישתפך - בר ט 6 (= המליץ 602). **שפוך** qāṭōl - בר ט 6 (E)A = המליץ 602). **שפיך** - ויק ד 12 A. **שפיכה** שפיכת (נסמך) - ויק ד 12 VC. **שפיכו** שפיכות (נסמך) - ויק ד 12 MBA. **שפיכן** - דב כג 2 C. **שפכה** - דב כג 2. **שפכו** - ויק ד 12. **שפכן** - דב כג 2 V.

**קל שפך to pour out** ותסב ממימי נהרה ותשפך ליבשתה you shall take some water - from the Nile and pour it upon the dry ground שמ ד 9, ת״מ 213ב. וית כל אדמה ישפך לגו ארש מדבח עלתה ואת כל הדם ישפך אל יסוד מזבח העולה - ויק ד 7. וית כל אדמה תשפך - שמ כט 12. בהשאלה לעניין ההריגה עם ׳אדם׳ *fig. of killing, with ʾdm* דם שפך ויתעקר גברה ההוא מבגו עמיו דם שפך ונכרת האיש ההוא... he has shed blood; and that man shall be cut off from among his people - ויק יז 4. אדנן לא שפכו ית אדמה הדן - דב כא 7. שפך אדם אנש באנש אדמה ישתפך שפך דם האדם באדם דמו ישפך - בר ט 6. אדמה שפיך בה הך נהרה דמצרים הדם נשפך בו (בים סוף) כמו נהר מצרים - ת״מ 255ב.

**אֶתְפְּעַל נשפך to be poured out** ונפק מנה קרבן לא אשתפך לה דם ויצא ממנו קרבן שלא נשפך ממנו דם (עקדת יצחק) - ת״מ 220א. קרבנה דלא הנכס ולא השפך דמה הקרבן the sacrifice that שלא נשחט ולא נשפך דמו was not slain and it's blood was not poured out - ת״מ 252ב. ואדם דבחיך ישתפך על מדבח יהוה - דב יב 27. בהשאלה לעניין ההריגה עם ׳אדם׳ *fig. of killing, with ʾdm* וכד אשתפך אדמה דהבל when Abel's blood was poured out - אס 2ב. לא ישתפך אדם ברי לא ישפך דם נקי - דב יט 10. ולארעה לא יסתלח לאדם דישתפך בה ולארץ לא יכפר לדם אשר שפך בה - במ לה 33. שפך אדם אנש באנש אדמה ישתפך - בר ט 6.

**שפוך** ש״ע ז qāṭōl *n. m.* **רוצח** בהשאלה עם ׳אדם׳ *fig. with ʾdm* **murderer** שפוך אדם אנשה שפך דם האדם (E)A - בר ט 6. ולארעה לא יסתלח... הלא אם באדם שפוכה ולארץ לא יכפר... כי אם בדם שפכו - במ לה 33.

**שפיך** ש״ע ז *n. m.* **שפך heap** of poured ashes על שפיך קטמה ויקדון יתה על A אל שפך הדשן to the ash heap - ויק ד 12.

**שפיכה** ש״ע נ *n. f.* **שפך heap** of poured ashes ויפקון ית כל פרה... על שפיכת קטמה ויוקדון יתה... על שפיכת קטמה VC והוציאו את כל הפר... על שפך הדשן ושרפו אתו... על שפך הדשן - ויק ד 12 (=המליץ 602).

**שפיכו** ש״ע נ *n. f.* **שפך heap** of poured ashes ויפקון ית כל פרה... על שפיכות קטמה ויוקדון יתה... על שפיכות קטמה MB - ויק ד 12.

**שפיכן** ש״ע ז *n. m.* **שפכה** איבר בהזכר **male organ** לא ייעל פדיע דהלה ועקיר שפיכן בקהל יהוה C לא יבוא פצע דכה וכרות שפכת no one crushed a crushing or בקהל יהוה whose member is cut off shall be admitted into the congregation of the Lord - דב כג 2 [ašfīkot נתפס ריבוי].

**שפכו** ש״ע נ *n. f.* **שפך heap** of poured ashes

ויפקון ית כל פרה... על שפכות קטמה ויוקדון יתה... על שפכות קטמה - ויק ד 12.

**שפכן** ש״ע ז *n. m.* **שפכה** איבר בגוף הזכר. ראה׳ שפיכה׳ **male organ** ועקיר שפכן V וכרות שפכת one whose member is cut off - דב כג 2.

**שפל** נמיכות, זילות **baseness, lowness** ← פחד בהשאלה *fig.* **fear** [א״י ועל דאשפיל משה גרמיי - **התה״מ** ויק י 20. **סוא״י** עבדא בישא ושופלא - מתי כה 26]

**קל** עבר: ושפלו (נסתרים) - ת״מ 261ב. עתיד: ישפל - ת״מ 17א. בינוני: שפל - ויק יג 20 E. **אפעל/פעל** עבר: שפלו - דב א 28 NECB (=המליץ 510). עתיד: ישפל - דב כ 8 (=המליץ 510). **אֶתְפְּעֶל** ישתפל - ת״מ (ל) 27. **שפול** (מ״י) - בר לה 8. **שפילה** - ובשפילתה (מיודע) - דב א 7. **שפל** לשפלה (מיודע) - בר מט 11 A. **שפלוף** - בר מב 27.

**קל 1 שפל to be low** ואה חזבה שפל מן משכה E והנה מראהו שפל מן העור - ויק יג 20 (שרבוב מן העברית?). **2 היה מושפל to be humiliated** בם כנעו מלכים ושפלו גבורים בהן (בצפרדעים) נכנעו מלכים ושפלו גיבורים - ת״מ 261ב. **3 פחד to fear** with *lb* עם ׳לבי עמית לה סימנים דלא ישפל לבה הראיתי לו (למשה) אותות, שלא יפחד - ת״מ 17א.

**אפעל/פעל הפחיד** עם ׳לבי, ׳נפשי **to frighten** *with lb, npš* ואחינן שפלו ית לבנן NECB (J תברו) ואחינו המיסו את לבבנו our brethren have frightened us (*lit.*: made our hearts melt) - דב א 28. ושפלו ית לב בני ישראל ויניאו את לב בני ישראל - במ לב 9 (=המליץ 533). ולמה תשפלון ית לב בני ישראל ולמה תניאו את לב... - במ לב 7 (=המליץ 533). ולא ישפל ית לב אחיו כלבבה ולא ימיס את לבב אחיו כלבבו - דב כ 8 (=המליץ 510). עזר אל מצרים ואל תשפל נפשך בוא אל מצרים ואל תפחד - ת״מ 15א.

**אֶתְפְּעֶל 1 פחד to fear** עמיתה סימני בדיל לא ישתפל לבה הראתיו אותותיי כדי שלא יפחד show them My signs so that they do not fear - ת״מ (ל) 27. אל תדחל ואל תשתפל אל תירא ואל תחת - דב א 21. אתי בשלם ואל תשתפל בוא בשלום ואל תחת - ת״מ 68א. ואמר יעקב לבניו למה תשתפלון (MECB תדחלון) למה תתיראו tittīrāᵓu - בר מב 1. **2 נשל to drop off** ותטעי אדה בקצה למקטע קצמה וישתפל ברזלה VB ונדח ידו בגרזן לכרת העץ ונשל הברזל his hand swings the axe to cut down a tree, and the head drops off the handle - דב יט 5.

**שפול א** ש״ע ז *n. m.* **תחתית lower part** ואתקוממו בשפול טורה ויתיצבו בתחתית ההר they took their stand at the foot of the mountain - שמ יט 17. בשפול טור סיני בתחתית הר סיני - ת״מ 131ב. וראשית מדבחה הוה בשפול מקדשה וראשון המזבחות היה בתחתית (הר) המקדש - אס 1ב. אל שפולי טור סיני - ת״מ 259א. דאמטה משה לשפולי טור נבא - ת״מ (ק) 81א. **ב** מ״י *prep.* **תחת under** ואקברת... שפול מישרה (C בשפול) ותקבר... תחת האלון she was buried under the valley - בר לה 8. וקעמתון שפול טורה (V תחות, B בשפולי) ותעמדו תחת ההר you stayed at the foot of the mountain - דב ד 11. ובנה מדבח שפול טורה (A בשפולי) ויבן מזבח תחת ההר - שמ כד 4.

**שפילה** ש״ע נ *n. f.* **מישור lowland** בבקעתה בטורה ובשפילתה בערבה בהר ובשפלה in the valley, the hill country and in the lowland - דב א 7. מובא גם בבמ י 10א (המליץ 599: בשפלתה).

**שפל** ש״ת *adj.* **שפל low** אסירה לשפלה טפרה A אסורה ל(גפן) שפלה טלפו its hoofs are bound to the low (vine) - בר מט 11.

**שפלוף** ש״ע ז [ט״ס מן שפלול, הקטנה של שפול? *Corr. diminutive šplwl.*] **תחתית bottom** וחגל ית כספה והא הוא בשפלופי טוענה A (נ״א בפם) וירא את כספו והנה הוא בתחתית אמתחתו he saw his money in the bottom of his sack - בר מב 27 [פרפרזה *Paraph.*].

**שפמה** ašfēma שם מקום *pr. n. (place)* [ע״ע עפמיה]

**שפמה** ש״פ מדרת עינן שפמה מחצר עינן שפמה - במ לד 10.

**שפנין** מין עוף **a bird** [השי׳ شفنين Dozy I 771a. טלשיר 104. **א״י** ושפנין וגוזל - **נ** בר טו 9. **סוא״י** שופנין LSP 213]

**שפנין** ש״ע ז *n. m.* **תר turtle-dove** ושפנין וצוץ A (נ״א ותר) ותר וגוזל - בר טו 9. שפנין לסלוח $M_2$ (נ״א תר) תר לחטאת - ויק יב 6. ויקרב מן שפניניה $M_1$ (נ״א תריה) והקריב מן התרים - ויק א 14. ינדי... שפנינ[ין] m (נ״א תרים) - במ ו 10 (המליץ 608: שפנין = תרים). וינדי תרתי שפנינן ־ $M_2$ ויק ה 7.

**שפע** ריבוי ועושר **abundance** [**א״י** אן דאת יהב אשפעת - בר״ר 301. **סוא״י** וישפוען מעצרתא - יואל ב 24]

**קל** בינוני פעול *pass. pt.* **שופע abundant** וחזה פעניה הלא השפיעה וית ארעה הלא שמינה A (נ״א טבה) וירא את הפנאי כי שופע ואת הארץ כי שמנה he saw that the leisure is abundant and that the land is fertile - בר מט 15 [הא מציינת תנועה פרוסתטית. שיעורו: וירא... כי שופעת היא].

**אפעל הפיק, השפיע to grant in profusion** מכן אשפע עליו עשרה נביות בגו ימה על כן הושפעו עליו (על משה) עשר נבואות בתוך הים ten prophecies were granted abundantly to him in the sea - ת״מ 107ב. **פמה** דישפע רגז יתשקי מי מרה פיו (של פרעה) שיפיק כעס יושקה מי מרה - ת״מ 229ב. **ולשנה** משפח ברכאן ולשונו מפיק ברכות - ת״מ 91א. ומפתח לון אוצר שומיה ומשפען מתמן ברכאן wmaš'fān ופותח להם את אוצרות השמים ומשפיעם משם ברכות - ע״ד יט 11-12. **ומגליה** מלים משפעין טבוהן ומגלה מלים משפיעות טובות - ת״מ 301ב.

**שפע** ש״ע ז *n. m.* **עושר richness** הלא ספת ימים יינק ושפעים טמירי חלה כי שפע ימים יינק ושפוני טמוני חול for they suck the shore of the seas and the hidden treasures of the sand - דב לג 19 [שפעי נתפס שׂפה בגלל הגייה שווה: ašfa. מוזכר גם באס 22א המליץ 605: שפחים].

†**שפף**[1] החלקה **smoothness** [שפ״י בהוראת החלקה ע״ד הכפולים. ואפשר שהוא כמו שפשף, בבלי יומא כט ע״ב לעניין טכסי הכהן הגדול. *Cognate of* *špy*[1].]

**משף** ש״ע ז *n. m.* **תער sheath** ויעברון משף על כל בסרון $M_2$ והעבירו תער על כל בשרם - במ ח 7

†**שפף**[2] חולשה ושפלות **weakness, lowness, humiliation** [מתמזג עם שפי (ע״ע). עואנ״ש ה 122, הע׳ 86. *Cognate of* *špy*[2]. **א״י** מתנתי מה היא לא שפיפה הוא = האין זו מתנה שפלה? - בר״ר 565 (כ״יו). **סוא״י** והדין דשפיף יהא למין רב = והצעיר יהיה לגוי עצום - ישע ס 22 (מתרגם ὁ ἐλάχιστος)]

**קל** עבר: ושפפי (נסתרות) - ת״מ 12א. בינוני פעול: שפיף - ת״מ 11א. **אפעל** עבר: אשפת (נוכח) - דב לב 18 C. עתיד: דישף - ויק כ 9. בינוני: משף - שמ כא 17. **אשפו** - Cow 69. **משף** - במ ח 7 $M_2$. **משפה** משפתך (+נוכח) - בר כז 13 A. **משתפה** למשתפתה (+נסתר) - שמ לב 25. **שפיפו** שפיפותן šabbīfūtån - ע״ד כו 83.

**קל 1 שפל to be low, humble** ארתע לבי מן דחלתה ושפפי עיני ממעגל אל צורתה רעד לבי מן הפחד ושפלו עיניי מלראות צורתו (דברי משה על הנחש) my heart trembled from its fear, my eyes lowered from seeing its form - ת״מ 12א. **כפר בי מלגו לב שפיף** כופר (פרעה) בי, מלב נדכה - ת״מ 11א. **2 חלש to be weak** ואה חזבה עמק מן משכה ובה סער שפיף C והנה מראהו עמק מן העור ובו שער חלש if it appears harder than the skin, and the hair in it is weak - ויק יג 30 (=המליץ 576). וכך mC בפס׳ 32. לא ירעד כהנה לסערה שפיפה CA (m שפיף, שביף $*m_2$) לא יבקר הכהן לשער הצהב - ויק יג 36.

**אפעל השפיל, ביזה to disdain** תקוף מולדך אשפת C (Ɖ תשף) צור ילידך תשף you disdained the Rock that begot you - דב לב 18. ונסי בעמך לא תשף V ונשיא בעמך לא תאר you shall not disdain the chieftain of your people - שמ כב 27. **אנש דישף ית אבוה... קטל יתקטל** A איש אשר יקלל את אביו... מות יומת - ויק כ 9. **לא תשף אפי מסכין** VN לא תשא פני דל - ויק יט 15 [פירש תשא = תבזה. נ״א תטרף (ע״ע טרף). פירוש הפוך הוא תתלי. ואולי הוא תשפי = תיטיב]. **ולא תשף אפי רב** B (נ״א תמכך) ולא תשפיל פני גדול - ויק יט 15 [נ״ש: תהדר]. ומשף אבוה ואמה קטל יתקטל A (נ״א ומזל) ומקלל אביו ואמו מות יומת - שמ כא 17.

**אשפו** ש״ע נ *n. f.* **ביזיון contempt** לית רב מן שבתה וגזרתה ואנין עבידן אשפו ואין גדול מן השבת והמילה, והן עשויות ביזיון (=מבזים אותן) - Cow 69.

**משפה** ש״ע נ *n. f.* **ביזיון contempt** עלי משפתך ברי A (נ״א קללתך) עלי קללתך בני - בר כז 13 - your contempt, my son, be upon me [פרפרזה *Paraph.*].

**משתפה** ש״ע נ מקור של אֶתְפַּעַל *n. f. inf. Etpa*[cc]*al* **ביזיון contempt** הלא פרעו אהרן למשתפתה במקמיון (=המליץ 601 V למרברבתה) כי פרעה אהרן להריבו במקומותיהם Aaron had put them in disorder, in order to make them contemptuous in their places - שמ לב 25 [נ״ש לשמצו בקומיהם. תפס שמץ לשון גינוי ותרגם מעניין הריב. וקשה. *šmṣ* (SP) *is interpreted as 'disgrace' (cf. O: 'bad reputation')*].

**שפיפו** ש״ע נ *n. f.* **שפלות humiliation** ורתי לשפיפותן וחונן את שפלותנו and release our humiliation - ע״ד כז 18. שיאל שפיפותן ומסכינותן עני את בקשת שפלותנו ומסכנותנו ענה - ע״ד כו 84-83. תקיפות דיניה כפת מן שפיפותן עת עוצמת הענשים הפנה משפלותנו - ע״ד כז 88-87.

**שפר** טוב, יופי goodness, beauty [**א״י** מה דשפר באפך שרי - **נ** בר כ 15. **סוא״י** ושפר נח לאלהא - בר ו 9]

**קל** עבר: שפר - yišfår בר מא 37 $^*M_1$. עתיד: וישפר - ע״ד ו 9. בינוני: שפר - דב יב 8 V. **אפעל** עבר: אשפיר - ת״מ 160ב. **(א)שפיר** אשפיר - ת״מ 237ב. **(א)שפר** - בר מא 19.

**קל היה טוב,יפה to be good, fit** ושפר פ(תגמה) בעיני פרעה $^*M_1$ (נ״א וטב, ואתיטב) the proposal seemed וייטב הדבר בעיני פרעה - good to Pharaoh בר מא 37. שמנת עבית שפרת you waxed שמנת עבית כשית (E) C אשפרית) fat, you grew thick, you became sleek - דב לב 15 [נתפס כשית כמו האשה הכשית = יפה - במ יב 1. *Int. of kšyt after* Num 12:1.] שפרת חדותי שפרה שמחתי - ת״מ 17ב. וירבי נביה וישפר ויגדל הנביא וייף - ע״ד ו 9. לואי דשפר בחזות האלהים V (נ״א יתכשר, דכשר) אולי יישר בעיני האלהים - במ כג 27. לא תעבדון... אנש כל דשפר בחזותה V (נ״א דכשר) לא תעשו... איש כל הישר בעיניו - דב יב 8.

**אפעל היטיב to do something rightly** מן דמך עם בהמתה לא אשפיר בעובדה מי ששכב עם בהמה לא היטיב לעשות he who - lies with a beast does no good in his deeds ת״מ 160ב. אשפירו במה מללו A (נ״א היטבו) היטיבו אשר דברו - שמ כ 17א.

**(א)שפיר** *šēfər/*ašfər **א** ש״ת *adj.* **1 יפה good, right** אשפיר מה מללת יפה מה שדיברת - you said well (*i.e.*, as you say) ת״מ 237ב. שפירין הוו ארזיו דיעקב יפים היו ארזי יעקב - ת״מ 50א. הלא שפירה היא שריר A (נ״א ייה) כי יפה היא מאד - בר יב 14. שפירת חזו $M_2$ (נ״א טבה) טובת מראה - בר כו 7. **ב** ש״ע ז *n. m.* **1 מיטב the best** בדשפיר דארעה $^*M_1$ (נ״א במיטב, בטובה) במיטב הארץ in the - best of the land בר מז 6. יתיר [ ]א וכרע שפיר $M_2$ (נ״א שפר) יתר שאת ויתר עז - בר מט 3. **2 תואר aspect, appearance** והוה יוסף ייה שפיר A... יפה תאר Joseph was of - nice appearance בר לט 6. **ג** ת״פ *adv.* **יפה good, well** אשפיר קרא שמה יעקב (CB שפיר) הכו קרא שמו יעקב he is rightly named Jacob - בר כז 36 [=המליץ 452. נתפרש כמו יהכה׳ לחיזוק]. אשפיר בנאת צלפחד ממללן CB (J אשפירן,VN שפיר, A טב, B יאות) כן בנות צלפחד דברות - במ כז 7. אשפיר מרגלה אשרי המהיר it is good for the fast one - ת״מ 17א. שפיר למאתה דקטל קעים יאה למת ההורג חי - ת״מ 30א. שפיר ליך שרח יאה לך, שרח - ת״מ 252ב.

**ל(א)שפיר** מילית הדגשה *intensifier* לשפיר כל קטול קין שבועאים יגבי C לכן כל הרג קין... then, if any one slays Cain, vengeance shall be taken on him exceedingly - בר ד 15. לאשפיר את וכל כנשתך מסידים על יהוה A (MEC לשפיר, N לא שפיר - פרפראזה) לכן - במ טז 11.

**(א)שפר** ש״ע ז *n. m.* **1 מראה sight** ורחל הות ייה שפר ורחל היתה יפת תאר Rachel was beautiful in her sight - בר כט 17. והוה יוסף יהי שפר - בר לט 6. שבע פרואן יין שפר - בר מא 2. דלילן ובישן אשפר (נ״א שפר) - בר מא 19. ותחזי בשביה אתה ייה אשפר (נ״א שפר) - דב כא 11. **2 טוב, מיטב choice** בשפר קברינן קבר ית מיתך m (נ״א במבחר, בבחור) במיטב קברינו... bury your dead in the choicest of our sepulchres - בר כג 6. בשפר ארעה $^*M_1$ (A בשפיר, נ״א בטוב) במיטב הארץ - בר מז 11. היהב מימרי שפר V הנותן אמרי שופר šūfår - בר מט 21. כיו״ב ויק כה 9 B. **3 שכר reward ?** הלא ייעל על שפרי A (נ״א אגרי) כי יבוא על שכרי when you go over my wages - בר ל 33 [אם אינו ט״ס מן שכר, הוא רמז על המיטב שגבה לימים מצאן לבן].

**שפרה** שם פרטי šifra *pr. n.*

**שפרה** ש״פ אד שם אחדה שפרה ודשם תניאנתה פועה שם האחת שפרה ושם השנית פועה - שמ א 15. ואתימני שפרה ופועה על מולד עבראתה הופקדו שפרה ופועה על לידות העבריות - אס 14ב.

**שפתינה** ?[†]

**שפתינה** ? הלא מגפן סדם גפנון ומשפתינת עמרה כי מגפן סדם גפנם ומשדמות עמרה their vine comes from the (wmiššâdâmot) substance of Sodom, and from the root of Gomorrah - דב לב 32 [=המליץ 604. התה״ע: דואלי = מין גפן. دوالی Lane 935a].

**שק** חלק בגוף האדם והבהמה: שוק **thigh** [**א״י** וית שקה דאפרשות׳ תאכלון - **נ** ויק י 14]

**שק** ש״ע ז *n. m.* **שוק thigh** וית שאק ימינה תתנון ארמו לכהנה ואת שוק הימין תתנו תרומה לכהן the right thigh you shall present - ויק ז 32. to the priest as a gift לה תהי שאק ימינה לו תהיה שוק הימין - ויק ז 33. ימעינך יהוה בשחן ביש על ברכיה ועל שאקיה יכך יהוה בשחין רע על הברכים ועל השקים - דב כח 35.

**שקי** שפיעת מים **watering, irrigation** [**א״י** על נהריה ועל שקיא - **נ** שמ ח 1. **סוא״י** והוא משקא אפיה דארעה - בר ב 6]

**אפעל** עבר: אשקה - ת״מ 213ב. עתיד: וישקי - במ ה 24. ציווי: השקו (נוכחים) - בר כט 7. בינוני: משקי - מ א 86. מקור: משקי -שמ ב 16. משקיה - mašqi ת״מ 104ב. **אתפעל** עתיד: יתשקי - ת״מ 229ב. **אשקהו** אשקהותה (מיודע) - בר כד 20. **משקו** - בר כד 20 A. **משקי**- בר ל 38. **שׁ(א)קי** - אס 19ב. **שק(א)י** - qaṭṭāl בר מ E1. **שקו** שקותה ( מיודע) - בר מ 21 $M_1$*. **שקי** - בר יג 10 C.

**אפעל 1 השקה to give to drink** מה אשקה יתך מים מן צנמה כלום לא השקה אותך מים מן הצור did He not give you water from the rock to drink? - ת״מ 213ב. ומלת ית חמתה מים ואשקת ית רביה (A ושקת) ותמלא את החמת מים ותשק את הנער - בר כא 19. וישקי ית אתתה ית מי מרירית והשקה את האשה את מי המארים - במ ה 24. ותשקי ברגליך כגן ירקה והשקית ברגליך כגן הירק - דב יא 10. השקו עאנה ואזלו רעו השקו הצאן ולכו רעו - בר כט 7. מנה את משקי מי בור למצראי ממנו אתה משקה מים מארים את המצרים - ת״מ 8א. ועזר ית רב משקאיה על משקיה - בר מ 21. משקי מי בור לאנשה משקה אדם מים מארים - מ א 85. **2 שתה to drink** וגברה אשקה לה ושתק M (A שתיו) והאיש משתה בה ומחריש the man drinks (from) her in silence - בר כד 21 [תפס בינוני הפעיל מן שתה .[*Int. as part. hifʿil of šty = 'to drink'*.

**משקי** ומלי ית מרכעיה למשקי ית עאן אבוין ותמלאנה את הרהטים להשקות את צאן אביהן - שמ ב 16.

**משקיה** אלהותה נגדה לה מים חיים משקיה לבבה האלוהות מושכת לו מים חיים להשקות לבו - ת״מ 104ב. ואסכמת למשקהתה ותכל להשקותו - בר כד 19.

**אֶתְפְעַל הושקה to be given to drink**[†] פמה דישפע רגז יתשקי מי מרה הפה שיפיק רוגז, יושקה מי מרה (Pharaoh's) mouth that poured out wrath will be given bitter water to drink - ת״מ 229ב.

**אשקהו**[†] ש״ע נ *n. f.* **השקייה watering trough** ואעתת קלתה על אשקהותה ותוריד כדה על השקות she emptied her jar into the trough - בר כד 20. ואקים ית אטריה... במורכואתה בהשקהות מיה C (NMEB בהשקות) ויצג את המקלות... ברהטים בהשקות המים - בר ל 38.

**משקה/משקי**[†] ש״ע ז *n. m.* **1 שוקת watering trough** ונפצת קולתה על משקאה ותוריד כדה על השקות $M_1$* she emptied her jar into the trough - בר כד 20. ואקים ית אטריה... במרכעיה במשקי מיה (NMEB בהשקות) ויצג את המקלות... ברהטים בהשקות המים - בר ל 38. **משקה drink** וכל משקה דישתי and all drink which may be drunk - ויק יא 34. בהשאלה *fig.* וחזה ית כל מישר ירדנה הלא כלה משקה כי כלו משקה... it is all watering - בר יג 10. **3 השקייה cupbearing** ועזר ית רב משקאיה על משקיה וישב את שר המשקים על משקהו he restored the chief cupbearer to his cupbearing - בר מ 21.

**משקו**[†] ש״ע נ *n. f.* **שוקת watering trough** ואחתת קלתה על משקואה A ותוריד כדה על השקות she emptied her jar into the trough - בר כד 20.

**שׁ(א)קי**[†] ש״ע ז *n. m.* **נחל brook, canal** עד שאקי מצרים עד נחל מצרים till the brook of Egypt - אס 19ב. שהקה הנהר - המליץ 481 מן בר מא 1. [ליתא]. ונתע ית אדך... על נהריון ועל שאקיון ועל אגמעיון ונטה את ידך על... נהרותם ועל יאריהם ועל אגמיהם - שמ ז 19 (המליץ 481: שהקיהון). אנתח ית אדך... על נהריה ועל שחקיה - שמ ח 1.

**שק(א)י**[†] ש״ע ז *n. m.* qaṭṭāl **משקה** תואר רשמי **cupbearer** *official title* חטאו שקאי מלך מצרים ואפיה E חטאו משקה מלך מצרים והאפה the cupbearer and the baker of the king of Egypt gave offense to their master - בר מ 1. רב שקיה $M_1$* שר המשקים - בר מ 2, 20. שקאה ואפואה E המשקה והאפה - בר מ 5.

**שקו** ש״ע נ *n. f.* **1 השקייה cupbearing** ועזר ית רב שקיתה על שקותה וישב את שר המשקים על משקהו he restored the chief cupbearer to his cupbearing $M_1$* - בר מ 21. **2**

**שוקת** watering trough ואעתת קלתה על שקותה M ותוריד כדה על השקות she emptied her jar into the trough - בר כד 20.

**שקי**† ש״ע נ *n. f.* **1 השקייה** watering וחזה ית כל מישר ירדנה הלא כלה שקי C...כי כלו משקה it is all watering - בר יג 10. ועזר ית רב שקיתה על שקותה $M_1$* - בר מ 21. **2 שוקת** ש״ע ז *n. m.* watering trough תרתיעסרי עינות מים ושבעים שקים B (נ״א תמרים) - twelve springs of water and seventy troughs במ לג 9 [במקום תמרים. ליישוב חוסר ההתאמה בין שפע המים למיעוט התמרים. *Harmonistic paraph.*].

**שקל**[1]† הגבהה והרמה raise [**אי״מ** שקול עיניך וחזי - מגילת בראשית כא 9]

**קל 1 נשא** to raise ונסב אטרה באדה ושקלה בימינה (ל: אשקלה) ולקח את מקלו בידו ונשאו בימינו (Moses) took the rod in his hand and raised it in his right hand - ת״מ 28ב [זב״ח הע׳ 3]. כד אשקלה בימינה אתפך למה ‹דהוה› וכאשר נשאו בימינו הפך (המקל) למה שהיה (קודם) - ת״מ 212ב. רכב שומיה בסעדך וברחותה שקילים (ED שחקין=המליץ 604) רכב שמים בעזרך ובגאותו שחקים - דב לג 26 [פירש: נישאים. ע״ע שחק]. **2 סילק** to remove אשקול ית עולמה דטלמסת מן על אפי אדמתה A אסלק את הקהל אשר בראתי מעל פני האדמה - בר ו 7 [פירוש על ״אמחה את האדם״ ע״י סלק = העלאה].

**תשקול/תשקיל** ש״ע ז *n. m.* **רשימת הסופר** a sort of colophon מונח המציין הבלטת (=העלאת) אותיות מן הכתוב כדי ליצור מסר לקורא בתוך טקסט רצוף [זב״ח ארץ-ישראל יד 188, הע׳ 7. *See* ZBH, Eretz Israel XIV, 188, n. 7; *Companion*, 228 ff.].

**שקל**[2]† יחידת משקל weight [מן העברית. ע״ע תקל. H. *See tql.*]

**אֶתְפְעֶל נשקל** to be weighed אתשקלו שניה במוזן קשט נשקלו השנים במאזני אמת - the years were weighed in true scales - ת״מ (ק) 20ב.

**שקל** ש״ע ז *n. m.* **שקל** sheqel ותרתין אלפין וארבע מון שקל V (נ״א מתקל) ואלפים וארבע מאות שקל - שמ לח 29.

**שקלב**[1]† הפיכה overthrow [< شقلب = הפך את הסדר - Dozy I 775c]

**שקלבו** ש״ע נ *n. f.* **הפיכה** upheaval ושלח ית לוט מבגו שלקבותה בשקלבותה ית קוריה דדער בוהן(!) A (נ״א אפיכתה במיפכה) וישלח את לוט מתוך האפכה בהפכו את הערים... God... removed Lot from the midst of the upheaval - בר יט 29 [הטור הערבי של המליץ 452: אלקלאב באקלאבה].

**שקלב**[2]† [עירוב משובש של שקיהם+כליהם *Corr.* blend of *šqyhm* + *klyhm*.]

**שקלבו** ש״ע נ *n. f.* **שק** bag ומלו ית שקלביהון רבוץ A (נ״א מניון) וימלאו את כליהם בר - בר מב 25.

**שקע** טביעה ושקיעה sinking [**אי״** משקעין = משקדים - **נ** שמ כה 33. **סוא״י** אדמוך וישקוע = אשכבה ואישן - תה ד 9 Horol 75b], מציאות וגילוי existence, finding [**ע** משפחה שנשתקעה בה פסול - ירוש כתובות כה ע״ד. כמה הלכות נאמרו למשה וכולהן משוקעות במשנה - ירוש פאה יז ע״א. זב״ח המליץ 504, לשוננו טז 156, הע׳ 2]; הקפה וחיזוק binding, fastening [**אי״** כד משקע כהנה רבה ית כל מני בית קודשה = כבלע את הקדש - **נ** במ ד 20]

**קל** עבר: שקח ašqa - מ ג 24. בינוני פעול: שקיח ašqi - ע״ד י 3. **פעל** עבר: שקע - ויק ח 13. עתיד: ותשקע - שמ כט 9. בינוני פעול: משקען (רבות) - שמ לכה 33 A. **אפעל** עבר: אשקח ašqa - א״ג 80. עתיד: ישקח yasqa - מ א 132. בינוני: ומשקח wmašqå - מ א 63. פעול: משקח mašqa - מ יג 82. מקור: למשקעה - בר כז 20. **אֶתְפְעֶל** עבר: דאשתקע - בר מד 16 E. עתיד: דישתקח - בר מד 9 C. ישקח - דב כד 7. בינוני: משתקח - בר מב 1 $M_5$*. **אֶתְפָעַל** עבר: ואתשקח wattåšqå - ע״ד ט 8. עתיד: יתשקע - דב יח 10. בינוני: מתשקח mittåšqå - ע״ד כג 49. **אשקי** - שמ כב 3. **אשקעה** - שמ כב 3 EB. **אשקעו** באשקעותכון - בר לב 20. **אתשקע** - שמ כב 3 A. **משקע** - במשקחכון - בר לב 20 A. **שקו** שקותה (נסמך) - שמ לח 4 C. **שקוע** qiṭṭūl - שמ כז 5 CB. **שקע** - ויק ח 13. **שקעה** - ויק יד 37.

**קל 1 מצא** to find בלש ולא שקח ביקש ולא מצא he queried and did not find - מ ג 24. ושקע איתהו בברה B (נ״א ואשקע) וימצא דודאים בשדה - בר ל 14. ובלש... ולא שקע E (נ״א אשקע) ויחפש... ולא מצא - בר לא 34, 35. **2 יש** הוויה נתונה to exist והוא שקיח בכל אתריה והוא מצוי בכל המקומות (God) exists in all places - ע״ד י 3. רחמיו שקיחה עם חדוד שעיה רחמיו מצויים עם חידוש השעות - ת״מ 224ב. שקיח יהוה באתרה הדן C (נ״א אית) יש יהוה במקום הזה - בר כח 16. וכל דשקיע לה יהב באדה C (נ״א דיית) וכל אשר

יש לו נתן בידו - בר לט 4, 5.

**פעל 1 חבש**† לשון חיזוק וקשירה **to bind, fasten** ושקח ית חמורה A (נ״א ועשק, וחבש) ויחבש את חמורו - (Abraham) saddled his ass בר כב 3 (המליץ 472: ושקע). אברהם קרץ בצפרה ושקע ית חמורה אברהם השכים בבקר וחבש אתחמורו - בת״מ 215ב. ושקע לון מגבען ויחבש להם מגבעות - and bound caps upon them ויק ח 13. **2 קבע to inlay** תלתה כלידים משקעין A שלשה גביעים משקדים - three cups inlaid שמ כה 33 [פעמיים. הש׳ פ: קביעין]. עבדו ית אבני שהמה משקען $*M_2$ (נ״א מסחרן) ויעשו את אבני השהם מוסבות - שמ לט 6 [הש׳ נ: מאחדן]. ובפסי׳ $*M_1$ 13 ושקען (!).

**אפעל 1 השקיע**† **to drain out** וישקיע אדמה לגו כתל מדבחה (נ״א וימצי, ויתמצי) ונמצא דמו על קיר המזבח the blood shall be drained out against the side of the altar - ויק א 15. ודמשתאר באדמה ישקיע לגו ארש מדבחה (נ״א וימצי, ויתמצי) והנשאר בדם ימצא אל יסוד המזבח - ויק ה 9. **2 מצא to find** קבל ערוק לידך דלא אשקח מעול קבל אליך בורח שלא מצא מבוא - א״ג 80. אי אשקע אבדה או מצא אבדה - or has found what was lost ויק ה 22. ואשקחו שליחיה לאברהם ומצאו המלאכים את אברהם - אס 12א. אשקחותה קטיל מצאוהו מת - ת״מ 246ב. לא ישקח בישה לאהן ייזל לא ימצא הרע לאן ללכת - מ א 132. טוב דמחזר ומשקח מרה אשרי השב ומוצא את אדוניו - מ א 63. משקח לה קריב נמצא לו קרוב - מ יג 82. עם ׳רחים׳, ׳רחמו׳: מצא חן בעיני פלוני *with rḥm ‘to please’* אשקע עבדך רעים בעיניך מצא עבדך חן בעיניך - בר יט 19. אם אשקענן רעמו בעינינך - במ לב 5. **3 פגע, פגש to befall, meet** וכד תפק אש ומשקעה קוצנים וכי תצא אש ומצאה קוצים - when fire breaks out and catches in thorns שמ כב 5. ית כל ליחותה דאשקעתון באורעה את כל התלאה אשר מצאתם בדרך - all the hardships that had befallen them on the way שמ יח 8. דלא אחזי בבישה דישקע ית אבה פן אראה ברעה אשר תמצא את אבי - בר מד 34. וישתלי ברזלה... וישקע ית עברה ונשל הברזל ומצא את רעהו - דב יט 5.

**משקעה** מה דן זרזת למשקעה ברי מה זה מהרת למצא בני - בר כז 20. ולאו למשקעה תרחה וילאו למצא הפתח - בר יט 11.

**אֶתְפְעֵל 1 נמצא**† **to be found** אן ישקח גבר גנב נפש כי ימצא איש גנב נפש if one is found to have kidnapped a fellow - דב כד 7. דאשתקע כלידה באדה E אשר נמצא הגביע בידו - בר מד 16. ודישתקח עמה מן עבדיך ייקטל C (נ״א דיתשקע) אשר ימצא אתו מעבדיך יומת - בר מד 9. **2 מצא** פע״י **to find** עם ׳רחים׳, ׳רחמו׳: מצא חן בעיני פלוני *with rḥm ‘to please’ trans.* אשתקח עבדך רעים בעיניך M (נ״א אשקע) מצא עבדך חן בעיניך your servant has found grace in your sight - בר יט 19. אם ני אשתקחת רעים בעיניך C (נ״א אתשקעת, אשקחת) אם נא מצאתי חן בעיניך - בר לג 10. **3 יש** הוויה ומצב **to exist** וחזה יעקב הלא משתקח מיר במצרים $*M_5$ (נ״א אית) וירא יעקב כי יש שבר במצרים Jacob saw that there was food in Egypt - בר מב 1.

**אֶתְפְעֵל 1 נמצא** **to be found** אם אתשקע גנבה וישלם אחד תרים אם ימצא ושלם אחד שנים - if the thief is found, he shall pay double שמ כב 6. הן דו מבלש הוא מתשקח במקום שהוא מבוקש הוא נמצא - ת״מ 209ב. גברה דאתשקע כלידה באדה הו יי לי עבד האיש אשר נמצא הגביע בידו הוא יהיה לי עבד - בר מד 17. **2 יש** הוויה ומצב **to exist** הישקח לכון אח A היש לכם אח have you another brother? - בר מג 7. לא יתשקע בך מעבר ברה... בנור לא ימצא בך מעביר בנו... באש - דב יח 10. ואתשקח תמן פשר ונמצאה שם הצלה - ע״ד ט 8. חנוך בחייה לא אתשקע (כל עוד) חנוך בחיים לא יהיה (מבול) - אס 4א. מן מתשקח בלב לחציה קריב כותך מי נמצא בלב הלחצים קרוב כמוך - ע״ד כג 49-50. **3 מצא** פע״י **to find** *trans.* אן יתשקע גבר רביה בתולה (נ״א ישקע) כי ימצא איש נערה בתולה if a man comes upon a virgin - דב כב 28. אם אתשקע בסדם חמשים זכאים... ואתלי לכל אתרה (נ״א אשקע) אם אמצא בסדם חמשים צדיקים... ונשאתי לכל המקום - בר יח 26.

**אשקי**† ש״ע ז *n. m.* **מציאה finding** אם אשקי תתשקע באדה גנבתה אם המצא תמצא בידו הגנבה - שמ כב 3.

**אשקעה**† ש״ע נ *n. f.* **מציאה finding** אם אשקעה תתשקע באדה גנבתה EB - שמ כב 3.

**אשקעו**† ש״ע נ *n. f.* **מציאה finding** אם אשקעו תתשקע באדה גנבתה C (V אשקחו) - שמ כב 3. כממללה הדן תמללון עם עשו באשקעותכון יתה ...במצאכם אתו - בר לב 20.

**אתשקע**† ש״ע *n.* **מציאה finding** אם אתשקח

תתשקע באדה גנבתה A - שמ כב 3.

†**משקע** ש״ע ז *n. m.* **מציאה finding** כממללה הדן תמללון עשו במשקחכון יתה A - בר לב 20.

†**שקו** ש״ע נ *n. f.* אינו **כרכב** ישקוי מפני שנסמכו חסר תי״ו **ledge** ועבד למדבחה מכבר... תחת שקותה C ויעש למזבח מכבר... תחת כרכבו he made for the altar a grating..., under its ledge - שמ לח 4.

†**שקוע** ש״ע ז qiṭṭūl *n. m.* **כרכב ledge** ותתן יתה תחת שקוע מדבחה NC (A שקו, VB שקוי, E שקיו (=המליץ 493) ונתת אתו תחת כרכב המזבח set it under the ledge of the altar - שמ כז 5. ועבד למדבחה מכבר... תחת שקוה (נ״א שקואה) ויעש למזבח הכבר... תחת כרכבו - שמ לח 4.

†**שקע** ש״ע ז *n. m.* **חבישה לראש cap** ושקע לון שקעין *$M_4$ (נ״א מגבען) ויחבש להם כובעים he put caps on them - ויק ח 13.

†**שקעה** ש״ע נ *n. f.* **שקיעה cavity** ואה מכתשה בכתלי ביתה שקען יארקן או סאמקן VNA ...שקעים ירוקים או אדומים if the disease is in the walls of the house with greenish or reddish cavities - ויק יד 37.

†**שקערה** שקעררה **cavity**

**שקערה** ש״ע נ *n. f.* **שקע** ואה מכתשה בכתלי ביתה שקערן ירקן אי סאמקן C ...שקעררות ירקרקות או אדמדמות if the disease is in the walls of the house with greenish or reddish cavities - ויק יד 37 [פירש: שקעים ירוקים או אדומים].

†**שקף**[1] הכאה **beating** [סוא״: דישקוף כל בסר = להכות את כל חי - בר ח 21. **ס** בשוקפי = לחבורתי - בר ד 23 **פ**- LS 801b]

**קל היכה to beat** ואתקף רגז בלק... ושקף ית כפיה VNA (נ״א ואספק) ויחר אף בלק... ויספק את כפיו Balaq's anger was kindled..., and he struck his hands together - במ כד 10 **בינוני פעול** *pass. pt.* (=המליץ 539). וירדף יתון קל טרף דשקיף m (נ״א נתיר) קול עלה נדף the sound of a driven leaf shall put them to flight - ויק כו 36 (= אונקלוס O). שבע שבלין דקיקן ושקיפן קדום *$M_2$ (נ״א ושדיפן) שבע שבלים ושדיפות קדים seven ears, thin and beaten by the east wind - בר מא 6. כיו״ב 23 *$M_1$ ובדומה לו A: שקיפין (= אונקלוס O).

†**שקף**[2] הסתכלות **watching** [א״י שרי משקיף עליהון = התחיל מביט בהם - ירוש ברכות ט ע״ג. נדיר בניבי הארמית. *Rare in Aramaic.* מן העברית? [*From* H?

**אפעל הביט to look at** ואשקף יהוה על משרית מצראי B (נ״א ואדיק) וישקף יהוה על מחנה מצרים the Lord looked down upon the host of the Egyptians - שמ יד 24. אה רחמנה אשקף עלינן בחסדיך הוי הרחמן, השקף עלינו בחסדך - ע״ש א 44 ašqəf. ישקף ברחמיו עליכון ישקיף ברחמיו עליכם - ע״ש ד 8 yašqəf.

**שקוף** ש״ע ז *n. m.* **משקוף** חלק מן הפתח **lintel** [א״י על תרתין מזוזייתא ועל שקופא - **נ** שמ יב 7] ויסבון מן אדמה ויתנון על תרתי מזוזיאתה ועל שקופה ולקחו מן הדם ונתנו על שתי המזוזות ועל המשקוף they shall take some of the blood, and put it on the two doorposts and the lintel - שמ יב 7 ויחזי ית אדמה על שקופה והגעתם על המשקוף - שמ יב 23. ותטבלון באדמה דבספה וראה את הדם על המשקוף - שמ יב 22. ותדון על שקופה -

†**שקץ** תיעוב ומיאוס, טומאה **detestation, impurity** [א״י משקצה תשקצון - **נ** דב ז 26. **סוא״י** LSP 214a]

**פעל 1 תיעב to abominate** מן בסרון לא תיכלון וית נבילתון תשקצון מבשרם לא תאכלו ואת נבלתם תשקצו you shall not eat of their flesh and you shall abominate their carcasses - ויק יא 11. וית אלין תשקצון - ויק יא 13. שקץ תשקצנה ותעב תתעבנה - דב ז 26.

**2 טימא to make someone abominable** אל תשקצון ית נפשהתכון בכל שרצה אל תשקצו את נפשתיכם בכל השרץ you shall not make yourselves abominable with any swarming thing that swarms - ויק יא 43. כיו״ב כ 25. בהשאלה *fig.* לבביכון אוצר לשמה רבה לא תשקצונון ביצרה בישה לבותיכם הם אוצר לשם הגדול. אל תטמאום ביצר הרע - ת״מ 172א.

**שקוץ** ש״ע ז qiṭṭūl *n. m.* **תועבה abomination** שקוץ תשקצנה תיעוב תתעבנה VEC - דב ז 26. כינוי לאלילים *of idolatry* והזיתון ית שקוציון וית גלוליון קיצם ואבן B ותראו את שקציהם ואת גלליהם עץ ואבן you have seen their abominations, their idols of wood and stone - דב כט 16.

**שקץ** ש״ע ז .n. m **תועבה abomination** וכל דלית לה ערספים... שקץ הוא לכון וכל אשר אין לו סנפיר... שקץ הוא לכם everything in the waters that has not fins... is an abomination to you - ויק יא 12. כיו״ב 20, 23, 41. ומכל נפשה חיתה דבמיה שקצים אנון לכון (נ״א שקץ) ומכל נפש החיה אשר במים שקץ הם לכם - ויק יא 10. כיו״ב 11, 13, 42. כינוי לאלילים *of idolatry* וחזיתון ית שקציון וית גלליון קיצם ואבן - דב כט 16.

†**שקק**[1] פרנסה, כלכלה **food, supply** [ע״פ בר מא 40: ועל פיך ישק כל עמי .yiššaq תרגומו: יפרנס, יתפרנס. השי׳ שמ לב 20: וישק את בני ישראל = A ופרנס. והכל נתפס מן שקק. *Following* Gen 41:40, [*where it is int. as from šqq.*

**קל התכלכל to be maintained** כי במשמרה תשק הנפש ועל פי הנפש ישק הפגר אכן בשמירתה (של התורה) תתכלכל הנפש ועל פי הנפש יתכלכל הגוף by the observing (of the Torah) the soul is maintained and according to the soul the body is maintained - ת״מ 57א.

†**שקק**[2] גנאי **disgrace** [סוא״י לאא ושקיק = נלאה ושוטה μωρὸς - איוב טז 7. **ע** שקיקות = תאווה - ב״י 7431].

**שקיק** ש״ע ז .n. m **גנאי disgrace** וגבר דיסב ית אחתה... ויחזי ית ערותה... שקיק הוא $N_1C$ (m שקיקה) ואיש כי יקח את אחותו... וראה את ערותה... חסד הוא if a man takes his sister... and sees her nakedness..., it is a disgrace - ויק כ 17 (=המליץ 464).

**שקר** בגידה ועלילה, מעל וכזב. **lie, falsehood, betrayal** [**א״י** די אשכח יבידה וישקר בה - **נ** ויק ה 22. **סוא״י** היך מא דשקריא עבדין - מתי ו 2]

**פעל** עבר: שקר - בר לא 7. עתיד: תשקר - ת״מ 148ב. בינוני: משקר - שמ ח 25. מקור: משקרה - במ ה 6. **אֶתְפַּעַל** עתיד: דאשתקרת (מדבר) - שמ י 2. שוקר - במ כב 39 A. **שקור** qiṭṭūl - שמ ה 9 E. **שקר** - ויק ה 15 (=המליץ 505). **שקר** qaṭṭāl - ת״מ 282ב. **שקרה** - שמ ח 25 EB (=המליץ 601). **שקרו** בשקרות (נסמך) - המליץ 505. **שקרות** - שמ כ 22 A.

**פעל כיזב to lie, deceive** ואבוכין שקר בי וחלף ית אגירותי ואביכן התל בי ויחלף את משכרתי your father has cheated me and changed my wages ten times - בר לא 7. אמית כל דשקר בי אמית כל הבוגד בי - ת״מ 246א.

ושקרת שקר בגברה ותמעל מעל באישה - במ ה 27. בשקרון דשקרו בי ואף דאהלכו עמי מראי במעלם אשר מעלו בי וגם אשר הלכו עמי קרי - ויק כו 40. הלא שקרת בי (נ״א שקרת) כי התעללת בי - במ כב 29 [תפס מעניין מעללים. ע׳ להלן] לא תשקר בעברך - ת״מ 148ב. ולא תשקרון אנש בעברה - ויק יט 11. אל יוזף פרעה משקר אל יוסף פרעה התל - שמ ח 25.

**משקרה** למשקרה שקר ביהוה למעל מעל ביהוה - במ ה 6.

†**אֶתְפַּעַל נשקר to be deceived** ולבדיל תתני במשמוע ברך... ית דאשתקרת במצרים ולמען תספר באזני בנך... כי התעללתי במצרים that you may tell in the hearing of your son that I have been deceived by the Egyptians - שמ י 2 [תופס פאסיב: המצרים שיקרו לו ? אבל המליץ 454: דשקרת. *Int. as pass.:* the Egyptians have commited deceit].

†**שוקר** ש״ע נ .n. f **מעל ? deceit** ואעלה קריה שוקרין A (נ״א רזיו, פלגיה, חיצות) ויביאהו קרית חצות - במ כב 39 [תפס īšot = עצות והסב אותו על בלעם, ״ריש דבבי עבראי״ (ת״מ 304ב), שעצת הזדון שלו הביאה למעשה בשטים. ראה אסטיר 17ב. *Int.* īšot *as 'counsels' (*ᶜ*swt) of Balaam,* [*reported in* Num 24:14. *See* Asatir 17b.

†**שקור** ש״ע ז qiṭṭūl **מעל 1 deceit** בשקוריון דשקרו בי V (נ״א בשקרון, בשקריון) במעלם אשר מעלו בי in the deceit that they deceived Me - ויק כו 40. ומשקרה שקור $*M_1$ (נ״א שקר) ומעלה מעל - ויק ה 21. ולא יענון בממללי שקורE (נ״א שקר) ולא יעני בדברי שקר - שמ ה 9. [שק]ורי עליך $*M_1$ חמסי עליך - בר טז 5.

**(א)שקר** ש״ע ז .n. m **מעל 1 deceit** וילה למחלפי קשטה בשקרה אוי למחליף את האמת בשקר woe to those who substituted deceit for truth - ת״מ 297ב. נפש אן תשקר שקר וחטיה בשגו נפש כי תמעל מעל וחטאה בשגגה - ויק ה 15. לא יתעמי בעלמה סהד שקר לא ייראה בעולם עד שקר - ת״מ 246ב. לא יוזף פרעה שקר V אל יוסף פרעה התל - שמ ח 25. **2 חמס corruption** ואמלת ארעה שקר ותמלא הארץ חמד - the earth was filled with corruption - בר ו 11. אשקרי עליך B (נ״א שקרי) חמסי עליך - may the wrong done to me be on you! - בר טז 5.

†**שקר** ש״ע ז qaṭṭāl .n. m **שקרן liar** קטף מררים נביה שקרה ״קטף מררים״ (דב לב 24) הוא הנביא השקרן "qṭp mrrym" (Dt 32:24) is the prophet who is a liar - ת״מ 226ב. ואן הוה שקר

יתוקד סהדה ואם היה שקרן יוקד העד - ת״מ 246ב. והוינן אנשים שקרים גנבים והיינו אנשים שקרנים, גנבים - ת״מ 282ב.

†**שקרה** ש״ע נ .n. f **מעל deceit** לא יוזף פרעה שקרה EB אל יוסף פרעה התל let not Pharaoh add lie - שמ ח 25.

†**שקרו** ש״ע נ .n. f **מעל deceit** לא תסק ‹ב›שקר״ב״ות עלוי מדבחי A (נ״א בשקרין) ולא תעלה במעלות על מזבחי You shall not ascend my altar in deceit - שמ כ 22 [bâmālot] לשון מעילה]. **בשקרות במעלות** - המליץ 505 [מן שמ כ 22. ליתא].

†**שרב** יובש וחום **dryness, heat** [א״י ביממא אכיל יתי שרבא - **קת״ג** בר לא 40. **סוא״י** עריא ושורבא - בר ח 22]

**שרב** ש״ע ז šāråb .n. m **חורב heat** ואגן עליכון בעננה מן שרב יומה ואגן עליכם בענן מפני שרב היום I shielded you with the cloud from the heat of the day - ת״מ 223א. עד כל יומי ארעה... צנה ושרב... לא יבטלון עד כל ימי הארץ... קר וחם... לא ישבתו - בר ח 22 (המליץ 581: שרבה = קיץ). בהשאלה .fig וזרז בקרותי מן שרב עקיה והחש הקרתי מיקוד הצרות - א״ג 51-52. ואה מקר שרביה והוי מקר כל השרבים - ט 33.

**שרבי** ש״ע נ .n. f **צרבת boil** ואם באתריה תקעם בהקתה... שרבית שחנה הי N) VMB שראבית, A שרב‹י›ת) ואם תחתיה תעמד הבהרת... צרבת השחין היא if the spot remains in one place..., it is the scar of the boil - ויק יג 23. וידכינה כהנה הלא שרבית כביתה הי VMBA (N שריבת !) וטהרו הכהן כי צרבת המכוה היא - ויק יג 28.

†**שרבט** מטה, שבט **staff** [א״י תלתי שרביטיה - **נ** בר מ 12]

**שרביט** ש״ע ז .n. m **1 שבט staff** כל דיעבר תחת שרביטה עסיראה יהי קדש N) MB שורבטה, Nשבטה) כל אשר יעבר תחת השבט העשירי יהיה קדש all the tithe of herds and flocks, every tenth animal of all that pass under the (herdsman's) staff, shall be holy - ויק כז 32 (המליץ 597: שרבטה). **2 מכה blow, plague** וילה הו דרה דייתי וכלה דינים ושרבטים אוי לאותו דור שיבוא וכולו עונשים ומכות woe to the generation which is to come; it is all punishments and plagues - ת״מ 93א. ישים לוכון פליטה מכל עקה ושרביט יציל אתכם מכל לחץ ומכה - משלמה (Cow 453).

†**שרבלו** לשון נקייה כנגד תועבת הציד **hunting** [ע״ע צפצפו, *euph., to avoid the detested hunting* פצפצו]

**שרבלו** ש״ע נ .n. f **ציד** קום שוה סבעה ואיכל משרבלותי A (נ״א מצידי) קום נא שבה ואכלה מצידי sit up and eat of my game - בר כז 19.

†**שרד**[1] שירות **ministering** [שרבוב מן העברית. ע״ע שמש *H interp.*]

**שֹרָד** ש״ע ז šarrəd .n. m **שֹרד ministering** לבושי אברה ורקיע שרדה למשמשה כסות הבד ובגדי השרד לשרר the linen vestments and the service garments for ministering - ת״מ 111ב. ועבדו רקעי שרד למשמשה בקדשה (נ״א שמוש, תשמיש) עשו בגדי שרד לשרת בקדש - שמ לט 1. ויסבון ית כל מני השרד דישתמשון בהון בקדשה (נ״א תשמישה) ויקחו את כל בגדי השרד אשר ישרתו בהם - במ ד 12.

†**שרד**[2] איבוד דרך **astray** [< شــرد = מנוסה - Lane 1531b, Barthélemy 385]

**פעל התעה to cause to stray** ושרד וינער (יהוה את מצרים תוך הים) - המליץ 522 מן שמ יד 27 [פירש: הבריח את המצרים בתוך הים. ליתא].

**שרוד** ש״ע ז במעמד הבינוני qāṭ *participial n. m.* **תעה to stray** ōl ואמר פרעה לבני ישראל שרודים אנון בארעה A (נ״א נביכים, תבירין, אלילים) ואמר פרעה לבני ישראל נבכים הם בארץ Pharaoh said of the Israelites, "they are straying in the land" - שמ יד 3 פירש].

**שרה** שם פרטי šārrå .pr. n

**שרה** ש״פ וילדת שרה לאברהם בר - בר כא 2. שבקת שרה וזכותה והלכת בתר נעמה עזבתאת שרה וצדיקותה והלכת אחר נעמה - ת״מ 136ב. חזו שרה ושבחתה נשיה ראו את שרה ושבחוה הנשים - אס 10ב.

**שרוג** שם פרטי šārog .pr. n

**שרוג** ש״פ ואקעים רעו תרתין ותלתין ומאה שנין ואלד ית שרוג - בר יא 20.

**קל 1 שכן, חנה to encamp, dwell** ועקר נח מן ריפת ושרה בטורה דשמה עדר ועקר נח מריפת ושכן בהר ששמו עדר Noah moved from Rifat and encamped in the mountain named Adar - אס 36ב. **ועל אפי כל אחיו ישרי** ועל פני כל אחיו ישכן - בר טז 12. **שרי עלינן** אלהן שכון עלינו, אלוהינו - מ יא 83. **האן דאת בעי את שרי** באשר אתה רוצה אתה שוכן - ע״ד ח 17. **ואמטו יתון שרים על ימה וישיגו** אתם חנים על הים - שמ יד 9. **בראשית מדינתה שרה טובך** לגוה 'בראשית' היא המדינה ששכן טובך בה - מ ב 5-6. **רוחה מתקפה ורגזה שרי בה** רוחו (של פרעה) קשה והכעס שרוי בו - ת״מ 30ב. **2 אירע**[†] **to occur** קרצו בצפרה סבלין איעשה ובכין על מד שרא בון השכימו בבוקר נושאים ייאוש ובוכים על מה שאירע להם they rose in the morning bearing dispair and crying about what happened to them - ת״מ 20א. **שרא דינה לגו בתי מצראי** חל העונש בבתי המצרים the punishment occurred on the houses of the Egyptians - ת״מ 44א. **דרי מבולה ומגדלאי ומה שרא בון** דורות המבול ואנשי המגדל ומה שאירע להם - ת״מ 64א. **3 התיר to loosen** **ושרה גמליה** mA ויפתח הגמלים he loosened the camels - בר כד 32. **שרי ערצי דכל רברביה** מתיר חלצי כל הגדולים - א״ח 28. **שרי כפתינן** התר את כבלינו - ע״ד כג 84. **שרי סי<נך>** m של נעלך - שמ ג 5. **ורישה יהי שרי... ויסתבב** J (נ״א פרע, פריע) וראשו יהיה פרוע - ויק יג 45. **וגבר כד ידר נדר... לא ישרי מליו** J) יבטל) VNEC ואיש כי ידר נדר... לא יחל דברו - במ ל 3 (=המליץ 461). **4 נמס to melt** **וארתע שמשה ושרה** וחמה השמש ונמס (המן) when the sun grew hot, (the manna) would melt - שמ טז 21 (=המליץ 521). **5 התחיל** לעניין קל בהוראה זו (המחייבת פָעֵל בניבי הארמית). עואנ״ש ג/ב 188 **כד עסל מרי to begin** *see LOT* IIIb, 188. עבידאתה **שרי** כרז על פתורה šâri כאשר כילה אדוני את מלאכתו החל להכריז על השולחן when my Master finished His (=הבריאה) work, He started to proclaim about the table (=Creation) - א״ד א 15-16. **יומה דנחת כתבה שרי** שופרה כרז šâri ביום שירד הספר התחיל השופר להכריז - ע״ד ו 5-6. **אלה דשרה עלמה** וחסלה בטוב מאד adšârå האלהים אשר התחיל את העולם וגמרו ב״טוב מאד״ - מ ט 3 [ע׳ זב״ח שם].

**משרי** בהאריך ענה על משכנה למשרי עליו בהאריך הענן על המשכן לשכן עליו - במ

**שרח** שם פרטי šârå *pr. n.*

**שרח** ש״פ ובני אשר ימנה וישוה וישוי ובריעה ושרח אחתון - בר מו 17. **ופרקת שרח למשה ולאהרן וגאלה שרח את משה ואת אהרן** - ת״מ 252ב.

**שרט**[†] שריטה **incision** [מן העברית H. השי׳ **א״י** שרטת - **נ** ויק כא 5 ע״ע סרט]

**אֶתְפְּעֵל נמרט to be plucked** [אולי מושפע מן شرط - .Dozy I 745a ff] **ואנש אן ישתרט רישה קריח הוא דכי הוא** *M[1] (נ״א ישרט, ימרט) ואיש כי ימרט ראשו קרח הוא טהור הוא If a man's head has has been plucked, he is bald - ויק יג 40. **ואן מפאת אפיו ישתרט רישה גלשן הוא דכי הוא** *M[1]A (נ״א ימרט, יתמרט) - ויק יג 41.

**שרטה** ש״ע נ *n. f.* **שרטת incision** ושרטה לנפש לא תתנון בבסרכון (נ״א וסורטה, וסרטה, המליץ 598: סורטא) ושרטה לנפש לא תתנו בבשרכם (wšurṭa) you shall not make any incisions in your flesh on account of the dead - ויק יט 28 אבל כא 5 גורס גם J סרטה].

**שרי**[1] תחילה **begining** [**א״י** ברבה שרי ובזעירא סייף - **נ** בר מד 12. **סוא״י** הלין דשרי אלהא דיעבד - בר ב 3]. חנייה, התרה **loosening** [**א״י** ושרא גמליה - **נ** בר כד 32. **סוא״י** שרי יתה = שלח אותה - מתי טו 23] ← הפסקה וחידלון **ceasing** [**א״י** חדל להיות לשרה וגוי שרי - בר״ר 493. בויארין, ספר רוזנטל 21]; שרייה במקום **encamping** [**א״י** ושרא במדברא - **נ** בר כא 20]

**קל** עבר: שרה šârå - מ ב 6. עתיד: ישרי - בר טז 12. ציווי: שרי išri - מ יא 83. בינוני: שרי šâri - ע״ד ח 17. פעול: שרי - ת״מ 330ב. מקור: למשרי - במ ט 22. **פעל** (אינו נבדל מן קל בכל צורותיו) עבר: שרי - ת״מ 267ב. עתיד: נשרי (מדברים) nēšarri - ט 50. ציווי: שרי išri - דב ב 24. בינוני: משרי - ת״מ 118ב. **אפעל** (מתמזג לעתים עם קל) עבר: אשרי - בר לא 25 M. ציווי: אשרי - מ יח 26. בינוני: ומשרי wmašri - א״ד ג 30. מקור: למשראה - דב יד 23. **אֶתְפְּעֵל** עבר: אשתרו (נסתרים) ištâru - מ כא 11. בינוני: משתרי mištâri - מ ו 76. **אשראו** ובאשראות (נסמך) - במ א 51. **משראה** - בר ח B 9. **משרו** משרואך (+נוכח) - דב כג 15 (=המליץ 512). **משרוי** משריו mašro - מ ב 49. **משרי** - דב כג 10 (=המליץ 512). משריתה (מיודע) - במ י 34 (=המליץ 512) || משירתה - שמ לו B 6. **שורי** שורון (+נסתרים) - במ י A 21. **שראי** qaṭṭāl שראה (+נסתר) šår'râ[ʾ]e - ע״ד כג 81. **שרו** כשרו - במ יא 25. בשרותה - בר מג 16 m.**שרוי** qāṭōl שרוים (ר) - ת״מ 99ב. **שרוי** qiṭṭ - širro ūl - ע״ד כו 29. **שרי** שריתי - בר יט 8 (=המליץ 581).

ט 22. באתרה דבחר למשרי שמה עליו במקום אשר בחר לשכן שמו שם - ת״מ 231א.

**פעל? התחיל to begin** שרי ימה ממלל עם ישראל התחיל הים לדבר עם ישראל the sea started to talk with Israel - ת״מ 267ב. שרי משה ואמר בגו ימה התחיל משה ואמר בים - ת״מ 70א. ברבה שרי ובזעורה עסל בגדול החל ובקטן כלה - בר מד 12. אפתח פמי ואשרי בתשבחתה - ת״מ 206א. נשרי בתשבחתך נתחיל לשבחך - ט 50. שרי רת החל רש - דב ב 24. ומשרי ומחסל ומתחיל ומסיים - ת״מ 118ב.

**אפעל 1 השכין to install** ונסב יהוה אלהים ית אדם ואשריאה בגן עדן ...ויניחהו בגן עדן the Lord God took the man and installed him in the garden of Eden - בר ב 15 (המליץ 518: ואשרהה). ולבן אשרי עם אחיו בטור גלעד MB ולבן תקע את אחיו בהר הגלעד - בר לא 25 (=המליץ 608). ובהדה מיתובי אשריכונן ובזו הדרגה השכנתנו - ט 69. אשרי עלינן טלך השכן עלינו את צלך - מ יח 26. פע״ע *intrans.* וטוב עבראי דעלל ומשרי לגבון אשרי העברי הבא ושוכן ביניהם (השבת והמילה) - א״ד ג 30. **2 הניח to place** וית כל דיתר אשריו לכון למטרת (!) B ...הניחו לכם למשמרת all that is left put aside to be kept - שמ טז 23. **ואשריו** יתה עד צפרה B ויניחו אתו עד הבקר - שמ טז 24. ואשראה אהרן לקדם סעדותה B ויניחהו אהרן לפני העדות - שמ טז 34.

**משראה** באתרה דבחר... למשראה ית שמה תמן במקום אשר בחר... לשכן את שמו שם - דב יד 23. לארעה דסבלת עם אדי למשראה יתכון בה אל הארץ אשר נשאתי את ידי לשכן אתכם בה - במ יד 30. פע״ע *intrans.* כד יעזר יהוה למשראה עליך כי ישוב יהוה לשוש עליך - דב ל 9 (=המליץ 604).

**אֶתְפְּעֵל 1 התחיל to begin** בראשית השתרית בב לא בא ׳בראשית׳ התחילה בבית לא באלף "Bereshit" starts with Beth, not with Aleph - ת״מ 196ב. שמים וארע אשתרו בה שמים וארץ התחילו בה (באש) - מ כא 11. עד אדמי לחברי אשר הכתבו והשתרית בון קצי ארהותה כדי שאדמה לחבריי אשר נכתבו והתחילו בהם קיצי התורה (דברי האות ק) - ת״מ 302א. **2 הותר to be loosened** ואשתרי לשן פרעה ומלל והותרה לשון פרעה ודיבר - the tongue of Pharaoh was loosened - אס 11א. **3** קיאם דלא משתרי ברית שלא תופר - מ ו 76. **חדל to expire** ישתבח לעלם מלכה דלא משתרי ישתבח לעולם המלך שאינו חדל praised be forever the King who never expires - מ ז 37-38.

**אשראו** שפ״ע *v. n.* **חנייה encamping** ובאשראות משכנה יקימון יתה לואי N ובחנות המשכן יקימו אתו הלוים at the encamping of the Tabernacle the Levites shall set it up - במ א 51.

**משראה** ש״ע נ *n. f.* **חנייה resting place** ולא אשקחת יונתה משראה לכף רגלה B ולא מצאה היונה מנוח... the dove could not find a resting place for its foot - בר ח 9. והוה משראה עליון רוחה והתנבו A (MB משרא) ויהי כנוח עליהם הרוח ויתנבו - במ יא 25.

**משרו** שפ״ע *v. n.* **חנייה encamping** ובמשרות משכנה A ובחנות המשכן... at the encamping of the Tabernacle - במ א 51. הלא יהוה אלהך מתהלך בגו משרואך ...מתהלך בקרב מחניך - דב כג 15 [ת מן א - יי״ש].

**משרוי** ש״ע נ *n. f.* **1** ש״פ **חנייה encamping** והוה במשרוי ישראל בארעה ההיא ויהי בשכן ישראל בארץ ההיא at the encamping of Israel in that land - בר לה 22. ובמשרוי משכנה יקימון יתה לואי JE ובחנות המשכן... - במ א 51. חכמת משרוינן במדברה ידעת חנותנו במדבר - במ י 31 (=המליץ 467). **2** ש״ע מוחש *concr. n.* **משכן, מחנה dwelling** משריו לית חכם לאלהותך אין יודע משכן לאלהותך nobody knows the dwelling - מ ב 49. מה טבים משכניך place of Your rest יעקב ומשרויך ישראל מה טובו אהליך יעקב משכנתיך ישראל how fair are your tents, O Jacob, Your dwellings, O Israel - במ כד 5. גבר על משרוה וגבר על אתרה איש על מחנהו ואיש על ידו - במ א 52.

**משירה** ע׳ **משרי**

**משרי** ש״ע נ *n. f.* **מחנה camp** משרי אלהים דן מחנה אלהים זה this is God's camp - בר לב 3. כד תפק משרי על דבביך כח תצא מחנה על איביך - דב כג 10. והוה משרית ראובן תמן ממערב והיה מחנה ראובן שם ממערב - אס 17ב. והוא אבית בליליה ההוא במשריתה והוא לן... במחנה - בר לב 22. ועברו קל במשירתה B (נ״א במשריתה) ויעבירו קול במחנה - שמ לו 6. במטל משירתה B (נ״א משריתה) בנסע המחנה - במ ד 5. וכדו הוית לתרתין משריאן ועתה היית לשתי מחנות - בר לב 11. ובני דדן הבו למשרין M₁* ובני דדן היו מחנות the sons of

.(O מן אונקלוס) 3 בר כה - Dedan were hordes

**שורן(י)**† ש״ע *n.* **חנייה encampment** ואקימון ית משכנה סעד שורון A (נ״א מיעלון) והקימו את המשכן עד חנייתם - במ י 21 [פירוש. o < a לפני רי״ש. *On the shift a>o before r see* Dalman .[89; Fassberg 69

**שראי**† ש״ע ז qaṭṭāl *n. m.* **משכין 1 settler** שראה דטובה ליד טובך אתינן משכין הטוב, אל טובך באנו the Settler of Good, to Your goodness we came - ע״ד כג 81-82. כיו״ב מ יא 80.
**2 שכן neighbor** ושריה המתקרב ליד ביתה A (נ״א ומגירה) ושכינו הקרוב לביתו the neighbor which is near to his house - שמ יב 4.

**שרו**† ש״ע נ *n. f.* **1 חנייה resting** כשרו עליון רוחה ואתנבו (נ״א כד שרת, כשרה) כנוח עליהם הרוח at the resting of the spirit upon them - במ יא 25. **2 משכן dwelling** הלא על כן עלו בטל שרותי *M₁ (MA שרבי גזורה לאחור מן שרוון. השי׳ חזב. *backform from the pl.*) כי על כן באו בצל קורתי since they have come under the shelter of my dwelling - בר יט 8 **3 צהריים** [ראה להלן, שרי. *see below, šry*]. **noon** הלא עמי ייכלו גבריה בשרותה m (נ״א בטהרים) כי עמי יאכלו האנשים בצהרים for the men will dine with me at noon - בר מג 16 (מן אונקלוס O).

**שרוי**† ש״ע ז במעמד הבינוני qāṭ *n. m. participial* ōl **שוכן dwelling** המלאכים... תמיד בו שרוים the angels dwell always in תמיד בו שוכנים... it - ת״מ 99ב (על שמ טו 17).

**שרוי** ש״ע ז qiṭṭūl *n. m.* **ראשית start** אתהו שריו דלית חכם לה שריו אתה הוא ראשית שאין יודע לו ראשית You are the beginning, whose beginning nobody knows - ע״ד כו 29-30. בראשית שרוי ויום נקם חסול ׳בראשית׳ היא תחילה ו׳יום נקם׳ הוא סוף - ת״מ 188א. תמן הוה ענגה שרוי לסימניה שם היה הענן ראשית למופתים - ת״מ 74א. בעזרות מיה הך מה דהוה בשרואה בשוב המים כמו שהיה בתחילה - ת״מ 82א.

**שרי**† ש״ע נ *n. f.* [א״י בטל שריתי נ - שם. סוא״י טלולא דשריתי - שם] **גג** (< קורה - החלק בעד השלם) הלא על **dwelling** (< beam - *pars pro toto*) כן עלו בטל שריתי כי על כן באו בצל קורתי since they have come under the shelter of my dwelling - בר יט 8.

**שרי²** שם פרטי *pr. n.* šarri
**שרי** ש״פ שם אתת אברם שרי - בר יא 29. שרי אתתך לא תקרי ית שמה שרי הלא שרה שמה - בר יז 15.

**שרין** שם מקום *pr. n. (place)* šārən [ע״ע רבן בשורש רבב]
**שרין** ש״פ צידנאי יזעקון לחרמון שרין - דב ג 9.

**שריקה** שם פרטי *pr. n.*
**שריקה** ש״פ ואולד איתנו בר וקרא שמה שריקה - אס 6ב.

**שרע**† רביצה **lying down** [א״י גולתיה שרעה מיניה = גלימתו נפלה ממנו - ירוש ברכות ט ע״א. סוא״י להלין דאשתרעו בתריפותה = לאלה שנפלו בשחיתות - Horol 190b]
**אפעל הרביץ to lay** ואשרע גמליה מלבר למדינתה A (נ״א ואברך) ויברך הגמלים מחוץ לעיר he made the camels kneel outside the city - בר כד 11.

**שרף**† שריפה ובעירה **burning, consuming** [עש״ח. ע״ע בער, יקד .*See* NSH]
**קל שרף to burn** רב חילה דשרף גויהתון בתוך הים ולא טפת מיה להאש רב הוא הכוח ששרף את גויותיהם (של המצרים) בתוך הים ולא כיבו המים את האש great is God who burned their bodies in the middle of the sea, but the water did not extinguish the fire - ת״מ 88א. ואדם קדישיה לא מטפטף עליו טפה אלא קעם על רמח שריף ודם הנואפים (זמרי וכזבי) אינו מטפטף עליו טיפה אלא נשאר על הרומח שרוף - אס 18א. ורחמיך אלופים טפים להבי חוביה דלנן שרפים ורחמיך רגילים לכבות את להבות החטאים השורפות אותנו - ט 29-30.
**אֶתְפְּעֵל נשרף to be burnt** ודמה יתון להעופרת כי ירד במהרה וישרף במהרה במים האדירים he compared them to lead (Ex 15:10), for lead sinks quickly and is soon burnt - ת״מ 88ב. ולא בני אנשי סדם עד נהי משתרפים ולא (נהיה כ)בני אנשי סדום להיות נשרפים - ת״מ 88ב. הלא נור נפקת מן חשבון... משתרפה עד מואב A (נ״א אכלה, מסיף) כי אש יצאה מחשבון... אכלה עד מואב - במ כא 25 [פירש פאסיב].

**שרפס**† ט״ס [עירוב משובש של שזר ושל בסר [*Corr. blend of šzr and bsr*

**פעל ?** גד שזור ישרפסנה והו ישזר עקבה A (נ״א יבסרנה, ישזרנה) גד גדוד יגידנו והוא יגיד עקב - בר מט 19 [עירוב של שתי הנוסחאות האחרות].

**שרץ** רחישה ורמישה **swarming; creeping** [**א״י** ישרצון מיא שרץ נפש דחיא - **נ** בר א 20]

**קל 1 רחש** פע״ע *intrans.* **to swarm** ובני ישראל פרו ושרצו וסגו ובני ישראל פרו וישרצו וירבו the descendants of Israel were fruitful and increased (*lit.*: swarmed) - שמ א 7. **בשרצה דשרץ** על ארעה בשרץ השרץ על הארץ the swarming things that swarm upon the earth - ויק יא 29. **2 הפיק בשפע** פע״י **to produce abundantly** *trans.* וישרץ נהרה ארדענים וישרץ הנהר צפרדעים the Nile shall swarm with frogs - שמ ז 28, 29א. ושרץ צפרדעים חדשים... שרצו ועלו גדודים גדודים במקומות המצרים - ת״מ 61ב.

**אפעל השריץ to produce swarms** נהרה משרץ ‹ובתיה› ממלין גויאן הנהר משריץ והבתים מתמלאים גויות the river swarms and the houses were filled with bodies - ת״מ 32א.

**שרץ** ש״ע ז .*n. m* **swarm רמש** ונפש אן תקרב... בנבלת שרץ מסב ונפש כי תגע... בנבלת שרץ טמא if any one touches... the carcass of an unclean swarm - ויק ה 2. תקרב... בכל שרץ מסב - ויק ז 21. מכל שרץ מיה ומכל נפשה חיתה דבמיה - ויק יא 10. בשרצה דשרץ על ארעה - ויק יא 29. אלין מסביה לכון מכל שרצה - ויק יא 31. שרצו ועלו גדודים גדודים... שרצים דלים עד מאד - ת״מ 61ב.

**שרק**† טיחה ומריחה **plastering** [**א״י** הדא איתתא דשרקה אפה דשרקה מעזלה = אישה זו המורחת את פניה, המורחת את כישורה - ירוש שבת י ע״ג. Levy [IV 613b

**שרקה** ש״ע נ .*n. f* **טיחה? plastering** ואה מכתשה בכתלי ביתה שארקן יארקן אי סאמקן JE (נ״א שקען, שקערן!) והנה הנגע בקירות הבית שקערורת ירקרקות או אדמדמות the disease is in the walls of the house with greenish or reddish plastering (spots) - ויק יד 37 (המליץ 603: שרקן).

**שרר** חוזק, עוצמה **power, might** [**א״י** ויישר חיליכן - בר״ר 582. **סוא״י** ושררת עלי אדך = ותנחת עלי ידך - תה לח 3 (מתרגם ἐπεστήριξας, לשון הכבדה) [Horol f. 2a

**קל** עבר: שרית (נוכח) - בר לב 29. עתיד: וישר wyiššår - א״ד ב 31 [עואנ״ש ג/ב 351]. **פעל** עבר: שרר - ת״מ 16א. עתיד: ישררנה (+נסתר) - ת״מ 138ב. ציווי: שרר - ת״מ 22ב. בינוני: משרר - ת״מ 15א. מקור: משרראתך (+נוכח) - ת״מ 212א. **אֶתְפַּעַל** עבר: אשתרר - ת״מ 79ב. עתיד: ישתרר - בר כה 23 $M_2$. ציווי: השתרר - ת״מ 75ב. משרו משרוך - במ כז 20 BA. **שור** שורך (+נוכח) - דב ו 5. ושרה wšurra - מ ח 29. **שורר** משוררך - במ כז 20 V. **שר** שרוי širro (+נסתר) - ע״ש א 10. **שרו** משרוך (+נוכח) - במ כז 20 B. **שרור** - המליץ 473. **שריר** šårər - מ ט 35. **שרירה** - ת״מ 86ב. **שרירו** - ת״מ 7ב.

**קל 1 חזק to be strong** ויישר חילון דכל קראי ויישר כוחם של כל הקוראים let the power of the readers be strong - א״ד ב 31. **ישר** פעלה כשירה חזק (=יישר כוחו של) הפועל הצדיק - אס 20א. **ישר** אמורה במה דאמר אשרי האומר במה שאמר - ת״מ 127א. **ישר** שאולה במד שאלת חזק, השואל במה ששאלת be strong, O questioner, in asking this - ת״מ 122א. **2 נתעצם to strive** הלא שרית עם אלהים ועם אנשים ויכלת (N שרירת, EB שריר, A אתרברבת) כי שרית... ותוכל you have striven with God and with men, and have prevailed - בר לב 29.

**פעל חיזק to strengthen** משה במדין שרר קנומה למהלך לאתרה משה במדין חיזק עצמו ללכת למקומו Moses in Midian strengthened himself to go to the place - ת״מ 16א. אוקר לגבריה שרר לרבקיה הוקיר את האנשים, חיזק את הנערים - ת״מ 208ב. דרש ישררנה בלבטה ביקש לחזקו בקללה - ת״מ 138ב [על דב כז 15]. קום לך שרר גרמך אה משה קוך לך, חזק עצמך, משה - ת״מ 22א. שרר ית לבך - ת״מ 22ב. משרר ללבה דלא ידחל מחזק את לבו, שלא יפחד - ת״מ 15א. משררה חילון ומרביה יתון מחזקת כוחם ומגדלת אותם - ת״מ 129א.

**משררה** ולא יקרבנון נשיש כי בי משררתון ולא תגע בהם חולשה, אכן אני יכול לחזקם - ת״מ 7א. וינאץ בדינים בדיל משרראתך ״ויאנץ״ (דב לב 19) בענשים למען חזקו - ת״מ 212א.

**אֶתְפַּעַל**† **נתחזק to be strengthened** כד חזהון ישראל כדן אשתרר לבה כאשר ראם ישראל (את המצרים) כך חזק לבם when Israel saw them (the Egyptians) thus, their hearts were strengthened - ת״מ 79ב [על ״יאכלמו כקש״ - שמ טו 7]. והשתרר עם אלה ועם אנשה

ונתעצם עם האל ועם האדם - ת״מ 220ב [רמז לבר לב 29]. כל מצוה בה השתררת - ת״מ 174א. וכרן מכרן ישתרר $M_2$ ולאם מלאם יאמץ - בר כה 23. ותשתררו הך דאמר למען תחזקו ותתחזקו, כמה שנאמר ״למען...״ (דב יא 8) - ת״מ 118א. ודאמרו לפרעה השתרר ...התחזק - ת״מ 275ב.

**משרו** ש״ע ז *n. m.* **עוצמה might** ותהב מן משרוך עלויו BA ונתת מהודך עליו you shall - במ כז 20 - invest him with some of your might [=המליץ 450. תפס מהודך = מאודך. וצורתו ל״י. אבל ע׳ זב״ח בהמליץ, שם].

**שור**† ש״ע ז *n. m.* **עוצמה might** ותהב מן שורך עליו N ונתת מהודך עליו you shall - במ כז 20 - invest him with some of your might (המליץ 450: משרוך). ברי זעורי עלי שור (m חסן) בני צעירי עולה (ב)כוח my young son raises in might - בר מט 22. בכל לבך... ובכל שורך בכל לבבך... ובכל מאדך - דב ו 5 (המליץ 503: שרורך). חילה נפשה ושרה אשוו מרחמנך הכוח הנפש והמאוד חברו לאהב אותך - מ ח 29-30.

**שורר**† ש״ע ז *n. m.* **עוצמה might** ותהב משוררך עליו V ונתת מהודך עליו you shall - במ כז 20 - invest him with some of your might.

**שר**† ש״ע ז *n. m.* **עוצמה might** כפת שריו דבבינן הכנע עוצמתם של אויבינו subdue the might of our enemies - ע״ש א 10 [ע׳ בהערות זב״ח].

**שרו**† ש״ע ז *n. m.* **עצמה might** וגלה כעסה בכל שרואה וגילה הכעס בכל כוחו woe to the mind... that manifested provocation with all its might - ת״מ 98א. ותהב מן שרוך עליו B ונתת מהודך עליו - במ כז 20 [=המליץ 450: משרואך. נתפס מהודך = מאודך]. דכי קנומך מנון בכל שרוך נקה עצמך מהם בכל כוחך - ת״מ 154א. עד אטר מצוהתך בחילה ואף בשרוה למען אשמור מצוותיך בכוח ואף בחוזק - ת״מ 206א. ותתנצל מנה בשרוך ותינצל ממנו (מלבן) בכוחך - ת״מ 278א.

**שרור**† ש״ע ז *n. m.* **חלמיש might** - המליץ 473 [מן דב ח 15, לב 13. ליתא]. שרורך מאדך - המליץ 503 [מן דב ו 5. ליתא].

**שריר א** ת״פ *adv.* **מאוד very, much** טברה ארתת שריר ההר (סיני) רעד מאוד the mountain trembled very much - מ ט 35. ואגרך אסגי שריר ושכרך ארבה מאד - בר טו 1. מלין רמין שריר אנן אתין נימר מלים רמות מאד אנו באים לומר - ת״מ 247א. וסגו עמה ואתחילו שריר ורבו העם והתעצמו מאד - אס 214ב. **ב** ש״ת *adj.* **חזק mighty** ויצחק נצירה ויעקב שרירה ויצחק המסור ויעקב החזק Isaac the devoted and Jacob the mighty - ע״ד ט 25.

**שרירה**† ש״ע נ *n. f.* **עוצמה might** שרירה יתרה על כלה ״יהך את עפר הארץ״ (שמ ח 12) - עוצמה יתרה על הכול exceding might on everything - ת״מ 286ב. [זב״ח הע׳ 2].

**שרירו** ש״ע נ *n. f.* **עוצמה might** אנה מחליף נשך בשרירו אני מחליף את חולשתך בעוצמה - I will change your weakness to might - ת״מ 7ב. וקעם בשרירו רבה וחילה ועמד ועצמה רבה וחזקה - ת״מ 8ב. הלא בשרירות לבי אהך כי בשררת לבי אלך - דב כט 18.

**שרת**† עבודה, שירות **work, service** [עש״ח. ע״ע שמש. NSH. *See šmš.*]

**פעל שירת to serve** ארבעתי אקרי העולם שרתו לקהל יהוה ארבעת יסודות העולם (הרוח, המים, העפר והאש) שרתו את קהל האל the four fundaments of the world (wind, water, dust, fire) served the congregation of God - ת״מ 58א. רוחיה... שרתו שבטי רחותה והמים... שרתם... והמים שרתם עד מדבר שור ועפרה עוד שרתם - ת״מ 58ב. שרתת אש יהוה לעבדי יהוה... והרוח אשר שרתת - ת״מ 59א. המים... שרתו צבאות יהוה - ת״מ 61א. אלה... אשר שרתו ישראל והמיתו כל המצרים - ת״מ 64א. ושרת את אחיו במשכן זימונה - ת״מ 170ב.

**משרת** ש״ע ז *n. m.* **משרת servant** אה משרתי, אה תלמידי - ת״מ 257ב. אתקדם יהושע בן נון משרתה - ת״מ 259א.

**שרת** ש״ע ז *n. m.* **עבודה service** לשרת ולברך - for service and for blessing - ת״מ 127א, 172א. זאת האש... לשרת בני עבדיו - ת״מ 58ב.

**ששי** שם פרטי šiši *pr. n.*

**ששי** ש״פ אחימן ששי ותלמי ילידי ענק - במ יג 22.

**ששפו**† ?

**ששפו** ש״ע נ *n. f.* **?** וכנש לבן ית כלול גברי אתרה ועבד ששפו A (נ״א משתה) ...ויעש משתה - בר כט 22.

**שת** שם פרטי šåt *pr. n.*

**שת** ש״פ ועכם אדם אורי ית אתתה וילדת בר וקרא ית שמו שת - בר ד 25. ואולד בדמותה כצלמה וקרא ית שמה שת - בר ה 3. אדם קמאה ושת חליפה אדם הראשון ושת חליפתו - ע״ד ט 22. ביומי שת אזל קין למדנחה בימי שת הלך קין קדמה - אס 3א.

**שתי**[1] שתייה **drinking** [**א״י** ארכיני כען קולתיך ואשתי - **נ** בר כד 14. **סוא״י** ומין לא יאשתון - יונה ג 7]

**קל שתה to drink** לא אכל ולא שתה (šāta) - (Moses) did not eat, nor did he drink - ע״ד יז 16. לחם לא אכל ומים לא אשתה (נ״א שתה) - שמ לד 28. ועמר ורעט לא שתיתון ויין ושכר לא שתיתם - דב כט 5. ויפק מנה מים וישתה עמה ויצא ממנו מים ושתה העם - שמ יז 6. אשתה וגם גמליך אשקי ציווי *imp.* שתה וגם גמליך אשקה - בר כד 14. בהשאלה *fig.* עדן מגלגל מים חיים למן דשתי מנה (גן) adšāti עדן מגלגל מים חיים למי ששותה ממנו - מ ט 61-62.

**משתי** כמד אסכמו גמליה למשתי כאשר כלו הגמלים לשתות - בר כד 22. וילאון מצראי למשתי מים מן הנהרה ונלאו מצרים לשתות מים מן היאר - שמ ז 18. ולית מים למשתי עמה ואין מים לשתות העם - שמ יז 1. בהשאלה *fig.* נעמד בבוננו למשתי מן מימיו ת״מ 256 (על מעין עדן).

**משתה** ש״ע ז *n. f.* **משתה feast** ועבד לון משתה ואכלו ושתו ועשה להם משתה he - made a feast for them, and they ate and drunk - בר כו 30. ועבד משתה לכל עבדיו - בר מ 20.

**משתו** ש״ע נ *n. f.* [קומראן 4Q543: ועבד משתותה שבעה [יומ]ין - טור א, ש׳ 7 (DSSU 153), המליץ 507] **משתה feast** ועבד משתו לכל עבדיו $M_1$* he made a feast for all ויעש משתה לכל עבדיו - בר מ 20. וכיו״ב $M_1$* בר כא 8 וכן $M_1E$* בר כט 22.

**שתיו** ש״ע ז במעמד הבינוני *n. m. participial* **שותה drinking** וגברה שתיו מנה ומשתק A והאיש the man drinks (from) her משתה בה ומחריש - in silence - בר כד 21 [ראה לעיל, שקי. *See above* *šqy*].

**שתי**[2]† חוטי האריג המאונכים, הנארגים בערב **warp** [**א״י** או בשתיא או בערבה - **נ** ויק יג 57]

**שתי** ש״ע ז *n. m.* **שתי** באריג אי בשתי אי בערבה (נ״א בשתיה, באשתאי) או בשתי או בערב in - the warp or in the woof - ויק יג 48. ויוקד את לבושה אי ית שתיה אי ית ערבה - ויק יג 52. ולבושה אי שתיה אי ערבה - ויק יג 58.

**שתף** התחברות ואיחוד לעשייה **partnership** [**א״י** לא תשותף ידך עם חייבה - **נ** שמ כג 1. **סוא״י** בקימתא גר דמיתיא לא דין משתתפין ולא שותפין = בעת התחייה המתים לא ישאו נשים - מתי כב 30]

**פעל שיתף to join, associate** *trans.* לא תשתף אדך עם חיב למהי סהד מדלס E) BA לתשתף) אל תשית ידך עם רשע להיות עד you shall not associate with the guilty to חמס - act as a malicious witness - שמ כג 1. בצפרה יסיף סעדו ולרמשה כל ישתף אנחה $M_1$ ...ולערב יחלק שלל (עם חבריו) - בר מט 27 [פירוש].

**אֶתְפַּעַל השתתף to participate** ואנן עמין אהרן השתתף עמה במה עבד ואנו רואים שאהרן השתתף עמו במה שעשה we have seen how Aaron participated with Moses in - what he did - ת״מ 112א [ק 42א: אהרן שותפה]. ואשתתף ראשי עמה ויתא ראשי העם - דב לג 21 (=המליץ 616). ולא תהי משתתף על עבדי בישהתה - ת״מ 167ב.

**שותף** ש״ע ז šūtåf *n. m.* **שותף partner** ועורן לא שותף לה ואחר אין שותף לו there is no - other partner with Him - מ יב 24. יחידאי דלית לך חבר לא תניאן ולא שותף - ע״ד כו 37-38. דלית בדרה... אנש אלא שותף לחוביה שאין בדור... איש אלא שותף לחטאים - מ א 100-101. ולא לאוי לאנש יהי שותף לה בדן ממללה ואין איש ראוי להיות שותף לו בדבר הזה - ת״מ 120ב [על דב כז 11]. ואשקחו עשו שותף לישמעאל - אס 13א. אחד שותף לארבעה - ת״מ 43א.

**שותפו** ש״ע נ *n. f.* **שותפות association, partnership** כל שמות אלהים שמות שותפו אלא שם יהוה אין לו שותף all the names of God are names of association (*i. e.* has more than one meaning), except the name YHWH - has no association - ת״מ 287ב. ויכדב בחברה בפקדון אי בשותפות אד A (נ״א באשמות, בשבוי) וכחש בעמיתו בפקדון או בתשומת יד if one... deceives his fellow in a matter of - deposit or association - ויק ה 21 (מן אונקלוס O). עמי ממלל יעקב דאמר בדילה בשותפו הלא ברגזון קטלו ראה את דבר יעקב אשר אמר על אודותיו (שמעון) ביחד "כי באפם הרגו" (בר מט 6) - ת״מ 216א [זב״ח הע׳ 2: לשון ריבוי].

**שתק** אלם ודומייה **silence** [עואנ״ש ג/ב 155. **א״י** וישמע בעלה וישתוק - **נ** במד ל 12. **סוא״י** ושתק כלב לקהלא = ויהס כלב את העם - במ יג 30]

**קל** עבר: אשתק - בר לד 5. עתיד: ישתק - במ ל 15 (=המליץ 465). נשתק ništåq - מ ג 28. בינוני: ושתק - בר כד 21. פעול: אשתיק - בר ד 11. שתיקין (ר) aštīqən - מ ב 41. **פעל** בינוני: ומשתק - בר כד 21 (=המליץ 465). **אשתק** - במ ל 15. **משתוק** - ת״מ 7א. משתוקה (מיודע) maštūqa - מ ב 51. **משתק** - במ ל 15 B. **שתק** - במ ל 15 VEC. **שתק** qaṭṭāl - שמ ד 11.

**קל 1 שתק** חלק מן הצורות כנראה פעל, אבל אין דרך לעמוד עליהן *A part of the foll. forms may belong to Paᶜel.* **תמן שתק ימה to be silent** - there the sea was silent שם נדם הים - ת״מ 67א. **ואשתק יעקב עד מיעלון (MECBA ושתק)** Jacob kept silent until וחריש יעקב עד באם - they came - בר לד 5. **ואם אשתק ישתק לה** גברה אם החריש יחריש לה אישה - במ ל 15. **ושתק אהרן** $M_2$* וידם אהרן - ויק י 3. **ואהרן כד שתק** - ת״מ 119ב. יהוה יגחי לכון ואתון תשתקון יהוה ילחם לכם ואתם תחרישון - שמ יד 14. **וגברה שאם לה ושתק והאיש משתה** לה ומחריש - בר כד 21. **כל פממין שתיקין** - מ ב 41. כינוי לבהמות חסרות הדיבור. בא כנגד בני אדם: מללים. *non-speaking creatures (i.e., animals) as against human beings* קטלין שתיקין ומללין רוצחים אלמים ומדברים (= אדם ובהמה) - מ א 108-107 [עי׳ זב״ח שם]. הביטוי בא גם: מ יד 111, ע״ד יז 12, 22, ת״מ 28א, 30ב, 32ב, 34א, 36א. **ארע כנען שתיקה** מן קראי ארץ כנען אילמת מלקרוא (אל האל) - ת״מ (ל) 8. **2 חרש to be deaf** מן ישבי מלל אי אשתיק מי ישים אלם או חרש - who makes one dumb or deaf - שמ ד 11 [V $M_2$ גורס: שתיק אי חרש]. **לא תקל שתיק** לא תקלל חרש - ויק יט 14. **3 חדל, חסר to lack, cease** זבן ועדן לא נשתק על טובך any moment we זמן ועידן לא נחסר טובך - shall not lack Your goodness - מ ג 28.

**פעל 1 שתק to be silent** וגברה שתיו מנה ומשתק MCBA והאיש משתה לה ומחריש - the man drinks from her silently - בר כד 21. **2 חדל to cease** פלטת לאנוש... ליתו משתק I saved הצלתי את אנוש... אינו חדל - Enosh...that he does not cease - ת״מ (ל) 5.

**אשתק** ש״ע ז *n. m.* **שתיקה silence** ואם אשתק ישתק לה גברה אם החריש יחריש לה אישה - במ ל 15.

**משתוק** ש״ע ז *n. m.* **1 אלם muteness** חייל לשנך ולא יקרבנה משתוק חזק את לשונך ולא יגע בה אלם strenghten your tongue, that - muteness will not approach it - ת״מ 7א. **ים סוף** הוה כרז לון במשתוק ים סוף היה קורא להם (לבני ישראל) באלם - ת״מ 50ב. **2 תהו abyss** (the state before the creation) כינוי למצב שלפני הבריאה **הוא הקעום על כריה דמשתוקה הו דברא כד צבא** הוא העומד על יסוד האלם He is the one who (לפני המאמר ״יהי״) existed at the fundament of the primaeval - silence (before the word YHY) - ת״מ 193ב. **חדת** בני על אקר והוא כריה דמשתוקה חדש נבנה על יסוד האלם - ת״מ 197א. מן משתוקה אנדיך עלמה מן האין הבאת את העולם - מ ב 52-51.

**משתק** ש״ע ז *n. m.* **שתיקה silence** ואם משתק ישתק לה גברה B אם החריש יחריש לה אישה - במ ל 15.

**שת(א)ק** ש״ת qaṭṭāl *adj.* **חרש deaf** מן ישבי מלל אי שתאק C (MEB שתק) מי ישים אלם או חרש who makes one dumb or deaf - שמ ד 11.

**שתק** ש״ע ז *n. m.* **שתיקה silence** ואם שתק ישתק לה גברהVEC - במ ל 15.

**שתת** ש״מ *numeral* שש **six** [**א״י** שית עשר חומרין - **נ** שמ לו 30. **סוא״י** שיתא שימהן על כיף חדא - שמ כח 10]

**(א)שתה** - ašta - נוה 5. שתה ašta - ע״ד כד 4. אשתתי (נסמך) baštatti - מ ט 72. (א)שתיתה (מיודע) - ת״מ 121א. **אשתתי** אשתתיתה (מיודע) - שמ כח 10. **אשתין** aštən - מ יד 105. (א)שת(ע)סר - שמ כה 25. **שת** šåt - מ ו 72. **תת** - בר ז 11 A. מספר סודר **(א)שתיתאי** שתיתאי - בר א 31 D. שתיתה (מיודע) aštīta - א״ד ג 7. אשתיתאיתה (נקבה, מיודע) - ויק כה 21.

**(א)שתה** ש״מ מונה מותאם זכר *cardinal number* **ששה** במעמד ש״ת *six adjectival with m. nouns* פרקן עבדה לשש שנים ולישראל כל אשתה יומין גאולת העבד לשש שנים (דב טו 12) the release of the ולישראל כל ששה ימים slave (comes after) six years, and of Israel (after) six days - נוה 6-5. **לאשתה יומין עבד** עלמה לששה ימים ברא את העולם - ע״ד יד 4. **אשתה יומים תשמש (EC שתת) ששת ימים** תעבד - שמ כ 8. **עבד אלה כל בוראיה באשתה** יומים ברא אלוהים את כל הברויים בששה ימים - ת״מ 197א. **עבדתנה ברבו לגו שתה** יומין יצרתו בגדולה בתוך ששה ימים - ע״ד כד 4-3. במעמד ש״ע *substantival* **אשתה משמהתון** על אבנה אחתה (VEC שתה) ששה משמותיהם

על האבן האחת - שמ כח 10.

**אשתתי** נסמך לשם עצם מיודע *cstr. with a definite noun* צפיאתה דעבד באשתתי יומיה רצונו, שעשה בששת הימים His will that He made in the "Six Days" - מ ט 72. מתחנן לגו אשתתי יומיה - ת״מ 265ב.

**(א)שתיתאי** ש״מ סודר *ordinal number* **ששי** **sixth** יום שתיתאיD (נ״א יומה שתיתה) יום הששי - the sixth day - בר א 31. בגו יומה שתיתה בתוך היום הששי - א״ד ג 7. וביומה אשתיתה - ת״מ 239ב. ויהי ביומה אשתיתאה (A אשתיתה, CB שתיתאה, VNE שתיתה) - שמ טז 5. ואפקד ית ברכתי בשתה אשתיתאיתה (A אשתיתה, NMECB שתיתאיתה) - ויק כה 21. ושתיתה דקעמו לגו קללתה והששה שעמדו לתוך הקללה - ת״מ 121א.

**(א)שתין** ש״מ מונה *cardinal number* **ששים** במעמד ש״ת **sixty** *adjectival* מאה ושתין עדנים צעם מאה וששים זמנים צם (משה) (Moses) - fasted one hundred and sixty times - מ יד 105. דכרים אשתים ארפים אשתים אמרים... אשתים (ME שתים, NB שתין) אילים ששים עתדים ששים כבשים ששים - במ ז 88. ויצחק בר אשתים שנה (MB שתים, C שתין) - בר כה 26.

**(א)שת(ע)סר**[†] ש״מ מונה *cardinal number* **ששה עשר** **sixteen** אשתעסר לבנים (VA שתעסר, B שתהסר, C שת עסר, E שתה עסר) ששה עשר אדנים - sixteen sockets - שמ כו 25. שתעסר לבנים (V אשתסר, EC שתה עסר, M אשתתעסר) - שמ לו 30. ונפש אנש שתעסר אלף (EC שתה עסר, VN שתת עסר) ונפש אדם ששה עשר אלף - במ לא 40. ונפש אנש אשתסר אלף (B שתעסר, EC שתה עסר, VN שתת עסר) - במ לא 52. וילדת ית אלין ליעקב שתעסר נפש (A שת עסרה, V אשתסר, MB אשתעסרי, E שת עסרי) ותלד את אלה ליעקה שש עשרה נפש - בר מו 18.

**(א)שתתי** ש״ע נ *n. f.* **ששייה** קבוצה של ששה **group of six** צפיאתה דעבד באשתתי יומיה רצונו שעשה בששת הימים His will that he made in the "six days" - מ ט 71-72. אש‹ת›תיתה דקעמו לגו ברכתה ושתיתה דדקעמו לגו קללתה הששה שעמדו על הברכה והששה שעמדו על הקללה - ת״מ 121א. וית שמהת אשתתיתה דאתותרו על אבנה תניאנתה (A אשתיתה, C שתתיתה) - ואת שמות הששה הנותרים על האבן השנית - שמ כח 10.

**שת** ש״מ מונה מותאם לנקבה *cardinal number* **שש** במעמד ש״ת **six** *adjectival with f. nouns* צבע לך משה ושת מואן דאלפין התפלל אליך משה ושש מאות אלף Moses prayed and (with him) six hundred thousands - מ ו 71-72. שת מון רכב בחור שש מאות רכב בחור - שמ יד 7, ת״מ 254ב. שת קרי מקלט שש ערי מקלט - במ לה 13. ושת מואן דאלף שמעין וששׁ מאות אלף (איש) שומעים - ת״מ 133ב.

**תת** ש״מ מונה מותאם לנקבה *cardinal number* **שש** במעמד ש״ת **six** *adjectival with f. nouns* [רק בלשון המאוחרת. זב״ח, ת״מ עמ׳ 102: משקף הגייה חוככת של תי״ו ṯt < št. SA *Only in late*] תת מואן רכב A שש מאות רכב - six hundred chariots - שמ יד 7. מובא כך בת״מ (ק) 25א. נוסח ש: שת. ונח בר תת מואן שתה - בר ז 6. בשנת התת מואן שתה A (נ״א שת) - בר ז 11 וכיו״ב ח 13, יא 11. ותת שנין בעאנך ושש שנים בצאנך - בר לא 41. כתת מואן אלף רגלאי A (נ״א כשת) כשש מאות אלף רגלי - שמ יב 37. ותת מואן מטרי מטרת קדשה A (נ״א ושת) - במ ג 28.

# ת

**ת** האות העשרים ושתיים באלף בית. The twenty second letter of the alphabet.

**ת** תאף ש״ע נ tâf *n. f.* **האות תיו Taw** עמו ת הך היא קעמה ממללה עם... משה ראו את ת איך היא עומדת ומדברת עם... משה see Taw, how it stands speaking with... Moses - ת״מ 303ב. מכן אתעבדת ת אכהן ריש ת רבת כל תמימו על כן נעשתה ת כאן ראש (במלת תמים - דב לב 4), ת גידלה כל תמימות - ת״מ 183ב. וט ונ וס ופ וצ וק ות ממללים עם נביה וט ונ וס ופ וצ וק ות מדברות עם הנביא - ת״מ 285ב.

†**תאם** הקבלה ושוויון **fitting, equality** [א״י והוון מתאמין מן לרע - **נ** שמ לו 29].

**אפעל**בינוני פעול *pass. pt.* **הקביל to fit together** ויון מתאמים מלרע כחדה יון מתאמיםלרישה והיו והיו תאמים מלמטה יחדו יהיו תאמים אל ראשו they shall match at the bottom, and match alike at its top - שמ כו 24. כיו״ב לו 29.

**תאמים** tiyyâmәm ש״ע ז ריבוי *n. m. pl. tant.* **זוג, תאומים pair, twins** ואה תומים במעיה CA (JB תומעין, M תימחים, $M_2$ זוג) והנה תאמים בבטנה - there were twins in her womb בר כה 24 וכיו״ב לח 27. בהשאלה *fig.* **הר הקדם...** וגן עדן תאמים הגלו במגלי יבשתה הר הקדם (מכינויי הר גריזים)... וגן עדן נתגלו תאומים כשנגלתה היבשה (אחר המבול) - ת״מ 94א.

**תאנה** tīnā עץ התאנה ופריו **fig tree, fig** [א״י וחייטו להון עלין דתינה - **נ** בר ג 7. **סוא״י** וחיטו טרפין דתיניא - שם]

**תאנה** ש״ע נ *n. f.* **תאנה fig tree, fig** ופרדו טרפי תאנה ויתפרו עלה תאנה they sewed together fig leaves - בר ג 7. לא אתר זרע תינה גפן ורמון ומים לית למשתי לא מקום זרע תאנה גפן ורמון ומים אין לשתות - במ כ 5. ארע חטה וסערה גפן תאנה ורמון - דב ח 8 (=המליץ 614).

†**תאר** דמות, צורה. תיאור הדמות **image, form,**

**[סוא״י** הו די הכדין לא אתחשב ולא הכדין תר = והוא לא כן ידמה ולבבו לא כן יחשב - ישע י 7 (λελόγισται)] **being alike**

**אֶתְפְּעַל תוֹאר** גזור שם *denom.* **to be alike** כל דמדמי אתה לא דמי לה כל דמתאר אתה לבר מנה admittâ°әr כל שהוא בן-דימוי, אתה אינך דומה לו, כל שהוא בן-תיאור, אתה חוץ ממנו everything conceivable, You do not resemble it; everything describable, You are different from it - ע״ד כו 41-44.

**תאר** ש״ע ז *n. m.* **גוף body** יקירה היא הצורה דעל דמות האלהים צורת הלבב אין צורת התאר נכבדה היא הצורה שהיא כדמות האלהים - הצורה ברוח, לא הצורה בגוף glorious is the form in the likeness of God - the form of the mind, not the form of the body - ת״מ 57א.

**תבי** ארגז, קופסה **,chest, box** ← ספינה **,ark** **boat** [א״י תיבו דגמי - **נ** שמ ב 3]

†**תבה** ש״ע נ *n. f.* [מן העברית. ע״ע תיבו *H. See*] **ארגז chest** דן חראה דשקחת קמי כתוב בתיבת מרקה זו אחרית מה שמצאתי לפני כתוב בתיבת מרקה this is the end of what I found before me in the chest of Marqe - ת״מ 311* [זב״ח במבוא, עמ׳ 15]. ואת טלי רמי בשילולה לגו תבת (!) ואתה נער מושלך ביאור לתוך תיבה - ת״מ 296ב [זב״ח הע׳ 4]. ונסבת לה אמה תבת גמא VMEB ותקח לו אמו תבת גמא she took for him a chest made of bulrushes - שמ ב 3. תבת תבת - המליץ 610 מן בר ו 14. בתה״ש שלפנינו: תיבות.

**תיבו** ש״ע נ *n. f.* **1 ארגז chest** ונסבת לה אמה תיבות גמא ותקח לו אמו תבת גמא she took for him a chest made of bulrushes - שמ ב 3. וחזת ית תיבותה בגו סופה ותרא את התבה בתוך הסף - she saw the chest among the reeds - שמ ב 5. **2 ספינה ark** עבד לך תיבו עאי גפר קננים תעבד ית תיבותה עשה לך תבת עצי גפר קנים תעשה את התבה make yourself an ark of gopher wood; make compartments in the ark - בר ו 14. דמיה הות בי נשבעתי לתיבו

וגוזלי שרה בקנוניה דומה היה "בי נשבעתי" (בר כב 16) לתיבה וגוזלי שרה בקניה - ת"מ 50א [כלומר מפלט]. וכד אמר אלה מעבד תיבו עבדה וסכמה בי יומים וכאשר אמר אלוהים לעשות תיבה, עשאה וסיימה בעשרה ימים - אס 6ב. פצתה מן מבולה בתיבותה הצילו מן המבול בתיבה - ת"מ 274ב.

**תבל**† תועבה **abomination** [א"י תבלא = תבל - אונקלוס ויק יח 23]

**תבל** ש"ע ז *n. m.* **תועבה abomination** וגבר דישכב עם כלתה... תבל עבדו J (נ"א גנו, רגז = המליץ 613) ואיש אשר ישכב את כלתו... תבל עשו if a man lies with his daughter-in-law...; - they have committed an abomination - ויק כ 12 [אבל בויק יח 23 גם J רגז].

**תבן** קש קצוץ או מעוך **straw** [א"י אף תבן... עמן - **נ** בר כד 25. **סוא"י** ואריא ותורא היך חדא יאכולון תבן - ישע יא 7]

**תבן** ש"ע ז *n. m.* **קש straw** למקששה קש לתבן לקושש קש לתבן to gather stubble for straw - שמ ה 12 (= המליץ 610). אף תבן אף כסה סגי עמנן גם תבן גם מספה רב עמנו - בר כד 25. לא יתיהב לון תבן בעבדת לבניה לא ניתן להם תבן לעשיית הלבנים - ת"מ 20א.

**תבע**† דרישה, בקשה **request** [א"י עד זמן די יתבע יתה - **נ** דב כב 2. **ס** דמכון... אתבע מן יד כל חיותא - **פ** בר ט 5]

**קל to request**

**מתבע** מקור *inf.* **בקשה inquiry, request** ואזלת למתבע ית יהוה $M_1$* (נ"א למבעי מן) ותלך לדרש את יהוה she went to inquire of the Lord - בר כה 22 (מן אונקלוס O).

**אֶתְפְּעֶל נאות לבקשה to consent** בהדה נתבע לכון... למגזר לכון כל דכר m (נ"א נתשבי, נשתוי) בזאת נאות לכם... להמול לכם כל זכר on this condition will we consent to you: that... every male of yours be circumcised - בר לד 15. וכיו"ב 23. באדה יתבעון לנן m (נ"א יתשבון, ישתוון) בזאת יאותו לנו - בר לד 22.

**תבערה** שם מקום *pr. n. (place)* tēbāra

**תבערה** ש"פ וקרא שם אתרה ההוא תבערה הלא אוקדת בון אש יהוה (A מוקדתה, B דליקת) ויקרא למקום ההוא תבערה כי בערה בהם אש יהוה - במ יא 3. ובתבערה ובמסה ובקברי תחמדתה מרגזים הויתון עם יהוה - דב ט 22.

**תבר** שבירת ניפוץ **breaking, smashing** [א"י דלא תתברון קדם בעלי דבביכון - **נ** במ יד 42. **סוא"י** ובעין דיתבורון תרעא - בר יט 9]

**קל** בינוני פעול: תביר - דב כח 25 (=המליץ 532). מקור: מתבר - בר יט 9 MCB. **פעל** [אפשר שחלק מן ההיקרויות הן קל] תבר - שמ ט 25. עתיד: ואתבר - ויק כו 19. בינוני פעול: מתברין - ת"מ 76א. מקור: מתברה - בר יט 9. **אֶתְפְּעֶל** עבר: אתבר - שמ כב 9 (=המליץ 595). עתיד: יתבר - ויק ו 21. **מתבר** מתברה (מיודע) - שמ א 16 A. **תבור** qiṭṭūl - שמ כג 24. **תביר** - שמ יב 13 mA. **תבר** - ויק כד 20.

**קל 1** בינוני פעול *pass. pt.* **שבור broken** סמי אי תביר... לא תקרבון MC עורת או שבור... לא תקריבו any (animal) blind, or injured..., such you shall not offer - ויק כב 22. **2** בהשאלה *fig.* **ניגף to be beaten, defeated** יתנך יהוה תביר לקדם דבביך יתנך יהוה נגף לפני איביך the Lord will cause you to be defeated before your enemies - דב כח 25. דבביך... תבירין לקדמיך איביך... נגפים לפניך - דב כח 7 (=המליץ 532).

**מתבר** וקדמו למתבר דרשה MCB ויגשו לשבר הדלת - בר יט 9.

**פעל 1 שבר to break, shatter** כל אילן ברה תבר כל עץ השדה שבר (הברד) (the hail) shattered every tree of the field - שמ ט 25. לוחיה קדמאי דתברת הלוחות הראישונים אשר שברת - שמ לד 1. וארמיתון... ותברתון לעיניכון ואשליכם... ואשברם לעיניכם - דב ט 17. וגרם לא יתברון בה ועצם לא ישברו בו - במ ט 12. ואחינן תברו ית לבנן ואחינו המיסו את לבבנו - דב א 28. **2** בינוני פעול *pass. pt.* **נגף to defeat** בהשאלה *fig.* כד חזו גרמון מתברין וכל חילון נשיש כאשר ראו עצמם ניגפים וכל כוחם חלש when they saw themselves defeated and all their power weakened - ת"מ 76א. ותברונון ויכתום - המליץ 492 מן במ יד 45. בתה"ש שלפנינו: וכתותם. ותברו דבביון ונגפו את אויביהם - ת"מ 129א. ואתבר ית יכלות עזיזיכון ושברתי את גאון עזכם - ויק כו 19. נתבר שרוון נשבור את כוחם - ת"מ 79א.

**מתברה** וקדמו למתברה דרשה ויגשו לשבר הדלת - בר יט 9.

**אֶתְפַּעַל 1 נשבר to be broken** ומית אי

אתבר ומת או נשבר (the ox) it dies or is hurt - שמ כב 9. ומאן עסף... יתבר וכלי חרש... ישבר - ויק ו 21. כיו״ב טו 12. **2** בהשאלה *fig.* **ניגף to be** אתברו כל דיארי כנען **beaten, defeated** נמוגו כל יושבי כנען all the dwellers in Canaan are crushed - שמ טו 15. ותתברון לקדם דבביכון ויק - you shall be smitten before your enemies כו 17. כיו״ב במ יד 42.

**מתבר** ש״ע ז *n. m.* **משבר** כלי ליולדת **birthing stool** ותחזון על מתברה אן בר הוא mA (נ״א אבניה, בנואיה) וראיתן על האבנים אם בן הוא שמ - look at the birthing stool, if it is a boy א 16 [מן אונקלוס O. **ע** ישבה על המשבר ממתינין לה עד שתלד - **מש** ערכין א ד].

**תבור** ש״ע ז *n. m.* qiṭṭūl **שבירה breaking** ותבור תתבר קעמתון ושבר תשבר מצבתיהם - שמ כג 24.

**תביר** ש״ע ז *n. m.* **נגף plague** ולא יהי בוכון תביר A (נ״א ש״ע תבר, מגוף) ולא יהיה בכם נגף no plague shall fall upon you - שמ יב 13.

**תבר** ש״ע ז *n. m.* **1 שבר fracture** תבר תחת תבר שבר תחת שבר fracture for fracture, eye for eye - ויק כד 20. תבר רגל אי תבר אד - ויק כא 19. סמאי אי תבר (המליץ 595 תבור) - ויק כב 22. **2 שבירה breaking** בתברי לכון אטר לחם בשברי לכון מטה לחם in My breaking of your support (*lit.*:staff of bread) - ויק כו 26.

†תגר[1] סחר **trade** [**א״י** ואתגרו בה = וסחרוה - **נ** בר לד 10. **סוא״י** נסב חמשא טלנטין ואתגר אוחרנין חמשא - מתי כה 16]

**פעל סחר to trade** וארעה תהי לקדמיכון תבו תגרוה ואסתחנו בה A (תיגרוה) והארץ תהיה לפניכם שבו סחרוה והאחזו בה the land shall be open to you; trade and dwell in it - בר לד 10. וייו (!) לא תשתה ולא תתגר $v_b$ (נ״א תסבר, תרתף) ויין לא תשתה ולא תאגר you shall drink no wine nor trade - דב כח 39 [תאגר תפס תגר]. ותגר מנבלתה ירע רקעיה B tâgâr (נ״א ודגרף, ודמאכל, ודמכתב) והסוחר מ(בשר) הנבלה ירחץ בגדיו anyone who trades of its carcass shall wash his clothes - ויק יא 40 [נ״ש והאכל wâkkəl בבניין פיעל נתפרש לכל מלאכה בנבלה. עואנ״ש ג/א 64. *Int. to avoid abhorrence. See grp* (*LOT* IIIa, 64)].

**אֶתְפַּעַל עשה מסחר to trade** ידורון בארעה ויתגרון מנה A (ויתיגרון) ישבו בארץ ויסחרו בה - let them dwell in the land and trade in it

V) בר לד 21 (=המליץ 536). ומן ארעה תתגרון תתיגרון) ואת הארץ תסחרו - בר מב 34 (=המליץ 536). לא תתגר בה תחת דלבטתנה לא תתעמר בה תחת אשר ענתה - דב כא 14 [=המליץ 615. תפס ממכר כמו **נ** תתגר ואונקלוס תתיגר]. גנב נפש... ואתגר בה (נ״א ואתיגר, ויתגר) גונב נפש... והתעמר בו - דב כד 7.

**מגור** ש״ע ז *n. m.* **סחר trade** ארבע מון אתקל כסף עבר למגור M ...כסף עבר לסחר four hundred shekels of silver at the going trade rate - בר כג 16 [כנראה מן המקור למתגור *Prob. inf., by* .110 העי׳ ,1.5.3.1 ,עואנ״ש ה *progressive assim. of lmtgwr, see LOT* V, § 1.5.3.1, n. 118].

**תגור** ש״ע ז *n. m.* qāṭōl **סוחר merchant** ארבע מון אתקל כסף עבר לתגור ...כסף עבר לסחר four hundred shekels of silver at the going merchant's rate - בר כג 16.

**תגר** ש״ע ז *n. m.* qaṭṭāl **סוחר merchant** ועברו גברים מדינאי תגרים A (תיגרים) ויעברו אנשים מדינים סחרים Midianite traders passed by - בר לז 28 (=המליץ 536: תגארים).

**תיגר** ש״ע ז *n. m.* **סחר trade** ואתקל אברהם... אתקל נגדי תיגר A וישקל אברהם... כסף כהילוך סחר Abraham paid out... silver at the going trade rate - בר כג 16[ביטוי לתנועה e/i ?].

†תגר[2] ריב **quarrel** [בן גוון של תיגר (ע״ע) **א״מ** ואחדין עלי תגר .*Cognate root of tygr, q. v.* DSSU,) 11 שורה ,1 קטע ,B כ״י 4Q543-8 - רב .153) **אכ** הידיינות - tak/gritum = [AHw 1300b

**פעל רב to quarrel** ויפל משה ואהרן מן תגר תמן עזר ותגר אכה ויפל משה ואהרן (במ יד 5) מי שרב שם (שמ יז) חזר ורב כאן (שמ טו) "Moses and Aaron fell" (Num 14:5) those who quarrelled there quarrelled again here - ת״מ 215א.

**אֶתְפַּעַל רב to quarrel** ואתקף ליעקב ואתגר בלבן B ויחר ליעקב וירב בלבן Jacob became angry, and upbraided Laban - בר לא 36. ואתגר עמה עם משה A וירב העם עם משה the people quarrelled with Moses - שמ יז 2.

**תגרנו** ש״ע נ *n. f.* **ריב quarrel** בצגרנות כנשתה N במריבת העדה - במ כז 14.

**תגרמה** שם מקום tagrēma *pr. n. (place)*

**תגרמה** ש״פ ובני גמר אשכנז ריפד ותגרמה - בר י 3.

תד† שד **breast** [**א״י** תדיין דינקת מינהון - **התה״מ** בר מט 25 (כ״י 264 מספריית ששון). **סוא״י** ברכתא דתדיא - בר מט 25]

**תד** ש״ע נ .*n. f* **שד** ברכת תדים ורחם (VA תדיה,E קדים !) ברכת שדים ורחם blessings of the breast and womb - בר מט 25.

תדיר תמיד, קבוע ;**continuity, steadiness** ← קרבן המוקרב מדי יום ביומו **the daily offering** [**א״י** ויהי על בית אפוי בתדירא - **נ** שמ כח 38]

**תדיר** **א** ת״פ tâdər .*adv* **תמיד** **always** תדיר עיני יהוה אלהך בה תמיד עיני יהוה אלהיך בה the Lord your God always keeps His eye (on the land) - דב יא 12. תמן ארתתו קעימין ומאתין תדיר כד דקרי מליה דלגוון אז רעדו חיים ומתים תמיד בהיותו קורא את הדברים שבהם (בלוחות) - מ ט 85-88. ונימר תדיר לית אלה אלה אחד ונאמר תמיד: אין אל אלא אחד - ת״מ 162ב. **ב** ש״ת .*adj* **מתמיד** **constant** תקיף נוראותה תדיר שלטנותה החזק בנוראות, התדיר בשלטון mighty in awe, constant in sovereignty - מ יא 85-86. תדירה דמורך לא בלי ולא שני המתמיד המאריך (ימים) שאינו בלה ולא משתנה - א״ג 11. לית חכים לה שרוי תדיר אין יודע לו (לאל) ראשית. מתמיד (הוא) - ת״מ 10ב. **ג** ש״ע .*n* **קרבן תמיד** עלת צפרה דלעלת **the daily offering** תדירה עלת הבקר אשר לעלת התמיד the morning portion of the regular burnt offering - במ כח 23. **ואועדות** סמניה ומנחת תדירה ומשח רבותה וקטרת הסמים ומנחת התמיד ושמן המשחה - במ ד 16. חטאת סלוחיה ועלת תדירה חטאת הכפורים ועלת התמיד - במ כט 11.

תדעל tēʼdāl שם פרטי .*pr. n*

**תדעל** ש״פ ותדעל מלך גוים - בר יד 1, 9. מובא גם אס 10ב.

תהו† שממה **desolation** [מן העברית של בר א 2 .H *after* Gen 1:2. בא בצירוף ״תהו ובהו״ לבד מפעם אחת בפיוט של אב גלוגה, בן המאה הי״א (עואנ״ש ג/ב, 19). ע״ע תהי]

**תהו** ש״ע נ .*n. f* **שממה** **desolation** ממי תהו ובהו tēʼu מן מי תהו ובהו from the waters of the (primary) desolation - מ ו 10 וכיו״ב יג 43, יד 127, ננה 63, 66, ת״מ 7א, 30ב, 263א, 303ב. אמליתי בתהו קדם יום סכומי מלאתי תוהו לפני יום סופי - א״ג 93.

תהום מקום מי המעמקים **abyss** [**א״י** סליק תהומא ובעא מטפא עלמה = עלו מי התהום ובקשו להטביע את העולם - ירוש סנה כט ע״א. **סוא״י** לעיל מן תומא - בר א 2]

**תהום** ש״ע נ .*n. f* **1 תהום** **the abyss** וחשכה על אפי תהומה A וחשך על פני תהום (tūm) - with darkness over the abyss - בר א 2. **2 מי המעמקים** **subterranean waters** אפתחו כל מעיני תהומה סגיה נבקעו כל מעינות תהום רבה the fountains of the great abyss burst apart - בר ז 11. ברכת תהומיה דרביץ מלרע (A תהום) ברכת תהום רבצת תחת - בר מט 25. עינון תהומיה נפקע בבקעתה ובטברה עינת תהומת יצאים בבקעה ובהר springs of the deeps issuing in the plain and the hill - דב ח 7. תהומה דבארעה התהום אשר בארץ - ת״מ 106א. ארעה מיתבה על תהומה דמיה הארץ מיוסדת על תהום המים - ת״מ 272ב. קפאה תהומה בלבה דימה (A תהומין) קפאו תהמות בלב ים the deeps froze in the heart of the sea - שמ טו 8. כיו״ב ת״מ 56א. תהומין כסונון תהמות יכסימו the deeps covered them - שמ טו 5.

תהי† תהייה ותמהון, חרטה **amazement, astonishment; change of mind, repentance** [**א״י** אתת חדא רוחא ונסיתיה ושרי תהי ביה = באה רוח ונשאתו והחל תוהה (=מתחרט) בו - ירוש שבת ג ע״ב. **סוא״י** כד חמא יודס הוא... דאתחיב תהא = כשראה יהודה... שחטא, התחרט - מתי כז 3]

**קל 1 תמה** **to wonder** ותהו גבר עם אחיו למימר מה דה עבד אלהים לנן $*M_3$ ויחרדו איש אל אחיו לאמר מה זאת עשה אלהים לנו they wondered to one another, saying, "what is this that God has done to us?" - בר מב 28. **2 ניחם** **to change one's mind** דלא יתהי עמה בחזותון קרבה ויעזרון למצרים פן ינחם העם בראותם מלחמה ושבו מצרימה the people may change their mind when they see war, and return to Egypt - שמ יג 17. לא אנש אל ויכדב ובר אדם ויתהי (C ויסתובר) לא איש אל ויכזב ובן אדם ויתנחם - במ כג 19. **3 התחרט** **to repent** ידעין אנן דאתחיבנן ותהינן על סריחתן wtinnån יודעים אנו שחטאנו ומתחרטים אנו על פשעינו - מ א 4-5 [עם כינוי הנושא]. תהי על חטאו כי עביד לה רתו tâʾi

המתחרט על חטאו אכן ייעשה לו רתיון - מ יג 86-85. **3** עש״ח NSH **התמיד** **to persist** הנבונים תעו בגלוג זה השליח the wise ones persist פיוטים - (*imp.*) in praising the messenger (Moses) לשמחות 361.

**תהו** ש״ע נ *n. f.* **1 אווה desire** נהי הלכים בתר תהות נפשה ולא בתר תחמדות מרן אנו הולכים אחר תאוות הנפש ולא אחר חמדת אדוננו we walk after self desire, not after the desire of our Master - ת״מ 300ב. **2 חרטה repentance** ותרח תהותה מתפתח ומזבח אודאותה תמן ושער החרטה נפתח ומזבח התודה שם - ע״ד טז 25-26.

**תוב**† חזרה, שיבה **return, repentance** [באה״ש נצטמצמה תפוצתו להוראת החזרה ממעשה ובעיקר מסטייה. כן נקרא הגואל 'תאב'. בהוראת החזרה הוא מצוי בכה״י BA ו-N ובגליונות של M. והכול מן אונקלוס. *With the exception of interp. from* O, ע״ע חזר *the root occurs only in the sense of 'repentance'; otherwise, it is replaced by ḥzr (q. v.). However, the savior's name derives from this root.* **א״י** ואתיב יתכון פתגם - **נ** במ כב 8. **סוא״י** לא תאבת חמתיה - ישע ט 16]

**קל** עבר: תב - בר יח 33 m. עתיד: יתוב - בר טו 16 m. יתובון adyētūbon - מ יג 36. ציווי: תוב - שמ לב 12 N. תאב tâb - מ יט 24. בינוני: ותאב wtâ<sup></sup>əb - מ יז 31. **אפעל** עבר: ואתב - בר יח 27 $M_1$*. עתיד: תתיב - בר כד 6 $M_1$*. ציווי: אתיב - בר כ 7 m. בינוני: מתיב - בר כ 7 $M_1$*. מקור: למתיב - מר מה 3 $m_2$*. **אתפעל** אתתב - בר מא 16 m. **אתב** - בר כד 5. **אתתבה** - בר מב 25 m. **מתוב** - בר יח 10 $M_2$*. **תהב** - ע״ד ט 37. **תתוב** - ת״מ 236ב. **תתובה** tētūba - מ ו 69.

**קל 1 שב to return** *intrans.* ואברהם תב לאתרה m ואברהם שב למקומו Abraham returned to his place - בר יח 33. ונפק נפוק ותב (E)A ויצא יצא ושב wšab - בר ח 7. ותב לותהון m וישב אליהם - בר מב 24. והא תבת כבסרה $m_2A$ והנה שבה כבשרו - שמ ד 7. ודרה רביעה יתוב לאכה m ודור הרביעי ישוב הנה - בר טו 16. אי אן יתוב בסרה חאיה N או כי ישוב הבשר החי - ויק יג 16. מתוב אתוב לותך $M_2$* שוב אשוב אליך - בר יח 10. לזמן אתוב לותך $M_2$ למועד אשוב אליך - בר יח 14. אתוב ארעה עניך m אשובה ארעה צאנך - בר ל 31. טב לנן נתוב למצרים $M_2$* טוב לנו שובה מצרימה - במ יד 3. תובה יהוה רבואת אלפי ישראל NB שובה יהוה... - במ י 36. ותאב למשריתה $M_1$* ושב אל המחנה - שמ לג 11. תובי לות מרתיך $M_2$* שובי אל גברתך - בר טז 9. **2 חזר בו, ניחם to change one's mind** תהב ואתרחם דאת רחמן ורתאה שוב ורחם, שאתה רחום וחנון go back and have mercy on us, for You are merciful - מ ז 85-88. תאב עלינן וסלח לחטאינן הינחם עלינו וסלח לחטאינו - מ יט 24. וכיו״ב מ ח 87, י 87. ויתוב חרון רוגז יהוה N וישוב חרון אף יהוה - במ כה 4. תוב מן חורן רוגזך N שוב מחרון אפך - שמ לב 12. **3 עשה תשובה to repent** תובו ליד אלה ‹תשכחון› יתה רחמן... מקבל כל תהב דיתוב לידה שובו אל האלוהים, תמצאו אותו רחמן... מקבל כל השב אליו Turn back to God. You will find Him merciful..., He accepts every repenter who turns back to Him - ת״מ 283ב. כיו״ב 201א, 305ב. וגבר דיקום בחובה... לית חוב מקבל דו אתחכם לה ותב מנה... וכל אנש חכם בחובה ותב מנה תתקבל תתובתה ואיש אשר יחטא... אין החטא נפרע באשר עמד עליו ושב ממנו... וכל אדם היודע חטאו ושב ממנו תתקבל תשובתו - ת״מ 153א. תהבנן לאקרך tâbnån שבנו אליך - מ ד 87. ומגלגלון ברחמיו עד אהן יתובון ומגלגל להם רחמים עד אם ישובו - ת״מ 182א. טב הו עבד לבישיה עד יתובון טוב הוא עושה לרעים עד כי ישובו - מ יג 36. אן צעם בה ותהב אם צם בו ושב (ביום הכיפורים) - מ יז 31. זכאה ותהב - א״ח 40. עד דייתון תהבין tâ<sup></sup>ēbən כדי שיבואו שבים - מ ד 60. מגזר לבבי תהבין מלות (ערלת) לבות השבים - א״ח 85. תהבין את בעי שבים אתה מבקש - מ ח 85, י 85. דרה דתהביה דור השבים (ממצרים) - ת״מ 93א [ע״פ בר טו 16, והוא דרוש על תשובתם]. רחום תהביה - ע״ש ו 64. יקרון תהביה יקראו השבים (בתורה) - מ טו 42. תהביה ושלמיה - א״ח 97. ומרון דתהביה - מ ב 4, 89. טוביון תהביה אשרי השבים - ע״ד ט 32. תהביה אנון דנצחין השבים הם המנצחים - מ ה 85. תהביה אתין ומרחין לאלהותך השבים הם רצויים לאלוהותך - מ ז 87-88.

**אפעל 1 ענה to answer** ואתב אברהם ואמר $M_1$* ויען אברהם ויאמר Abraham answered, saying - בר יח 27. ואתיב[ו] בני חת ית אברהם למימר m ויענו בני חת את אברהם לאמר - בר כג 5. ואתיב לבן ובתואל $m_2$* ויען לבן ובתואל - בר כד 50. **2 החזיר to return** *trans.* אתיב ית אתת גברה m השיב את אשת האיש restore the man's wife - בר כ 7. האתב אתיב ית ברך m האשיב אשיב את בנך - בר כד 5. דלמא תתיב ית ברי לתמן $M_1$* פן תשיב את בני

שמה - בר כד 6. קבל דיתיב לה m די השיב לו - ויק כה 28. לא יתיב שלמה דפרעה A - בר מא 16 [העתיק חלקים מן אונקלוס. ע' אתפעל להלן]. ואם ליתך מתיב ...מות תמות $M_1$* ואם אינך משיב... מות תמות - בר כ 7. ומתיבין ית אבנה $M_1$* והשיבו את האבן - בר כט 3.

**מתיב** ולא יכלו אחיו למתיב יתה $m_2$* (נ"א למגבה, למגיב, לאגבותה, למעני) ולא יכלו אחיו לענות אתו - בר מה 3.

**אֶתְּפְעֶל הושב** to be returned מן קדם אל איתתב שלמה דפ[רעה] m מלפני אל הושב שלום פרעה it is God who returned Pharaoh's peace (of mind) - בר מא 16. **אתתב כספי** $M_1$* הושב כספי - בר מב 28. **על עסק** m **כספה דאתותב** (!) בטעוננן $M_1$* על דבר הכסף המושב באמתחתינו it is because of the money, which was returned in our sacks - בר מג 18.

**אתב** ש"ע ז .n. m **השבה** return *trans.* האתב אתיב ית ברך m האשיב אשיב את בנך - בר כד 5.

**אתבה** ש"ע נ .n. f **השבה** return *trans.* ולאתבה ית כספיהון m (נ"א ולמעזרה) ולהשיב את כספיהם to return their money - בר מב 25 [מקור על פי תבנית אונקלוס .*Inf. Onqelos style*].

**מתוב** ש"ע ז .n. m **שיבה** מתוב אתוב לותך $M_2$* (נ"א עזור) שוב אשוב אליך - בר יח 10.

**תהב** ש"ע ז tâ'əb .n. m **ה"שב"** הוא הגואל, נביא אחרית הימים [Companion, 224] the savior ייתי בשלם תהבה יבוא בשלום התהב the Taheb will come in peace - ת"מ 42א*, 42ב* (פעמיים), 43א, 241ב, 242ב, 234ב. טוב עלמה אמת דייתי תהבה וסדרי רחותה אשרי העולם בשעה שיבוא התהב וסדרי רחותה - ע"ד ט 36-37. טובי תהבה וטובי תלמידיה דדמין לה אשרי התהב ואשרי תלמידיו הדומים לו - ע"ד טז 33-34. מן נח ארשה ועד תהבה נופה מן נח השורש ועד התהב הענף (הצאצאים) - ת"מ 243א. תהבה יקום ויהוה יתנחם התהב יקום ויהוה יתנחם (על הרעה) - ת"מ 244ב. כי תהבה ייתי ויגלי קשטה אכן התהב יבוא ויגלה את האמת - ת"מ 90א. הדה לתהבה כד ייתי זאת לתהב כשיבוא - ת"מ 132א. ותלתה מלים הזדוגו ברבו ותהבה אף עמון ושלוש מלים חברו וגם התהב עמהן ("הרנינו גוים עמו" - דב לב 43) - ת"מ 299ב.

**תתוב** ש"ע ז .n. m **תשובה** repentance יהי לנן נחדד תתוב עד ננשם יאה לנו לחדש תשובה כדי שירווח לנו it is appropriate for us to renew repentace that we may be relieved - ת"מ 236ב.

**תתובה** ש"ע נ tētūba .n. f **תשובה** repentance צריך לן נעבד תתובה ונצבע לך צריכים אנו לעשות תשובה ולהתפלל אליך we must make repentance and pray to You - מ ו 69-70. גזר לבי ואמליתי מחדד תתובה מול (ערלת) לבי וַעֲשְׂנִי מְחַדֵּשׁ תשובה - א"ג 6. תתובתן קבל תשובתנו קבל - מ יט 26ב ע"ד כג 85. יצומון בה בתתובה יצומו בו בתשובה (ביום הכיפורים) - מ יז 39. לבב מלי תתובה לב מלא תשובה - ת"מ 300א. לאוי עלינן נחדד תתובה יאה לנו לחדש תשובה - ת"מ 233א. ואלולי יוסף לא אקבל מנון תתובה ואילולי יוסף לא היתה מתקבלת מהם תשובה (מיהודה ומראובן) - ת"מ 203ב. תתקבל תתובתה - ת"מ 153א. ואקבלת תתובתה - ת"מ 202ב. ולא אקבלת תתובתה עד לעלם - ת"מ 163א. טבה היא תתובתה - ת"מ 395ב. סחדה מן אשור תתובתךNB (נ"א עזרותך) עד מאשור תושבך - במ כד 22 [נ"ש tūšâbåk והוא דרוש .Midr]. ריש אימנותה היא דחלתה וזכותה ותתובתה ראשית האמונה היא היראה והצדקה והתשובה - אס 13א.

**תובל** שם פרטי tūbål .pr. n

**תובל** ש"פ בני יפת... תובל מושך ותירס - בר י 2. מובא באסטיר 7ב.

**תובל קין** שם פרטי tūbål qen .pr. n

**תובל קין** ש"פ ואחת תובל קין נעמה - בר ד 22. תובל קין בנה סכיפה - אס 4א.

**תוה**† וחרדה anxiety [מן אונקלוס O. **א"מ** תוה וקם בהתבהלה - דנ ג 24. **סוא"י** בתיהותה דקלא דימא = במבוכה מקול הים - לוקס כא 25]

**קל חרד** to be anxious ותוה יצחק $m_2$ (נ"א וארתת, ודחל, ובלד) ויחרד יצחק Isaac was anxious - בר כז 33. ותוהו גבר על אחיו $M_1$* (נ"א וארתתו, ודחלו, ותהו) ויחרדו איש אל אחיו they turned to one another in anxiety - בר מב 28.

**תוך**† פנים, אמצע inner part, midst [שרבוב מן העברית. ע"ע גו, מצע .H interp]

**תוך** ש"ע ז .n. m **גוו, אמצע** וית כל אנחיתה תצמת אל תוך רחבה E (נ"א לגו ממצית פתיה/אפתחה) ואת שללה תקבץ אל תוך רחבה gather all its spoil into the open square - דב יג

17. דשרף גויהתון בתוך הים ששרף את גויותיהם בתוך הים - ת״מ 88א. והיה בתוכו דרך מכונה לצבאות יהוה - ת״מ 62א. ראשה במראה ותוכה הוה בחלמה - ת״מ 102ב. ועברם בתוך הים ביבשה - ת״מ 101ב. ושכנתי בתוך בני ישראל - ת״מ 98א [מן שמ כט 45]. היתה האש נכונה בתוך הברד - ת״מ (ק) 34א. בהלכתו בתוכו - ת״מ (ק) 35ב.

**תולע** שם פרטי tūla *pr. n.*

**תולע** ש״פ ובני ישכר תולע ופועה - בר מו 13.

**תולעאי** ש״י *gent. n.* לתולע כרן תולעה (VN תולעאי) - בר כו 23.

**תולעה**† תולעת, רימה **worm** [**א״י** ארום תאכל יתיה תולעתה - **נ** דב כח 39. **סוא״י** ופקד יהוה לתולעא - יונה ד 7. טלשיר 103]

**תולעה** ש״ע נ *n. f.* **תולעת worm** וארם תולעים and it bred worms ואסרהוירם תולעים ויבאש and became foul - שמ טז 20 (=המליץ 611). וחמר לא תשתה ולא תסבר הלא תיכלנה תולעתה ויין לא תשתה ולא תאגר כי יאכלנו התולעת - דב כח 39.

**תום**† צמח מאכל: שום **garlic** [Löw Pfl 396. **א״י** חד ברנש עבד תום שחיק לגו בייתיה - ירוש תרומות מו ע״א. **ס** תומא - LS 819a]

**תום** ש״ע ז *n. m.* **שום garlic** דכרנן ית... תומיה (N תהומיה, A תיומיה, J שואמיה) ECB we remember... the garlic זכרנו... את השומים - במ יא 5.

**תון**† רבית **interest** [זב״ח: שורש שהופשט מן ״אל תונו איש את אחיו״ - ויק כה 14. *Secondary root derived from twnw* (Lev 25:14)]

**תון** ש״ע ז *n. m.* **ריבית interest** תון נשך - המליץ 530. [ליתא].

**תופן**† מאפה **pastry** [אברמסון, לשוננו לעם יט, ה (קפז), 143-136. **א״י** עבד לי חליטה... עבד לי תופין - ירוש פסחים לא ע״א]

**תופנין** ש״ע *n. pl. tant.* **מאפה pastry** וטעמה כתופנין בדבשה B (נ״א כמחפי) וטעמו כצפחית בדבש it tasted like wafers in honey - שמ טז 31. תופני מנחה גזורים תקרב (נ״א מגזרה, עליטן) תופני מנחת פתים תקריב - ויק ו 14 [**נ** תופיני].

**תור¹**† הסתכלות והשתאות, חיפוש **observation, searching** [**סוא״י** הו דקרא יהא תאיר = והקורא יבין - מתי כד 15. ומתיר אורחתך = ואביטה ארחתיך - תה קיט 15]

**קל 1 תר, הביט to seek** תאר תור - המליץ 614 [זב״ח: הפשטת השורש. ליתא]. ולא תתורון בתר לבבכון C (N תתורין, M תתרון. נ״א תתרעון) do not follow your ולא תתורו אחרי לבבכם heart - במ טו 39. ולא תערנון אבהתכון E) C תורונון) (demons) ולא שערום אבתיכם whom your fathers had never sought - דב לב 17. ואשלחנך בעדו בתרים בטפאי ובזמר J (נ״א ברבנים) ואשלחך בשמחה ובשרים בתף ובכנר I would have sent you off with joy, with scouts (escort), with timbrel and lyre - בר לא 27 [תפש afšârəm - צופים, מן שור = הביט *Int. šr from šwr*, *'to look'*.]

**2 הבין to comprehend** גבורתך רבתה מן יתור yētor גבורתך הגדולה מי יבין? your great might, who comprehends? - מ ג 9-10. האן דו מנו דיתור היכן שהוא (האל) מי הוא שיבין? - מ יג 17. חילך חיול מותר מד לית מדע תאר tâ᾽ər כוחך חזק מאוד, שאין השכל מבין - מ ז 29-30. ובדומה לו מ ז 82. ולא כלום תאר לך ואין דבר התופס אותך nothing comprehends You - מ ח 26, יא 16.

**מתור** mittor ולא צעורה מטיה מתור צעורה ואין צורה משיגה להבין את יוצרה - ט 65.

**אֶתְפְּעֶלהביט to contemplate** מתאר משתה - המליץ 507 [מן בר כד 21. ליתא]

**תור²** בקר **cattle** [טלשיר 50, 98. **א״י** ותור לחטאת תקרבון - **נ** שמ כט 36. **סוא״י** ובגמליא ובתוריא - שמ ט 3]

**תור** ש״ע ז *n. m.* **שור ox** ואן יגף תור אנש... ית תור עברה וכי יגח שור איש... את שור רעהו when a man's ox injures his neighbor's ox - שמ כא 35. לא תרדי בתור ובחמר כחדה לא תחריש בשור ובחמור יחדו - דב כב 10. מה חיל בר תור רכיך וטוב קמי אריה מה כוח עגל רך וטוב כנגד אריה - ת״מ 7ב [על פי בר יח 7]. והוה לה עאן ותורים ויהי לו צאן ובקר - בר יב 16. פר אחד בר תורין פר אחד בן בקר - במ ז 33.

**תורה** ש״ע נ *n. f.* **פרה cow** ויסבון לידך תורה סמוקה A (נ״א פרה) ולקחו אליך פרה אדמה let them bring you a red cow - במ יט 2. הא מן נהרה סלקי שבע תורן m (A תורין, פרואן)

...שבע פרות - בר מא 2. והא שבע תורין עורנין A (נ״א פרואן) והנה שבע פרות אחרות - בר מא 3. ואכלן תוריה בישן חזב... ית סבע תוריה יאות חזב A (תורתה ‎*$M_2$) - בר מא 4.

**תור³**† הקמה, העמדה **rising** [< ثور -Lane 364]

**קל הקים to raise** רבי כאריה וכלביה מן יתורנה $M_3$ רבץ כאריה וכלביה מי יקימנו he crouches, lies down like a lion, like a lioness, who dare rouse him? - בר מט 9.

**תור⁴**† שם מקום *pr. n. (place)* [בדומה אל אתור/אשור. ואכן אשור היא קריאת B בבר כה 18]

**תור** ש״פ ודר בין קדש לבין תור ‎*$M_1$ וישב בין קדש לבין שור - בר כ 1. ושרו מחוילה עד תור ‎*$M_2$ - בר כה 18.

**תורס**† מגן **shield** [< θυρεός - Krauss 593. **א״י** מגין סעדיכון ותריס חייליכון - **נ** דב לג 29]

**תורס** ש״ע ז *n. m.* **מגן shield** אל תדעל אברם אנה תורס לך אנכי מגן לך mC I am your shield - בר טו 1 (=המליץ 507). ובריך אל עליון דתורס עאקיך באדך A (דתרוס) C ...אשר מגן צריך בידך - בר יד 20. עם דמתפצי ביהוה תורס סחדך ED העם הנושע ביהוה מגן עזרך - דב לג 29. תורס תקיף ועזר לכל מן בה יימן מגן ועזר לכל מי שיאמין בו - ת״מ (ק) 274ב. נרבי עלמנן בתשבחתה דמרן... ונעבדנה תורס באפי כל (ערואיו) ‹ערואיה› נגדל עולמנו בתהילת אדוננו... ונעשינה תריס בפני כל הפגעים - ת״מ 396ב.

**תורק**† מעקה **parapet** [< θωράκιον = מגן לחזה, קיר מגן בגובה החזה. טל, ספר מלמד, 258]

**תורק** ש״ע ז *n. m.* **מעקה parapet** כד תבני בית חדת ותעבד תורק לאגרך כי תבנה בית חדש ועשית מעקה לגגך when you build a new house, you shall make a parapet for your roof - דב כב 8.

**תוש**† לחש **whisper** ← רינה ותרעומת **murmur** [טל, ספר בלאו 319. **א״מ** כשפו וחרטמו ותושין - Enoch, 157. **ס** לא תסטא מן אורחא דמלכותא ותתוש = לא תסור מדרך המלכות ותתעה - LS 819b, Land 149]

**פלפל אתרעם to complain** ותשתשתון במשכניכון (J) EB ותשתשכון) ותרגנו באהליכם you murmured in your tents - דב א 27. ותשתשו בני ישראל במשכניון ואמרו וירגנו בני ישראל באהליהם ויאמרו - במ יג 33א.

**תשתש** ש״ע ז *n. m.* **לוחש לחשים charmer** ועבדו אף אנון תשתשי מצרים בחרשיון m כן ויעשו גם הם חרשי מצרים בלהטיהם כן the Egyptian charmers, in turn, did the same with their spells - שמ ז 11.

**תחם¹** גבול, היקף **boundary, border** ← השטח המוקף בגבול **territory** [**א״י** ותתחם ית עמה - **נ** שמ יט 12. **סוא״י** קמץ סגי על כול תחומיך - שמ י 4]

**פעל 1 הגביל, התווה גבול**† **to set borders** לא תסטי תחום עברך דתחמו קדמאים לא תסיג גבול רעך אשר גבלו ראשונים you shall not move your fellow's landmarks, set up by previous generations - דב יט 14. ימה רבה יתחם הים הגדול יגבל - במ לד 6. ותתחם ית טורה סהר והגבלת את ההר סביב - שמ יט 12. תחם ית טורה הגבל את ההר - שמ יט 23. **2 הציב דבר בגבול to set something within borders** ותרתי שלשלן דהב דכי מתחמן תעבד יתון ושתי שרשרות זהב טהר מגבלות תעשה אתם two chains of pure gold; set them within borders (!) - שמ כח 14 וכיו״ב 22 (המליץ 441: מתעמאן). ועבדו על חשנה שלשלן מתאמן עובד רציף ויעשו על החשן שרשרות גבלות מעשה עבות - שמ לט 15.

**אֶתְפְּעֵל**† **גבל to border with** וטבריס מתמחה בימה וטבריה גובלת בים Tiberias borders the sea - אס 20א.

**תחום** tūm ש״ע ז *n. m.* **1 גבול border** ותחום מערבה יהי לוכון ימה רבה וגבול ימה יהיה לכם הים הגדול for the western boundary you shall have the coast of the Great Sea - במ לד 6. ותתחמון לכון לתחום מדנחה והתאויתם לכם לגבול קדמה - במ לד 10. ויסתמך לתחום מואב ונשען אל גבול מואב - במ כא 15. בהשאלה *fig.* ברבו דלית לה תהום בגדולה שאין לה גבול - ע״ד ד 8. דשבת בה יתברך... דו תחום קביע ביד אלה השובת בה (בשבת) יתברך... שהיא גבול קבוע ביד אלוהים - ע״ד יד 7-9. **2 איזור territory** האנה מנדי מחר גוב בתחומך הנני מביא מחר ארבה בגבולך tomorrow I will bring locusts on your territory - שמ י 4. שתים קריה כל תחום ריגובה ששים קריה כל חבל

הארגב - דב ג 4. זיתים יהון לך בכל תחומך זיתים יהיו לך בכל גבולך - דב כח 40. כד שרה בתחום מצרים כאשר שכן בגבול מצרים - אס 010ב. בהשאלה .fig ונעיל... לתחום כהלה אימנו ונבוא... אל תחום שכולו אמונה - ת״מ 155ב. עד לא יסטון מן תחום קשטה כדי שלא יסטו מתחום האמת - ת״מ 231ב.

**תחם²** tām² שם פרטי *pr. n.*

**תחם** ש״פ לתחם כרן תחמאה - במ כו 35

**תחמאי** ש״י *gent. n.* לתחם כרן תחמאה (V תחמאי) - במ כו 35.

**תחש** tāš שם פרטי *pr. n.*

**תחש** ש״פ וילדת אף היא ית טבח וית גחם וית תחש וית מעכה - בר כב 24.

**תחת¹** מטה **the under part** [א״י ושוו תחותוהי ויתב עליה - **נ** שמ יז 12. **סוא״י** מיא דהוו תחות שורראא - בר א 7]

**תחות** מ״י *prep.* **1 תחת under, beneath** וטמר יתון יעקב תחות דאלתהNC ויטמן אתם יעקב תחת האלה Jacob buried them under the terebinth - בר לה 4. ויהי שבע יומים תחות אמה VB (נ״א תחת) והיה שבעה ימים תחת אמו - ויק כב 27. **2 חלף in return for** ישכב עמיך לילן תחות יברוי בריך C (נ״א חליפת) ישכב עמך הלילה תחת דודאי בנך he shall lie with you tonight, in return for your son's mandrakes - בר ל 15. בישה תחות טבה NC רעה תחת טובה evil for good - בר מד 4.

**תחת א** tēt ש״ע במעמד אדוורביאלי *n. adverbial* **מקום in place** ואם תחתיה תקעם בהקתה לא אפתת ואם תחתיה תעמד הבהרת לא פשתה if the spot remains in one place and does not spread - ויק יג 23. ולא קמו אנש מתחתיו תלתה יומים ולא קמו איש ממקומו שלשת ימים for three days no one could get up from where he was - שמ י 23. **ב** מ״י *prep.* **1 תחת under, beneath** ואקרו תחת אילנה והשעינו תחת העץ rest under the tree - בר יח 4. מעונה אלהי קדם ומתחתת אדרעה עלמה (ED ומכתי) מעונה אלהי קדם ומתחת זרועתו עולם... (in) the upper heaven is the eternal God, and beneath His arms (is) the world - דב לג 27. ויהון שומיך דעל רישך נחש וארעה דתחתיך ברזל והיו שמיך אשר על ראשך נחשת והארץ אשר תחתיך ברזל the heavens over your head shall be brass, and the earth under you shall be iron - דב כח 23. שבי שבי אדך תחת ירכי שים נא ידך תחת ירכי - בר מז 29. וארמת ית ילידה תחת אחד רוביה ותשלך את הילד תחת אחד השוחים - בר כא 15. תחת אילנים טבים - ת״מ 298ב. **2 חלף instead of** סב ית לואי תחת כל בכור קח את הלוים תחת כל בכור take the Levites instead of all the first-born - במ ג 45. למה שלמתון בישה תחת טבה למה שלמתם רעה תחת טובה why have you paid evil in return of good? - בר מד 4. יתב שבי עבדך תחת רביה ישב נא עבדך תחת הנער let your servant, I pray you, remain instead of the lad - בר מד 33. נפש תחת נפש - שמ כא 23. ומית יובב ומלך תחתיו חשם - בר לו 34. **ג** מ״ק *conj.* **1 חלף אשר instead of** ותשתארון בקליל זעור תחת דהויתון ככוכבי שומיה ונשארתם במתי מעט תחת אשר הייתם ככוכבי השמים you shall be left a scant few, instead of having been as numerous as the stars in the skies - דב כח 62. **2 תחת אשר because** תחת דלא שמשת ית יהוה תחת אשר לא עבדת את יהוה because you would not serve the Lord - דב כח 47. תחת הלא רעם ית אבהתך ובחר בזרעון בתרון תחת כי אהב את אבותיך ויבחר בזרעם אחריהם because He loved your fathers, He chose their heirs after them - דב ד 37. לא תתגר בה תחת דלבטתנה לא תתעמר בה תחת אשר עניתה - דב כא 14.

**תחת אד שלטון rule** דאפצה ית עמה מתחת אד מצראי אשר הציל את העם מתחת יד מצרים who delivered the people from the rule of the Egyptians - שמ יח 10. אלה אחד וכלה תחת אדה אל אחד והכול תחת ידו - ע״ד א 31. וכלה תחת אדך - מ ז 46.

**תחת²** tēʾåt² שם מקום *pr. n. (place)*

**תחת** ש״פ ונטלו ממקהלת ושרו בתחת ונטלו מתחת ושרו בתרח - במ לג 27.

**תיגר** ריב **quarrel** [שורש תנייני מן אתפעל של גרי/יגר. ע״ע תגר. *Secondary root from Ethpaᶜel* **ע** קרוא *of gry/ygr; see tgr²*, Nöldeke MG 133. תיגר על מידותיו של הקב״ה - ירושלמי ברכות ט ע״ג]

**פעל רב to quarrel** ומררוה ותיגרוה וסנותה מסעני פלגים (V ותיגרואה, MB ותיגרותה) וימררוהו ויריבהו בעלי חצים - בר

ותיגרו רעי גרר E ויריבו רעי גרר - בר כו 20. ותיגרה על מי תיגרה ED (C ותיגרתנה) ותריבהו על מי מריבה - דב לג 8.

**תיגר** ש״ע ז *n. m.* **ריב dispute, quarrel** ולא תגיב על תיגר ולא תענה על ריב you shall not give perverse testimony in a dispute - שמ כג 2. אן יהי תיגר בין גברים כי יהיה ריב בין אנשים when there is a dispute between men - דב כה 1. ומסכין לא תשבח בתיגרה ודל לא תהדר בריבו - שמ כג 3. ויקעמון תרי אנשיה דלהון תיגרה לקדם יהוה ועמדו שני האנשים אשר להם הריב לפני יהוה - דב יט 17.

**תיגרה** ש״ע נ *n. f.* **ריב dispute, quarrel** אל ני תהי תיגרה ביני ובינך אל נא תהיה מריבה... let there be no strife between you and me - בר יג 8. ותיגרה בישה התיגרו עם נביה רבה משה ומריבה רעה רבו... - ת״מ 215א. והבסר בברכה גדלה ובתיגרת לבן ובזימון עשו ונתבשר (יעקב בחלום) בברכה הגדולה ובמריבת לבן ובפגישת עשו - ת״מ 146ב. מלי תיגרה בקוריך דברי ריבות בשעריך - דב יז 8 [rībot נתפרש ריבות - ש״ע מופשט ביחיד, לפי ש-u > o בהברה סגורה. אבל C תפס ריבוי: תיגראן. ואשפר שאף EB כך: תיגרן. אבל ע׳ להלן תיגרן].

**תיגרן**[†] ש״ע ז *n. m.* **ריב quarrel** איך אסבל לודי טרחיכון טפשיכון ותיגרניכון איך אשא לבדי טרחכם משאכם וריבכם how can I bear alone the burden of you, your iniquity and strife? - דב א 12 (מובא גם בשמ יח 25).

**תיגרנה**[†] ש״ע נ *n. f.* **ריב dispute** אן יפלי ממך ממלל לדין... מלי תיגרנה בקוריך V כי יפלא ממך דבר למשפט... דברי ריבות בשעריך if a case is too difficult (*lit.*: remote) for you to decide, ...matters of dispute in your courts - דב יז 8.

**תיגרנו**[†] ש״ע נ *n. f.* **ריב quarrel** דאמריתון V ית מימרי במדבר צין בתיגרנות כנשתה ...אנון מי תיגרנות קדשVN (B תגירת) אשר מריתם את פי במדבר צן במריבת העדה... הם מי מריבת קדש when the community was contentious in the wilderness of Zin, you disobeyed My command..., those are the waters of quarrel of Qadesh - במ כז 14.

**תיכה**[†] שרשרת **chain** [מן אונקלוס O. א״י מהו מיפק באילין תיכייא אמר לון... אסור לו לאדם לצאת בהמייני = מהו לצאת (בשבת) בשרשראות אלה? אמר להם... אסור לצאת באבנט - ירוש שבת ז ע״ד. **ס** צורך בנא בתכא = בנוי לתלפיות - **פ** שיה״ש ד 4 - LS 822b]

**תיכה** ש״ע נ *n. f.* **שרשרת chain** ועבדו על חשנה תיכין מתאמן $M_2$* (נ״א שלשלן) ויעשו על החשן שרשרות גבלות on the breastpiece - they made chains set within borders - שמ לט 15.

**תימה** שם פרטי tīma *pr. n.*

**תימה** ש״פ ואלין בני ישמעאל... הדד ותימה יטור ונפיש... - בר כה 13 - 15.

**תימן** שם פרטי tīmån *pr. n.*

**תימן** ש״פ והוו בני אליפז תימו ואמר... - בר לו 11.

**תימנאי** ש״י ומלך תחתיו חשם מן ארע תימנאה - בר לו 34.

**תירס** שם פרטי tīrås *pr. n.*

**תירס** ש״פ בני יפית... תובל מושך ותירס - בר י 2. מוזכר באס 7ב.

**תיש**[†] הזכר בעזים **he-goat** [טלשיר 104, 124. **א״י** ותיישין עשרי‹ם› - **נ** בר לב 15. **סוא״י** אדם דתישין ודעיגלין - אל העבריים ט 12]

**תיש** ש״ע ז *n. m.* **תיש he-goat** ואסטה ביומה ההוא ית תישיה נמוריה ויסר ביום ההוא את התישם העקודים that same day he removed the spotted he-goats - בר ל 35. עזים מאתים ותישים עסרים - בר לב 15.

**תיתל**[†] בעל חיים **an animal** [> ثيتل - Lane 332a. וכך הוא בתה״ע. טלשיר 252]

**תיתל** ש״ע ז *n. m.* **תאו** אקוה ודישנה תיתלה וזמרה (C ותיתלי) ואקו ודישון ותאי וזמר - דב יד 5.

**תכל[1]**[†] שכול, איבוד בנים **bereavement** [א״י יתי תכלתון - **נ** בר מב 36. **סוא״י** ולא יהא עוד מן תמן דמית ודתוכיל- מל״ב ב 21]

**קל שכל to miscarry, be childless** רחליך ועזיך לא תכלו (C תכלי) רחליך ועזיך לא שכלו your ewes and she-goats never miscarried - בר לא 38. למה אתכל אף תריכון יום אחד למה אשכל גם שניכם יום אחד why should I be bereft of you both in one day? - בר כז 45 (=המליץ 594). ואנה כמה דתכלת תכלת C (נ״א דתכלית) ואני כאשר שכלתי שכלתי - בר מג 14.

**פעל שיכל** to bereave יתי תכלתון יוסף
ליתו MEB you have אתי שכלתם יוסף איננו
36 בר מב - bereaved me: Joseph is no more
(=המליץ 594). מלבר תתכל חרבה ומן גבאי אימה
מחוץ תשכל חרב ומחדרים אימה - דב לב 25
(=המליץ 594). ולא תהי מתכלה ועקרה בארעה
ולא תהיה משכלה ועקרה בארץ - שמ כג 26.
בינוני פעול *pass. pt.* המליץ 594: מתכלת!). ואשלח
בכון ית חית ברה ומתכלה יתכון (נ״א ותתכל
will loose wild beasts against you, (594 המליץ =
ויק כו 22. - and they shall bereave you

**אפעל שיכל** to bereave יתי אתכלתון יוסף
ליתו אתי שכלתם יוסף איננו you have
36 בר מב - bereaved me: Joseph is no more
(=המליץ 594).

**אֶתְפָּעֵל שכל** to be bereaved רחליך ועזיך
לא אתכלו A רחליך ועזיך לא שכלו your ewes
בר לא 38. - and she-goats never miscarried ואנה
כמה דאתתכלת אתתכל ואני כאשר שכלתי
שכלתי - בר מג 14. ויתכלון אנש באחיו כמקדם
חרב (נ״א ויתקלון) וכשלו איש באחיו כמפני
they shall bereave one another as before a חרב
ויק כו 37 - sword. [שיכל אותיות לשם דרוש *Midr.*
.[*metathesis of* SP *wkšlw* > *wšklw*.

**תכל²**† הצלבה laying crosswise [נתמזגו שכל
ו-שׂכל .*SH blend of škl and śkl*]

**פעל שׂיכל** to lay crosswise תכל ית אדיו
MEB (*$M_1$ אתכל, נ״א אעקל, שכל) שכל את
ידיו - בר מח 14 (=המליץ crossing his hands (šakkəl)
.594

**תכלה** מין צבע purple [א״י נגר ואומן וצייר בתכלה
- נ שמ לח 23. סוא״י תכלתא וארגונא - שמ כו 36]

**תכלה** ש״ע נ *n. f.* **תכלת** purple ותעבד ית
מעיל אפודה כליל תכלה ועשית את מעיל
האפוד כליל תכלת you shall make the robe of
שמ כח 31 - the ephod of pure purple (=המליץ
611). רקעי תכלה וארגמן - שמ כז 19. ומן תכלתה
וארגואנה... עבדו רקעי שרד - שמ לט 1 (=המליץ
.(611

**תכף¹**† מהירות celerity [מן אונקלוס O]

**תכיף** ש״ע ז *n. m.* **בפתע** בשימוש אדברביאלי
suddenly ואן ימות מית עליו *adverbial*
בתכיף שלו $m_2$ (נ״א בתרע עטף) ואם ימות
עליו מת בפתע פתאם if a person dies near
במ ו 9. - him suddenly, unexpectedly

**תכף²**† סלע cliff [< תקף ע״י אובדן הנחציות שלא
כרגיל. עואנ״ש ה *Rare loss of emphasis of q*.1.1.7]

**תכוף** ש״ע ז *n. m.* **סלע** ותתקומם על תוכפה
station *$M_1$ (נ״א תקפה) ונצבת על הצור
שמ לג 21. - yourself on the rock ואשבינך
בנקירות תוכפה *$M_1$ (נ״א תקפה) ושמתיך
בנקרות הצור - שמ לג 22.

**תלג**† שלג snow [א״י מצרעתה כתלגה - נ במ יב
10]

**תלג** ש״ע ז *n. m.* **שלג** אדה מצרעה כתלג ידו
מצרעת כשלג his hand was leprous, as white as
שמ ד 6. - snow ואה מרים מצרעה כתלג והנה
מרים מצרעת כשלג - במ יב 10.

**תלי** רום, גובה height [א״י דעיינינן תליין בה - נ
במ יא 6. סוא״י תלאי עיניכי - ישע ס 4] ← הסרה ←
removal מחילה pardon [א״י קין דקטל להבל
אחוי עד שבעה דרין איתלי לי<ה> - נ בר ד 24]

**קל** עבר: תלה - מ ה 50. tâlå עתיד: ויתלי wyitli - ע״ש
ד 12. ציווי: תלי tēli - מ יא 87. בינוני: תלי - שמ לד 7.
פעול: תלי tâli - מ טו 15. **פעל** בינוני: מתלי - ת״מ
149ב. פעול: מתלי - ת״מ 252ב. **אֶתְפָּעֵל** עתיד: תתלי -
בר ד 7 (נוכח) A. תתלון (נוכחים) - במ טז 3 EC
(=המליץ 523). **תלוי** qāṭōl תלויו (ר+נסתר) - שמ כג 3
B. **תלי** - בר מט 3 E. **תליאה** - בר מט 3 C.

**קל 1 נשא, הרים** to carry, raise, lift up
מי תהומה מעים ומי רקיעה תלה את מי
התהום השפיל ואת מי הרקיע הרים the
waters of the abyss He lowered and the waters
מ ה 49-50. - of the firmament He lifted up ותלא
עמה ית לישה עד לא חמע וישא העם את
בצקו טרם החמיץ the people carried their
שמ יב 34. - dough before it was leavened הלא
מן מיה תליתה $Vm_4$ כי מן המים משיתיו - שמ
ב 10. תלי שבי מניך שא נא כליך - בר כז 3.
ועמונה קעם תלי אדיו בקרב עמלק וראוהו
מרים את ידיו במלחמת עמלק - ת״מ 285א.
אדרע רמתה דעלמה תלי בה הזרוע הנטויה
שהעולם תלוי בה - מ טו 14-15. ובנה צורין מדי
מתקריה ציון תלה ובנה מגדל הנקרא ציון
הרמה - אס 6א. והוו אדיו תליאן עד על שמשה
ויהיו ידיו אמונה עד בא השמש - שמ יז 12
**2 הסיר** עוון או עונש to remove a sin or [פירוש].
a punishment ודקר זנוה וזנותה ותלה רגזה

מן על ישראל ודקר (פינחס) את הזנאי ואת הזונה והסיר את הרוגז מעל ישראל (Phinehas) pierced the adulterer and the adulteress, so that he removed wrath from against Israel - ת״מ 257א. ויתלי דיניה ורגזה מעליכון ויסיר את העונשים ואת הרוגז מעליכם - ע״ש ד 12. תלי לחובינן שא עוונותינו - מ יא 87. תלי עון ופשע נשא עון ופשע - שמ לד 7. **3 סלח** to forgive בלא משלים without complement ואתלי לכל אתרה בדילון ונשאתי לכל המקום בעבורם I will forgive the whole place for their sake - בר יח 26.

**בצירופים** ע״פ מליצת התורה *in collocations (according to the wording of the Torah)*. עם **יד** לתפילה ולברכה אלהי אבי אברהם דתלא ית אדיו למלוך שומיה וארעה אלוהי אבי אברהם אשר נשא ידיו אל קונה השמים והארץ - ת״מ 285ב. ויסגד ויתלי אדה אל מעון קדשה וישתחווה וישא ידו אל מעון הקודש - ת״מ 250א. עם עינים: הביט ותלה עיניו וחזה וישא עיניו וירא - בר יח 2. ולא תלא עיניו אלא מן סגוד ולא נשא עיניו אלא מהשתחוויה - ת״מ 295ב. עם פנים לחסד דלא יתלי אפים לסהב ורבי לא ירתי אשר לא ישא פנים לזקן ונער לא יחן - דב כח 50. דלא תלי אפים ולא נסב ממון אשר לא ישא פנים ולא יקח שחד - דב י 17.

**†פעל נשא** to raise ולית חילי רבה מתלי אפים אלא מקים קשטה ואין כוחי הגדול נושא פנים אלא מקים צדק My great power does not favor (*lit*.: raise face) unless to eastablish the truth - ת״מ 149ב. ואמר קל מתלי אה שכוני המכפלה ואמר בקול נישא אוי שוכני המכפלה he said in a loud (*lit*.: raised) voice: O, the dwellers of Machpelah - ת״מ 252ב. עמו אדה... מתליה על ימה דסוף ראו את ידו... מורמת על ים סוף - ת״מ 68א.

**†אֶתְפְעֶל 1 נישא** to be elevated ותתלי מלכותה (N ותתאלי) ותנשא מלכותו VECBA his kingdom shall be exalted - במ כד 7. אם תיטב תתלי A אם תיטב שאת if you do right, you will be elevated - בר ד 7. וממה תתלון על קהל יהוה EC ומדוע תתנשאו על קהל יהוה why then do you exalt yourselves above the assembly of the Lord? - במ טז 3 (=המליץ 523).

**†תלוי** ש״ע ז qāṭōl *n. m.* **מזלג** flesh hook ואלפציו ותלויו ומגמראתה B (נ״א ומשלעיו) ומזרקתיו ומזלגתיו ומחתיתיו its pans, flesh hooks, and fire pans - שמ כז 3.

**†תלי** ש״ע נ *n. f.* **גדולה** magnitude יתיר תלי ויתיר עזיז E יתר שאת ויתר עז exceeding magnitude and exceeding might - בר מט 3.

**†תליאה** ש״ע נ *n. f.* **גדולה** magnitude יתיר תליאה ויתיר תקוף C יתר שאת ויתר עז - בר מט 3.

**תלים** אח brotherhood [שכיח באה״ש המאוחרת *Frequent in late SA*. טל ג, סג. **א״י** ‹שמעון ולוי› אחין תלימין - **נ** בר מט 5. אפשר שהוא מצוי גם **בסוא״י**: אחוי תלימיא - קיריל (SchGr 126) אבל עי' Nöldeke talīmu **אכ** .ZATW 1900, p. 85; Müller Gr, 104. AHw 1310a -]

**תלים** ש״ע ז *n. m.* **אח** brother ולרבקה תלים ושמה לבן kA ולרבקה אח ושמו לבן Rebecca had a brother whose name was Laban - בר כד 29. העורי לכון תלים $VM_1$ העוד לכם אח - בר מג 6. ואהרן תלימך יהי נביאך A ואהרן אחיך יהיה נביאך - שמ ז 1. תרי תלימיה דאתו אליך שני האחים שבאו אליך - ת״מ 222ב. יוסף עם תלימיו יוסף עם אחיו - ת״מ 301א. לנחור תלים אברהם A - בר כב 23. שוזבי שבי מן אד תלימי A הצילני נא מיד אחי - בר לב 12. עלנן לתלימך A אל עשו באנו אל אחיך אל עשו - בר לב 7.

**תלימה** ש״ע נ *n. f.* **אחות** sister ונסבת מרים תלימת אהרן ית דפה ותקח מרים אחות אהרן את התף Miriam the prophetess, Aaron's sister, took the timbrel - שמ טו 20. ויהב אלעלה תלימת קין להבל לאתה ויהב מקדה תלימת הבל לקין לאתה ונתן את אלעלה אחות קין להבל לאשה ונתן את מקדה אחות הבל לקין לאשה - אס 1ב.

**†תלימו** ש״ע נ *n. f.* **אחווה** fraternity ואה מן נהרה סלקי שבע פרואן... ורעיניין בתלימו והנה מן היאר עלות שבע פרות... ותרעינה באחו out of the river there came up seven cows...and their shepherds (were) in fraternity - בר מא 2, 18 [פירש: באחווה. טל ג, נז. *Midr*.]

**†תלל** ביצור fortification [**א״י** שורייה רמיה ותליליה - **נ** דב כח 52. **סוא״י** ותיכול חגולת תלליא - συγκαταφάγεται τὰ κυκλῳ τῶν βουνῶν ישע ט 17. הש' **ע** הר גבה ותלול - יחז יז 22] ← גובה height [באה״ש המאוחרת *Late* SA].

**תליל א** ש״ת *adj.* **1 מבוצר** fortified קריאן תלילן ורברבן שריר ערים בצורות וגדלות מאד cities fortified and very large - במ יג 28, 33א, דב א 28, ג 5, ט 1. שוריך ראמתה ותלילאתה חומתך

הגבחות והבצרות - דב כח 52. ומה קריאתה... כבישן אי תלילן ומה הערים... המבחנים או מבצרים - במ יג 19 [= המליץ 510. ע׳ זב״ח שם]. **2 גבוה high** ואמרו על העם אמן בקל תליל "ואמרו כל העם אמן" (דב כז 18) בקול רם "all the people shall say Amen" (Dt 27:18) with loud (*lit.*: high) voice - ת״מ 150ב [השי׳ וכרזו בקל רם - ת״מ 46א]. והוו אדיו תלילן B (V תליאן, C למעונה) והיו ידיו מורמות his hands remained raised - שמ יז 12. אתקוממו לטמין תלילין B נצבו כמו נד נזלים (the waters) stood straight like high blocks - שמ טו 8 [השי׳ ת״מ 88ב: נערמו המים כמו נד נאזלים כמו הרים גדלים]. נצבות מיה כטמי נוזלים בחיל אלהותה וכן אמר לגו כתבה קדישה אתקוממו כות אלילים (צ״ל תלילים) רמים עמידת המים כנד נזלים בכוח האלוהות וכן אמר בספרו הקדוש "נצבו כמו נד נזלים" - ת״מ 83א [ע׳ בהערות זב״ח]. **ב** ש״ע ז *n. m.* **גובה height** אלהי יוסף בן רחל ילבישך מן רצונו כליל ויסקף אתרך בתליל ילבישך מרצונו כתר ויזקוף את מעמדך בגובה let God wrap you with His favor, and raise your rank in the height - עבד אל (Cow 296).

**תל** ש״ע ז *n. m.* **1 חרבה heap** (of waste) ותהי תל לעלם לא תבני עודוהיתה תל עולם... - דב יג 17 [מן העברית H].

**תללה** ש״ע נ *n. f.* **מבצר fortification** קורי תללה ערי המבצר towns of fortification - במ לב 17, 36 [השי׳ המליץ 510].

**תלמי** שם פרטי talmi *pr. n.*

**תלמי** ש״פ ותמן אחימן ששי ותלמי ילידי ענק - במ יג 22.

**תלפה**[†] בהמה **cattle** [< טלף ע״י אבדן הנחציות (ע״ע תכף[2]). כהן: מן אלפתי והוחלפה אלף בתיו - *ṭ>t* [(*rare loss of emphasis*); *but see* ZSp 150.

**תלפה** ש״ע נ *n. f.* **בעיר** סבלו ית תלפתיכון A (נ״א בעירכון) טענו את בעירכם load up your beasts - בר מה 17 [מטונימיה].

**תלקסי**[†] בעל חיים **a huge creature** [גיזרון לא ידוע. אולי הוא מן Θαλασσάκητος - ZSp 150. והוא רחוק. טלשיר 217]

**תלקסי** ש״ע נ *n. f.* **מפלצת ? monster** וברא אלהה ית תלקסיתיה רברביה A(E) (נ״א תניניה) ויברא אלהים את התנינים הגדולים

- בר א 21. God created the great monsters

**תלש**[†] בהלה **dismay, terror** [מעניין התנועה. השי׳ זוע, נוע, רתת. **א״י** ותלש יתהון ייי מעלוי ארעון - **נ** דב כט 23. **סוא״י** ונסב יתי ברבויה דרישי ותלשי = ואחז בערפי ויפצפצני - איוב טז 12. עואנ״ש ג/ב 91 *Cf.* [*zw*[c] *and see LOT* IIIb, 91.

**קל חרד** פעול *pass. pt.* **dismayed** רב הוה תלישה דקעמו בה תלישין ואנון מעזרין אל מצרים גדולה היתה החרדה שעמדו בה חרדים לחזור למצרים great was the dismay in which they were, dismayed lest they might have to return to Egypt - ת״מ 254ב [זב״ח הע׳ 4].

**אֶתְפְּעֵל חרד to be dismayed** אתלש פרעה כד שמע אהן ממללה נבהל פרעה כאשר שמע את הדבר הזה Pharaoh was dismayed when he heard this speech - ת״מ 219ב. לא יתלש מדעך במה דשכחת אל יבהל שכלך במה שמצאת - ת״מ 224א. טטה אתלשו רבני אדום A (נ״א אתבהלו) אז נבהלו אלופי אדום - שמ טו 15. מובא בת״מ 291ב (פעמיים). ואדומאי כד שמעו בכן אתלשו והאדומים כאשר שמעו זאת נבהלו - ת״מ 92א.

**תליש** ש״ע ז *n. m.* **חרדה dismay** רב הוה תלישה גדולה היתה החרדה great was the dismay - ת״מ 254ב.

**תלש** ש״ע ז *n. m.* **חרדה dismay** קעמו... בתלש חיול עמדו (עבדי פרעה)... בבהלה עצומה they were in a strong dismay - ת״מ 225ב. כבש אדומאי וכן מואבאי אהן בתלש ואהן בארתתו כבש את האדומים ואת המואבים זה בבהלה וזה ברעד - ת״מ 291ב (בעניין שמ טו 15).

**תלת**[1] ש״מ *numeral* שלוש **three** [**א״י** דתלת סאין - **נ** שמ טז 36. **סוא״י** תלת מאא אומין - בר ו 15]

**פעל** עתיד: ותתלת (נוכח) - דב יט 3. בינוני פעול: מתלת - בר טו 9. **תלת** tâlât - ע״ש ד 1. תלתי (נסמך) tâlâti - ננה 95. **תלתה** tâlâtâ - ע״ד כא 17. תלתת (נסמך) - שמ כא 11. תלתים - בר מא 46. **תליתאי** - דב כג 9. **תלתי** - במ ג 46. **תלתעסר** - בר יז 25. תלתתעסר (נסמך) - במ כט 14. **תלתעסרי** - בר יד 4. **תלעסר** - במ כט 13. **תליתאי** - דב כג 9. תליתאים (ר) - שמ לד 7.

**פעל 1 שילש**[†] **to divide into three** ותתלת ית תחום ארעך ושלשת את גבול ארצך you shall divide into three parts the territory of your country - דב יט 3. **2 בן שלוש** בינוני פעול **three years old** *pass. pt.* סב לי עגלה מתלתה ועז מתלתה ודכר מתלת קח לי עגלה משלשת ועז

משלשת ואיל משלש - בר טו 9 [בני שלוש שנים].

**תלת** ש״מ מונה *cardinal number* **שלוש** מותאם לנקבה *with f. nouns* **three** תלת כריזאן משמון התלתה שלוש הכרזות משם השלושה three - proclamations on behalf of the three (fathers) ע״ש ד 1. תלת קריאן תפרש לך שלש ערים תבדיל לך - דב יט 2. מסכום תלת שנים תפק ית כל מעסר עללאתך מקץ שלש שנים תוציא את כל מעשר תבואתך - דב יד 28. ועבדה ית עללאתה לתלאת שניה (C לתלתי) ועשתה את תבואתה לשלש השנים - ויק כה 21.

**תלתה** ש״מ מונה *cardinal number* **שלוש** מותאם לזכר במעמד ש״ת *with m. nouns* **three** *(adjectival)* בעוד תלתה יומין יתלי פרעה ית רישך בעוד שלשה ימים ישא פרעה את ראשך - In three days Pharaoh will pardon you - בר מ 13. תלתה זבנים תחג לי בשתה שלש רגלים תחג לי בשנה - שמ כג 14. תלתה זבנים - ע״ד כא 17. ויהב לה תלתה ברכהן (!) ונתן לו שלש ברכות - ת״מ 177ב. תלתה ספרי בריתה שלושה ספרי הברית - אס 25ב. ית תלתת קריאתה תתנון מן עבר לירדנה וית תלתת קריאתה תתנון בארע כנען !J (VNECB תלת) את שלש הערים תתנו מעבר לירדן ואת שלש הערים תתנו בארץ כנען - במ לה 14. פקו תלתתכון (VMECBA תלתיכון) צאו שלשתכם - במ יב 4. במעמד ש״ע *(substantival)* ואם תלתת אלין לא יעבד לה (VB תלתי, ECA תלת) ואם שלש אלה לא יעשה לה if he does not do these three (things) - שמ כא 11. ותוזף עוד תלת קריאן על תלתתה אהלין (VB תלתה) ויספת עוד שלש ערים על השלש האלה - דב יט 9.

**תלתו** ש״ע נ *n. f.* **שליש** **a third** סלת... בסיס במשח תלתות הינה סלת... בלול בשמן שלישית ההין fine flour... mixed with a third of a Hin of oil - במ טו 6.

**תלתי 1** ש״ע נ *n. f.* **שלישיה** **a group of three** ואנון תלתיתה דאתמרת לאברהם ואלה השלש שנאמרו לאברהם (בריתות) they are the three (covenants) that were said to Abraham - ת״מ 131ב. וית פרקני תלתיתה ושבעיתה ומאתה דיתרים (A תלתהתה, N תלתה, V תלאתה) ואת פדוי השלשה והשבעים והמאתים העדפים - במ ג 46. ותוזף עורי תלת קריאן על תלתיתה אהלין EC ויספת עוד שלש ערים על השלש האלה - דב יט 9. עמו אנון תלתיתה דבתר שבעתיתה ראו את השלושה האלה שאחר השבעה - ת״מ 105ב. **2** ש״מ מונה *cardinal*

**number** **שלוש** מעיקרו נסמך אל שם מיודע **three** *in st. cstr. with determinated nouns* אדכר לדיתון תלתי טביה היזכר באותם שלשת הטובים אלין - remember those three good ones - ננה 95. תלתי ברכהתה דאתמרת לאברהם אלה שלוש הברכות שנאמרו לאברהם - ת״מ 132א. כד עבד במצרים תלתי סימניה כאשר עשה במצרים שלושת האותות - ת״מ 58א.

**תלתים** ש״מ מונה *cardinal number* **שלושים** **thirty** מבר תלתים שנה ולעל מבן שלשים שנה ומעלה from the age of thirty years on - במ ד 3 וכיו״ב הרבה. ויוסף בר תלתים שנה - בר מא 46. תלתים יום - ת״מ 269ב.

**תלתעסר**† ש״מ מונה *cardinal number* **שלוש עשרה** **thirteen** וישמעאל ברה בר תלתעסר שנה JC (B תלת עסר) וישמעאל בנו בן שלש עשרה שנה Ishmael, his son, was thirteen years old - בר יז 25. **שלושה עשר** **thirteen** ומנחתון סלת... לתלת עסר פריה A לשלשה עשר הפרים - במ כט 14. ותקרבון תלת עסר דכרים NBA (VEC תלתה עסר) - במ כט 13.

**תלתעסרי**† ש״מ מונה *cardinal number* **שלוש עשרה** **thirteen** וישמעאל ברה בר תלת עסרי שנה M וישמעאל בנו בן שלש עשרה שנה - Ishmael, his son, was thirteen years old - בר יז 25. ובתלתעסרי שנה מרדו ובשלש עשרה שנה מרדו - בר יד 4. **שלושה עשר** **thirteen** ומנחתון סלת... לתלת עסרי פריה B (E לתלאת עסרתי) their cereal offering of fine flour... for each of the thirteen bulls - במ כט 14.

**תלתתעסר**† ש״מ מונה *cardinal number* **שלושה עשר** **thirteen** ומנחתון סלת... לתלתת עסר פריה N - במ כט 14.

**תלעסר**† ש״מ מונה *cardinal number* **שלושה עשר** **thirteen** ותקרבון... תלעסר דכרים you - shall sacrifice thirteen young bulls - במ כט 13. סלת בסיסה במשח לתלעסר פריה - במ כט 14.

**תליתאי א** ש״מ סודר *ordinal number* **שלישי** **third** דר תליתאי ייעל להון בקהל יהוה דור שלישי יבוא להם בקהל יהוה children of their third generation may enter the assembly of the Lord - דב כג 9. ודמתותר עד יומה תליתאה בנור יתוקד והנותר עד יום השלישי באש ישרף - ויק יט 6. בירחה תליתאה למפוקית בני ישראל בחדש השלישי לצאת בני ישראל - שמ יט 1. ותליתים יטלון ושלישים יסעו - במ ב 24. על

תליתאים ועל רביעים על שלישים ועל רביעים - שמ לד 7 [אין הגייתה נבדלת מהגיית במ ב 24:

[šēlīšâ²əm. **ב** ת״פ *adv.* **שלשום the day before yesterday** למלבן לבנים כאתמל תליתאי ללבן לבנים כתמול שלשום - שמ ה 7. והוא לא סנה לה מן אתמל תליתאי והוא לא שנא לו מתמול שלשום - דב ד 42.

**תלת²**† [עואנ״ש **anxiety, fright** חרדה, פחד ג/ב 91: עירוב של תלש/רתת *Blend of tlš and rtt.*]

**אפעל** עבר: אתלתו atlâtu - ע״ד כז 68. בינוני פעול: מתלת - ת״מ 216ב. רבים: מתלתיה matlâtayyå - ע״ד כז 67. אתלתו atlâtu - ע״ד כז 53. **מתלתו** מתלתותיכון matlâtūtīkon - ע״ש ד 39.

**אפעל החריד to frighten** פרק מתלתיה דלגרמון אתלתו גאל הנחרדים שהחרידו לעצמם He delivered the frightened, who frightened themselves - ע״ד כז 67-68. **יחידאי** הוא כבר בשבילה לגרמה ואלית קדם לה כי לבה מתלת יחידי הוא בדרך לבדו ואם אינך מקדם פניו, יתחלחל לבו (דברי האל אל אהרן על משה) (Moses) is alone on the way, left all by himself, and if you do not meet him, his heart will be frightened - ת״מ 216ב.

**אתלתו** ש״ע נ *n. f.* **חרדה anxiety** צפי לעלמה... דו קעם יומין באתלתו הבט על העולם... שהוא עומד בחרדה look at the world in Your mercy, for it stands today in anxiety - ע״ד ג 2-3. **כלנן** קעמין קדמיך באתלתו כלנו עומדים לפניך בחרדה - ע״ד כג 41-42. **נפשאתן באתלתו** מקמי סנינן נפשותינו בחרדה מפני שונאינו - ע״ד כז 53-54. **ודבק לבבינן דאנון יהיבין באתלתותה** הושע את לבותינו שהם נתונים בחרדה - ע״ד ג 5-6. **ערקת לידך... מן ארצם רב וקשה וסגאי** לחצות ותלתו watlâtu נסתי אליך מדחק גדול וקשה ורוב לחץ וחרדה - א״ג 27-28.

**מתלתו** ש״ע נ *n. f.* **חרדה anxiety** וינפש לרצמיכון וירוח לכל מתלתותיכון ויניח לדחקכם וירוויח לכל חרדותיכם (God) will relieve your oppression and alleviate all your anxieties - ע״ש ד 39.

**תם¹**† פה **mouth** [< تم = פה - Barthélemy 93]

**לתם** מ״י *prep.* **לפי according to** לתם חרב B (מ״א לפם) לפי חרב with the edge of the sword - במ כא 24 [תרגום מיכאני].

**תם²**† אז **then** [< ثُمَّ = אחרי כן Lane 351a]

**תם** ת״פ *adv.* **אז** ואספק ית כפיו תם קאלה באלק לבלעאם ויספק את כפיו. אז אמר בלק אל בלעם he struck his hands together; then Balaq said to Balaam - במ כד 10 [נשתרבבה מן הטור הערבי].

**תמה** פליאה והשתוממות **wonder** ← פחד וחרדה **anxiety, fright** [א״י ותמהו גובריא - נ בר מג 33. **סוא״י** ובעותרהון תתמהון = ובכבודם תתימרו - ישע סא 6]

**קל 1 תמה, השתומם to wonder** ותמע ואמר בלבה הלבר מאה שנה אוליד ויצחק ויאמר בלבו הלבן מאת שנה אוליד (Abraham) wondered and said to himself, being a hundred years old, shall I beget? - בר יז 17 [הוציא את צחק מידי פשוטו כדרך **נ** וקת״ג, וכך להלן]. **ותמעת שרה** בגבה ותצחק שרה בקרבה - בר יח 12. **וכדבת** שרה למימר לא תמעת הלא דעלת ואמר לה הלא תמחת ותכחש שרה לאמר לא צחקתי כי יראה ויאמר לה כי צחקת - בר יח 15. **ואתמהו** גבריה גבר על עברה (נ״א ותמהו, המליץ 611: ותמחו) ויתמהו האנשים איש אל רעהו - בר מג 33. **כל השמע יתמע לי** כל השמע יצחק לי - בר כא 6. **2** בהוראת לוואי של פחד *with connotation of 'fear'* עמית לך... סימנה קמאה ותמחת ודחלת הראיתי לך... את האות הראשות והשתוממת ממנו ויראת I have shown you... the first wonder, and you marvelled and were frightened - ת״מ 212ב. **כד עמו יתון יתוביה תמחו** מנון תמה רב כאשר ראו אותם (את משה ואהרן) היושבים (עבדי פרעה) השתוממו מהם השתוממות גדולה - ת״מ 223ב*. **תמהו כסיאתה** והבלדו כל גליאתה השתוממו הנסתרות ונבהלו הנגלות - ת״מ 202א.

**אפעל 1 הבהיל to startle** רב הוא יתה ממללה... דהו מבלד אמורה ומתמח שמועה גדול הוא אותו הדבר... מבהיל את אומרו ומפחיד את שומעו great is the statement..., for it startles its speaker and frightens its listener - ת״מ 247א. **2 השתומם** פע״ע **to wonder** *intrans.* עמו צ... ממללה... ומשה קבלה מתמח מן ממללה ראו את צ... מדברת... ומשה לעומתה תמה מדיבורה see Sade... speaking... and Moses before it amazed by her speech - ת״מ 298ב. **ויתמהן גליאתה** וידען מן קבלה ממעונה ויתמהו הנגלות וידעו מי קבלו (את הספר) מן המעון - מ יד 65-66. **3 צחק to**

והא יצחק מתמע עם רבקה אתתה fondle (A מלעב) והנה יצחק מצחק עם רבקה אשתו - behold, Isaac was fondling his wife Rebecca בר כו 8. **4 לעג to mock** וחזת שרה ית בר הגר... מתמע ותרא שרה את בן הגר... מצחק בר כא 9 - Sarah saw the son of Hagar mocking [C^ar^ מתעגם = מתפלא]. והוה כמתמע בעיני חתניו ויהי כמצחק בעיני חתניו he seemed to his sons-in-law as one who mocks - בר יט 14.

**תמה** tēma ש״ע ז *n. m.* **1 פליאה amazement** תמע עבד לי אלהים צחק עשה לי אלהים בר כא 6. - God has brought me amazement **2 פלא wonder** דאהן תמה חיול לית בי משום יתה שזה פלא עצום, איני יכול להעריכו this - is a mighty wonder, which I cannot evaluate ת״מ 12א. ואהן תמה חיול מותר וזהו פלא עצום מאוד (שער מנוחת השבת) - ע״ד טז 15. ועבדת תמהין ופליאן ועשית פלאים ונפלאות - ע״ד ג 11. ועבוד גוני תמחיה ועושה מיני הפלאים - ת״מ 217ב.

**תמהון**† ש״ע ז *n. m.* **תמהון ובהלה dismay** ימעינך יהוה בשגעונה ובסמיונה ובתמיונה דלבה (C בשגעון, E בשגעון) יכך יהוה בשגעון ובעורון ובתמהון לבב the Lord will strike you with madness and blindness and confusion of mind - דב כח 28 (המליץ 602: בשגיעונה). ותמיהון לבב - בת״מ 287ב.

**תמיד**† tâmәd ת״פ *adv.* תמיד **always** [עש״ח. הרגיל באה״ש תדיר (ע״ע) NSH. SA *tdyr, q. v.*]

**תמיד א** ת״פ *adv.* **תמיד always** לאוי עלינן תמיד נקד לפניו חובה עלינו תמיד שנשתחווה לפניו it is always appropriate for us to bow down before Him - ת״מ 292ב. אה אדני יהוה תמיד - מ יח 31. המלאכים הקדושים לא ימושו תמיד בו שרוים - ת״מ 299ב. אהיה באלהו תמיד בנוראו אהיה באלהות תמיד בנוראות - ת״מ 197א. ימן טובה עליך תמיד יתמיד טוב עליך תמיד - ת״מ 274א. **ב** ש״ת *adj.* **תמיד constant** הדבק בעזו התמיד עד לעלם דבק בעוזו התמיד לעולם - cleave to His constant might forever ת״מ 84א. מיום אשר ברא אתו אלה קדשו תמיד עד יום נקם ...קדושתו תמידה עד יום נקם (הר גריזים) - ת״מ 99א.

**תמידה** ת״פ *adv.* **תמיד always** בתורה קמות הנפש תמידה בתורה קיום הנפש תמיד in the Torah lies the existence of the soul always - ת״מ 57א [זב״ח הע׳ 5].

**תמם** שלמות **completeness**; ← סוף **end** [א״י דגברא תמימא (כינוי ליעקב) - **נ** ויק כב 27. **סוא״י** היך אימרא תמימא = ככבש אלוף - ירמ יא 19 - LSP 221. בתמימותא - תה קא 2 - Horol, 22a]

**קל 1 תם, פסק to cease, end** ותם קשופה ממצרים A (נ״א ושלם =המליץ 610) ויתם הכסף מארץ מצרים - בר מז 15. תמת גויתה והנצבת מלבר כל בורא שלמה הגוויה ועמדה מחוץ לכל הבריאה - ת״מ 183ב. מן תמים כן מליו תמים מי שהוא תמים כך דבריו מסתיימים - ת״מ 177א [על משה בעניין ׳עד תמם׳, דב לא 30].

**תם א** ש״ע ז *n. m.* **סוף end** ונשייה יימרון... עזי וזמרתי עד תמה והנשים יאמרו ״עזי וזמרתי״ (שמ טו 2) עד תומה the women would say... "my strength and my song" (Ex 15:2) to its end - ת״מ 72ב. וכן מובא ״עד תמם״ מן דב לא 30 בת״מ 176ב, 177א (פעמיים). **ב** ש״ת *adj.* **צדיק righteous** איש תם עברית H, מובא מן בר כה 27 בת״מ 177א-ב, 204א, 220ב, 242א, 287א.

**תמים** ש״ת *adj.* **שלם, מושלם blemishless, perfect** גבר תמים M~1~ (נ״א שלם) איש תם a blemishless man - בר כה 27. דו כהן תמים - ת״מ 106ב. גבריה אלין תתמימים אנון עמנן m (נ״א שלמים) האנשים האלה שלמים הם עמנו these men are friendly with us - בר לד 21. וכל עובדי מרן תמימים וכל מעשי אדוננו תמימים - ת״מ the deeds of our Master are blemishless 209א. במובאות מן התורה **כד אתמר לה והוה תמים** כאשר נאמר לו ״והיה תמים״ (בר יז 1) - ת״מ 177א. a righteous man, **איש צדיק תמים** blameless in his generation (בר ו 9 - על נח) - ת״מ 177א. **הצור תמים** (דב לב 4) - ת״מ 197ב.

**תמימו** ש״ע נ *n. f.* **1 שלמות, צדיקות perfection, righteousness** אזדמן בה מן גוני תמימותה נכללו בו (במשה) מיני השלמות manifold perfection was joined in him (Moses) - ת״מ 106ב. לתמימות נביותך - ת״מ 41א*. ריחותה ותמימות דעתה - ת״מ 292ב. בתמימות לבי ובנקיות כפי עבדת דה בתם לבבי ובנקיון כפי עשיתי זאת - בר כ 5. ת רבת כל תמימו תיו גידלה כל תמימות - ת״מ 183ב. בשימוש אדוורביאלי **adverbial use** ולא אתמר לה בתמימו תיעל ולא נאמר לו (לאברהם) בתום תבוא it was not said to him (Abraham) "you shall enter in perfection" - ת״מ 177ב. זעק לספריה ועיץ עליון באלפנה עד יהי אלפנון כשיר ודברון בתמימו קרא לשוטרים וחיזק עליהם את הלימוד כדי שיהיה לימודם נכון ודרכם בשלמות - ת״מ 170א.

**תמן** ת״פ של מקום ושל זמן *adv. (temporal and locative)* [**א״י** ותמן קברית ית לאה - **נ** בר מט 31. **סוא״י** ומן תמן הו מפריש והוא לארבעא רישין - בר ב 10]

**תמן** tåmmån ת״פ *adv.* **1 שָׁם** למקום **there** *locative* קלין וברקין אזדמנו תמן קולות וברקים נועדו שם thunder and lightning occurred there (on Mount Sinai) - מ ט 75-76. חילין ובוראין אזדמנו תמן כוחות ובריאות נזדמנו שם - מ ט 29-31. תמן לא הוה עורן שותף שם לא היה אחר שותף (לבריאה) - מ יד 128. ומזבח אודעותה תמן ומזבח התודה שם - ע״ד טז 26. למשראה ית שמה תמן לשכן שמו שם - דב כו 2. ואבית תמן בליליה וילן שם בלילה - בר לב 14. ואשתה תמן אתחזו וששה שם נראו - ת״מ 280ב. **2 אז** לזמן *temporal* **then** תמן יתחכם קדוש הרגריזים אז תיוודע קדושת הר גריזים then the holiness of Mount Gerizim would be made known - ת״מ 226א. תמן אמרו לנביה לא ניכל למשמע אז אמרו לנביא... - מ טז 117-118. תמן הגיב... משה לקבל אלין מליה אז ענה משה... כנגד הדברים האלה - ת״מ 302א. תמן שרת א ואמרת אז התחילה א ואמרה - ת״מ 306ב. **3 אחר** לזמן *temporal* **afterwards** וסלק משה ומללה פה אל פה תמן אוקרה ענכה ועלה משה ודיברו פה אל פה, אחר כיבדו הענן, Moses went up and (God) addressed him face to face; afterwards the cloud glorified him - ת״מ 265א. תמן אמרו כד חזו גרמון מתברים אחר כך אמרו, כשראו עצמם (המצרים) שבורים - ת״מ 76א. ותמן אמר לה הב לי נפשהתה ואחר כך אמר לו (מלך סדום) תן לי הנפשות - אס 12ב. תמן אודעת שרה די אתת אברהם אחר כך הודיעה שרה שהיא אשת אברהם - אס 11א.

**לתמן** ת״פ *adv.* **שמה there** ית ברי לא תעזר לתמן את בני לא תשיב שמה do not return my son there - בר כד 8. לא תיעל לתמן לא תבוא שמה - דב א 37. ותנדון לתמן עלתיכון והבאתם שמה עלתיכם - דב יב 6.

**תמני** ש״מ *numeral* שמונה **eight** [**א״י** ויהוון תמניא לוחין - **נ** שמ כו 25. **סוא״י** וכד שלמו תמיניא יומן - לוקס ב 21]

**תמאני** - במ לה 7. **תמנה** - שמ כו 2. תמנת (נסמך?) - במ ב 24 EC. **תמניה** - בר יז 12. [הצורות משמשות בלא הבחנה]. תמנתת (נסמך לשם מיודע) - במ ז 8. **תמנים** - שמ ז 7. **תמנסר** - בר יד 14. **תמינאי** תמינה - tēmīnå - ע״ד כא 13. תמינאיתה (נ) - ויק כה 22.

**תמני/תמנה** ש״מ מותאם לנקבה *cardinal number with f. nouns* **שמונה eight** במעמד ש״ת *adjectival* ארך יריעתה אחתה תמנה ועסרים באמה (BA תמאני, EC תמני) ארך היריעה האחת שמנה ועשרים באמה the length of each cloth shall be twenty eight cubits - שמ כו 2. תמני ועסרים באמה (N תומני) - שמ לו 9. ארבעים ותמאני קריה (VN ותומני) ארבעים ושמנה עיר - במ לה 7. תלתים ותמני שנה (VN ותומני) - דב ב 14. תמני מאון שנה - בר ה 4. תמאני וארבעים שנה (A תמנה) - בר יא 25. לזכר: כל מניאניה למשרית אפרים מאה אלף ותמני אלפים ומאה (E ותמניה, N ותומניה, CA ותמנת) כל הפקדים למחנה אפרים מאת אלף ושמנת אלפים ומאה - במ ב 24.

**תמניה** ש״מ *cardinal number* מותאם לזכר. **שמונה eight** *with m. nouns* במעמד ש״ת *adjectival* ובר תמניה יומים יתגזר (A תמנת) ובן שמנת ימים ימול (every male) shall be circumcised at the age of eight days - בר יז 12. בר תמניה יומים (A תמנת) בן שמנת ימים - בר כא 4. ויון תמניה לוים ולבניון כסף (A תמני, E תמנה) והיו שמנה קרשים ואדניהם כסף - שמ כו 25. והוו תמניה לוחים... כסף - שמ לו 30. תמניה אלפים (EBA תמנת) שמנת אלפים - במ ד 48. פרים תמניה (VN תומניה) - במ כט 29. וית תמנתת תוריה יהב לבני מררי (N תומנתת, ECA תמני, MB תמנתי) ואת שמנת הבקר נתן... - במ ז 8. במעמד ש״ע *substantival* תמניה אלין ילדת מלכה (A תמנה, $^*M_1{}^*K_1$ תומניה) שמנה אלה ילדה מלכה - בר כב 23.

**תמנים** ש״מ מונה *cardinal number* **שמונים eighty** ומשה בר תמנים שנה ומשה בן שמנים שנה Moses was eighty years old - שמ ז 7. ואברם בר תמנים שנה - בר טז 16. חמש ותמנים שנה - בר ה 19. וחמש מון ותמנים (B ותמאנים, N ותומנים) - במ ד 48.

**תמנסר**† ש״מ מונה *cardinal number* **שמונה עשר eighteen** וזיאן ית חניכיו... תמנסר ותלת מון (A תמנה עסר, C תמני עסר, B תמנתת עסר) וידק את חניכיו... שמנה עשר ושלש מאות (Abraham) equipped his trained men..., three hundred and eighteen - בר יד 14.

**תמינאי** ש״מ סודר *ordinal number* **שמיני eighth** והוה ביומה תמינאה זעק משה לאהרן ויהי ביום השמיני... on the eighth day Moses... called Aaron - ויק ט 1. ויומה תמינה עצרת

(*-āʾā > -ā) ויום השמיני עצרת - ע״ד כא 13. מביא את במ כט 35. יומה תמינה לשרירות יעקב היום השמיני לחוזק יעקב - ת״מ 240ב. נקבה *f.* תמינאה ש״מ סודר *ordinal number* **שמינית eighth** ותזרעון ית שתה תמינאיתה וזרעתם את השנה השמינית when you sow in the eighth year - ויק כה 22. מלתה תמינתה מבלדה לכל שמועיה הדבר השמיני (״איה אלהימו״ - דב לב 37) מבהיל את כל השומעים - ת״מ 239ב.

**תמנע**[1] *pr. n.* שם פרטי tamne

**תמנע** ש״פ ותמנע הות כבלני לאליפז - בר לו 12. ואחת לוטן תמנע - בר לו 22.

**תמנע**[2] *pr. n.* שם פרטי tamne

**תמנע** ש״פ ואלין שמהת רבני עשו... רבה תמנע רבה עלוה רבה יתת - בר לו40.

**תמנת** *pr. n. (place)* שם מקום

**תמנת** ש״פ וסלק... הוא וחירא רעמה לתמנת (נ״א תמנתה, לתמנתה) - בר לח 12. אה חמיך סלק לתמנת - בר לח 13. ושרו ממשא באכה ספרה לתמנתה - אס 9ב.

**תמר**[1] מין עץ ופריו palm [Löw Pfl 122. א״י ושבעין דקלין דתומרין - נ שמ טו 27]

**תמר** ש״ע ז *n. m.* **תמר** palm (tree and fruit) תרתעסרי עינון מים ושבעים תמרים (V גוני תומרין) שנים עסר עינות מים ושבעים תמרים twelve fountains of water and seventy palm trees - שמ טו 27. כפי תמרים ושבשבן דאילן רציף כפות תמרים וענפי עץ עבות - ויק כג 40.

**תמר**[2] *pr. n.* שם פרטי tâmår

**תמר** ש״פ ונסב יהודה אתה לער בכורה ושמה תמר - בר לח 6. עזבת רבקה ומדרשה ואזלת לתמר- ת״מ 136ב.

**תנור**† מתקן לאפייה ולבישול stove (ע״ע אתון. א״י תנורי אצוותכון - נ דב כח 5. סוא״י מחר לתנורא הו מתרמא - מתי ו 30 - LSP 222b]

**תנור** ש״ע ז *n. m.* **תנור** stove והא תנור בער ולפיד דאש והנה תנור עשן ולפיד אש behold a smoking oven and a flaming torch - בר טו 17 (=המליץ 608). תנור ותפים יפגרון תנור וכרים יתצו - ויק יא 35. קרבן מנחה מן אפאי תנור

קרבן מנחה מאפה תנור - ויק ב 4. ואפין עסר נשים לחמכון בתנור אחד ואפו עשר נשים לחמכם בתנור אחד - ויק כו 26. וכל מנחה דתתאפי בתנור- ויק ז 9. ובתנוריך ובמלאשתך ובתנוריך ובמשארתך - שמ ז 28, 29א (=המליץ 608). מובא גם בת״מ 31ב.

**תנח**† מנוחה rest [שורש תנייני מן אתפעל של נו״ח (ע״ע). זב״ח ת״מ 88א, הע׳ 3, עואנ״ש ב 526, ג/ב 264 *Secondary root from Ethpəᶜel of nwḥ; see LOT* [IIIb, 164, *TM* 88a, n. 3.

**פעל נח** to rest שבת ומתנח שובת ונח (Israel) ceases (from work) and (wamtanna) rests - ננה 11.

**תני** אמירה והגדה, חזרה בשנייה telling, repeating [א״י די יחווי ייי אתני לך - נ במ כג 3. סוא״י למלו דתתנון באדניהון - שמ י 2]

**קל** עבר: תנה - ת״מ 92א. עתיד: יתני - ויק טו 13. בינוני: תנים tânəm (ר) - מ יז 45. **פעל** עבר: ותני - שמ כד 3. עתיד: יתני yētanni - מ ד 54. ציווי: תנו (נוכחים) - בר מ 8. בינוני: מתני - ת״מ 9א. פעול: מתני amtanni - מ טז 166. **אֶתְפַּעַל** עתיד: יתני yittanni - ע״ד ג 14. בינוני: מתני mittanni - מ ט 38. **תנו** תנות (נסמך) - דב יז 18 (=המליץ 512). **תנוי** qiṭṭūl - א״ח 92 tinno.

**קל 1 שנה**† to repeat כד תנה משה ספרי אבהתה קמי בניה כאשר שנה משה את ספרי האבות לפני הבנים when Moses recounted the books of the fathers before the children - ת״מ 92א. נעמי לנביה... הך תנה מן מלי אוקרה תלתה נראה את הנביא... איך שנה שלושה מדברי הכיבוד - ת״מ 231ב. תנים יומה מאה שנה (תהיו) שונים את היום מאה שנה נוסח של ברכה be repeating the day a hundred years (formula of blessing) - עבד אל (Cow 435) [זב״ח, תרביץ י, 353. א״י תניין יומה בחדו שלימה - שירת 274]. תנים יומה צעומיה (תהיו) שונים את היום, הצמים נוסח של ברכה be repeating the day, o, fasters - מ יז 45. **2 סַפַּר** to count ויתני לה שבעה יומים לדכיותה (MECBA) וימני) וספר לו שבעת ימים לטהרתו he shall count seven days for his cleansing - ויק טו 13.

**פעל סיפר** to tell ואתה משה ותני לעמה ית כל מלי יהוה ויבא משה ויספר לעם את כל דברי יהוה Moses went and told the people all the commands of the Lord - שמ כד 3. ותנה רב משקאיה ית חלמה ליוסף ויספר שר המשקים את חלמו ליוסף - בר מ 9. ותנה לה ית כל פתגמיה ויספר לו את כל הדברים -

ת״מ 250ב. מן יתני מה אתה מי יספר מה אתה - מ ד 54. נתני בטבהתך נספר בטובותיך - ע״ד יב 24. ואמר לון... תנו שבי ליספרו נא לי - בר מ 8. מן תנו הצד ציד M מי אפוא הצד ציד - בר כז 33 [ציווי מוסגר: מי, ספרו, הצד ציד]. **דאנה עלל** למצרים ומתני ממלך לקהלה ממלך שאני בא אל מצרים ומספר לקהל את דברך - ת״מ 9א. ומלל עם כל ישראל ממלל דלא מתני ודיבר עם כל ישראל דיבור שלא יסופר - מ טז 165-166.

**אִתְפַּעַל 1 סופר to be told** וטובך יתני לעלם וטובך יסופר לעולם Your goodness will be told forever - ע״ד ג 14. תתני רבותך לגו כל זבניה תסופר גדולתך לתוך כל הזמנים - מ ו 85-86. טוב מן יכל קעם מצלי... ויתני צלותה באורעה אשרי מי שיכול לעמוד מתפלל... ויאמר תפילה בזמנה - ע״ד יג 30-32. רבותך תתני בכל דרי עלמה גדולתך תסופר בכל דורות העולם - ת״מ 69א. **2 נשנה to be repeated** יתה קלה רבה דלא מתני עורי אותו הקול הגדול שאינו נשנה עוד that loud voice which will never be repeated - מ ט 37-38.

**תנו**† ש״ע נ *n. f.* **1 משנה copy** ויכתב לה ית תנות ארהותה הדה C ויכתב לו את משנה התורה הזאת he shall write for himself in a book a copy of this Torah - דב יז 18 [C^ar^ נסחה אלתוראתה!]. **2 כפל double** ותנות כסף נסבו V (נ״א ותניאן, וכפול) ומשנה כסף לקחו they took double the money with them - בר מג 15. **3 מספר number** וקבע תחום עממאיה לתנות ברי ישראל V (נ״א למנין) יצב גבולת עמים למספר בני ישראל He fixed the boundaries of peoples in relation to Israel's numbers - דב לב 8 [שבעים אומות לפי שבעים נפש של יורדי מצרים. seventy nations, relating to seventy souls of Jacob's household (Ex 1:5).]

**תנוי**† ש״ע ז qiṭṭūl *n. m.* **1 סיפור** מופשט **telling** *abstr.* ולבדיל תנוי שמי בכל ארעה (B תנואי) ולמען ספר שמי בכל הארץ that My name may be told (*lit.*: for the telling of My name) throughout the earth - שמ ט 16, 19א (=המליץ 533: תניו). תנוי מחנה נפשהתן סיפור מהנה נפשותינו - א״ח 92. **2 ספר** מוחש *concr.* **book** כתב דה דכרן בתנוי B כתב זאת זכרון בספר write this as a memorial in a book - שמ יז 14. על כן יתמר בתנוי קרביה V על כן יאמר בספר מלחמות - במ כא 14.

**תנין** tânən תנין **serpent** [טלשיר 128. א״י לחמתהון דתניניה - נ דב לב 33]

**תנין** ש״ע ז *n. m.* **תנין serpent** סב ית אטרך וארמי לקדם פרעה ויי לתנין קח את מטך והשליך לפני פרעה ויהי לתנין take your rod and cast it down before Pharaoh; it will become a serpent - שמ ז 9. דאהן תנין חיול ולבי מצטדי מנה שזה תנין עצום ולבי ירא ממנו - ת״מ 27א. וארמו גבר אטרה והוו לתנינים וישלכו איש מטהו ויהיו לתנינים - שמ ז 12. וברא אלהה ית תניניה רברביה ויברא אלהים את התנינים הגדלים - בר א 21. ארתע תניניה עמרון חמת תנינים יינם - דב לב 33.

**תנן**† עשן **smoke** [א״י וטורא דסיני הוה תנן כוליה - נ שמ יט 18. מעשנין מתנינן - ירוש שביעית לג ע״ד. מאבקין - עושה לה אבק; מתנין (<מתננין) לה - ירוש שביעית לג ע״ד. סוא״י דיתנין בסמניה = להקטיר - לוקס א 9]

**קל העלה עשן to smoke** וטור סיני תנן כלה A (נ״א להב) והר סיני עשן כלו Mount Sinai was all in smoke - שמ יט 18.

**פעל הקטיר to offer incense** ויתנן למדבחה עלה הוא M$_2$ (נ״א ויועד) והקטיר המזבחה עלה הוא (the priest) shall turn (it) into smoke on the altar; it is a burnt offering - ויק א 13.

**תנן** ש״ע ז *n. m.* **עשן smoke** והא תנור דתנן M$_1$ והנה תנור עשן - behold, a smoking stove - בר טו 17 (מן אונקלוס O). סלק תננה ד(ארעה) כתננה ד(אתונה) m עלה קיטור הארץ כקיטור הכבשן - בר יט 28 וכך הוא A בשינוי לשון.

**מתננה** ש״ע נ *n. f.* **מחתה** כלי לשרפה ובישול **censer** ונסבו... גבר מתננתה ויהבו בין נור *m$_2$ (נ״א מחתיתה, מגמרתה) ויקחו... איש מחתתו ויתנו בהן אש each took his censer, and put fire in it - ויק י 1. ויכסון ית מנרת מאורה... וית מתניה! *M$_4$ וכסו את מנורת המאור... ואת מחתיתיה - במ ד 9. ויתנון עליו ית כל מניו... ית מתננתה *m$_2$ - במ ד 14 וכיו״ב טז 12, 17 (פעמיים).

**תעב** סלידה **abhorrence** [א״י תועיבא דאתרעיתון לכון - תרג׳ ישע מא 24]

**פעל סלד, תיעב to abhor** ולא נהי שיורה דמרה תעב לה ולא נהיה השארית שהאדון מתעב אותה we should not be the remnant whom the Master abhors - ת״מ 215א. לא תוננו... עד לא ינחם על מה שבק ולא יתעב מד לידה אתא ״לא תוננו״ (על ויק יט 34) כדי שלא יתחרט

(הגר) על מה שעזב ולא יסלוד ממה שאליו בא - ת״מ 156א. לא תתעב אדומי... ולא תתעב מצרי - דב כג 8. שקץ תשקצנה ותעב תתעבנה הלא חרם הוא - דב ז 26.

**פועל סלד** בינוני פעול *pass. pt.* **to abhor** ליתו שמע בקלן מאזל ומתועב איננו שמע בקולנו מבזה ומסליד (this son of ours)... does not - heed us; he is is contemptuous and despicable דב כא 20 [=המליץ 536. הצורה נגזרה מן ,תועבה].

†**תועב** ש״ע ז *n. m.* **סלידה abhorrence** הלא תועב הי למצראי A כי תועבה היא למצרים - that would be an abhorrence to the Egyptians בר מג 32 (ט״ס?).

**תועבה** ש״ע נ *n. f.* **סלידה abhorrence** הלא תועבת יהוה אלהך כל עבד אלין whoever does these things is an abhorrence to the Lord your God - דב כב 5. אפל גרמה בתועבה בישה הפיל עצמו בתועבה רעה - ת״מ 235ב. תועבה גליה לעיני כל עמה תועבה גלויה לעיני כל העם (מעשה זמרי) - אס 18א.

†**תיעוב** ש״ע ז qiṭṭūl *n. m.* **סלידה abhorrence** ותיעוב תתעבנה הלא חרם הוא V ותעב תתעבנו - דב ז 26.

†**תעב** ש״ע ז *n. m.* **סלידה abhorrence** ותעב תתעבנה - דב ז 26.

†**תעי** איבוד דרך **erring** [מן העברית. עיקרו בעש״ח [H, *mainly in* NSH.

**קל 1 תעה to stray** תשיב לכל תעי You will - return everyone who strayed אבישע (Cow 496). ואנחנו כצאן תעי למי רחמיך צמאים we are like a straying flock, thirsty for the water of Your mercy - יוסף הכהן (Cow 64). **2 נדד to wander** ואזלת ותעת במדבר באר שבע C (נ״א וטעת) ותלך ותתע במדבר... she departed - and wandered in the wilderness of Beer-sheba בר כא 14. ודכו יתה וית כל עמה סעד לחוד אשתיר לה תעה A (נ״א שיור) ויכו אתו ואת כל עמו עד בלתי השיאר לו שריד they crushed him and all his people, until no wandering (remnant) was left him - במ כא 35 [על פי תפיסת התה״ע: שריד - בריחה ואיבוד דרך. ע״ע שרד וע׳ Lane 1531b].

†**תף** כלי נגינה **musical instrument** [א״י בתופין ובכינרין - נ בר לא 27. סוא״י תופיכי - ירמ לא 4]

**תף** ש״ע ז *n. m.* **תוף timbrel** ואשלחנך בחדוה... בתף ובזמר MC (B ובתף. נ״א בטפאי, בטפו) ואשלחך בשמחה... בתף ובכנר I would have - sent you off with joy..., with timbrel and lyre בר לא 27. ונסבת מרים... ית תפה N) VCBA תופה) ונפקי כל נשיה בתרה בתפין E) NB בתפים, A בתפיה) ותקח מרים... את התף בידה ותצאנה כל הנשים אחריה בתפים - שמ טו 20.

†**תפה** תפלות **unsavouriness** [< تفه = תפל - [Lane 309a

**תפה** ש״ת *adj.* **תפל tasteless** אזל אל גנתה ועמי הך ה‹נ›ון משתוי חלוי ומהפכה ומשתוי תפה וחלופה לך אל הגן (עדן) וראה איך הם (המים) משקה מתוק וחילופו ומשקה תפל וחילופו go to the Garden (of Eden) and see how it (the water) is: a sweet drink and its - opposite, a tasteless drink and its opposite ת״מ 183א [זב״ח הע׳ 7].

†**תפח** צבייה והתנפחות **swelling** [ע תפח (הבצק) - **מש** פסחים ג ד]

**קל צבה to swell** ותתפח ונפלה (ירכה) - המליץ 520 מן במ ה 27, והוא פירוש. [ליתא].

†**תפי**[1] כלי לבישול **a cooking tool** [א״י קדרה על תפייה - בר״ר 153. בראנד,׳ רל ואילך. **ס** בית תפיא - ויק יא 35, LS 830b]

**תפי** ש״ע נ *n. f.* **כיריים stove** וכל דיפל מנבלתה עליו יסתב תנור ותפים יפגרון (EC ואתפין, M ואדפין (=המליץ 495) $M_2$ ותפבאן) וכל אשר יפל עליו יטמא תנור וכרים everything on which the carcass of any of them falls shall be - unclean: an oven or stove shall be smashed ויק יא 35 [הש׳ **נ** תפיין]. ודתפין מזון חד A (נ״א וככר) וככר לחם אחד - שמ כט 23 [תרגם ״ושל כיריים״ וכיוון אל סוג הלחם. ושמא הוא ט״ס מן ופתין בדומה להמליץ 488]. ועבד למדבחה מכבר... כ(תי) אתפית‹ה› $M_2$ (נ״א שקוה) ויעש למזבח מכבר... תחת כרכבו - שמ לח 4 [פירש: דמות כירה למזבח! קשה מאוד].

†**תפי**[2] ט״ס מן פתי (ע״ע) *Corr. of pty (q. v.)*

**אפעל פרץ?** ואף כהניה... יתקדשון דלא יתפי בון B (נ״א יפתי) וגם הכהנים... יתקדשו פן יפרץ בם - שמ יט 22. כיו״ב 24.

**תפך** הפיכה **overturn** [שורש תנייני מן אֶתְפְּעֵל של הפך (ע״ע). באה״ש המאוחרת *Secondary root from*. [*Ethpəᶜel of hpk; late* SA

**קל 1 הפך** **to invert** תפך אלהים אמנות העולם בגלל ישראל הפך אלוהים את דרך הטבע בעבור ישראל (על ים סוף) God inverted - the rules of the world for the sake of Israel ת״מ 88א [זב״ח הע׳ 3]. אלין עקובאתה הן אתעבדת תפכת כל איקר אל קלל אותם התארים (המעשים שהתארים מכוונים אליהם) אם יהיו, יהפך כל כבוד לקללה - ת״מ 233א. **תפך** ית אדיו A שכל את ידיו - בר מח 14. **ותפך** יהוה רוחה מערבהA ויהפך יהוה רוח ים - שמ י 19. פע״ע *intrans.* קטל אחוה... תפך מדעה ועכר עלמה הרג (קין) את אחיו... נהפך שכלו ועכר את העולם (Cain) killed his brother..., his mind was overturned and he disturbed the world - ת״מ 198א. בינוני *pt.* **תפכיה דכפרו ואמרו** הן אלה לבר מנה דמה לה המינים אשר כפרו ואמרו כי יש אלוהים לבד ממנו, דומה לו - ת״מ 210א. **2 הפך** **to overthrow** כד אוקד סדם ועמרה ותפכון לא הוה תמן עול כאשר שרף את סדם ועמרה והפכן, לא היה שם עוול when (God) burned Sodom and Gomorrah and overthrew them, there was no wrong - ת״מ 190א.

**אפעל הפך** **to overturn** מטמא לבה ומסיב מדעה ומתפך לאנשה מן איקרה אל בישה (החטא) מטמא את הלב ומסאב את השכל ומסב את האדם מכבוד אל הרע (the sin) makes the heart unclean and defiles the mind - and turns the man from honor to evil ת״מ 153א [זב״ח הע׳ 4].

**תפוך** ש״ע ז *n. m.* **1 היפוך** **turning** תפוך בגללי ימה מלרע אל לעל הפיכת גלי הים מלמטה למעלה the turning of the waves of the sea from beneath upwards - ת״מ 282ב. מה דאה תפוכה רבה - ת״מ 276ב (דברי פרעה). ושרו תפוכה בבתי סגדתון והחלו בהפיכת בתי אליליהם (המלאכים בסדום) - ת״מ 44א **2 שינוי** **change** כל דבה רוח חיים לגו מיה מאת ואנון מתסרין בתפוך אדמה כל שיש בו רוח חיים בתוך המים מת, והם מבאישים בהפוך (המים) לדם all in which there is a breath of life dies, and they stink at the turning of the water into blood - ת״מ 29א. מה דן תפוכה רבה מה זה המהפך הגדול (בגלל האכילה מעץ הדעת) - ת״מ 194א. **3 השחתה** לגנאי ולשלילה **perversion** הלא גיל תפוך אנון בנים לא יימנו בון כי דור הפכות הם בנים לא האמון בם they are a generation of perversion, children in whom is no faithfulness - דב לב 20. **וכד אתנדית עבדת תפוך** חיול וכאשר הובאה (אש זרה אל המזבח) עשתה הפיכה גדולה when (the alien fire) is brought - (to the altar) it produces great perversion ת״מ 183א. דסמית מדעך וגלית תפוכך ועבדת כאנש לא ידע ולא שמע שסימית את שכלך וגילית תהפוכתך ועשית כאיש שאינו יודע ואינו שומע - ת״מ 137א. דרא תהביה דלית מתחזי בה ערבוב ולא תפוך דור השבים (ממצרים) שאין נראה בו ערבוב ולא מהפך - ת״מ 93א.

**תפל**[1]† יריקה **spitting** [< تفل = יָרַק - Lane 308c. טל ג, צו, צט]

**פעל ירק** **to spit** ואבוה תפול יתפל באפיה ואביה ירק ירק בפניה her father spat in mB her face - במ יב 14.

**תפול** ש״ע ז *n. m.* qittūl **יריקה** **spitting** תפול יתפל באפיה B (m [תפו]ל) ירק ירק בפניה - במ יב 14.

**תפל**[2] atfål שם מקום *pr. n. (place)*
**תפל** ש״פ בין פראן ובין תפל - דב 1 2.

**תפש**† אחיזה **grasp** [עש״ח NSH]

**קל אחז** **to grasp** וכבודה רבה תפש בימינה ומגפפה (נ״א צעד) והכבוד הגדול אחז בימינו וחיבקו the great Glory grasped him (Moses) by the hand, embracing him - ת״מ 266ב. **אה** נשישי<ה> חילו כוחיכון ותפשו באהן איקרה רבה דעתיד לוכון אוי החלשים, חזקו כוחותיכם ואחזו בכבוד הגדול הזה העתיד לכם O the weak ones, strengthen your power and grasp the great glory - ת״מ 291ב [על הקהל בבוא רעותה].

**אֶתְפְּעֵל נאחז** **to cleave to** ואן סכה דו מגזינה לקבל עמל לא התפש בי אנה מעמינה יכלתי ואם ציפה שהוא יגמול לו ולא אחז בי אני אראהו את כוחי if he seeks to be rewarded according to (his) deed, and he did not cleave to Me, I shall show him My might - ת״מ 163ב. חזי יתה רבינה והתפש בה ראה את הגדולה ההיא והיאחז בה see that greatness and cleave to it - ת״מ 134א. עבד עמלך מתפש בזכו וכיתך מתרבי עשה מעשיך כשאתה אוחז בצדקה ואז תתגדל make your deed while cleaving to

ת״מ - righteousness and you will be magnified 166א.

**תקל**[1] משקל ומידה **measure, weight** [א״י ותקלו... ית כספה - **נ** בר כג 16. **סוא״י** ותקלו אגרי תלתין דכסף - זכ יא 12] ← מטבע **money unit** [א״י תקלין חדתין - ירוש שקלים מו ע״ג]

**קל שקל**† לתשלום **to weigh** precious metal for payment (C ואתקל אברהם לעפרון ית כספה (ותקל) וישקל אברהם לעפרון את הכסף Abraham paid out to Ephron the money (*lit.*: weighed out the silver) - בר כג 16. כסף יתקל כפרן בתלתה כסף ישקל כמהר הבתולות - שמ כב 16.

**אֶתְפְּעֶל נשקל**† בהשאלה *fig.* **to be weighed** אתקלי שניה במוזני קשט פלגון בארע מצרים ופלגון בארע כנען נשקלו השנים במאזני צדק; חצים בארץ מצרים וחצים בארץ כנען the years are weighed with accurate scales: half of them in the land of Egypt and half of them in the land of Canaan - ת״מ 50ב.

**אתקל**† ש״ע ז *n. m.* **שקל** בן גוון של תקל **sheqel** ארבע מון אתקל כסף ארבע מאות שקל כסף - four hundred shekels of silver - בר כג 16. שבעים אתקיל במתקל קדשה B (י׳ נקוד עליה) שבעים שקל בשקל הקדש - במ ז 13. ובפס׳ 19 אתקיל, נ״א מתקל.

**דקל**† ש״ע ז *n. m.* **שקל** בן גוון של תקל **sheqel** שבעים דקל במתקל קדשה N שבעים שקל בשקל הקדש seventy shekels, according to the weight of the sanctuary - במ ז 19. כיו״ב 25. חמשין דקלין במתקל קשטהN - במ יח 16.

**מדקל**† ש״ע ז *n. m.* **שקל** בן-גוון של מתקל **sheqel** שבעים מדקל במתקל קדשה $N_1$* מדקל - במ ז 19. כיו״ב 25. חמשין מדקלין במתקל קשטה N* - במ יח 16.

**מתקל** ש״ע ז *n. m.* **1 משקל weight** לא תעבד שקר בדין במשחה במתקל ובמכלה לא תעשו עול במשפט במדה במשקול ובמשורה you shall do no wrong in judgment, in measures of length or weight or capacity - ויק יט 35. ויעזר לחמכון במתקל ותיכלון ולא תסבעון והשיב לחמכם במשקול ואכלתם ולא תשבעו - ויק כו 26. חמש מון במתקל קדשה — five hundred by the sanctuary weight - שמ ל 24. **2 שקל** יחידת מטבע **sheqel** זרע כור סערים בחמשים מתקל כסף זרע חמר שערים בחמשים שקל כסף fifty shekels of silver to a homer of barley seed - ויק כז 16.

**תקל** ש״ע ז *n. m.* **שקל** יחידת מטבע **sheqel** ויהי שיאמה תלתים תקל B (נ״א מתקל) והיה ערכך שלשים שקל - the equivalent is thirty shekels - ויק כז 4. ארבע מואן תקל כסף M - בר כג 15. מפלגות מתקלה בתקל קדשה ותקל קדשה עסרים גרה הוא מתקלה B (נ״א מתקל) מחצית השקל בשקל הקדש ושקל הקדש עשרים גרה הוא השקל - שמ ל 13.

**תקל**[2]† מכשול, תקלה **snare, stumbling** [א״י ויתקלון גבר באחוי - **נ** ויק כו 37. **סוא״י** דלא תתקו(ו)ל בכיפא רגלך - מתי ד 6. מביא את תה צא 12: פן תגף באבן רגלך]

**אֶתְפְּעֶל נכשל** **to be ensnared** אשתמר דלא תתקל בתרון V (נ״א תרער) השמר פן תנקש אחריהם beware that you be not ensnared after them - דב יב 30.

**מתיקל** ש״ע ז *n. m.* [עירוב של מתקל עם מקיל] **מכשול stumbling block** ולקודם סמי לא תתן מתיקל V (N מקיל) ולפני עור לא תתן מכשול you shall not place a stumbling block before the blind - ויק יט 14.

**תקולי** ש״ע נ *n. f.* **מכשול stumbling block** ולקודם סמי לא תתן תקולי$M_2$* - ויק יט 14.

**תקלה** ש״ע נ *n. f.* **מוקש snare** ולא תשמש ית אלהיון הלא תקלה הוא לך V (נ״א מגבי) ... כי מוקש הוא לך you shall not worship their gods, for that would be a snare to you - דב ז 16. לא ידורון בארעך... הלא יון לך לתקלה V (נ״א למגבי) לא ישבו בארצך... כי יהיו לך למוקש - שמ כג 33.

**תקן** סדר **order** ← הכנה והכשרה [א״י מה **arrangement, establishment** דאתקינו קדמייה - **נ** דב יט 14. **סוא״י** ואתקן יתהון אלהא בגו שוררא דשומיא - בר א 17] ← הטבה ושיפור **improvement** [א״י למעבד מא דשפר ותקן - **נ** דב יג 19. **סוא״י** ודיתיקא דלעלם אנא מתקן להון - ישע סא 8]

**פעל** עבר: תקן - ת״מ 184א. בינוני: מתקנה (מיודע) - ת|״מ (ק) 254ב. מקור: מתקנהamtåqqånå - מ א 58. **אפעל** אתקן - ויק ח 7. בינוני: מתקנין mētaqnən - ע״ד ג 26. **אֶתַפְעַל** עתיד: תתקן - בר כז 40. **אתקן** - דב ה 24. **תקון** - בתקונה - שמ כו 35א. **תקין** - בר טז 6 m. **תקן** tåqqån (qaṭṭāl) - ע״ד כב 29.

**פעל 1 כונן to establish, settle** בחילה

רבה עבד כלה צער וברא ותקן בכוחו הגדול עשה הכול, יצר וברא וכונן in His great might He made everything; He formed, created and established - ת״מ 184א. תקן כלה במימרה כונן הכול במאמרו (God) established all by His command - ת״מ 271א. עבד בלא שותף תקן דלא על דמו עשה בלא שותף, כונן שלא על פי מתכונת - ת״מ 209ב (פעמיים). מיטבה צעורה מתקנה המיטיב, היוצר, המכונן - ת״מ (ק) 254ב.

**2 השלים** to **perfect** ושכללון ותקנון ושכללם והשלימם (God) improved them and perfected them - ת״מ 273ב. עובדיך מתקנים מעשיך מתוקנים Your deeds are perfect - עבד אל Cow) 432).

**מתקנה** טעותן נהי מתקנה תעותנו קלה לתיקון - מ א 58. יכלין אנון מסחר ומתקנה ואנן סתרין ולית בן מתקנה יכולים הם (אלוהי העברים) לסתור ולבנות ואנו (החרטומים) סותרים ואיננו יכולים לבנות - ת״מ 33א.

**אפעל 1 הכין** to **prepare** וכס נכיסה ואתקין m (נ״א ועתד, וכבן) וטבח טבח והכין - slaughter an animal and prepare - בר מג 16 (מן אונקלוס O). בקברי דאתקנת לי $*m_2$ בקברי אשר כרתי לי in the grave which I prepared for myself - בר נ 5. ואתקן לה בה $*M_1$ ויאפד לו בו - ויק ח 7. **2 הניח** to **set** בני רחמיך מתקנין טמאתה על ריש מקדשה בני אוהביך מניחים את הטומאה על ראש המקדש the children of Your devotees set the uncleanness on the top of the sanctuary - ע״ד ג 26-27 [ע׳ זב״ח שם].

**אֶתְפְּעַל כשר** to **be capable** ויהי כמד תתקן ותפרק נירה מן על צוארך והיה כאשר תאדר ופרקת עלו מעל צוארך when you become capable, you shall break his yoke from your neck - בר כז 40.

**אתקן** ש״ת **proper** adj. **יפה** אתקן כל דמללו B היטיבו כל אשר דברו all that they have spoken is proper - דב ה 24.

**תקון** ש״ע ז qiṭṭūl n. m. **א** שם מופשט **1 הטבה improving** ויועד עליו אהרן... בתקונה ית בוציניה C בהיטיבו את הנרות he shall burn itå at his improving the lamps - שמ כו 35א (ל 7).

**2 שלמות perfection** ובדילך אמיר במדעינן ובתקונן ואודותיך אמור "בצלמנו וכדמותנו" concerning you (the Mind) it is said (בר א 26) "in our mind and our perfection" - ת״מ 143א [להרחקת ההגשמה. ליתא. זב״ח הע׳ 1. הש׳ פיוטים לשמחות "במלם עשר בתקון חכמתה - תרביץ י 354 -

וכן בפיוט של עמרם בן שלמה - עואנ״ש ג/ב 347. *Paraph. of* Gen 1:26, *used to avoid anthropomorphism*]. **ב** שם מוחש **כלי זין weapon** [ע״פ אונקלוס: תקון זין = כלי זין והוא לשון קצר O *abbrev. from*] ולא שבו גבר תקונה עליו $*M_2$ ולא שתו איש עדיו עליו and none put on his weapons - שמ לג 4. אער תקונך מן עלויך $*M_1$ הורד עדיך מעליך - שמ לג 5.

**תקין** ש״ת adj. **טוב proper** עבדי לה דתקין בעיניך m עשי לה הטוב בעיניך do to her as you think proper - בר טז 6 (מן אונקלוס O). ורביתה תקינה למ[חזי] $*m_1$ והנערה טובת מראה - בר כד 16. ורחל הות תקינה שפר $*M_6$ ורחל היתה יפת תאר - בר כט 17. בדתקן בעיניך דאר m - בר כ 15 (מן אונקלוס O).

**תקן** ש״ע ז qaṭṭāl tåqqån n. m. **מתקין establisher** אתה שריו צעור בריו תקן כלה אתה הוא ראשית, יוצר, בורא, מתקין הכול You are the beginning, shaper, creator, establisher of all - ע״ד כה 29-30. אה עבודי ובארי וצעורי ותקני הוי יוצרי ובוראיק והצר והמתקין אותי - א״ג 20. צעורה תקנה יהוב מתנהתה היוצר, המתקין, נותן המתנות - ת״מ 119ב.

**תקע¹** נעיצה ותחיבה**thrust** [מן העברית H]

**קל נעץ** to **thrust** *fig.* בהשאלה וסבל ית גובה ואתקעה ים סוף וישא את הארבה ויתקעהו ים סוף (the wind) lifted the locusts and thrust them into the Sea of Reeds - שמ י 19. מובא גם בת״מ (ק) 32א. יסכם גועיה... וגרמיון יתקע B (נ״א ירסרס, יגרם, ישחק) יאכל גוים... ועצמותיהם יגרם - במ כד 8 [ט״ס מן יקטע ? *corr.* [*from qt*[c]].

**תקע²** השמעת קול בחצוצרה **blast** of trumpet [א״י ותתקעון בחצוצראתה - נ במ י 10]

**קל השמיע תרועה** to **blast** a trumpet ותתקעון בחציצראתה you shall blow the trumpets - במ י 10. ואתקעו תרועה עד ישמע כל קהלה... ותקעו תרועה בתרח משכן זימונה... קל חצצריה תקען באגן... משה ותקעו תרועה כדי שישמע כל הקהל... ותקעו תרועה בפתח אהל מועד... קול החצוצרות תוקעות באוהל משה - ת״מ 251ב.

**אתקעו** ש״ע נ n. f. **תקיעה blast** מה הדה אתקעותה בהדה שעתה ליתו זבן קרבן מה

what התקיעה הזאת בשעה זו? אינו זמן קרבן - means this blast? it is not a time for offering ת״מ 251ב.

**תקף** חוזק ועוצמה **might, power** [א״י תקף כפנה - **נ** בר מז 4. **סוא״י** רוח מן ימא תקיף - שמ י 19]

**קל** עבר: תקף - בר מא 57. עתיד: יתקף - בר יח 30 (=המליץ 463). **פעל** עבר: ותקף - שמ ט 12. עתיד: ותתקף - ויק כה 35. ציווי: תקף - דב א 38. בינוני: מתקף - שמ יד 17 (=המליץ 464). מקור: מתקפאתין (+נסתרות) - ת״מ 7א **אפעל** עבר: ואתקף - שמ ד 4. בינוני: מתקף - שמ ט 2. **אֶתְפַּעַל** עבר: ואתקף - בר מח 2. עתיד: ותתקפון (נוכחים) - במ יג 20 (=המליץ 464). ציווי: אתקף - דב יב 23. בינוני: מתקף - ת״מ 64ב. **אתקף** (בן גוון של תקף) - שמ יג V 14. **אתקפו** באתקפות (נסמך) - שמ יא V 8. **תקוף** - qiṭṭūl. ע״ד כח 44 tiqqof. **תקיף** - מ א 147 taqqəf. ת״מ 81ב. **תקיפו** תקיפות (נסמך) - ע״ד כז taqqīfot87. **תקף** - שמ יא 8.

**קל עצם** פע״ע *intrans.* **to be strong** תקף כפנה בכל ארעה (נ״א אתקף) חזק הרעב בכל הארץ - the famine was strong over all the earth בר מא 57. הלא תקפת מנן שריר m כי עצמת ממנו מאד - you have become stronger than us בר כו 16. ובני ישראל פשו... ואתקפו סגי שריר A (נ״א ותקפו) ובני ישראל פרו... ויעצמו במאד מאד - שמ א 7. עם רגז לעניין הכעס **to be angry** ואתקף רגז יהוה *with rgz as subject* the Lord ... was angry - במ כה 3. ואתקף רגז יעקב ברחל (נ״א ותקף) ויחר אף יעקב ברחל - בר ל 2. דלא יתקף רגז יהוה אלהך בך פן יחר אף יהוה אלהיך בך - דב ו 15. אדלא יתקף רגזי בוכון פן יחר אפי בכם - ת״מ 219ב. וגם בלא רגז *without* *rgz* אל ני יתקף למרי אל נא יחר לאדני let - not my Lord be angry בר יח 30.

**פעל 1 חיזק** **to strengthen** ופקד ית יהושע ותקפה ועילה וצו את יהושע וחזקהו ואמצהו charge Joshua, and strengthen and encourage him - דב ג 28. ותתקף בה וחזקת בו - ויק כה 35. יתה תקף הלא הוא יסחננה ית ישראל אתו חזק כי הוא ינחילנה את ישראל - דב א 38. תקף רגליך ולא יקרבנה נשיש חזק רגליך ולא תגש אליהן חולשה - ת״מ 7א. **2 הקשה to harden** ותקף יהוה ית לב פרעה ויחזק יהוה את לב פרעה the Lord hardened the heart of Pharaoh - שמ ט 12. ואני הנה מתקף ית לב מצראי - שמ יד 17. והוא

**מתקפה** יתב אדיך... דבי מתקפאתין סגי ישב ידיך... שאני יכול לחזקן הרבה - ת״מ 7א.

**אפעל 1 תפס to catch** ושלח אדה ואתקף בה he put out his hand וישלח ידו ויחזק בו - שמ ד 4. ואתקף בה גברה ושכב עמה and caught it - והחזיק בה האיש ושכב עמה - דב כב 25. אם מעי אתה למשלח ואכדך מתקף בון אם מאן אתה לשלח ועודך מחזיק בם - שמ ט 2. **2 הפציר to urge** ואתקף בון שריר ואסטו לידה (נ״א ועצף) m ויפצר בהם מאד ויסרו אליו he - urged them strongly, so they turned his way בר יט 3. ואתקפו בגברה בלוט m (נ״א ועצפו) ויפצרו באיש בלוט - בר יט 9.

**אֶתְפַּעַל התחזק** **to become strengthened** ואתקף ישראל ויתב על ערסה ויתחזק ישראל וישב על המטה Israel strengthened himself and sat up in bed - בר מח 2. אתקף לדלה מיכל אדמה חזק לבלתי אכל הדם - דב יב 23. אתקף רגזה למכלי עמה התחזק הכעס לכלות את העם - ת״מ 244ב. ותתקפון ותסבון מפרי ארעה והתחזקתם ולקחתם מפרי הארץ - במ יג 20. ולבה דפרע מתקף ולבו של פרעה מתחזק - ת״מ 64ב. וכל דהו מתקף רגזה מתחיל וככל שהוא מתחזק (פרעה), הכעס מתעצם - ת״מ 22ב.

**אתקף**† ש״ע ז *n. m.* **חוזק might** באתקף יד הפקן יהוה ממצרים V בחזק יד הוציאנו יהוה ממצרים by strength of hand the Lord brought us out of Egypt - שמ יג 14.

**אתקפו**† ש״ע נ *n. f.* **חוזק might** ונפק מן עם פרעה באתקפות רגז V ויצא מעם פרעה בחרי אף he went out from Pharaoh angrily (*lit.:* in strength of anger) - שמ יא 8.

**תקוף** ש״ע ז qiṭṭūl *n. m.* **1 חוזק** מופשט **might** *abstr.* ונפק מן עם פרעה בתקוף רגז BA ויצא מעם פרעה בחרי אף he went out from Pharaoh angrily (*lit.:* in strenght of anger) - שמ יא 8. כל גויה ראתה מן תקוף אימתך כל גוף רועד מחוזק אימתך - ע״ד כח 43-44. יתיר מסבלה ויתיר תקוף MCB יתר שאת ויתר עז - בר מט 3. שגרת תקופך אכלון כקשה B תשלח חרונך יאכלמו כקש - שמ טו 7. [קיצור לשון מן ״תקוף רגזך״ .[*pregnant expression from* **2 קושי hardness** תקוף לבך ביש לך חוזק לבך רע לך - the hardness of your heart is bad for you ת״מ 75א. **2 סלע** מוחש *concr.* **rock** יניקונה סולך מן תקוף יינקהו דבש מסלע He made him suck honey out of the rock - ת״מ 225א [מן דב לב 13. ליתא]. בהשאלה *fig.* הלא לא כתקפון תקופנן כי לא כצורם צורנו their rock is (!) not like our Rock - דב לב 31.

**תקיף א** ש״ת .adj **חזק mighty** הלא תקיף הו
מנן כי חזק הוא ממנו for it is stronger than
we - במ יג 31 וקדומון דחוביה תקיף וסער
החטאים חזק - מ א 147. **ואפקנן יהוה ממצרים**
**באד תקיפה** ויוציאנו יהוה ממצרים ביד חזקה
- דב ו 21. קדקד יקום באד תקיפה נשיא יקום
ביד חזקה - אס 21א. **ב** ש״ע ז **תקיפי** וגלגי VC
עזי וזמרתי - שמ טו 2 (=המליץ 544).

**תקיפו** ש״ע נ .n. f **עוצמה might** בתקיפות אד
אפק יהוה יתכון מדן בחזק יד הוציא... by
might of hand the Lord brought you out from
this place - שמ יג 3. **תקיפות** דיניה כפת מן
שפיפותן את עוצמת העונשים הפנה משפלותנו
- ע״ד כז 87-88. כבוד הפרס תקיפו קעמה כבוד
נפרס, עוצמה עמדה (במעשה קרח) - ת״מ 281ב.

**תקף** ש״ע ז .n. m **1 חוזק** might *abstr.* מופשט
ונפק מן עם פרעה בתקף רגז ויצא מעם פרעה
בחרי אף he went out from Pharaoh angrily
(lit.: in strength of anger) - שמ יא 8. **בתקף** אד
אפק יהוה יתכון מדן C בחזק יד הוציא... -
שמ יג 3. **2 סלע** rock *concr.* מוחש אהנה קעם
לקדמיך תמן על תקפה בחורב ותמעי בתקפה
ויפק מנה מים הנני עמד לפניך שם על הצור
בחוריב והכית בצור ויצא ממנו מים behold, I
will stand before you there on the rock at
Horeb; and you shall strike the rock, and water
shall come out of it - שמ יז 6. המפק מים מתקפה
המוציא מים מצור החלמיש - דב ח 15.

**תר** מין עוף **a bird** [טלשיר 171]

**תר** ש״ע נ .n. f **תור turtledove** ותר וגוזל ותר
וגוזל - בר טו 9. אי בר יונה אי תר לסלוח ובן
יונה או תר לחטאת - ויק יב 6. ינדי תרתי
תרים יביא שתי תרים - במ ו 10. ויקרב מן
תריה אי מבני יונתה - ויק א 14.

**†תראב** עפר **dust** [< تراب תראב = עפר - Lane
301a]

**תראב** ש״ע ז .n. m **עפר** וספך ית דמה ויעטיה
בתראב ושפך את דמו וכסהו בעפר he shall
pour out its blood and cover it with earth - ויק
יז 13 [שרבוב מן הטור הערבי. *Interp. from the* Ar.
*column*.]

**תרב** חלב, שומן **fat** [א״י תרבה דחפי ית כרסה - **נ**
שמ כט 13. **סוא״י** - LSP 223b]

**תרב** ש״ע ז .n. m **חלב fat** וכל תרב וכל אדם
לא תיכלון כל חלב וכל דם לא תאכלו you
must not eat any fat or any blood - ויק ג 17.
ותרב נבלה ותרב חטיפה יתעבד לכל עבידאתה
וחלב נבלה וחלב טרפה יעשה לכל מלאכה -
ויק ז 24. **ואועד תרביה** למדבחה ויקטיר החלבים
המזבחה - ויק ט 20. **ית** עלתה וית תרביה את
העולות ואת החלבים - ת״מ 268ב.

**†תרגם** העתקה משפה לשפה **translation** [א״י
ומתרגם בשבעים לשן - **נ** דב כז 8. **סוא״י** מה דהוא
מתרגם = מה שהוא מתפרש - מתי א 23]

**פעל תרגם to translate** שמע מני אתה ועזר
אל אהרן כיי מתרגם קדם פרעה שמע אתה
ממני וחזור אל אהרן ואכן הוא יתרגם לפני
פרעה hear me and repeat to Aaron and he will
translate before Pharaoh - ת״מ (ל) 35 [ש משובש:
מתגרם]. מתרגמה ביניהון m המליץ בינתם the
translator (separates) between them - בר מב 23.
הוא יי לך למתרגם m הוא יהיה לך לפה - שמ
ד 16 (מן אונקלוס O).

**מתרגמן** ש״ע ז .n. m **מליץ translator**
מתרגמנה ביניהון $*m_1$ המליץ בינתם the
translator (separates) between them - בר מב 23.
יהבתך אלהים לפרעה ואהרן אחוך יי
מתרגמנך m נתתיך אלהים לפרעה ואהרן אחיך
יהיה נביאך - שמ ז 1.

**תרגמן** ש״ע ז .n. m **מליץ translator** הלא
תרגמנה ביניהון m כי המליץ בינתם - בר מב
23.

**†תרזה** ? [שיכול של זרת (ט״ס) *Metathesis of zrt*]

**תרזה** ש״ע נ .n. f **זרת little finger** תרזה
ארכה וזרת פתחה $*M_2$ (נ״א זרת) - שמ לט 9.

**תרח¹** שם פרטי târå .pr. n

**תרח** ש״פ ואקעים נחור אשע ושבעים שנה
ואולד ית תרח - בר יא 24. אה אבה טבה ברה
דתרח - ת״מ 252ב. ואזל תרח וקרב לאתתה -
אס 10א.

**†תרח²** שם מקום tirra *pr. n. (place)*

**תרח** ש״פ ונטלו מתחת ושרו בתרח ונטלו
מתחר ושרו במתקה - במ לג 27 - 28.

**תרין** ש״מ שניים **two** *numeral* [התרופפה ההבחנה
במין בכתבי היד. **א״י** תרין תרין עלו - **נ** בר ז 9. **סוא״י**

תרין תרין מן כולהון יעולון - בר ו 20]

**תרין** târən - מ ט 45. תרים - שמ כו 25. נסמך: תרי târi - מ יד 37 [מעיקרו בא לפני שם מיודע, אבל נתערערה החלוקה - רישביץ, שם המספר,47 ואילך]. מיודע: תריה - ת״מ 189ב. נקבה: **תרתין** tartən - א״ד ג 27. נסמך: תרתי - בר כט 16. מיודע: תרתיה tartayyå - מ א 154. **תריעסר** - בר מט 28. תרתעסרי - שמ כד 4. תרתיעסרי - במ ז 84. תרתעסר - בר כה 16 A. **תנין** tinyån - מ יא 10. נקבה: **תניאנה** תניאנתה (מיודע) - ת״מ 230ב. **תנינו** תניאנות - בר מא 32. **תניני** תניאנית - ת״מ 25ב.

**תרין** ש״מ מונה מותאם לזכר *cardinal number* **שניים** 1 במעמד ש״ת *adjectival* **1** *with m. nouns* **two** לגו תרין לוחין כתיב עשר מלין בשני לוחות כתב עשרה דברים on two tablets (God) wrote ten words (*i.e.,* commandments) - מ ט 45-46. תרין עקרין שני יסודות - ת״מ 182ב. תרים לבנים ללוחה אחדה שני אדנים לקרש האחד - שמ כו 25. על מימר תרים סעדים... יתקטל קטילה (EC תרי) על פי שני עדים... יומת המת - דב יז 6. וליוסף אתילדו תרין בנין (EA תרי) וליוסף נולדו שני בנים - בר מא 50. ואה תרין גברין... נצין (EA תרי) והנה שני אנשים... נצים - שמ ב 13. זרע קדש דאנדה משה זריע על תרי אבניה זרע הקודש שהביא משה זרוע על שתי האבנים - מ יד 37-38. ותרי אלימים ממעיך יפרדון (MCB תרין) ושני לאמים ממעיך יפרדו - בר כה 23. ועבד תרי כרובים דהב (MB תרים,NA תרין) ויעש שני כרובים זהב - שמ לז 7. אה תרי אחיה הנה שני האחים - ת״מ 23ב.* **2** במעמד ש״ע *substantival* אתחזי מנון ללוט תרין נראו מהם ללוט שניים two of them appeared to Lot - ת״מ 4א. תרין הזדוגו כחדה שניים חברו כאחד - ת״מ 220ב. כד אזדמנו תריה הגדל עלמה כאשר נועדו השניים (משה ואהרן) התגדל העולם - ת״מ 189ב. עמי רבות תריה ראה את גדולת השניים - ת״מ 176א. ועלו למצרים תרין ובאו למצרים שניהם - אס 16א. שבועת יהוה תהי בין תרין - שמ כב 10. במעמד אדוורביאלי *adverbial* אן אתשקע גנבה וישלם אחד תרים אם ימצא הגנב ושלם אחד שנים if the thief is found, he shall pay twofold - שמ כב 6. אחד תרים ישלם אחד שנים ישלם - שמ כב 3.

**תרתין** ש״מ מונה מותאם לנקבה *cardinal number* **שתיים** במעמד ש״ת *adjectival* **1** *with f. nouns* **two** ואנון תרתין בריאן קטירין דן לדן (!) ואלה שתי בריתות קשורות זו לזו(המילה והשבת) these are two covenants bound to each other - א״ד ג 27. וכדו הוית לתרתין משריאן (E לתרי) ועתה הייתי לשתי מחנות - בר לב 11. אה שבי לי תרתין בנן (A תרתי) הנה נא לי שתי בנות - בר יט 8. ועבדו תרתי עסקין דהב (MB תרתים, N תרתין) ויעשו שתי טבעות זהב - שמ לט 20. ותרי לוחי קיאמה על תרתי אדי (V תרין... תרתין) ושני לוחות הברית על שתי ידי - דב ט 15. וללבן תרתי בנן (NMCB תרתין) וללבן שתי בנון - בר כט 16. תרתי כנשהן בדילן אזדמנו שתי כנסות נתכנסו בגללו (משה) - ת״מ 202א. **2** במעמד ש״ע *substantival* אן מוחי לן ואן ממית לן תרתיה בשלטן רבותה אם מחייה אותנו ואם ממית אותנו, השתיים בשלטון גדולתו if (God) keeps us alive or kills us, the two are under the domination of His greatness - מ א 153-154. כתב י בין תרתיתה כתב יו״ד בין השתים (המימ״ין שבמלה ׳תמים׳) - ת״מ 184א.

**תריעסר, תרין עסר שנים עשר** מותאם לזכר **twelve** *with m. nouns* והוו בני יעקב תריעסר (VC תרי עסר, EA תרים עסר) והוו בני יעקב שנים עשר the sons of Jacob were twelve - בר לה 22. תריעסר אחים אנחנן (E תרים עסר) שנים עסר אחים אנחנו - בר מב 32. כל אלין שבטי ישראל תריעסר (V תרי עסר, A תרין עסר, E תרים עסר) כל אלה שבטי ישראל שנים עשר - בר מט 28. יעקב צוה וברך תרי עסר בניו - ת״מ 255א. ורבי ברי ישראל תרין עסר ונערי בני ישראל שנים עשר - ת״מ 191ב. תרין עסר גנוהן שנים עשר מינים - ת״מ 159ב. הדה מלתה אזמנת תרין עסר מצואן דבר זה זימן שתים עשרה מצוות - ת״מ 150ב.

**תרת(י)עסרי שתים עשרה** מותאם לקבה **twelve** *with f. nouns* תרתעסרי שנה שמשו ית כדר לעמר (A תרתי עסרי, C תרי עסרי) שתים עשרה שנה עבדו... twelve years they... served Chedorlaomer - בר יד 4. ותרתעסרי אבנים (NE ותרתי עסרי) ושתים עשרה אבנים - שמ כד 4. ובאילים תרתעסרי עינון מים (VNB תרתי עסרי, C תרתי עסר, A תרין עסר) ובאילים שתים עשרה עינות מים - שמ טו 27. ותיפי יתה תרתעסרי חלין (E תרת עסרי, CB תרתי עסרי, N תרתיעסר) ואפית אתה שתים עשרה חלות - ויק כד 5. צען כסף תרתיעסרי (A תרתעסרי, E תרתי עסרי, C תריעסר) קערות כסף שתים עשרה - במ ז 84.

**תנין א** במעמד ש״מ סודר *m. ordinal number* **1** ש״ת *adjectival* **שֵׁנִי second** ופר תניאן... תסב לסלוה ופר שני... תקח לחטאת you take a

וכסף במ ח 8. - second bull... for a sin offering תניאן סבו באדיכון וכסף משנה קחו בידיכם - בר מג 12. ונפק ביומה תניאנה ויצא ביום השני - שמ ב 13. ארעאים תניאנאים תחתים שנים - בר ו 16. ותנינאים יטלון ושנים יסעו - במ ב 16. **2** במעמד ש״ע *substantival* בלא עזר ולא שותף ולא תניאן בלי עוזר ולא שותף ולא (God) without helper, without associate, שני - without second ת״מ 271א. גבור אלהיה דלא מקף לה תנין גבור האלהים שאין סומך לו שני - מ יא 9-10. וית שם תניאנה קרא אפרים ואת שם השני קרא... - בר מא 52. נקבה *f.* **תנינה** **שנייה** *f. ordinal number* ש״מ סודר והוה בשתה תניאנתה ויהי בשנה השנית in the second year - במ י 11. שם אחתה שפרה ושם תניאנתה פועה - שמ א 15. ומלתה תניאנתה - ת״מ 230ב. שבתה תניאתה השבת השנייה [< תניאנתה] - כותרת לפיוט (Cow 69). **ב** ת״פ *adv.* **שנית** **secondly** וסלק תנין חלומה A (נ״א תניאנות) the dream appeared a ועלה שנית החלום second time - בר מא 32.

**תנינה**† ש״ע נ *n. f.* **שפחה** **concubine** תניאנת אבוי N פלגש אביו - his father's concubine - בר לה 22. ותנינתה ושמה רומה MB ופלגשו ושמה רומה - בר כב 24 (=המליץ 559). ותמנע הות תניאנה לאליפז M (C תנינה) ותמנע היתה פלגש לאליפז - בר לו 12.

**תנינו**† ש״ע נ *n. f.* **משנה** **second** in rank תהי אתה תנינותי בה והוא יהי נביך אתה תהיה משנה לי והוא יהיה נביאך you will be My - second in rank and he will be your prophet ת״מ 214ב (ע״פ שמ ד 16, ז 1). אלעזר הכלל בקדש ואתמסר לתניאנותה אלעזר עוטר לכהונה ונתמסר להיות משנה- ת״מ 241ב*.

**תניונות** ת״פ *adv.* **שנית** **secondly** וזעק מלאך יהוה לאברהם תניאנות ויקרא מלאך יהוה שנית the angel of the Lord called to Abraham - a second time - בר כב 15. ודמך וחלם תניאנות ויישן ויחלם שנית - בר מא 5. וסלק תניאנות חלמה לפרעה זבנהים ועלה שנית החלום לפרעה פעמים - בר מא 32. ויסגרנה כהנה שבע יומים תניאנות והסגירו הכהן שבעה ימים שנית - ויק יג 5.

**תנינית** ת״פ *adv.* **שנית** **secondly** ודמך וחלם תנינית MB ויישן ויחלם שנית he fell asleep - and dreamed a second time - בר מא 5. וזעק מלאך יהוה לאברהם תנינית MA - בר כב 15. ותתקעון אשמעה תניאנית (VNMECBA

תנינות) ותקעתם תרועה שנית - במ י 6 [רק כאן בכ״י J ואפשר שתפס שם תואר]. אנה הוא דחוית לאדם בתר דמית... וכסית יתה תניאנית אני הוא שהחייתי את אדם אחרי שמת... והסתרתי אותו שנית - ת״מ 25ב.

**תרך**[1]† גרוש והרחקה **chasing away** [מן אונקלוס. ע״ע טרד, טלק .O, *See ṭlq, ṭrd*]

**פעל גירש** **to drive out** ובאד תקיפה יתרכנון מן ארעה $*M_2$ (נ״א יטרדנון) ביד חזקה יגרשם with a strong hand he will drive them מארצו - out of his land - שמ ו 1. תרך ית אמתה הדה $*M_2$ (נ״א טרד) גרש את האמה הזאת cast out - that slave-woman - בר כא 10. ואתה מתרכה מגברה לא יסבון m (נ״א טרידה) ואשה גרושה מאישה לא יקחו they shall not marry a women - divorced from her husband - ויק כא 7.

**תרך**[2]† עזיבה, נטישה **leaving, abandon** [< ترك - Lane 304. ע״ע שבק .*See šbq*]

**קל עזב** **to leave** ותרך ית אביו ומית $*M_2$ (נ״א ושבק) ועזב את אביו ומת if he were to leave his father he would die - בר מב 16. ותוריון תרכו $*M_2$ (נ״א שבקו) בארע גשן ובקרם עזבו בארץ גשן - בר נ 8. למה דן תרכתין ית גברה m (נ״א שבקתין) למה זה עזבתין את האיש - שמ ב 20. הלא לא אתרכנך $*M_2$ (נ״א אשבקנך) כי לא אעזבך - בר כח 15. ולמלבטה ולגיורה תתרך יתון $*M_2$ (נ״א תשבק) ולעני ולגר תעזב אתם - ויק כג 22.

**מתרך** לא ירשו רביה למתרך ית אביו m (נ״א למשבק) לא יוכל הנער לעזב את אביו - בר מב 16.

**תרע**[1] שבירה ופריצה **break** [א״י ואתרע נצה - נ שמ ט 31 (נ״א)] ← פתח, דלת **door** [א״י לתרע בית דינא - נ דב כב 15. **סוא״י** ותרעא תעבד מן סיטרה - בר ו 16]

**קל**† בינוני פעול *pass. pt.* **פרוץ** **to breach** אספבה יהי לפמה סאר עובד סריק כפם תריע B שפה יהיה לפיו סביב מעשה אורג כפי תחרה a edge should be around its opening, woven, like a breached opening - שמ כח 32 [דימה את האריגה הדלילה לכברה].

**פעל פרץ, הזיק** **to destroy, breack out** ואף כהניה... יתקדשון דלא ירתע (!) בון A

וגם הכהנים... יתקדשו פן יפרץ בם also let the priests... consecrate themselves, lest the Lord break out upon them - שמ יט 22 [ט״ס. המליץ 561: יתרע, והוא עדיף. מובא בת״מ 110א: דלם יתרה (!) בון].

הלא ית אוג‹ר›יהון תתרעון $^{*}M_2$ (נ״א תפגרון) כי את מזבחתיהם תתצון you shall tear down their altars - שמ לד 13 [מן אונקלוס O]. ובריחותון תרעו שור $^{*}M_1$ וברצונם פרצו חומה in their will they breached a wall - בר מט 6 [פירש עקרו שור - שברו שור]. בהשאלה *fig.* ומותה למן תרע סיגיו והמוות למי שפרץ גדרותיה (של השבת) - ת״מ 180א. דו מתרע סיג קשטה שהוא פורץ גדר קשטה - ת״מ 261א. **2 פרץ גדר** בהשאלה **to commit iniquity** *fig.* דבחו לסיעדין לא אלה... חדתין מקרב אתו ולא תערנון אבהתכון C יזבחו לשדים לא אלה... חדשים מקרוב באו ולא שערום אבותיכם they sacrificed to idols which were not gods..., new ones that had come in of late, (with) whom your fathers had never commited iniquity - דב לב 17 [$C^{ar}$ יתאלההם = יעבדום - Lane 82b].

†**אתפעל נפרץ** בהשאלה **to be broken** *fig.* הן סיגי ‹פרדוסיך› דנצבת מתרעים בחוביה כי גדרות פרדסיך שנטעת נפרצות בעוונות (דברי משה אל אברהם) the fences of the garden that you planted are broken down through sins - ת״מ 252ב.

†**תורעה** ש״ע נ *n. f.* **פריצות lawlessness** ולא חזית תורעה בישראלN ולא ראה עמל בישראל I have not seen lawlessness in Israel - במ כג 21 (=המליץ 555).

†**תרוע** ש״ע ז *n. m.* qiṭṭūl **פריצות lawlessness** ולא חזי תרועה בישראל A ולא ראה עמל בישראל He has not seen lawlessness in Israel - במ כג 21.

†**תרוע** ש״ע ז qāṭōl **אליל (פורץ גדר) idols** ולא ינכסון חורי... לתרועין דאנון טעין בתרון MCA (B לתרועים, N לתרוין) ולא יזבחו עוד... לשערים that they may offer their sacrifices no more to the breachers (of morality) - ויק יז 7.

**תרע** ש״ע ז *n. m.* **1 פרץ breach** תרע פרץ - המליץ 561 [מן בר לח 29. ליתא]. **2 פתע** במעמד אדוורביאלי *adverbial* **suddenly** ואן ימות מית עליו בתרע עטף וכי ימות עליו מת בפתע פתאם if a person dies suddenly, unexpectedly, beside him - במ ו 9 (=המליץ567). ואם בתרע בלא דבבו דפעה ואם בפתע בלא איבה הדיפו - במ לה 22. **3 פתח, שער** tēra **gate** וקעם משה בתרח משריתה ויעמד משה בשער המחנה Moses stood in the gate of the camp - שמ לב 26.

ולוט יתיב בתרח סדם ולוט ישב בשער סדם - בר יט 1. וית גבריה דתרח ביתה אלקו ואת האנשים אשר פתח הבית הכו - בר יט 11. בהשאלה *fig.* קעמין אנן על תרח חסדיך עומדים אנו על שער חסדיך we stand in the gate of Your mercy - ע״ד כג 73-74. אקמנן סכואן על תרח רחמיך העמדנו סיכויינו על שער רחמיך - ע״ד כח 29-30. אני פתחת תרח טובה אני פתחתי את שער הטוב - ת״מ 303ב. ולעל מנה תרח שומיה - אס 5א.

†**תרע** ש״ע ז qaṭṭāl *n. m.* **אליל (פורץ גדר) idol** ולא ינכסון חורי... לתעריה ולא יזבחו עוד... לשערים that they may offer their sacrifices no more to the breachers (of morality) - ויק יז 7.

†**תרע²** השמעת קול **blast** of trumpet [מן העברית H]

**תרוע** ש״ע ז qiṭṭūl *n. m.* **תרועה blast** ותרוע מלכיה בה V ותרועת מלך בו the blast of a king is among them - במ כג 21.

**תרעו** ש״ע נ *n. f.* **תרועה blast** ותרעות מלכיה בה A ותרועת מלך בו - במ כג 21.

†**תרף** פסל **idol** [מן העברית H]

**תרפין** ש״ע ז *n. m. pl. tant.* **פסילים idols** וגנבת רחל ית תרפיה דלאבוה ותגנב רחל את התרפים אשר לאביה Rachel stole her father's household idols - בר לא 19. ורחל נסבת ית תרפיה ושבתון בכרה דגמלה ורחל לקחה את התרפים ותשמם בכר הגמל - בר לא 34. ולא אשקע ית תרפיה ולא מצא את התרפים - בר לא 35.

†**תרפי** ?

**תרפי ?** אן תרפי ועד סריק נעל A אם מחוט ועד שרוג נעל - בר יד 23.

**תרצה** שם פרטי *pr. n.* tirṣa

**תרצה** ש״פ ובנאת צלפחד מחלה ונעה חגלה מלכה ותרצה - במ כו 33.

†**תרשיש¹** אבן טובה **a gem** [מן העברית H]

**תרשיש** ש״ע ז *n. m.* **תרשיש gem** וסדרה רביעאה תרשיש ויהלם - שמ כח 20, לט 13.

**תרשיש²** *pr. n. (place)* שם מקום taršəš **תרשיש** ש״פ ובני יון אליש ותרשיש כתים ורודנים- בר י 4.

**תשע**† ש״מ תשע *numeral* **nine** [אינו כלל בכה״י J של התה״ש ובא בכ״י מאוחרים ממנו. המצוי בו וב״המליץ״ הוא אשע (ע״ע) .*Not in* MS J *of the* ST. **א״י** בתשעה יומין לירחה - **נ** ויק כג 32. *See* ³ʾšᶜ. **סוא״**לא שבק תשעין ותשע על טורא - מתי יח 12]

**תשע** - בר ה 5 A. **תשעה** - במ כט 26 VNBA. תשעת (נסמך לשם מיודע) - במ לד 13 VE. **תשעין** - בר יז 24 C.**תשיעאי** תשיעאה (מיודע) - במ ז 36 VN. תשיעאיתה (נקבה מיודעת) - ויק כה 22 VN.

**תשע** ש״מ מונה מותאם לנקבה *cardinal number* **תשע** **nine** *with f. nouns* עסר שנין ותשע מואן שתה A עסר שנים ותשע מאות שנה nine hundred and ten years - בר ה 14. תשע מואן שתה BA - בר ט 29. תשע שנים... תשע ותלתין ומאתין שתה A - בר יא 19. תשע ותלתין ומאתין שתה A - בר יא 21. כיו״ב A בפסוקים 24, 25. ואברהם בר תשעין ותשע שנים C - בר יז 24. תשעה ועסרים ככר E - שמ לח 24. תשע וארבעים שתה NEBA ויק כה 8. תשע אמין V - דב ג 11.

**תשעה** ש״מ מונה מותאם לזכר *cardinal number* **תשעה** **nine** *with m. nouns* בתשעה לירחה NEB בתשעה לחדש (=ninth day) on the nine of the month - ויק כג 32. תשעה וחמשין אלף NBA - במ א 23, ב 13. דה ארעה דפקד יהוה למתן לתשעת שבטיה VE זאת הארץ אשר צוה יהוה לתת לתשעת המטות - במ לד 13. תשע אמין ארכה B - דב ג 11. שבע מון ותשעה ושמנים... תשעה בשרוה וארבעה מון בעקבה שבע מאות שמנים ותשע (אותיות)... תשע בתחילה וארבע מאות בסוף - ת״מ 281ב.

**תשעין** ש״מ מונה *cardinal number* **תשעים** **ninety** הברת תשעין שנה תלד C הבת תשעים שנה תלד? can Sarah bear a child at ninety - בר יז 17. תשעין ותשע שנים C - בר יז 24. יהושע וחור הדה תשעים יהושע וחור - הנה תשעים (במניין זקני ישראל שליד משה) - ת״מ 191ב. תשעים ואשע שנים E - בר יז 1.

**תשיעי** ש״מ סודר *ordinal number* **תשיעי** **ninth** מלתה תשיעיתה יהיו עליכון סתרה הדבר התשיעי ״יהיו עליכם סתרה״ (דב לב 38) the ninth word: "let them be a shield unto you" (Dt 32:38) - ת״מ 240א. תשיעיתה זבן דטמאו גזרתה במקרוב ליד זנותה (הפעם) התשיעית (שעוררו את חמת האל) בזמן שטמעו את המילה - ת״מ 310ב. ביומה תשיעאה נסיא לבני בנימים VN ביום התשיעי... - במ ז 60. ותיכלון... עתיק עד שתה תשיעיתה B (VN תשיעאיתה) ואכלתם... ישן עד השנה התשיעית - ויק כה 22.

# A DICTIONARY OF SAMARITAN ARAMAIC

BY

ABRAHAM TAL

TUTA SUB AEGIDE PALLAS · 1683 ·

BRILL
LEIDEN · BOSTON · KÖLN
2000

# HANDBUCH DER ORIENTALISTIK
## HANDBOOK OF ORIENTAL STUDIES

ERSTE ABTEILUNG

## DER NAHE UND MITTLERE OSTEN
## THE NEAR AND MIDDLE EAST



---

FÜNFZIGSTER BAND 2. TEIL

## A DICTIONARY OF SAMARITAN ARAMAIC

This book is printed on acid-free paper

The research for this book has been supported by grants from:

The Endowment Fund for Basic Research of the Israel National Academy for Sciences and Humanities
and
The Memorial Foundation for Jewish Culture

**Library of Congress Cataloging-in-Publication Data**

Tal, Abraham.
A dictionary of Samaritan Aramaic / by Abraham Tal.
p. cm. — (Handbuch der Orientalistik. Erste Abteilung, Der Nahe und der Mittlere Osten, ISSN 0169-9423 ; 50. Bd.= Handbook of oriental studies. The Near and Middle East)
Includes bibliographical references and index.
ISBN 9004116451 (cloth : alk. paper)
1. Samaritan Aramaic language—Dictionaries—Polyglot. I. Title. II. Handbuch der Orientalistik. Erste Abteilung, Nahe und der Mittlere Osten; 50. Bd.
PJ5275 .T35 2000
492'.29—dc21 00-022466
CIP

**Die Deutsche Bibliothek – CIP-Einheitsaufnahme**

A dictionary of Samaritan Aramaic / by Abraham Tal. – Leiden ; Boston ; Köln : Brill, 2000
(Handbook of Oriental studies : Abt. 1. The Near and Middle East ; Bd. 50)
ISBN 90-04-11645-1

**Handbuch der Orientalistik.** – Leiden ; Boston ; Köln : Brill.
Teilw. hrsg. von H. Altenmüller. –Teilw. hrsg. von B. Spuler. –
Literaturangaben
Handbook of oriental studies

ISSN 0169-9423
ISBN 90 04 11645 1 (set)
ISBN 90 04 11858 6 (dl. 1)
ISBN 90 04 11859 4 (dl. 2)



PRINTED IN THE NETHERLANDS

*For Zehava*

# CONTENTS

# INTRODUCTION

Lexicography has not ignored the languages of the Samaritans, including their Aramaic dialect. The earliest lexicographers were the learned members of the community themselves; from the late Middle Ages on, they arranged glossaries of the Hebrew of the Pentateuch with Aramaic and Arabic as target languages. Such a glossary is *Hammeliṣ*[1], Ms. Samaritain 9 of the Bibliothèque Nationale of Paris, which was composed before the twelve century C.E. Bilingual Hebrew-Arabic glossaries exist in various libraries. They are mostly based on the Arabic version of the Pentateuch and reveal the Samaritan understanding of Pentateuchal Hebrew[2].

More recent lexicological treatment of Samaritan Aramaic began in the seventeenth century with Jean Morin's *Dialecti Samaritanae Lexicon*, a part of his *Opuscula Hebraeo-Samaritana* (Paris 1657). It was followed by J. H. Hottinger's *Etymologicum orientale; sive, Lexicon... Samaritanae...* etc. (Frankfurt 1661).

However, systematic dictionaries of Samaritan Aramaic are few. The first step was made by Edmundo Castellus in his *Lexicon Heptaglotton* (London 1686) shortly after the publication of the *editio princeps* of the Samaritan Targum. Unfortunately, it is of very limited use for the modern reader. Firstly, because of the scant material that Castellus had at his disposal: a poorly copied manuscript of the Vatican Library, dated from the sixteenth century, which was the only complete copy of the Samaritan Targum known at that time (see below), as well as several liturgical pieces known from a small Damascene manuscript. Secondly, because of the editor's somewhat naive linguistic approach, characteristic of his times. Thirdly, because of the misconceptions about the Semitic languages that prevailed during the seventeenth century. Having no solid notion of Semitic languages and their characteristics, Castellus did not hesitate to adduce the etymology of a word

---

[1] J.-P. Rothschild, *Catalogue des Manuscrits samaritains*, Paris 1985, pp. 155-156. The manuscript has been amply studied and edited with comments and annotations by Z. Ben-Ḥayyim in his *LOT* II, 437-666.

[2] Such a bilingual glossary is treated in a doctoral thesis by Dr. Ali Watad: "המליץ", המילון המיוחס לפינחס הכהן בן יוסף הרבן, Tel-Aviv University, 1999 (in Hebrew).

from any language to which he had access, whether it be ancient or modern. Thus, he attributed the word מלטופין, the strange equivalent of קנים, the compartments of Noah's ark in Gen. 6: 14, to the English *loft,* even offering a learned linguistic explanation for the different sequence of letters: *per metathesin.* Strange as it may seem, Castellus made hundreds of such incongruous etymological comparisons such as פלקינה, *waterskin* in Gen. 21: 15, which he attributed to the English *flagon*. Nevertheless, one should admire his insight and vaste knowledge. For example he translated the word בטן as 'venter, uterus', not without mentioning its metaphoric meaning in 1Kgs 7:20, which he translated 'prominentia'. To this he added the Aramaic verb בטן, 'in ventre concepit', and the Mishnaic noun בטנון which he explained: 'cithara ventriculata'. To these he joined the Midrashic בוטנה, 'inflatio', and the Samaritan Aramaic בטעניך, which translates הריונך in Gen 3:16 (SP).

Friedrich Uhlemann followed the footsteps of Castellus one and a half centuries later with *Institutiones Linguae Samaritanae* (Leipzig 1837), a part of which was dedicated to the Samaritan Aramaic vocabulary. Uhlemann was better documented with respect to Semitic languages and his linguistic approach was far more sophisticated. Nevertheless, the progress marked by his glossary is minimal due to the lack of material – very few manuscripts had been uncovered in the meantime – and because of his unfamiliarity with the Samaritan tradition, a common phenomenon among many Samaritanists until recently. Thus, he translates ואמצו, the targumic rendering of ואפס 'none', in Deut 32:36 as a noun 'deficientia', without noting the ending *u*- which points to a verbal form (actually the third person singular of the perfect). This misinterpretation of the word arose from its association with the Jewish version וְאֶפֶס. In fact ואמצו renders the Samaritan version *ấfəs*, considered a participle. It is therefore a אתפעל form of the root מצי, 'to be exhausted'. The word means: 'ceased to exist' (3rd pers. sing.[3]). The same verb is employed in Gen. 47:15 where וַיִּתֹּם הכסף 'for the money failed' is translated as ואמצו כספה, with the variant ושלם. Generally speaking, Uhlemann's etymological approach was quite accurate. However, due to the state of knowledge at his time, he could not take cognate Aramaic dialects into account. The Christian Palestinian dialect was not yet well known. Scholars were acquainted with only a few texts, mainly through the collection of E.N. Adler. Most of the material was to be published many decades later. The same is true with

[3] On the 3rd person singular of the perfect of *tertia waw* verbs ending in *waw* see *LOT* II, p. 453.

regard to Jewish Aramaic. The first great dictionary, the *Chaldäisches Wörterbuch über die Targumim* of J. Levy, appeared thirty years later (1866), and Jastrow's dictionary, only at the beginning of the 20th century (*A Dictionary of the Targumim, Talmud Babli and Yerushalmi, etc.,* New York 1903). No wonder then that these dialects were completely or partially disregarded, as was rabbinic Hebrew. This is why Uhlemann associated the word ארצים, which renders צר 'narrow' in Num. 22:26 with the Syriac לצם assuming an arbitrary change from ל to ר. However, scholars have shown that the real root of the word is ארצם which actually occurs in Talmudic Hebrew bearing the meaning of 'pressure' and 'distress' (Talmud Yerushalmi, Nidda III [ed. Venice p. 50d][4]). In addition, it is rather frequent in Samaritan Aramaic, although these sources were unknown to Uhlemann. E.g., in a recently published manuscript of the Samaritan Targum ואתרצמו renders ואתרוצצו, 'they pushed each other' (Gen. 25:22)[5].

A major flaw in the study of Samaritan Aramaic was that manuscripts of inferior quality were consulted. All lexicographic inquiries were based on the Polyglot of Paris, (G. M. Le Jay, *Biblia Polyglotta, etc.,* Paris 1645), which is a reproduction of a very corrupt sixteenth century manuscript[6], whose Samaritan Aramaic reflects the result of a long period during which Aramaic was forgotten and scribes were not competent enough to avoid corruptions and non-Aramaic interpolations. Moreover, the recently emerging Neo-Samaritan Hebrew penetrated the text replacing genuine Aramaic words. Scholars confronted with such unidentifiable aberrations invented the term "Cuthaic", (after the story of 2Kgs 17) with which they labeled the obscure words they encountered. This is how Georg Otho expressed his assumption about the strange items: "Samaritana lingua paulo impurior est, partim ex Hebraea, partim ex Syro-Chaldaea, partim ex veteri Cuthaea conflata"[7].

During the nineteenth century Samaritan lexicography progressed considerably due to the studies of Samuel Kohn: *Samaritanische Studien* (Breslau 1868); *Zur Sprache, Literatur und Dogmatik der Samaritaner* (Leipzig 1876) and later in his articles: "Neueste Literatur über die Samaritaner" (*ZDMG* 39 [1885], pp. 165-226) and "Die samaritanische

[4] *LOT* II, p. 573.

[5] A. Tal, *The Samaritan Targum of the Pentateuch,* Vol I-III, Tel-Aviv 1983.

[6] See ibid., pp. 39-41.

[7] In J. Alting, *Fundamenta punctationis linguae sanctae. Synopsis institutionum Chaldaearum et Syrarum... Simili institutionum Samaritanorum,* Frankfurt a/M, 1746[9], p. 5.

Pentateuchübersetzung nach der Ausgabe von Petermann und Vollers" (*ZDMG* 47 [1893], pp. 626-697). This is his conclusion: "Die sogenannte 'lingua samaritana' ist nichts als das in Palästina allgemein üblich gewesene vulgäre Aramäisch... Wurzeln und Wörter, welche die anderen palästinisch-aramäischen Dialekte nicht kennen, durfen, weil sie in unserem Codd. des sam. Trg. vorkommen, nicht mehr als... 'samaritanisch' oder gar 'kuthäisch' bezeichnet werden..."[8].

Things have changed considerably during the last decades. With the editions of *Tibåt Mårqe*[9] and of the Samaritan Targum, we now have at our disposal critical editions of all extant Samaritan Aramaic literary sources known to date (see below the list of sources). In addition, a critical edition of the Samaritan Arabic version of the Pentateuch prepared by Hasib Shehade started to appear recently. One can hardly overestimate its role in revealing the perception of the Hebrew text of the Pentateuch during the late stages in the evolution of Samaritan theological concepts. There is no need to mention the enormous contribution of Ben-Ḥayyim to Samaritan lexicography. The importance of his lexicographical comments to the numerous Samaritan texts he published is universally recognized.

In the light of the progress that has been made, I felt that the time was ripe to endeavor a comprehensive dictionary of Samaritan Aramaic. After lengthy discussions with my teacher, Professor Ze'ev Ben-Ḥayyim, during our common stay in the Institute for Advanced Studies in Jerusalem in 1980, we decided to produce a computerized concordance of the Samaritan Aramaic texts, which would later form the basis of such a dictionary. The concordance was completed in 1987, at which point I started to treat the material lexicographically. Here, I was confronted with many problems, the most vexing of which is the status of Hebrew, for, Samaritan Aramaic, as it appears in the extant texts, is impregnated with Hebrew. This is the result of a twofold contact between the two languages, that occurred at different stages of their history.

The initial contact took place in Palestine during the Second Commonwealth when both were living languages, coexisting as vernaculars of the same diglossic population. It was during this period that the Samaritan Pentateuch

[8] ZSp, pp. 206-207.

[9] Z. Ben-Ḥayyim, תיבת מרקה *Tibåt Mårqe, a Collection of Samaritan Midrashim, Edited, Translated and Annotated,* Jerusalem 1988 (Hebrew).

reached its definitive form. Undoubtedly, many Hebrew loanwords were absorbed by Aramaic as a result of this coexistence. These should be, and indeed are, considered an integral part of Samaritan Aramaic. It is therefore not Hebrew elements of this sort that preoccupy the lexicographer. What he is concerned with is the product of the second contact between the two languages.

The second contact between Hebrew and Aramaic occurred at a much later time, as far as Samaritan society is concerned. After the Arabic conquest of Palestine in the seventh century, Aramaic gradually lost its position as a spoken language and was replaced by Arabic towards the eleventh century, which was first imposed by the new rulers as the language of the administration, and later adopted by the population because of its superior socio-cultural status. At the end of this process, the usage of Aramaic was limited to the synagogue where it was still employed as the liturgical language of the Arabic speaking Samaritans. Since Hebrew was omnipresent in the synagogue, a renewed contact was established. However, this time the contact was between two literary languages par excellence, both being of great prestige, but neither having the status of a spoken language. As a result of this renewed contact, a new literary language arose: a kind of artificially constructed conglomerate consisting of Aramaic and Hebrew with heavy traces of Arabic. In the description of this language Ben-Ḥayyim made back in 1939,[10] he designated it שומרונית. This hybrid language, called Neo-Samaritan Hebrew in this dictionary (NSH), became the major vehicle for literary expression. Since it was so popular among Samaritan poets, historiographers, commentators, etc., it succeeded to penetrate every literary composition, copies of the Aramaic Targum produced from the fifteenth century onwards being no exception. NSH is therefore the language of large parts of the liturgy, most of *Tibåt Mårqe*, and of many other literary compositions of the Samaritan community. A few examples that illustrate its character as well as the role played by Hebrew in its formation are in order here.

A significant number of Hebrew lexical items consist of words that do not occur regularly. They appear at random, whenever an author decides use a

---

[10] Z. Ben-Ḥayyim, "Samaritan Prayers for Joyous Occasions" *Tarbiẓ* 10 (1939) [Hebrew], pp. 333-337. Later, in the introductions to his LOT III/b, p. 27 and to *Tibåt Mårqe*, (mentioned above, n. 9), pp. 15-27. Recently, this language has been examined closely in M. Florentin, *"Shomronit" – A Grammatical Description and Lexical Characterization*, Tel-Aviv 1989, (unpublished doctoral thesis [Hebrew]).

certain Hebrew word without even minding its origin. Its Aramaic equivalent is not evicted, and one may expect to find it in the same text several passages further, in the same context, with the same semantic value (poets like Eleazar ben Pinḥas of the fourteenth century mastered both languages and were able to compose poems and hymns in both with the same measure of competence). For example, the anonymous author of the later parts of *Tibåt Mårqe* uses the Hebrew verb ברח 'to flee' instead of the Aramaic ערק: עד לא יכל אניש יברח מתמן, 'so that nobody may flee from there' (TM 75a). ברח does not occur normally in *Tibåt Mårqe*, and it was not chosen in order to assign any particular meaning to the passage. The author (or the copyist) chose it simply because no solid distinction between Hebrew and Aramaic was made at that date in the literary composition. In TM 136b Israel is warned: הב בלך ושמור נפשך... פן תקום בקלל רב 'beware and watch yourself... lest you will be faced with a great curse'. שמור, פן are obviously Hebrew words which have Aramaic equivalents frequently used in TM: נטר, דלא/ברן. Only rarely a particular meaning assigned to a Hebrew word determines its use. Such is the verb שוב 'to return', which is used with the sense of 'repentance' (i.e., return from sin), for example in: ואתה מגדד... ולא שהב 'and you act rebelliously... and do not repent' (TM 113b). The regular Aramaic verb is חזר. In an instance priority is given to the Hebrew noun מקום over the Aramaic אתר for 'place' in order to designate a pentateuchal pericope (TM 112b): לכן אמר, אכה בדן מקומה 'therefore it is said in this place' (however, a variant manuscript uses the term קצה, 'pericope').

A second category consists of words that occur regularly and are totally assimilated into the new language. Such is the root גדל 'to grow', whose frequency limits its Aramaic rival רב. E.g., מלה גדילה רחמו 'love is a great thing' - Asatir 15b. A verb belonging to the same root is very frequent as well: וישראל יגדל 'and Israel will boast' (TM 207b). Thus, the lexicographer is constantly faced with the problem of discerning between these two stages of Hebrew influence, which occurred during two distinctly separate periods of time. When should a Hebrew element be considered a loan, assimilated into Aramaic during its existence as a living language, and thus taking its proper place in the Aramaic vocabulary, and when should such elements be classified as the outcome of the second encounter between the two languages, thus remaining purely Hebrew? In the latter case, such a word should be adequately characterized, if not excluded, depending on the decision regarding the non-Aramaic inroads into a non-spoken Aramaic vocabulary.

A third factor, present in the Samaritan literature, that produces many difficulties, consists of the Arabic words that have penetrated into the Samaritan Aramaic texts during various stages of their history. Many of them are real loans that have infiltrated into the spoken Aramaic of the Samaritans during the period when both languages were in circulation, as a result of the process of cultural borrowing. Such words may be military terms like جيش 'army', which is found in the Targum to Gen. 32:3, or عسكر 'army' for מחנה, which occurs in Ex 16:13. This latter word is recorded in the relatively old Samaritan glossary *Hammeliṣ* and is common in Syriac as well. However, many Arabic words are suspect of being no more than accidental encroachments from the scribes' spoken language into the copy they were making. They occur irregularly, leaving their Aramaic parallels untouched in all other passages so that no sign of linguistic assimilation into Aramaic is detectable. Such is Gen. 31:47, where a certain scribe changed מתוב for מגלס, probably under the influence of مجلس, found in the Arabic Targum *ad loc*.

The problem is even more complicated by the fact that no Samaritan document copied before the Islamic Era actually exists. In fact, every piece of literature we have access to was either composed or copied when authors as well as scribes and their customers were Arabic speaking for generations (the oldest manuscript known so far was written in the year 1204). In such a linguistic environment, no wonder that many Arabic words as well as many grammatical structures are present in Samaritan practically everywhere.

No clear linguistic criteria exist for drawing a line of demarcation that separates the material that is assimilated enough in Aramaic to be included in a dictionary called "A Samaritan Aramaic dictionary" from the largely Hebraized and Arabicized compositions. Fully aware that the renaissance that produced NSH did not beginbefore the fourteenth century with the great poets *Fīnās Arråbbån* (פינחס הרבן) and his sons *Elāzår* (אלעזר) and *Abīša* (אבישע), I excluded the literature written from their time on. Thus, it is hard to regard the dictionary as pure linguistic. Rather than being a comprehensive dictionary of Samaritan Aramaic it is a dictionary of the major Samaritan literary pieces written *mainly* in Aramaic. The decision to adopt this position was taken because I reached the conclusion that the time is not yet ripe to treat NSH lexicographically. Many texts await examination, critical editions, and investigation of their vocabulary, tasks to be accomplished in the future. A small part of this material has been treated in this dictionary, not for its

own sake, but for the sake of elucidation of NSH words that penetrated Aramaic compositions during the process of their transmission.

To this category belongs the multitude of words of unknown origin, the so-called "Cuthaic", through which Samaritan Aramaic became famous in the past. Although these words have been treated by many scholars, I was often faced with the problem of recognizing their nature, i.e., of re-establishing, as objectively as possible, their original form. I was not allways was I able to find a criterion for identifying such words, and this is why question marks are so abundant.

## THE SOURCES

These are the compositions of which extensive use has been made.

1. The *Aramaic Targum*. Three types of recensions are distinctly recognizable. The oldest type, represented by Ms. Or 7562 (J) of the British Library, reflects the Aramaic of the Samaritans at the beginning of their independent literary activity. It is a stage of development from the pre-Talmudic period, when the so-called Palestinian Targum was composed, and even older, for it presents some affinities with the linguistic stratum to which Onqelos and the Aramaic documents of the Dead Sea caves belong. The second type, represented by Ms. No 6 of Shechem Synagogue (C) and Cod. Barberini Or 1 of the Vatican library (V; Mss. E, M and N also belong to this type), reflect a stage contemporary with Talmudic Aramaic, which evolved from the fourth century onwards. Differences between the two types, such as ציבחד vs. זעור 'few'; אנן vs. אנחנן 'we', etc., define the chronological strata. The third type, best represented by Ms. 3 of the Shechem Synagogue (A), bears the marks of the recently emergent NSH. It was copied and its text thoroughly revised when no Samaritan any longer properly understood the Aramaic of the Targum. This is why confusion of similar looking letters, unselective choice of readings, and an inability to decipher accurately the original produced a text which had very little in common with what Samaritans used to read in ancient times. The impact of Arabic on the text is obvious in the realm of proper names e.g., נאבלס (نابلس) for שכם, Gen. 48:22; בניאס (بانياس) for דן, Gen. 14:14; but is by no means restricted to them: גרם (جرم) for פשע, 'crime', Ex 22:8; גפרה (جفره) for כבש 'lamb', Nu 15:27; מגלס (مجلس) for יגר 'stone heap', Gen. 31:47, etc. To this type belong also Ms. B

and the first 26 chapters of Ms. E, as well as many marginal and interlinear readings of Ms. M[11].

Whenever relevant, I included the testimony of the late medieval glossary *Hammeliṣ*, whose Aramaic column is a collection of translations picked up from Targumic manuscripts the compiler had before him[12]. When its testimony was not corroborated by any of the extant manuscripts, I noted ליתא, and old masoretic term meaning 'inexistent'.

Quotations from Ms. J are unmarked as such, except in cases where there are opposed to variants, or when their unique reading is emphasized. Quotations from other manuscripts are marked according to their sigla. When mentioning the manuscript was of no importance, variant readings, given in brackets, were marked נ״א (= var.). All quotations are given in context, sometimes abridged, along with the Hebrew original taken from the SP. I departed from the SP only when I found a different meaning or structure in the Targum. When the meaning was self-evident, I omitted the SP. For the English translation I used RSV or JPS, as far as they properly reflect SP. Otherwise, the translations are my own.

The user should be warned about "ghost words" the author of the Targum may have invented when translating the SP[13]. It is not infrequent that a translator, imitating the original, sometimes unwillingly creates such "ghost words" that "enrich" the vocabulary of the target language. I did not mark such inventions because of lack of solid criteria for their identification. Nevertheless, when the imitation was obvious, I noted: "following to the wording of the Torah".

2. *Tibåt Mårqe*, also known as *Memar Marqah*, is a midrash attributed to the great fourth century poet Mårqe (מרקה a form of Marcus), "the founder of wisdom"[14]. It is not a continuous homiletic midrash of the Pentateuch in the way most of the Jewish midrashim are, although it contains a great deal of midrashic material. Nor is it a uniform composition. Rather, it is a collection

---

[11] For a full account of the manuscripts of the ST see A. Tal, *The Samaritan Targum of the Pentateuch*, Vol. III, Tel-Aviv 1983, *passim*.

[12] Published and commented by Ben-Ḥayyim in *LOT* II, pp. 440 - 616. Introduction: *LOT* I, pp. סה-עג. For an English account see A. Tal, "Samaritan Literature", in A. D. Crown (ed.), *The Samaritans*, Tübingen 1989, pp. 431-433.

[13] See J. A. Lund, *Orientalia* 66 (1997), pp. 71-77.

[14] A. Neubauer, "Chronique Samaritaine, etc.", *Journal Asiatique* 14 (1869), p. 404. Cf. Abu'l Fath, *Kitab 'alTarikh*, transl. by P. Stenhouse (Sydney 1985), p. 180.

of six compositions very different in style and contents, gathered in one manuscript at a relatively late date and handed down together until they were considered one unity.[15] The first five books narrate the stories of the Pentateuch in a very expanded way with many midrashic supplements, resulting in a kind of epic story about the wanderings of the Children of Israel in the desert. The central figure of the story is Moses, whose death concludes the epic. As shown below, the common subject does not imply continuity and successiveness and the books involved retain their separate character. The sixth book is a midrash on the letters of the alphabet. *Tibåt Mårqe* is by no means uniform in language. The various linguistic strata are mixed together in its text. Fourth century Aramaic, of the same nature as the language of the poems of *Mårqe*, and later NSH occur side by side. Arabic has also exerted a heavy influence on *Tibåt Mårqe*. On the basis of the language of *Tibåt Mårqe*, Ben-Ḥayyim concluded that only the first book and parts of the second were transmitted in the language that can be safely ascribed to *Mårqe*'s times, while the other parts of *Tibåt Mårqe*, although containing old traditions, were contaminated at various degrees by NSH, which finally determined their character.

I used the edition of Ben-Ḥayyim (ת"מ) for the text as well as for its translation into Hebrew, from which I deviated only when it was necessary for the understanding of the quotation without appealing to the edition itself. For the English translation I used Macdonald's edition with great caution (the reader will detect a great deal of deviation from it)[16]. The basic manuscript is quoted unmarked, while variants are marked ת"מ (ק), ת"מ (ק$_1$), ת"מ (ל) [17].

5. *The Liturgy.* According to Samaritan tradition, prayers took the place of the *Tamid* (i.e., daily) offerings. This view is expressed by Salama b. Tabia, the High Priest, who answers Henri Baptiste Grégoire in a letter addressed in 1810[18]: קרבן התמיד זה לא נעשה אתו כי עשו לן כהנינו צלות תחת הקרבן[19]. Since the *Tamid* ceased to be offered at an early date, presumably under Roman rule, it is highly probable that the custom of praying daily became popular in

---

[15] See the Introduction to Ben-Ḥayyim's edition (mentioned above in n. 9).

[16] J. Macdonald, *Memar Marqah, the Teaching of Marqah,* Vol. II: The Translation, Berlin 1963. See Ben-Hayyim's criticism: *Bibliotheca Orientalis* XXIII (1966), pp. 185-191.

[17] On the manuscripts and their position see the introduction to Ben-Ḥayyim's edition (mentioned above in n. 9), pp. 30-36.

[18] Bishop of Blois, author of *Histoire des sectes religieuses etc.* (Paris 1814).

[19] Published by Antoine Silvèstre de Sacy, *Correspondence des Samaritains de Naplouse etc.* (Paris 1831), p. 106.

the first centuries C.E. In the course of time, a liturgical service arose, which developed greatly with the increasing number of prayers composed during the ages. At present, it has a fixed form, but this form was reached only some centuries ago. Early prayerbooks differ from each other in their order of prayers and even in their content. Even in manuscripts of the eighteenth century some variations can be observed.

The oldest prayers were composed in the fourth century C.E., when this kind of literature was popular among the Jews in Palestine as well. It was an epoch of great cultural blossoming within the Samaritan community, led by the great leader Baba Rabba, who created the new social organization of the community. He appointed a "Council of Elders" which controlled daily life, including its spiritual aspects. He divided the Samaritan territory into districts under the rule of a leader, assisted by a priest, who was probably in charge of the religious life. One of these priests was עמרם בן סרד[20], identified by the *Tulida* (see below) with טוטה (a form of Titus), the father of מרקה. If this identification is correct, then עמרם lived in the fourth century C. E. This is the date to which the beginnings of the Samaritan liturgy are to be ascribed. From that date onwards, liturgical composition expanded considerably within the community and, in fact, never stopped. From the list of authors presented by Cowley[21], which includes nearly seventy names, one may get an idea about the extent of this kind of literary production in the Samaritan spiritual life. עמרם דרה *(ᶜÅmråm Dåre)* and מרקה *(Mårqe)* seem to be the oldest poets known to date. With them one may include ננה *(Ninnå)*, the son of מרקה, as well as אלדוסתאן *(Ildus'tân)*. Their composition reflects fourth century Aramaic, a living language, as were the other dialects of Palestine at that time, Jewish and Christian[22].

As Aramaic lost its position because of the pressure exerted by Arabic, Hebrew began to gain in importance in the synagogal service. Being the language of the Holy Writ, it benefited from its prestige, as well as from the decline of Aramaic, and penetrated into literary creations, from the tenth century on, when the first attempts to write liturgical poems in Hebrew are found. Some of the principal authors of this period used Hebrew along with

[20] For a full account of Amram's life see LOT IIIb, p. 13.

[21] A.E. Cowley, *The Samaritan Liturgy,* vols. I - II, Oxford 1909. The list is given in vol. II, pp. xcvi-xcviii.

[22] For biographical data see *LOT* IIIb, pp. 23; A, D. Crown, R. Pummer and A. Tal, *A Companion to Samaritan Studies,* Tübingen 1993, *s. v.*

Aramaic in their literary composition, although to a much more limited extent. Moreover, they never mixed the two languages in one composition. The most celebrated authors of this period are טביה בן דרתה *(Ṭåbiå ban Dårtå)*, אב חסדה הצורי *(Ab Isdaā aṣṣūri)*, and אב גלוגה *(Ab Gillūgå)*. Although they exploit the potential offered by the two languages, Hebrew and Aramaic, neither grammatical hybrids nor contaminated lexical elements occur in their compositions.

During the twelfth century, a decline in spiritual activity set in, which lasted until the beginning of the fourteenth century, when the High Priest, פינחס הרבן *(Fīnās Arråbbån)* initiated an era of renaissance in the spiritual life of the community. In the meantime, a major linguistic change took place. Aramaic fell into complete oblivion and Hebrew gradually replaced it. In the course of its ascension to the rank of a literary language, Hebrew absorbed a great deal of the slowly declining Aramaic. The result was a hybrid language used solely for literary purposes and composed of Hebrew and Aramaic, both taken from existing written sources, with visible traces of Arabic influence: NSH. In this hybrid language the distinctive features of each of its components were no longer respected. An Aramaic noun takes the Hebrew article: הממן, 'the everlasting one' (i.e., God), a Hebrew verb succeeds the Aramaic relative pronoun: דתשיגני, 'which will reach me', an Arabic noun occurs with the Hebrew plural termination: דקיקות, 'minutes', etc. This is the era of NSH (see above). The most prominent poets of the fourteenth century are פינחס הרבן *(Fīnās Arråbbån)* himself, and his two sons, אלעזר *(Elāzår)* and אבישע *(Abīša)*. The last one become famous for his numerous poems and was nicknamed בעל המימרים (also المصنف), i.e. 'the writer'.

In this dictionary, only the Aramaic liturgy prior to the emergence of NSH, has been extensively used. Excerpts from NSH liturgy have been used occasionally when words of its particular vocabulary were interpolated by later scribes in ancient texts. The intention of their inclusion was to better understand the extent of their distribution.

4. *The Book of Asaṭir* is a chronicle whose subject parallels the Pentateuchal narrative treated in a very expanded way, with many legends and midrashic material. It deals mainly with the successive string of generations supported by the four "foundations of the world": Adam, Noah, Abraham and Moses. The whole book is written around the story of their lives as handed down by oral traditions. In this it differs from other Samaritan chronicles, whose

usual starting point is the end of the Pentateuch, i.e. the conquest of Canaan by the Children of Israel. The book is divided into twelve chapters, the first ten of which are devoted to the period between the Creation and the war against the Midianites (Num 31). The eleventh chapter is partly a geographic account of the Land of Canaan according to Num 34. The remainder deals with the days to come, until the coming of the TAHEB, the Redeemer. I used Ben-Ḥayyim's annotated edition as well as his translation[23].

5. Some other compositions have been used, although Aramaic constitutes only a part of them. They are colophons of old manuscripts and the medieval chronicle *Tulida*[24], which is mainly NSH, but some Aramaic remnants still exist in it.

## THE ARRANGEMENT OF THE DICTIONARY

The arrangement of this dictionary follows the traditional order of radicals. It stems from the medieval discovery of the notion of the Semitic triradical root, which led to the elaboration of dictionaries according to the view that every Semitic word belongs to a root. Later on, this unfriendly arrangement (it is complicated and involves an *a priori* knowledge of Semitic word-formation) lexicographers abandoned their uncompromising faith in the root and started to arrange their dictionaries in an alphabetical order of words. I opted for the old way, not only because I found the alphabetical order as unfriendly as the radical one, but also because I was determined to present every word within the framework of its chain of derivations. After all, Samaritan Aramaic is a Semitic language and, its behavior is demarcated within the space of the root, whether triliteral or not. As it is not intended to be a dictionary for beginners, one is entitled to expect users to have at least a basic knowledge of Hebrew. Of course, many Greek and Latin loans are not subject to the root-rule (e.g., פיאלי, φιάλη), nor are compounds, pronominal and adverbial particles, etc. (e.g.: אידן from אי+דן; דלא from ד+לא). These are arranged by their first letter. So are one-form words for which a root exists only theoretically, such as אילן, מערה etc., and מעון, a Hebrew loan that

[23] *Tarbiẓ* 14 (1943), pp. 104-125; 174-190; 15 (1944), pp. 71-87; 128.

[24] An excellent critical edition has recently been published by M. Florentin of the Tel-Aviv University: *The Tulida, a Samaritan Chronicle. Text, Translation, Commentary*, Jerusalem 1999 (Hebrew). References are given also to A. Neubauer, "Chronique Samaritaine, etc.", *Journal Asiatique* 14 (1869), pp. 385-470.

occurs only in the sense of God's abode (after Dt. 26:15). *Otherwise, the root is the lemma of the entire family of words.*

This decision led to many problems of presentation. Following internal phonologic changes, many words underwent a metamorphosis that gave them an appearance quite remote from their "classical" root. For example, many *media aleph* lost their middle radical consonant and became *media waw*: the imperfect of שאל is from now on ישול - yēšol, with the imperative שול - šol (In late manuscripts ישאל was restored under the influence of the Hebrew yēšâʾəl). The loss of the gutturals produced great confusion: the orthography fluctuated between חיול and עיול; חכם and עכם; אילן and חילן, etc., leading sometimes astray the unexperienced reader. In order to overcome the difficulty of finding such words, I prepared a comprehensive index consisting of every word whose *lemma* is not obvious at first glance. The reader is strongly advised turn to to the index before trying to find an item whose root is not obvious.

The *lemmata* are arranged in alphabetical order. The quadriradicals derived from *media waw* or *geminata* are included in their triradical roots, of which they are derived as regular formation. Thus, כלכל belongs to the root כול; גלגל to גלל, etc. However, פרנס stands alone as an independent quadriradical. In any case, the index should be consulted.

When polysemic words occur, and this is quite frequent, they are assembled under one *lemma*, which is divided in accordance with the number of meanings exhibited by the word. The quotations are divided accordingly and marked by Arabic numerals: 1, 2, etc. When on historical grounds two or more roots may be considered homonymic[25], they are separated into discrete *lemmata*, bearing distinctive (superior) numbers e.g. ¹אגר. I am aware of the fact that a distinction between these two categories is sometimes subjective[26], however, I could not ignore the semantic differences, particularly when they correspond to etymological considerations. Thus, only one *lemma* exists for the root אבב, under which occur the entries (a) אביב = (1) fresh shoots of barley, (2) barley in the ear; (b) אביבאי = related to the freshness of barley; and (c) איב = fruits. On the other hand, there are four different *lemmata* for אגר: (1) to hire, (2) roof, (3) offshoots, and (4) nostrils. In the first case all

[25] This bears on homographic words too, because of difficulties in the reconstruction of their vocalization.

[26] L. Zgusta, *Manual of Lexicography,* The Hague-Paris 1971, pp. 73-887. J. H. Hospers, "Polysemy and Homonymy", *Zeitschrift für Althebraistik* 6 (1993), pp. 115-123.

the words, being closely connected by meaning as well as by etymology, are considered cases of polysemy while in the second case, no connection has been detected between the words in question, therefore they have been proclaimed homonyms and separated accordingly.

The *lemma* is followed by a general indication of its meaning. This is formulated in a more or less abstract way, in order to let the reader know that the root has only a generic, broad meaning. The particular meaning comes with the entry, and is given immediately after the entry and its grammatical definition. In order to show the existence of the root under particular forms in the cognate Palestinian Aramaic dialects, quotations are given in context, translated (into Hebrew) when necessary. Information from other Semitic languages is given only when it contributes to the elucidation of the nature of the word (or root). Etymology is not the concern of this dictionary, unless it helps in understanding a difficult word.

At this level, a list of the extant grammatical forms are presented accompanied by their transcription, to the extent of their occurrence. Since no authoritative system for graphically reproducing the vocalization of their Aramaic texts exists, I relied upon the contemporary oral tradition in reciting prayers, which proves itself fairly constant[27]. Unfortunately, the oral tradition is limited, since only a part of the known liturgy is practiced in the synagogues. The rest, as well as other sources, have no vocalization at all. Given the scarcity of pronounced entries and the absence of vocalization, separating out various grammatical patterns depends in the majority of cases on the lexicographer's judgement, which is not always able to distinguish between nominal patterns such as קָטוֹל, קִטּוּל and קְטוֹל, or to differentiate between conjugations like אֶתְפְּעֵל, אֶתְפַּעַל, and אֶתַּפְעַל. In many instances the *taw* of these conjugations is assimilated to the following consonant, and as no means of marking exists, the grapheme אקטל may be interpreted in several ways, one of which of course is אַפְעֵל[28].

This list is omitted when the entries of a *lemma* are few and the grammatical forms may be inferred from them. Naturally, in this case the pronunciation (when available) is given immediately after the entry.

---

[27] As recorded by Ben-Ḥayyim in *LOT* IIIb.

[28] In NSH a new, artificial, *Etpəᶜel* emerged in verbs whose first radical is a sibilant, without the usual metathesis. The phenomenon has been treated by M. Florentin (see above, n. 10), p. 215f. Since it hardly affects SA, I brought these verbs, whenever they occur, under *Ettafᶜal*.

Following the *lemma* come the respective *entries*, i.e., the actual forms belonging to the root: first the verbs arranged according to their conjugations, then the nouns and the nominal formations according to their patterns. After many hesitations I decided to attach the infinitives to their respective conjugation (indented for easier recognition), since the patterns מִקְטַל, מַקְטָלָה, מִקְטָלָה, etc., although being nominal in form and use, occur very often in verbal structures. This is why they appear, here and there, in the category of nouns too, sometimes under the same *lemma*. The participle was arranged within the verb, because of its frequent occurrence in a verbal status. On the other hand, the nouns of the pattern *qāṭōl* are presented separately, although at a given period, they replaced the participle in the Western-Aramaic dialects[29]. The same separation has been applied to the nominal pattern *qiṭṭūl*, although on the path of its evolution, it replaced the infinitive, mainly of *Piᶜel* conjugation.

The *entry* is divided according to its functions and meanings. When a nominal pattern functions as more than one part of speech (e.g., as both noun and adjective), each of them is presented separately, marked **א**, **ב**, etc. The same marking distinguishes between transitive and intransitive verbs[30]. Various meanings of one entry are marked by means of numerals: **1**, **2**, etc. I tried to infer the meaning of the entries from the context, which I made efforts to present in relevant quotations. Doing this, I tried to represent all kinds of texts, quoting every source, when necessary. However, the absence of a quotation does not necessarily mean that the word does not occur in the respective source (except in cases where the sign † is present). In any case when a word's distribution is limited to a certain kind of text, this fact is noted.

Nevertheless, in order to inform fully the reader the best way possible, I sometimes present many references. This is why examples are sometimes abundant, if not profuse, particularly when words that are rare or unknown in other Aramaic dialects are treated. On occasions, all occurrences of a word are given (marked by †; when the mark comes at the level of the *lemma*, all the occurrences of the root are given. Otherwise, only those included in the respective *entry* are present). In my quest for the meaning of many words, as understood by the Samaritans, I consulted their Arabic

[29] See my article "Observations on Word-formation in Samaritan Aramaic II, the *qāṭōl* Pattern", *Scripta Hierosolymitana* XXXVII (1998), pp. 349-364.

[30] This situation has been pointed out only in cases where it is not self evident.

versions of the Pentateuch, their Arabic translations of the liturgy and midrashic compositions, as well as their old glossaries. However, I did not prefer their explanations when they contradict linguistic considerations, since I found many aberrations caused by projective interpretation of the word. I tried to present meaning changes chronologically, as far as such a presentation was possible.

*

I owe a debt of gratitude to many persons and institutions which granted me their assistance in the course of my work. First of all to my dear teacher Professor Ze'ev Ben-Ḥayyim, the Nestor of Samaritan Studies. He introduced me, thirty years ago, to the fascinating world of Samaritanism, and stimulated me in preparing this dictionary. His counsel was my "thread of Ariadne", his studies, the warp on which the weft of this dictionary is woven. I had many discussions with my friend and former pupil, Dr. Moshe Florentin, regarding form and contents of the dictionary. He also read a set of proofs and made very useful observations and corrections. Dr. Penina Trommer and Dr. Esther Borochovsky assisted me in formulating the entries dealing with particles and their syntactic status. A beneficial proof-reading was done by my pupil Hezi Mutzafi. My friend Israel ben Gamaliel Ṣadaqa, a Samaritan of Holon, put at my disposal his unlimited knowledge in Samaritan customs and practices. He encouraged me and urged me to overcome my doubts and complete my work. Here I wish to remember my colleague, the late Dr. Rivka Yarkoni. Her loyal assistance in performing many of my administrative tasks during my service as head of the Hebrew Department at the Tel-Aviv University enabled me to devote more time to my work on this dictionary. She passed away untimely, to the great sorrow of her many friends. ימתקו לה רגבי עפרה.

My friend Dr. Steve Fassberg looked over the English translation of the definitions and quotations. He also made very wise remarks. My friend Professor Takamitsu Muraoka of Leiden University, was instrumental in the final stage of presentation of this dictionary to the E. J. Brill publishing house. Professor B. A. Levine of New York University made some very useful observations concerning the presentation of the material. I am also indebted to the Institut Sémitique at the Collège de France, particularly to the Professors André Caquot and Javier Teixidor and to my friend Hélène Lozachmeur, as well as to the bibliothécaires Bernard Delavault and Catherine Fauveaud for their assistance during my repeated stays in Paris. In the long course of the preparation of this dictionary I enjoyed the constant support of

the Tel-Aviv University, where I taught 35 years (until retirement).

Last but not least, I thank my wife, Zehava, who supported me during the long years in which I was preoccupied with this dictionary. Without her constant devotion and spirit of sacrifice, this work could not have been completed.

I sincerely thank them all.

Abraham Tal
Tel-Aviv University

Hanukka 5760
December 1999

# Abbreviations and Sigla

| | |
|---|---|
| A | Aramaic |
| A,B,C... | Sigla of manuscripts (ST) |
| *abs.* | absolute state |
| *abstr.* | abstract noun |
| Abu l-Fath | P. Stenhouse, *Kitāb at-Tarīḫ of Abu l-Fatḥ*, Sydney 1985. |
| *acc.* | accusative |
| *ad loc.* | ad locum |
| *adj.* | adjective |
| ADS | Aramaic Text in Demotic Script (supplement to DNWSI). |
| *adv.* | adverb |
| AH | Ab Isda (Ḥisda) |
| AHw | W. von Soden, *Akkadisches Handwörterbuch*, Wiesbaden .1965-81 |
| Aistleitner | J. Aistleitner, *Wörterbuch der ugaritischen Sprache*, Berlin $1967^{3}$. |
| Akk | Akkadian |
| *alt.* | alternative, alternatively |
| Amulets | J. Naveh & S. Shaked, *Amulets and Magic Bowls*, Jerusalem 1987. |
| An. Ox. | G.H. Gwilliam, F.C. Burkitt and J.F. Stenning, *Anecdota Oxoniensia*, Oxford 1896. |
| Anec | J.P.N. Land, *Anecdota Syriaca* IV, Leiden 1875. |
| AO | I. Eph'al & J. Naveh, *Aramaic Ostraca of the Fourth Century B. C. from Idumaea*, Jerusalem 1996. |
| Ar | Arabic |
| ArHb | F. Rosenthal (ed.), *An Aramaic Handbook*, I - IV, Wiesbaden 1967. |
| *art.* | article, articulated |
| AS | Abu Sa$^{c}$īd |
| *ass.* | assimilation, assimilated |
| *asynd.* | asyndetic, asyndesis |
| b. | Babylonian Talmud |

| | |
|---|---|
| BA | Biblical Aramaic |
| Barth Etym St | J. Barth, *Etymologische Studien*, Leipzig 1893. |
| Barthélemy | A. Barthélemy, *Dictionnaire Arabe-Français*, Paris 1935-1969. |
| BB | R. Duval (ed), *Lexicon Syriacum auctore Hassano bar Bahlule*, I-III, Paris 1901. |
| BergM | G. Bergsträsser, *Glossar des neuaramäischen Dialektes von Ma^c lûla*, Leipzig 1921. |
| BL | 1) H. Bauer und P. Leander, *Grammatik der Biblisch-Aramäischen*, Halle 1927. |
| | 1) British Library |
| Blau Festschrift | *Hebrew and Arabic Studies in Honour of Joshua Blau*, H. Ben-Shammai (ed.), Jerusalem- Tel Aviv 1993. |
| BY | Ben Yehuda, see ב"י |
| CAD | *Chicago Assyrian Dictionary* |
| Cantineau | J. Cantineau, *Le Nabatéen* I-II, Paris 1930. |
| Castellus | E. Castellus, *Lexicon Heptaglotton, Hebraicum, Chaldaicum, Syriacum, Samaritanum, Aethiopicum, Arabicum conjunctim; et Persicum separatim*, I - II, 1669 [repr. Gräz, 1970]. |
| CCR | A. Smith-Lewis, *Codex Climaci Rescriptus*, Cambridge 1909. |
| *coll.* | collective |
| *colloc.* | collocation, collocative |
| *comp.* | comparative |
| *compl.* | complement |
| *concr.* | concrete noun |
| *cond.* | conditional |
| *conj.* | conjunction |
| *corr.* | corrupted form, corruption |
| *correl.* | correlative |
| Cow | A.E. Cowley, *The Samaritan Liturgy*, I - II, Oxford 1909. |
| CowPap | A.E. Cowley, *Aramaic Papyri of the Fifth Century B.C.*, Oxford 1923. |
| CPA | Christian Palestinian Aramaic |
| *cstr.* | construct state |
| D&M | E.S. Drower and R. Macuch, *A Mandaic Dictionary*, Oxford 1963. |
| Dalman | G. Dalman, *Grammatik des jüdisch-palästinischen Aramäisch*, Leipzig 1905². |
| Dalman Arbeit | G. Dalman, *Arbeit und Site in Palästina*, I - VI, Gütersloh |

| | |
|---|---|
| | 1928-1937. |
| *demonstr.* | demonstrative |
| Denizeau | C. Denizeau, *Dictionnaire des parlers arabes de Syrie, Liban et Palestine*, Paris 1960. |
| *denom.* | denominative |
| *der.* | derived, derivate, derivation |
| *det.* | determinate |
| DISO | C.F. Jean et J. Hoftijzer, *Dictionnaire des Inscriptions sémitiques de l'Ouest*, Leiden 1965. |
| *diss.* | dissimilation, dissimilated |
| DJD | *Discoveries in the Judaean Desert*, Oxford 1955- |
| DJPA | M. Sokoloff, *A Dictionary of Jewish Palestinian Aramaic of the Byzantine Period*, Bar-Ilan 1990. |
| DNWSI | J. Hoftijzer & K. Jongeling, *Dictionary of the North-West Semitic Inscriptions*, Leiden 1995. |
| Dozy | R. Dozy, *Supplement aux Dictionnaires arabes*, I - II, Leide-Paris 1927. |
| DSSU | R. Eisenman & M. Wise, *The Dead Sea Scrolls Uncovered*, 1992. |
| *dub.* | dubious, doubtful |
| Duensing | H. Duensing, *Christlich-Palästinisch-Aramäische Texte und Fragmente*, Göttingen 1906. |
| *els.* | elsewhere |
| *emend.* | emendation |
| *emph.* | emphasis, emphatic |
| Enoch | J.T. Milik, *The Book of Enoch*, Oxford 1976. |
| ES | J. Barth, *Etymologische Studien*, Leipzig 1893. |
| *euph.* | euphemism |
| *exeg.* | exegesis, exegetical |
| *f.* | feminine |
| Fagnan | E. Fagnan, *Additions aux Dictionnaires arabes*, Algers 1923. |
| Fassberg | Steven E. Fassberg, *A Grammar of the Palestinian Targum Fragments from the Cairo Genizah*, Harvard Semitic Studies 38, 1990. |
| Fauna | see Löw Fauna |
| Feghali | M. T. Feghali, *Etude sur les emprunts syriaques dans les parlers arabes du Liban*, Paris 1918. |
| Field | F. Field, *Origenis Hexaplorum quae supersunt*, I - II, Oxford |

| | |
|---|---|
| | 1875. |
| Fitzmyer | J. Fitzmyer, *The Aramaic Inscriptions of Sefire*, Rome 1967. |
| Fitzmyer GenAp | J. Fitzmyer, *The Genesis Apocryphon of Qumran Cave I*, Rome 1966. |
| *foll.* | following |
| Fränkel | S. Fränkel, *Die aramäischen Fremdwörter im Arabischen*, Leiden 1886. |
| Frey | J.B. Frey, *Corpus Inscriptionum Judaicarum*, I - II, Roma 1936-1952. |
| Friedman | M.A. Friedman, *Jewish Marriage in Palestine*, I-II, Tel-Aviv 1981. |
| Gaster Asatir | M. Gaster, *The Asatir. The Samaritan Book of the Secrets of Moses*, London 1927. |
| GenR | Genesis Rabbah, see ב״ר. |
| *gent.* | gentilic |
| Geoponicon | P. Lagardius (ed.) *Geoponicon in sermonem Syriacum versorum quae supersunt*, Osnabrück 1860. |
| GesK | E. Kautzsch, *Gesenius' Hebrew Grammar* (transl. A.E. Cowley), Oxford 1910$^2$. |
| Grundriss | K. Brockelmann, *Grundriss der vergleichenden Grammatik der semitischen Sprachen* I-II, Berlin 1908-1913. |
| H | Hebrew (derived or interpolated from) |
| Ham | *Hammeliṣ*, *LOT* II, pp. 439-666 |
| *hapax.* | hapaxlegomenon |
| Hava | J.G. Hava, *Arabic - English Dictionary*, Beirut 1951. |
| HebrWortf. | *Hebräische Wortforschung, Festschrift zum 80 Geburtstag von WalterBaumgartner*, Leiden 1967. |
| Heidenheim | M. Heidenheim, *Bibliotheca Samaritana*, Leipzig-Weimar 1884-1896. |
| Horol(ogion) | M. Black (ed.), *A Christian Palestinian Horologion*, Cambridge 1954. |
| HS | Horae Semiticae |
| HW | Fr. Schulthess, *Homonyme Wurzeln im Syrischen*, Berlin 1900. |
| *imp.* | imperative |
| *imperf.* | imperfect |
| *impers.* | impersonal |
| *impr.* | imprecative |
| *indef.* | indefinite |

| | |
|---|---|
| *inf.* | infinitive |
| *int.* | interpretation, interpreted |
| *interj.* | interjection |
| *interp.* | interpolation |
| *interrog.* | interrogative |
| *intrans.* | intransitive verb |
| JA | Jewish Aramaic |
| Jastrow | M. Jastrow, *A Dictionary of the Targumim, the Talmud Babli and Yerushalmi and the Midrashic Literature*, I - II, New York 1903. |
| Joüon | P. Joüon, *Grammaire de l'Hébreu biblique*, Rome $1947^2$. |
| Joüon-Muraoka | Paul Joüon, S. J. - T. Muraoka, *A Grammar of Biblical Hebrew*, I-II, Roma 1991 |
| JPA | Jewish Palestinian Aramaic |
| Juynboll | T. G. J. Juynboll, *Chronicon Samaritanum Arabice Conscriptum, cui titulus est Liber Josuae*, Lugduni batavorum, 1848. |
| KAI | H. Donner und W. Röllig, *Kanaanäische und Aramäische Inschriften*, I-III, Wiesbaden 1962. |
| Kaufman | S.A Kaufman, *The Akkadian Influences on Aramaic*, Chicago 1974. |
| Kazimirski | A. de B. Kazimirski, *Dictionnaire Arabo-Français*, I-II, Paris 1860. |
| $KB^3$ | L. Köhler u. W. Baumgartner, *Hebräisches und Aramäisches Lexicon zum Alten Testament*, I-V, Leiden 1967-1990 (dritte Auflage). |
| Kippenberg | H.G. Kippenberg, *Garizim und Synagoge*, Berlin 1971. |
| Klein | M. Klein, *The Fragment-Targums of the Pentateuch*, I - II, Roma 1980. |
| Klein Gn | M. Klein, *Genizah Manuscripts of Palestinian Targum to the Pentateuch*, I- II, Cincinnati 1986. |
| König | E. König, *Historisch-kritisches Lehrgebaude der hebräischen Sprache*, 1936. |
| Kraeling | E. G. Krealing, *The Brooklyn Museum Aramaic Papyri*, New Haven 1953. |
| Krauss | S. Krauss, *Griechische und lateinische Lehnwörter im Talmud, Midrasch und Targum*, I - II, Berlin 1898. |
| KSG | see Nöldeke KSG. |
| Kuenen | A. Kuenen, *Specimen e Literis Orientalibus...* I - II, Leiden 1851-1854. |

| | |
|---|---|
| Kutscher | E.Y. Kutscher, *Studies in Galilean Aramaic*, Ramat Gan 1976. |
| Land | J.P.N. Land, *Anecdota Syriaca* IV, Leiden 1875. |
| Lane | E.W. Lane, *An Arabic English Lexicon*, London - Edinburgh 1863-1893. |
| Lect. | A.Smith Lewis and M.Dunlop Gibson, *Palestinian Syriac Lectionary of the Gospels*, London 1899. |
| Levy | J. Levy, *Wörterbuch über die Talmudim und Midraschim*, I - IV, Leipzig 1872-1889. |
| Levy Tg. | J. Levy, *Chaldäisches Wörterbuch über die Targumim*, I-II, Leipzig 1881. |
| Lew-Sh | Ch. T. Lewis & Ch. Short, *A Latin Dictionary*, Oxford 1879 (reprint). |
| Lit | G. Margoliouth, *The Liturgy of the Nile*, JRAS 1896, pp. 677-727. |
| *lit.* | literally |
| *loc.* | locus, loci, local |
| LOT | Z. Ben-Hayyim, *The Literary and Oral Tradition of Hebre and Aramaic Amongst the Samaritans*, I - V, Jerusalem 1957-1987. |
| Löw Fauna | I. Löw, *Fauna und Mineralien der Juden*, Hildesheim 1969. |
| Löw Flora | I. Löw, *Die Flora der Juden*, I - IV, Wien-Leipzig 1924-34. |
| Löw Pfl | I. Löw, *Aramäishe Pflanzennamen*, Leipzig 1881. |
| LS | C. Brockelmann, *Lexicon Syriacum,* Halle 1928$^2$. |
| LSJ | *A Greek - English Lexicon*, compiled by H.G. Liddell and R. Scott, a New Edition by H. Stuart Jones, Oxford 1940 (ninth edition). |
| LSP | *see* Schulthess |
| LXX | Septuagint |
| M | Mishna |
| *m.* | masculine |
| Maclean | A.J. Maclean, *Dictionary of the Dialects of Vernacular Syriac*, Oxford 1901. |
| *marg.* | margin, marginal note |
| Mart | A. Smith Lewis, The *Forty Martyrs of the Sinai Desert* (Horae Semiticae IX), Cambridge 1912. |
| MdW | P. Kahle, *Masoreten des Westens* II, Stuttgart 1930. |
| Mekhilta | *Mechilta d'Rabbi Ismael*, ed. H.S. Horovitz, Jerusalem 1970 (reprint). |
| *metaph.* | metaphorical(ly) |

| | |
|---|---|
| *meton.* | metonymy, metonymical(ly) |
| MH | Mishnaic Hebrew |
| *midr.* | midrash, midrashic |
| Mikra | *Mikra, Text, Translation, Reading and Interpretation*, etc.., ed, M.J. Mulder (Compendia Rerum Iudaicarum ad Novum Testamentum, sect. two, vol. I), Assen 1988. |
| Mn. | Mandaic |
| MS | manuscript |
| MSS | manuscripts |
| MT | Masoretic Text |
| MüllerGr | Christa Müller-Kessler, *Grammatik des Christlich-Palästinisch-Aramäischen*, Hildesheim 1991. |
| n. | note |
| *n.* | noun, name |
| *n. ag.* | nomen agentis |
| NA | New Aramaic |
| NChron | E.N. Adler et M. Seligsohn, *Une Nouvelle Chronique Samaritaine*, Paris 1903. |
| *neg.* | negative, negation |
| Neof | A. Diez Macho, *Neofiti Cod. of the Palestinian Targum, according to, Biblia Polyglotta Matritensia, Series IV, Targum Palestinense in Pentateuchum*, I-V, Madrid 1955-1988 |
| Neubauer | A. Neubauer, *Chronique samaritaine*, Paris 1873. |
| Nöldeke KSG | Th. Nöldeke, *Kurzgefasste syrische Grammatik*, Leipzig 1898[2]. |
| Nöldeke MG | Th. Nöldeke, *Mandäische Grammatik*, Halle 1875. |
| Nöldeke NSS | Th. Nöldeke, *Grammatik der neusyrischen Sprache*, Leipzig 1868. |
| *nom.* | nominal |
| NSH | Neo-Samaritan Hebrew |
| NSS | A.D. Crown & L. Davey (edd.), *Essays in Honour of G.D. Sixdenier, New Samaritan Studies*, Sydney 1995 |
| O | Onqelos |
| OA | Old Aramaic |
| *oppos.* | opposition, opposite |
| *opt.* | optative |
| *orig.* | original, originally |
| OS | A. Smith-Lewis, *The Old-Syriac Gospels*, London 1910. |

| | |
|---|---|
| P | Pəšiṭta |
| Pal. Aram, | Palestinian Aramaic |
| PalLect | A. Smith-Lewis & M. Dunlop-Gibson, *A Palestinian Syriac Lectionary*, London 1897. |
| PalSyrT | A. Smith-Lewis & M. Dunlop-Gibson, *Palestinian Syriac Texts from Palimpsest Fragments*, London 1900. |
| *paraph.* | paraphrase, paraphrastic |
| *part.* | particle |
| *pass.* | passive |
| *pejor.* | pejorative |
| *perf.* | perfect |
| *pers.* | person(al) |
| Petermann | J.H. Petermann, *Brevis linguae samaritanae grammatica...*, Berlin 1873. |
| PetVoll | J.H. Petermann u. K. Vollers, *Pentateuchus Samaritanus ad fidem librorum manuscriptorum apud nablusianos repertorum*, Berlin 1872-1891. |
| PG | Phinehas' Medieval Hebrew-Arabic glossary, according to A. Watad's edition (in the press). |
| Pitron | M. Gaster, *The Asatir, the Samaritan Book of the "Secrets of Moses", etc.*, London 1927. |
| *pl.* | plural |
| *pl. tant.* | plurale tantum |
| *poss.* | possessive |
| Powels | S. Powels, *Der Kalender der Samaritaner*, Berlin 1977. |
| *pr. n.* | proper noun |
| *pr. n. pl.* | proper noun of place |
| *pref.* | prefix, prefixed |
| *prep.* | preposition |
| Proceedings | A. Tal & M. Florentin (edd.), *Proceedings of the 1st International Congress of the SES, Tel-Aviv 1988*, Tel-Aviv 1991. |
| *pron.* | pronoun |
| Ps-J | Pseudo-Jonatan |
| PSm | R. Paine-Smith, *Thesaurus Syriacus* I - II, Oxford 1879 - 1901. |
| *pt.* | participle |
| Pummer *Contracts* | R. Pummer, *Samaritan Marriage Contracts and Deeds of Divorce*, I- II, Wiesbaden 1993 - 1997. |
| *q. v.* | quod vide |

| | |
|---|---|
| QA | Qumranic Aramaic |
| *ref.* | reference |
| *refl.* | reflexive |
| Reifenberg | A. Reifenberg, *Palästinensische Kleinkunst*, Berlin 1927. |
| *rel.* | relative |
| RSV | Revised Standard Version |
| S | Syriac |
| SA | Samaritan Aramaic |
| SAV | Samaritan Arabic Version |
| SchGr | Fr. Schulthess, *Grammatik des Christlich-Palästinischen Aramäisch*, Tübingen 1924. |
| Schulthess | Fr. Schulthess, *Lexicon Syropalaestinum*, Berlin 1903. |
| Schwally | Fr. Schwally, *Idioticon des christlich-palästinischen Aramaeisch*, Giessen 1893. |
| *sec. m.* | secunda manu |
| *sg.* | singular |
| *sg. tant.* | singulare tantum |
| SH | Samaritan Hebrew |
| SP | Samaritan Pentateuch |
| Sperber | D. Sperber, *A Dictionary of Greek and Latin Legal Terms in Rabbinic Literature*, Bar-Ilan 1984. |
| Sperber Roman | D. Sperber, *Roman Palestine 200 - 400, Money and Prices*, Bar-Ilan 1974. |
| SSt | S. Kohn, *Samaritanische Studien*, Leipzig 1868. |
| ST | Samaritan Targum |
| Studies | see ZBH Studies |
| *subst.* | substantival |
| *superl.* | superlative |
| Tal | A. Tal , *The Samaritan Targum of the Pentateuch, a Critical Edition,* I-III, Tel-Aviv 1980-83 |
| Tal Former Prophets | A. Tal, *The Language of the Targum of the Former Prophets and its Position within the Aramaic Dialects*, Tel-Aviv 1975 (Hebrew) |
| Tal Scripta | A. Tal, Observations on Word-formation in Samaritan Aramaic. The qāṭōl Pattern, *Scripta Hierosolymitana*, 1933, pp. 349 ff. |
| *taut.* | tautology |
| *temp.* | temporal |

| | |
|---|---|
| The Samaritans | A.D. Crown (ed.), *The Samaritans*, Tübingen 1989. |
| TM | *Tibåt Mårqe*, see ת״מ |
| *TM* | Z. Ben-Ḥayyim, *Tibåt Mårqe, a Collection of Samaritan Midrashim*, Jerusalem 1988. |
| Tos | Tosephta |
| *trad.* | tradition |
| *trans.* | transitive verb |
| *transl.* | translation |
| Uhlemann | F. Uhleman, *Institutiones Linguae Samaritanae*, etc., Leipzig 1837. |
| *v.* | verb |
| *v. n.* | verbal noun |
| *var.* | variant(s) |
| von Gall | A. von Gall, *Der hebräische Pentateuch der Samaritaner*, Giessen 1918. |
| Vulg | Vulgate |
| Wagner | M. Wagner, *Die lexicalischen und grammatikalischen Aramäismen im alttestamentlischen Hebräisch*, Berlin 1966. |
| WKAS | M. Ullmann, *Wörterbuch der klassischen arabischen Sprache*, Wiesbaden 1970-. |
| ZBH Studies | Z. Ben-Hayyim, *Studies in the Traditions of Hebrew Language*, Madrid 1954. |
| ZSp | S. Kohn, *Zur Sprache, Literatur und Dogmatik der Samaritaner*, Leipzig 1876. |

## Periodicals

| | |
|---|---|
| Abr-Nahrain | |
| Atiqot | |
| Eretz Israel | |
| IEJ | *Israel Exploration Journal* |
| JA | *Journal Asiatique* |
| JSS | *Journal for Semitic Studies* |
| Jud. Zeitschr. | *Jüdisches Zeitschrift* |
| JZWL | *Jüdische Zeitschrift für Wissenschaft und Leben* |
| Lešonenu | |
| Maarav | |
| OLZ | *Orientalistische Literaturzeitung* |

| | |
|---|---|
| RQ | *Revue de Qumran* |
| RSO | *Rivista degli Studi Orientali* |
| Scripta | *Scripta Hierosolymitana* |
| Sefarad | |
| Tarbiẓ | |
| Teᶜuda | |
| ZA | *Zeitschrift für Assyriologie und verwandte Gebiete* |
| ZATW | *Zeitschrift für die alttestamentliche Wissenschaft* |
| ZDMG | *Zeitschrift der deutschen morgenländischen Gesellschaft* |
| ZDPV | *Zeitschrift des deutschen Palästina Vereins* |

## קיצורים וראשי תיבות עבריים
## Hebrew Abbreviations and Sigla

| | |
|---|---|
| א | ארמית Aramaic |
| א"א | אברהם אלעיה Ibrāhīm Al[c]ayye |
| א"ב | ארמית בבלית Babylonian Aramaic |
| א"ג | אב גלוגה Ab Gillūgå |
| א"ד | אלדסתאן Ildus'tân |
| א"ח | אב חסדה Ab Isdå (Ḥisda) |
| א"י | ארמית היהודים; ארץ ישראל Ereṣ Israel; Jewish Aramaic |
| א"כ | ארמית כללית General Aramaic |
| א"מ | ארמית המקרא Biblical Aramaic |
| א"ס | אבו סעיד Abū Sa[c]īd |
| א"ק | ארמית קדמונית Old Aramaic |
| א"ש | ספרא דבי רב, מהד' מ' איש שלום, ברסלאו תרע"ה. Sifra |
| אב"פ | אלעזר בן פינחס Elāzår ban Fīnās |
| אברהים אל-עיה | "על המלים הדומות במבטא ושונות במשמעות" (עואנ"ש א) Ibrāhīm Al-[c]ayye |
| אה"ש | ארמית השומרונים Samaritan Aramaic |
| אוג | אוגריתית Ugaritic |
| אוונגליון דמפרשא | A. Smith Lewis, *The Old Syriac Gospels*, London 1910 |
| אולוגיוס | A. Smith Lewis, *The Forty Martyrs of Sinai and the Story of Eulogios,* HS IX, Cambridge 1911. |
| אי"מ | ארמית של מגילות ים המלח Qumran Aramaic |
| איילון-שנער | ד' איילון ופ' שנער, מלון ערבי - עברי, ירושלים תשכ"א |
| אכ | אכדית Akkadian |
| אס | אסטיר ראה בסמוך Asaṭīr. See below |
| אסטיר | ז' בן-חיים, ספר אסטיר, תרביץ יד (תש"ג), 104-125; 174-190; טו (תש"ד), 71-87; 128. המספרים נתונים ברצף המאמר 1-56. |
| אפשטיין | י"נ אפשטיין, דקדוק ארמית בבלית, ירושלים 1960. |
| אפשטיין מבוא | י"נ אפשטיין, מבוא לנוסח המשנה, ירושלים תש"ח. |
| ארבעים | A. Smith Lewis, *The Forty Martyrs of Sinai and the Story of Eulogios,* HS IX, Cambridge 1911. |
| ב"ב | בבא בתרא Bava Batra |
| ב"מ | בבא מציעא Bava Meṣi[c]a |

| | |
|---|---|
| ב״ס | ספר בן סירא, האקדמיה ללשון העברית, ירושלים תשל״ג. Ben Sirah |
| ב״ק | בבא קמא Bava Qamma |
| בבלי | התלמוד הבבלי The Babylonian Talmud |
| בן סירא | משלי בן סירא Ben Sirah |
| במ | במדבר Numeri |
| בר | בראשית Genesis |
| בר בהלול | R. Duval (ed.) *Lexicon Syriacum auctore Hassano Bar Bahlule*..., Paris, 1901 |
| בר״ר | בראשית רבה, מהדי יי תיאודור וחי אלבק, ירושלים 1965. Genesis Rabba |
| בראנד | יי בראנד, כלי החרס בספרות התלמוד, ירושלים תשי״ג. |
| גינצבורג | לי גינצבורג, פירושים וחידושים בירושלמי, ניו-יורק 1941. |
| דב | דברים Deuteronomium |
| דב״ר | דברים רבה מהדורת שי ליברמן, ירושלים תשכ״ה. Devarim Rabba |
| הכרוניקה החדשה | ראה See NChron |
| המליץ | ראה See Ham |
| הע׳ | הערה note |
| הצבי | הצבי ישראל, אסופת מחקרים במקרא לזכרם של ישראל וצבי ברוידא, תל-אביב תשל״ו. |
| הש׳ | השווה *Cf.* |
| התה״מ | M. Klein, *The Fragment Targums of the Pentateuch,* Roma 1980. |
| התה״ע | התרגום הערבי של השומרונים (מהדורת שחאדה לבראשית - שמות. לשאר הספרים בכתבי היד BCV. ו במהדורת Kuenen לויקרא (אבו סעיד). SAV |
| התה״ש | התרגום הארמי של השומרונים ST |
| ויק | ויקרא Leviticus |
| ויק״ר | ויקרא רבה, מהדי מי מרגליותת, ירושלים תשי״ג-תשי״ד. Leviticus Rabba |
| ז | זכר *masculine* |
| זב״ח | זאב בן-חיים ZBH |
| ח״נ | חילופי נוסח *variants* |
| חיוג׳ | שלשה ספרי דקדוק בתרגום ר׳ משה אבן גיקטילהת מהדורת, י״ב נוט, לונדון תר״ל. |
| ט | טביה בן דרתה Ṭåbiå ban Dårtå |
| ט״ס | טעות סופר *Corr.* |
| טל | אי טל, התרגום השומרוני לתורה א-ג, תל-אביב תש״ם-תשמ״ג. Tal |
| טל האקדמיה | אי טל, זכרונות האקדמיה הישראלית למדעים ז, 239-255. |
| טל לשון | אי טל, לשון התרגום לנביאים ראשונים ומעמדה בכלל הניבים הארמיים, תל-אביב תשכ״ה. |
| טלשיר | די טלשיר, שמות בעלי חיים בתרגום הארמי של השומרונים, ירושלים תשמ״א. |

| | |
|---|---|
| י״א | יש אומרים alternative opinion |
| יוחנן | John |
| יו״ט | יום טוב Yom Tov |
| יוסי בן יוסי | פיוטי יוסי בן יוסי, מהד׳ א׳ מירסקי, ירושלים תשל״ז. Yose ben Yose |
| ילון | ח׳ ילון, מבוא לניקוד המשנה, ירושלים תשכ״ד. |
| ילון מגילות | ח׳ ילון, מגילות מדבר יהודה, דברי לשון, ירושלים תשכ״ז. |
| ילון פרקי | ח׳ ילון, פרקי לשון, ירושלים תשל״א. |
| ינני | פיוטי ינאי, מהדורת מנחם זולאי, ברלין תחר״ץ. Yannay |
| ירוש | התלמוד הירושלמי, ע״פ דפוס ונציה. The Jerusalem Talmud |
| ירמ | ירמיה Jer |
| ישע | ישעיה Jes |
| כ | תיבת מרקה כ״י כ |
| כה״י | כתב היד, כתבי היד MS, MSS |
| כהן | שמואל כהן S. Kohn |
| כ״י | כתב יד, כתבי יד MS, MSS |
| כיו״ב | כיוצא בזה similarly |
| ל | תיבת מרקה כ״י ל TM, MS L |
| לוקס | Luke |
| ליברמן | ש׳ ליברמן, הירושלמי כפשוטו, ירושלים תרצ״ה. |
| ליברמן יוונית | ש׳ ליברמן, יוונית ויוונות בארץ ישראל, ירושלים תשכ״ג. |
| ליברמן קיסרין | ש׳ ליברמן, תלמודה של קיסרין, מוסף תרביץ ב, ירושלים תרצ״א. |
| ליתא | עדות מן התרגום שאינה נתונה בנוסחאות Hammeliṣ unattested reference |
| לרנר | מ״ב לרנר, אגדת רות ומדרש רות רבה, חיבור דוקטור, האוניברסיטה העברית ירושלים תשל״א. |
| מ | מרקה Mårqe |
| מבוא לנוה״מ | ראה אפשטיין מבוא See |
| מגילת בראשית | המגילה החיצונית לבראשית Genesis Apocryphon |
| מו״ק | מועד קטן Mo<sup>c</sup>ed Qaṭan |
| מורשת | מ׳ מורשת, לקסיקון הפועל שנתחדש בלשון התנאים, רמת-גן 1980. |
| מ״י | מילית יחס *preposition* |
| מי״ל | המיוחס ליונתן Pseudo-Jonatan |
| מכילתא | מכילתא דרבי ישמעאל, מהד׳ ח״ש הורוביץ, ברסלאו 1930. Mechilta |
| מלחמתה | ז׳ בן-חיים, במלחמתה של לשון, ירושלים תשנ״ב. |
| מנ | מנדאית Mandaic |
| מע״ש | מעשר שני Ma<sup>c</sup>aser šeni |
| מ״ק | מילית קישור *conjunction* |

| | |
|---|---|
| מק״ר | מילית קריאה *interjection* |
| מרגליות, הלכות | מ׳ מרגליות, הלכות ארץ ישראל מן הגניזה, ירושלים תשל״ד. |
| מרקוס | Mark |
| מש | משנה Mishna |
| מתורגמן | ר׳ אליהו בחור, המתורגמן, איסני 1541. |
| מתי | Mathew |
| **נ** | כ״י ניאופיטי של התרגום הירושלמי לתורה Ms. Neofiti 1 |
| נ | נקבה *feminine* |
| נ״א | נוסח אחר *Var.* |
| נ״ש | נוסח שומרון SP |
| נב | נבטית Nabatean |
| נה״מ | נוסח המסורה MT |
| נויבאואר | ראה See Neubauer |
| ס | סורית Syriac |
| סגל | מ״צ סגל, דקדוק לשון המשנה, תל-אביב תרצ״ו. |
| סוא״י | סורית של ארץ ישראל (מובאות מן המקרא ע״פ מהדורת גושן-שירון: המקרא בתרגום הסורי-ארצישראלי, ירושלים תשל״ג). See CPA |
| ס״ח | סורית חדשה Neo-Syriac |
| סמריטיקון | התרגום היווני לתורה, המיוחס לשומרונים. Samaritikon |
| סנה | סנהדרין Sinhedrin |
| ספר בלאו | חקרי עבר וערב מוגשים ליהושע בלאו, ירושלים - תל אביב תשנ״ג. |
| ספר בן-חיים | מחקרי לשון מוגשים לזאב בן-חיים בהגיעו לשיבהת ירושלים תשמ״ג. |
| ספר זליגמן | ספר יצחק אריה זליגמן, ירושלים תשמ״ג. |
| ספר ילון א | ספר חנוך ילון, ירושלים תשכ״ג. |
| ספר ילון ב | ספר זיכרון לחנוך ילון, בר אילן תשל״ד. |
| ספר מורג | מחקרים בלשון העברית ובלשונות היהודים מוגשים לשלמה מורג, ירושלים תשנ״ו. |
| ספר מלמד | עיונים בספרות חז״ל במקרא ובתולדות ישראל, רמת-גן תשמ״ב. |
| ספר רבין | שי לחיים רבין, ירושלים תשנ״א. |
| ספר רובינשטיין | ספר הזיכרון לאליעזר רובינשטיין, תעודה ט, תל-אביב 1995. |
| ספר רוזנטל | מחקרי תלמוד ב, קובץ מחקרים... לזכרו של א״ש רוזנטל, ירושלים תשנ״ד |
| ספר שירמן | ספר חיים שירמן, ירושלים תש״ל. |
| ספרא | ספרא דבי רב (תורת כהנים, כ״י אססמאני 66), מהדורת א׳ פינקלשטיין, ניו-יורק תשי״ז. Sifra |
| ספרי במדבר | ספרי דבי רב, מהדורת ח״ש הורוביץ, לייפציג תרע״ז. Sifre Bemidbar |
| ספרי דברים | ספרי על ספר דברים, מהדורת א״א פינקלשטיין, ברלין ת״ש. Sifre Devarim |
| ע | עברית Hebrew |

| | |
|---|---|
| ע׳ | עיין *See* |
| עב״ש | עבדאל בן שלמה ᶜAbəd el ban Salama |
| ע״ד | עמרם דרה ᶜAmram dare |
| עואנ״ש | ז׳ בן-חיים, עברית וארמית נוסח שומרון א-ה, ירושלים תשי״ז - תשל״ז. |
| ע״ז | עבודה זרה ᶜAvoda Zara |
| ענ״ש | עברית נוסח שומרון SH |
| ע״ע | עיין ערך *See entry (lemma)* |
| ער | ערבית Ar |
| ערוך | ספר ערוך השלם מאת רבנו נתן בן יחיאל..., מהדורת א׳ קוהוט, א - ט (כולל תוספת הערוך), ניו יורק תשטו (צילום). |
| ערוך (תוספת) | ראה ערוך |
| ע״ש | פייטנים עלומי שם Unknown authors |
| עש״ח | עברית שומרונית חדשה (=״שומרונית״) NSH |
| פ | פינחס הרבן Finās arråbbån |
| **פ** | פשיטתא Pəšiṭta |
| פטרמן | J. H. Petermann and K. Vollers, Pentateuchus Samaritanus, etc., Berlin, 1883-1891. |
| פיוטים לשמחות | ז׳ בן-חיים, ״פיוטים שומרוניים לשמחות״, תרביץ י (תרצ״ט), 190-200; 333-374 |
| פינקלשטיין | ע׳ ספרא |
| פלורנטין | ה״שומרונית״ - תיאור דקדוקה ואפיונה המילוני (חיבור דוקטור), תל-אביב תשמ״ט. |
| פלורנטין קוים | קוים במערכת הפועל של הארמית השומרונית, עבודת גמר, אוניברסיטת תל-אביב תשמ״ב. |
| פלורנטין, ספר הכינוס | מ׳ פלורנטין, ספר הכינוס הראשון לחקר השומרונות, תל-אביב תשמ״ח, תל-אביב תשנ״א, 7-12. |
| פסיקתא דר״כ | פסיקתא דרב כהנא, מהדורת ד מנדלבאוםת ניויארק תשכ״ב. |
| פע״י | פועל יוצא *transitive verb* |
| פע״ע | פועל עומד *intransitive verb* |
| פש | פשיטתא Pešiṭta |
| ק | המשנה ע״פ כ״י קאופמן, מהדורת בר-שטראק. Ms. Kaufmann of the Mishna |
| (ק) | תיבת מרקה על פי כ״י ק. ק¹, ק². Mss K, $K_1$, $K_2$ of Tibåt Mårqe |
| קוה״ר | קוהלת רבא. Qohelet Rabba |
| קוטשר | י׳ קוטשר, מחקרים בארמית גלילית, ע׳ קוטשר מחקרים. |
| קוטשר מג״י | י׳ קוטשר, הלשון והרקע הלשוני של מגילת ישעיהו ממגילות ים המלח, ירושלים תשי״ט. |
| קוטשר מחקרים | י׳ קוטשר, מחקרים בעברית ובארמית (אסופת מאמריו), ירושלים תשמ״ז. |
| קונטרסים | קונטרסים לענייני לשון, ירושלים |

| | |
|---|---|
| קור | א׳ קור, פיוטי יניי כעדות לעברית של א״י תחת השלטון הביזאנטי, חיבור לשם קבלת התואר דוקטור לפילוסופיה, תל-אביב תשמ״ח. |
| קת״ג | קטעי התרגום הירושלמי מן הגניזה. ראה See Klein Gn |
| ר | ריבוי *plural* |
| רבינוביץ | צ״מ רבינוביץ, מחזור פיוטי רבי יניי לתורה ותמועדיסת א - ב, ירושלים - תל אביב תשמ״ה - תשמ״ז. |
| רה״ש | ראש השנה Rosh Hashana |
| רוזנטל, נזיקין | ירושלמי נזיקין, מהד׳ א״ש רוזנטל, ירושלים תשמ״ד. |
| רישביץ, שם המספר | ע׳ רישביץ, שם המספר בניבים הארמיים של ארץ ישראל בתקופת התלמוד. חיבור גמר, אוניברסיטת תל אביב, תשמ״ט. |
| ש | תיבת מרקה על פי כ״י שכם Mss Shechem of Tibåt Mårqe |
| שולטס, דקדוק | F. Schulthess, *Grammatik des christlich-palästinischen Aramäisch*, .Tübingen 1924 |
| שחאדה<br>שחאדה מבוא | ח׳ שחאדה, התרגום הערבי לנוסח התורה של השומרונים, ירושלים תש״ן.<br>ח׳ שחאדה, התרגום הערבי לנוסח התורה של השומרונים, מבוא למהדורה ביקורתית, א - ג, ירושלים תשל״ז (חיבור דוקטור). |
| ש״י | שם ייחוס *gentilic noun* |
| ש״ג | שרידי הירושלמי מן הגניזה לפי: L. Ginsberg, Yerushalmi Fragments from the Genizah, NY 1909. |
| שירת | י׳ יהלום ומ׳ סוקולוף, שירת בני מערבא, ירושלים תשנ״ט. |
| שמ | שמות Exodus |
| ש״מ | שם מספר *numeral* |
| ש״ע | שם עצם *noun* |
| ש״פ | שם פרטי *proper noun* |
| שפ״ע | שם פעולה *verbal noun* |
| ש״ק | שם קיבוץ *collective noun* |
| ש״ת | שם תואר *adjective* |
| תה״ש | התרגום הארמי של השומרונים ST |
| ת״י | תרגום יונתן לנביאים Jonatan Targum of the Prophets |
| תולדה | מ׳ פלורנטין, התולדה, כרוניקה שומרונית, ירושלים תש״ס. Tulida |
| תוס | תוספתא Tosephta |
| תוס״כ | ש׳ ליברמן, תוספתא כפשוטה, ניו-יורק תשט״ו- |
| ת״מ | תיבת מרקה Tibåt Mårqe |
| ת״פ | תואר הפועל *adverb* |
| תרג׳ | תרגום Targum |

## Periodicals כתבי-עת

| | |
|---|---|
| ידיעות | ידיעות החברה העברית לחקירת ארץ ישראל ועתיקותיה |
| לשוננו | |
| מלילה | |
| תעודה | |
| תרביץ | |

## Symbols

| | |
|---|---|
| א̇ | uncertain letter |
| † | all occurrences presented |
| * | assumed form |
| > | derived from |
| ← | developes into |
| [ ] | editorial completion |
| { } | editorial deletion |
| < > | editorial emendation |
| \| \| | parallel |
| $X^{ar}$ | the Arabic column of a manuscript |
| :: | opposed to |